Christina Henss

Fremde Räume, Religionen und Rituale in Mandevilles *Reisen*

Quellen und Forschungen zur Literatur- und Kulturgeschichte

Begründet als
Quellen und Forschungen zur Sprach- und Kulturgeschichte der germanischen Völker

von
Bernhard Ten Brink und Wilhelm Scherer

Herausgegeben von
Ernst Osterkamp und Werner Röcke

90 (324)

De Gruyter

Fremde Räume, Religionen und Rituale in Mandevilles *Reisen*

Wahrnehmung und Darstellung religiöser und kultureller Alterität in den deutschsprachigen Übersetzungen

von

Christina Henss

De Gruyter

ISBN 978-3-11-053752-9
e-ISBN (PDF) 978-3-11-053924-0
e-ISBN (EPUB) 978-3-11-053760-4
ISSN 0946-9419

Library of Congress Cataloging-in-Publication Data
A CIP catalog record for this book has been applied for at the Library of Congress.

Bibliografische Information der Deutschen Nationalbibliothek
Die Deutsche Nationalbibliothek verzeichnet diese Publikation in der Deutschen
Nationalbibliografie; detaillierte bibliografische Daten sind im Internet
über http://dnb.dnb.de abrufbar.

© 2018 Walter de Gruyter GmbH, Berlin/Boston
Druck und buchbinderische Verarbeitung: Hubert & Co. GmbH & Co. KG, Göttingen
♾ Gedruckt auf säurefreiem Papier
Printed in Germany

www.degruyter.com

Jn fremden landen sint menigerley glouben vnd sitten.

Jean de Mandeville: Reisen. Erstdruck der deutschen Übersetzung des Otto von Diemeringen (Basel, bei Bernhard Richel, 1480/81), Faksimile-Ed. von Bremer/Ridder, S. 381.

Vorwort

Die vorliegende Arbeit wurde im Herbstsemester 2014 von der Philosophischen Fakultät der Universität Zürich auf Antrag der Promotionskommission, Prof. Dr. Mireille Schnyder als „hauptverantwortliche Betreuungsperson" und Prof. Dr. Christian Kiening, als Dissertation angenommen. Für die Drucklegung wurde sie geringfügig überarbeitet, jüngere Forschungsliteratur konnte nicht mehr systematisch berücksichtigt werden.

An dieser Stelle danke ich den Herausgebern Ernst Osterkamp und Werner Röcke für die Aufnahme meines Manuskripts in ihre Reihe *Quellen und Forschungen zur Literatur- und Kulturgeschichte*. Dem Doktoratsprogramm *Medialität – Historische Perspektiven* der Universität Zürich danke ich herzlich für die großzügige Druckkostenbeteiligung.

Mireille Schnyder hat dieses Projekt engagiert und stets anregend betreut und nicht nur mich und mein erst in Ansätzen entwickeltes Forschungsvorhaben von der Universität Konstanz nach Zürich ans Deutsche Seminar geholt, sondern mir durch die Einbettung in die Zürcher germanistische Mediävistik und in den interdisziplinären Nationalen Forschungsschwerpunkt *Mediality* die Aufnahme in ein inspirierendes, motivierendes und exzellentes Arbeitsumfeld ermöglicht. Die gemeinsamen Lektüren und Gespräche im Rahmen des Projekts *Erzählen vom fremden Heiligen in Mittelalter und Früher Neuzeit* haben meiner Arbeit richtungsweisende Impulse gegeben, wofür ich ihr und meiner damaligen Kollegin Susanne Baumgartner dankbar bin. Auch über die Betreuung der Arbeit hinaus hat mich meine Doktormutter immer mit Wohlwollen gefördert und unterstützt, wobei Zeit und Uhrzeit oftmals keine Rolle spielten. Dafür möchte ich ihr ganz herzlich danken.

Zu großem Dank bin ich außerdem Christian Kiening für die Zweitbegutachtung der Arbeit und seine hilfreichen Kommentare verpflichtet. Dem Forschungskolloquium für Ältere Deutsche Literatur an der Universität Zürich wie auch dem Doktoratskolloquium des Doktoratsprogramms *Mediality – Historische Perspektiven* verdanke ich Anregungen, einen größeren Weitblick, grundlegende theoretische Fundierungen und kollegiale, freundschaftliche Gespräche, auch über die Freuden und Mühen des Doktorierens. Die fachlichen und freundschaftlichen Gespräche mit Kolleg_innen und Freund_innen haben das Voranbringen dieser Arbeit beeinflusst und begleitet. Insbesondere möchte ich Maximilian Benz danken, der sich dazu bereiterklärte, den Beisitz bei mei-

DOI 10.1515/9783110539240-201

nem Dissertationskolloquium zu übernehmen, sowie Constanze Geisthardt, Larissa Schuler, Christine Spiess, Christine Stridde, Martina Oehri, Katharina Mertens-Fleury und Sarah Seidel.

Für den freundlichen Service und den Zugang zu ihren Sammlungen danke ich außerdem der Public Library New York, deren Besuch mir wegen der Stadt und der dort aufbewahrten Handschrift ein außerordentliches Erlebnis war, der Houghton Library der Harvard University, der Württembergischen Landesbibliothek Stuttgart, dem Stiftsarchiv St. Gallen, der Universitäts- und Landesbibliothek Tirol, der British Library und der Bibliothèque national de France.

An dieser Stelle möchte ich auch meinen Eltern danken für ihr beständiges Vertrauen und ihre Unterstützung. Mein herzlichster und tiefster Dank geht an meinen Lebenspartner Lukas Rösli, der das Entstehen der Arbeit mit Inspiration und Ruhe, Motivation und Geduld begleitet hat. Die vielen Gespräche, Diskussionen und kritischen Auseinandersetzungen mit ihm über bestimmte Themen waren der Arbeit äußerst zuträglich, ebenso sein Engagement beim Korrekturlesen und Zusammenfügen der einzelnen Teile der Arbeit. Ihm sei das vorliegende Buch gewidmet.

Christina Henss
Zürich im Januar 2018

Inhaltsverzeichnis

Hinführungen

I. Einleitung

Ich, Hanns von Mandavilla, ritter, wol ob ich sin nit wirdig sy geborn, und erzogen in Engelland in ainem dorff haist Sant Alan, für uber mer, do man zalt von Cristus geburt tusend und drühundert jare dar nach an dem zway und zwainzigosten jare an Sant Michels morgen. Dar nach bin ich gewesen ain helb mers langes und vil zitt und umb faren und gesehen manig wunderlich land, manig wunderlich ynsel und manig wunderlich küngrich [...] da manig wunderlich folck wonet und wunderlich globen hond und wunderlich sytten und gewunhaitt hatt. Und von landen und ynselen wil ich üch sagen, so ich ümer ebnost kan, wie sie gestalt sind, und als ich das alles selb gesenhen hon, als ir das hernach hörent und innen werdent.[1]

Der Erzähler Mandeville beschreibt sich im Prolog seines Reiseberichts als englischen Ritter, der Mitte des 14. Jahrhunderts durch die bekannte und die weniger bekannte Welt reiste und der nach seiner Rückkehr in seiner Reisebeschreibung von all dem berichtet, was er gesehen hat: vom Heiligen Land und den Pilgerstätten in Palästina, von fremden Religionen, wunderbaren Ländern, erstaunlichen monströsen Wesen und noch erstaunlicheren Sitten und Bräuchen der fremden Völker. Diese Vorstellung des Erzählers zu Beginn seines Reiseberichts und die einführende Beschreibung seiner Reise in fremde Länder, die weit entfernt von Europa jenseits des Meeres liegen, stehen paradigmatisch für das Bild vom Wunderbaren und Fremden, das sein Bericht bis heute transportiert.

Zwar galt der Bericht bis in die Neuzeit als authentischer Augenzeugenbericht, doch als Ende des 19. Jahrhunderts die verschiedenen Quellen und Vorlagen aufgedeckt wurden, auf denen das Erzählte beruht, wurde deutlich, dass der Autor Europa wohl nie verlassen hat, sondern als eine Art Bibliotheksreisender das Wissen der Bücher gesammelt und zu einem fingierten Erfahrungswissen eines Weltreisenden umgeschrieben hat. Dennoch prägte der Reisebericht Mandevilles das europäisch-westliche Bild vom Wunderbaren, Exotischen und Fremden über Jahrhunderte. Von der Forschung wird der

---

[1]   Sir John Mandevilles Reisebeschreibung, in deutscher Übersetzung von Michel Velser. Nach der Stuttgarter Papierhandschrift Cod. HB V 86, hg. von Eric John Morrall. Berlin 1974, S. 3.

DOI 10.1515/9783110539240-001

Bericht heute als ein Text betrachtet, in dem das mittelalterliche enzyklopä-
dische, geographische, religiöse und ethnographische Wissen über die Welt
literarisch verarbeitet wurde. Das Bild der Welt, das der Bericht Mandevilles
konstruiert, setzt sich also aus dem verschriftlichten, diskursiven Wissen seiner Zeit zusammen. Großes Interesse wurde dem Text schon bald nach seiner
Entstehung entgegengebracht, was sich daran zeigt, dass er in beinahe alle europäischen Sprachen übersetzt wurde und heute noch in über 300 Handschriften aus der Zeit vor 1520 und zahlreichen Drucken bis in die Neuzeit überliefert
ist. Es kann bei den *Reisen* also durchaus von einer Art *Bestseller* des Spätmittelalters gesprochen werden. Aufgrund der breiten Überlieferung in einer
solchen Vielzahl an Handschriften und (Früh-)Drucken in unterschiedlichen
Versionen und Sprachen, nennt Ian Higgins die *Reisen* treffend einen ,Multi-
Text' mit textuellen ,Isotopen', also Einzeltextmanifestationen.[2] Diese können
je nach kulturellem Entstehungskontext und Bearbeitungsintention eines
Redaktors, oder auch schlicht durch Übertragungs- und Übersetzungsfehler
mehr oder weniger stark voneinander abweichen.

　　Aus dezidiert christlicher Perspektive repräsentiert der Bericht die Welt-
Sicht der Vormoderne, indem er Jerusalem als Zentrum der Welt und in die
Mitte des Textes setzt und am Ende des Berichts das irdische Paradies als unzugänglichen Ort im äußersten Osten beschreibt. Es geht den *Reisen* nicht um
eine im modernen Sinne objektive und ethnographische Beschreibung des
Fremden, sondern vielmehr um eine Imagination der Welt, die vom christlichen Heilsplan bestimmt und strukturiert ist. Und doch leistet der Text mehr
als ein traditionelles, geschlossenes christliches Weltbild zu imaginieren und
zu transportieren: Bei der Lektüre zeigt sich in den *Reisen* ein allmähliches
Aufbrechen der sonst für das Mittelalter eher als geschlossenes System gedachten christlichen *ordo*-Konzeption. In der erzählten Begegnung mit dem
Fremden, die in den *Reisen* immer eine imaginierte ist, werden Thematiken
und Probleme aus der eigenen, christlich-europäischen Kultur reflektiert und
verhandelt. Innerhalb dieser Reflexionen des Eigenen in die Fremde und des
Fremden zurück auf das Eigene zeigen sich die kirchen- und machtpolitischen,
sozialen und konfessionellen Konfliktbereiche und Entwicklungen, wie sie
das ausgehende europäische Mittelalter prägen.

　　Folgende Fragestellungen spielen durch den gesamten Bericht hindurch
in unterschiedlichen Ausformungen eine Rolle: Warum haben die Christen die
Herrschaft über das Heilige Land verloren? Gelten die Kirche, der Klerus und

---

[2]　Vgl. Iain Macleod Higgins: Writing East. The ,Travels' of Sir John Mandeville. Philadel-
　　phia 1997.

allen voran der Papst noch als Leitbild moralisch-religiöser Integrität? Entfernt sich die christliche Kirche, beziehungsweise die Gemeinschaft der Gläubigen durch die Privilegien des Klerus, durch die Uneinigkeit innerhalb der Christenheit und das sündhafte Verhalten sowohl der ‚großen Herren' als auch der einfachen Leute immer mehr von Gott? Worin liegt der Unterschied zwischen heidnischem Götzendienst und christlicher Heiligen- und Marienverehrung? Wie erkennt man, ob ein Bild angebetet wird oder mittels eines Bildes zu Gott gebetet wird? Wie wird ein Mensch zum Heiligen, wie kann man Gnade erlangen und wie drückt sich frommes und gottgefälliges Verhalten aus? Dies sind nur einige Fragen, die in der Darstellung fremder Religionen und Rituale aufscheinen oder gar explizit gestellt und beantwortet werden.

Der Einbezug des Eigenen in die Wahrnehmung und Darstellung des Fremden ist ein wesentliches Konstituens von kultureller Alterität als Verstehens- und Erfahrungsrahmen, da Fremdheit immer relational ist. Das Erzählen vom Fremden und insbesondere das Erzählen von fremden Religionen, deren Ritualen, sakralen Räumen, Objekten und Figuren, ist gekennzeichnet durch Einordnungen, Zuschreibungen und den Rückgriff auf Erzähltraditionen, die den Bereich des Eigenen mit dem des Fremden in eine Beziehung setzen. Diese Erzählweise produziert semantische Übertragungen, strukturelle Analogien und diskursive Überlagerungen, durch welche eine exakte Unterscheidung zwischen Eigenem und Fremdem unterlaufen wird und sich sowohl das Eigene im Fremden als auch das Fremde im Eigenen widerspiegelt. Der Fokus der vorliegenden Arbeit liegt also nicht ausschließlich auf dem Bild des Fremden, das in den *Reisen* konstruiert wird, sondern vielmehr auf den Überlagerungen mit dem Eigenen, die in der erzählerischen Darstellung des Fremden entstehen, und auf dem diesen Fremdbeschreibungen zugrundeliegenden, oder über den Blick auf das Fremde konstruierten Bild des Eigenen. Gleichzeitig geht es aber auch immer um Abgrenzungen, die zwischen dem Eigenen und dem Fremden gezogen werden, gerade wenn sich Vorstellungen und Praktiken im Bereich des Religiösen zu überlagern beginnen.

Durch ihre breite Überlieferung variiert das Bild des Eigenen und das Bild vom Fremden in den verschiedenen Texten und Versionen der *Reisen* und die Reflexionen zwischen Eigenem und Fremdem können je nach Entstehungskontext eines Einzeltextes verstärkt, zurückgenommen oder anderweitig verändert sein. Im Vergleich verschiedener Versionen, die bis zur Epochengrenze der Frühen Neuzeit reichen und den Medienwechsel von der Handschrift zum Druck umfassen, wird über Zusätze der Bearbeiter, Textumstellungen und -änderungen die Verarbeitung dieser oben genannten Themen und Problematiken immer deutlicher. Sei dies durch ein fingiertes Widmungsschreiben an den König von England, Edward III, in einigen der englischen Versionen, das diesen als Herrscher über alle Sterblichen und somit auch über den Papst stellt, durch die Variationen bei der Nennung des Papstes, die auf das Avignonesische Papsttum und das Abendländische Schisma anspielen, oder durch eingefügte oder gestrichene Passagen, in denen die Kritik an der westlichen Kirche, dem Klerus und den institutionalisierten Praktiken der Heilsvermittlung deutlich wird.

Die vorliegende Untersuchung hat mehrere Schwerpunkte. Im Vordergrund steht erstens die Frage nach der erzählten Wahrnehmung und der erzählerischen Darstellung kultureller und vor allem religiöser Alterität. Durch die Analyse der rhetorischen, narrativen und diskursiv vorgeprägten Erzählmittel soll untersucht werden, wie in den *Reisen* vom fremden Religiösen erzählt wird und welche Funktionen, Wertungen und semantischen Auswirkungen daraus sowohl in Bezug auf das konstruierte Bild des Fremden entstehen als auch auf das Bild der eigenen religiösen Praktiken und etablierten Formen der Heilsvermittlung. Als ‚fremdes Religiöses‘ werden fremde, nicht-lateinisch-christliche Religionen, ihre religiösen Ausdrucksformen, Dogmen, Rituale und Praktiken gesehen, sowie religiöse Figuren, Führer, Herrscher und ihre Herrschaftsräume. Diese müssen nicht zwingend intradiegetisch als religiöse Figuren und sakrale Räume oder Objekte fungieren, sondern sie werden häufig erst in der Darstellung des Erzählers als solche markiert und semantisiert.

Zweitens liegt der Fokus der Untersuchung auf den deutschsprachigen Versionen der *Reisen*, das heißt in erster Linie auf der Velser- und in zweiter auf der Diemeringen-Übersetzung. Die schwerpunktmäßige Orientierung an der Velser-Übersetzung begründet sich dadurch, dass in ihr der Medienwechsel von der Handschrift zum Druck besonders gut nachvollzogen werden kann und dieser mediale Wechsel durch den Einbezug einer Einzelhandschrift (Hs. N), die dem Text des Druckes sehr nahesteht, präzise untersucht werden kann. So ist es auch ein Anliegen dieser Arbeit, das Verhältnis von Abweichungen zwischen den Einzeltexten und ihren medialen Repräsentationsformen der Handschrift und des Druckes, die bisher von der Forschung nur ungenügend beschrieben worden sind, zu klären und am Beispiel der Velser-Übersetzung die Scharnierstelle zwischen Handschrift und Druck in den Blick zu nehmen.

Neben der Diemeringen-Übersetzung, die hier vornehmlich in der Version des Basler Frühdruckes von Bernhard Richel herangezogen wird und die sich in wesentlichen inhaltlichen Punkten sowie im Aufbau von der Velser-Übersetzung unterscheidet, sollen noch weitere Einzeltexte der *Reisen* in die Untersuchung mit einbezogen werden. Dazu gehören ausgewählte Diemeringen-Handschriften, eine nordniederdeutsche Übersetzung der französischen

Vorlage Diemeringens und einige englisch- und französischsprachige Versionen der *Reisen*, wie der Paris-Text (ältester überlieferter Text von 1371), die Insulare Version, der Cotton- und Egerton-Text und die Defective- sowie die Bodley-Version. Der stellenweise Einbezug dieser Texte und Versionen der *Reisen* hilft dabei, die Eigenarten und Besonderheiten der deutschsprachigen Übersetzungen herauszuarbeiten und Einzelbeobachtungen und feststellbare Bearbeitungstendenzen der hier fokussierten Einzeltexte zu stützen.

Um Textveränderungen und Textnähen der verschiedenen Einzeltexte der *Reisen* besser nachvollziehen können, bei den deutschen Versionen insbesondere zwischen Handschrift und Frühdruck, ist der vorliegenden Untersuchung ein Anhang mit einer synoptischen Gegenüberstellung von ausgewählten und für die Untersuchung wichtigen Episoden beigegeben. In diesem finden sich von der Verfasserin angefertigte Transkriptionen von Handschriften und Frühdrucken sowie Auszüge aus Editionen, die einen Vergleich der Textstellen auf einen Blick möglich machen und sowohl größere als auch kleinere Textänderungen schnell erkennen lassen.

Drittens ist es ein Anliegen dieser Arbeit, einen Beitrag zur deutschsprachigen Mandeville-Forschung zu leisten, die nach einigen grundlegenden Arbeiten, vornehmlich zur Überlieferung, und wenigen kleineren Untersuchungen, noch viel Raum für eine Auseinandersetzung mit den *Reisen* bietet. Einerseits ist die Frage nach durch den Medienwechsel von der Handschrift zum Druck verursachten Textänderungen in den deutschsprachigen Versionen der *Reisen* in der Mandeville-Forschung ein Desiderat, andererseits insbesondere eine Untersuchung zur Darstellung des fremden Religiösen. Die vorliegende Arbeit setzt sich daher, neben den Fragen, die in der germanistischen Forschung an die *Reisen* herangetragen werden, auch mit verschiedenen Fragen auseinander, die in der anglistischen und der romanistischen Mandeville-Forschung prominent sind. Von großen Teilen der Forschung wird die Ansicht vertreten, der Autor-Erzähler humanisiere das Fremde und zeige eine für seine Zeit ungewöhnliche Toleranz gegenüber den fremden Sitten und Religionen. Diese beinahe schon als Topos in der Forschung zu bezeichnende Ansicht soll durch die Analyse der Episoden und Textstellen in den *Reisen*, in denen fremdes und eigenes Religiöses beschrieben und verhandelt wird, kritisch hinterfragt werden. Letztendlich konnte eine alternative Lektüre gefunden werden, die mittels der Unterscheidung zwischen Dogma und Praxis Mandevilles Umgang mit dem Fremden ohne den Toleranzbegriff, der von der Forschung meist mit sehr modernen Implikationen versehen ist, zu beschreiben vermag.

Da die *Reisen* grundsätzlich mit topographischen und heilsgeschichtlichen Ordnungsmustern operieren, wie den die Welt teilenden Paradiesflüssen

und den Raumkategorien des Heiligen Landes und des Fernen Ostens, bot
es sich für den Aufbau der vorliegenden Arbeit an, eine in den *Reisen* selbst
angelegte Struktur zu übernehmen. So kommen nach einführenden Bemerkungen zum Textkorpus, nach einer Auseinandersetzung mit den wichtigsten
Forschungsfragen und -debatten, sowie der Darlegung der methodischen Vorgehensweise und der Betrachtung der grundlegenden Mechanismen der Darstellung des fremden Religiösen die beiden Großräume der *Reisen* in den Blick,
die der Aufteilung in einen ersten und einen zweiten Teil des Reiseberichts entsprechen. Sie lassen sich aufgrund ihrer unterschiedlichen topographischen
und zeitlichen Strukturierung als Heils- und Machtraum charakterisieren.

Im Heilsraum gilt das Interesse der vorliegenden Untersuchung dem Erzählen von fremden Religionen und ihren Ritualen in diesem christlich semantisierten Raum. Hier werden vom Erzähler sowohl Differenzierungen
zwischen den Religionen vorgenommen und beschrieben, als auch deutliche
Abgrenzungen zwischen dem Fremden und dem Eigenen gezogen. Zudem
finden sich auf verschiedenen Ebenen der Erzählung Reflexionen auf das
westliche Christentum, in denen explizit Kritik an der eigenen Frömmigkeit
geäußert wird, oder in denen weniger deutlich Alternativen zu eigenen Heilsvermittlungspraktiken aufgezeigt werden. Im Fokus der Untersuchung stehen
die Auseinandersetzungen des Erzählers mit den Praktiken der Ostchristen
(Samaritaner und Jakobiten) sowie die Episoden über den Islam, Mohammed
und das Gespräch des Erzählers Mandeville mit dem Sultan von Ägypten, der
den Christen und insbesondere den weltlichen und geistlichen Oberhäuptern
der Christenheit sündhaftes und unmoralisches Verhalten vorwirft. Gerade in
den Episoden über den Islam finden sich verschiedene als grundlegende Differenzierungskonstanten innerhalb der Auseinandersetzung des Christentums
mit anderen Religionen zu beschreibende Darstellungsmuster, mit denen der
anderen Religion in all ihren Ausformungen eine Heilswahrheit abgesprochen
wird. Nach einer Analyse von Episoden, die sich im Übergangsbereich zwischen Heils- und Machtraum finden und in denen sich eine kritische Haltung
gegenüber der Moral und der Lebensführung exemplarischer christlicher und
christlich institutionalisierter Figuren abzeichnet, sollen der Machtraum und
die in ihm beschriebenen fremden Rituale und Herrscher in den Blick kommen.

Im Zentrum des Machtraumes steht der mongolische Großkhan, der als
größter, reichster und gewaltigster Herrscher der Welt beschrieben wird und
dessen Macht quasi als Gravitationszentrum in der Topographie des Raumes
wirkt. Nach einer Beschreibung der Kennzeichen des Machtraumes widmet
sich das zweite Kapitel ausgewählten Ritualen, die von den Völkern in die-

sem Machtraum praktiziert werden. In der erzählerischen Darstellung dieser Rituale werden christliche Vorstellungen von Praktiken der Heilsvermittlung über Begriffe, Rhetoriken und strukturelle Analogien eingebracht und in der Überlagerung mit den fremden selbst wiederum verfremdet. Der Blick zurück auf das Eigene kann dabei auch ein kritischer sein, der über die Darstellungsmittel der Perversion und der Übersteigerung des Eigenen im Fremden zwar in seiner Direktheit abgeschwächt ist, aber dennoch aufzeigt, dass die äußere Form, abgetrennt von ihrem Inhalt (dem Bezug zu Gott), immer ambivalent ist. Deutlich wird dies unter anderem anhand der Auseinandersetzung mit der von den Fremden behaupteten Universalität der Bilderverehrung.

In den Kapiteln über die Herrschaft, die Herrschaftsrepräsentation und die Reichsgeschichte des Großkhans und der Mongolen stellen sich Fragen nach der Wahrnehmung fremder Objekte und fremder ritueller Handlungen, die zur Herrschaftsrepräsentation eingesetzt werden, und nach den Bedingungen und Auswirkungen von Bedeutungszuschreibungen an diese materiellen und äußerlichen Formen, deren Sinn sich dem beobachtenden Erzähler nicht unmittelbar erschließt. Fremde Herrschaft ist im christlichen Denken immer problematisch und wird auch in den *Reisen* in einen Verstehensrahmen hineingeholt, in welchem sie als angemaßte Sakralherrschaft und in unterschiedlichem Maße als Hybris gegenüber Gott profiliert wird. In der Darstellung der Mongolenherrschaft jedoch wird ein ambivalentes Bild zwischen göttlicher Auserwähltheit und Hybris gezeichnet.

Zur Beschreibung fremder Herrschaftsformen wird häufig als Vergleichsfigur aus dem Bereich des Eigenen die im zeitgenössischen Kontext der *Reisen* nicht unproblematische Herrscherfigur des Papstes herangezogen, die weltliche und sakrale Herrschaft verbindet. Der Papst-Vergleich ist ein durchgängiges Thema der vorliegenden Arbeit und er wird auch in der Untersuchung der Kalifen- und der Sultansherrschaft, die sich an den Teil über den Großkhan anschließt, in seinen vielfältigen Übertragungsleistungen analysiert. Das die Arbeit abschließende Beispiel der Herrschaft des Priesterkönigs Johannes zeigt demgegenüber die vorbildliche Verbindung von weltlicher und sakraler Herrschaft, die jedoch von den *Reisen* gegenüber der Khansherrschaft marginalisiert wird. Am Umgang des Priesterkönigs mit seinen der Herrschaftsrepräsentation dienenden Objekten kann ein im christlichen Sinne gottgefälliges und von Demut geprägtes Herrschaftsmodell beobachtet werden.

II. Textkorpus und Spezifika der Einzeltexte

1. Versionen und Texte der *Reisen*

Die frühen Forschungsarbeiten, die sich mit der Überlieferung von Mandevilles *Reisen* und in diesem Zusammenhang meist auch mit der Autorfrage befassten, legten eine Grundeinteilung der Handschriften in drei Überlieferungsgruppen fest. Als erste unterschied Josephine Waters Bennett in ihrer Untersuchung der französischen Handschriften die Norman-French-, die Paris-French- und die Ogier-Liège-Version voneinander.[3] Guy de Poerck, der sich auf die Ergebnisse Bennetts stützt, diese aber ergänzt und präzisiert, prägte die bis heute geläufigere geographische Einteilung in die Insulare, die Kontinentale und die Lütticher Version.[4] Neue Erkenntnisse und Neuentdeckungen von Handschriften und Fragmenten berücksichtigend, findet diese grundlegende Einteilung der Mandeville-Überlieferung bis heute in der Forschung Verwendung.[5] Die drei französischsprachigen Hauptgruppen unterscheiden sich durch Textmodifikationen wie Streichungen, Hinzufügungen und den Ausbau von Textpassagen, welche wiederum in die jeweiligen Übersetzungen übertragen wurden und so auch die weiteren Untergruppen kennzeichnen.

---

[3] Vgl. Josephine Waters Bennett: The Rediscovery of Sir John Mandeville. New York 1954, S. 135-146 und Appendix, S. 265-334.

[4] Vgl. Guy de Poerck: La tradition manuscrite des ‚Voyages' de Jean de Mandeville. A propos d'un livre récent. In: R. Vivier u. a. (Hg.): Études de Philologie Romane 2. Gand 1955, S. 125-158.

[5] Siehe Ernst Bremer: (Art.) Mandeville, Jean de (John, Johannes von). In: ²VL, Bd. 5, Sp. 1201-1214 und den neueren Artikel von Volker Zapf: (Art.) Mandeville. In: Deutsches Literatur Lexikon. Das Mittelalter. Hg. v. Wolfgang Achnitz. Bd. 3: Reiseberichte und Geschichtsdichtung. Berlin/ Boston 2012, Sp. 408-417 (allerdings mit einigen Fehlern was die Zuordnung der Editionen zu den Versionen angeht); auch in den meisten Einleitungen der Mandeville-Editionen wird diese Unterteilung in drei Überlieferungsgruppen vorgestellt, siehe z. B. Jean de Mandeville: Le Livre des Merveilles du Monde. Édition critique par Christiane Deluz. Paris 2000, S. 29-32. Susanne Röhl: Der Livre de Mandeville im 14. und 15. Jahrhundert. Untersuchungen zur handschriftlichen Überlieferung der kontinentalfranzösischen Version. München 2004, übernimmt ebenfalls diese Einteilung, bespricht allerdings auch Bennett und de Poerck und die von ihnen festgelegten Unterscheidungskriterien kritisch (S. 15-19). Sie resümiert mit Blick auf die neuere Forschung, dass die Untersuchungen von Bennett, de Poerck und Seymour (letzterer für die englischen Mandeville-Versionen) „nach wie vor [den] aktuellen Forschungsstand wider[spiegeln]", da bisher noch kaum weitere grundlegende Untersuchungen der französischsprachigen handschriftlichen Überlieferung angestellt worden sind (S. 18).

Die Insulare Version der *Reisen* ist vermutlich in England entstanden und war vornehmlich auch dort verbreitet.[6] Sie ist in 25 französischsprachigen Handschriften überliefert und liegt in einer kritischen Edition von Christiane Deluz aus dem Jahr 2000 vor.[7] Insgesamt ca. 42 handschriftlich überlieferte englischsprachige sowie 14 lateinische und drei irische Übersetzungen lassen sich auf die Insulare Version zurückführen und bilden die Untergruppe des englischen – oder eben insularen – Zweigs der *Reisen*.[8] Vor allem durch die Arbeiten Michael C. Seymours[9] und durch zahlreiche Editionen[10] ist der insulare

---

[6]   Vgl. Michael C. Seymour: Sir John Mandeville. Aldershot, Hants 1993, S. 4.

[7]   Vgl. Deluz, Le Livre des Merveilles du Monde. Deluz berücksichtigt in ihrer Edition alle 25 Textzeugen, siehe die Auflistung und Besprechung der Hss. ebd., S. 36-58. Als Leithandschrift wählt sie die aus der Region York stammende Hs. Lo2: London, B.L. Harley 212, datiert auf das Ende des 14. Jhs. (vgl. ebd., S. 73 und zur Beschreibung der Hs. S. 37f.).

[8]   Siehe die Auflistungen der Hss. der insularen Tradition bei Bennett, Rediscovery, S. 181-204, und bei Seymour, Sir John Mandeville, S. 43-45.

[9]   Vgl. z. B. Michael C. Seymour: The English Manuscripts of Mandeville's Travels. In: Edinburgh Bibliographical Society Transactions 4 (1966), S. 169-210, und neueren Datums ders.: Sir John Mandeville, sowie dort die bibliographischen Angaben zu seinen weiteren Veröffentlichungen.

[10]   Mit ca. 36 Hss. ist die sogenannte *Defective Version* (vor 1400 entstanden) die älteste und die am meisten verbreitete englischsprachige Redaktion der *Reisen*; sie liegt in zwei Editionen vor: The Defective Version of Mandeville's Travels. Edited by Michael C. Seymour. Oxford 2002 und The Book of John Mandeville. Ed. by Tamarah Kohanski and C. David Benson. Kalamazoo 2007. Der erste gedruckte englische Text der *Reisen*, der *Pynson Frühdruck* der Defective Version von 1496, ist als Faksimile und in einer kommentierten Edition herausgegeben: The Travels of Sir John Mandeville. Facsimile of Pynson's Edition of 1496. Ed. by Michael C. Seymour. Exeter 1980 und The Book of John Mandeville. An Edition of the Pynson Text with Commentary on the Defective Version. Edited by Tamarah Kohanski. Tempe 2001. Die in einer Hs. überlieferte *Cotton Version* liegt in zwei Editionen vor: Mandeville's Travels. Translated from the French of Jean d'Outremeuse. Ed. from Ms. Cotton Titus c. XVI, in the British Museum by Paul Hamelius. 2 Vols. Bungay 1919/1923 und Mandeville's Travels. Edited by M. C. Seymour. Oxford 1967. Die zwei überlieferten Hss. der *Bodley Version* wurden jeweils von Malcolm Letts und von Seymour ediert: Mandeville's Travels. Texts and Translations. Ed. by Malcolm Letts. Vol. II. London 1953 (Nachdruck 1967), S. 415-481 [Ms. Rawl. D.99] und The Bodley Version of Mandeville's Travels. From Bodleian MS. E Musaeo 116 with Parallel Extracts from the Latin Text of British Museum MS. Royal 13 E. IX. Edited by Michael C. Seymour. London 1963. Die unikal überlieferte *Egerton Version* wurde Ende des 19. Jh.s von George Warner ediert und mit einem bis in die heutige Forschung wirkenden und häufig referenzierten Kommentar ausgestattet: The Buke of John Maundeuill Being the Travels of Sir John Mandeville, Knight 1322-1356. A Hitherto Unpublished English Version from the Unique Copy (Egerton MS. 1982) in the British Museum edited together with the French Text, Notes, and an Introduction by George F. Warner. Illustrated with Twenty-Eight Minia-

Zweig die von der Forschung bisher am besten erschlossene Überlieferungstradition. Inhaltliche Kennzeichen dieser Version sind die im Vergleich zur
Kontinentalen Version kürzere Darstellung der Episode über das schreckliche
Tal und mehrere Hinzufügungen und Erweiterungen, wie zum Beispiel in den
Episoden über die Geographie und die Klimata der Welt. Zehn Handschriften
der Insularen Version enthalten im Epilog ein lateinisches Widmungsschreiben an den König von England, Edward III, wobei in der Forschung umstritten
ist, ob es sich dabei um eine spätere Interpolation oder um einen „autorna-
hen" Zusatz handelt, da es schon in der ältesten Handschrift von circa 1375
überliefert ist.[11] Ein Großteil der englischsprachigen Handschriften der Insularen Version weist außerdem im Epilog die Hinzufügung eines Papstbesuchs
des Erzählers auf, bei welchem der Papst und sein weiser Rat die Erzählung
für wahr erklären.

Die Kontinentale Version umfasst ca. 28 französischsprachige Handschriften, die größtenteils in Frankreich entstanden sind.[12] Eine kritische Edition

---

tures Reproduced in Facsimile from the Additional Ms. 24,189. Westminster 1889. Die
neueste Edition Seymours zeigt die Nähe des Egerton-Textes zur Defective Version auf:
The Egerton Version of Mandeville's Travels. Hg. v. Michael C. Seymour. Oxford 2010.
Ediert ist auch die unikal überlieferte *Metrical Version*, die mit der insular-lat. Harley
Version verwandt und in Versform geschrieben ist und die Erzählhaltung von der ers-
ten in die dritte Person verlegt: The Metrical Version of Mandeville's Travels. From the
Unique Manuscript in the Coventry Corporation Record Office. Edited by Michael C. Sey-
mour. London 1973.
Aufgeführt sind hier nur die originalsprachlichen, kritischen Editionen. Zu Übersetzun-
gen und Nachdrucken siehe Seymour, Sir John Mandeville, S. 50-53.

[11] Der lateinische Text des Schreibens wird in der Edition von Deluz, Le Livre des Merveilles du Monde, S. 483, abgedruckt sowie – mit engl. Übersetzung – im Kommentar
von Hamelius, Ed. Cotton-Version, Bd. II, S. 14. Letzterer bemerkt zur ‚Originalität' des
Widmungsschreibens: „Sir G. Warner regards this as an interpolation, because it does
not appear in the best manuscripts. To us it seems genuine [...]." (Ebd.) Auch Michael
J. Bennett: Mandeville's Travels and the Anglo-French Moment. In: Medium Aevum
75,2 (2006), S. 273-292, argumentiert für die Echtheit des Schreibens und erwägt abschließend: „It is indeed hard to imagine any author of French secular literature in the
1350s not seeking to bring his work to the attention of Edward III." (S. 281) Iain Macleod
Higgins: Writing East. The ‚Travels' of Sir John Mandeville. Philadelphia 1997, bezeichnet dagegen das Widmungsschreiben als „an obvious sort of deception" (S. 298, Anm.
14). Vgl. außerdem zum Widmungsschreiben die aktuelle Untersuchung von Mark W.
Ormrod: John Mandeville, Edward III, and the King of Inde. In: The Chaucer Review 46,3
(2012), S. 314-339, der stark historisch arbeitet und versucht, einen Autor Mandeville und
dessen Verbindungen zum englischen Königshaus nachzuweisen.

[12] Siehe die Liste und Beschreibung der Hss. bei Bennett, Rediscovery, S. 272-280 (25 Hss.)
und Seymour, Sir John Mandeville, S. 38f. (32 Hss.). Deluz, Ed., Le Livre des Merveilles

der Kontinentalen Version liegt bis heute noch nicht vor, allerdings wurde mit der 2004 erschienenen Untersuchung zur handschriftlichen Überlieferung der kontinentalfranzösischen Textzeugen von Susanne Röhl ein guter Ausgangspunkt für ein solches Vorhaben geschaffen.[13] Der Kontinentalen Version gehört mit einer Pariser Handschrift aus dem Jahr 1371 die älteste erhaltene Handschrift der *Reisen* an, die 1953 von Malcolm Letts in einer Edition herausgegeben wurde.[14] Letts' Bezeichnung dieses Textes nach seinem Entstehungsraum auf der Île-de-France als „Paris-Text" soll im Folgenden der einfacheren Nachvollziehbarkeit wegen beibehalten werden, wenn von dieser Version die Rede ist.[15] Eine Verwechslung mit anderen Texten der Kontinentalen Version wird ausgeschlossen, da Letts' Edition die einzige allgemein verfügbare Textrepräsentation der Kontinentalen Version darstellt.[16]

---

du Monde, S. 30, die sich vornehmlich mit der Insularen Version befasst, spricht von 30 Hss. der Kontinentalen Version und Röhl, Der Livre de Mandeville im 14. und 15. Jahrhundert, S. 28-141, listet und beschreibt ausführlich 28 Hss.

[13]   Vgl. Röhl, Der Livre de Mandeville im 14. und 15. Jahrhundert.

[14]   Vgl. Mandeville's Travels. Texts and Translations. Ed. by Malcolm Letts. Vol. II. London 1953 (Hakluyt Society 2/102) (Nachdruck 1967), S. 226-413. Letts ediert die auf den 18.9.1371 datierte Hs. Paris BNF nouv. acq. fr. 4515. Siehe auch die kurze Beschreibung der Hs. bei Bennett, Rediscovery, S. 272, sowie aktueller und mit Abb. bei Susanne Röhl, Der Livre de Mandeville im 14. und 15. Jahrhundert, S. 110-114, und dies.: Le Livre de Mandeville à Paris autour de 1400. In: Godfried Croenen/ Peter Ainsworth (Hgg.): Patrons, Authors and Workshops. Books and Book Production in Paris around 1400. Louvain 2006, S. 279-295, bes. S. 281-285.

[15]   De Poerck, La Tradition Manuscrite, S. 128, bezeichnete die Hs. BNF nouv. acq. fr. 4515 mit der Sigle P[13], welche auch in späteren Forschungsarbeiten wie denen von Susanne Röhl und Klaus Ridder Verwendung findet. Arbeiten, die sich mit mehreren Hss. der Kontinentalen Version befassen, unter denen sich auch weitere Pariser Hss. befinden, müssen mit einer genauen Siglen-Kennzeichnung differenzieren, während es für Arbeiten, die – wie die vorliegende – die Kontinentale Version nur in der Edition Letts' heranziehen, ausreichend erscheint, diesen Einzeltext allgemeiner als Paris-Text zu bezeichnen. So verfährt beispielsweise auch Reinhard Berron: Einige Bemerkungen zu übersetzten Namen in der Diemeringen-Version von Mandevilles ‚Reisen'. In: Christiane Ackermann (Hg.): Texte zum Sprechen bringen. Philologie und Interpretation. Fs. Paul Sappler. Tübingen 2009, S. 219-229, hier S. 221.

[16]   Zwar wird von der Forschung bemängelt, die Edition Letts', die kaum über eine Transkription der Hs. hinauskommt, sei „als Lösung unbefriedigend" (Klaus Ridder: Jean de Mandevilles ‚Reisen'. Studien zur Überlieferungsgeschichte der deutschen Übersetzung des Otto von Diemeringen. München/ Zürich 1991, S. 20), doch wird aus Mangel an einer Alternative durchgehend mit ihr gearbeitet, was zumindest einer Vergleichbarkeit der Forschungsbeiträge zuträglich ist.

Uneinigkeit in der Forschung besteht hinsichtlich der Frage nach der vermeintlich größeren „Autornähe" der Kontinentalen oder der Insularen Version. Während vor allem Bennett und Deluz die Insulare Version als autornah betrachten, obwohl es keine sicher datierbaren Handschriften aus der Zeit vor 1375 gibt, erklären de Poerck und Seymour die Kontinentale Version als die nachweislich ältere und originalere.[17] Größtenteils einig ist sich die Forschung inzwischen darüber, dass die ältesten überlieferten Textzeugen beider Versionen Abschriften einer oder mehrerer nicht mehr erhaltener Handschriften sind und dass der verlorene Archetyp auf dem Festland, wahrscheinlich in Nordfrankreich, entstanden sei.

Die dritte Untergruppe der französischsprachigen Überlieferung der *Reisen*, die Lütticher Version, ist in sieben Handschriften überliefert, deren älteste auf das Jahr 1396 datiert.[18] Aufgrund von größeren Übereinstimmungen wird angenommen, dass sie eine Redaktion der Kontinentalen Version darstellt und um 1390 in Lüttich entstanden ist.[19] Als Merkmal der Lütticher Version gelten die an vielen Stellen ins Narrativ eingebauten Passagen über den karolingischen Helden Ogier den Dänen,[20] weshalb sie auch als interpolierte Redaktion

---

[17]   Bennett, Rediscovery, S. 146: „[T]he manuscripts written in England in Norman-French represent most faithfully the work of the author." Deluz, Ed., Le Livre des Merveilles de Monde, S. 33: „[C]'est bien le texte anglo-normand qui est premier." Explizit gegen Bennett wendet sich de Poerck, La Tradition Manuscrite, S. 155: „Toutes les probabilités sont en faveur de l'antériorité d'un texte transcrit en France." Auch Seymour: Introduction. In: Ders. (Ed.): The Defective Version of Mandeville's Travels. Oxford 2002, S. xi-xxx, hier S. xi, ist überzeugt: „A copy of this primary version of the book, known as the Continental Version, was carried into England before *c.* 1365 and there developed a separate scribal tradition, known as the Insular Version", ebenso Ridder, Studien zur Überlieferungsgeschichte, S. 146. Vgl. neueren Datums auch M. J. Bennett, Mandeville's Travels and the Anglo-French Moment, bes. S. 277f., der für die Autornähe der Insularen Version argumentiert.

[18]   Die erste Zusammenstellung der Hss. der Lütticher Version und eine Untersuchung ihrer Abhängigkeiten legte Josse de Kock vor: Quelques copies aberrantes des Voyages de Jean de Mandeville. In: Le Moyen Âge 70 (1965), S. 521-537. Siehe außerdem die Auflistung und Beschreibung der Hss. bei Bennett, Rediscovery, S. 280-284 (6 Hss.), Ridder, Studien zur Überlieferungsgeschichte, S. 149 (7 Hss.), und bei Seymour, Sir John Mandeville, S. 46 (7 Hss.).

[19]   Vgl. Röhl, Der Livre de Mandeville im 14. und 15. Jahrhundert, S. 17f. und Ridder, Studien zur Überlieferungsgeschichte, S. 146 sowie Ernst Bremer und Klaus Ridder: Einleitung. In: Dies. (Hgg.): Jean de Mandeville. Reisen. Reprint der Erstdrucke der deutschen Übersetzungen des Michel Velser (Augsburg, bei Anton Sorg, 1480) und des Otto von Diemeringen (Basel, bei Bernhard Richel, 1480/81), Hildesheim u. a. 1991, S. V.

[20]   Ogier der Däne kommt vor allem in der Chanson-de-Geste-Tradition vor und tritt zum ersten Mal in der *Chanson de Roland* auf. Siehe allg. zur Figur Ogiers in der Literatur

oder Ogier-Version bezeichnet wird. Die Einschübe über den christlichen Eroberer Ogier, der im Osten missionierte und Städte gründete, wirken teilweise auch auf das Erzählte ein, sie semantisieren den Raum der Fremde, hängen sich an Elemente der Erzählung und geben diesen somit einen neuen Verstehensrahmen.[21] Außerdem weist die Lütticher Version im Gegensatz zur Kontinentalen mindestens zwei zusätzliche Fremdsprachenalphabete auf.[22] Von der Forschung viel diskutiert ist die Möglichkeit, für diese Version einen Redaktor identifizieren zu können, und zwar den Lütticher Chronisten und Romancier Jean d'Outremeuse, zwischen dessen Werk und den *Reisen* sich Parallelen aufzeigen lassen.[23] Da außerdem im Epilog der Lütticher Version Jean de Bourgogne (dit à la Barbe) als angeblicher Auftraggeber und Initiator der Niederschrift des Reiseberichts genannt wird und historiographischen Lütticher Quellen zufolge Jean de Mandeville und der Lütticher Arzt Jean de Bourgogne dieselbe Person gewesen seien, winden sich die Theorien über einen möglicherweise zu identifizierenden Autor der *Reisen* – sei es Jean de Bourgogne oder Jean d'Outremeuse – um die Lütticher Version.[24]

Weder eine kritische Edition der Lütticher Version noch eine edierte Einzeltextausgabe liegen bis heute vor, was eine wissenschaftliche Beschäftigung mit dieser Textgruppe schwierig macht. Lediglich Exzerpte aus einer Handschrift der Lütticher Version aus dem 14. Jahrhundert wurden von Christiane Deluz veröffentlicht, allerdings als Übersetzung ins Neufranzösische, ohne

---

Knud Togeby: Ogier le Danois dans les littératures européennes. Kopenhagen 1969 und zu den Ogier-Einschüben in der Lütticher Version und in deren Übersetzungen Ridder, Studien zur Überlieferungsgeschichte, S. 156-159, 168f., 179-185, 236-240.

[21] Dies ist beispielsweise in besonderer Weise der Fall, wenn in der Version des Frühdruckes von Diemeringens Übersetzung erklärt wird, die größten Herrscher des Ostens, der Großkhan von Cathay und der Priesterkönig Johannes, hielten sich beide für Nachkommen Ogiers. Vgl. Ddr., S. 325 und S. 353.

[22] Gemäß Ridder, Studien zur Überlieferungsgeschichte, S. 159, sind das Alphabet von Cathay und das aus dem Land des Priesterkönigs Johannes der Lütticher Version hinzugefügt sowie außerdem in zwei Hss. das tartarische Alphabet. Die beiden ersten Alphabete finden sich dann wiederum in der Übersetzung Diemeringens.

[23] Vgl. zu Jean d'Outremeuse allg. Rosemary Tzanaki: Aspects of Mandeville's Audiences. In: Ernst Bremer/ Susanne Röhl (Hgg.): Jean de Mandeville in Europa. Neue Perspektiven in der Reiseliteraturforschung. Paderborn 2007, S. 79-91, bes. S. 82-87. Tzanaki bespricht und vergleicht auch die Ogier-Stellen in der Lütticher Version und bei Jean d'Outremeuse.

[24] Vgl. die ausführliche Besprechung dieser Hypothesen mit weiterführenden Literaturangaben Ridder, Studien zur Überlieferungsgeschichte, S. 151-164. Siehe zur Autordiskussion außerdem für die romanistische Forschung Deluz, Ed., Le Livre des Merveilles du Monde, S. 7-14, und für die anglistische Forschung Seymour, Sir John Mandeville, S. 5-24.

Verweise auf die ursprüngliche Text- und Sprachgestalt.[25] Der Einfluss dieser dritten Textgruppe auf die weitere Verbreitung der *Reisen* war nicht unwesentlich, denn von ihr stammen die Lateinische Vulgata-Version[26] und die Diemeringen-Übersetzung ab, welche wiederum Vorlage für die Dänische[27] und die Tschechische[28] Version waren. Die Ogier-Interpolationen finden sich, jedoch

[25] Vgl. Christiane Deluz: Le Livre de messire Jean de Mandeville. Version liègeoise 1396. In: Danielle Régnier-Bohler (Hg.): Croisades et pèlerinages. Récits, chroniques et voyages en Terre Sainte, XIIᵉ-XVIᵉ siècle. Paris 1997 (Nachdruck 2002), S. 1391-1435. Betitelt ist Deluz' Übersetzung zwar der ältesten überlieferten Hs. P¹¹ (Paris, BNF, ms. fr. 24436) entsprechend mit „Version liégoise 1396", doch legt sie nicht – wie anzunehmen wäre – diese Hs. ihrer Übersetzung zugrunde, sondern die aus dem 14. Jh. stammende Hs. Ch (Chantilly, Musée Condé, No. 699). Des Weiteren findet sich Higgins zufolge: The Book of John Mandeville. With Related Texts. Edited and Translated, with an Introduction, by Iain Macleod Higgins. Indianapolis 2011, S. 192, Anm. 7, eine Transkription der Hs. Ch, oder wenigstens der darin enthaltenen Ogier-Passagen, in der nicht veröffentlichten Dissertation von Edward Warren Crosby: Otto von Diemeringen. A German Version of Sir John Mandeville's ‚Travels'. Diss., University of Kansas 1965, S. lxix-lxxxvii. Higgins, ebd., S. 192-199, übersetzt ausgewählte Ogier-Passagen der Lütticher Version ins Englische, die er der Transkription Crosbys entnimmt und mit den Exzerpten von Deluz ergänzt.

[26] Die Vulgata Version ist um ca. 1/3 des ursprünglichen Textes gekürzt und in 41 Hss. und vier Inkunabeln überliefert. Vgl. zur Vulgata Version die ausführlichen Angaben bei Ridder, Studien zur Überlieferungsgeschichte, S. 164-178. Higgins: Writing East. The ‚Travels' of Sir John Mandeville. Philadelphia 1997, arbeitet an verschiedenen Stellen mit dieser Version, vgl. z. B. die kurze, allg. Besprechung ebd. S. 25. Eine moderne, kritische Edition der Vulgata Version liegt nicht vor, allerdings kann auf den von Richard Hakluyt herausgegebenen Text von 1589 zurückgegriffen werden: Liber Ioannis Mandevil. Edited by Richard Hakluyt. In: Ders. (Hg.): The Principall Navigations, Voiages and Discoveries of the English Nation. London 1589. A Photo-Lithographic Facsimile. With an introduction by David Beers Quinn and Raleigh Ashlin Skelton and with a New Index by Alison Quinn. 2 Bde. Cambridge 1965, Bd. I, S. 23-79. Außerdem finden sich ausgewählte, ins Englische übersetzte Stellen aus der lat. Vulgata (nach der Hakluyt-Edition) in Higgins, Ed., The Book of John Mandeville, S. 206-218.

[27] Die älteste Hs. der Dänischen Version datiert auf das Jahr 1444 und wurde vermutlich von Peder Hare unter Benutzung einer Hs. der lateinischen Vulgata Version angefertigt. Sie ist in vier Hss., drei davon aus dem 16. Jh., überliefert. Siehe die Auflistung der Hss. bei Bennett, Rediscovery, S. 326f., und bei Seymour, Sir John Mandeville, S. 49. Vgl. außerdem Seymour/ R. A. Waldron: The Danish Version of Mandeville's Travels. In: Notes and Queries 10,11 (1963), S. 406-408. Es liegt eine von Marcus Lorenzen angefertigte Edition der Dänischen Version vor, die alle vier Hss. berücksichtigt: Mandevilles Rejse i gammeldansk oversættelse, tillige med en vejleder for pilgrimme, efter håndskrifter udgiven af Marcus Lorenzen. Kopenhagen 1882.

[28] Die Tschechische Version stammt wahrscheinlich von Vavrinec von Brezov (1370-1436), der am Hof Wenceslaus IV u. a. als Chronist arbeitete und vor 1419 von einer Vorlage der

nicht immer einheitlich, in all diesen auf die Lütticher Redaktion zurückgehenden Versionen. Damit erfuhr die Lütticher Version, trotz ihrer lokalhistori-
schen Prägung, eine größere europäische Verbreitung als die Insulare oder die
Kontinentale Version.

Insgesamt umfasst die Mandeville-Überlieferung ca. 300 Handschriften
und zahlreiche Drucke, die in den meisten westeuropäischen Sprachen vor-
liegen und von der großen Beliebtheit der *Reisen* zeugen. Die Druckgeschichte
beginnt mit einem niederländischen Druck um 1470 und reicht, vor allem in
England, wo später viele günstige Editionen und *chapbooks* erschienen sind,
bis ins 20. Jahrhundert.[29] Im Inkunabelzeitalter erschienen zahlreiche Drucke
der verschiedenen Versionen und deren Übersetzungen. Eine schematische
Darstellung der Gesamtüberlieferung der *Reisen* mit Hinweisen zu Handschriften, Drucken und Editionen findet sich im Anhang dieser Arbeit.

Diemeringen-Redaktion übersetzte. Sie ist in 7 Hss. aus dem 15. Jh., weiteren Abschriften
aus späteren Jh.en und mind. 4 Drucken aus dem 16. und 17. Jh. überliefert. Siehe die
Auflistung der Hss. bei Bennett, Rediscovery, S. 327-329, und bei Seymour, Sir John Mandeville, S. 49. Vgl. außerdem Seymour: The Czech Version of Mandeville's Travels. In:
Notes and Queries 26,5 (1979), S. 395-396. Die Tschechische Version liegt in einer Edition
von Frantisek Simek vor: Cestopis t. zv. Mandevilla. Cesky preklad porizeny Vavrincem
z Brezové. Prag 1911 (Nachdruck 1963). Auch ist der Tschechischen Version eine textlose
Hs. aus dem frühen 15. Jh. mit aufwendig gestalteten, kolorierten Silberstiftzeichnun-
gen zuzurechnen, die von Josef Krása herausgegeben wurde: Die Reisen des Ritters John
Mandeville. Achtundzwanzig kolorierte Silberstiftzeichnungen von einem Meister des
Internationalen Stils um 1400 im Besitz der British Library London (Add. ms. 24 189),
eingel. und erl. von Josef Krása. Aus dem Engl. übs. von Inge Jenaczek. München 1983.
Die gleiche Ausg. erschien im selben Jahr auf Engl.: The Travels of Sir John Mandeville. A
Manuscript of the British Library. Introduction and Commentaries on the Plates by Josef
Krása. Tansl. from the Czech by Peter Kussi. New York 1983. In der vorliegenden Arbeit
wurde eine Zeichnung aus dieser Hs. abgebildet, in welcher der Papst eine Delegation
der griechichen Christen empfängt: siehe Abb. 5, S. 151.

[29]   Siehe die Auflistung der europäischen frühen Drucke (und der englischen Editionen bis
1953) bei Bennett, Rediscovery, App. II, S. 335-385, und bei Seymour, Sir John Mandeville,
S. 50-56. Vgl. außerdem Günther W. Ganser: Die niederländische Version der Reisebeschreibung Johanns von Mandeville. Untersuchung zur handschriftlichen Überlieferung. Amsterdam 1985. Die niederländische Version liegt in einer Edition von Nicolaas
Cramer vor: De Reis van Jan van Mandeville, naar de middelnederlandsche Handschriften en Incunabelen. Hg. v. Nicolaas Adrianus Cramer. Leiden 1908.

2. Die deutschen Bearbeitungen der *Reisen*

Die beiden deutschen Mandeville-Übersetzungen, die von Michel Velser und von Otto von Diemeringen vorgenommen wurden, lassen sich letztlich auf die Kontinentale Version zurückführen. Doch während Michel Velser aus einer Handschrift der ursprünglichen Kontinentalen Version übersetzt, bedient sich Otto von Diemeringen einer Vorlage, die der Lütticher Redaktion angehört. Die Übersetzung Michel Velsers ist heute in 40 Handschriften und zwei Fragmenten, diejenige Ottos von Diemeringen in 44 Handschriften und einem Fragment erhalten.[30] Beide Übersetzungen entstanden im letzten Jahrzehnt des 14. Jahrhunderts und wurden später in mehreren Auflagen gedruckt (Velser in 3 Druckauflagen, Diemeringen in 9 bis ins Jahr 1584).[31] Obwohl in handschriftlicher Überlieferung die Velser-Version in der ersten Hälfte des 15. Jahrhunderts noch stärker rezipiert wurde als die Version Diemeringens, nahm mit der Drucklegung der Diemeringen-Version, zuerst in Basel und dann wiederholt in

---

[30] Eine der ersten Untersuchungen zu den Hss. der deutschen Übersetzungen legte Arthur Schoerner vor: Die deutschen Mandeville-Versionen. Handschriftliche Untersuchungen. Lund 1927. Vgl. außerdem die Auflistungen der Hss. bei Bennett, Rediscovery, S. 312-326 (33 Hss. der Velser- und 25 Hss. der Diemeringen-Übersetzung) und bei Seymour, Sir John Mandeville (1993), S. 39f. (38 Velser-Hss.) u. S. 48f. (29 Diemeringe-Hss.) Die neuesten Angaben finden sich bei Volker Zapf: (Art.) Otto von Diemeringen und (Art.) Michel Velser. In: Deutsches Literatur Lexikon. Das Mittelalter. Hg. v. Wolfgang Achnitz. Bd. 3: Reiseberichte und Geschichtsdichtung. Berlin/ Boston 2012, Sp. 491-495, (Velser: 40 Hss., 1 Frgmt.; Diemeringen: 44 Hss., 2 Frgmte.) sowie am aktuellsten online, mit weiteren Verweisen und links zu Abbildungen oder Digitalisaten von Hss., unter www.handschriftencensus.de.

[31] Die Velser-Übersetzung wurde vom Augsburger Drucker Anton Sorg 1480 in einer ersten und 1481 in einer zweiten Auflage gedruckt. 1482 wurde der Sorg-Druck von Johann Schönsperger in Augsburg nachgedruckt. Der Erstdruck der Diemeringen-Übersetzung wurde 1480/81 von Bernhard Richel in Basel besorgt und mehrmals von Johannes Prüß d. Ä. und anderen Druckern in Straßburg nachgedruckt. Die beiden Erstdrucke der Velser- und der Diemeringen-Übersetzung liegen als Faksimile-Edition vor: Jean de Mandeville: Reisen. Reprint der Erstdrucke der deutschen Übersetzungen des Michel Velser (Augsburg, bei Anton Sorg, 1480) und des Otto von Diemeringen (Basel, bei Bernhard Richel, 1480/81), hg. und mit einer Einleitung versehen von Ernst Bremer und Klaus Ridder, Hildesheim u. a. 1991. Vgl. allg. zu den Mandeville-Inkunabeln den online-Gesamtkatalog der Wiegendrucke (GW): http://www.gesamtkatalogderwiegendrucke.de/Show.asp?dir=MANDJOH&file=MANDJOH&localref= (letzter Zugriff am 2.1.2018; alle Links zu Internetquellen dieser Studie wurden zuletzt im Januar 2018 überprüft) sowie die Auflistung und Beschreibung der Drucke bei Bremer/Ridder, Einleitung, S. XIII-XV u. XXIV-XXVI. Eine detaillierte Beschreibung der Diemeringen-Frühdrucke bietet Ridder, Studien zur Überlieferungsgeschichte, S. 134-143.

Straßburg, die Popularität dieser Übersetzung stark zu.[32] In der Neuzeit wurde die deutsche Übersetzung der *Reisen* sogar meist nur mit dem Namen Ottos von Diemeringen in Verbindung gebracht.[33] Der weniger große Druckerfolg der Velser-Version ist allerdings nur relativ zum Erfolg der Diemeringen-Version zu verzeichnen, denn mit gleich zwei Neuauflagen innerhalb von nur 2 Jahren nach ihrem ersten Erscheinen im Dezember 1480 war auch die gedruckte Velser-Version eine Zeit lang durchaus populär.

Ein Blick auf die heutige Editionslage zeigt im Vergleich zu den unterschiedlichen Druckerfolgen der deutschsprachigen Versionen ein leicht umgekehrtes Bild, denn mit Eric John Morralls kritischer Edition der Velser-Handschrift(en) von 1974[34] ist die Velser-Transmission textgeschichtlich sehr viel besser aufgearbeitet als diejenige der Diemeringen-Version. Letztere ist bisher einzig in der Faksimile-Ausgabe des Richel-Druckes 1480/81 von Bremer und Ridder zugänglich gemacht worden, während eine von Ridder angekündigte kritische Edition der handschriftlichen Diemeringen-Überlieferung noch auf sich warten lässt.[35] Auch die modernen nicht-wissenschaftlichen Mandeville-Ausgaben sind zum größten Teil neuhochdeutsche Übersetzungen der Velser-Version.[36]

---

[32] Vgl. Bremer/Ridder, Einleitung, S. XXVII.

[33] Vgl. Ridder, Studien zur Überlieferungsgeschichte, S. 265.

[34] Vgl. Sir John Mandevilles Reisebeschreibung, in deutscher Übersetzung von Michel Velser. Nach der Stuttgarter Papierhandschrift Cod. HB V 86, hg. von Eric John Morrall. Berlin 1974.

[35] Vgl. zum edierten Richel-Druck: Jean de Mandeville: Reisen, Ed. Bremer/Ridder. Ridders Studien zur Überlieferungsgeschichte von 1991 bilden die notwendige Basis für eine kritische Edition, die er schon 1994 in den Editionsberichten ankündigt: Übersetzungsnaher und wirkungsintensiver Text. Zu einer Ausgabe der deutschen Mandeville-Übertragung des Otto von Diemeringen. In: Anton Schwob (Hg.): Editionsberichte zur mittelalterlichen deutschen Literatur. Beiträge der Bamberger Tagung „Methoden und Probleme der Edition Mittelalterlicher Deutscher Texte", 26.-29. Juli 1991. Göppingen 1994, S. 325-331.

[36] Den ersten und lange Zeit einzigen neuhochdeutschen Text der *Reisen* legte Karl Simrock in seinen *Deutschen Volksbüchern* vor, und zwar in Übersetzung des Velserschen Sorg-Druckes von 1481, jedoch auch unter stellenweiser Verwendung der Diemeringen-Übersetzung: Die deutschen Volksbücher. Gesammelt und in ihrer ursprünglichen Echtheit wiederhergestellt von Karl Simrock. Bd. 13. Frankfurt a. M. 1867, S. 1-154. Erst die Ausgabe Theo Stemmlers bot eine moderne, leicht zugängliche Textausgabe der Diemeringen-Version, allerdings nahm auch er Textänderungen vor, die er nicht kenntlich machte. Zudem ist nicht ersichtlich, welchen Diemeringen-Text er verwendet: Die Reisen des Ritters John Mandeville durch das Gelobte Land, Indien und China. Bearbeitet von Theo Stemmler, nach der deutschen Übersetzung des Otto von Diemeringen; unter Berücksichtigung der besten französischen und englischen Handschriften. Stuttgart

Der Hauptfokus der vorliegenden Arbeit liegt auf Michel Velsers Übersetzung, die im Gegensatz zu Diemeringens Übersetzung gestalterisch nicht so
stark verändert wurde, und die insbesondere auch mehr Episoden über die
fremden Glaubensformen und Rituale aufweist. Diemeringens Einteilung des
Textes in fünf Bücher und der damit einhergehenden teilweisen Umstrukturierung der Erzählepisoden fallen einige Episoden über die fremden Glauben und
Religionen zum Opfer, die hingegen in der Velser-Version an ihrer ursprünglichen[37] Stelle im Erzählzusammenhang stehen. Es wird zu zeigen sein, dass die
Velser-Version in den wiederum ihr eigenen Abweichungen von den anderen
Mandeville-Versionen ihre eigene Textlogik besitzt, aber auch, dass sie eine
Spezifik aufweist, die sie für das Thema der Untersuchung besonders geeignet
macht. Denn für die Velser-Version können durch die Heranziehung einer dem
Druck nahestehenden Handschrift der Medienwechsel von der Handschrift
zum Buchdruck und die damit einhergehenden inhaltlichen Textänderungen
besser als in den anderen Versionen nachvollzogen werden. Der vorliegenden Arbeit ist es außerdem ein Anliegen, das Interesse der Forschung wieder
vermehrt auf die Velser-Übersetzung in ihren verschiedenen Text-Manifesta-
tionen zu richten, die bisher in der Literaturwissenschaft nicht so stark wahr-

---

1966. Es folgten in den 80er Jahren zwei nhd. Übersetzungen der Velser-Version, eine
basierend auf Morralls kritischer Velser-Edition, allerdings mit „Kürzungen und Um-
stellungen" (S. 17): Johann von Mandeville. Von seltsamen Ländern und wunderlichen
Völkern. Ein Reisebuch von 1356. Herausgabe, Bearbeitung und Übertragung aus dem
Mittelhochdeutschen von Gerhard Grümmer. Leipzig 1986, und einmal eine nhd. Übersetzung des Textes des Schönsperger-Druckes von 1482: Das Reisebuch des Ritters John
Mandeville. Ins Neuhochdeutsche übertragen und eingeleitet von Gerhard E. Sollbach.
Frankfurt am Main 1989. Die neueste nhd. Übersetzung, Reisen des Ritters John Mandeville. Vom Heiligen Land ins ferne Asien. 1322-1356. Aus dem mittelhochdeutschen übersetzt und herausgegeben von Christian Buggisch. Lenningen 2004, konstruiert ebenso
einen „neuen" Text, indem sie die Velser-Hs. der Morrall- Edition und den Velser-Druck
von 1480 zusammenführt. Auch wenn mit diesen Ausgaben der nicht-wissenschaftliche
Buchmarkt bedient wird, ist das fehlende Interesse an, bzw. Bewusstsein für einen ge-
nuinen und von den Herausgebern unveränderten Text überaus bedauerlich. Vielmehr
ist, wie bei Simrocks Textausgabe aus dem 19. Jh., noch immer ein Bemühen feststellbar,
mittelalterliche Texte „in ihrer ursprünglichen Echtheit wiederher[zu]stell[en]" (Simrock), und damit ein so nie existent gewesenes Text-Phantasma zu erschaffen.

37 „Ursprünglich" ist hier im Sinne der entstehungsgeschichtlich früheren Mandeville-Versionen gemeint, also in Bezug auf die Kontinentale und die Insulare Version, die keine
solchen Textumgestaltungen aufweisen. Es gilt als sicher, dass die Neustrukturierung
der *Reisen* in der Diemeringen-Version von Diemeringen selbst vorgenommen wurde,
da auch die Lütticher Version diese noch nicht aufweist. Vgl. zu den Textänderungen
Diemeringens Ridder, Studien zur Überlieferungsgeschichte, S. 234-252.

genommen und vielleicht auch oft unterschätzt wurden.[38] Nicht zuletzt sind auch die editorische Situation und die allgemeine Zugänglichkeit von Einzeltexten relevant, die sich für die Velser-Version mit der Edition Morralls und der Faksimile-Edition von Bremer und Ridder zur Zeit besser gestaltet als für die Diemeringen-Version.

Da die Editionen in der vorliegenden Arbeit häufig zitiert werden, sollen der übersichtlicheren Lesbarkeit halber Zitate aus der Edition Morralls sowohl im Fließtext als auch in den Fußnoten mit der Abkürzung „Vhs." (für Velser-Handschrift) und Zitate aus der Faksimile-Edition von Bremer/Ridder mit dem Kürzel „Vdr." (für Velser-Druck) gekennzeichnet werden. Dementsprechend wird auf den Diemeringen-Text in der Version des faksimilierten Druckes mit

---

[38] Überblickt man die neuere Forschung zu den deutschsprachigen Mandeville-Versionen, die ohnehin sehr überschaubar ist, entsteht der Eindruck, dass sich der größere Teil der Untersuchungen mit der Version Diemeringens beschäftigt. Vor allem die Arbeiten Ridders, die schließlich auf eine kritische Edition der hss. Diemeringen-Überlieferung hinauslaufen, fokussieren die Diemeringen-Version so stark, dass Ridder auf die Velser-Texte nur am Rande eingeht. Auch einige neuere Aufsätze befassen sich mit Einzelaspekten der Texte der Diemeringen-Version, so Elmar Seebold: Mandevilles Alphabete und die mittelalterlichen Alphabetsammlungen. In: PBB 120,3 (1998), S. 435-450, Berron, Bemerkungen zu übersetzten Namen in der Diemeringen-Version, und Martin Przybilski: Die Zeichen des Anderen. Die Fremdsprachenalphabete in den ‚Voyages' des Jean de Mandeville am Beispiel der deutschen Übersetzung Ottos von Diemeringen. In: Lateinisches Jahrbuch 37,2 (2002), S. 295-320. An Forschungsbeiträgen ausschließlich zur Velser-Version sind vor allem die inzwischen allerdings schon älteren Arbeiten Morralls zu nennen. An aktuellen Forschungsbeiträgen zur Velser-Version liegen lediglich zwei Aufsätze vor: Susanne Reichlin: Zwischen heilsgeschichtlicher Indexikalität und Exotisierung. Farben im Reisebericht des Jean de Mandeville. In: Ingrid Bennewitz/ Andrea Schindler (Hgg.): Farbe im Mittelalter. Materialität – Medialität – Semantik. Band II. Berlin 2011, S. 631-645, und eine kodikologische Untersuchung von Randall Herz: Apropos Binding Waste. A New Manuscript Finding of Mandeville's *Reisen* in the Abridged Velser Redaction. In: Ernst Bremer/ Susanne Röhl (Hgg.): Jean de Mandeville in Europa. Neue Perspektiven in der Reiseliteraturforschung. Paderborn 2007 (MittelalterStudien, 12), S. 41-66. Weitere aktuellere Untersuchungen arbeiten stark vergleichend und behandeln die Velser-Version neben anderen Texten und unter einem bestimmten Aspekt wie Helga Neumann: *Ein gar wunderlich dinckh und vngelawblichß, vnd ist doch war.* Das Schreckliche Tal in Reiseberichten des späten Mittelalters. In: ZfGerm., N.F. 6 (1996), S. 35-46, und Alexandra Nusser: Symbiosen zwischen zwei Buchdeckeln. Jean de Mandevilles ‚Reisen' in den Sammelhandschriften der deutschen und lateinischen Textversionen. In: Dagmar von Hoff/ Theresa Seruya (Hgg.): Zwischen Medien/ Zwischen Kulturen. Poetik des Übergangs in philologischer, filmischer und kulturwissenschaftlicher Perspektive. München 2011, S. 83-95, oder sie behandeln die Velser-Version nur in Fußnoten wie Marina Münkler: Erfahrung des Fremden. Die Beschreibung Ostasiens in den Augenzeugenberichten des 13. und 14. Jahrhunderts. Berlin 2000.

der Abkürzung „Ddr." (für Diemeringen-Druck) verwiesen. Alle anderen Zitate
aus Mandeville-Primärtexten werden gesondert gekennzeichnet.

Der Vollständigkeit halber soll abschließend noch auf eine weitere deutsche Version der *Reisen* verwiesen werden. Im norddeutschen Raum entstand
Ende des 14. Jahrhunderts eine niederdeutsch-mitteldeutsche Übertragung,
die in zehn Handschriften und einem Fragment überliefert ist und bis auf zwei
Handschriften eng mit der niederländischen Übersetzung der *Reisen* zusammenhängt.[39] Diese Version der *Reisen* war schwächer überliefert als die anderen beiden deutschen Übersetzungen und gelangte nicht zum Druck. Die
niederländische Version ist in fünf Handschriften und einem Fragment überliefert und geht auf die Kontinentale Version zurück.[40] Während die niederländische Version in einer Edition von 1908 vorliegt,[41] fehlt eine Ausgabe der
niederdeutsch-mitteldeutschen Übertragung.[42]

---

[39]   Vgl. www.handschriftencensus.de und Zapf, Art. Mandeville, in: Deutsches Literatur Le-
       xikon, Sp. 412f.

[40]   Die niederländische Version wurde bis ins 20. Jh. gedruckt. Ihr gehört auch der älteste
       überlieferte Druck der *Reisen* von ca. 1470 an. Siehe die Auflistung der Drucke bei Ben-
       nett, Rediscovery, S. 371-375.

[41]   Vgl. Cramer, De reis van Jan van Mandeville. Beschreibungen der Textzeugen bei Ganser,
       Die niederländische Version der Reisebeschreibung Johanns von Mandeville.

[42]   Vgl. zur nnd. Hs. Bennett, Rediscovery, S. 325, und Ganser, Die niederländische Version,
       S. 70-77. Die Hs. Berlin, Staatsbibliothek, mgf 204, die dieser Version zugehört, aus dem
       3. Viertel des 15. Jhs. stammt und in nnd. Schriftsprache geschrieben ist, kann als Di-
       gitalisat online eingesehen werden unter: http://digital.staatsbibliothek-berlin.de/dms/
       werkansicht/?PPN=PPN627376185
       Die Hs. ist mit Miniaturen und Federzeichnungen ausgestattet und enthält mehrere
       „Fingerzeige" und Marginalien, die z. B. auf Bibelstellen oder auf Sebastian Münsters
       Cosmographia verweisen.

3. Die Velser-Übersetzung

3.1 Zur Person Michel Velsers

Der Schreibdialekt des Großteils der überlieferten Handschriften der Velser-Übersetzung veranlasste schon zu der Vermutung, Michel Velser stamme aus Bayern oder, den wenigen Textzeugen der ersten Redaktion gemäß, aus dem alemannisch-schwäbischen Sprachgebiet.[43] Da jedoch kein Autorexemplar seiner Übersetzung überliefert ist, lässt sich aus den jeweiligen Schreibsprachen der Handschriften nichts über den ursprünglichen Übersetzer herauslesen. Informationen zu Michel Velser finden sich allerdings in den verschiedenen Interpolationen,[44] die er seinem Text hinzugefügt hat und in denen er Auskunft über sich selbst und seine nähere Umgebung gibt, wie beispielsweise in jener über einen aus einem Ei geborenen Hund, den er selbst schon in Padua gesehen habe: *„Item ir sóllent wissen daz ich Michel Velser, der diß bůch ze tútsch hat braucht, hon gesenhen zů Pafy in der statt ainen hund, der waz von ainem ay geborn, und den brächt mit im über mer des hertzogen sun von Land Caster."* (Vhs., 123).[45]

Morrall konnte nachweisen, dass der Übersetzer als Verwalter – er war wahrscheinlich Rechtsgelehrter und hoher Beamter – auf einem Schloss des Ludwig Berton in Bardassano, nahe der Stadt Chieri im Piemont tätig war.[46] Velser gehörte zu dem Geschlecht der Herren von Vels und stammte ursprünglich aus Völs (am Schlern) in Südtirol, in der Nähe von Bozen.[47] Hinweise über

---

[43]   Vgl. Eric John Morrall: Michel Velser, Übersetzer einer deutschen Version von Mandevilles ‚Reisen'. In: ZfdPh 81 (1962), S. 82-91, hier S. 83f.

[44]   Siehe die Auflistung und Besprechung dieser Zusätze bei Morrall, Ed., Sir John Mandevilles Reisebeschreibung, S. CLXII-CLXVI.

[45]   Da kein Exemplar der *Reisen* eines historischen Michel Velser überliefert ist, muss aus literaturwissenschaftlicher Sicht im Laufe der Transmission des Textes eine Überlagerung der historischen, sich in den Text einschreibenden Person, mit einer textinternen, sich selbst inszenierenden Übersetzerfigur angenommen werden, die mehr eine authentifizierende Text-Funktion einnimmt als dass sie eine außertextuelle Wirklichkeit in den Text hinein abbildet.

[46]   Vgl. Morrall, Michel Velser, S. 87f.

[47]   Vgl. Morrall, Ed., Sir John Mandevilles Reisebeschreibung, S. XIX. Morrall konnte einen Michel Velser in einer Brixener Urkunde aus dem Jahr 1372 nachweisen, in welcher dieser als Minderjähriger aufgeführt wird. Vgl. dazu auch ders.: Michel Velser and his German Translation of Mandeville's Travels. In: Durham University Journal 24 (1963), S. 16-23. Es könnte aber auch sein, wie Romy Günthart zu Bedenken gibt, „dass es sich bei dem Südtiroler Adligen Michael Velser nicht um den Mandeville-Übersetzer handelte, sondern dass zufälligerweise beide den gleichen Namen trugen." (Romy Günthart:

seine Bildung lassen sich nur seinen eigenen Angaben im Text entnehmen:
Er war sprachbegabt, konnte Deutsch, Französisch, Italienisch und vermutlich auch Latein.[48] Er verfügte in Bardassano über eine eigene Bibliothek und
war mit dem Alexanderstoff vertraut. Womöglich hielt er sich häufig in Chieri
auf, das „auf einer Hauptverkehrsstraße von Frankreich nach Genua [lag], die
von Pilgern und Kreuzfahrern ständig benutzt wurde"[49], und verkehrte dort in
gelehrten Kreisen. Über diese Kontakte erhielt er vielleicht seine französische
Mandeville-Vorlage.

3.2 Die Velser-Handschrift A in der Edition von Morrall

Die von Eric John Morrall edierte Stuttgarter Handschrift Cod. HB V 86, die er
mit der Sigle A versieht, bildet die Textgrundlage der vorliegenden Arbeit und
den Referenztext für vergleichende Beobachtungen zwischen den Mandeville-
Texten.[50] Allerdings ist zu beachten, dass Morrall seiner Edition die Leithandschrift A zwar vollständig zugrunde legt, aber gleichzeitig in der Kollation festgestellte „Lücken und Fehler [...] aus einer eng verwandten, auch dem Dialekt
nahestehenden Hs. aus[...]füllt bzw. verbessert".[51] Auch führt er Zusätze und
Kommentare des Übersetzers Velser aus anderen Handschriften, die sich nicht
in der Leithandschrift finden, in der Edition an. Diese gröberen Texteingriffe macht Morrall im Apparat und durch Kursivierungen im Fließtext deutlich
und damit nachvollziehbar. Ob aber in jedem Fall die Emendation von „Abweichungen des A-Textes", wie sie Morrall in seiner Einleitung erwähnt, im sonst
gut ausgestalteten Apparat ausgewiesen ist, ist nicht sicher.[52]

Deutschsprachige Literatur im frühen Basler Buchdruck (ca. 1470-1510), Münster u. a.
2007, S. 76, Anm. 46.).

[48] Vgl. Morrall, Michel Velser, S. 89.

[49] Vgl. ebd., S. 90f.

[50] Vgl. Morrall, Ed., Sir John Mandevilles Reisebeschreibung. Bennett, Rediscovery, war die
Stuttgarter Hs. noch nicht bekannt.

[51] Morrall, Ed., Sir John Mandevilles Reisebeschreibung, S. CLXXIV. Um die Lücken aufzu-
füllen, verwendet Morrall hauptsächlich die Hs. D, Donaueschingen, Fürstl. Fürstenber-
gische Hofbibl., No. 483 (1435).

[52] Vgl. ebd., S. CLXXV: „Der Vergleich mit diesen Vertretern der Hauptüberlieferungszweige
und der französischen Quelle wird es möglich machen, die Abweichungen des A-Textes,
jedenfalls was den Sinn und die Vollständigkeit anbetrifft, aufzuzeigen und nötigenfalls
zu emendieren."

Morrall sind zum Zeitpunkt seiner Edition 37 Handschriften der Velser-Übersetzung bekannt,[53] die sich ihm zufolge in zwei Redaktionen einteilen lassen: Eine Erste (X), der die Handschriften A (1472), D (1435) und Ba (1460) angehören, und die Velser – gemäß seinen eigenen Angaben[54] – dem schwäbischen Adligen Hans von Hornstein schenkte, und eine spätere Zweite (Y), der bis auf das Fragment H[55] alle weiteren Handschriften zuzurechnen sind. Die erste Redaktion ist wahrscheinlich nach 1393, die zweite um das Jahr 1397 entstanden.[56] Die Handschriften der ersten Redaktion weisen alle gemeinsame Zusätze des Übersetzers auf und in ihnen fehlt konsequenterweise die Angabe, Velser habe ein erstes Buch seiner Übersetzung Hans von Hornstein geschenkt, wie sie in der zweiten Redaktion vorkommt. Der zweiten Redaktion zuzurechnen sind die Augsburger Frühdrucke von Sorg und Schönsperger, die – wie später noch ausführlicher gezeigt werden soll – Repräsentanten einer Art „Kurzversion" der Velser-Übersetzung sind.

Die von Morrall als Leithandschrift klassifizierte Handschrift A ist auf das Jahr 1472 datiert, wurde also knapp hundert Jahre nach der vermuteten Entstehung von Velsers Übersetzung geschrieben. Auch ihre Schreibsprache, die auf den schwäbisch-alemannischen Sprachraum hindeutet, weicht vom erwartbaren Schreibdialekt des Südtirolers Velser ab. Dennoch würde sie Morrall zufolge den ursprünglichen Textbestand am besten repräsentieren, da die Dreiergruppe der X-Redaktion, der sie angehört, „wahrscheinlich nur durch e i n e gemeinsame Vorstufe von der Urfassung entfernt [ist], und diese Vor-

---

53   Vgl. auch die Auflistung von 38 Hss. und ihren jeweiligen Schreibsprachen bei Ridder, Studien zur Überlieferungsgeschichte, S. 272.

54   In fast allen Hss. der 2. Redaktion findet sich in der Velser-Interpolation, die die Ereignisse im Schrecklichen Tal authentifizieren soll und auf das Buch Odoricos von Pordenone anspielt, der Hinweis: *„das stet indem ersten pŭch das ich von dieser materi schraib das schanchkt ich hern hansen von hornstain"*. Vgl. Morrall, Ed., Sir John Mandevilles Reisebeschreibung, S. 162, Anm. 9 (zit. nach Hs. M: München, Bayerische Staatsbibl., Cgm. 332). Morrall zufolge stammt der Adlige Hans von Hornstein aus Hornstein bei Sigmaringen, kann für die Jahre 1366-67 als Prokurator der Deutschen Nation in der Universität Bologna bezeugt werden und starb 1406 als Pfarrer der St. Stefanskirche zu Lindau. Vgl. ebd., S. XXII.

55   H ist der älteste überlieferte Textträger der Velser-Transmission und stammt gemäß Morrall von einer verlorenen Hs. ab, die Velsers eigene Vorlage für die von ihm angefertigte 2. Redaktion war. Die Hs. (Halle, Univ. u. Landesbibl. Sachsen-Anhalt, Yd 8.4°) muss um das Jahr 1400 entstanden sein und hat ihren Ursprung in Italien. Vgl. zur Beschreibung der Hs. Morrall, Ed., Sir John Mandevilles Reisebeschreibung, S. LVIII-LXV, und zur Vermutung, H sei ein Vertreter des Velser-Konzepts, welches Vorlage für die 2. Redaktion war, ebd. S. CLXIX-CLXXI.

56   Vgl. Morrall, Michel Velser, S. 91.

stufe enthielt verhältnismäßig wenige, geringfügige Fehler."[57] Zudem sei die Handschrift A sehr wahrscheinlich eine Abschrift des Exemplars, das Velser an den zuvor genannten Hans von Hornstein aus Hornstein bei Sigmaringen verschenkt hatte.[58] Die Handschrift A (Cod. HB V 86) ist heute digitalisiert und über die Landesbibliothek Stuttgart online einsehbar.[59]

Die Verbreitung der Velser-Übersetzung im schwäbisch-alemannischen Sprachraum ist, bis auf wenige Ausnahmen, auf die Handschriften der ersten Redaktion beschränkt. Der Großteil der Überlieferung, den die Handschriften der zweiten Redaktion ausmachen, ist in bairisch-österreichischer Schriftsprache verfasst (gemäß Ridder 27 von 38 Hss.): „Der Text dringt über die Randzonen dieses Sprachraums nur vereinzelt hinaus, nur im Ostschwäbischen konturiert sich mit Augsburg ein städtisches Verbreitungszentrum."[60] Die Verbreitung im Raum Augsburg trug sicherlich auch dazu bei, dass die Velser-Version dort das erste Mal zum Druck kam.

Die direkte französischsprachige Vorlage von Velsers Übersetzung ist nicht überliefert, Morrall vermutet aber, dass sie eng mit einer heute in Modena aufbewahrten Handschrift (Biblioteca Estense Modena, f. fr. 33) verwandt ist.[61] Ausgehend von der Angabe im *Explicit* der Modena-Handschrift, sie sei im Jahr 1388 für Valentina Visconti von Mailand geschrieben worden, kann angenommen werden, dass Velser ein erstes Konzept seiner Übersetzung ungefähr zu dieser Zeit angefertigt hat.[62] Falls die Modena-Handschrift und die Vorlage Velsers von einer gemeinsamen Vorlage abstammen, kann Velser aber auch schon früher in den Besitz der französischsprachigen Handschrift gekommen sein.

---

[57]	Morrall, Ed., Sir John Mandevilles Reisebeschreibung, S. CLXXIV.

[58]	Vgl. ebd., S. XXII u. CLXIII.

[59]	http://digital.wlb-stuttgart.de/sammlungen/sammlungsliste/werksansicht/?no_cache=1&tx_dlf%5Bid%5D=5383&tx_dlf%5Bpage%5D=1

[60]	Ridder, Studien zur Überlieferungsgeschichte, S. 273.

[61]	Vgl. Morrall, Ed., Sir John Mandevilles Reisebeschreibung, S. CLV-CLXI. Vgl. zur Hs. Mo mit einer Abb. und weiterführenden Angaben auch Röhl, Der Livre de Mandeville im 14. und 15. Jahrhundert, S. 73-76.

[62]	Valentina Visconti von Mailand wurde ein Jahr später nach Frankreich an den Bruder des französischen Königs verheiratet. Ob die aus dem Raum Mailand stammende und nun in Modena aufbewahrte Hs. das Exemplar von Valentina Visconti ist oder, wie Bennett (Rediscovery, S. 173f.) vermutet, eine Abschrift der Visconti-Hs., bei der auch das *Explicit* kopiert wurde und die somit jünger wäre als 1388, ist nicht eindeutig zu klären. Siehe zur französischen Vorlage Velsers auch Morralls frühere Untersuchung: Eric John Morrall: The Text of Michel Velser's Mandeville-Translation. In: Peter F. Ganz/ Werner Schröder (Hgg.): Probleme mittelalterlicher Überlieferung und Textkritik. Oxforder Colloquium 1966. Berlin 1968, S. 183-196.

Die Modena-Handschrift (Mo) steht Morrall zufolge nicht nur in einem engen Verhältnis zu Velsers Übersetzung, sondern auch zum Paris-Text, dem ältesten überlieferten Text der *Reisen* von 1371.[63] Morralls Apparat der Velser-Edition führt stellenweise auch die Modena-Handschrift an, und zwar dann, „wenn sie von dem gedruckten Pariser Text abweicht und so die Gestalt der deutschen Übersetzung erklären und bestätigen kann".[64] Wenn man Morralls Vorgehensweise folgt und annimmt, dass in allen anderen Fällen der Paris-Text (bei Morrall: P) „automatisch Mo ein[schließt], wenn Mo nicht gesondert angeführt wird"[65], dann dient der Paris-Text – mit Berücksichtigung der stellenweisen Angaben Morralls zur Handschrift Mo im Apparat – als adäquater Ersatz für die fehlende Vorlage. Der von Letts edierte Paris-Text kann somit als ein guter Vergleichstext aus dem Überlieferungszweig der Kontinentalen Version für die Übersetzung Velsers hinzugezogen werden.

3.3 Augsburger Velser-Drucke

Als *editio princeps* der Velser-Übersetzung und als erster deutschsprachiger Mandeville-Druck gilt heute der Augsburger Druck aus der Offizin Anton Sorgs vom 26.12.1480, der zudem seit 1991 in einer Faksimile-Edition von Bremer und Ridder vorliegt.[66] Eine zweite Auflage wurde von Sorg schon ein halbes Jahr später, am 18.7.1481 gedruckt.[67]

Angestoßen durch Albert Schramms Untersuchung von 1921, der einen fragmentarisch überlieferten, undatierten Sorg-Druck der Velser-Übersetzung aus dem Franziskanerkloster in München auf das Jahr 1478 datiert und daraus mehrere Holzschnitte reproduziert, findet sich in der Forschung häufig noch die Annahme eines älteren Druckes der Velser-Übersetzung aus der Sorg-Of-

---

63 Vgl. Morrall, Ed., Sir John Mandevilles Reisebeschreibung, S. CLV-CLVII, der besonders die Hinzufügung von Überschriften und die Umstellung von insgesamt zehn Textstücken als gemeinsame Unterschiede von Mo und dem Velser-Text zum Paris-Text anführt.

64 Ebd., S. CLXXIX.

65 Ebd.

66 Vgl. Bremer/Ridder, Jean de Mandeville. Reisen, S. 1-182. Vgl. auch die Angaben zum Erstdruck von Anton Sorg im Gesamtkatalog der Wiegendrucke (GW) online, unter der GW-Nummer M2041010: www.gesamtkatalogderwiegendrucke.de, oder im Incunabula Short Title Catalogue (ISTC) online: http://data.cerl.org/istc/_search

67 Vgl. zur zweiten Auflage Bremer/Ridder, Einleitung, S. XXIV und die Angaben im GW unter M20408. Ein vollständiges Exemplar befindet sich in der Bayerischen Staatsbibliothek München unter der Signatur 2 Inc. c. a. 1083 und ist als Digitalisat einsehbar: http://daten.digitale-sammlungen.de/~db/0002/bsb00029868/image_1

fizin.[68] Das fragmentarische Exemplar, das Schramm vorgelegen haben muss, galt jedoch lange als verloren,[69] bis es von Randall Herz 2007 im Franziskanerkloster St. Anna in München wiederaufgefunden wurde.[70] Herz reproduziert daraus drei Seiten, und wenn man die verfügbaren Reproduktionen der Drucke miteinander vergleicht – das Faksimile des 1480-Druckes von Bremer und Ridder, die Abbildungen bei Herz[71] und bei Schramm[72] – wird ersichtlich, dass es sich bei dem vermeintlich früheren Druck um ein Exemplar des Erstdruckes von 1480 handeln muss.[73] Da ein weitgehend vollständiges Exemplar dieses Druckes erst 1983 in der Universitätsbibliothek Innsbruck gefunden wurde,[74] kennt die frühere Forschung, wie beispielsweise Schramm, Bennett,

---

[68]   Vgl. Albert Schramm: Der Bilderschmuck der Frühdrucke. Bd. 4: Die Drucke von Anton Sorg in Augsburg. Leipzig 1921, S. 11 u. 50, Abb. 579-700. Wie Schramm jedoch auf die Datierung des Druckes kommt, begründet er nicht. Er konstatiert lediglich: „Schließlich gehören dem Jahr 1478 wohl noch vier undatierte Drucke an [...]. Der vierte Druck ist die erste Sorgsche Ausgabe von: Mandeville, Reise nach Jerusalem, die aber nur in einem unvollständigen Exemplar bekannt ist, so daß wir nur das, was das Bruchstück gibt, mit der datierten Ausgabe vom 18. Juli 1481 vergleichen können." (S. 11). Vgl. auch Bennett, Rediscovery, S. 364f., die Schramms Datierung stützt, sowie Morrall, Ed., Sir John Mandevilles Reisebeschreibung, S. CXXf.

[69]   Vgl. dazu Morrall, Ed., Sir John Mandevilles Reisebeschreibung, S. CXXf., der sich erfolglos auf die Suche nach diesem vermeintlich ersten Druck machte.

[70]   Vgl. Herz, Apropos Binding Waste, S. 50-54. Herz erklärt, dass der bisher verloren geglaubte Druck wiederaufgefunden wurde und an seinen ursprünglichen Aufbewahrungsort zurückgekehrt ist (München, Bibliothek des Franziskanerklosters St. Anna, 4° Inc. 13). Genauere Angaben zur Wiederauffindung macht er jedoch nicht. Eigenartig ist, dass Herz den wiederaufgefundenen Druck mit dem Datum „26. Dezember, 1481" (S. 51) versieht – doch hier liegt wahrscheinlich ein Druckfehler vor, denn der Druck vom 26. Dez. stammt aus dem Jahr 1480.

[71]   Vgl. Herz, Apropos Bindung Waste, S. 60, 64f.

[72]   Vgl. Schramm, Der Bilderschmuck der Frühdrucke, Tafel 89-100.

[73]   Zudem unterscheidet sich der Erstdruck formal von der zweiten Auflage, mit der Schramm das undatierte Fragment abgleicht. Auch die von Schramm als voneinander abweichend angegebenen Holzschnitte (Kreuz Christi, Apfelriecher, Menschen sprechen mit Papageien), entsprechen den Abweichungen zwischen dem Erst- und dem Zweitdruck.

[74]   Innsbruck, UB, 107 H7. Das Exemplar aus Innsbruck, welches aber stellenweise defekt ist, wurde in der Edition von Bremer und Ridder faksimiliert. Vgl. Bremer/Ridder, Einleitung, S. XIIIf. Es wird auch im Inkunabelzensus Österreich angezeigt. Zwei der vier defekten Stellen (Bremer/Ridder, Reisen, S. 22f.) können heute mit Hilfe der Reproduktionen aus dem Exemplar des St. Anna-Klosters bei Herz, Apropos Binding Waste, S. 64f., aufgefüllt werden.

Letts und Morrall, diesen Druck nicht. Sie geben deshalb Sorgs zweite Auflage vom 18.7.1481 als späteren Druck oder sogar als vermeintlichen Erstdruck an.[75]

Am 18.10.1482 wurde Sorgs zweite Auflage von Johann Schönsperger dem Älteren in Augsburg nachgedruckt.[76] Ein Vergleich der drei Inkunabeldrucke mit Hilfe der Faksimile-Edition und der Digitalisate zeigt, dass sie alle formal und in geringem Maße auch inhaltlich voneinander abweichen. Wie schon von Schramm festgestellt, hat Sorg – bis auf wenige Ausnahmen – die Holzschnitte seines ersten Druckes auch für den Druck von 1481 verwendet.[77] Die Initialen weichen jedoch, mal mehr und mal weniger deutlich, durchgehend voneinander ab. Schönsperger kopierte in seinem Nachdruck die Holzschnitte von Sorgs Zweitdruck, die in Schönspergers Druck meistens spiegelverkehrt sind, was auf ein direktes Abzeichnen schließen lässt.[78] Die bildlichen Darstellungen der beiden Drucke gleichen einander stark, doch in manchen Fällen sind in den Schönspergerschen Holzschnitten Elemente des Bildhintergrunds (Bäume, Felsen, etc.) nicht übernommen worden. In nur zwei Fällen weichen die bildlichen Darstellungen stark voneinander ab.[79] Der Schönsperger-Druck verzich-

---

[75]   Vgl. Schramm, Der Bilderschmuck der Frühdrucke, S. 19-22, Bennett, Rediscovery, S. 365f., Malcolm Letts: Sir John Mandeville. The Man and His Book. London 1949, S. 135, und Morrall, Ed., Sir John Mandevilles Reisebeschreibung, S. CXXIf.

[76]   Die BSB München besitzt 2 vollst. Ex. des Schönsperger-Druckes mit den Signaturen 2 Inc. c. a. 1238 u. 1239 (Hain: 10648, GW: M20407). Der Druck ist heute als Digitalisat einsehbar unter: http://daten.digitale-sammlungen.de/~db/0002/bsb00029869/image_1

[77]   Vgl. Schramm, Der Bilderschmuck der Frühdrucke, S. 11. Sorgs 2. Auflage von 1481 weist außerdem noch einen zusätzlichen Holzschnitt auf, der im Erstdruck von 1480 nicht verwendet wurde: Die Kreuzauffindung durch Helena (vgl. Vdr., S. 60 und Sorg-Druck 1481, 2 Inc c.a. 1083, fol. 28v). Der Zweitdruck kommt somit auf insgesamt 121 Holzschnitte, während der Erstdruck nur 120 Holzschnitte enthält (wenn man annimmt, dass der Erstdruck auf dem verlorenen Blatt gleich viele Holzschnitte angeführt hat wie der Zweitdruck). Die Übernahme schon verwendeter Holzschnitte für eine weitere Auflage war eine bewährte Vorgehensweise der Frühdrucker, um Zeit und Kosten zu sparen und damit konkurrenzfähig zu sein. Für Sorg sind fast 25 Ausgaben nachzuweisen, in denen er die Holzschnitte einer anderen Ausgabe kopiert. Vgl. Hans-Joachim Koppitz: Studien zur Tradierung der weltlichen mittelhochdeutschen Epik im 15. und beginnenden 16. Jahrhundert. München 1980, S. 184.

[78]   Vgl. auch Bennett, Rediscovery, S. 365: „120 woodcuts copied from Sorg's and mostly reversed. Many damaged blocks suggest an earlier ed. now lost". Bennett nimmt jedoch an, dass Schönsperger einen früheren Druck Sorgs kopiert hätte.

[79]   Erstens die Darstellung der Körperreliquien des Hl. Stephan (Kopf und Arm), die bei Sorg ohne Hintergrund im Bild zu schweben scheinen und bei Schönsperger in einem Behälter oder Innenraum aufgebahrt und präsentiert werden (vgl. Schönsperger-Druck 1482, 2 Inc c.a. 1239, fol. 32v). Zweitens diejenige des erhängten Judas, der bei Schönsperger nicht wie bei Sorg von einem Baum hängt, sondern von einem Türbalken, der

tet zudem auf großformatige Holzschnitte wie den Titel-Holzschnitt und die
Darstellung des Großkhans an seiner Festtafel. Statt letzterer druckt er einen
kleinformatigen Holzschnitt, der aber nicht den Großkhan, sondern den erst
später im Text vorkommenden „*reichen mann*"[80] mit den langen Fingernägeln
abbildet. Eingerechnet dieses zweifach verwendeten Holzschnittes kommt der
Schönsperger-Druck auf insgesamt vier Dubletten.

Anhand dieser Beobachtungen lässt sich zusammenfassen, dass der
Schönsperger-Druck mit weniger Sorgfalt als seine Vorläufer und in einem
zeitsparenden Produktionsprozess hergestellt worden ist. Davon zeugen auch
die im gesamten Druck immer wieder vorkommenden, falsch oder kopfüber
gesetzten Buchstaben (sog. ‚Fliegenköpfe'). Wahrscheinlich wollte Schönsperger Ende 1482 rasch am Erfolg der *Reisen* partizipieren, wie er sich seit zwei
Jahren in Augsburg mit den beiden Sorg-Drucken und in dieser Zeit auch schon
in Basel durch den Richel-Druck der Diemeringen-Version abzeichnete. Dazu
produzierte er so schnell und so günstig wie möglich und konnte seine Drucke
zu einem billigeren Preis als seine Konkurrenz verkaufen.[81] Er hatte sich, und
dabei kam ihm sein ausgedehntes Netzwerk zu Nutze,[82] in seiner Anfangszeit
als Drucker in den 1480er Jahren bald auf Nachdrucke erfolgreicher Werke spe-
zialisiert und brachte diese dann „in oft schnell und nachlässig gemachten
Ausgaben auf den Markt"[83].

---

von Häusern umgeben ist und auf dem die teuflische Figur erst noch bedrohlich wartend
sitzt (vgl. Schönsperger-Druck 1482, 2 Inc c.a. 1239, fol. 33v).

[80]   Schönsperger-Druck 1482, 2 Inc c.a. 1239, fol. 86v, vgl. auch Vdr., S. 179.

[81]   Auf dieses Erfolgsrezept verweist auch Hans-Jörg Künast: Johann Schönsperger d.Ä. –
der Verleger der Augsburger ‚Taschenausgabe' der Schedelschen Weltchronik. In: Stephan Füssel (Hg.): 500 Jahre Schedelsche Weltchronik. Akten des interdisziplinären
Symposions vom 23./24. April 1993 in Nürnberg. Nürnberg 1994, S. 99-110, bes. S. 108.

[82]   Vgl. zum Schönsperger-Netz Hans-Jörg Künast: Entwicklungslinien des Augsburger
Buchdrucks von den Anfängen bis zum Ende des Dreißigjährigen Krieges. In: Helmut
Gier/ Johannes Janota (Hgg.): Augsburger Buchdruck und Verlagswesen. Von den Anfän-
gen bis zur Gegenwart. Wiesbaden 1997, S. 3-22, bes. S. 12.

[83]   Günthart, Deutschsprachige Literatur im frühen Basler Buchdruck, S. 58f. Koppitz, Studien zur Tradierung, beurteilt den Drucker Schönsperger gar als einen
„geschäftstüchtige[n], fast skrupellose[n] Nachdrucker", der „rücksichtslos alles nachdruckte, womit andere schon Erfolg gehabt hatten" (S. 69). Die neuere Forschung nimmt
inzwischen Abstand von einer solchen eher negativen Bewertung der Tätigkeit Schönspergers und betont vielmehr, wie Künast, Johann Schönsperger d.Ä., „daß er viel zur
Popularisierung der von ihm gedruckten Literatur beitrug." (S. 99).

Die drei Augsburger Velser-Drucke weichen nicht nur in der Schreibweise von Wörtern, in der Text-Bild-Anlage,[84] bei Zeilenumbrüchen und Absätzen voneinander ab, auch sind minimale inhaltliche Modifikationen feststellbar, vor allem zwischen den Sorg-Auflagen und dem Schönsperger-Druck: Letzterer nimmt oft kleine Textkürzungen vor und streicht Adjektive oder Formeln wie beispielsweise „*jr sôlt auch wissen*". Es finden sich aber auch Textergänzungen, die hauptsächlich verstärkend und vereindeutigend in Bezug auf das Erzählte wirken.[85] Der Erst- und Zweitdruck Anton Sorgs scheinen sich insgesamt in der genauen Wortfolge zu entsprechen und unterscheiden sich inhaltlich somit nicht oder nur kaum.[86] Dennoch wird anhand der Texteinrichtung, der Schreibweise von Wörtern und der Verwendung von Abkürzungen deutlich, dass der Zweitdruck gänzlich neu gesetzt wurde.

Im Zusammenhang mit dem Inkunabeldruck stellt sich auch die Frage nach der Auflagenhöhe, die sich aber nur schwer beantworten lässt, da man weiß, dass sie trotz anzunehmender Durchschnittswerte im Einzelfall stark variieren konnte. Aufgrund von Berechnungen über die Gesamtzahl der überlieferten Wiegendrucke unter Einbezug der Verlustquote kommt Uwe Neddermeyer zu dem Ergebnis, dass in der Zeit von 1480 bis 1489 im deutschsprachigen Raum eine Auflagenhöhe von ca. 400 Stück üblich war, mit Höchstwerten von 1200 bis Kleinstwerten von 100 Stück.[87] Schon zu Beginn des Inkunabel-

---

[84] Im Erstdruck Sorgs folgen bspw. in den Episoden über Hippokrates' Tochter und über das Wunder einer toten Jungfrau die Holzschnitte dem Text. Der Text ist am Ende der ersten Episode an die unübliche Platzierung des Holzschnittes angepasst, wenn er neben dem Bild anführt: „*dauon so liß vor der figur.*" (Vdr. S. 18). Der Zweitdruck, welcher den Holzschnitt zu Beginn der Episode abdruckt, weist dementsprechend diesen Textzusatz nicht auf. Der Schönsperger-Druck folgt hier dem Sorgschen Zweitdruck.

[85] Dies kann anhand der Episode über den Bischof Athanasius beispielhaft aufgezeigt werden, wie sie an späterer Stelle in der vorliegenden Arbeit besprochen wird. Siehe hierzu das Kap. ‚Heilsraum – III. 1. Athanasius und der Papst: Heiliger oder Häretiker?'

[86] Eine kleine Abweichung, die aber eine Sinnverschiebung bewirkt, findet sich beispielsweise in der Episode über die Frauen des Sultans von Ägypten: Während der Sorg-Erstdruck anführt: „*aber kebsweiber vñ zů weiber hat er als vil er wil*" (Vdr., S. 27), steht im Zweitdruck: „*aber kebsweiber vnd zůweiber hatte er als vil er wil.*" (fol. 12v) Der Schönsperger-Druck verwendet wie der Erstdruck die Präsensform, die mit dem Rest der Episode korrespondiert, „*hatt er*" (fol. 12v) (Hervorhebungen von mir, C.H.).

[87] Uwe Neddermeyer: Von der Handschrift zum gedruckten Buch. Schriftlichkeit und Leseinteresse im Mittelalter und in der frühen Neuzeit. Quantitative und qualitative Aspekte. Bd. I: Text u. II: Anlagen. Wiesbaden 1998, hier Bd. I, S. 132. Insgesamt rechnet Neddermeyer anhand der überlieferten Exemplare und einer hohen Verlustquote circa 17 Millionen Inkunabeldrucke hoch (europaweit). Von diesen seien aber nur noch 3% erhalten und somit existieren heute noch circa 520 000 Stück (S. 131). Vgl. auch Kon-

zeitalters musste aber eine gewisse Mindestauflage erreicht werden, damit sich die Produktion lohnte – gerade bei Drucken, die aufwendig mit Holzschnitten illustriert wurden. Neddermeyer legt die Mindestauflage bei mehreren hundert Stück fest, doch schon Anfang der 1470er Jahre „wurden [...] auch höhere Auflagen möglich."[88] Bald in diesem Jahrzehnt standardisierte sich wohl eine Auflagenhöhe von 1000 Stück, „weil sie mit den technischen Rahmenbedingungen – insbesondere dem täglichen Ausstoß einer Presse – recht gut harmonierte."[89] Seit Beginn der 1480er Jahre kann Neddermeyer dann „ein steiles Wachstum der mittleren Auflagenhöhe [...] erkennen."[90] Berücksichtigt man, dass der Erstdruck eines so reich illustrierten und umfangreichen Werkes wie den *Reisen* einigen Produktionsaufwand bedeutete und dass die Offizin Sorgs Anfang der 1480er Jahre zu den größeren und wohlhabenderen in Augsburg zählte, kann man wahrscheinlich mit einer Auflagenhöhe rechnen, die den Mittelwert von 400 Stück überschreitet. Da heute aber nur noch zwei Exemplare der ersten Auflage bekannt sind und Sorg schon ein halbes Jahr später eine zweite Auflage druckte, ist anzunehmen, dass er angesichts des Publikumsinteresses keinen Überschuss produzierte, also vermutlich unter 1000 Exemplaren gedruckt hatte.[91] Für die Nachdrucke ist eine ähnliche, eher aber eine etwas niedrigere Auflagenhöhe anzunehmen, da der Aufwand in der Herstellung geringer ausfiel und damit die Produktionskosten nicht mehr so hoch waren, als dass sie nur mit einer hohen Auflagzahl hätten gedeckt werden können.

---

rad Haebler: Handbuch der Inkunabelkunde. Leipzig 1925 (Nachdruck Stuttgart 1966), S. 142-145, der für diese Zeit Auflagen von 400-500 Exemplaren für möglich hält.

[88]   Neddermeyer, Von der Handschrift zum gedruckten Buch, Bd. I, S. 390.

[89]   Ebd.

[90]   Ebd.

[91]   Neddermeyer führt in Tabelle IV: „Bekannte Auflagenhöhen" leider fast nur Drucke antiker oder liturgischer, meist also lateinischer Werke an und für die 1470er und 80er Jahre (ebd., Bd. II, S. 754-758) kaum einen volkssprachigen Erzähltext. Im von ihm behandelten Bereich schwanken die Werte der Auflagenhöhe im Jahr 1480 von ca. 100 (Antonius von Florenz: Confessionale, gedruckt in Florenz) über 1000-1500 (lat. Ablassbulle für das Berner Münster/ dt. Summarium, gedruckt von Michael Wenssler in Basel) bis 3000 oder über 10000 (verschiedene Einzelblattdrucke: Absolutionsformular, Testimoniale, Beichtbrief, gedruckt von Johann Bämler in Augsburg). Die Angaben sind aber schwer auf die Herstellung umfangreicher und illustrierter volkssprachiger Erzähltexte zu übertragen.

3.4 Überlegungen zum Entstehungskontext des Erstdruckes der *Reisen* in
Augsburg

Der Produktionsprozess eines Werkes von der Handschrift zum Druck ist aufgrund fehlender historischer Belege heute nur schwer im Detail nachzuvollziehen. Warum welche Texte überhaupt gedruckt wurden und andere nicht,
woher die Drucker-Verleger ihre handschriftlichen Vorlagen bezogen und
wie sie diese genau umarbeiteten und für die Drucklegung umsetzten, kann
nur in seltenen Fällen annähernd rekonstruiert werden[92] – im Falle von Sorgs
Drucklegung der *Reisen* ist nichts dergleichen bekannt. Um den Entstehungskontext des Erstdruckes der Velser-Übersetzung dennoch so weit wie möglich
auszuleuchten, sollen im Folgenden der Druck-Ort Augsburg sowie die Offizin
Anton Sorgs in Hinblick auf die potentielle Leserschaft und die Möglichkeiten der Zensur kurz vorgestellt werden. Außerdem wird die Spezifik der gedruckten Version der Velser-Übersetzung, die gegenüber der Textversion der
handschriftlichen Überlieferung deutliche Textänderungen aufweist, genauer
betrachtet.

Die Anfangszeit des Buchdruckes in Augsburg (1468-1473) beschreibt
Hans-Jörg Künast als stark von der Kirche beeinflusst, deren Druckaufträge
um die achtzig Prozent der Kapazitäten der ersten Offizinen beanspruchten.[93]
Mit dem Ende der Unterstützung durch die Kirche um das Jahr 1473 erfolgte
eine „grundsätzliche Umorientierung der Drucker" hin zu einer zunehmenden Produktion volkssprachiger Bücher.[94] Augsburg entwickelte sich zu einem
„Zentrum des deutschsprachigen Buchdrucks [...]. Schon im ersten Jahrzehnt

---

[92] Diese Fragen behandelt Hans-Joachim Koppitz in seinem Aufsatz: Zum Erfolg verurteilt.
Auswirkungen der Erfindung des Buchdrucks auf die Überlieferung deutscher Texte bis
zum Beginn des 16. Jahrhunderts. In: Gutenberg-Jahrbuch 1980, S. 67-78. Es sei außerdem zu diesen und ähnlichen Fragen zur frühen Druckgeschichte auf die folgenden Studien verwiesen: Günthart, Deutschsprachige Literatur im frühen Basler Buchdruck; die
Arbeiten von Hans-Jörg Künast (siehe im Lit.vz. dieser Arbeit); Neddermeyer, Von der
Handschrift zum gedruckten Buch; und die Sammelbände, speziell zu Augsburg: Johannes Janota/ Werner Williams-Krapp (Hgg.): Literarisches Leben in Augsburg während
des 15. Jahrhunderts. Tübingen 1995; Helmut Gier/ Johannes Janota (Hgg.): Augsburger
Buchdruck und Verlagswesen. Von den Anfängen bis zur Gegenwart. Wiesbaden 1997,
darin grundlegend zum Verhältnis handschriftlicher Vorlagen und Drucke in Augsburg
und zum wissenschaftlichen Umgang damit Johannes Janota: Von der Handschrift zum
Druck, S. 125-139.

[93] Vgl. Hans-Jörg Künast, „Getruckt zu Augspurg". Buchdruck und Buchhandel in Augsburg zwischen 1486 und 1555. Tübingen 1997, S. 221.

[94] Ebd.

lag der Anteil deutscher Drucke bei fast fünfzig Prozent, um zwischen 1479 bis 1500 bereits auf über siebzig Prozent anzusteigen."[95] Den Großteil seiner Bücher produzierte Augsburg für die lesekundigen Laien, die als potentielle Käufer in der vom Handel und der guten Verkehrslage profitierenden Reichsstadt mehr als in anderen Städten vorhanden waren.[96] Den Überlegungen Künasts zufolge baute Augsburg seine führende Stellung auf dem Markt für die volkssprachige Literatur vor allem deshalb aus, weil Augsburg keine Universitätsstadt war und weil „die Augsburger Eliten wenig Interesse an der lateinischen Buchkultur von Kirche, Universität und Humanismus hatten."[97] Einen großen Einfluss auf die Drucklegung volkssprachiger Texte in Augsburg hatte sicherlich auch die starke handschriftliche Verbreitung dieser Texte im süddeutschen Raum. So entstanden sehr wahrscheinlich mehrere Abschriften der Velser-Übersetzung in der Umgebung Augsburgs und konnten leicht ihren Weg in eine Augsburger Offizin finden.

Gerade in Hinblick auf die These dieser Arbeit, dass in den *Reisen* vor der Folie fremder Religionen die christliche Lebenswelt in den kritischen Blick des Erzählers gerät und die verschiedenen Versionen mehr oder weniger starke kirchen- und kleruskritische Züge aufweisen, stellt sich die Frage nach der möglichen Zensur von Seiten der Kirche, die gewisse Passagen in den *Reisen* wohl nicht gebilligt hätte. Inwieweit die Drucker ihr Programm selbst bestimmten und wann der Rat der Stadt Augsburg oder die kirchliche Zensur in die Textauswahl eingreifen konnten, ist für die Zeit vor 1500 nicht mehr belegbar. Doch ist davon auszugehen, dass die Kirche Ende des 15. Jahrhunderts den Buchdruck als Verbreitungsmedium neuer Häresien fürchtete und wahrscheinlich schon in der Zeit vor 1518 ein Zensurmandat in Augsburg hatte.[98] „Sicher ist, daß bereits vor 1515 die Augsburger Drucker vereidigt wurden, keine Schmach-

---

[95]   Ebd., S. 227f. Augsburg nahm in ganz Europa eine Sonderstellung ein, denn in den anderen Druckorten betrug der Anteil der lateinischen Drucke mehr als 50 % der Gesamtproduktion. Vgl. ebd., S. 253.

[96]   Vgl. Koppitz, Studien zur Tradierung, S. 65.

[97]   Künast, Getruckt zu Augspurg, S. 253.

[98]   Vgl. ebd., S. 198. Künast führt als Beispiel früher Zensur das Mainzer Zensurmandat an, das im Jahr 1486 vom Kurfürsten Berthold von Henneberg für die Erzdiözese Mainz erlassen wurde, und „in dessen Einleitung die Intention klar ausgesprochen wurde: ‚Die göttliche Buchdruckerkunst macht aller Welt den Gebrauch von Büchern zur Belehrung und Erbauung zugänglich. Viele aber mißbrauchen, wie wir gesehen haben, diese Kunst aus Ruhmessucht und Geldgier, so daß sie die Menschheit verderben, statt sie aufzuklären. So finden sich zur Herabsetzung der Religion und ihrer Spitzen Schriften in den Händen des Volks, welche aus dem Lateinischen ins Deutsche übersetzt sind.'" (S. 197).

schriften zu veröffentlichen und ihre Produktion dem Rat anzuzeigen.“[99] Künast zufolge richtete sich das Vorgehen des Augsburger Rates seit 1472 nach dem festgelegten Friedensgebot, das den Rat selbst und die Bürger der Stadt vor Verunglimpfung schützen sollte.[100]

Die Kritik an Klerus und Kirche, wie sie in den *Reisen* stellenweise deutlich wird, und die selbstreflexiven Momente bei der Darstellung fremder Rituale und religiöser Vorstellungen wurden sicherlich nicht als das Augsburger Friedensgebot störende Passagen angesehen – falls sie denn überhaupt als potentiell kritische Stellen erkannt wurden. Denn in erster Linie handelt es sich ja um eine Darstellung fremder Kulturen, und der Bereich des Eigenen wird erst hintergründig über die Beschreibung des Fremden reflektiert und selten deutlich in den Fokus des Erzählers genommen. Die Reisebeschreibung eines englischen „Ritters“ schien der Zensur gewiss nicht allzu verdächtig.

Der Vergleich zwischen der von Morrall edierten Hs. A und dem Sorgschen Erstdruck lässt dennoch vermuten, dass von der Offizin eine Art Selbstzensur vorgenommen wurde, da in der Version des Druckes besonders die Stellen, in denen Kritik an der westlichen Christenheit geübt wird, gestrichen sind. Allerdings sind diese Streichungen größtenteils schon in den handschriftlichen Vorstufen des Druckes zu finden, wie später noch genauer betrachtet wird. Bremer und Ridder erklären die Kürzungen in der Version des Druckes unter anderem mit dem Phänomen „urbaner Sozialdisziplinierung“, was sie aber nicht weiter ausführen.[101] Letztlich besagt dies nicht viel mehr, als dass

---

[99]   Ebd., S. 198f.

[100]   Vgl. ebd.

[101]   Vgl. Bremer/Ridder, Einleitung, S. XVf. Bremer und Ridder beziehen sich hier auf die Untersuchung von Erich Kleinschmidt über die Bedeutung und Funktion der Stadt für die literarische Entwicklung in der Frühen Neuzeit: Stadt und Literatur in der frühen Neuzeit. Voraussetzungen und Entfaltung im südwestdeutschen, elsässischen und schweizerischen Städteraum. Köln/ Wien 1982. Kleinschmidt befasst sich jedoch an dieser Stelle nicht speziell mit Augsburg oder der Zeit um 1480, sondern er macht eine eher allgemeine Aussage zur Sozialdisziplinierung, die letztendlich auch ihre institutionalisierte Form in der Etablierung des Rates als Obrigkeit gefunden hätte: „Die Sozialdisziplinierung, die im 17. Jahrhundert zur Signatur der absolutistischen Staatsform wird, ist in den Städten des 16. Jahrhunderts längst vorweggenommen, deren spätmittelalterlichen Sozialkonflikte zwischen Patriziat und Zünften durch den Ordnungskonflikt zwischen Bürgerschaft und Behördenregiment abgelöst wurden.“ (Ebd., S. 61).
Vgl. zum Konzept der Sozialdisziplinierung außerdem Gerhard Oestreich: Strukturprobleme des europäischen Absolutismus. In: Ders.: Geist und Gestalt des frühmodernen Staates. Ausgewählte Aufsätze. Berlin 1969, S. 179-197; außerdem Norbert Elias: Die höfische Gesellschaft. Untersuchungen zur Soziologie des Königtums und der höfischen Aristokratie. Mit einer Einleitung: Soziologie und Geschichtswissenschaft. Neuwied

die Produktion und Verbreitung eines gedruckten Textes in einem städtischen
Umfeld anderen Bedingungen und Einflüssen unterlag als beispielsweise die
handschriftliche Produktion, es könnte aber auch ein Hinweis auf eine von
den Druckern praktizierte Selbstzensur sein.

Vielleicht lässt sich aus den späteren reformatorischen Strömungen in
Augsburg, das sich offiziell 1537 für die Reformation entschieden hat, ein Interesse an Werken wie den *Reisen* ableiten, die ein kirchenkritisches Potential
aufweisen und damit gewissermaßen auch schon als literarische Wegbereiter
der Reformation betrachtet werden können. Künast gibt an, dass Augsburg
schon vor 1537 „im Grunde eine evangelische Stadt gewesen war"[102] und dass
ihre Drucker sich 1518 – mit Ausnahme der eng mit der katholischen Kirche
zusammenarbeitenden Druckerfamilie Ratdold – für die reformatorische Bewegung aussprachen.[103] Die Augsburger Drucker schlossen sich also früh der
Reformation an und unterstützen sie mit dem Druck von Flugblättern und
Reformationsschriften, auch den Schriften Luthers.[104] Ob Anton Sorg selbst,
der zu dieser Zeit nicht mehr lebte, oder die von ihm gedruckten Werke schon
sehr frühe reformatorische Tendenzen verfolgten, kann schwerlich gesagt werden. Auch Sorgs Verlagsprogramm kann darüber keine eindeutige Auskunft
geben. Er spezialisierte sich zwar auf den Druck volkssprachiger Texte und
brachte „so viel von der älteren deutschen Literatur auf den Markt wie kein
anderer"[105], doch druckte er beinahe so viel religiöse Literatur und liturgische
Werke (35,4% der Gesamtproduktion) wie volkssprachige Literatur (38%).[106]

1969. In der neueren geschichtswissenschaftlichen Forschung ist das Konzept der Sozialdisziplinierung inzwischen als Staatsüberschätzung in die Kritik geraten. Vgl. zur Kritik v.a. Heinrich Richard Schmidt: Sozialdisziplinierung? Ein Plädoyer für das Ende des
Etatismus in der Konfessionalisierungsforschung. In: Historische Zeitschrift 265 (1997),
S. 639-682.

[102]   Künast, Getruckt zu Augspurg, S. 82.

[103]   Vgl. ebd., S. 80.

[104]   Vgl. ebd., S. 14. Künast beschreibt den Einfluss Augsburgs auf die Reformationsbewe-
gung weiter: „Zum Erfolg der Reformation trug [...] Augsburg in ganz erheblichem Maße
in seiner Funktion als Druck- und Handelsplatz bei. Die Drucker besaßen die technischen Kapazitäten, der enormen Nachfrage zu begegnen und das Vertriebssystem der
Buchführer war so leistungsfähig, Reformationsschriften im ganzen oberdeutschen
Raum zu verbreiten." (Ebd., S. 234).

[105]   Koppitz, Studien zur Tradierung, S. 68.

[106]   Vgl. Künast, Getruckt zu Augspurg, S. 219f., Tabelle 13: „Spezialisierung der Drucker auf
bestimmte Literaturgattungen". Künast klassifiziert den Bereich der religiösen Literatur
jedoch als „katholische Literatur" (im Gegensatz zur protestantischen, da seine Untersuchung diesen Zeitraum mit einschließt, auch wenn Sorg die Reformation nicht erlebte.)
Leider unterteilt Künast diesen Bereich nicht eindeutig in lateinische und volkssprachi-

Außerdem war Sorg eng mit dem Karmeliterkloster St. Anna in Augsburg verbunden und zählte, wie auch andere bedeutende Drucker, zu den Mitgliedern der Ulrichsbruderschaft des Benediktinerkonvents von St. Ulrich und Afra.[107] In der Offizin dieses Klosters erlernte er auch den Beruf des Druckers.[108]

Das Reformkloster St. Ulrich und Afra ist aus sozialhistorischer Sicht ein Beispiel für die Existenz und die Umsetzung kirchenreformatorischer Bestrebungen in Augsburg noch vor der Zeit der Reformation. Denn das Benediktinerkloster war im 15. Jahrhundert an der Klosterreform beteiligt, die 1441 durch Johannes Schiltpacher im Auftrag des Bischofs von Augsburg eingeführt wurde.[109] Im Reformprogramm, das sich gegen die Verweltlichung der Mönche richtete, eine strengere monastische Disziplin sowie die Rückkehr zur Armutspraxis forderte und sich bald mit der Idee des Konziliarismus verband, sind durchaus Verbindungslinien zur Reformation zu sehen.[110] Insgesamt ergibt sich der Eindruck, dass in Augsburg offenbar schon vor der eigentlichen Reformation mit dem Reformkloster, der Spezialisierung der Drucker auf volkssprachige Werke und der allgemeinen sozialen und wirtschaftlichen Lage der Reichsstadt eine gewissermaßen reformationsfreundliche Stimmung herrschte, die den Druck und Vertrieb teilweise kirchen- und kleruskritischer Werke ermöglichte oder doch wenigstens erleichterte.

---

ge Werke. Vgl. außerdem die graphischen Darstellungen der Sorg-Produktion nach Drucken, Foliobögen und Gattungen ebd., S. 338f.

[107] Vgl. ebd., S. 79f.

[108] Vgl. Inge Leipold: Untersuchungen zum Funktionstyp „Frühe deutschsprachige Druckprosa". Das Verlagsprogramm des Augsburger Druckers Anton Sorg. In: DVjs 48 (1974), S. 264-290, hier S. 274.

[109] Vgl. den Beitrag von Eberhard König: Augsburger Buchkunst an der Schwelle zur Frühdruckzeit. In: Helmut Gier/ Johannes Janota (Hgg.): Augsburger Buchdruck und Verlagswesen. Von den Anfängen bis zur Gegenwart. Wiesbaden 1997, S. 173-200.

[110] Vgl. zum Verhältnis zwischen der Klosterreform im 15. Jahrhundert und der Reformation Kaspar Elm: Verfall und Erneuerung des Ordenswesens im Spätmittelalter. Forschungen und Forschungsaufgaben. In: Untersuchungen zu Kloster und Stift. Göttingen 1980, S. 188-238. Elm nimmt an, dass auch „im positiven Sinn Verbindungen zwischen Observantismus und Reformation bestanden" und sieht diese in der Theologie und der Spiritualität der Reformer: „Schon der Hinweis auf die theologische und spirituelle Bandbreite des Observantentums in den Bettelorden, auf den hussitisch beeinflussten Extremismus eines Nikolaus von Serruier und Thomas Connecte, den Konziliarismus eines Kaspar Schatzgeyer und den Kurialismus der Augustiner-Schule mag genügen, um deutlich zu machen, daß noch andere theologische Interdependenzen zwischen den Ordensreformen und der Reformation gesehen werden müssen als diejenigen, die sich mit dem Stichwort Humanismus oder Augustinismus kennzeichnen lassen." (S. 235).

3.5 Die Velser-Handschrift N und ihre Nähe zum Erstdruck

Für die Frage nach den Textänderungen und -kürzungen des Druckes ist ein Blick in die Textgeschichte und in die Handschriften, die eng mit dem Druck verwandt sind, unverzichtbar. Denn wie auch Bremer und Ridder bemerken, finden sich schon in den handschriftlichen Vorstufen „gravierende[...] Veränderungen des ursprünglichen Übersetzungstextes".[111] Eine inhaltliche Untersuchung der dem Augsburger Erstdruck nahestehenden New Yorker Hs. N in Hinblick auf die Textänderungen ist von der Forschung bisher noch nicht vorgenommen worden und wird einiges zur Präzisierung der bisherigen Vermutungen beitragen.

Die in der Public Library New York aufbewahrte Papierhandschrift Ms. 37 der Spencer Collection – im Folgenden als Hs. N[112] bezeichnet – wurde gemäß Kolophon (fol. 156v) im Jahr 1459 von einem unbekannten Schreiber angefertigt.[113] Der ostfränkisch/ ostschwäbischen Schreibsprache nach ist anzunehmen, dass sie aus fränkisch-schwäbischem Grenzgebiet stammt, womit die Gegend nördlich von Augsburg als Entstehungsraum in Frage kommt.[114] Eine Entstehung in der Umgebung Augsburgs ist auch aufgrund der großen Ähnlichkeiten mit dem Sorgschen Erstdruck wahrscheinlich, die vor allem in der Übereinstimmung von gekürzten oder ausgelassenen Stellen im Vergleich zur von Morrall edierten Velser-Hs. A liegen. Diese Ähnlichkeiten, auf die im folgenden Kapitel noch genauer eingegangen werden soll, veranlassten immer wieder zur Annahme, Hs. N sei direkte Vorlage für den Sorgschen Frühdruck

---

[111]   Bremer/Ridder, Einleitung, S. XV.

[112]   Damit wird dem Siglensystem Morralls gefolgt, das er in seiner Edition der Stuttgarter Velser-Hs. (Hs. A) anwendet und welches als Standard im deutschsprachigen Raum angesehen wird, da seiner umfassenden Zusammenstellung und Beschreibung der Velser-Transmission bisher noch keine weitere folgte. Die unter der Leitung von Ernst Bremer an der Paderborner Mandeville-Arbeitsstelle getätigte Studie zur Überlieferungsgeschichte, welche die gesamteuropäische handschriftliche und gedruckte Überlieferung der *Reisen* erfassen und ältere Verzeichnisse ergänzen soll, befindet sich noch immer in Vorbereitung: Ernst Bremer: Jean de Mandeville in Europa, Bd. 1: Überlieferungsgeschichte. Bearb. von Ernst Bremer und Randall Herz unter Mitwirkung von Alexandra Nusser. München 2004 (im Druck).

[113]   Die Hs. konnte von der Verfasserin vor Ort gesichtet und digital abfotografiert werden. Zu einer genaueren Beschreibung der Hs. siehe Morrall, Ed., Sir John Mandevilles Reisebeschreibung, S. CVIf., außerdem unter http://www.handschriftencensus.de/18355

[114]   Vgl. Herz, Apropos Binding Waste, S. 45.

gewesen.[115] Eine direkte Abhängigkeit ist aufgrund von Lücken von N an den Stellen, wo der Druck vollständig ist, jedoch unwahrscheinlich.[116]

Ausgehend von einem Fund von Fragmenten einer Handschrift der Velser-Version, die sowohl dem Augsburger Erstdruck als auch der Hs. N sehr nahe-stehen, konnte Randall Herz eine kleine Gruppe von Überlieferungsträgern der Velser-Übersetzung erschließen. Diese Gruppe, die er als „abridged redaction" bezeichnet, ist aufgrund ihrer Textkürzungen und weil sie als einzige Redak-tion Illustrationen aufweist, innerhalb der Velser-Transmission einzigartig.[117] Über einen Abgleich der drei erhaltenen Texte – den Nürnberger Fragmenten (ca. 1462-64), der Hs. N (1459) und dem Frühdruck (1480) – kommt Herz zu der Feststellung, dass diese unabhängig voneinander auf eine gemeinsame, heute verlorene Vorlage zurückgehen müssten.[118]

Alleinstellungsmerkmale der Versionen dieser gekürzten Redaktion sind also die inhaltlichen Kürzungen, welche im Vergleich zur Hs. A circa 25 Prozent betragen, sowie die Ausstattung mit Illustrationen. Die Sichtung der Hs. N konn-te sowohl die inhaltlichen Übereinstimmungen mit dem Sorg-Druck von 1480 als auch die sehr ähnliche Anlage der Illustrationen bestätigen.[119] Während Hs. N 81 Illustrationen aufweist, die Herz zufolge von einem „professional draughts-

---

[115]   So z. B. Morrall in seiner (unveröffentlichten) Dissertation aus dem Jahr 1963, vgl. Eric John Morall: The Manuscript Tradition of Michel Velser's Version of Sir John Mandeville's Travels. Diss. London 1963 (maschinenschriftl.), S. 356f. In der Einleitung seiner Edition revidiert er diese Annahme jedoch wieder.

[116]   Es gibt beispielsweise eine größere Lücke in Hs. N im ersten Teil der *Reisen*, die bei der Beschreibung der St. Annenkirche beginnt und sich von der Episode über Herodes, über die Beschreibung weiterer Gedenkstätten in Jerusalem bis zum Berg Zion zieht (Vgl. Vhs., S. 60, Z. 3 - S. 62, Z. 15) oder auch die Auslassung der Episoden rund um die Beichte der Heiden/Jakobiten (Vgl. Vhs. S. 75, Z. 21 - S. 81, Z. 6).

[117]   Herz, Apropos Binding Waste, S. 42. Die von Herz beschriebenen und im Anhang sei-nes Aufsatzes edierten Nürnberger Fragmente sind zwar nicht illustriert, es wurden aber Aussparungen dafür vorgenommen, deren Anlage dem Layout der Hs. N stark entspricht. Innerhalb der Velser-Gesamtüberlieferung gehören die Texte der gekürzten Redaktion zur 2. Redaktion Y (Vgl. das Stemma bei Morrall, Ed., Sir John Mandevilles Reisebeschreibung, S. CLXXIIf.). Herz stellt zudem eine Verbindung zur Münchner Hs. M und der von ihr repräsentierten Gruppe von Hss. her (S. 47 u. 49).

[118]   Vgl. ebd., S. 43.

[119]   Morrall, Ed., Sir John Mandevilles Reisebeschreibung, S. CVII, Anm. 137, gibt in seiner Beschreibung der Hs. an, dass seine Informationen auf der Beschreibung von Biblio-thekaren der New York Public Library beruhen, er hat die Hs. also nicht selbst gesehen. Woher Herz seine Informationen über die Hs. N bezieht ist nicht ersichtlich.

man" angefertigt wurden,[120] sind es beim Sorgschen Erstdruck 115 (+5)[121], also 120 Holzschnitte. Mehr als die Hälfte der Holzschnitte des Druckes sind in etwa an denselben Stellen wie die Illustrationen von Hs. N. Der Druck unterscheidet sich jedoch in seiner Textstrukturierung insofern von der Handschrift, als er eine Kapiteleinteilung in 150 Kapitel vornimmt, die jeweils mit einer Überschrift versehen sind. Meist befindet sich ein dazugehöriger Holzschnitt am Kapitelanfang, wobei das Layout so angelegt ist, dass Text und Bild nebeneinanderstehen. Hs. N dagegen weist keine Kapitelüberschriften auf und kein solches Layout, sondern die Illustration folgt in der großen Mehrzahl der Fälle jeweils auf den Text, steht also am Kapitelende.[122] Ab etwa der Hälfte des Textes weist der Frühdruck zunehmend mehr Illustrationen auf als die Handschrift, was sicherlich mit der Faszination an den Wundern des Ostens und der zu befriedigenden *curiositas* der prospektiven Käufer eines solchen Druckes zu begründen ist. Teilweise kommen an den Stellen, welche die monströsen Wesen des Ostens thematisieren, bis zu vier Holzschnitte pro Blatt vor.[123] Auffallend sind die wenigen oder gänzlich fehlenden Illustrationen in den Teilen über den mongolischen Großkhan und den Priesterkönig Johannes: Während die Hs. N auf Illustrationen in diesem Teil ganz verzichtet, weist auch der Druck dort nur zwei Holzschnitte und diese auch nur im Kapitel über den Großkhan auf.

Ein Vergleich der Illustrationen der Hs. N mit den Holzschnitten des Druckes ergibt, dass die Bilder inhaltlich relativ ähnlich sind, das heißt, die darge-

---

[120]   Herz, Apropos Binding Waste, S. 42. Herz vermutet eine Werkstatt im Grenzraum Schwaben/Bayern oder im Raum Nordbayern.

[121]   Der Sorgsche Erstdruck von 1480, faksimiliert in der Ausgabe Bremer/Ridder, ist eines Blattes verlustig (60r-61r). Dieser Bereich ist im Zweitdruck von 1481 mit 5 Holzschnitten illustriert, die verschiedene monströse Menschen darstellen. Siehe die Holzschnitte im digitalisierten Sorg-Druck 1481, fol. 59r-60r unter: http://daten.digitale-sammlungen. de/~db/0002/bsb00029868/image_1

[122]   In den schon genannten (siehe weiter oben, Anm. 84) beiden Episoden über Hippokrates' Tochter und über das Wunder einer toten Jungfrau (Vdr., S. 18f.), in welchen im Sorg-Erstdruck die Holzschnitte ungewöhnlicherweise auf den Text folgen, entsprechen sich der Druck und Hs. N im Layout. Anders als im Druck, der sonst die Holzschnitte schon zu Beginn der Episoden anführt, fehlt aber in der Hs. N der Hinweis auf die Geschichte von Hippokrates' Tochter, der die Episode abschließt: *„dauon so liß vor der figur."* (Vdr., S. 18).

[123]   Im Velser-Druck gehen mit der Häufung an Holzschnitten in den Episoden über die „Wundervölker" sogar Texterweiterungen einher, in denen das jeweilige Volk noch eingehender beschrieben wird als dies in Hs. A oder in Hs. N der Fall ist. So führt der Druck bspw. bei den Kyklopen weiter aus: *„vnd seind an dem leib nackend vnnd vast rauch als eyn wildes tier vnd hat ein stab in der hand."* Oder er fügt bei den Blemmyern hinzu: *„vnd habent gar grosse augen."* (Vdr. S. 128, vgl. auch Vdr. S. 129)

stellten Szenen sind meist die gleichen, der Bildaufbau und die Bildelemente weichen aber häufig voneinander ab. Identische Bilder sind keine vorhanden. Nur sehr wenige weichen stark voneinander ab,[124] sodass auch hieraus der Schluss gezogen werden kann, dass die Hs. N und der Druck auf eine gemeinsame, ebenfalls illustrierte Vorlage zurückgehen.[125] Die große Wahrscheinlichkeit, dass die gesamte Textgruppe der Kurzversion Illustrationen aufwies, legt die Vermutung nahe, dass Anton Sorg sich dieser Velser-Redaktion bediente, gerade weil sie schon illustriert war. Zumal sich der Drucker Sorg schon früh für das Segment der illustrierten Drucke interessierte und er, so Herz, auch Zugang zur ungekürzten und nicht-illustrierten Velser-Redaktion gehabt hätte, die ebenfalls in Augsburg zirkulierte.[126]

Das frühe Interesse an Illustrationen bestätigt ein Blick in das Verlagsprogramm Anton Sorgs, woraus nicht nur ersichtlich ist, dass seine Offizin seit 1476 illustrierte Drucke herstellte, sondern auch, dass diese inhaltlich-mediale Neugestaltung in etwa mit der Aufnahme und Drucklegung deutschsprachiger Texte einherging.[127] Es gilt generell als ein besonderes Kennzeichen der Sorg-

---

[124] Sie illustrieren also entweder eine andere Szene der Erzählung oder weisen eine wesentliche Hinzufügung oder Streichung auf: so die Darstellung des Jerusalemer Tempels (Vdr., S. 63; in N, fol. 55r, wird Jesus auf dem Palmesel reitend vor dem Tempel abgebildet), die Samariter (Vdr., S. 79; N, fol. 68r, illustriert statt den drei Figuren den Brunnen), die Indusanrainer (Vdr., S. 107; in N, fol. 90v, sind die Menschen nicht nackt und stehen neben dem im Fokus stehenden Indus, auf diesen zeigend), die Menschen mit einem Eisenmal unter dem Auge (Vdr., S. 118; in N, fol. 99r, stehen sie vor ihrem König, alle tragen Kreuzesmale auf der Stirn), die Kynokephalen (Vdr., S. 124; N zeigt nur die hundsköpfigen Menschen ohne das Ochsen-Götzenbild) sowie die Tötung von Kranken auf Sandin (Vdr., S. 127; N, fol. 109r, zeigt eine Szene, in der die Menschen am gedeckten Tisch sitzen und den Kopf des Getöteten zu verzehren beginnen).

[125] Auch Herz, Apropos Binding Waste, S. 43, ist der Überzeugung, dass die verlorene Vorlage illustriert gewesen sein muss.

[126] Vgl. ebd. Gerade der möglichen Verbreitung der ungekürzten Velser-Redaktion in Augsburg, zu der Herz keine weiteren Angaben macht, wäre noch weiter nachzugehen.

[127] Vgl. die Zusammenstellung zu Anton Sorg im ISTC online unter http://data.cerl.org/ istc/_search. Sorg druckte seit spätestens 1475 und hatte zu Beginn nur lateinische Texte im Programm. Seine ersten deutschsprachigen Drucke aus dem Jahr 1476, unter anderem die Texte *Barlaam und Josaphat* und *Brandans Meerfahrt*, waren zwar noch nicht illustriert, doch erscheint im selben Jahr sein erster illustrierter Druck, der *Spiegel menschlicher Behaltnuss* (eine deutsche Übersetzung des *Speculum humanae salvationis*). Vgl. Helmut H Schmid: Augsburger Einzelformschnitt und Buchillustration im 15. Jahrhundert. Baden-Baden 1971, S. 75. 1476/77 druckte Sorg das Reisebuch Hans Schiltbergers, das sich der *Reisen* als Quelle bediente, mit 15 Textholzschnitten, entworfen vom sog. „Sorg-Meister", vgl. Michael Herkenhoff: Die Darstellung außereuropäischer Welten in Drucken deutscher Offizinen des 15. Jahrhunderts. Berlin 1996, S. 54.

Drucke, dass sie so reich mit Holzschnitten ausgestattet sind.[128] Doch erklärt
die Annahme, Sorg habe sich aufgrund der schon vorhandenen Illustrationen
der gekürzten Velser-Redaktion bedient, deren Verwendung als Vorlage für
den Druck nicht vollständig, denn sie lässt außer Acht, dass es sich um einen
gekürzten Text handelt und dass auch die inhaltliche narrative Beschaffenheit
des Textes seine Drucklegung in Augsburg beeinflusst haben könnte.

4. Exkurs mit Textbeispielen: Überlegungen zu den Textmodifikationen in den Velser-Versionen – Hs. A, Hs. N und der Augsburger Erstdruck

Um nachvollziehen zu können, warum welche Eingriffe in die tradierte Textgestalt auf dem Weg von der Handschrift zum Druck vorgenommen worden
sind, müssen die Textstellen, an denen Änderungen erfolgt sind, genauer
untersucht werden. Drei Fragen sind bei einem Vergleich der Textträger der
Kurzversion (Hs. N., Vdr.) und der Langversion (Hs. A, bzw. Vhs.) von besonderem Interesse: Welche Inhalte wurden modifiziert oder gekürzt, wie wirken
sich die Modifikationen in den einzelnen Texten auf die Sinnkonstitution des
jeweiligen Textes aus, und sind solche Texteingriffe durch den Medienwechsel
von der Handschrift zum Druck zu erklären (und wenn ja, inwieweit)? Die Hin-
zuziehung der Hs. N für die Untersuchung kann aufzeigen helfen, auf welcher
Stufe in der Überlieferung die Textänderungen erfolgt sind. Es wird zu überlegen sein, ob die von Bremer und Ridder konstatierten „Selektionsvorgänge
[...] innerhalb der Texte"[129] tatsächlich so stark auf den Medienwechsel zurückzuführen sind, oder ob sie nicht schon früher, auf handschriftlicher Überliefe-
rungsstufe, in Erscheinung treten.

---

[128]　Vgl. Leipold, Untersuchungen zum Funktionstyp, S. 274.
[129]　Bremer/Ridder, Einleitung, S. XV.

4.1 Ein Desiderat der Forschung

In der Mandeville-Forschung finden sich bisher weder eingehendere Überlegungen zur inhaltlichen Spezifik der Kurzversion noch Erklärungsansätze,
warum gerade diese um wesentliche Episoden gekürzte Version als deutscher
Erstdruck verlegt wurde. Bremer nennt 1986 mehrere mögliche Ursachen für
die Texteingriffe:

> Offensichtlich ist die Mehrzahl dieser Kürzungen auf text- und sprachökonomische Ten-
> denzen zurückzuführen [...]. Neben diesen [...] Eingriffen finden sich schon in der hand-
> schriftlichen Vorstufe, in wesentlich größerem Umfang allerdings im Erstdruck, Text-
> reduktionen, die mit großer Wahrscheinlichkeit in ursächlichen Zusammenhang mit
> urbanen Sozialdisziplinierungen gebracht werden können, da es sich in diesen Fällen
> ausschließlich um Inhalte aus den Bereichen der Religions- und Sozialkritik, Astrono-
> mie und Astrologie sowie anomaler Sexual-Anatomie handelt.[130]

Die Forschung hat sich seit den 1980er Jahren im Grunde nicht über diese
Thesen, die ursprünglich auf die unpublizierte Magisterarbeit von Ridder
zurückgehen,[131] hinausbewegt. Dieselben Erklärungen für die Kürzungen wie
oben gibt Bremer ein paar Jahre später gemeinsam mit Ridder auch in der Einleitung zur Faksimile-Edition der Frühdrucke (1991) an. Bremer und Ridder
zufolge seien die Änderungen des Druckes weiter Zeugnis des Medienwechsels
und in diesem Zusammenhang als beobachtbare Selektionsvorgänge zu erklären, „die zu einer neuen ‚Kanonbildung' in der Literatur führen, aber auch innerhalb der Texte offensichtlich einen Auswahlprozeß auf unterschiedlichen
Ebenen wirksam werden lassen."[132] Die Einleitung zur Edition der Frühdrucke
wiederum bleibt in der Folge Referenzpunkt für die Frage nach den Kürzun-

---

[130] Ernst Bremer: Ein spätmittelalterlicher Werktyp auf dem Wege zum Frühdruck. Der
‚Vocabularius optimus' im Umkreis frühhumanistischer Schriftkultur in Augsburg. In:
Reiner Hildebrandt/ Ulrich Knoop (Hgg.): Brüder-Grimm-Symposion zur Historischen
Wortforschung. Beiträge der Marburger Tagung vom Juni 1986. Berlin 1986, S. 164-178,
hier S. 175f.

[131] Vgl. Klaus Ridder: Von der Handschrift zum Druck. Ein sprachlicher und literarischer
Vergleich der Augsburger Mandeville-Frühdrucke mit den vorausgehenden Handschriften. Marburg/ Lahn, Magisterarbeit (masch.) 1983. Die Magisterarbeit war mir nicht zugänglich. Bremer, Ein spätmittelalterlicher Werktyp, gibt in Anm. 48 an, dass er sich in
seinen Ausführungen auf die Magisterarbeit Ridders bezieht, jedoch ohne Angabe von
Seitenzahlen der Arbeit Ridders. Aufgrund dieses Verweises ist davon auszugehen, dass
die Thesen zur Textökonomie und zur Sozialdisziplinierung ursprünglich von Ridder
stammen. Zudem drängt sich die Frage auf, ob Bremer die Hs. N, bzw. die „handschriftliche Vorstufe", für seine Untersuchung überhaupt eingesehen hat.

[132] Bremer/Ridder, Einleitung, S. XV.

gen. Auch Herkenhoff, der sich in seiner Dissertation (1996) unter anderem mit dem Sorgschen Erstdruck der *Reisen* beschäftigt, geht in seinen Ausführungen zu Mandeville nicht auf die gekürzten Stellen ein und rezitiert lediglich die Erklärungen Bremers und Ridders:

> [Der Druck] weist erhebliche Kürzungen auf, die sich bereits in den unmittelbaren hand-schriftlichen Vorlagen abzeichneten. Zusätzliche Textreduktionen in der Editio princeps betreffen vor allem Inhalte aus dem Bereich der Religions- und Sozialkritik, der Astrolo-gie und Astronomie sowie der Sexual-Anomalie.[133]

Ähnlich verfährt schließlich Herz, obwohl er sich eingehend mit der gekürzten Redaktion beschäftigt hat. Er widersetzt sich zwar einer wertenden Haltung gegenüber dem kürzeren Text der Hs. N, wie sie noch bei Morrall anzutref-fen ist („Der Text ist sehr gekürzt und fehlerhaft")[134], doch referiert auch er als Gründe für die Kürzungen lediglich auf Bremer und Ridder und verweist wie schon die oben genannten Arbeiten auf Ridders Magisterarbeit.[135]

Statt näher auf die inhaltlichen Spezifika der gekürzten Stellen einzuge-hen, dreht sich die Forschung gewissermaßen im Kreis und versäumt es so, anhand der Texte nachvollziehbare Erklärungen für ihre Thesen zu liefern. Die sich aufdrängenden Fragen, warum gerade bestimmte Inhalte (Religions- und Sozialkritik, Astronomie und Astrologie, Sexual-Anomalien) gekürzt wurden, und ob diese Kürzungen konsequent durchgeführt worden sind, sind bis heute noch nicht beantwortet worden („urbane Sozialdisziplinierung"?). Auch lässt sich hinsichtlich der medienspezifischen Begründung der Textänderungen („Medienwechsel", „Kanonbildung") keine eindeutige Aussage in der For-schung darüber finden, an welchem Punkt innerhalb der Überlieferung die Kürzungen und Textänderungen verstärkt auftreten.[136]

Es stellt sich konsequenterweise die Frage, ob die von Bremer und Ridder für den Frühdruck genannten Gründe für die Textkürzungen – allen voran die „urbane Sozialdisziplinierung" aber auch der Medienwechsel – denn auch auf die handschriftliche Überlieferung übertragen werden können. Diese unter-

---

[133]   Herkenhoff, Die Darstellung außereuropäischer Welten, S. 60.

[134]   Morrall, Ed., Sir John Mandevilles Reisebeschreibung, S. CVII.

[135]   Vgl. Herz, Apropos Binding Waste, S. 44.

[136]   Bremer und Ridder scheinen sich über den Zeitpunkt der Texteingriffe sogar selbst nicht klar zu sein und argumentieren widersprüchlich, wenn sie einerseits sagen, „daß der Druck die Tendenzen der handschriftlichen Produktion nicht geradlinig fortsetzt" und andererseits angeben, dass die „gravierenden Veränderungen [...] nicht erst in den Dru-cken" vorkommen, sondern bereits in den „unmittelbar vorausgehenden handschriftli-chen Vorstufen" (Bremer/Ridder, Einleitung, S. XV).

lag schließlich noch nicht den ökonomischen Gesetzmäßigkeiten der Offizinen und verfügte auch nicht über ein solches Verbreitungspotential, welches ‚sozialdisziplinierende Maßnahmen' hätte erfordern können. Und weiter muss die von der Forschung gegebene Begründung der Textkürzungen in ihrem eingeschränkten Geltungsanspruch auf den Sorg-Druck korrigiert werden, wenn mehrheitlich dieselben Kürzungen schon in einer früheren Handschrift auftreten und nicht erst für die Drucklegung vorgenommen worden sind. Im Folgenden soll deshalb ein kurzer Überblick über die wichtigsten inhaltlichen Abweichungen zwischen der Hs. N und dem Sorg-Druck vor der Folie der ‚Vollversion' der Hs. A gegeben werden. Unter besonderer Berücksichtigung des Themenbereichs des eigenen und fremden Religiösen können so einige Spezifika der jeweiligen Version schon hier herausgestellt werden.

4.2 Textänderungen in Prolog und Epilog

Die Hs. N und der Sorg-Druck von 1480 weisen insgesamt starke inhaltliche Übereinstimmungen und Ähnlichkeiten auf.[137] Zur Beobachtung von Ähnlichkeiten und Unterschieden bieten sich als Erstes der Prolog und der Epilog der Texte an, da diese Textsegmente innerhalb der Überlieferung der *Reisen* den meisten und stärksten Änderungen unterworfen waren.[138] Hs. N und der Frühdruck beginnen nicht wie Hs. A mit dem Heilig-Land-Prolog, in dem zur Rückeroberung Jerusalems aufgerufen wird und die „*grossen herren*" für die Uneinigkeit innerhalb der Christenheit verantwortlich gemacht werden,[139] sondern mit dem Mandeville-Prolog, der vom Autor-Erzähler und dessen Reise kündet: „*Ich Johannis von Monte filla Ritter geborn ʒu engelland jn einer Stat haißt sannt alban für vnß vber mere da man ʒalt von Cristi gepürt Tausent drewhundert vnd*

---

[137] Die stark übereinstimmende formale Anlage, wie sie auch an den Illustrationen und Holzschnitten deutlich wird, ist im vorherigen Kapitel besprochen, siehe oben S. 36.

[138] Vgl. Higgins, Writing East, S. 28 und allgemein Helga Unger: Vorreden deutscher Sachliteratur des Mittelalters als Ausdruck literarischen Bewusstseins. In: Ingeborg Glier u. a. (Hg.): Werk – Typ – Situation. Studien zu poetologischen Bedingungen in der älteren deutschen Literatur. Fs. Hugo Kuhn. Stuttgart 1969, S. 217-251.

[139] Vgl. Vhs., S. 1, Z. 1 - S. 3, Z. 10. Der Text der Hs. A beginnt mit den Worten: „*Hie hebt sich an das bůch des ritters her Hannsen* [...]" und führt das Heilige Grab und das Heilige Land im ersten Satz des Erzählbeginns an: „*Do ich von hayman uß für in dem můt und in der sach das ich wôlt faren über mer zů dem hailigen grab und zů dem gesegnotten ertterich, das man in lattin nempt Terra Promissionis.*" (Vhs., S. 1)

zwaÿ vnd zwainczig Jar an sannt michels anbent vnd dornoch pin ich gewessen vber mer manig jar vnd zeitt [...]".[140]

Der Druck und die Hs. N steigen also direkt mit der Reise des erzählenden Ichs und den verschiedenen Stationen auf dieser Reise in die Erzählung ein und verzichten auf den Teil, in welchem Kritik an der westlichen Christenheit und deren Vertretern geübt wird. Die Problematik, dass das Heilige Land als Zentrum der Welt und der Christenheit dem Machtbereich des Sultans untersteht und noch nicht wieder in *„der rechten erben hand"* (Vhs., 3) gelangt ist, kommt hier gar nicht erst zur Sprache. Der Texteinstieg, wie er sich im Druck und in der Hs. N gestaltet, vermittelt sofort einen Einblick in die wunderbare Welt der Fremde, in *„manig wunderlich lannd vnd manig wunderlich Inseln"*[141] und nicht einen selbstreflektiven Blick auf die prekäre Lage der Christenheit.

Auch der Epilog der Hs. N stimmt mit dem des Druckes weitestgehend überein: Vor dem Epilog werden als letztes fremdes Volk im Bericht die Gymnosophisten beschrieben. Daraufhin werden die Glaubensvielfalt und die Universalität der Bilderverehrung thematisiert:

> *Sy wÿssen wol das etlich tier nit got sind das sie doch anpetten Sy betten es an von der grossen tugent wegen dy es hatt Sy sprechen es sey kein volk es bett abtgotter ann so man pild von holcz von stein von andern dingen anpett dor mit ein end got vns allen sein hilff vnd genad send* (Hs. N, fol. 156v)

In der Hs. N wie auch im Druck fehlt in dieser Beschreibung der Bilderverehrung im Vergleich zur Hs. A jedoch der Verweis auf die christlichen Heiligenbilder und damit auch die Parallelisierung heidnischer und christlicher Bilder-/ Heiligenverehrung vor dem Hintergrund des Götzendienstes: *„Sie sprechent das kain volck nit syg oder es bett abgött an. Und daz sprechend sie och uff uns cristen, dar umb das wir an bettend unser frowen bild und ander hailgen."* (Vhs.,

---

[140] Hs. N, fol. 2r. Der Text beginnt mit einer zweizeiligen roten Initiale, deren untere Serife den linken Textrand entlang gezogen ist bis zum unteren Ende der Seite und so den gesamten Text auf fol. 2r mit einem roten Strich links bindet. Außerdem ist die Initiale rechts mit einem Gesichtsprofil verziert, sodass der anschließende Text, vor allem das nach links spitz zulaufende c, aus dem Mund des Gesichts zu laufen scheint. Diese in den Text bildlich integrierte Sprecherrolle korrespondiert mit der bekannten Autordarstellung auf der gegenüberliegenden Textseite 1v, die dem Text zugewandt ist und mit beiden Händen auf den Text zeigt. Vgl. zu dieser und weiteren Autorendarstellungen in den verschiedenen Mandeville-Versionen Alexandra Nusser: Zu spätmittelalterlichen Autorenbildern am Beispiel der Überlieferung von Jean de Mandevilles ‚Reisen' in Europa. In: Ansgar Köb/ Peter Riedel (Hgg.): Kleidung und Repräsentation in Antike und Mittelalter. München 2005, S. 95-116 u. Farbabb. S. 124-132.

[141] Hs. N, fol. 2r.

177). Ähnlich wie im Prolog verzichten der Druck und die Hs. N auch im Epilog auf eine Reflexion des Eigenen, die hier noch stärker als im Prolog an ein
Grundverständnis der christlicher Glaubenspraxis stößt. So ist auch die darauf folgende zeichentheoretische Erklärung der Verweisstruktur von Bildern,
hinter der ein christlich-theologisch geschultes Verständnis der Heiligenverehrung steht, wie sie Hs. A anführt, weder im Druck noch in Hs. N enthalten: *„Sie
wissend aber nit das wir nit an bettend das húltzin und das stainin bild besunder
das wir an bettend den den es bezaichnet und betút.“* (Ebd.) Mit dem Wegfallen
des Blickes auf die eigene Praxis muss der für den imaginierten außenstehenden Beobachter dieser Praxis im Verborgenen liegende Sinn auch nicht mehr
weiter erläutert werden. Auch der Vergleich zwischen eigenen und fremden
Engelsvorstellungen, wie er in der Hs. A. im Anschluss an diese Stelle angestellt wird, ist von Hs. N und Druck nicht übernommen worden.[142]

Der eigentliche Epilog, in welchem der Autor-Erzähler von seiner Rückkehr und seiner nicht weiter benannten Krankheit berichtet und im letzten
Satz feststellt, er wäre *„auß gewessen zwelff jar“* (Vdr., 182), ist im Druck und
in der Hs. N gleich gehalten. Ein Unterschied fällt allerdings auf: Das in allen
drei Versionen vorkommende Gebet – *„Darmit ein ennd gott vnß allen hilff vnd
gnade send Amen“* (ebd.) – ist in Hs. N und im Druck kürzer gehalten als in der
Hs. A und das abschließende *„Amen“* ist in Hs. N weiter nach hinten versetzt.
Denn in der Hs. N steht zwischen dem Gebet und dem abschließenden Wort
„Amen“ der Mandeville-Epilog (*„Ich Johanns von Mantefilla fur aus […]“*), in
dem er von seiner Krankheit berichtet und noch einmal zusammenfasst, wie
lange er fort gewesen ist. Die Handschrift schließt im Gegensatz zum Druck
letztlich den gesamten Text der *Reisen* (abgesehen vom *Explicit*) mit einem
„Amen“ ab, das graphisch auch noch leicht vom letzten Wort *„jar“* abgesetzt
ist (s. Abb. 1).

Der Druck wiederum setzt durch das an das Gebet angeschlossene *„Amen“*
und einen Absatz den darauf folgenden Epilog deutlich vom Erzähltext ab
(s. Abb. 2). In der Stuttgarter Hs. A endet wie in Hs. N der Gesamttext mit dem
Wort *„Amen“*. Dieses folgt jedoch ebenso wie im Druck unmittelbar auf das
Gebet, welches in Hs. A am Ende des Mandeville-Epilogs steht (s. Abb. 3). Während also Druck und Hs. A das *„Amen“* im direkten Zusammenhang mit der Bit-
te an Gott verwenden, wird in Hs. N die Gebets-Abschlussformel an das Ende
des gesamten Textes gesetzt, ohne dass ihr ein Gebet unmittelbar vorausgegangen wäre. Damit steht zwar nur in Hs. N das *„Amen“* stärker in bestätigen-

---

[142] Siehe hierzu die ausführlicheren Ausführungen im Kap. ‚Machtraum – II. 3. Die Problematik der Bilderverehrung‘ unten in der vorliegenden Arbeit.

dem Bezug zu Mandevilles Erzählung, doch dadurch, dass diese Gebetsformel auch in Hs. A den gesamten Text abschließt, weisen die beiden Handschriften im Vergleich zum Druck hier eine größere Ähnlichkeit auf. Der Druck dagegen lässt eine formale wie auch inhaltliche Strukturierungsabsicht erkennen, in der Gebet und Erzähler-Epilog voneinander getrennt sind, und die in ihrem Fokus auf das erlebende Ich und die erzählte Reise den Epilog wiederum an den Prolog zurückbindet, der schließlich mit den ähnlichen Worten beginnt: *„Ich Johanns von monte villa* [...] *Fůr auß über mǒr da man cʒalt von cristi gepurt tausent dreŵ hundert vnd ʒweÿ vnd ʒweincʒig jar* [...]" (Vdr., 4). Auf den Epilog folgen im Druck und in der Hs. N das jeweilige Kolophon oder *Explicit*.

Aufgrund dieser zu beobachtenden Details kann zusammenfassend festgestellt werden, dass die drei Versionen jeweils auf eine Kohärenz zwischen Prolog und Epilog hin angelegt sind: Hs. A, bzw. die ‚Vollversion' thematisiert mit dem Heilig-Land-Prolog das den Christen von Gott verheißene Erbe (*terra promissionis*) und beendet den Reisebericht mit einem Gebet an Gott für das ewige Leben eines jeden Christen, und gibt damit dem Reisebericht eine heilsteleologische und auf die Frömmigkeitspraxis bezogene Rahmung. Im Vergleich zu den Vertretern der ‚Kurzversion' behandelt sie auch an anderen Stellen fremde religiöse Praktiken und Vorstellungen sowie christlich-theologische Fragen ausführlicher. Demgegenüber betonen die Hs. N und der Frühdruck in Prolog und Epilog das Abenteuer der Reise Mandevilles und stellen den Bericht stärker in den Kontext des Wunderbaren und Phantastischen. Die Hs. N allerdings ist in ihrer Struktur nicht so konsequent wie die beiden anderen Versionen, denn dadurch, dass sie das *„Amen"* ans Ende des Berichts stellt, jedoch vom Gebet abtrennt, kann sie als eine Art Übergangsstufe zwischen religiöser und weltlicher Rahmung des Reiseberichts gesehen werden.

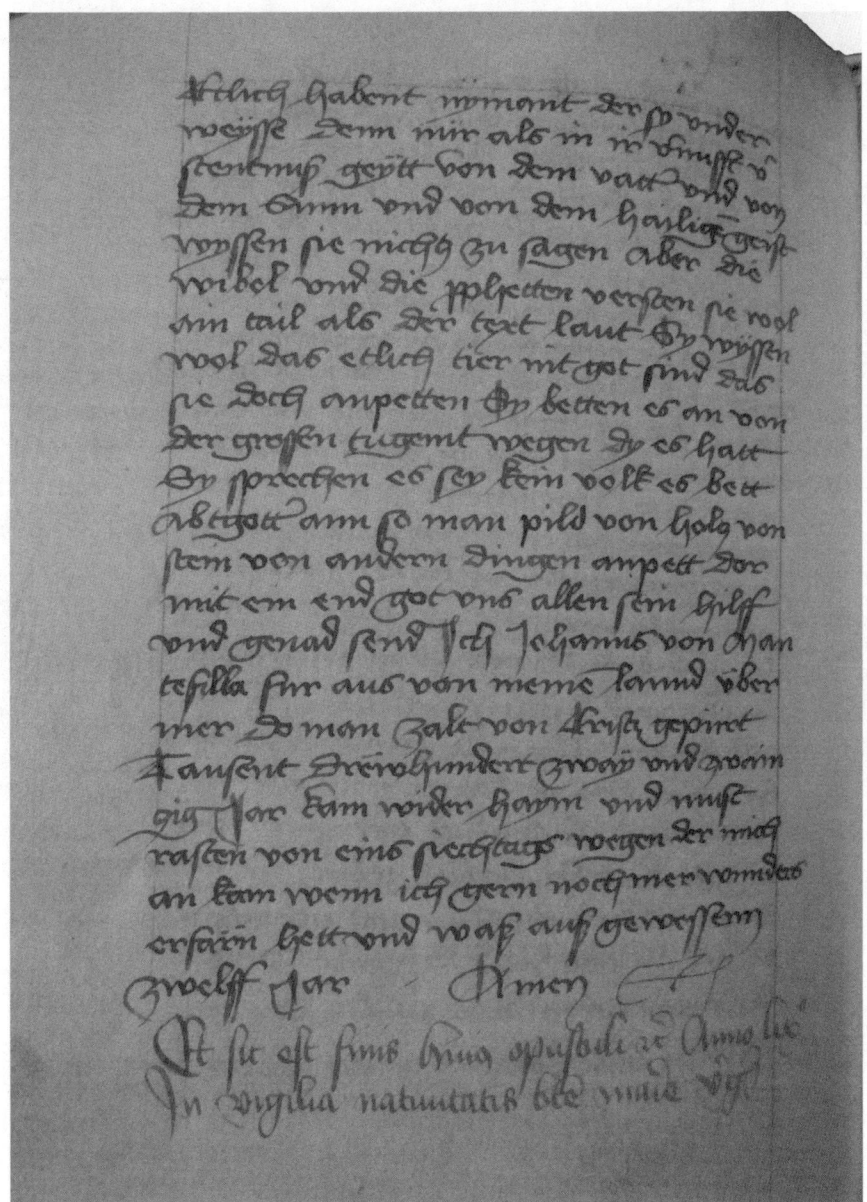

Abb. 1: Hs. N, New York, Public Library, Spencer Collection Ms. 37, fol. 156v.

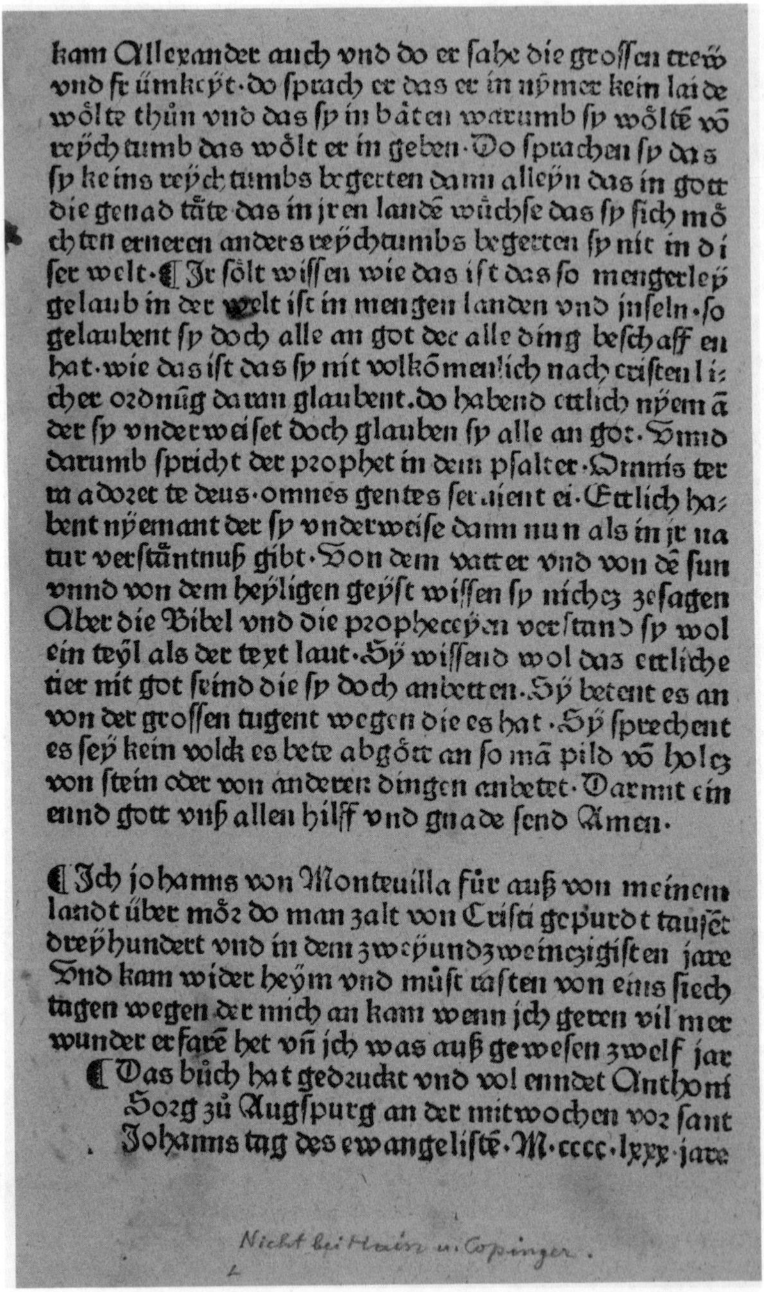

kam Allexander auch vnd do er ſahe die groſſen trew
vnd ſi ümkeyt·do ſprach er das er in nymer kein lai de
wölte thůn vnd das ſy in bâten warumb ſy wôltē vō
repch tumb das wôlt er in geben·Do ſprachen ſy das
ſy keins repch tumbs begerten dann alleyn das in gott
die genad tâte das in jr en landē wúchſe das ſy ſich mô
ch ten erneren anders repchtumbs begerten ſy nit in di
ſer welt·❡ Jr ſôlt wiſſen wie das iſt das ſo mengerley
gelaub in der welt iſt in mengen landen vnd jnſeln·ſo
gelaubent ſy doch alle an got der alle ding beſchaff en
hat·wie das iſt das ſy nit volkōmenlich nach criſten li=
cher ordnůg daran glaubent·do habend ettlich nyem ā
der ſy vnderweiſet doch glauben ſy alle an got·Ynd
darumb ſpricht der prophet in dem pſalter·Omnis ter
ra adoret te deus·omnes gentes ſeruient ei·Ettlich ha=
bent nyemant der ſy vnderweiſe dann nun als in jr na
tur verſtäntnuß gibt·Von dem vatter vnd von dē ſun
vnnd von dem heyligen geyſt wiſſen ſy nichez zeſagen
Aber die Bibel vnd die propheceyen verſtand ſy wol
ein teyl als der text laut·Sy wiſſend wol das ettliche
tier nit got ſeind die ſy doch anbetten·Sy betent es an
von der groſſen tugent wegen die es hat·Sy ſprechent
es ſey kein volck es bete abgôtt an ſo mā pild vō holez
von ſtein oder von anderen dingen anbetet·Darmit ein
eund gott vnß allen hilff vnd gnade ſend Amen.

❡ Jch johanns von Monteuilla für auß von meinem
landt über môr do man zalt von Criſti gepurd t tauſet
dreyhundert vnd in dem zweyvndzweinezigiſten jare
Ynd kam wider heym vnd můſt raſten von eins ſiech
tagen wegen der mich an kam wenn jch geren vil mer
wunder erfaré het vn jch was auß geweſen zwelf jar
❡ Das bůch hat gedruckt vnd wol enndet Anthoni
Sorg zů Augſpurg an der mitwochen vor ſant
Johanns tag des ewangeliſtē·M·cccc·lxxx·jare

Nicht bei Hain u. Copinger.

Abb. 2: Vdr., Innsbruck, UB, 107 H7, fol. 91a. © Universitäts- und Landesbibliothek Tirol

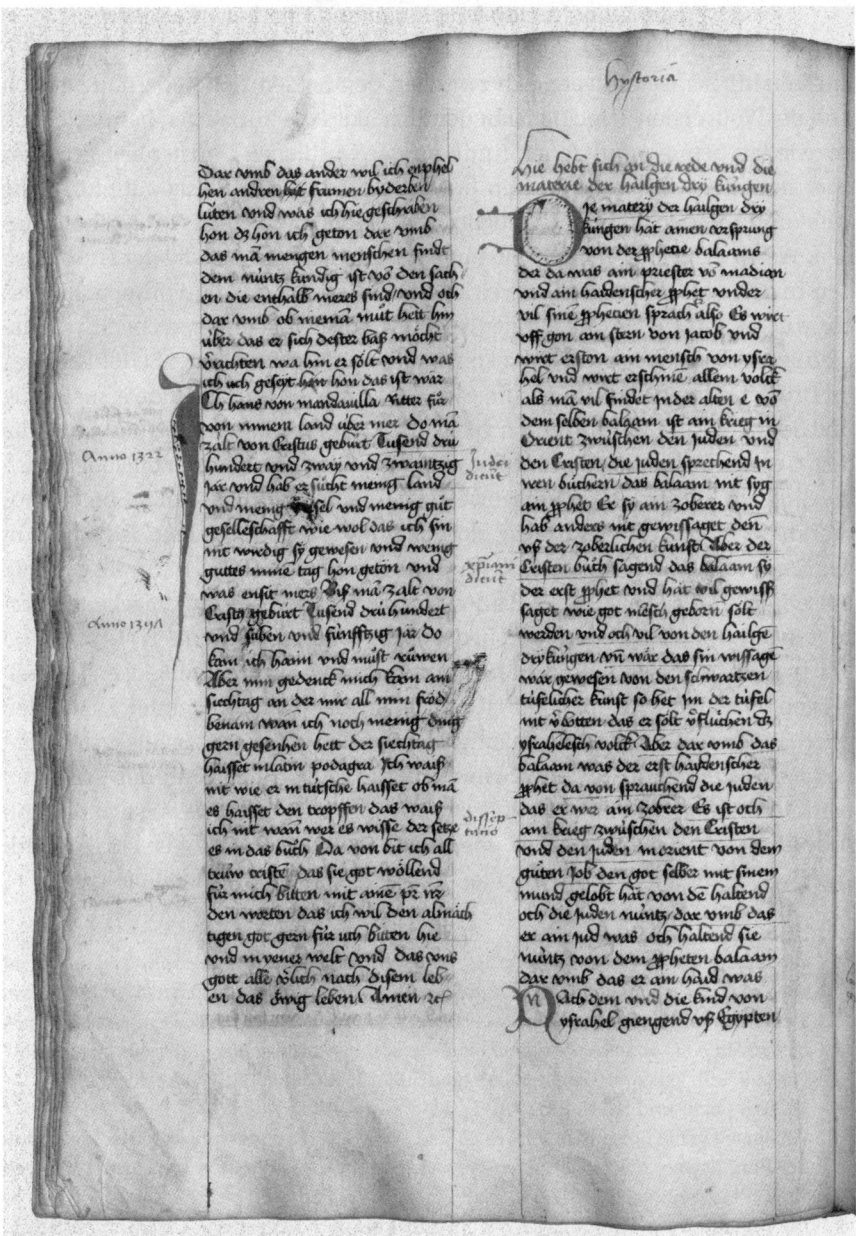

Abb. 3: Hs. A, Stuttgart, Württembergische Landesbibliothek, Cod. HB V 86, fol. 53v.
© Württembergische Landesbibliothek, Stuttgart

4.3 Stellen über fremde Religionen und Glaubenspraktiken

Ein inhaltlicher Gesamtvergleich zwischen den beiden Texten der Kurzversion und der ‚Vollversion' (Hs. A) macht deutlich, dass die Kürzungen hauptsächlich Textstellen betreffen, in denen Kritik an der westlichen Christenheit geäußert oder in denen von Vorstellungen berichtet wird, die in Bezug auf christliche Welt- und Wertevorstellungen möglicherweise als ‚problematisch' erachtet wurden. Weiter zeigt sich aber bei einem Vergleich des Druckes und der Hs. N, also den Texten der Kurzversion untereinander, in Hinblick auf die ‚Vollversion', dass die vorgenommenen Streichungen zwar grundsätzlich einer solchen Systematik folgen, diese aber nicht ganz konsequent umgesetzt wurde. So fehlen zwar im Druck und in der Hs. N der die westliche Christenheit tadelnde erste Prolog und das einen ähnlichen Ton anschlagende ‚Gespräch mit dem Sultan' sowie die dem Gespräch vorgeschaltete Behauptung der Sarazenen, weder die Juden noch die Christen hielten sich an ihre jeweiligen Gebote.[143] Der Abschnitt über die Paradiesvorstellung der Sarazenen, der im Druck nicht vorkommt, ist jedoch in der Hs. N vollständig enthalten.[144] Dagegen fehlt wiederum in Hs. N die gesamte Episode über die ‚Beichte der Heiden' (Jakobiten) mit den sie umgebenden Erzählungen, wie sie im Druck und in der Hs. A vorkommen.[145]

In den Textstellen, die von fremden und/oder eigenen religiösen Vorstellungen, Praktiken, oder den religiösen Lebensbereich betreffenden Zuständen handeln, finden sich zudem häufig kleinere, auf den ersten Blick vielleicht nicht so bedeutende Textabweichungen, die jedoch den Sinn des Erzählten merklich verändern. Eine solche Textänderung fällt beispielsweise in der Episode über den Vogel Phönix auf, wie sie in den drei Textversionen erzählt wird: Die ‚Vollversion' der Hs. A berichtet – der Tradition der Legende folgend[146] –,

---

[143] Die letztgenannte Stelle lautet in Hs. A: „*Hie wil er sagen wie die Sarrazeni sprechent das die juden und ouch die cristen böß syent. Und sprechent, die juden syent böß, wann sie zerbrechent ir gebott die in gott geben hatt, und sant die uß by Moysen. Also sind ouch die cristen böß, wann sie behaltent nit die gebott der ewangelien, die Jhesus geben hatt.*" (Vhs., S. 89). Vgl. zum ‚Gespräch mit dem Sultan' Vhs., S. 89-91.

[144] Vgl. Vdr., S. 92 und Hs. N, fol. 74vf.

[145] Vgl. dagegen die Episode in Vdr., S. 85 und Vhs., S. 77. Der Textsprung in Hs. N geht von der Burg Sophor bis zur erneuten Wegbeschreibung des direkten Weges zum Heiligen Grab (Vhs., S. 75, Z. 21-S. 81, Z. 6).

[146] Die Legende vom Wundervogel Phönix reicht bis in die griechisch-römische Antike zurück und wurde in der Version, in welcher der Vogel alle 500 Jahre in den Libanon fliegt um sich dort selbst zu verbrennen und nach drei Tagen wieder aus der Asche emporzusteigen, vor allem über die Physiologus-Tradition überliefert. Die in der Physiologus-Tradition vermittelte christliche Naturauslegung prägte auch die allegorische Deutung

der Vogel Phönix verbrenne sich alle 500 Jahre selbst auf einem Altar. Er werde dadurch zuerst zu Asche, diese verwandle sich am darauffolgenden Tag zu einem „*wurm*" und schließlich würde aus diesem wieder ein Vogel entstehen, der sich am dritten Tag aus der Asche erhebe:

> *Den ersten tag nach dem so vindt man das die åsche ist worden zů ainem wurm. Den andern tag nåch dem selben so vint man den vogel volkomen; denn an dem tritten tag so flůgt er hin weg. Und der fogel ist nit me worden denn ainer von der natur. Und sicher das ist ain gros wunder von gott. Und den fogel mŏcht man got gelichen, da von daz sin nit me denn ainer ist. Also ist ouch nit me denn ain gott. Unser herre erstůnd am dritten tag. Also flůgt der fogel an dem dritten tag enweg. Ir sŏllent wissen das er nit vil grŏsser ist dann ain adler [...]. (Vhs., 33)*

Die Hs. A enthält dann auch die Auslegung dieses Naturwunders, der Vogel sei aufgrund seiner Einmaligkeit ein Zeichen für Gott und dieser wunderbare Vorgang ein Gleichnis für die Auferstehung Christi.

Die Version des Frühdruckes erklärt hingegen, die Asche des Phönix werde am zweiten Tag zu Wein (statt zu einem *wurm*) und dann zu einem Vogel, der jedoch erst am vierten Tag hinwegfliege.[147] Den Vergleich mit der Auferstehung Christi führt der Druck – wahrscheinlich in der logischen Konsequenz der Zahlenangabe von vier Tagen[148] – nicht an. In der Hs. N findet sich die Textänderung von „*wurm*" zu „*wein*" nicht. Die Handschrift entspricht in den Angaben über den Phönix (*wurm*, erhebt sich am dritten Tag) der Hs. A, doch fehlt ihr ebenso wie dem Druck die Christus-Analogie durch den Verweis auf die Auferstehung:

> *Den ersten tag so vindt man nichcʒitt den aschen den andern tag so vindet man das der asch ist worden ʒu einem wůrm Den dritten tag so vindet man das der wůrm ist worden ʒu einem vogell vnd ist volkomen an allen vedern vnd fleügt am dritten tag hin weg vnd der selb vogel venix ist nit uil grösser den ein adler [...]* (Hs. N, fol. 30r)

---

des sich unter Schmerzen selbst verbrennenden und wieder entstehenden Phönix als Tod und Auferstehung Christi. Vgl. beispielsweise die Phönix-Auslegung im Millstätter Physiologus. Text, Übersetzung. Kommentar. Hg. v. Christian Schröder. Würzburg 2005, S. 140f.

[147] Vgl. Vdr., S. 35: „*Den ersten tag so vindet man nichcʒ denn åschen. den andern tag so vindet man dʒ der åsch ist worden zů einem wein. den dritten tag so vindet man dʒ der wein ist worden zů einem vogel vnd ist volkommen an allen fedren vnd fleügt am vierden tag hinweg. Vnd der vŏgel ist nitt mer dann einer von natur vnd sicher dʒ ist ein groß ʒeichen von got. den vogel mag man gleichen zů got dauon das jr nit mer ist denn einer. also ist nit mer denn ein gott. Vnd der selb vogel fenix ist nitt vil grŏsser denn ein Adler [...].*"

[148] Die Änderung von drei zu vier Tagen kann durch eine Verlesung römischer Zahlenangaben bewirkt worden sein, indem die ‚II' als ‚V' interpretiert wurde.

Zudem fehlt in der Hs. N der Vergleich des Vogels mit Gott und die Feststellung, der Phönix sei ein göttliches Zeichen, wie sie in Hs. A und im Druck gemacht werden. Hs. N streicht also alle allegorischen Auslegungen und stellt den Vogel Phönix ‚lediglich' als ein Wunder der Natur dar, das nicht auf verschiedene transzendente Bedeutungsdimensionen hin durchsichtig gemacht wird.

Interessant ist in dieser kurzen Episode die Textänderung von „*wurm*" zu „*wein*" in der Version des Druckes. Eine solche mehr oder weniger unbewusste Verlesung von Seiten des Redaktors lässt sich wohl durch die graphische Ähnlichkeit der beiden Wörter erklären, doch kann dadurch nicht ignoriert werden, dass sie eine Sinnverschiebung des Geschehens in einen neuen Verstehensrahmen hinein bewirkt. Ein solcher Verstehensrahmen des christlichen Wunders der eucharistischen Transsubstantiation ist gewissermaßen schon vom unmittelbaren Kontext gegeben, in dem dreimal der Begriff des ‚Altars' verwendetet wird und in dem schließlich von der (Ver-)Wandlung des Vogels berichtet wird. Der Begriff des ‚Weines' bricht also mit der Erzähltradition der Legende und fügt sich in den eucharistisch semantisierten Kontext, der durch die Wandlung auf einem Altar eröffnet und später mit der Feststellung „*vnd sicher dʒ ist ein groß ʒeichen von got*" (Vdr., 35) bestätigt wird. Durch die Ersetzung von „*wurm*" mit „*wein*" im Druck wird dieser wunderbare Vorgang, der sich in einer Gegend außerhalb der christlichen Einflusssphäre abspielt, stärker an ein christliches Verständnis der Wirkmechanismen göttlichen Heils angepasst.

Im Druck wird jedoch einer zu starken Analogisierung des Vorgangs mit der Auferstehung Christi wieder entgegengewirkt, indem der Vorgang vier statt drei Tage lang dauert. Dies verhindert, dass die Ähnlichkeit zwischen Naturwunder oder Zeichen Gottes und dem Wunder der Auferstehung oder dem Bezeichneten selbst, zu stark gemacht wird. Somit ist im Druck die mögliche Identifikation des Phönix mit Gott unterbunden und das Ereignis bleibt „*ʒeichen von got*". Der hierfür gewählte Begriff des *ʒeichens* im Gegensatz zu dem des *wunders*, wie ihn Hs. A verwendet, kann als Markierung des Unterschieds zwischen Zeichen und Bezeichnetem verstanden werden. Damit wird in der Version des Druckes keine Transzendierung des Vogels vermittelt, wie sie die Hs. A mit dem Begriff des *wunders* anzeigt. Noch weniger ist dies in der Hs. N der Fall, die auf eine Deutung des Vorgangs und des Phönix ganz verzichtet.

Die Augsburger Nachdrucke übernehmen die Abweichungen des Erstdruckes von der handschriftlichen Tradition an dieser Stelle. Der Sorgsche Zweitdruck wie auch der Schönsperger-Druck führen den Begriff des ‚Weines' an und machen die Angabe, der Vogel erhebe sich am vierten Tag. Entsprechend dieser Zahlensymbolik verzichten sie ebenso wie der Erstdruck auf den Vergleich mit Christus, der am dritten Tag auferstanden ist. Die Abweichungen wurden also nicht wieder zurückkorrigiert. Der Sorgsche Zweitdruck entspricht dem Erstdruck an dieser Stelle inhaltlich vollständig, der Schönsperger-Druck dagegen streicht den expliziten Vergleich: *„den vogel mag man gleichen ʒů got".*[149] In dieser Vorgehensweise führt der Schönsperger-Druck die Tendenz der Sorg-Drucke, die sich gegen eine zu starke Analogisierung richtet, weiter fort. Es muss aber auch beachtet werden, dass sich diese Tendenz schon in der Hs. N vollständig umgesetzt sieht, da in ihr keine Deutung des Vogels vorgenommen wird. Die in den Texten variierenden allegorisierenden oder sich gegen eine Allegorisierung richtenden Textverfahren in der Episode über den Phönix lassen sich also nicht allein durch den Medienwechsel von der Handschrift zum Druck erklären, sondern sie sind wahrscheinlich besser aus den Einzeltexten heraus und über ihre entstehungsgeschichtliche Zugehörigkeit zu einer bestimmten Überlieferungsgruppe zu begründen, oder sie folgen einer jeweils eigenen, relativ eigenständigen Textlogik.

Eine durch den Kontext erzeugte Textänderung wie die von *„wurm"* zu *„wein"* findet sich im Sorg-Druck noch an einer weiteren, etwas brisanteren Stelle. In der Episode, die von Mohammeds erstem Wunder berichtet, weicht die Version des Druckes von der Hs. A und der Hs. N ab, wenn sie feststellt: *„das was das erst wunderʒeichen das under den heÿligen beschach."* (Vdr., 94). In Hs. A und in Hs. N ist jedoch statt von „Heiligen" von *„haiden"* die Rede.[150] In der Version des Druckes hat vermutlich die christlich-religiöse Semantik des Begriffs *„wunderʒeichen"* eine Verlesung von *„haiden"* zu *„heÿligen"* bewirkt, da auch diese beiden Begriffe graphisch relativ ähnlich sind. Die Verlesung bedeutet auch eine Diskursverschiebung vom fremden Religiösen („Wunder" der Heiden) zu eigenen, christlichen Sakralitätskonzepten (Wunder der Heiligen) und ist ein symptomatisches Merkmal für ein Erzählen in den eigenen christlichen Verstehensrahmen hinein.

Im Druck geht es an dieser Stelle nicht darum, den Sarazenen Heiligkeit und ein „echtes" Wunder zuzusprechen, denn schon im Satz zuvor findet sich eine Formulierung, welche die daraufhin aufgerufene Semantik des Wunders stört: Im Gegensatz zu Hs. A findet sich im Druck – wie auch in der Hs. N – die Textergänzung, Mohammed habe dieses Wunder *„mit listen"*[151] herbeigeführt. Dadurch wird innerhalb des christlichen Denkschemas echter und falscher Wunder das Konzept eines göttlichen Wunders mit dem Konzept der Magie

---

149 Vgl. Schönsperger-Druck 1482, 2 Inc c.a. 1239, fol. 16r.
150 Vgl. Vhs., S. 91 und Hs. N fol. 78r.
151 Vdr., S. 94, vgl. auch Hs. N fol. 78r.

und der potentiell dämonischen Zauberkraft ersetzt. Ein Wunder „*mit listen*"
ist in diesem Sinne ein profaner, aber nicht unbedingt harmloser Trick, beziehungsweise eine Täuschung, bewirkt von einem Menschen, dem so unterstellt
wird, mit dämonischen Kräften in Verbindung zu stehen. Durch die einge-
schobene Begründung der *list* ist das „*wunderʒeichen*" nicht mehr im Zusammenhang mit göttlicher Gnade zu denken. Der Einschub verdeutlicht also die
Usurpation eines Wunders durch Mohammed und stellt ihn als Betrüger dar,
der nicht von Gott ausgezeichnet wurde, sondern der sich selbst durch seine
(pseudo-)magischen Fähigkeiten an die Stelle Gottes setzt.

Mit der gleichen Methode wie auch schon in der Episode über den Vogel Phönix wird in der Version des Druckes allein durch die Verwendung bestimmter prägnanter Begriffe eine christlich-religiöse Semantisierung vollzogen und wieder aufgebrochen. Es werden Analogien zwischen verschiedenen
Vorgängen oder Konzepten hergestellt, die anscheinend jedoch nicht bis zur
Deckungsgleichheit führen dürfen. Durch die Analogisierung wird ein Verstehensrahmen eröffnet, in welchem die verwendeten Begriffe eine eindeutige
Wertigkeit haben. Um einer denkbaren Verwechselbarkeit des eigentlich Unterschiedlichen entgegenzuwirken, bricht der Sorg-Druck die Analogie auf,
indem er Wertungen einsetzt oder eine traditionelle Symbolik ins Sinnwidri-
ge verändert. Der Druck legt hier gewissermaßen seine eigene Denkweise offen: Er etabliert rhetorisch ein Denkschema, in welchem Fremdes und Eigenes miteinander in Beziehung gesetzt werden (Wunder der Heiligen), bricht
dieses aber gleichzeitig wieder auf, indem er deutlich Wertungen und damit
Abgrenzungen (Wunder *mit listen*) unter Verwendung der Kategorien desselben Denkschemas setzt. Dass die durch diese Rhetorik evozierten Wertungen
verstanden wurden, zeigt sich allein schon daran, dass sie an anderen Stellen
des Textes in verdeutlichter Form wieder auftreten.

Im Sorg-Druck zeigt sie sich eine solche Tendenz, Wertungen zu generieren
und in den Text einzubauen, im Gegensatz zu den anderen Versionen der *Reisen* regelmäßig, beispielsweise in Kapitelüberschriften und in der mehrmaligen
Bezeichnung Mohammeds als ‚Abgott'. So auch zu Beginn des Abschnittes, der
vom Aufstieg Mohammeds erzählt: „*Hie wil jch sagen von wann der abtgot geboren seÿ der do machmet heÿßt.*" (Vdr., 94) Damit expliziert der Druck die in der
Episode über das ‚erste Wunder Mohammeds' evozierte Wertung des Propheten als gottesanmaßenden Betrüger. Während Hs. N dieser Vorgehensweise des
Druckes nur an einer Stelle folgt,[152] findet sich eine solche explizite Wertung,

---

[152]   Vgl. Vdr., S. 30 und Hs. N fol. 26r („*vnd do leÿtt machmet der haiden aptgott herlich in
        einem tempel* [...]").

die letztlich die Anhänger Mohammeds als Götzendiener und den Islam als Idolatrie charakterisiert, weder in Hs. A noch in den anderen gesichteten Mandeville-Versionen. Einzig der Diemeringen-Druck geht ähnlich vor wie der Velser-
Druck, wenn er bei der Erwähnung Mekkas und der Grabstätte Mohammeds von
„Machmet der Heiden got" (Ddr., 219) spricht. Diese Charakterisierung Mohammeds findet sich bei Diemeringen dann aber nicht mehr im fünften Buch, das
vom Islam und dem Leben Mohammeds handelt. Doch auch im fünften Buch
ist Diemeringens Darstellung Mohammeds nicht gerade neutral, sondern sie
profaniert und diffamiert den Aufstieg Mohammeds, wie in den entsprechenden
Kapiteln der vorliegenden Arbeit noch genauer betrachtet werden soll.

4.4 Vorläufige Ergebnisse zu den Textmodifikationen

Für die Drucklegung der Kurzversion der Velser-Übersetzung scheinen die zwei
Faktoren ausschlaggebend gewesen zu sein, dass erstens die Textzeugen dieser Version illustriert waren und dass sie zweitens schon wesentliche inhaltliche Kürzungen aufwiesen. Der genauere inhaltliche Vergleich zwischen der
Hs. N und dem Sorg-Druck von 1480 zeigt, dass sich die beiden Versionen in
ihrer jeweiligen Bearbeitungsintention zwar größtenteils entsprechen. Die Abweichungen folgen jedoch keiner durchgehenden Systematik. Hauptsächlich
anhand kleinerer Textänderungen lässt sich in der Version des Druckes eine
verstärkte Bearbeitungsintention der Einbringung von Wertungen und der Diffamierung fremder Heiligkeitskonzepte erkennen. Zudem kürzt er Stellen, in
denen eigene religiöse oder gesellschaftliche Praktiken kritisiert werden, oder
lässt sie sogar ganz aus.

Textgeschichtlich stützen die untersuchten Beispiele die Vermutung, dass
die Hs. N und der Sorg-Druck auf eine gemeinsame Vorlage zurückzuführen
sind, welche Kürzungen in ähnlichem Umfang und in etwa an denselben Stellen aufweisen müsste. Die meisten dieser Kürzungen und Textänderungen,
die sich im Vergleich zur ‚Vollversion' der Hs. A feststellen lassen, sind also
nicht erst für die Drucklegung vorgenommen worden, sondern erscheinen
schon in der dem Druck nahestehenden handschriftlichen Überlieferung. Die
Textgestalt des Druckes ist somit nicht so sehr durch den Medienwechsel bedingt wie von Bremer und Ridder behauptet. Damit sind ihre Thesen, die sich
hauptsächlich auf den Sorg-Druck beziehen und Gültigkeit für die spezielle
Medialität dieses Textes beanspruchen, stark einzugrenzen. Im Vergleich mit
der Hs. N lassen sich für den Druck nicht einmal die von der Forschung angeführten „Textreduktionen [...] im Bereich [...] der Sexual-Anomalie" bestätigen,

die gemäß Bremer und Ridder „sogar über die unmittelbare handschriftliche Vorstufe hinausgehen"[153].

Beim Vergleich der Einzeltexte der Kurzversion konnten zudem auch unterschiedliche Textänderungen gegenüber der Hs. A aufgezeigt werden, wie zum Beispiel in der Episode über den Vogel Phönix.[154] Auch wenn eine durchgehende Systematik im Umgang mit den Textstellen, in denen das Eigene explizit oder weniger explizit kritisch reflektiert wird, in der Kurzversion nicht feststellbar ist, können doch Tendenzen der Einzeltexte herausgearbeitet werden. Vor allem die Bearbeitungstendenzen des Sorg-Druckes und seine Spezifik innerhalb der Gruppe der Kurzversion sind nun leichter nachvollziehbar und präziser zu beschreiben. Unter Berücksichtigung der Hs. N zeigen sich die Tendenzen des Druckes gegenüber der Hs. A nicht mehr dezidiert als Folge des Medienwechsels. Dennoch kürzt der Druck insgesamt am stärksten die Textstellen, die von fremden, den lateinisch-christlichen Denk- und Glaubenstraditionen entgegenstehenden Vorstellungen handeln. Durch Zusätze, die sich in den anderen Versionen nicht finden, bringt er nicht nur gezielt Wertungen ein, sondern oft auch Erklärungen oder Begründungen, über die er eine größere Eindeutigkeit des Erzählten herstellt.[155] Es finden sich außerdem kontextinduzierte Verlesungen in der Version des Druckes, die den Erzählzusammenhang neu semantisieren und sich in einer Art Spiel von Analogisierung und Brechung der aufgerufenen Analogien entfalten. Insgesamt sind die Bearbeitungsintentionen des Druckes als Tendenzen der Vereindeutigung, Wertung, stärkeren Abgrenzung und Polemisierung zu beschreiben. Diese gelten in einer weniger starken Deutlichkeit und Systematik aber auch für die Hs. N, womit diese Tendenzen als Spezifika der Kurzversion der Velser-Überlieferung gelten müssen und nicht, wie die Forschung bisher annahm, allein für die neue mediale Form des Frühdruckes.

Es konnte außerdem festgestellt werden, dass die Stellen mit einer religiösen Thematik und insbesondere die, welche fremde Religionen, Rituale und Heilsvorstellungen behandeln, anfällig für Textänderungen sind. Seien

---

[153] Bremer/Ridder, Einleitung, S. XVI.

[154] Weitere Divergenzen zwischen den Versionen zeigen sich vor allem auch bei Zahlenangaben: Während in der Hs. A bspw. 53 *tagwaid* von Casath nach Bethlehem angegeben werden, sind es im Druck 70 und in Hs. N nur noch 7 *tagwaid* (Vhs., S. 97, Vdr., S. 102, Hs. N fol. 85v), oder die beiden Hss. geben das Fußvolk des Großkhans mit 2000 Menschen an, der Druck dagegen mit 20.000 (Vhs., S. 143, Vdr. S. 147, Hs. A fol. 126r).

[155] Ein solcher vereindeutigender Zusatz findet sich beispielsweise in der Episode über „Josephs Kornkästen", bzw. die Pyramiden, an deren Schluss der Druck anführt: *„vnnd man mag auch wol gelauben das es nicht greber seÿen wann es denckt nÿe kein man söllicher greber."* (Vdr., S. 41). Hs. N hat diesen Zusatz nicht (fol. 34v).

es Verleser, kleine Einschübe oder Streichungen, oder gar die Auslassung ganzer Passagen. Diese Inhalte lösten in der Rezeption und Bearbeitung offensichtlich immer wieder Irritationen aus. Durch den Vergleich der Velser-Texte, aber auch in Hinblick auf die anderen Versionen, ließen sich somit Textstellen identifizieren, an denen die Bearbeitungsintentionen und Textstrategien der Einzeltexte im Umgang mit dem fremden und eigenen Religiösen besonders deutlich nachzuzeichnen sind. Die Version des Druckes setzt die Tendenzen der Kurzversion am deutlichsten um, womit der Druck im Grunde mit der Version Diemeringens und ihrer Textspezifik korrespondiert. Zwar sind die Bearbeitungsintentionen in den beiden Versionen nicht identisch, doch weisen ihre jeweiligen Strategien im Umgang mit dem (selbst-)kritischen Potential in den verschiedenen Textstellen durchaus Ähnlichkeiten auf. Die Diemeringen-Version allerdings demonstriert durch die Neustrukturierung des Textes und die Streichung vieler Episoden über fremde Religionen, Rituale und Vorstellungen ihre Strategie der Abgrenzung zwischen Eigenem und Fremdem um einiges deutlicher als der Velser-Druck.

5. Die Diemeringen-Übersetzung

5.1 Der Übersetzer Otto von Diemeringen und sein Umfeld

Otto von Diemeringen ist bis zu seinem Tod 1398 vielfach in historischen Dokumenten nachweisbar, sodass über seine Person mehr in Erfahrung zu bringen ist als über Michel Velser. Im Folgenden sollen nun einige Ergebnisse der Untersuchungen von Klaus Ridder, der sich ausführlich mit der historischen Person Ottos von Diemeringen und seinem soziokulturellen Umfeld sowie mit dessen Übersetzerintention beschäftigt hat,[156] in Hinsicht auf die Fragestellung der vorliegenden Arbeit vorgestellt und besprochen werden. Gerade im Vergleich zu Velsers Übersetzung ist es bedeutsam, dass Diemeringens Neuorganisation des Textes mit seiner Funktion als Kleriker in Verbindung zu stehen scheint. Somit stellt sich die Frage, ob und wie sich im Umgang mit fremden und eigenen religiösen Vorstellungen und Praktiken die Übersetzungsintention eines Klerikers von der eines vermuteten Rechtsgelehrten wie Michel Velser unterscheidet.

Otto von Diemeringen stammte wahrscheinlich aus dem Raum Elsass-Lothringen und war, wie er auch im Prolog seiner Übersetzung angibt, *„ein Thůmherre ʒů Metʒ in Lothoringen"* (Ddr., 185). Er trat nachweislich 1367/68 in

---

[156] Vgl. Ridder, Studien zur Überlieferungsgeschichte, S. 190-261.

das Metzer Domkapitel ein und hatte dort die Funktion eines Kanonikers, möglicherweise als Diakon.[157] Außerdem war er Probst des Kollegiatstiftes Saarburg
in der Diözese Metz.[158] Ridder zufolge erhoben sich aus dem Metzer Domkapitel
zu dieser Zeit Klagen über die fortschreitende Verweltlichung des Klerus und
auch Otto von Diemeringen geriet in die Kritik, denn gemäß einem Eintrag aus
dem Kapitelprotokoll vom Juli 1371 wurde ihm ein Verhältnis mit einer Frau
vorgeworfen sowie ein unsittlicher Kleiderstil, was ihm vierzehn Tage Karzer
einbrachte.[159] Auch wenn eine solche Verwarnung, wie Bremer und Ridder an-
merken, nicht überinterpretiert werden sollte,[160] legt sie doch Zeugnis ab von
der im Spätmittelalter immer häufiger propagierten Forderung nach einer geistlichen Kirche und der damit einhergehenden Kritik an der Verweltlichung der
geistlichen Autorität. Diemeringen war in Metz unmittelbar in diese Diskussionen involviert. Angaben über Diemeringens akademische Bildung gibt es nur
wenige, es gilt aber als gesichert, dass er in Paris studiert hat und neben der
deutschen und französischen Sprache wahrscheinlich auch Latein konnte.[161]
Möglicherweise kam er schon in Paris mit seiner Vorlage der *Reisen* in Kontakt.

Von einigem Interesse für den Bezug Ottos zu dem von ihm übersetzen Text
und zu seiner Übersetzerintention ist die Frage, inwieweit er als Metzer Kanoniker kirchenpolitisch aktiv und von den kurialen Auseinandersetzungen, die
zum Großen Abendländischen Schisma führten (1378-1415), beeinflusst war.
Denn das Avignonesische Papsttum und das Abendländische Schisma finden
in den verschiedenen Versionen und Übersetzungen der *Reisen* ihren Nieder-

---

[157]   Vgl. ebd., S. 192, 195 u. 204. „Wie Otto sein Kanonikat erlangte, ob durch päpstliche Pro-
        vision, durch Wahl des Kapitels oder durch einen langwierigen und mühsamen Aufstieg
        im Dienste der Metzer Kirche, ist den erhaltenen Quellen nicht zu entnehmen; das ers-
        tere erscheint als das wahrscheinlichere, denn schon im 14. Jahrhundert hatte sich das
        Provisionsrecht der Päpste auf die Besetzung der niederen Benefizien [...] auch in Metz
        durchgesetzt." (Ebd., S. 195)

[158]   Vgl. ebd., S. 200.

[159]   Vgl. Ridder, Studien zur Überlieferungsgeschichte, S. 197f. Vgl. zum Vorwurf, er trage
        „entgegen klerikalem Brauch einen Bart, langes Haar, kurze Kleider und stark zugespitz-
        te Schuhe" (ebd., S. 197), Alexandra Nusser: Zu spätmittelalterlichen Autorenbildern am
        Beispiel der Überlieferung von Jean de Mandevilles ‚Reisen' in Europa. In: Ansgar Köb
        / Peter Riedel (Hgg.): Kleidung und Repräsentation in Antike und Mittelalter. München
        2005, S. 95-116 u. Farbabb. S. 124-132, Abb. der Schuhe S. 109; Die Schuhe wurden bei der
        Öffnung von Diemeringens Grab entdeckt und sind wohl heute noch erhalten: „sie wa-
        ren knöchelhoch, und in dem Artikel über die Grabung wird darauf hingewiesen, dass
        sie ‚vorn wohl etwas mehr zugespitzt [waren], als es die jetzige Form vermuten läßt.'"
        (Ebd., S. 109f.).

[160]   Vgl. Bremer/Ridder, Einleitung, S. VIII, Anm. 30.

[161]   Vgl. Ridder, Studien zur Überlieferungsgeschichte, S. 201f.

schlag – je nach Entstehungszeit und -kontext auf unterschiedliche Art und Weise. Während seiner Anstellung am Domkapitel wurde Diemeringen 1378 wahrscheinlich ein Mal zur römischen Kurie zu Papst Urban VI gesandt, dann erscheint er im selben Jahr, dem ersten Jahr des Schismas, zweimal in den Supplikenregistern des avignonesischen Gegenpapstes als Bewerber um ein Kanonikat in Châlons und um ein *Beneficium* in Straßburg.[162] Da das Bistum Metz sich im Juni 1379 für die Seite des Gegenpapstes entschieden hatte und da auch die Pfründen, um die sich Diemeringen bemühte, zum avignonesischen Obödienzbereich gehörten, ist Diemeringens Ersuchen beim Gegenpapst in erster Linie kirchenpolitisch zu erklären.[163] Metz befand sich zur Zeit Diemeringens an der Grenze zwischen dem Deutschen Reich, das sich im Februar 1379 dem römischen Papsttum anschloss, und Frankreich, welches den Papst in Avignon unterstützte. Neben der offiziellen Linie der Stadt und der Kirche existierte wohl eine urbanistische Gruppierung im Domkapitel, und auch die auf der Seite des römischen Papstes stehende Nachbarstadt Trier versuchte ihren Einfluss geltend zu machen.[164]

> Wo Diemeringen letztlich im innerstädtischen Spannungsfeld rivalisierender Kräfte zwischen Domkapitel, Bischof und Stadt anzusiedeln ist, darüber lassen sich anhand der überlieferten Quellen nur Vermutungen anstellen. Eine Parteinahme Ottos für die Urbanisten nur aufgrund seiner wahrscheinlich deutschsprachigen Herkunft ist vor dem Hintergrund der Haltung der Majorität des Kapitels eher unwahrscheinlich.[165]

Nach Diemeringens Tod 1398 entbrannte sogar ein Streit zwischen den im Bistum Metz konkurrierenden Anhängern des avignonesischen und des römischen Papstes um das freigewordene Amt.[166]

Auch wenn man Diemeringen schwer ideologisch der einen oder der anderen Seite der gespaltenen Kirche zuordnen kann, ist doch anzunehmen, dass er als Geistlicher, dessen nahes Umfeld wie auch er selber stark von den Auswirkungen des Abendländischen Schismas betroffen waren, diesen innerkirchlichen Konflikt in seiner Übersetzung reflektieren sowie antipäpstliche, antiklerikale Tendenzen seiner Vorlage erkennen und in seinem Text wiederum aktualisieren und modifizieren würde. Da jedoch der genaue Entstehungszeitpunkt seiner Übersetzung nicht bekannt ist, kann nicht mit Sicherheit davon ausgegangen werden, dass die Ereignisse um das Abendländische

---

[162] Vgl. ebd., S. 198f.
[163] Vgl. ebd.
[164] Vgl. ebd., S. 206f.
[165] Ebd., S. 201.
[166] Vgl. ebd., S. 204.

Schisma schon in seinem Text Niederschlag finden konnten, falls er die Übersetzung vor 1378 vorgenommen hat. Zudem gilt für die Arbeit mit der Text-
version des Frühdruckes von 1480/81 wiederum eine andere kirchenpolitische
Situation und ein anderes Entstehungsumfeld. Aufgrund der schlechten Editionslage der handschriftlichen Überlieferung der Diemeringen-Version ist es
schwierig, solche Nuancierungen, die auf veränderte soziopolitische Konstellationen hinweisen, aus dem Text, oder besser aus den verschiedenen Texten
der Diemeringen-Version herauszulesen. Dementsprechend kann es der vorliegenden Arbeit auch nicht gelingen, Textmodifikationen auf dem Weg von
der Handschrift zum Druck in der Diemeringen-Übersetzung so systematisch
nachzuvollziehen wie sie für die Velser-Übersetzung herausgearbeitet werden
können. Die Diemeringen-Übersetzung soll somit hauptsächlich an prägnan-
ten Stellen als Vergleichstext herangezogen werden, um damit die verschiedenen Bearbeitungsintentionen der beiden deutschen Übersetzungen mit einem
Fokus auf die Velser-Version zu verdeutlichen.

5.2 Textgeschichte und Editionslage

Otto von Diemeringen übersetzte seine Version der *Reisen* aus einer Handschrift der Lütticher Version. Zwar behauptet der Übersetzer im Prolog, er habe
mit einer französischen und einer lateinischen Vorlage gearbeitet,[167] doch ist
aufgrund fehlender inhaltlicher Übereinstimmungen die lateinische als Pri-
märquelle für die deutsche Diemeringen-Übersetzung auszuschließen.[168] Ridder geht davon aus, dass Diemeringen die lateinische Version kannte, sie aber
nicht benutzte und sich gleichwohl auf sie berief, um seine deutsche Übersetzung aufzuwerten und zu legitimieren.[169]

Zwar sind weder die direkte Vorlage für Diemeringens Übersetzung, noch
ein Autorexemplar überliefert, doch konnte Ridder die Handschriftengruppe
P[11] und insbesondere die Handschrift Ch der Lütticher Version als der Primär-
quelle nahestehende Handschriften identifizieren.[170] Die Datierung seiner

---

[167] *„Ich Otto von diemeringen ein Thůmherre zů Metȝ in Lothoringen. han dises bůch verwan-
        delt vß welschs vnd vß latin zů tütsch durch das die tütschen lüte ouch mögent dar inne
        lesen [...]“* (Ddr., S. 185).
[168] Vgl. Ridder, Studien zur Überlieferungsgeschichte, S. 178f.
[169] Vgl. ebd., S. 188.
[170] Vgl. ebd., S. 178-189. Die Hs. Ch (Chantilly, Musée Condé, No. 699) ist in Auszügen ins
        Neufranzösische übersetzt worden von Deluz, Le Livre de messire Jean de Mandeville,
        S. 1399-1435, Vgl. dazu oben Anm. 25.

Übersetzung schwankt zwischen den Jahren 1368 und 1398.[171] Die in Berlin aufbewahrte Handschrift mgf 205 aus dem ersten Jahrzehnt des 15. Jahrhunderts, die Ridder mit der Sigle B1 bezeichnet und für eine geplante Edition als Leithandschrift klassifiziert, steht dem Diemeringen-„Original" am nächsten.[172]

Ediert liegen bisher nur der Basler Erstdruck von 1480/81 in der Faksimile-Edition[173] von Bremer und Ridder sowie die mittelniederdeutsche Hamburger Handschrift H (1447) vor, die allerdings auf eine Umschrift der Diemeringen-Übersetzung ins Niederdeutsche zurückgeht.[174] Eine Edition der in Lawrence, Kansas, aufbewahrten niederdeutschen Handschriften von Crosby, die 1965 als Dissertationsschrift an der University of Kansas vorgelegt wurde, ist im deutschsprachigen Raum nicht verfügbar.[175] Die Edition des Basler Erstdruckes bildet somit in der vorliegenden Arbeit die primäre Textgrundlage für die Beschäftigung mit der Diemeringen-Version. Zudem werden an einzelnen Stellen, zum Vergleich vor allem bestimmter Begriffssetzungen und Rhetoriken, auch die Edition der Hs. H und drei weitere, von Ridder mit den Siglen H1, H2 und Sg1 versehene, als Digitalisate einsehbare Handschriften herangezogen.[176] H1 (3. V. 15. Jh.) und H2 (2. H. 15. Jh.) sind Ridder zufolge der Überlieferungsgruppe D2 zuzurechnen, die auf eine rheinfränkische Vorlage zurückgeht und nicht direkt mit der elsässischen Vorlage verwandt ist, die dem Diemeringen-„Original" am nächsten steht.[177] Sie können an bestimmten Stellen dazu beitragen, Tendenzen der anderen Überlieferungszweige als mehr oder weniger konsistent zu

---

[171] Vgl. Ridder, Studien zur Überlieferungsgeschichte, S. 215.

[172] Siehe die Beschreibung der Hs. B1, Berlin, Staatsbibliothek Preussischer Kulturbesitz, mgf 205, bei Bennett, Rediscovery, S. 312f., und Ridder, Studien zur Überlieferungsgeschichte, S. 36f.

[173] Vgl. Bremer/Ridder, Jean de Mandeville. Reisen, S. 183–388.

[174] Vgl. Itinerarium Orientale. Mandeville's Reisebeschreibung in mittelniederdeutscher Übersetzung. Mit Einleitung, Varianten und Glossar hg. v. Sven Martinsson. Lund 1918. Martinsson hat jedoch in seiner Edition „Mängel" und „Unvollständigkeiten" des Textes mit der heute nicht mehr erhaltenen Magdeburger Hs. Ma ausgebessert. Siehe die Beschreibung der Hs. H, Hamburg, Staats- und Universitätsbibliothek, Cod. geogr. 58, bei Bennett, Rediscovery, S. 323f., und Ridder, Studien zur Überlieferungsgeschichte, S. 55f.

[175] Crosby, Otto von Diemeringen. A German Version. Siehe auch weiter oben, Anm. 25.

[176] Siehe die Beschreibung von H1 (Heidelberg, Universitätsbibliothek, cpg 65) und H2 (Heidelberg, Universitätsbibliothek, cpg 138) in Bennett, Rediscovery, S. 315, und Ridder, Studien zur Überlieferungsgeschichte, S. 56-59. Die beiden Hss. sind online als Digitalisate einsehbar unter http://digi.ub.uni-heidelberg.de/diglit/cpg65 (H1) und http://digi.ub.uni-heidelberg.de/diglit/cpg138 (H2). Siehe zur Beschreibung der Hs. Sg1 (St. Gallen, Stiftsarchiv, Cod. Fabariensis XVI) Ridder, ebd., S. 85f. Die Hs. ist als Digitalisat online einsehbar unter http://www.e-codices.unifr.ch/de/list/one/ssg/0016

[177] Vgl. zu den Überlieferungsgruppen Ridder, Studien zur Überlieferungsgeschichte, S. 28f.

beurteilen. Auf die elsässische Ausgangsbearbeitung wiederum gehen die Hs.
Sg1 (Mitte 15. Jh.) sowie alle Frühdrucke zurück – sie sind damit untereinander
enger verwandt und dem Übersetzertext näher als die Handschriften H, H1 und
H2, was einen Vergleich dieser Überlieferungszweige interessant werden lässt.

5.3 Spezifika der Diemeringen-Übersetzung

Zunächst ist noch einmal zu bemerken, dass Otto von Diemeringen den Aufbau
der *Reisen* verändert, indem er den Gesamttext in fünf Bücher einteilt. Außerdem systematisiert er den Stoff, stellt ihm ein Register mit detaillierten Inhalts-
angaben voran und löst insbesondere die Stellen, welche die verschiedenen
Glaubensformen und religiösen Sitten behandeln, aus ihrem ursprünglichen
Erzählzusammenhang, um sie eigens in einem fünften Buch zusammenzufas-
sen. Ridder vermutet, dass sich die systematisch-pragmatische Bearbeitungsintention Diemeringens, die solche Veränderungen des Textes mit sich bringt,
auf sein Studium der *artes* an der Universität Paris zurückführen lässt.[178] Doch
geht Diemeringen nicht konsequent systematisch vor, denn nicht alle Episoden über fremde Glaubensformen finden sich in dem dafür angelegten fünften
Buch, das mit der Erklärung beginnt: *„Jn fremden landen sint menigerley glouben vnd sitten.“* (Ddr., 381). Dieses letzte Buch behandelt hauptsächlich die
Episoden über den Islam und Mohammed und erwähnt in einem zusammen-
fasssenden Gestus am Rande noch die Heiden und Götzenanbeter des fernen
Ostens sowie die Ostchristen. Andere Episoden, wie die über die griechischen
Christen oder über das Bestattungsritual in Tibet – um nur zwei zu nennen –
sind nicht aus ihrem Erzählzusammenhang herausgelöst. Wiederum andere
Episoden über fremde Glaubensformen wie die über die ‚Beichte der Heiden‘
(Jakobiten), die Differenzierung zwischen Ydola und Simulacra auf Thana und
die verschieden Beschreibungen der Rituale in Indien, zum Beispiel der Tho-
maschristen, fehlen in Diemeringens Übersetzung gänzlich.

Für Ridder, der auch in Betracht zieht, dass Diemeringen erst im Verlauf
seiner Übersetzung die Episoden über die fremden Glaubensformen für ein
gesondertes Buch zusammenfasste,[179] ist eine beabsichtige Auslassung der
Episoden nicht vorstellbar: „Es ist nicht anzunehmen, daß Diemeringen diese
Passagen ersatzlos tilgen wollte; er läßt sie hier aus, um sie im fünften Buch

---

[178]   Vgl. ebd., S. 260.
[179]   Vgl. ebd., S. 242.

nachzuholen."[180] Ridder gibt dann auch der Möglichkeit Ausdruck, dass dem Übersetzer „gegen Ende der Arbeit die Energie fehlte, diese Passagen noch zu übersetzen" oder „daß sie dem Übersetzer aus theologischen oder inhaltlichen Gründen verzichtbar erschienen."[181] Gegenüber solchen Vermutungen ließe sich eine Erklärung für die Auslassungen wohl am ehesten aus dem spezifischen Inhalt der nicht in die Diemeringen-Übersetzung eingegangenen Textstellen herleiten. Denn in diesen geht es nicht so stark wie bei der Darstellung des Islam oder der griechischen Christen um das Aufzeigen von Glaubensunterschieden zum westlich-lateinischen Christentum, also um dogmatische Aspekte. Vielmehr ist den Episoden gemein, dass in ihnen meist rituelle Handlungen und religiöse Praktiken beschrieben werden.

In den *Reisen*, die eine dezidiert christliche Perspektive auf das Fremde vorstellen, lässt sich grundsätzlich erkennen, dass dogmatische Fragen, die sich bei der Darstellung von Abweichungen der Glaubensinhalte stellen, immer zugunsten der christlichen Wahrheit, also nicht ambivalent beantwortet werden. Die Darstellung fremder religiöser Praktiken und Handlungen transportiert dagegen vielfältige Anschlussmöglichkeiten für Bedeutungszuschreibungen. Es kann dort festgestellt werden, dass narrative Ritualisierung, also die rhetorisch-narrative Darstellung der intradiegetischen Wahrnehmung – meist der des Erzählers – von Ritualen, ihren Formen und Handlungsfolgen, Ambivalenzen produziert. Diese wiederum wirken auf die Wahrnehmung eigener, also christlicher Rituale ein. In der Darstellung fremder Rituale verbirgt sich somit das Potential, eigene Rituale und damit auch Vorstellungen von Heilsvermittlung zu reflektieren. Das kann so weit gehen, dass sich in der Rezeption dieser Darstellung eine Reflexion innerchristlicher Auseinandersetzungen und Probleme erkennen lässt. Diemeringen müsste als Geistlicher dieses Potential und die damit einhergehenden Reflexionen des Eigenen in seiner Vorlage erkannt haben. Da er generell um eine klarere Trennung zwischen Christlichem und Heidnischem bemüht ist und Mehrdeutigkeiten vermeidet oder häufig ganz abbaut, ist davon auszugehen, dass er nicht unbedingt die Episoden, die fremde Religionen behandeln, sondern die Episoden über fremde Rituale bewusst aus seiner Übersetzung gestrichen hat.

Eine solche Begründung der Streichungen, die sich aus der inhaltlichen Spezifik – der oben beschriebenen zunehmenden narrativen Ritualisierung

---

[180] Ebd., S. 243.

[181] Ebd., S. 244. Für eine solche Art von Nachlässigkeit, die von fehlender Energie des Übersetzers zeugen soll, gibt es aber sonst in seiner Übersetzung keine Hinweise. Vgl. hierzu auch die Ausführungen über die Diemeringen-Version im Kap. ‚Heilsraum – II. 2. Reflexionen im Ritual: Die Beichte der Heiden' in der vorliegenden Arbeit, insbes. S. 189.

– der gestrichenen Textstellen ableitet, kann denn auch die abschließende Frage Ridders bezüglich des fünften Buches beantworten: „Doch warum sollte er [Diemeringen] dem Glauben der Sarazenen so große Aufmerksamkeit widmen und die Christen in Indien übergehen, die die abendländische Phantasie schon sehr früh und anhaltend bewegten?"[182] Dogmatische Differenzen scheinen von Diemeringen also als weniger problematisch erachtet worden zu sein als rituelle Ähnlichkeiten.[183]

Die Heranziehung der handschriftlichen Überlieferung gerade in Hinblick auf die Episoden über fremde Religionen und Rituale kann zu einer Stützung der Annahme beitragen, dass in den Bearbeitungen der Diemeringen-Version ein Bewusstsein für die Problematik dieser Episoden vorhanden war. Marginalien und andere Einfügungen zeigen an, dass besonders einige der Textstellen, die fremde Religionen oder religiöse Vorstellungen behandeln, Bearbeiter und Leser irritieren mussten. So finden sich in der Hs. H1 mehrere zwischen die Kapitel eingefügte stoßgebetartige Vermerke mit roter Tinte, beispielsweise an der Umbruchstelle zwischen dem Bericht über Amazonien und dem über Indien, oder nach der Beschreibung des Großkhans als mächtigster Herrscher, der sich für Gottes Sohn hält: „hilff liebe maria"[184] (Bl. 86v). Und in der Episode über den Glauben der Sarazenen, nach der indirekten Aufforderung der sarazenischen Schriftgelehrten an die Christen, sich an die zehn Gebote zu halten, damit der christliche Glaube ewig sei, wurde eingefügt: „ave maria gratia".[185] Diese in den jeweils freien Teil eines Absatzes eingebauten apotropäischen Sprüche scheinen alle von der Hand des Schreibers der Handschrift zu sein und sind gleich groß geschrieben wie der restliche Text. Es ist zu denken, dass sie während der Rubrizierung in den Text eingebracht worden sind. Am Eindrücklichsten mag vielleicht die einzige Einfügung solcher Art im Registerteil der Handschrift erscheinen, die zu Beginn des fünften Buches, also vor der Deklaration „Hie vahet an daz funfte buche", vorgenommen wurde und lautet: „Jch hoff zu got".[186] Gerade das fünfte Buch und die dort verzeichneten Epi-

---

[182]   Ridder, Studien zur Überlieferungsgeschichte, S. 244.

[183]   Vgl. zum Phänomen der Ähnlichkeit die grundlegenden Überlegungen von Anil Bhatti/ Dorothee Kimmich/ Albrecht Koschorke/ Rudolf Schlögl/ Jürgen Wertheimer: Ähnlichkeit. Ein kulturtheoretisches Paradigma. In: IASL 36,1 (2011), S. 233-247, in denen Ähnlichkeit in Abgrenzung zu Konzepten wie Differenz, Alterität und Identität als kulturtheoretisches Paradigma beschrieben wird.

[184]   Hs. H1, Heidelberg, Universitätsbibliothek, cpg 65, fol. 79v und fol. 86v.

[185]   Ebd., fol. 136v.

[186]   Ebd., fol. 7r.

soden scheinen dem Schreiber der Handschrift nur mit der Hilfe und Gnade Gottes oder Mariens bewältigbar gewesen zu sein.

Bei der Untersuchung der Diemeringen-Version wird zu zeigen sein, ob sich die in den Textumstellungen und -kürzungen beobachtbaren Abgrenzungs- und Vereindeutigungsintentionen als Bearbeitungstendenzen auch in anderen Bereichen des Narrativs abbilden. Zudem ist in Anlehnung an die bisherigen Ergebnisse zu den Texten der Velser-Version anzunehmen, dass diese Tendenzen der Vereindeutigung, beziehungsweise der Reduktion von Ambivalenzen, im Medium des gedruckten Buches verstärkt auftreten.

5.4 Der Basler Diemeringen-Erstdruck von Bernhard Richel

Der Erstdruck der Diemeringen-Version wurde 1480/81 vom Drucker-Verleger Bernhard Richel in Basel besorgt.[187] Eine Vorlage ist wie auch im Fall des Velser-Erstdruckes nicht überliefert, doch können die beiden Handschriften W1 und Sg1 als mit der mutmaßlichen Vorlage am nächsten verwandte identifiziert werden.[188] Etwa ein Viertel der überlieferten Diemeringen-Handschriften ist illustriert. Von diesen illustrierten Handschriften – folgt man Ridders Beschreibung – gehört der größte Teil, darunter auch W1 und Sg 1, der Überlieferungsgruppe C an, von der wiederum die Frühdrucke abstammen.[189] Ausgehend von den Überlegungen zum Augsburger Velser-Druck wäre damit stark anzunehmen, dass auch dem Richel-Druck eine schon illustrierte Handschrift als Vorlage diente. So könnte druckgeschichtlich auch grundsätzlich vermutet

---

[187] Siehe die Beschreibung des Druckes bei Bennett, Rediscovery, S. 366f., Ridder, Studien zur Überlieferungsgeschichte, S. 134-136, und Bremer/Ridder, Einleitung, S. XIVf. Die in ihrer Faksimile-Edition abgedruckte Inkunabel ist das Exemplar aus der Herzog-August-Bibliothek Wolfenbüttel, Geogr. 11.1 fol. Das Exemplar aus Basel, Öffentliche Bibliothek der Universität, D III 13 Nr. 1, ist als Digitalisat online einsehbar unter http://dx.doi.org/10.3931/e-rara-4610

[188] Vgl. Günthart, Deutschsprachige Literatur im frühen Basler Buchdruck, S. 77. Die beiden Hss. sind: Wien, Österreichische Nationalbibliothek, 2838, aus dem Jahr 1476, Schreibsprache südschwäbisch, und St. Gallen, Stiftsarchiv: Cod. Fabariensis XVI, aus der Mitte des 15. Jh., Schreibsprache: niederalemannisch-südschwäbisch. Die St. Galler Hs. ist als Digitalisat online einsehbar unter: http://www.e-codices.unifr.ch/de/list/one/ssg/0016 und wird in der vorliegenden Arbeit verwendet. Siehe zudem die Beschreibung der Hss. bei Ridder, Studien zur Überlieferungsgeschichte, S. 85f. (Sg1) u. 110f. (W1).

[189] Ridder, Studien zur Überlieferungsgeschichte, S. 32-130, verzeichnet acht durchgehend illustrierte Hss. (L, R, Sg1, S1, S2, W1, W2, Co), von denen sechs der Überlieferungsgruppe C zuzurechnen sind. In drei Hss. (H2, K1, We) waren Illustrationen vorgesehen, sie wurden aber nicht ausgeführt.

werden, dass illustrierte Handschriften wohl eher in den Druck gelangten als nicht-illustrierte. Die Holzschnitte des Richel-Druckes können aber auch teilweise in Abhängigkeit zu denen des Augsburger Sorg-Druckes gestellt werden, wie schon Bennett vermutete und von der nachfolgenden Forschung bestätigt wurde.[190] Als sehr ähnlich mit den Sorg-Holzschnitten können allerdings nur vier der insgesamt 156 Holzschnitte bezeichnet werden, die zudem am Anfang des Textes stehen und eher topische Darstellungen sind, zum Beispiel der *arma christi*. Unter Berücksichtigung der nur kurzen Zeitspanne zwischen den beiden Drucken in Augsburg und Basel ist eine direkte Abhängigkeit des Richel-Druckes vom Sorg-Druck weniger wahrscheinlich.[191]

Wie Bernhard Richel, der zwischen 1474 und 1482 in Basel druckte, zu einem Exemplar der *Reisen* kam, und warum er an der Drucklegung des Textes interessiert war, ist nicht mehr nachzuvollziehen. Möglicherweise wurde er durch den Augsburger Druck der Velser-Version und durch eine sich abzeichnende Popularität dieses Textes dazu veranlasst, eine andere, am Oberrhein schon handschriftlich verbreitete Version der *Reisen* zu drucken.[192] Doch aufgrund der nahe beieinanderliegenden Entstehungszeit der beiden Drucke hätte sich ein wirtschaftlicher Erfolg des Velser-Druckes für die Offizin schwerlich schon deutlich ablesen lassen können.[193] Eine andere Möglichkeit der Kenntnisnahme Richels von den *Reisen* sehen Bremer, Ridder und Günthart in den Beziehungen Richels nach Nürnberg, das ein Verbreitungszentrum der hand-

---

[190] Vgl. Bennett, Rediscovery, S. 367: „Richel's cuts are more elaborate and sophisticated than Sorg's and often of different subjects. However, there are so many similarities between the two series, that they can hardly have been independently produced. [...] Apparently, Richel started to copy the Sorg cuts, but after the first began to ‚improve' on them, and very soon to design his own with occasional reference to Sorg." Ridder, Studien zur Überlieferungsgeschichte, S. 320, bestätigt Bennets Vermutung, wie auch Bremer/Ridder, Einleitung, S. XIV.

[191] Günthart, Deutschsprachige Literatur im frühen Basler Buchdruck, S. 77, Anm. 50, vermutet in Abgrenzung vor allem zu Ridder eine handschriftliche Vorlage: „Bei der Menge der überlieferten illustrierten Handschriften und den mutmaßlich verlorenen Textzeugen ist es aber auch durchaus möglich, dass eine illustrierte Diemeringen-Handschrift Vorlage für den Text und die Bilder des Basler Drucks war."

[192] Dies vermuten Bremer/Ridder, Einleitung, S. XXIV. Vgl. zur Verbreitung der *Reisen* am Oberrhein Günthart, Deutschsprachige Literatur im frühen Basler Buchdruck, S. 126f. und Ridder, Studien zur Überlieferungsgeschichte, S. 352.

[193] Vgl. zu dieser Vermutung auch Günthart, Deutschsprachige Literatur im frühen Basler Buchdruck, die sich gegen die Vermutung Bremers und Ridders wendet und weiter ausführt: „Richel [hätte] dann auch einfach den Augsburger Druck nachdrucken können, da sich die potentielle Käuferschaft für die beiden Drucke kaum überschnitten hätte." (Ebd., S. 151f., Anm. 193).

schriftlichen Diemeringen-Überlieferung war.[194] Mit Sicherheit ist immerhin davon auszugehen, dass diese Version schon handschriftlich so verbreitet war, dass sich ein Publikumsinteresse abzeichnete und ein Verkaufserfolg der gedruckten Version vorauszusehen war.

Im Gegensatz zum Druckprogramm Anton Sorgs fügen sich die *Reisen* nicht so deutlich in das des Basler Druckers ein, da Bernhard Richel hauptsächlich lateinischsprachige und theologische Werke wie Bibelausgaben, theologische Schriften und Messbücher für die Diözesen Basel und Konstanz druckte[195] und volkssprachliche Texte in seinem Programm „nur eine untergeordnete Rolle"[196] spielten. Außer den *Reisen* verlegte er aus der Gattung des volkssprachigen Prosaromans, die einige Parallelen zur Reiseliteratur aufweist, nur die *Melusine*.[197] Richel selbst durfte seine Werke nicht innerhalb der Stadtmauern Basels verkaufen.[198] Zwar wurde der Verkauf wohl teilweise durch seinen Schwiegersohn abgewickelt, mit seiner großen Offizin und seinen Kontakten nach Nürnberg, Augsburg und Leipzig konnte er aber ein weit verzweigtes Vertriebsnetz unterhalten.[199] Günthart hält es deshalb für sehr wahrscheinlich, dass Richel das Basler Publikum für seine volkssprachigen Drucke gar nicht sonderlich im Blick hatte, da er auch innerhalb der Stadt kaum vernetzt war:

> Es ist allerdings davon auszugehen, dass Richel den Großteil seiner Drucke nicht für den lokalen Markt, sondern für den Export produzierte. Unter diesem Gesichtspunkt lässt sich auch die Auswahl von ‚Sachsenspiegel', ‚Bürdlin der zit', ‚Spiegel menschlicher Behaltnis', ‚Melusine' und Mandevilles ‚Reisen' mit ihren verhältnismäßig geringen Basler Bezügen als durchaus sinnvoll verstehen.[200]

---

[194] Vgl. Bremer/Ridder, Einleitung, S. XXIII, und Günthart, Deutschsprachige Literatur im frühen Basler Buchdruck, S. 151f.

[195] Vgl. Günthart, Deutschsprachige Literatur im frühen Basler Buchdruck, S. 29.

[196] Ridder, Studien zur Überlieferungsgeschichte, S. 319.

[197] Vgl. Ridder, Studien zur Überlieferungsgeschichte, S. 319 und zur Gattung des Prosaromans in Bezug auf die *Reisen* und ihre Mitüberlieferung ebd., S. 354f. Andere deutschsprachige Drucke Richels sind der erbaulichen und historiographischen Literatur zuzurechnen wie der *Sachsenspiegel* (1474), der *Speculum humanae salvationis*, dt.: *Spiegel menschlicher Behaltnis* (1476), die *Rosenkranzbruderschaft* (um 1477) die er im Auftrag der Kölner Dominikaner druckte, Balthers *Leben des hl. Fridolin* (um 1480) oder die *Legende von unserer Frauen Kapelle zu Einsiedeln* (1481/82), die er für die dortigen Benediktiner druckte.

[198] Vgl. Günthart, Deutschsprachige Literatur im frühen Basler Buchdruck, S. 152, die anführt, dass Richel keiner Zunft angehörte und deshalb seine Waren nicht in der Stadt vertreiben durfte.

[199] Vgl. Günthart, Deutschsprachige Literatur im frühen Basler Buchdruck, S. 152 u. S. 38, Anm. 179.

[200] Ebd.

Durch die zahlreichen Nachdrucke in Straßburg erhält der Druck der Diemeringen-Version dann dort seine größte Verbreitung, wo auch schon die
handschriftliche Überlieferung der Übersetzung während der ersten Über-
lieferungsphase ihr Zentrum hatte, bevor sie sich in einer zweiten Phase ins
Rhein- und Mittelfränkische verlagerte.[201] Über die Rezeption des Druckes im
Raum Basel gibt es heute nicht mehr Informationen als die Provenienz des
jetzt in Basel aufbewahrten Exemplars des Richel-Druckes aus der Bibliothek
der Basler Kartause im 15. und 16. Jahrhundert.[202] Generell aber gehörte der
Mandeville-Text „nicht zum zentralen Bestand monastischer Bibliotheken",
sondern wurde in der Diemeringen-Übersetzung zunächst vornehmlich von
städtischen Weltgeistlichen, später intensiv durch den hohen Adel rezipiert.[203]
   Auch wenn die Entstehungs- und Rezeptionsbedingungen des Druckes in
Basel nicht in umfassender Form erschlossen werden können, ist doch ent-
scheidend, dass die von einem geistlichen Bearbeiter neustrukturierte und
von potentiell kritischen, eigene religiöse Praktiken hinterfragenden Stellen
bereinigte Version Diemeringens in Basel gedruckt wurde – einer Drucker-
stadt, die größtenteils lateinische, theologische Werke in kirchlichem Auftrag
druckte. Nur Venedig, so Günthart, druckte in der Inkunabelzeit mehr lateinische Bibeln als Basel.[204] In ähnlichem Maße entspricht die Velser-Version
ihrem entstehungsgeschichtlichen Umfeld in Augsburg, wo „von 1468 bis 1555
[...] keine einzige lateinische Vollbibel oder eine lateinische Teilausgabe des
Alten und Neuen Testaments gedruckt"[205] wurde und das als Zentrum der frühen gedruckten volkssprachigen Erzählliteratur gilt. Beide Drucke fügen sich
also – unbeachtet der Intention des einzelnen Druckers – in ihr jeweiliges ent-
stehungsgeschichtliches, städtisches Umfeld, das aus heutiger Sicht die Texte
hervorbrachte, deren inhaltliche Bearbeitungsintentionen mit den feststellbaren äußeren Produktionsbedingungen übereinstimmten.

---

[201]   Vgl. Ridder, Studien zur Überlieferungsgeschichte, S. 352.
[202]   Vgl. ebd., S. 323. Günthart, Deutschsprachige Literatur im frühen Basler Buchdruck,
        S. 39 u. 152, betont, dass Richel im Gegensatz zu vielen anderen Basler Druckern nicht
        im ‚Liber Donatorum' der Kartause als Spender von Büchern aufgeführt wird, die Reisen
        also keine Schenkung Richels an die Kartäuser gewesen sein können.
[203]   Ridder, Studien zur Überlieferungsgeschichte, S. 352, vgl. weiter ebd., S. 327, 329, 323.
[204]   Vgl. Günthart, Deutschsprachige Literatur im frühen Basler Buchdruck, S. 22.
[205]   Künast, Getruckt zu Augspurg, S. 234.

6. Zusammenfassung Textkorpus

Der Fokus der Analyse der vorliegenden Arbeit liegt auf der handschriftlichen Version der Velser-Übersetzung, wie sie in der Edition Morralls vorgelegt und der Forschung verfügbar gemacht worden ist (Vhs. oder in Abgrenzung zu anderen Einzelhandschriften der Velser-Überlieferung Hs. A). Gegenüber dieser Version ist der Augsburger Erstdruck von Anton Sorg von besonderem Interesse (Vdr.), da der Druck den handschriftlichen Text verändert und vor allem die Stellen kürzt, an denen explizit Kritik an der westlichen Christenheit geübt wird. Durch einen Vergleich dieser beiden Textversionen können die verschiedenen Bearbeitungsintentionen unter Berücksichtigung der jeweiligen medialen Erscheinungsform herausgearbeitet werden. Auf einer Zwischenstufe zwischen Handschrift und Druck ist die ebenso wie der Druck einer gekürzten Redaktion angehörende Hs. N anzusiedeln. Deren Textform ist für die Präzisierung der von Bremer und Ridder als „Auswahlprozeß auf verschiedenen Ebenen" beschriebenen Textänderungen auf dem Weg von der Handschrift zum Druck von wesentlicher Bedeutung.

Um die spezifische Bearbeitungsintention Velsers aufzuzeigen, soll auch der von Letts herausgegebene Paris-Text herangezogen werden, da dieser die Vorlage Velsers am besten repräsentiert. Außerdem erscheint es an manchen Stellen sinnvoll, auch einen Blick in die weitere Überlieferung der *Reisen* zu werfen, beispielsweise auf die Texte der Insularen Version, um Alleinstellungsmerkmale der Velser- oder der Diemeringen-Version abzusichern. Über die Heranziehung der anderen Versionen können auch Übersetzungsfehler oder verstärkte, beziehungsweise abgeschwächte Tendenzen einer Version besser nachvollzogen werden.

Der Nebenfokus der Analyse liegt auf der Diemeringen-Übersetzung, deren Eigenständigkeit und Bearbeitungstendenz anhand der Textrepräsentation des Basler Erstdruckes erarbeitet wird (Ddr.). Die Wahl des Druckes lässt auch einen Vergleich der Velser- und der Diemeringen-Übersetzung in einer sich entsprechenden medialen Textform zu. Somit können die Abweichungen zwischen den beiden deutschen Übersetzungen der *Reisen* und die verschiedenen Bearbeitungsintentionen auf gleicher Ebene, in der medialen Repräsentationsform des Inkunabeldruckes, analysiert und für dieses Medium spezifiziert werden. Doch auch in der Beschäftigung mit der Diemeringen-Überlieferung soll an bestimmten Textstellen ein Blick in die handschriftlichen Textformen geworfen werden, namentlich in die Handschriften H, H1, H2 und Sg1, um die Spezifik der Textform des Diemeringen-Druckes abzusichern und um stellenweise Varianten innerhalb dieser Version auszumachen.

Die in dieser Arbeit praktizierte Zitierweise folgt der Textform der Editionen, allerdings ohne die Kursivierungen, Klammern oder sonstige Kenntlich-
machungen von Texteingriffen von Seiten der Editoren zu übernehmen. Bei
Zitaten aus den Frühdrucken wie auch aus Handschriften werden der einfacheren Lesbarkeit halber Abbreviaturen aufgelöst und Abkürzungen ausge-
schrieben. Die Interpunktion, Groß- und Kleinschreibung der Quellen wird
nicht verändert.

III. Forschungsfragen

1. Schwerpunkte und Zugänge der Mandeville-Forschung

Die Mandeville-Forschung lässt sich grob in drei thematische Bereiche einteilen, die historisch durch die jeweiligen Paradigmen der Literaturwissenschaft
gekennzeichnet sind. Als ein erster Bereich kann die Beschäftigung mit der
Überlieferungs-, Quellen- und Rezeptionsgeschichte beschrieben werden,
dem ein großer Teil der älteren Forschung zugehört. Doch auch aktuellere Arbeiten verorten sich in diesem Forschungsfeld, wie im vorangegangenen Kapitel dieser Arbeit behandelt wurde.[206] Bei einer so breiten und komplexen Über-
lieferungslage, wie sie bei den *Reisen* besteht, sind die Editionsarbeiten und
die überlieferungsgeschichtlichen Untersuchungen auch noch lange nicht
abgeschlossen.

Neben den materialphilologischen Fragestellungen ist es häufig den um-
fangreicheren Forschungsarbeiten ein Anliegen, den literatur- und gattungstheoretischen Kontext der *Reisen* zu erörtern. Als wichtigste Vertreter dieses
zweiten Bereichs sind Josephine Waters Bennett, Mary Campbell, Stephen
Greenblatt, Klaus Ridder, Geraldine Heng und Iain Macleod Higgins zu nennen, die sich in ihren Monographien vornehmlich mit dem literarischen Charakter, der Gattung und dem Fiktionalitätskonzept der *Reisen* auseinanderset-

---

[206] Nicht eingegangen wurde auf die aktuelleren Arbeiten zur Rezeption der *Reisen*, wie die
Monographie von Rosemary Tzanaki: Mandeville's Medieval Audiences. A Study on the
Reception of the ‚Book' of Sir John Mandeville (1371-1550). Aldershot 2003, die jedoch
einige Ungenauigkeiten aufweist. Das neuere Forschungsinteresse an der Rezeption des
Werks in England, mit einem Schwerpunkt auf dem elisabethanischen Theater, zeigen
die Beiträge im 2011 erschienenen Sammelband: A Knight's Legacy. Mandeville and
Mandevillian Lore in Early Mondern England. Hg. v. Ladan Niayesh. Manchester 2011.

zen.[207] Einen gattungstheoretischen Zugang wählt auch Christiane Deluz, die allerdings statt des literarischen den enzyklopädischen Charakter des Werks stark macht und die *Reisen* als „Premier livre de Géographie"[208] versteht. Diese Arbeiten lenkten die Mandeville-Forschung maßgeblich in die Richtung der Text- und Literaturtheorie und waren ausschlaggebend dafür, Mandevilles Reisebericht stärker ins Bewusstsein der Literaturwissenschaft zu holen. Sie schafften die notwendigen Rahmenbedingungen und Grundlagen für eine literatur- und kulturwissenschaftliche Lektüre der *Reisen*. Eine Gemeinsamkeit dieser Arbeiten ist auch, dass sie die *Reisen* meist komparatistisch lesen und sie vor dem Hintergrund der Quellen Mandevilles, anderer Reiseliteratur und zeitgenössischer Texte untersuchen. Dabei gehen sie jedoch nur selten über eine Darstellung und den Vergleich der verschiedenen Quellen hinaus, weshalb in diesen Arbeiten die literaturwissenschaftlich-erzähltheoretische Analyse des jeweiligen Mandeville-(Einzel-)Textes und die Beschäftigung mit dessen immanenter Textlogik häufig zu kurz kommen.

Als ein drittes Forschungsfeld, in dessen Licht die *Reisen* untersucht werden, ist die kulturwissenschaftlich ausgerichtete Alteritätsforschung anzuführen, die seit den 90er Jahren mit dem Paradigmenwechsel des *cultural turns*

---

[207] Vgl. Bennett, Rediscovery; Mary B. Campbell: The Witness and the Other World. Exotic European Travel Writing, 400-1600. London 1988; Stephen Greenblatt: Wunderbare Besitztümer. Die Erfindung des Fremden: Reisende und Entdecker. Aus dem Englischen von Robin Cackett. Berlin 1998 (engl. Erstausg. 1991); Ridder, Studien zur Überlieferungsgeschichte; ders.: Werktyp, Übersetzungsintention und Gebrauchsfunktion. Jean de Mandevilles Reiseerzählung in deutscher Übersetzung Ottos von Diemeringen. In: Xenja von Ertzdorff/ Dieter Neukirch (Hgg.): Reisen und Reiseliteratur im Mittelalter und in der Frühen Neuzeit. Amsterdam/Atlanta 1992, S. 357-388; Geraldine Heng: Empire of Magic. Medieval Romance and the Politics of Cultural Fantasy. New York 2003 (Kap. 5: „Eye on the World: Mandeville's Pleasure Zones; or, Cartography, Anthropology, and Medieval Travel Romance", S. 239-466). Higgins, Writing East, untersuchte als erster die Diskursivierung des Ostens in verschiedenen Versionen und Textmanifestationen der *Reisen* und machte auf den Text als Multi-Text aufmerksam. Vgl. außerdem zur Gattung und zum Gattungsbegriff Ernst Bremer: Spätmittelalterliche Reiseliteratur – ein Genre? Überlieferungssymbiosen und Gattungstypologie. In: Xenja von Ertzdorff/ Dieter Neukirch (Hgg.): Reisen und Reiseliteratur im Mittelalter und in der Frühen Neuzeit. Amsterdam/Atlanta 1992, S. 329-355 und Tamarah Kohanski: What Is a ,Travel Book,' Anyway? Generic Criticism and Mandeville's Travels. In: Lit. Literature Interpretation Theory 7,2-3 (1996), S. 117-130.

[208] Christiane Deluz: Le Livre de Jehan de Mandeville. Une „Géographie" au XIVe siècle. Louvain-La-Neuve 1988, S. 364. Ihr folgt in der Argumentation für den enzyklopädischen Charakter der *Reisen* neben dem unterhaltenden Fanny Moghaddassi: L'Ailleurs dans les Voyages de Mandeville. Entre rêerie populaire et réflexion savant. In: Ranam. Recherches Anglaises et Nord-Américaines 39 (2006), S. 9-20.

in die Literaturwissenschaften eingezogen ist. Innerhalb dieses theoretischen
Rahmens sind meist aktuellere Untersuchungen zu verorten, die stärker kul-
turtheoretisch arbeiten und sich mit den Fragen nach der Erfahrung, Verarbeitung, Darstellung und Wirkung kultureller Alterität in den *Reisen* beschäftigen.[209] Da die Fragestellungen, Methoden und Themen der Alteritätsforschung
mit denen der vorliegenden Arbeit in großen Teilen zusammenfallen, soll sie
nachfolgend etwas ausführlicher besprochen werden. Die relative Menge an
Forschungsarbeiten aus den unterschiedlichen geisteswissenschaftlichen Dis-
ziplinen, die sich unter dem Gesichtspunkt der Alterität auf das Werk beziehen, demonstriert, dass Mandevilles *Reisen* geradezu als Paradebeispiel für
die literarische Verarbeitung und Vermittlung des Fremden im Mittelalter angesehen werden.

Für die Frage nach der Alterität in den *Reisen* und auch für die nach der Alterität der *Reisen* gilt es mehrere nicht unproblematische Besonderheiten der
Texte zu berücksichtigen: erstens die Übernahme diskursivierten Wissens aus
früheren Quellen, zweitens den schillernden Status der *Reisen* zwischen Fiktionalität und Authentizität und drittens die Multiplizität der Überlieferung.
Braude nennt letzteres die ‚Polyphonie' der Texte, Higgins bezeichnet die
Einzelüberlieferungen als ‚Isotope' und die *Reisen* als „multifaceted textual
object [that] is itself multiple", kurz als „multi-text".[210] Diese Besonderheiten
der *Reisen* werden von der Alteritätsforschung sehr unterschiedlich angegan-
gen, was sich vor allem in der Bewertung des Status des Fremden und des
Eigenen und im Umgang mit den Fragen nach Fiktionalität und Authentizität,
nach Diskursivität, Originalität und der vermeintlichen Autorschaft zeigt. Mit
diesen Fragen hängt auch die Bedeutung der narrativen, rhetorischen und diskursiven Strategien der verschiedenen Texte der *Reisen* zusammen, mit denen
Alterität hergestellt, vermittelt und verhandelt wird – textinterne Darstellungsstrategien, die in ihrer Komplexität und Interkonnektivität von der Alteritätsforschung häufig übergangen werden. Die folgende Auseinandersetzung mit
diesem prominenten Zweig der Mandeville-Forschung soll neben den neueren
Erkenntnissen auch die Problemstellen genauer aufzeigen, an denen sich die
Forschung immer wieder abarbeitet. Denn insgesamt kann beobachtet wer-

---

[209] Vgl. grundlegend zur kulturellen Alteritätsforschung in der Mediävistik Marina Münkler:
       Alterität und Interkulturalität. Ältere Deutsche Literatur. In: Claudia Benthien/ Hans Ru-
       dolf Velten (Hgg.): Germanistik als Kulturwissenschaft. Eine Einführung in neue Theo-
       riekonzepte. Reinbek bei Hamburg 2002, S. 323-344.
[210] Vgl. Benjamin Braude: Mandeville's Jews among Others. In: Bryan F. Le Beau/ Menahem
       Mor (Hgg.): Pilgrims and Travelers to the Holy Land. Omaha 1996, S. 133-158, hier S. 136;
       Higgins, Writing East, S. 14, S. viii u. a.

den, dass an die *Reisen* eine Vielzahl an moralisierenden und ideologischen Zuschreibungen gemacht werden, die jedoch kaum einem besseren Verständnis der Texte zuträglich sind. Solche zudem meist ahistorisch verfahrenden Lektüren neigen dazu, die Texte und den vermeintlichen Autor ‚Mandeville' zur Stärkung der eigenen Forschungsposition oder ideologischen Zielsetzung zu instrumentalisieren.

Viele der kulturwissenschaftlich ausgerichteten Forschungsarbeiten, die sich mit der Darstellung kultureller Alterität in den *Reisen* beschäftigen, gehen narratologisch, diskursgeschichtlich und teilweise auch stark komparatistisch vor. Diesen Methoden entsprechend behandeln sie häufig auch keinen Einzeltext, sondern beziehen andere, den *Reisen* ähnliche oder verwandte Texte, Enzyklopädien, Geographien, bildliche Darstellungen und *mappae mundi* in ihre Betrachtungen mit ein. Sie untersuchen beispielsweise die „Wunder der Fremde", zu denen die monströsen Wesen des Ostens gehören, sowie die Erscheinungsformen der fremden Geographie, häufig in Verbindung mit antiken und zeitgenössischen Klimatheorien und der Frage nach dem mittelalterlichen Weltbild.[211] Weitere Untersuchungen aus diesem Forschungsfeld, die sich vornehmlich mit Aspekten von Raum und Zeit beschäftigen, schreiben der Geographie in den *Reisen* eine symbolische oder rhetorisch-moralisierende Funktion[212] zu oder nehmen stärker die Raum-Zeit-Konstellationen in den Fokus.[213]

---

[211] Vgl. Werner Röcke: Wunder der Fremde und der Traum vom Reisen. Darstellungsmuster neuer Welten in Augsburger Frühdrucken des 15./16. Jahrhunderts. In: Günter Berger/ Stephan Kohl (Hgg.): Fremderfahrung in Texten des Spätmittelalters. Trier 1993, S. 87-102; ders.: Erdrandbewohner und Wunderzeichen. Deutungsmuster von Alterität in der Literatur des Mittelalters. In: Silvia Bovenschen/ Winfried Frey (Hgg.): Der fremdgewordene Text. FS Helmut Brackert. Berlin 1997, S. 265-284; Sarah Salih: Idols and Simulacra. Paganity, Hybridity and Representation in Mandeville's Travels. In: Bettina Bildhauer/ Robert Mills (Hgg.): The Monstrous Middle Ages. Cardiff 2003, S. 113-133; Suzanne Conklin Akbari: The Diversity of Mankind in the Book of John Mandeville. In: Rosamund Allen (Hg.): Eastward Bound. Travel and Travellers, 1050-1550. Manchester 2004, S. 156-176; Lisa Verner: The Epistemology of the Monstrous in the Middle Ages. New York 2005 [Kap. 4: „Mandeville's Travels", S. 123-153]. Irina Metzler: Perceptions of Hot Climate in Medieval Cosmography and Travel Literature. In: Joan-Pau Rubiés (Hg.): Medieval Ethnographies. European Perceptions of the World Beyond. Farnham 2009, S. 379-415.

[212] Vgl. Martin Camargo: The Book of John Mandeville and the Geography of Identity. In: Timothy S. Jones/ David A. Sprunger (Hgg.): Marvels, Monsters, and Miracles. Studies in the Medieval and Early Modern Imaginations. Kalamazoo 2002, S. 67-84.

[213] Vgl. Suzanne Conklin Akbari: Currents and Currency in Marco Polo's ‚Devisement dou monde' and ‚The Book of John Mandeville'. In: Dies./ Amilcare Iannucci (Hgg.): Marco Polo and the Encounter of East and West. Toronto u. a. 2008, S. 110-130; Carolyn Dinshaw: How Soon Is Now? Medieval Texts, Amateur Readers, and the Queerness of Time.

Die nicht Mandeville-spezifische Dissertationsschrift Marina Münklers ist eine
der wenigen Arbeiten, die sich schwerpunkmäßig mit der sprachlichen und
narrativen Darstellung des Fremden im Allgemeinen, der fremden Welt und
der fremden Völker sowie ihrer Herrscher in mittelalterlichen Reiseberichten
beschäftigt.[214]

Mit den Fragen nach Alterität in Hinsicht auf die (Fremd-)Sprache befassen sich einerseits Arbeiten, die übersetzungstheoretische Überlegungen an
die *Reisen* herantragen und ihr Verhältnis zu den Quellen sowie ihre Übersetzungen in andere Sprachen untersuchen.[215] Andererseits bieten die Fremdsprachenalphabete in den verschiedenen Versionen der *Reisen* Anlass zur
Untersuchung textinterner Darstellungsmöglichkeiten fremder Sprachen und
fremder Schriftlichkeit.[216]

Durham 2012 (Kap. 2: „Temporally Oriented. The Book of John Mandeville, British India,
Philology, and the Postcolonial Medievalist", S. 73-104), die mit Bachtins Chronotopos-
Konzept arbeitet und die These vertritt, die Reise in den Osten sei gleichzeitig eine Reise
in die Vergangenheit (S. 75) bzw. hin zu einer immer heterogener werdenden Zeitlichkeit
(S. 78).

[214] Vgl. Münkler, Erfahrung des Fremden. Münkler untersucht Mandevilles *Reisen* neben
den Reiseberichten von Marco Polo, Odorico von Pordenone, Wilhelm von Rubruk, Johannes de Plano Carpini und anderen Quellen.

[215] Vgl. Klaus Ridder: Übersetzung und Fremderfahrung. Jean de Mandevilles literarische
Inszenierung eines Weltbildes und die Lesarten seiner Übersetzer. In: Joachim Heinzle
u. a. (Hg.): Übersetzen im Mittelalter. Cambridger Kolloquium 1994. Berlin 1996, S. 231-
264; Günther Rohr: Wiedergabe von Zahlen nach französischen Vorlagen. Das Beispiel
der niederrheinischen Version von Mandevilles ‚Reisen'. In: Bodo Plachta/ Winfried Woesler (Hgg.): Edition und Übersetzung. Zur wissenschaftlichen Dokumentation des interkulturellen Texttransfers. Tübingen 2002, S. 359-365; Susan Bassnett: Travelling and
Translating. In: World Literature Written in English 40,2 (2004), S. 66-76; Roger Ellis:
Translation and Frontiers in Late Medieval England. Caxton, Kempe, and Mandeville.
In: O. Merisalo/ P. Pahta (Hgg.): Frontiers in the Middle Ages. Proceedings of the Third
European Congress of Medieval Studies, Jyväskylä, 10-14 June 2003. Louvain-la-Neuve
2006, S. 559-583; Berron, Bemerkungen zu übersetzten Namen in der Diemeringen-Ver-
sion; Simon Gaunt: Translating the Diversity of the Middle Ages. Marco Polo and John
Mandeville as ‚French' Writers. In: Australian Journal of French Studies 46,3 (2009),
S. 235-248, untersucht – aus dezidiert postkolonialer Perspektive – unter Rückgriff auf
Jacques Derridas Ausführungen zum Monolingualismus und Homi Bhabhas Hybriditäts-
Konzept Mandevilles linguistische Hybridität im Zusammenhang mit der zur Darstellung gebrachten anthropologischen Diversität. Seine Textbeobachtungen sind jedoch
eher oberflächlich und auch seinen textgeschichtlichen Annahmen mangelt es an historischer und philologischer Fundiertheit.

[216] Vgl. Seebold: Mandevilles Alphabete (1998); Przybilski, Die Zeichen des Anderen (2002);
Marcia Kupfer: ‚... Lectres ... plus vrayes'. Hebrew Script and Jewish Witness in the Mandeville Manuscript of Charles V. In: Speculum 83,1 (2008), S. 58-111.

Es soll hier auch noch auf die Forschungsarbeiten aus den achtziger und neunziger Jahren verwiesen werden, die stärker realhistorisch ausgerichtet sind und sich auch mit Mandevilles *Reisen* auseinandersetzen, da sie eine relativ große Gruppe darstellen. Sie lesen gemeinhin Reiseberichte als sozial- oder mentalitätsgeschichtliche Quellen und führen die *Reisen* als eine Art ,Sonderfall' der „Quellengattung"[217] Reise- oder Augenzeugenbericht an – meist im Zusammenhang mit anderen mittelalterlichen Reiseberichten.[218] Einige dieser Arbeiten fokussieren die Kreuzzugsthematik[219] oder das Thema der Pilgerschaft und inkludieren – auch mit literaturwissenschaftlichen Ansätzen und Fragestellungen – die *Reisen* in die Gattung der Palästina-Pilgerberichte.[220] Letztere arbeiten somit meist literarhistorisch und gattungstheoretisch. Obwohl mittlerweile der Fiktionalitäts- und Kompilationscharakter der *Reisen* hinreichend belegt ist, gibt es vornehmlich in diesem Bereich noch immer Arbeiten, die versuchen, eine Realgeographie außerhalb des Textes zu rekonstruieren, oder echte Reiseerfahrung aus dem Text herauszulesen und damit nachzuweisen,

---

[217] Reinhold Jandesek: Das fremde China. Berichte europäischer Reisender des späten Mittelalters und der frühen Neuzeit. Pfaffenweiler 1992, S. 13f.

[218] Vgl. Michael Harbsmeier: Reisebeschreibungen als mentalitätsgeschichtliche Quellen. Überlegungen zu einer historisch-anthropologischen Untersuchung frühneuzeitlicher deutscher Reisebeschreibungen. In: Antoni Mączak/ Jürgen Teuteberg (Hgg.): Reiseberichte als Quellen europäischer Kulturgeschichte. Aufgaben und Möglichkeiten der historischen Reiseforschung. Wolfenbüttel 1982, S. 1-31; ders.: Wilde Völkerkunde. Andere Welten in deutschen Reiseberichten der frühen Neuzeit. Frankfurt am Main/New York 1994 [Kap. 2: „Exkurs: Mandeville", S. 45-55]; Folker Reichert: Begegnungen mit China. Die Entdeckung Ostasiens im Mittelalter. Sigmaringen 1992.

[219] Vgl. Norman Housley: Perceptions of Crusading in the Mid-Fourteenth Century. The Evidence of Three Texts. In: Viator 36 (2005), S. 415-433.

[220] Vgl. Donald R. Howard: Writers and Pilgrims. Medieval Pilgrimage Narratives and their Posterity. Berkeley u. a. 1980; Christiane Hippler: Die Reise nach Jerusalem. Untersuchungen zu den Quellen, zum Inhalt und zur literarischen Struktur der Pilgerberichte des Spätmittelalters. Frankfurt am Main u. a. 1987; Ursula Ganz-Blättler: Andacht und Abenteuer. Berichte europäischer Jerusalem- und Santiago-Pilger (1320-1520). 3., unveränd. Aufl. (1. Aufl. 1991). Tübingen 2000; Dietrich Huschenbett: *Diu vart hin über mer.* Die Palästina-Pilgerberichte als neue Prosa-Gattung in der deutschen Literatur des späten Mittelalters und der Frühen Neuzeit. In: Xenja von Ertzdorff (Hg.): Beschreibung der Welt. Zur Poetik der Reise- und Länderberichte. Vorträge eines interdisziplinären Symposiums vom 8. bis 13. Juni 1998 an der Justus-Liebig-Universität Gießen. Amsterdam/ Atlanta 2000, S. 119-151. Huschenbett inkludiert nicht nur die *Reisen* in die Gattung des Palästina-Pilgerberichts, er bestimmt sie weiter – wie auch Ganz-Blättler (S. 50) – zum entscheidenden Förderer der Gattung um 1400 (S. 127).

dass Mandeville doch tatsächlich gereist ist – sei es wenigstens bis ins Heilige Land.[221]

Ein anderer großer Teil der Arbeiten aus der Alteritätsforschung, die allesamt aus den englischsprachigen Literatur- und Kulturwissenschaften stammen, argumentiert mit einem postkolonialen, kulturrelativistischen Ansatz. Diese Arbeiten lesen in den *Reisen* einerseits einen frühen Imperialismus oder Orientalismus, andererseits auch eine Art postmoderne Auflösung der starren Dichotomien zwischen Ost und West, dem Eigenen und dem Anderen oder dem Männlichen und dem Weiblichen. Besonders aus der Perspektive der *gender* und der *queer studies*, welche den Fragen nach der Repräsentation und den Repräsentationsbedingungen von Geschlecht, Rasse, Körper, Identität

---

[221] Vgl. Bassnett, Travelling and Translating, für die, obwohl sie die Fingiertheit von Mandevilles *Reisen* als „most likely" anerkennt (S. 73), die Annahme einer echten Reise hinter dem Reisebericht grundlegend ist: „For travel writers need a source, and that source is generally presumed to be the journey that took place before the writing began. The journey is therefore the original text that is later inscribed in the written work that recounts what happened during the journey, and because travel writing is premised on the idea of a voyage that actually happened, it is essential to ensure that readers believe the author." (S. 68); Berron, Bemerkungen zu übersetzten Namen in der Diemeringen-Version, wiederum beabsichtigt, „[d]ie Namensvarianten einander zuzuordnen, möglicherweise unter der Hinzufügung der aktuellen Bezeichnung, [um] die Route Mandevilles von Europa nach China nachzuvollziehen und seine ethnologischen Beobachtungen geographisch zu lokalisieren." (S. 221); Vgl. auch Leo Carruthers: The Well of the World's End. Real and Mythic Geography in Mandeville's Travels. In: Alicia Rodríguez Álvarez/ Francisco Alonso Almeida (Hgg.): Voices on the Past. Studies in Old and Middle English Language and Literature. A Coruña 2004, S. 193-203.
Schon Bennett, Rediscovery, ist davon überzeugt, Mandeville wäre bis in den Nahen Osten gereist (S. 54-68). Auch Christiane Deluz überlegt in ihrer Einleitung zur Edition der Insularen Version, Le Livre des Merveilles du Monde, dass Mandeville sich dort aufgehalten haben könnte: „S'il est évident qu'il n'a jamais visité ni la Perse, ni l'Inde, ni la Chine, ni les îles de l'océan Indien, pays pour lesquels il est entièrement dépendant de ses sources, [...] on ne saurait affirmer qu'il n'a pas été à Constantinople, en Egypte ou en Terre sainte. [...] Les mots arabes dont il a émaillé son texte [...] les a-t-il entendus sur place ou lus dans quelque ouvrage?" (S. 11); Berron, Bemerkungen zu übersetzten Namen in der Diemeringen-Version, bezieht sich auf diese These von Deluz (S. 221); Giles Milton: The Riddle and the Knight. In Search of John Mandeville, the World's Greatest Traveller. London 2001 (Erstausg. 1996), verfasst ein ganzes Buch, das als wissenschaftsjournalistischer Historien-Krimi aber eher unterhalten soll, zu der Frage, wer Mandeville war und ob er tatsächlich gereist ist: „*The Riddle and the Knight* investigates if Mandeville really made his voyage or whether his book The Travels was a work of imaginative fiction." (Klappentext).

und Begehren in den *Reisen* nachgehen, finden solche Zugänge Anwendung.[222] Die Aktualität dieser Ansätze zeigt sich auch in einem der neuesten Aufsätze zu den *Reisen*, in welchem Jean Jost Mandeville eine postkoloniale Reflexion der angeblich orientalistischen, reduktiven Polarisierung zwischen dem Orient und dem Okzident in der Tradition Edward Saids zuschreibt.[223] Josts Ar-

---

[222] Vgl. Margaret Bridges: Premodern as Postmodern? On the Preposterous Representation of Gender in Mandeville's Orient. In: Stefanie Brander/ Rainer J. Schweizer (Hgg.): Geschlechterdifferenz und Macht. Reflexion gesellschaftlicher Prozesse. Fribourg 2001, S. 303-319. Bridges fasst die *Reisen* als ein Textkorpus auf, „that claims to mediate knowledge of an empirically experienced Orient, in other words, a self-authenticating ethnographic corpus that embodies orientalism in its most basic sense." (S. 306) Gleichzeitig versteht sie Mandevilles ‚verkehrte' Art der Darstellung – seine „preposterous representation" – als „epistemological and discursive anticipations of what we have come to associate with postmodernism" (S. 305), jedoch ohne die jeweilige Darstellungsperspektive der von ihr angeführten Beispiele genauer zu berücksichtigen. Sie geht letztlich so weit, Mandeville als „feminist geographer *avant la lettre*" zu beschreiben (S. 314) und als Vorläufer der postmodernen Theorie: „it is disheartening to note that postmodern positions [...] were taken up so long ago to relatively little avail, reducing illusions of historical progress to the circularity of circumnavigation." (Ebd.); Charles Moseley: Mandeville and the Amazons In: Ernst Bremer/ Susanne Röhl (Hgg.): Jean de Mandeville in Europa. Neue Perspektiven in der Reiseliteraturforschung. Paderborn 2007, S. 67-77; Kim M. Phillips: Oriental Sexualities in European Representation, c.1245 - c.1500. In: Lisa Bailey u. a. (Hg.): Old Worlds, New Worlds. European Cultural Encounters, c.1000-c.1750. Turnhout 2009, S. 53-74; Lisa Lampert-Weissig: Medieval Literature and Postcolonial Studies. Edinburgh 2010, untersucht in ihrem Kapitel „A Global Vision: The Travels of Sir John Mandeville", S. 86-107, die Darstellung der Amazonen und der Juden, sowie deren gegenseitige Verbindung; Dinshaw, How Soon is Now, argumentiert vor dem Hintergrund der *postcolonial theory* für den orientalistischen Gehalt der *Reisen*: „Sir John's narrative is animated by post-Crusades geopolitical desire in which the Christian glories of the past will be manifest again, finally and triumphantly in the future; such desire itself draws on a spatiotemporal mix of distance and hope." (S. 82); Thomas Hahn: The Difference the Middle Ages Makes. Color and Race before the Modern World. In: Journal of Medieval and Early Modern Studies 31,1 (2001), S. 1-37; Linda Lomperis: Medieval Travel Writing and the Question of Race. In: Journal of Medieval and Early Modern Studies 31,1 (2001), S. 147-164.

[223] Jean E. Jost: The Exotic and Fabulous East in the Travels of Sir John Mandeville. Understated Authenticity. In: Albrecht Classen (Hg.): East Meets West in the Middle Ages and Early Modern Times. Transcultural Experiences in the Premodern World. Berlin/ Boston 2013, S. 575-594, hier S. 578. Vgl. außerdem Edward W. Said: Orientalism. London 2003 (Erstausg. 1978). Jost geht sogar so weit, Mandeville und Said zu parallelisieren und Mandeville eine bewusste Ablehnung imperialistischer Bestrebungen zu unterstellen: „Often the West [...] assumes a superior position, eventually encompassing nineteenth-century imperialism, which Mandeville centuries before wisely recognizes and rejects." (S. 578)

gumentation läuft aber letzten Endes darauf hinaus, die Einzelwahrnehmung eines Autorsubjekts zu rekonstruieren und Gründe für eine echte Reiseerfahrung „Mandevilles" zusammenzustellen, wodurch sie sich vom Reflexionsniveau der von ihr angeführten postkolonialistischen Diskurstheorie wieder deutlich entfernt.[224] Aus den *postcolonial* und den *postmodern studies* kommen also einerseits Erklärungsansätze, welche die *Reisen* als eine das Fremde unterdrückende oder assimilierende Repräsentation westlichen hegemonialen Denkens und als Wegbereiter des westlichen Orientalismus beschreiben.[225] Andererseits werden dort auch Deutungen vorgenommen, die in den *Reisen* schon postmoderne Denk- und Darstellungsstrukturen erkennen.[226] Nur wenige der Arbeiten aus dem theoretischen Blickwinkel des Postkolonialismus

---

[224]　Aufgrund der für sie unzureichenden Belege, dass Mandeville nicht gereist sei, aber ohne ihre Schlussfolgerungen selbst verifizieren zu können, hält Jost, The Exotic and Fabulous East, fest: „I contend that Mandeville did indeed: 1) experience certain firsthand travel to the East, based on his recording of intimate details and psychological insights; 2) observe extraordinary human behavior and reactions; 3) record astonishing natural and animal phenomena; 4) creatively fashion an elegant literary compilation of them all; and 5) supplement his fantastic tales with one or more geographically accurate *mappa mundi* and encyclopedic references from his library." (Ebd., S. 593). Damit gibt Jost lediglich den Forschungsstand und die Vermutungen Bennetts aus dem Jahr 1954 (vgl. oben Anm. 221) wieder.

[225]　So vor allem Andrew Fleck: Here, There, and In Between. Representing Difference in the Travels of Sir John Mandeville. In: Studies in Philology 97,4 (2000), S. 379-400: „Mandeville's *Travels* reveals the hegemonic impulse of pre-colonial Western Christianity." (S. 390); Lomperis, Medieval Travel Writing, begreift die *Reisen* als „a kind of Christian, colonialist fantasy." (S. 161) Für Fabienne L. Michelet: Reading and Writing the East in Mandeville's Travels. In: Andreas Speer/ Lydia Wegener (Hgg.): Wissen über Grenzen. Arabisches Wissen und lateinisches Mittelalter. Berlin 2006, S. 282-302, zeigt sich, unter Rückgriff auf Edward Said und Tzvetan Todorov, in den *Reisen* eine linguistische Unterdrückung des Fremden: „'Mandeville's Travels' is an early instance of [...] silencing: the text strives to impose a univocal meaning on the cultures and societies it describes." (301) Ähnlich geht Heng, Empire of Magic, in ihrer Lektüre der *Reisen* als „pleasure system", das sich durch das Oszillieren zwischen Fremdem und Eigenem ausbilde, von kolonialistischen Strukturen der Aneignung und Unterdrückung von Alterität aus: „Other than for the comfort and reassurance tendered, why do these self-reflexive intrusions occur, in which the Christian/European ‚I' punctually pops up in the midst of the utterly foreign? Beyond reading such moments as commonplace recuperations of otherness – the indelible prints of a colonizing impulse that domesticates all alterity by narcissistically reproducing oneself, and the image of one's culture, even while ostensibly speaking of otherness – can we detect another practice being explored by travel romance in encounters with alterity?" (S. 254).

[226]　Vgl. hierzu auch den diese theoretischen Ansätze reflektierenden Aufsatz von Paul Smethurst: The Journey from Modern to Postmodern in the Travels of Sir John Man-

befassen sich mit der Darstellung der verschiedenen fremden Religionen und ihren Ritualen.[227] Häufiger sind hingegen Untersuchungen zu den monotheistischen Religionen in den *Reisen* wie über den Islam und Mohammed – auch oft unter Einbezug von Edward Saids Orientalismus-Konzept;[228] oder aus der Perspektive der *jewish studies* zur Darstellung und Bewertung der Juden in den *Reisen*.[229]

Die mit Saids Orientalismus-Konzept und ähnlichen Theorien des Postkolonialismus argumentierenden Forschungsbeiträge problematisieren jedoch ihre Methode, eine Theorie, die auf der Geschichte des europäischen Kolonialismus im 18. und 19. Jahrhundert basiert, für die Analyse eines mittelalter-

---

deville and Marco Polo's Divisament dou Monde. In: Richard Utz/ Jesse G. Swan (Hgg.): Postmodern Medievalisms. Cambridge 2005, S. 159-180.

[227] Vgl. Kristin Brandser: Mandeville's Travels. A Medieval Stockpile of Representations. In: Bruce E. Brandt (Hg.): Proceedings of the Third Dakotas Conference on Earlier British Literature. Brookings, S. D. 1995, S. 25-34, die am Ende ihrer Untersuchung festhält: „[Mandeville's] image-making devices, his appeal to objectivity and his unilateral control of all discourse, can still be seen today in what Houston Baker refers to as ‚ethnography – a writing of the ‚Other' out of relationship to his or her native ground and into the sexual, commercial, voyeuristic fantasies of imperialism'." (S. 33). Mit Foucaults Konzepten der Transgression und des Diskurses und zudem stark rezeptionspsychologisch arbeitet Sebastian Sobecki: Mandeville's Thought of the Limit. The Discourse of Similarity and Difference in ‚The Travels of Sir John Mandeville'. In: The Review of English Studies 53, 211 (2002), S. 329-344.

[228] Vgl. zu Untersuchungen zum Islam bei Mandeville v. a. Frank Grady: ‚Machomete' and Mandeville's Travels. In: John Victor Tolan (Hg.): Medieval Christian Perceptions of Islam. A Book of Essays. New York 1996, S. 271-288; Suzanne Conklin Akbari: Idols in the East. European Representations of Islam and the Orient, 1100-1450. Ithaca, N.Y., 2009; Fleck, Here, There, and In Between, bes. S. 383, 391. Matthew Dimmock argumentiert nicht aus einem dezidiert postkolonialen Denksystem und als einer der wenigen für die Ambivalenzen in Mandevilles Darstellung Mohammeds und des Islam: Mandeville on Muhammad. Texts, Contexts and Influence. In: Ladan Niayesh (Hg.): A Knight's Legacy. Mandeville and Mandevillian Lore in Early Modern England. Manchester 2011, S. 92-107. Siehe auch grundlegend Eric John Morrall: Der Islam und Muhammad im späten Mittelalter. Beobachtungen zu Michel Velsers Mandeville-Übersetzung und Michael Christians Version der ‚Epistola ad Mahumetem' des Papst Pius II. In: Christoph Gerhardt u. a. (Hg.): Geschichtsbewußtsein in der deutschen Literatur des Mittelalters. Tübinger Colloquium 1983. Tübingen 1985, S. 147-161.

[229] Vgl. Braude, Mandeville's Jews among Others, der sich gegen die Applizierung von Saids Orientalismus-Konzept auf die *Reisen* ausspricht („had he [Said] read Mandeville he could not have written *Orientalism*." S. 135). Mit stärker historischem und überlieferungsgeschichtlichem Fokus arbeitet Kupfer, Hebrew Script.

lichen Textes anzuwenden, in den wenigsten Fällen.[230] Zudem ist ein analyti-
scher Mehrwert der Parallelisierung der *Reisen* mit Diskursen und Theoremen
der Postmoderne nur schwer ersichtlich. Man kann diesen Untersuchungen
einen impliziten Rechtfertigungsgestus unterstellen, mit welchem sie teleo-
logisch Vorläufer oder Vordenker ihres eigenen theoretischen Standpunktes
insinuieren. Gerade bei einem Text wie Mandevilles *Reisen* ist aber eine solch
ahistorische Herangehensweise, die seine soziokulturellen, diskurs- und wis-
sensgenerativen Entstehungsbedingungen ignoriert, sehr problematisch. Eine
Lektüre der *Reisen*, die beispielsweise damit argumentiert, dass Mandeville
den christlichen Eurozentrismus relativiere und sich der kulturellen Konstruiertheit und Definitionsmacht der eigenen Begrifflichkeit bewusst sei, diese
sogar dekonstruiere, wie sie Lochrie mit ihrem Konzept des „provincializing"
vornimmt,[231] ist kaum nachzuvollziehen. Insbesondere weil sich die *Reisen* aus
den Diskursen ihrer Zeit und aus dezidiert europäisch-christlich geprägten
Quellen speisen, und weil sie schlicht die Auffassung von der allumfassenden
Gültigkeit und Richtigkeit des christlichen Glaubens nicht in Frage stellen.

Nicht zuletzt argumentiert mit der Begründung der Ahistorizität auch
Stephen Greenblatt aus der Perspektive des *new historicism* gegen die Intention, die *Reisen* als eine Art postmodernen Text zu lesen, auch wenn er in der
Frage nach dem Literarischen durchaus Parallelen zu Texten der Postmoderne sieht.[232] Er wehrt sich zudem gegen eine Betrachtungsweise der *Reisen* als
literarisch-künstlerische Schöpfung, wie sie prominent von Bennett durch

---

[230]   Eine Ausnahme ist Akbari, Idols in the East, die sich ausführlich mit einer der mittelalterlichen Kultur und ihren Vorstellungen angepassten Theorie des „medieval Orientalism" beschäftigt (vgl. v. a. S. 1-19).

[231]   Vgl. Karma Lochrie: Provincializing Medieval Europe. Mandeville's Cosmopolitan Utopia. In: PMLA 124,2 (2009), S. 592-599. Sie beschreibt mit ihrem von Dipesh Chakrabarty
entlehnten Konzept des ‚provincializing' und ihrer Interpretation, Mandeville
provinzialisiere das christliche Europa, Mandeville als eine Art frühen postmodernen
Dekonstruktivisten (s. bes. S. 596).

[232]   Greenblatt, Wunderbare Besitztümer, S. 242, Anm. 64: „Zwischen alternativen Wirklichkeiten auf der einen [Mandeville] und erfundenen Symbolsystemen auf der anderen
Seite [Postmoderne] besteht ein wesentlicher Unterschied – nämlich sechshundert Jahre komplexe Kulturarbeit –, den einzuebnen mein Interesse nicht sein kann. Mein Ziel
ist nicht, *Mandevilles Reisen* postmodern, sondern es fremd wirken zu lassen." Bridges,
Premodern as Postmodern, wiederum berücksichtigt diese zeitliche Differenzierung
nicht, obwohl sie sich in ihren Überlegungen über die von ihr festgestellte Instabilität
von Mandevilles Subjektposition auf Greenblatt stützt: „Greenblatt's passing comment
on the affinity between Mandeville and ‚post-modern artists bent on dismantling stable
structures of literary identity and meaning' [...] is the true forerunner of these reflexi-
ons." (S. 317, Anm. 21).

die Betonung der „literary qualities" und die Bezeichnung der *Reisen* als „romance of travel"[233] vertreten wurde. Denn dies würde Greenblatt zufolge die Annahme eines bewussten, von einem Autorsubjekt intendierten, geniehaften Kunstgriffes bedeuten und somit eine Vorstellung von ‚Kunst' an den Text herantragen, die dem 14. Jahrhundert fern lag.[234] Die Kategorie des Literarischen tritt bei Greenblatt hinter der Fiktivität sowohl des Berichteten als auch des Autors ‚Mandeville' zurück, womit er die Illusion eines schöpferischen, ‚realen' Subjekts hinter dem Text zerstört: „Mandeville [...] ist vollkommen leer; sein Name ist eine Textchimäre, die lediglich auf das Fehlen eines echten Reisenden verweist, und dieser Mangel soll nun dazu mißbraucht werden, uns an einen anonymen Künstler glauben zu lassen."[235] Diese elegant vorgenommene Abschaffung des Autors ‚Mandeville', einer Intentionalität und Originalität ist insofern von Bedeutung, als die Forschungsliteratur größtenteils ihre jeweiligen Argumente an einem Autorsubjekt festmacht, dessen Intentionen, Einstellungen und Gefühle teilweise sehr genau beschrieben werden.

Insgesamt stellt sich bei einem nicht unwesentlichen Teil der Mandeville-Forschung (insbesondere der älteren und der realhistorisch ausgerichteten Forschung sowie in Arbeiten aus den *postcolonial studies*) als problematisch heraus, dass sie in der Mehrzahl ahistorisch arbeiten, die Fingiertheit der Begegnung mit dem Fremden sowie die Möglichkeiten der erzählerischen Dar-

---

[233] Bennett, Rediscovery, S. 5 und bspw. S. 53: „Mandeville is neither a plagiarist nor a ‚forger,' but the creator of a romance of travel, a field in which he holds his place with the best."

[234] Greenblatt, Wunderbare Besitztümer, wendet sich dezidiert gegen die von Bennett, Moseley und Campbell vertretene These, „die Figur Mandevilles sei von einem bedeutenden literarischen Künstler geschaffen worden" (S. 57): „Aber obschon ich selbst im Kielwasser dieses neuesten Deutungsansatzes segle, halte ich diesen Versuch einer Ehrenrettung des Texts durch Heraufbeschwören der Kunst für eine irreführende Sentimentalität. Irreführend, weil er das Werk von seinen Wahrheitsansprüchen und von seiner Rezeptionsgeschichte abspaltet, die sich auf das gläubige Vertrauen der Leser gründete und nicht, wie bei erklärtermaßen fiktiven Texten, auf ein freiwilliges Aussetzen des Zweifels. Sentimental, weil er ausgerechnet dort die uns Modernen so vertrauten Vorstellungen von Intentionalität und Originalität am Werk sieht, wo sie am stärksten in Frage gestellt werden." (S. 57f.)

[235] Greenblatt, Wunderbare Besitztümer, S. 58. Weiter argumentiert er, dass der Name ‚Mandeville' im Text als sprachliches Zeichen zu verstehen sei, das auf eine historische Wirklichkeit und einen Körper zu verweisen vorgibt, tatsächlich aber wiederum nur auf andere Zeichen verweist: „Und wenn die Sprache in diesem, wie in so vielen Fällen täuscht, so ist sie doch auch in diesem Fall nicht völlig leer. Denn sie verweist hier nicht auf die materielle Existenz als solche, sondern auf eine Zirkulation von Zeichen, die der materiellen Existenz Bedeutung, Resonanz, Verständlichkeit verleiht." (S. 61)

stellung ignorieren und oft zu wenig die Heterogenität der *Reisen*, ihren Variantenreichtum in der Überlieferung, die Ambivalenzen der Aussagen sowie die Abwesenheit einer Psyche des ‚Autors' im Text berücksichtigen. Zudem wird den *Reisen* gerne eine vereinheitlichte Gesamtaussage abgerungen, die Ausdruck einer bestimmten Intentionalität des Autorsubjekts sein soll.[236] Der größte Teil dieser Generalisierungen läuft auf das Argument der Toleranz und des Respekts ‚Mandevilles' im Umgang mit den fremden Völkern und Religionen hinaus.

Im Folgenden sollen nun die Debatte um die vermeintliche Toleranz ‚Mandevilles' sowie die neuere Gegenposition dazu, die Annahme der Intoleranz, aufgegriffen und die wichtigsten Positionen der Forschung dazu besprochen werden. Die Aufnahme dieser Debatte in die vorliegende Arbeit begründet sich nicht nur dadurch, dass die Mandeville-Forschung stark von ihr geprägt ist, sondern auch durch die in ihr prominent verwendete Thematik des fremden Religiösen. Die eingehendere Besprechung verfolgt das Ziel, erstens die Problematik und die Widersprüchlichkeiten der jeweiligen Argumente aufzuzeigen und zweitens die Verwendung des Konzepts der Toleranz für einen Text wie die *Reisen* prinzipiell in Frage zu stellen.

---

[236] So läuft beispielsweise die Argumentation von Camargo, Geography of Identity, gerade darauf hinaus, die Ambivalenzen des Textes zu glätten: „The same freedom that allowed the author to construct a convincing narrative voice also allowed him to shape his eclectic and derivative materials so that, despite the clutter and occasional diffuseness at the surface level, the resulting narrative as a whole exhibits a thematic and structural clarity and coherence that I would argue are among the most important reasons for its enduring authority." (S. 68).

2. Die Toleranz-/ Intoleranz-Debatte

2.1 Die Übernahme des Toleranz-Topos aus der älteren Forschung

Als Wegbereiter der auf die Toleranz des Autors/Erzählers ausgerichteten Interpretation der *Reisen* können Josephine Bennett und Donald Howard gesehen werden. Bennett spricht in ihrer Untersuchung, die sich nicht nur mit dem Autor, den Quellen und der Überlieferung der *Reisen* beschäftigt, sondern auch die erste Gesamtinterpretation anstellt, mehrmals von der Toleranz und dem Respekt Mandevilles als Autor und Erzähler gleichermaßen, gegenüber dem Fremden, insbesondere gegenüber den Heiden:

> It is much easier to believe that the personality stamped upon the book is the author's own; that he projected himself into his work (no mean literary feat), and that he actually was the modest, reasonable, and tolerant man, the man of culture and wide reading, which he represents himself to be. [...] [He is] free from intolerance and narrow orthodoxy. He is gentle and charitable toward the strange beliefs of the heathen, and even toward the ‚heretics,‘ i.e., the Greeks, Nestorians, and other non-Roman Christian sects of whom he writes. He treats all that he reports with the respect due to God's handiwork, and the humility of a modest observer who does not pretend to understand the ways of God.[237]

Problematisch bei Bennett ist freilich nicht nur die unreflektierte Gleichsetzung von Autor und Erzähler, sondern auch, dass sie die Cotton-Version als eine „very faithful and literal translation"[238] des Autortextes begreift und ihre Lektüre in Bezug auf die Gesamtüberlieferung der *Reisen* verallgemeinert. Außerdem bietet sie keine profunden Textbeobachtungen, was sich allein schon daran zeigt, dass sie kaum Textbeispiele anführt. Weiter hält Bennett fest – und mit diesem Urteil beeinflusste sie die nachfolgende Forschung wesentlich:

> The book is not a plea for missionaries, any more than it is a plea for crusade. [...] His is a larger view of the infinite mercy and wisdom of God. [...] It is, moreover, a very moral book, not because it preaches morality, but it is the expression of a gentle and charitable mind – a mind free from prejudice and malice, and open with the natural gaiety of such freedom.[239]

Auch Howard plädiert für die Toleranz und Offenheit des Autors und steht damit Bennett sehr nahe, ohne jedoch direkt auf sie zu referieren: „This world

---

[237] Bennett, Rediscovery, S. 5.
[238] Ebd., S. 6.
[239] Ebd., S. 74.

is the product of a thoughtful mind; the author reveals himself as curious, tentative, sceptical, prepared to entertain strange ideas or customs and question familiar ones."[240] Und weiter: „His objectivity and tolerance, even to infidels, remain exemplary. Far from excoriating their errors, he seems altogether optimistic about their closeness to the truth."[241] Worauf Howard diese Annahme stützt, bleibt allerdings rätselhaft, denn an keiner Stelle erklärt der Erzähler Mandeville, die Heiden, die Ungläubigen oder Andersgläubigen seien schon sehr nahe an der (einzigen, christlichen) Wahrheit.

Die von Bennett und Howard prominent an die *Reisen* und den Autor Mandeville herangetragenen Begriffe und Ideen sind folgende: moralische Integrität, die frei ist von Vorurteilen, Respekt, Unvoreingenommenheit, Sanftmut, Offenheit sowie *curiositas* und Toleranz. Diese Begrifflichkeit hat sich in der Forschung bis heute fortgeschrieben. So fällt beispielsweise auf, dass allein schon Bennetts psychologisierende Charakterisierung Mandevilles als „gentle" und „modest" von Grady („[the *Travels*'] gentle, humane, ironic way") und Seymour („[Mandevilles] fictional character, gentle and pious and modest") reproduziert wird.[242] Ebenso wird die Beschreibung Mandevilles als ‚respektvoll' und ‚aufrichtig' gegenüber den von ihm beschriebenen fremden Kulturen und Glaubensformen von Deluz, Braude und Moseley wieder aufgegriffen.[243]

---

[240]   Donald R. Howard: The World of Mandeville's Travels. In: Yearbook of English Studies 1 (1971), S. 1-17, hier S. 1.

[241]   Ebd., S. 7, und ders., Writers and Pilgrims, S. 67.

[242]   Frank Grady: Representing Righteous Heathens in Late Medieval England. New York 2005, S. 47; Michael C. Seymour: More Thoughts on Mandeville. In: Ernst Bremer/ Susanne Röhl (Hgg.): Jean de Mandeville in Europa. Neue Perspektiven in der Reiseliteraturforschung. Paderborn 2007, S. 19-30, hier S. 27, und ähnlich: „the pious and gentle English knight" (S. 26).

[243]   Vgl. Deluz, Le Livre de Jehan de Mandeville: „Un premier aspect de l'idéalisation de l'ailleurs est en effet le respect avec lequel il est parlé de ceux qui sont hors de la Chrétienté d'Occident." (S. 245) Weiter präzisiert sie: „C'est avec un égal respect que le chevalier anglais traite des „idolâtres" qui peuplent [...] l'Asie et les îles." (S. 249); Scott Westrem: Two Routes to Pleasant Instruction in Late-Fourteenth Century Literature. In: David G. Allen/ Robert A. White (Hgg.): The Work of Dissimilitude. Essays from the Sixth Citadel Conference on Medieval and Renaissance Literature. Newark 1992, S. 67-80, sieht Mandevilles Respekt und Toleranz schon zu Beginn der *Reisen* in der „fair-minded description of Greek, Syrian, and Armenian Christians" sowie in der Darstellung des Islam und Mohammeds: „Mandeville's temperate account of Islam includes a respectful biography of Muhammad" (S. 71). Auch Braude, Mandeville's Jews among Others, macht die respektvolle Haltung besonders für Mandevilles Umgang mit dem Islam geltend: „Mandeville treats his enemy with respect and a degree of understanding, remarkable for his age." (S. 138); ebenso Moseley, Mandeville and the Amazons: „the book [...] suggests a

Camargo stellt, wie vor ihm Howard, die vermeintliche Objektivität des neugierigen Beobachters heraus.[244] Ganz aktuell konstatiert Jost: „the style Mandeville chooses is highly detached, equally objective and unemotional, with no hint of criticism despite the unusual content."[245] Und Heng fühlt sich durch die auch von ihr festgestellte Objektivität hinter der subjektiven Autorität des inszenierten Augenzeugen sogar an die moderne Ethnographie erinnert:

> Within its own mélange of fact and fantasy, the *Travel*'s pairing of the authority of subjective experience with the goals of objective description in observation is successful to a surprising degree, given the vintage of this text that precedes modern ethnography by half a millenium.[246]

Die Befürwortung der Toleranz kann so weit gehen, dass diese als zentrale Moral des Textes beschrieben wird. So kommt Sobecki anhand von Mandevilles Rede über die Liebe Gottes zu seiner Schöpfung, die sich jedoch nicht in allen Versionen der *Reisen* findet, zum Schluss:

> This passionate vision of an all-permeating Divinity points to the central *episteme* of *The Travels*, *curiositas*, most forcibly articulated in the search for similarity on the grounds of a shared creation. Mandeville is looking for a central morality to make it the basis for his tolerance.[247]

In einer anderen Variante der Toleranzbehauptung wird Mandeville eine ‚humanitäre' Haltung attestiert und die These vertreten, die wiederum auf Ben-

---

     serious and respectful attitude to Islam and other creeds and beliefs, however strange they may seem." (S. 68).

[244] Vgl. Camargo, Geography of Identity, S. 68. Er bezeichnet Mandeville als „objective, curious, and tolerant".

[245] Jost, The Exotic and Fabulous East, S. 577.

[246] Heng, Empire of Magic, S. 298.

[247] Sobecki, Mandeville's Thought of the Limit, S. 340. Sobecki verweist an dieser Stelle auf die Rede Mandevilles nach der Darstellung der Gymnosophisten im Cotton- und Egerton-Text. Die Stelle kommt zwar auch im Paris-Text von 1371 vor (Ed. Letts, S. 400) jedoch nicht in den deutschen Übersetzungen. Ähnlich wie Howard vollzieht Sobecki hier eine nicht unproblematische Gleichsetzung von *curiositas* und Toleranz. Es gilt zu berücksichtigen, dass *curiositas* als allgemeines Erkenntnisinteresse, als „Verlangen, die verborgene Gesetzlichkeit der Welt aufzudecken" oder als Lust am Wunderbaren und Fremden erstens nicht automatisch mit einer das Fremde respektierenden und tolerierenden Haltung einhergeht und zweitens als Konzept für einen Text wie die *Reisen*, die ja keine authentische Erfahrung vermitteln, nur unter Vorbehalt angewendet werden kann. Vgl. zur *curiositas* Klaus Krüger: Einleitung. In: Ders. (Hg.): Curiositas. Welterfahrung und ästhetische Neugierde in Mittelalter und früher Neuzeit. Göttingen 2002, S. 7-18, Zit. S. 9.

nett zurückgeht,[248] Mandeville humanisiere die fremden Kulturen des Ostens. So ist auch Campbell, die stark komparatistisch arbeitet, überzeugt: „‚Mandeville' [...] manages for the first time to humanize the cultures he describes and to depict what he calls ‚that other half' as belonging to the same Nature as ‚our own.'"[249]

Es ist leicht feststellbar, dass die Thesen für die Toleranz ‚Mandevilles' argumentativ oftmals unpräzise und nicht am Text oder an den verschiedenen Texten verifizierbar sind. Von der älteren bis in die neuere Mandeville-Forschung zeigt sich die Tendenz, Einzelaussagen eines Einzeltextes der *Reisen* zu verallgemeinern und ihrer jeweiligen These widersprechende Passagen und damit die Pluralität der Aussagen zu ignorieren. Gerade die von Campbell vorgebrachte Idee der Vermenschlichung des Fremden muss jedoch an der Darstellung der monströsen Völker scheitern, die in den *Reisen* in all ihrer körperlichen und sozialen Fremdheit und Hybridität regelrecht zur Schau gestellt werden. Selbst Episoden aus dem ersten Teil der *Reisen* widersprechen Campbells Vorstellung einer „world he [Mandeville] insists is round and human, where God is present ‚in alle places'."[250] Zu nennen wäre hier etwa die diffamierende Beschreibung von unkultivierten, nomadischen Arabern auf dem Sinai: Diese bauen kein Korn an, braten ihr Fleisch an der Sonne und achten ihr Leben gering, sodass sie als Volk, das mit dem Teufel im Bunde ist, beschrieben werden (Vhs., 44).[251] Campbell verbindet ihre Schlüsse mit historisch erst viel später aufkommenden Ideen wie der der Humanität. Dass sie dadurch die *Reisen* aus ihrem Entstehungskontext löst, zeigt sich auch daran, wie sie den Autor ‚Mandeville' als Ausnahmeerscheinung herausstellt: „Mandeville the artist was indeed ‚ahead of his time'".[252]

---

[248] Bennett, Rediscovery, unterstellte Mandeville als erste eine humanisierende Sicht auf die fremden Religionen: „[Mandeville] recognizes that these people of strange lands are human beings like himself. His attempts to understand them gives his narrative the human interest which vitalizes it and makes his imaginary travel more real [...]" (S. 33).

[249] Campbell, The Witness and the Other World, S. 9. Campbell zufolge zeichne sich Mandevilles Bericht zudem durch eine „humane rhetoric" (S. 10) aus und der Erzähler durch „far more humanity", Toleranz und Verständnis als Odorico von Pordenone (S. 155). Ähnlicher Auffassung ist auch Heng, Empire of Magic: „By conveying tolerance of variety, moreover, including variety in faith, ‚Mandeville's' observational position is established as nonrigid and humane" (S. 300).

[250] Campbell, The Witness and the Other World, S. 148.

[251] Auch die sogenannte Totenkopflegende, eine Erzählung über die Zeugung eines Monsterkindes in Satterea (Adalia) auf dem Zypern gegenüberliegenden Festland (Vhs., 18), passt nicht in das von Campbell entworfene Bild einer gänzlich humanisierten Welt.

[252] Campbell, The Witness and the Other World, S. 161.

2.2 Toleranz und Intoleranz in den *postmodern* und den *postcolonial studies*

Das Problem der Enthistorisierung und der Dekontextualisierung des Textes aus seinem Entstehungsrahmen stellt sich, wie schon besprochen wurde, besonders bei den Forschungsbeiträgen aus den *postcolonial* und den *post-modern studies*. So ist es denn auch nicht verwunderlich, dass gerade Unter-suchungen aus diesen stark theoretisierenden Forschungsfeldern, die haupt-sächlich dem englischen Sprachraum entstammen und sich dementsprechend mit den englischen Versionen der *Reisen* befassen, die These der Toleranz aus der früheren Mandeville-Forschung aufgreifen und sie im Rahmen ihrer Argu-mentation weiterentwickeln. In diesen neueren Arbeiten, die sich vor allem an den Prämissen postkolonialer Theorien orientieren, wird mit einer gewissen Vehemenz aber auch die gegensätzliche These von der Intoleranz ‚Mande-villes' vertreten.

Die Befürworter der Toleranz-These aus den *postmodern studies* begrün-den die These oft mit einem postmodernen Pluralismuskonzept und der Idee eines Kulturrelativismus, der sich in den *Reisen* zeige. So versteht beispiels-weise Heng die erzählerische Intention der *Reisen* als „a dynamic embrace of plurality and heterogeneity that stands in pronounced contrast to the persecu-tions of heretical opinions and movements within late medieval Latin Chris-tian Europe itself."[253] Auch Salih stellt sich deutlich gegen die auf den postko-lonialen Theorien aufbauende Annahme eines frühen kolonialistischen und orientalistischen, also das Fremde unterdrückenden Diskurses. Sie erklärt, dass Mandeville den Fremden schließlich eine Stimme verleihe: „If colonial-ist discourse forces subjected peoples into ‚discursive abjection', Mandeville reverses Odoric's assumption of Christian supremacy by giving his pagans a voice – a fictive voice, but a voice nevertheless."[254] Lochrie versucht aus ähnli-cher Perspektive sogar, wie weiter oben schon angesprochen wurde, mit dem Konzept des „*provincializing*" Mandeville als Kritiker des Eurozentrismus und als eine Art postmodernen Dekonstruktivisten und Befürworter kultureller Differenzen zu zeichnen: „Mandeville's paean to difference is more than an expression of tolerance: it is an insistence on the provincialism of European knowledge, Christianity, and cultural achievement."[255] Wie diese Ausführun-gen zeigen, lässt sich die Argumentation für die Toleranz ‚Mandevilles' kaum mit der Idee eines vorkolonialistischen Orientalismus zusammenbringen,

---

[253] Vgl. z. B. Heng, Empire of Magic, S. 268f.
[254] Salih, Idols and Simulacra, S. 120.
[255] Lochrie, Provincializing Medieval Europe, S. 596.

vielmehr müsste sie schon eine Überwindung desselben bedeuten. Innerhalb der *postmodern studies* wird die Toleranz-These somit meist mit der Erklärung versehen, die *Reisen* wären ihrer Zeit weit voraus und sogar eine Art postmoderner Text.[256]

Demgegenüber orientiert sich die Argumentation für die Intoleranz 'Mandevilles' stark an den Prämissen postkolonialer Theorien wie Saids Orientalismus und Tzvetan Todorovs Assimilationismus.[257] Als wichtigste Vertreter der Intoleranz-These erkennen Fleck, Lomperis und Michelet in den *Reisen* hegemoniale Ansprüche und eine vorkolonialistische, orientalistische Rhetorik, über welche Alterität nivelliert und dem Fremden kein eigener Raum zugestanden werde.[258] Sie argumentieren für die Aneignung (*appropriation*), die linguistische Assimilierung (*assimilation*) und Verstummung (*silencing*)

---

[256]   Dies stellt auch Smethurst, The Journey from Modern to Postmodern, heraus: „The muddle-headed tolerance that Mandeville shows towards the East and non-Christians does not fit well with colonialist thinking." (S. 160). Smethurst erklärt, dass Mandeville die binären Oppositionen, die das Denken der Moderne so sehr beeinflussten, durchbreche und mit ihnen spiele, und dass er dadurch dem postmodernen Denken sehr nahestehe: „The heterogeneous nature of the text, its questionable authorship, its geographical inconsistencies, and the fact that it cannot easily be classified as travel writing, prose fiction, or romance, give to it the quality of a postmodern text." (S. 161). Dass die von Smethurst angeführten Kennzeichen für mittelalterliche Texte jedoch nicht ungewöhnlich, sondern meist sogar die Regel sind, scheint für ihn weniger interessant zu sein als darüber Verbindungen zur postmodernen Literatur zu ziehen und den Mandeville-Text damit seinem historischen Entstehungskontext zu entheben.

[257]   Vgl. Tzvetan Todorov: Die Eroberung Amerikas. Das Problem des Anderen. Aus dem Französischen von Wilfried Böhringer. Frankfurt am Main 1985.

[258]   Auch in einer neueren Dissertationsschrift zu Mandevilles Intoleranz arbeitet der Verfasser Patterson die Thesen sowohl der Toleranz- als auch der Intoleranz-Vertreter weiter aus und führt sie – wenig überzeugend – in der Annahme von Mandevilles „intolerant universalist agenda" zusammen, mit der er Mandeville wiederum christlich-hegemoniale Motive zuschreibt. Vgl. Robert Patterson: Mandeville's Intolerance. The Contest for Souls and Sacred Sites in The Travels of Sir John Mandeville. Dissertation 2009, Washington University in St. Louis, hier S. 11. Er führt dazu in seiner Einleitung weiter aus: „Essentially, the text remakes all peoples into proto-Christians (people who uphold Christian values despite not having officially converted) who stand as evidence of Christian hegemony, but the erasure and rewriting of their histories, faiths, and identities is a form of violence that is far from tolerant. The Mandeville-author's treatment of Saracens, Tartars, and other pagans may seem generous, but his motives have little to do with respecting others. Instead, he is interested in a vision of the world in which others' differences are violently swept away under Christian hegemony." (S. 8f.) Pattersons Ansatz ist allein deshalb schon problematisch, weil er von einer Stabilität des Glaubens, der Geschichte und Identität der fremden Völker außerhalb der Fiktion des Reiseberichts ausgeht, ohne diese von ihm selbst generierte Konstruktion weiter auszuführen und da-

des Fremden durch den christlich-europäisch geprägten Autor/Erzähler, der keine Alternative zur christlichen Wahrheit zulasse.[259] Fleck setzt sich von der Toleranz-Behauptung der Forschung ab und erklärt:

> [M]uch scholarship on the *Travels* [...] focuses on the supposed relativism and religious toleration Mandeville seems to express in his representation of different religious cultures. [...] But while some critics see Mandeville as a relativist, this English knight is not exactly tolerant of non-Christians. He deems their system of belief imperfect and in need of being brought into accord with Western Christian tenets.[260]

Doch stellt sich hier schon die Frage, ob Flecks Textbeobachtung, dass ‚Mandeville' andere Glaubenssysteme als unvollkommen beschreibt, beziehungsweise „verdammt", überhaupt mit dem Gegenbegriff zur Toleranz, der Intoleranz, treffend bezeichnet ist.

Michelet beendet ihre Untersuchung über die Motive des Lesens und Schreibens in den *Reisen* mit der Bemerkung, dass Mandevilles scheinbar toleranter Bericht immer darauf hinauslaufe, Alterität zu annihilieren, weil er das Fremde nie eigenständig zu Wort kommen lasse: „Our tireless traveller fails to encounter and to enter in a dialogue with the foreign."[261] Wie oben schon angeführt wurde, argumentieren demgegenüber die Toleranz-Befürworter, dass ‚Mandeville' die Fremden nicht in eine diskursive Unterwürfigkeit zwinge, sondern ihnen eine Stimme gebe, das Fremde selbst zu Wort kommen lasse und diesem dadurch einen Teil seiner Fremdheit nehme. Daran wird deutlich, dass aus denselben Texten gänzlich gegensätzliche Thesen abgeleitet werden können, wie hier die Verstummung gegenüber der Anerkennung des Fremden, und die *Reisen* von Teilen der Forschung schnell auf das eine oder andere Extrem festgelegt werden.

---

mit nachvollziehbar zu machen, woher seine Annahme einer ‚eigentlichen' Identität der fremden Völker stammt.

[259] Vgl. Fleck, Here, There, and In Between: „Mandeville's hegemonic impulse – the desire to convert the rest of the world to the univocal truth – prepares the way for the imperial appropriation of cultures and peoples inaugurated a century later by Columbus and refined throughout the early modern period." (S. 400); Michelet, Reading and Writing the East: „,Mandeville's Travels' is an early instance of this silencing: the text strives to impose a univocal meaning on the cultures and societies it describes." (S. 301)

[260] Fleck, Here, There, and In Between, S. 389.

[261] Michelet, Reading and Writing the East, S. 302. Michelet richtet sich in ihrer Analyse auch auf Mandevilles ‚Lektüre' der Welt und meint damit den „deciphering and (re-)constructing process in which the explorer engages when encountering foreign cultures." (S. 285) Ihre Begrifflichkeit des *explorers* und des *encounters* mit *foreign cultures* deutet kaum auf ein Bewusstsein für den kompilierten Text und die fingierte Begegnung mit den ‚fremden Kulturen' hin.

Die Problematiken, die sich hinter diesen divergierenden Thesen verbergen, sind im Prinzip jedoch dieselben. Feststellbar ist bei den Vertretern beider Richtungen nicht nur eine fehlende Differenzierung zwischen Autor, Erzähler, Text und Einzeltextmanifestation, sondern auch die Vorstellung einer irgendwie authentischen Begegnung mit dem Fremden. So verkennt beispielsweise Michelet mit ihrer Annahme einer „actual experience of the traveler"[262] den fiktionalen Charakter des Reiseberichts, der freilich nie einen ‚echten' Dialog mit dem Fremden wiedergeben kann. Besonders deutlich zeigt sich auch bei der auf die Toleranz hinauslaufende These, Mandeville humanisiere die fremden Kulturen des Ostens, dass deren Befürworter im Grunde mit dem selben Prinzip argumentieren wie die Befürworter der Intoleranz: Und zwar damit, dass Mandeville kulturelle Alterität nivelliere – entweder indem er das Fremde humanisiert, vermenschlicht und damit nicht mehr von seinem eigenen Mensch-Sein unterscheidet (‚Toleranz'), oder, indem er sich das Fremde aneignet und es an die christlich-europäische Normativität assimiliert (‚Intoleranz'). Gemäß diesen beiden Positionen wäre Mandeville also entweder ein früher Humanist oder gar Aufklärer, oder aber ein präkolonialer Orientalist.

Die Widersprüche in der Forschung resultieren somit hauptsächlich aus der unterschiedlichen Auffassung des Status der in den *Reisen* zur Darstellung gebrachten Alterität und aus der damit zusammenhängenden Bewertung der Fiktionalität des Textes.[263] Grundsätzlich stellt sich die Frage, ob überhaupt ein mittelalterlicher und stark christlich-europäisch geprägter Text wie Mandevilles *Reisen* Alterität überwinden, beziehungsweise aufheben kann, oder ob die Unterscheidung zwischen Christ und Nicht-Christ mit all ihren Implikationen einem solchen Text nicht immer inhärent sein muss. Denn die Begründung von Mandevilles Toleranz oder Intoleranz konstituiert sich vor allem über ein von der Konfessionalisierung und der Säkularisierung, vom Humanismus und insbesondere der Aufklärung geprägtes Denken – kurz: ein modernes Denken –, das mit der Anerkennung der Andersheit des Anderen die eigene Position und die eigene Wahrheit zu relativieren bereit ist. Die Verwendung der Begrifflichkeit der Toleranz setzt letztlich gesellschaftliche und ideologische Entwicklungen voraus, die sich erst in der Neuzeit und der Moderne ausbildeten. Es ist stark davon auszugehen, dass die Frage nach der Toleranz, so,

---

[262] Michelet, Reading and Writing the East, S. 287.

[263] Vgl. zur Diskursivierung des Fremden in Texten des Mittelalters grundsätzlich Marina Münkler/ Werner Röcke: Der ordo-Gedanke und die Hermeneutik der Fremde im Mittelalter. Die Auseinandersetzung mit den monströsen Völkern des Erdrandes. In: Herfried Münkler (Hg.): Die Herausforderung durch das Fremde. Berlin 1998, S. 701-766, und Münkler, Erfahrung des Fremden, bes. S. 147-154.

wie sie von der Mandeville-Forschung an die *Reisen* herangetragen wird, nicht
so sehr eine religiöse als vielmehr eine sozial-ethische Frage ist, die sich in der
Vormoderne so noch gar nicht stellt.

3. Exkurs mit Textbeispielen: Toleranz in der Diemeringen-Version?

In den wenigen Forschungsbeiträgen, die sich mit den deutschen Bearbeitun-
gen der *Reisen* befassen, findet die Toleranz-/Intoleranz-Debatte keine große
Beachtung. Dies mag jedoch in erster Linie daran liegen, dass sich ebendiese
Beiträge nicht näher mit der Darstellung der fremden Kulturen und Religionen
beschäftigen. Einzig Ridder greift in seiner Untersuchung der Diemeringen-
Überlieferung die Toleranz-These auf:

> Diese Unvoreingenommenheit des Autors, die durch den Begriff der Toleranz nicht über-
> zeichnet wird, kennzeichnet insgesamt seine Ausführungen zu den zahlreichen exoti-
> schen Glaubensformen, religiösen Riten und Gebräuchen. Weniger Zeitkritik als der
> Nachweis des Verbindenden steht hier im Vordergrund; dies wird durch die Vorstellung
> eines ‚Gottes der Natur', einer natürlichen Vernunft, die auch den – aus westlicher Sicht
> – fremdartigsten und abstoßendsten Glaubensformen eigen ist, symbolisiert.[264]

Ridder zufolge zeige sich gerade in der Darstellung der „Naturreligionen" auch
eine gewisse Objektivität Mandevilles: „[E]in besonderer Akzent liegt auf den
einem westlichen Reisenden exotisch, abscheulich und unsinnig anmutenden
Glaubensformen der ‚Naturvölker', die er [Mandeville] in einer modern anmutenden ‚ethnographisch'-distanzierten Sprache vermittelt."[265] Was die Spezifik
der Übersetzung Diemeringens angeht, führt Ridder lediglich die Kürzungen und
Streichungen bestimmter Textstellen an. Nur bei der Darstellung des Islam sieht
er noch immer große Nähen zum französischen Mandeville-Text.[266] Die nicht
unwesentlichen Änderungen, die Diemeringen beispielsweise in der Erzählung
vom Aufstieg Mohammeds einbringt, scheinen Ridder nicht aufzufallen. Zwar
beschreibt er – um die Übersetzungstechnik Diemeringens nachzuzeichnen
– wenige Änderungen, er tut dies aber lediglich unter syntaktischen Gesichts-
punkten, während er die inhaltlichen Auswirkungen nicht weiter verfolgt.[267] Für

---

[264] Ridder, Studien zur Überlieferungsgeschichte, S. 19.

[265] Ebd., S. 244.

[266] Es „läßt sich in dem hier [bei Diemeringen] sichtbar werdenden Islambild keine Distanz
        zu traditionellen Urteilen und Einstellungen und auch nicht zur relativierenden Position
        Mandevilles feststellen" (ebd., S. 246).

[267] Vgl. ebd., S. 254-256. Zu Diemeringens Ausgestaltung des Anfangs der Geschichte Moham-
        meds bemerkt Ridder lediglich: „Die inhaltliche Ausgestaltung der Vorlage – noch dazu in

Ridder liegen also keine großen Abweichungen des Diemeringen-Textes von dem französischen Mandeville-Text vor, was die Bewertung und Haltung gegenüber den fremden Religionen angeht. Da ihm zufolge die „Unvoreingenommenheit" Mandevilles durch die Tendenz Diemeringens, „den vom Autor gebotenen Stoff zu systematisieren", kaum beeinträchtigt werde, stelle sich auch in dessen Text „der Eindruck einer sachlichen Distanz des Übersetzers ein."[268]

Die vorliegende Arbeit argumentiert hingegen, dass sich gerade in Diemeringens Übersetzung der *Reisen* keine relativierende Sicht auf die fremden Riten und Bräuche zeigt und dass der Frühdruck, ähnlich wie in der Velser-Version, die Tendenzen der handschriftlichen Überlieferung noch verstärkt. Über Diemeringens Systematisierungsbestrebungen werden in seiner Übersetzung die römisch-theologischen Implikationen sowie die Abgrenzungen zwischen dem Christlichen und dem Heidnischen sogar besonders hervorgehoben, was sich vor allem im Vergleich mit der Velser-Übersetzung feststellen lässt.[269] Anhand einiger Beispiele, die sich so nur in der Diemeringen-Version finden, kann im Gegensatz zu Ridders Position aufgezeigt werden, dass die Version Diemeringens erstens eigene, von den anderen Versionen abweichende Abgrenzungsstrategien verwendet und zweitens keine tolerante oder relativistische Haltung gegenüber den fremden Religionen einnimmt.

---

solchem Umfang – ist jedoch eher die Ausnahme und wohl durch das Bemühen um eine publikumsgerechte Darstellung erklärbar." (S. 255) Dass die inhaltliche Ebene in seiner Untersuchung eine Nebenrolle spielt, ist auch daran ersichtlich, dass Ridder annimmt, die meisten Kürzungen hätten keine inhaltlichen Auswirkungen: „Kürzungen, ohne daß dabei in inhaltlicher Hinsicht Wesentliches verloren ginge, sind für Diemeringens Übertragungsweise charakteristisch." (S. 256)

[268] Ridder, Studien zur Überlieferungsgeschichte, S. 249. Weiter sieht Ridder im Vergleich mit der lateinischen Vulgata-Übersetzung den christlich-theologischen Hintergrund in der Diemeringen-Version kaum hervortreten: „[...] Diemeringens theologische Haltung, soweit sie durch seine Übersetzung rekonstruierbar ist, [wird] nicht von einem Absolutheitsanspruch des römischen Christentums bestimmt [...], wie dies in der lateinischen Vulgata der Fall ist." (S. 248)

[269] Es stellt sich allerdings, wie in obigem Kapitel über die Diemeringen-Übersetzung schon beschrieben, das Problem der mangelhaften Editionslage sowohl der handschriftlichen Diemeringen-Überlieferung als auch der Lütticher Version. Dies macht einen Abgleich zwischen Diemeringens Übersetzung und seiner Vorlage derzeit kaum möglich. Dennoch können anhand eines Abgleichs zwischen dem Diemeringen-Druck und den Hss. H, H1 und H2 Aussagen über Veränderungen innerhalb der Diemeringen-Transmission gemacht und über den Vergleich des Druckes mit dem zeitnahen Velser-Druck, aber auch mit anderen Versionen der *Reisen*, die Spezifik der Diemeringen-Übersetzung beschrieben werden.

DIE HEIDEN UND DER BALSAM

Bei der Beschreibung der Gewinnung des Balsams in Ägypten behauptet der Diemeringen-Text, dass nur Christen ihn anbauen könnten, was auch von den „heiden" dort bestätigt werde: „*Ouch wil sich das veld vnd die bôumlin nit lossen buwen dan mit cristen lüten vnd sprechent die heiden selber wenn ander lüt von einem andern glouben doran arbeitend so verlirend die bôumlin ir crafft vnd das haben sie dick befunden*" (Ddr., 224). In keinem anderen untersuchten Mandeville-Text findet sich die von Diemeringen angeführte Erklärung der Heiden, dass die Kraft der Balsambäume verloren ginge, wenn „*lüt von einem andern glouben*" statt dem christlichen an ihnen arbeiteten.[270] Es ist anzunehmen, dass Diemeringen die hier gesetzte Differenzierung, über die allen Nicht-Christen eine schädliche Einwirkung auf die Heil(s)-Kraft des Balsams zugeschrieben wird, noch akzentuiert.

DIE ARABER UND DER TEUFEL

In der oben schon kurz erwähnten Beschreibung der Araber/Beduinen findet sich nur in der Version Diemeringens ein Zusatz, über den das fremde Volk geradezu dämonisiert wird. Diemeringen bringt hier den Eroberer Ogier den Dänen ein, von dem erzählt wird, dass er das furchtlose Wüstenvolk einst vernichtet habe, doch seien die Araber vom Teufel wieder zurückgebracht worden: „*doch überwande er sie vnd erslůg sie alle zů tod. aber der tüfel hat sie wider brocht das ir mer ist dann ir ye wart*"[271] (Ddr., 236). Diese Deutung des arabischen

---

[270]   Diemeringen führt die – wenn auch im Kleinen – ausführlichste und rhetorisch komplexeste Begründung an, indem er das Balsamfeld und die Bäume regelrecht subjektiviert und dadurch die Natur selbst urteilen lässt und zusätzlich zu der Aussage, dass nur Christen an den Bäumen arbeiten dürfen, noch expliziert, dass Menschen mit anderen Glaubensrichtungen das Feld und die Bäume nicht bearbeiten dürften. Die Diemeringen-Hss. H, H1 und H2 entsprechen dem Druck an dieser Stelle. In der Velser-Hs. findet sich die Stelle in etwas kürzerer Form als im Ddr.: „*Und sie haissent es die cristen lüt bůwen, anders es trůg kain frucht, als sie selb sprechen, wann sie dick und vil versůcht hond.*" (Vhs., S. 35). Im Vdr., S. 39, hingegen fehlt in der Episode die Angabe, wer den Balsam anbauen darf und wer nicht – wie auch in Hs. N (fol. 33r). Der Paris-Text (Ed. Letts, S. 255) und der Cotton-Text (Ed. Hamelius, S. 32) sind der Vhs. sehr ähnlich, doch werden in ihnen die Heiden als „*les Sarrazins*"/„*the Sarazins*" bezeichnet.

[271]   Der gesamte Ogier-Einschub mit der Anbindung des Volkes an den Teufel ist – da die Ogier-Passagen schließlich erst im Lütticher Überlieferungszweig auftreten – weder in den Velser-Versionen noch im Paris-Text oder in den englischen Versionen (Insulare,

Wüstenvolkes als Werk des Teufels hängt eng mit dem hier eingebrachten Ogier-Narrativ zusammen, denn gemäß den Angaben Deluz' ist sie auch schon in einer Handschrift der Lütticher Version, also der Vorlage Diemeringens, enthalten.[272] Im Unterschied zu seiner Vorlage jedoch, der zufolge sich das Volk ‚heute' durch Einwirkung des Teufels wieder vermehrt hätte („le diable d'enfer les a aujourd'hui multipliés"), lässt Diemeringen – ohne Zeitangabe – das Volk vom Teufel viel deutlicher aus der Vernichtung und dem Tod wieder ins Leben bringen (*„der tüfel hat sie wider brocht"*), beziehungsweise als dämonische Wiedergänger erscheinen.[273] Weil sie so als ein Volk dämonischen Ursprungs figuriert werden, verzichtet Diemeringen möglicherweise in dieser Episode auf die nun entbehrliche Charakterisierung der Araber als „mauvaises gens" (Lütticher Version) oder als *„volck aller boshait vol und aller bőßen sytten"* (Vhs., 44). Der Blick in die verschiedenen Mandeville-Texte zeigt insgesamt, dass in

---

Cotton, Egerton, Defective) vorhanden. In diesen Texten werden die Araber aber zu Beginn und meist auch am Ende der Episode als böses, schlimmes Volk bezeichnet: *„Et sont trop felons et ors et de mauuaise vie et peruerse nature."* (Paris-Text, Ed. Letts, S. 263). Einzig die Bodley-Hs. Rawl. D. 99 (frühes 15. Jh.) fügt hier eine glaubensspezifische Perspektive ein, um damit die Furchtlosigkeit des Volkes zu erklären: Weil das Volk weder Gott noch Maria kenne und fürchte, fürchte es niemanden, nicht den Sultan und nicht einmal den Teufel: *„Also they sette nouȝt by her livis and litil recketh of hemself, ffor why they drede nother God ne seint Marie, why for they knowe hem nouȝt. Ne they drede nouȝt the Saudon, ne lorde, ne prince, ne noon othir man of this worlde, nothir the deuel of helle."* (Bodley-Version, Ed. Letts, S. 442) Auch für den Redaktor dieser Hs. lag somit eine Assoziierung des Volkes, *„fulfilled of al manere of wickednes and malice"* (ebd., S. 441) mit dem Teufel nahe. Die Diemeringen-Hss. H, H1, und H2 entsprechen hier inhaltlich dem Ddr.: *„doch uber wande er sie vnd sluge sie alle ȝu tode aber der tufel hat sie wider braht vnd ir ist me danne ir ye wart."* (H1, fol. 41v).

[272]   Vgl. Deluz, Le Livre de messire Jean de Mandeville, wo die Stelle lautet: „On dit au pays d'Égypte qu'Ogier le Danois, vaillant duc de France, qui conquit jadis dans les terres d'outre-mer quinze royaumes en une seule expédition et douze dans une autre, mit à mort toutes ces mauvaises gens dont je parle et les détruisit. Ils lui coûtèrent plus de peines que toutes les batailles qu'il livra contre les Sarrasins. Mais le diable d'enfer les a aujourd'hui multipliés et ils sont plus nombreux qu'ils ne furent jadis." (S. 1402) Zur Besprechung von Deluz' auszugsweiser Übersetzung der Hs. Ch siehe oben, Anm. 25 dieser Arbeit. Ridder, Studien zur Überlieferungsgeschichte, S. 181-185, verortet anhand der Ogier-Einschübe die Vorlage Diemeringens innerhalb der Hss.gruppe, der auch die Hs. Ch angehört.

[273]   Hier wird möglicherweise auch auf die Tradition von Gog und Magog angespielt, die alttestamentlichen Völker, von denen in der Offenbarung des Johannes gesagt wird, sie würden in der Apokalypse vom Teufel befreit werden. Vgl. hierzu Offb 20,8. Gemäß der Alexander-Tradition sind sie von Alexander dem Großen hinter der eisernen Pforte in den Bergen des Kaukasus eingeschlossen worden, worauf auch in den *Reisen* hingewiesen wird (vgl. Vhs., 151f.).

all den untersuchten Versionen das arabische Wüstenvolk diffamiert und ihre Lebensweise und ihre Moral deutlich negativ bewertet werden.

OGIER DER GOTTESKRIEGER

Die Figur Ogiers wird bei Diemeringen als frommer Gotteskrieger gezeichnet, der mit dem Schwert missionierte und während seiner Gefangenschaft in der Fremde Gott den Kampf gegen die Heiden gelobt hatte: *„do zoch er wider die heiden wan er hett in der gefengnüß gelobt vnd vnserm hergot verheissen würd er ymer ledig Er wolte allen vnchristen lüten leid thůn"* (Ddr., 298). Die moralische Integrität Ogiers und die Vorbildlichkeit seiner Herrschaftsausübung, die sich durch die Verbreitung des christlichen Glaubens und nicht durch die Vereinnahmung von fremdem Land und Besitz auszeichnet, steht bei Diemeringen außer Frage. Ogier ist – oder war – der einzige Herrscher in den *Reisen*, der seine Gewalt als Eroberer fremder Völker für die Etablierung einer christlichen, geistlichen Herrschaft und keiner weltlichen einsetzt, und damit implizit auch Gegenbild zu anderen Herrschern wie Mohammed oder dem Großkhan: *„Oggier gewan das land vnd darnach alle ander land die vnchristen warend vnd nante sich selber gottes kempffer wan er streit nit vmb lüt noch vm land oder herschafft zů gewinnent wan als vil er die welt zů christen glouben bringen mocht"*[274] (Ddr., 299). Eine Illustration der Textstelle aus einer Stuttgarter Diemeringen-Handschrift (s. Abb. 4) zeigt anschaulich den bekrönten Ritter Ogier mit einer prächtigen Rüstung, der allerdings keine Waffen und kein Schild führt, sondern ein hölzernes Kreuz.

---

[274] Die Geschichte Ogiers, die hier erzählt wird, ist intradiegetisch in Form von kostbaren Wandmalereien im Saal des Palastes des Königs von Java dargestellt (Ddr., S. 297-299). Sie ist in der Vorlage Diemeringens, der Hs. Ch (Deluz, Le Livre de messire Jean de Mandeville, S. 1409), sehr viel kürzer und die hier zitierten Passagen sind dort nicht vorhanden, was bedeutet, dass Diemeringen die Episode und somit die Charakterisierung Ogiers als Gotteskrieger stark ausgebaut hat. Die Beschreibung Ogiers als Gotteskrieger weicht in Hs. H vom Ddr. ab, da in ihr Ogiers Absage an Herrschaft und Besitz nicht formuliert wird: *„Darvan heth he Cristus cempe, wen he vocht langhe unde herschede dar to ghewynnende unde de werlt to grodes loven to bringhende."* (H, Ed. Martinsson, S. 112) Die Hss. H1 und H2 sind in der Formulierung dem Ddr. sehr ähnlich, aber etwas kürzer und mit teilweise anderen Begriffen: *„Do von hieß er cristes kempfer wann er fahte nit land noch herschafft zu gewinnen alß vil alß die welt zu gotes gelauben zu bringen"* (H1, fol. 86r). Interessanterweise weist Hs. H1 kurz nach dieser Stelle, nachdem es heißt, Ogier werde eines Tages zurückkehren *„vnd alle lant zu puncke vnd zu rehter ordenung setzen hilff lieber got"*, dieses kurze Stoßgebet auf, das mit roter Schrift in die Absatzlücke eingefügt wurde (ebd.).

Abb. 4: Stuttgart, Württembergische Landesbibliothek, Cod. theol. 2° 195, fol. 155v.
© Württembergische Landesbibliothek, Stuttgart

Sarazenen und Juden

Weitere Alleinstellungsmerkmale der Diemeringen-Version im Umgang mit fremden Religionen sind die abschätzige Beurteilung der Ehrerbietung der Sarazenen im Jerusalemer Tempel gegenüber der christlichen von Seiten des Erzählers – „[wir] meintent wir cristen lüt bitten dem heiligen tempel billicher ere den die vnglöubigen lüt"[275] (Ddr., 248) – sowie generell die negative Darstellung der Juden. Folgendes Beispiel, in welchem die Juden bezichtigt werden, die gesamte Christenheit vergiften zu wollen, findet sich innerhalb des deutschen Überlieferungszweiges der *Reisen* nur in der Version Diemeringens:

Jtem es sind ouch etlich bồm da die gûten win tragend. vnd etlich gût honig. vnd ouch etlicher bom die bôsten vergifft die über alle ander vergifft ist vnd ist die selb vergifft als gar bồß das weder triackes noch kein ander kunst noch artʒny dar für gût ist. Und do ich in den selben landen was do seyt man dʒ die Juden der selben vergifft hettent vil versantt vnd bestellet vmb ir gelt vnd das wer geschehen kürtʒlich E ich dar kåme vnd die Juden meintent den Christeu [sic] lüten da mit we ʒů tůnd vnd fügt sich das ein Jud dar vmb gefangen lag vff den tod vnd da verjach er an sinem end das es wer war vnd darnach do wurdent die andern gefangen vnd getümelt als lange vntʒ es kuntlich ward ir boßheit. vnd were das nit geschehen sie hetten grossen schaden gethon doch ergieng es nit on schaden. vnd darumb wurdent ir ouch vil verbrennet.[276] (Ddr., 300)

---

[275] Auch diese Textstelle variiert stark in den verschiedenen Versionen der *Reisen* – von der Forcierung des Unterschieds zwischen Christen und Heiden wie bei Diemeringen, über die Angleichung des Unterschieds im Cotton-Text („*and þoughten þat wee scholden don as moche worschipe and reuerence þereto as ony of the mysbeleeuynge men scholde*", Ed. Hamelius, S. 55), bis zur komplexeren Spiegelung der gegenseitigen Erwartung an den jeweils anderen, wie sie Velser beschreibt: „*daz sie nit gelöptend daz wir nit gloubtend daz der tempel hailig wåre, als ich vor gesprochen hond.*" (Vhs., S. 57). Im Gegensatz zu den Diemeringen-Hss. H, H1 und H2 lässt der Druck die Überlegenheit der eigenen, christlichen Ehrerbietung bestimmter als eine Tatsache erscheinen, denn in Hs. H1 heißt es mehr im Sinne einer Überlegung: „*wir meinten wir solten billichen dem heiligen tempel ere bieten danne die vngeloubigen lute*" (fol. 51v).

[276] In den Velser-Texten (Vhs., S. 117, Vdr., S. 119f., Hs. N, fol. 100rf.) wird zwar von den Gift-Bäumen berichtet, doch kommen dort keine Juden und auch sonst keine Bedrohung für die Christenheit vor. Die Diemeringen-Hss. H, H1, H2 sind relativ nahe am Ddr., doch fehlt ihnen hier das Einbringen des Erzählers. Dem Plan, die Christen zu vergiften, wird zudem deutlicher Ausdruck gegeben („*vergeben*") und die Judenverbrennungen ereignen sich in H und H2 in der ‚ganzen Welt': „*des vergiftes hetten die Juden eß ist vnlange vil dun holen vmb gelt vnd hatten vnderstanden die christenheit mit eynander zu vergebende Aber ir eynder solt sterben vnd veriach eß an sinem dode vnd darnach wurden die andern gefangen vnd gedumelt vnd gepiniget so sere daʒ sie der warheit bekanthen waer deß nit gewessen sie hetten grossen schaden gethon vnd wie woll sie sin genug getattent vnd dar vmb wurden ir gar viel verbrant in der welt.*" (H2, fol. 73v).

Die Juden sind allerdings die Religionsgruppe, die in allen Versionen der *Reisen* negativ assoziiert, sogar dämonisiert und als Bedrohung für die Christenheit gezeichnet wird,[277] was auch von Teilen der Forschung beschrieben wird.[278] Die Forschung, hier mit Bezug auf den Cotton- und den Egerton-Text, erklärt die erhobenen Vorwürfe gegen die Juden mit dem europäischen Antisemitismus des 14. Jahrhunderts, als die Pest und die damit zusammenhängende Angst vor den Juden als Brunnenvergifter kursierten und es immer wieder zu Judenverfolgungen und -verbrennungen kam.[279]

Die hier angeführte Stelle kommt zwar, wie oben angedeutet, in den Velser-Texten nicht vor, sie findet sich aber in etwas kürzerer Form im französischen Paris-Text und in den meisten englischen Versionen.[280] In diesen fällt auf, dass sie im Gegensatz zu Diemeringens Erzählung eine religiöse Lexik verwenden, indem der Erzähler dort angibt, einer oder mehrere Juden hätten auf dem Sterbebett in seiner Anwesenheit ihren geheimen Plan „gebeichtet":

---

[277] Die Juden werden in den *Reisen* als Christusmörder dargestellt, von den Sarazenen verunglimpft, mit Gog und Magog gleichgesetzt und als Volk gezeigt, das die gesamte Christenheit vergiften wolle.

[278] Vor allem neuere Forschungsbeiträge befassen sich mit der (negativen) Darstellung der Juden in den *Reisen*, siehe dazu oben, Anm. 229. Vgl. zudem auch Higgins, Writing East, der die Episoden in verschiedenen Versionen der *Reisen* untersucht (S. 178-189). Er stellt generell fest: „No other religious community, in fact, is so badly served in *The Book* as the Jews, who inhabit only the past and the future, and are depicted with a hostility verging on paranoia." (S. 42). Auch Greenblatt, Wunderbare Besitztümer, S. 81-83, stellt eine Marginalisierung der Juden und ihre negative Darstellung im Text fest, was sie „zu einem Anderen des Anderen", der Verkörperung der Entfremdung und zu „unerlösbare[n] Feinden" für Mandeville mache (S. 82).

[279] Vgl. Fleck, Here, There, and In Between, S. 397f., dessen Ansicht nach Mandeville hier Stereotype aufnimmt und noch verstärkt: „Mandeville invokes the anxiety over well-poisonings, a fear which helped justify the anti-Semitic feelings of the fourteenth century. [...] Mandeville reinforces the anti-Jewish stereotypes available to him." (S. 397f.) Brandser, Mandeville's Travels, geht ebenso davon aus, dass die erhobenen Vorwürfe an bekannte Bilder anschlossen: „Mandeville surely must have realized the highly charged nature of such accusations." (S. 32) Vgl. außerdem zu den Judenvertreibungen und -verbrennungen Mitte des 14. Jhs. František Graus: Pest – Geissler – Judenmorde. Das 14. Jahrhundert als Krisenzeit. 2., durchges. Aufl., Göttingen 1988, S. 155-167, bes. S. 160f.

[280] Der Paris-Text und von den englischen Versionen die Insulare-, die Cotton- und die Egerton-Version haben mit dem Ddr. gemein, dass sie ebenso an der Stelle, wenn vom Plan der Juden berichtet wird, die Erfahrung des Erzählers einbringen. Die Defective-Version (Ed. Kohanski/Benson, S. 69) verfährt dagegen ähnlich wie die Vhs., wenn sie die Bäume, auch das Gift, aber nicht die Juden anführt. In den beiden Bodley-Hss. ist die gesamte Episode nicht enthalten.

„ie leur ay oy dire a la mort en leur confession."[281] Die Version Diemeringens
umgeht eine solche Verbindung mit dem christlichen Buß- und Beicht-Ritual
im Zusammenhang mit dem bevorstehenden Tod und lässt das Verraten des
Plans als eine weltliche Angelegenheit ohne religiöse Implikationen erscheinen (*„vnd da verjach er an sinem end das es wer war"*). Die hier zusätzlich in
den Blick genommenen verschiedenen Diemeringen-Einzeltexte variieren gerade diese Begrifflichkeit, von *„verjach"* (Ddr. u. H2), über *„vorkundighede"*
(H), bis zu *„verrath"* (H1). Möglicherweise ist für den Kleriker Diemeringen der
Begriff des Beichtens, wie ihn der Paris-Text anführt, in Bezug auf die Juden
schlicht unpassend und würde einerseits die Grenzen zwischen dem Christentum und dem Judentum zu stark verschieben und andererseits auch eine Art
Gnade oder Vergebung für den Beichtenden antizipieren.

Letztlich zeigt in der Diemeringen-Version auch das Fehlen vieler Episoden über fremde Glauben und Rituale von einem Verzicht auf die Möglichkeit,
in deren Darstellung Toleranz oder Intoleranz zu zeigen. Doch ist eine solche
Ableitung, die sich in zwei sich widersprechende Richtungen lesen lässt, problematisch, da über das Fehlen einer Sache nur schwer ihr Gegenteil belegt werden kann. Gegen die Toleranz-These kann also eingewendet werden: Nur weil
die *Reisen* auf eine durchgehend negative Bewertung oder Dämonisierung des
Fremden und der nicht-christlichen Religionen verzichten, bedeutet das nicht,
dass sie sie grundsätzlich tolerieren, in ihrer Andersheit akzeptieren und dadurch ihre eigene, europäisch-christliche Position relativieren würden. Ridder
verfährt jedoch auf eine solche Art, wenn er aus seiner Feststellung – „Der
Autor wählt bewußt nicht die zu erwartende dämonisierende Darstellung des
Fremden"[282] – eine tolerante Haltung des Textes ableitet. Dazu kommt, dass
Ridder in seiner Untersuchung viele kleinere Episoden und Bemerkungen des
Erzählers ignoriert und von einem Autorbewusstsein ausgeht, das sich irgendwie aus den überlieferten Textträgern rekonstruieren ließe. Auch bei Ridder ist
die Argumentation für die Toleranz oder die Unvoreingenommenheit der *Rei-
sen* letztlich nicht nachvollziehbar und sie verkennt, dass in den *Reisen* sehr

---

[281] Paris-Text, Ed. Letts, S. 337. In der Cotton-Version lautet die Stelle dementsprechend: *„Of
this venym the Iewes had let sechen of on of here frendes for to enpoysone all cristiantee
as I haue herd hem seye in here coufessioun before here dyenge. But thanked be all myghty
god þei fayleden of hire purpos but allweys þei maken gret mortalitee of poeple."* (Ed.
Hamelius, S. 126). Auch die Insulare Version spricht von *„lour confessioun a la mort"* (Ed.
Deluz, S. 346), sowie der Egerton-Text: *„ane of þam confessed vnto me"* (Ed. Seymour,
S. 103).

[282] Ridder, Werktyp, Übersetzungsintention und Gebrauchsfunktion, S. 371.

viel diffiziler und differenzierter sowohl vom fremden als auch vom eigenen Religiösen erzählt wird.

4. Problematiken des mittelalterlichen Toleranzbegriffes

Interessanterweise vermeiden vor allem die Vertreter der Toleranz-These wie Bennett, Howard, Campbell, Heng oder Ridder eine Auseinandersetzung mit dem oben kurz betrachteten Thema der Juden in den *Reisen* gänzlich. Demgegenüber befassen sich diejenigen Arbeiten, in welchen die Intoleranz Mandevilles betont wird, verstärkt mit den Episoden über die Juden. Der negative Tenor wird dann aber häufig als Ausnahme herausgestellt. Selbst Fleck unterscheidet Mandevilles vermeintliche Intoleranz gegenüber den „Naturreligionen" von der gegenüber den Juden: „Mandeville's *Travels*, which seems to find something good in each of its human others, thus helping to bridge the gap of difference, is ultimately unwilling or unable to perform this feat for the Jews."[283] Wenn sogar Toleranz-Befürworter sich nicht an dieser offensichtlichen Widersprüchlichkeit stören, sondern die negative Darstellung der Juden schlicht als eine Ausnahme von Mandevilles sonst so toleranten Haltung bezeichnen,[284] stellt sich die Frage, inwieweit das Konzept der Toleranz überhaupt für einen Text wie Mandevilles *Reisen* funktionieren kann. In manchen Forschungsarbeiten wird die Toleranz Mandevilles inzwischen auch einfach als erwiesene Tatsache postuliert, ohne dass die Darstellung fremder Kultu-

---

[283]   Fleck, Here, There, and In Between, S. 398. Vgl. auch Michelet, Reading and Writing the East, S. 300f.

[284]   So erklärt Braude, Mandeville's Jews among Others, Mandevilles Toleranz würde sich nur auf die von seiner eigenen Kultur weit entfernten Kulturen richten, was sie entsprechend einschränke: „There is accordingly a striking limit to Mandeville's form of tolerance [...]. The tolerance, or if you prefer, the ,theoretical curiosity' excludes the Jews." (S. 138f.) Vgl. zur problematischen Gleichsetzung von Toleranz und *curiositas*, wie sie auch Howard und Sobecki vornehmen, oben, Anm. 247. Einen ähnlichen Kommentar wie Braude zu den Ausnahmen der Toleranz macht auch Lochrie, Provincializing Medieval Europe, wenn sie sagt: „one of the exceptions to his remarkable cosmopolitanism is his representation of Jews." (S. 597) Ebenso vertritt Grady, Representing Righteous Heathens, die Auffassung von Mandevilles Toleranz und Offenheit, die sich jedoch nicht auf die Juden ausdehne. Grady stellt irritiert fest, es gäbe „anti-Jewish sentiments of the text, the dark side of its apparently tolerant embrace of diversity, and while such sentiments are certainly not untypical of medieval writing it is somewhat jarring to discover them in a text that has traditionally been seen to correspond so well to modern liberal latitudinarianism." (S. 45f.).

ren und Religionen ein Thema der jeweiligen Untersuchung wäre.[285] Man kann letztlich also so weit gehen zu sagen, dass die Toleranz-Idee nicht mehr ist als eine sich selbst reproduzierende Rhetorik und letztlich ein wohl zu hinterfragender Topos der Mandeville-Forschung.

Wenn man über die Mandeville-spezifische Forschung hinaus die wissenschaftlichen Arbeiten zur Toleranz im Mittelalter überschaut, wird deutlich, dass die Frage nach der Toleranz sehr kontrovers diskutiert wird und es kein Einvernehmen über die Angemessenheit der Verwendung des Begriffs für bestimmte Kulturerscheinungen des Mittelalters gibt. Verschiedene Tagungsbände und Aufsätze befassen sich entweder vornehmlich mit der Unterscheidung zwischen Toleranz und Intoleranz,[286] oder sie diskutieren die Frage, ob es im Mittelalter Toleranz gab und wie sie gegebenenfalls geäußert wurde.[287] Den Begriff legt die Forschung dabei sehr unterschiedlich aus, wenn sie sich mit den religiösen, ethischen und moralischen Prämissen und Implikationen der Toleranzidee auf institutioneller Ebene sowie innerhalb individueller, subjektiver Positionen einzelner zeitgenössischer Theoretiker befasst.

Festzuhalten gilt, dass es im Mittelalter durchaus einen Toleranzbegriff (lat. *tolerantia*) sowie einen Diskurs über Toleranz gab, der sich vor allem innerhalb der christlichen Theologie ausbildete. Klaus Schreiner bespricht in seinem umfassenden Artikel in den *Historischen Grundbegriffen* die verschiedenen Positionen zur *tolerantia* und *intolerantia* mittelalterlicher und frühneuzeitlicher Gelehrter, von Augustinus über Thomas von Aquin bis zu Nikolaus von Kues und vielen weiteren.[288] Alexander Patschovski, der sich in mehreren Veröffentlichungen mit dem Toleranzbegriff des Mittelalters ausei-

---

[285] So neben Camargo bspw. auch Röhl, Der Livre de Mandeville im 14. und 15. Jahrhundert: „[Mandeville] stellt sich selbst als christlichen und (literarisch) gebildeten Ritter dar, der trotz aller Toleranz gegenüber anderen Völkern und Religionen doch nie vergisst, dass das Christentum den einzig wahren Glauben vertritt" (S. 196).

[286] Vgl. bspw. den Band von Danielle Buschinger/ Wolfgang Spiewok (Hgg.): Toleranz und Intoleranz im Mittelalter/ Tolerance et Intolerance au Moyen Age. VIII. Jahrestagung der Reineke-Gesellschaft/ 8ème Congrès annuel de la Societé Reineke (Toledo, 14.05 – 20.05.1997), Greifswald 1997.

[287] Vgl. den Band von John Christian Laursen/ Cary J. Nederman (Hgg.): Beyond the Persecuting Society. Religious Toleration Before the Enlightment. Philadelphia 1998, sowie den von Alexander Patschovsky/ Harald Zimmermann: Toleranz im Mittelalter. Sigmaringen 1998; vgl. außerdem Albrecht Classen: Toleration and Tolerance in the Middle Ages? The Good Heathens as Fellow Beings in the World of ‚Reinfried von Braunschweig', Konrad von Würzburg's ‚Partonopier und und Meliur', and ‚Die Heidinne'. In: ABäG 61 (2006), S. 183-223, und Aaron Tyler: Islam, the West, and Tolerance. Conceiving Coexistence. New York 2008, bes. S. 41-71.

[288] Vgl. Klaus Schreiner: (Art.) Toleranz. In: GGB, Bd. 6, Sp. 445-605.

nandergesetzt hat, fasst die Forschungspositionen nach dem Erscheinen von Schreiners Artikel folgendermaßen zusammen:

> [D]er Forschungsstand von heute [...] ist durchaus zwiespältig. Die einen attestieren dem Mittelalter Toleranz, die anderen leugnen das vehement, wieder andere plädieren für eine Mittellinie. Der Grund für die Vielstimmigkeit der Ansichten ist nicht nur, wie man meinen könnte, unscharfe Begrifflichkeit, sondern der Toleranzbegriff des Mittelalters ist tatsächlich eine überraschend komplexe Größe. Er ist nicht identisch mit dem pluralistisch-individualistischen der Moderne, aber es gab ihn immerhin.[289]

Auf die größere Debatte um Toleranz im Mittelalter soll im Folgenden nicht weiter eingegangen werden, denn es wird hier grundlegend als heikel erachtet, das Reden über *tolerantia* von einzelnen mittelalterlichen Autoren in eine Geschichte der Toleranz, die auf die heutige Begrifflichkeit hinausläuft, zu integrieren. Außerdem lässt sich ein vornehmlich theologischer Diskurs nicht so einfach auf einen Text wie die *Reisen* übertragen, in welchen noch nicht einmal explizit von Toleranz gesprochen wird.

Patschovskis Ausführungen zur Toleranz und Intoleranz laufen darauf hinaus, „Toleranz" im Mittelalter als eine Art Abgrenzungsmechanismus des Eigenen zum Fremden zu begreifen, der dazu diene, das Eigene und damit immer auch die christliche Wahrheit zu festigen. Ausgehend von Augustinus' Ausführungen zur Duldung der Häresien und Schismen stellt er heraus, dass „der christliche[...] Toleranzbegriff in Spätantike und MA [...] per definitionem auf eine Unwahrheit [zielt], die der eigenen einen und einzigen Glaubenswahrheit fundamental entgegengesetzt ist – und gerade darum Existenzberechtigung, ja Existenznotwendigkeit besitzt."[290] Damit beschreibt Patschovski einen wichtigen Punkt, denn Abgrenzung und Sicherung der eigenen Wahrheit funktionierte, zumindest in der westlichen Kulturgeschichte, über das Herstellen von Asymmetrien und den Blick auf das Andere.[291] Nur bedeutet der Begriff der Toleranz im mittelalterlich-christlichen Kontext dann hauptsächlich ‚Duldung' in der Hoffnung auf die endgültige Überwindung der Unwahrheit sowie in der Hoffnung auf die Christianisierung der Welt. Patschovski vermeidet es, sich ein-

---

[289] Alexander Patschovsky: Das Erbe des Mittelalters. Intoleranz und Toleranz des Christentums. In: Christian Augustin u. a. (Hg.): Religiöser Pluralismus und Toleranz in Europa. Wiesbaden 2006, S. 41-52, hier S. 41f. Vgl. auch den früheren in sich etwas divergenten Sammelband von Patschovski und Harald Zimmermann: Toleranz im Mittelalter. Sigmaringen 1998, S. 391-402.

[290] Patschovsky, Das Erbe des Mittelalters, S. 43.

[291] Vgl. hierzu grundlegend Reinhart Koselleck: Zur historisch-politischen Semantik asymmetrischer Gegenbegriffe. In: Ders.: Vergangene Zukunft. Zur Semantik geschichtlicher Zeiten. Frankfurt am Main ²1984, S. 211-259.

gehender in Bezug auf das Verhältnis zwischen Toleranz, Intoleranz und dem christlichen Missionsgedanken zu äußern. Stattdessen führt er weiter aus: „Erst aus dieser Perspektive [eines absoluten Wahrheitsanspruchs] heraus gewinnt Toleranz die Qualität einer sozial ethischen Kategorie: Etwas leben lassen, das das eigene System nicht stabilisiert, sondern tendenziell nihiliert."[292]

Patschovski verweist in seinen Ausführungen zur Toleranz besonders auf individuelles, praktisches Handeln, welches allerdings grundsätzlich abzugrenzen wäre von „Toleranz" in mittelalterlichen Texten, in denen sozial-ethisches Handeln diskursiv verarbeitet und literarisch reflektiert wird. Im Gegensatz zu Patschovskis Annahme, dass es der mittelalterlichen Toleranz in der Duldung des Anderen darum gehe, etwas das Eigene Nihilierendes „leben zu lassen", beziehungsweise unwidersprochen zu akzeptieren, zeigt sich jedoch in den *Reisen*, dass diametrale Gegensätze ein System mehr zu stabilisieren in der Lage sind als zu starke Ähnlichkeiten. Gerade die Diemeringen-Version ist ja darum bemüht, Unterschiede und Abgrenzungen zu verstärken und Ambiguitäten zu vermeiden.[293] Auch Peter Schuster unterstreicht in seiner Rezension von Patschovskis Toleranz-Band die die eigene Position festigende Funktion der Toleranz:

> Was ist das für eine Toleranz zwischen Religionen und Volksgruppen im Mittelalter [...]? Es ist natürlich eine andere Toleranz als die der Aufklärung. Namentlich die Toleranz der mittelalterlichen Kirche basierte nicht auf einer Einsicht in den Pluralismus von Wahrheiten, sondern Duldung wurde gepredigt, um die eigene Wahrheit zu festigen.[294]

Doch auch hier muss man zurückfragen, was das dann für eine Toleranz im Mittelalter wäre, die so wenig mit dem modernen Toleranzbegriff zu tun hat,

---

[292] Patschovsky, Das Erbe des Mittelalters, S. 44.

[293] Auch der englische Egerton-Text lässt eine solche Tendenz, deutlich Abgrenzungen zum Nicht-Christlichen zu ziehen, erkennen, wenn er beispielsweise bei der Beschreibung der Paradiesvorstellung der Sarazenen insistiert: *„and þis es agayne oure lawe."* Egerton-Version, Ed. Seymour, S. 73. Weiter finden sich im Egerton-Text beide Seiten, Christen und Sarazenen, mit dem Vorwurf des falschen Dogmas konfrontiert: An der Stelle, als es darum geht, ob Gott seinen Sohn hätte am Kreuz sterben lassen, wird zunächst erzählt, dass die Sarazenen den Christen vorhielten, sie wären mit ihrer Auffassung vom Kreuzestod des Gottessohnes im Irrtum. Dem wird dann aber wiederum die Feststellung des Erzählers entgegengehalten, dass hier jedoch die Sarazenen im Irrtum seien: *„þe Sarzenes saise also þat if Ihesu Criste had bene crucified Godd þan had done agayne his riȝtwisnesse for to suffer swilk ane innocent die wiþouten gylt, and in þat þai say we erre. Neuerþeles in þat erre þai."* (S. 74)

[294] Peter Schuster: (Rez.) Patschovsky, Alexander/ Zimmermann, Harald: Toleranz im Mittelalter. Sigmaringen 1998 (Vorträge und Forschungen, 45). In: Historische Zeitschrift 271,3 (2000), S. 725-727, hier S. 726.

und warum überhaupt auf der anachronistischen Verwendung des Toleranz-
Begriffs mit seinen modernen Implikationen bestanden wird.

Die Verwendung des Toleranzbegriffs für mittelalterliche Texte birgt tatsächlich so viele Probleme, dass man sich durch ihn mehr Unklarheit und
irreführende Implikationen einhandelt, als dass man durch ihn Beschrei-
bungsgenauigkeit erlangen würde. Es wäre, ausgehend von den Forschungsbeiträgen zur Toleranz im Mittelalter, in denen Toleranz hauptsächlich als Ab-
grenzungsstrategie verstanden wird, wohl sinnvoller, den Begriff durch den
einer Funktionalisierung des Anderen für eigene Zwecke im Bewusstsein der
absoluten Gültigkeit der eigenen Wahrheit zu ersetzen. Toleranz in diesem Sinne ist also eine in christlicher Heilsgewissheit abwartende Duldung und somit
eine asymmetrische Anerkennung des Anderen im Wissen, dass das Andere
(noch) nicht zur göttlichen Wahrheit gefunden hat.

In der Mandeville- und der Alteritätsforschung wird der Begriff der Toleranz (und damit auch der der Intoleranz) nur sehr selten problematisiert oder
abgelehnt.[295] Allein Higgins betont, die Ambivalenzen und Paradoxien in den
Reisen sollten nicht geglättet werden, und er sieht gerade eine Beschäftigung
mit diesen zusammen mit den Varianten der Einzeltexte als „a model for reading medieval writing in its various forms of multiplicity."[296] Der vorliegenden

---

[295]   Insgesamt finden sich in der Mandeville-Forschung und in der germanistischen Mediävistik nur wenige Stimmen, die der Toleranz-Idee in Bezug auf mittelalterliche Erzähltexte kritisch gegenüberstehen. So lehnt Münkler die Verwendung des Begriffs der Toleranz
für Mandevilles Reisebericht als „schlicht anachronistisch" ab – dies allerdings lediglich
in einer Anmerkung (Münkler, Erfahrung des Fremden, S. 143, Anm. 401). Tobias Bulang
und Beate Kellner wenden sich in ihrem Aufsatz zum *Willehalm* gegen die Forschung,
die Wolframs Text „ideologiegeschichtlich als Zeugnis der Toleranz, als großes huma-
nitätsgeschichtliches Dokument, ja als aufklärerische[n] Text *avant la lettre*" versteht.
Tobias Bulang/ Beate Kellner: Wolframs ‚Willehalm': Poetische Verfahren als Reflexion
des Heidenkriegs. In: Peter Strohschneider (Hg.): Literarische und religiöse Kommunikation in Mittelalter und Früher Neuzeit. DFG Symposion 2006. Berlin u. a. 2009, S. 124-
160, hier S. 124f. Ihre Kritik an einer solchen Lesart kann ebenso für die Befürworter
der Toleranz in den *Reisen* gelten, da auch auf sie zutrifft, dass sie die „Komplexität
der literarischen Kommunikation im Blick auf theologische und ideologische Aussagen
des Textes zu unterschneiden" und stark zu Verallgemeinerungen einzelner Aussagen
neigen (ebd., S. 126). Stattdessen fordern Bulang und Kellner: „Zu berücsichtigen ist
stets die Vielschichtigkeit und damit auch die Widersprüchlichkeit der Semantiken und
Strukturen, welche die kulturellen Dichotomien des Textes konstituieren" (ebd.).

[296]   Higgins, Writing East, S. viii. Higgins, der ausgewählte Einzeltexte der *Reisen* untersucht, wendet sich als einziger Mandeville-Spezialist gegen generalisierende Aussagen
über die *Reisen*. Er kritisiert dementsprechend den Begriff der Toleranz und betont die
Ambivalenzen und Widersprüchlichkeiten innerhalb der Einzeltexte und zwischen ihnen (vgl. auch ebd., S. 81).

Arbeit ist es ein Anliegen, an diese die Multiplizität der *Reisen* berücksichtigende Lesart anzuschließen und aufzuzeigen, dass die Ambivalenzen und Ambiguitäten, die die Texte herstellen, für das Verständnis der Texte häufig produktiv zu machen sind.

5. Zusammenfassung

Die Auseinandersetzung mit der Toleranz-/Intoleranz-Debatte zeigte, dass die von der Forschung verwendete Begrifflichkeit sowohl der Toleranz als auch der Intoleranz verschiedenste Problematiken auf unterschiedlichen Ebenen birgt. Erstens führt die Toleranz-/Intoleranz-These zur Subjektivierung und Psychologisierung des Autors und zu einer Gleichsetzung des Autors mit dem Erzähler im Text. Die post-hermeneutische und post-strukturalistische Literaturwissenschaft,[297] insbesondere die moderne, textimmanent ausgerichtete Mediävistik, distanziert sich inzwischen – üblicherweise – von solchen Vorgehensweisen und befasst sich kaum mehr mit der Rekonstruktion einer Autorintention. Man muss sich zweitens fragen, inwiefern bei einem ‚Multi-Text' wie den *Reisen* überhaupt solch generalisierende Aussagen über die geistige Haltung des Autors/Erzählers getroffen werden können, da die verschiedenen Versionen durchgängig voneinander abweichen und sich in ihnen teilweise ganz eigene Bearbeitungsintentionen abzeichnen. Drittens kann das Konzept der Toleranz nicht überzeugen, wenn sich im Text deutliche Ausnahmen von dieser Toleranz finden oder intradiegetisch aus unterschiedlichen Erzählperspektiven erzählt wird. Gerade die modern geprägte Vorstellung von Toleranz, wie sie ja von der Forschung ohne weitere Spezifizierung des Begriffs an die *Reisen* herangetragen wird, lässt sich nur schwer unter Vorbehalt oder mit Einschränkungen und Ausnahmen denken.[298] Viertens ist zu berücksichtigen,

---

[297] Vgl. zur „Posthermeneutik" aus (medien-)philosophischer Sicht die Untersuchung von Dieter Mersch: Posthermeneutik. Berlin 2010 (Deutsche Zeitschrift für Philosophie. Sonderband, 26). Etwas vereinfacht lässt sich das posthermeneutische Denken durch die Bewusstwerdung und -haltung des letztlich Unverständlichen auf jeglichen Ebenen des Verstehens charakterisieren.

[298] Verschiedene Fachlexika-Artikel befassen sich mit der inneren Paradoxie der Toleranz, die sich aus dem Spannungsverhältnis zwischen Ablehnung und Indifferenz konstituiert, und ja letztlich die Toleranz dort aufhören lässt, wo sie ihre jeweilige Grenze erreicht. Vgl. z. B. Eckehart Stöve: (Art.) Toleranz I. Kirchengeschichtlich. In: TRE, Bd. 33 (2002), S. 646-663: „Toleranz [leidet] an einem inneren Widerspruch, der offensichtlich nicht aus der Welt zu schaffen ist und Toleranz zu einem ambivalenten Prinzip macht. Konsequent und ohne Einschränkung angewendet, droht Toleranz, sich selbst abzuschaffen. [...] Toleranz

dass in den *Reisen* eine fiktive Reise erzählt wird, die wiederum auf anderen Erzählungen und Berichten von Reiseerfahrungen und Weltbeschreibungen beruht. Die dargestellten Begegnungen mit dem Fremden, die Beschreibungen des Erzählers und letztlich seine Bewertungen des Erzählten sind fingiert und nicht Zeugnis einer individuellen und unmittelbaren Erfahrung fremder Sitten und Kulturen. Dementsprechend ist es fraglich, ob Toleranz innerhalb einer Fiktion, also gegenüber Erfundenem, gegenüber einem kompilatorisch-literarischen Weltentwurf überhaupt möglich ist.[299]

Statt des prekären Konzepts der „Toleranz" wäre es für einen Text wie die *Reisen* historisch angemessener, von einer in der christlichen Heilsgewissheit abwartenden ‚Duldung' des Fremden zu sprechen. Diese Vorstellung der eigenen Heilsgewissheit, der in den *Reisen* auch hin und wieder Ausdruck gegeben wird,[300] funktioniert als Abgrenzung zum Fremden, welches somit in eine

---

ist die Kunst, zwischen der Skylla des Fundamentalismus, der ein Glaube ohne Skepsis ist, und der Charybdis der Indifferenz, die eine Skepsis ohne Glauben ist, einen Weg zu finden, um dem Wertekonflikt, ohne den gesellschaftliches Leben unserer historischen Erfahrung nach nicht möglich ist, die zerstörerische Kraft zu nehmen und – so das Ideal – ihn sogar produktiv umzusetzen." (S. 647); Vgl. auch Gustav Mensching: (Art.) Toleranz I. Religionsgeschichtlich. In: ³RGG, Bd. 6 (1962), Sp. 932f.

[299]   Auch Greenblatt wendet sich mit dieser Begründung gegen den Toleranzbegriff: „Echte Toleranz, so ließe sich argumentieren, gibt es nur gegenüber Leuten, mit denen man tatsächlich zusammenlebt; die Sitten räumlich oder zeitlich weit entfernter oder gar erfundener Wesen mag man bewundern oder verachten soviel man will, mit Toleranz haben diese Reaktionen nichts zu tun." (Wunderbare Besitztümer, S. 75).

[300]   So wird beispielsweise den Sarazenen selbst die Überlegenheit des christlichen Glaubens in den Mund gelegt, wenn sie von ihren Prophezeiungen über den Sieg des Christentums berichten: *„und sprechent daz Machometz gloub werd vergond als der juden gloub, und der christen gloub werd werend."* (Vhs., S. 88). Interessanterweise ist – in den deutschen Übersetzungen nur in der Diemeringen-Version (Ddr., Hss. H, H1 u. H2) – bei der Beschreibung der Mongolen von ähnlichen Prophezeiungen die Rede, wenn auch von religionsunspezifischen, mit welchen die vermeintliche Toleranz des Großkhans allen anderen Religionen gegenüber in ein Licht gerückt wird, das wiederum wenig mit Toleranz sondern vielmehr mit Spionage, Eigennutz und Machterhalt zu tun hat: Die Mongolen sind überzeugt, *„es sye gewissaget dȝ sie überwunden vnd bestritten sollent werden vonn einem volcke das nit irs glouben ist Aber sie wissent nit wer die sind vnd da von lassend sie gar vil lüte von menigerley glouben by jn wonnen vmb daȝ das sie kuntschafft befindent vnd heimlich erfarend von welcherley lüten sie des warten sigend."* (Ddr., S. 335f.) Die Beschreibung der auf die Auskundschaftung der anderen Religionen gerichtete „Toleranz" der Mongolen findet sich ebenso im Paris- (Ed. Letts, S. 371) und im Cotton-Text (Ed. Hamelius, S. 166), allerdings ohne den erklärenden Zusatz, dass sie die anderen Religionen der Kundschaft und heimlichen Erfahrung von Wissen wegen dulden. Auch in den hss. Diemeringen-Versionen fehlt dieser letzte Halbsatz; zudem ist in ihnen die Rede davon, dass die Mongolen von einem *glauben* und nicht von *lüten* über-

funktionale Beziehung zum Eigenen tritt. Die Alteritätsforschung hat überein-
stimmend herausgestellt, dass Fremdheit stets als Beziehungsmodus gedacht
werden muss und überhaupt erst in Relation zu etwas anderem, meist zum
Eigenen verstanden werden kann.[301] „Aus diesem Grund geben die Entwürfe
und Beschreibungen fremder Völker und Kulturen vor allem Auskunft über die
Wahrnehmungs- und Verstehensmuster ihrer Betrachter, weniger aber über
die Fremde selbst."[302] Besonders in der fingierten Begegnung mit dem Fremden, wie sie die *Reisen* präsentieren, können eigene Vorstellungen nicht nur
von der jeweiligen fremden Kultur oder Erscheinung sondern auch von der Relation dieser Vorstellung zum Selbstbild der eigenen Kultur aufscheinen. Statt
eine jegliche Andersheit nivellierende Toleranz an die Texte heranzutragen,
wäre also zu fragen, welches Fremdbild der eigenen, lateinisch-christlichen
Kultur sich in den *Reisen* zeigt und wie sich im ‚Bild vom Fremden' ein ‚Bild
des Eigenen' reflektiert.

IV. Thesen und Themen, Methodik am Textbeispiel

Ein ‚Multi'-Text wie die *Reisen* erlaubt es in besonderer Weise, die Konstitution und die Repräsentationsbedingungen kultureller Alterität in der erzählerischen Darstellung nachvollziehbar zu machen. Es zeigen sich in den *Reisen* Projektionen eigener Vorstellungen und Denkmuster auf das Fremde, das
unter Rückgriff auf bekannte Muster und Diskurse narrativ konstituiert und
innerhalb der Überlieferung weiter diskursiviert wird.[303] Das Herstellen von

---

wunden werden sollen, vgl. Hs. H2: „*Do von lassent sie alle glauben der man gelauben
wil by yn in irem lande eß sy von waß gelauben sie vberwunden werden daȝ sie kuntschafft
hon mogent*" (fol. 91r). Die Zusätze und kleinen Änderungen im Ddr. dienen wohl der
Verdeutlichung des Erzählten.

[301]   Vgl. hierzu v.a. Otfrid Schäffter: Modi des Fremderlebens. Deutungsmuster im Umgang
mit Fremdheit. In: Ders. (Hg.): Das Fremde. Erfahrungsmöglichkeiten zwischen Faszination und Bedrohung. Opladen 1991, S. 11-44, und zu einer Besprechung von Schäffters
Modi des Fremderlebens Münkler, Erfahrung des Fremden, S. 153f.

[302]   Röcke, Erdrandbewohner und Wunderzeichen, S. 266.

[303]   Für die Gattung der mittelalterlichen Reiseberichte, seien es ‚authentische' Gesandt-
schaftsberichte oder fingierte Augenzeugenberichte, beschreibt Münkler einen solchen
narrativen Umgang mit dem Fremden als wesentliches Merkmal: „Das Fehlen von Wissen muß, spätestens dort, wo es durch die Konfrontation mit dem Fremden unausweich-
lich erfahrbar geworden ist, durch die Deskription des Fremden ‚wegerzählt' werden.
Beschreiben und erzählen bilden somit eine spezifische Form der Konstitution wie auch
der Aneignung des Fremden." (Münkler, Erfahrung des Fremden, S. 148)

Alterität in verschiedenen Ausprägungen – Alterität in der Ähnlichkeit, in der Abweichung, der Perversion oder der radikalen Ablehnung des Fremden – ist wesentlich für das in den *Reisen* generierte Bild fremder Kulturen und Religionen wie auch für das Bild der eigenen, christlichen Kultur und Religiosität. Wie sich dieses Verhältnis zwischen dem Fremden und dem Eigenen in Bezug auf religiöse Vorstellungen, Handlungen und Rituale in den *Reisen* gestaltet, welche Darstellungsstrategien und Wertungsmöglichkeiten das Narrativ einsetzt, und wie das Fremde funktionalisiert und semantisiert wird, soll in den folgenden Kapiteln und Textanalysen weiter ausgeführt und analysiert werden. Denn Kritik – sei es am Fremden oder auch am Eigenen – kann vom Erzähler auch mit anderen Mitteln als durch deutliche Abwertung oder Verurteilung des Fremden oder Eigenen geäußert werden. Es muss bei einer Analyse der Darstellungs- und Wertungsstrategien jedoch akzeptiert werden, dass die Einzeltexte der *Reisen* immer wieder Ambivalenzen und Aporien aufbauen, die letztlich nebeneinanderstehen. Wie diese als Textstrategien zur Erzeugung von Sinn funktionieren, muss aber auch genauer im jeweiligen Erzählzusammenhang (intratextuell) und der jeweiligen Erzähltradition (intertextuell) betrachtet werden.

Das Narrativ der *Reisen* stellt besonders an den Stellen, die von fremden religiösen Ritualen, Handlungen und Vorstellungen berichten, sowie bei Phänomenen, deren Status zwischen Heiligem, Profanem und Magisch-Dämonischem nicht eindeutig festgelegt wird, viele semantische Anknüpfungspunkte und Ambivalenzen her. Die *Reisen* öffnen so dem Lesenden ein Spektrum an Anschluss-, Assoziations- und Wertungsmöglichkeiten, die sich nicht nur auf das zur Darstellung gebrachte Fremde richten, sondern durch diese vielschichtige, teilweise ambivalente Art der Darstellung auch das Eigene in den Blick kommen lassen.

1. Grundlegende Mechanismen der Darstellung des fremden Religiösen

1.1 Differenzierungen und Reflexionsprozesse

Die vorliegende Arbeit vertritt die Auffassung, dass in den *Reisen* ein differenzierteres Bild sowohl des Eigenen als auch des Fremden erschaffen wird als es die dualistische Sicht der Toleranz-/Intoleranz-Befürworter präsentiert. Denn in der erzählerischen Darstellung des fremden Religiösen geht es auch immer um das eigene Religiöse und um lateinisch-christliche Konzeptionen von „richtiger" und „falscher" Heiligkeit, Heilsvermittlung und Frömmigkeit.

Diese Konzeptionen sind in der lateinischen Tradition historisch-diskursiv vorgeprägt und bilden den kulturspezifischen Wahrnehmungs- und Deutungsrahmen für die Darstellung.

Im Narrativ der *Reisen* werden für das Herstellen von Alterität, von Differenz, Ähnlichkeit oder Abweichung verschiedene Darstellungsmittel und -mechanismen eingesetzt, die häufig einen reflexiven Blick zurück auf das Eigene ermöglichen. Der Zusammenhang zwischen der Differenzierung des Eigenen vom Fremden und einer Reflexivität auf die eigene Kultur ist erstens schon auf sprachlich-rhetorischer Ebene angelegt, wenn Begriffe aus dem Bereich des Eigenen zur Beschreibung von fremden Phänomenen verwendet werden, oder mittels des Vergleichs Fremdes dem Eigenen angenähert wird.

Von besonderem Interesse für eine Analyse der Funktionsweise des Erzählens vom fremden Religiösen sind nebst dem Vergleich die rhetorischen Stilmittel der Metapher, der Metonymie und der Parallelisierung, aber auch Attribuierungen, wertende Begriffe, die Verwendung des Als-ob und des Konjunktivs, sowie Definitionen, Etymologien oder Übersetzungen von Begriffen, Namen oder begrifflichen Einheiten.[304] Diese verschiedenen sprachlich-rhetorischen Stilmittel, die dazu eingesetzt werden, etwas Fremdes zu beschreiben und es in der Beschreibung vertraut und gleichzeitig fremd erscheinen zu lassen, bewirken jeweils unterschiedliche Semantisierungen, und zwar sowohl in Hinsicht auf das Fremde als auch in Bezug auf das Eigene. Bedeutungszuschreibungen an intradiegetische Phänomene entfalten sich erst über die Art und Weise der erzählerischen Darstellung: Durch die Verwendung einer bestimmten Begrifflichkeit und über Analogiebildungen können so ein fremder Raum als sakraler Raum, eine fremde Praxis als religiöse und eine Herrscherfigur als Sakralherrscher gezeichnet werden.

Über solche Rhetoriken der Fremdbeschreibung steht fremdes Religiöses immer in Relation zum Eigenen und kann als etwas gänzlich Anderes, als Perversion eigener religiöser Vorstellungen oder Praktiken aber auch im Vergleich zur eigenen religiösen Praxis als ursprünglicher, besser, ja geradezu vorbildlich inszeniert werden. Im sprachlich-rhetorischen Wechselspiel zwischen eigenem und fremdem Religiösen können Wertungen eingebracht werden, Hierarchien angezeigt, oder Ironisierungen vorgenommen werden.

---

[304] Vgl. hierzu auch Marina Münkler, Erfahrung des Fremden, die von „Paradigmen der Fremdbeschreibung" spricht, aber als „Rhetorik der Fremdbeschreibung" lediglich zwischen dem Vergleich, dem Zusammensetzten mehrerer Vergleichselemente, um etwas Unbekanntes/ Monströses zu konstruieren, und dem Beispiel oder Paradigma unterscheidet (ebd., S. 154-160).

Zweitens steht die verwendete Begrifflichkeit zur Beschreibung intradiege-
tischer Phänomene in einer Tradition des literarisch-gelehrten Sprechens über
die Welt, dies umsomehr als die *Reisen* sich aus der Rezeption einer Vielzahl
anderer Texte speisen. Die Art der erzählerischen Darstellung in den *Reisen*
muss vor dem Hintergrund zeitgenössischer lateinisch-christlich diskursivier-
ter Deutungs- und Wertungsparadigmen des fremden Religiösen betrachtet
werden, die als Erklärungs- und Deutungsmodelle für Fremdes und Unbe-
kanntes fungieren und über die wiederum Differenzierungen generiert werden
können. Solche wiederholt auftretenden Paradigmen finden über die narrative
oder begriffliche Übernahme von etablierten Narrativen, historischen Diskursen und Erzähltraditionen Eingang in die *Reisen*.[305]

Gerade die Beschreibungen fremder, nicht-christlicher Heilsmedien,
Heilsvermittlungsvorgänge und Transzendenzvorstellungen berufen sich auf
etablierte Muster der lateinisch-christlichen Darstellungstraditionen. Die erzählerische Darstellung solcher Phänomene operiert dann häufig mit Diskurs-
verschiebungen und -übertragungen, die Konzeptionen und Begriffe eigener
Heiligkeit aufgreifen (zum Beispiel mit sprachlich-rhetorischen Mitteln), um
fremde Heiligkeit in einen anderen als den christlichen Heilsdiskurs zu stellen,
beispielsweise in einen Kunst-, Technik- und Magie-Diskurs, in einen Diskurs
des Ökonomischen oder einen Macht- und Herrschaftsdiskurs, und so Wertungen einzubringen und Fremdes als Anderes kenntlich zu machen.[306] Dadurch kann – in Abstufungen – fremder Heiligkeit all das, was in christlicher
Konzeption Heiligkeit überhaupt ausmacht, wie beispielsweise Immaterialität
oder Entzogenheit – oder, im eigentlichen Sinne: das paradoxe Zusammenfallen von Immaterialität und Materialität, Entzogenheit und Anwesenheit,
Präsenz, Absenz und Ewigkeit etc. –, abgesprochen werden.[307] Die Differenzie-

---

[305]   Vgl. hierzu beispielsweise die etymologische und genealogische Erklärung des Namens
        und der Herkunft des mongolischen Großkhans über den Noahssohn Ham/Cham, aber
        auch die verschiedenen heilsgeschichtlichen Parallelen, z. B. zu Abraham und Isaak
        oder zu Mose, in der Geschichte über den Aufstieg Dschingis Khans. Diese Stellen wer-
        den im Kap. ‚Machtraum – III. 5. Historisierung der Mongolen' unten in der vorliegen-
        den Arbeit behandelt. Interessant sind an solchen Stellen dann auch Umdeutungen und
        neue Kontextualisierungen übernommener narrativer Strategien, die von den Texten
        der *Reisen* vorgenommen werden.

[306]   Vgl. zur Unterscheidung von ‚fremd' und ‚anders' bspw. Münkler, Erfahrung des Frem-
        den, S. 148-151.

[307]   Vgl. zum Konzept des ‚Heiligen' und zur komplexen Systematik von Transzendenz und
        Immanenz aus verschiedenen, meist religionssoziologischen Perspektiven: Carsten
        Colpe: Vorwort. In: Ders. (Hg.): Die Diskussion um das „Heilige". Darmstadt 1977, S. IX-
        XXV; ders.: Über das Heilige. Versuch, seiner Verkennung kritisch vorzubeugen; ders.:

rung wird in der Diskursverschiebung durch ein mehr implizites als explizites Gegenüberstellen kultur- und glaubensspezifischer Paradigmen der Wahrnehmung und Deutung von (Heils-)Zeichen, der Erfahrbarkeit von Transzendenz in der Immanenz und von deren Verweisstrukturen vorgenommen. In den *Reisen* können folgende grundsätzliche Differenzierungskonstanten ausgemacht werden, mit welchen christliche Heilskonzeptionen von nicht-christlichen abgegrenzt werden: Zeichenhaftigkeit vs. magische Materialität, Spiritualität vs. Körperlichkeit, Äußerlichkeit vs. Innerlichkeit, allegorischer Sinn vs. Literalsinn, spiritueller ,Luxus' vs. materiell-weltlicher ,Luxus', Unsichtbarkeit vs. Sichtbarkeit, Ratio vs. Affekt, Verstehen vs. Nicht-Verstehen.

Drittens kann über die erzähltechnische Perspektivierung ein (fingierter) Blick von Außen auf Erzählinhalte vorgestellt werden oder das Erzählte eine spezielle mediale, räumlich-zeitliche Rahmung erlangen. Denn nicht immer berichtet der Erzähler davon, was er „mit eigenen Augen" gesehen hat, sondern er erzählt auch, was andere ihm berichtet haben, was andere denken und meinen, was ihre Bücher erzählen, oder es kommen die Anderen selbst zu Wort, in der direkten oder indirekten Rede oder über Medien der Vermittlung wie beispielsweise Briefe. Die Art und Weise, wie erzählt und von wem der erzählte Inhalt intradiegetisch vermittelt wird, ermöglicht dem Erzähler

---

(Art.) Das Heilige. In: Handbuch religionswissenschaftlicher Grundbegriffe, Bd. 3 (1993), S. 80-99; Emile Durkheim: Die elementaren Formen des religiösen Lebens. Übersetzt von Ludwig Schmidts. Frankfurt am Main 1981; Mircea Eliade: Das Heilige und das Profane. Vom Wesen des Religiösen. Köln 2008; Luhmann, Niklas: Die Religion der Gesellschaft. Hg. v. André Kieserling. Frankfurt am Main 2002. Eine dezidiert mediävistische und mediologische Perspektive bietet Christian Kiening: Einleitung. In: Ders. u. a. (Hgg.): Medialität des Heils im späten Mittelalter. Zürich 2009, S. 7-20.
In der bisherigen Geschichte der Erforschung des Heiligen spricht man in konkurrierenden Theorien von ,dem Heiligen' als „das Mächtige, das Gefährliche oder die Gewalt, das Unreine oder das Reine, das Erhabene, das Interessante [oder] das Irrationale." (Colpe, (Art.) Das Heilige, S. 89.) Das Heilige stellt etwas Unverfügbares dar, das sich als übersinnliche, bewegende Kraft oder Macht äußert, die in der christlichen Heilslogik als Paradoxie der verfügbaren Unverfügbarkeit in der Immanenz in Erscheinung tritt. In diesem Sinne kann christliches Heil, das „selbst als ein symbolisch generalisiertes Kommunikationsmedium gelten kann", nur „durch konkrete Medien [vermittelt werden], die aktuell verfügbar sind, [...] Medien, die verfügbar machen, was als Ereignis entzogen ist." (Kiening, Einleitung, S. 9) Die Darstellungen fremder Heiligkeit greifen auf die verfügbaren Kommunikationsstrukturen, Muster und Logiken christlicher Heilskonzeptionen zurück. Innerhalb dieses Systems können durch die Beschreibung unterschiedlicher Heilsvermittlungsvorgänge, beispielsweise durch die Offenlegung der Bedingungen der Vermittlung (Technik, Magie) oder die durch deren Verschleierung (Wunder) Differenzierungen zwischen eigener und fremder, „richtiger" und „falscher" Heiligkeit oder Heilsvermittlung vorgenommen werden.

nicht nur, sich vom Gesagten zu distanzieren. Eine solche Perspektivierung oder mediale Rahmung des Erzählten kann wiederum als Folie für Reflexionen dienen und den Erzählinhalt, beziehungsweise die Aussage verstärken oder gegebenenfalls auch wieder aufbrechen.

Der vorliegenden Arbeit geht es darum, die oben beschriebenen sprachlich-rhetorischen, diskursiven und narrativen Mechanismen der Darstellung des fremden Religiösen in ihrem Zusammenwirken und ihrem Wechselspiel zu beobachten, um herauszuarbeiten, welches Bild vom Fremden die *Reisen* zeichnen, welches vom Eigenen, und in welcher Relation die beiden Bilder zueinander stehen. Festzuhalten ist, dass das Herstellen von Alterität im Erzählen vom Fremden, das ja immer imaginiert ist, in unterschiedlicher Ausprägung wie ein Spiegel funktioniert,[308] der, während er einen Unterschied

---

[308] Mit dem reflexiven Potential des Erzählens in den *Reisen* in diesem Sinne beschäftigt sich ein kleinerer Teil der Mandeville-Forschung. Higgins macht die treffende Beobachtung, dass sich zwar die lateinische Christenheit in den *Reisen* teilweise sehr kritisch reflektiert sieht, die grundsätzliche Wahrheit des christlichen Glaubens aber nicht in Frage gestellt werde: „the *Mandeville*-author has fashioned from his imagined encounter with the world beyond Christendom a sometimes fantastic mirror of his own world, and a mirror which he uses not only to point up the numerous practical failings within Latin Christendom itself, but also, if paradoxically, to affirm the ultimate superiority of that community by imagining it as somehow capable of containing all others – indeed, entitled to do this, whatever the practical impossibility of such an undertaking." Iain Macleod Higgins: Imagining Christendom from Jerusalem to Paradise. Asia in Mandeville's Travels. In: Scott D. Westrem (Hg.): Discovering New Worlds. Essays on Medieval Exploration and Imagination. New York 1991, S. 91-114, hier S. 104. Auch in seiner Monographie *Writing East* stellt Higgins die Spiegelfunktion heraus, allerdings nur in Hinblick auf einige Episoden im zweiten Teil der *Reisen*: „[they] conjure up the dream of a vastly expanded Christendom, while also offering a series of small and mostly critical reflections on the practice of the faith at home." (Writing East, S. 158). Er bezieht sich dabei hauptsächlich auf die als Utopien zu bezeichnenden Beschreibungen fremder Gesellschaften wie das Land des Priesterkönigs Johannes oder die Brahmanen. Akbari, Idols in the East, macht die Spiegelfunktion des Erzählens vom Fremden sogar so stark, dass für sie der in der Darstellung kreierten Erscheinungsform des Fremden, gerade auch in Abgrenzung zum Eigenen, beinahe keine Bedeutung mehr zukommt: „In the encounter with the Islamic world, as well as during the journey further abroad, knowledge of the East is simply the vehicle by means of which knowledge of the West is conveyed." (S. 57) Sobecki, Mandeville's Thought of the Limit, dagegen versteht die Spiegelfunktion in umgekehrter Richtung, dass nämlich die fremden Kulturen als „mirror societies" und damit als Inversion der eigenen Gesellschaft dargestellt würden, was er dann auch zurecht als vereinfachende Sicht kritisiert: „Mandeville's societies are not mere inversions of medieval Europe. They are by far more complex in structure and purpose, and they illustrate a whole range of theological and moral concerns immediate to Mandeville's contemporaries rather than simply mirroring Western Christendom." (S. 334) Dennoch

markiert, den Blick auf das Eigene ermöglicht und in dem dann – im Sinne eines Luhmann'schen *re-entrys* der grundlegenden Unterscheidung auf die eine Seite des Unterschiedenen[309] – christliche Heiligkeitskonzepte und Heilspraktiken reflektiert und in der Überblendung mit der fremden Praktik auch kritisch verhandelt oder gar hinterfragt werden können.

Eine starre und systematische Gegenüberstellung von fremd und eigen, Christen und Heiden, „richtigem" und „falschem" Glauben ist in den *Reisen* ohnehin schwer auszumachen. Vielmehr finden sich solche Unterscheidungen und Differenzierungen in den Texten häufig auf beiden Seiten wieder. Wie die Texte der *Reisen* diese als *re-entry* zu bezeichnende Bewegung der Verdoppelung von solchen Gegenüberstellungen auf der einen Seite der grundlegenden Unterscheidung (Heiden und Christen/ fremd und eigen) vollziehen, zeigt sich beispielhaft in der Episode über das schreckliche Tal: In der Vorlage für die Episode, dem Reisebericht Odoricos von Pordenone, werden die Christen als allen anderen überlegene Glaubensgemeinschaft präsentiert, da nur die Christen den Durchgang durch das Tal überstehen können. Demgegenüber unterscheiden die *Reisen* in der Velser- und der Diemeringen-Übersetzung zwischen „guten", rechtgläubigen und „schlechten", der Versuchungen im Tal erliegenden Christen, und nehmen somit eine innerchristliche Differenzierung in Bezug auf die Moralität individuellen Glaubens vor. Während also bei Odorico – und noch deutlicher in der deutschen Übersetzung der *Relatio* Odoricos von Konrad Steckel – zu Beginn der Episode die Christen von den ,Ungläubigen' („*ez sey juden, haiden vnd wie der genant ist*"[310]) unterschieden werden,

---

bietet Sobeckis Untersuchung, die ja auf die Auslösung von Toleranz bei den Rezipienten hinausläuft, keine weiterführende Auseinandersetzung mit der erzähltechnischen Funktionsweise dieser komplexen Spiegelungen des Eigenen im Fremden und umgekehrt.

[309]   Der Begriff des „re-entry" stammt ursprünglich von George Spencer Brown und bezeichnet den erkenntnistheoretischen Vorgang des Wiedereintritts einer Unterscheidung auf der einen Seite der Unterscheidung. Niklas Luhmann entlehnt diesen Begriff für seine Systemtheorie zur Beschreibung des sich selbst beobachtenden Systems: „Die Unterscheidung von System und Umwelt wird dabei in sich selbst hineingedoppelt; und dies, wie sich aus unseren Prämissen ergibt, auf derjenigen Seite, die Anschlußfähigkeit bereithält – auf der Seite System." (Luhmann, Die Religion der Gesellschaft, S. 26). Dieser Vorgang kann auch in einem Text wie den *Reisen* beobachtet werden, wenn das System Christentum, dem der Erzähler angehört, durch seine eigene systemische Brille eine fremde Religion und sich selbst beobachtet.

[310]   Konrad Steckels deutsche Übertragung der Reise nach China des Odorico de Pordenone. Kritisch hg. von Gilbert Strasmann. Berlin 1968, S. 131. Odoricos Version spricht an dieser Stelle in einigen Hss. ,nur' von „*aliquis*", in anderen von „*aliquis infidelium*". Vgl. ebd., S. 130.

wird das Tal in den deutschen Übersetzungen der *Reisen* zum Prüfstein eines „*yetliche*[n] *gůte*[n] *cristen, der rechten glouben hät*" (Vhs., 160). Dass hier selbst die Christen nicht vor der Sünde und den Teufeln, die diesen Ort beherrschen, sicher sind, zeigt sich schließlich auch darin, dass einige Tote, die aussehen, als wären sie gerade erst erschlagen worden, „*in cristens wiß*" (Vhs., 162f.) am Grunde des Tals liegen.[311]

Man kann also von einer latenten Selbstbeobachtung sprechen, die mit der erzählerischen Darstellung des Fremden in Mandevilles *Reisen* einhergeht und mal mehr und mal weniger deutlich aufscheint. Dabei kommen bestimmte Bereiche und Themen in den Blick, die im Folgenden genauer erläutert werden sollen, da auf sie im Verlauf der vorliegenden Arbeit immer wieder zurückzukommen ist. Die *Reisen* sind ein Textkonglomerat des ausgehenden europäischen Mittelalters und damit in einer Zeit entstanden, die oft als „Krisenzeit", aber auch als Zeit des Fortschritts und des Umbruchs beschrieben wird.[312] Da sie aus verschiedenen mittelalterlichen und zeitgenössischen Quellen schöpfen, ist davon auszugehen, dass sich in den *Reisen* Diskurse und Themen aufgenommen und verarbeitet sehen, welche die damaligen (kirchen- und macht-)politischen, sozialen und konfessionellen Konfliktpunkte und Umbruchstellen in sich tragen. Die prominentesten Konfliktbereiche sind dabei das Verhältnis von Kirche und Staat, beziehungsweise weltlicher und kirchlicher Macht, die Kirchenspaltung, die Privilegien der Kirche und der Kleriker gegenüber den Laien sowie das Aufkommen neuer, stärker individualistisch ausgeprägter Frömmigkeitsformen.

---

[311] In den deutschen Übersetzungen der *Reisen* ist diese Fokussierung auf die Christen und die damit einhergehende Übertragung der interreligiösen Unterscheidung hin zu einer intrareligiösen, ethisch-moralischen, besonders deutlich, da in ihnen hier keine anderen Religionen erwähnt werden. In den anderssprachigen Versionen wird zumindest an der Stelle, wo es in der Vhs. heißt, wegen des großen Schatzes im Tal seien schon „*menig mensch*" von den Teufeln umgebracht worden (Vhs., 160), die Unterscheidung eingebracht: „*mains mescreanz et pluseurs Crestiens*" (Paris-Text, Ed. Letts, S. 390), bzw. „*many mysbeleuynge men and many cristene men*" (Cotton-Version, Ed. Hamelius, S. 187).

[312] Am prominentesten von Graus, Pest – Geissler – Judenmorde und Johan Huizinga: Herbst des Mittelalters. Studien über Lebens- und Geistesformen des 14. und 15. Jahrhunderts in Frankreich und in den Niederlanden. Hg. v. Kurt Köster. Stuttgart ¹²2006. Vgl. zur Diskussion dieser Ansätze und zu einer Neubewertung der Zeit des Spätmittelalters die Beiträge in Jan A. Aertsen und Martin Pickavé (Hgg.): „Herbst des Mittelalters"? Fragen zur Bewertung des 14. und 15. Jahrhunderts. Berlin 2004.

1.2 Selbstkritik: Antiklerikalismus und Antikurialismus

Die kritische Haltung gegenüber der Kirche und ihrer Vertreter lässt sich für die Zeit des Spätmittelalters mit dem Phänomen des Antiklerikalismus fassen.[313] Dieser steht für die kritische Haltung gegenüber der Lebensweise und der Amtsführung der Kleriker und richtete sich auch an den Papst und die römische Kurie:

> [Die Kritik] richtete sich gegen den päpstlichen Fiskalismus, der auch vor den spirituellen Bereichen keinen Halt machte, gegen die Stellenbesetzungs- und Pfründenpolitik der Kurie, gegen Mißbrauch im Ablaßwesen, gegen Verweltlichung und Politisierung der geistlichen Autorität. Hand in Hand damit ging ein antirömischer Affekt, der am Ende des 15. Jahrhunderts apokalyptische Züge annahm und damit weit über die bekannten *Invectiva in Romam* des frühen und hohen Mittelalters hinausging.[314]

Gründe für die antiklerikale Stimmung waren die politische und finanzielle Macht der Kirche, die privilegierte Rechtsstellung des Klerus, aber auch dessen Privileg der Heilsvermittlung, kurz der „Klerikalismus", also die Privilegierung eines bestimmten Standes gegenüber den Laien. Doch ging der Antiklerikalismus nicht nur von den Laien aus, sondern auch vom Klerus selbst. Er mündete im Schlagwort vom ungebildeten ‚Pfaffen', das vor allem im *maere* Verwendung fand[315] – ein Begriff, den auch Diemeringen häufig zur Bezeichnung von (christlichen und nicht-christlichen) Klerikern gebraucht. Doch ist die Semantik des frühneuhochdeutschen *pfaffen*-Begriffs außerhalb der Gattung des *maere* noch nicht eindeutig nachzuzeichnen, weshalb ein negativer Ton bei Diemeringen, der ja selbst Geistlicher war, nicht zwingend anzunehmen ist.[316]

---

313 Vgl. grundlegend zum Antiklerikalismus Kaspar Elm: Antiklerikalismus im deutschen Mittelalter. In: Peter Dykema/ Heiko Oberman (Hgg.): Anticlericalism in Late Medieval and Early Modern Europe. Leiden u. a. 1993, S. 3-18, Erich Garhammer: (Art.) Antiklerikalismus. In: LThK, Bd. 1 (2009), Sp. 760, und Albrecht Classen: Anticlericalism and Criticism of Clerics in Medieval and Early-Modern German Literature. In: ABäG 72 (2014), S. 283-306, der sich in seiner Untersuchung allerdings auf spätmittelalterliche Schwankerzählungen und *maeren* konzentriert.

314 Elm, Antiklerikalismus, S. 8f.

315 Vgl. Hans-Jürgen Goertz: Pfaffenhass und groß Geschrei. Die reformatorischen Bewegungen in Deutschland 1517-1529. München 1987; Birgit Beine: Der Wolf in der Kutte. Geistliche in den Mären des deutschen Mittelalters. Bielefeld 1999; Ralph Tanner: Sex, Sünde, Seelenheil. Die Figur des Pfaffen in der Märenliteratur und ihr historischer Hintergrund (1200-1600). Würzburg 2005.

316 Das Frühneuhochdeutsche Wörterbuch, Bd. 4, Sp. 4-6, macht unter dem Lemma ‚Pfaffe' keine genauen Angaben über eine mögliche negative Semantik des Begriffs für die Zeit vor der Reformation, sondern lediglich für die Zeit danach: „ 1. ‚Geistlicher, Priester'; vor

Der Antiklerikalismus ist grundsätzlich von der Häresie abzugrenzen, welche die etablierten Dogmen in Frage stellte und eine neue Lehre auszubilden versuchte.[317] Doch sind die Grenzen, vor allem aus Sicht der römischen Kirche, zwischen diesen beiden Formen der Kritik durchaus als fließend aufgefasst worden. Mit John Wyclif und den Lollarden in England, den Hussiten in Böhmen,[318] aber beispielsweise auch mit den Waldensern haben sich antiklerikale Kirchenkritiker zu von der Kirche offiziell als Häresien bezeichneten Gruppierungen etabliert. Der Ruf nach „Reform an Haupt und Gliedern"[319] der Kirche mündete schließlich in die reformatorischen Umbrüche nach 1500. Die Forderungen der antiklerikalen Strömungen an die Kirche waren unter anderem Hierarchieabbau, Abschaffung der Privilegien des Klerus, Wiederherstellung von urchristlichen Verhältnissen, Rückkehr zur *ecclesia primitiva* und zur *vita evangelica* und die Befreiung von den Bindungen an die Welt (Simonie, Ablass, Pfründenvergabe).

Die vorliegende Arbeit geht davon aus, dass der spätmittelalterliche Antiklerikalismus mit einer starken Tendenz zum Antikurialismus in Mandevilles *Reisen* aufgegriffen und vor dem Hintergrund der Beschreibung fremder Kulturen verhandelt wird. Nur ein kleiner Teil der Mandeville-Forschung hat bisher solche Tendenzen in den *Reisen* herausgestellt. Hamelius verweist im Rahmen

---

allem seit der Reformation negativ bewertet und als Schimpfwort für den katholischen Geistlichen verwendet." (Sp. 4). Friedrich W. Wentzlaff-Eggebert: (Art.) Pfaffe. In: RGG, Bd. 5, ³1961, Sp. 266, gibt an, dass der Begriff „im MA noch keinen pejorativen Sinn [hatte]". Nicht so häufig wie bei Diemeringen wird auch in der Vhs. der Begriff des „*pfaffen*" gebraucht; bspw. in der Episode über den Vogel Phönix, dessen Wiederkunft von den „*pfaffen von dem selben tempel*" vorhergesagt wird (Vhs., S. 32).

[317] Vgl. zu dieser Abgrenzung auch Silke Tammen: Manifestationen von Antiklerikalismus in der Kunst des Mittelalters. Frankfurt am Main 1993; Wolfgang Beutin: Zur Problematik des Antiklerikalismus in der europäischen Erzählliteratur um 1400. In: Jahrbuch der Oswald-von-Wolkenstein-Gesellschaft 4 (1986/87), S. 81-94.

[318] Vgl. zur Aufnahme von John Wyclifs Lehre in Wien und Prag Katherine Walsh: Vom Wegstreit zur Häresie. Zur Auseinandersetzung um die Lehre John Wyclifs in Wien und Prag an der Wende zum 15. Jahrhundert. In: Mitteilungen des Instituts für Österreichische Geschichtsforschung 94 (1986), S. 24-47.

[319] Seit dem 12. und 13. Jh. hat sich die Formel *reformatio in capite et membris* als Forderung nach einer Reform der gesamten Kirche etabliert. Vgl. mit weiterführenden Angaben Graus, Pest – Geissler – Judenmorde, S. 88f.; Karl A Frech: Reform an Haupt und Gliedern. Untersuchung zur Entwicklung und Verwendung der Formulierung im Hoch- und Spätmittelalter. Frankfurt am Main u. a. 1992; Jürgen Miethke: Die Geltung päpstlicher Dekretalien und die ,Reform an Haupt und Gliedern' auf den Konzilien des 15. Jahrhunderts. Über Anspruch und Dauer päpstlicher Pfründregelungen. In: Andreas Speer/ David Wirmer (Hgg.): Das Sein der Dauer. Berlin/ New York 2008, S. 414-431.

seiner Einleitung zur Cotton-Edition auf die verschiedenen Erwähnungen des Papstes in den *Reisen* und führte als erster die These aus, die *Reisen* seien ein „anti-Papal pamphlet in disguise".[320] Die Stellen, aus denen Kritik herauszulesen ist, sind selten besonders deutlich, was Hamelius damit erklärt, dass der Verfasser die Anspielung bevorzugt, um sich nicht der Gefahr der offenen Kritik der Kirche auszusetzen.[321] Hamelius macht die intratextuellen Referenzen stark, wenn er davon ausgeht, dass die verschiedenen Papst-Stellen und die Beschreibungen der fremden Religionen in einen Gesamtzusammenhang zu stellen sind, der prinzipiell gegen die römische Kirche gerichtet ist: „On the whole, they [die Beispiele] bear out the interpretation of the book as a more or less veiled libel against the Roman Church."[322]

Hamelius' These und seine kurzen Ausführungen zur im Text verwendeten Papstfigur haben in der nachfolgenden Forschung so gut wie keinen Widerhall gefunden. In den Untersuchungen, die auf ihn Bezug nehmen, wird sie

---

[320] Hamelius, Ed. Cotton-Version, Bd. II, S. 15. Hamelius verweist dabei neben dem Widmungsschreiben an König Edward III in der Insularen Version auf vier in der Cotton-Version (und meist auch in der Vhs.) vorkommende Vergleiche des Papstes mit anderen religiösen Oberhäuptern (Patriarch der Griechen (Vhs., 12), Kalif (Vhs., 29, vgl. unten, S. 390ff.), Patriarch der Thomaschristen (Vhs., 157), ,Lobassy'/ Lama in Tibet (Vhs., 173)), außerdem auf die Hinweise, die Päpste hätten die Riten der frühen Kirche verändert (Beichte (Vhs., 77) und Messe (fehlt in Vhs.), Vgl. unten, S. 174ff.), auf die Episode über den Bischof Athanasius (Vhs., 94, Vgl. unten, S. 266ff.), die Vorwürfe der griechischen Christen an Papst Johannes XXII, sowie den darauf folgenden Simonie-Vorwurf und auf die Absegnung der *Reisen* durch den Papst (nicht in Vhs.). Als letztes Beispiel führt er ein fingiertes Bibelzitat an: „The eleventh and last instance is open to dispute and a matter of hypothesis. A prophet is credited with the pronouncement that ,Out of Babylon shall come a worm that shall devour all the world'. As no such sentence has been traced in the prophetical books of the Bible, we may suspect a Wycliffite war-cry against the world-power of the New Babylon or Rome." (Ebd.) Zwar relativiert das Vorkommen dieser Stelle in der Vhs. („*Zu Chorosayda wúrt der Endcrist geborn, als die propheten sprechent: ,De Babilonia coluber exit, qui totum mundum devorabit'*", S. 72) den Bezug zu den Anhängern Wyclifs, doch ist eine Assoziation Babylons mit Rom auch hier denkbar. Zudem wird der Papst in der Vhs. auch schon im Prolog genannt und in ein kritisches Licht gesetzt: „*Da von geviel es den zwain hôptern, dem babst und dem kayser, so mochtend wir wol unser land gewinnen.*" (Vhs., 3)

[321] Ebd., S. 16: „Other allusions to religions matters, to the various sects of Christianity, to the beliefs of Jews, Muhammadans and heathens of various lands, must be read in the light of the statements discussed above, always remembering that the propagandist prefers innuendo to direct statements, and that it was a dangerous thing to defy the power of the Church barefaced."

[322] Ebd., S. 16.

meist abgelehnt.[323] Möglicherweise fanden seine Überlegungen auch deshalb wenig Zuspruch, weil er einen nicht einfach belegbaren und zudem nicht für alle Versionen geltenden außertextuellen Zusammenhang der *Reisen* mit den englischen Lollarden und ihrer Unterstützung durch König Edward III, an den das Widmungsschreiben in einigen Versionen gerichtet ist, stark macht. Auch Higgins versucht sich von Hamelius abzusetzen, stellt aber dennoch heraus, dass die *Reisen* einen Aufruf zur Reform der Christenheit propagierten und gleichzeitig durch die Beschreibung fremder Gesellschaften als ‚Proto-Christen' eine Kompensation für den zunehmenden Bedeutungsverlust des Christentums bieten würden.[324] Moseley spannt den zeitlichen Bogen sogar noch bis zur Reformation weiter, obwohl auch er sich von Hamelius abgrenzt, dessen Überlegungen er aber dennoch als wichtig erachtet und weiterführt:

> Mandeville is one of the few medieval English writers to survive the earthquake of the Reformation with his reputation doctrinally pretty well unscathed, and although Hamelius's remark that the *Travels* was an ‚anti-Papal pamphlet in disguise' is reductive to the point of absurdity, he had noticed something important. The *Travels* is indeed subtly but trenchantly critical of the papacy and of its claims, reiterated (just before its writing) in Clement VI's Bull, that *nulla salus extra ecclesiam* – and Rome defines what the Church is. Mandeville's account of, for example, Jacobite confession without the intermediary priest would sound sweet to Protestant ears; so would his deadpan quoting of the very rude reply of the Greek Church to the pope's demand for submission. Read from a Reforming position in the early and mid-1500s, it would indeed have been attractive to see

---

[323] Vgl. Deluz, Le Livre de Jehan de Mandeville, S. 236-245. „Ceux qui voient dans sire Jean un lollard oublient de prêter attention à d'autres passages du Livre où il se montre adepte de la communion fréquente." (S. 242). Ihre Argumentation gegen das kritische Potential der *Reisen* ist jedoch nicht sehr gut an den Texten der *Reisen* nachvollziehbar, da sie im Vergleich mit anderen Texten der Zeit, die auch anderen Gattungen angehören, feststellt, dass Mandeville wenig deutliche Reflexionen der Kirche, der Ekklesiologie und der Gesellschaftstheorien zeige. Münkler, Erfahrung des Fremden, stellt richtigerweise die Eindeutigkeit der Kritik in Frage: „Ob Mandeville damit den Bereich des Fremden zu einer proto-reformatorischen Kritik an der institutionalisierten römischen Kirche und an den Päpsten nutzte, die für ihn ganz offenkundig nicht mit der *christianitas* identisch waren, läßt sich eindeutig nicht erweisen, aber zweifellos präsentierte er die Fremde als den Raum, der zur Überprüfung des eigenen Standortes geeignet war, ohne daß bereits vorher das Ergebnis feststand." (S. 142)

[324] Higgins, Writing East, S. 159: „[It is] the author's continuing attempt [...] not only to celebrate the marvelous diversity of distant ‚choses estranges,' but also to contain it within a familiar (religious) order while urging his audience to moral reform and offering them a vicarious compensation for Christendom's diminished state." Der zweite Teil seiner These mutet allerdings etwas problematisch an, da es schwer nachzuweisen ist, ob diese scheinbare Kompensation überhaupt – vom Text oder den Rezipienten – als notwendig erachtet wurde.

this respected book, like Langland's *Piers Plowman*, or the Prologue to Gower's *Confessio amantis*, as anti-Catholic or even Protestant avant la lettre.[325]

Hamelius' These mag man als „reductive" ansehen, insofern sie stark auf den Antikurialismus abzielt, doch bietet sie hier einen guten Ausgangspunkt für weitere Beobachtungen kritischer Reflexionen auf das Eigene, insbesondere auf die Institution der römischen Kirche.

Grundsätzlich können folgende Themenbereiche ausgewiesen werden, die in den *Reisen* problematisiert oder kritisch reflektiert werden und im größeren Kontext des Antiklerikalismus und des Antikurialismus zu sehen sind: Die kirchlich-institutionalisierte Heilsvermittlung, wie sie beispielsweise in der Episode über die ‚Beichte der Heiden' verhandelt wird,[326] Tugendhaftigkeit und Frömmigkeit des (teilweise individuellen) Glaubens, sowie die Repräsentationsformen und die Konstituierungen sakraler gegenüber weltlicher Herrschaft. Gleichzeitig geht es in der Beschreibung fremder Glaubensformen aber auch immer um Abgrenzungen zum Eigenen, häufig bei nicht-christlichen Vorstellungen und Praktiken, die den eigenen Glaubensinhalten gefährlich nahe kommen. Die lateinisch-christlichen Dogmen sind kaum Ziel der Kritik, vielmehr werden Praktiken, Rituale, Vermittlungsvorgänge und mit der Vermittlung in Verbindung stehende Personen – seien diese Geistliche oder Herrscher oder eben beides – in den Blick genommen.

---

[325] Charles W. R. D. Moseley: ‚New Things to Speak of'. Money, Memory, and Mandeville's Travels in Early Modern England. In: Yearbook of English Studies 41,1 (2011), S. 5-20, hier S. 18f. Den Texten, die Moseley hier anführt, ist noch die Geschichte des Müllers Domenico Scandella aus Montereale in Friaul beizufügen, bekannter unter dem Namen Menoccio, der Ende des 16. Jhs. von der Inquisition als Häretiker verurteilt wurde und sich in seiner Verteidigung vor dem Inquisitionsgericht u. a. auf Mandevilles *Reisen* stützt, die er gelesen hatte. Vor allem die Beschreibungen der fremden Glaubensformen und die Kritik an Papst und Kirche beeinflussten seine „Meinungen" die er, wie er sagt, „aus meinem Hirn geschöpft" habe. Anhand der erhaltenen Dokumente des Prozesses rekonstruiert und erzählt Carlo Ginzburg die Geschichte des Müllers, in dessen Vorstellung die Welt am Anfang der Schöpfung ein Wirbel aus Elementen war, die dann eine Masse bildeten „gerade wie man den Käse in der Milch macht, und darinnen wurden Würm, und das waren die Engel." Vgl. Carlo Ginzburg: Der Käse und die Würmer. Die Welt eines Müllers um 1600. Aus dem Italienischen von Karl F. Hauber. Berlin 1993 (Erstaufl. Turin 1976), zur Mandeville-Rezeption Menoccios S. 70-79.

[326] Siehe das Kapitel ‚Heilsraum – II. 2. Reflexionen im Ritual: Die ‚Beichte der Heiden" unten in der vorliegenden Arbeit.

1.3 Fremdkritik: Die Unterscheidung von Dogma und Praxis

Konstitutiv für die Beobachtung von Abgrenzungen zwischen Christlichem und Nicht-Christlichem sowie für die Möglichkeit zur Reflexion auf das Eigene im Erzählen vom Fremden ist die grundlegende Unterscheidung zwischen religiösem Dogma und religiöser Praxis. Diese Unterscheidung äußert sich in der erzählerischen Darstellung des fremden wie des eigenen Religiösen in den *Reisen* insofern, als das christliche Dogma nie in Frage gestellt oder der Kritik ausgesetzt wird. Wie Grady richtig feststellt, kreiert Mandeville beispielsweise in der Episode über den Glauben der Sarazenen und im Gespräch mit dem Sultan „an overarching structure of prophecy to provide an orthodox, if unusually positive, perspective"[327] – und diese Perspektive erweist sich mit Blick auf das Gesamtnarrativ der *Reisen* sogar durchaus als ‚üblich'. Aus dieser wiederum dogmatischen Position der Verteidigung der unanfechtbaren Wahrheit des Christentums kann eine konkurrierende religiöse Wahrheit keine Anerkennung finden, sodass in den *Reisen* über verschiedene Erzählstrategien der Anspruch auf Wahrheit einer nicht-christlichen Religion diskreditiert wird. Damit stehen die *Reisen* noch stark in der vormodernen Tradition des Erzählens und Berichtens über nicht-christliche Religionen, insbesondere über den Islam. Auch der Verzicht auf eine Infragestellung des christlichen Dogmas aus dem ‚Mund' der Fremden, wie es immer wieder zu beobachten ist, zeigt die Konstanz des Prinzips an.

Demgegenüber wird in den *Reisen* durchaus Kritik an der eigenen Glaubenspraxis geübt, sei es direkt vom Erzähler, von Fremden wie dem ägyptischen Sultan oder den jakobitischen Christen, oder indirekt und strukturell reflexiv über die Beschreibung nicht-christlicher Praktiken und Rituale. So können die Sarazenen als scheinbar vorbildlich in ihrer Frömmigkeit und Gesetzeskonformität beschrieben werden, und damit in den Punkten, in denen die Christen sich sündhaft verhalten. Narrativ wird eine Kritik der lateinisch-christlichen Glaubenspraxis meist über mediale Rahmungen, verschiedene Perspektiven oder Erzählebenen vorgeführt: Über die intradiegetische direkte oder indirekte Rede der Fremden, über Bibel- und Kirchenväterzitate, und im Gespräch mit dem Sultan ist sie erst eine als Fremdkritik inszenierte Selbstkritik, die dem Sultan in den Mund gelegt wird, also eine distanziertere Reflexion auf das Eigene, die dann aber in der Diegese akzeptiert und vom Erzähler Mandeville selbst übernommen wird.

---

[327]   Grady, Representing Righteous Heathens, S. 51.

Die hier in den Blick kommende religiöse Praxis umfasst sowohl die kirchlichen hierarchischen Strukturen, die an den Vorgängen der Heilsvermittlung beteiligt sind, als auch die Herrschafts- und Gesellschaftsstrukturen, die den religiösen Alltag und die fromme Lebensführung des Einzelnen bestimmen. Die diesbezüglich direkt oder indirekt geäußerte Kritik an den religiösen Praktiken der lateinischen Kirche umfasst den gesellschaftlichen und kirchenpolitischen Problembereich, dem der spätmittelalterliche Antiklerikalismus und Antikurialismus entgegentritt. Im Unterschied zu häretischen Ideologien stellen, wie schon gesagt, die antiklerikalen Reformbestrebungen nicht das christliche Dogma und die Glaubenssätze in Frage, sondern sie kritisieren die klerikale Institutionalisierung des Heilszugangs, die Praktiken der Vermittlung zwischen den Gläubigen und Gott, sowie den moralischen Verfall der Kirche, der sich an der schlechten Lebensführung des Klerus abzeichne. Eine solche Haltung bildet den Hintergrund der erzählerischen Darstellung fremder Religionen und kann als eine durchgehende Tendenz in den *Reisen* beobachtet werden, mit der jedoch in den verschiedenen Versionen und Einzeltexten unterschiedlich umgegangen wird.

Mittels der Unterscheidung zwischen Dogma und Praxis lassen sich also zwei Richtungen in der erzählerischen Darstellung des fremden und des eigenen Religiösen erkennen, die reflexiv mit gegensätzlichen Wertungen operieren: Zu nicht-christlichen Religionen hin werden aus der christlich geformten Sicht des Erzählers dogmatische Abgrenzungen gezogen, die jedoch nicht zwingend auf eine Ablehnung und Diskreditierung der beschriebenen fremden Rituale und Heilsvermittlungspraktiken hinauslaufen. Gerade in der Beschreibung der Praxis können Annäherungen zum Eigenen hin und Reflexionen auf die christlich-lateinischen Praktiken vorgenommen werden und die fremde Frömmigkeit als vorbildlich, unverfälscht, inniger oder gottesbezogener als die christliche gewertet werden. Es handelt sich also um ein Zusammenspiel von Abgrenzung und Reflexion auf zwei unterschiedlichen Ebenen. Die Abgrenzung zum fremden Religiösen kann dann aber auch wieder in die Art und Weise der Darstellung einer nicht-christlichen Praktik eingebracht sein, in der sich die fremde Vorstellung von Heilsvermittlung als falsch und der Vermittlungsvorgang als eigentlich gestört erweist.

Daraus wird auch die Toleranzbehauptung der Forschung besser verständlich, denn sie stellt sich somit als ein Missverständnis der Unterscheidung zwischen Dogma und Praxis heraus. So fasst sie die vermeintlich positive Beschreibung der Glaubenspraxis von Nicht-Christen als Akzeptanz des fremden Glaubens und als Toleranz gegenüber einem fremden Dogma auf, indem sie die grundsätzlichen, sich auf die Dogmatik beziehenden Abgrenzungen und die dafür verwendeten erzähltechnischen Strategien und Wertungen ignoriert. Die Verwechslung der Glaubenspraxis mit dem religiösen Dogma oder sogar deren Gleichsetzung verwischt die narrativen Differenzierungen, die nicht auf einer einfachen Entgegensetzung von Fremdem und Eigenem beruhen, sondern aus komplexeren Spiegelungen dogmatisch eindeutige Wertungen generieren, aber in Hinsicht auf die Praxis Ambivalenzen produzieren. Die dargestellte Vorbildlichkeit fremder Glaubensformen kann also nicht als eine tolerante Darstellungsweise gewertet werden, denn sie bezieht sich nur auf die praktische Ausübung des Glaubens und nicht auf das fremde religiöse Dogma.

2. Ihr Papst, unser Papst, euer Papst: Der Papst als Reflexionsfigur in der Episode über die griechischen Christen

Besonders anhand der in den *Reisen* an verschiedenen Stellen vorkommenden Papst-Figur und des damit verbundenen lateinisch-christlichen Konzepts des päpstlichen Primats lässt sich aufzeigen, wie die Mechanismen der Bedeutungskonstitution auf verschiedenen Ebenen des Textes miteinander korrelieren. Der Begriff des Papstes ist deswegen so spannend, weil er einen eindeutig festgelegten Geltungsbereich hat und eine dezidiert lateinisch-christliche Semantik transportiert. Wenn dieser Begriff nun in einem anderen Kontext verwendet wird, überträgt sich einerseits dessen Semantik in diesen neuen Kontext hinein, gleichzeitig kann aber auch eine Art semantische Rückübertragung oder Reflexion des als fremd zu konnotierenden Sachverhalts in den Bereich des Eigenen bewirkt werden.

In dem im Folgenden näher zu betrachtenden Beispiel wird der Begriff des Papstes aus verschiedenen Erzählperspektiven eingebracht und mit Bedeutungen versehen. Zudem wird intradiegetisch das Medium des Briefes eingesetzt, das eine Außenperspektive auf das Eigene vermittelt und in dem sich das Papsttum kritisch reflektiert sieht. Der Vergleich der verschiedenen Versionen der *Reisen*, in denen die Begrifflichkeit der Textstelle variiert, legt die Vermutung nahe, dass je nach Entstehungszeit und -kontext einer Version die historische Krise des Papsttums im 14. Jahrhundert und die zeitgenössische Kritik an der römischen Kirche unterschiedlich aufgegriffen wird.

Die längere Episode über die griechischen Christen ist insgesamt gekennzeichnet durch Gegenüberstellungen und deutliche Differenzierungen zwischen „wir" und „sie", zwischen den griechischen und den lateinischen Christen, ihren jeweiligen Bräuchen und Ritualen. Mit einer scheinbar klaren Unterscheidung wird die Episode auch eingeführt, wenn es heißt: *„Wie wol* *daz ist daz die Kriechen cristen sind, doch so hond sie gros underschaidung an vil dingen an unserm rechten glouben"* (Vhs., 12). Mit dieser einleitenden Erklärung wird auch schon eine deutliche Wertung zugunsten des Eigenen vorgenommen, indem das westliche Christentum als der *rechte* Glauben bezeichnet wird.[328] Daraufhin werden weitere Unterschiede angeführt, wie das Fehlen des *filioque* im Glaubensbekenntnis der Griechen (*"Sie sprechent das der hailig gaist nit kum von dem sun, besunder von gott dem vatter allein"*, ebd.)[329]. Es scheint allerdings bei der Beschreibung der griechischen Christen das grundsätzliche Problem der zu großen Nähe zum Eigenen zu bestehen:

---

[328] Das Adjektiv dient also zur noch deutlicheren Differenzierung zwischen den beiden christlichen Glaubensformen und evoziert eine Abwertung des griechisch-orthodoxen Christentums als unrechter und falscher Glaube. In den Velser-Hss. A und M fehlt allerdings das Wort *rechten*, wie Morrall im Textkommentar der Edition angibt. Es ist zu vermuten, dass eine solche Wertung zwischen rechtem und unrechtem Glauben der Textstelle an sich schon inhärent ist und manchen Schreibern so selbstverständlich erschien, dass sie diese gar nicht weiter zu explizieren gedachten. Während der den Velser-Hss. vorausgehende französische Paris-Text die Wertung anführt (*"ilz varient moult de nostre droite creance"*, Ed. Letts, S. 237), fehlt sie in den späteren Velser-Versionen wie der Hs. N (*"habent sie doch groß vnderschaid an uil dingen an vnserm glauben"* fol. 11r) und dem Vdr. (S. 13). Auch der Diemeringen-Druck hat hier keine wertende Abgrenzung zwischen dem eigenen und dem griechisch-orthodoxen Christentum: *"So haltent sie doch vil stuck. anders denn wir"* (S. 204). Möglicherweise waren zu der Zeit, als die Velser-Hs. N und die Drucke erschienen, aus westlicher Sicht die Verhältnisse zwischen griechischem und römischem Christentum und auch innerhalb des römischen Christentums so klar, dass in den Texten keine weiteren Differenzierungen und Zuschreibungen mehr gemacht wurden, denn auch an anderen Stellen dieser Episode, wie weiter unten noch gezeigt werden soll, verzichten Hs. N und Vdr. auf solche Zusätze. Vgl. zu einem Vergleich der Textstelle über die Glaubensunterschiede in der italienischen und der französischen (Insularen) Version mit einer hebräischen Übersetzung den Aufsatz von Fabrizio Lelli: La version hébraïque abrégée des *Voyages* de Jean de Mandeville réalisée par Yohanan Alemanno. In: Charles le Blanc/ Luisa Simonutti (Hgg.): Le masque de l'écriture. Philosophie et traduction de la Renaissance aux Lumières. Genf 2015, S. 169-186, bes. S. 175f. Interessanterweise ist in der außenstehenden Perspektive eines jüdischen Übersetzers die Wertung des 'rechten' Glaubens, wie sie auch in der Insularen Version vorkommt, nicht mehr vorhanden: „On dit qu'entre grecs et latins il y a des differences de religion." (Ebd., S. 175, aus dem Hebräischen übersetzt von Lelli).

[329] Aus dogmatischer Sicht stellt das Fehlen des sog. *filioque* im Nicaeno-Constantinopolitanum der Ostchristen den Hauptunterschied zwischen lateinischen und griechischen Christen dar. Das *filioque* ist ein Zusatz der Lateiner zum Glaubensbekenntnis und besagt, dass der Heilige Geist aus dem Vater wie auch aus dem Sohn hervorgehe: *ex patre filioque procedit*. Vgl. dazu bspw. Anna-Dorothee von den Brincken: Die „Nationes christianorum orientalium" im Verständnis der lateinischen Historiographie. Von der Mitte des 12. bis in die zweite Hälfte des 14. Jahrhunderts. Köln u. a. 1973, S. 15f.

Die Griechen sind Christen („*Wie wol daz ist daz die Kriechen cristen sind* [...]"),
weichen aber in einigen relevanten Punkten vom römischen Christentum ab.
Somit hätten sie im Grunde Zugang zur ‚richtigen' Heilswahrheit, sie folgen
aber eigenen Interpretationen des christlichen Glaubens und sind folglich aus
römisch-christlicher Sicht Häretiker. Dieses prekäre Verhältnis von Ähnlichkeit und Abweichung wird in der Episode besonders anschaulich über die eingebrachten Reflexionen beider Seiten weiter verhandelt.

Zunächst geschieht dies in der Gegenüberstellung der beiden geistlichen
Oberhäupter, des römischen Papstes und des Patriarchen von Konstantinopel.
Da die griechisch-orthodoxen Christen statt des Papstes ihren Patriarchen als
Oberhaupt ansehen, schreiben sie Papst Johannes XXII einen Brief als Reakti-
on auf dessen Forderung nach einer geeinten Christenheit unter seiner Ober-
herrschaft:

> Und woltend ouch nit undertånig sin dem bapst von Rome und sprechend daz ir pat-
> riarch hab als grossem gewalt als unser bapst. Item der bapst Johannes der zway und
> zwaintzigost schraib in brieff wie daz die cristenhait alle solt ain ding sin, und soltend alle
> undertånig sin ainem baupst, der besunderlich hie uff ertterrich an gottes statt sin vicarius
> ist, und den ouch gott vollen gewalt geben hatt ainem yeglichen súnder sin súnd ze verge-
> ben; und da von sóllend sie im sin undertånig.
> Des woltend sie aber nit tůn und gabend im ain gemmelich antwúrt in sóllicher maß: ‚Po-
> tenciam tuam summam circa subiectos tuos credimus. Superbiam tuam summam tollerare
> non possumus. Avariciam tuam nimiam sauciare non intendimus. Dominus tecum, quia do-
> minus nobiscum est etc.' Und ander antwúrt mocht der bapst von in nit gehaben. (Vhs., 12)

Berichtet wird hier von einem Machtkonflikt und von der aus römisch-christlicher Sicht problematischen Lage einer gespaltenen Christenheit, die unterschiedliche Oberhäupter hat. Aus der Perspektive der Griechen liegen die
Probleme jedoch innerhalb des römischen Papsttums, beziehungsweise in
der Person Johannes' XXII, den sie gemäß ihrer Antwort für unmoralisch und
sündhaft halten.

2.1 Historisch-diskursive Bezüge

Die Textstelle muss in Bezug auf die Krise des Papsttums im 14. Jahrhundert
gelesen werden, und mit der Nennung der historischen Figur Papst Johannes'
XXII wird einer der wichtigsten Akteure dieser Zeit aufgerufen.[330] Die Mande-

---

[330]   Vgl. zur historischen Person Papst Johannes' XXII, seinen Schriften, seiner Tätigkeit, sei-
         ner Erinnerung in der Geschichtsschreibung, zur kurialen Verwaltung und den Herausfor-

ville-Forschung hat bei der hier betrachteten Episode denn auch vor allem die historischen Implikationen in den Blick genommen, aber bisher kaum für das Narrativ produktiv gemacht. So stellt beispielsweise Sobecki fest:

> Bearing in mind that *The Travels* were composed during the Babylonish captivity when the papacy's market value prefigured the adventurous inflation of the Italian lira, the claim that the ‚patriark hath as meche power ouer the see as the Pope hath on this syde the see' reads like a sarcastic comment on the dwindling authority of the Pope.[331]

Sobecki deutet die Stelle zwar als Verweis auf den Autoritätsverlust der römischen Kirche, nicht aber als Kritik am römischen Papsttum. Vielmehr sieht er in ihr die Möglichkeit der Sympathisierung der mittelalterlichen Leser mit den Griechen, was ihm zufolge letztlich zu einer toleranten Haltung der Leser gegenüber dem griechisch-orthodoxen Glauben führe: „Consequently, the medieval reader, having been assured of Mandeville's credibility and loyalty on the grounds of his group affiliation (‚oure feith', ‚our Pope'), shifts his sympathy to the Greeks".[332] Entgegen dieser Lesart sollen im Folgenden jene Marker, mit denen unterschiedlich starke Anbindungen an zeitgenössische Diskurse hergestellt werden, als selbstkritische Deutungsangebote der Texte analysiert werden, die meist auch im Zusammenhang mit dem jeweiligen Entstehungskontext und der Bearbeitungstendenz eines Einzeltextes stehen.

LOKALISIERUNG IN ROM

Als eine Referenz auf historische Konstellationen kann die in den Versionen variierende Lokalisierung des Papsttums in Rom verstanden werden (*„Und woltend ouch nit undertånig sin dem bapst von Rome"*, Vhs., 12). Dass die Formulierung – hier in der um 1390 entstandenen Velser-Übersetzung – auf das zu dieser Zeit bestehende Große Abendländische Schisma der Christenheit anspielt, während dessen mehrere Päpste gleichzeitig in Rom und Avignon, später auch in Pisa regierten, ist durchaus vorstellbar;[333] dies umso mehr, als

---

derungen zwischen Kurie und Politik den Sammelband, herausgegeben von Hans Joachim Schmidt und Martin Rohde: Papst Johannes XXII. Konzepte und Verfahren seines Pontifikats. Freiburger Colloquium 2012. Berlin/ Boston 2014.

[331] Sobecki, Mandeville's Thought of the Limit, S. 332.

[332] Ebd. Vgl. zur Toleranz-Behauptung S. 333: „The result is the gradual stimulation of a moderately tolerant psychological response on the part of the reader".

[333] Das Große Abendländische Schisma stellt den Höhepunkt der Krise des Papsttums im 14. Jh. dar, die zwar hauptsächlich innerkirchlich herbeigeführt wurde, aber auch mit

die Referenz auf die Spaltung innerhalb der lateinischen Kirche im Kontext der Problematisierung des Morgenländischen Schismas geschieht. Doch nicht alle Versionen verorten den Papst in Rom und keine lokalisiert ihn an einem anderen Ort als Rom, was sicher auch damit zusammenhängt, dass Rom ein symbolischer Ort und der Ausdruck „der Papst von Rom" ein Topos ist, der zwar nicht unbedingt einen zeitgenössisch gegenwärtigen Zustand abbilden muss, aber doch je nach Version als Referenz gelesen werden kann.

Überblickshaft formuliert führen die eher früheren Versionen der *Reisen* diesen Zusatz (*von Rome*) an, während die eher späteren auf die Nennung Roms verzichten. Dies bedeutet beispielsweise für den 1371 verschriftlichten Paris-Text, den ältesten überlieferten Textzeugen, dass er die Kirche in Rom verortet, als zeitgenössisch der Papst während der ‚Babylonischen Gefangenschaft' (1309-1378) in Avignon residierte; und für den um 1400 verschriftlichten Cotton-Text, dass er ebenso Rom anführt, während zu dessen Entstehungszeit das Abendländische Schisma (1378-1417) die Kirche auf Rom und Avignon aufspaltete. Die deutschsprachigen Drucke hingegen geben keine Lokalisierung

---

politischen Konflikten zwischen Frankreich und Italien sowie zwischen den weltlichen Mächten und der Kurie zusammenhängt. Dem Schisma vorausgegangen war das ‚Exil von Avignon' oder die sogenannte ‚Babylonische Gefangenschaft' des Papsttums: Veranlasst durch Clemens V, der nach seiner Wahl zum Papst dauerhaft in Frankreich residierte, war die Kurie in den Jahren 1309-1378 nach Avignon übergesiedelt. Der hier in den *Reisen* genannte Papst Johannes XXII war der zweite Papst von Avignon. In dieser Zeit gab es allerdings auch Versuche, das Papsttum wieder in Rom zu etablieren, z. B. durch Urban V, der die Jahre 1367-70 in Rom verbrachte, oder auch durch Gregor XI, auf dessen Tod 1378 das Große Schisma erfolgte, indem sowohl in Rom (Urban VI, der wenige Monate später für abgesetzt erklärt wurde, aber bis 1389 römischer Papst blieb) als auch in Avignon (Clemens VII, 1378-1394) je ein Nachfolger gewählt wurde. Daraufhin beanspruchten beide für sich kanonische Legitimität. 1409 erklärte das Konzil von Pisa die Kirchenspaltung als Häresie, setzte die beiden Päpste ab, was diese jedoch nicht anerkannten, und wählte einen dritten Papst, Alexander V. Erst das Konzil von Konstanz 1414 konnte das Abendländische Schisma beenden, indem es alle drei zu der Zeit nebeneinander regierenden Päpste (Johannes XXIII, Benedikt XIII, Gregor XII) absetzte und 1417 einen neuen, von allen am Konzil beteiligten Nationen anerkannten Papst wählte (Martin V). Unmittelbare Folge der Krise des Papsttums war die langanhaltende Schwächung des päpstlichen Primats, die letztlich im Konziliarismus, also der Oberhoheit des Konzils über den Papst, ihren kirchenrechtlichen Ausdruck fand. Vgl. hierzu bspw. Ernst Reiter: Das Papsttum in Avignon. In: Walter Buckl (Hg.): Das 14. Jahrhundert. Krisenzeit. Regensburg 1995, S. 19-31; Georg Schwaiger: (Art.) Papsttum I. Kirchengeschichtlich. In: TRE, Bd. 25 (1995), S. 647-676, bes. S. 660-663; Bernhard Schimmelpfennig: Das Papsttum. Von der Antike bis zur Renaissance. Bibliographie bearb. u. aktualisiert v. Elke Goez. 6. Aufl, Darmstadt 2009, bes. S. 223-266; Klaus Herbers: Geschichte des Papsttums im Mittelalter. Darmstadt 2012, bes. S. 225-267.

bei der Nennung des Papstes an – zu einer Zeit, als das Papsttum längst wieder in Rom installiert und die Entzweiung des Papsttums seit über 60 Jahren überwunden war. Dieser Zeitlichkeit entsprechend führt innerhalb der Velser-Version auch die Hs. N die Lokalisierung des Papstes in Rom nicht an.[334] Dasselbe Verhältnis innerhalb der Überlieferung zeigt sich in der Diemeringen-Version, in der einige Handschriften den Papst den *„babst von rome"* nennen,[335] wohingegen der Diemeringen-Druck, aber auch die dem Druck nahestehende Hs. Sg1[336] auf diesen lokalisierenden Zusatz verzichten.

Zur besseren Vergleichbarkeit dieses und des gesamten Text-Teils der Episode über die griechischen Christen in den verschiedenen Versionen sei hier auf den Anhang der vorliegenden Arbeit verwiesen. Dort sind sowohl Ausschnitte aus dieser Episode in tabellarischer Form vergleichend gegenübergestellt als auch weitere in dieser Arbeit behandelte Textstellen aus verschiedenen Versionen der *Reisen*.

Ein Spezifikum des Cotton-Textes und weniger anderer Texte der englischen Versionen ist die zusätzliche Verortung des Papstes in Rom am Ende des Reiseberichts, wenn der Erzähler Mandeville angibt, die Wahrhaftigkeit seines Buches vom Papst in Rom bestätigt haben zu lassen:

> *at myn hom comynge I cam to Rome and schewed my lif to oure holy fadir the Pope and was assoylled of all þat lay in my conscience [...]. And amonges all I schewed hym this tretys þat I had made [...], And besoughte his holy fadirhode, þat my boke myghte ben examyned and corrected be avys of his wyse and discreet conseill. And oure holy fader of his special grace remytted my boke to ben examyned and preued be the Avys of his seyd conseill, Be the whiche my boke was preeued for trewe [...].*[337]

---

334   Vgl. Hs. N, fol. 11r: *„vnd sind auch dem Babst nit vndertannig"*.

335   Vgl. Diem.-Hs. H, Ed. Martinsson, S. 23: *„Ok en sint se nicht dem pawese van Rome horsam"*, und Hs. H2, fol. 13r, mit einer Doppelung, die wahrscheinlich beim Abschreiben zustande kam: *„Auch sint sie nit dem babst von rome gehorßam nach dem stüle der kirchen die der ba^{b}st von rome gehorßam nach dem stüle der kirchen die der babist vnd die cardinele besitzent"*.

336   Die von Ridder mit der Sigle Sg1 bezeichnete Hs. aus dem St. Galler Stiftsarchiv trägt die Signatur Cod. Fabariensis XVI und wird aufgrund des kunstgeschichtlichen Befunds hinsichtlich der Illustrationen auf die Mitte des 15. Jhs. datiert. Sie ist Ridder zufolge wie der Großteil der überlieferten Diemeringen-Hss. und wie alle Drucke der Überlieferungsgruppe C zuzurechnen. Laut Ridder steht sie dem Erstdruck sehr nahe. Vgl. Ridder, Studien zur Überlieferungsgeschichte, S. 85f. Die Hs. ist außerdem online einsehbar unter http://www.e-codices.unifr.ch/de/list/one/ssg/0016

337   Cotton-Version, Ed. Hamelius, S. 209f.; Dieser angebliche Besuch Mandevilles beim Papst, welcher zusammen mit seinem Rat das Buch für wahr erklärt, indem sie es mit einem anderen Buch abgleichen, das wiederum Vorlage für eine nicht weiter benannte

Im Unterschied zur Episode über die griechischen Christen versteht die Forschung besonders diese Stelle als Referenz auf die historische Situation des
Papsttums, jedoch mit unterschiedlicher argumentativer Zielsetzung: Entweder liest sie in ihr einen Ausdruck der Unterstützung der römischen Seite
während des Abendländischen Schismas, wie es Higgins für den Cotton-Text
annimmt.[338] Oder sie geht davon aus, dass der Text auf die Vakanz des römischen Stuhls anspielt und in dieser Stelle der Wunsch eines wieder in Rom
installierten Papsttums als spirituelles und temporales Zentrum der Christenheit angezeigt werde. So argumentiert Heng, die das intradiegetische Jahr der
Rückkehr ‚Mandevilles' – je nach Version 1356 oder 1366 – als Ausgangspunkt
für ihre Überlegungen nimmt. Denn in diesen Jahren waren die Päpste von
Rom abwesend und Rom dementsprechend eine „problem site".[339] Mit der Anführung Roms – sei es im Zusatz des Epilogs oder bei der Nennung des Papstes
an anderen Stellen in den *Reisen* – kann also einerseits eine Idealvorstellung
oder ein Topos transportiert werden, der nicht unbedingt mit der zeitgenössischen Lage des Papsttums übereinstimmen muss. Andererseits kann dadurch
gerade eine Unstimmigkeit angezeigt werden, aus der allerdings schwer eine
Wertung oder eine Positionierung des Bearbeiters des Textes ablesbar ist. Somit lässt sich die Lokalisierung des Papstes in Rom zwar nicht als eindeutig zu
wertender Kommentar auf eine historische Situation lesen,[340] sicher aber als
Referenz auf die problematische Lage des Papsttums zu dieser Zeit.

„Mappa Mundi" gewesen sein soll, kommt nur in einigen engl. Versionen vor, so in der
Cotton-, der Defective-, einer Hs. der Royal- sowie in der Egerton-Version.

[338] Higgins, Writing East, S. 245f.: „[A]nd when the Great Schism (1378-1417) divided the European powers into pro-Roman and pro-Avignonese camps, England declared for Rome,
and France for Avignon. Exactly when the Cotton translation was made is uncertain
(about 1400 is the received date), but it seems clear that the rendering of ‚al Pape' as ‚to
the Pope of Rome' is a deliberately partisan gesture in its historical context (which could
have been any time between 1378 and 1417, if not also before, as a statement of what
ought to be, or after, as a reminder of the restoration)." Heng, Empire of Magic, S. 435,
unterstützt die Annahmen Higgins'.

[339] Heng, Empire of Magic, S. 263: „The English *Travel's* desire for the Pope to be in residence
at Rome in 1356 [Cotton, Royal] or 1366 [Egerton, Defective] attentively names Rome,
with its empty see, as a problem site, like Jerusalem, emptied of monarch and crusaders.
If Jerusalem represented a sacred symbolic center for all Christians throughout Europe,
Rome stood as the center from which the spiritual (and, by the Middle Ages, temporal)
governance of the faithful on earth had issued since saints Peter and Paul."

[340] So fragt sich auch Grady, Representing Righteous Heathens, was die Nennung Roms
denn nun zu bedeuten habe, wenn sie nicht nur Auskunft über die Datierung eines Textes gibt: „since placing the Pope in Rome as opposed to Avignon clearly says something
– though it's not clear exactly what – about the date of the texts' composition." (S. 67).

PAPST JOHANNES XXII IM KONTEXT DES ANTIKURIALISMUS

Mit der Anführung von Papst Johannes XXII, dem die Griechen die schwerwiegenden Laster *superbia* und *avaritia* vorwerfen, kann an tatsächlich mit seiner Person verknüpfte Vorwürfe der Verweltlichung der Kirche sowie an einen antikurialen Diskurs der Kritik am Papsttum angeschlossen werden. Interessant hinsichtlich der Lokalisierung des Papstes in Rom in einigen Texten der *Reisen* ist, dass Johannes XXII als zweiter Papst in Avignon das Papsttum dort fest installierte und somit nie in Rom residierte. Es ist also anzunehmen, dass sich – abgesehen von der Formulierung „Papst in Rom" als Topos – gerade in den Texten, die zur Zeit der Babylonischen Gefangenschaft des Papsttums in Avignon oder während des Abendländischen Schismas den Papst in Rom lokalisieren, ein latentes Missfallen an der Zwiegespaltenheit des Papsttums sowie der Wunsch nach einem wieder an seinem ursprünglichen apostolischen Ort wirkenden Papst ausdrückt.

Die neu zu etablierende Hofhaltung in Avignon ging mit großen finanziellen Belastungen des Papsthofes einher. Gleichzeitig ermöglichte diese grundlegende Neugestaltung des kurialen Hofes es aber auch, sich von alten Strukturen zu lösen und dort eine ganz neue Verwaltung aufzubauen, was von Johannes XXII stark vorangetrieben wurde. Seine Leistung, die ihm den Ruf der Habgier einbrachte, war es, mit neuen Verwaltungsstrukturen den päpstlichen Fiskalismus zu intensivieren und zu perfektionieren.[341] Er konnte während seiner Amtszeit sogar mehr Einnahmen generieren als der Hof Ausgaben hatte, was bei den späteren Päpsten kaum noch der Fall war. Den Vorwurf der *avaritia*, wie ihn die griechischen Christen in den *Reisen* formulieren, trug sich der Papst durch die finanzielle Ausnutzung der Gesamtkirche also durchaus ein, zudem erhöhte er in dieser Zeit noch den fiskalischen Druck, besonders bei den Servitien (ursprünglich Spenden, später Zwangsabgaben an den Papst für päpstliche Amtsbestätigung, Pfründen, etc.), durch die Androhung der Exkommunikation säumiger

---

[341] Vgl. Herbers, Geschichte des Papsttums, S. 224, 233-237; Auch Seymour, Kommentar Ed. Defective-Version, S. 140, verweist darauf, dass sich Papst Johannes XXII durch seine Fiskalpolitik den Vorwurf der Habsucht einholte: „During his papacy at Avignon 1316-34 he undertook wide-ranging administrative reforms, including a more efficient fiscal organization and the imposition of new taxes. This policy was resented by many, including the Benedictines, and gave rise to an unjust reputation for avarice." Reiter, Das Papsttum in Avignon, beurteilt geradezu die Persönlichkeit Papst Johannes' XXII, wenn er angibt, Johannes sei „für die Kurie freilich, und das muß man ganz hart sagen, geldgierig wie kaum ein anderer, willensstark aber auch starrsinnig und rücksichtslos, ein guter Staatsmann, kein Diplomat." (S. 21).

Zahler. Dies brachte dem Papst den Vorwurf der Simonie ein.[342] Seine Positionierung im sogenannten Armutsstreit des Franziskanerordens zwischen ‚Spiritua-
len' (Befürwortern des Armutsideals, wie es Franz von Assisi predigte und lebte)
und ‚Konventualen' (Befürwortern von Eigentum und wirtschaftlichem Wachstum des Ordens) auf der Seite der letzteren bestätigte seinen Ruf als ein mehr der
Welt zugewandter und die Kurie bereichernder Papst nur noch mehr. Dies, sowie
seine Ansicht der *visio beatifica*, mit der er der gängigen Lehrmeinung wider-
sprach, führte sogar dazu, dass Zweifel an seiner Rechtgläubigkeit aufkamen.[343]
    Für die fortschreitende Entwicklung der Schwächung des Papsttums im 14.
Jahrhundert weitaus bedeutender als die misslungene Einigung mit den griechischen Christen war der Konflikt Johannes' XXII mit dem deutschen König, später
Kaiser Ludwig IV, den er 1324 mit dem Kirchenbann belegte und exkommunizierte. Ludwig wehrte sich gegen diesen aus seiner Sicht politischen Machtmiss-
brauch der Kirche, proklamierte die Absetzung des zudem von Rom abwesenden
Papstes und versuchte einen Gegenpapst, Nikolaus V (1328-1330) zu etablieren.[344]
Der Streit um Suprematie und Autorität der beiden Universalmächte, der noch
die Nachfolger von Johannes beschäftigte, stellte „den letzten großen Kampf
zwischen Kaisertum und Papsttum dar"[345] und führte zu einer zunehmenden
Kritik am Papsttum und zu einer immer weiter fortschreitenden Unabhängigkeit

---

[342] Vgl. Schimmelpfennig, Das Papsttum, S. 231f. Papst Johannes XXII exkommunizierte im
       Jahr 1328 über 30 Bischöfe und mehr als 40 Äbte (S. 232). Überhaupt sah sich das Papst-
       tum mit seinen kirchenrechtlichen „Druckmitteln" immer mehr der Kritik ausgesetzt,
       und päpstlich verhängte Interdikte führten zur Entfremdung zwischen Kirche, ganzen
       Provinzen und den Gläubigen. Vgl. ebd., S. 238f.
[343] Papst Johannes XXII vertrat die Meinung, dass die Gottesschau der Seelen erst nach dem
       Endgericht stattfinden könne und nicht schon direkt nach dem Tod. Sein Nachfolger
       Benedikt XII setzte in der Bulle *Benedictus Deus* die Lehre von der Gottesschau der in der
       Gnade Christi gestorbenen Menschen mit dem Tod als Dogma fest. Vgl. ebd., S. 241.
[344] Vgl. hierzu Herbers, Geschichte des Papsttums, S. 237-243. Herbers fasst die längerfris-
       tigen Auswirkungen dieses Konflikts zwischen Papst und Kaiser folgendermaßen zu-
       sammen: „Die Kritikpunkte und die Auseinandersetzungen waren [...] vielfältig: eine
       Mischung von politischen, theologischen sowie kirchenrechtlichen Fragen machte die
       Brisanz des Streites zwischen Ludwig dem Bayern und Johannes XXII. aus, denn hier
       wurde über alte Rechte, grundsätzliche Positionen und neue Herausforderungen gestrit-
       ten. [...] Macht, Ansehen und Einfluss des Papsttums wurden auf verschiedenen Ebe-
       nen diskutiert und kritisiert: einerseits durch die theoretischen Schriften, die eine von
       Papsttum und Kirche unabhängige, vom Volk ausgehende Staatsgewalt formulierten,
       andererseits von den Kurfürsten, die ihre Rechte zu Königs- und Kaisertum gegenüber
       päpstlichen Ansprüchen weiter festigen konnten. Diese Verknüpfung und die langfristi-
       gen Ergebnisse machten den Streit Ludwigs des Bayern mit der Kurie zukunftsweisend"
       (S. 241).
[345] Schimmelpfennig, Das Papsttum, S. 238.

der weltlichen von der geistlichen Gewalt. Das Verhältnis zwischen kirchlicher und weltlicher Macht wird in den *Reisen* auch in dem Widmungsschreiben an König Edward III zum Ausdruck gebracht, welches aber nur in einigen Hand-schriften der Insularen Version vorhanden ist. In dem lateinischen Schreiben wird der englische König folgendermaßen angesprochen: „*Principi excellentissi-mo, pro cunctis mortalibus precipue venerando Domino Edwardo* [...]".[346] Es stellt den König entschieden über alle Sterblichen, also auch über den Papst.

Zusammenfassend lässt sich feststellen, dass die historische Person Papst Johannes' XXII als avignonesischer Papst eine bedeutende Figur und geradezu Ausgangspunkt für die Entwicklung des Niedergangs der Kirche und des zuneh-menden Ansehensverlustes des Papsttums war. Durch die Uneinigkeiten inner-halb der christlichen Kirche, die mit dem Avignonesischen Exil und daraufhin im Abendländischen Schisma ihren stärksten Ausdruck fanden, und die inten-sive Fiskalpolitik der Kurie wurde eine anwachsende antikuriale und antikleri-kale Stimmung provoziert, innerhalb welcher um 1360 auch Mandevilles *Reisen* entstanden sind. Es gilt grundsätzlich zu berücksichtigen, dass direkte Verbin-dungen zwischen außertextuell Historischem und den in den *Reisen* aufschei-nenden historischen Implikationen und Verweisen mit Vorsicht zu ziehen sind. Was als möglicher Kommentar auf historische Ereignisse und Entwicklungen verstanden werden kann, kann je nach Text-Version variieren und im Laufe der Transmission angepasst und verändert oder auch schlicht beibehalten worden sein.[347] Die Nennung Papst Johannes' XXII in dieser Episode, die im Kontext der inneren und äußeren Spaltung der Christenheit zu lesen ist, macht allerdings auch deutlich, dass die an ihn gerichteten Anschuldigungen von Seiten der Grie-chen weniger eine generelle Kritik am römischen Papsttum darstellen, sondern vielmehr eine Kritik am Avignonesischen Papsttum. Denn im Avignonesischen Papsttum realisiert sich einerseits der Bruch mit dem apostolischen Auftrag an den Papst, der in der Nachfolge Petri als Bischof von Rom auch dort seinen Sitz hatte, und andererseits wurde es viel stärker als das Römische als Ausdruck einer fortschreitenden Verweltlichung der Kirche aufgefasst. Die *Reisen* stellen

---

[346] Hamelius, Kommentar Ed. Cotton-Version, S. 14. Hamelius baut seine These von der an-tipäpstlichen Intention der *Reisen* besonders auf dieser Stelle auf: „His attacks on the Papacy [...] evince Wycliffite tendencies in agreement with the dedication of the Travels to Edward III." (Ebd., S. 10)

[347] Aufgrund dieser grundsätzlichen Schwierigkeit des In-Beziehung-Setzens von Textkom-mentaren, -aussagen und außertextuellen Ereignissen, soll bei den Textanalysen in den folgenden Kapiteln ein solch ausgedehnter historischer Blick wie hier nicht mehr ange-stellt werden. Dies bedeutet aber nicht, dass nicht die Diskurse – soweit dies möglich ist – aufgezeigt werden sollen, an die der Text gerade mit solchen Begrifflichkeiten, wie sie in diesem Abschnitt untersucht wurden, anschließt und in die er sich einschreibt.

somit nicht die Institution des Papsttums *per se* in Frage, sondern Aspekte des Papsttums, die zeitgenössisch ebenfalls starker Kritik ausgesetzt waren.

2.2 Semantisierungen der Papst-Figur mit sprachlich-rhetorischen Mitteln

Die historischen Implikationen, wie sie oben herausgearbeitet werden konnten, werden in der Textstelle über den Papst und die griechischen Christen auch mit sprachlich-rhetorischen Mitteln aufgegriffen und verhandelt. Gerade die Art und Weise der erzählerischen Darstellung lässt ein Wechselverhältnis zwischen dem erkennen, was erzählt wird, und einer Begrifflichkeit, über die verschiedene Semantiken transportiert werden, wodurch die verwendete Begrifflichkeit immer wieder Bedeutungserweiterungen erfährt und letztlich Überlagerungen und Ambiguitäten produziert. Die im Text erzählte Problematik der gespaltenen Christenheit wird über Vergleiche des Eigenen mit dem Fremden, Differenzierungen und diverse Zuschreibungen an das Papsttum aufgegriffen und das von Papst Johannes XXII eingeforderte päpstliche Primat, welches die griechisch-orthodoxen Christen anerkennen sollen, durch die wiederholend-reihende Verwendung des Papstbegriffes und dessen verschiedene Attribuierungen regelrecht unterlaufen.

Differenzierungen

Die Textstelle beginnt mit dem Herstellen von Ähnlichkeit, ja geradezu mit einer Gleichsetzung: Die beiden Oberhäupter der sich auf West und Ost aufgespaltenen christlichen Kirche, der (römische) Papst und der griechische Patriarch, werden von den Griechen als gleichwertig bezeichnet: *„und sprechend daz ir patriarch hab als grossem gewalt als unser bapst"* (Vhs., 12). Sozusagen als ein in diesem Kontext am weitesten vom eigenen Konzept des Papstes entferntes und von den Griechen evoziertes Konnotat steht der Patriarch von Konstantinopel dem (römischen) Papst als ein ‚anderer Papst' gegenüber, wodurch sich die Inhalte beider Begriffe einander annähern. Diese Gleichsetzung sieht sich im Widerspruch zur darauf folgenden Forderung von Papst Johannes XXII nach Einheit und *„ainem baupst"*: *„die cristenhait alle solt ain ding sin, und soltend alle undertånig sin ainem baupst"* (ebd.).

Zudem wird das Konzept des einzigen Papsttums ergänzt durch die Attribute der weiteren in der Textstelle angeführten Papst-Begriffe, und zwar (heils-)lokal durch den *„babst von Rome"*, gruppendifferenzierend über *„unser bapst"* und abgrenzend zu „*ir patriarch*", aber auch personal durch die namentliche Bezeichnung des Papstes Johannes XXII, der in einer nicht näher bestimmten intradiegetischen Vergangenheit verortet wird. Eine letzte Bedeutungszuweisung erfährt das Konzept in der definitorischen Ergänzung am Ende der Forderung des Papstes: „*und soltend alle undertånig sin ainem baupst, der besunderlich hie uff ertterrich an gottes statt sin vicarius ist, und den ouch gott vollen gewalt geben hatt ainem yeglichen súnder sin súnd ze vergeben*" (ebd.). Durch diese Zuschreibungen werden dem Begriff des Papstes im Gegensatz zur Gleichsetzung mit dem griechischen Patriarchen nun Konnotationen verliehen, die den Begriff innerhalb des römisch-christlichen Bedeutungsfeldes erweitern.

Wie schon über die in die Episode einführende Formulierung „*unser*[...] *rechte*[r] *glouben*" der Glaube der Anderen als ein falscher figuriert wird, können auch die unterschiedlichen Attribuierungen des Papst-Begriffs ihr jeweiliges Gegenteil evozieren. So zeigt das dem Papst beigegebene Possessivpronomen „*unser*" ein Verhältnis der Zugehörigkeit an und impliziert gleichzeitig ein „euer", was durch den im Text imaginierten Perspektivwechsel zwischen lateinischen und griechischen Christen zusätzlich vorgeführt wird. Auch die Form der indirekten Rede, in der die Aussage der Griechen gehalten ist (*„und sprechend daz ir patriarch hab als grossem gewalt als unser bapst*") zeigt auf sprachlich-pragmatischer Ebene die Korrelation zwischen „ihnen", „ihrem" und „unserem" und die Austauschbarkeit der Possessiva je nach Aussageperspektive. Wer beobachtet hier wen, und über welche Seite wird mehr Aufschluss gegeben, könnte man auch fragen. Und schließlich lässt auch die lokalisierende Zuschreibung, der Papst sei „*von Rome*", die Vorstellung zu, dass es einen weiteren Papst in einer anderen Stadt geben könnte, beispielsweise in Avignon, was allerdings in keiner der untersuchten Versionen der *Reisen* expliziert wird.[348] Die Forderung nach „*ainem baupst*" sieht sich also einer begrifflich differenzierten Mehrzahl von Aspekten des ‚Papstes' gegenüber, welche die im Text vorgestellte Problematik der Uneinigkeit der Christenheit widerspiegelt – und zwar Uneinigkeit im Hinblick auf die Abspaltung der griechisch-orthodoxen Christen wie auch Uneinigkeit innerhalb des lateinischen Christentums.

An den Stellen, in welchen hier dem Papst-Begriff unterschiedliche Attribute zugeschrieben werden, sind in den verschiedenen Versionen der *Reisen* deutliche Varianzen zu finden. Auch die den Griechen in den Mund gelegte

---

[348] Statt Avignon wird durch die Gleichsetzung von Papst und Patriarch auch Konstantinopel als Denkmöglichkeit evoziert; zudem „lokalisiert" der Text an anderer Stelle über den Vergleich des Papstes mit dem Kalifen sogar einen Papst in Bagdad: Vgl. das Kap. ‚Machtraum – III. 6.2 Der Kalif als Papst, Kaiser und Sultan' unten in der vorliegenden Arbeit.

Vergleichbarkeit von Patriarch und Papst wird in den untersuchten Versionen auf minimal unterschiedliche Weisen ausgedrückt, was dann aber jeweils eine etwas andere Aussage bewirkt. So kommt die possessive Formulierung „*unser*" Papst in der indirekten Rede der griechischen Christen nur in der Velser-Handschrift vor, wohingegen die Differenzierung im Paris-Text über eine räumliche Unterscheidung ausgedrückt wird: „*et dient que autant de pouoir a le patriarche de la comme le pape de ca.*"[349] Eine noch deutlichere topographische Differenzierung wird an dieser Stelle im englischen Cotton-Text vorgenommen: „*þei seyn þat here Patriark hath as meche power ouer the see as the Pope hath on this syde the see*".[350] Beide Texte schränken mit dieser lokalen Differenzierung aber gleichzeitig die beiden Machtbereiche ein und implizieren, dass die Macht des Papstes – entgegen der später eingeforderten Universalität des Papstes als *vicarius* Gottes – sich auf das „diesseits" dem Meer gelegene Gebiet beschränkt und somit nicht universal ist.

PROBLEMATISIERUNG DES UNIVERSALANSPRUCHS DES PAPSTES

Die Hs. N und der Erstdruck der Velser-Version nennen den Papst im ganzen Textabschnitt – bis auf die Nennung von Papst Johannes XXII und die Definition als *vicarius* Gottes – immer unattribuiert: „*die kriechen sprechent das ir patriarch hab alß grossen gewalt alß der pobst*" (Hs N, fol. 11rf.).[351] Ebenso verfährt an dieser Stelle der Diemeringen-Erstdruck („*der bapst*").[352] Der von den Griechen angestellte Vergleich verwendet in den Drucken und der Hs. N den bestimmten

---

[349]   Paris-Text, Ed. Letts, S. 237f.

[350]   Cotton-Text, Ed. Hamelius, S. 11. Inwieweit sich im Englischen die Homonymität von „*see*" als einerseits „Meer"/ „See" und andererseits „Sitz"/ „Thron" auf die topographische Lesart der Stelle auswirkt, kann hier nur als Frage angedeutet, aber kaum beantwortet werden. Unter Berücksichtigung weiterer Textstellen wird jedoch deutlich, dass der Cotton-Text den Begriff „*see*" ausschließlich mit der Bedeutung „See"/ „Meer"/ „Gewässer" benutzt, z. B. in der häufig vorkommenden Verbindung „*the see Occean*". Vgl. die entsprechenden Lemmata in Francis Henry Stratmann: A Middle-English Dictionary. Containing Words Used by English Writers from the Twelfth to the Fifteenth Century. A New Edition, Re-Arranged, and Enlarged by Henry Bradley. Nachdruck Breinigsville 2010. Die deutliche Gegenüberstellung dies- und jenseits des Meeres findet sich in den meisten englischen Versionen, aber noch nicht in der Insularen Version, Ed. Deluz.

[351]   Vgl. im Vdr., S. 13: „*die kriechen sprechen dȝ jr patriarch hab als grossen gewalt als der babst.*"

[352]   Ddr., S. 204: „*sie sprechent das der patriarch der über sie ist als vil gewalt hab als der bapst.*" Auch die gesichteten Diemeringen Hss. H, H1, H2, Sg1 führen in dem Vergleich der Griechen nur „*der papst*" an ohne räumliche oder possessive Zuschreibungen.

Artikel bei der Nennung des Papstes, der – im Gegensatz zu Formulierungen wie „unser Papst" – eine Singularität transportiert, die wiederum dem Universalanspruch des Papsttums Ausdruck verleiht.[353] In Hs. N und im Vdr. zeigt sich diese Demonstration von Einzigkeit und Universalität auch in der Formulierung Papst Johannes' XXII, die ganze „welt" solle vereint und einem Papst untertan sein („*die welt solt ein ding sein vnd solten alle einem babst auf erde vndertånig sein*", Vdr., 13) – und nicht „nur", wie in den anderen Versionen, die vereinte Christenheit („*die cristenhait alle solt ain ding sin, und soltend alle undertånig sin ainem baupst*", Vhs., 12). Dementsprechend ist es in Hs. N und im Vdr. auch Aufgabe des Papstes, einen „*ỹegklichen menschen*" von Sünde zu erlösen statt einen „*yeglichen súnder*", wie es noch die Vhs. formuliert.[354]

Es sei hier kurz auf eine Formulierung in der Diemeringen-Version verwiesen, welche (in allen gesichteten Textträgern) die von Papst Johannes XXII eingeforderte Einigkeit der Christen mit der Metapher des ‚Hauses' wiedergibt: „*wie alle christenheit ein huß were.*" (Ddr., 204) Damit nimmt sie wahrscheinlich auf die schon zuvor angeführte „*heilige[...] kirche[...]*" Bezug („*sie sint dem bapst nach dem stůl der heiligen kirchen nit gehorsam*", ebd.), der der Stuhl des Papstes angehört, und die nicht nur eine der Christenheit übergeordnete Institution darstellt, sondern über die Haus-Metapher als ein durch die Christenheit selbst konstituiertes ‚Gebäude' vorgestellt wird.[355] Sicher war dem theologisch gebildeten Otto von Diemeringen auch die neutestamentliche Bezeichnung der christlichen

---

[353] Ähnliches findet sich im Cotton-Text, der hier die Forderung von Papst Johannes XXII nach der Anerkennung eines einzigen Papstes so formuliert: „*þat þe scholde ben obedyent to the Pope*" (Ed. Hamelius, S. 11; vgl. ebenso in der Defective-Version, Ed. Kohanski/Benson; dagegen Egerton, Ed. Seymour, S. 11: „*to a pope*"). Es ist stark anzunehmen, dass die Formulierungen ‚ein' Papst (im Sinne von ‚ein einziger, gemeinsamer') und ‚der' Papst im Grunde gleichwertig sind, da ja das Konzept des Papsttums nur einen (einzigen, universalen) Papst vorsieht.

[354] Vgl. Hs. N, fol. 11v: „*vnd jm vollen gewalt geben hat ainen ieglichen menschen sein sund ȝu vergeben*", gegenüber Vhs., S. 12: „*den ouch gott vollen gewalt geben hatt ainem yeglichen súnder sin súnd ze vergeben*". Die anderen Versionen spezifizieren dagegen nicht, wer vom Papst erlöst werden kann.

[355] Das mit der Haus-Metapher aufgegriffene Konzept der *domus ecclesiae*, mit welchem im frühen Christentum die private Hauskirche bezeichnet wurde, erfährt hier die bildliche Umsetzung als ein Kirchengebäude, das aus den Gläubigen selbst besteht und dessen schützendes Dach entsprechend der Papst verkörpert. Vgl. zur Etablierung des Begriffs Ulrich Mell: Christliche Hauskirche und Neues Testament. Die Ikonologie des Baptisteriums von Dura Europos und das Diatessaron Tatians. Göttingen 2010, der vermutet, dass die Bezeichnung *domus ecclesiae* in der altchristlichen Literatur „für das geweihte christliche Versammlungshaus in Anlehnung an die ntl. Metaphorik der Kirchenmitglieder eingebürgert" wurde (S. 36).

Gemeinde als „Haus Gottes" bekannt.[356] Mit der Haus-Metapher verwendet die Diemeringen-Version nicht nur eine stärker kirchensprachlich geprägte Begrifflichkeit, wie sie in dieser Version insgesamt häufiger zu beobachten ist. Es lässt sich vermuten, dass mit ihr einer Hierarchisierung zwischen dem Papst und den Menschen entgegengewirkt wird, indem alle Christen an einem Ort, der Gemeinde Gottes insinuiert werden, die sie selbst erst konstituieren.

Das Verhältnis des Papstes zu Gott, Christus und den Menschen wird von Papst Johannes XXII im Brief an die griechischen Christen als ein hierarchisches beschrieben, wenn er sich als Stellvertreter Gottes auf Erden bezeichnet, der die Macht habe, die Menschen von Sünden zu erlösen:

Item der bapst Johannes der zway und zwaintzigost schraib in brieff wie daz die cristenhait alle solt ain ding sin, und soltend alle undertånig sin ainem baupst, der besunderlich hie uff ertterrich an gottes statt sin vicarius ist, und den ouch gott vollen gewalt geben hatt ainem yeglichen súnder sin súnd ze vergeben; und da von sóllend sie im sin undertånig. (Vhs., 12)

Jtem do inen der bapst Johannes. der ʒwei vnd ʒweintʒigest schreib wie alle christenheit ein huß were. vnd an ein bapst glouben solten. wan der bapst ein einig vicarie ihesu christi war dem selben vicarie allein geben were krafft vnd macht ʒůbinden vnd ʒů entbindent vnd sie da by meinete das sie im gehorsam wårent. (Ddr., 204)

Korrekter als die anderen Versionen führen die Diemeringen-Texte den Titel des Papstes mit „*vicarius christi*" an und nicht mit Vikar Gottes, und damit eine seit dem 12. Jahrhundert sehr umstrittene päpstliche Titulatur.[357] In der

---

[356]   Vgl. dazu 1 Tim 3,15 („*si autem tardavero, ut scias quomodo oporteat te in domo Dei conversari, quæ est ecclesia Dei vivi, columna et firmamentum veritatis.*" (Vulgata)/ „wenn ich aber erst später komme, sollst du wissen, wie man sich verhalten soll im Hause Gottes, das ist die Gemeinde des lebendigen Gottes, ein Pfeiler und eine Grundfeste der Wahrheit." (Luther)), 1 Petr 4,17, Hebr 3,6 u. 10,21.

[357]   Der Titel „*vicarius christi*" ist seit dem 3. Jh. nachweisbar und wurde zunächst für die Apostel, besonders für Petrus verwendet, dann aber auch für Bischöfe und den gesamten Klerus. 495 wurde er erstmals auf den Papst bezogen, aber auch weltliche Herrscher verwendeten den Titel für sich – ein Konflikt zwischen weltlichen und kirchlich-sakralen Herrschaftsansprüchen, der sich schließlich im Investiturstreit Ende 11./ Anfang 12. Jh. zuspitzte. Papst Innocenz III festigte im 12. Jh. die Bezeichnung „*vicarius christi*" als päpstliche Titulatur und seitdem wird er offiziell nur noch auf den Papst bezogen. Vgl. Gero Dolezalek/ Hans-Martin Bregger: (Art.) Vikar/ Vikarin. I. Kirchenrechtlich. In: TRE, Bd. 35 (2003) S. 84-89, bes. S. 84, und Schwaiger, (Art.) Papsttum, der die Problematik der Ausübung dieses Herrschaftsanspruches weiter ausführt: „Innocenz übte sein Amt im Bewußtsein göttlicher Berufung als *Vicarius Christi* aus. Dieser im Reform-Papsttum aufgekommene Titel (bis zur Mitte des 12. Jahrhunderts war *Vicarius Petri* gebraucht worden), wurde jetzt fester, fortan bleibender Bestandteil päpstlicher Titulatur. Nach diesem Selbstverständnis stand der Papst als Vertreter des Priesterkönigs Christus zwi-

Verwendung dieser Titulatur scheinen einige hinsichtlich der Frage nach der Angemessenheit des päpstlichen Herrschaftsanspruches interessante Punkte auf, die später auch von Martin Luther sehr kritisch aufgenommen und hinterfragt wurden. Luther zufolge kommen nämlich einem *vicarius* dieselben Aufgaben der Person zu, die er vertritt. Dass somit dem *vicarius* der Anspruch, wie Gott zu sein, unterstellt werden kann, ist bei Luther der Hauptvorwurf an den Papst. Problematisch wird diese Gleichsetzung in der Funktion des *vicarius christi* dann bei der Frage nach der Erlösungstätigkeit, die Luther zufolge nur Christus zukommt, aber keinem Menschen.[358] In den *Reisen* stellt Johannes XXII ja gerade seine ihm von Gott übertragene Kraft, von Sünden zu erlösen, heraus: *„dem selben vicarie allein geben were krafft vnd macht zůbinden vnd zů entbindent"* (Ddr., 204). Die Diemeringen-Texte verwenden auch hier im Gegensatz zu den Velser-Texten eine stärker metaphorische, aber wohl auch stärker theologisch gefärbte Begrifflichkeit, wenn sie ‚verbannen' und ‚erlösen' mit *„binden"* und *„entbinden"* bezeichnen.[359] Die Beschreibung der päpstlichen

---

schen Gott und den Menschen, alle richtend, auch Könige und ihre Reiche, und selber nur von Gott gerichtet. Dieser ungeheure, in den Folgen höchst gefährliche Anspruch ließ sich nur im innerkirchlichen Bereich einigermaßen verwirklichen (im Anspruch und Ausbau dessen, was man später Universalepiskopat und Jurisdiktionsprimat des Papstes über alle Bischöfe der – lateinischen – Kirche genannt hat), im weltlich-profanen Bereich nur soweit, als die politischen Mächte dies hinzunehmen bereit waren (hier blieb Innocenz im konkreten Fall stets flexibel)." (S. 659). Von Kritikern der römischen Kirche wie John Wyclif und später Martin Luther wurde der päpstliche Anspruch *vicarius christi* zu sein, stark kritisiert. Beide plädierten für eine Trennung der Herrschaftsbereiche des Königs und des Papstes in einen weltlichen und einen geistlichen, wobei die weltliche Gewalt der geistlichen überlegen sein müsse.

[358] Vgl. dazu Martin Luther, Predigt vom 12. Mai 1520, *Postridie Ascensionis*. In: D. Martin Luthers Werke. Kritische Gesammtausgabe. Bd. 9. Weimar 1893, S. 457-459: *„Papam non esse caput ecclesie demonstravimus. Iam neque Vicarium Christi esse probabimus. Vicarius idem habet officium, idem opus agit quod is, cuius vicem gerit. Papa non agit idem opus quod Christus. Non enim potest. Cur igitur Vicarium Christi appelabimus?"* (‚Wir haben dargelegt, dass der Papst nicht Oberhaupt der Kirche ist. Wir haben bewiesen, dass er nunmehr auch nicht Stellvertreter Christi ist. Ein Stellvertreter hat dieselbe Aufgabe und er macht dieselbe Arbeit wie derjenige, dessen Stellvertretung er ausführt. Der Papst führt nicht dieselbe Arbeit aus wie Christus. Denn er kann es nicht. Warum also nennen wir ihn Vicarius Christi?' Übs. von mir, C.H.) Siehe zu Luthers Polemik gegen den päpstlichen Gebrauch des *vicarius*-Begriffs und allgemein zum Begriff der Stellvertretung Stephan Schaede: Stellvertretung. Begriffsgeschichtliche Studien zur Soteriologie. Tübingen 2004, bes. S. 312-315.

[359] Das Frühneuhochdeutsche Wörterbuch gibt unter dem Lemma *„binden"*, Bd. 4, Sp. 431-440, die Bedeutung des Begriffs im philosophisch-theologischen Kontext an mit: „(den Gläubigen, der nicht bußwillig ist), von den Gnadenmitteln der christlichen Kirche aus-

Befähigung zum Sündenerlass und zur Verbannung aus der Gnadenwirkung in der Funktion als Stellvertreter Christi evoziert letztlich die Vorstellung, dass die Erlöserfunktion von Christus auf einen Menschen übertragen wird. Eine solche Selbstzuschreibung konnte sicherlich auch schon vor der Reformation als potentielle Anmaßung verstanden werden.

Ein Spezifikum der Diemeringen-Version fällt besonders auf, denn dort verlangt der Papst in seinem Schreiben, die vereinte Christenheit solle an ihn „*glouben*" – statt ihm untertan zu sein, wie es in den anderen Texten formuliert wird. Da die *superbia* des Papstes in dieser Episode eine nicht unwesentliche Rolle spielt, ist anzunehmen, dass sich in dieser Formulierung, die ja im Zusammenhang mit der *vicarius-christi*-Funktion steht, die Möglichkeit einer Vergöttlichung des Papstes ausdrückt. In Hinblick auf die das Papsttum in ein kritisches Licht rückende Intention der Episode kann hier ein Unbehagen gegenüber sakraler Herrschaft, in der die Möglichkeit der Anbetung und Vergöttlichung des angeblich von Gott als dessen Stellvertreter eingesetzten Herrschers realisiert wird, beobachtet werden, wie es häufiger in den *Reisen* und besonders bei Diemerungen zum Ausdruck kommt.[360] So gipfelt beispielsweise auch nur in der Diemeringen-Version der Aufstieg des Propheten Mohammeds in der Beschreibung seiner Vergöttlichung, die mit derselben Begrifflichkeit wie in der Forderung des Papstes ausgedrückt wird, wenn die Anhängerschaft Mohammeds immer mehr an ihn „*gloubte*" und dann sogar „*groß andacht zů Im*" (Ddr., 384) entwickelte. Vom Er-

---

schließen, mit dem Kirchenbann belegen, exkommunizieren." (Sp. 440) Die dort angeführten Textbeispiele verwenden häufig die Wortverbindung „*binden und entbinden*", gerade auch in Bezug auf den Papst. Der Gegenbegriff „*entbinden*" kann als Synonym für „Absolution erteilen" gesehen werden und wird im Frühneuhochdeutschen wahrscheinlich aus Mangel an einer anderen Verbform, wie bspw. „*absolutieren*", verwendet. Ähnlich wie die Diemeringen-Version benutzen diese Wortverbindung auch der Paris-Text („*pouoir de lier et dabsoudre*") und der Cotton-Text („*powere for to bynde and to assoille*"). Im Mittelfranzösischen weist „*lier*" dasselbe Bedeutungsspektrum auf wie fnhd. ‚*binden*' und bezeichnet im religiösen Kontext „Refuser l'absolution à qqn, lui imposer des peines en raison de ses péchés", vgl. Robert Martin: (Art.) *lier*. In: Dictionnaire du Moyen Français (1330-1500) (DMF), version 2012. ATILF CNRS - Université de Lorraine. http://www.atilf.fr/dmf. Zugriff am 19.05.2014.

360 Als Sakralherrscher mit einem solchen Anspruch werden in den *Reisen* neben dem Papst auch Mohammed, der Kalif von Bagdad und der mongolische Großkhan dargestellt. Allein dem Priesterkönig Johannes wird über die Art und Weise der Darstellung seiner Herrschaftsausübung und -repräsentation *humlitas* statt *superbia* zugeschrieben. Vgl. die Besprechungen der jeweiligen Textstellen in dieser Arbeit in den Kapiteln über die Figur Mohammed, 213ff. über den mongolischen Großkhan 312ff., den Sturz des Kalifen von Bagdad, 390ff. und den Priesterkönig Johannes, 418ff.

zähler wird dieser Aufstieg deutlich mit den Worten, Mohammed habe dies mit *„betrogner heilikeit"* erreicht, als (Heils-)Betrug gewertet.

Problematisiert Diemeringen die Figur des (avignonesischen) Papstes, beziehungsweise dessen sakralen Herrschaftsanspruch also mehr als die anderen Versionen? Es sei hier darauf zurückzukommen, dass Otto von Diemeringen als Kanoniker des Metzer Domkapitels in einer Region tätig war, die zur Zeit des Abendländischen Schismas zwischen der römischen und der avignonesischen Seite gespalten war, und dass Diemeringen sowohl zum römischen als auch zum avignonesischen Papststuhl gereist ist.[361] Es ist nicht davon auszugehen, dass Diemeringen als Kleriker die Institution des apostolischen Stuhls prinzipiell in Frage stellen wollte, allerdings sieht sich über die verwendete Begrifflichkeit auch die Vermutung Ridders, Diemeringen sei ein Unterstützer des avignonesischen Papstes gewesen, nicht bestätigt.[362] Vielmehr ist anzunehmen, dass bei Diemeringen eine kritische Sicht auf bestimmte Aspekte des Papsttums verstärkt zum Ausdruck kommt, und zwar hinsichtlich des Machtanspruches, in dem sich eine unheimliche Nähe des Papstes zu Christus zeigt und in dem der Unterschied zwischen Gott und Mensch nivelliert wird, wenn sich der Mensch göttliche Eigenschaften zuspricht.

Interessanterweise führen die Velser-Versionen bei der Beschreibung des Papstes als *vicarius gottes* die Möglichkeit der päpstlichen Verweigerung der Erlösung, beziehungsweise die Verbannung oder Exkommunikation aus der christlichen Gemeinschaft nicht an. Dort erklärt der Papst, Gott habe ihm *„vollen gewalt geben* [...] *ainem yeglichen súnder* [Vdr. u. Hs. N: *menschen*] *sin súnd ze vergeben"* (Vhs., 12). Vor dem Hintergrund der Frage, ob der Mensch grundsätzlich, auch als Träger eines institutionalisierten kirchlichen Amtes, eine gnadenstiftende Funktion ausüben kann, ist zu überlegen, ob die Velser-Texte dadurch mehr auf die Eigenschaft des Papstes abzielen, die am stärksten als Anmaßung aufzufassen ist (die Kraft zu Erlösen). Wäre es denn schlimmer für das Seelenheil eines Christen, sich verbannt und aus der Gemeinschaft ausgeschlossen zu wähnen, wenn am Ende der Zeit doch alle Seelen zu Gott gelangen, oder, sich bereits erlöst zu glauben, da Sünden schon im Diesseits so ‚einfach' wieder zu tilgen sind, und damit derselben Hybris zu erliegen wie sie dem Papst an dieser Stelle vorgeworfen wird?

---

[361] Vgl. das Kap. ‚Hinführungen – II. 5.1 Der Übersetzer Otto von Diemeringen und sein Umfeld' oben in der vorliegenden Arbeit.

[362] Vgl. Ridder, Studien zur Überlieferungsgeschichte, S. 201.

2.3 Authentifizierungs- und Reflexionsprozesse – die Vorwürfe der Griechen

Der expliziten Kritik am Papsttum wird in einer inszenierten Außensicht auf das Eigene Ausdruck gegeben, und dafür werden das Medium des Briefes und die lateinische (nicht die griechische) Sprache als intradiegetische Kommunikationsmittel eingesetzt. Für die in der Episode erzählte Kommunikation zwischen Papst Johannes XXII und den griechischen Christen gibt es keine bekannte Vorlage,[363] woraus zu schließen ist, dass vor allem der Antwortbrief der Griechen eine Erfindung des Mandeville-Autors ist.[364] Zwar stellt Higgins in seiner Betrachtung der Episode über die griechischen Christen richtigerweise fest, dass sich hier eine besonders deutliche Reflexivität auf das Eigene zeigt,

---

[363] Eine Beschreibung des Glaubens der griechischen Christen findet sich zwar bei Jacques de Vitry in seiner *Historia Orientalis*, aber weder der Brief des Papstes noch die Antwort der Griechen kommen dort vor. Vgl. Deluz, Ed., Le Livre des Merveilles du Monde, S. 114, Anm. 12; Seymour, Komm. der Egerton-Version, S. 177, bemerkt, allerdings ohne weiterführende Angaben zu machen, dass Kaiser Andronikos III (1328-41) den Vorschlag des Papstes Johannes XXII zur Vereinigung der Christenheit ablehnte. Sicherlich gab es einen Austausch zwischen Johannes und Andronikos, in dem es um die Vereinigung der gespaltenen Christenheit ging, vgl. Deno Geanakoplos: Byzantinum and the Crusades, 1261-1354. In: Harry W. Hazard/ Kenneth M. Setton (Hgg.): A History of the Crusades. Bd. 3: The Fourteenth and Fifteenth Centuries. Madison 1975, S. 27-68, hier S. 53, doch inwiefern dem Verfasser der *Reisen* schriftliche Quellen dazu vorlagen, ist nicht bekannt. Bei Felicitas Schmieder: Europa und die Fremden. Die Mongolen im Urteil des Abendlandes vom 13. bis in das 15. Jahrhundert. Sigmaringen 1994, finden sich kurze Angaben über andere kirchlich-diplomatische Kontakte Johannes' XXII, und zwar zu den Mongolen: 1322 schrieb er zwei Briefe an den Ilkhan Abu Said, in welchen er ihn um Unterstützung der armenischen Christen bittet, und 1329 einen längeren Brief mit Glaubensunterweisungen an den zentralasiatischen Khan Eldschigidei (Schmieder, S. 175 u. 145, Anm. 355). Schmieder liest in diesen Briefen „das ganze Sendungsbewußtsein des Papsttums, das an der Spitze der Kirche steht, die den ganzen Erdkreis vereinigen soll." (S. 175)

[364] Schon Hamelius nennt den Brief der Griechen „fictitious", vgl. Hamelius, Ed. Cotton-Version, Bd. II, S. 31; Higgins versichert: „The Greek response has no known source." Vgl. Higgins, Ed., The Book of John Mandeville, S. 14, Anm. 27; Kohanski und Benson verweisen zunächst auf den Widerstand Kaiser Andronikos' III gegenüber den Ansprüchen des römischen Papsttums, und erklären, dass die Antwort der Griechen eine weit verbreitete Fiktion gewesen sei, aber auch sie machen keine weiteren Angaben, wo diese Vorwürfe sonst noch Verbreitung fanden: „this return message with its reference to John's ‚great covetousness' was a widely circulated fake." Vgl. Kohanski/Benson, Ed. Defective-Version, S. 102. Ebenso liest man in Seymours Kommentar zur Bodley-Version, S. 152: „The facts were notorious, and this fictitious Greek reply [...] circulated widely after his [Pope John's XXII] death." Inwieweit also die Antwort der Griechen eine reine Erfindung des Mandeville-Autors war, oder ob er auch dafür irgendeine Vorlage hatte, ist aus der Forschung nicht weiter ersichtlich.

in welcher kaum mehr ein Interesse am Fremden vorhanden ist.[365] Es ist aber noch weiter auszuführen, dass die Reflexivität intradiegetisch im Medium des Briefes umgesetzt ist und sich allein schon in der Verwendung des Lateinischen widerspiegelt. Der Brief nimmt nicht nur den Erzähler aus der Verantwortung dessen, was gesagt wird, er vermittelt auch Authentizität. Hier wird also nicht nur das Fremde beobachtet und beschrieben, sondern es schreibt zurück und gibt Auskunft über den Blick von Außen auf das Eigene:

> *und gabend im ain gemmelich antwúrt in sõllicher maß: ,Potenciam tuam summam circa subiectos tuos credimus. Superbiam tuam summam tollerare non possumus. Avariciam tuam nimiam sauciare non intendimus. Dominus tecum, quia dominus nobiscum est etc.' Und ander antwúrt mocht der bapst von in nit gehaben.* (Vhs., 12)

Gerade in einem volkssprachlichen Text wie den *Reisen* suggeriert die Verwendung von Latein Gelehrtheit, Authentizität, Originalität und besondere Bedeutsamkeit, die auch an die verschiedenen auf Latein formulierten Bibelzitate im Text denken lässt. Latein bedeutet aber auch potentielle Unverständlichkeit und den Ausschluss von Laien, zumal im Prolog die Wahl der Volkssprache um des besseren Verstehens willen begründet wird.[366] In der Version des Diemeringen-Druckes wird das Latein im Anschluss an den Wortlaut des Briefes in die Volkssprache übersetzt – eine Vorgehensweise, die allerdings typisch ist für den Diemeringen-Druck und gleichermaßen für die ihm nahestehende Handschrift Sg1. Das Latein evoziert eine Verbindlichkeit und zeigt auch eine sprachliche Überlegenheit der griechischen Christen an, die problemlos auf Latein antworten können.[367] Die Anführung von Briefen und der lateinische Wortlaut können als Authentifizierungsstrategien gesehen werden, die der Text besonders an den Stellen einsetzt, in denen Reflexivität auf das Eigene ausgestellt wird. Es kann sogar generell beobachtet werden, dass ausgestellte Reflexivität in den *Reisen* in den meisten Fällen eine besondere Rahmung oder Medialität aufweist, über welche die Vermittlung der Reflexivität stärker authentifiziert wird.[368]

---

[365] Vgl. Higgins, Writing East, S. 80: „In addition to the thematic concern, the [...] passage reveals a rhetorical strategy increasingly employed as the text moves farther east: the use of the Other as a Self-critical mirror, often so that there is no interest in the Other as such."

[366] Vgl. Vhs., S. 4: „*Und wissend daz ich diß bůch in frantzoser sprach machet, dar umb daz es yeder man dester baß verstünde, und daz ich ouch dester baß den lütten mõcht ze verstond geben min maynung, wann ouch yederman nit verstät lattin*".

[367] Siehe zu Fremdsprachenkenntnissen in der ,Diplomatie' und als Kulturtechnik der Fremden auch das ,Gespräch mit dem Sultan', bei dem Mandeville über das überlegene Wissen des Sultans staunt, S. 260 in der vorliegenden Arbeit.

[368] So findet beispielsweise das ,Gespräch mit dem Sultan', in welchem dieser die westliche Christenheit kritisiert, als Zwiegespräch in dessen privater Kammer statt, was den Ein-

DER SUPERBIA-VORWURF

In den Vorwürfen der Griechen werden zum einen die historischen Implikationen, die mit Papst Johannes XXII verbunden sind, expliziert, zum anderen greifen sie die Bestimmung des allumfassenden Machtanspruches des Papstes auf, wie sie von Papst Johannes XXII als Figur im Text geäußert wird. Die Vorwürfe bringen die sich in der gesamten Passage abzeichnende Problematisierung des Papsttums auf den Punkt. Die dem Papst unterstellte Sündhaftigkeit, besonders die *superbia*, bedeutet schließlich auch, dass er – aus der Perspektive der Griechen – den göttlichen Willen missachte und letztlich seinen Glauben an Gott durch den Glauben an sich selbst substituiert habe. Dadurch wird ihm letztlich vorgeworfen, sich seiner Funktion als Stellvertreter Gottes auf Erden zu entheben und sich selbst zu Gott zu machen.[369] Der *superbia*-Vorwurf greift also die Problematik der *vicarius*-Funktion auf und benennt die Konsequenz eines solchen Herrschaftsanspruches. In der Diemeringen-Version ist diese Verbindung noch stärker herausgestellt, wenn, wie schon gesagt wurde, der Papst einfordert, die Christen sollten an ihn *glouben*. Hochmut konnte dem Papst außerdem vorgeworfen werden, da er sich selbst die Befähigung zuspricht, Menschen von Sünden zu erlösen oder zu verbannen. Gerade die klerikalen Privilegien der Heilsvermittlung und die institutionalisierte Ausnutzung des Verhältnisses eines jeden Gläubigen zu Gott, beispielsweise durch das Ablasswesen,[370] riefen schon zur Zeit Papst Johannes' XXII vermehrt antiklerikale Stimmungen hervor, die sich hier im Text deutlich in den Vorwürfen der *superbia* und auch der *avaritia* ausdrücken.

In Bezug auf das Verhältnis des Menschen zu Gott fällt in den Texten der Diemeringen-Version eine interessante abweichende Formulierung auf, die in

---

druck 'echter' und exklusiver Erfahrung des Erzählers Mandeville erweckt und dadurch Authentizität vermittelt.

[369] Die Todsünden, zu denen *superbia* und *avaritia* an oberster Stelle zählen, spielen eine große Rolle in der moraltheologischen Tradition. Gregor der Große „verringerte [...] die Zahl der Hauptlaster auf sieben und schrieb der *superbia*, dem Hochmut, die Rolle der *vitiorum regina* (Königin der Laster) zu. [...] Damit kommt eine Vorstellung zu voller Geltung, die von Origenes, Hieronymus und vor allem von Augustin geäußert worden ist, für den der Hochmut die erste und daher schwerste Sünde ist." Pier Franco Beatrice: (Art.) Sünde V. Alte Kirche. In: TRE, Bd. 32 (2001), S. 389-395, hier S. 394.

[370] Unter der Regierung Papst Johannes' XXII und unter seinen Nachfolgern nahm die Erteilung des vollkommenen Ablasses durch die Ausstellung von Beichtbriefen, des Sterbeablasses und einiger weiterer Ablässe stark zu. Vgl. Nikolaus Paulus, Geschichte des Ablasses im Mittelalter. Vom Ursprunge bis zur Mitte des 14. Jahrhunderts. Bd. II., Darmstadt ²2000, S. 95-104, 118, 180-182.

keiner anderen Version vorkommt. Der den Brief der Griechen abschließende ,Segensgruß' verwendet statt eines zweifachen, auf Gleichwertigkeit hinauslaufenden „*dominus*" oder „*herre*" eine differenzierende Formulierung – hier in der Übersetzung des Druckes: „*Der herre sy mit dir. wann got ist mit vns.*" (Ddr., 205) Die Handschriften H2 und Sg1 führen ebenso an: „*dominus tecum quia deus nobiscum est*".[371] Von den Handschriften lässt nur die Hs. Sg1 auf das Lateinische eine Übersetzung ins Deutsche folgen, in die sie das Begriffspaar *dominus/deus* auch übernimmt.[372] Die Verwendung von *dominus/herre* für die Seite des Papstes und *deus/got* für die Seite der Griechen kann als Abgrenzung gelesen werden, wenn man nicht annimmt, dass *dominus/herre* und *deus/got* vollständig synonym verwendet werden. Diesbezüglich aufschlussreich ist der Diemeringen-Druck, in welchem die Gegenüberstellung von *herre* und *got* nur in der Übersetzung gemacht wird – nicht aber im Latein, in dem für beide Seiten *dominus* gesetzt ist:

> *Do antwurtent sie im also zů latin. Potentiam tuam summam circa tuos subditos firmiter credimus Superbiam tuam summam tolerare non possumus. Avaritiam satiare non valeamus. <u>Dominus</u> tecum. quia <u>dominus</u> nobiscum.*
> *Das ist zů tütsche so vil gesprochen. Dinen obersten gewalt gegen dinen vnderthonen den glowben wir vestiglich den obersten. Din hoffart mügend wir nitt liden. Din gytikeit mügen wir nicht ersetten. Der <u>herre</u> sy mit dir. wann <u>got</u> ist mit vns. Und kein ander antwort mocht der babst nit haben.* (Ddr., 204f., Hervorhebungen von mir, C. H.)[373]

Die abweichende Formulierung lässt sich im Diemeringen Druck nur in der Übersetzung erkennen, die gewissermaßen als Vereindeutigung gelesen werden kann und von allen Rezipienten verstanden werden soll. Sie lässt Raum für die Annahme, dass im Kontext der Selbstdarstellung des Papstes als *vicarius christi* und des an ihn gerichteten *superbia*-Vorwurfes die Griechen den Papst in ihrer Antwort daran erinnern, dass auch er einen *herre* hat, und sie

---

[371]   Diemeringen-Hs. H2, fol. 13r.

[372]   Vgl. Hs. Sg1, fol. 13r: „*Dominus tecum quia deuß nobiscum est* [...] *Der herre si mit dir vnd got mit vnß*".

[373]   Auch einige der englischen Versionen übersetzen den Text in die Volkssprache. Die beiden Bodley-Texte führen den Inhalt des Briefes nur in der englischen Übersetzung an und geben keinen Hinweis darauf, dass der Brief auf Latein geschrieben wäre. Da sie beide auf eine Übersetzung der lateinischen Royal-Version zurückgehen, ist anzunehmen, dass diese heute verlorene Übersetzung konsequent alles aus dem Lateinischen übersetzte, auch den Wortlaut des Briefes. In den Velser-Versionen der Hs. N und des Druckes ist es wiederum so, dass sie entgegen der Hs. A für beide Seiten den Begriff *deus* verwenden und auf den Begriff *dominus* ganz verzichten: „*Deus tecum et nobiscum*" (Hs. N, fol. 11v). Eine Übersetzung in die Volkssprache erfolgt in den Velser-Texten nicht.

ihm deswegen den Begriff zuordenen, der stärker ein Hierarchiegefüge zwischen Gott und den Menschen zum Ausdruck bringt.

DER SIMONIEVORWURF

In einigen Versionen der *Reisen* findet sich an späterer Stelle, als der Erzähler wieder auf die Sitten und Bräuche der Griechen zurückkommt, nochmals eine Reflexion auf die römische Kirche und eine Kritik an der Praxis des Verkaufs von Kirchengütern und -ämtern. In den beiden deutschen Übersetzungen von Velser und Diemeringen kommt dort allerdings keine ausgestellte Reflexion auf eigene Praktiken vor, denn bei der Beschreibung der Differenzen zwischen griechischem und römischem Christentum, die auf die Brief-Episode folgt, wird in ihnen lediglich eine Praktik der Griechen kritisiert. So heißt es bei Velser: *„Item sie sprechent daz wůchern nit ain tod súnd sy. Sie verkouffen der kirchen recht und tůnd vil ding die nit recht und wider unsern glouben sind."*[374] (Vhs., 13). Im Paris-Text jedoch wird genau an dieser Stelle ein expliziter Simonie-Vorwurf eingebaut, der nicht auf die Griechen, sondern auf die römische Kirche gerichtet ist:

> *Et dient que vsure nest mie pechie mortel. Et vendent les benefices de leglise. Aussi fait on maintenant autre part, de quoy cest grant dommage et grant esclandre. Car au iour duy est Symon Roy couronne en sainte eglyse. Dieu le vueille amender; car tant que sainte eglyse chancelle et cloche, le monde ne puet estre en bon estat.*[375]

Simonie bezeichnet den Kauf und Verkauf von geistlichen Dingen, kirchlichen Ämtern, Sakramenten oder Sakramentalien; der Begriff rekurriert auf Simon Magus, der den Aposteln Geld anbot, um ebenso die Gabe zu erhalten, den Heiligen Geist verleihen zu können (Apg 8,9-24), woraufhin ihm Petrus antwortet: „Dass du verdammt werdest mitsamt deinem Geld, weil du meinst, Gottes Gabe werde durch Geld erlangt. Du hast weder Anteil noch Anrecht an dieser Sache; denn dein Herz ist nicht rechtschaffen vor Gott." (Apg. 8,20f.) Simonie war schon ein

---

[374] Sehr ähnlich formulieren Hs. N und Vdr., S. 14: *„Sÿ sprechen das wůcher seÿ kein todsünd. Sy verkauffen auch der kirchen recht vnd tůnd vil dʒ wider vnsern gelauben ist."* Bei Diemeringen ist die Stelle im Druck wie in den gesichteten Hss. um die Gegenüberstellung mit dem eigenen Glauben gekürzt: *„Jtem wůchern oder kirchen oder gotʒgaben zů verkouffen ist vnder in nicht totsünd."* (Ddr., S. 205)

[375] Paris-Text, Ed. Letts, S. 238: ‚Und sie sagen, dass Wucher keine Todsünde ist. Und sie verkaufen Kirchenämter. Genauso verfährt man heutzutage auf der anderen Seite, und das ist ein enormer Schaden und ein großer Skandal. Denn heute ist Simon gekrönter König in der heiligen Kirche. Gott möge dies ändern, denn solange die heilige Kirche taumelt und hinkt, kann die Welt nicht in einem guten Zustand sein.' (Übs. v. mir, C.H.).

Kampfbegriff der kirchenkritischen Reformbewegungen des 11. Jahrhunderts und wurde in der Zeit, als die *Reisen* entstanden und die römische Kirche vielseitiger Kritik ausgesetzt war, wieder verstärkt diskutiert.[376] Über die Nennung der „*sainte eglise*" und die Lokalisierung „*autre part*" im Paris-Text wird die reflexive Funktion der Textstelle deutlich, in welcher über die Beschreibung einer fremden Glaubensform, ausgehend von der fingierten Beobachtung fremder Praktiken, der Blick auf die eigenen Praktiken fällt und Missstände aufgezeigt und angeklagt werden. Indem der Paris-Text Simon als gekrönten König der „*sainte eglise*" bezeichnet, setzt er den Papst mit Simon gleich und verleiht zudem der Kirche und ihrem Oberhaupt den Charakter weltlicher Herrschaft („*Roy couronne*").

Der Simonie-Vorwurf an die römische Kirche wird in den *Reisen* nur im Paris-Text, in der Insularen Version[377] und einigen englischen Versionen (Cotton,[378] Defective,[379] Egerton,[380] nicht jedoch in den beiden Bodley-Texten) erhoben.

---

[376] Vgl. Herbers, Geschichte des Papsttums, S. 120-122. Simonie ist dann aber auch wieder im 14. und 15. Jh. ein sehr beliebtes Schlagwort in der Kritik der Kirche, des Papstes und des Klerus'. Vgl. Graus, Pest – Geissler – Judenmorde, S. 90.

[377] Insulare Version, Ed. Deluz, S. 111: „*Et dient qe usure n'est mie peccé mortel et vendent les benefices de seintez eglises et si fait homme maintenant autre part de quoi ce est damages et grant esclandre, qar au jour de huy est Simon coronnez roi en seinte Eglise. Dieu le voille amender, qar tant come seinte eglise chancelle et clouche le peuple ne puet estre en bon estat.*" (S. 111)

[378] Cotton-Version, Ed. Hamelius, S. 12: „*And þei sey also þat vsure is no dedly synne. And þei sellen benefices of holy chirche and so don men in opere places, god amende it whan his wille is, And þat is gret schaundre. For now is Simonye kyng crouned in holy chirche, god amende it for his mercy.*" Hamelius bemerkt im Vergleich zur Insularen Version, in der noch „Simon" statt des davon abgeleiteten Abstraktums „Simonie" verwendet wird: „The Englisher wipes out the satirical allusion to the Pope, here identified with Simon Magus himself. Simonia, being feminine, would be queen, not king!" Hamelius, Komm. Ed. Cotton-Version, Bd. II, S. 31. Der Cotton-Text geht wohl schon einen Schritt weiter und verwendet statt der Figur Simon das von ihm, bzw. dem Namen abgeleitete Konzept der Simonie. Dieses passt allerdings mit dem Rest des im Text gezeichneten Bildes, dem gekrönten Oberhaupt der Kirche, logisch nicht mehr ganz zusammen, zeigt aber auch, dass die Simonie in der Entstehungszeit des Cotton-Textes in England vielleicht schon ein Schlagwort war, das es hier deutlich zu machen galt.

[379] Defective-Version, Ed. Kohanski/Benson, S. 28: „*And they sillen benefis of Holy Cherch, and so doth men In this contré, and that is a greet sclaundre. For now is simonie crouned kyng in Holi Cherche.*" Sowohl die Defective- als auch die Egerton-Version (siehe folgende Anm.) führen wie die Cotton-Version statt der Figur Simons schon die Übertragung, die Simonie an. Dies lässt sich sicherlich durch die überlieferungsgeschichtlich nahe Verwandtschaft der drei Versionen erklären.

[380] Egerton-Version, Ed. Seymour, S. 11: „*þai selle benificez of haly kirk and so duse men in oper placez, and þat es grete sclaunder and grete harme, for now es symony kyng corouned in haly kirk. Godd may amend it when his wille es.*" (S. 11)

Warum in den deutschen Bearbeitungen bei der Erwähnung der griechischen ‚Simonie', wo allerdings der Begriff ‚Simonie' nicht fällt, keine Kritik an der lateinisch-römischen Praktik geübt wird, ist nicht leicht zu beantworten. Nur in der Velser-Version wird festgestellt, dass die Praktiken der Griechen *„nit recht und wider unsern glouben sind."* (Vhs., 13) Diemeringen lässt hier jegliche Bewertung oder Rückverweise auf die eigene Praxis weg. Von den gesichteten deutschen Versionen führt nur die von diesen beiden Übersetzungen unabhängige Übersetzung der Kontinentalen Version ins Nordniederdeutsch-Mitteldeutsche die Kritik so ausführlich an, wie sie sich auch im Paris-Text findet.[381] Dies lässt die Fragen aufkommen, ob um 1390, zur Zeit der Übersetzungen Velsers und Diemeringens, im deutschen Sprachraum die Simonie der westlichen, sei es der römischen oder der avignonesischen Kirche kein aktuelles Thema war, oder es im Gegenteil zu brisant war, einen solchen Vorwurf so deutlich zu erheben.

EXKURS: MONGOLISCHE SIMONIE

Eine Parallele zu den oben aufgezeigten Varianzen findet sich an einer ganz anderen Stelle in den *Reisen*, an welcher wiederum die deutschen Übersetzungen von Velser und Diemeringen im Gegensatz zum Paris-Text, zur Insularen Version und zu den meisten englischen Versionen, die Thematik der Simonie nicht anführen – der nordniederdeutsch-mitteldeutsche Text aber schon. Bei der Beschreibung des Glaubens der Mongolen und ihrer Auffassung von Sünde berichtet der Paris-Text von einer Art Ablasshandel, bei dem sich die Mongolen durch Silber oder Geld von Sünden freikaufen können:

> *Et le plus grant pechie si est de pissier en leurs maisons ou il demeurent, et qui y pisseroit adroit on loccirroit. Et de chascun de ces pechiez il leur en conuient confesser a leurs prestres et paier grande amende et grande penance dargent. Et conuient que le lieu ou en a pissie soit rebeneis, ou autrement nulz ny oseroit demourer ne entrer. Et quant ilz ont paie leurs penances, on les fait passer par my i. feu ou par my ii., pour eulx espanir et nectoier de ce pechie.*[382]

---

[381]   Berlin, Staatsbibliothek, mgf 204, datiert auf das 3. Viertel des 15. Jhs.: *„vnd se seggen dat woker vnd Symonie ne ne dotlyke sunde en sy wente se vorkopen de prouuen* [Pfründen] *van der kerken also men ok anderß wor deyt Dat grote sunde vnd schande iß wente huden vp den dach so regneret symonie ouer al in der hilgen kerken god betert also id eine tyt dicket wente also lange also de hilge kerke so wanket vnd so hinkende geit so ne mach de werld niht sin in gudem state."* (fol. 9rf.) Vgl. zu dieser Hs. oben, Anm. 42.

[382]   Paris-Text, Ed. Letts, S. 369f.: ‚Und die größte Sünde ist es, wenn einer in ihre Häuser uriniert, wo sie wohnen, und wer dort hinein urinierte würde rechtmäßig getötet werden. Und jedwede dieser Sünden müssen sie ihren Priestern beichten und eine große

Die Velser-Texte erwähnen nur die Beichte, Bußhandlungen dagegen werden nicht beschrieben, auch nicht das Ritual der Feuerreinigung. In ihnen kommt somit auch die Erklärung nicht vor, die Sündenvergebung der Mongolen funktioniere mittels Bezahlung von Silber oder Geld, denn es heißt dort nur: *„Item sie hond es fúr ein groß sund wer in sin huß saicht. Wen sie gesúndent hond, so bichtend sie irm priester; und wenn ainer hät gesaicht in sin huß, so getar kainer mer dar in kommen und da belliben, biß das er von núwem ain anders gemachet"*[383] (Vhs., 145). Auch die Diemeringen-Versionen geben hier keinen Hinweis auf einen mongolischen Ablasshandel, sie verfremden den Akt der Buße sogar noch mehr, indem sie nur die Feuerreinigung beschreiben: *„Jtem sie bichtent ouch da iren pffaffen ire sünd vnd git man Jnen zů bůß das sie durch ein fürr gangen"*[384] (Ddr., 334).

Dagegen gibt die nordniederdeutsch-mitteldeutsche Übertragung eine relativ textnahe Übersetzung der Kontinentalen Version wieder, die hier vom Paris-Text repräsentiert wird, und führt somit ebenso den mongolischen Ablass und die Feuerreinigung an:

> *vnd de alder meiste sunde iß dat men pisset Jnd hueß dar men Jnne wonet vnd elk van dessen sunden moten se bichten jegen eren prester vnd vor ere penitenrie betalen se grote summen geldeß vnd en huß dar Jn gepisset iß dat moet men wedder wyen ofte dar solde nement Jnne wonen ofte doren in gan vnd wanner se ere penitenrie betalt hebben so dort men se dorch en vur gaen.*[385]

Wiedergutmachung und eine große Buße mit Silber bezahlen. Und es ist notwendig, dass der Ort, auf den uriniert wurde, wieder geweiht wird, denn sonst würde es niemand wagen, sich dort aufzuhalten oder den Ort zu betreten. Und wenn sie ihre Buße bezahlt/ geleistet haben, verlangt man von ihnen, dass sie durch ein Feuer oder zwischen zweien hindurch gehen, damit sie von dieser Sünde erlöst und gereinigt werden.' (Übs. v. mir, C.H.). Von den englischen Versionen führen wiederum nur die beiden Bodley-Hss. diese Episode nicht an.

[383] Sehr ähnlich sind hier der Vdr. und die Hs. N (fol. 126v) gehalten, allerdings benutzen sie statt des stark christlich semantisierten Priester-Begriffs, der schließlich in einem kirchlich institutionalisierten Funktionszusammenhang mit der Beicht- und Bußthematik steht, den etwas unbestimmteren Begriff des ‚Obersten': *„sy haben es auch für ein grosse sünd wer in sein hauß prunczt. wenn sy gesündet haben so beichten sy jrem obrosten. vnd wenn einer in sein hauß geprunczet hat so getar keiner mer darinn beleiben biß er ein neẅ hauß gemacht"* (Vdr., S. 148).

[384] Ebenso die Diemeringen-Hs. Sg1, fol. 80r; sehr ähnlich die Hss. H, H1 und H2, dort aber wird statt der Buße angeführt, dass sie sich durch das Feuer ‚segnen', bzw. ‚bekehren': *„Vnd bihtent auch den pfaffen ir sünde vnd müssent durch ein füre gen sich zu segende"* (Hs. H1, fol. 107r) / *„Unde deme papen bichten se ere sunde unde moten dor eyn vur ghan syk to bekerne"* (Hs. H, S. 140).

[385] Berlin, Staatsbibliothek, mgf 204, fol. 119v.

Zwar fehlt in dieser Version im Vergleich zum oben zitierten Paris-Text die Angabe, dass diejenigen, die in die Häuser urinieren, getötet werden, und die
Ausführungen zur Feuerreinigung sind deutlich gekürzt, doch die Simonie
bei der Sündenvergebung stellt auch sie heraus: *„vor ere penitenrie betalen se
grote summen geldeß"*. Dem Vorgang, Geld für Sündenvergebung zu bezahlen,
wird sogar dadurch noch mehr Gewicht verliehen, dass bei der Anführung
des Durchs-Feuer-Gehens keine Erklärungen gegeben werden, die eine solche
Handlung als Buße und Reinigung deutlich machen würden.

ERKLÄRUNGEN FÜR DIE VARIANZEN BEI DER SIMONIE

Warum nun übernehmen die Velser- und die Diemeringen-Übersetzungen an
beiden Stellen, also weder in der Episode über die griechischen Christen noch
bei der ‚Beichte der Mongolen', die Thematik der Simonie nicht – sei es in der
Reflexion auf das Eigene oder als Beschreibung fremder Simonie, – die nordniederdeutsche Übersetzung aber schon? Die Frage lässt sich vielleicht durch
die zeitliche und räumliche Entstehung erklären, ist doch die nordniederdeutsch-mitteldeutsche Übersetzung um die siebzig Jahre jünger als die beiden anderen und im norddeutschen Raum entstanden. Entweder hielt sie sich
schlicht genauer an ihre Vorlage, oder die Bedingungen, Kritik am kirchlichen
Ablass zu üben, waren für die norddeutsche Übersetzung andere. Ein kurzer Blick auf die historische Lage der Kirche während der Entstehungszeiten
der Übersetzungen zeigt zumindest an, dass die Übersetzungen Velsers und
Diemeringens zur Zeit des Großen Abendländischen Schismas entstanden,
wohingegen die hier angeführte Handschrift der nordniederdeutschen Version mindestens dreißig Jahre nach Beendigung des Schismas verschriftlicht
wurde. Der Paris-Text der Kontinentalen Version, welcher die Reflexion auf
die Simonie im Bereich des Eigenen sowie die Simonie der Mongolen anführt,
stammt wiederum aus der Zeit des avignonesischen Exils vor der Kirchenspaltung. Zudem ist in der hier überblickten Gesamtüberlieferung auffällig, dass
die um 1400 verschriftlichten Versionen, die in der Episode über die griechischen Christen explizit den Simonie-Vorwurf machen, den Begriff der Simonie
statt des Namens Simon anführen.[386] Dies kann bedeuten, dass um und nach

---

[386] Paris-Text (1371): *„au iour duy est **Symon** Roy couronne en sainte eglyse."* Insulare (Ende
14. Jh.): *„au jour de huy est **Simon** coronnez roi en seinte Eglise."* Defective (vor 1400):
*„now is **simonie** crouned kyng in Holi Cherche."* Cotton (um 1400): *„now is **Simonye** kyng
crouned in holy chirche."* Egerton (1. Drittel 15. Jh.): *„now es **symony** kyng corouned in
haly kirk."*

1400 dieser Begriff und die damit bezeichneten Praktiken (Verkauf von Kirchenämtern) immer geläufiger wurden und dass sich die Simonie als Vorwurf an die ‚verweltlichte' Kirche, die zu dieser Zeit aufgrund der inhärenten Widersprüche in eine folgenschwere Krise geriet, an Prominenz gewann.

Es ist generell festzustellen, dass vor allem die deutschen Übersetzungen von Velser und Diemeringen selten offene Kritik an der lateinisch-christlichen Kirche, ihren Vertretern und deren Praktiken üben, sondern eine solch ausgestellte Reflexivität auf das Eigene sich auf Stellen beschränkt, in denen die Äußerungen des Erzählers durch den Einsatz von textinternen Medien, anderen Sprechern oder durch rhetorische Strategien abgeschwächt und zumindest von der Erzählerfigur distanziert werden.

Intratextuelle Referenzen

Ausgehend von der in diesem Kapitel gemachten Beobachtung, dass das von der Papst-Figur im Text postulierte päpstliche Primat durch die Anführung der verschieden attribuierten und funktionalisierten Papst-Begriffe im weiteren Verlauf der Textstelle regelrecht unterlaufen wird, kann in Bezug auf den gesamten Text überlegt werden, ob nicht die durch die Einzeltexte hindurch an verschiedenen Stellen auftretenden „Päpste", oder die im sprachlichen Vergleich evozierten anderen Papst-Figuren, diese Verfahrensweise noch weiterführen. Die metaphorische Verwendung des Papst-Begriffs in einem nicht-christlichen Zusammengang erleichtert zwar einerseits das Verstehen fremder religiöser Hierarchien („*in der selben stat da sitzet ir päpst, den sie hond*", Vhs., 173) und kann als Abgrenzungsmechanismus funktionieren, andererseits generiert sie eine Art Spiegel, welcher einen zweiten und somit zwangsläufig einen falschen Papst zeigt.

Trotz oder gerade durch die Variationen der verschiedenen Versionen lassen sich in den Einzeltexten gewisse Tendenzen festmachen, die sich durch intratextuelle Zusammenhänge noch deutlicher konstituieren. Somit kann davon ausgegangen werden, dass in den jeweiligen Einzeltexten der *Reisen* Begriffe, Konzepte und Themen (z. B. Papst, Papsttum, sakrale Herrschaft) intratextuell miteinander in Beziehung stehen. Diese Begriffe und Konzepte sind einerseits in Abgrenzung und Differenzierung zu den beschriebenen fremden Vorstellungen und Praktiken gesetzt, gleichzeitig erscheinen sie aber auch als Reflexionsfläche des imaginierten Fremden. Sie rekurrieren auf das Eigene, setzen dieses mit dem Fremden in eine Beziehung und schließen zudem an historische Diskurse an. Diese Vielfalt an Anschluss- und Funktionsmöglichkeiten konnte beispielsweise schon für die Diemeringen-Version anhand der ‚Vergöttlichung' von Sakralherrschern (Papst und Mohammed) gezeigt werden und soll im weiteren Verlauf der Arbeit an prominenten Begrifflichkeiten weiter verfolgt werden. Gerade die großen Herrscherfiguren mit ihren jeweiligen Titeln und Funktionen können in den *Reisen* miteinander in Beziehung gesetzt werden. Sie werden auch von den Texten selbst miteinander verglichen, gegeneinander abgegrenzt, einander angenähert oder gegenseitig substituiert, wodurch vielfältige semantische Überlagerungen und Übertragungen zwischen Fremdem und Eigenen entstehen (z. B. Kalif – Sultan – Papst).

DIE TRANSFORMATION DER EPISODE IM MEDIUM DES BILDES

Der in dieser Episode angestellte Blick auf das Eigene sei abschließend noch in einer ganz anderen medialen Umsetzung vorgestellt. Eine um 1400 im böhmischen Raum entstandene Silberstiftzeichnung (s. Abb. 5) zeigt Papst Johannes XXII, umgeben von seinen Kardinälen, wie sie das ablehnende Antwortschreiben von einer griechischen Delegation überreicht bekommen. Vermutlich waren die Silberstiftzeichnungen, derer insgesamt 28 in einem Exemplar der British Library, Add. ms. 24189 erhalten sind, als Illustrationen für die von der Diemeringen-Version abstammende tschechische Übersetzung der *Reisen* gedacht, jedoch sind sie text- und titellos überliefert.[387] Auch wenn die folgende Illustration keine eindeutige Kritik am Papsttum zeigt – obwohl dies gemäß Krása aufgrund ihrer Herkunft beinahe zu erwarten wäre[388] – so kommt in ihr

---

[387]   Vgl. die Einleitung und die Ausgabe von Krása, Die Reisen des Ritters John Mandeville. Trotz des fehlenden Textes besteht heute an der böhmischen Provenienz der Londoner Zeichnungen, die im sog. Internationalen Stil gehalten sind, sowie an ihrer Nähe zur tschechischen Übersetzung kein Zweifel mehr (ebd., S. 16f.). Eine detaillierte Beschreibung der Hs. Add. ms. 24189 sowie ein Digitalisat finden sich online: http://www.bl.uk/manuscripts/FullDisplay.aspx?ref=Add_MS_24189.

[388]   Als einer der Wenigen innerhalb der Mandeville-Forschung stellt Krása den antipäpstlichen Tenor der *Reisen* heraus und setzt diesen mit den vorhussitischen Strömungen in Böhmen in Beziehung: „Natürlich entging Mandevilles latente Kritik am Papsttum im vorhussitischen Böhmen, wo die Verurteilung der Simonie und ähnlicher Mißstände die obere Grenze erreichte, nicht der Aufmerksamkeit. [...] [Wir ahnen], daß wir nur einen Schritt von der Entstehung der Bilder entfernt sind, die viel schärfer das zeitgenössische Leben der Kurie der apostolischen Armut der Urkirche und der Schlichtheit Christi gegenüberstellen. [...] Nichtsdestoweniger ist nach 1415 dieser Meister der führende Illuminator der tschechischen Boskovic-Bibel, unter deren Büchern auch die Auslegung der Zehn Gebote des Jan Hus eingereiht wurde" (ebd., S. 26).

zumindest der Luxus des Papstes und des päpstlichen Hofes im Kontrast zu den einfach gekleideten Griechen deutlich zum Ausdruck.

Abb. 5: London, British Library, Add. ms. 24189, fol. 7v.
© The British Library, London

Die Kleidung des Papstes ist überaus prachtvoll dargestellt, sein Kragen und die päpstliche Tiara leuchten golden, und auch der Bildhintergrund, der den Innenraum des Papstpalastes andeutet, fällt durch seine zinnoberrote Farbe auf. Dies ist die einzige Illustration innerhalb der Zusammenstellung, die einen roten Hintergrund aufweist, und so ist anzunehmen, dass der Illustrator damit die Herrschaftlichkeit der Szene besonders hervorheben wollte. So wie die Farbe Rot in diesem Kontext der Herrscherikonographie das (Sakral-) Königtum und die Macht des Papstes symbolisiert,[389] zeigt auch die von ihm getragene dreistufige, mit einem Kreuzzeichen bekrönte Tiara den universalen Machtanspruch des Papstes an. Die Tiara unterscheidet sich seit Innocenz III als triumphales *signum imperii* von der Mitra, die als *signum pontificii* dem Bereich der Liturgie zugehört.[390] Sie ist eine „sowohl priesterlich als auch herrscherlich-triumphal verstandene Krone", deren „dreistufige und daher als *triregnum* bezeichnete Ausgestaltung [...] die päpstliche Autorität in ihren drei Gewalten"[391] symbolisiert.

Die Wahl der Tiara[392] mit ihren goldenen Reifen als Kopfschmuck des Papstes Johannes XXII in der Silberstift-Illustration, zusammen mit dem roten Bildhintergrund unterstreicht also den umfassenden geistlichen und weltlichen Machtanspruch, sowie den Luxus und die Pracht der Kurie. Die Illustration stellt gerade die Elemente heraus, welche im Text mit den Vorwürfen der *superbia* und der *avaritia* angesprochen werden, und der Papst erscheint wie ein Abbild des in den Texten beschriebenen gekrönten Königs Simon. Und ebenso wie in den meisten der oben untersuchten Versionen der *Reisen* in dieser Episode mehrfach ein kritischer Blick auf das Eigene geworfen wird, fokussiert die Illustration nicht die griechischen Christen mit ihrem Patriarchen, sondern das lateinisch-christliche Papsttum und dessen Reichtum. Dieser erscheint

---

[389]   Vgl. zur vielfältigen Symbolik der Farbe Rot Marina Linares: Kunst und Kultur im Mittelalter. Farbschemata und Farbsymbole. In: Ingrid Bennewitz/ Andrea Schindler (Hgg.): Farbe im Mittelalter. Materialität – Medialität – Semantik. Bd. I. Berlin 2011, S. 297-311; außerdem den Artikel: „Farbensymbolik". In: LCI, Bd. 2 (1994), Sp. 7-14. Siehe auch die Besprechung der roten Pantherfelle im Palast des mongolischen Großkhans, die zwischen herrschaftsrepräsentativen und sakralen Objekten oszillieren, im Kap. ‚Machtraum – III. 3.1 Rote Pantherfelle' unten in der vorliegenden Arbeit.

[390]   Vgl. Jörg Traeger: (Art.): Tiara. In: LCI, Bd. 4 (1994), Sp. 313-315, hier Sp. 313.

[391]   Martin Hülskamp: (Art.) Tiara. In: LThK, Bd. 10 (2009), Sp. 20. Die Tiara ist somit „Ausdruck universaler Vollmacht [des Papstes] als ‚Vater der Fürsten und Könige, Lenker der Welt und Stellvertreter Christi auf Erden' (PontRom 1596)" (ebd.).

[392]   Vgl. zur Geschichte und zur Bedeutung der Tiara mit verschiedenen bildlichen Darstellungen auch Joseph Braun: Die liturgische Gewandung im Occident und Orient. Nach Ursprung und Entwicklung, Verwendung und Symbolik, Freiburg i. Br., 1907, S. 498-508.

aber erst als problematisch und potentiell hochmütig in der Gegenüberstellung mit den einfach gekleideten und zudem deutlich kleiner als der Papst und die Kardinäle gezeichneten Griechen. Damit findet sich in der Illustration eine reflexive Darstellungsstrategie, wie sie auch die Texte anwenden, wenn über die Darstellung fremder Religionen eigene religiöse Strukturen und Praktiken in den Fokus des Erzählens kommen, und dann expliziter oder impliziter problematisiert und kritisiert werden.

Räumliche Großstrukturen: Heilsraum

Die sprachlich-strukturierende Darstellung des Raumes ist ein wesentliches Merkmal eines Reiseberichts. Mandevilles Bericht ist in Bezug auf die Raumstrukturierung insofern besonders, als er zwei Gattungstypen des mittelalterlichen Reiseberichts und deren grundlegende Darstellungsstrategien miteinander kombiniert. Der erste Teil der *Reisen* orientiert sich stärker an der Gattung des Palästina-Pilgerberichts und der zweite Teil, in dem von den Ländern und Kulturen Indiens und Ostasiens berichtet wird, steht in der Tradition der Orientreiseberichte.[393] Ridder nennt diese Kombination eine „kompositorische Neu-orientierung", über die sich das auf Jerusalem ausgerichtete Bild der Welt erweitern lasse, die aber zudem eine „Verschränkung vor allem der Erzählstruktur zweier Texttypen" bedeute.[394]

Die Mandeville-Forschung hat sich bisher unter Verwendung verschiedener Methoden mit der Räumlichkeit in den *Reisen* beschäftigt, teilweise auch in Verbindung mit der Zeitlichkeit. Die ältere Forschung, wie beispielsweise Howard, versuchte meist die zwei Teile des Berichts dichotomisch aufeinander zu beziehen und den Bereich des Eigenen vom Fremden, also die Heimat des Reisenden und das Heilige Land vom „ganz Fremden", den fremden Völkern des Ostens, abzugrenzen: „The book, for all its digressiveness, is remarkably structured; its two parts are set against each other so as to reveal a common truth from different perspectives."[395] Dass Jerusalem durch die Kombination der

---

[393] Die Gesamtstruktur der *Reisen* folgt den beiden Hauptquellen Mandevilles, der erste Teil vornehmlich dem Itinerar Wilhelms von Boldensele. Der Bericht ist nur schwer als Edition einzusehen und liegt einerseits als unpublizierte Dissertation vor: Wilhelm von Boldensele: Liber de quibusdam ultramarinis partibus et praecipue de terra sancta de Guillaume de Boldensele (1336), suivi de la traduction de Frère Jean de Long (1351). Hg. v. Christiane Deluz. Diss. masch. Paris (Sorbonne) 1972; andererseits als Aufsatz: Des Edelherrn Wilhelm von Boldensele Reise nach dem Gelobten Lande. Hg. v. Karl Ludwig Grotefend. In: Zeitschrift des historischen Vereins für Niedersachsen (1852), S. 209-286. Als Hauptquelle für den zweiten Teil gilt der Orientreisebericht des Franziskanermönchs Odorico von Pordenone. Vgl. dazu Odorico de Pordenone: Relatio. In: Sinica Franciscana. Vol. 1. Itinera et relationes Fratrum Minorum saeculi XIII et XIV. Collegit, ad fidem codicum redegit et adnotavit P. Anastasius van den Wyngaert OFM. Ad Claras Aquas (Quaracchi-Firenze) 1929, S. 413-495.

[394] Ridder, Übersetzung und Fremderfahrung, S. 250.

[395] Howard, Writers and Pilgrims, S. 67.

DOI 10.1515/9783110539240-002

beiden Teile des Berichts zur „kompositorischen Mitte des Gesamtwerkes"[396] wird, verstehen Ridder und Greenblatt als „Verabschiedung des Traums von einem heiligen Zentrum, auf das sämtliche Wege hinauslaufen; statt dessen führt die Reise nun in die Vielfalt, die Differenz, die befremdliche Mannigfaltigkeit der ‚wunderbaren Dinge'."[397] Ridder stützt die Idee von den sich gegenüberliegenden Teilen, indem er eine „jeweils auf einen Höhepunkt zulaufende Erzählführung" feststellt, die im ersten Teil auf das Heilige Grab und im zweiten Teil auf die Paradiesschilderung zustrebe.[398]

Dinshaw sieht die Raumstruktur stark mit einer Zeitstruktur verbunden und versteht die fortschreitende Bewegung des Reisenden in den Osten, ähnlich wie Howard, als eine in die eigene Vergangenheit (Reise ins Heilige Land), und die Reise in den fernen Osten als eine in eine komplexere Zeitlichkeit.[399] Unbestreitbar kann sie mit ihrer zweiten These eine Vielzahl an Orten bezeichnen, die mit einer komplexen, dichten Zeitlichkeit versehen sind. Doch es muss auch festgehalten werden, dass sich solche Orte (vom Stein Bethel im Tempel des Herrn zum Hof des Großkhans bis zum irdischen Paradies) immer wieder und an verschiedenen Stellen in den *Reisen* finden, und es wäre zu vermuten, dass ihre komplexe Zeitlichkeit mehr mit einer christlich-religiösen Aufladung der Orte zu tun hat als mit deren geographischer Verortung. Ausgehend von Dinshaw kann angenommen werden, dass besonders der erste Teil eine Reise an Orte beschreibt, an denen die Geschichte als Heilsgeschichte punktuell gegenwärtig und im Nachvollzug erfahrbar wird. Gleichzeitig gibt es aber auch Reibungen der heilsträchtigen Vergangenheit mit der problematischen Gegenwart dieser Orte, die nicht von Christen, sondern von fremden Religionsgemeinschaften, insbesondere von den Sarazenen beherrscht werden.

---

[396]   Ridder, Studien zur Überlieferungsgeschichte, S. 14.

[397]   Greenblatt, Wunderbare Besitztümer, S. 52. Ridder, Studien zur Überlieferungsgeschichte, formuliert diese Überlegung als Frage: „Ob Mandevilles literarisches Verfahren diesen theologischen Weltentwurf bereits relativiert, indem im Unterschied zum Pilgerbericht, der im wesentlichen nur die lineare Erzählführung mit narrativem Beschluß in Jerusalem kennt, die Reise in Jerusalem nicht endet, sondern der Leser zu einem erneuten Aufbruch, zur Entdeckung der ostasiatischen mirabilia mundi geführt wird, ist zumindest als Frage zu formulieren." (S. 14f.).

[398]   Vgl. Ridder, Studien zur Überlieferungsgeschichte, S. 15.

[399]   Vgl. Dinshaw, How Soon is Now: „To travel east in the *Book of John Mandeville* is to travel temporally in reverse." (S. 77) Und weiter: „Traveling east is better understood as traveling toward and into more explicitly heterogeneous temporalities." (S. 78) Vgl. zudem Howard, Writers and Pilgrims: „The pilgrimage to Jerusalem was a journey backward in time: one saw relics of New and Old Testament times, what the Middle Ages would have called the Age of Grace and the Age of Law (that is, the law of Moses)." (S. 72).

Auch Akbari geht zunächst von der Zweiteilung des Werkes aus, indem sie das Heilige Land und das Land des Priesterkönigs Johannes als die beiden Hauptziele des Reisenden festlegt. Sie stellt sich gegen die oben genannte, von Greenblatt vertretene Meinung, dass durch die Weiterreise Mandevilles in den Fernen Osten Jerusalem als Zentrum der Welt aufgegeben werde, und argumentiert unter Bezug auf Higgins: „Jerusalem's geographical and spiritual centrality continues to inform the depiction of the world even as the narrative moves further and further eastward."[400] Sie relativiert damit auch die starre Gegenüberstellung des Heiligen Landes mit dem fernen Osten und spricht statt von einem einzigen Zentrum in den *Reisen* von „shifting centers that supplement Jerusalem without displacing it."[401] Als alternative Zentren zu Jerusalem versteht sie das irdische Paradies, England, das Land des Priesterkönigs und die Kammer des ägyptischen Sultans, die sich alle dadurch auszeichneten, dass sie eine doppelte Sicht ermöglichen, einerseits auf das Fremde und andererseits auf das Eigene: „Each of these locations offers, as it were, a double view: it displays an alien place and, simultaneously, displays a mirror image of the viewer's own location."[402]

Die prinzipielle Zweiteilung des Werks wie auch Akbaris Vorstellung von den das Narrativ ordnenden „shifting centers", mit welcher sie die alleinige Fokussierung auf die christlichen Heilsorte – das Heilige Land, das irdische Paradies und teilweise auch das Land des Priesterkönigs – zurücknimmt, kann grundsätzlich als guter Ausgangspunkt für die Betrachtung der Räumlichkeit in den *Reisen* genommen werden. Sie müsste aber noch um einige weitere Zentren ergänzt werden, worauf auch Akbaris These der Spiegelfunktion dieser Orte hindeutet – denn solche Spiegelungen finden sich in den *Reisen* schließlich noch an vielen weiteren Stellen.

Die vorliegende Arbeit setzt sich von der bisherigen Forschung dadurch ab, dass der Hof des mongolischen Großkhans als das wichtigste Zentrum des zweiten Teils betrachtet wird. Dieses wird vom Text mit einer besonderen Anziehungs- und Ausdehnungskraft ausgestattet und fungiert als Orientierungs- und Anziehungspunkt der Raumorganisation des zweiten Teils der *Reisen*. Ihm steht als ein konkurrierendes weiteres Zentrum höchstens der utopisch-christliche Machtbereich des Priesterkönigs Johannes gegenüber, jedoch wirkt dieses christliche Reich

---

[400]   Akbari, Idols in the East, S. 59.
[401]   Ebd., S. 24.
[402]   Ebd., S. 59. Weiter beschreibt sie die „shifting centers" im Kontext der Öffnung des Weltbildes im späteren Mittelalter „These locations serve as alternative centers for organizing a world that was increasingly seen not as ordered about one point, but as fanning outward to new horizons for exploration and conquest." (S. 58).

kaum auf die Raum- und Bewegungsstruktur ein, sondern befindet sich relativ stark abgetrennt von seiner Umgebung ‚irgendwo' im Osten der Welt.

Im Folgenden wird also grundsätzlich zwischen zwei Teilen der *Reisen* und damit zwischen zwei Großräumen unterschieden, die das Narrativ der *Reisen* mit jeweils unterschiedlichen Mechanismen der Raumdarstellung strukturieren. Für den ersten Teil kann an die Forschung angeschlossen und von einer Orientierung der Erzählung an den Heiligen Stätten des Heiligen Landes ausgegangen werden, während für den zweiten Teil der Hof des Großkhans als Zentrum und Ziel der Erzählung gelten muss. Eine solche Zweiteilung wird durch die jeweiligen Hauptthemata, wie auch durch die unterschiedliche topographische Strukturierung und Ordnung des erzählten Raumes im Narrativ selbst nahegelegt: Erstens sind die beiden Großräume thematisch voneinander unterschieden und können einerseits als Heilsraum (1. Teil, Zentrum Jerusalem) und andererseits als Machtraum (2. Teil, Zentrum Hof des Großkhans) beschrieben werden. Zweitens weisen sie eine unterschiedliche narrative Wegstruktur auf. Diese unterschiedlichen Strukturen können als Topographie des Heils und als Topographie der Macht bezeichnet werden. Sie sollen im Folgenden jeweils zu Beginn der Kapitel zu den jeweiligen Großräumen in ihren spezifischen Eigenschaften nachgezeichnet werden. Es gilt aber auch zu beachten, dass eine solche Trennung zwischen den beiden Räumen der *Reisen* nicht starr ist, sondern vom Narrativ selbst immer wieder unterlaufen wird, da beide stellenweise ineinander greifen, (fremde) Macht und (eigenes) Heil sich überlagern können, und weil zudem die Heil ausströmenden Paradiesflüsse die ganze Welt über- und unterirdisch miteinander verbinden.

I. Topographie des Heils

1. Jerusalem als Zentrum und Ziel

Das Zentrum und Ziel des ersten Teils der *Reisen* ist Jerusalem,[403] auf das alles ausgerichtet ist: Intradiegetisch räumlich-geographisch ist es höchster Punkt

---

[403] Vgl. zur Zentralität Jerusalems in den *Reisen*, aber auch in anderen mittelalterlichen Texten, Higgins: Defining the Earth's Center in a Medieval ‚Multi-Text'. Jerusalem in The Book of John Mandeville. In: Sylvia Tomasch/ Sealy Gilles (Hgg.): Text and Territory. Geographical Imagination in the European Middle Ages. Philadelphia 1998, S. 29-53; Christiane Deluz: Jérusalem, ‚cœur et milieu de toute la terre du monde' (Le Livre de Jean de Mandeville). In: Evelyne Berriot-Salvadore (Hg.): Le Mythe de Jérusalem. Du Moyen Age à la Renaissance. Saint-Étienne 1995, S. 91-99. Auch Akbari bespricht diesen

und Mitte der Welt[404] und zudem geistliches Zentrum der Christenheit. So heißt es im Prolog: *„Das unser herre gott fúr uns starb zů Jherusalem, das tåtte er dar umb das es enmitten in der welt was, [...] das es solt dester e erschellen uff aller ôrt der welt.“* (Vhs., 2). Im Heilsraum des ersten Teils der *Reisen* lassen sich, wie im Folgenden gezeigt werden soll, narrative Strukturprinzipien des Raumes und der Zeit beobachten, die an bestimmten Orten auf besondere Weise miteinander korrelieren und als Sakralgeograhie zu beschreiben sind.

Zunächst fällt auf, dass sich die vom Erzähler beschriebenen Wege an Jerusalem als Zielpunkt orientieren. Nicht nur führt er unterschiedliche Reiserouten ins Heilige Land an,[405] auch sind die durch die Wegstruktur miteinander verbundenen Stationen stets durch Entfernungsangaben an Jerusalem ausgerichtet. Schon der Prolog der Velser-Handschrift beginnt mit der Thematisierung der Reise zum Heiligen Grab (*„Do ich von hayman uß fúr in dem můt und in der sach das ich wôlt faren úber mer zů dem hailigen grab und zů dem gesegnotten ertterich, das man in lattin nempt Terra Promissionis“*, Vhs., 1), der Anfang des Erzähltextes ist überschrieben und beginnt mit der Anführung ver-

---

Topos in der „geographischen" Literatur und in *mappae mundi* des Mittelalters: Akbari, Idols in the East, S. 50-66. Vgl. allg. zu Jerusalem in der mittelalterlichen Literatur, vornehmlich der englischsprachigen, Suzanne M. Yeager: Jerusalem in Medieval Narrative. Cambridge 2008, und den aktuelleren Beitrag von Folker Reichert: Nabel der Welt, Zentrum Europas und doch nur Peripherie? Jerusalem in Weltbild und Wahrnehmung des späten Mittelalters. In: Zeitschrift für historische Forschung 38,4 (2011), S. 559-584.

[404] Jerusalem oder das Heilige Land werden in den *Reisen* – allerdings nicht in jeder Version – an drei Stellen als Mitte der Welt beschrieben. Zunächst im Prolog: *„Wann das land von erst der juden was, und das land hett in unser herr erkorn als ouch das land das edelst und wirdigost und das best land was das yenen in der welt was. Wann es ist enmitten in der welt. Also mag man das bewåren mit ainem philosophen spruch der spricht: ‚Virtus rerum in medio consistit'.“* (Vhs., S. 1) In der Stuttgarter Hs. A, der Leiths. von Morralls Edition, kommt allerdings der Satz *„Wann es ist enmitten in der welt"* nicht vor. Morrall macht dazu keine weiteren Angaben im Apparat. Der Vdr. und Hs. N führen diese erste Verortung des Heiligen Landes als Mitte der Welt auch nicht an, da ihnen dieser ganze erste Prolog fehlt (Vgl. das Kap. ‚Hinführungen' – II. 4.2 Textänderungen in Prolog und Epilog' oben in der vorliegenden Arbeit). Als nächstes bei der Beschreibung der Grabeskirche: *„da ist die statt da Joseph von Arymathia unsers herren lichnam legt [...]. Und da sprechent etlich daz es da selbest enmitten in der welt sy."* (Vhs., S. 54, sehr ähnlich auch Vdr., S. 61); und drittens im astronomisch-geographischen Exkurs, in welchem Jerusalem zudem als höchster Punkt der Erd(halb)Kugel beschrieben wird: *„von England von den niderosten landen [...] byß gen Jherusalem, so gat man úmer me gen berg. Also gat man von Jherusalem gen orient vertz in Yndia úmer me gen tal. Also uff die andern ort vertz, wann ir sôllent wissen daz Jherusalem ist mitten in der welt."* (Vhs., S. 115).

[405] Ridder, Studien zur Überlieferungsgeschichte, S. 17, versteht die Anführung verschiedener Wege ins Heilige Land als Fiktionssignal des Textes.

schiedener Wege dorthin („*Hie seyt er von ettlichen wegen in das hailig land und seyt ouch von dem hailigen crútz. Man mag mengen weg faren úber mer dar nach und das land ist da er wonet*", Vhs., 4) und auch im Erzählverlauf setzt der Erzähler immer wieder neu an mit einer anderen Wegbeschreibung, die Jerusalem zum Ziel hat: „*Hye so heb ich wider an und wil sagen und leren die weg von Constantinopel zů dem hailigen grab.*"[406] (Vhs., 14). Man kann die Struktur des ersten Teils der *Reisen* somit auch als einen hodologischen Raum bezeichnen, dessen Logik die des Weges und seiner Stationen ist.[407] In den *Reisen* ist die Wegstruktur allerdings nicht – wie besonders in Itineraren – ,nur' als eine Art Reiseführer zum Nachvollzug angelegt, sondern sie bietet dem Erzähler die Möglichkeit für diverse Exkurse, Ortsbeschreibungen und Erzählungen, die mit bestimmten Wegstationen verknüpft sind.[408]

---

[406]　Weitere solche Neuanfänge einer Wegbeschreibung in der Vhs.: „*Syder wir nun gewesen sind und geschowet haben die hailigen berg in Monte Synay und wellent nun wider keren gen Jherusalem*" (Vhs., S. 43f.); „*Syder ich úch geseyt hon von etlichem volck die da wonent hie dißhalb in dem land, nun wil ich wider komen uff minen weg uff dem andern tail. Wer wil von Galilea ziehen, da ich úch von geseit hon, der mag komen durch Damasti*" (Vhs., S. 78); „*Syder ich úch geseyt hon die weg von tútschen landen, die da gar lang und verre sind, als zů Sant Katherinen und ander vil stett da ich úch hon von geseyt, und welhe straß man sol halten von Sant Catherinen wider zů dem hailigen grab, nun wil ich úch sagen von dem weg allain zů dem hailigen grab. Man mag vil finden die da farent zů dem hailigen grab und nit fúrbas, und daz geschicht von mengerlay sach wegen. [...] Da von so wil ich úch sagen die nit můt fúrbas habend wann zů dem hailigen grab, welhe strauß sie söllent halten und die aller kúrzost sind.*" (Vhs., S. 81).

[407]　Vgl. zum Begriff des hodologischen Raumes Stephan Günzel: (Art.) Hodologie. In: Ders. (Hg.): Lexikon der Raumphilosophie. Darmstadt 2012, S. 176. Die Hodologie geht auf den Psychologen Kurt T. Lewin zurück und wurde von dem Philosophen Otto F. Bollnow: Mensch und Raum. Stuttgart ¹¹2010 (Erstaufl. 1963) in Verknüpfung mit dem Handlungsraum erweitert. Mit dem Konzept der Hodologie werden Handlungen beschreibbar, die mit der Bewegung durch den Raum in Verbindung stehen. In Erzähltexten im Allgemeinen und in Mandevilles *Reisen* im Besonderen wären diesbezüglich dann anstelle von Handlungen Erzählungen zu verstehen, die an bestimmten Orten im Raum an diesen geknüpft werden, also ,Erzählhandlungen' des sich durch den imaginierten Raum bewegenden Erzählers. Derzeit findet das Konzept des hodologischen Raumes großen Widerhall in der Computerspiel-Erzählforschung, bzw. in den *game studies*.

[408]　Ridder sieht in den verschiedenen Reiserouten und in deren Unterbrechung durch weitere Erzählungen allerdings eine Abschwächung der Zielgerichtetheit der Erzählung auf Jerusalem: „Die Komposition des ersten Teils der ,Voyages' orientiert sich nicht an einer gradlinigen Reisebewegung mit dem Ziel Jerusalem. Auch wird kein vom Erzähler zurückgelegter Weg beschrieben. Das Heilige Land ist das Land der Mitte, und die fingierten Reiseverläufe, die Wege, umkreisen Palästina, nähern sich ihm von verschiedenen Seiten, enthalten dem Leser das Ziel der Reise aber bis zum Ende der ersten drei narrativen Wege vor." Vgl. Ridder, Übersetzung und Fremderfahrung, S. 249. Dadurch jedoch,

2. Wegstruktur in der Sakralgeographie

Die Angabe von Entfernungen von einer Wegstation zur nächsten oder von einem bestimmten Ort zu Jerusalem ist ein Charakteristikum des Pilgerberichts, das sich auch in den *Reisen* wiederfindet. Nicht so häufig jedoch wie in diesen werden in den *Reisen* besonders bei heiligen Orten präzisere topographische und geographische Angaben gemacht.[409] Außerdem werden in den *Reisen* Entfernungen oft in verschiedenen Maßeinheiten angegeben und diese miteinander in Beziehung gesetzt, wie beispielsweise bei der Beschreibung der genauen Lage und der Ausmaße des Heiligen Landes:

> *Und da selbs* [beim Gebirge Libanon] *hept sich an daz hailig land und wert nach der lengin byß gen Bersabee und ist lang hundert und núntzig leg. Nach der braittin weret es von Jericho biß gen Jaffe, daz ist viertzig leg. Und ir sóllent wissen daz er da leg haisset, sind wälsch milen. Item ir sóllent wissen das daz hailig land, daz die geschrifft haisset Terra Promissionis, ist in dem kúngrich von Syria. Das kúngrich von Syria weret von der wüstin von Arabia biß gen Tyberia und stosset an daz gros Armenia und biß an das groß mer.* (Vhs., 76).

Das römisch-gallische Längenmaß *leg* oder Leuge[410] hat der Bearbeiter Velser aus seiner französischen Vorlage übernommen, in welcher die Längenangaben in lombardischen *lieues* gemacht und noch etwas ausführlicher erklärt werden: *„lx lieues, cest a dire lieues de nostre pays ou de Lombardie, qui sont*

---

dass Jerusalem das Ziel einer jeden beschriebenen Reiseroute darstellt und auch die einzelnen Stationen immer wieder an der Heiligen Stadt ausgerichtet werden, lässt sich gegen Ridder für die Zielgerichtetheit – nicht eines bestimmten Weges, sondern eben aller Wege und damit des ersten Teils der *Reisen* – auf Jerusalem argumentieren.

[409]   In mittelalterlichen Pilgerberichten dienten die genauen Angaben von Entfernungen in Schritten, von hinauf- oder hinab zu gehenden Treppenstufen, Richtungen, Umfängen von Gebäuden, etc., dem Nachvollzug im Geiste während der Lektüre des Berichts. Die Lektüre solcher Angaben war also letztlich ein Nachvollzug des wiederholenden Nachvollzugs der entscheidenden Stationen der Heilsgeschichte. Vgl. dazu Gerrit Jasper Schenk: Dorthin und wieder zurück. Mittelalterliche Pilgerreisen ins Heilige Land als ritualisierte Bewegung in Raum und Zeit. In: Jörg Gengnagel u. a. (Hg.): Prozessionen, Wallfahrten, Aufmärsche. Bewegung zwischen Religion und Politik in Europa und Asien seit dem Mittelalter. Köln u. a. 2008, S. 19-86, sowie Bernhard Jahn: Raumkonzepte in der Frühen Neuzeit. Zur Konstruktion von Wirklichkeit in Pilgerberichten, Amerikareisebeschreibungen und Prosaerzählungen. Frankfurt am Main u. a. 1993.

[410]   Fnhd. *leg, legha, leug, loüg*: Leuge (frz. lieue, engl. league) ist ein röm.-gall. Längenmaß kelt. Ursprungs zur Messung und Anzeige von Entfernungen auf Straßen. Die Längenangaben sind allerdings unterschiedlich: Einer Leuge entsprechen 3 oder 4 welsche Meilen oder 1,5 röm. Meilen und somit ca. 2200 m. Vgl. die Einträge „lege" in: Baufeld, Kleines frühneuhochdeutsches Wörterbuch, S. 158; Heinz-Joachim Schulzki: (Art.) „Leuga". In: Der Neue Pauly. Brill Online, 2014. Zugriff über UZH Hauptbibliothek / ZB Zürich.

petites. Ce ne sont mie lieues de Gascoigne ne de Prouence ne de dalemaingne,
ou il a grandes lieues."[411] Velser hat die Ausführungen seiner Vorlage hier nicht
nur gekürzt, sondern auch bei der Übertragung der Leugen das auf Frankreich
verweisende *„nostre pays"* in *„wälsch milen"* abgeändert, womit er die Maß-
einheit seiner französischen Vorlage beibehält und sie als aus diesem Kulturraum stammende benennt.[412]

In den Diemeringen-Versionen wird das Heilige Land an dieser Stelle
nicht so präzise und ohne Angabe von Maßeinheiten verortet.[413] Dass im Allgemeinen präzise Angaben in unterschiedlichen Maßeinheiten als etwas, das
nicht missverstanden werden darf, und als etwas von Bedeutung ausgewiesen
werden, zeigt sich auch in der Rezeption der Stelle in der nordniederdeutsch-
mitteldeutschen Handschrift (s. Abb. 6). Sie weist hier eine von etwas späterer
Hand hinzugefügte Marginalie auf, die erkennen lässt, dass ein Interesse an
den Maßangaben bestand, die hier wiederum in deutschen Meilen angegeben
werden: *„Die lenge ist 40. teútsche mil Die breide ist 15. teútsch Mei[...]"*.[414]

---

[411] Paris-Text, Ed. Letts, S. 293. Sehr ähnlich wie der Paris-Text gibt auch der Cotton-Text
mehrere Maßeinheiten an, spricht aber anstatt von *leagues* von *miles*: *„it conteyneth wel
a .ix.^{xx} myles and of lengthe, þat is to seye fro Iericho vnto Iaffe, and þat couteyneth a .xl.
myle of lombardye or of oure contree þat ben also lytyll myles; þeise be not myles of Gas-
coyne ne of the prouynce of Almayne, where ben grete myles."* (Ed. Hamelius, S. 78).

[412] Es scheint sich hier der Übersetzer selbst erklärend einzuschalten, der auf den Erzähler
Mandeville verweist, wenn er einfügt: *„Und ir sŏllent wissen daz er da leg haisset, sind
wälsch milen".*

[413] Vgl. Ddr., S. 263: *„vnd der merer teyl aller dieser landen horttent zŭ dem gelopten land.
Aber nun hŏrend sie zŭ dem Künigrich von Syrie von den wŭstinen von Arabien vntz gen Ci-
cilien in hermenien die meren ouch sind vil prouincien in dem land [...]."* An anderen Stellen messen die Diemeringen-Texte meist in *„stadien"*, die auch in ihrer Entsprechung in
Meilen angegeben werden: *„das mer von Genaser [...] ist wol hundert stadien lang vnd .xl.
stadien breit vnd thŭnd ie .viij. stadien ein myl."* (Ddr., S. 261f.); sie messen aber auch in
meilen, clauffter, staffelen, oder – wie auch die anderen Texte – oft in Tagereisen.

[414] Berlin, Staatsbibliothek, mgf. 204, fol. 55r. Auch eine bisher in dieser Arbeit noch nicht
herangezogene Velser-Hs. aus Dresden, Sächsische Landesbibliothek, Staats- u. Universitätsbibliothek, Mscr. Dresd. F.184.b, datiert auf das Jahr 1433, digitalisiert und online
einsehbar unter: http://digital.slub-dresden.de/werkansicht/dlf/13950/1/0/ weist eine
ausführliche Marginalie mit Maßangaben auf – allerdings an anderer Stelle, bei der Beschreibung Groß-Babyloniens und bei den Angaben zum Turm von Babylon (fol. 29v).
Sie gibt Auskunft über die Umrechnungen von *„stadia"* in *„wälsch meil"*, *„schritt"*,
„schůch" und *„zehan"*. Außerdem findet sich, vom Text durch Unterstreichung abgesetzt
und auch inhaltlich nicht an ihn anschließend, am unteren Ende dieser Blattseite der
Vermerk, auf den mit einem Fingerzeig hingewiesen wird: *„vmb xxv. leg ain leg ist dreÿ
welsch meil".*

77

is de tafel vnses hern dar vnse here mits synen
iwgeren vp ath na syner vpstandinge dar se ene
worden wkennende in der bretinge des brodes
Dar aff dat ewangelid secht Et cognouerut eum
in fractioe panis Dat is vn sebekonde ene, in
der bretinge des brodes vnd by desser stad wan
tyberien is de berth dar vnse here spysede vnd man
vnd ov garsten broden vnd vn ij vysschen In desß   Matth: 14.
sulue stad warp me an grauschop ene brak na
vnseme heren men de brand vlde in de erde vnd
groyede alto hant vnd wassede vnd is en groet
bom geworden noch vnd de borke dar aff is all
vorzenget vnd is al swart

Item vp dessen ende van der see steit en stark
castell vnd hoge de heet Gaphor vnd is ock
capharnaud geheten vnd in al dent lande des gelo
uedes en is nucht so stark en castell vnd benedden
dessem castelle steyt ene harde schone stede de ot
caphor heet In dessem castele was Sunte annage
boren vnser vrowwen moder vnd dar vnder was
Centurius hues dit lant is alle geheten galilee
vnd dar sin vele lude de dat gegenen weten van
Zabulon vnd va neptalim

Unde wit wedder kere vad dessem castelle vad
Gaphor ofte vad capharnaud is de stad van
dan de men nu heet selmaß ofte cesaria philippi
de gelegen is an deme vote va deme berge liba
ni Dar de Jordane begynnet dar begynnt dat lat
va promissione edder des gelouedes vnd gedwret an   Die lenge ist
de lenge vnd barzabee nozden wart gaude wente to   40. teutsche mi
den suden E vnd lxx milen vnd in de brede dat is   Die breide ist
va iericho wente to affa sin wol lx milen lombardeß   15. teutsche Mei

Paradigmatisch für die Systematik einer Heilstopographie ist die Verbindung der genauen territorial-geographischen Verortung des Heiligen Landes mit dessen heilsgeschichtlicher Bedeutung für die Christen. In der Velser-Version wird letztere durch den Verweis auf das biblische Versprechen des Landes an die Christen (*„daz die geschrifft haisset Terra Promissionis"*) aufgerufen. Der Text produziert also heilstopographisch eine nachvollziehbare, erfahrbare Raumvorstellung und verknüpft diese unablässig mit dem biblischen Narrativ. Er führt biblische Ereignisse, Erzählungen und Namen an und verortet sie genau in der Topographie des Heiligen Landes.

Die Forschung hat für die mittelalterliche Pilgerliteratur Konzepte einer „Sakralgeographie" entwickelt, die sich auch für die Lektüre des ersten Teils der *Reisen* anwenden lassen. Die Geschichte des sakralen Raumes der Pilgerroute nach Santiago de Compostela wird in der Untersuchung von Frederike Hassauer in den Blick genommen, deren Interesse sich auf das „Konzept eines mentalen Raumes im Mittelalter – auf den historischen, sozialen und medialen Raum als Gestalt des Systems einer paradigmatisch gewordenen Pilgerfahrt"[415] richtet. Ihre Erklärung der Struktur und Funktionsweise der „Sakralgeographie", wie sie in der und durch die Pilgerfahrt konstituiert wird, kann ebenso für die Struktur der Heilstopographie des Heiligen Landes in den *Reisen* herangezogen werden – unter Berücksichtigung der Fiktivität der ‚Pilgerfahrt' Mandevilles, deren Beschreibung allerdings sehr stark in der Tradition mittelalterlicher Palästina-Pilgerberichte steht:

> Pilgerfahrt umreißt [...] einen mentalen Raum, der an bestimmte soziale und historische, mentale und mediale Vollzugsformen gebunden ist und so einen bestimmten Typus im Repertoire mittelalterlicher Mobilitäten verkörpert. Dieser mentale Raum der *peregrinatio*, seine *logique du fonctionnement* und die Materialitäten seiner Vollzüge werden in der Projektion auf Geographie realisiert – eine Geographie, die in einer untrennbaren Verbindung die Kosmologie des Weltbildes auf die Topographie des Erdbildes blendet: Sakralgeographie. Unsere Perspektive auf diesen Raum ist also nicht die eines ‚vorhandenen', sondern die eines historisch entstandenen, geschaffenen, damit nachvollzugsabhängigen semantischen und symbolischen Raums.[416]

In diesem Sinne ist die Raumstruktur des Heiligen Landes gekennzeichnet durch die Abfolge von Vermittlungspunkten – „untrennbaren Verbindung[en]" – zwischen einer immanenten oder horizontalen Ebene und einer transzendenten, vertikalen Ebene oder Linie. Für Stephen Greenblatt begründet sich die Raum-

---

[415] Friederike Hassauer: Santiago. Schrift, Körper, Raum, Reise. Eine medienhistorische Rekonstruktion. München 1993, S. 17.

[416] Ebd., S. 61.

struktur des Heiligen Landes in den *Reisen* durch das Kontiguitätsprinzip der
Metonymie, durch die eine punktuelle Heilsdichte erzeugt werden kann:

> Das Heilige Land ist für Mandeville der Ort der sakralen Metonymie: biblische Geschich-
> ten oder Heiligenlegenden stehen dicht an dicht gedrängt und stützen sich wechselsei-
> tig, und fast scheint es als seien sämtliche wichtigen Ereignisse im Leben Jesu, der Patri-
> archen und Propheten auf einem Raum von zehn Quadratmetern passiert.[417]

In der Abfolge des Weges überlagert sich an bestimmten Stationen die Materialität des Raumes mit seiner Geschichte und seiner heilsgeschichtlichen Bedeutung, sodass die Heilige Stätte über sich hinaus in eine transzendente Sphäre
weist. In den *Reisen* wird die metonymische Dimension der Geographie durch
das Aufzeigen der Bedeutung der Geschichte eines Ortes etabliert, durch das
Erzählen oder auch nur kurze Erwähnen, kurz: das Präsent-Machen von heilsgeschichtlichen Ereignissen, die an einem bestimmten Ort stattgefunden haben.

3. Geschichtsträchtigkeit und prekäre Gegenwart des Raumes

Der Heilsraum zeichnet sich insbesondere durch seine Geschichtlichkeit aus,
die vor allem durch alt- und neutestamentliche Narrative, aber auch durch
Antikenerzählungen[418] und Geschichten aus der Kreuzfahrerzeit[419] konstituiert
wird. Die Strukturprinzipien der Zeit sind eng an die Räumlichkeit gebunden,
in welcher sich, Station für Station, in einer metonymischen Übertragung die
Geschichte als präsent gewordene Heilsgeschichte für den Reisenden und für
den Lesenden entfaltet. Heilige Orte in diesem Raum sind heilig, weil in ihnen
bestimmte heilsgeschichtliche Ereignisse stattgefunden haben, die im Nachvollzug nur erfahren werden können, wenn man am richtigen Ort ist. Deshalb
sind auch die genauen topographischen Angaben so wichtig:

> *enmitten in der selben kirchen da ist die statt da Joseph von Arymathia unsers herren lich-
> nam legt [...]. In der selben kirchen uff die lincken hand da ist die statt da unser herre
> ward in die gefanknúß geleyt und ward ouch da gebunden. Und da selbs erschain unser
> herre Sant Marien Magdalenen [...]. Vor der kirchen túr gat man achtzehen staffelen uff. Da
> sprach unser herre zú unser frowen [...]."* (Vhs., 54)

---

[417]   Greenblatt, Wunderbare Besitztümer, S. 68.

[418]   Bspw. die Geschichte von Hippokrates' Tochter, die von der Göttin Diana in einen Drachen
         verwandelt wurde (Vhs., S. 15-17), Aeneas und Dido (Vhs., S. 29), die Einführung des julia-
         nischen Kalenders (Vhs., S. 52), oder die Kreuzauffindung durch Helena (Vhs., S. 53).

[419]   Bspw. die Kreuzfahrer König Ludwig IX und König Eduard I (Vhs., S. 24f.).

Der Erzähler verknüpft Punkte des Raumes mit dem Narrativ der Heilsgeschichte und überzieht den Raum regelrecht mit einem Netz an Erzählungen,
Namen, Symbolen und Zitaten. Er berichtet beispielsweise von Paradiesäp-
feln, in denen sich das Kreuzsymbol findet, und von Adamsäpfeln, die an einer Seite einen Biss aufweisen.[420] Die Prominenz und letztlich die Autorität der
Heilsgeschichte zeigen sich auch in der insistierenden Deutung der Pyramiden
als Kornspeicher Josephs, obwohl einige Bewohner der Gegend behaupteten,
es wären Gräber.[421] Damit werden Vergangenheit und Gegenwart an einem Ort
miteinander verbunden und häufig trägt der Raum sogar noch Spuren des ver-
gangenen Heilsgeschehens, die deshalb unvergänglich sind, weil in ihnen die
Heiligkeit ihrer Träger noch immer wirkt: Aus den Säulen der Grabeskirche
tropft stetig Wasser und es wird gesagt, sie beweinten den Tod Christi; dessen linker Fußabdruck ist noch immer auf dem Ölberg zu sehen, genauso wie
Milchtropfen aus Mariens „hailigen brüsten" auf einem Marmorstein als weiße
Flecken die Vergangenheit immer präsent halten.[422]

Im Heiligen Land gibt es punktuell auch besonders starke Verdichtungen von
Heiligkeit und Geschichtlichkeit durch die Überlagerung von mehreren heilsgeschichtlich relevanten Ereignissen an einem bestimmten Ort. Dies ist in besonderer Weise im Tempel des Herrn der Fall, in welchem „ain stain, [...] den haissent sie
Moriath, dar nach ward er gehaissen Bethel, und da von ward unsers herren sarg
gemachet" (Vhs., 57), mit Erzählungen regelrecht aufgeladen wird. Historische
und biblische, alt- und neutestamentliche Figuren und Ereignisse werden vom
Erzähler mit diesem Stein an diesem Ort verbunden und sie verleihen ihm in ihrer
Überblendung eine außerordentliche Heilsprägnanz. Dabei geht es weniger um
ein Aufzeigen der Chronologie von Heilsereignissen, als vielmehr um die erzäh-

---

[420] Vgl. Vhs., S. 34: „Und die haissent ôpffel von dem paradys. Die sind sũß und gar gũt zũ
essen. Ob ir die zerschnittent nach der lengi oder nach der zwerhy und wie menig stuck ir
wõllent, so findent ir al wegen ain figur von ainem crútz dar inne. Und der wachsset als vil
da das man ir hundert findet umb ainen ast. Und find man da Adams ôpffel, die hond an
der ainen syten all weg ainen bysß."

[421] Vgl. Vhs., S. 36: „und sprechent etlich lút daz gros herren da selbs begraben sind. Es ist aber
nit war. Wann man seyt ouch als witt daz land ist, das es Josephs kornhúßer syent, und also
vindent sie es geschriben in iren hystorien. Wäre daz es greber werent, so hettend sie nit túren
noch werent nit so hoch noch so witt. Dar umb ist es nit zeglobent das es greber syent."

[422] „Item an dem berg Calvarie [...] da sind ouch vier stainin súle, da tropffet allen wegen wasser uß. Und sprechent etlich daz die stain wainent unsers herren tod." (Vhs., S. 53); „Von
dem selben berg fúr unser herre ze hymel an dem uffart tag, und sicht man noch ain lincken
fũß tritt von unserm herren in ainem stain." (Ebd., S. 64); „Und da malck sie die milch uff
ainen rotten marmelstain. Und das mag man noch wol senhen, wann wa die milch hin viel,
da wurdent wiß flecken, und die sicht man noch uff dem stain." (Ebd., S. 48).

lerische Herstellung einer expandierenden Heilsdichte. Greenblatt bezeichnet diesen Vorgang als Vermittlung des „Gefühl[s] einer semiotischen Dichte, einer undurchdringlichen Opazität, einer zu Stein gehärteten Heiligkeit."[423]

Die Heilsprägnanz konstituiert sich jedoch nur über die Geschichtlichkeit an diesem Ort, das heißt, nur über die Erzählungen, mit denen der Stein aufgeladen wird. Eine gegenwärtige Heilswirkung stellt der Erzähler nicht fest – der Stein bleibt somit mehr in der Vergangenheit verhaftet, als dass er als Heilsort in die Gegenwart der Erzählung einwirken würde. So ist auch der Felsendom, der in der Diegese unter sarazenischer Herrschaft steht, ein heiliger Ort, aber kein Ort christlicher Ehrerbietung. Den Christen ist er schon lange entzogen und an ihm zeigt sich auch, dass Gegenwart und Geschichte sich im Heiligen Land nicht mehr decken. Denn der Erzähler berichtet davon, dass früher „da opffernt die juden duben und durteltuben" auf dem Altar vor dem Tempel. Und gegenwärtig haben die Sarazenen profanes Gerät dort installiert: „Und uff dem altar habend die hayden nun gemachet ain rad, da erkent man an welcher zitt es ist an dem tag" (Vhs., 59).

Die erzählte Gegenwart des Heilsraumes befindet sich in einem prekären Zustand, in einem Zustand des Verfalls, in welchem an den meisten Orten nur noch die Spuren der Geschichte aufzufinden sind und die Ruinen als Zeugen der Vergänglichkeit an die einstigen Heilsereignisse erinnern. Dies wird an verschiedenen Stellen durch die Gegenüberstellung von Vergangenheit und Gegenwart auch deutlich zum Ausdruck gebracht: „Jericho ist etwan geweßen ain gůt und ain schőn statt. Sie ward aber gewůst, also das es nit me ist wann ain clain dorff." (Vhs., 65) Der Zerfall der Heilsorte wird besonders in Nazareth herausgestellt, dem Heimatort Christi, denn dort weiß der Erzähler zu berichten: „Nazareth ist geweßen ain gros stat. Nun ist es ain bőßes dorff, ain huß hie das ander da; und ist nit umb murat."[424] (Vhs., 73) Auch die Kirche, in welcher Maria vom Engel Gabriel die Geburt ihres Sohnes verkündigt wurde, ist nur noch eine Ruine: „Die selb kirch ist nit me, und ist nit me da denn nun ain stainin sul" (ebd.). Dass Nazareth ein heilsgeschichtlich bedeutender Ort ist, zeigt sich auch daran, dass es im hodologischen Raum als eine Art Nebenzentrum von Jerusalem fungiert. Denn der

---

[423]   Greenblatt, Wunderbare Besitztümer, S. 66.

[424]   Im Frühdruck der Diemeringen-Version ist die Episode unterbrochen durch weitere kleinere Stadtbeschreibungen mit Angabe der Ereignisse, die dort stattfanden, und er führt dann ebenso den Unterschied zwischen ‚damals' und ‚heute' an, jedoch ohne eine solch negative Wertung wie die Velser-Version: „vnd was etwan ein gůte stat vnd warend vil kirchen darinne die all abgebrochen sind vnd ist nun ein klein dorff" (Ddr., S. 259).

Erzähler richtet nicht nur Nazareth an Jerusalem aus,[425] sondern auch weitere Orte wiederum an Nazareth.[426] Die Diskrepanz zwischen der heilsgeschichtlichen Relevanz des Ortes und seiner in der Diegese aktuellen Erscheinungshaftigkeit führt die zeitliche Distanz der Vergangenheit vor Augen sowie regelrecht den Verfall des christlichen Erbes[427] und damit einhergehend die grundsätzliche Schwierigkeit des metonymischen Erzählens, über das die Materialität des (heiligen) Ortes an die Heilsereignisse längst vergangener geschichtlicher Zeiten und Personen angeschlossen werden soll.

Der Großraum des Heiligen Landes ist durch Leben und Tod Christi geheiligt und wird dadurch in eine untrennbare Verbindung mit der christlichen Glaubensgemeinschaft gestellt. Schon im Prolog wird diese Verbindung durch die Berührung Christi mit der Erde und vor allem durch sein Blut, das den Boden getränkt hat, stark gemacht:

Und es haisset billich das gesegnot erttrich und das hailig land, wann es gesegnot und gehailiget ist mit dem kostperen und hailigen plůt unsers herren Jhesu Cristi. [...] Ouch wolt er in dem selben land mit sinen hailigen fůssen gon und das land hailgen mit wunderen und mit predigen" (Vhs., S. 1).

---

[425] Im Ddr. beginnt die Episode über Nazareth schon mit der Angabe der Distanz zwischen Nazareth und Jerusalem („[...] *kommt man gen Naʒareth dannen vnser herr den namen hat Jhesus naʒarenus vnd sint von Naʒareth vntʒ gen jherusalem .xxx. tagreiß"*). In den Velser-Versionen kommt die Entfernungsangabe auch vor, aber schon an früherer Stelle und mit anderen Zahlenangaben („*so fert man gen Nazareth, dannen unser herre sin über namen hett. Und daz ist try tagwaid von Jherusalem"*, Vhs., S. 69; „*so vert man gen naʒareth von dem vnser herr sein ʒů namen hat. vnd dʒ ist ein tagwaid von jherusalem"*, Vdr., S. 77, Hs. N, fol. 66r, macht wie der Druck die Angabe „*ein tagweid"*).

[426] „*Und die stett sind alle in dem land zů Galilea, und ist try leug von Nazareth."* (Vhs., S. 72); Haupt- und Nebenzentrum werden über die Entfernungsangabe auch in die andere Richtung, und zwar von Jerusalem nach Nazareth, miteinander in Verbindung gesetzt und Nazareth damit als Nebenziel etabliert, auf das verschiedene Wegangaben gerichtet sind: „*Von Jherusalem byß gen Nazareth ist try tagwaid. [...] Item zwo leug von Nazareth ist die statt Sophym, die ist uff dem weg wann man von Nazareth gatt gen Aton. Und aine halbe leg von Nazareth ist unsers herren plůt."* (Ebd., S. 73); „*Von Nazareth gat man uff den berg Thabor [...] und ist vier leug von Nazareth"* (ebd., S. 74); „*Item try leug von Nazareth ist Sophya daz castell [...]. Item syben leug von Nazareth da ist ain berg, der haisset Chay, und da ist ain brunn."* (Ebd.)

[427] Im Prolog der *Reisen* werden die Verbindung von dem durch Leben und Tod Christi geheiligten Land und dem christlichem Glauben sowie die Bedeutung des Heiligen Landes für die christliche Gemeinschaft als ihr rechtmäßiges Erbe stark hervorgehoben: „*Dar umb ain yeglicher cristen der es vermöchte solte gern und mit grossem andacht sůchen das land das uns got mit sinem hailigen plůt gehailiget hatt und uns das verhaissen hett in unser erb."* (Vhs., S. 2).

Die übergeordnete Problematik der Gegenwart der Diegese besteht schließlich
darin, dass das Heilige Land aus Sicht der Christen unrechtmäßig von den Sarazenen besetzt ist, was für die Territorialisierung der christlichen Glaubensgemeinschaft eine prekäre Situation darstellt. Der Heilsraum wurde durch eine
fremde Macht vereinnahmt, deren Strukturen wiederum die Fortbewegungs-
möglichkeiten des (christlichen) Reisenden im Raum bestimmen. Mandeville
kann nur an die verschiedenen Heilsorte gelangen, da ihm die Briefe des Sultans freies Geleit und den Zutritt gewähren.[428] Zudem beanspruchen die Sarazenen entweder die alt- und neutestamentarisch relevanten heiligen Orte der
Christen für ihre eigenen religiösen Handlungen, oder sie profanieren sie und
schlagen dazu noch Gewinn daraus, wenn sie die christlichen Pilger für den
Zugang zu den Pilgerstätten bezahlen lassen. Dies ist auch in Nazareth der Fall
und wird vom Erzähler deutlich missbilligt: *„Und da nemend die haiden daz
opffer von den bilgerin, und des huttend ouch die Sarracen gar ser von des nutzes
wegen, den sie da von hond. Und da sind bôser haiden denn yenet anderswa"*
(Vhs., 73). Gleichzeitig kann der machtpolitische Einfluss der Sarazenen auch
zum Schutz der heiligen Stätten beitragen, wie es vom Heiligen Grab berichtet
wird, das der Sultan verschlossen hat, weil die christlichen Pilger zu viele Stei-
ne davon abbrachen.[429] Häufiger wird allerdings vom Erzähler bemerkt, dass
die Sarazenen Städte und Kirchen zerstört haben.[430]

Der Erzähler deutet immer wieder auf die problematische Lage der Christenheit hin, die keinen machtpolitischen Einfluss im Heiligen Land hat, und
fordert die Christen dazu auf, sich um die Rückeroberung des Landes zu bemühen: *„Da von wir cristen nach Cristo sigent genant, und uns sunderlich nun*

---

[428] Vgl. Vhs., S 55: *„Und die haiden lond weder cristen noch juden dar in gon* [in den Fel-
sendom], *wann sie sprechent also bôses folck sol nit gon an als hailig statt. Ich bin aber
darinne geweßen und anderswa wa ich wolt von der brieff wegen die ich von kúng Soldan
hett, als wit sin land warent, und besunder gebott er daz man mich mûst laussen senhen
und gon wa ich wolt, und mûstend mich belaiten von ainer stat zů der andern war ich wolt
und die mit mir warent."*

[429] Vgl. Vhs., S. 51: *„Und ist ouch nit lang zyt daz das hailig grab nit waz verschlossen noch
verdeckt, und daz es ain yeglich bilgerin mocht gekússen und rûren. Und dar umb daz die
bilgerin ab schlůgent und brachent des staines von dem hailigen grab, dar umb hies es der
Soldan vermachen, also daz man es núntz me gerûren kan noch mag."*

[430] Bspw. die Hafenstadt *„Torque"*, die nun *„Lesur"* heiße: *„Und da ist hie vor gewesen gar
ain schônu statt. Und die hielten die cristen, die haiden hond sie aber zerstört, und hûttend
des selben portz gar fast, und besorgen sich vor den cristen, und nement ouch zol da."*
(Vhs., S. 19f.) Oder eine Kirche in Samaria: *„Und da ist der brunn da unser herre redet mit
der Samaritan. Und da ist geweßen ain kirch, die hayden hond sie aber zerbrochen."* (Vhs.,
S. 70).

genant hatt, dar umb sôltend wir billichen kriegen und fechten umb unser land und unser erbe das uns unser vatter gelaßen hatt" (Vhs., 2).[431] Auch während der Beschreibung der Geschichte Jerusalems bedauert er die aktuelle Lage, bemerkt aber, dass die Herrschaft der Sarazenen mit Gottes Hilfe nicht von langer Dauer sein wird: *„Nun layder hond es unglôbig lût die hailig statt inne gehept wol hundert und zwaintzig jar und mer. Sie behaltend sie aber nit lang, ob gott wil."* (Vhs., 51). Ein prägnanter Unterschied, der sich zwischen den Sarazenen und den Christen in ihrer jeweiligen Darstellung abzeichnet, betrifft die Begründung des territorialen Anspruchs auf das Heilige Land. Denn die Sarazenen werden bei Mandeville im Gegensatz zu den Christen nie ätiologisch und dauerhaft an ein Territorium gebunden. Obwohl in der Erzählung das Heilige Land unter ihrer Herrschaft steht, wird sie als ein temporärer Zustand begriffen, den es von christlicher Seite aus zu ändern gilt, was außerdem von den Sarazenen selbst angekündigt wird, da sie um die Prophezeiungen wüssten, die letztendlich den Christen das Heilige Land zusprechen. Dies berichtet auch der Sultan von Kairo im Gespräch mit Mandeville: *„Wann wir wissent wol von den propheten wegen, daz die cristen sôllent das land gewinnen"* (Vhs., 90). Auch in der Auseinandersetzung mit dem Islam in den *Reisen* wird deutlich, dass Mandeville diese Gemeinschaft als personen- (Mohammed) und schriftbezogen (*ir buoch*) und nicht als eine sich über territoriale Heilsoffenbarungen und damit über eine Heilsgeographie begründende Religionsgemeinschaft vorstellt.[432]

---

[431] Der Kreuzzugsgedanke hat wesentlich dazu beigetragen, die einzelnen heiligen Stätten des Heiligen Landes als territoriale Einheit und das historische Palästina als *terra sancta* der Christen zu generieren. Vgl. zum christlichen Verständnis des Heiligen Landes Robert Wilken: (Art.) Heiliges Land, 3. Christentum. In: TRE, Bd. 14 (1986), S. 688-692. Greenblatt, Wunderbare Besitztümer, für den Mandeville im Verlauf der Reiseerzählung zum „Ritter der Besitzlosigkeit" wird, sieht im ersten Teil der *Reisen* das Verlangen nach Wiederinbesitznahme realisiert: „Denn zu Beginn handelt sein Buch keineswegs vom Verzicht, sondern vom Traum der Rückeroberung, der Rückkehr, der Wiederbesetzung und mithin der Wiederinbesitznahme. Mandeville verlangt nichts für sich selbst, aber er will etwas für die gesamte Christenheit, und zwar etwas sehr Kostbares: Er will das Land, in dem Jesus geboren wurde und lebte und umging und starb, und insbesondere Jerusalem." (S. 49).

[432] Vgl. dazu Vhs., S. 86-92, sowie die Besprechung der Darstellung der Sarazenen im folgenden Abschnitt dieser Arbeit im Kap. ‚Heilsraum – II. Abgrenzungen, Wertungen und Kritik an der Christenheit: Die Sarazenen'.

II. Differenzierungen und Reflexionen: Fremde Religionen im Heilsraum

Der Heilsraum des ersten Teils der *Reisen* stellt zwar das Zentrum der Christenheit dar und kann als eine Art Ursprungsraum des Eigenen gelten, doch ist das Eigene und Bekannte hauptsächlich in der Vergangenheit verortet und steht in Konflikt mit der gegenwärtigen Existenz fremder Religionsgemeinschaften in diesem Raum. Zum einen sind dies die Sarazenen, zum anderen berichtet Mandeville hier auch von anderen christlichen Gemeinschaften, von den Ostchristen wie beispielsweise den Nubiern, den Christen Samarias oder den Jakobiten, die im Folgenden genauer betrachtet werden sollen. Die Gemeinschaft der Juden wird in der Beschreibung des Heiligen Landes und seiner Umgebung auffällig ausgespart und kaum thematisiert.[433]

1. Einordnungsprobleme: Die Samaritaner

Auffällig sind bei den Beschreibungen der Ostchristen die verschiedenen, nicht durchgehend systematisierten Differenzierungen, die der Erzähler entweder selbst vornimmt, oder die er als Beobachter beschreibt. Paradigmatisch dafür ist die Episode über die Samaritaner, von denen berichtet wird, dass sie ein System zur Unterscheidung der anderen Religionsgemeinschaften und zur eigenen Abgrenzung von diesen eingeführt haben, vornehmlich aus dem Grund, weil sie sich selbst für die auserwählten Kinder Gottes halten:

> *Sie globent wol in ainen gott und sprechent daz nit me sy denn ain gott der allo ding geschaffen hatt, und haltent die bybly als sie geschriben ist, und Moyses bücher und den psalter, und sprechent daz sie die rechten gottes kind syent, und sprechent ir land sy daz got sinen kinden verhaissen hab.*[434] *Und also woltent sie yeder man erkennen, wann die Sarazeni müssent tragen ain wiß tůch umb iren kopff, die cristen ain plawes tůch, die juden ain gelwes.* (Vhs., 71)

---

[433] Vgl. u. a. Greenblatt, Wunderbare Besitztümer, S. 81f. „Die zeitgenössischen Juden kommen in seiner Schilderung des Heiligen Landes so gut wie überhaupt nicht vor – es scheint, als seien sie, nachdem sie ihre alttestamentarischen Textspuren in der Landschaft hinterlassen hatten, ganz einfach vom Erdboden verschwunden." (S. 81).

[434] Im Paris-Text ist die Episode etwas ausführlicher und deutlicher gehalten, was das Selbstverständnis der Samaritaner angeht: „*Et dient que ilz sont drois filz de Dieu et entre toutes gens le plus aimment Dieu, et que leur est proprement heritages que Dieu promist a ses amis.*" (Paris-Text, Ed. Letts, S. 288). Ähnlich deutlich ist auch der Ddr.: „*vnd sprechent dʒ diß land Jr eigen sye vnd nieman gelopt sye den inen vnd sie siend allein gots kind vnd die liebsten die gott vff erden hab vnd sie sollent gottes erb besiʒen*" (Ddr., S. 255).

In der Darstellung der Samaritaner und ihres Selbstverständnisses als auserwähltes Volk führt der Erzähler sein eigenes Wissen und die in indirekter Rede gehaltene Aussage der Samaritaner zusammen, wodurch er sich vom Inhalt ihrer Aussage distanzieren kann. Dass sie sich wegen ihres Auserwähltseins aus dem System der Kennzeichnung ausnehmen und damit aus den voneinander unterschiedenen drei monotheistischen Hauptreligionen herausfallen, wird allerdings nur in der Version der Velser-Handschrift so beschrieben. Denn in den anderen Versionen tragen sie selbst auch ein farbiges Tuch, um sich von den anderen abzusetzen, wie im Paris-Text: *„Et ont aussi diuers habis au regart dautres gens. Car ilz enuelopent leur teste dun linceul rouge a la différence des autres.“*[435] Oder im Velser-Druck: *„vnd tragent ein weiß tůch vmb ir haubt vnd die cristen ein plaes. vnd die juden eỹn gelbes“*[436] (Vdr., 79). Zudem wird nur in der Velser-Handschrift ihre beobachtbare Abweichung intentionalisiert und als ein von den Samaritanern den anderen Religionsgemeinschaften auferlegter Zwang zur Kennzeichnung beschrieben (*„Und also woltent sie yeder man erkennen, wann die Sarazeni můssent tragen […]“*). In der Velser-Handschrift nehmen sie sich somit bewusst selbst aus dem Differenzierungssystem aus, in welches sie dagegen die anderen Religionen einordnen.

Die kulturell-religiöse Unterteilung der Religionen durch farbige Kennzeichnung steht im narrativen Zusammenhang mit einem wunderbaren Naturphänomen, das sich in dem Land der Samaritaner befindet und mit welchem die Episode eingeführt wird: *„In dem gebirg von der selben statt ist ain brunn, der farbet sich selber trystund in dem jar. Etwen ist daz wasser grůn, etwen rott, etwen clar, etwen trůb. Und die haissent den brunnen Sant Johans brunnen“* (Vhs., 71). Wie durch natürliche Vorgaben dazu inspiriert, scheinen dann auch die Samaritaner ein Differenzierungssystem durch verschiedene Farben zu gebrauchen. Der französische Text gibt die Farbwechsel und Wasserqualitäten im

---

[435]   Paris-Text, Ed. Letts, S. 288. Die Farben der Tücher der Sarazenen, Christen und Juden sind im Paris-Text dieselben wie in der Vhs.: *„Et les Sarrasins enuelopent leur teste dun drap blanc, et les Crestiens qui demeurent ou pays dun drap bleu ou ynde, et les Iuys de vn drap iaune“* (ebd.).

[436]   Im Druck und auch in der Velser-Hs. N tragen sie ein weißes Tuch und die in der Vhs. und im Paris-Text angeführten Sarazenen, die ein weißes Tuch tragen, kommen in Vdr. und in Hs. N dann auch gar nicht mehr vor: *„vnd tragent ein weyß tuch vmb ir haubt vnd die kristen ein plobs vnd die juden ein gelbs“* (Hs. N, fol. 68r). Auch im Ddr. tragen die Samaritaner selbst ein Tuch, aber wie im Paris-Text ein rotes. Dort werden wiederum die Juden und die Sarazenen nicht angeführt, sondern die Samaritaner nur den Christen gegenübergestellt: *„Jtem ouch hat das selb land vnd das volck vil vnderscheid gegen anderm volcke an geberden vnd an kleidern wan sie bewindent ir houpt mit einem rotten tůch vnd die christen die da sind bewindent ir houpt mit blauwem tůch.“* (Ddr., S. 255).

Vergleich zur Velser-Handschrift mit vier an, womit er auch das klare Wasser als Farbstufe ausweist: *„il a vne fontaine qui iiii. fois lan change sa couleur. Aucune fois est verde, aucune fois rouge, aucune fois claire, aucune fois trouble."*[437] Abgesehen von der Möglichkeit eines schlichten Übertragungsfehlers ist in der Velser-Handschrift dadurch, dass sie drei Farbwechsel des Wassers zählt, ein textlogischer Zusammenhang zu den Samaritanern erkennbar. Denn das klare Brunnenwasser gilt in dieser Zählung als eine Art Standard, von dem sich die anderen Wasserqualitäten wiederum unterscheiden. Durch die Zahlenangabe von drei Farbwechseln des Brunnenwassers überträgt die Velser-Handschrift das natürliche System der Wasserqualitäten auf das Differenzierungssystem der Samaritaner, aus dem sie sich selbst ausnehmen, konsequent.

Die grundsätzliche Schwierigkeit der religiösen Einordnung der Samaritaner, der ja in der Velser-Handschrift dadurch Ausdruck gegeben wird, dass sie sich selbst aus jedem System ausschließen, zeigt sich in jeder untersuchten Version der Episode und wird durch die feststellbaren Varianzen noch deutlicher. So stellt der Diemeringen-Druck zu Beginn der Episode fest: *„die selben Samaritanen sind weder recht cristen noch recht heiden vnd ir glouben vß gelesen sind vsser dryer glouben"* (Ddr., 255). Mit den farbigen Kopftüchern werden dort später lediglich Samaritaner (rot) und Christen (blau) voneinander unterschieden, was für Diemeringen wahrscheinlich die relevanteste Trennung, nämlich die Abgrenzung zum eigenen Glauben hin, bedeutet. Die Velser-Versionen haben vom Paris-Text die Angabe übernommen, dass die Samaritaner von den Aposteln zum Christentum bekehrt worden seien, aber dennoch anders seien als die anderen Religionsgemeinschaften: *„Dʒ volck das in dem land ist heÿssent samaritanen die wurden bekert von den ʒwelff boten das sy cristen solten sein. sy habend aber vnnderschaid von den juden von cristen vnd von heÿden"*[438] (Vdr., 79). Die explizite Engführung mit den Christen (*„das sy cristen solten sein"*) findet sich aber nur in den Versionen des Velser-Druckes und der Hs. N. In ihnen zeigt sich also im Kleinen eine Auseinandersetzung mit der Frage, ob und inwieweit die Samaritaner Christen sind, zumal sie ja von den Aposteln bekehrt worden seien. Die Velser-Handschrift dagegen hält

---

[437] Paris-Text, Ed. Letts, S. 287. Dort trägt der Brunnen allerdings den Namen *„la fontaine Iob."* Der Vdr. und die Hs. N führen drei Wasserqualitäten an, von denen eine aber schwarz ist, was in den anderen Versionen nicht vorkommt: *„do ist eÿn prunn der ferbt sich ʒů dreÿ malen in dem jar. ettwen ist er grün. etwan rot etwan schwarcʒe"* (Vdr., S. 79). Im Ddr. wird der Brunnen nicht angeführt.

[438] Vgl. Paris-Text, Ed. Letts, S. 287f.: *„Les gens de ce pays, que on appelle Samaritains, furent conuertis et baptizies des apostres, mais ilz nont mie bien tenue leur doctrine. Et toutesuoies tiennent il loy par euls variant des Crestiens et des Sarrasins et des Iuys et des paiens."*

sich noch relativ eng an den französischen Text und verurteilt die Samaritaner, weil sie die von den Aposteln erhaltene Lehre so schlecht befolgten: *„Item*
daz volck von dem land, die man haisset Samariton, die wurdent bekert von den
zwölff botten und getöfft. Aber sie hond ir lere übel behalten, wann sie hond an-
der geloben wann wir und behalten weder juden globen noch haiden globen."
(Vhs., 71) Die Frage, ob sie Christen sind, spielt hier somit keine Rolle, denn
sie hätten die Möglichkeit dazu gehabt und konnten sie nicht umsetzen. In der
Velser-Handschrift sind die Samaritaner explizit keiner der großen Religionsgemeinschaften zugehörig und werden auch mit keiner anderen verglichen,
während in den anderen Versionen entweder expliziert wird, dass sie einmal
Christen waren (Vdr. u. Hs. N), oder aber sie werden mit den Juden verglichen.

Die Nähe der Samaritaner zu den Juden wird vom Paris-Text und vom
Diemeringen-Druck hergestellt,[439] die beide bei der Beschreibung der Heiligen
Schrift der Samaritaner den Vergleich explizieren: *„Jtem sie gloubent moyses*
büchern vnd den psalter als die Juden vnd sprechent dȝ diß land Jr eigen sye vnd
nieman gelopt sye den inen vnd sie siend allein gots kind vnd die liebsten die
gott vff erden hab vnd sie sollent gottes erb besiȝen"[440] (Ddr., 255). Zudem rücken sie in ihrem Anspruch auf das Heilige Land und in ihrer Vorstellung ihres
Auserwähltseins in die Nähe der Juden, was sie potentiell für die Christen zur
beunruhigenden Konkurrenz im Streit um das rechtmäßige Erbe werden lässt.
Hier wird somit stärker die Frage aufgeworfen, ob die Samaritaner, die sich so
schwer einordnen lassen, Juden seien. In allen Versionen wird am Ende der
Episode darauf hingewiesen, in dem Land Samaria *„wonant vil juden"* (Vhs.,
71), doch nur im Paris-Text und im Diemeringen-Druck wird daran anschließend noch das hebräische Alphabet angeführt: *„wan ich von dem land Judea*

---

[439]   Tatsächlich waren die Samaritaner nie Christen, sondern sie stützen sich auf ein ge-
meinsames religiöses Erbe mit den Juden und verwenden wie diese als Offenbarungstext
den Pentateuch (,Pentateuch der Samaritaner'), haben daneben aber keine anderen heiligen Schriften. Von den Juden und im NT wurden sie negativ beurteilt (Vgl. z. B. Joh 4,4-
42), da sie die mit den Juden gemeinsame Grundlage unterschiedlich weiterentwickelt
haben. Sie verstehen sich „als das eigentliche Israel und als die wahren Beobachter der
Tora Moses, zu der sich in der Endzeit auch die Juden bekehren müssen." Ferdinand
Dexinger: (Art.) Samaritaner. 3. Religion der Samaritaner. In: TRE, Bd. 29, S. 752.

[440]   Vgl. Paris-Text, Ed. Letts, S. 288: *„et tiennent la Bible selon la lettre et les v. liures Moyses*
aussi et le psautier, si comme les Iuyfs font. Et dient que ilz sont drois filz de Dieu et entre
toutes gens le plus aimment Dieu, et que leur est proprement heritages que Dieu promist a
ses amis."

vor vil geseit han vnd in den selben landen ein sunderige geschriffte ist die villicht
etwer gern wißte hiervmb hab ich hie ir a b c gemacht"[441] (Ddr., 255).

Die Schwierigkeit der Differenzierung und der Einordnung der Samaritaner spiegelt sich in den verschiedenen Versionen wider, die unterschiedliche
Strategien der Bezugnahme, Abgrenzung, Einordnung und Wertung vornehmen. Diese Strategien reichen, wie gezeigt werden konnte, von der beinahe-
Gleichsetzung mit den Juden über die Engführung mit den Christen bis hin zu
ihrer Diffamierung als abgefallene Christen, die die ursprüngliche Lehre *„übel*
behalten" haben.

Die aus lateinischer Sicht vom wahren Glauben abgefallenen orientalischen Christen kommen in den *Reisen* an verschiedenen Stellen vor und werden in der erzählerischen Darstellung häufig stark vom lateinischen Christentum abgegrenzt und gleichzeitig aber auch in eine kritische Nähe zum Eigenen,
oder besser: zu einer Version des Eigenen gestellt, was zu Spiegelungseffekten
führen kann. Auch im nächsten Beispiel zeigt sich, dass die Systematisierung
anderer Christen sich als schwierig herausstellt und dass diese Christen rituelle Handlungen vollziehen, die den römisch-christlichen entgegengesetzt sind,
aber gleichzeitig als eine Art Urform christlicher Heilsverbundenheit figurie-
ren.

2. Reflexionen im Ritual: Die ‚Beichte der Heiden'

Die Episode über die ‚Beichte der Heiden' kommt gegen Ende des ersten Teils
der *Reisen* nach der Beschreibung des Heiligen Landes und noch vor der längeren Episode über die Sarazenen vor und befindet sich damit in einem Abschnitt, in welchem mehr und mehr fremde Religionen und Bräuche im Heils-

---

[441]   Im Diemeringen-Druck wird daraufhin aber nicht das hebräische Alphabet dargestellt,
sondern ein Alphabet, das mit *„Littera Egiptiorum"* untertitelt ist und das auch keine
hebräische Schrift wiedergibt (vgl. Ddr., S. 255). Seebold, Mandevilles Alphabete, identifiziert dieses Alphabet (seinen späteren Angaben folgend bezieht er sich hier wohl auf
die Version des Diemeringen-Erstdruckes sowie auf die Diemeringen-Überlieferung insgesamt) als das der Sarazenen, das „durch einen Überlieferungsfehler in den Text über
die Juden (Samaritaner) eingeordnet und (teilweise?) als ‚ägyptisch' bezeichnet worden
[ist] (das Durcheinander wohl deshalb, weil es im Text darum geht, wie sich die Samaritaner von den Juden, Christen und Sarazenen unterscheiden). Deshalb hat dieses
Alphabet in diesen Fassungen (falls es überhaupt vorhanden ist) ganz unterschiedliche
Bezeichnungen (Ägyptisch, Samaritanisch, Hebräisch)." (S. 411). Der Paris-Text dagegen
gibt im Anschluss eine (wenn auch korrupte) Form des hebräischen Alphabets an (vgl.
Paris-Text, Ed. Letts, S. 288 u. in anderer Ausführung S. 413).

raum beschrieben werden, ohne dass diese aber genauer verortet würden. Die Heiden, deren Beichtpraxis ausführlich beschrieben und erläutert wird, werden vom Erzähler an keinem Ort und an keiner Reiseroute lokalisiert, vielmehr befinden sie sich am undefinierten Rand des Heiligen Landes und in der Nähe des Übergangs vom ersten zum zweiten Teil der *Reisen*. Die Diemeringen-Version nimmt hier eine Sonderstellung ein, weil in ihr die Episode über die Heidenbeichte fehlt. Sie wurde auch nicht ins fünfte Buch über die fremden Religionen aufgenommen. Ebenso fehlt die Episode in der Hs. N der Velser-Version, allerdings als Teil einer größeren Lücke, die von der Burg Sophor bis zum Beginn der Beschreibung eines weiteren Landweges nach Jerusalem reicht.[442]

Ähnlich undifferenziert wie die Verortung kann man wohl auch die in die Episode einführende Kategorisierung der Menschen als ‚Heiden' begreifen, die im Titel und zu Beginn auftritt und eine erste grobe Einordnung der Menschen auf die Seite der Nicht-Christen vornimmt: *„Hie sóllent ir wissen wie sich die haiden bychtend.* [= Überschrift] *Hie sóllent ir wissen wie sich die hayden hie bichtend."*[443] (Vhs., 76) Als ‚Heiden' werden in den *Reisen* meistens die Sarazenen oder auch Angehörige anderer Religionen des fernen Ostens bezeichnet, mit Ausnahme der Juden. Der Begriff dient in erster Linie als Gegenbegriff zu den Christen, wird aber nicht systematisch verwendet und erfährt häufig Umdeutungen oder Bedeutungskonkretisierungen, wie es denn auch in der hier betrachteten Episode geschieht.[444] Im Gegensatz zu den beiden Velser-Texten überschreibt der Paris-Text die Episode, allerdings schon an früherer Stelle,

---

[442] Die Lücke ist in der Hs. N (fol. 71v) nicht als solche erkennbar, sondern die zwei Teile vor und nach der Auslassung schließen nahtlos aneinander an. Die Auslassung umfasst den Text der Velser-Hs. S. 75, Z. 21 - S. 81, Z. 6.

[443] Das letzte *„hie"* hat allerdings keine lokale Referenz in der Diegese. Ähnlich führt der Vdr. in die Episode ein: *„Von der heÿden beÿcht.* [= Überschrift] *Nun wil jch eüch sagen wÿe sich die heÿden beÿchten"* (Vdr., S. 84).

[444] So kommt immer wieder das Begriffspaar Christen und Heiden vor, bspw. bei der Beschreibung des Königreichs *Mancy* in Indien: *„Und da ist vil volckes von cristen und von haiden"* (Vhs., S. 120). Die pauschale Bezeichnung der Nicht-Christen als Heiden oder Ungläubige findet sich häufig in der Literatur des Mittelalters. Vgl. dazu auch den Sammelband, allerdings mit Fokus auf das frühe Mittelalter, von Anna Aurast u. Hans-Werner Goetz (Hgg.): Die Wahrnehmung anderer Religionen im früheren Mittelalter. Terminologische Probleme und methodische Ansätze. Berlin 2012, bes. Einleitung, S. 12f., sowie Koselleck, Zur historisch-politischen Semantik asymmetrischer Gegenbegriffe, S. 229-244, und Münkler, Erfahrung des Fremden, S. 206-214, die vor allem anhand der Missionstheorien herausstellt, dass der Begriff des ‚Heiden' nicht als einfacher asymmetrischer Gegenbegriff zur negativen Charakterisierung von Nicht-Christen fungierte. Vielmehr bildeten „[i]n den differenzierten Schemata der Religionen [...] nicht die Heiden, sondern die Juden den negativ besetzten Gegenbegriff zum Christen" (ebd., S. 212).

mit der Bezeichnung der Menschen als Christen („[...] *et des Crestiens qui sont en ces contrees*"[445]), später wechselt er jedoch zwischen Sarazenen, Christen und anderen Christen: „*Et sachies que entre ces Sarrasins dune part et daut-re demeurent moult de Crestiens de pluseurs manieres et de pluseurs noms.*"[446] Damit gibt der Paris-Text einer Unsicherheit in der Bezeichnung und der Ein-ordnung der anderen Christen Ausdruck, die viele verschiedene Namen hätten und aus lateinisch-christlicher Sicht einen prekären Status zwischen Christen, anderen Christen, Sarazenen oder Heiden, wie es die Velser-Versionen ausdrü-cken, einnehmen.

In den Velser-Texten wird durch die verwendete Kategorie des Heidentums zunächst ein binäres System aufgerufen, das im Verlauf der Darstellung weiter ausdifferenziert wird:

> *Hie sôllent ir wissen wie sich die hayden hie bichtend. Und wissent ouch daz vil cristen by in wonent und mengerlay cristen. Und hond mengerlay globen, aber doch globent sie all an gott den vatter und den sun und den hailigen gaist. Und ainer halt das, der ander diß, wann etlich haissent Jacober, da von daz sie Sant Jacob bekert; Sant Johans Ewangelist toufft sie. Item ir sôllent wissen, wenn sie sich bichtend, so bichtend sie sich nun gen gott und spre-chent daz man nit söl bichten ainem menschen, und es sy wider gott daz ain mensch dem andern bichte, got hab es nitt geschaffen, als die propheten sprechent. (Vhs., 76)*

Zu Beginn wird hier die Vorstellung erzeugt, dass im Folgenden von der Beichtpraxis der Heiden berichtet werden soll, doch konkretisiert der Text immer deutlicher, dass es sich um Christen handelt, die allerdings „*menger-ley*" sind und „*mengerley globen*" haben, die getauft und vom Apostel Jakob bekehrt worden und deshalb nach ihm benannt seien („*Jacober*"). Diese na-mentliche Herleitung ist eine mittelalterliche Etymologie, die Mandeville hier aufgreift, denn tatsächlich sind die syrisch-orthodoxen Jakobiten nach ihrem Gründer, dem Bischof von Edessa Jakob Baradai (gest. 578) benannt.[447] Über diese Etymologisierung, die Mandeville vornimmt, werden sie jedoch in die

---

[445]   Paris-Text, Ed. Letts, S. 292.

[446]   Ebd., S. 293. Die gleiche Wortwahl findet sich auch im Cotton-Text, Ed. Hamelius, S. 79.

[447]   Vgl. den ausführlichen Überblick über die Jakobiten und ihre Darstellung in der westlich-lateinischen Literatur des Mittelalters bei von den Brincken, Die „Nationes christianorum orientalium", S. 210-230. Mandeville lag für diese Episode möglicherweise die *Historia Ori-entalis* des Jacques de Vitry vor, der auch die Beichtpraxis der Jakobiten beschreibt, aber angibt, ihr Name stamme von einem Jakob, der Schüler des Theodosios, Patriarch von Alexandria war. Auch die Feststellung Mandevilles, die Jakobiten seien vom Evangelisten Johannes getauft worden, könnte von de Vitry stammen, der Johannes den Täufer bei der Besprechung der Beichtpraxis erwähnt. Vgl. ebd., S. 216, sowie die Kommentare von War-ner, The Buke of John Maundeuill, S. 190, und Hamelius, Ed. Cotton-Version, Bd. II, S. 78.

christliche Heilsgeschichte integriert. Dass die Ostchristen, von denen im ersten Teil der *Reisen* nur die Jakobiten ausführlicher vorgestellt werden, in vielen dogmatischen Fragen vom lateinischen Christentum abweichen, mit dem sie gemäß Mandeville die Trinitätslehre gemeinsam haben, wird in der Velser-Handschrift durch die Formulierung *„ainer halt das, der ander diß"* zum Ausdruck gebracht. Die deutlicher abgrenzende und wertende Feststellung des Paris-Textes *„tousiours seulent il faillir en aucuns articles de la foy"*[448] wird in der Velser-Version durch die alleinige Betonung der Vielfalt abgeschwächt. Dennoch kann man auch in der Velser-Version eine implizite Verunglimpfung ihres Glaubens erkennen, da er ihnen Ungeordnetheit hinsichtlich der Glaubenssätze unterstellt und ihnen dadurch eine einheitliche dogmatische Lehre abspricht.

Die Problematik, wie diese Christen aus Sicht des römisch-lateinischen Christentums in ein System der Religionen, Schismen und Häresien eingeordnet werden können, hängt auch mit dem anschließend beschriebenen Ritual ihrer Beichte zusammen, das über hergestellte Ähnlichkeiten und Abweichungen an das römisch-christliche Beichtritual erinnert. Allein schon die mehrfach verwendete Begrifflichkeit der *„bicht"*, später dann auch der *„sünd"*, *„gnad"* und *„büß"* evoziert ‚eigene' Praktiken und Konzeptionen von Sündenvergebung.[449] Schon zu Beginn wird dann aber erzählt, dass die jakobitischen Christen nur direkt zu Gott beichten würden, da es ihrem Verständnis nach nicht der Wille Gottes sei, dass ein Mensch einem anderen Menschen beichte. Diese Praxis weicht stark von der Beichtpraxis der römischen Christen ab, denn in der westlichen Christenheit hat sich die jährliche Ohrenbeichte zur Mittlerperson des Priesters etabliert, der entsprechend der Schwere der Sünde Bußhandlungen festlegte und die Absolution erteilte.[450]

---

[448]   Paris-Text, Ed. Letts, S. 293. ‚Bei ihnen ist es schon immer so, dass sie Fehler in bestimmten Artikeln des Glaubens haben' (Übs. von mir, C.H.). Auch der Cotton-Text, Ed. Hamelius, stellt die Abweichung zum lateinisch-christlichen Glauben heraus, der dort noch deutlicher mit *„oure feyth"* bezeichnet wird: *„But all beleuen in god the fader and the sone and the holy gost, But all weys fayle þei in somme articles of oure feyth."* (S. 79).

[449]   Der Paris-Text verwendet ebenso den Begriff der *„confession"*, im weiteren Verlauf dann statt Sünde (*péché*) allerdings den weniger stark religiös konnotierten Begriff *„meffaiz"*, außerdem *„merci"* und *„penance"*. Auch der Cotton-Text spricht von *„confessioun"*, *„defautes"*, *„mercy"* und *„penance"*.

[450]   Die lateinisch-christliche Buß- und Beichtpraxis geht auf eine lange Tradition zurück und hat viele Entwicklungen durchlaufen. Für die institutionalisierte Verankerung der Beichte im sakramentalen Verständnis des Bußverfahrens im Mittelalter ausschlaggebend waren die Beschlüsse des vierten Laterankonzils 1215. Im *Omnis utriusque sexus* („Jeder beiderlei Geschlechts") wurde festgelegt, dass jeder Christ mindestens einmal jährlich seine Sün-

Die Mandeville-Forschung hat sich bislang noch kaum mit dieser Episode auseinandergesetzt, doch wird in einigen Kommentaren und besonders von Hamelius die historisch-theologische Brisanz der Ausführungen zum Beichtritual bemerkt: „The whole trend of the *Mandeville's* argument is obviously as heterodox as was possible in his day. Auricular confession was often opposed by dissenters from Roman Catholicism."[451] Im Folgenden soll nun näher betrachtet werden, wie über die Beschreibung einer fremden rituellen Praktik, die der eigenen sehr nahesteht und zudem durch das biblische Narrativ und andere Autoritäten begründet wird, die eigene rituelle Praxis der Beichte über eine Mittlerperson hinterfragt wird. Insbesondere antiklerikale Tendenzen, die einen direkten Gottesbezug des Beichtenden fordern und den Priester als Vermittler nicht akzeptieren, werden hier deutlich – in der Velser-Version sogar noch stärker als in der französischen Vorlage.

Die Jakobiten begründen ihre Ablehnung der Beichte gegenüber einem Menschen, also implizit reflexiv die Ablehnung der von der römischen Kirche institutionalisierten *confessio oris* vor dem Priester, mit alttestamentarischen Belegen und Aussagen der Kirchenväter. Wie schon bei der Episode über die griechischen Christen, vermittelt auch hier das Latein der zitierten Texte deren Autorität und Authentizität und gleichzeitig auch deren Gültigkeit für die römisch-lateinischen Christen, die diese Texte – oder deren Autoren – kanonisch anerkennen.

und sprechent daz man nit söl bichten ainem menschen, und es sy wider gott daz ain mensch dem andern bichte, got hab es nitt geschaffen, als die propheten sprechent; wann Moyses[452] hab es nit geschriben in der bybly noch David in dem psalter, wann David spricht:

---

den einem Priester zu beichten habe (i.d.R. vor der österlichen Pflichtkommunion). Zudem wurde das Beichtgeheimnis etabliert. Das Konzil verlieh der Beichte einen ritualisierten und institutionellen Rahmen, der die priesterliche Macht zur Absolution untermauerte, wodurch frühere Beichtvorschriften offiziell marginalisiert wurden. Die zuvor praktizierte öffentliche Buße (*paenitentia publica*) entwickelte sich zur Privatbeichte und -buße (*paenitentia privata*) bei einem Priester, der in einem geheimen Verfahren dem Sünder wie ein Arzt (*more periti medici*) die Bußleistungen auferlegt. Vgl. Gustav Adolf Benrath: (Art.) Buße V. Historisch. 2. Mittelalter, in TRE, Bd. 7, S. 458-465, hier S. 460. Vgl. außerdem aus soziologischer Perspektive Alois Hahn: Zur Soziologie der Beichte und anderer Formen institutionalisierter Bekenntnisse. Selbstthematisierung und Zivilisationsprozeß. In: Kölner Zeitschrift für Soziologie und Sozialpsychologie 34 (1982), S. 408-434, und ders.: Identität und Selbstthematisierung. In: Ders./ Volker Kapp (Hgg.): Selbstthematisierung und Selbstzeugnis. Bekenntnis und Geständnis. Frankfurt am Main 1987, S. 9-24.

[451]   Hamelius, Ed. Cotton-Version, Bd. II, S. 78.

[452]   Higgins, Ed., The Book of John Mandeville, S. 73, Anm. 260, vermerkt dazu, dass es keine solche Passage in den Mose-Büchern gebe, es sei denn, man interpretiere 4 Mose 5,5-8 in diese Richtung.

‚Confitebor tibi, domine, in toto corde meo etc.',[453] *und an ainer ander statt:* ‚Cognitum tibi feci delictum meum,[454] quia deus meus es tu et confitebor tibi etc.[455]'
Sie kúndent die bybly und den psalter gar wol, da von kúndent sie sich wol weren. Sie kúndent sich nit weren in lattin. Aber inir sprach sind sie behend. Und sprechent daz David und ander propheten also sprechent, und als wir in der hailigen geschrifft leßen, haben wir ouch von etlichen mannen die hailig sind; nun Sant Augustinus, Sant Gregorius, Sant Hylarius rûrent ain tail in iren globen. Wann Sant Augustinus spricht: ‚Qui scelera sua cogitat et conversus fuerit, veniam sibi credat'.[456] *So spricht Sant Gregorius:* ‚Domine, potius mentem quam verba respicis'[457]. *So spricht Sant Hylarius:* ‚Longorum temporum crimina in ictu oculi parent, si cordis nata fuerit conpunctio.'[458] *Und da von so sagent sie ir schuld und ir súnd und schrient nun zû gott.* (Vhs., 76f.)

Während die alttestamentarischen Belege aus der Perspektive der Jakobiten wiedergegeben werden (*„sie sprechent"*), wechselt der Erzähler vor der Anführung der Kirchenväter zu einem *„wir"*, das den westlichen Leser mit einbezieht (*„als wir in der hailigen geschrifft leßen, haben wir ouch von etlichen mannen"*). Der rhetorische Dreh der Perspektive zeigt den reflexiven Charakter der Begründung dieser Art der Beichte auf, die dadurch auch für die westlich-christliche Beichtpraxis Verbindlichkeit erhält, weil die Gemeinschaft des *„wir"* – wie der Erzähler vorgibt – ja diese *„mannen"* für heilig erachtet und als Autoritäten anerkennt.

Inwieweit die angeführten Zitate tatsächlich ihren angeblichen Autoren zuzuschreiben sind, ist nicht von Relevanz für die Funktionsweise der Episode, genauso wenig die Frage, ob die Kirchenväter zu dieser Zeit denn überhaupt in Syrien bekannt waren.[459] Vielmehr werden hier vom Erzähler verschiedene Au-

---

[453]   Ps. 110,1 (Vulgata), 111,1 (Luther): „Ich danke dem Herrn von ganzem Herzen".

[454]   Ps. 31,5 (Vulgata), 32,5 (Luther): „Darum bekannte ich dir meine Sünde, und meine Schuld verhehlte ich nicht."

[455]   Ps. 117, 28 (Vulgata), 118,28 (Luther): „Du bist mein Gott und ich danke dir; mein Gott, ich will dich preisen."

[456]   „Wer seine Sünden kennt und von ihnen abgebracht wird, darf glauben, dass er Vergebung erhält." (Übs. von Sollbach, Ed., Das Reisebuch des Ritters John Mandeville, S. 154).

[457]   „Der Herr sieht mehr auf die Gesinnung als auf die Worte." (Übs. ebd.).

[458]   „Über eine lange Zeit begangene Sünden werden innerhalb eines Augenblicks verschwinden, wenn das Herz Reue erfährt." (Übs. ebd.).

[459]   Deluz, Ed., Le Livre des Merveilles du Monde, gibt zu den Zitaten der Kirchenväter an, dass die ersten beiden (Augustinus, Gregor der Große) aus dem *Liber Scintillarum* des Defensor von Ligugé (vor 700) stammten und nur das letzte (Hilarius von Poitiers) Gregor dem Großen zugeschrieben werden könne (S. 252, Anm. 42). Von den Brincken, Die „Nationes christianorum orientalium", vermerkt dazu, dass wohl nur die Dialoge Gregors im Orient bekannt gewesen sein dürften und wundert sich: „Dies ist ein höchst

toritäten zusammengeführt, über welche die direkte Beichte zu Gott gerechtfertigt wird, und deren Bezug zum westlichen Christentum schon durch das
Medium des Latein vermittelt wird. Zumal in scheinbarem Widerspruch dazu
über die Jakobiten gesagt wird, dass sie sich nicht auf Latein ‚wehren', also
argumentieren könnten, wenigstens in ihrer Sprache aber „*behend*" seien. Indem der Erzähler auf eine solche nicht weiter eingeht und ihre Rechtfertigung
„*in lattin*" dann regelrecht für sie übernimmt, stellt er sich gewissermaßen auf
ihre Seite der Argumentation.

Insgesamt erinnert die argumentative Vorgehensweise, wie sie hier vorgeführt wird, an den von der Frühscholastik bis zur Reformation reichenden
theologischen Streit über die Bewertung der Reue und der damit zusammenhängenden Relevanz ‚äußerer' ritueller Handlungen und Vermittlungsvorgänge, insbesondere in Hinsicht auf das Beichtritual. Die wahre Reue aus Liebe
zu Gott (*contritio*) wurde von den sogenannten Kontritionisten nicht nur als
Bedingung zur Vergebung der Sünde verstanden, sondern gleichsam schon als
Erfüllung der Bedingung, die eine priesterliche Absolution im Grunde über-
flüssig macht.[460] Dagegen verstanden die sogenannten Attritionisten die Reue
stärker als Furchtreue (*attritio*), die auf Sünde und Strafe bezogen ist, und legten mehr Gewicht auf die Äußerlichkeit des Rituals.[461] So konnte die Sündenvergebung unabhängig von der inneren Einstellung des Sünders geschehen,
wenn der rituelle Vollzug des Sakraments durch den Priester gewährleistet
war. Das Vierte Laterankonzil 1215 konnte mit seinen Beschlüssen zur jähr-
lichen Beichte eines jeden Gläubigen den Konflikt zwischen Außen (*attritio*)
und Innen (*contritio*) nur oberflächlich auflösen, indem sie in einem widersprüchlichen System die Innerlichkeit des Beichtenden und die Äußerlichkeit
des Rituals zu vereinen versuchten.[462]

Obwohl der Erzähler keinen direkten Bezug zu diesen theologischen Auseinandersetzungen herstellt, kann durch seine rhetorische Positionierung und
durch die Argumentation über die angeführten Zitate angenommen werden,

---

     überraschendes Zeugnis über die Wirkung lateinischer Kirchenväter im Orient, nur lei-
     der wenig glaubwürdig." Doch auch sie vermutet eine reflexive Funktion der Stelle auf
     den Bereich des Eigenen: „Der Autor muß hier eine lateinische Beichtauseinandersetz-
     ung im Sinne haben." (S. 229).

[460]   Vgl. Ludwig Hödl: (Art.) Buße (liturgisch-theologisch), D. Westkirche, II. Die scholasti-
     sche Bußtheorie. In: LdM, Bd. 2, Sp. 1137-1141, hier bes. Sp. 1139: „In der Reue ist Gottes
     zuvorkommende Gnade wirksam; in ihr offenbart sich für die Porretaner Simon v. Tour-
     nai, Alanus ab Insulis u. a. die uns zugewandte Liebe Gottes (nach Lk 7,47). Die Gnade
     der Vergebung setzt die Reue voraus und vollendet sie."

[461]   Vgl. ebd.

[462]   Siehe dazu die Angaben in Anm. 450.

dass die zeitgenössischen Überlegungen diskursiv in den Ausführungen zur Vermittlerfunktion des Menschen bei der Beichte mitgetragen und verhandelt werden. Innerhalb der antiklerikalen Strömungen der Zeit der Entstehung der *Reisen* wurde ja gerade das klerikale Privileg der Heilsvermittlung in Frage gestellt – eine Position, die auch der Erzähler in dieser Episode zu unterstützen scheint.[463] Hier geht es dem Erzähler deutlich um die Art und Weise der Herstellung der Gottesnähe und der Heilsvermittlung, die dann auch genauer beschrieben und von ihm bewertet wird:

> *Und da von so sagent sie ir schuld und ir súnd und schrient nun zů gott. Daz tůnd sie by ainem füer und hond wol schmackent ding by inen. Und daz da wol schmacket, daz werffent sie in daz füer; es sy wiroch und ander ding daz wol schmecket, daz werffent sie dar in. Und da bichtend sie und růffent zů gott umb gnad.*
> *Nun söllent ir wissen daz das ain natúrlich bicht ist, und also hond sie gebichtet in der alten e. Nun hond es die bǎpst verkert, als Sant Peter und die andern, daz man dem menschen bichten sölle von mengerlay sach wegen. Wann kain artzet mag kainem gehelffen, waist er nit waz gebresten er hatt. Also mag niemen bůß über sie geben, man wisß denn waz er geton hab. So ist die súnd ouch grösser zů ainer zitt dann zů der andern, und da von můß man wissen die natur und die sach ainer yeglicher súnd, und dar nach gitt man denn bůß.* (Vhs., 77)

---

[463]   Diese These steht der Auffassung Higgins, Ed., The Book of John Mandeville, gegenüber, der hier zwar auf die bestehenden „vigorous contemporary debates over both the use of scripture in the vernacular and penance" verweist, doch sieht er in der Episode kein Argument vom Text, beziehungsweise vom Erzähler aufgebaut: „A list of quotations hardly amounts to an argument, however." (S. 73, Anm. 264). Hamelius, der sich zu dieser Stelle nicht weiter äußert, würde der These sicher zustimmen, da er schließlich so weit geht, in Mandeville einen Reformator *avant la lettre* und Unterstützer der Lollarden zu sehen. Dafür hebt A. C. Spearing: The Journey to Jerusalem. Mandeville and Hilton. In: Essays in Medieval Studies 25 (2008), S. 1-17, hervor, dass diese Art der Beichte, wie sie die Jakobiten praktizieren, dem Glauben der Lollarden entsprach (S. 7) und bezeichnet sie – neben den Griechen und den Christen im Land des Priesterkönigs Johannes – als „a kind of proto-Lollard" (S. 8). Vgl. zur Rolle des Antiklerikalismus und zur Ablehnung des Sakraments der Beichte bei den Lollarden John van Engen: Anticlericalism Among the Lollards. In: Peter Dykema/ Heiko Oberman (Hgg.): Anticlericalism in Late Medieval and Early Modern Europe. Leiden u. a. 1993, S. 53-63. Dass die Thematik der klerikalen Privilegien von den *Reisen* als problematisch aufgefasst wird, zeigte sich schon in der Forderung von Papst Johannes XXII, der sich selbst die von Gott übertragene Kraft zu verbannen und zu erlösen zuschreibt und der dafür von den Griechen der *superbia* bezichtigt wird (Vgl. das Kap. ‚Hinführungen – IV. 2. Ihr Papst, unser Papst, euer Papst: Der Papst als Reflexionsfigur in der Episode über die griechischen Christen' oben in der vorliegenden Arbeit).

In der Beschreibung des Beichtvorgangs[464] werden verschiedene (Wertungs-) Tendenzen erkennbar. Erstens historisiert der Erzähler die Beichtpraxis der Jakobiten über die Rückbindung in die Heilsgeschichte, wenn er feststellt, dass diese Art der Beichte schon in alttestamentarischer Zeit praktiziert wurde (*„also hond sie gebichtet in der alten e"*). Dadurch evoziert er die eher positiv konnotierte Vorstellung eines reinen, unverfälschten Prä- oder Urchristentums, in dem noch eine, wie er sagt, *„natúrlich bicht"*[465] ausgeübt wurde. Diesem stellt er dann die gegenwärtige Lage des römischen Christentums gegenüber: *„Nun hond es die bâpst verkert, als Sant Peter und die andern, daz man dem menschen bichten sôlle".*[466] Im Unterschied zur ‚natürlichen Beichte' bewertet Mandeville die gegenwärtige Beichtpraxis der römischen Kirche als *„verkert"*,

---

[464] Dass die Jakobiten nur direkt zu Gott beichten, berichtete schon Jacques de Vitry: Histoire orientale. Historia orientalis. Introduction, édition critique et traduction par Jean Donnadieu. Turnhout 2008, S. 306f.: *„Alius autem error ipsorum est non minor predicto, quod confessiones peccatorum suorum non sacerdotibus, sed soli Deo latenter faciunt, ponentes thus iuxta se in igne tanquam cum fumo peccata sua ascendant coram Domino. Errant miseri non intelligentes Scripturas et pereunt ex defectu doctrine [...]. Unde Dominus in Evangelio ait leprosis: ‚Ostendite vos sacerdotibus!'"* / „Une autre erreur des Jacobites, et non des moindres, est de confesser leurs péchés, non à des prêtres, mais en cachette à Dieu seul, mettant à côté d'eux de l'encens sur le feu comme si leurs péchés devaient monter avec la fumée devant le Seigneur Malheureux fourvoyés, qui ne comprennent pas les Écritures et sont voués à périr par défaut de doctrine [...]. Le Seigneur a dit ainsi au lépreux de l'Évangile: ‚Va te montrer aux prêtres!'"
Mandeville hat den Vorgang des Rituals sehr wahrscheinlich von de Vitry übernommen, doch ohne die deutlichen Abwertungen (*alius error ipsorum/ errant miseri*). Die theologische Argumentation stammt wohl von Mandeville selbst, die Begründung über den Arzt-Vergleich findet sich dagegen ähnlich bei de Vitry. Außerdem argumentiert de Vitry für den Klerikalismus, was über das Zitat der Heilung des Leprakranken, der sich an einen Priester wenden soll, veranschaulicht wird. Mandeville übernimmt diese Intention nicht, sondern er dreht die Argumentation geradezu um in eine antiklerikale Stoßrichtung.

[465] Im lateinisch-christlichen Mittelalter kommt der Umschreibung der ‚natürlichen Beichte' am ehesten die Laienbeichte nahe, die vom Osten her in die Westkirche gelangte. Sie bedeutet das Bekenntnis der Sünden vor einem Mitchristen, wenn es nicht möglich war, vor einem Priester zu beichten und von ihm sakramentale Absolution zu erhalten. Zwar „geriet die L[aienbeichte] am Ende des MA außer Übung, [sie] erlebte aber in der reformator. Lehre, auch der ‚Bruder' könne ebenso wie der Amtsträger das sakramental wirksame Wort der Schuldvergebung ausrichten, eine Art häretisch übersteigerte Nachblüte." K. Rahner: (Art.) Laienbeichte. In: LThK, Bd. 6 ²1961, Sp. 441f.

[466] Interessanterweise gehen von den gesichteten Versionen die Egerton-Version, Ed. Seymour, die Bodley-Version, Ed. Letts, sowie der Velser-Nachdruck von Schönsperger (1483) noch einen Schritt weiter und ersetzen die Beichte zu ‚Menschen' durch die zu einem Priester: „[...] has ordaynd þat men salle schryue þam to prestez þat er men as þai

was nicht nur ‚ver-/abgeändert' bedeutet, sondern auch einer negativen Bewertung der Abänderung Ausdruck gibt, als Verfälschung des ursprünglichen Ritus.[467] Schuld an dieser Verfälschung hätten die Päpste, und das schon seit der Begründung des römischen Papsttums durch Petrus – also das römische Papsttum schlechthin. Über die Gegenüberstellung der angeführten Zitate zu Beginn der Episode mit der Anschuldigung an das Papsttum am Ende, kann man für die Velser-Version hier feststellen, dass sie der Autorität des Papstes die Autorität der Heiligen Schrift und die der Alten Kirche entgegenstellt[468] und dabei durch den Begriffs des „Verfälschens" erstere deutlich in Frage stellt.[469]

---

er" (Egerton, S. 65); *„Nun aber so haben es dye båpst verkert das nun fürter die menschen den priestern peychten süllen"* (Schönsperger, fol. 40v).

[467] Das DWB gibt für „verkehren" grundsätzlich an: „zu etwas hinkehren oder etwas umkehren" und „in etwas anderes verwandeln". Dazu die weiteren Bedeutungen: „in das gegentheil verwandeln, mit schlimmer nebenbedeutung". Hier führt das DWB ein Bsp. von Luther an, welches inhaltlich der Verwendung des Begriffs bei Mandeville sehr nahe kommt: „nu wollen wir die zehen gebot gottes und des bapsts gegen einander halten, auff das wir sehen, wie er .. das gesetz verendert und verkert hat. Luther 2, 44ᵇ". „durch falsche wiedergabe, auslegung entstellen", „vom guten abwenden, auf schlechte wege führen," „falsch, zu eines schaden auslegen". (DWB, Bd. 25, Sp. 626-637. Online-Version über http://woerterbuchnetz.de/DWB/)

[468] Dies stellt Hamelius, Ed. Cotton-Version, Bd. II, S. 79, für die Insulare Version fest. Während die Insulare Version hier von „den heiligen apostolischen Vätern" spricht (*„ly seintes pieres apostoiles qe sont depuis venuz"*, Ed. Deluz, S. 248), nennt der Cotton-Text hier nicht den Papst, sondern den Apostel Petrus: *„but seynt peter the apostle and þei þat camen after him"* (Ed. Hamelius, S. 80). Hamelius versteht die Nennung Petrus' im Cotton-Text als eine „mistranslation" (ebd., Bd. II, S. 79).

[469] In den *Reisen* findet sich noch an anderer Stelle eine ähnliche Bemerkung des Erzählers über einen Eingriff des Papstes in den Ritus, nämlich dass die Päpste die Messliturgie um einige Zusätze erweitert hätten, und dass die Nestorianer im Reich des Priesterkönigs Johannes eine ältere Form der Messe feierten, weil sie die christliche Lehre von den Aposteln direkt gelehrt bekamen. Die westliche Christenheit ist in ihrer Liturgie somit weiter vom Urtext und dem ursprünglichen Ritus entfernt. Diese Stelle ist allerdings in keinem der deutschen Texte vorhanden, sondern nur in einigen der englischen Versionen sowie im Paris-Text, Ed. Letts, S. 402: *„mais il ne dient pas tant de choses ne de parolles a la messe comme on fait par deca. Car il ne dient seulement fors ce que Saint Thomas lapostre leur enseigna, si comme les apostres chanterent la messe, en disant la Pater Nostre et les paroles dont le corps nostre Seigneur est sacre. Mais nous auons pluseurs addicions, que les papes ont depuis faites et adioustees en la messe, dont il ne sceuent riens."*
Während die Velser-Texte an dieser Stelle nur anbringen, dass die Christen im Lande des Priesterkönigs *„die mesß als die Kriechen mit erhabem brott"* feiern (Vhs., S. 170), stellt Diemeringen einen kurzen Vergleich mit dem eigenen Christentum an, äußert sich aber nicht weiter zu den Unterschieden: *„Sie wissen nit von vnser cristenheit zů sagen noch von vnserm bapst vnd hand ouch nit meß als man hie zů land hat"* (Ddr., S. 352). In der

In der Episode über die ‚Beichte der Heiden' findet sich die Feststellung des Erzählers, die Päpste hätten den Beichtritus *„verkeret"*, nur in der Velser-Handschrift und im Velser-Druck, die in dieser Episode insgesamt nur wenig von einander abweichen. Der Paris-Text hingegen beurteilt diese päpstliche Änderung gar nicht so negativ: *„mais li saint pere et le pape quis ont depuis venuz ont ordene a faire confession a homme, et par bonne raison."*[470] Dort wird die päpstlich verordnete Beichte zu einem anderen Menschen mit ‚gutem Grund' gerechtfertigt, was die Velser-Versionen ohne Wertung mit *„von mengerlay sach wegen"* übersetzen. Durch den anschließenden Vergleich mit einem Arzt, der die Ursache einer Krankheit kennen müsse, um sie zu heilen, wird dann in allen Versionen die Änderung der Praxis erklärt, da nämlich die *„qualite du fait"* – oder *„waz er geton hab"* – bekannt sein müsse, um eine entsprechende Buße verhängen zu können.[471] Auch in der Velser-Handschrift endet der Arzt-Vergleich mit der folgenden Feststellung, in der man eine Verteidigung der Ohrenbeichte erkennen könnte: *„und da von můß man wissen die natur und die sach ainer yeglicher súnd, und dar nach gitt man denn bůß"* (Vhs., 77). Mit dieser Begründung wird die verurteilende Haltung, welche die Änderung zuvor noch als Verfälschung bezeichnet hat, nicht weitergeführt. Die Velser-Handschrift bietet somit zwei sich latent widersprüchlich zueinan-

---

nnd.-md. Hs. dagegen kommen, wie zu erwarten, die päpstlichen Zusätze vor: *„Men wy hebben vele to valle de de pewese dar to ghedan hebben dar se nicht van weten"* (Berlin, Ms. germ. fol. 204, fol. 144v), und ebenso in der Lütticher Version (Ed. Deluz, S. 1429), der Vorlage der Diemeringen-Übersetzung. Die Aussage findet sich auch in der Insularen Version (Ed. Deluz, S. 463), im Cotton-Text (*„But wee haue many mo Addiciouns þat dyuerse Popes han made þat þei ne knowe not offe"*, Ed. Hamelius, S. 200), und im Egerton-Text. Letzerer führt hier, wie schon oben bei den Änderungen des Papstes bei der Beichte, Priester an, im Gegensatz zu den anderen Versionen, die von ‚wir', ‚man' oder ‚die Menschen' sprechen: *„þai say noȝt þaire messez in alle thingez as oure prestez duse [...]. Bot of þe ordynauncez and addiciouns of þe courte of Rome whilk oure prestez vsez can þai noȝt."* (Ed. Seymour, S. 161).

[470] Paris-Text, Ed. Letts, S. 294. Ebenso der Cotton-Text: *„but seynt peter the apostle and þei þat camen after him han ordeynd to make here confessioun to man and be gode resoun."* (Ed. Hamelius, S. 80).

[471] Vgl. Paris-Text, Ed. Letts, S. 294: *„Car il ont regarde que nulle maladie ne puet estre curee ne bonne medicine ne puet estre donnee, se on ne scet la nature du mal. Et aussi ne puet on donner penance conuenable, qui ne scet la qualite du fait. Car vn mesmes pechie est plus gries a vn que a vn autre, et en vn lieu et en vn temps ou en vn temps quen vn autre. Et pour ce conuient il que on sache la nature du fait et selon ce donner penance."*

der verhaltende Sichtweisen auf das Ritual der Beichte und legt sich nicht eindeutig auf die Propagierung der einen oder der anderen Argumentation fest.[472]

Als eine Darstellungsintention in der Episode kann man also eine Reflexion auf die eigene Beichtpraxis erkennen, in welcher, gestützt durch die Autorität der (Heiligen und patristischen) Schrift, in der Velser-Version eine Problematisierung der lateinisch-christlichen Beichtpraxis vollzogen und die päpstliche Einflussnahme auf das Ritual missbilligt wird. Diese wertende Haltung findet sich aber nur punktuell und charakterisiert nicht die gesamte Episode. Generell ist für die Mandeville-Texte eine solche Latenz in der Wertung, gekoppelt mit einer Ambiguität in der Argumentation, durchaus typisch.

Eine weitere Darstellungsintention zielt denn auch gleichzeitig in Richtung Abgrenzung zur eigenen Beichtpraxis und ergibt sich aus der Art und Weise, wie die Jakobiten die Vermittlung zu Gott inszenieren. Denn nicht nur wird die Beichte in einer Art Außen- oder Naturraum praktiziert, sondern die Jakobiten schreien ihr Beichtbekenntnis zu Gott hinauf und das bei einem Feuer, in welchem Weihrauch sowie andere reinigende, duftende und Rauch produzierende Kräuter verbrannt werden (*„Und da von so sagent sie ir schuld und ir súnd und schrient nun zů gott. Daz tůnd sie by ainem füer und hond wol schmackent ding by inen. Und daz da wol schmacket, daz werffent sie in daz füer; es sy wiroch und ander ding daz wol schmecket, daz werffent sie dar in. Und da bichtend sie und rüffent zů gott umb gnad."*). Diese ‚Feuerbeichte' erinnert zum einen an Rituale der Feuerreinigung, wie sie später in den *Reisen* in den Episoden über die Mongolen beschrieben werden, und möglicherweise auch an andere nicht-christliche Feuerkulte, doch macht der Text keine Andeutungen hinsichtlich einer Feuerverehrung oder eines Kultes um das Feuer. Vielmehr scheint es, als ob das von Weihrauch duftende und dadurch reine, ja reinigende Feuer in der Inszenierung des Rituals die Vermittlung der Beichtworte zu Gott unterstützt und die Worte geradezu in den Himmel trägt. Die vermittelnde Funktion des Feuers, besonders des aufsteigenden Rauches, wird im

---

[472]   Von der Forschung wurde diese Widersprüchlichkeit in der Textstelle der Velser-Version, aber auch in anderen Versionen, bisher nicht eingehender beschrieben. Higgins, Writing East, setzt sich lediglich in einer Anmerkung mit der Beichte der Jakobiten auseinander und beschreibt, ohne weitere Schlüsse daraus zu ziehen, eine leichte Widersprüchlichkeit (wohl in Hinblick auf die englischen und französischen Versionen): „Thus, although the passage ends by endorsing Catholic confession, the Jacobite practice is shown to be motivated, not erroneous, as the Jacobites cite the Bible, Augustine, Gregory, and Hilarius to justify their practice – which is further justified through an implicit appeal to natural law." (S. 292, Anm. 47). Und auch Spearing, The Journey to Jerusalem, der sich mit dem Cotton-Text befasst, stellt zum Arzt-Vergleich fest: „The plausibility of this argument is left to us to decide." (S. 8).

Velser-Druck sogar expliziert: „*vnd habent da das wol schmeckt als weirauch vnd mirra vnd ander wolschmeckent ding dʒ werffen sy in das feẅer das jr beẏcht mit dem rauch aufgang ʒů got*"[473] (Vdr., 85). Auch der zugehörige Holzschnitt (s. Abb. 7) zeigt den Beichtenden direkt neben einem Feuer, dem er sich zuwendet. Und der Himmel empfängt sowohl die Beichtworte des Beichtenden als auch den Rauch des Feuers.

Abb. 7: Vdr., Innsbruck, UB, 107 H7, fol. 42a (Ausschnitt).
© Universitäts- und Landesbibliothek Tirol

Der Mechanismus der Vermittlung wird dadurch mehr oder weniger deutlich ausgestellt. Über eine solche Beschreibung der Beichte, der der Rauch des Feuers als ein natürliches Medium dient, wird den Jakobiten ein Verständnis der Kommunikation mit Gott zugeschrieben, das stärker einem Mechanismus der Magie und dem Prinzip der einfachen Vermittlung durch ein Naturphänomen

---

[473] Dies findet sich nicht nur im Vdr., auch die Egerton-Version, Ed. Seymour, verweist deutlicher auf die Vermittlungsfunktion des Rauches (,*reke*'): „*and castez þerin encense, and when þe ,reke' gase vp þai say, I schryfe me to Godd* [...]" (S. 65); sowie die Bodley-Version, Ed. Letts: „*and whenne the reke goeth vppe, thenne they seye thus, ,I shryue me to God* [...]'" (S. 452).

folgt. Vor dem Hintergrund der institutionalisierten Beichtpraxis wird ihnen damit die Fähigkeit zur Abstraktion und ein Verständnis komplexer Vermittlungsvorgänge, wie sie insgesamt lateinisch-christliche Vorstellungen der Heilsvermittlung prägen, abgesprochen.

Zudem schreien sie ihre Worte zu Gott, was im unausgesprochenen Gegensatz zur westlichen Praxis der geheimen Ohrenbeichte steht. Auch hier nehmen die Velser-Texte im Vergleich mit den anderen gesichteten Versionen eine minimale Sonderstellung ein, denn während beispielsweise der Paris-Text angibt, dass sie ‚schreiend' um göttliche Gnade bitten (*„en criant merci et promectant soy amender"*[474]), präzisieren die Velser-Texte, dass sie zu Gott schreien: *„so sagent sie ir schuld und ir súnd und schrient nun zů gott."* (Vhs., 77). Der Velser-Druck, der im Vergleich zur ‚Vollversion' der Velser-Handschrift prinzipiell eher kürzt und seltener ergänzt, hat hier noch ein Richtungsadverb hinzugefügt: *„so schreÿent sy jr sünd vnnd schuld auf gen got."* (Vdr., 85) Die vertikale Achse ist im Velser-Druck somit deutlicher etabliert und mediatisiert, zudem nutzt er hier stärker eine biblisch geprägte Sprache. Denn eine solche Art der Kommunikation mit Gott, das Schreien zu Gott, erweist sich als häufige Kommunikationsweise im Alten Testament. Das Volk Israel schreit (*clamat*) vielfach zum alttestamentarischen Gott in seiner Not und Sünde: *„Postea autem clamaverunt ad Dominum, et dixerunt: Peccavimus, quia dereliquimus Dominum".*[475] Als ein Beispiel von vielen[476] aus den Büchern des Alten Testaments zeigt diese Art der Kommunikation an, dass Gott vor der Sendung Christi den Menschen näher und kommunikativ erreichbarer war. Denn in den neutestamentarischen Schriften rufen oder schreien die Menschen höchstens

---

[474] Paris-Text, Ed. Letts, S. 294; sehr ähnlich formulieren dies die Insulare- und die Cotton-Version: *„þei seyn þat only to god schall a man knouleche his defautes, ʒeldynge him self gylty and cryenge him mercy and behotynge to him to amende himself"* (Ed. Hamelius, S. 80). Dagegen verzichten die Egerton-Version und die nnd. Hs. auf diese Beschreibung: *„vn dar umme seggen se dat men alle ne gode bekennen schal to bekherende vn dar vmme also willen bichten so maken se vur by sik"* (Berlin, Ms. germ. fol. 204, fol. 56v).

[475] Vulgata, 1 Sam 12,10; Luther: „Und sie schrien zum HERRN und sprachen: Wir haben gesündigt, dass wir den HERRN verlassen [haben]".

[476] Von den Büchern Mose über die Psalmen, bis zu den Geschichts- und die Prophetenbüchern findet sich das ‚Schreien zu Gott' häufig. Weitere Beispiele wären: Ps 17/18,7: *„In tribulatione mea invocavi Dominum, et ad Deum meum clamavi: et exaudivit de templo sancto suo vocem meam; et clamor meus in conspectu ejus introivit in aures ejus."* (Vulgata)/ „Als mir angst war, rief ich den HERRN an und schrie zu meinem Gott. Da erhörte er meine Stimme von seinem Tempel, und mein Schreien kam vor ihn zu seinen Ohren" (Luther); Jes 58,9: *„Tunc invocabis, et Dominus exaudiet; clamabis, et dicet: Ecce adsum."* (Vulgata)/ „Dann wirst du rufen und der HERR wird dir antworten. Wenn du schreist, wird er sagen: Siehe, hier bin ich." (Luther).

zu Christus um Hilfe in ihrer Not, aber nicht mehr zu Gott, der deutlich ab-
wesender ist.[477] Diese frühere Nähe der Menschen zu Gott, die im Alten Testament zudem häufig – wie auch hier beschrieben – über Feuerrituale oder
Feuererscheinungen hergestellt wird,[478] gilt den antiklerikalen Strömungen
des europäischen Spätmittelalters als wiederzuerlangende Verbindung, die
sie mit ihrer Forderung der Rückkehr zu urchristlichen Verhältnissen (*ecclesia
primitiva*) und ihrer Kritik an den Klerikern umzusetzen versuchten.[479]

Es lassen sich somit zwei Darstellungsstrategien in der Episode über die
‚Beichte der Heiden‘ nachzeichnen, die das beschriebene Beichtritual der Jakobiten einmal in Reflexion der eigenen Praxis als natürlich, ‚urchristlich‘,
vorbildlich und positiv bewerten und einmal zu theologisch etablierten lateinisch-christlichen, beziehungsweise stärker neutestamentarisch ausgerichteten Konventionen der Heilsvermittlung abgrenzen. Einerseits pflegen die Jakobiten in ihrer Vorstellung ein direkteres Verhältnis zu Gott, das den westlichen
Christen des Mittelalters aufgrund der ‚Verfälschung‘ der Rituale durch den
Klerus verloren gegangen ist, und andererseits wird ihr Verständnis der Kommunikation mit Gott als naturverbunden und gegenständlich beschrieben,
was ihre Praktik wiederum stark in die Nähe heidnischer Rituale und heidnischer Logiken der Heilsvermittlung rücken lässt.

Diese latente Paradoxie kann als Spezifikum der Darstellungsverfahren
‚Mandevilles‘ bezeichnet werden, da die *Reisen* selten ein durchgängig ein-
deutiges Bild fremder Religionen oder ritueller Handlungen zeichnen. In den
verschiedenen Versionen der *Reisen* variieren dann auch diese beiden Deutungsstrategien und verstärken entweder eine Wertung in eine Richtung,
schwächen sie ab oder streichen sie aus dem Text. Die zu Beginn der Episode

---

[477]   Während das Alte Testament nur Mittlerfiguren als Priester und Propheten kennt, tritt
im Neuen Testament eine das Verhältnis von Gott und den Menschen neu definierende
Idee von Christus als Messias, Mediator und Medium hervor. Vgl. zum Aufkommen der
christlichen Idee des Mediators Christian Kiening: Mediologie – Christologie. Konturen
einer Grundfigur mittelalterlicher Medialität. In: Das Mittelalter 15,2 (2010), S. 16-32.

[478]   In den Mose-Büchern Exodus und vor allem im Levitikus werden viele Brandopfer und
Feuerreinigungen beschrieben, (z. B. 3 Mo 13,55), zudem ist die Kommunikation zu und
mit Gott über das Medium des Feuers im Alten Testament sehr häufig, am prominentesten bei Abraham und Isaak, dem brennenden Dornbusch auf dem Sinai, der Erscheinung Gottes als Feuersäule oder weiteren Vergleichen, die besagen, Gott sehe aus wie
Feuer (z. B. 2 Mo 19,18; 2 Mo 24,17).

[479]   Vgl. allg. zum Urchristentum François Vouga: (Art.) Urchristentum. In: TRE, Bd. 34,
S. 411-436, bes. S. 411f., und zur Auffassung der Vorbildlichkeit der *ecclesia primitiva*
im späten Mittelalter bspw. Louis B. Pascoe: Jean Gerson: The ‚Ecclesia Primitiva‘ and
Reform. In: Traditio 30 (1974), S. 379-409.

aufgerufene Differenzierungsproblematik zwischen Heiden, Christen und anderen Christen, die sich besonders in den Velser-Versionen zeigt, widerspiegelt sich auch in der erzählerischen Darstellung des Beichtrituals, wenn die Jakobiten zwischen (vorbildlichen) ‚Urchristen' oder – aus Sicht des westlichen Christentums – dem früheren Eigenen und (‚primitiven') Heiden oder dem gegenwärtigen Anderen changieren. Die Frage, ob es sich bei den Jakobiten um Heiden, Christen, andere Christen, bessere oder schlechtere Christen handelt, bleibt letztlich ungeklärt. Möglicherweise hat dann auch Otto von Diemeringen diese Episode aufgrund ihrer kritischen Thematik und der in ihr angelegten Unentschiedenheit, was die Bewertung des Rituals und der jakobitischen Christen angeht, in seine Übersetzung nicht aufgenommen und zog es als Geistlicher und Vertreter der römischen Kirche vor, die Frage nach der Funktion des Priesters bei der Beichte ganz zu umgehen.[480]

3. Abgrenzungen, Wertungen und Kritik an der Christenheit: Die Sarazenen

Die Episoden in den *Reisen* über den Islam, über Mohammed und den Sultan von Ägypten gehören zu den meistbeachteten in der Mandeville-Forschung. Sie bilden auch die meistzitierte Grundlage für die Toleranzthese,[481] welche die Forschung daraus ableitet, dass ‚Mandeville' im Vergleich zu anderen zeitgenössischen Autoren und Texten und vor allem im Vergleich zu seinen Quellen ein positiveres Bild vom Islam und von dessen Begründer Mohammed zeichne. Bennett brachte diese Feststellung in die Forschungsdiskussion ein, in welcher sie seitdem häufig wieder auftaucht: „It is noteworthy that he [Mandeville] does not repeat the gross slanders about the Mohammedan religion which appeared in his sources of information, such as Vincent of Beauvais, Jacques de Vitry, and William of Tripoli."[482] Und Grady formuliert es noch

---

[480]   Ridder hingegen nimmt an, dass Diemeringen diese und weitere Passagen nicht ersatzlos tilgen, sondern sie im fünften Buch nachholen wollte und dies dann möglicherweise aus zeitlichen Gründen nicht mehr schaffte. Eine inhaltlich-thematische Begründung seiner Annahme bietet Ridder allerdings nicht. Vgl. Ridder, Studien zur Überlieferungsgeschichte, S. 243f.

[481]   Siehe hierzu das Kap. ‚Hinführungen – III. 2. Die Toleranz-/ Intoleranz-Debatte', oben in der vorliegenden Arbeit.

[482]   Bennett, Rediscovery, S. 73. Ähnlich auch Sobecki, Mandeville's Thought of the Limit: „Islam is represented fairly accurately and without the hostile condemnation characteristic of the period." (S. 334); sowie Ridder, Studien zur Überlieferungsgeschichte, der sich in erster Linie auf die Übersetzung Diemeringens bezieht: „[Es] läßt sich in dem hier sichtbar werdenden Islambild keine Distanz zu traditionellen Urteilen und Einstellun-

prägnanter: „The *Travels*' account of the Saracens is among the most positive in medieval Western writing".[483]

Diese Beobachtungen haben ein Stück weit ihre Berechtigung, da im Vergleich mit zeitgenössischen, meist deutlich polemischeren Texten Mandevilles Darstellung des Islam durchaus gemäßigte Züge trägt, was wahrscheinlich aber daran liegt, dass er sich in großen Teilen auf (Pseudo-)Wilhelms von Tripolis *De Statu Sarracenorum* bezieht – ein missionstheologisch ausgerichteter Text, der ein für seine Zeit aktuelles, relativ akkurates und nicht durchgehend negatives Bild des Islam zeichnet.[484] Doch beruhen diese Beobachtungen der Forschung auf einer Lektüre der *Reisen*, die beispielsweise nicht berücksichtigt, dass in ihnen verschiedene Erzählungen über den Islam, die Sarazenen, ihren Glauben und über Mohammed enthalten sind, die ein disparates Bild dieser Religion und Kultur entstehen lassen, das mit verschiedenen, teils wi-

---

gen und auch nicht zur relativierenden Position Mandevilles feststellen, der bewußt an jene insgesamt nicht sehr breite Tradition der relativ vorurteilsfreien Islamsicht eines Wilhelm von Tripoli anknüpft." (S. 246).

[483] Grady, Representing Righteous Heathens, S. 47. Gradys Grundthese zum Motiv der „righteous heathens" in den *Reisen* läuft auf ein apriorisches ethisches Prinzip der Toleranz hinaus, das den Bericht strukturiere: „Reversing the usual order of emphasis, however, I argue that the idea of pagan virtue in *Mandeville's Travels* is its premise rather than its conclusion – that is, that an open-minded, undogmatic appreciation for the integrity and devotion of non-Christian peoples is not a logical position forced on the narrator of the *Travels* by his putative worldly experiences, but rather that the principle of pagan virtue precedes and helps to organize his account of those experiences." (S. 13f.).

[484] Vgl. dazu Wilhelm von Tripolis: Notitia de Machometo. De statu Sarracenorum. Kommentierte lateinisch-deutsche Textausgabe, hg. von Peter Engels. Würzburg 1992. Die Autorschaft der Schrift *De Statu Sarracenorum* ist allerdings nicht geklärt; der Text ist eine Erweiterung von Wilhelms *Notitia de Machometo*, die er 1271 als Informationsschrift für Thealdo Visconti in Akkon verfasst hat. Der Dominikaner Wilhelm von Tripolis war selbst als Missionar im Heiligen Land tätig und trat für die Idee der Bekehrung durch das Wort und die christliche Lehre ein. Engels bezeichnet die Darstellung des Islam in *De Statu* als „kenntnisreich", „unvoreingenommen", „sachlich" und „wohlwollend" (ebd., Einleitung, S. 41f.), was an in dieser Arbeit schon besprochene Beschreibungen von Mandevilles Umgang mit fremden Religionen erinnert und in Hinblick auf die Entstehungszeit des Textes und der prävalenten Vorstellung der grundsätzlichen Überlegenheit des Christentums sicher mit einiger Vorsicht zu betrachten ist. Vgl. zu *De Statu* als Quelle für Mandevilles *Reisen* Eric John Morrall: Der Islam und Muhammad im späten Mittelalter. Beobachtungen zu Michel Velsers Mandeville-Übersetzung und Michael Christians Version der ‚Epistola ad Mahumetem' des Papst Pius II. In: Christoph Gerhardt u. a. (Hg.): Geschichtsbewußtsein in der deutschen Literatur des Mittelalters. Tübinger Colloquium 1983. Tübingen 1985, S. 147-161.

dersprüchlichen Wertungen versehen ist.[485] Die von Bennett in die Forschung eingebrachte Grundannahme der toleranten Haltung Mandevilles gegenüber dem Islam führt dann auch dazu, dass die weniger deutlich gesetzten Wertungen in den Episoden über den Islam und die Erzählstrategien, durch welche diese generiert werden, in der Nachfolge kaum mehr beachtet werden.

Dementsprechend hat die Forschung bis heute kaum dazu beigetragen, eine differenzierte Lektüre von Mandevilles Islambild vorzulegen – ein Bild, das durchaus auch an zeitgenössische, den Islam profanierende, dämonisierende und verunglimpfende Diskurse anschließt. Einzig Dimmock, der einen informativen Überblick über die verschiedenen Quellen Mandevilles für diese Episoden und die zeitgenössischen Diskurse über den Islam gibt, hat die widersprüchlichen Darstellungsintentionen herausgestellt, die sich ihm zufolge aus der Kompilation der unterschiedlichen Quellen generierten: „The portrayal of Islam in Mandeville's *Travels* thus appears ambivalent."[486]

Die hier angestellte Untersuchung von Mandevilles Darstellung des Islam und Mohammeds soll aufzeigen, dass gerade in den Varianten der verschiedenen Versionen und über Zusätze oder Streichungen der Bearbeiter sich unterschiedlich deutliche Umsetzungen und Ausformungen der in den Episoden angelegten Darstellungsintentionen zeigen, die insgesamt zwischen positiven und negativen Wertungszuschreibungen und Assoziationen changieren. Eine besondere Rolle spielen hierbei die beiden Frühdrucke der Velser- und der Diemeringen-Übersetzung, da sie einerseits bestimmte Passagen auslassen oder anders anordnen und andererseits stellenweise deutliche Wertungen und Abgrenzungen einbringen.

---

[485] Ungenauigkeiten der Forschung in Bezug auf den Islam in den Mandeville-Texten oder gar Aussparungen bestimmter Textstellen in den Forschungsbeiträgen können auch einer komparatistischen Vorgehensweise geschuldet sein, wie sie bspw. Deluz anstellt, die sich mehr mit den Parallelen und Unterschieden zu anderen Texten beschäftigt als mit den *Reisen* selbst, und bei der man eine Position zum Islambild bei Mandeville letztlich vergeblich sucht. Vgl. Deluz, Le Livre de Jehan de Mandeville, S. 235-265.

[486] Matthew Dimmock: Mandeville on Muhammad. Texts, Contexts and Influence. In: Ladan Niayesh (Hg.): A Knight's Legacy. Mandeville and Mandevillian Lore in Early Modern England. Manchester 2011, S. 92-107, hier S. 97.

3.1 ‚Verortung' und Aufbau des Sarazenen-Kapitels

HODOLOGISCHE SEMANTISIERUNG: DER WEG DURCH DIE TARTAREI

Mandevilles Bericht über den Glauben der Sarazenen[487] und seine Erzählungen über Mohammed befinden sich ungefähr in der Mitte des Reiseberichts und bilden innerhalb der Gesamtstruktur der beiden Großräume eine Art Übergang vom Heilsraum in den Machtraum. Dass an diesem Punkt der Erzählung allmählich (christliche) Heils- und (fremde) Machtrelationen in einen prekären Zusammenhang gestellt werden, zeigt sich in den verschiedenen Feststellungen der sarazenischen Herrschaft über das Heilige Land, die dem christlichen Rechtsanspruch, den selbst die Sarazenen anerkennen, gegenübergestellt ist.

Die Gemeinschaft der Sarazenen wird in den *Reisen* nicht genau verortet und es fehlen in diesem Teil auch jegliche der zuvor häufig gemachten Entfernungsangaben, da auch keine Städte oder Länder oder deren Ausmaße als Orientierungspunkte angeführt werden. Vielmehr schließt der Bericht über den Glauben der Sarazenen an eine letzte längere Beschreibung eines Weges ins Heilige Land an,[488] der durch die unwirtliche Tartarei führt und über den der

---

[487]   Die vorliegende Arbeit verwendet den Begriff der ‚Sarazenen' in Analogie zum mittelalterlichen Verständnis der (arabisch-)islamischen Religionsgemeinschaft, dem mit diesem Begriff, wie auch mit dem der ‚Heiden', Ausdruck gegeben wurde. Damit soll die literarhistorische Perspektive ausgewiesen werden, der es kein eigentliches Anliegen ist, sich mit Rekonstruktionen einer realhistorischen, politischen Wirklichkeit zu beschäftigen oder aktuelle Bezüge zum Islam und den Muslimen herzustellen. Vgl. zu den Ursprüngen des Begriffs der Sarazenen und zu seiner Verwendung in der früheren Literatur des Mittelalters Andreas Mohr: Das Wissen über die Anderen. Zur Darstellung fremder Völker in den fränkischen Quellen der Karolingerzeit. Münster u. a. 2005, S. 68-75, sowie Norman Bade: Vorstellungen vom Islam und den Sarazenen in der ‚Vita Hludowici imperatoris' und den ‚Annales Bertiniani'. Möglichkeiten und Grenzen einer terminologischen Untersuchung. In: Anna Aurast/ Hans-Werner Goetz (Hgg.): Die Wahrnehmung anderer Religionen im früheren Mittelalter. Terminologische Probleme und methodische Ansätze. Berlin 2012, S. 89-119. Vgl. grundlegend zu den verschiedenen ethnischen Bezeichnungen für die Muslime Ekkehart Rotter: Abendland und Sarazenen. Das okzidentale Araberbild und seine Entstehung im Frühmittelalter. Berlin 1986, S. 67-109, und zur Bezeichnung und narrativen Beschreibung der Sarazenen als Heiden John V. Tolan: Saracens. Islam in the Medieval European Imagination. New York 2002, S. 105-134.

[488]   Der Erzähler setzt hier wieder einmal neu an: „*Hie seyt er von dem kúngrich von Thartarie und von mengem weg den man fert in das hailig land über erd und über mer* [= Überschrift] *Nun hon ich úch geseyt von mengem weg den man gat und fert ain tail über mer und ain tail über land, biß zů dem hailigen grab. Nun wil ich úch sagen von ainem andern weg zů dem*

Erzähler sagt, dass er ihn selbst nie gegangen sei.[489] Obwohl dieser Weg *„lang und sorgsam und schwer"* sei und ihn deswegen nur *„wenig volck"* gehe (Vhs., 84), beschreibt er das Land der Tartarei und dessen Bewohner eindringlich. Die Beschwerlichkeiten des Weges sind bestimmt durch die Unfruchtbarkeit des großen Landes, in dem nur *„wenig korns"* und *„kain win"* wachse – beides üblicherweise Kennzeichen für Gegenden, die eher negativ konnotiert sind und in denen keine Christen wohnen.[490] Die aus der Sicht Mandevilles unwirtlichen klimatischen Bedingungen und der Charakter des dort ansässigen Volkes stehen in einem Wechselverhältnis: *„und ist unsuber volck und von bößer natur. Item in dem summer so haglet es gar ser da, und der donr slecht vil volks ze tod. Und alle boßait ist da. In dem winter ist usser der massen grosser frost da. Und wissent daz es ain armes und böses land ist."* (Vhs., 84f.). Der Erzähler verstärkt den Eindruck einer lebensfeindlichen Natur in diesem Raum noch, wenn er sagt, dass dort kein rechtschaffener Mensch leben könne: *„Und für die warhait kain byder mensch solt wonen in dem land, wann daz ist ze nicht gůt, wann daz man dar in sayte neßlen und dorn und bromen, und anders tougt es nicht"* (Vhs., 85).

Der beschriebene Weg durch diesen negativ semantisierten Raum bildet sowohl topographisch als auch rhetorisch eine Überleitung zum nächsten Thema, beziehungsweise zur nächsten Kultur: den Sarazenen und ihrer Religi-

---

    hailigen grab da man numer über mer fart, da man aller ding gatt gen Jherusalem über ytel land." (Vhs., S. 84).

[489] *„Item ir söllent wissen daz ich nie in dem selben land bin geweßen, aber in den landen die dar umb ligend [...]. Und bin nie gen Jherusalem gezogen den selben weg, da von so kúnd ich úch den selben weg nit wol beschaiden"* (Vhs., S. 85).

[490] Von den Gebieten, in denen explizit von Weinanbau die Rede ist, finden sich in der Vhs. fünf im ersten Teil der *Reisen* und somit im christlichen Heilsraum (Myra, S. 15; Zypern, S. 17; Weingarten des Evangelisten Johannes beim Berg Horeb, S. 43; Weingärten der Christen bei Bethlehem, S. 46; Damaskus, S. 79). Im zweiten Teil der *Reisen* wird Weinanbau sieben Mal erwähnt, entweder im Zusammenhang mit einer sehr positiv konnotierten Landschaft und schönen Städten (*Casath* in Indien, wo die Hl. Drei Könige herkommen, S. 97; *„Talamasse"*, S. 117; wunderbare riesige Weintrauben in *„Casdisle"*, S. 151; Tibet, S. 173) oder mit der Anwesenheit von Christen in diesen Gebieten (Insel Thana, S. 105; Land in der Nähe der Thomaschristen, wo nur die Frauen Wein trinken, S. 109; Nachbarstadt von *„Gassaom"*, bei welcher Mönche Tiere als Seelen Verstorbener ansehen, S. 126). Die explizite Betonung nicht-vorhandenen Weinanbaus lässt sich im ersten wie im zweiten Teil der *Reisen* vornehmlich bei den Sarazenen oder in Gebieten der Mongolen und deren Nachbargebieten nachweisen, in denen ähnliche klimatische Bedingungen herrschen wie in der Tartarei. Auch gibt es keinen Weinbau auf der eher positiv beschriebenen Insel Java, Wein wird aber *„von andern landen"* dorthin gebracht (S. 116).

on. Die narrativ-rhetorische Funktion der Episode über die Tartarei geht deutlich über Ridders Feststellung hinaus, der annimmt, dass allein deshalb von
dem „gefährlichen Weg aus dem Osten durch die halbe Welt [...] ausführlich
‚erzählt'" würde, weil „[d]iese Route [...] ungleich mehr literarisches Potential
[bot]."[491] Gemäß Ridder wird also nur von diesem Weg berichtet, weil er so
berichtenswert sei. Der direkte Zusammenhang zwischen der Reiseroute durch
den gefährlichen Osten und der darauf folgenden Beschreibung der Sarazenen
wird jedoch vom Erzähler selbst ausgestellt, wenn er sagt: *„Und der bóß weg
weret wol dry tag biß man kumpt in der Sarrazenen land"* (Vhs., 85). Mit der
hier angegebenen einzigen Längenangabe und der Bewertung der Strecke als
‚böse' wird die negative Semantik des Weges direkt auf das Sarazenen-Land
übertragen. Damit korrespondiert, dass die Wegbeschreibung mit der Erwähnung dieses Landes endet und nicht, wie zu Beginn angekündigt, mit Jerusalem und dem Heiligen Grab als Zielpunkt. Während der Wegbeschreibung wird
das eigentliche Ziel Jerusalem aus den Augen verloren und durch ein neues,
das Land der Sarazenen, ersetzt. Der gefährliche, entbehrungsreiche und insgesamt als ‚böse' bewertete Weg kann nach dieser Textlogik letztlich nur zu
den Sarazenen führen.

Der Velser-Druck gibt im Gegensatz zur Velser-Handschrift die ins Land
der Sarazenen führende Wegbeschreibung in verkürzter Form wieder und lässt
einige der negativen Semantisierungen des Raumes und der Tartaren aus. Explizit verunglimpft er nur das Volk, nicht aber das Land (*„vnd ist vnsauber
volck vnd bóser natur Jn dem summer haglet es geren da vnd der doner schlecht
jr vil zů tod"*, Vdr., 91), während die Hs. N noch beides als äußerst schlecht herausstellt: *„vnd ist vnsauber volk vnd boser natůr Jn dem sumer so hagelt eß gern
vnd der doner slecht ir uil zu tod Jn dem wintter ist gar vnmossen groß kelten do
vnd ist ein bóß land"* (Hs. N, 74r). Der Druck und die Hs. N verzichten aber auf
die Feststellung, dass man über diesen ‚bösen' Weg ins Land der Sarazenen
gelange und somit auf eine explizitere Verknüpfung zwischen dem Weg und
dem Volk der Sarazenen.

In der Diemeringen-Version hat die Wegbeschreibung durch den negativ
semantisierten Raum nicht die Funktion des topographischen und rhetorischen Übergangs zum Bericht über die Sarazenen, da dieser bei Diemeringen
in das letzte, fünfte Buch verschoben ist und somit nicht auf die Beschreibung
der Tartaren und deren Land folgt. Doch auch bei Diemeringen bildet die Wegbeschreibung den Vorlauf zum Übergang in den zweiten Teil der *Reisen*, der mit
dem zweiten Buch zusammenfällt. Was in den Velser-Versionen fehlt, findet

---

[491] Ridder, Übersetzung und Fremderfahrung, S. 249f.

sich dagegen im Diemeringen-Druck: Er beschreibt die Lage der Tartarei („*an tartarie stossent vil künigrich prüssen. rüssen. littow. Nirland. krackow. resselen vnd etlichs land*", Ddr., 271), gibt Wegdistanzen von anderen Ländern in die Tartarei an („*zwischent den vorgenanten künigrichen vnd tartarie sint .ij. tagreiß ytel môser*", ebd.), das Ziel des Weges ist auch am Ende der Beschreibung noch immer Jerusalem („*von Tartarien züchet man in Persien in hermenien in Caldee vnd daher wider in die wůste von der alten Babilonie da der groß turn stůnd vnd gegen Egipten zů vnd darnach gen Jherusalem*", ebd., 272) und darüberhinaus macht der Erzähler zu Beginn die Angabe, er sei den Weg selbst gegangen („*doch bin ich in gefaren wie doch in niemen in disen landen varen wil*", ebd., 271).[492] Außerdem berichtet er ausführlicher als in den Velser-Versionen von den Sitten der Tartaren und den natürlichen Begebenheiten ihres Landes und bewertet ebenso das Volk und das Land in Abhängigkeit voneinander negativ. Interessanterweise erwähnt er hier schon den mongolischen Großkhan, dessen Machtbereich sich bis in dieses Gebiet ausdehne: „*vnd wan das land nit gůt ist. So sind ouch die lüt nit gůt vnd vud sind die herren vnd das volck des landes dem grossen hund vnderton.*"[493] (Ddr., 272). Es ist zu überlegen, ob bei Diemeringen, da bei ihm im Übergangsbereich zwischen Heils- und Machtraum die Sarazenen fehlen, ein anderer Macht- oder Herrschaftsbereich deren Positi-

---

[492] Die Diemeringen-Version scheint die einzige zu sein, in welcher Mandeville angibt, den Weg tatsächlich gegangen zu sein. Auch in den Diemeringen-Hss. H, H1, H2 und Sg1 sagt er zu Beginn der Episode, dass der Weg zwar „*ferre vnd mûlich zu faren vnd vnsicher*" (H1, fol. 69v) sei, er ihn aber selbst gefahren wäre. Die Verneinung der Augenzeugenschaft findet sich außerdem in den englischen Versionen, z. B. in Egerton, Ed. Seymour, S. 71, Defective, Ed. Kohanski/Benson, S. 53, und Cotton, Ed. Hamelius, S. 83.

[493] Dass der Großkhan im Ddr. ab und an der ‚große Hund' genannt wird, ist wohl eine diffamierende Weiterführung eines ursprünglichen Übersetzungsfehlers – sei dieser unbewusst oder diffamierend intendiert gewesen. Die lateinische Lautung *magnum Canis* für den Großkhan wurde gewissermaßen überkorrekt als ‚großer Hund' übersetzt. Dies zeigt sich auch deutlich in Konrad Steckels deutscher Übersetzung des Reiseberichts Odoricos von Pordenone, in welcher der Großkhan konsequent mit „*der grozz hunt [von Cathai]*" übersetzt wird. Vgl. Odorico/ Steckel, Ed. Strasmann, S. 67 u. a. Schon bei der ersten Nennung des Großkhans expliziert Diemeringen die deutsche Übersetzung: „*von den landen vnd lüten was in des grossen herren land ist. der do heisset zů latin Magnus canis. das ist zů tütsch der groß hunt.*" (Ddr., S. 185). Die eingesehenen Diemeringen-Hss. H, H1 und H2 nennen den Großkhan an dieser Stelle über die Tartarei jedoch den „*grossen kan*" (H2, fol. 60r) und nur die dem Druck näher stehende Hs. Sg1 nennt ihn ebenso den „*grossen hund*" (fol. 46v).

on einnimmt und hier schon die Raumstruktur der Macht (des mongolischen Großkhans) des zweiten Teils der *Reisen* angezeigt wird.[494]

Aufbau und Varianten des Sarazenen-Kapitels

Der Bericht über den Islam in den *Reisen* lässt sich in drei unterschiedliche Erzählungen einteilen: Die Episode beginnt in der Velser- wie den meisten anderen Versionen mit der Darstellung des Glaubenssystems der Sarazenen (I.), in welcher zuerst der Koran mit verschiedenen Namen angeführt wird, daraufhin von der sarazenischen Paradiesvorstellung berichtet wird und dann ausführlicher Unterschiede und Ähnlichkeiten zum Christentum dargelegt werden. Die Vergleiche laufen letztlich auf die Feststellung des Erzählers hinaus: *„Da von mag man sie licht bekeren, wann sie vil habent unser artickel."* (Vhs., 89). Darauf folgt das ‚Gespräch mit dem Sultan' (II.) – eine Episode, in welcher der Erzähler im Gegensatz zur vorherigen selbst involviert ist und davon berichtet, wie er mit dem ägyptischen Sultan in dessen privater Kammer über die Lage der Christenheit spricht. Beide finden dabei deutliche Worte der Kritik, besonders an der Christenheit, und der Empörung. Den letzten Teil stellt die Vita Mohammeds (III.) dar, die im Präteritum vom Aufstieg des Sarazenenführers und Propheten Mohammed erzählt, von der Genealogie der Sarazenen und vom Mord an dem Einsiedler, der Mohammed im Glauben unterrichtete, woraufhin Mohammed das Verbot des Weintrinkens erließ. Den Abschluss bilden kürzere Ausführungen darüber, dass die Sarazenen dennoch häufig Wein und andere Getränke trinken würden und über Christen, die zum Islam konvertieren. Auf das sarazenische Glaubensbekenntnis, das die konversionswilligen Christen sprechen müssen, folgt dann der Beginn des zweiten Teils der *Reisen*.

Den Aufbau des Sarazenen-Kapitels grob nachzuzeichnen ist deshalb von Bedeutung, weil nicht in allen Versionen der *Reisen* dieselben Teile in derselben Reihenfolge vorkommen und manche Erzählungen an andere Stellen verschoben sind. Kaum Unterschiede im Aufbau finden sich zwischen dem Paris-Text und der Velser-Handschrift. Am deutlichsten sind sie dagegen zwischen diesen Texten und der Diemeringen-Version, in welcher, wie schon gesagt

---

[494]   Denn zudem erwähnt Diemeringen, dass viele Länder, die an die Tartarei grenzen, *„dem künig von vngern vndertånig"* wären (Ddr., S. 271). Den Macht-Einfluss des Großkhans führen allerdings auch der Paris-Text (*„Ceste Tartarie respont au Grant Cham, dont ie parleray ci apres"*, Ed. Letts, S. 300) und die englischen Versionen an, dies aber schon zu Beginn der Episode und nicht, wie Diemeringen, gegen Ende. Die Velser-Versionen nennen keinen Herrscher in dieser Episode.

wurde, der Bericht über den Islam und Mohammed in das fünfte Buch verlegt ist, also ans Ende des Reiseberichts. Diemeringen beginnt seine Ausführungen zum Glaubenssystem der Sarazenen nicht mit der Nennung des Korans und ihrer Paradiesvorstellung, sondern mit ersten Unterschieden zum Christentum, besonders der jeweiligen Stellung Mohammeds und Christi. Bei ihm sind die Behandlung des Korans und die Paradiesbeschreibung zwischen die Darlegung der Unterschiede im Glauben gesetzt, welche mit der Feststellung, dass einige Christen zum Islam konvertieren, beendet wird. Das Gespräch mit dem Sultan kommt bei Diemeringen nicht vor, doch findet sich auch bei ihm stellenweise die von den Sarazenen geäußerte Kritik an der Christenheit, die allerdings in die Darstellung ihres Glaubenssystems eingebaut und damit nicht so exponiert ist wie in den anderen Versionen. Darauf folgt bei Diemeringen die Vita Mohammeds, die etwas anders aufgebaut ist und teilweise detaillierter erzählt wird als in den Velser-Versionen.

In den *Reisen* kommen auch schon an früheren Stellen kurze Episoden über Mohammed vor, die in manchen Versionen dann sogar zweimal erzählt werden. Zum einen wird bei der Beschreibung Klein- und Groß-Babyloniens von Mohammeds Grab berichtet, und auch hier ist ein narrativer Zusammenhang mit dem Machtbereich des zweiten Teils hergestellt, wenn das Hierarchieverhältnis zwischen den drei östlichen Herrschern, dem Sultan, dem Großkhan und dem Priesterkönig beschrieben wird,[495] kurz bevor der Bericht über die Grabstätte in Mekka erfolgt (Vhs., 28). Allerdings ist es nur die Diemeringen-Version, die am Ende des Sarazenen-Kapitels im fünften Buch noch einmal die Grablegung und -stätte Mohammeds aufgreift, welche bei ihm das Kapitel abschließt. Zum anderen gibt die Erwähnung der von Christen angelegten Weingärten bei Bethlehem dem Erzähler Anlass, ausführlicher über das Weinverbot der Sarazenen zu berichten und dabei die Geschichte über die Ermordung des Einsiedlers einzubringen, die als Ätiologie für das Alkoholverbot fungiert. Es ist wahrscheinlich mit Diemeringens Systematisierungsbestreben zu erklären, dass diese Geschichte in seiner Übersetzung erst in der Vita Mohammeds vorkommt und nicht schon an früherer Stelle. Die Velser-Handschrift gibt sie in der ersten Erwähnung im Vergleich zur späteren gekürzt wieder, während der Velser-Druck zuerst die längere Version erzählt und später, in der Vita Mohammeds, nur noch zurück verweist: *„von dem eÿnsydel den er gar hold het vnd von seinem knecht hab jch vorgesagt mit der figur"* (Vdr., 95). Das Vorkommen dieser Erzählung ist eines der auffälligeren Differenzierungsmerkmale der Hs. N, das sie vom Frühdruck unterscheidet, da sie an beiden Stellen ausführlich von

---

[495]   Siehe dazu die Besprechung dieser Textstelle weiter unten, S. 291.

Überblick über die Mohammed- und Sarazenen-Episoden im Vergleich:

Paris-Text	Vhs.	Hs. N
GRAB MOHAMMEDS (S. 250)	GRAB MOHAMMEDS (S. 28)	GRAB MOHAMMEDS (fol. 26r)
KORAN/ WEINVERBOT/ ERMORDUNG DES EINSIED- LERS I (leicht gekürzt) (S. 266f.)	KORAN/ WEINVERBOT/ ERMORDUNG DES EINSIED- LERS I (leicht gekürzt) (S. 48f.)	KORAN/ WEINVERBOT/ ERMORDUNG DES EINSIED- LERS I (fol. 47rf.)
GENEALOGIE I/ BESCHNEI- DUNG (S. 284)	GENEALOGIE I/ BESCHNEI- DUNG (S. 68)	--- (fol. 65rf.)

GLAUBENSSYSTEM
(S. 302ff.)
- Koran
- Paradiesvorstellung
- Gemeinsamkeiten und
  Unterschiede im Glau-
  benssystem
- leichte Bekehrung
- Glaubensbekenntnis
- Gemeinsamkeiten und
  Unterschiede
- leichte Bekehrung
- Schriftverständnis
- Kritik an Juden und Chris-
  ten
	GLAUBENSSYSTEM
	(S. 86ff.)
	- Koran
	- Paradiesvorstellung
	- Gemeinsamkeiten und
	  Unterschiede im Glau-
	  benssystem
	- leichte Bekehrung
	- Glaubensbekenntnis
	- Gemeinsamkeiten und
	  Unterschiede
	- leichte Bekehrung
	- Schriftverständnis
	- Kritik an Juden und Chris-
	  ten
		GLAUBENSSYSTEM
		(fol. 74vff.)
		- Koran
		- Paradiesvorstellung
		- Gemeinsamkeiten und
		  Unterschiede im Glau-
		  benssystem
		- leichte Bekehrung
		- Glaubensbekenntnis
		- Gemeinsamkeiten und
		  Unterschiede
		- leichte Bekehrung
		- Schriftverständnis
		- ---

GESPRÄCH MIT DEM SULTAN (S. 305ff.)	GESPRÄCH MIT DEM SULTAN (S. 89ff.)	- --- (fol. 78r)

VITA MOHAMMEDS
(S. 307ff.)
- Aufstieg
- erstes Wunder
- Fallsucht
- Genealogie II
- Ermordung des Einsied-
  lers/ Weinverbot II
- konvertierende Christen
- sarazenisches Alphabet
	VITA MOHAMMEDS
	(91f.)
	- Aufstieg
	- erstes Wunder
	- Fallsucht
	- Genealogie II
	- Ermordung des Einsied-
	  lers/ Weinverbot II
	- konvertierende Christen
		VITA MOHAMMEDS
		(fol. 78rf.)
		- Aufstieg
		- erstes Wunder
		- Fallsucht
		- Genealogie II
		- Ermordung des Einsied-
		  lers/ Weinverbot II
		- konvertierende Christen

Vdr.	Ddr.
GRAB MOHAMMEDS (S. 30)	GRAB MOHAMMEDS I (S. 219)
KORAN/ WEINVERBOT/ ERMORDUNG DES EINSIED- LERS I (S. 55f.)	--- (S. 240)
--- (S. 76)	GENEALOGIE I/ BESCHNEI- DUNG (S. 257)

GLAUBENSSYSTEM
(S. 91ff.)
- Koran
- ---
- Gemeinsamkeiten und
  Unterschiede im Glau-
  benssystem
- leichte Bekehrung
- Glaubensbekenntnis
- Gemeinsamkeiten und
  Unterschiede
- leichte Bekehrung
- Schriftverständnis
- ---
	GLAUBENSSYSTEM
	(S. 381ff.)
	- Gemeinsamkeiten und
	  Unterschiede im Glau-
	  benssystem
	- Koran
	- Paradiesvorstellung
	- ---
	- ---
	- Gemeinsamkeiten und
	  Unterschiede
	- ---
	- ---
	- Kritik an Juden und Chris-
	  ten
	- konvertierende Christen

- --- (S. 94)	- --- (S. 384)

VITA MOHAMMEDS
(S. 94f.)
- Aufstieg
- erstes Wunder
- Fallsucht
- Genealogie II
- ---
 	
- konvertierende Christen
	VITA MOHAMMEDS
	(S. 384ff.)
	- Aufstieg (ausführl.)
	- göttl. Eingebung des Ko-
	  rans
	- Genealogie II
	- Einsiedler
	- erstes Wunder
	- Fall-/Trunksucht
	- Ermordung des Einsied-
	  lers/ Weinverbot
	- Grablegung/ Grab Moham-
	  meds II

der Ermordung des Einsiedlers berichtet. Ein weiterer Unterschied zwischen dem Druck und der Hs. N ist die Beibehaltung der Paradiesvorstellung der Sarazenen zu Beginn der Episode im Gegensatz zur Streichung dieser Stelle im Druck. Sowohl der Velser-Druck als auch die Hs. N streichen allerdings die gesamte Episode des ‚Gesprächs mit dem Sultan' und damit den kritischsten Teil des Kapitels, was sie in die Nähe der Diemeringen-Version rücken lässt.

3.2 Abgrenzungsstrategien zum Christentum in der Darstellung des Glaubens der Sarazenen

In der Darlegung der Unterschiede und Gemeinsamkeiten zwischen den lateinischen Christen und den Sarazenen hat sich die Forschung bislang vornehmlich auf Mandevilles Betonung der Gemeinsamkeiten fokussiert, die sie entweder als tolerante Haltung gewertet hat, oder aber als Ausdruck der Intoleranz, da gemäß dieser Auffassung der Erzähler den fremden Glauben stark an den eigenen assimiliere und damit in seiner Andersheit nicht anerkenne. Dementsprechend haben sich zwei gegenläufige Thesen herausgebildet: Einerseits die der wohlwollenden Darstellung der Sarazenen als Proto-Christen, die leicht zu bekehren seien und nicht mehr als Feinde der Christenheit in Erscheinung treten würden.[496] Andererseits die der abwertenden Darstellung des Islam als mangelhaft und korrumpiert im Vergleich zum Christentum, was besonders durch die beschriebenen Gemeinsamkeiten und die Möglichkeit der Missionierung zum Ausdruck kommen würde.[497] Diese Rhetorik der Intoleranz würde

---

[496] Vgl. Higgins, Writing East, S. 115: „[T]he exordium's Enemy are seen as proto-Christians, who are now to be brought within the fold not by the sword, but by the word (this idea is the most important of the *Mandeville*-author's borrowings from William of Tripoli). An Enemy is still needed, though, and the Jews are made to serve, being presented as inimical to Saracens and Christians alike." Ähnlich auch Frank Grady: ‚Machomete' and Mandeville's Travels. In: John Victor Tolan (Hg.): Medieval Christian Perceptions of Islam. A Book of Essays. New York 1996, S. 271-288, bes. S. 273, der den dargestellten Unterschieden zwischen dem christlichen Glauben und dem der Sarazenen so gut wie keine Beachtung schenkt im Bemühen, sowohl die Toleranz des Autors als auch „the Saracen's moral authority" (S. 277) herauszustellen. Der Fokus seines Aufsatzes liegt allerdings nicht, wie der Titel vermuten ließe, auf der Figur Mohammeds, sondern auf dem ‚Gespräch mit dem Sultan'.

[497] Vgl. Fleck, Here, There, and In Between, S. 390f.: „[Mandeville] discovers some form of essential sameness which allows him to ignore important differences on issues such as the nature of the Trinity. In Islam, Mandeville finds a sort of imperfect version of his own set of truths and accomodates this flawed notion of Islam into his own world view by interpreting it as a corrupt version of a previously familiar object, Christianity."

letztlich die von den Sarazenen ausgehende Bedrohung durch Assimilierung von Seiten des Erzählers neutralisieren.[498] Zwischen den beiden Thesen der Toleranz und der Intoleranz wird auch die Idee formuliert, die herausgestellten Ähnlichkeiten im Glauben würden den Überlegenheitsanspruch des Christentums herausfordern und wären somit als Anerkennung von Pluralität zu lesen.[499]

Im Folgenden soll nun der Fokus nicht so sehr auf die viel beachteten Gemeinsamkeiten zwischen dem Glauben der Sarazenen und dem der Christen gelegt werden, sondern auf die im Text nicht immer so deutlich herausgestellten Unterschiede und auf die dabei wirksam werdenden Darstellungsmechanismen und Wertungsparadigmen. Die in den vorherigen Kapiteln herausgearbeitete Differenzierungsproblematik zeigt sich auch hier, indem Mandeville den Glauben der Sarazenen oszillierend zwischen Abweichungen und Gemeinsamkeiten, zwischen heidnisch, christlich, jüdisch und häretisch einordnet, eine definitive Festlegung aber vermeidet.

Es wird hier davon ausgegangen, dass die Feststellung von Gemeinsamkeiten zwischen den beiden Glaubenssystemen für den Erzähler die Grundlage dafür bildet, die dennoch vorhandenen Unterschiede und die punktuellen Abweichungen von der wahren Lehre des Christentums als gravierende Fehler und Irrlehren herauszustellen. Denn aus lateinisch-christlich geprägter Sicht hätten die Sarazenen eigentlich das Potential zur Erkenntnis der richtigen Lehre, sie wenden sich aber trotz aller Gemeinsamkeiten von ihr ab. Annäherungen in den Ausführungen des Erzählers werden hier also nicht als Ausdruck einer Anerkennung des fremden Glaubens betrachtet, sondern sie legen einen grundlegenden Verstehensrahmen, innerhalb dessen rhetorisch-narrativ Wertungen und Abgrenzungen vorgenommen werden können. Gert Melville beschreibt die bei solchen Vorgängen der Annäherung und gleichzeitigen Abgrenzung hergestellten Annäherungen an das Andere in mittelalterlichen Texten als Fiktionen, die pragmatische Erklärungen produzieren, und als Strategien, über die eine Anerkennung dessen, was nicht in das christliche Weltbild

---

[498]   Vgl. ebd., S. 391: „and as a result, the potential threat to a stable notion of Western Christianity is neutralized through assimilation."

[499]   Vgl. Lochrie, Provincializing Medieval Europe, S. 596: „The singularity of Christian doctrines and beliefs is challenged by Mandeville's account of the Saracen embrace of many fundamental Christian principles, and the presumptive superiority of Christian devotion is demolished. [...] His wistful appeals to the convertability of Muslims is thus less a call to Christian missionary zeal than it is a recognition of this similarity and of the blowing open of his world to plural and diverse religions and cultures."

zu passen scheint oder dieses sogar in Frage stellt, umgangen wurde.[500] Die Annäherung an den fremden Glauben kann somit als rhetorisch-argumentative Strategie betrachtet werden, durch welche die Abweichungen erst an Prägnanz gewinnen und sich in ihrer Differenz als falsch erweisen.

Von den im Abschnitt über die Sarazenen angeführten Aussagen, die teilweise der christlichen Lehre stark widersprechen, oder diese sogar kritisieren und als falsche Lehre bezeichnen, distanziert sich der Erzähler rhetorisch. Er beruft sich entweder auf das Buch der Sarazenen, *„ir bůch Alcoren"*, das Mandeville selbst gesehen zu haben vorgibt, oder auf die Aussagen der Sarazenen: *„ir bůch spricht"* / *„und ist in irem bůch geschriben"* / *„so sprechent sie"*. Damit vermittelt er aber auch den Eindruck der Authentizität seiner Informationen, was er mit der Anführung der verschiedenen Namen des Buches noch verstärkt: *„Und ir bůch haisset Alcoren; etlich haissent es Mescolen, etlich Armen, dar nach und sie ouch die sprach wandlent. Und daz selb bůch hon ich ouch gesenhen."*[501] (Vhs., 86).

ABLEHNUNG DES KREUZESTODES CHRISTI

Während die mittels des vermeintlichen Wissens des Erzählers aus dem Koran angeführten Gemeinsamkeiten zwischen christlichem und sarazenischem Glauben sich beispielsweise auf die Ehrerbietung gegenüber Maria, die jungfräuliche Geburt und die bedeutende Rolle des Menschen Jesus beziehen, der allerdings nur als großer Prophet, nicht aber als Sohn Gottes anerkannt wird,

---

[500]   Vgl. Gert Melville: Fiktionen als pragmatische Erklärungen des Unerklärbaren: Mohammed – ein verhinderter Papst. In: Fritz Peter Knapp/ Manuela Niesner (Hgg.): Historisches und fiktionales Erzählen im Mittelalter. Berlin 2002, S. 27-44. Als Beispiele für solche Fiktionen als pragmatische Erklärungen untersucht Melville die christliche Islamdarstellung, ausgehend von einer Geschichte über Mohammed als verhinderter Papst, der zum Häretiker wird, sowie Mandevilles heilsgeschichtliche Einordnung der Mongolen. Vgl. zu letzterem auch das Kap. ‚Machtraum – III. 5. Historisierung der Mongolen' unten in der vorliegenden Arbeit.

[501]   Die verschiedenen Namen führt Diemeringen noch etwas weiter aus: *„vnd das bůch haisset Altron oder Mesebach oder der harme vnd hat diß dry namen vmd das sich ir sprach dick verwandlett. nach dem nennent sie den das bůch denn suns oder so."* (Ddr., S. 381). In Diemeringens Darstellung scheint die Unbeständigkeit der Benennung die Autorität des Buches eher einzuschränken. Vgl. zu dieser Stelle in der Velser-Version Morrall, Der Islam und Muhammad im späten Mittelalter, S. 147, dem gemäß Mandeville im Grunde den Eindruck erwecke, aus dem Koran zu zitieren. Er erklärt zudem die zwei weiteren Namen des Korans: *Mescolen* leite sich vom arab. *mashaf* (Buch) ab und Armen vom arab. *haram* (heilig, geheiligt). Die verschiedenen Namen stammen aus *De Statu Sarracenorum*, Kap. 25.

liegen die dargestellten Unterschiede in den zentralen Dogmen der sich auf die Erzählungen des Neuen Testaments stützenden christlichen Lehre. So besteht einer der schwerwiegendsten Unterschiede, den Mandeville in unterschiedlichen Auswirkungen beleuchtet, darin, *„daz sie nit wolten gelouben an Jhesum"* (Vhs., 87), also in der Ablehnung der Auffassung von Christus als Gottes Sohn, der gekreuzigt wurde, auferstanden ist und die Menschen erlöst hat:

> *Item ir bůch spricht daz Jhesus nit ward gekrútziget, und er fůr gen hymel; es wår ain an-*
> *dere der gekrútziget wurd, und der hett sich verwandlet in sin gestalt, und daz wer Judas*
> *Scarioth, und den totten die juden. Und da von sprechent sie daz die cristen habent ainen*
> *bőßen globen, daz sie wenent daz Jhesus wůrd getöttet, der unsers herren als gůtter frůnd*
> *waz. Und sprechent daz unser herre nit wer ain rechter richter geweßen, und wår es war,*
> *wann Jhesus wår unschuldig und hett nie kain boßhait begangen. Und sprechent wir fålent*
> *an dem artickel, wann die gerechtigkait gottes mőcht daz groß unrecht nit verhenckt haben*
> (Vhs., 87f.).

Die ausführlich beschriebene Ablehnung des Kreuzestodes Christi, die auf die Lehren des Korans zurückgeführt wird, und die darauf folgende Begründung dieser Ansicht aus dem Mund der Sarazenen erweisen sich aus der Perspektive des Textes letztlich als systematischer Irrtum der Sarazenen, der ihre von der christlichen stark abweichende Gottesvorstellung aufzeigt. Die Behauptungen, die dem *bůch* der Sarazenen zugeschrieben werden, Judas hätte die Gestalt Jesu Christi angenommen und sei statt diesem gekreuzigt worden und Christus sei direkt in den Himmel aufgestiegen, leugnen die menschliche Leibhaftigkeit Christi und damit auch dessen menschliches Leiden und Sterben.

Diese Auffassung, wie sie den Sarazenen zugeschrieben wird, erinnert, wie auch Hamelius für diese Stelle annimmt, an die christologische Häresie des Doketismus, dem gemäß Christus nur scheinbar eine Körperlichkeit annahm, im Grunde aber rein himmlische Person war.[502] Aus der doketischen Sicht der Lehren der Basilidianer war es auch nicht Christus, der am Kreuz starb, sondern der Kreuzträger Simon von Kyrene, der Christi Gestalt und Stim-

---

[502]   Vgl. Hamelius, Ed. Cotton-Version, Bd. II, S. 83. Der Doketismus ist die älteste christologische Häresie und besagt im engeren Sinne, dass Christus nur dem Schein nach Mensch war und im weiteren Sinne, dass Christus nicht im vollen Umfang Mensch war und somit auch kein menschliches Leiden ertrug. Diese Auffassung hat sich in unterschiedlichen Ausprägungen in verschiedenen Häresien ausgebildet und fortgesetzt, die lange vor, aber auch noch nach der Entstehung der *Reisen* existierten, vom Manichäismus, Gnostizismus, Monophysitismus, über die Katharer, Albigenser und andere mittelalterliche Sekten bis zu den Wiedertäufern. Vgl. Theresia Hainthaler: (Art.) Doketismus. In: LThK, Bd. 3 (2009), Sp. 301f., Rowan Williams (Art.): Jesus Christus II. In: TRE, Bd. 16, S. 727f., und H. Schmidt: (Art.) Doketismus. In: RE, Bd. 19 (1865), S. 426-432.

me annahm.[503] Diese Positionen finden sich auch im Koran[504] und später im sogenannten Barnabas-Evangelium, „einer im 14. oder 16. Jh. entstandenen Lebensgeschichte Jesu in muslimischer Ausprägung"[505]. Quelle für die Darstellung in den *Reisen* ist (Pseudo-)Wilhelms von Tripolis *De Statu Sarracenorum*.[506] Die von Mandeville dargelegte Ablehnung des Kreuzestodes Christi stellt die Sarazenen in die Denktradition christlicher Häresien und grenzt sie

---

[503]   Vgl. Wichard v. Heyden: Doketismus und Inkarnation. Die Entstehung zweier gegensätzlicher Modelle von Christologie. Tübingen 2014, bes. S. 7-12.

[504]   Sure 4, Vers 156-158. Vgl. dazu auch Richard Bell: The Origin of Islam in its Christian Environment. The Gunning Lectures Edinburgh University 1925. London 1926, S. 153-155, der hier Parallelen zu christlichen Vorstellungen anspricht: „This idea of a substitute for Jesus having been crucified in place of Him is not unknown in Christian speculation. We find it both in Ebionitic and Gnostic sects. Rösch finds here the mythic precipitation of the Cerinthian heresy and the Nestorian separation of the two natures in Christ: the higher Christ being exalted to heaven and the man Jesus being crucified." (S. 154).

[505]   Engels, Ed. *De Statu Sarracenorum*, Kommentar, S. 390.

[506]   Vgl. *De Statu Sarracenorum*, Ed. Engels, Kap. 43f., S. 354-157. Dort wird ausgeführt, dass der Koran die Juden als Ungläubige und böse bezeichne, da sie die Lüge verbreiteten, Christus getötet zu haben, was nicht der Wahrheit entspräche: *„Sed non crucifixerunt eum nec interfecerunt, sed similem eius. Porro qui discrepant a Iesu, de eo procul dubio non habent scientiam, quia Iudei non interfecerunt eum, sed Deus eum sustulit et elevavit ad se et exaltavit. Et Deus est carus et sapiens."* / „Aber sie haben ihn weder gekreuzigt noch getötet, sondern einen, der ihm ähnlich sah. Weiterhin haben diejenigen, welche von Jesus (im Glauben) abweichen, über ihn zweifellos kein (wirkliches) Wissen, denn die Juden haben ihn nicht getötet, sondern Gott trug ihn empor, erhöhte ihn zu sich und erhob ihn (in den Himmel). Und Gott ist liebenswert und weise." Weiter wird dort erklärt, dass statt Christus Judas gekreuzigt worden sei und dass auch die Christen irrten: *„Dicunt hic glosatores Alcorani, quod Iudei non crucifixerunt Christum, sed Iudam proditorem, qui dum quereret suum magistrum in spelunca, ut caperetur, mutatus est vultus eius in faciem Iesu; quem ministri tollentes crucifixerunt. Et ideo dicunt, quod Christiani non habent scientiam de eo, quia dicunt Christum crucifixum ab impiis Iudeis, qui non fuit crucifixus nec mortuus, sed vivus ascendit in celum iterum descensurus. Item dicunt, quod Deus contra suam divinam iustitiam egisset, si permisisset Christum innocentem occidi."* / „An dieser Stelle sagen die Kommentatoren des Korans, daß die Juden nicht Christus kreuzigten, sondern den Verräter Judas. Als dieser seinen Meister in einer Höhle suchte, um ihn gefangennehmen zu lassen, verwandelte sich sein Gesicht in dasjenige Jesu; da nahmen ihn die Helfershelfer fest und kreuzigten ihn. Und daher sagen (die Kommentatoren), daß die Christen nichts von Christus wissen, weil sie behaupten, er sei von den gottlosen Juden gekreuzigt worden, er, der (in Wirklichkeit) weder gekreuzigt noch tot ist, sondern lebend in den Himmel auffuhr, von wo er wieder herabsteigen wird. Auch sagen sie, daß Gott gegen seine göttliche Gerechtigkeit gehandelt hätte, wenn er zugelassen hätte, Christus unschuldig zu töten."

dadurch nicht heils-, sondern kirchengeschichtlich und dogmatisch von der wahren Lehre ab.[507]

Die sarazenische Gottesvorstellung – Rache statt Gnade

Der Erzähler führt an, dass die Sarazenen ihre Auffassung, Christus sei nicht am Kreuz gestorben, mit der Gerechtigkeit Gottes begründeten: *„Und sprechent daz unser herre nit wer ain rechter richter geweßen, und wår es war, wann Jhesus wår unschuldig und hett nie kain boßhait begangen. Und sprechent wir fålent an dem artickel, wann die gerechtigkait gottes mócht daz groß unrecht nit verhenckt haben"* (Vhs., 87f.). Ihr Argument, dass Gott nicht ungerecht handle, wirft einerseits die Theodizee-Frage auf, in welcher die Frage nach der Gerechtigkeit Gottes mit der nach seiner Allmächtigkeit in Hinsicht auf die Existenz des Bösen und Ungerechten auf der Welt verbunden ist. Andererseits leiten die Sarazenen darüber den Vorwurf ab, die Christen folgten einer falschen Lehre. Der Text inszeniert hier also eine wechselseitige Beobachtung, bei der die Abweichungen der sarazenischen Lehre von den christlichen Dogmen der Auferstehung und der Trinität, die schließlich dem Zweifel an Gottes Gerechtigkeit entgegenstehen, sogar deutlich formuliert und begründet werden.

Die Argumentation der Sarazenen veranschaulicht ihre Gottesvorstellung und stellt sie derjenigen der Christen gegenüber. Der Gott der Sarazenen wird, wie der des Alten Testaments, als ein vom Menschen deutlich unterschiedener, in die Welt eingreifender, nach den Prinzipien von Rache und Gerechtigkeit richtender Gott (*„rechter richter"*) begriffen. Diese Vorstellung hat nicht mehr viel mit dem Gott des Neuen Testaments gemein, der nach dem Prinzip der Gnade handelt, der wahrhaft Mensch wird und sich selbst opfert, um die Menschen zu erlösen, und gerade darin seine Gerechtigkeit zeigt. Diese Art der Darstellung, die implizite Gegenüberstellung von neutestamentlichem und alttestamentlichem Gott, evoziert einen Reflexionsprozess über das Verhältnis zwischen Gott und Schöpfung/Mensch und die Funktion göttlicher Gnade. Schon an früherer Stelle in der Episode wird der Glaube der Sarazenen an einen ‚gnadenlos' richtenden Gott beschrieben, der am *„júngsten tag [...] richt über all lút, die gutten plibent by im, die bößen verdampnet er in die helle."* (Vhs., 87). Der Text stellt mit dieser Beschreibung implizit heraus, dass den Sarazenen die paradoxe christologische Systematik von Opfer, Gnade und Er-

---

[507]   Vgl. zum diskursgeschichtlichen Hintergrund der Darstellung des Islam als Häresie Norman Daniel: Islam and the West. The Making of an Image. Oxford 2009, S. 209-213.

lösung fremd ist und ebenso ein Verständnis dessen, was über das rein Sichtbare und Materielle hinausgeht, wodurch sie auch nicht in der Lage sind, die Gerechtigkeit Gottes zu erkennen.

Noch deutlicher wird die Zuschreibung eines erkenntnistheoretischen Mangels an die Sarazenen in Mandevilles Feststellung, mit welcher Begründung sie die Trinitätslehre ablehnen (*„so sprechent sie, es sient try personen und núntz ain gott"*, Vhs., 88), wie auch in seiner Beschreibung ihrer Antwort auf den auf Joh 1,1 zurückgehenden Lehrsatz der Inkarnation: *„Item wenn man spricht daz Jhesus sy wort von gott, so sprechent sie, daz wissent sie wol daz gott wŏrter gesprochen hab, anders er wǎr nit gott."*[508] (Ebd.). Direkt daran anschließend führt der Erzähler die Inkarnations- und Erlösungsthematik weiter aus und lässt in der Antwort der Sarazenen auf das christliche Denkmodell deren Unverständnis nochmals zum Ausdruck kommen:

> *Item wenn man zů in spricht daz die wißhait des vatters daz ist der sun gotz, der von ainem wort von Marien geborn ward daz ir der engel verkúndet, und das von ains wortes wegen alle die welt můß erston und kument gen gericht, so sprechent sie, es sy war das wider daz wort gotz niemen múg wider ston. Und sprechent daz die sterkin von dem wort gottes die múg niemen erkennen. (Vhs., 88)* [509]

Auch diese Antwort der Sarazenen nimmt nicht Bezug auf die eigenliche Bedeutung der Aussage, dass Christus das Wort Gottes und damit – durch eine in diesen Aussagen angelegte komplexe christologische Medialität – der Erlöser

---

[508]   Bei ihrer Antwort weichen die Velser-Texte leicht voneinander ab, denn während der Druck angibt: *„so sprechent sy dʒ wissen wir wol dʒ got wŏrtter gesprochen hat er wǎr annderst nit got"* (S. 93), findet sich in der Hs. N: *„so sprechen sie das wissen wir woll daʒ gott wort seÿ gesprochen er wer anders nicht gott"* (fol. 77rf.). Die beiden Texte der Velser-Kurzversion geben zudem die Antwort der Sarazenen in direkter Rede an, in welcher das ‚wir' statt, wie in der Vhs., das ‚sie' verwendet wird. Interessant sind an dieser Stelle auch die Cotton- und die Egerton-Version, in denen erstens die Sarazenen antworten, dass Gott Worte gesprochen haben muss, weil er ansonsten ‚dumm' wäre, und in denen zweitens noch hinzugefügt ist, dass Gott auch einen Geist hätte, weil er ansonsten nicht leben könnte: *„Neuerþeles þai graunt and sais þat Godd has worde and elles ware he dumbe, and þat he hase a spirit and þat elles behufed him be wiþouten lyf."* (Egerton-Version, Ed. Seymour, S. 75). Das ‚einfache' sarazenische Verständnis der Trinität wird in diesen beiden Texten noch weiter zugespitzt und der sarazenische Gott dadurch nahezu vermenschlicht.

[509]   Bei Diemeringen findet sich diese Stelle dagegen nicht, denn in seiner Version wird hier nur kurz erwähnt, was die (als *heiden* bezeichneten) Sarazenen glauben, z. B. dass *„christus gots wißheit wer"* (Ddr., S. 383), oder dass sie eine annähernd ähnliche Vorstellung von der Trinität hätten, nicht aber, dass sie wesentliche Punkte der christlichen Lehre nicht verstünden.

ist,[510] sondern sie bestärkt lediglich die Machtposition Gottes, dessen Wort sich niemand widersetzen könne, nicht Maria und nicht die Menschen beim jüngsten Gericht. Mit der letzten Aussage (*„die sterkin von dem wort gottes die múg niemen erkennen"*) wird den Sarazenen dann ihre Unkenntnis der (erlösenden) Kraft des göttlichen Wortes (durch Christus) geradezu in den Mund gelegt.[511]

MANGELHAFTES SCHRIFTVERSTÄNDNIS DER SARAZENEN – LITERALISMUS STATT ALLEGORESE

Die Darstellung der Sarazenen in den *Reisen* steht in der Tradition lateinischer und später auch volkssprachiger europäischer Texte über den Islam, in welchen die Abgrenzung zwischen heidnisch/sarazenisch und lateinisch-christlich meist mittels Gegenüberstellungen von Körper und Geist, Außen und Innen, Materialität und Spiritualität, oder Literalsinn und übertragenem, mehrfachem Sinn, konstituiert wird.[512] Diese Topoi prägen die christliche Rhetorik des Sprechens über nicht-christliche Religionen, insbesondere über den

---

[510] Vgl. zur historischen Perspektive auf die Medialität Christi von der antiken bis in die mittelalterlich-christlichen Tradition Christian Kiening: Christologische Medialität und religiöse Differenz. In: Michael Borgolte/ Bernd Schneidmüller (Hgg.): Hybride Kulturen im mittelalterlichen Europa. Berlin 2010, S. 125-139, der die Verbindung der „alttestamentliche[n] Idee des Menschen als *imago Dei*, die in Christus eine innertrinitarische wie historische Entfaltung findet," mit der „hellenistisch-johanneische[n] Idee von Christus als *logos/verbum*" als Grundmodell für die vielfältigen Zusammenhänge zwischen der „besondere[n] Mittlerschaft Christi und [den] verschiedenen Vermittlungen zwischen Gott und der Welt" versteht und dieses in seinen historischen Ausformungen und -formulierungen beleuchtet (S. 127).

[511] Der Paris-Text, Ed. Letts, macht dies sogar noch deutlicher, denn dort heißt es, dass sie trotz der Stärke des göttlichen Wortes dieses überhaupt nicht erkennen würden: *„Et dient quil ne cognoissent point la parole de Dieu, comment quelle ait grant force."* (S. 305). Der Cotton-Text, Ed. Hamelius, dagegen verallgemeinert ihre Aussage hin zu den Konsequenzen des Unverständnisses des göttlichen Wortes, sodass die Aussage nicht mehr nur auf die Sarazenen bezogen ist: *„þei seyn [...] þat the woord of god hath gret strengthe, And þei seyn þat whoso knew not þe woord of god he scholde not knowe god."* (S. 87).

[512] Paradigmatisch für diese Art der differenzierenden Darstellung ist die *chanson de geste*-Tradition, besonders das *Chanson de Roland*, auch in der mittelhochdeutschen Umarbeitung, dem Rolandslied des Pfaffen Konrad, aber ebenso die Kreuzzugsdichtung und Pilgerberichte festigten das Bild von den Sarazenen als Götzendiener, deren Vorstellung von Heiligkeit nicht über den äußeren Schein ihrer Idole hinausgeht und auf die innerweltliche Sichtbarkeit des Materiellen beschränkt ist. Diese Tradition kommt ursprünglich aus der christlichen Auseinandersetzung mit dem Judentum, dem ein spirituelles Schrift- und Zeichenverständnis abgesprochen wurde.

Islam. Mandeville zeigt am Ende seiner Ausführungen über den Glauben der Sarazenen die topische Gegensätzlichkeit, wie sie auch schon in den vorherigen Textpassagen zum Ausdruck kam, am Beispiel des grundlegenden Unterschieds im Verständnis der (Heiligen) Schrift auf: *„Und sie hond die byblin inir geschrifft und die prophecien, sie verstond es aber nit anders wann als die geschrifft luttet. Und da von so sind sie durch ächter der hailigen geschrifft, wann sie verstond es nit gaistlichen, als Sant Paulus spricht."* (Vhs., 89).

Die Sarazenen verfügen demgemäß nicht über die Auslegungstradition des mehrfachen Schriftsinns oder über eine Bedeutungslehre der Allegorese, sondern ihr Verständnis der Schrift bleibt auf der Ebene des wörtlichen, geschichtlichen (Schrift-)Sinns. Diese Unterscheidung des christlichen Schrift-, Symbol- und Weltverständnisses von allem Nicht-Christlichen, ist aus christlicher Perspektive grundlegend und geht über die Praxis der Lektüre der Heiligen Schrift hinaus, wie sich auch schon in der Beschreibung des sarazenischen Unverständnisses der Trinitätslehre zeigte. Dass Mandeville mit der Feststellung, die Sarazenen könnten die Schrift nicht ‚geistlich' lesen, darauf hinweisen würde, „that once taught how to read correctly, the Sultan and his people will no doubt adopt the Christian faith", wie es Michelet hier annimmt, ist fraglich.[513] Denn die Prämisse der Unterscheidung ist schließlich, dass die Sarazenen nicht über ein ‚geistliches' Schriftverständnis verfügen, weil sie Heiden sind, womit sie richtigerweise erst Christen werden müssten, um – mit der Taufe – eine solche intellektuell-spirituelle Öffnung zu empfangen.

In den anderssprachigen Versionen der *Reisen* zeigt sich ein Interesse der Bearbeiter an der Textstelle, denn sie stellen das defizitäre Schriftverständnis der Sarazenen noch deutlicher heraus, wie der Paris-Text, dem zufolge sie nicht einmal den Literalsinn verstünden: *„il ne sceuent ne nentendent mie la lectre esperituelment ne corporelment. Et pour ce sont il persecuteurs des vrays sages, qui esperituelment lentendent, si comme Saint Pol dist, Littera enim occidit, spiritus autem viuificat."*[514] Im Cotton-Text findet sich zudem ein Vergleich mit der Praxis der Juden: *„but þei vnderstonde it not but after the lettre and so don the Iewes. For þei vndirstonde not the lettre gostly but bodyly and þerfore*

---

[513]   Vgl. Michelet, Reading and Writing the East, S. 297. Michelet nimmt weiter an, dass Mandeville durch dieses „image of reading the Bible" von der vollständigen Assimilierung der Sarazenen träume (ebd.). In ihrer Argumentation hebt sie lediglich die semiotische Schriftebene hervor, was sie zu der Feststellung kommen lässt: „The problem with the Saracens seems to be a problem of reading." (Ebd.). Vielmehr stellt sich aber das Problem des Lesens nur als ein Aspekt eines größeren „Problems" dar: dem des falschen Glaubens der Sarazenen.

[514]   Paris-Text, Ed. Letts, S. 305.

ben þei repreued of þe wise þat gostly vnderstonden it."[515] Das im Paris- wie dann auch im Cotton-Text wiedergegebene Zitat aus dem zweiten Korintherbrief historisiert heilsgeschichtlich die Unterscheidung zwischen dem Literalismus des ‚alten Bundes des Buchstabens' der Israeliten und dem ‚neuen Bund des Geistes' der Christen.[516]

Die Versionen variieren außerdem in der Beurteilung des sarazenischen Schriftverständnisses von Seiten des Erzählers: In der Velser-Handschrift sind sie *„durch ächter der hailigen geschrifft"*, im Velser-Druck und in der Hs. N *„deßter toroter"* und im Paris-Text werden sie gar zu Verfolgern der wahren Weisen, welche eine spirituelle Auslegung der Schrift praktizieren (*„pour ce sont il persecuteurs des vrays sages, qui esperituelment lentendent"*). Letzteres findet sich im Cotton-Text wiederum umgestellt und in abgeschwächter Form, denn dort sind die Sarazenen denjenigen, die von den weisen Gelehrten ermahnt werden (*„and þerfore ben þei repreued of þe wise þat gostly vnderstonden it"*).[517] Bei Diemeringen fehlt diese Stelle gänzlich, die im Erzählkontext der anderen Versionen an die Feststellung anknüpft, dass die Sarazenen aufgrund der vielen Gemeinsamkeiten im Glauben leicht zu bekehren seien, die bei Diemeringen ebenso nicht vorkommt.

DIE PARADIESVORSTELLUNG DER SARAZENEN – SINNLICHKEIT STATT SPIRITUALITÄT

Die differenzierende Zuschreibung von Innerlichkeit und Äußerlichkeit, Spiritualität und Körperlichkeit, oder Komplexität und Einfachheit, durch welche das Glaubenssystem der Sarazenen dem der Christen gegenübergestellt wird, erweist sich auch in der Beschreibung der sarazenischen Paradiesvorstellung als Ausdrucksform eines impliziten Abgrenzungs- und Wertungsparadigmas. Für die Paradiesbeschreibung beruft sich der Erzähler zunächst auf den Koran als autoritative Quelle der sarazenischen Glaubenslehre und dann auf die Aussagen der Sarazenen:

---

515   Cotton-Text, Ed. Hamelius, S. 88.
516   2 Kor 3,6 („[Gott], der uns auch tüchtig gemacht hat zu Dienern des neuen Bundes, nicht des Buchstabens, sondern des Geistes. Denn der Buchstabe tötet, aber der Geist macht lebendig"). Vgl. zum paulinischen Schriftverständnis auch Kiening, Christologische Medialität, S. 129.
517   Hamelius, Ed. Cotton-Version, Bd. II, S. 84, geht hier von einem Übersetzungsfehler des Cotton-Textes aus.

Und daz [bůch] spricht daz die gůtten farent in daz paradys, und die bôsen in die helle. Und das globent ŏuch alle hayden. Ir sŏllent wißen, wer si fraget was das paradys si, so sprechent sie, daz sye ain statt da allu wolnust syge, und da man vindet allerlay frůcht zů aller zitt, und da louffent wasser inn, die sigent milch und hong. Und da sind die schonosten palast so man sie můg erdencken, und ainem yeglichen, dar nach und er gewůrcket hab, so werd im ain palast geben. Und habent alle wiber, die sind junckfrowen, und habent all tag mit in zeschicken, und belibent doch junckfrowen. (Vhs., 86)

Das Paradies der Sarazenen ist nach dieser Beschreibung ein Ort, der ganz auf Körperlichkeit und Sinnlichkeit ausgerichtet ist, was durch den Begriff der ‚Wollust' (*„ain statt da allu wolnust syge"*) deutlich zum Ausdruck gebracht wird. Gemäß der christlichen Auffassung der Wollust als Sünde stellt das sarazenische Paradies somit einen Ort des Lasters dar und nicht der Erlösung und Reinheit. Auch die Anführung von allzeit vorhandenen Früchten, Flüssen mit Milch und Honig, schönen Palästen und Jungfrauen, mit denen die (männlichen) Paradiesbewohner sich vergnügen und die trotzdem immer jungfräulich bleiben, evoziert Bilder des Überflusses und der körperlichen Lust, in der Art eines sinnlich übersteigerten *locus amoenus*.[518]

In der Version Diemeringens werden die sexuellen Ausschweifungen und die zum sündhaften Treiben verführenden Zustände sogar noch etwas genauer umschrieben als in den anderen Versionen: *„vnd so ein man in dʒ paradiß komme So hab er tussent wib als hüpsch vnd als schŏn als er sie wünschen welle mit den er můtwillen mŏg wenn er well vnd sie blibent doch alweg mŏget."* (Ddr., 381). Durch die ausgeschmücktere Beschreibung an dieser Stelle und die Übersteigerung der tausend wunderschönen Frauen, die ein jeder Paradiesbewohner für sich habe, stellt Diemeringen die Unterschiede zur christlichen Paradiesvorstellung noch offensichtlicher heraus.

Auch ist ein anderer Lohn, den ein guter Sarazene im Jenseits erwarten darf, gemäß Mandeville rein gegenständlich, denn jeder erhält seiner Lebens-

---

[518] Diese Beschreibung der Paradiesvorstellung der Sarazenen aus christlicher Perspektive geht auf eine lange Tradition zurück, denn das sarazenische Paradies als Ort der Verführung und der Sinnlichkeit war schon immer eines der wesentlichen Sujets zur Abwertung des Islam, dem damit jegliche Spiritualität abgesprochen wurde. Vgl. zu dieser Darstellungstradition Daniel, Islam and the West, S. 172-176, der Petrus Alphonsis Paradiesbeschreibung als eine der im Mittelalter bekanntesten Darstellungen hervorhebt. Schon im 9. Jh. bezeichnete Eulogius von Cordoba das von Frauen bevölkerte Paradies als Bordell (*lupanar*) und als obszönen Ort (*locus obscenissimus*). Vgl. dazu und mit weiterführenden Angaben Ekkehart Rotter: Embricho von Mainz und das Mohammed-Bild seiner Zeit. In: Franz Staab (Hg.): Auslandsbeziehungen unter den salischen Kaisern. Geistige Auseinandersetzung und Politik. Referate und Aussprachen der Arbeitstagung vom 22.-24. November 1990 in Speyer. Speyer 1994, S. 69-122, hier S. 84.

leistung entsprechend einen schönen Palast im Paradies. Diese luxuriösen Wohnstätten führt Diemeringen nicht an, dagegen hebt sie der Paris-Text besonders hervor: *„il aura maisons belles et nobles selon les merites de chascun, faites de pierres precieuses et dor et dargent"*[519]. Ein solchermaßen auf kostbare Materialität und körperliche Sinnlichkeit ausgerichtetes Paradies widerspricht der christlichen Paradiesvorstellung, die auf Spiritualität und Immaterialität ausgerichtet ist. Dies expliziert denn auch die Egerton-Version am Ende der Episode, indem sie hinzufügt: *„and þis es agayne oure lawe."*[520]

Bei der Beschreibung der Flüsse des sarazenischen Paradieses führt die Velser-Version nur zwei Wasserqualitäten an, nämlich Milch und Honig (*„und da louffent wasser inn, die sigent milch und hong"*). Damit wird das biblische Bild der *„terram bonam [...] quæ fluit lacte et melle"*, aufgerufen, des gelobten Landes, das der alttestamentarische Gott den Israeliten verheißen hat.[521] Die anderen Versionen, wie der französische Text oder die Diemeringen-Version, nennen zudem noch Wein (Ddr. und Paris-Text) und süßes Wasser (Paris-Text), und somit drei, beziehungsweise vier Flüsse, die das sarazenische Paradies bewässern: *„cest vn lieu de delices ou en trouuera toutes manieres de fruis en toutes saisons, et riuieres courans de lait, de vin, de miel et de douce yaue"*.[522] Die Aufzählung von vier Flüssen erinnert einerseits an Darstellungen des christlichen irdischen Paradieses, andererseits wird mit dem Wein auch ein Getränk genannt, das den Sarazenen eigentlich verboten ist und das in den *Reisen* generell positiv besetzt und stärker mit den Christen in Verbindung gesetzt wird. Mit der Zusammenführung von Wollust, Genuss und körperlicher Sinnlichkeit und den Anleihen an das irdische Paradies wie auch das israelitische gelobte Land stellt das sarazenische Paradies letztlich eine ins Sündhafte übersteigerte Perversion christlicher Paradiesvorstellungen dar.

Das Paradies der Sarazenen erinnert aber auch an das künstliche Paradies des Alten vom Berge, das in den *Reisen* gegen Ende des zweiten Teils beschrieben wird: Auch an diesem Ort fließen Milch, Honig und Wein aus drei kostbaren Brunnen, es gibt dort einen prächtigen Palast sowie vierzig schöne Jungfrauen, die sich der Jünglinge annehmen, die sich dort aufhalten.[523] Aller-

---

[519] Paris-Text, Ed. Letts, S. 302.
[520] Egerton-Version, Ed. Seymour, S. 73.
[521] Vgl. 2 Mose 3,8.
[522] Paris-Text, Ed. Letts, S. 302.
[523] Vgl. die Episode in der Vhs., S. 158f., im Vdr., S. 162-164, im Ddr., S. 356f., oder im Paris-Text, Ed. Letts, S. 388f. In der Velser-Version (ähnlich in den anderen) wird der Alte vom Berge als ‚Schöpfer' dieses künstlichen Paradieses denn auch als *„bősser den der tüffel"*, als *„der grőst zobrer den man fand"* und als *„ain rechter nigromanticus"* bezeich-

dings ist das vom Alten vom Berge selbst geschaffene Paradies nur Schein und Trug und es dient seinem unheilvollen Plan, die Jünglinge durch Täuschung und Verführung zu Selbstmord-Attentätern (Assassinen) auszubilden, die, nachdem er sie berauscht und aus dem „Paradies" herausgeholt hat, alles zu tun bereit sind, um wieder an diesen Sehnsuchtsort zurückzugelangen. Die Parallele zum Paradies der Assassinen betont auch Akbari, die in beiden eine Körperlichkeit dargestellt sieht, die der Substanzlosigkeit und Immaterialität der christlichen Vorstellung des himmlischen Paradieses entgegengestellt ist:

> Both paradises [...] are false paradises: whether experienced in the garden of the deceptive trickster who leads the Assassins or in the imaginative anticipation of the delights of the Islamic heaven, these carnal paradises are believed to be, in the end, devoid of merit or substance.[524]

Durch die in der Darstellung erkennbare Perversion christlicher Vorstellungen, die Orientierung an der Körperlichkeit und die Parallelen zum Paradies des Alten vom Berge erweist sich das in den *Reisen* beschriebene Paradies der Sarazenen aus christlicher Perspektive als ein falsches und für das Seelenheil der Menschen gefährliches. Dies war möglicherweise ein Grund dafür, dass der Velser-Druck die sarazenische Paradiesbeschreibung gestrichen hat. Da die Hs. N die Stelle jedoch vollständig wiedergibt, ist die Streichung wohl keine Spezifik der Kurzversion der Velser-Überlieferung, sondern wahrscheinlich mit der Form und Verbreitung des Mediums des Druckes in Verbindung zu setzen. Wie der Redaktor der Egerton-Version sich veranlasst sah, eine deutliche Abgrenzung zu dieser – vielleicht auch für die Leser gefährlich verführerischen[525] – Vorstellung zu setzen, so verzichtete der Velser-Druck gleich ganz auf diese Passage.

---

net. Vgl. allgemein zu künstlichen Paradiesen in der mittelalterlichen Literatur und zum Paradies des Alten vom Berge in der Odorico-Übersetzung Konrads von Steckel Mireille Schnyder: *Daz ander paradîse*. Künstliche Paradiese in der Literatur des Mittelalters. In: Claudia Benthien (Hg.): Paradies. Topographien der Sehnsucht. Köln u. a. 2010, S. 63-75.

[524]   Akbari, Idols in the East, S. 261f.

[525]   Diese Überlegung stellt auch Akbari, ebd., S. 59, an.

3.3 Wertungs- und Diffamierungsstrategien in der Darstellung der Figur Mohammeds

DARSTELLUNGSTRADITIONEN

Obwohl die Darstellung des Glaubens der Sarazenen in den *Reisen* wenig deutliche Abwertungen und Abgrenzungen aufweist, konnte bisher doch festgestellt werden, dass im Hintergrund Darstellungsmechanismen und Werteparadigmen zur Unterscheidung des Islam vom Christentum aufgerufen werden, die den Islam als Häresie charakterisieren, in die Nähe des Judentums stellen und als eine Religion des Fleisches beschreiben, die noch weit von der Erkenntnis spiritueller Wahrheiten entfernt ist. Durch diese erzählerische Darstellung wird viel stärker eine Diffamierung des Islam bewirkt, als dass sie von einer toleranten und aufgeschlossenen Haltung des Erzählers zeugen würde. Ein ähnliches Bild zeigt sich auch in der Darstellung Mohammeds, die wiederum an lateinisch-christliche Erzähltraditionen und an etablierte Narrative über den Propheten anschließt und diese weitererzählt.

Etwa ein Jahrhundert nach der Begründung des Islam durch Mohammed wurden Geschichten über ihn und sein Leben zunächst im Osten, dann auch im Westen verschriftlicht und über Jahrhunderte verbreitet, die ihn als Zauberer und Betrüger, *pseudopropheta*, Antichrist und Epileptiker diffamierten.[526]

---

[526] Einen sehr guten Überblick über die lateinischen mittelalterlichen Mohammed-Viten bieten Edeltraud Klueting: *Quis fuerit Machometus?* Mohammed im lateinischen Mittelalter (11.-13. Jahrhundert). In: Archiv für Kulturgeschichte 90,2 (2008), S. 283-306, sowie Stephan Hotz: Mohammed und seine Lehre in der Darstellung abendländischer Autoren vom späten 11. bis zur Mitte des 12. Jahrhunderts. Aspekte, Quellen und Tendenzen in Kontinuität und Wandel. Frankfurt am Main u. a. 2002, und mit Einbezug auch der volkssprachigen Literatur Rotter, Embricho von Mainz und das Mohammed-Bild. Die Bezeichnung von Mohammed als *pseudopropheta* geht auf Johannes von Damaskus (ca. 650-750) zurück, der den Islam als häretische Bewegung charakterisierte und in die Nähe des Arianismus stellte. Theophanes (ca. 760-818) gilt als Begründer der Erzählungen von Mohammed als Epileptiker, der sich die göttlichen Prophezeiungen nur eingebildet habe. Theophanes und Johannes von Damaskus sind die wichtigsten Quellen für das Bild des Islam im lateinischen Mittelalter, das erst durch Petrus Venerabilis mit neuen Erkenntnissssen und einer ersten Übertragung des Korans ins Lateinische ergänzt wurde. U. a. Hugo von Fleury ist die Geschichte zuzuschreiben, dass Mohammed durch die Heirat mit einer Herrscherin aus Corozan zu Macht und Herrschaft kam (Corozan-Legende). Vgl. zum Bild Mohammeds im europäischen Mittelalter zudem Trude Ehlert: (Art.) Muhammad. A. The image in the Latin Middle Ages, und B. The image of medieval popular texts and in modern European literature. In: EI, Bd. 7 (1993), S. 377-387, die ihre Darstellung mit einer Chronologie der Verfasser und Texte über Mohammed abschließt.

Mandeville bezieht seine Informationen über das Leben Mohammeds hauptsächlich von Wilhelm von Tripolis, aus Vincents von Beauvais *Speculum Historiale*, sowie an einigen Stellen von Jacques de Vitry, deren Mohammed-Darstellungen wiederum in Teilen auf die älteren Traditionen, wie auf den *Dialogus*
von Petrus Alphonsi, zurückgehen.

Den Bezug zu diesen mittelalterlichen Mohammed-Darstellungen und die
damit einhergehenden, sich diskursiv konstituierenden Wertungsparadigmen
scheint die Mandeville-Forschung, bis auf wenige Ausnahmen und bis auf
die Nennung der Quellen Mandevilles, kaum zu berücksichtigen, und nur so
kommt Higgins zu dem Urteil: „Compiled as usual from several sources, the
life is not especially sympathetic, but neither is it especially negative".[527] Ebenso ignorierte die Forschung bisher die narrativen und rhetorischen Darstellungsstrategien in den Texten der *Reisen* selbst, in denen sich punktuell sogar
deutlich gesetzte Abwertungen und Verunglimpfungen Mohammeds finden.
Ridder beispielsweise äußert sich in seiner Untersuchung der Diemeringen-
Version zur Vita Mohammeds überhaupt nicht.[528] Doch ist es gerade die Diemeringen-Übersetzung, die im Unterschied zur Velser-Version und zu Texten
anderer Versionen den Aufstieg Mohammeds zum Propheten der Sarazenen
deutlicher als Betrug und Anmaßung diffamiert, seine Geschichte profaniert
und seine Moral diskreditiert, wie im Folgenden nun genauer betrachtet werden soll.

Vgl. zur Figur Mohammeds in der Kunst des Mittelalters Debra Higgs Strickland: Saracens, Demons, and Jews. Making Monsters in Medieval Art. Princeton 2003, S. 189-192.
Strickland unterscheidet drei charakteristische, diffamierende Darstellungstraditionen
des Propheten: „In the first image, Muhammed is rendered as a monster; in the second,
as a barbarian and anti-saint; and in the third, as a ‚functional Jew.'" (S. 190), Vgl. zur
Darstellung Mohammeds bei Matthaeus Parisiensis, Vincent von Beauvais und in der
Erfurter Minoritenchronik Annette Seitz: II. 3. 3 Darstellungen Muhammads und seiner
Glaubenslehre in lateinischen Weltchroniken. In: Michael Borgolte u. a. (Hg.): Mittelal-
ter im Labor. Die Mediävistik testet Wege zu einer transkulturellen Europawissenschaft.
Berlin 2008, S. 116-130.

[527] Higgins, Writing East, S. 117.

[528] Ridder, Studien zur Überlieferungsgeschichte, stellt einzig fest, dass die Diemeringen-
Übersetzung „hier ihrer Vorlage [folgt] und deren Wortlaut nicht näher oder ferner
[steht] als in den weiteren Teilen der ‚Reisen'." (S. 248). Aufgrund der schwierigen Ein-
sehbarkeit der Lütticher Version, der Vorlage Diemeringens, ist Ridders Feststellung jedoch schwer zu überprüfen. Die bisherigen Ergebnisse des Vergleichs der Diemeringen-
Version mit anderen Texten der *Reisen* lässt annehmen, dass sein Text wahrscheinlich
nicht vollständig mit seiner Vorlage übereinstimmt.

Die Vita Mohammeds – (Falsche) Wunder oder betrogene Heiligkeit

Die Erzählung vom Aufstieg Mohammeds ist in den Velser-Versionen im Vergleich zum Diemeringen-Druck nicht ganz so ausführlich und etwas anders strukturiert, doch sind die Stationen seines Weges in allen Versionen ähnlich: Mohammed war ein „*armer knecht*", der mit Kaufleuten in Arabien umherzog und deren Pferde versorgte (Vhs., 91), bis sie nach Ägypten kamen. Der Diemeringen-Druck ist hier ‚historisch genauer', wenn er Mohammed nicht als Pferde- sondern als Kamelhüter beschreibt, der im Dienst der Kaufleute leidet, „*was ein arm knecht lyden soll*", der aber schon bald zu einem „*riche*[n] *kouffman*" aufsteigt (Ddr., 384). In den Velser-Versionen und im Paris-Text ist dieser ersten Wende im Leben Mohammeds, dem Erlangen von finanziellem Reichtum, das Ereignis eines ersten ‚Wunders' vorangestellt, das er vollbracht haben soll. In der Velser-Handschrift wird dieses folgendermaßen beschrieben:

> *Und zů derselben zitt* [als Mohammed mit den Kaufleuten nach Ägypten zog] *was Egipten alles cristen, und die wůstin von Arabia was ouch cristen. Nun waz da selbs ain cappel in ainer haimlicher statt, die hett ain clain tůr, das man kum hin in kam, da ain ainsydel wonat. Da gieng Machometh hin in, do ward die tůr wit und gros. Und daz waz daz erst wunder daz under den haiden ye geschach. Dar nach ward Machometh wiß und rich.* (Vhs., 91)

Das als „*wunder*" bezeichnete Ereignis des sich weitenden Türrahmens bei seinem Hindurchgehen initiiert Mohammeds Aufstieg, denn danach wurde er, wie es am Ende des Abschnittes heißt, „*wiß und rich*". Es kann aber gleichzeitig auch als Symbol für seine zukünftige, von nun an zunehmende Macht und wachsende weltliche und religiöse Bedeutung gelesen werden. Die Tür weitet sich und zeigt damit an, dass sein Eintreten in den Raum der „*cappel*", in der ein christlicher Einsiedler lebt, dem göttlichen Willen entspricht und dass dieser der ‚richtige' Weg für ihn ist.

Die Geschichte über den Einsiedler, den Mohammed besucht, wird an dieser Stelle in der Velser-Handschrift durch dessen Erwähnung nur anzitiert, aber nicht weiter erzählt. Erst an etwas späterer Stelle wird dann davon berichtet, dass Mohammed ihn häufig aufsucht, und wie er in dessen Ermordung involviert wird. Die Legende vom (traditionell meist als Nestorianer, beziehungsweise Häretiker bezeichneten) Einsiedlermönch Sergius – in der arabischen Tradition Bahira genannt, – der Mohammed in der christlichen Lehre unterrichtete, geht aus arabischen Quellen hervor und findet sich dann in den meisten lateinischen Erzählungen über den Islam und Mohammed wieder, so bei Petrus Alphonsi, Petrus Venerabilis, Jacques de Vitry, Vincent von Beauvais und – neben einigen anderen – auch Wilhelm von Tripolis.[529] In *De Statu Sarracenorum* wird im Gegensatz zu anderen Texten kein besonders negatives Bild des Einsiedlermönchs *Bahayra* gezeichnet,[530] was sich auch in den *Reisen* widerspiegelt, denn vor allem in der Velser-Handschrift sind die Konnotationen des ersten Wunders Mohammeds in der Kapelle des Einsiedlers durchaus positiv, oder besser: nicht negativ. Die dadurch hergestellte Nähe Mohammeds zum nicht weiter spezifizierten Christentum[531] legt eine gemeinsame Grundlage im Glauben, auf der im weiteren Verlauf seiner Lebensgeschichte der Islam

[529]   Vgl. zur Tradition der Geschichte über den Mönch Sergius/Bahira in verschiedenen Quellen von den Brincken, Die „Nationes christianorum orientalium", S. 368-382. Zusammenfassend beschreibt sie die in der lateinischen Tradition im Grunde immer negativ urteilenden Darstellungen des Mönchs: „Sergius, vereinzelt Georg, Johannes, Nikolaus, Maurus oder Nestorios, in der arabischen Literatur Bahīrā, d. i. im Syrischen der Auserwählte, genannt, ein christlicher Mönch, der Mohammed mit dem Ideengut des Neuen Testaments vertraut machte und bald als Bekehrer oder wenigstens als Rechtgläubiger, bald als Nestorianer, Monophysit, Arianer, Apostat und sogar als ‚Erfinder' des Korans erscheint, zumeist freilich als nestorianischer Mönch, und der sowohl in der morgenländischen als auch in der abendländischen Literatur bekannt ist". (S. 368). Vgl. außerdem Daniel, Islam and the West, S. 105f., 109-111.

[530]   Vgl. *De Statu Sarracenorum*, Ed. Engels, Kap. 1, S. 268f., und zur Besprechung der Bahira-Episode in *De Statu* ebd., Einleitung, S. 75-81. Engels stellt die positive Darstellung im Vergleich zu den polemischeren Texten der Zeit heraus: „Der Mönch erscheint in unseren beiden Texten [*Notitia* und *de Statu*] als einfacher Eremit ganz in positivem Licht und trägt kein einziges negatives Attribut. Er wird nicht als Verfasser des Korans dargestellt, sondern als gütiger Lehrer, der den jungen Muhammad wie seinen Sohn aufnimmt, ihn in christlichen Lehren unterrichtet und ihm auch nach dessen Aufstieg zum Anführer der neu entstandenen islamischen Gemeinschaft mit Rat und Tat zur Seite steht." (S. 76f.).

[531]   Matthew Dimmock: Mythologies of the Prophet Muhammad in Early Modern English Culture. Cambridge u. a. 2013, stellt im Vergleich der *Reisen* mit *De Statu Sarracenorum* fest, dass in den *Reisen* jeglicher Verweis auf das Christentum des Einsiedlers gestrichen wäre: „the compiler of the *Travels* decides to remove any reference to the Christianity of the monk Bahira, who is no more than an anonymous hermit" (S. 45). Dagegen muss allerdings erwogen werden, dass aus der Sicht der *Reisen* der Einsiedler wohl nichts anderes als Christ gewesen sein muss und dass dessen Christentum als selbstverständlich vorausgesetzt wurde, ohne dass der Erzähler noch explizit darauf verweisen muss. Denn bei der ersten Nennung des Einsiedlers wird seine ‚Kapelle' im christlichen Ägypten und in der Wüste, die „*ouch cristen*" war (Vhs., S. 91) verortet. Zudem verweisen nicht nur die Tradition, aus der die Geschichte stammt, sondern auch die – in den Versionen allerdings variierenden – Angaben, der Einsiedler sei heilig, wohne in einer Kapelle und würde Mohammed von Gott erzählen und predigen, auf das Christentum des Mönchs. Es kann höchstens vermerkt werden, dass in den *Reisen* nicht herausgestellt wird, ob der Einsiedler dem Ostchristentum oder der lateinischen Kirche angehört.

dann als Häresie diskreditiert werden kann. Denn diese Nähe zeigt an, dass Mohammed die Möglichkeit gehabt hätte, zum wahren Glauben zu finden, was durch das beschriebene Wunder als Ausdruck göttlicher Zustimmung und als Empfang zum Christentum verdeutlicht wird.[532]

Der Velser-Druck unterscheidet sich in einigen wesentlichen Details von der Handschrift, denn er setzt hier deutliche Wertungen und andere Semantisierungen der Szene: Am Auffälligsten ist, dass im Druck (ebenso in der Hs. N) das Wunder der Türweitung als göttliches Wunder bestritten und Mohammed eine Täuschungsabsicht unterstellt wird, da er es *„mit listen"* bewirkt hätte: *„vnd ward die tür weiter vnnd grösser wie er das cʒů pracht mit listen vnd das was das erst wunderʒeichen das under den heÿligen beschach."* (Vdr., 94). Zudem ist die sakrale Lexik reduziert, denn erstens tritt Mohammed statt in eine *cappel* hier in einen profanen Raum, in ein *castell (*„nun was da selbs ein castell gar an einer heimlichen stat")*, und zweitens kommt der Einsiedler an dieser Stelle nicht vor, weder im Druck noch in der Hs. N. Die Änderung von *cappel* zu *castell* kann auch ein einfacher Übertragungsfehler sein, doch fügt er sich in die Logik einer gewissen Profanierungsbestrebung des Druckes, die durch die *„list"* und das Fehlen des Einsiedlers ersichtlich ist. Und trotz dieser Abschwächung der sakralen Semantik der Szene ist in der Version des Druckes eine Begriffsänderung in die umgekehrte Richtung zu beobachten: Wahrscheinlich kontextuell durch das *„wunderʒeichen"* bedingt, ist ein Verleser von *„haiden"*

---

[532]   Das Wunder findet sich auch in *De Statu Sarracenorum*, Ed. Engels, Kap. 2, S. 270f.: *„Hic ponunt Sarraceni primum miraculum, quod Deus operatus est, ut dicunt, pro famulo suo adhuc puerulo, dicentes quod parva porta curie monasterii, per quam transibant omnes, ad presentiam pueri, dum vellet intrare parvulus, ita divino nutu crevit dilatata et arcualiter exaltata est, ut curie imperialis videretur hostium aut introitus domus regie maiestatis."* / „In diese Zeit setzen die Sarazenen das erste Wunder, das Gott für seinen noch kindlichen Diener vollbracht hat. Sie erzählen (nämlich), daß die kleine Tür des Klosterhofes, die jedermann passierte, als der Junge nach seiner Ankunft eintreten wollte, sich auf göttlichen Wink solchermaßen verbreiterte und bogenförmig nach oben dehnte, daß sie dem Zugang zu einem Kaiserhof oder dem Portal eines Königspalastes zu gleichen schien." In *De Statu* wird Mohammed durch das Wunder als Auserwählter gekennzeichnet und dem Mönch zu erkennen gegeben, denn diesem wurde zuvor prophezeit, dass unter den Händlern einer zu ihm kommen würde, der einmal zu einem großen und mächtigen Volk werden würde. Das Wunder ist auch deshalb interessant, weil sowohl im Koran (Sure 17, 90-93) als auch in früheren lateinischen Schriften über den Islam gerade verneint wurde, dass Mohammed Wunder gewirkt hätte, womit ihm dann aus christlicher Perspektive auch ein echtes Prophetentum abgesprochen werden konnte. Die Wunder, die dennoch von Mohammed erzählt wurden, sind von den christlichen Gelehrten als falsche Wunder und Zaubertricks abgewertet worden. Vgl. hierzu Daniel, Islam and the West, S. 94-98.

zu „heÿligen" passiert.[533] Hier tritt für einen Moment – sicherlich jedoch unbeabsichtigt – eine inhärente Logik zutage, sozusagen als ein Freudscher Ver-
sprecher, der gemäß ein sich ereignendes „wunderʒeichen" zwangsläufig im
Zusammenhang mit „heÿligen" und eben nicht mit „haiden" stehen muss.

Der Diemeringen-Druck verzichtet noch konsequenter als die Velser-
Kurzversion auf eine sakrale Lexik bei der Beschreibung des ersten Wunders,
dessen Leistung dagegen eine etwas größere ist, da sich das ganze Haus verändert. Die Szene kommt dort jedoch erst später im Text vor und leitet die Episode über die Ermordung des Einsiedlers ein, weshalb dieser hier auch mehrfach genannt wird:

> vnd sunderlich hatt er einen heiligen einsideln gar lieb der hatt sin wonung in einer wůste
> von Sanay vff dem weg da man von Arabien in Caldee vnd in Jndien fert ʒů dem selben
> einsidel fůr er dick vnd gesach Jn vnd eins mals wolt er ʒů im in sin hüslin gan do schein es
> nider vnd kleyn Aber es ward von im selb wyter vnd hőher das er vngebogen jngieng. vnd
> sagent die heiden das wer sin erst zeichen das er tette (Ddr., 385).

Bei Diemeringen ist zwar der Einsiedler „heilig", dieser lebt aber nur in einem
„hüslin", das bei Mohammeds Eintritt sogleich größer wird, sodass er „vnge-
bogen jngieng". Statt des Türrahmens passt sich also das ganze Haus der ‚Größe' Mohammeds an und ermöglicht ihm einen Eintritt ohne sich zu beugen
und in einer Haltung, die gerade keine Ehrfurcht vor der Heiligkeit an diesem
Ort anzeigt. Das Haus des Einsiedlers ist begrifflich nicht als sakraler Raum
markiert und auch das „wunder", beziehungsweise das „wunderʒeichen" der
Velser-Texte ist bei Diemeringen nurmehr ein „zeichen". Zudem distanziert
sich der Erzähler stärker vom Gesagten und indem er einfügt, dass die Heiden sagen würden, dass dies das erste Zeichen Mohammeds wäre, verbürgt er
nicht selbst die Glaubwürdigkeit der Aussage. Eine weitere Distanzierung wird
durch die Feststellung bewirkt, dass das Haus des Einsiedlers, als Mohammed
darauf zuging, zuerst niedrig und klein erschien oder wirkte („wolt er ʒů im in
sin hüslin gan do schein es nider vnd kleyn"). War das Haus tatsächlich zuerst
klein oder erschien es nur Mohammed so und bewirkte er ein Zeichen oder
sagen das einfach nur die Heiden? Diese Fragen lässt der Diemeringen-Text
offen.

Im Gesamtkontext der Episode betrachtet, fungiert das Ereignis des vermeintlichen ersten Wunders oder Zeichens Mohammeds in der Diemeringen-

---

[533]   Vgl. zu diesen Abweichungen innerhalb der Velser-Überlieferung und einer kurzen
        Besprechung der Stelle, mit Bezug auf das durch List bewirkte Wunder, das Kapitel
        ‚Hinführungen – II. 4.3 Stellen über fremde Religionen und Glaubenspraktiken', bes.
        S. 53f., oben in der vorliegenden Arbeit.

Version durch die Positionierung im Narrativ nicht als notwendiger Schritt in der Geschichte seines Aufstiegs. Bei Diemeringen wird Mohammed durch profane Ursachen – seinen zunehmenden Reichtum und seine militärischen Erfolge – zum Herrscher, zum Propheten und dann sogar zum quasi-Gott oder Götzen der Sarazenen, den sie verehren. Zunächst avanciert er – wie gesagt ohne das dazwischengeschaltete Wunder – vom „*arm*[en] *knecht*" zum „*riche*[n] *kouffman*", der immer reicher wird und so zum Verwalter eines Herrschers aufsteigt, um sich dann durch Heirat mit dessen Witwe zum mächtigen Herrscher des Landes zu machen:

> *vnd steig Machomet als gar vast vff an richtům das er eins fürsten pfleger ward jn den landen der ein richer mǎchtiger herre was vnd fůgte sich das der selb fürst starb do nam Machomet die fürstin zů der ee vnd also vnd nit anders ward er herre des landes vnd gieng vff an gewalt* (Ddr., 384).

Auch in den Velser-Versionen und im Paris-Text steigt Mohammed als reicher Mann zum Verwalter auf und heiratet die Witwe des verstorbenen Herrschers,[534] doch impliziert das Ereignis des ersten ‚Wunders' und die darauf folgende Feststellung, „[d]*ar nach ward Machometh wiß und rich*" (Vhs., 91), dass es hier um mehr als um materiellen Reichtum geht, nämlich um die Verbindung von Weisheit und Reichtum in der Figur Mohammeds. Diese Verbindung wird dann, nachdem er „*verweßer des landes und kúngs von Korroden*" geworden war, in der Velser-Handschrift sogar nochmals aufgerufen mit der Feststellung: „*und waz witzig und rich*" (ebd.).

Die in den Texten vorgenommene Zuschreibung an Mohammed, seine Macht generiere sich nicht nur aus seinem Reichtum, sondern auch aus seiner geistigen Weisheit und Klugheit, entspringt einem christlichen Diskurs über sakrale Herrschaft, demzufolge insbesondere fremde sakrale Herrschaft dem Verdacht ausgesetzt ist, auf magischen Verführungskünsten oder dämonischen Verbindungen des Herrschers zu gründen.[535] So wird in den *Reisen*

---

[534] Im Paris-Text wird die Herrscherin aus Corozan „*Gardiarche*" genannt, was weder in den Velser-Texten noch im Ddr. vorkommt: „*Puis fut il gouuerneur de la terre au prince de Corodonne; et la gouuerna moult sagement, en telle maniere que, quant le prince fut mort, il prist la dame a femme, qui auoit nom Gadriache.*" (Ed. Letts, S. 307). Nur die nnd.-md. Version führt ebenso ihren Namen an: „*do de vorste starff do nam he de vrouwe to wyue de heet Cadige*" (fol. 67r). Vgl. zur Tradition der Geschichte in lateinischen Quellen (bspw. bei Hugo von Fleury, Jacques de Vitry, Matthaeus Parisiensis, und Wilhelm von Tripolis), in denen die Herrin von Corozan meist Khadijah/Hadiga genannt wird, und die den Zusammenhang ihres Reichtums mit dem Aufstieg Mohammeds meist deutlich herausstellen, die Angaben unter Anm. 526, sowie Daniel, Islam and the West, S. 111f.

[535] Vgl. zu diesem Komplex bspw. die Angaben unter Anm. 541.

auch einem anderen Sarazenenherrscher, dem Kalifen von Bagdad, durch die Feststellung, er sei *„witzig"* und unermesslich reich, unterstellt, er halte sich gerade durch seinen *„witz"* für den Gott der Sarazenen.[536] In diesem Diskurs der intellektuellen Verschlagenheit fremder (Sakral-)Herrscher steht auch das im Mittelalter weit verbreitete Bild Mohammeds als Pseudoprophet, Zauberer und Heilsbetrüger. In den *Reisen* wird der Topos des Pseudoprophetentums Mohammeds in der Geschichte über seine Epilepsie oder Fallsucht dargelegt, und darüber sein Heilsbezug als ein von ihm selbst insinuierter und somit falscher ausgewiesen:

> *Nun hett Machometh den bößen siechtagen daz er ouch viel. Da was der* [Mohammeds] *frowen laid daz sie in genumen het. Do gab er der frowen zů verstond daz der engel Gabriel mit im redt, und wenn er in såhe, so můst er vallen von der schönin und dem schin den er an im hette, also das er nit möcht beston, wenn er in såhe. Und da von sprechent die hayden das er ouch mit dem engel redte.* (Vhs., 91)

Mohammeds angeblich göttliche Eingebungen werden über diese Erzählung als seine eigenen Einbildungen während eines epileptischen Anfalls umgedeutet,[537] was ihn einerseits als Besessenen und von Gott mit dieser Krankheit Bestraften erscheinen lässt,[538] andererseits wird er hier vor allem auch als Betrüger figuriert, der sich die Begegnung mit dem Engel Gabriel als Begründung für seine Fallsucht angesichts des Verdrusses seiner Frau nur

---

[536]   Vgl. zur Verbindung von *witzig* und *rich* in der Beschreibung von sarazenischen (Sakral-)Herrschern, denen zudem der Anspruch zugeschrieben wird, wie Gott zu sein, die Besprechung der Episode über den Tod des Kalifen von Bagdad im Kap. ‚Machtraum – III. 6.4 Das verhängnisvolle Laster und der *witz* des Kalifen' unten in der vorliegenden Arbeit.

[537]   Die aus christlicher Polemik gegen das Prophetentum Mohammeds hervorgegangene Erzählung von Mohammed als Epileptiker ist Teil der Corozan-Legende über sein Leben (seine Heirat mit der Herrscherwitwe Khadijah/Hadiga). Die Geschichte von der Epilepsie Mohammeds wurde von Theophanes begründet und findet sich auch bei Vincent von Beauvais, Matthaeus Parisiensis, oder bei Jacques de Vitry, Historia Orientalis, Kap. 5, Ed. Donnadieu, S. 116f.: *„Ipse autem divino percussus iudicio, morbo caduco laborans, aliquando in terram cadendo spumabat."* / „Mahomet, frappé par un juste jugement de Dieu, souffrait d'épilepsie; il tombait parfois à terre l'écume aux lèvres." Vgl. die Angaben unter Anm. 526, sowie Daniel, Islam and the West, S. 47f.; von den Brincken, Die „Nationes christianorum orientalium", S. 370.

[538]   Epileptische Anfälle wurden in europäisch-christlichen Erzählungen über Mohammed auch als Strafe Gottes und im NT als Zeichen der (teuflischen) Besessenheit gesehen. Vgl. dazu Rotter, Embricho von Mainz und das Mohammed-Bild, S. 108, sowie Mt 17,14-18, Mk 9,17-29, Lk 9,37-42.

ausdenkt.[539] Neben seiner Frau scheinen auch die „*hayden*" seinen Aussagen Glauben zu schenken, denn sie erzählen sie weiter und festigen damit die Idee der göttlichen Eingebungen Mohammeds („*Und da von sprechent die hayden das er ouch mit dem engel redte.*").

In der Diemeringen-Version kommt die Erzählung über Mohammeds Fallsucht nicht innerhalb der Geschichte seines Aufstiegs vor, sondern sie ist an den Anfang der Episode über die Ermordung des Einsiedlers versetzt. Diemeringen ändert im Rahmen dieser Erzählung, die schließlich auch als Begründung des Weinverbots im Islam fungiert, die Ursache für Mohammeds häufiges Fallen von der Epilepsie zur Trunksucht und diskreditiert damit deutlicher als Velser die Moral des ‚Propheten': „*Machomet hatt ovch einen sitten an Jm das er dick gar trunken wart vnd dick nider viel vnd ward sin wib denn betrůbt vnd wond es wer von siechtagen*"[540] (Ddr., 385). Auch bei Diemeringen erzählt Mohammed daraufhin seiner Frau, dass ihm der Engel Gabriel „*in so großer klarheit*" erscheine und mit ihm spreche, und deshalb „*verlüre sin libe sin natúrlichen krafft dʒ er müßt nider vallen*". Seine Frau glaubt ihm seine Begründung, „*kam ʒů friden vnd ließ in vallen wie dick er welt*" (ebd.). Nur davon, dass die Sarazenen seine angeblichen Engelsschauen weitererzählen, berichtet Diemeringen nichts.

Statt also diese Geschichte des mutmaßlichen Heilsbetrugs an den Anfang von Mohammeds Aufstieg zu setzen, erzählt Diemeringen von den militärischen Erfolgen, die Mohammed nach seiner Heirat mit der „*fürstin*" als „*herre des landes*" erzielte. Die durch die militärische Stärke gesicherte Macht („*[er] gieng vff an gewalt*") ist es, die bei Diemeringen den Grund für die allmähliche Ehrerbietung des Volkes gegenüber Mohammed ausmacht, der sich als von Gott gesegneter Kämpfer inszeniert: „*vnd gab menglichen ʒů verstond wenn er striten wolte So wer got selber mit Im an sinem teyll vnd so es Im etwie dick wol gieng mit striten So gloubten die lüt sinen worten dester baß vnd wurdent jm dester gehorsamer wann sie wondent er hette war geseyt.*" (Ddr., 384). Nachdem sich Mohammed durch seine militärischen Siege das Vertrauen und die

---

[539] In älteren Versionen der Corozan-Legende (z. B. bei Hugo von Fleury) überzeugt Mohammed seine Frau Khadijah durch seine magischen Fähigkeiten von seiner Göttlichkeit. Vgl. Daniel, Islam and the West, S. 47.

[540] Diemeringens Darstellung des Prophetie-Schwindels Mohammeds ist zwar etwas ausführlicher, aber ansonsten der Velser-Version relativ ähnlich. Bei Diemeringen lautet sie wie folgt: „*vnd so er den wider ʒů im selber kam so gab er denn sinem wib ʒů verstant vnd anderen lüten. Gabriel der engel wer by Jm gesin in so großer klarheit. das er in nit môchte mit liblichen ougen angesehen vnd also verlüre sin libe sin natúrlichen krafft dʒ er müßt nider vallen vnd Gabriel hett mit im da ʒwüschent geredt in dem geist vnd denn so wont sin wib es were war vnd kam ʒů friden vnd ließ in vallen wie dick er welt*" (Ddr., 385).

Dienstbarkeit der Menschen zugesichert hat, gibt er sich auch bei Diemeringen an dieser Stelle als Prophet aus, jedoch ohne dass seine Aussage als Betrug in Abrede gestellt würde: *„er gab ouch menglichen ʒů verstand Got redte mit jm das bůch altron wer jm gegeben von gots heimlicheit"* (ebd.). Hier ist es sogar Gott selbst und nicht ‚nur' der als Medium fungierende Engel Gabriel, der direkt mit Mohammed sprechen würde und ihm zudem den Koran übergeben hätte, was sich in den anderen Versionen nicht findet.

In der Diemeringen-Version ist viel deutlicher als in den anderen Versionen eine Entwicklung Mohammeds beschrieben, in der negative Wertungen anfänglich fehlen, weil auch die entscheidenden Episoden, die Mohammed gewissermaßen als Heilsbetrüger ausweisen, in der Geschichte seines Aufstiegs noch gar nicht erzählt werden. Dafür wird seine ‚Karriere' zunächst als ein rein weltlicher Aufstieg zu Herrschaft, Reichtum und militärischer Unbesiegbarkeit erzählt. Nachdem er Reichtum und Herrschaft erreicht hat, gibt er sich als Prophet aus und ist demütig, wie der Erzähler betont – jedoch mit zeitlicher Einschränkung: *„vnd achtet dennoch in den ersten ʒiten do er an gieng sich selber nit für got vnd was etwas demůtig"* (Ddr., 384). Die Angabe des Erzählers, dass sich Mohammed in dieser ersten Zeit ‚noch' nicht für Gott hielt, weist schon auf einen späteren Zeitpunkt hin, an dem sich diese Einstellung Mohammeds aller Voraussicht nach geändert haben wird. Der Wandel geschieht dann dadurch, dass die anfängliche Ehrerbietung seines Volkes immer mehr in eine Verehrung Mohammeds umschlägt: *„vnd vm sollich erber sachen gloubte das volck ie me vnd ie me an jn vnd gewan ouch groß andacht ʒů Im vnd also gewan er alle die land die ietʒ der Soldan von Babilonie hett ein teils mit betrogner heilikeit des anderen teils mit striten."* (Ebd.). Dieser Moment des Umschlagens der Ehrerbietung (*„So gloubten die lüt sinen worten"*, *„gloubte das volck [...] an jn"*) zur Verehrung (*„groß andacht ʒů Im"*) ist für Diemeringen ausschlaggebend für die Verurteilung Mohammeds als Betrüger und Verführer, der sich von seinem Volk zum Gott machen lässt und immer mehr Länder und Volk, also eine wachsende Anhängerschaft in einem sich ausdehnenden Machtraum, durch *„striten"* und durch *„betrogne[...] heilikeit"* gewinnt.

Statt über das Wunder der Türweitung oder über Mohammeds Fallsucht wird bei Diemeringen eine auf die Hybris der Selbst-Vergöttlichung hin zulaufende Entwicklung beschrieben, die den weltlichen Aufstieg Mohammeds immer mehr übersteigert, bis aus dem *„arm[en] knecht"* ein falscher Gott geworden ist. Ähnlich wie im Diemeringen-Druck Mohammeds Heilsbezug am Ende von dessen Aufstieg vom Erzähler durch die Erklärung, es handle sich um *„betrogne[...] heilikeit"*, offenkundig in Frage gestellt wird, sprechen auch der Frühdruck und die Hs. N der Velser-Version Mohammed ein echtes Heils-

wirken explizit ab, allerdings schon zu Beginn seines Aufstiegs, indem sie das
erste ‚Wunder' Mohammeds als ein *„mit listen"* zustande gebrachtes Wunder
bezeichnen und Mohammed dadurch zum gewieften Betrüger mit quasi magischen Fähigkeiten machen. Auf einen solchen, hinter dieser Charakterisierung
liegenden Diskurs über Mohammed als Astronom und Magier, verweist deutlicher der Cotton-Text, in welchem Mohammed nach der Erzählung über sein
erstes Wunder als *„a gret Astronomer"*[541] bezeichnet wird.

Gezielte Diffamierungen in den Kapitelüberschriften

In einigen Versionen der *Reisen* finden sich in Paratexten wie den Kapitelüberschriften zur Erzählung von Mohammeds Aufstieg explizit eingebrachte
Wertungen, die der folgenden Erzählung schon eine bestimmte Wertung oder
Interpretation voranstellen. Von besonderem Interesse sind in dieser Hinsicht
die Drucke. Die Velser-Handschrift bringt in der Episode insgesamt keine explizit negativen Konnotationen ein, sie wertet im Vergleich mit dem Druck weder das Wunder ab, noch profaniert sie die Klause des Einsiedlers. Doch auch
sie fokussiert in der Kapitelüberschrift eine negativ zu wertende Eigenschaft
Mohammeds, nämlich seine Krankheit der Fallsucht: *„Hie seyt er wie Machometh von Arabia was geborn, und der viel von dem bőßen siechtagen"* (Vhs., 91).

Der Velser-Druck dagegen bringt hier schon eine deutlich wertende Formulierung und damit eine Deutung der Lebensgeschichte Mohammeds ein,
indem er ihn als Abgott der Sarazenen bezeichnet, und zwar zuerst in der
Überschrift und dann nochmals zu Kapitelbeginn: *„Hie wil jch sagen von wann
der abtgot geboren seÿ der do machmet heÿßt. Hie sőlt jr wissen dʒ der abtgot
machmet wʒ von Arabia geboren"*[542] (Vdr., 94). Interessant ist die in dieser For-

---

[541]   Cotton-Version, Ed. Hamelius, S. 90. Diese Benennung scheint nur in den Texten der
        Insularen Version vorzukommen: So nennt die Insulare Version, Ed. Deluz, Mohammed
        „un grant astronomyens" (S. 281), sowie die Egerton-Version, Ed. Seymour, S. 77, und die
        Defective-Version, Ed. Kohanski/Benson, S. 57. Die beiden Bodley-Texte führen die Vita
        Mohammeds nicht an. Die Beschreibung Mohammeds als großer Magier kommt aus der
        Corozan-Legende und wurde von Hugo von Fleury in seiner *Historia Ecclesiastica* be-
        gründet. Vgl. zu Mohammed als Magier Ehlert, (Art.) Muhammad, S. 379f., Daniel, Islam
        and the West, S. 30f., 108.

[542]   Mit der Bezeichnung Mohammeds als Abgott steht der Velser-Druck in der Tradition der
        Darstellung Mohammeds als Götze und der Sarazenen als Götzendiener, wie sie u. a. von
        der Chanson de Roland geprägt wurde. Innerhalb dieser diffamierenden Darstellungs-
        tradition kann Mohammed, bzw. können Bilder von ihm, als einziges göttlich verehrtes
        Wesen fungieren oder er wird in einer Trias mit weiteren heidnischen Göttern (Apollo,

mulierung ausgedrückte Vorstellung der Geburt eines Abgottes, der einen Namen trägt, was Mohammed als lebendigen Mensch-Götzen erscheinen lässt, wie er wiederum in der Diemeringen-Version beschrieben wird (wenn das Volk *„groß andacht zů Im"* empfindet). Da die Hs. N auf eine Überschrift und auf eine solchermaßen wertende Begrifflichkeit verzichtet,[543] ist die Bezeichnung Mohammeds als Götze sehr wahrscheinlich eine Hinzufügung, die nur für den Druck vorgenommen wurde.

Diese Spezifik des Velser-Frühdruckes, der stärker polemisiert als die handschriftliche Überlieferung, zeigt sich ebenso im Diemeringen-Druck. Dort lautet die Kapitelüberschrift zur Geschichte von Mohammeds Aufstieg: *„Machomet was ein sundiger man"* (Ddr., 384). Auch hier scheint die auf Mohammeds Moral abzielende Diffamierung nur für den Druck vorgenommen worden zu sein, denn sie findet sich sonst in keiner der gesichteten Diemeringen-Handschriften. Es ist allerdings anzunehmen, dass die Charakterisierung Mohammeds als *„sundiger man"* aus einem Übertragungsfehler hervorgeht: Die Handschriften nennen ihn nämlich alle einen *„sinnigen"* Mann, wie die mit dem Druck eng verwandte Hs. Sg1: *„Machmet was ein sinig man geboren vsser Arabien"*.[544] Mit dem Adjektiv *„sinnig"*, von mhd./fnhd. *„sin(n)"*, wird hier ausgedrückt, dass Mohammed ein kluger Mann von Verstand war.[545] Dies wiederum korrespondiert mit den Festeststellungen in der Velser-Handschrift, Mohammed sei *„wiß und rich"* und *„witzig und rich"*, sowie mit der Vorstellung, Mohammed verfüge über besondere intellektuelle Fähigkeiten, die ihn zum geschickten Betrüger

---

Tervagent) angebetet, oder auch in einer Überblendung mit Jupiter oder in der Assoziation mit Dämonen und dem Antichrist. Ein anderer Zweig dieser Tradition stellt Mohammed selbst als Götzenanbeter und damit als Heiden dar. Vgl. Rotter, Embricho von Mainz und das Mohammed-Bild, S. 78-81, sowie Tolan, Saracens, S. 126-134, und Michael Camille: The Gothic Idol. Ideology and Image-Making in Medieval Art. Cambridge 1989, S. 129-164.

[543]   Der einleitende Satz in die Episode lautet in der Hs. N: *„Jr sult wissen das machmet was von Arabia geborn vnd was ein armer knecht"* (fol. 78r).

[544]   Diemeringen-Hs. Sg1, fol. 105r. Ähnlich lautet der Beginn des Abschnittes in den anderen Diemeringen-Hss.: *„Vnd machimet was ein synniger man burtig vß Arabien"* (Hs. H1, fol. 137r); *„vnd machamet waß ein sinniger man burtig vß arabien"* (Hs. H2, fol. 124r); die Hs. H dagegen bezeichnet nicht Mohammeds Verstand, sondern seine Religiosität: *„Unde Machamet were eyn vromer man bordich uthe Arabyen"* (Hs. H, Ed. Martinsson, S. 179). Die nnd.-md.-Hs. bewertet zwar nicht die Person Mohammeds, doch stellt sie ihn in die Nähe der Juden, wenn sie berichtet, dass er das Land der Juden beherrschte. Zumindest in der Kapitelüberschrift wäre er hier als „König der Juden" zu assoziieren: *„wor machmet here qwam vnde wo he erst begunde reguerende Jud land* [= Ü.] *Sy sult weten dat machmeth was geboren vt arabien"* (nnd.-md. Version, fol. 67r).

[545]   Vgl. Art. „sinnig", in: DWB, Bd. 16, Sp. 1179-1190 (Online-Version).

befähigten. Somit ist diese in den Diemeringen-Versionen nicht während der Erzählung von Mohammeds Aufstieg vorgenommene Charakterisierung in den Versionen der Handschriften als übergreifende Eigenschaft Mohammeds in die Kapitelüberschrift verschoben worden. Aufgrund der schriftbildlichen Ähnlichkeit von „*sinnig*" und „*sundig*" kann man einen Verleser für die Version des Druckes annehmen, es stellt sich aber durchaus die Frage, ob mit diesem nicht doch eine Intention einherging, die folgende Erzählung von Beginn an negativ zu semantisieren. Der Wortlaut des Diemeringen-Druckes, Mohammed sei ein Sünder, entfaltet jedenfalls seine Bedeutung innerhalb des Textes und kann in Analogie zum Velser-Druck, der ebenfalls eine Polemik einbaut, als Spezifikum des Mediums Druck gelesen werden, mit welchem der Leserschaft schon eine eindeutige Lesart an die Hand gegeben wird.

Im Vergleich der Diemeringen-Handschriften mit dem Diemeringen-Druck fällt zudem noch eine weitere wesentliche Inkonsistenz auf: Die im Druck gegebene Deutung, Mohammed habe all die Länder, die er beherrsche, „*mit betrogner heilikeit*" erobert, findet sich nur in der Hs. Sg1, während die Hss. H, H1, und H2 auf diese Diffamierung verzichten und Mohammed unhinterfragt Heiligkeit zugestehen: „*vnd also gewan er die lant denn mit heilikeit denn mit stritten*".[546] Dieser Befund stärkt zwar einerseits die insgesamt deutlicher polemisierende Intention des Druckes (und hier auch der Hs. Sg1), macht aber Rückschlüsse auf die Bearbeitungsintention Diemeringens oder die Annahme einer Einstimmigkeit innerhalb der Diemeringen-Version insgesamt schwierig.

DIE GESCHICHTE VON DER ERMORDUNG DES EINSIEDLERS UND DIE FRAGE NACH MOHAMMEDS SCHULD

In dem Kapitel, das in der Diemeringen-Version von Mohammeds erstem Wunder und von der Ermordung des Einsiedlers handelt, nimmt der Diemeringen-Druck dagegen eine andere Charakterisierung Mohammeds vor, wenn dort gesagt wird: „*der selb machomet was ein erber man vnd was heiligen lüten hold vnd sunderlich hatt er einen heiligen einsideln gar lieb*" (Ddr., 385). Diese positive Attribuierung kann als kontrastive Verstärkung der folgenden Erzählungen gelesen werden, da gerade bei Diemeringen der Aufbau der Mohammed-Vita als prozessuale Abfolge von Ereignissen deutlicher strukturiert ist und sich darin eine Entwicklung vom ehrbaren zum sündhaften Mohammed zeigt. Das positive Bild ist auch dem Kontext der Episode geschuldet, denn in den meisten

---

[546]   Diemeringen-Hs. H1, fol. 137v.

Versionen der *Reisen* (bis auf den Velser-Druck) wird die Freundschaft Mohammeds mit dem Einsiedler, also sein Kontakt mit dem Christentum,[547] als eher
positiv gewertet, was auch durch das Wunder der Tür- oder Hausvergrößerung
angezeigt wird. Das Ereignis der Ermordung des *„heiligen"* Einsiedlers bedeutet dann umso deutlicher bei Diemeringen den Bruch Mohammeds mit dem
Christentum, seine Versündigung und die Ausbildung des Islam als Häresie,
an deren Anfang ein Mord steht. Wie schon in der Vita Mohammeds setzen die
Velser- und die Diemeringen-Version auch in dieser Erzählung unterschiedliche Akzente, die sich auf die Frage nach der Schuld Mohammeds unterschiedlich auswirken und verschiedene Deutungsmöglichkeiten anbieten.

In allen Versionen ist die Grundstruktur der Geschichte in etwa gleich: Mohammed besuchte den christlichen Einsiedler in der Wüste von Arabien gerne
und häufig, denn er war ihm *„gar hold"* (Vhs., 92), beziehungsweise er hatte
ihn *„gar lib"* (Hs. N, fol. 78v), und hörte ihn *„gern von gott sagen"* (Vhs., 92).
Seinem *„knecht"*, der ihn bei den Besuchen begleitet, wird es bald zu mühsam,
die ganze Nacht hindurch Wache halten zu müssen, und so fasst er den Plan,
den Einsiedler zu ermorden. Als Mohammed eines Tages zu viel getrunken hat
und seinen Rausch beim Einsiedler ausschläft, *„[d]o nam sin knecht Machometz schwert und erstach den ainsydel und stackt im daz schwert also plůtig
wider in die schaiden"* (ebd.). Den Mord lastet der *knecht* dann Mohammed
an, nachdem dieser erwacht war, und zeigt ihm als Beweismittel Mohammeds
eigenes Schwert: *„daz waz plůttig, do wond er es wår war"* (ebd.). Die Erzählung dient letztendlich als Ätiologie für das Alkoholverbot im Islam, denn als
Mohammed sich selbst als Mörder wähnt und glaubt, dass er den Einsiedler
im Rausch getötet hat, *„[d]o verflůchet er den win und alle die die in trůnckent
oder verkoufften"* (ebd.). Doch stellt sich auch die Frage, inwieweit Mohammed
möglicherweise Schuld trägt an der Ermordung des christlichen Einsiedlers.

Die Frage nach der Schuld Mohammeds wird in der Episode, abgesehen
von der bloßen Feststellung seiner Trunkenheit, nicht weiter thematisiert und
auch der Grund für den Mordplan seines Begleiters, der nicht die ganze Nacht
hindurch wach bleiben will, scheint eher ‚profan'.[548] Dies zeigt sich deutlicher
im Vergleich mit dem Text *De Statu Sarracenorum*, der Quelle Mandevilles für

---

[547] Vgl. zur Figur des Einsiedlermönchs Sergius/Bahira in der lateinisch-christlichen Tradi-
      tion weiter oben, Anm. 529 und 530.

[548] Der Paris-Text ist der Vhs. hier relativ ähnlich, doch sind es dort mehrere Begleiter
      Mohammeds, die zusammen den Mord planen und ausüben: *„Et tant aloit Mahommet
      entour ce preudomme que ses varlez en estoient touz courrouciez; car il ouoit volentiers
      preschier ce preudomme et parler, et faisoit ses varlez veillier auec toute nuit."* (Ed. Letts,
      S. 308).

die Episode, wo der Mordplan damit begründet wird, dass Mohammed seinen Lehrer ‚Bahayra' so gerne hörte und viel für ihn zu tun bereit war: *„Quem tamen ipse libenter audiebat et multa pro eo faciebat. Ob quam causam sodales cogitaverunt Bahayra interficere, sed timebant magistrum."*[549] In *De Statu* sind die Begleiter Mohammeds also wegen des Einflusses, den der Einsiedler auf Mohammed hat, besorgt, vielleicht auch eifersüchtig,[550] und fassen deshalb den Plan, ihn zu töten. Die anschließende Beschreibung in *De Statu*, Mohammeds Anhänger würden nach der Ermordung des *„Bahayra Christiano"* zügellos – *„quasi freno soluto"* – als Verbrecher und Räuber umherstreifen und in dem Land bis zu seinem Tod Unruhe stiften,[551] hat Mandeville nicht übernommen. Während in *De Statu* durch die Beschreibung dieses unrechtmäßigen Folgezustandes der Bruch mit der richtigen Lehre, dem Recht und der Moral, wie sie der Einsiedler verkörperte, zum Ausdruck gebracht wird, werden in den *Reisen* so gut wie keine Hinweise hinsichtlich der moralischen Bewertung des Geschehens gegeben; eine solche Einschätzung bleibt den Rezipienten überlassen.

Einzig die Diemeringen-Version stellt die Geschichte von der Ermordung des Einsiedlers etwas anders motiviert dar, auch was letztlich die Frage nach der Schuld Mohammeds angeht. Denn bei Diemeringen ist es nicht der Verdruss des Begleiters über den nächtlichen Wachdienst, also ein persönliches Motiv, das sich gegen den Einsiedler richtet und den Mordplan begründet, sondern der Mordplan richtet sich gegen Mohammed selbst. Bei Diemeringnen erweisen sich also politische Motive der Feinde Mohammeds, welcher schließ-

---

[549] *De Statu Sarracenorum*, Ed. Engels, Kap. 3, S. 274. „Muhammad selbst jedoch hörte ihn gerne und tat viel für ihn. Aus diesem Grunde faßten die Gefährten den Plan, Bahîrâ umzubringen, fürchteten jedoch ihren Meister." (S. 275). *De Statu Sarracenorum* ist der einzige Text vor Mandevilles *Reisen*, der die Geschichte von der Ermordung des Einsiedlers durch die Gefährten Mohammeds erzählt. Engels vermerkt dazu, dass die Geschichte „ungewöhnlich für christliche Autoren" und „dem Abendland fast gänzlich unbekannt" sei. Neben Mandeville komme sie nur noch bei Felix Fabri vor. Weiter vermutet Engels, dass Wilhelm von Tripolis die ursprünglich aus dem Osten stammende Erzählung für seine *Notitia* wohl aus mündlichen Quellen übernommen habe (ebd., Einleitung, S. 79).

[550] Dies vermuten Tolan, Saracens, S. 205, und Dimmock, Mandeville on Muhammad, S. 96.

[551] Vgl. *De Statu Sarracenorum*, Ed. Engels, S. 276f.: *„Mortuo itaque Bahayra Christiano quasi freno soluto Machometi caterva laxat militie frena: discurrunt ut predones, raptores rapiunt, mactant et perdunt provincias perturbantes et regna usque ad mortem ipsius Machometi."* / „Nachdem der Christ Bahîrâ tot war, streifte die Anhängerschaft Muhammads als habe man ihr die Zügel schießen lassen, alle Hemmnisse militärischer Disziplin ab; sie laufen umher wie Verbrecher, raffen zusammen wie Räuber, töten, zerstören und stürzen Provinzen und Königreiche ins Unglück, (und das) bis zum Tode Muhammads."

lich schon ein reicher und mächtiger Herrscher ist, und nicht persönlicher Verdruss, als Ursache für den durch Verrat realisierbaren Mordplan:

> *vnd eins males wolt machomet fareu zů sinen gesellen dem einsidel des wurdent aber sin vyent gewar vnd leitent ein mord an mit machomets heimlichen knechte das er Jn verratten sollte vnd do sine vyende Jm nach zugent vntz in das einsidelen hüslin Do funden sie Jn ligen Jn des selben einsidels schouß vnd was darinne von trunckenheit entschlauffen vnd do sie Jm also allein fundent das sie sin wol gewaltig warent do zucket einer des Machomets schwert vß vnd wolt in mit sin selbs schwert erschlagen han. Do warff sich der einsidel in den schlag vnd wolt den machomet beschirmet han. Aber er ward selber erschlagen* (Ddr., 385f.).[552]

In dieser Version wird der Einsiedler versehentlich getötet, weil er den in seiner Trunkenheit wehrlosen Mohammed beschützen will und sich in das Schwert der Angreifer stürzt. Der Christ opfert sich also für den Sarazenen-Anführer, der sich durch eigenes Verschulden nicht selbst wehren kann. Während Mohammed in den anderen Versionen der Geschichte, beispielsweise bei Velser, den Einsiedler nicht beschützen kann, weil er betrunken ist, so ist er hier Ursache für den Tod des Einsiedlers, der an seiner Statt stirbt. Diese Darstellung kann hinsichtlich der Frage nach der Schuld Mohammeds als eine interpretatorische Variation des Grundnarrativs der Ermordung des Einsiedlers betrachtet werden, die sich zwar ebenfalls mit einer expliziten Wertung zurückhält, dafür aber das Verschulden Mohammeds deutlicher herausstellt.

Nachdem Mohammeds Feinde ihm sein Schwert wieder zugesteckt haben und ihm den Mord anlasten, wird im Diemeringen-Text ausführlicher als in den anderen Versionen von Mohammeds Schuldeingeständnis und seiner Reue vor Gott erzählt:

> *also bald der einsidel erstarb do erwachet der machomet vnd do sprachent die vyend zů dem machomet. warumb hastu den gůten brůder erschlagen vnd leittent die missetat vff jn vnd leittent das blůtig schwert zů machomets lib do sprach er er wißte nicht darumb Do sprachent sie sin eigen schwert das geb doch zügnüß über Jn. Und do er sin eigen schwert blůtig vand do erschrackt er vnd wißt nit anders den das er in selber erschlagen hett in siner trunckenheit. Sunderlich darumb das er sin selbs schwert blůtig sach. vnd sprach also. Owe was han ich geton herre got verzich mir wan es mir von wine geschehen ist verflüchet sye der win vnd alle die jnn trinckent vnd von der selben rede wegen trinckent die heiden die an machomet gloubent keinen win* (Ddr., 386).

---

[552] Die dem Ddr. nahe verwandte Hs. Sg1 entspricht dem Druck in dieser Episode fast vollständig. Hs. H dagegen verzichtet auf die Szene, in welcher Mohammed betrunken im Schoß des Einsiedlers schläft; dort wird nur angeführt, dass seine Feinde ihre Chance darin sehen, dass er alleine zu dem Einsiedler geht: „*Do de seghen, dat he alleyne to deme ensedeler gheghan was, do nemen se syn eyghen swert unde wolden en irslaghen hebben, wen de eynsedeler warp sik under den sclach, dat he starff*" (Ed. Martinsson, S. 180).

In einem Erkenntnisprozess, der durch die Anklage der Feinde und durch das Zeugnis des blutigen Schwertes vorangetrieben wird (*„vnd leittent die missetat vff jn vnd leittent das blůtig schwert zů machomets lib"*), gelangt Mohammed von einem Zustand des Nicht-Wissens (*„er wißte nicht darumb"*) zur scheinbaren Erkenntnis, dass er tatsächlich den Einsiedler ermordet hat (*„wißt nit anders den das er in selber erschlagen hett"*). Dieses vermeintliche Wissen Mohammeds beruht besonders auf seiner Betrachtung des blutigen Schwertes (*„Sunderlich darumb das er sin selbs schwert blůtig sach"*), in der er sich selbst als Mörder erkennt. Die so von Mohammed hergestellte direkte Verbindung zwischen sich selbst, dem Schwert und dem getöteten Einsiedler ist wiederum hinsichtlich des darin aufscheinenden sarazenischen Zeichenverständnisses interessant. Denn Mohammed wird hier keine Interpretationsfähigkeit und keine Reflexion dessen, was er sieht, zugestanden, sondern er liest das Zeichen ,buchstäblich' und als indexikalisches Zeichen, das auf ihn als Besitzer des Schwertes verweist. Dem Wissen des Erzählers und der Leser des Textes um den Betrug des untergeschobenen Mordes steht das Unwissen, beziehungsweise das falsche Wissen Mohammeds gegenüber, der sich täuschen lässt und die Schuld am Tod des Einsiedlers unhinterfragt auf sich nimmt.

Die Erzählung spielt – unter der vorgeblichen Ätiologie des Weinverbots – mit der Frage nach der Schuld Mohammeds und mit der Idee, er habe tatsächlich seinen christlichen Lehrer ermordet. In den Handschriften und Drucken der deutschen Versionen ist diese Episode häufig illustriert worden.[553] Die bildlichen Darstellungen der Szene greifen in diese Uneindeutigkeit des Narrativs hinein und deuten, beziehungsweise vereindeutigen die Frage der Schuld und der Täuschung Mohammeds in verschiedene Richtungen. So setzt eine Illustration der Szene in der St. Galler Diemeringen-Handschrift Sg1 (s. Abb. 8) die Idee der unmittelbaren Involviertheit Mohammeds in den Mord dadurch um, dass sie nur zwei Figuren darstellt: Der blond-gelockte Mohammed, gekleidet in ein herrschaftlich-rotes, langes Gewand liegt schlafend im Schoß des Einsiedlers, der eine braune Mönchskutte trägt. Neben ihnen liegt das Unheil kündende, aber noch unblutige Schwert, welches mit den beiden Figuren im Bild eine Trias bildet, die nichts von der Einwirkung Dritter in das folgende Geschehen ahnen lässt.

---

[553] Vgl. zu einer späteren bildlichen Umsetzung der Erzählung in einem Stich von Lucas van Leyden (1508) die Untersuchung, mit Verweisen auf Mandeville und die Sorgschen Holzschnitte, von Larry Silver: Muhammad, Mandeville, and Maximilian. Constructing a Muslim Nemesis. In: Christiane Gruber/ Avinoam Shalem (Hgg.): The Image of the Prophet between Ideal and Ideology. A Scholarly Investigation. Berlin/Boston 2014, S. 223-238.

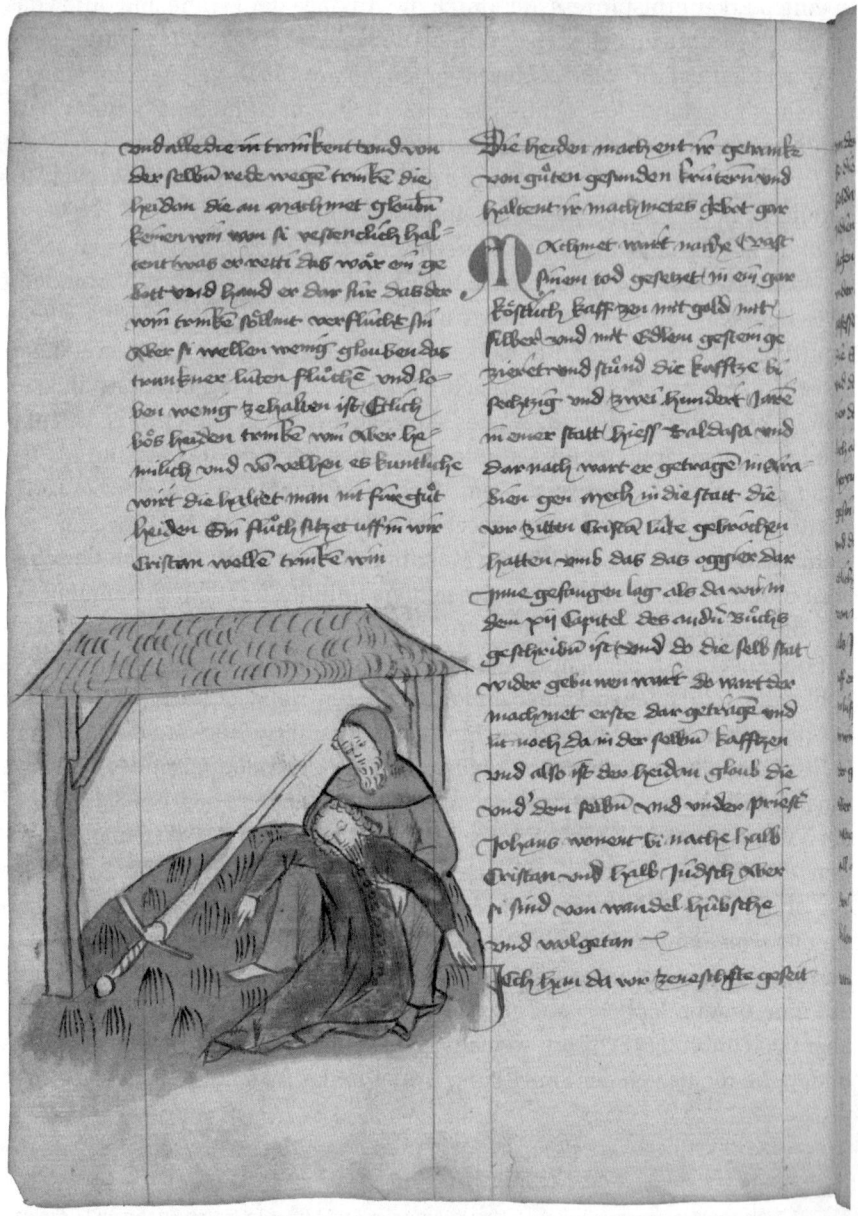

Abb. 8: Hs. Sg1: St. Gallen, Stiftsarchiv, Cod. Fabariensis XVI, fol. 106v.
© Stiftsarchiv, St. Gallen

Abb. 9: Hs. N: New York, Public Library, Spencer Collection Ms. 37, fol. 79v.

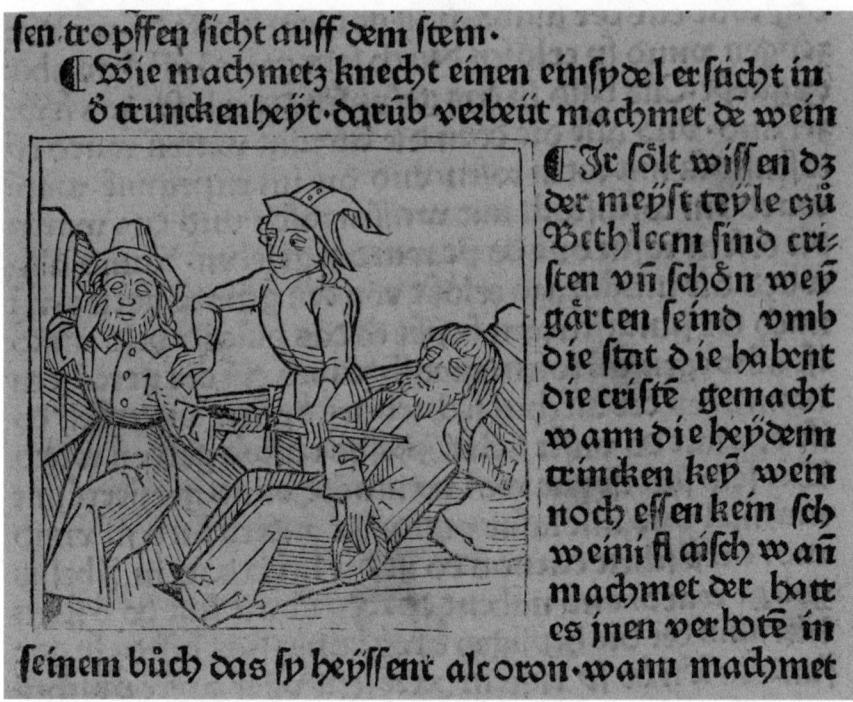

Abb. 10: Vdr., Innsbruck, UB, 107 H7, fol. 27b (Ausschnitt). © Universitäts- und Landesbibliothek Tirol

Anders stellen die Illustrationen der Velser-Übersetzung die Szene dar, denn in ihnen wird gerade das Moment der Täuschung Mohammeds fokussiert. Die Hs. N (s. Abb. 9) zeigt, wie der Knecht den Einsiedler mit dem Schwert ersticht, dass das Blut nur so tropft, während Mohammed – mit dem selben Schwert an seiner Seite – daneben mit dem Rücken vom Geschehen abgekehrt schläft und seinen schlafenden, „blinden" Zustand durch den Zeigegestus seiner Hand auf seine geschlossenen Augen andeutet. Mohammed ist hier als bekrönter Herrscher dargestellt, der Knecht trägt einen zugespitzten Hut, wie er für zeitgenössische Heidendarstellungen typisch ist. Die Kopfbedeckung des Einsiedlers mutet zwar etwas eigenwillig, gar närrisch an, doch entspricht diese Gewandung noch einer anderen Einsiedler-Darstellung in derselben Handschrift (fol. 29v), woraus anzunehmen ist, dass sie wohl schlicht eine Mönchskutte zeigen soll.

Der zugehörige Holzschnitt im Velser-Druck (s. Abb. 10) zeigt ebenfalls drei Figuren, doch werden die Täuschung des schlafenden Mohammeds und seine vermeintliche Tat ganz anders inszeniert.

Denn hier ist im Grunde nicht entschieden, wer den Einsiedler ersticht: Mohammed oder sein Knecht? Beide sind an der Tötung beteiligt, indem der Knecht Mohammeds Arm und das von seiner Hand gehaltene Schwert führt, sodass eigentlich Mohammeds Hand den Einsiedler tötet, ohne dass er dies merken würde, weil er schließlich schläft. Dies wird auch hier mit dem Zeigegestus seiner rechten Hand verdeutlicht. Die bildliche Darstellung korrespondiert mit dem Inhalt der Erzählung in der Version des Druckes, in der es heißt, dass Mohammeds Hand sich während des Mordes und sogar nach dem Mord am Griff des Schwertes befand:

> *do erstach seyn knecht einen einsidel, der was jm gar vast lieb, vnd gab jm sein schwert in sein hannd, die weil er also in seiner trunckenheÿt lag vnd schlieff. vnnd stach es durch den einsydel. vnnd do machmet erwachet, do fannd er das schwert in seiner hand vnd durch den einsidel gestochen.* (Vdr., 56)

Bei der erzählerischen und bildlichen Umsetzung im Druck kann man von einer interpretatorischen Darstellung des Ereignisses sprechen, die Mohammed stärker in den Mord involviert und damit die Frage nach seiner Schuld eher zu seinen Ungunsten beantwortet, beziehungsweise eine Mitschuld anzeigt. Demgegenüber heißt es in der Velser-Handschrift an dieser Stelle, dass Mohammeds Knecht ihm das Schwert nach dem Mord wieder in die Scheide steckt („*und erstach den ainsydel und stackt im daz schwert also plůtig wider in die schaiden*", Vhs., 92). In dieser Version, und auch im Paris-Text, hat sich das Schwert während des Mordes und auch danach nicht in Mohammeds Hand befunden. Da allerdings auch schon die Handschrift N die Änderung gegenüber der Handschrift A anführt, der Knecht hätte das Schwert Mohammed wieder in die Hand gegeben („*vnd erstach den ainsidel vnd gab im das swertt also sloffend in die hand*", Hs. N, fol. 79r), ist auch an dieser Stelle zu beobachten, dass die stärker wertende, beziehungsweise Mohammed kompromittierende Darstellung keine Spezifik des Druckes ist, sondern der Kurzversion der Velser-Überlieferung, welche die medialen Formen der Handschrift und des Druckes umfasst. Allerdings geht der Druck im Gegensatz zur Handschrift N noch einen Schritt weiter und verdeutlicht die unmittelbare Involviertheit Mohammeds auch über den Holzschnitt. In dieser Version gibt es nach dem Erwachen Mohammeds dann auch keine zu deutenden Zeichen mehr, die auf die vermeintliche Täterschaft verweisen, sondern die situative Anordnung der „Tat" scheint „Tatsache": „*do fannd er das schwert in seiner hand vnd durch den einsidel gestochen do wånet er er hette es gethan in seiner trunckenheÿt*" (Vdr., 56) / „*Do erschrack Machmet vnd verflucht den wein*" (Hs. N, fol. 79r).

Liest man die Geschichte von der Ermordung des Einsiedlers als Gründungs-
erzählung, nicht für das Weinverbot, sondern für die Ausbildung des Islam,
dann steht an dessen Beginn mit der Ermordung des christlichen Lehrers die
Versündigung Mohammeds – zumindest aus dessen eigener Perspektive, aber
auch durch die Deutungsangebote der Texte und Illustrationen selbst – und der
frevelhafte Bruch mit dem Christentum, woraufhin sich dann der Islam als regelrechte Abspaltung vom Christentum und als Häresie ausbilden kann. Die Erzählung macht – letztlich in allen Versionen mehr oder weniger deutlich – mehrere
Deutungsangebote: Mohammed ist dem Einsiedler und damit dem Christentum
zugeneigt, er war aber auch ein unbesonnener Trinker, der sogar im Haus des
heiligen Mannes so betrunken ist, dass er nicht merkt, was um ihn geschieht; er
lässt sich täuschen, er hält sich selbst für einen Mörder und er ist – besonders in
der Diemeringen-Version – Ursache für den Opfertod des Einsiedlers. Oder anders gesagt: Aus der Geschichte, die erklären soll, warum die Sarazenen keinen
Wein trinken, wird letztendlich die für die Christenheit viel wichtigere Geschichte, die aufzeigt, dass Mohammed ein Sünder und der Islam Häresie ist.

Punktuelle Vereindeutigungen in den Texten

Nicht nur die Illustrationen, auch Marginalien oder Variationen in den einzelnen Texten zeugen von einem grundsätzlichen Interesse an der Thematik
und von einem Bedürfnis, die Unbestimmtheiten des Narrativs zu vereindeutigen.[554] Wie schon erwähnt, kommt diese Episode in vielen Versionen der
Reisen sogar zweimal vor, nämlich nicht nur im Kapitel über die Sarazenen,
sondern auch schon früher, im Anschluss an die Erwähnung der Weingärten
von Bethlehem. Der Velser-Druck führt die Episode allerdings nur einmal an,
im Anschluss an Bethlehem, und verweist im Sarazenen-Kapitel auf sie und
den zugehörigen Holzschnitt zurück.[555] Dementsprechend erzählt der Druck
die Geschichte schon bei der ersten Nennung ausführlich, während die Vel-

---

[554] Vgl. dazu auch Rosemary Tzanaki: Mandeville's Medieval Audiences. A Study on the
      Reception of the ‚Book' of Sir John Mandeville (1371-1550). Aldershot 2003, S. 248-251, die
      feststellt, – allerdings hauptsächlich anhand einer kontinentalfrz. Hs. und einer Hs. der
      Insularen Version und dann auch in etwas unübersichtlich aufgeführten anderen Hss.
      – dass die Erzählungen über Mohammed die Aufmerksamkeit der Leser erregten, was
      sich anhand der Marginalien an diesen Stellen erkennen lasse. Vgl. zudem Dimmock,
      Mandeville on Muhammad, S. 98f.

[555] *„von dem eÿnsydel den er gar hold het vnd von seinem knecht hab jch vorgesagt mit der
      figur"* (Vdr., S. 95).

ser-Handschrift dort nur eine Kurzversion anführt, in der aber eine eindeutige Wertung und Deutung des Geschehens vorgenommen wird: *„Machometh hat allen den die win trinckent verflůcht und die in verkouffent, dar umb daz er ainest truncken ward, daz er ainen ainsidel erschlůg, den er ze mal lieb hett. Und daz waz die sach daz er den win verbott.“* (Vhs., 48). Die knappe Zusammenfassung der Geschichte regte wohl dazu an, sich in dieser auf eine Interpretation des Ereignisses festzulegen und dadurch den Mord eindeutig Mohammed anzulasten. Eine solche Festlegung findet sich nur in der Velser-Handschrift, denn weder der Velser-Druck, noch die Hs. N, der Paris-Text oder Texte der Insularen Version nehmen an dieser Stelle eine solch eindeutige Aussage vor.[556]

In der Diemeringen-Version weicht der Druck deutlich von den gesichteten Handschriften ab, insofern er nach der Bethlehem-Episode weder das Weinverbot noch die Erzählung von der Ermordung des Einsiedlers anführt.[557] In der Diemeringen-Hs. H1 wird allerdings, wie in der Velser-Handschrift, die kurz gehaltene Zusammenfassung der Geschichte vom Einsiedler-Mord stark vereindeutigt: *„die heiden trinckent keinen wine vmb daʒ dʒ machmet ir got waʒ eins males trůncken vnd her slug gar einen heiligen einsidel dem er vaste holt waʒ vorhin gewesen“*[558] (fol. 45r). Auch hier wird nichts gesagt von der Einwirkung Dritter, sondern der Mord am *„heiligen“* Einsiedler wird eindeutig Moham-

---

[556] Ein Blick in die anderen Versionen zeigt die Varianzen bei dieser ersten Erzählung des Mordes/ Weinverbotes, die unterschiedliche Aussagen zur möglichen Schuld Mohammeds enthalten. So beschreiben der Paris-Text und die Insulare Version ‚korrekt‘, dass Mohammed der Mord untergeschoben wurde: *„et maudissent tous ceulz qui le boiuent et vendent, pour ce que vne fois on li mectoit sus que il auoit occis vn hermite, que il amoit moult“* (Paris-Text, Ed. Letts, S. 277)/ *„pur ceo qe une foiz homme ly mettoit sur q'il avoit occis un hermite“* (Insulare Version, Ed. Deluz, S. 181). Der Cotton-Text sagt nichts über einen untergeschobenen Mord und führt nur an, dass von manchen Leuten behauptet werde, Mohammed habe den Einsiedler getötet: *„For summon seye þat he slough ones an heremyte in his dronkeness þat he loued ful wel“* (Ed. Hamelius, S. 47), ebenso die Defective-Version, Ed. Seymour, S. 27. Dass Mohammed explizit als Mörder dargestellt wird, findet sich bei den hier untersuchten Texten (die der Insularen oder der Kontinentalen Version angehören, bzw. auf sie zurückgehen) also nur in der Vhs. sowie in noch einer gesichteten Hs. der Velser-Übersetzung, der Dresdner Hs. Mp. Sie macht Mohammed ebenfalls eindeutig zum Mörder des Einsiedlers: *„Da erslůgk er ainen Ainsydeln dem waʒ er ʒe mal holdt“* (fol. 49r). Hs. N entspricht hier, bei der ersten Erzählung der Geschichte, dem Vdr. (allerdings führt die Hs. N, im Gegensatz zum Druck, die Geschichte auch später nochmals an), d. h., der Druck und Hs. N nennen als Mörder ‚korrekt‘ den Knecht Mohammeds: *„dorumb das er einest trůnckenˀward da erstach sein knecht ein ainsidel der was jm gar vast lib“* (fol. 47v).

[557] Diese Geschichte kommt im Druck somit nur im fünften Buch vor.

[558] Sehr ähnlich sind die Diemeringen-Hss. H (*„dat makede ore god: de was to eynem male vulle drunken unde irsloch eynen gar hilghen ensedeler“*, Ed. Martinsson, S. 61) und La1

med zugeschrieben. Zudem findet sich hier einmal wieder die Bezeichnung Mohammeds als Gott der Heiden – ein in den verschiedenen Einzeltexten der *Reisen* immer wieder verwender Topos[559] – was auch als eine vereindeutigende Darstellung gelesen werden kann. Somit finden sich in der Formulierung der Diemeringen-Handschrift die Vorstellung von der (Selbst-)Vergöttlichung des Propheten, wie sie auch in den verschiedenen Erzählungen seines Aufstiegs durch falsche Wunder, erfundene Gottesschauen oder die große Andacht seiner Anhänger zu ihm zum Ausdruck gebracht wird, und die Vorstellung eines betrunkenen, Christen mordenden, unberechenbaren (*„dem er vaste holt waʒ vorhin gewesen"*) fremden Gottes zu einem überzeichnet anti-christlichen Bild verbunden.

Bei der ersten Erzählung von der Ermordung des Einsiedlers fällt in der Diemeringen-Version die dem Druck nahestehende Hs. Sg1 besonders auf, da sie zunächst zwar auch angibt, *„ir got machmet"* habe den Einsiedler getötet, dann aber hinzufügt, dass es sich dabei um eine Täuschung Mohammeds handelte, wie sie ausführlicher im fünften Buch erzählt werde.[560] Ein solches Herstellen von Bezügen zeugt von einer gewissen Strukturierungsleistung bei der Textproduktion und von einem Bewusstsein für den gesamten Text, durch welches – zumindest in dieser Handschrift – Widersprüche aufzulösen versucht wurden.

In einer Velser-Handschrift aus Cambridge (Mass.) findet sich eine weitere Vereindeutigung des Geschehens, diesmal aus Rezipientenperspektive (s. Abb. 11). Bei der Episode über die Ermordung des Einsiedlers im Sarazenen-Kapitel weist sie die mit einem *nota bene* (ligiertes „NB") überschriebene Marginalie auf: *„mahumet ein mörder"*.[561]

(*„vmb das Machmet ir god. des eyns malis druncken was. vnd synen schulden eyn heilig einsidel erslagen war"*, fol. 53v).

[559] Vgl. z. B. auch die Nennung Mohammeds als Abgott im Vdr. und in der Hs. N bei der Erwähnung seiner Grabstätte in Mekka: *„vnd do leytt machmet der haiden aptgott herlich in einem tempel den haissen die haiden Manscke"* (Hs. N, fol 26r). An dieser Stelle bezeichnet der Ddr. Mohamemd als Gott der Heiden: *„in der selben statt lyt Machmet der haiden got gar herrlich vergraben in einem tempel den heissent sie Musquet."* (Ddr., S. 219). Die Vhs. und der Paris-Text sprechen dagegen nur von Mohammed, der dort begraben sei (Vhs., S. 28; Paris-Text, Ed. Letts, S. 250).

[560] Vgl. Diemeringen-Hs. Sg1, fol. 29v: *„die heiden trinckent keinen win vnd ist das dar vmb das ir got machmet eines mals trunken wart von win das er ein saligen einsideller von trunkenheit ʒetod schlůg dem er doch vast hold was als er selber wande doch hettent es ander lůt getan als es gar eigentlich stat in dem fünfften bůch".*

[561] Velser-Hs. Cambridge (Mass.), Harvard University Library/ Houghton Library, Ms. ger. 288, fol. 57r. Die Hs. ist von Morrall weder für seine Edition der Vhs. berücksichtigt wor-

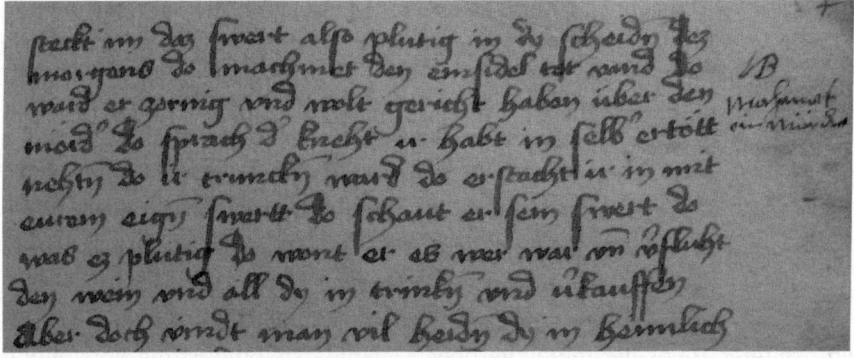

Abb. 11: Cambridge (Mass.), Harvard University Library/ Houghton Library,
Ms. ger. 288, fol. 57r (Ausschnitt).

Obwohl ja gerade im Erzähltext des Sarazenen-Kapitels der Knecht den Einsiedler tötet, konnte oder wollte der Kommentator aus dieser Stelle herauslesen, dass Mohammed der Mörder ist. Die Marginalie kann sich zwar auch auf
den Zustand des Getäuscht-Seins Mohammeds beziehen, der sich selbst für
den Mörder hält, doch funktioniert sie in ihrer eindeutigen Aussage im Grunde
ähnlich wie die oben betrachteten, vereindeutigenden Zusammenfassungen
des Geschehens in der Velser-Hs. A und in einigen Diemeringen-Handschriften. Die abstrahierenden, pointierten Darstellungen neigen also stark zur Polemisierung und zur eindeutigen Zuweisung der Schuld am Tod des Einsiedlers
an Mohammed.

Es lässt sich zusammenfassen, dass die Geschichte von der Ermordung
des Einsiedlers aufgrund der ihr inhärenten Uneindeutigkeiten das Narrativ
selbst zu Interpretationen und Vereindeutigungen veranlasst. Zusammenfassungen, Verweise, Illustrationen oder Marginalien, die sich auf die Episode
beziehen, zeugen von der Tendenz, Mohammed als Christen-Mörder darzustel-
len. Diese Tendenz hängt sicherlich mit einer grundsätzlichen Diffamierungs-

---

den noch in seinem Hss.-Verzeichnis aufgeführt. Sie wurde von mir persönlich eingesehen und durfte in Teilen abfotografiert werden. Zu ihrer Beschreibung mit weiterführenden Angaben vgl. www.handschriftencensus.de. Die Hs. wurde in Nürnberg geschrieben
und ist im *Explicit* auf das Jahr 1431 datiert. Außerdem wurde sie, wie eine auf das *Explicit* folgende Notiz besagt, von einem Frater Bartholomäus gelesen („*Anno etc .ȝii.* [1432]
*circa festum sancti Mathie, ego frater Bartholomeus ad sanctum Egidium perlegi totum
librum et in nomine domini si benedictum iste* [...]", fol. 119v). Die in schwarzer Tinte ge-
schriebenen Marginalien entstammen allerdings einer Hand aus der 1. H. des 16. Jhs.
und sind in der Hs. immer mit den ligierten Buchstaben „*NB*" versehen.

intention in Hinsicht auf Mohammed zusammen, die, wie gezeigt werden konnte, vereinzelt immer wieder deutlich hervortritt, auch wenn die *Reisen* in den Mohammed-Erzählungen nicht das ganze Potential an Diffamierungs- und Polemisierungsmöglichkeiten so ausnutzen wie andere, frühere und zeitgenössische Texte.

HEILSGESCHICHTLICHE AUSGRENZUNG – DIE GENEALOGIE MOHAMMEDS UND DER SARAZENEN

Ein weiterer Topos der mittelalterlichen Islamdarstellung ist die Vorstellung der genealogischen Abstammung der Sarazenen von Hagar/Agar, der Nebenfrau Abrahams und der Magd Saras (Gen 16), womit in der lateinischen Tradition auch der Name ‚Sarazenen' – von ‚Agar' und ‚Agareni' – erklärt wurde.[562] Doch bedeutet diese Abstammungslehre mehr als nur eine Namensetymologie, denn durch sie wird die sarazenische Abstammungslinie innerhalb der christlichen Heilsgeschichte für illegitim und unfrei erklärt.[563] Dieses lateinisch-christliche Grundnarrativ findet sich auch in den *Reisen*, es variiert allerdings in den verschiedenen Versionen und Einzeltexten, wodurch unterschiedliche Wertungen, Nähen oder Abgrenzungen zum Eigenen evoziert werden. Bis auf die Diemeringen-Version führen alle gesichteten Versionen der *Reisen* die kurze Episode über die Abstammung der Sarazenen zwischen dem Aufstieg Mohammeds und der Ermordung des Einsiedlers an und bauen die Erklärung somit an dem Punkt der Mohammed-Vita ein, an dem er Herrschaft, Macht und Einfluss erlangt hat. Diese Macht des Sarazenen-Führers wird nun also genealogisch in der Vergangenheit der Heilsgeschichte verankert. Die Velser-Handschrift beschreibt die Abstammung der Sarazenen folgendermaßen:

---

[562] Diese Genealogie geht auf Isidor von Sevilla zurück (Etym. IX 2,6), der die Agarenen auf Agar, die Sarazenen auf Sara zurückführt und den Widerspruch, dass der Urvater der Ismaeliten/Sarazenen Ismael nicht von Sara sondern von Hagar geboren wurde, dadurch auflöst, indem er erklärt, die Sarazenen würden sich (fälschlicherweise) selbst damit rühmen, von Sara abzustammen und hätten sich deswegen nach ihr benannt (ebd., IX, 57). Vgl. zur lateinischen Tradition der genealogischen Herleitung der Sarazenen Rotter, Abendland und Sarazenen, S. 68-77; Southern, Das Islambild des Mittelalters, S. 19f.; Daniel, Islam and the West, S. 100-103.

[563] Die Frage nach der Legitimität der beiden Abrahamssöhne Ismael und Isaak legte Paulus, Gal 4,21-31, unter Bezugnahme auf Freiheit und Unfreiheit, Zeugung durch den Geist und natürliche Zeugung aus. In seiner Auslegung bedeuten die beiden Frauen die beiden Testamente, Abrahams Frau Sara das Neue und die Sklavin Hagar das Alte Testament und ihre Söhne sind Zeichen für die Juden (Ismael) oder die Christen (Isaak).

Item hie seyt er wie Machometh herre waz in Arabia. Daz waz do man zalt von gottes ge-
burt fünffhundert jare dar nach in dem nünden jare. Und Machometh waz von Ysmahels
geschlåcht, und Ismahel waz Abrahams sun. Und den hett er von sinem gehebs wib, die
hies Agar. Da von fint man vil Sarrazeni die haissent Ysmahelite, und etlich haissent si
Agareni von Agar der frowen wegen. So fint man ouch die haissent Moabite und Amonite
von Abrahams swiger zwayer sún wegen, Moab und Amon.[564] (Vhs., 91f.)

Es ist davon auszugehen, dass die Abstammung der Sarazenen, hier sogar explizit Mohammeds, von Ismael, dem Sohn Hagars, im europäischen Mittelalter
immer die Konnotation der Illegitimität besaß und eine Abstammung aus der
unrechtmäßigen Linie bedeutete, die nicht von Gott begünstigt war, zumindest nicht so deutlich wie die Linie Isaaks, dem Sohn Saras.[565] Der Text der
Velser-Handschrift stellt dies deutlich heraus, indem er Hagar als Abrahams
„*gehebs wib*"[566] bezeichnet. Eine ähnliche Wertung findet sich auch im Paris-
Text, der Hagar „*chamberiere*" nennt, aber nicht mehr im Velser-Druck und der
Hs. N: Der Druck macht lediglich die Angabe, die Heiden seien „*ÿsmaheliten*
vnd ettlich agariten von seiner frawen wegen agar" (Vdr., 94f.), wobei Abraham
hier nicht genannt wird und es somit unklar ist, auf wen sich das Possessivpronomen „*seiner*" bezieht. Und die Hs. N verzichtet sogar ganz auf die Nennung

---

[564]   Als Quelle für die Genealogie nutzte Mandeville wohl *De Statu Sarracenorum* sowie Jacques de Vitry *Historia Orientalis*.

[565]   Paradigmatisch für die volkssprachliche Tradition kann Rudolf von Ems herangezogen
werden, der in seiner Weltchronik Hagar mit einem negativ konnotierten Status versieht,
wenn er und die Figur Sara sie als „*dirne*" (nach Lexer und DWB: Sklavin, Mädchen,
unkeusche Frau, Geliebte) bezeichnen: „*einis tagis [Saraÿ] ze Abrame sprah: / 'sit das*
ich sus umberhaft bin, / so ganc zů minir dirnin hin / und slaf bi ir, ob du von ir / múgist
kint gewinnin dir!' / das tet Abram. dú dirne wart / swangir an der selbin vart. / dú dir-
ne was genant Agar / unhd was von Egipte dar / zůzim komin in das lant." (Rudolf von
Ems: Weltchronik. Aus der Wernigeroder Handschrift, hg. von Gustav Ehrismann, Berlin
1915 (Nachdr. Dublin/ Zürich 1967), VV. 4505-4514). Außerdem wird in der Prophezeiung
des Engels an Hagar in der Weltchronik Ismael als einflussreicher, aber zerstörerischer
Mann, der vor Frevel nicht zurückschreckt, beschrieben, und als ein Mann, der gegen
die Heiden kämpft, gegen den sich aber alle anderen Hände erheben: „*du treist ein kint,*
das wirt ein man, / der strenge und úbil wirt irchant: / Ismahel wirt er genant, / den strengú
vreveli niht virbirt. / sin hant gein allin heidin wirt / und alle hende gein sinir hant. / allir
sinir brúdir lant / vromdit er und sin gezelt / slahit er uf vromder lande velt." (Ebd., VV.
4547-4555).

[566]   Mhd. „*kebse*" oder „*kebese*" bedeutet „Beischläferin", „Konkubine". Vgl. BMZ und Lexer. Eine solche Bezeichnung hat meist eine diffamierende Funktion hinsichtlich des
sozialen Status einer Frau. Ein prominentes Beispiel für die Implikationen des Begriffs
und die weittragenden Konsequenzen aus seiner Verwendung ist die Szene im Nibelun-
genlied in der 14. Aventiure, in welcher Kriemhild Brünhild als „*kebse*" bezeichnet, die
niemals den Status einer Königin erlangen könnte.

Hagars/Agars: „*so vint man uil haiden dy haissent ysmahelliten vnd etlich aga-ritten von seiner frawen wegen*" (fol. 78v). Was in diesen beiden Texten der Vel-ser-Übersetzung als eine eher positive Konnotation gelesen werden könnte, da Hagar ohne negativ konnotierte Zusätze als (Ehe-)Frau bezeichnet wird, muss allerdings unter Berücksichtigung einer anderen Textstelle wieder relativiert werden. Schon früher in den *Reisen* wird von Abraham, seinen Söhnen und Frauen erzählt und Agar, die Mutter Ismaels, als Abrahams „*kebs weib*" (Vdr., 76) bezeichnet.[567] Im Velser-Druck und in der Hs. N kann die heilsgeschichtlich begründete Illegitimität der von Hagar kommenden Linie wahrscheinlich als ein Topos vorausgesetzt werden, der an früherer Stelle schon etabliert wurde und dann, bei der Erklärung der Abstammung Mohammeds und seines Vol-kes, nicht mehr expliziert werden muss. So scheint es auch nicht notwendig gewesen zu sein, dass Abraham in diesen beiden Texten genannt wird – die Geschichte ist bekannt.

In Diemeringens Version der Abstammung Mohammeds wird Hagar/Agar nicht erwähnt, doch bezeichnet der Text Ismael als „*Abrahams basthart*" (Ddr., 384) und belegt damit statt der Mutter direkt den Sohn mit dem Aus-druck der Illegitimität. Anders als die anderen Versionen betont Diemeringen hier wieder die Macht, die von der Linie Ismaels ausgeht und in Mohammed gipfelt. Außerdem stellt er eine stärkere Nähe zum Christentum sowie zur eige-nen Gegenwart der Rezipienten her:

> *vnd von dem selben Ismahel sind vil grosser mächtiger herren kommen Der selben nach-kommen noch hüt diß tags heissent Ismaheliten. etlicher ander heiden heissent Moabiten von Lothes sun her. dann der Moab hieß etlich ammoniten ouch nach Lotes sun der Ammon hieß. vnd also ist der heidesche gloub der in dem land ist vß kommen vnd gemacht vsser dem christen vnd Judischen glouben. vnd aber sie sind von der rechten Abrahams linyen her kommen als Christus Salomon vnd David etc.* (Ddr., 384)

Die Abstammungslinie geht also vom unehelich gezeugten Sohn aus, ist stark und mächtig und setzt sich bis heute fort. Dies wird bei Diemeringen auch schon an früherer Stelle betont, wo es heißt: „*von dem selben ysmahel ist groß geschlecht kommen die man ysmaheliten nennet vnd werend noch hüt*

---

[567]   „*do het abraham ein andren sun der hieß ÿsmahel der was .xxij. jar alt. die frau do er in beÿ het die hieß agar vnnd was sein kebs weib.*" (Vdr., S. 76). Die Stelle in der Hs. N (fol. 65rf.) lautet fast gleich. Ebenso nennen die Vhs. und der Paris-Text an dieser Stelle Hagar ein „*gehebs wib*", bzw. eine „*chamberiere*"; der Ddr. nennt sie Abrahams „*wibs magt*" und Ismael einen „*basthart*". Diese Texte thematisieren im Anschluss noch die Beschneidung und sprechen von der Abstammung der Juden von Isaak und der Heiden von Ismael.

diß tags."[568] (Ddr., 257f.) Im Gegensatz dazu wird die Herkunft der Juden und der Christen als *„von der rechten Abrahams linyen"* kommend beschrieben. Die hergestellte Nähe zum Judentum und zum Christentum schließt im Grunde an die in der vorherigen Episode dargelegten Gemeinsamkeiten und Unterschiede zwischen dem christlichen und dem sarazenischen Glauben an. Damit wird nun aber der Ursprung für die Berührungspunkte genealogisch mit dem allen drei Religionen gemeinsamen Stammvater Abraham erklärt, und die Abspaltung des Islam von diesem gemeinsamen Ursprung mit dem illegitimen Sohn begründet. Von Ismael droht schon in der biblischen Beschreibung Gefahr auszugehen, denn er wird sich als Feind seiner Brüder erweisen und sich gegen jeden erheben.[569]

Schlussbetrachtungen

Die Darstellung der Figur Mohammeds, der Sarazenen und ihres Glaubens ist in Mandevilles *Reisen* trotz der herausgestellten Gemeinsamkeiten zum Christentum geprägt von Strategien der Profanierung, Diffamierung, ja sogar der Dämonisierung und Häretisierung. Sprachlich-rhetorisch und durch die Heranziehung von in der lateinischen Tradition etablierten Narrativen und Topoi werden immer wieder mehr oder weniger deutlich Abgrenzungen zum Christentum hin gezogen und Wertungen eingebracht. Mohammed erscheint so – je nach Version unterschiedlich ausformuliert – als geschickter Betrüger, der sich magisch-dämonischer Mittel zu bedienen weiß, aber auch als Kranker, der seine göttlichen Begegnungen im Wahnsinn fabuliert, sowie als weltlicher Herrscher, der aufgrund seines Reichtums, seiner Fähigkeiten und seiner Macht an Einfluss gewinnt und letztlich von seinem Volk als Gott verehrt wird.[570] Der Mord an seinem christlichem Lehrer, dem Einsiedler, begründet

---

[568] Diese Feststellung geht auf die biblische zweite Prophezeiung an Hagar zurück: „Steh auf, nimm den Knaben und führe ihn an deiner Hand; denn ich will ihn zum großen Volk machen." (Gen 21,18) Später werden die Söhne Ismaels zwölf große Fürsten sein (Gen 25,16).

[569] Vgl. die erste Prophezeiung an Hagar, in der ihr der Engel Gottes die Zukunft Ismaels verheißt: „Er wird ein wilder Mensch sein; seine Hand wider jedermann und jedermanns Hand wider ihn, und er wird wohnen all seinen Brüdern zum Trotz." (1 Mose 16,12). In *De Statu Sarracenorum* wird der dem Einsiedler verheißene Mohammed mit dieser Prophezeiung angekündigt (Kap. 2, Ed. Engels, S. 270f.).

[570] Das Mohammed- und Islambild in den *Reisen* schließt damit an die grundlegenden diffamierenden Diskurse des lateinischen Mittelalters an, deren Grundannahmen Folker Reichert, Mohammed in Mekka. Doppelte Grenzen im Islambild des lateinischen Mittel-

den Bruch Mohammeds mit dem Christentum und kann symbolisch als häretische Abkehr vom ‚wahren' Glauben gelesen werden. Zumal das Narrativ in seinen unterschiedlichen Versionen die Frage nach der Schuld Mohammeds am Tod des Einsiedlers aufwirft, latent mitverhandelt und in Varianten und Zusätzen der Bearbeiter, in Illustrationen oder Verweisen wieder aufgreift und vereindeutigend beantwortet. So wird in einigen Texten Mohammed letztlich sogar als Mörder bezeichnet und die Lesart nahe gelegt, die Ausbildung des Islam gründe auf dem Tabubruch des Mordes an einem christlichen Heiligen.

Über die genealogische Rückbindung Mohammeds an den illegitimen Abrahamssohn Ismael stellen die *Reisen* mit der Autorität der Heilsgeschichte das Geschlecht der Sarazenen und ihres Anführers in jene Abstammungslinie, die nicht aus und mit Gottes Segen erwachsen ist. Über weitere genealogische Verbindungen wird diese Linie in den *Reisen* bis zu den sarazenischen Sakralherrschern gezogen, den Kalifen, deren letzter aufgrund seiner maßlosen Selbstüberschätzung von den Mongolen ermordet wird, die damit für die Christen das Heilige Land befreien.[571]

Es konnte aufgezeigt werden, dass die Darstellung des Islam in den *Reisen* nicht gerade von einer toleranten Haltung ‚Mandevilles' zeugt, sondern dass sie von antiislamischen Diskursen durchdrungen ist, die zeitlich weit zurückreichen und Narrative und Wertungen weitertransportieren, die sich in ihrer Grundaussage nur wenig voneinander unterscheiden.[572] Eine Beurteilung wie

---

alters. In: Saeculum 56,1 (2005), S. 17-31, hier S. 17f., in vier Punkten zusammenfasst: 1. Der Islam als christliche Häresie, 2. Mohammed als Pseudoprophet und als „moralisch minderwertiges Subjekt", 3. Mohammed als Betrüger und Magier, 4. Mohammed als Götze des polytheistischen Islam, da Mohammed aufgrund seiner Fähigkeiten von seinem Volk verehrt werde.

[571] Vgl. zur Abstammung des Kalifen von Mohammed das Kap. ‚Machtraum – III. 6.2 Der Kalif als Papst, Kaiser und Sultan' unten in der vorliegenden Arbeit, und zu seiner Ermordung die darauf folgenden Kapitel.

[572] So betont beispielsweise Akbari, Idols in the East, in ihrer Untersuchung über den Islam aus mittelalterlich-europäischer Sicht, dass sich im Diskurs über den Islam zwei unterschiedliche Strömungen begegnen, die allerdings beide auf eine Abwertung des Islam zielen: „On the one hand, a series of chansons de geste and romances showed Muslims as polytheistic idolaters; on the other, Latin and vernacular biographies of Muhammad chronicled the Prophet's life in detail, illustrating his career as trickster, deceiver, pseudo-prophet, and representative of the power of Antichrist." (S. 200). Dimmock, Mandeville on Muhammad, weist darauf hin, dass die Figur Mohammeds in der lateinischen Darstellungstradition grundsätzlich ausgegrenzt wird: „Muhammad is inassimilable. He is either ignored or characterised in terms of an arch-heretic/antichrist formula generated centuries earlier by (amongst others) John of Damascus in the eighth century and Eulogius of Cordoba in the ninth, as well as the influential twelfth-century Toletano-Cl-

sie beispielsweise Westrem vornimmt, stellt sich folglich als wenig genau heraus: „Mandeville's temperate account of Islam includes a respectful biography
of Muhammad and reveals a singular eagerness to point out religious convic-
tions common to Christians and Muslims."[573] Dennoch gilt es zu berücksichtigen, dass die *Reisen* durch die Aufnahme verschiedener Traditionen Ambivalenzen und Widersprüche produzieren können, die nebeneinanderstehen und
auch nicht immer ein einheitliches Bild des fremden Glaubens zeichnen. So ist
letztlich nicht davon auszugehen, dass die vom Erzähler behauptete ‚leichte
Bekehrung' der Sarazenen als eigentliche Aussage seiner Auseinandersetzung
mit dem Islam zu verstehen ist und somit den *Reisen* – wie es Dimmock oder
Münkler vorschlagen – die Intention entnommen werden kann, die Missionierung der Heiden zu propagieren.[574] Denn den dargelegten Gemeinsamkeiten
des Islam mit dem Christentum, aus denen Mandeville ja die ‚leichte Bekehrung' ableitet, stehen wiederum die Unterschiede entgegen, die keine deutliche Absicht zur Assimilierung und Missionierung des Islam erkennen lassen.

Die *Reisen* tendieren mehr zu einer Darlegung von und Auseinandersetzung mit verschiedenen Diskursen und Deutungsmöglichkeiten als diese zu
einer einheitlichen Gesamtaussage zu verknüpfen. Dadurch zeigen sie Nähen
auf, schließen letztlich aber eine Anerkennung und Tolerierung des Islam und
Mohammeds aus: Der Glaube der Sarazenen ist dem christlichen nahe, aber es
fehlen ihm die christologischen Dogmen; ähnliche Vorstellungen wie die vom
Paradies stellen sich als ins Sündhafte verkehrte Gegen- oder Zerrbilder des Eigenen heraus; die Sarazenen kennen die biblischen Schriften, aber sie können

---

uniac corpus, overseen by Peter of Cluny and incorporating the first Latin translation of
the Qur'an, the Lex Mahumet Pseudopropheth, completed by Robert of Ketton in 1143."
(S. 95) Dimmocks Annahme der ambivalenten Darstellung des Islam (positiver in der
Auseinandersetzung mit dem Glauben der Sarazenen, die er als „„relatively objective'"
bezeichnet, negativer in der Vita Mohammeds, vgl. ebd., S. 96f.) in den *Reisen* sieht sich
allerdings in dieser Deutlichkeit nicht bestätigt.

[573]   Scott D. Westrem: Two Routes to Pleasant Instruction in Late-Fourteenth Century Literature. In: David G. Allen/ Robert A. White (Hgg.): The Work of Dissimilitude. Essays from
the Sixth Citadel Conference on Medieval and Renaissance Literature. Newark 1992,
S. 67-80, hier S. 71.

[574]   Vgl. Dimmock, Mandeville on Muhammad, S. 97, und ders., Mythologies of the Prophet,
S. 46. Münkler, Erfahrung des Fremden, fokussiert nur die beschriebenen Gemeinsamkeiten im Glauben sowie die Feststellung, die Sarazenen seien aufgrund dieser leicht zu
bekehren. Mandeville finde mit diesen Gemeinsamkeiten „jene Anknüpfungspunkte, in
denen die Frömmigkeit des Muslims ebenso als Erweis der göttlichen Wahrheit gelten
konnte wie der christliche Glaube" (S. 142f.). Münkler stellt damit die *Reisen* in die Nähe
von Missionstraktaten und verweist darauf, dass Mandevilles „vielgerühmte ‚Toleranz'"
aus dessen Lektüre der Missionstraktate resultiere (S. 143).

sie nicht richtig lesen und verstehen; Mohammed war einst ein frommer, dann
aber ein sündiger Mann, und er war zunächst dem Christentum zugeneigt,
doch ist er (mit-)verantwortlich für den Mord am Einsiedler. Und nicht nur wären – wie der Text es als hypothetischen Gedanken ausweist – die Sarazenen
aufgrund der basalen Ähnlichkeiten einfach zum Christentum zu bekehren,[575]
sondern tatsächlich sind es die Christen, die in großer Zahl zum Islam konvertieren – und damit beendet Mandeville sein Kapitel über die Sarazenen:

> Item ir sŏllent wissen das menig cristen haiden wúrt, etlich durch ainfaltigkait, etlich
> durch armŭt. Und wenn sie wellent ainen cristen zŭ ainem haiden machen, so mŭß er also
> sprechen: ‚Lalelech, ella, alla, Machmeth rosol, alla hoch,' daz ist als vil gesprochen: ‚Es
> ist nit wann ain got, und Machmett sin warer bott.' (Vhs., 92)

Die Gründe für die Konversion der Christen sind hier nicht Ähnlichkeiten im
Glauben, sondern Einfältigkeit und Armut. Sie wissen es somit nicht besser
und haben – wie es in dieser Episode schon den Sarazenen attestiert wurde
– kein Verständnis der höheren Wahrheit. Oder – so lässt der Grund der Armut vermuten – sie orientieren sich mehr an materiellem als an spirituellem
Gut und lassen sich kaufen, um einem Leben in Armut, wie es Christus gepre-
digt hat, zu entfliehen. Letztlich muss festgestellt werden, dass die Darstellung des Islam in den *Reisen* von Wertungsparadigmen durchzogen ist, die,
wenn sie auch implizit oder rekursiv wie an dieser Stelle auftreten, immer auf
Abgrenzungen zwischen dem Islam und dem Christentum hin angelegt sind
und darauf hinauslaufen, den Islam als verkehrten und falschen Glauben zu
markieren.[576]

---

[575]   Der Irrealität dieser Vorstellung wird in der Hs. N, im Vdr. und im Paris-Text durch die
Verwendung des Konjunktivs II, bzw. des Konditionals Ausdruck gegeben, denn dort
heißt es: „*darumb so wåren sy leicht zŭ bekeren wann sy vil artickel vnsers glaubens halten.*" (Vdr., S. 94)/ „*Et pour ce que ilz vont si pres de nostre foy, seroient il si legiers a
conuertir a la foy crestienne.*" (Paris-Text, Ed. Letts, S. 304). Die Vhs. dagegen konstatiert:
„*Und da von sind sie licht ze bekeren, wann sie globent vil daz wir gelobent.*" (S. 88). Dasselbe wiederholt sich bei der jeweiligen zweiten Anführung der Bekehrungsmöglichkeit.

[576]   Auch Akbari, Idols in the East, weist darauf hin, dass die unterschiedlichen westlichen
Darstellungstraditionen des Islam letztlich in einem Diskurs münden, dessen Aussage
immer auf die deutliche Abgrenzung des Islam vom Christentum hinausläuft und in
welchem Objektivität keine Kategorie darstellt: „The fanciful image of Muslims as polytheistic idolaters [...] and the more fact-based depiction of Muhammad as the founder
of a religion closely related to Christianity [...] are neither two elements in a gradually
more realistic understanding of Islam, nor the products of a premodern world in which
astonishing ignorance of a major religion could exist alongside a more nuanced understanding. Instead, these two apparently very different modes of characterizing Islam are
part of a single discourse in which Islam is, one way or another, identified as idolatry:

Anders als mit der Bekehrung von Christen zum Islam endet das Kapitel bei Diemeringen mit der Beschreibung der kostbaren Grabstätte Mohammeds in Mekka[577] und dem Fazit, der Islam sei nahezu eine Hybridreligion, aber die Menschen dort seien im Grunde gut: *„also ist der heiden gloub* [...] *by nahe halber Christen vnd halber Jüdische aber sie sind von wandel hüpsch vnd woll gesittet."* (Ddr., 287). Seine Beschreibung der Konversion zum Islam erfolgt am Ende der Auseinandersetzung mit den Gemeinsamkeiten und Unterschieden und ihr fehlen nicht nur die Gründe für die Konversion – Einfältigkeit oder Armut –, sondern überhaupt die Christen. Denn der Diemeringen-Druck berichtet nur davon, dass *„ieman ein andern glauben ʒů irem glauben kommen"* kann und dieser dann von ihren *„pfaffen"* empfangen werde (Ddr., 383).[578] Dies ist umso interessanter, als Diemeringen auch die von der Forschung so prominent aufgegriffene Behauptung von der ‚leichten Bekehrung' der Sarazenen nicht anführt und somit der Möglichkeit der Assimilierung (in beide Richtungen) nicht einmal hypothetisch Ausdruck verleiht. Ein solches Vorgehen entspricht seiner grundsätzlichen Bearbeitungsintention, deutlichere Abgrenzungen zwischen dem ‚Fremden' und dem Eigenen, also dem lateinischen Christentum zu ziehen, insbesondere wenn es, wie in dieser Episode über den Glauben der Sarazenen, um Aspekte eines fremden Glaubens geht, die den Dogmen der lateinischen Kirche zuwiderlaufen.

---

it is simply the practice of adoring the object rather than what it represents, the letter rather than the spirit." (S. 4f.)

[577]   Vgl. zur mittelalterlichen Vorstellung, Mohammed sei in Mekka (statt, wie in Wirklichkeit, in Medina) begraben, die sich bis ins 17. Jh. hielt, Reichert, Mohammed in Mekka, und zu Mekka und Medina in verschiedenen Versionen der *Reisen* im Kontext dieser Tradition Ekkehart Rotter: Mohammed in der Stadt. Die Kenntnis um die Stadt Medina und das dortige Prophetengrab im mittelalterlichen Europa. In: Zeitschrift für historische Forschung 36,2 (2009), S. 183-233, bes. S. 215-217.

[578]   In den Diemeringen-Hss. H1 und H2 jedoch wird explizit von Christen und auch von Juden gesprochen, die zum Islam konvertieren: *„Sie gestattent auch wol wenn yergent ein cristen oder ein Jude iren gelauben an sich nemen vnd den enphahet der flamyn das ist der pfaffe von irem geseʒe* [...]"* (Hs. H1, fol. 137r). Die Diemeringen-Hss. H und Sg1 entsprechen dagegen dem Druck und nennen ebenso keine konversionswilligen Christen oder Juden. Interessanterweise verweisen als einzige der Vdr. und die Hs. N darauf, dass Juden nicht direkt Sarazenen werden könnten, sondern erst zu Christen werden müssten: *„Aber kein jud mag kein heÿd werden. er seÿ dann vor cristen worden."* (Vdr., S. 95).

3.4 Raum für Kritik an der Christenheit: Das ‚Gespräch mit dem Sultan'

Die Episode über das Gespräch Mandevilles mit dem Sultan unterscheidet sich hinsichtlich der Erzählsituation und des Erzählmodus stark von den bisher untersuchten Ausführungen zum Islam. Denn der Erzähler bringt seine eigene scheinbar unmittelbare Erfahrung ein, tritt als agierende Figur auf und führt einen in direkter Rede wiedergegebenen Dialog mit dem Sultan von Ägypten.[579] Inhaltlich geht es in der Episode nicht mehr um Abgrenzungen der christlichen Lehre vom sarazenischen Glauben oder um eine Diffamierung des Islam oder Mohammeds, sondern die Perspektive wird umgekehrt und nun richtet sich der Blick der Sarazenen auf die Christen Europas. Statt der unterschiedlichen Dogmen der beiden Glaubenssysteme wird hier die Glaubenspraxis, das Verhalten der Gläubigen in den Blick genommen und schlussendlich die untugendhafte Lebensführung der Christen angeprangert. Wohl wegen des in ihr deutlich werdenden kritischen Potentials findet sich die Episode nicht im Velser-Druck und auch nicht in der Hs. N. In der Diemeringen-Version ist sie stark gekürzt und führt zwar einige Kritikpunkte an der Christenheit an, nicht aber in Form eines Dialogs Mandevilles mit dem Sultan.

Die Szene ist in der privaten Kammer des Sultans situiert: *„Dar umb wil ich úch sagen wie der Soldan ainest zů mir sprach in siner kamer. An ainem tag do hies er yederman uß siner kamer gon, dar umb das er wolt mit mir reden, und fragt mich wie sich die cristen hielten in unserm land."*[580] (Vhs., 89). Der Raum der privaten Kammer vermittelt Vertrautheit und eine exklusive Nähe, zumal sich nur Mandeville und der Sultan darin befinden. Durch die räumliche und die dialogische Inszenierung wird der Szene – sowohl den Aussagen des Erzählers über diese Unterhaltung als auch dem Inhalt des wiedergegebenen Gesprächs – Authentizität und eine höhere Glaubwürdigkeit verliehen. Wie

---

[579] Vgl. zu einer Besprechung der Szene mit Fokus auf die dialogisch-rhetorische Inszenierung Susanne Baumgartner: Vom Glauben der Sarazenen. Funktionalisierungen von Beschreibungen des Fremden in Michel Velsers deutscher Übertragung von Mandevilles Reisen. In: Franciszek Grucza (Hg.): Vielheit und Einheit der Germanistik weltweit. Bd. 16. Vormoderne Textualität. Betreut und bearbeitet von Beate Kellner und Jan-Dirk Müller. Tagungsakten des XII. Kongresses der Internationalen Vereinigung für Germanistik (IVG) vom 30. Juli bis 07. August 2010 in Warschau. Frankfurt a. M. 2012, S. 355-360.

[580] Die Vhs. entspricht hier größtenteils dem Paris-Text: *„Et pour ce vous dirai ie ce que le Soudan me dist en sa chambre. I. iour au soir il fist voidier sa chambre de toutes manieres de gens, seigneurs et autres, pour ce que il voulait parler a moy a conseil. Si me demanda comment les Crestiens se gouuernoient en nostre pays."* (Ed. Letts, S. 305). Die zeitliche Angabe *„au soir"* hat Velser allerdings nicht übernommen und damit auf ein Motiv der Heimlichkeit und Verborgenheit verzichtet.

schon bei der brieflichen Antwort der griechischen Christen an den Papst eine ausgestellte Reflexion auf das Eigene festgestellt werden konnte, so zeichnet sich auch diese Szene, in der das Eigene kritisch in den Blick von Außen genommen wird, durch eine aus dem berichtenden Ton der sonstigen Erzählung herausfallende, inszenierte Rahmung aus.[581]

Auf die Frage des Sultans, wie es den Christen in *„unserm land"* gehe, also dem Mandevilles und der Rezipienten, die hier schon angesprochen werden, gibt Mandeville ihm eine positive Antwort: *„Und ich sprach: ,Von gottes gnaden, wol.'"* (Vhs., 89). Der Erzähler wechselt mit seiner Antwort nun in die direkte Rede, in der auch die darauf folgende Schmährede des Sultans gehalten ist:

> *Do sprach er: ,Sicher sie entůnd. Wann ůwer* **herren** *und* **prelaten** *an den hailigen tagen so sie soltent gaistlichen in dem* **tempel** *sin und gott dienen und* úch gůt zaichen vor tragen, *so gond sie zů dem win und füllent sich tag und nacht als die unverstanden tier, die da nit wissent wenn sie sôllent uff hôren. Und also tůnd* **die cristen gemainlich.** *Und da von das sie die füllin volbringent, so laicht und betrůgt und verrått ainer den andern. Über das so sind sie aller hochfart vol. Sie wissent nit wie sie sich claiden sôllent, ye ainer über den andern, ainer kurtz, nun lang, ainer eng, ainer wyt, ainer zerhowen, ainer zerlôchert, nun mit siden genått, nun mit silber.*

---

[581]   Das besondere Setting der privaten Kammer gibt in der Forschung aber auch Anlass zur Annahme eines homoerotischen Begehrens, wie es Lomperis, Medieval Travel Writing, aus dieser Szene herausliest, und auch für das Verhältnis Mandevilles mit anderen Herrschern in den *Reisen* wie dem Großkhan und dem Priesterkönig annimmt: „Although this bedroom conversation contains no explicit sexual content, it nonetheless takes place in circumstances that cannot entirely be divorced from sexual, bodily considerations. For what we see in this episode with the Sultan, and also in the subsequent episodes with the Great Khan and with Prester John, are situations of bodily confusions." (S. 158). Diese körperlichen Verwirrungen sieht sie im Modell des „passing" und in einem Überblenden und Zusammenfallen von christlichem und nicht-christlichem männlichem Körper: „Passing in these instances thus becomes both vehicle and accomplishment of the pleasures of male homoerotism, thereby establishing Mandeville's *Travels* as a significant, albeit closeted, representation of the premodern homoerotic imaginary." Obwohl ihre Überlegungen zum spiegelhaften Zusammenfallen des Fremden mit dem Eigenen eine durchaus interessante Lesart der Episode bieten, kann ihre Betonung des Körperlichen kaum an den Texten festgemacht werden, da in diesen Szenen die Körper der beteiligten Figuren nicht thematisiert werden und auf sie höchstens über die Stimme und das Sprechen rückgeschlossen werden könnte. Higgins, Writing East, S. 115, dagegen liest das private Setting als Ausdruck der Höflichkeit des Sultans, der die Glaubensgenossen Mandevilles nicht in aller Öffentlichkeit denunzieren will. Demgegenüber überlegt Akbari, Idols in the East, dass der Sultan die private Audienz arrangiert habe, weil er die sarazenischen Herrscher durch seine Aussagen über den zukünftigen Niedergang des Islam nicht entmutigen wolle (S. 56).

*Das gehôrt úch núntz zů, wann **ir** soltent demůttig und ainfaltig sin ainer gen dem an-*
*dern, <u>als úwer **Jhesus** was</u> und ouch in sinen ewangelien gesprochen hatt, und an den ir*
geloubent. Und was er úch gebotten hatt, so tůnd ir daz ander. Und umb ain clain gůt so
verkouffent ir úwer tôchteren, úwer schwesteren, úwer frumen wib, und bringent si in die
zal der unkúschkait. Und ainer nimpt dem andern sin wib, und gedenckent tag und nacht
nit anders, wann wie ir das múgent getůn. Und daz ist wider die gebott Jhesu, die er úch
geben hatt. Und dar umb daz ir nit wellent tůn daz úwer gebot ist, so gat úch úwer ding
hinder sich, und hond verlorn das land, daz besitzent wir und wissent wol daz wir daz
habend von úwer súnd wegen, und nit von unser sterckin wegen. Wann wir wol wissent,
wann ir dienettent úwerm gott und úch mit im versůntent, und in frid mit ainander leptent,
das niemen wider úch môcht sin. Wann <u>wir wissent wol von den propheten wegen</u>, daz die
cristen sôllent das land gewinnen. Aber doch sag ich úch, die wil sie tůnd als sie hond an
gefangen, so hond wir kain sorg vor in, wann úwer gott hilfft úch núntz.' (Vhs., 89f., Hervorhebungen von mir, C. H.).

Die Kritik des Sultans beleuchtet die Bereiche des alltäglichen Lebens der
Christen, das sich, wie er selbst sagt, an den Lehren Christi ausrichten sollte,
was die Christen jedoch nicht befolgen würden. Die von ihm geäußerten Vorwürfe reichen von der Völlerei über Betrug, Hochmut und eine fehlende Klei-
derordnung bis zur Habgier, Wollust und Unzucht und umfassen damit einen
Großteil des ‚klassischen' christlichen Sündenkatalogs (*superbia, avaricia,*
luxuria, gula). Aufgrund dieser Sünden, argumentiert der Sultan, hätten die
Christen das Heilige Land verloren und nicht wegen ihrer militärischer Schwä-
che oder der Stärke der Sarazenen. Der Sultan gesteht den Christen sogar den
rechtmäßigen Anspruch auf das Land zu, das sie aber nur wiedererlangen
könnten, wenn sie sich moralisch reformierten.

Forschungspositionen und Spiegelfunktionen

Die Mandeville-Forschung hat dem Gespräch mit dem Sultan einige Aufmerksamkeit geschenkt und, abgesehen von möglichen Quellen und vergleichba-
ren Traditionen satirischer Rede,[582] besonders den „Perspektivenwechsel, der

---

[582] Als mögliche Vorlage für die Szene oder zumindest als ein mit ihr verwandter Text wird
meist der *Dialogus miraculorum* (1220-1235) des Caesarius von Heisterbach angesehen,
bspw. von Higgins, Writing East, S. 115, oder Seymour, Ed. Egerton, S. 187. Deluz, Ed.
Insulare Version, wendet aber ein, dass weder Heisterbachs *Dialogus*, noch die fingierte
Korrespondenz zwischen dem Sultan und Clemens V, eine andere mögliche Quelle, der
Version Mandevilles besonders nahe stünden, weshalb sie nicht als direkte Vorlagen
in Frage kämen. Sie liest die Stelle vielmehr in der Tradition der verdeckten Satire: „Un
procédé courant au XIVe s. était de présenter une satire sociale et politique sous couvert

es Mandeville an dieser Stelle erlaubt, die eigene Welt, wenn auch nur in der Form eines Zitats, mit den Augen einer anderen zu sehen",[583] und die Spiegelfunktion der Szene hervorgehoben. Unter Berücksichtigung der hintergründig vorhandenen Superiorität des Christentums bezeichnet Higgins die Szene als „satire on Christian misbehaviour" und als „Self-critical mirror – which also flatters by promising a glorious future as a reward for reform".[584] Die Beobachter, so Higgins, werden hier zu den Beobachteten, die zwar kritisiert, aber dennoch als letztlich Überlegene figuriert werden.

Ein großer Teil der Forschung beschäftigt sich mit den Fragen nach dem Status des Fremden und des Eigenen und der Konstruktion der vermeintlichen Autorität des Sultans. Higgins und Andere, die sich mit dieser Stelle auseinandersetzen, lesen die vorhergehende Episode über den Glauben der Sarazenen in kausaler Verbindung mit dem Dialog und sprechen dem Sultan eine besondere moralische Autorität zu, die Mandeville zuvor schon über die Gemeinsamkeiten im Glauben und die Feststellung, die Sarazenen befolgten sehr fromm das Gesetz Mohammeds, etabliert habe.[585] Dafür wird dann oft auch das mit der Toleranzthese verknüpfte Konzept vom ‚edlen Heiden' bemüht, der als Vorbild dienen und auch Kritik üben kann.[586] Auch für Fleck dienen die Sarazenen in der Figur

---

d'un dialogue fictif ou d'un songe." (S. 284). Schon Warner, The Buke of John Maundeuill, Komm., zeigt Parallelen zu „14th cent. satirists" auf, wie zu Hampoles *Pricke of Conscience* oder zum englischen *Brut Chronicle* (S. 193).

[583]   Michael Harbsmeier: Wilde Völkerkunde. Andere Welten in deutschen Reiseberichten der frühen Neuzeit. Frankfurt am Main/ New York 1994, S. 48.

[584]   Higgins, Writing East, S. 115 u. 117. Ähnlich sieht auch Akbari, Idols in the East, den „state of contemporary Christianity [...] reflected in the mirror of alien cultures" (S. 54).

[585]   Vgl. Higgins, Writing East, S. 115: „[The sultan's] right to speak on the matter has already been established in *The Book*'s several references to his subjects' peaceful, honorable, and pious behavior"; und Sobecki, Mandeville's Thought of the Limit, S. 335: „having credited Islam with a certain sense of rationality, [Mandeville] can deliver his criticism of Christianity without having to fear that it might fall on deaf ears or, even worse, trigger a hostile reaction in his reader." Außerdem Grady, Representing Righteous Heathens, S. 50, der die „moral authority" des Sultans allerdings aus den früheren Sultansepisoden in den *Reisen* und dessen politischer (und religiöser, was Grady aber auslässt) Macht ableitet. Akbari, Idols in the East, beschreibt die Intimität des Gesprächs mit dem Sultan gar als „microcosm of the close relationship of Christianity and Islam as described in the *Book.*" (S. 54).

[586]   Vgl. Sobecki, Mandeville's Thought of the Limit, S. 337, der meint, dass Mandeville mit der Beschreibung des Glaubens der Sarazenen und dem Gespräch mit dem Sultan den „virtuous Saracen" etabliere. Insgesamt beurteilt Sobecki das Sarazenen-Kapitel überaus positiv, sogar die Erzählung über das Weinverbot und Mandevilles Feststellung, dass die Sarazenen häufig heimlich Wein trinken würden: „[Mandeville's] account of Islam is so positive that he can afford to point out some of its failings without compromising

des Sultans den Christen als Vorbild, jedoch aus der gegenteiligen Beobachtung heraus, dass sich in der vorhergehenden Episode eine forcierte Assimilierung der Sarazenen an das Christentum ausdrücke: „they can function satirically by providing a moral example for Christians to emulate."[587] In der Forschung gibt meist die grundlegende Annahme der Toleranz Mandevilles die Interpretation des Gesprächs mit dem Sultan vor. Dies führt zu den Annahmen, Mandeville verleihe dem Fremden an dieser Stelle eine eigene und eigenständige Stimme,[588] propagiere kulturelle Differenz, provinzialisiere das Eigene,[589] und stärke damit den Status des Fremden gegenüber der Definitionsmacht des Eigenen.

Die in der Besprechung des Kapitels über den Glauben der Sarazenen aufgezeigten Abgrenzungen, die das Narrativ zwischen dem Christentum und dem Islam herstellt und über die es den Islam als falsche, häretische und sich durch Betrug konstituierende Glaubensgemeinschaft diffamiert, lassen allerdings auf eine prekäre Autorität des Sultans schließen. Berücksichtigt man zudem die Darstellung des Sultans an früheren Stellen in den *Reisen*, in denen beispielsweise beschrieben wird, dass seine Zeichen und Briefe wie Reliquien verehrt werden und sich seine Macht nicht nur als politische, sondern auch als religiöse äußert,[590] dann erweisen sich die Vorstellung vom ‚edlen Heiden', sowie die daran angeschlossene Toleranzthese auch hier als nicht haltbar. Im Folgenden wird die Annahme vertreten, dass die Kritik gerade dadurch verstärkt wird, dass sie vom ‚Feind' der Christen geäußert wird, vom Sultan als vornehmlich weltlichem Herrscher der Sarazenen und als Vertreter eines falschen, das Christentum pervertierenden Glaubens. Die Autorität des Sultans wird erstens über die Art und Weise der Darstellung, also durch die räumliche

---

its integrity." (Ebd.). Außerdem Grady, Representing Righteous Heathens, S. 45-72, sowie ders., ‚Machomete' and Mandeville's Travels, S. 277. Sehr allgemein sieht auch Cindy L. Vitto: The Virtuous Pagan in Middle English Literature. In: Transactions of the American Philosophical Society, New Series, 79,5 (1989), S. 1-100, hier S. 48f., in Mandeville einen Unterstützer der Idee des edlen Heiden, jedoch ohne Bezug zu den Sarazenen und ohne dass sie sich näher mit den *Reisen* auseinandersetzt.

[587] Fleck, Here, There, and In Between, S. 391.
[588] Vgl. Brandser, Mandeville's Travels, S. 30f.; Grady, ‚Machomete' and Mandeville's Travels, S. 272; Michelet, Reading and Writing the East, S. 295.
[589] Vgl. Lochrie, Provincializing Medieval Europe, S. 596.
[590] Vgl. Vhs., S. 55: „*Nun sóllent ir wissen, wer gnad oder icht begert an den Soldan, und der im nit gedienet hatt, dem git er ain zaichen, und daz fúrent sie vor in an ainer stang. Und dem zaichen túnd dennocht die haiden gros ere, wann sie knúwent dar gen nider, als wir gen gottes lichnam túnd. Wer aber die rechten brieff hatt, als ich sie hett, wa man sie wist den grossen herren die under ime sind, e daz sie die brieff uff túnd oder an rúrend, so knúwen sie nider, und kússent sie, und legent sie uff ir hópter, und bestrichent sie sich under iren ougen da mit und lesent sie denne uff den knúwen gar mit grosser wirdi.*"

und rhetorische Inszenierung der Episode etabliert und zweitens durch den ‚skandalösen' Umstand, dass er dem falschen Glauben angehört und dennoch so genaue Informationen über die Christenheit hat.

Für die folgende Analyse des Dialogs muss zudem die in der Forschung oft vorgenommene bloße Gegenüberstellung von ‚fremd' und ‚eigen' um das Konzept einer doppelten oder komplexen Reflexivität erweitert werden. Denn nicht nur wird dem Sultan die fingierte Rede von ‚Mandeville' in den Mund gelegt, sondern ebendiese Vorwürfe sind auch Topoi der Darstellung des Islam aus christlicher Perspektive und wurden teilweise schon vom Erzähler in seiner Darlegung des fremden Glaubens in der vorherigen Episode in Bezug auf die Sarazenen angeführt. In der Übernahme oder Spiegelung der Rhetorik wäre also durchaus eine Verbindung zwischen der Episode über den sarazenischen Glauben und dem Gespräch mit dem Sultan zu sehen: Mandeville erzählt, wie der Sultan über die Christen spricht und legt ihm dabei eine Rede in den Mund, die Topoi der europäisch-christlichen Rhetorik des Sprechens über Nicht-Christen beinhaltet. Somit entspricht die Rhetorik der fremden Rede des Sultans eigentlich der Rhetorik der eigenen Fremdbeschreibung. Die Feststellung Sobeckis, dass die Rede des Sultans die rhetorische Struktur einer Predigt aufweise, gerade auch, weil sie die Sünden instrumentalisiere, lässt sich dieser Beobachtung gut anschließen.[591] Auch Michelets Überlegung, dass der Sultan nur existiere, um eine narrative Funktion zu erfüllen, erfasst die Konstruiertheit der Szene durch den Erzähler: „a close reading of the passage shows that it is still the voice of the narrator's own cultural values that resonates in these lines."[592] Im Folgenden soll nun genauer in den Blick genommen werden, wie sich im Gespräch mit dem Sultan eigene Vorstellungen vom Eigenen und vom Fremden in der fingierten Rede eines Fremden überlagern, in der somit das Eigene als Fremdvorstellung präsentiert wird. Dazu muss auf den Inhalt der Vorwürfe des Sultans eingegangen und die erzähltechnische wie die rhetorische Umsetzung in den verschiedenen Versionen genauer betrachtet werden.

DIE VORWÜRFE DES SULTANS AN DIE CHRISTEN

Die Kritik des Sultans zielt zunächst auf die „*herren und prelaten*" ab, die, statt an den „*hailigen tagen*" zum Gottesdienst zu gehen, Völlerei betreiben

---

[591]   Sobecki, Mandeville's Thought of the Limit, S. 335f.
[592]   Vgl. Michelet, Reading and Writing the East, S. 295. Michelets These läuft allerdings letztlich auf eine linguistische Inbesitznahme des Fremden hinaus (vgl. ebd., S. 301).

und sich verhalten *„als die unverstanden tier"* (Vhs., 89). Möglicherweise zur Hervorhebung der ‚fremden Sicht' des Sultans sagt dieser in der Velser-Handschrift und im Paris-Text, dass die Christen *„in dem tempel sin und gott dienen"* (ebd.) sollten,[593] während die englischen Versionen sowie die nordniederdeutsche Handschrift angeben, die Christen müssten in die Kirche gehen, um Gott zu dienen: *„dar vmme geyt dat gemeyne volk vpp hilge dage vnd vp sondage als se to der kerken solden gan vnd denen gode so gan se in de tauerne vmme ere leckereye van eten vnd van drinken dach vnd nacht also besten".*[594] Im ersten Falle sieht sich die Rhetorik der kulturspezifischen Fremdbeschreibung umgekehrt. Denn wenn sonst aus der Sicht des Erzählers Begriffe aus dem eigenen Kulturbereich zur Bezeichnung einer ähnlichen Sache des fremden Kulturbereichs verwendet werden, so benutzt nun der Sultan die heidnisch semantisierte Bezeichnung ‚Tempel' für das christliche Denotat ‚Kirche', womit sich das eigene Darstellungsparadigma in der fremden Rede reflektiert. In den anderen Versionen findet sich statt diesem Marker für eine Fremdwahrnehmung des Eigenen eine das Eigene treffender beschreibende Begrifflichkeit.

Bei einem Vergleich der Versionen fällt zudem auf, dass in den englischen Versionen und in der nordniederdeutschen Handschrift das *„gemeyne volk"* bezichtigt wird, nicht in den *„tempel"* zu gehen, und nicht die *„herren und prelaten"*. Die Velser-Handschrift hat diesen ersten Teil leicht gekürzt, in welchem die Vorbildfunktion der Oberen angesprochen wird. In der nordniederdeutschen Handschrift werden diese als *„Juwe presters vnd Juwe licht dregers"*[595] bezeichnet, und somit führt sie nur Geistliche an: *„Se solden geuen guet exempel den gemeynen volke van woldone men so geuen en exempel van qwat done dar vmme geyt dat gemeyne volk vpp hilge dage vnd vp sondage als se to der ker-*

---

[593]   Der Paris-Text, Ed. Letts, sagt hier: *„Et pour ce aus iours de festes les communs, quant ilz deuroient aler au temple pour Dieu seruir, adont vont il estre aus tauernes et estre en la gloutonnie toute iour et toute nuit. Manguent et boiuent comme bestes qui ne sceuent quant il ont assez pris."* (S. 306).

[594]   Berlin, Ms. germ. fol. 204, fol. 66r. Auch der Egerton-Text (Ed. Seymour, S. 76), der Bodley-Text Rawl (Ed. Letts, S. 431) und der Cotton-Text führen die Kirche an: *„for the comownes vpon festyfull dayes whan þei scholden gon to chirche to serue god, þan gon þei to tauernes and hen þere in glotony all þe day and all nyght and eten and drynken as bestes þat haue no resoun and wite not whan þei haue ynow."* (Ed. Hamelius, S. 88).

[595]   Mit den Lichtträgern sind sehr wahrscheinlich Ministranten oder Laiendiener gemeint, die niedere Weihen ausführen. Vgl. die Hinweise zum Lemma *„lichtdrēger"* in: Gerhard Köbler: Mittelniederdeutsches Wörterbuch, ³2014: „‚Lichtträger', Kerzenträger; ÜG.: lat. acolūthus?"

ken solden gan [...]"[596] Auch in der Velser-Handschrift wird die Vorbildlichkeit der Oberen eingefordert („*sie soltent* [...] *úch gůt zaichen vor tragen*"), um dann vom Verhalten der weltlichen und geistlichen Führer auf das Volk zu schlie-ßen: „*Und also tůnd die cristen gemainlich.*" (Vhs., 89).

Die ersten Vorwürfe des Sultans zielen auf die weltlichen und geistlichen Herrschenden, die in ihrer Lebensführung dem Volk Vorbild sein sollten. Sie trifft also in erster Linie die Schuld am moralischen Verfall der Christenheit. Damit schließt der Erzähler letztlich auch an seine Kritik an den Herrschenden und an der Uneinigkeit zwischen den Christen an, wie er sie im Prolog der *Reisen* formuliert:

> *Aber laider wir habent als vil ze schaffend und ze fechtend under uns selber, das wir unser erbe laussent besitzen und niessent die unsåligen haiden. Wann sich yederman nit anders flisset wann wie er sin eben cristen möcht vertriben und beröben; die find die unser erb also besitzent, bedenckent sie nit wie man sie möcht vertriben. Und daz ist der grossen herren schuld, die weder frid noch sůn machend und lond das folck gon ze glicher wiß als ain hirt der nit siner schauff achtett, wann aines gatt hin, das ander her. Da von geviel es den zwain höptern, dem babst und dem kayser, so mochtend wir wol unser land gewinnen.*[597] (Vhs., 2f.)

---

[596] Berlin, Ms. germ. fol. 204, fol. 66r. Die Cotton-Version, Ed. Hamelius, macht ebenso die Beispielfunktion stark, jedoch nicht explizit der Oberen, sondern aller Christen: „*for ȝee cristene men ne recche right noght how vntrewly to serue god; ȝee scholde ȝeuen ensample to the lewed peple for to do wel and ȝee ȝeuen hem ensample to don enyll. for the co-mownes vpon festyfull dayes whan þei scholden gon to chirche* [...]" (S. 88).

[597] Der Anfang dieser kritischen Rede Mandevilles ist im Paris-Text allerdings etwas an-ders gehalten, denn dort werden die Rezipienten nicht durch die Verwendung des „wir" in die Kritik mit einbezogen. Der Paris-Text bezichtigt hier nur die weltlichen Herrscher des unmoralischen Verhaltens: „*Mais au jour duy orgueil conuoitise et enuie ont ainsi les cuers des seigneurs terriens enflames et esprins, que il tendent plus a aut-rui desheriter que il ne font a chalenger et aquerre leur droit et propre heritage dessus dit.*" / „Aber heutzutage haben Hochmut, Gier und Neid die Herzen der weltlichen Obrigkeit solchermaßen in Brand gesteckt und eingenommen, dass sie es mehr an-streben, jemand anderen zu enterben, als das ihnen rechtmäßig zustehende Erbe he-rauszufordern, von dem ich oben gesprochen habe." (Übs. von mir, C.H.).
Dieser Darstellungsweise entsprechen auch die nnd.-md.-Hs. sowie der Cotton-Text. Ed. Hamelius, S. 2f.: „*But now pryde couetyse and envye han so enflawmed the hertes of lordes of the world þat þei are more besy for to disherite here neyghbores more þan for to chalenge or to conquere here right heritage before seyd.*" Nur der Ddr. entspricht hier der Vhs. und verweist ebenso auf ein „wir": „*aber laider wir habend also vil ʒů fechten vnter vns das wir vnser erb lasend besitʒen vnd nütʒen die vnseligen heiden wann ydermann sich nit anders flisset dan wie er sinen ebencristen menschen möcht vertriben berouben des sinen vnd in vndertrücken*" (S. 197). Die Ähnlichkeit zwischen der Vhs. und dem Ddr. ist überraschend, denn keine der gesichteten Diem.-Hss. führt den Heilig-Land-Prolog

Die Parallelen zwischen den Worten des Erzählers und denen des Sultans sind augenfällig, sowohl in der Kritik der Führungsunfähigkeit der *„grossen her-ren"*, die das Volk nicht zusammenzuhalten und zu beschützen vermögen, als auch in der Instrumentalisierung der Sündhaftigkeit und Uneinigkeit in Bezug auf den Verlust des Heiligen Landes. In dieser Argumentation wird die Idee eines politisches Führungsmodells, das die Herrschenden als Hüter, Vorbilder und Anführer des Volkes beschreibt, zusammengebracht mit dem theologisch-apokalyptischen Erklärungsmodell, das den vermeintlich schlimmen Zustand der (christlichen) Welt als Gottes Strafe für die eigene Sündhaftigkeit ansieht. Die Zielgerichtetheit der Schuldzuweisung an die Herrschenden, allen voran an den Papst,[598] der in den *Reisen* immer wieder als prekäre Herrscherfigur in Erscheinung tritt, sowie auch die Vorwürfe der *luxuria*, der Völlerei, der Habgier und des Betrugs lassen die Intention der Obrigkeitskritik erkennen, aber auch eine antiklerikale und antipäpstliche Haltung.

Der Eindruck der antiklerikalen Haltung verstärkt sich sogar, wenn man die Szene im Sarazenen-Kapitel in der Diemeringen-Version betrachtet. Zwar verzichtet Diemeringen auf die Inszenierung der kritischen Rede als Dialog und führt die Aussagen in der gleichen rhetorischen Darstellungsform weiter wie schon die Darlegung der Gemeinsamkeiten und Unterschiede im Glauben der Sarazenen und der Christen, indem er darauf verweist, dass die Sarazenen *„sprechent"*/ *„glouben"*/ *„meinent"*. Doch auch er führt eine Kritik der Saraze-nen an der Christenheit an, verdichtet sie aber besonders auf einen Punkt hin:

überhaupt an, und ebenso fehlt er im Vdr. und in der Hs. N. Hier wäre zu überlegen, ob möglicherweise die Drucklegung der Diemeringen-Übersetzung durch eine handschrift-lich überlieferte Velser-Übersetzung beeinflusst wurde, zumindest was die Gestaltung des Prologs betrifft. Denn nur noch die Vhs. führt im Prolog an, dass *„wir"* zu viel *„under uns selber"* zu schaffen hätten, sodass eine Beeinflussung des Ddr. durch die anderen Versionen, die hier nur auf die weltlichen Herrscher verweisen, auszuschließen ist.

598 Während in der Vhs. (ebenso im Ddr.) kein Hierarchieverhältnis zwischen den *„zwain hôptern, dem babst und dem kayser"* (S. 3) angezeigt wird, scheint der Papst im Paris-Text über den weltlichen Herrschern zu stehen, der – wie auch Gott – die Fürsten gerne geeint sehen würde, dies aber aktuell noch nicht bewirken konnte: *„Mais se il plaisait a nostre saint pere le pape, car a Dieu plairoit il bien, que les princes terriens fussent de bon acort"* (Ed. Letts, S. 239). In den Prologen der englischen Cotton- und Egerton-Version (nicht aber in der Insularen Version, Ed. Deluz, S. 92) kommt der Papst jedoch nicht vor, denn dort heißt es nur: *„But wolde god þat the temporel lordes and all worldly lordes were at gode acord and with the comoun peple wolden taken this holy viage ouer the see þanne I trowe wel þat within a lityl tyme oure right heritage before seyd scholde be reconsyled"* (Cotton-Version, Ed. Hamelius, S. 3).

Item die heiden glouben ouch das laster missetat vnd sündt lib vnd sele schådlich sye vnd
meinent vnser christen pfaffen siend ʒů gÿtig vff gůte me denn die iren vnd sie selber. Ich
sag das wol mit der warheit das die heiden wiße tugenthafft vnd bescheiden sind vnd die
gerechtickeit vnd fride haltent vnd künnent vil sprachen. (Ddr., 383)

Bei Diemeringen wird der Vorwurf der *avaritia* erhoben und ausschließlich auf
die *pfaffen* bezogen, die dem Besitz und dem Reichtum nachstrebten, statt –
was aber nicht gesagt werden muss – ihren geistlichen Pflichten nachzugehen
und spirituellen Reichtum anzustreben. Der Vergleich, den die Sarazenen anführen, dass die *pfaffen* dies *„me denn die iren vnd sie selber"* erstrebten, erinnert an die zuvor beschriebenen Glaubensvorstellungen der Sarazenen, wie
an ihre ‚materialistische' Paradiesvorstellung, und unterstellt so den christlichen *pfaffen* einen noch stärkeren Bezug zur Materialität als die Sarazenen ihn
schon erkennen ließen. In der Version des Diemeringen-Druckes ist die Szene
der Selbstkritik aus fremdem Mund auf eine deutlich antiklerikale Luxuskritik
beschränkt, die sich so auch in der Hs. Sg1 findet,[599] in den H-Handschriften
aber noch etwas weiter ausgebaut ist, da in ihnen neben der Habsucht auch
die Wollust, die Betrügerei und die generelle Bosheit der *pfaffen* vorgebracht
werden: *„Vnd meynent vnser flamen daʒ sint vnser pfaffen die sint gitig vff gůt*
vnd vnkusche vff wibe vnd belder vff verreterye vnd vff ander boßheit denne die
iren oder wann sie sicher sint".[600] Die Kritik erinnert hier, sowie in der Rede des
Sultans der anderen Versionen der *Reisen*, an die literarisierte und ins Parodis-
tische und Komische ausgebaute Kleruskritik, wie sie im spätmittelalterlichen
maere geäußert wird.

Bei Diemeringen ist die Szene stark gekürzt, sodass in seiner Version beispielsweise nicht gesagt wird, dass die Christen ihre Frauen verkaufen würden
und der eine die Frau eines anderen nehmen würde – Argumente, die wiederum die Polemik umkehren, die zuvor in den *Reisen* in Bezug auf die Sarazenen angeführt wurde. Ebenso verzichtet Diemeringen auf die etwas länger
gehaltene Kritik der unterschiedlichen Bekleidungsformen der Christen. Dazu
bemerkt der Sultan in der Velser-Handschrift:

Sie wissent nit wie sie sich claiden sollent, ye ainer über den andern, ainer kurtz, nun lang,
ainer eng, ainer wyt, ainer zerhowen, ainer zerlöchert, nun mit siden genätt, nun mit silber.
Das gehört úch núntz ʒů, wann ir soltent demüttig und ainfaltig sin ainer gen dem andern,

---

[599]   Vgl. Diemeringen-Hs. Sg1, fol. 104v: *„vnd meinent vnser Cristanphaffen sigent ʒe gitig uff*
gůt me denn die eren oder si selber".
[600]   Diemeringen-Hs. H1, fol. 136vf. Vgl. auch H, Ed. Martinsson, S. 178: *„Unde se meynen,*
unse ‚flammen', dat syn unse papen, de synt ghyrich uppe gud unde unkuscheyt unde uppe
wyff vorder wen up ander bosheyt, wen de eren synt edder se."

als úwer Jhesus was und ouch in sinen ewangelien gesprochen hatt, und an den ir gelou-
bent. Und was er úch gebotten hatt, so tůnd ir daz ander. (Vhs., 89f.)

Das Thema der Bekleidungsformen mutet zunächst vielleicht etwas beliebig
an, doch können einerseits außertextuelle Parallelen einer solchen Kritik an
extravaganter Kleidung aufgezeigt werden, wie es beispielsweise Warner in
Bezug auf englische literarische Satiren des 14. Jahrhunderts demonstriert.[601]
Andererseits kann davon ausgegangen werden, dass in der Kritik des Sultans
Kleidung als Mittel zur Repräsentation der Gesellschaft und der sozialen Unterschiede aufgefasst wird, durch das sich die *„grossen herren"*, die sich in
Silber und Seide kleiden, von den einfachen Leuten unterscheiden, die sich
den Luxus der ‚Extravaganz' nicht leisten können. Noch deutlicher wird aber
herausgestellt, dass sich die *„grossen herren"* untereinander unterscheiden
durch die verschiedenen ‚Modetrends', zu denen neben engen und weiten Ge-
wändern auch die Art von Kleidung zählt, die *„zerhowen"* und *„zerlôchert"* ist.
Dadurch präsentieren sich die Christen als eine sehr uneinheitliche Gemeinschaft. Es ist anzunehmen, dass hier in erster Linie eine spezifische spätmittelalterliche Modeerscheinung in den Blick genommen und eine Kleiderkritik
an ‚exzentrischen' Wohlhabenden geübt wird, deren Lasterhaftigkeit sich in
der unsittlichen Art sich zu kleiden – mit auffallenden und dekorativen Schlitzen und Löchern[602] – widerspiegelt. Bei der Kleidung handelt es sich also um

---

[601]   Vgl. Warner, The Buke of John Maundeuill, Komm., S. 193, der hier Parallelen zum *Brut*
         Chronicle herausstellt und das seit dem 14. Jahrhundert äußerst populäre Gedicht *Pricke*
         of Conscience von Hampole zitiert, in welchem der Zustand der Welt „[i]*n pompe and pri-*
         de and vanité" auch anhand des (männlichen) Kleidungsstils erfasst wird: *„For now wers*
         men short and now syde, / Now uses men narow and now wyde; / Som has þeir clethyng
         hyngand als stoles, / Som gas tatird as tatird foles, / Some gase wrynchand to and fra, /
         And some gas hypand als a ka." Vgl. Richard Rolle de Hampole: The Pricke of Conscience
         (Stimulus Conscientiae). A Northumbrian Poem. Copied and Edited from Mss. in the Li-
         brary of the British Museum, with an Introduction, Notes, and Glossarial Index by Rich-
         ard Morris. Berlin 1863, V. 1517, 1534-39 (S. 42f.). Die Ähnlichkeit könnte auf das Gedicht
         als Vorlage für die *Reisen* schließen lassen, was aber weder Warner noch Bennett erwä-
         gen; oder die Kleidungskritik stellt vielmehr einen Topos in der Argumentation für die
         Rückkehr zu einem Leben dar, das sich am Armutsideal orientiert. Bennett, Rediscovery,
         überlegt lediglich, was solche Parallelen über den Autor aussagten: „Extravagance of
         dress was a characteristic of the English frequently assailed by the moralists, and it was
         particularly in evidence after the plunder of France by the armies of Edward III. If the
         author was not English he knew a good deal about the English." (S. 177).

[602]   Vgl. allg. zur Kleiderkritik im Mittelalter: Ulrike Lehmann-Langholz: Kleiderkritik in
         mittelalterlicher Dichtung. Der arme Hartmann, Heinrich von Melk, Neidhart, Wernher
         der Gartenaere und ein Ausblick auf die Stellungnahmen spätmittelalterlicher Dichter.

ein Zeichensystem, das Ungleichheit und Uneinigkeit zwischen den Menschen darstellt und gesellschaftlich festschreibt, und damit der Forderung des Sultans, dass die Christen *„demůttig und ainfaltig* [...] *ainer gen dem andern"* sein sollten, entgegenläuft. Doch grenzt die Kleidung nicht nur die Menschen ihrem vermeintlichen Status entsprechend voneinander ab und hebt einzelne hervor, sie ist vielmehr auch Mittel zur Veränderung von Gottes Schöpfung. Denn obwohl der Mensch in seiner Nacktheit als Ebenbild Gottes geschaffen wurde, macht er sich durch luxuriöse Kleidung äußerlich schöner und ‚wertvoller' als er es innerlich und in seiner Kreatürlichkeit ist, beziehungsweise er grenzt sich so von Gott ab, was – unter Berücksichtigung des heilsgeschichtlichen Kontextes der ersten Bekleidung oder Verhüllung des Menschen im Paradies – als ein Zeichen für die menschliche Sündhaftigkeit gelesen werden kann.

Die Vorstellung, dass sich der Mensch durch extravagante Kleidung sowohl gegenüber seinen Mitmenschen als auch gegenüber Gott erhöht, kommt in den *Reisen* an einer anderen Stelle, in der Beschreibung des Verzichts auf schöne Kleidung deutlich zum Ausdruck. Die Darstellung der Brahmanen am

---

Frankfurt am Main 1985. Sie führt an, dass das Zerschneiden und Einschneiden der Kleidung, die sog. ‚Zaddelung', schon in den vierziger Jahren des 14. Jhs. von Kunrat von Ammenhausen in seinem *Schachzabelbuch* als Unsitte und als Teufelswerk kritisiert wurde: *„nu wil ich sicher wånen, das* / *der tievel habs verkêret* / *und den sîten nu geleret,* / *das man das gewant versnezet,* / *zerhadret und zervezet,* / *als einr durch dorn gezogen sî* / [...] *das ist sêre wider gote* / *und wider allem sîm gebote."* (*Schachzabelbuch* VV. 7660-7678, Lehmann-Langholz, S. 245-247). Die spätmittelalterliche fürstliche Mode, in welcher die Ärmel und Hosen mit Puffen und Schlitzen versehen waren, durch die das darunterliegende Hemd sichtbar war, kam erst um 1480 auf. Die fürstlichen Modetrends, zu denen die Schlitze in der Kleidung gehörten, breiteten sich, meist vom Hof der Herzöge von Burgund ausgehend, bald im ganzen europäischen Mittelalter aus. Vgl. hierzu Kirsten O. Frieling: Zwischen Abgrenzung und Einbindung. Kleidermoden im Reichsfürstenstand des späten 15. und frühen 16. Jahrhunderts. In: Ulrich Knefelkamp/ Kristian Bosselmann-Cyran (Hgg.): Grenze und Grenzüberschreitung im Mittelalter. 11. Symposium des Mediävistenverbandes vom 14. bis 17. März 2005 in Frankfurt an der Oder. Berlin 2007, S. 122-135, hier bes. S. 124-128. Doch nicht nur bei spätmittelalterlichen Fürsten, sondern stärker noch bei den Reisläufern und später den Landsknechten setzte sich die auffällige Mode der *„zerhowen*[en]" und *„zerlôchert*[en]" Kleidung durch und wurde im 16. Jh. beispielsweise von Hans Sachs deutlich kritisiert. Die Angabe des Sultans, dass die Kleidung der Christen *„zerhowen"* und *„zerlôchert"* sei, findet sich allerdings nur in der Vhs. Einzig der Cotton-Text gibt noch eine andere Variante an, die in den anderen Versionen nicht vorkommt, wenn dort gesagt wird, die Kleidung sei *„now streyt, now large, now swerded now daggered and in all manere gyses"* (Cotton-Version, Ed. Hamelius, S. 89). Der Verweis auf die ‚zerschlitzte' Mode, möglicherweise in Bezug auf die Söldner, die schließlich aus dem deutschen Sprachraum kamen und dort Bekanntheit erlangten, scheint in der Vhs. also sehr wahrscheinlich.

Ende des Berichts kann als positives Gegenstück zu den Vorwürfen des Sultans gelesen werden, denn die Brahmanen sind all das nicht, was den Christen angelastet wird, sondern ein Vorbild an Tugendhaftigkeit: „*Sie sind nit hochfertig noch gitig noch unkúnsch, und als vere ich mich verston, so behaltend sie baß die zehen gebott unsers herren wann kain volck das in der welt sy.*" (Vhs., 174f.). Und weil es ihnen in ihrem Land so gut ergeht, weder Unwetter noch sonst etwas Schlimmes ihnen je begegnet, wertet der Erzähler diesen Zustand im Gegensatz zum Zustand der Christenheit als Zeichen Gottes für die brahmanische Tugend- oder eben die eigene Sündhaftigkeit: „*Und das kumpt uns alles widerwärtig, und das ist unser súnd schuld. Da von ist es wol ain zaichen das sie gott lieb hat, und im ir werck wol gefallend.*" (Vhs., 175). Als sie einst Alexander der Große bedrängte und ihr Land erobern wollte, weiß der Erzähler zu berichten, dass sie ihm einen Brief schrieben, mit welchem sie ihn von seinem Vorhaben abbringen wollten. Denn, so schreiben sie, bei ihnen könne er sowieso keine wertvollen Eroberungen machen, da ihr Reichtum immateriell sei: „*Du solt och wissen das du in unserm land kain richtung nit findest, wan wir sin nit achtend. Wann von unserm schatz den wir habend in unserm land da wöllend wir dir von sagen: das ist ainikait und fryd mit gütterr frúntschafft an all böß list.*"[603] (Vhs., 176) Das erste Beispiel, das sie zur Verdeutlichung ihrer tugendhaften Lebensweise anführen, bezieht sich auf ihre Kleidung: „*Wir achtend uff kain edel túch dar umb das wir schön sygend, wann nun allain das unser scham mag decken. Wir begerend uns nit schöner zemachend denn unß gott geschaffen hat.*"[604] (Ebd.). Gerade ihre Begründung, sie wollten sich nicht schöner machen als sie Gott geschaffen hat, kann in der Umkehr eine Luxuskritik motivieren, die dann auch den *superbia*-Vorwurf impliziert, wie sie vom ägyptischen Sultan geäußert wird.[605]

---

[603] Der Ddr. verwendet hier eine deutlichere sakrale Lexik und lässt die Brahmanen eine Absage an den irdischen Reichtum machen. Diesem stellen sie *tugent* und *liebe* entgegen: „*wir hand keinen irdischen richtům vnd begerent sin ouch nit* [...]. *vnser schatz ist nit anders den frúntschafft tugent vnd liebe.*" (Ddr., S. 368).

[604] Im Ddr. wird dagegen der Scheinhaftigkeit der Kleidung Ausdruck gegeben: „*vnser kleid ist arm von har gemacht darjn binden wir vns vnd nit durch schyn oder durch glantz.*" (Ddr., S. 368). Man denke bei dieser Begrifflichkeit auch an die nur in der Diemeringen-Version vorkommende Lexik von „binden" und „entbinden" i.S.v. erlösen und verbannen, in Bezug auf den Papst, oben in der vorliegenden Arbeit, S. 137.

[605] Der Vorwurf der *superbia* wird in der Version des Cotton-Textes deutlicher geäußert und konsekutiv mit der Kritik der Kleidung verbunden: „*And þerewithall þei ben so proude þat þei knowen not how to ben clothed now long, now schort* [...]" (Ed. Hamelius, S. 89); ebenso in der Insularen Version: „*Et ovesqez ceo, ils sont si orgoillous q'ils ne scievent coment vestir, ore long, ore court,* [...]" (Ed. Deluz, S. 278). In der Vhs. wird zwar auch

DIE RHETORISCHE GESTALTUNG DER REDE DES SULTANS

Die Rede des Sultans ist neben ihrem Inhalt, den diversen Vorwürfen, Vergleichen und Forderungen auch in ihrer rhetorischen Gestaltung aufschlussreich,
besonders in der Velser-Handschrift. Denn der Sultan wechselt während seiner Rede die Form der Anrede an die Christen von der dritten Person Plural in
die zweite, und zwar an der Stelle, wo er über die Bekleidungsformen spricht:
„*Sie wissent nit wie sie sich claiden sôllent* [...]. *Das gehôrt úch núntz zů, wann
ir soltent demûttig und ainfaltig sin.*" (Vhs., 89f., Hervorhebungen hier und im
Folgenden von mir, C. H.). Der Wechsel der Anrede markiert auch den Wechsel von der Beobachtung, wie sich die Christen kleiden, zur Bewertung dieser
Beobachtung, beziehungsweise der Mahnung zur Besserung des Verhaltens.
Die Rezipienten werden dadurch stärker in die Rede des Sultans involviert
und direkt angesprochen. Dagegen wechselt der Paris-Text an der Stelle der
Kleidungskritik nicht in eine andere Anrede (*„Et ilz deussent estre simples et
humbles et charitables"*[606]), denn die gesamte Rede des Sultans ist dort in der
dritten Person Plural gehalten. Bis auf eine kleinere Ausnahme, die erstmalige
Nennung des ‚christlichen Gottes' und der Feststellung, die Christen hätten
wegen ihrer Sündhaftigkeit das Heilige Land und die Unterstützung Gottes verloren: „*Et aussi pour leur pechie ont il perdu toute celle terre que nous tenons;
car vostre Dieu la bailla en nos mains non pas pour nostre force mais pour leurs
pechiez.*"[607] Die solchermaßen gestaltete Rhetorik des Paris-Textes mit dieser
Ausnahme findet sich, mit kleinen Variationen, auch in den anderen Versionen.[608] Die Cotton-Version allerdings wechselt etwas später kurzfristig in die

---

gesagt, die Christen seien hochmütig, doch fehlt eine funktionale Verbindung zwischen
der Feststellung und der Kleiderkritik, sodass die Feststellung der „*hochfart*" sich sogar
eher auf das zuvor Gesagte bezieht: „*Und da von das sie die fúllin volbringent, so laicht
und betrúgt und verrâtt ainer den andern. Über das so sind sie aller hochfart vol. Sie wissent nit wie sie sich claiden sôllent,* [...]" (Vhs., S. 89).

[606] Paris-Text, Ed. Letts, S. 306.
[607] Ebd.
[608] Vgl. nnd.-md. Hs. Berlin, Staatsbibliothek, mgf. 204, fol. 55r, fol. 66rf.: „*wy weten wol vor
ware als gy kerstene gode wil denden dat he Jw denne solde wol helpen*" (Hervorhebungen
hier und im Folgenden von mir, C.H.); Cotton-Version, Ed. Hamelius, S. 89; Die Insulare
Version führt an dieser Stelle zwar mehrmals die 2. Pers. Pl. an, wechselt dann aber
wieder in die 3. Pers. Pl.: „*Et ensy pur lour pecchés ount ils perdu toute ceste terre qe nous
tenoms, qar pur lour pecchés vostre Dieu les bailla en noz mains noun pas par force de
nous, mes pur lour pecchés. Qar nous savoms bien de voir qe quant vous servez bien Dieu
et il vous voet aider nul porroit contre vous, et si savoms bien par noz prophecies qe cris-
tiens regaigneront ceste terre quant ils serviront lour Dieu plus devotement.*" (Ed. Deluz,
S. 279). In der Egerton-Version, Ed. Seymour, kommt der Wechsel in die 2. Pers. Pl. schon

zweite Person Plural, und zwar an der Stelle, wo es um die Prophezeiungen geht, also etwas Positives über die Christen gesagt wird, was vielleicht die Motivation zur moralischen Besserung verstärken soll: „*For wee knowen wel in verry soth þat whan ȝee seruen god god wil helpe ȝou, And whan he is with ȝou noman may ben aȝenst ȝou.*"[609]

Der Personen-Wechsel in der Anrede des Sultans wird von den Texten eingesetzt, um die Belehrung zu verschärfen („ihr solltet demütig sein"), den Gottesbezug deutlicher herauszustellen („euer Gott"), und um die Hoffnung auf einen Sieg der Christen gegen die Heiden zu schüren („Gott wird euch helfen"). Letztlich enden aber auch die Versionen, die einen einmaligen Wechel in die direkte Anrede gemacht haben, mit der Feststellung des Sultans: „*nous nauons point de paour deulz; car leur Dieu ne leur aideroit mie.*"[610] Nur die Velser-Handschrift vollzieht einen konsequenten Wechsel in die direkte Anrede der Christen mit „ihr" und formuliert somit auch das Ende der Rede des Sultans drastischer: „*Aber doch sag ich úch, die wil sie tůnd als sie hond an gefangen, so hond wir kain sorg vor in, wann úwer gott hilfft úch núntz.*" (Vhs., 90). Die Velser-Handschrift setzt die inhaltliche Reflexivität der Rede des Sultans auch formal-rhetorisch um, was keine Entsprechung im Paris-Text hat.[611] Doch findet sich diese rhetorische Gestaltung in ähnlicher Form auch, wie oben gezeigt, in einigen Texten der englischen Versionen, die dieses Mittel zur Intensivierung der Aussagen des Sultans und zur Evokation von Nähe nutzen.

---

etwas früher, nach dem Vorwurf des ‚Frauentauschs': „*And so þe lawe þat Criste gaffe ȝow wikkidly and ille ȝe despise and brekez it. And certaynely for ȝour synne ȝe hafe lost alle þis land, þe whilk we hafe and haldez, for bycause of ȝour ille liffing and ȝour synne and noȝt of oure strenth*" (S. 76). Die Bodley-Hs. Rawl D99, Ed. Letts, S. 431, dagegen hält die Ansprache in der Rede des Sultans zum größten Teil in der 2. Pers. Pl. und wechselt lediglich an der Stelle, wo der *superbia*- und der Kleider-Vorwurf gemacht werden, kurz in die 3. Pers. Pl.

609 Cotton-Version, Ed. Hamelius, S. 89.

610 Paris-Text, Ed. Letts, S. 306.

611 Die Alleinstellung der Vhs. an dieser Stelle entspricht der oben betrachteten (siehe Anm. 597) Rhetorik im Prolog, wo nur die Vhs. und die Ddr. (der an dieser Stelle jedoch nicht vergleichbar ist) anführen, dass „wir" zu viel unter „uns" selbst zu kämpfen hätten und „uns" gegenseitig betrügen würden, statt die Rückeroberung des Heiligen Landes anzugehen, und alle anderen gesichteten Versionen nicht von einem „wir" sprechen, sondern das Missverhalten der Obrigkeit bemängeln.

DER AUFRUF MANDEVILLES UND DAS ÜBERLEGENE WISSEN DES SULTANS

In der Antwort Mandevilles auf die Rede des Sultans wird die rhetorische Konstruktion nochmals geändert und dadurch das Herstellen von Nähe noch mehr verstärkt, wenn Mandeville nun von der zweiten Person Plural in die erste wechselt und die Christen durch das gemeinschaftskonstituierende „wir" als eine Einheit imaginiert, die derjenigen der Sarazenen gegenübersteht:

> *Nun sőllent ir sicherlichen wissen das daz gros schand und laster ist, das daz ungelöbig volck, daz da weder geloupt noch got erkennet, das uns daz sol strauffen. Da sőllent wir uns alle an stossen. Da von wundert mich núntzt, daz sie uns alle bőß und wild haissent, wann wir sind wol wild von allen gütten dingen. Und sie sprechent daz sie sälig und hailig syent, wann sie tünd was ir hailig büch Alkorem seyt, und daz in gott gesendet hat mit sinem botten und propheten Machomet.* (Vhs., 90f.)

Die vorherige Fremdkritik aus dem Mund des Sultans wird nun noch intensiviert in der (Selbst-)Kritik Mandevilles, die an alle Christen, den Erzähler eingeschlossen, gerichtet ist. Seine Worte bestätigen die Richtigkeit der Kritik des Sultans, sie sind aber auch ein Aufruf zur Empörung darüber, dass ein Volk ohne richtiges, wahres Gesetz die Christen, die den wahren Glauben besitzen, so zurechtweist: *„Da sőllent wir uns alle an stossen".* Hier zeigt sich die ambivalente Wertung der Autorität der Sarazenen, die letztlich nicht anerkannt wird, da sie sich nur über das genaue Wissen über die Christen und über die Verhältnisse in der Christenheit generiert, moralisch aber prekär ist. Denn die Sarazenen sind eigentlich als glaubhafte Autorität diskreditiert, da sich ihre vermeintlich vorbildliche Frömmigkeit und Gesetzeskonformität an das falsche Gesetz eines falschen Propheten richtet – und das ist es, was Mandeville empört.

Während die Velser-Handschrift und der Paris-Text die Feststellung der Frömmigkeit der Sarazenen aus der Perspektive der Sarazenen und im Konjunktiv der indirekten Rede schildern (*„sie sprechent daz sie sälig und hailig syent"*[612]), drückt sich in einigen englischen Versionen ein Zugeständnis der sarazenischen Vorbildlichkeit aus: *„Bot þai er riȝt deuote in þaire lawe and riȝt trewe and wele kepez þe comaundementz of þaire Alkaron whilk Godd sent to þam by his messangere Machomete".*[613] Die mögliche Vorbildlichkeit der sara-

---

[612]   Der Paris-Text, Ed. Letts, drückt dies ähnlich, allerdings indikativisch aus: *„Mais il dient que Sarrazins sont bons et loyaux, car ilz gardent entierement le commandement du saint liure Alcoram, que Dieu leur enuoia par son saint message leur prophete Mahommet"* (S. 307).

[613]   Egerton-Version, Ed. Seymour, S. 77. Ähnlich ist auch die Cotton-Version, Ed. Hamelius, S. 90: *„For the sarazines ben gode and feythfull, For þei kepen entierly the commandement of the holy book Alkaron þat god sente hem be his messager Machomet"*.

zenischen Glaubenspraxis und die grundsätzliche Falschheit ihres Glaubens werden hier zusammengeführt und verleihen dem Sultan in seiner überlegenen Position, aus der heraus er seine Kritik vorbringt, einen ambivalenten Status.

Wie der Sultan überhaupt in die Position gelangt, so ‚treffend' über die Lage der Christenheit zu sprechen und damit Mandevilles Aussage, den Christen gehe es „[v]on gottes gnaden, wol", zu widersprechen, wird vom Sultan auf die Nachfrage Mandevilles hin mit seinem System verdeckter und vielsprachiger Informanten erklärt:

> Und da fragt ich mit urlop kúng Soldan, wie er so wol wiste der cristen geschäfft. Do antwurt er mir und sprach, er wúste wol all gelegenhait der cristen von allen landen von herren, von botten wegen die sie uß santen in kouffmans wiß mit edlem gestain und mit balsam. Und do růfft er den herren wider in die kamer und zogt mir vier groß herren von sinen aigen landen, die sprachent als wol unser sprauch als wir, und der kúng ouch selber, da von mich sere wundert. (Vhs., 90)

Der Sultan begründet sein Wissen über die Christen damit, dass er Boten aussendet, die als Kaufleute auftreten und Informationen vor allem dadurch sammeln könnten, weil sie – wie auch er selbst und weitere „groß herren von sinen aigen landen" – die Sprache Mandevilles beherrschten. In anderen Versionen wird die Sprachgewandtheit der Sarazenen noch genauer ausgedrückt: So sprechen er und seine Vertrauten im Paris-Text „moult bel francois", in der Diemeringen-Version „die kriechesche vnd welsch vnt tütsch vnd vil ander sprachen" und in der Bodley-Version, der Übertragung einer lateinischen Version der Reisen, dementsprechend „good ffrenshe and Latyn".[614]

Der Aufruf Mandevilles zur Empörung über die Kritik von einem solchen „ungelöbig volck" schließt an diese Antwort des Sultans an und bezieht sich damit auch auf die Praxis der Informationsbeschaffung des Sultans, der die Christen ausspionieren lässt. Zudem impliziert die Erklärung des Sultans reflexiv eine Kultur- und Ausbildungskritik, die an die christlichen Missionstraktate erinnert, in denen das Erlernen der jeweiligen Sprache des zu missionierenden Volkes angeraten wird.[615] Der Sultan setzt das Prinzip, den Feind so gut

---

[614] Paris-Text, Ed. Letts, S. 306; Ddr., S. 383; Bodley-Version, Rawl D99, Ed. Letts, S. 432.

[615] Vgl. hierzu bspw. Münkler, Erfahrung des Fremden, S. 70f. u. 77-83, die das Missionsprogramm v. a. der Franziskaner diesbezüglich folgendermaßen zusammenfasst: „Der Erfolg der Mission wurde nicht mehr allein in der Vorbildlichkeit des Missionars, sondern in seiner Fähigkeit gegründet, interkulturelle Anknüpfungspunkte für die Vermittlung des wahren Glaubens aufzufinden. Vor die Aneignung des Fremden durch die Mission sollte die Aneignung von Wissen über die Fremden für die Mission treten." (S. 71). Riccold von Monte Croce, Ramon Llull u. a. setzten sich nachhaltig dafür ein, dass Missionare Fremdsprachen erlernen und nicht auf Dolmetscher zurückgreifen sollten.

wie möglich zu kennen, zu seinem Vorteil ein. Obwohl die Szene in der Version Diemeringens sehr gekürzt ist, beschreibt er die Fremdsprachenthematik relativ ausführlich und verdeutlicht die hier aufscheinende Problematik, dass die Sarazenen mehr wissen und ein besseres Informationssystem haben als die Christen, indem er den Vergleich mit den Europäern zieht: *„Jtem sie wissent vnser keiser künige vnd vnser prelaten vnd vnsers landes glouben vnd sitten baß denn wir der Jrem"* (Ddr., 383). Die Diemeringen-Handschrift Sg1 verstärkt das Wissen der Sarazenen über die christlichen Herrscher noch, wahrscheinlich unbeabsichtigt als Verlesung, wenn sie sagt, *„die heidan"* würden die christlichen Herrscher und Sitten *„bas denn der Jren"* kennen.[616] Zum Beweis dafür, dass die Aussagen des Sultans wahr sind, lässt der Sultan in den anderen Versionen die ‚großen Herren', die er vor dem Gespräch aus seiner Kammer gebeten hat, wieder hereinkommen, damit sie Mandeville ihre Sprachenkenntnisse vorführen. Diese inszenierte unmittelbare Erfahrung des hohen Bildungsstandes der Sarazenen führt dazu, dass sich Mandeville sehr darüber wundert: *„die sprachent als wol unser sprauch als wir, und der kúng ouch selber, da von mich sere wundert."* (Vhs., 90) Das Wundern Mandevilles ist Ausdruck einer durch die Begegnung mit etwas Unerwartetem ausgelösten Selbst-Reflexion, in der Eigenes und Fremdes, beziehungsweise vorheriges Wissen und aktuelles Erfahrungswissen, miteinander abgeglichen werden und dabei eine Inkongruenz festgestellt wird.

Gerade das Wundern Mandevilles über die Fremdsprachenkenntnisse der Sarazenen widerspricht der Auffassung Michelets, die in der dargestellten Sprachthematik eine Aneignung des Fremden sieht und letztlich sogar einen Ausdruck von Mandevilles ‚assimilistischer' Haltung: „The Saracens' command of French [...] tames, plays down, and negates their alterity. The narrator explicitly does with the Saracens as he implicitly does with the rest of the world: he incorporates them into his own linguistic sphere."[617] Demgegenüber kann hier gezeigt werden, dass der Erzähler die Sarazenen von den Christen absetzt, indem er staunend und in einer kritischen Selbstreflexion herausstellt, dass sie sich erfolgreich einer Kulturtechnik bedienen, die die Christen selbst nicht beherrschen und von der die Christen bislang auch nicht wussten, dass die Sarazenen sie anwenden. Es kann somit im Gegensatz zu Michelets These festgestellt werden, dass durch diese Unterscheidung Alterität vielmehr hergestellt und nicht abgebaut wird und die Sarazenen nicht linguistisch inkorporiert, sondern als linguistisch überlegen dargestellt werden.

---

[616]   Diemeringen-Hs. Sg1, fol. 104v.
[617]   Michelet, Reading and Writing the East, S. 297.

SCHLUSSBETRACHTUNGEN

Die Autorität des Sultans, die auch intradiegetisch vom Erzähler akzeptiert wird, generiert sich durch sein Wissen über andere Kulturen, dezidiert die christliche, sein (außen-)politisches Geschick und durch das der christlichen Kultur überlegene Sprach-Ausbildungssystem der Sarazenen. Darstellungstechnisch wird das Gespräch mit dem Sultan durch die Situierung in der privaten Kammer und die in direkter Rede gehaltene Dialogform stärker authentifiziert und über rhetorische Formen der Annäherung an die Angesprochenen und den Einbezug der Rezipienten konkretisiert. Doch bleibt der Status der Sarazenen ambivalent oder sogar paradox: Denn obwohl sie so viel über den moralischen Verfall in der Christenheit wissen, haben sie einen falschen Glauben und sind deswegen religiös und moralisch diskreditiert. Die an die christlichen Sünder gerichtete Kritik kommt somit von den noch sündhafteren Häretikern, die eigentlich das System ablehnen, innerhalb dessen sie die Christen bewerten. Einerseits zeigt sich darin die Inszenierung der Kritik, also die Reflexivität eigener Werte im Spiegel des Fremden, andererseits ist die Struktur dieser Spiegelung in beide Richtungen jeweils umgekehrt, wodurch sich die Kritik nicht nur reflexiv auf das Eigene bezieht, sondern in unterschiedlichen Punkten für beide Seiten gilt: Während die Sarazenen die Glaubenspraxis der Christen kritisieren, den christlichen Glauben aber für den letzten Endes besseren und reüssierenden halten, lobt Mandeville die vermeintlich vorbildliche Glaubenspraxis und Frömmigkeit der Sarazenen, die aber durch das falsche Gesetz und den falschen Glauben motiviert sind. Die Unterscheidung von Dogma und Praxis zeigt sich somit als Konstituens der wertenden Darstellung der eigenen Glaubenspraxis und des fremden Glaubensdogmas und ermöglicht dem Erzähler eine differenzierte Sicht sowohl auf das Fremde wie auch auf das Eigene.

Eine solche Darstellungsmethode der Spiegelung mit verkehrten Wertungen zeigt sich auch in der Gegenüberstellung von Christus, wie er vom Sultan als Vorbild der Christen beschrieben wird, und dem *„bůch Alkorem"*, von dem der Erzähler berichtet, und der Art und Weise, wie über diese beiden Medien gesprochen wird. Zum einen moniert der Sultan: *„ir soltent demůttig und ainfaltig sin [...] als ůwer Jhesus was und ouch in sinen ewangelien gesprochen hatt, und an den ir gelöubent. Und was er ůch gebotten hatt, so tůnd ir daz ander."* (Vhs., 90). Zum anderen berichtet Mandeville, wie sich die Sarazenen als fromme und gottesfürchtige Gläubige beschreiben: *„sie sprechent daz sie sålig und hailig syent, wann sie tůnd was ir hailig bůch Alkorem seyt, und daz in gott gesendet hat mit sinem botten und propheten Machomet. Wann sie*

sprechent daz Gabriel der engel ouch mit im redt [...]" (Vhs., 90f.). Nicht nur
werden durch diese in der Rhetorik der Fremdbeschreibung gehaltenen Aussagen die tugendhaften und gesetzestreuen Sarazenen den sittenlosen Christen
gegenübergestellt (*„was er úch gebotten hatt, so tůnd ir daz ander"* / *„wann
sie tůnd was ir hailig bůch Alkorem seyt"*). Sondern die paradoxe christliche
Heilsmedialität durch Christus, die auch in den Worten des Sultans erkennbar
ist (hier als *exemplum* (*„als úwer Jhesus was"*), Rede (*„und ouch in sinen ewangelien gesprochen hatt"*), Gebote in der Schrift (*„was er úch gebotten hatt"*),
verwirklicht im Glauben (*„an den ir geloubent"*)) sieht sich der vermeintlichen
Heilsmedialität zwischen Gott, Gabriel, Mohammed und dem *„bůch Alkorem"*
gegenübergestellt, die schließlich in der darauf folgenden Episode als Betrug
diskreditiert wird. Während bei letzteren die Vermittlung der göttlichen Bot-
schaft über verschiedene ‚Medien' beschrieben wird, die sich jedoch als unzu-
verlässig erweisen und deren Zusammenwirken unklar ist, bleibt die Konstituierung der Vermittlung durch Christus in der Art und Weise der Darstellung
verborgen. Christus ist Vorbild, Sprecher, Wort, göttlicher Wille und Gesetz in
der Schrift in einem, wohingegen die Heilsautorität des ‚sprechenden' *„bůchs"*
der Sarazenen fraglich erscheint. In der Gegenüberstellung von Christus und
dem Koran lässt sich somit die strukturelle Unterscheidung von ausgestellter,
gestörter und verborgener, funktionierender Heilsvermittlung beobachten. In
der erzählerischen Darstellung spielen hier wie auch insgesamt im Sarazenen-
Kapitel die Unterscheidung von Dogma und Praxis und die grundlegenden
Differenzierungskonstanten zur Abgrenzung fremder von christlicher Heilsmedialität zusammen.

Die Ambivalenzen in der Darstellung der Sarazenen und des Sultans sind
nur auf den ersten Blick vorhanden, denn die expliziten und impliziten Zu-
ordnungen und die dabei wirksam werdenden Wertungsparadigmen konstituieren fortlaufend Abgrenzungen zwischen dem christlichen und dem nicht-
christlichen Glaubenssystem. Beide Systeme sind dabei durch verschiedene
Heilslogiken gekennzeichnet, die sich gleichermaßen aus jeder inszenierten
Perspektive des Textes abzeichnen. Die Abgrenzungen laufen letztlich immer
auf zwei Wertungen hinaus, und zwar einerseits auf die Bestätigung der Überlegenheit und Wahrheit des christlichen Glaubens, was selbst aus der Perspektive der Sarazenen durch die von ihnen angeführten Prophezeiungen vom
Sieg des Christentums und dem Niedergang des Islam zum Ausdruck gebracht
wird. Andererseits auf die Aufdeckung einer korrumpierten Glaubenspraxis
der Christen, welcher die Frömmigkeit und die Gesetzeskonformität der fremden Religionsgemeinschaft als positives Gegenbild gegenübergestellt wird.

III. Übergangsepisoden: Problematisierung christlicher Glaubensinstitutionen

Der allmähliche Übergang vom ersten zum zweiten Teil der *Reisen* nach dem Sarazenen-Kapitel ist gekennzeichnet durch Überlagerungen der spezifischen Kennzeichen des Heils- und des Machtraumes, doch gehen die Frequenz der Heilsorte, die Vernetztheit des Heilsraumes und die Nachvollziehbarkeit eines auf ein Ziel ausgerichteten Weges immer mehr verloren. Wege und Stationen werden genannt, doch fehlen Entfernungsangaben. Der Erzähler vollzieht Sprünge zu einzelnen Punkten in der weiteren Umgebung des Heiligen Landes, an dessen Rand er sich gewissenmaßen befindet, und berichtet von Orten, die für Christen heilsrelevant sind, wie vom Berg Ararat mit den Überresten der Arche oder vom Land Hiobs, wo man Mannabrot auf den Bergen findet.[618] Diese immer weitläufiger verstreuten christlichen Heilsorte werden unterbrochen von kurzen Erzählungen wunderbarer Völker wie den weißen Einwohnern Albaniens und den Amazonen, oder von der Geschichte über die Sperber-Burg, die märchenhafte Elemente mit einer zeitgenössischen Kritik am Templerorden verbindet. Die episodenhafte Erzählstruktur verknüpft Orte, Städte und Länder mit Ereignissen aus der Vergangenheit sowie mit Erzählungen über wunderbare Abenteuer oder Völker. Dabei können sich Wunder als christliches Heilsereignis und *wunder* als Wunderbares der Fremde überlagern und Ambivalenzen der Deutung der Phänomene in diesem Raum zwischen Heil und Macht aufspannen.

In den folgenden drei Übergangsepisoden im Grenzbereich zwischen Heils- und Machtraum, der Erzählung über den Bischof Athanasius, der abenteuerlichen Prüfung auf der Sperberburg und dem Bericht von der Stadt Toth, in der keine Christen leben können, wird diese Ambivalenz in der Deutung von Phänomenen vorgeführt und aufgezeigt, wie arbiträr die Grenzen der Unterscheidung zwischen richtig und falsch, Göttlichem und Übernatürlich-Phantastischem, oder Heil und Unheil gezogen werden können. Des Weiteren werden in ihnen Themen aufgegriffen, die in den *Reisen* immer wiederkehren: Einerseits zeigt sich auch hier ein kritischer Blick auf die christlichen Glaubensinstitutionen wie das Papsttum oder den geistlichen Ritterorden der Templer. Andererseits wird der Übergangsbereich mit einer Episode abgeschlossen, die, ähnlich wie der „schlimme Weg" zu den Sarazenen, den Raum negativ semantisiert und so eine Grenze markiert, die das Ende der bekannten, christlichen Welt anzeigt.

---

[618] Vgl. Vhs., S. 96-98.

1. Athanasius und der Papst: Heiliger oder Häretiker?

Die erste längere Erzählung im Übergangsbereich vom ersten zum zweiten Teil der *Reisen* handelt von Athanasius, dem einstigen Bischof von Alexandria, der in der Stadt Trapezunt begraben liege. Er sei, so der Erzähler, ein großer Gelehrter gewesen und habe den Psalm *„quicumque vult salvus esse"* verfasst, der Eingang in die monastische Liturgie gefunden habe und jeweils zur Prim gelesen werde.[619] Diese Punkte fassen schon den Inhalt der Episode in der Diemeringen-Version zusammen, die sie in verkürzter Form wiedergibt, sodass die eigentliche Problemlage gar nicht zur Sprache kommt.[620] Die anderen Versionen berichten davon, dass der Bischof aufgrund seiner Frömmigkeit und Gelehrtheit vom Papst als Häretiker verurteilt wurde, nachdem ihn Andere aus Neid oder Bosheit in Rom angezeigt hatten:

---

[619] Athanasius von Alexandrien (ca. 295-373) war ein frühbyzantinischer Theologe, der später auch im Westen als Lehrautorität und Kirchenvater anerkannt wurde. Er war als griechischer Ägypter seit 328 Bischof von Alexandria. Als Gegner des Arius (gest. 336) ging er selbst stark gegen Häresien vor, musste aber während seiner Amtszeit 17 Jahre im Exil verbringen (Trier, Italien, Oberägypten), da er von arianerfreundlichen Kaisern und von den Synoden von Arles und Mailand als Ketzer verurteilt und mehrmals verbannt wurde. Papst Liberius unterstützte ihn zunächst. Athanasius stand selbst inmitten der Auseinandersetzungen der frühen Kirche zwischen Orthodoxie und Häresie (‚arianischer Streit') und war ein vehementer Verteidiger des nicaenischen Bekenntnisses. Der Lehrsatz *„Quicumque vult"*, bzw. das ‚Credo des Heiligen Athanasius'/ ‚Athanasisches Glaubensbekenntnis'/ ‚*Symbolum Athanasianum*', oder auch *Pseudo-Athanasianum* betont die Trinität und die Inkarnation, wurde eines der drei ökumenischen Glaubensbekenntnisse und ging in die monastische Liturgie, wo es zur sonntäglichen Prim gelesen wurde, sowie seit der Karolingerzeit in den Gottesdienst ein. Bis ins 17. Jh. wurde das Credo Athanasius zugeschrieben, was heute allerdings als unwahrscheinlich gilt. Es wird vermutet, dass der lat. Text im 5. Jh. in Gallien entstanden ist. Vgl. hierzu Martin Tetz: (Art.) Athanasius von Alexandrien. In: TRE, Bd. 4 (1979), S. 333-349, Uta Heil: (Art.) Athanasius von Alexandrien. In: Lexikon der antiken christlichen Literatur. Hg. v. Siegmar Döpp und Wilhelm Geerlings. Freiburg/ Basel u. a. ³2002, S. 69-76, und Wolfgang A. Bienert: Athanasius von Alexandrien – Kirchenvater der einen Christenheit. In: Johannes Arnold u. a. (Hg.): Väter der Kirche. Ekklesiales Denken von den Anfängen bis in die Neuzeit. Paderborn/ Zürich 2004, S. 167-188. Warner, The Buke of John Maundeuill, Komm., S. 194, stellt die Überlegung einer möglichen Verwechslung mit einem anderen Athanasius aus dem 10. Jh. an, welcher aus Trapezunt stammte und dort von einem Gewölbebogen erschlagen worden sei. Diese Annahme übernimmt Seymour, Ed. Egerton, Komm., S. 188, und verweist darauf, dass Athanasius von Alexandrien nicht in Trapezunt, sondern in Alexandria begraben wurde.

[620] Vgl. Ddr., S. 277. Ebenso geben die Diem.-Hss. die Episode in dieser kurzen Form wieder, vgl. Hs. Sg1, fol. 48v, oder Hs. H1, fol. 72v.

Der selb bischoff waz ain grosser lerer in der hailigen geschrifft, und da von daz er als wol und tief prediget von der hailigen trifaltigkait, do ward dem bapst von im geseit, er wer ain ketzer und seite wider christenlichen globen. Do sant der bapst von Rom nach im und leit in gefangen. Do machet er in der gefengknůß den psalmen, 'Quicunque vult salvus esse', und sant in dem bapst und sprach, sider er ain ketzer were, so werent die artickel in dem psalmen nit gůt, wann daz wer sin geloub. Und do der bapst den psalmen sach, do sprach er daz er ain gůt cristen wer, und der cristen glaub wer gantz und gar in dem psalter, und gebot als wit die cristenhait waz, daz man den psalmen all tag zů prime zitt sŏlte leßen. Und der bapst hett den bischoff für ainen hailigen man, und nam in uß der gefangknůß. Er wolt aber nůmer me kumen uf sin bistum (Vhs., 94f.)

Die Episode stellt zum einen die Problematik der richtigen Unterscheidung zwischen Häresie und Rechtgläubigkeit heraus. Dabei wird der Papst diskreditiert, der in seiner Funktion als Stellvertreter Christi und Oberhaupt der lateinischen Kirche die rechte Lehre und die Heiligkeit des Athanasius erkennen sollte, diesen stattdessen aber verfolgen lässt und häretisiert. Zum anderen wird die Problematik der Unterscheidung zwischen Häresie und Rechtgläubigkeit anhand von unterschiedlichen medialen Prozessen aufgezeigt, wenn im Gegensatz zur mündlichen Verleumdung vor dem Papst das schriftlich gefasste Glaubensbekenntnis des Athanasius keiner Deutung bedarf, da es den christlichen Glauben *„gantz und gar"* in sich trage und sich so in ihm gleichsam unmittelbar eine göttliche Wahrheit offenbart. Es wird hier vorgeführt, wie beeinflussbar die Institution der römischen Kirche ist und wie sie mit ihren Verdikten widersprüchliche Wirklichkeiten schaffen kann, in denen Athanasius mal zum Häretiker, mal zum Heiligen erklärt wird. Dass Diemeringen auf den Teil der Episode verzichtet, der ein Fehlverhalten der römischen Kirche beschreibt, ist wahrscheinlich ein Hinweis auf die Brisanz der Textstelle, zumal nicht nachzuvollziehen ist, woher Mandeville diese Entstehungsgeschichte des Athanasischen Glaubensbekenntnisses bezogen hat.[621]

---

[621] Mit der vorliegenden Episode beginnt Mandevilles Bezugnahme auf seine Hauptquelle für den zweiten Teil, die *Relatio* Odoricos von Pordenone. In dessen Bericht findet sich jedoch der Teil der Geschichte nicht, in dem der Papst Athanasius als Ketzer ins Gefängnis werfen ließ. Bei Odorico ist die Episode sehr kurz gehalten: *„In hac civitate positum est corpus Atanasii super ipsius portam civitatis. Et iste Atanasius fecit symbolum quod incipit: Quicumque vult."* Schon Konrad Steckels Übersetzung von Odoricos Bericht baut sie etwas weiter aus: *„Jn der selbn statt ze <Trapesonda> leit Sand Athanasy leichnam ob dem tór der selbn statt. Der hat gemacht den glaẃbn 'Quicumque vult saluus esse' vnd daß 'Salue festa dieß' vnd vil ander schóner vnd heyliger gschrifft."* (Odorico/Steckel, Ed. Strasmann, S. 40f.). Warner, The Buke of John Maundeuill, Komm., S. 194, bezeichnet Mandevilles Geschichte als eine „highly fanciful continuation" von Odoricos Angabe, Athanasius hätte den Psalm *„Quicumque vult"* verfasst, die jedoch nur in einer Odorico-Hs. vorhanden sei.

Der kritische Punkt der Geschichte ist die Fehlentscheidung des Papstes,[622] wobei auffällt, dass bei der Aussage, der Papst hätte Athanasius ins Gefängnis sperren lassen, wieder die Zuschreibung an den Papst „von Rom" gemacht wird. Wie schon in der Episode über die griechischen Christen wird auch hier mit der Lokalisierung des Papstes in Rom einerseits ein Topos gebraucht und Rom als symbolischer Ort vorgestellt. Andererseits jedoch ist dieser durch das avignonesische Exil und das darauf folgende Große Abendländische Schisma zu einem problematischen Ort geworden und das mit Rom symbolisch verbundene Papsttum zu einer Institution, die ihre Autorität und Glaubwürdigkeit selbst unterminiert. Es ist davon auszugehen, dass durch die eigentlich tautologische Verbindung des Papstes mit Rom auf die problematische Lage des Papsttums verwiesen wird, zumal während der Entstehung der Velser-Handschrift um 1390 sowohl ein Papst in Rom als auch ein Papst in Avignon residierte. Es zeigen sich in dieser Textstelle der verschiedenen Versionen außerdem dieselben Varianzen wie schon beim Brief der Griechen an den Papst. Denn auch hier führen die älteren Texte, der Paris-Text (1371), die Velser-Handschrift (um 1390) und der Cotton-Text (um 1400) die Lokalisierung des Papstes in Rom an, während die jüngeren Texte, die Velser-Hs. N (1459) und der Velser-Druck (1480), sowie die nordniederdeutsche Version (3. V. 15. Jh.) und die Egerton-Version (1400-1430) auf den lokalisierenden Zusatz verzichten. Durch diese Verteilung kann angenommen werden, dass ein Zusammenhang zwischen der Anführung oder der Weglassung von Rom in den Texten und der realhistorischen Situation besteht, zumal die Texte der letzten Gruppe wahrscheinlich alle nach der Beendigung des Großen Abendländischen Schismas (1417) entstanden sind.

Doch nicht nur der Papst und allgemeiner die Institution des römischen Papsttums werden durch die Geschichte des Athanasius diskreditiert, sondern es geht auch um einen innerkirchlichen Konflikt, um Neid und Konkurrenz zwischen den Geistlichen, die einen der ihren vor dem Papst verleumden, und außerdem um die Deutungshoheit des rechten Glaubens. Interessanterweise können bei einem Vergleich der Geschichte in der Version des Sorgschen Erst- und Zweitdruckes mit dem Nachdruck von Schönsperger Texterweiterungen des Schönsperger-Druckes beobachtet werden. Diese fokussieren die sakrale Lexik der Szene und betonen die Heiligkeit und Göttlichkeit der involvierten Personen und Elemente und bringen somit Deutungen ein. Ergänzungen gegenüber dem Sorg-Druck von 1481 (fol. 47r) sind unterstrichen:

---

[622]   Für Hamelius, Ed. Cotton-Version, Bd. II, beinhaltet die Geschichte über die Auseinandersetzung zwischen Athanasius und dem Papst hauptsächlich „one more attack upon the Papacy." (S. 89).

*In der Stat trapezod do ligt Anastasius der heilig vnnd andechtig Bischoff. [...] Derselb
bischoff der was gar ein grosser lerer der heyligen götlichen geschrifft. Vnnd darumb daz
er so tieff vnnd hoch prediget von der heyligen trifaltigkeyt vnnd do ward dem heiligen
vater dem Babst von im gesagt er wer ein rechter keczer vnnd prediget vnnd sagt wider den
heylygen cristenlichen gelauben. Do senndet der babst von stunden an nach im vnnd hieß
in gefangen legen. Vnnd do machet er den psalm [...] vnnd sendet in vnserm heyligen vater
dem babst. [...] Do der babst den psalm laß do sprach er Der heilig cristenlich gelaub ist
groß vnd ist auch gar vnd gancz in dem psalmen.*
(Schönsperger-Druck 1482, 2 Inc c.a. 1239, fol. 46v. Hervorhebungen von mir, C.H.; Streichungen gegenüber dem Sorg-Druck liegen hier keine vor.)

Der Schönsperger-Druck fügt Ergänzungen bei den zentralen Begriffen der
christlichen Lebens- und Glaubenswelt ein, wie dem des ‚Papstes' und dem des
„*christenlichen gelauben*", die durch die Attribuierung „*heilig*" noch stärker dogmatisch aufgeladen werden. Inhaltliche Änderungen des Schönsperger-Druckes
sind allein schon deshalb interessant, weil Schönsperger seine Vorlagen schnell
und kostensparend nachdruckte und somit sicherlich wenig Zeit für Textänderungen einplante. Die eingeschobenen Betonungen, wie sie hier zu beobachten
sind, wirken oft pleonastisch und stellen bekannte Zwillingsformeln her, die in
der Vorlage so nicht vorkommen. Einerseits verstärken sie die Diskrepanz zwischen dem „*rechte*[n] *keczer*" und dem „*heyligen vater dem babst*", andererseits
scheinen sie aber gerade durch die Repetition und die damit einhergehende
Überdeterminiertheit das in Frage zu stellen, was sie so hervorheben: Denn
wenn sowohl der Bischof/Ketzer als auch der Papst/Heiligenverfolger als „*heilig*" bezeichnet werden und der ebenso „*heilige*" christliche Glaube der Aussage
des – allerdings in seiner Urteilskraft fragwürdig erscheinenden – Papstes nach
so groß ist, dass letztlich doch alle von ihm beschirmt sind, wird dann der Sinn-
gehalt des Begriffs des ‚Heiligen' in dieser Floskelhaftigkeit nicht aufgeweicht
und wirkt er somit nicht beliebig? Auch die Hinzufügung bei der Beschreibung
des Bischofs, er predigte nicht nur „*so tieff*", also innig oder tiefgründig, sondern auch „*hoch*", könnte auf einen ins Unsinnige laufenden Ergänzungs- und
Übersteigerungswillen hinweisen. Sie kann aber auch so gelesen werden, dass
der Bischof in seiner Gläubigkeit und Gelehrtheit an die Grenzen des institutionalisierten Glaubens stößt. Diese Bewegung an die Grenzen würde dann sprachlich mit den Extremen „*so tieff vnnd hoch*" zum Ausdruck gebracht. Es stellt sich
somit die Frage, inwieweit diese beiden Lesarten zusammenspielen.

　　Die Episode thematisiert schließlich die problematischen Grenzziehun-
gen zwischen religiösem Übereifer, Ketzerei und Kirchen- oder Glaubenstreue,
zwischem richtigem und falschem (christlichem) Glauben, wie auch die Möglichkeiten der Mediatisierung der Wahrhaftigkeit des Glaubens in Wort, Tat
und Schrift. Durch die formelhafte Repetition des Begriffs des ‚Heiligen' bei

Schönsperger entsteht der Eindruck, als ob der Begriff des ‚Heiligen' nurmehr als Worthülle und sinnentleertes Epitheton verwendet wird.[623] Die in dieser Art der Darstellung erkennbare gestörte Form-Inhalt-Relation steht im Gegensatz zum Inhalt der Erzählung, wo es gerade darum geht, die Schrift (den Psalm) mit Sinn und Heiligkeit zu füllen.

In der Erzählung revidiert der Papst sein Urteil erst, nachdem Athanasius ihm seinen Psalm mit der Argumentation zukommen lässt, die (Glaubens-)Sätze in dem Psalm könnten nicht richtig sein, wenn er ein Ketzer wäre: „[Athanasius] *sprach, sider er ain ketzer were, so werent die artickel in dem psalmen nit gůt, wann daz wer sin geloub. Und do der bapst den psalmen sach, do sprach er daz er ain gůt cristen wer, und der cristen glaub wer gantz und gar in dem psalter*"[624] (Vhs., 94). Der Papst konstatiert, dass Athanasius den christlichen Glauben vollständig in die Schrift, beziehungsweise den von ihm verfassten Psalm, gelegt und sich damit als guter Christ erwiesen habe und bestätigt mit der Anerkennung der Wahrheit der Schrift gleichzeitig die Rechtgläubigkeit des Bischofs. Gemäß diesem Beweis seiner Heiligkeit erklärt ihn der Papst dann auch zum Heiligen: „*Und der bapst hett den bischoff für ainen hailigen man, und nam in uß der gefangknüß.*" (Vhs., 95). In der Art und Weise, wie der Papst letztlich sein Urteil revidiert, zeigt sich eine Überlegenheit der Vermittlung der göttlichen Wahrheit durch die Schrift, der sich auch der Papst unterordnen muss. Während die mündlich ablaufende Verleumdung des Athanasi-

---

[623]   In der vergleichenden Lesart der Episode kann man letztlich dem Schönsperger-Druck einen veruneindeutigenden, vielleicht auch ironisierenden Effekt in Bezug auf das institutionelle Heiligkeitskonzept attestieren. Wollte Schönsperger gezielt solche kritischen Stellen bearbeiten und den traditionellen, institutionalisierten Heiligkeitsbegriff aufweichen, um mit ‚seinem' *Mandeville* ein reformwilliges, klerus- und kirchenkritisches städtisches Publikum zu erreichen? Im Schönsperger-Druck zeigt sich offensichtlich die Fortsetzung einer Tendenz, welche schon der Sorg-Druck im Vergleich zur handschriftlichen Überlieferung der Velser-Übersetzung aufweist: den Hang zu „Textmanipulationen" und damit zur verbalen Vereindeutigung besonders an solchen Stellen, in denen christliche Heiligkeitskonzepte, oft auch in Gegenüberstellung zu nicht-christlichen, zur Debatte stehen. Verbale Vereindeutigung muss aber nicht unbedingt mit Vereindeutigung auf der Diskursebene des Narrativs einhergehen und kann Bedeutungserweiterungen und Ambivalenzen produzieren, die sich nicht immer in eine Richtung auflösen lassen. Das obige Beispiel nährt die Vermutung, dass in der Fortsetzung der Drucke solche Tendenzen noch verstärkt werden.

[624]   Im Gegensatz zur Hs. ändert der Vdr. hier die indirekte Rede zur direkten Rede (*„vnd sprach seÿdt das jch ein kecʒer bin so seind die artickel nit gůt. wann das ist mein gelaub.*" Vdr., S. 97), außerdem „liest" der Papst den Psalm und „sieht" ihn nicht nur, wie es auch in der Hs. N angeführt ist (fol. 82r); und antwortet dann: *„der christenlich glaub ist groß vnd ist auch gar in dem psalm*" (Vdr., S. 97).

us zu seiner Fehlverurteilung führt, wird die Heiligkeit des Athanasius durch die Wahrhaftigkeit der Schrift (des Psalms) offenbar, die sich damit als mächtiger und vor allem wahrhaftiger als der Papst erweist. Schriftheiligkeit steht hier gewissermaßen der prekären Heiligkeit von Personen gegenüber und es ist die Schrift, die das Fehlurteil des Papstes korrigieren muss. Das kritische Potential der Episode zeigt sich also nicht nur direkt darin, dass der Papst einen Heiligen als Häretiker verurteilt (auch wenn er diese Verurteilung wieder zurücknimmt), sondern auch indirekter in der Demonstration der Superiorität der (heiligen) Schrift gegenüber dem Urteil des Klerus und des Papstes.

Die Episode endet damit, dass der Bischof, obwohl vom Papst heilig gesprochen, nicht mehr auf sein Bistum zurückkehrt. Während die Velser-Versionen diese Feststellung unbegründet lassen (*„Er wolt aber númer me kumen uf sin bistum"*, Vhs., 95), führen die anderen Versionen die Gründe dafür an: *„Mais onques puis il ne voult retourner a son eueschie, pour ce que on li mist sus heresie par enuie."*[625] Der Paris-Text spricht also deutlich den Häresievorwurf an und erklärt, dass er aus Neid vorgebracht worden sei. Der Cotton-Text gibt dagegen nur an, dass Athanasius der Häresie bezichtigt worden sei (*„because þat þei accused him of heresye"*[626]), und der Egerton-Text erklärt am ausführlichsten: *„for þat wikked men had thurgh hatredyn accused him to þe pape."*[627] Im Egerton-Text wird auch schon zu Beginn der Episode Athanasius explizit von den ‚Anderen' abgegrenzt, wenn dort gesagt wird, *„he preched mare profoundely of haly writte þan oþer didd"*,[628] was den aus Neid entstandenen Hass (*hatredyn*) als Beweggrund für die Anklage vor dem Papst noch verdeutlicht. Die Ähnlichkeit der Erklärungen spricht dafür, dass in der Velser-Übersetzung der Grund für die Weigerung der Rückkehr Athanasius' wahrscheinlich als selbsterklärend angesehen wurde, sodass er am Ende der Episode nicht mehr angeführt wurde. Doch wird bei Velser dadurch eine Kritik an den (anonymen) Verleumdern zurückgenommen und der Papst als Hauptziel der Kritik herausgestellt.

---

[625]   Paris-Text, Ed. Letts, S. 311.

[626]   Cotton-Version, Ed. Hamelius, S. 97. Die gleiche Formulierung findet sich in der Defective-Version, Ed. Seymour, S. 65.

[627]   Egerton-Version, Ed. Seymour, S. 81. In den beiden engl. Bodley-Hss. (Ed. Seymour und Ed. Letts) kommt die Episode nicht vor, sondern an das ‚Gespräch mit dem Sultan' schließt gleich die Geschichte von der Sperberburg an.

[628]   Egerton-Version, Ed. Seymour, S. 81.

2. Hochmut- und Luxuskritik auf der Sperberburg

Im Anschluss an die Geschichte über den Bischof Athanasius berichtet der Erzähler von einem Ort *„in dem selben land"* (Vhs., 95), an dem Christen leben und wo man ein wunderbares Abenteuer finden könne, an dem sich schon mancher probiert hätte. Es handelt sich dabei um die *„Spårwers burg"* in der Nähe des Dorfes *„Persibeth"*,[629] dessen *herre „rich und byderb und [...] cristen"* sei (ebd.). Der vagen Lokalisierung in der Velser-Handschrift stehen ausführlichere Beschreibungen der Lage der Sperberburg in den anderen Versionen der *Reisen* gegenüber, die außerdem stärker auf historische und geopolitische Begebenheiten Bezug nehmen. So geben der Diemeringen-Druck, der Paris-, der Cotton- und der Egerton-Text an, die Burg befinde sich in Kleinarmenien, zwischen, beziehungsweise bei zwei Städten: *„ʒwischent ʒweyen stetten lacus vnd parsipech"* (Ddr., 277) / *„oultre la cite de Layans. Et assez pres de la ville de Persipee."*[630] Die letztgenannte Stadt stehe unter der Herrschaft des *„seigneur de Cruk"* (Paris-Text) / der *„lordschipe of Cruk"*[631], oder wie es bei Diemeringen heißt: beide Städte gehörten zur Herrschaft *„des herren von der Türcky der ein frummer måchtiger gůter crist was ʒů den ʒiten."* (Ddr., 277). Mit der Stadt *„Cruk"* in Kleinarmenien ist Korykos gemeint, dessen König Hethum I von Armenien tatsächlich Christ war und dessen Neffe Hethum/Haiton von Korykos im 13. Jahrhundert einen Bericht über Asien und die Mongolen schrieb, der auch Mandeville als Quelle vor allem für seine Mongolen-Kapitel vorlag.[632] Diemeringens Angabe, die Städte würden dem *„herren von der Türcky"* unterstehen, resultiert wahrscheinlich aus einer Verlesung von *„Cruk"* zu *„Turk"* und führt zu der etwas unerwarteten Feststellung, ein türkischer Herrscher sei ein frommer und guter Christ gewesen.[633]

---

[629]   Morrall, Ed. Vhs., identifiziert sie im Namenverzeichnis mit der Stadt Perschembe an der Küste Kilikiens.

[630]   Paris-Text, Ed. Letts, S. 311.

[631]   Cotton-Version, Ed. Hamelius, S. 97.

[632]   Vgl. zu Hethum unten, Anm. 819. Vgl. auch Seymour, Ed. Egerton, Komm., der die Burg mit der sog. ,Mädchenburg' gleichsetzt, eine befestigte Insel, die vor der Stadt Korykos liegt: „The castle is Kizkalesi ,Maiden's Castle' on the Mediterranean coast of Lesser Armenia, far off Odoric's route, built in 1151 as two castles connected by a causeway to protect *Croke*, otherwise Korikos, whose lords were Haiton's kin." (S. 188) Sowie ders., Ed. Defective, Komm., S. 151: „The two major ports of Lesser Armenia were Larrays (now Ayas) and Croke, otherwise Korikos (the ancient Corycus). The lords (not princes) of Korikos were Oshin (d. 1264), his son Gregorius, his son Haiton after 1280 who wrote the history used by ,Mandeville', and his son Oshin."

[633]   Zwar wurde die Stadt Korykos im Jahr 1482 von den Osmanen erobert, doch ist es kaum möglich, dass der Druck schon auf diese veränderte historische Situation Bezug nimmt,

Bei Velser wird durch die fehlende Nennung Kleinarmeniens wie auch der bedeutungsträchtigeren Stadt Korykos – Angaben, die nicht nur eine präzisere geographische Verortung ermöglichen würden sondern auch eine historische Rückbindung an das christliche armenische Königshaus – der Raum der Sperberburg-Episode der Realgeographie weitestgehend enthoben. Der größere Raum („*in dem selben land*") bleibt unbestimmt und der kleinere Raum („*nit ferre von ainem dorff, daz haizzet Persibeth*") schrumpft zu nur einem benannten Ort, der zudem nur noch ein „*dorff*" ist. Der Velser-Druck verstärkt diese Tendenz noch, denn bei ihm hat das Dorf weder einen Namen noch einen „*herre*": „*Die burg heißt sperber burg. vnnd ist nicht verr von einem dorff do seind gar frumm leüt jnn die seind cristen.*"[634] (Vdr., 98).

Das Sperberburg-Abenteuer besteht darin, den außerordentlich schönen Sperber in der Burg drei Tage und Nächte zu bewachen, ohne dabei einzuschlafen, woraufhin am dritten Tag die Herrin der Burg und Hüterin des Sperbers erscheint, die dem Abenteurer dann einen Wunsch erfüllt. Die Episode weist stark märchenhafte Elemente auf und kann als Exempelerzählung gelesen werden, deren Lehre im Aufzeigen des angemessenen Wünschens und des moralisch richtigen Umgangs mit Reichtum besteht und somit die Einhaltung des rechten Maßes behandelt. In einem dreigliedrigen Erzählschema wird von drei Abenteurern erzählt, die den Sperber erfolgreich bewachten und sich dann jeweils einen Wunsch erfüllen ließen: ein armenischer König, ein armer Knecht und ein Ordensritter. Dieser Aufbau der Erzählung lässt in seiner Formelhaftigkeit ein besonderes Interesse an der letzten Geschichte erkennen, da in einer Reihung, wie sie hier vorgegeben ist, klassischerweise die ranghöchste Figur als erste und das wichtigste Merkmal am Ende genannt wird.[635]

---

zumal sich die Angabe „*herren von der Türcky*" auch in der hss. Diemeringen-Überlieferung findet, bspw. in der Hs. H, die 1447 geschrieben wurde (Ed. Martinsson, S. 95: „*Unde lit tusschen twen steden: de ene heth Laays unde de ander Persibech, unde de synt des heren van Turkyen, de eyn vrom, mechtich here is unde gud cristen.*")

[634] Die Weglassung des Dorfnamens sowie des „*herren*" des Dorfes findet sich schon in der Hs. N: „*Die burg haist Sperberburg vnd ist nit ferr von einem dorff do sind gar früm bider leut in die sind kristen*" (fol. 82v).

[635] In der Erzählforschung wird bei einer solchen Struktur, wie sie besonders im Märchen und in der Volksdichtung sowie teilweise auch in der mittelhochdeutschen Epik vorkommt, vom Vor- und Achtergewicht gesprochen. So steht zu Beginn einer Aufzählung der Name mit dem höchsten Rang (Vorgewicht oder Toppgewicht) und am Ende der Reihe der interessanteste oder wichtigste Name (Achtergewicht), wobei das Hauptgewicht auf dem Achtergewicht liegt. Vgl. hierzu Bengt Holbek: (Art.) Achtergewicht. In: EM, Bd. 1 (1977), Sp. 65; Rita Boemke: (Art.) Toppgewicht. In: Ebd., Bd. 13 (2009), Sp. 782f.

Das Erfüllen von Wünschen und die Charakterisierung der Burgherrin hängen in dieser Geschichte stark miteinander zusammen und so ist es von besonderem Interesse, die unterschiedliche Darstellung der Dame in den verschiedenen Versionen der *Reisen* zu betrachten, die sie als übernatürliches Wesen zwischen Wunder und Wunderbarem, zwischen Göttlichem und Phantastischem einzuordnen versuchen. Im Paris-Text und in den englischen Versionen wird sie schon bei ihrer ersten Nennung als eine schöne Dame aus dem Feen-Land beschrieben: als *„belle dame de farie"*, beziehungsweise *„faire lady of fayrye"*.[636] Die Burgherrin trägt also märchenhafte und anderweltliche Züge und erscheint so als Wesen mit magischen Fähigkeiten. Die deutschen Versionen hingegen verzichten an dieser Stelle auf eine Charakterisierung der Burgherrin als Wesen aus einer anderen Welt.[637] Jedoch ist die Wunscherfüllung eines erfolgreichen Sperber-Wächters an die Bedingung der Unterscheidung zwischen ‚Irdischem' und ‚Geistlichem' gebunden: *„und wes er die frowen bitt, und besunder ainer gebett, der wúrt er von der frowen gewert, und daz irdesch gebett ist, wann gaistlichen sol man sie nit bitten."* (Vhs., 95). Das Bedeutungsspektrum des Begriffs des ‚Geistlichen' umfasst einen Bereich, der vom Seelisch-Unverfügbaren über das Spirituell-Göttliche bis zum Übernatürlich-Phantastischen reicht.[638] In der Substantivierung und als Gegenbegriff zum Irdischen ist zwar verstärkt von der Bedeutung des „Geistlichen, Religiösen, Kirchlichen"[639] auszugehen, doch wird diese Lesart sogleich überlagert von der ‚Natur' der Burgherrin, die nicht dem christlich-klerikalen oder -geistlichen Bereich entstammt.

Eine Begründung, warum man sich nichts ‚Geistliches' von ihr wünschen dürfe, geben der Velser-Druck und die Handschrift N etwas später an, nachdem der armenische König seinen Wunsch vorgebracht hat, sie zur Frau zu bekommen: *„Do antwurt die fraw vnd sprach es möcht mit nichte gesein das er bått. er sölte jrdische ding von jr begern wann sy wåre ein göttin."*[640] (Vdr., 98f.). Dies fehlt in der Velser-Handschrift (*„[...] es möcht nit gesin, er sölt irdescher sach begeren und nit gaistlicher, da von möcht es nit gesin."*, Vhs., 95), woraus anzunehmen ist, dass die Handschrift N und der Druck explizieren, was in der früheren Dar-

---

[636]   Vgl. Paris-Text, Ed. Letts, S. 311, Cotton-Version, Ed. Hamelius, S. 97.

[637]   Ausgenommen die nnd. Hs., Berlin ms. germ. fol. 204, in der die Dame auch als aus einem Feen-Land kommend und zudem als Elfe bezeichnet wird: „[dort] vint man stan enen sperwer vnd ene vrouwe van ferien dat is to seggen eyne eluinne" (fol. 70v).

[638]   Vgl. die verschiedenen Bedeutungen unter den Lemmata ‚geist, der' und ‚geistlich, Adj.' sowie unter dem Lemma „geistliche, das" im Frühneuhochdeutschen Wörterbuch, Bd. 6, Sp. 641-649, 652-656, und 657f.

[639]   Ebd., Sp. 657f.

[640]   Vgl. auch Hs. N: „Do antwort sie vnd sprach es mocht nit gesein er sult jrdische dingk begern wan sie wer ein göttin" (fol. 83r).

stellung der Burgherrin schon angelegt zu sein scheint. Mit der Erklärung, dass sie nicht irdisch sei und sie deshalb auch kein irdischer Mann erwerben könne, nehmen die beiden Velser-Texte zwar die ‚Übernatürlichkeit' der Burgherrin auf, wie sie auch in den anderen Versionen beschrieben wird. Doch verzerren sie die deutliche Anderweltlichkeit des Feenwesens hin zu einer Göttlichkeit – oder eher einer heidnisch-antik konnotierten (Ab-)Göttlichkeit –, die intratextuell an die Episode von Hippokrates' Tochter erinnert, die von der *„abgöttin die hieß Dÿana"* (Vdr., 16) in einen Drachen verwandelt wurde und auf einer *„alten burg"* (ebd.) darauf wartet, von einem tapferen Ritter erlöst zu werden. Die Texte können also weder die Zuordnung der *frowen* in der Sphäre des irgendwie Übernatürlichen, noch den Geltungsbereich des Begriffs des *„gaistlichen"* eindeutig festlegen.

Ähnliches findet sich bei Diemeringen, wenn er auch die ‚Natur' der Burgherrin anders charakterisiert als Velser, und zwar ebenso nach der Erklärung, was ein Abenteurer sich wünschen dürfe: *„dem git die Junckfrow was er an si vordert von richtům von herschafft oder was zů glück triffet Aber die Junckfrow ist nit natürlich als ein ander mensch. Sie ist als ein gôttin die man zů welsch nennet faye"*[641] (Ddr., 277). Der Begriff des ‚Geistlichen', der so stark an christlich-spirituelle Vorstellungen stößt, fällt bei Diemeringen bezeichnenderweise nicht. Die letzte Formulierung kombiniert – leicht abgeschwächt über eine Rhetorik des Vergleichs – die Begriffe *„gôttin"* und *„faye"* und erklärt, dass Wesen, die man im Französischen Feen nennt – woher sie dem deutschen Mittelalter auch am ehesten bekannt waren – vergleichbar seien mit Göttinnen, die – als Feminina, im Plural und im geographischen Kontext dieser Episode – wiederum mit der heidnischen Götterwelt assoziiert sind. Die Charakterisierung der Burgherrin als *„gôttin"* und *„faye"* steht nicht nur in einem prekären Verhältnis zu der zuvor herausgestellten Verbreitung des Christentums in der Umgebung der Sperberburg. Insgesamt veranschaulichen die Überlagerungen in der Charakterisierung der Burgherrin als mythisches, feenhaftes, übernatürliches, gottähnliches Zauberwesen in den unterschiedlichen Versionen die Schwierigkeit der Einordnung einer solchen Figur – die selbst wiederum mit der Unterscheidung von ‚Weltlichem' und ‚Geistlichem' operiert – in ein System der übernatürlichen Phänomene.

---

[641]   Die dem Druck nahestehende Hs. Sg1 formuliert ähnlich: *„dem git die Junckfrow was er an sie geworderet von Richtům von herschafft oder was ʒe glik triffet Aber die Junckfraw ist nit natürlich als ein ander Mensch Si ist als ein gottin die man ʒewelsch nennet faiorien"* (fol. 49r); etwas anders H1: *„Die Jungfrawe gebe yme waʒ er wunschen wolte Jn richtum oder in herschafftes wegen oder waʒ gelucke an triffet Wanne die Jungfrawe ist nit als ander menschelicher nature me sie ist ein gottin die man ʒu welsche frauwen vß faiorien nennet"* (fol. 73r).

Die einzige Bedingung, durch die das Wünschen beschränkt wird, ist also, dass man nur Irdisches (von Reichtum über Herrschaft bis zu Glück) von der Burgherrin begehren darf, und diesen Grundsatz verletzt schon der armenische König in der ersten Geschichte. Als Strafe für sein anmaßendes Begehren, sie zur Frau zu erhalten, verflucht die Dame ihn und seine Nachkommen, was dazu führt, dass sein (christliches) Königreich durch die Sarazenen erobert wird.[642] Interessant ist die in den Versionen teilweise unterschiedlich formulierte Begründung der Ablehnung seines Wunsches. In den Velser-Versionen wird der Wunsch des Königs als ein Verlangen nach ‚Geistlichem' aufgefasst, wenn sie ihm antwortet, er solle *„irdescher sach begeren und nit gaistlicher"* (Vhs., 95).[643] Indem der König sich sie wünscht, fallen das Objekt des Wunsches und das Mittel des Wunsch-Erfüllens in eins, und so kann die Bedingung, sie erfülle nur ‚irdische' Wünsche, nie eingehalten werden. Bei Diemeringen antwortet die Burgherrin hingegen: *„er solt nicht ierdisch sach mûten wan sie were gôtlich vnd gôtliche ding werennt nit nach wunsch in sollicher maß."*[644] (Ddr., 277f.) Der Wunsch des Königs

---

[642] Die ganze Erzählung über die Sperberprüfung auf der Burg in Armenien kommt aus der Melusine-Tradition, in der eine Schwester der Melusine dazu verflucht wurde, als Dame auf der Sperberburg den Sperber zu behüten. Doch berichtet die Melusine-Tradition nur vom armenischen König, der zur Prüfung antritt und nach der einzigen Sache verlangt, die er nicht begehren darf, nämlich ihren Körper. Als er nicht einsehen will, dass er sie nicht bekommen kann, weil er zudem ebenfalls dem Melusinegeschlecht angehört, verflucht sie ihn und lässt sein Königreich zugrunde gehen. Von weiteren Abenteuern, die die Sperberburg aufsuchen, wird dort nichts erzählt. Fraglich ist, aus welchen Quellen Mandeville diese Geschichte bezieht, da der erste schriftliche Nachweis der Melusine-Geschichte nach der Entstehung der *Reisen* anzusetzen ist. Vgl. Hamelius, Ed. Cotton-Version, Bd. II, S. 89; Seymour, Ed. Egerton, Komm., S. 188: „There is no known source, but Jean d'Arras *Mélusine* written after 1387 offers a close analogue in French romance. [...] The *lady of fairye* is Melior, sister of Mélusine. The *kyng of Ermony* is Leon II (d. 1289), after whom the kingdom succumbed to the Turks." Higgins, Ed., The Book of John Mandeville, S. 92, Anm. 325, verweist auf eine ähnliche Geschichte in sehr kurzer Form bei Wilbrand von Oldenburg (1211), doch schließt er aus, dass Mandeville dessen Text kannte. Für die Version von Jean d'Arras nimmt Higgins dann aber an, dass sie „clearly derives from the Mandevillean version".

[643] Ebenso wird im Cotton-Text, Ed. Hamelius, S. 97, die Argumentation der Dame vorgebracht: *„sche seyde þat he scholde not aske but erthely thing, for sche was non erthely thing, but a gostly thing."* Die Egerton-Version, Ed. Seymour, weicht am stärksten von den anderen Texten ab, denn sie unterteilt den Wunsch nicht in ‚irdisch' und ‚geistlich', sondern nur ihre Rede über sich: *„And scho answerd and said, Vnhappily, quod scho, and vnwisely has þou asked for my body may you noȝt hafe bycause I am noȝt erthely bot spiritualle."* (S. 81f.).

[644] Dem entspricht auch die Stelle in der Diem.-Hs. Sg1: *„Do sprach die Junckfraw Er sôlt nit irdeschen sachen mûten won si wâr ouch nit ȝd Jrdesche vnd si wâri gotlich vnd gottliche*

wird bei Diemeringen somit als Begehren einer „*ierdisch sach*" aufgefasst. Diemeringen nimmt hier eine Umdeutung des Verlangens nach ihrem (göttlichen) Körper als Verlangen nach etwas Irdischem vor, nämlich sexueller, körperlicher Sinnlichkeit und ersetzt den göttlichen Körper, wie er bei Velser fokussiert wird, durch die fleischliche Begierde. In beiden Fällen geht es schließlich auch darum, dass der armenische König ihre wahre ‚Natur' nicht erkennt, beziehungsweise nicht anerkennt, dass sie ein übernatürliches Wesen oder eine Göttin ist, und dass er sich etwas wünscht, was ihm nicht zusteht.[645]

Die Lehre der ersten Geschichte wird bei Diemeringen sogar explizit formuliert, wenn es heißt, „*gótliche ding werennt nit nach wunsch in sollicher maß*" – eine Aussage, die weniger explizit auch in den andern Versionen zum Ausdruck gebracht wird. Dem König steht es nicht an, den göttlichen Körper der Burgherrin zu begehren, da sie ihm kein sinnliches Verlangen erfüllen darf (Diemeringen) und er sich keine göttlichen oder geistlichen Dinge wünschen darf (Velser, Diemeringen u.a.).

In der zweiten Geschichte werden dagegen alle Anforderungen und Bedingungnen erfüllt: Die Prüfung der Sperberwache wird von einem „*arme*[n] *knecht*" bestanden, der aus einer armen Familie kommt und sich von der Dame wünscht, „*daz er geluckhafft were in allen dingen.*" (Vhs., 96). Dieser Wunsch wird ihm erfüllt, und dass hier Glück – wie es auch schon die Diemeringen-Version formulierte[646] – als weltliches Gut begriffen wird, zeigt sich dann auch darin, dass der

---

      ding nit wårm nach wunsch" (Sg1, fol. 49r, Hervorhebungnen von mir, C.H.). Anders jedoch argumentiert die Dame in der Diem.-Hs. H1 und ermahnt den König, er solle sich eine irdische Sache wünschen: „*Da sprach die Jungfrauwe Er sollte* <u>*irdennische*</u> *sache můten. wenne sie were nit irdenische me sie were gotlich vnd gotlich ding werent nit noch wunsche*" (H1, fol. 73rf.). Der Paris-Text, Ed. Letts, dagegen legt sich weniger stark auf die eine oder die andere Auffassung des Wunsches des Königs fest – zumindest wird dort nicht ausgesprochen, dass der Wunsch zu geistlich oder zu weltlich sei. So heißt es nur mit Bezug auf die Rede des Königs und nicht auf die der Dame: „*Et le roy respondi* [...] *quil ne soushaideroit chose nulle a auoir, et quil ne deuoit demander choses terriennes, et elle nestoit mie terrienne mais esperituelle. Et le roy dist finablement quil ne vouloit autre chose.*" (S. 312).

[645]   Der Velser-Druck und die Hs. N sind in dieser Episode häufig etwas ausführlicher gehalten als die Velser-Hs. A und lassen den König nach der Erklärung der Burgherrin, sie sei „*ein gőttin*", nochmals zu Wort kommen und ihn sagen: „*ich begere nicht anderst dann als vor.*" (Vdr., S. 99)/ „*ich beger nit anders*" (Hs. N, fol. 83r). Auch im Diemeringen-Druck besteht der König nochmals auf seinem Wunsch: „*nun wil ich sust nicht anders.*" (Ddr., S. 278). Damit setzt er sich ‚bewusst' über die Bedingungen der Burgherrin hinweg, denn obwohl er nun weiß, dass sie kein irdisches Wesen ist, lässt er nicht von seinem Wunsch ab.

[646]   „*vnd wer dem Sperber siben tag vnd siben nacht wachet on schlauffen vnd on geselschafft dem git die Junckfrow was er an si vordert von richtům von herschafft oder was zů glück triffet*" (Ddr., S. 277).

arme knecht zum *„richest kouffman so man in den zitten under der sunnen fand"*
wurde (ebd.). Dass er sich Glück gewünscht hat, stellt sich für den *armen knecht*
als weise Entscheidung heraus, weil aus seinem Glück ein wirtschaftlicher Erfolg resultiert und ihm dieser in der Folge Reichtum beschert. Dies verdeutlichen
bis auf die Velser-Texte die anderen Versionen und der Diemeringen-Druck, der
danach erklärt: *„vnd des bette was wißer den des küniges bette"*[647] (Ddr., 278). Anders verhält es sich in der letzten Geschichte, denn dort führt der von der Dame
erfüllte Wunsch nach Reichtum ins Verderben.

Das durch die Dreierreihe vorgegebene Prinzip, nach dem das im Verlauf
Wichtigste zuletzt erzählt wird, legt nahe, dass auf der dritten Geschichte
ein besonderes Gewicht liegt. Diese Annahme wird noch dadurch verstärkt,
dass der Diemeringen-Druck die dritte Geschichte nicht wiedergibt, die hier
gesichteten Diemeringen-Handschriften dagegen schon. Möglicherweise wurde der Inhalt als zu heikel betrachtet und für den Druck gestrichen. Auch die
Diemeringen-Handschriften geben die Episode in einer ‚gemäßigteren' Form
wieder, wie im Folgenden noch genauer betrachtet werden soll. Wesentliche
Unterschiede zwischen den Versionen in der Geschichte über den dritten Sper-
berwächter fallen schon bei dessen Bezeichnung auf: Bei Velser ist es *„ain
ritter des tempels von Sant Johans der wachot ouch und batt die frowen núntz
anders wann umb ain büttel der vol gúldin wäre, wie vil er her uß näm, daz ir
nit dester minder weren."* (Vhs., 96). In den anderen Versionen ist es aber kein
Ritter vom Johanniterorden, sondern ein Tempelritter: *„Item vn cheualier du
Temple y veilla aussi autre fois, si souhaida vne bourse tousiours pleine dor, et
la dame li octroya."*[648] Die Velser-Übersetzung gibt die Erzählung in einer ak-
tualisierten Form wieder und schließt sie an die zeitgenössisch-gegenwärtige
Lage des Ordensrittertums an, denn der Templerorden wurde schon 1312 von
Papst Clemens V aufgelöst und sein gesamter Besitz auf den Johanniterorden
übertragen.[649]

Während in den ersten beiden Geschichten exemplarische Figuren auftra-
ten, deren Funktion es ist, ein Fehlverhalten, beziehungsweise ein der Situa-

---

647   Auch der Paris-Text, die nnd. Hs. und die englischen Versionen ziehen diesen Vergleich.
648   Paris-Text, Ed. Letts, S. 312.
649   1312 wurden mit der Auflösung des Templerordens dessen Besitztümer auf den Johan-
      niterorden von Papst Clemens V mit der Päpstlichen Bulle *„Ad providam"* übertragen.
      Dies führte zu Auseinandersetzungen mit lokalen Rivalen um diese Besitztümer und
      Güter. Die Johanniter waren aus dem Johannesspital in Jerusalem hervorgegangen und
      1113 päpstlich genehmigt worden. Sie übten seit 1309 auf Rhodos über 200 Jahre lang
      eine friedliche Herrschaft aus und verwandelten die Hauptstadt in eine der größten und
      modernsten Festungen im östl. Mittelmeer. Vgl. J. Koder: (Art.) Rhodos. In: LMA, Bd. 7,
      Sp. 795-797.

tion angemessenes Verhalten zu zeigen, ist der Tempel-/Johanniterritter mit konkreten historischen Begebenheiten verknüpft. Zwar wird dem Ritter der Wunsch nach einem Geldbeutel, der immer gefüllt ist, von der Burgherrin erfüllt, doch warnt ihn die Dame vor der Gefahr, die von diesem immerwährenden Reichtum ausgeht: „*Mais elle dist quil auoit demande la destruccion de leur ordre pour la fiance de celle bourse, et pour le grant orgueil quilz en auroient en seraient il destruis; et aussi furent il.*"[650] Sein Wunsch würde also zur Zerstörung seines Ordens führen, wegen der (finanziellen) Sicherheit des Geldbeutels und dem Hochmut der Ordensmitglieder. Die Erzählung seiner Sperberprüfung berichtet somit nicht nur von einem exemplarischen Einzelschicksal, sondern sie stellt außertextuelle Bezüge her und narrativiert und moralisiert den Untergang des Ordens.

Die Velser-Handschrift, die ja nicht nur den Templer zum Johanniter macht, ändert außerdem noch weitere Details in der Beschreibung dieser Szene: „„*Du hast gebetten ain ding daz ain abnemung ist úwers ordens von der hochfart und boßhait wegen die du wúrst triben mit dem búttel.' Und also ist es geschehnen, als man wol mag senhen, das Sans Johanns orden ab nimpt von tag ze tag.*" (Vhs., 96). Hier wird die Rede der Dame in der direkten Rede wiedergegeben und zum Vorwurf der Hoffart kommt noch der der Bosheit hinzu, doch zielen die Vorwürfe nicht auf die Mitglieder des Ordens, sondern auf den Ritter allein („*die du wúrst triben mit dem búttel*"). Die gleichen Formulierungen finden sich auch in den beiden anderen Velser-Texten, dem Druck und der Hs. N. Die Velser-Übersetzung aktualisiert also nicht nur den Inhalt, sondern sie verwendet auch eine Rhetorik, die die Rede der Dame präsentisch macht, und verweist zudem auf die Gegenwart der Rezipienten und der Geschehnisse, wenn sie angibt, dass man „*von tag ze tag*" beobachten könne, dass der Ritterorden zugrunde geht.[651]

Die dritte Geschichte der Sperberburg-Episode verarbeitet also das historische Ereignis des Niedergangs des Templerordens und erklärt, dass der Niedergang mit dem Besuch des Ritters auf der Sperberburg und durch dessen

---

[650] Paris-Text, Ed. Letts, S. 312.

[651] In keiner anderen der hier untersuchten Versionen wird von einem Johanniterritter gesprochen oder die Rede der Dame direkt wiedergegeben. Der Cotton- und der Egerton-Text entsprechen dem Paris-Text weitgehend. Nur die nnd.-Hs. Berlin, ms germ. fol. 204, baut die Szene ein wenig aus, beschreibt aber am Ende den Untergang des Ordens wie der Paris-Text als ein Ereignis aus der Vergangenheit: „*se sede em dat de vorstoringe* [Zerstörung] *vnd dat ouel varen van synem orden he dar mede gewunschet hadde vmme der hopene willen van der bórsen ofte budele vnd vmme de groten ouerdaet* [Maßlosigkeit] *de se mid deme gelde bedryuen solden vnd aldus so geveel id ok myd ereme orden na der týt*" (fol. 71rf.).

Wunsch seinen Anfang genommen hätte. Dabei sind im Motiv des Geldbeutels und in den Warnungen der Dame Anschuldigungen aufgenommen, die auch historisch in der Zeit bis zum Verbot des Ordens den Templern entgegengebracht wurden: zu großer Reichtum, Hochmut und Geldgier. Der Reichtum des Templerordens wird auch von der Geschichtswissenschaft als einer der Hauptgründe dafür gesehen, dass der Orden verboten wurde. Denn der englische und der französische König waren bei ihm hoch verschuldet und begannen wohl deshalb Einfluss auf die kirchenrechtlichen Angelegenheiten zu nehmen, sodass Philipp IV („der Schöne') Papst Clemens V (der 1309 das Papsttum nach Avignon verlegte) regelrecht erpresste, den Orden, der rechtlich nur dem Papst unterstand, 1312 beim Konzil von Vienne (1312) aufzulösen.[652] Diese Verflechtung von avignonesischem Papsttum, weltlicher und kirchlicher Macht, geistlichem (Ritter-)Stand und dessen Verweltlichung, einhergehend mit einer Kritik von Hochmut und Reichtum kirchlicher Institutionen erweist sich als eine brisante Verbindung, wie sie auch von den *Reisen* immer wieder in verschiedenen Episoden kritisch verhandelt und teilweise sogar deutlich missbilligt wird. So können auch in dieser Episode die – besonders in der Velser-Version direkten – Vorwürfe des Hochmuts und der Bosheit als Luxuskritik aufgefasst werden, als Kritik am zu großen Reichtum eines Ritterordens, der eigentlich die christlichen Werte der *caritas* und der Frömmigkeit leben sollte und sich nicht von Reichtum und Macht zu Hochmut und Sünde verführen lassen dürfte.[653] Die Velser-Versionen aktualisieren diese Kritik und übertragen sie auf den Johanniterorden,[654] dem ja tatsächlich der Besitz der Templer über-

---

[652] Vgl. Herbers, Geschichte des Papsttums, S. 227-230.

[653] Inwieweit diese Geschichte in den *Reisen* auch eine mögliche Kritik am Avignonesischen Papsttum, das den Orden unterstützte, oder an der Beeinflussung des Kirchenrechts durch die weltlichen Herrscher und an der Macht politischer Interessen, die zur Auflösung einer religiösen Institution führten, impliziert, kann mit Blick auf bisherige Beobachtungen (Brief der griechischen Christen, Gespräch mit dem Sultan, Prolog) vermutet werden, doch finden sich darauf keine deutlichen Hinweise in der Sperberburg-Episode.

[654] Außerdem kommt in den *Reisen* schon an früherer Stelle – einer verwandten Stelle – ein Johanniterritter von der Insel Rhodos vor, der das Abenteuer auf der Insel Kos bestehen will, das darin besteht, die von der Göttin Diana in einen Drachen verwandelte Tochter des Hippokrates durch einen Kuss „*in den mund*" zu befreien (Vhs., S. 16). Diese Geschichte erinnert wiederum an die Melusine-Tradition, in welcher Palentina, die andere Schwester der Melusine, auf einem Berg einen Schatz bewacht, der von einem Drachen behütet wird. Der Paris-Text allerdings nennt den Ritter in der Episode über Hippokrates' Tochter nicht explizit einen Johanniter, sondern „*vn cheualier du chastel de Rodes*" (Paris-Text, Ed. Letts, S. 240), verweist also auf dessen Herkunftsbezeichnung als ‚Orden vom Hospital des hl. Johannes zu Jerusalem'. Auch die insulare Version und die englischen Versionen nennen den Ritter hier ‚nur' „*chivaler del Hospital de Rodes*" (Insulare,

tragen wurde und der in der Zeit der Velser-Bearbeitung als Erbe der Templer
und somit als sehr wohlhabender Ritterorden seine Position zwischen militärischer Macht und christlichen Werten (besonders der *caritas*) finden musste
– zumal sich die Johanniter als „Diener der Armen Christi" verstanden.[655]
    Wie schon zu Beginn erwähnt, führt der Diemeringen-Druck diese dritte
Geschichte nicht an, und obwohl sie sich in den Handschriften findet, wird
dort auf die Vorwürfe der Dame an den Ritter verzichtet. Auch bei Diemeringen
ist es ein Tempelritter, den sie warnt: *„es wår seines ordnes verderbnusse won si
hoffent sich uff den sekel vnd ʒestůnd hůb der Tempel ordnen an abne ʒenement
vnd ʒe mineren an Eren vnd an landen".*[656] Statt der expliziten Vorwürfe suggeriert die Warnung der Dame, dass die Ordensritter, wenn sie nurmehr auf den
Seckel *„hoffent",*[657] diese Hoffnung nicht mehr an Gott richten würden, dem sie
doch – auch um ihrer eigenen *„Ere"* willen – richtigerweise zustünde. Den Diemeringen-Versionen scheint also an einer deutlich milderen Kritik des Ordens
gelegen zu sein, und in den Druck sollte die Episode gar nicht erst gelangen.
    Am Ende der Episode wird das Abenteuer auf der Sperberburg von allen
Versionen als *„wunder"* bezeichnet, um dessentwillen diejenigen, die es sehen
wollen, einen Umweg in Kauf nehmen müssten – und so habe auch der Erzähler selbst einen Umweg oder Exkurs für die Erzählung in seinen Reisebericht
eingebaut: *„Nun sôllent ir wissen daz die burg nit ist uff dem rechten weg gen
Armenia. Aber wer daz wunder wôlle senhen, so ist sie nit verre uß dem weg gen
Armenia; dar umb so hon ich úch geseit da von."* (Vhs., 96). Der *wunder*-Begriff,
der sich nicht nur auf das Abenteuer bezieht, sondern auch auf die Burgherrin
und damit die Ambivalenz ihrer ‚Natur' umfasst, veranschaulicht den sich hier
vollziehenden Übergang vom christlichen Heilswunder des Heilsraumes zum

---

          Ed. Deluz, S. 117). Dagegen der Ddr.: *„ein Ritter Johanniter ordenß von der inselen ʒu Ro-
          dis"* (S. 208).
[655]   Vgl. überblickend zu den Johannitern Jonathan Riley-Smith: (Art.) Johanniter. In: LMA
          (online), Bd. 5, Sp. 613-615. Im 14. Jh. wurde z. B. von Philippe de Mézières (1327-1405)
          deutlich Kritik am Johanniterorden geübt: Er sprach ihnen ihre vermeintlich edlen Mo-
          tive ab, beschrieb sie als rücksichtslose Pfründenjäger und kritisierte ihre mangelnde
          Kreuzzugsbegeisterung (*Le songe du vieil pèlerin*). Vgl. zur Herrschaft der Johanniter auf
          Rhodos, ihrem Reichtum und der Pracht des Hofes, aber auch zur Kritik am Orden Detlev
          Kraak: Die Johanniterinsel Rhodos als Residenz. Heidenkampf in ritterlich-höfischem
          Ambiente. In: Werner Paravicini (Hg.): Zeremoniell und Raum. 4. Symposium der Re-
          sidenzen-Kommission der Akademie der Wissenschaften in Göttingen. Veranstaltet ge-
          meinsam mit dem Deutschen Historischen Institut Paris und dem Historischen Institut
          der Universität Potsdam, Potsdam 25.-27.9.1994. Sigmaringen 1997, S. 215-235.
[656]   Diem.-Hs. Sg1, fol. 49v.
[657]   Die Diem.-Hs. H1 gibt hier an: *„wenn sie ʒu vil vff den seckel verliessen"* (fol. 73vf.).

staunenswerten Wunderbaren des Machtraumes in bezeichnender Weise, da der *wunder*-Begriff immer beides beinhalten kann.[658] Als übernatürliche moralische Instanz mit Zügen einer religiös-geistlichen Autorität lehrt die Burgherrin die Abenteurer und mit ihnen die Leser Maß zu halten, nicht hoffärtig zu sein, statt auf einen *sekel* voll Gold besser auf Gott zu „*hoffen*" und, dass man nicht über „*gôtliche ding* [...] *nach wunsch*" verfügen könne. Dies ist zudem ein *wunder*, das – wie es in der Velser-Version expliziert wird – aus der Erzählung heraus wirkt und die aktuellen Geschicke der Welt beeinflusst, wie man es „*wol mag senhen* [...] *von tag ze tag*" (Vhs., 96).

3. Toth: Kein Ort für Christen

Wenige Stationen nach der Sperberburg-Episode berichtet der Erzähler von verschiedenen Städten in Persien, die er häufig mit biblischen Ereignissen und Figuren in Verbindung bringt oder in denen sich Spuren der Christenheit finden. So liegen unterhalb des Berges Ararat mit Noahs Arche die Städte „*Laigenho, die Noe macht*", und „*Lony, da warent etwen tusent kirchen*" (Vhs., 97). Außerdem würden in dieser Gegend stellenweise Christen leben („*Da wonant vil cristen*") und aus der Stadt „*Casath, daz ist gar ain schôn statt von win und kornes gnûg*" hätten sich einst die Heiligen Drei Könige auf den Weg nach Bethlehem gemacht (ebd.). Von der nächsten Stadt mit dem Namen „*Taurissa*" heißt es dann aber schon mit Blick auf die Machtverhältnisse zwischen Osten und Westen, dass dort der Handel so sehr floriere, dass der Kaiser von Persien

---

[658] Vgl. grundlegend zu den Begriffen des Wunders, des Wunderbaren und des Phantastischen in der mittelalterlichen Literatur Jutta Eming: 2. Mittelalter. Konzeptualisierungen des Phantastischen und Wunderbaren für das Mittelalter. In: Hans Richard Brittnacher/ Markus May (Hgg.): Phantastik. Ein interdisziplinäres Handbuch. Stuttgart/ Weimar 2013, S. 10-18. Eming geht zunächst von der Wichtigkeit der Unterscheidung zwischen dem Wunderbaren, dem Phantastischen und dem Märchenhaften aus, und zeigt dann an gattungsübergreifenden Verwendungsweisen des Begriffs des *wunders* in der mittelalterlichen Erzählliteratur auf, dass die „Grenzen zwischen fiktionalen und historiographischen, theologischen oder naturgeschichtlichen Diskursen [...] dabei, wie grundsätzlich in der mittelalterlichen Kultur, durchlässig [sind]." (S. 12). Weniger genau geht sie allerdings darauf ein, dass gerade die Sprache der Erzählliteratur, in der der Begriff des *wunders* sowohl das „Wunderbare" als auch das „Wunder" bezeichnen kann, eine Überblendung der beiden Kategorien produziert, die von der Trennung der modernen mediävistischen Forschung zwischen Wunderbarem und „der Kategorie des Wunders als einem Wirken Gottes" (ebd.) wieder zugunsten binärer Gegenüberstellungen vereinfacht wird.

allein durch sie größeren Reichtum besitze *„wann der richest kúng der in der cristenhait sige, hat von allem sinem lande."* (Vhs., 97). Der Bericht über diese verschiedenen Stationen, Städte und topographischen Begebenheiten lässt erkennen, wie sich der Grenzraum zwischen erstem und zweitem Teil der *Reisen* sowohl an der Heils- als auch an der Machtordnung orientiert. Gleichzeitig zeigt sich aber auch, dass der Einfluss des fremden Machtbereichs, der die Topographie des zweiten Teils der *Reisen* bestimmt, immer stärker wird.

Eine Stadt fällt aus der sonst eher positiv anmutenden Beschreibung dieses Übergangsraumes heraus: Die auf die Stadt „*Casath*" folgende Stadt „*Toth*" wird beschrieben als *„die best statt die der kaiser von Persia hat, und ouch die cristen haissent sie Cayr. Und sprechent die haiden daz kain cristen nit lang da múg beliben, sie wissent aber nit war umb daz syge."* (Vhs., 97f.). Toth ist also eine Stadt, die für den Herrscher des Landes besonders gut, für die Christen jedoch besonders unheilvoll ist, da sie an diesem Ort aus unerklärlichen Gründen nicht lange bleiben können – so würden es zumindest die Heiden berichten. Auf die sich bei der Lektüre der Velser-Handschrift stellenden Fragen, warum die Christen in dieser Stadt mit dem sprechenden Namen Toth sich nicht länger aufhalten können und warum sie von ihnen auch „*Cayr*" genannt wird – was die Stadt Kairo des Sultans von Ägypten anklingen lässt –, gibt ein Blick in die anderen Versionen mögliche Antworten.

Bis auf die Velser-Version geben alle anderen Versionen Auskunft über kulturspezifische sprachliche Eigenarten der Bevölkerung: *„et appelle on la char Dagoblio et le vin Vapere."*[659] Morralls Vermutung kann hier übernommen werden, dass die Angabe in der Velser-Handschrift, die Stadt werde von den

---

[659]   Paris-Text, Ed. Letts, S. 314. Die Versionen variieren in der Angabe dieser Fremdwörter: *„vnd da zů land spricht man den win vappere vnd dem fleisch tang hebo"* (Ddr., S. 279) / *„vnd da land sprichet man den win vappere vnd dem fleisch dang hebo"* (Diem.-Hs. Sg1, fol. 51r) / *„vnd heissent sie den wine vappere vnd daʒ fleisch danghebe"* (Diem.-Hs. H1, fol. 75v) / *„vnd in al syn land heet men dat vleysch dagab vnd den wyn vape"* (nnd. Hs., Berlin, ms. germ. fol. 204, fol. 73r) / *„And þei clepen flessch þere Dabago and the wyn Vapa."* (Cotton-Version, Ed. Hamelius, S. 100). Der Begriff „*vapere*" für Wein erinnert an das lat. „*vapor*", was soviel bedeutet wie Dampf, Dunst, Wohlgeruch oder Feuer, und ist somit als Euphemismus für Wein vorstellbar. Mit diesem Anklang an das Lateinische – der wahrscheinlich auch erkannt wurde, da die Versionen bei diesem Wort nicht besonders stark variieren – wird allerdings die vorgebliche Fremdheit des Begriffs gebrochen und andeutungsweise in den eigenen Kulturbereich geholt. Außerdem ist auch eine Nähe zum lat. Begriff „*vappa*", wie ihn besonders die englischsprachigen Versionen hier verwenden, für verdorbenen, umgeschlagenen Wein denkbar (mhd. „*verwḗpfen*"), und somit eine Verkehrung ins Negative, wenn die Menschen dort Wein mit einem Begriff bezeichnen, mit dem die europäischen Leser verdorbenen Wein assoziieren.

Christen auch „*Cayr*" genannt, wahrscheinlich ein Missverständnis oder eine Verlesung des französischen „*char*" ist.[660] Zudem scheint im Kontext der Aussage, dies sei die beste Stadt des Kaisers von Persien, eine gezielte Assoziation mit Kairo, der Hauptstadt des Sultans, durchaus wahrscheinlich. Im Egerton-Text präsentiert sich eine ähnliche Lesart wie bei Velser, er führt aber beide fremden Namen an: „*[Beth] es þe nobillest [citee] wiþin þe empire of Perse, and sum callez it Cardabago and sum Vapa.*"[661]

Im Paris-Text heißt die Stadt „*Teth*", doch weiß der Erzähler dort etwas genauer zu berichten, wie es sich mit den Christen in dieser Stadt verhielte: „*Et dient les paiens que les Crestiens ny peuent demourer en celle cite ne durer ne viure quil ne muyrent briement; ne ne scet on par quelle cause.*"[662] Die Heiden behaupteten also, dass die Christen dort deswegen nicht leben könnten, weil sie sofort sterben würden. Auch die anderen Texte erklären, in der Stadt könnten die Christen nicht lange leben, doch der Grund für diesen Umstand sei unbekannt.[663] Nur Diemeringen gibt an, es sei so „*von nature*": „*vnd Sprechent da die heiden das die christen nit lang leben mögent von nature Doch wissent sie nit wa von das sie*" (Ddr., 279). Zwischen der Stadt und der Glaubensgemeinschaft der Christen gibt es also eine ‚natürliche' lebensfeindliche Wechselwirkung. Die nordniederdeutsche Handschrift konnte womöglich mit dieser antichristlichen ‚Natur' des Ortes nichts anfangen, oder hat versehentlich eine Verschreibung vorgenommen, denn in ihr sind es nicht die Christen, die dort nicht leben können, sondern die Heiden selbst: „*vnd de heydene seggen dat in der stad ne ne heydene solden mogen wonen Jn desser stad van teth vnd solden dar nicht ynne mogen geduren wente se mosten cortlinge steruen vnd ne weten nicht wor vmme*".[664] In den beiden anderen Velser-Texten, dem Druck und der Hs. N, kommt diese Episode – allerdings im Zusammenhang mit nachfolgenden Städtebeschreibungen – gar nicht erst vor.

---

[660] Vgl. Morrall, Ed., Sir John Mandevilles Reisebeschreibung (Vhs.), Namenverzeichnis, S. 191: „Cayr, anderer, fiktiver Name für Toth = Jezd (?), Stadt in Persien, ein Mißverständnis des franz. Wortes char ‚Fleisch'."

[661] Egerton-Version, Ed. Seymour, S. 84.

[662] Paris-Text, Ed. Letts, S. 314.

[663] Vgl. die Cotton-Version: „*And the paynemes seyn þat no cristene man may not longe duelle ne enduren with the lif in þat cytee, but dyen within schort tyme and noman knoweth not the cause*" (Ed. Hamelius, S. 100), und die Egerton-Version: „*þe Sarzenez þare saise þat þer may na cristen men dwelle in þat citee nawhile þat ne þai schalle dye. þe cause why wate na man.*" (Ed. Seymour, S. 84). Die Bodley-Version, Ms E Musaeo 116 (Ed. Seymour), führt sich Episode allerdings nicht an.

[664] Nnd. Hs., Berlin, ms. germ. fol. 204, fol. 73r.

Gerade das Unerklärliche dieses Ortes, der nur für die Christen lebens-gefährlich ist, sowie der Hinweis bei Diemeringen, dies sei aus ‚natürlichen' Gründen so, erzeugen eine semantisch unheilvolle Verdichtung des Raumes an dieser Stelle. Die Stadt Toth ist topographisch realisiertes Unheil für alle Christen und stellt damit einen Punkt in der Topographie des Übergangs dar, der das Verlassen des christlichen Heilsraumes endgültig markiert. Es ist ein Ort, der für den Reisenden geradezu ins Nichts führt.

Räumliche Großstrukturen: Machtraum

I. Topographie der Macht

Der zweite Teil der *Reisen* unterscheidet sich hinsichtlich der Raumorganisation grundlegend vom Heilsraum des ersten Teils. Der Machtraum des zweiten Teils organisiert sich um das mongolische Machtzentrum des Khanshofes, die Topographie ist zersplittert und wird von einem Netz von Zugehörigkeiten zu den beiden prominenten Machtbereichen des Ostens – dem des Mongolenherrschers und dem des Priesterkönigs – zusammengehalten, und statt der bisherigen Wegstrukturen durchziehen Gewässer, insbesondere die Paradiesflüsse den erzählten Raum. Einige der Charakteristika des Machtraumes werden schon in der Überschrift des neuen Kapitels genannt, das den Übergang zum zweiten Teil beschreibt: *„Hie seyt er von mengerlay ynsel und von mengem wunderlichen volck das enthalb merß ist."* (Vhs., 93). Der Beginn verweist schon darauf, dass hier verschiedene Inseln in den Fokus des Erzählers kommen sollen sowie ‚wunderliche', staunenerregende fremde Völker, die jenseits des Meeres leben. Die Reise im zweiten Teil ist eine in die Vielfalt und Mannigfaltigkeit, aber auch in die räumliche Insularität und Abgetrenntheit, hin zu den *mirabilia*, Ländern und Herrschern des Fernen Ostens. Statt wie bisher *„mengerley weg"* zu beschreiben, kündigt der Erzähler nun an, von *„menger wunderlichen ynsel, und von mengerlay wunderlichen lútten"*, Tieren, Ländern und Königreichen zu berichten.[665] Nicht mehr die auf ein Ziel hin ausgerichteten Wege sind *„mengerley"*, sondern die Stationen und die Erzählungen von ihnen.

Im Gegensatz zum Heilsraum, in dem der richtige Weg von besonderer Bedeutung ist, da er eine korrekte, abzugehende Reihenfolge der Heilsorte

---

[665] Der Erzähler beginnt zwar den Bericht über seine Weiterreise in den Osten mit einem Rekurs auf schon beschriebene Wege, wie sie die Raumorganisation des ersten Teils prägten, doch wendet er sich für den zweiten Teil nun explizit von dieser bisherigen Erzählweise ab: *„Als ich úch vor geseyt hon von mengerlay weg zů dem hailigen grab, und gen Sant Katherinen, und gen Babilonia, als ich vor gesprochen hän, daz wil ich nun laussen faren und wil úch sagen, ob es úch gefelt, von menger wunderlichen ynsel, und von mengerlay wunderlichen lútten, und wunderlichen tieren und landen. Wann enthalb merß manig ding ist das man mag gar hart globen by uns, und ist doch sicher war, als ich úch es sag. Wann wunderlich land und kúngrich da sind an den vier wassern die uß dem paradys kument."* (Vhs., S. 93, Hervorhebungen von mir, C.H.).

DOI 10.1515/9783110539240-003

festlegt und diese, wie gezeigt wurde, metonymisch und metaphorisch miteinander verbindet, verliert der Weg im Machtraum an Bedeutsamkeit und tritt hinter der Mannigfaltigkeit des Wunderbaren zurück. Zwischen den Stationen und Inseln, die nicht durch Wege oder eine bestimmte Zielrichtung miteinander verbunden sind, scheinen sich die Distanzen aufzulösen. Dass der Weg des Erzählers nun nicht mehr vorgegeben ist, sondern in die Vielfalt an Möglichkeiten führt, kündigt besonders der Diemeringen-Druck an der Stelle des Übergangs vom ersten zum zweiten Teil an: *„So man in das groß mer kommpt das Oceanus keisset* [sic]. *So zücht man in welches land man willen hat. darnach man der vier wasser einem aller nåchst mag sin die vß dem paradiß flůssent."* (Ddr., 275).

Diese neue Weg- und Raumstruktur sowie die Progression in eine Welt des Wunderbaren und Mannigfaltigen wurde bisher auch von der Mandeville-Forschung festgestellt. Für Greenblatt geht durch den zweiten Teil der *Reisen* das erste Ziel Jerusalem und damit auch der zielgerichtete Weg verloren: „Ab der Mitte von *Mandevilles Reisen* gestaltet sich die Reise gleichsam als eine Aneinanderreihung von Umwegen, und da sie nicht einmal mehr ein klares Ziel hat, wird auch die Vorstellung von einem ‚rechten Weg' zusehends illusionär."[666] Im Kontext seiner These, Mandeville werde im Verlauf der Reise zum ‚Ritter der Besitzlosigkeit', liest Greenblatt den zweiten Teil der *Reisen* als „Verabschiedung des Traums von einem heiligen Zentrum" und argumentiert damit stärker für eine Trennung der zwei Teile.[667] Ähnlich versteht auch Deluz die Fortsetzung der Reise in den Fernen Osten im Vergleich zu mittelalterlichen Pilgerberichten als ein Aufsprengen des traditionellen Rahmens der Klimata und als eine Ausdehnung der Oekumene bis zu den Rändern der Welt.[668] Für Akbari und Higgins bleibt im Gegensatz dazu eine Verbindung zwischen Jerusalem als Ziel des ersten Teils und Zentrum der von Mandeville bereisten Welt und der Darstellung der Welt im zweiten Teil bestehen. Sie stellen dem primä-

---

[666]   Greenblatt, Wunderbare Besitztümer, S. 52.

[667]   Vgl. ebd.

[668]   Vgl. Deluz, Le Livre de Jehan de Mandeville, S. 34: „Mandeville est bien plus large que celle des pèlerins et voyageurs. Il s'efforce en effet de briser le cadre traditionnel des ‚climats', hérité de l'Antiquité, pour étendre l'oekoumène sur tout le pourtour de la terre". Doch Deluz Aussagen greifen noch zu kurz, da der Erzähler Mandeville in seinen Ausführungen über die Schiffahrt und die Sterne dezidiert für die Umrundbarkeit der Welt argumentiert: *„Dar umb sprich ich sicherlich daz man mag faren umb und umb die welt und wider umb kumen in sin haimet"* (Vhs., S. 114). Demgemäß gibt es in Mandevilles ‚Weltbild' nicht nur keine undurchdringbare heiße Klimazone, wie sie nach Macrobius' Klimatheorie die gemäßigten Zonen der Nord- und der Südhemisphäre der Welt voneinander trennt, sondern auch keine Grenzen der Welt mehr.

ren Heilsort Jerusalem den christlichen Sehnsuchtsort des irdischen Paradieses und die Utopie des Reichs des Priesterkönigs als neue Ziele des zweiten Teils gegenüber und gehen davon aus, dass das Weltbild der *Reisen* von der Idee der Zentralität Jerusalems durchdrungen ist.[669] Für Akbari und Higgins sind damit die beiden Teile der *Reisen* nicht konträr zueinander angelegt, sondern sie komplementieren sich gegenseitig und bilden ein einheitliches, auf die vollständige Christianisierung der Welt hin angelegtes Weltbild:

> [T]he expanded East resulting from *The Book*'s move beyond the Holy Land is anything but a turning away from Jerusalem, whose centrality is strongly emphasized not only in the exordium and the account of the city itself, but in the Far East as well; rather, the move represents the *Mandeville*-author's at once bold and conservative attempt to fashion a single, more or less coherent textual and geographical world out of the diverse works collected in the miscellanies, and to do so by setting that world firmly between the two privileged sites of Christian History: Jerusalem and the Earthly Paradise.[670]

Doch auch wenn die Zentralität Jerusalems noch einmal im zweiten Teil der *Reisen* thematisiert wird – im Geographie-Exkurs nach der Lamori-Episode[671] – spielt Jerusalem im Machtraum kaum mehr eine Rolle, vor allem nicht in der Gegenwart der Erzählung.[672] Zudem ändert sich die topographische Darstellung, und die Charakteristika des Raumes gehen im Übergang vom Heils- in den Machtraum immer mehr verloren, sodass sich auch Akbari, die jedoch nur auf die Änderung der Wegstruktur verweist, die Frage stellen muss: „In the journey to Jerusalem, in the first fifteen chapters of the text, we are surely in the geography of the mappamundi, where all roads inexorably lead to the center, which is also the point toward which all eyes are turned. In the latter chapters, however, are we in this same world?"[673] Und ebenso stellt Higgins fest: „the subsequent itinerary provides only the vaguest indications of the actual route."[674] Er erklärt diese Vagheit in der topographischen Darstellung allerdings nur mit dem geringen Wissen, das im Mittelalter über die fernen

---

[669]   Vgl. Higgins, Defining the Earth's Center und Akbari, Idols in the East, S. 58-63. Siehe außerdem oben die einleitenden Bemerkungen zum Heilsraum, ab S. 154.

[670]   Higgins, Writing East, S. 51.

[671]   Vgl. Vhs., S. 113-115.

[672]   Bspw. wird in der Episode über den Kalifen von Bagdad von der kurzfristigen Eroberung des Heiligen Landes durch die Mongolen erzählt, doch liegt dieses Ereignis in der Vergangenheit der Erzählung. Vgl. dazu das Kap. über den Kalifen von Bagdad ‚Machtraum – III. 6.5 Die Episode als Exempelerzählung' unten in der vorliegenden Arbeit.

[673]   Akbari, Idols in the East, S. 66.

[674]   Higgins, Writing East, S. 125.

Regionen bekannt war, und mit der Hauptquelle Mandevilles für den zweiten
Teil, dem Ostasienbericht Odoricos von Pordenone.[675]

Higgins und Akbari argumentieren in erster Linie geographisch und heilsgeschichtlich für die Zentralität und die Bedeutung Jerusalems in den *Reisen*,
nicht aber narratologisch. In der vorliegenden Arbeit wird davon ausgegangen, dass im zweiten Teil bestimmte narrative Strukturen zur Organisation und
Gestaltung dieses Raumes eingesetzt werden, die ungeachtet der Quellen und
Textgeschichte Bedeutungen produzieren, und die sich zudem stark von denen des ersten Teils unterscheiden. Treffend beschreibt Münkler einen der wesentlichen Unterschiede zwischen der Topographie des Heiligen Landes und
der des Fernen Ostens, und zwar in Hinsicht auf eine gattungsspezifische Un-
terscheidbarkeit, die sich aber auch in den *Reisen* feststellen lässt (die schließlich die Gattung des Pilgerberichts mit der des Orientreiseberichts kombinie-
ren) als eine Gegenüberstellung von Konkretheit und Vielfalt, an der sich die
narrative Darstellung orientiert: „Für die Pilger war es wichtig, an bestimmten
Orten gewesen zu sein, und die eigene Anwesenheit [...] zu bekräftigen. Für
die Orientreisenden dagegen war es wichtig, an vordem unbestimmten Orten
gewesen zu sein und zu beschreiben, was sie gesehen hatten."[676]

1. Orientierung an den Herrschern des Ostens

Der Raum des zweiten Teils der *Reisen* kann als Machtraum bezeichnet werden,
da sich die Reisebewegung des erzählenden Ichs und die topographische Darstellung in erster Linie am Machtzentrum des mongolischen Großkhans orientieren. Als ein (konkurrierendes) Nebenzentrum tritt dann auch das Reich des
Priesterkönigs Johannes in Erscheinung. Doch sind es hier nicht, wie schon
gesagt, die Wege und Distanzen, von denen die Topographie strukturiert ist,
oder die Heilsprägnanz bestimmter Orte und besonders die eines Zielpunktes
wie Jerusalem. Sondern im zweiten Teil der *Reisen* durchdringt die Machtprä-
gnanz des mongolischen Herrschaftszentrums die Topographie und bestimmt
die Relationen in diesem Raum. Auch im ersten Teil wird immer wieder auf
die unübertroffene Macht des Großkhans verwiesen, die damit schon antizipiert wird und in den Heilsraum hineinzuragen droht. Zum ersten Mal wird
der Großkhan bei der Beschreibung Babyloniens und des Sultans von Ägypten

---

[675]   Vgl. ebd. und zu Odorico von Pordenone oben, Anm. 393.
[676]   Münkler, Erfahrung des Fremden, S. 283.

vorgestellt und gleichzeitig als mächtigster Herrscher der Welt etabliert, der
das Land Groß-Babylonien und viele weitere Länder beherrsche:

> *Und da der Soldan wonat, daz haisset nit das gros Babilonien. Das gros Babilonien ist un-*
> *der dem grossen kayser von Tartari, der da haisset der gros Chaam von Cythay, und der ist*
> *der gröst herre der in der welt lept, und ist herre über die ynsel von Cathay und über menig*
> *ynsel, und hatt ainen grossen tail von Yndia, und sin land trifft an Priester Johans land. Und*
> *der ist vil grösser herre denn der Soldan.* (Vhs., 28)

Die Velser-Handschrift macht hier schon die Hierarchieverhältnisse der nah-
und fernöstlichen Herrscher deutlich und spannt den Herrschaftsraum des
Großkhans von den Grenzen des Herrschaftsgebiets der Sarazenen im Westen,
das schließlich auch das Heilige Land umfasst, bis zu dem des Priesterkönigs
im Osten. Damit lässt sie die alle anderen Herrscher überragende Khansmacht
gefährlich nahe an den Heilsraum heranreichen.

Der Diemeringen-Druck nennt den Priesterkönig an dieser Stelle nicht,
doch führt er den Kaiser von Persien an und stellt ihn als eine Art Vizeherr-
scher des Großkhans vor, der in dessen Auftrag das an das Sarazenenreich an-
grenzende Persien regiert[677]:

> *zů der lingken hand so sind dann die wüsten nit in des Soldans gepiet. so sind aller meist*
> *in des Keisers von Parsia gepiet der hat die land innen in der selben gegend in des herren*
> *namen der do heisset Magnus canis das ist zů tütsch der groß hund vnd der selb herre ist in*
> *der selben wüste vnd in der inselen vnd in der gegend dorumb vnd ist ouch zů Cathay herre.*
> *Der selb herre der Groß hund hatt als vil landes als verre. vnd als wit das er die end von*
> *sinen landen nicht west vnd ist gar vil ein grösser herre dann der Soldan als ich hie noch*
> *wol sagenn soll so ich von Cathai sagend würd.* (Ddr., 219)

---

[677] Der Ddr. baut hier ein historisch-politisches Wissen ein, das sich in der Velser-Version
nicht findet. Gemeint ist mit dem Verweis auf den „*Keiser von Parsia*" wahrscheinlich ein
Herrscher aus der Dynastie der persischen Il-Khane (1256-1335), die offiziell noch dem
Großkhan unterstanden. Nach ihnen und einer Zeit des Macht-Vakuums beherrschten
die Timuriden (1370-1507) Zentral- und Südwestasien, doch waren sie dynastisch nicht
mehr mit den Mongolen verbunden. Dass die Timuriden hier sicherlich nicht gemeint
sind, kann aus dem Paris-Text (1371) erschlossen werden, der hier nämlich auch den
persischen Kaiser als Vizeregent des Khans anführt (und den Priesterkönig): „*Et si nest*
mie ceste grande Babiloine en la terre ne ou pouoir du Soudan, ancois est ou pouoir et en
la seigneurie de lempereur de Persie. Mais il le tient de grant et de hault homme, cest le
grant empereur des Tartarins, qui est appelle le Grant Cham, qui est le plus souuerain de
toutes les parties de la et du monde. Il est sire de lille de Chatay et de maintes autres illes
et de grant partie dinde, et de toute la terre Prestre Iehan." (Ed. Letts, S. 250).

Durch die genaue Angabe, schon die Wüste „*zů der lingken hand*" gehöre zum Herrschaftsgebiet des Großkhans, wird eine noch deutlichere Nähe dieses Machtraumes zu dem des Sultans hergestellt, doch bewirkt möglicherweise die diffamierende Benennung des Khans als der „*groß hund*", wie es bei Diemeringen im ersten Teil häufig geschieht, gleichzeitig eine leichte Depotenzierung seiner Macht.[678] Wie schon betrachtet wurde, erklärt der Diemeringen-Text im Gegensatz zu Velser außerdem bei der Beschreibung des „schlimmen Weges" durch die Tartarei, dass die Menschen dort dem Großkhan untertan seien,[679] sowie zu Beginn des zweiten *bůchs* und verweist somit häufiger als die Velser-Version schon vor Beginn des zweiten Teils auf den Machtbereich des Großkhans.

Die Macht des Großkhans ist also nicht nur, wie explizit in den Texten gesagt wird, die größte und gewaltigste auf der Welt, sondern sie expandiert in fast alle von Mandeville bereisten Länder bis an die Grenzen des Eigenen.[680] Zu der expansiven Bewegung der Khansmacht, die sich in der Beschreibung der Ausdehnung seines Reichs und in der häufigen Betonung seiner großen Macht ausdrückt, kommt eine nach innen auf das Zentrum der Macht gerichtete Bewegung, die sich als zentripetale Raumorganisation bezeichnen lässt. Dies bedeutet, dass die Topographie des Machtraumes am Zentrum der Macht ausgerichtet wird und dass die einzelnen Stationen häufig in Relation zu diesem auf Expansion und Vereinnahmung drängenden Zentrum gestellt und beschrieben werden. Dass die Khansmacht im Machtraum nahezu überall präsent ist, lässt sich auch an den Berichten des Erzählers über den Eroberungswillen des Großkhans und über Machtkonflikte zwischen den Mongolen und anderen Völkern des Ostens beobachten. So wird beispielsweise in der Episode über das Land Java erzählt, wie es in ständigem Konflikt mit dem Mongolenherrscher steht, da es der Großkhan schon oft zu erobern versucht habe, um den König von Java in den Lehnsdienst zu zwingen. Dieser sei aber so mächtig,

---

[678] Vgl. zu dieser wohl aus einem Übersetzungsfehler aus dem Lateinischen hervorgegangenen diffamierenden Benennung des Großkhans bei Diemeringen und in anderen Texten oben, Anm. 493.

[679] Vgl. dazu oben S. 195.

[680] Diese bedrohliche Nähe ist sicherlich historisch im Zusammenhang mit den Mongolenstürmen zu sehen, als die Mongolen sehr plötzlich bis nach Europa drangen, fast ebenso plötzlich wieder verschwanden, um dann unerwartet wieder aufzutauchen. Vgl. zu den Mongolenstürmen und zu den Kontakten zwischen Europa und den Mongolen überblickshaft, aber mit vielen weiterführenden Angaben Johannes Gießauf: Die Mongolengeschichte des Johannes von Piano Carpine. Einführung, Text, Übersetzung, Kommentar. Graz 1995, S. 10-43, sowie Münkler, Erfahrung des Fremden, S. 20-30.

dass er dem Khan bisher immer Widerstand leisten konnte: „[D]er *kúng hat sich sin all wegen erwert mit macht.*" (Vhs., 117).[681]

Auch von den Kynokephalen wird berichtet, dass sie schon einige Male gegen den Großkhan gekämpft haben, weil dieser die Herrschaftsinsignie ihres Königs, einen riesigen leuchtenden Rubin, erlangen wollte: „*Und wer kúng von dem land ist, der treit daz an sinem hals [...]. Item der Gros Cham, Kayser von Cathay, hat mengerlay krieg mit im gehabt, das er den rubin gern gehept hett, er mocht sin aber nit gehon, weder mit frid noch mit krieg.*"[682] (Vhs., 122). Der Paris-Text bringt das Verlangen des Khans nach dem leuchtenden Rubin mit dem Begriff der Habsucht, beziehungsweise der Gier, zum Ausdruck und wertet somit den Beweggrund für die Kontaktnahme des Khans mit den Hundsköpfigen als selbstbezogen und lasterhaft: „*Le Grant Cham de Cathay a moult conuoitie ce rubis*".[683] Das Interesse des Khans am Stein der Hundsköpfigen begründet sich sicher durch die imposante Erscheinung des Steines, also seine Größe, seine Schönheit, seine rote Farbe,[684] sowie durch seinen damit einhergehen-

---

[681] Vgl. Vhs., S. 117: „*Item ir sŏllent wissen daz der kúng als mechtig ist das er mit dem kayser von Cathay, der der mechtigost herre ist der under dem himel ist, ouch vil und dick im ist obgelegen mit stritten. Wann sie fechtend dick mit ainander, dar umb daz der kayser von Cathay wolt das er sin land von im hielte; aber der kúng hat sich sin all wegen erwert mit macht.*" Vdr., S. 119: „*Jr sŏlt wissen das der künig von jona so mǎchtig ist das er den keÿser von von Cathaÿ der do heÿst der groß Cham vnd der mǎchtigest in aller welt ist den hat er mit streit ab dem veld gejaget vnd flüchtig gemacht. wann der keÿser von kathaÿ woltt das der künig von jona sein land von jm zů lehen hett er mocht es aber nÿe darzů pringen. wann der künig von jona hat sich sein allweg erwert.*" Ddr., S. 299: „*Jtem der Künig von Jana ist so mǎchtig das er dick hat gekriegt mit dem herren der da heisset der groß hund den man gewonlich nennet. Can Also wil ouch ich in nenen hie nach in disem bůch durch kurtzerung willen der geschriffte vnd der selb Can ist der obrest vnd der mǎchtigest keiser den die sonne über schinet. vnd ist ouch als gar mǎchtig das er meint es sie kein anderer herre den er. vnd got sye herr Jm himel vnd er vff erden vnd wie mǎchtig er ist So hat Jn doch der künig von Jana etwan vff dem veld überwunden vnd Jn vsser dem her gejagt vnd das veld gewunnen.*"

[682] Der Rubin ist „*von orient, recht fin, und lúchtet sere, und ist wol eines schůches lang und wol fünff finger brait.*" Der König trägt ihn an einer Kette „*von trúhundert grosser perlen von orient, gros und sinwel als ain pater noster, in der grŏssin als ain haselnuß.*" (Vhs., S. 122).

[683] Paris-Text, Ed. Letts, S. 341.

[684] Bei der Beschreibung des Palastes und der Schlafkammer des Großkhans wird später im Text sogar von einem ähnlichen Rubin berichtet, der in einer goldenen Säule befestigt ist und die Kammer mit seinem Schein erleuchtet: „*der ist wol ains fůß lang, der erlúchtet die gantzen kamer*". Interessanterweise ist jedoch seine Farbe nicht so strahlend rot wie die des Rubins der Kynokephalen: „*und der ist nit gar rott, wann er ist ain wenig brunn als ain amatist.*" (Vhs., S. 141). Diese in der Gegenüberstellung erkennbare farbliche Min-

den materiellen Wert, aber auch dadurch, dass der Stein gemäß dem Erzähler Herrschaft verleiht und somit nicht nur Symbol, sondern auch Kraft der Macht des Königs der Hundsköpfigen ist. Denn über die Kette mit dem Rubin wird gesagt, dass, wenn der König sie nicht trage, er nicht als König anerkannt würde. Der Paris-Text und der Diemeringen-Druck berichten zudem von der Inthronisation des Königs, bei welcher der Rubin den Gehorsam des Volkes und die Anerkennung des Herrschers allererst bewirke: *„vnd so das volcke den stein ob im sicht So ist es im gehorsam vnd haltent in für ein künig vnd nit ee"* (Ddr., S. 316). Auch der Großkhan setzt, wie fast jeder in den *Reisen* beschriebene Herrscher, Objekte und Symbole zur Herrschaftsrepräsentation ein, weshalb für ihn dieser Stein, dessen Funktion so deutlich auf Machterwerb ausgerichtet ist, von großem Interesse sein muss, zudem er auch in Konkurrenz zu seinem eigenen Allmachtsanspruch steht. Diesen scheint er aber auf der Insel der Hundsköpfigen nicht durchsetzen zu können, da es ihm nicht gelingt, ihnen den Rubin abzunehmen.[685]

Außerdem wird der Stein an der Kette in den hier herangezogenen Versionen auf unterschiedlich deutliche Art als religiöses Objekt und Teil einer religiösen Handlung vorgestellt, auch im Vergleich zum christlichen Religiösen. Die Velser-Handschrift erklärt, dass die Perlenkette, an welcher der Rubin angebracht ist, in der Art eines Rosenkranzes gefertigt sei: *„Der küng von der ynsel ist ser mächtig und rich und andechtig nach irem globen, und hatt ain goller an sinem halß von trühundert grosser perlen von orient, gros und sinwel als ain pater noster, in der grössin als ain haselnuß."* (Vhs., 122). Die Engführung des fremden Herrschaftssymbols mit dem Rosenkranz als Objekt der christlichen Frömmigkeitspraxis überlagert die Dimensionen der Macht und des Religiösen und verleiht der Kette des Königs zusätzlich zu ihrem exotischen, materiellen und repräsentativen Wert eine Art sakrale Aura. Damit wird auch die große Frömmigkeit und Tugend des beschriebenen Volkes unterstrichen, was wiederum in einer Spannung mit ihrem zuvor beschriebenen Götzendienst und

---

derwertigkeit des Khansrubins stärkt noch einmal die Annahme eines großen Interesses des Khans am Rubin der Kynokephalen.

[685] Der Ddr. spricht interessanterweise nicht davon, dass der Großkhan mit kriegerischen Mitteln den Rubin erlangen wollte, sondern durch Handel und Bitten: *„vnd der gros Can der da meint herr zů sind über alle die welt hette dick den selben stein gern gekoufft. aber er mocht im nie werden vmb trôwen noch vmm bett noch vmb kein gůt."* (Ddr., S. 316). Von kriegerischen Auseinandersetzungen zwischen dem Khan, von dem hier bezeichnenderweise noch gesagt wird, dass er sich selbst für den größten Herrscher der Welt hält, und den Kynokephalen wird bei Diemeringen also nichts gesagt.

ihrem Kannibalismus steht.[686] Während der Velser-Druck und die Hs. N den Vergleich mit dem Pater Noster nicht übernehmen,[687] verstärkt der Paris-Text diese Analogien noch, indem er anführt, der König würde damit – so wie ,wir' das Vater Unser und das Ave Maria mit dem Rosenkranz aus Bernstein beten würden – jeden Tag 300 Gebete an seinen Gott richten.[688] Und der Diemeringen-Druck geht noch einen Schritt weiter, denn er verzichtet auf die Rhetorik des Vergleichs und konstatiert direkt: *„der künig von Macameron ist mǎchtig vnd rich vnd andachtig vnd hat alȝit ein pater noster an dem hals hangen"* (Ddr., 315). In der Funktion eines Rosenkranzes wird die Kette bei Diemeringen vom König auch gebraucht: *„Dar an bettet er alle tag sin gebett. nach sinem glouben ee er ysset vnd an dem pater noster hanget ein grosser rubin"* (ebd.). Diemeringen legt das religiöse Objekt aus dem Bereich des Eigenen ungebrochen in die

---

[686] Vgl. in der Vhs., S. 121f.: *„Und die bettent ainen ochsen an als iren gott. Und daz volck in dem land treyt yeglichs ainen ochssen von silber oder von gold vornen an siner stirnen; daz sol betútten daz sie irem gott hold sind. [...] Und alle die die sie vahent, die essent sie."* Der Ddr. stellt nach der Feststellung ihres Kannibalismus einen Zusammenhang ihrer inneren Einstellung mit ihren Sitten her, der sich in ihrer äußeren Erscheinung abbilde: *„vnd so sie iren vigenden obgeligend so essent sie sie vnd das gelichet sich hunds naturen."* (Ddr., S. 315). Vgl. zu weiteren, gesellschaftssystemischen Zusammenhängen in der Darstellung der Kynokephalen bei Mandeville Salih, Idols and Simulacra, S. 125-128, und zur Frömmigkeit des Königs „in an almost Christian fashion", sowie zu den Quellen dieser Episode (Odorico und Hethum), Higgins, Writing East, S. 146-148, und zu Diemeringen S. 152f., Zit. hier S. 146.

[687] In der Stelle im Vdr. und in der Hs. N ist die Kette auch etwas kleiner und im Vdr. wird der Rubin vom König an der Hand getragen: *„Der küng [...] hat ein goller an seinem hals wol von hundert grossen berlin in der grǒß als ein haselnuß. vnd an der hannd einen schǒnen rubin der ist eins schǔches prait. vnnd wer küng in dem land ist der tregt das allweg an dem hals sy haben in sunst nicht für ein herren oder für ein künig. Der groß Cam von cathaÿ der hett den rubin offt geren von jm gehebt. er mocht jm aber nicht werden weder mit krieg noch mit fride."* (Vdr., S. 125). In der Hs. N dagegen befindet sich der Rubin an der Perlenkette des Königs: *„der kunig von der selben Jnseln ist mechtig vnd reich vnd hatt ein goller an seinem hals von hundert grosser perlein von orient in der groß als ein haselnuß vnd an dem pender ein veiner rubin der ist eins schuchs prait"* (fol. 106v).

[688] Vgl. Paris-Text, Ed. Letts, S. 341: *„Et le roy de ceste ylle est moult riches et moult puissant, et si est moult deuost selon la loy, et tousiours entour son col a pendues ccc. perles dorient bien grosses, encordees en guise de paternostres. Et en la marniere que nous disons nostre Pate Nostre et Aue Maria, en comptant et passant a fait les patenostres dambre, ainsi celi roy dist chascun iour ccc. prieres deuotement a son Dieu, aincois quil mangue."* Die Anführung der Ausnahme, dass der König nur dann nicht bete, wenn er isst, stellt eine makabre Beziehung her zu dem zuvor erwähnten Brauch, die Kynokephalen würden ihre Kriegsgefangenen essen. Dadurch entsteht ein paradoxes Bild von frommen, gottesfürchtigen monströsen Wesen, deren König andächtig und stetig betet, außer wenn er andere Menschen isst.

Fremde und unterlässt Verweise auf Analogien zwischen christlichen Praktiken und denen des Königs der Hundsköpfigen, wodurch die Analogie letztlich
verstärkt wird, doch nicht als sprachlich hergestellte, sondern als real-existie-
rende. Die so konstatierte Analogie bei Diemeringen kann dann einerseits als
Abbau von Fremdheit und als Betonung der Frömmigkeit der Hundsköpfigen
gelesen werden (diese Wesen dort beten wie wir sehr fromm mit einem Rosenkranz), gleichzeitig aber auch als Perversion des Eigenen (solche kannibalisti-
schen *monstra* beten mit einem Rosenkranz, wie wir auch!).

In der Kette mit dem Rubin werden also eine machtgenerierende und -re-
präsentative und eine religiöse Funktion kombiniert und diese Funktionsbereiche überblendet,[689] sodass dem Schmuckstück des Königs ein mehrfacher
Wert zukommt. Der Großkhan ist aber nur am Rubin und somit an dem Teil
interessiert, der als Herrschaftsinsignie mit der weltlichen Funktion ausgestattet ist, im Reich des Kynokephalen-Königs aber untrennbar mit der religiösen
Funktion der Kette und – so legt es der Text nahe – mit der Frömmigkeit ihres
Trägers verbunden ist.

Außer über das Verlangen des Khans nach dem Rubin und die dadurch
bewirkten kriegerischen Auseinandersetzungen steht die Insel der Hundsköpfigen in keiner weiteren Relation zu ihrer Umgebung. Ihre regelrechte geographische ‚Ortlosigkeit' und ihre Abgeschiedenheit werden mit einer unpräzi-
sen, aber aussagekräftigen Entfernungsangabe ausgewiesen: *„so fert man über
daz gros mer Occean durch manig ynsel und kumpt man zů ainer ynsel die haisset Vacanera, daz ist ain schön ynsel und ist wol tusent leg witt umb und umb."*
(Vhs., 121). Der Diemeringen-Druck dagegen nennt zu Beginn der Episode zwei
Stationen des Weges und stellt Verbindungen zwischen dem Land der Hundsköpfigen und den zuvor beschriebenen Ländern her: *„Macameron ist ein gros
gutes künigrich vnd lyt in dem grossen mer Und zůhet man da hin von den vor
geschriben landen von Cassa vnd von Dodin"* (Ddr., 315). Den einzigen Hinweis
darauf, dass es sich bei dem Land um eine Insel handelt, gibt er mit der Aussage, es *„lyt in dem grossen mer"*, die Feststellung der anderen Versionen, dass
die Insel in einer tausendmeiligen Abgeschiedenheit läge,[690] ändert er und
macht sie zu ihren Ausmaßen, wenn es am Schluss der Episode heißt: *„vnd hat*

---

[689]   Außer im Vdr., wo der Pater-Noster-Vergleich nicht angestellt wird und der König den
        Rubin losgelöst von der Kette an seiner Hand trägt.

[690]   Zum Vergleich: Die Länge des Mittelmeers wird in den *Reisen* mit zwischen 3000 und
        etwa 4000 lombardischen/welschen Meilen angegeben, Vgl. Ddr., S. 275, Vhs., S. 93.
        Doch es ist anzunehmen, dass die Angabe von ‚tausend Meilen' weniger als eine genaue
        Entfernungsangabe zu verstehen ist, sondern vielmehr als Bezeichnung für eine sehr
        weite Entfernung.

sin land wol tusent myl begriffen vmb vnd vmb." (Ddr., 316). Die Topographie der Insel und ihrer Umgebung ist also in der Diemeringen-Version deutlich anders als in den Velser-Versionen oder im Paris-Text, in welchen die Abgeschiedenheit besonders herausgestellt wird. Wie bei den meisten Inseln berichtet der Erzähler in diesen Versionen nicht einmal, dass er selbst oder wie er zu dieser Insel gelangt sei; nur bei Diemeringen bezeugt der Erzähler durch seine Augenzeugenschaft die Existenz und die Einzigartigkeit des schönen Rubins.[691]

Im zweiten Teil der *Reisen* wird noch von einigen anderen Inseln, Reichen oder Städten berichtet, die sich vor der Khansmacht schützen[692] oder ihr untertan sind und dafür vom Großkhan beschützt werden,[693] denn schließlich herrscht er über *„zwayhundert und zway und sechtzyg kúng, wann er ist der gróst herre der under dem himel ist.*" (Vhs., 128). Auch nach den Kapiteln über den Großkhan und seine Herrschaft werden Königreiche beschrieben, über deren Zugehörigkeit dann gesagt wird: *„Und wissend das die kúngrich allú sind under dem grossen Cham von Cathay, da von ich uch vor geseit hon.*"[694] (Vhs., 148). Die Machtverhältnisse und vor allem die Zugehörigkeit der beschriebenen Länder ändern sich dann nach den Kapiteln über den zweiten großen Herrscher des Ostens, den Priesterkönig Johannes. Denn dieser hat wie der Khan *„vil kúngrich under im*" (Vhs., 156) und sein Reich ist so groß, dass vier Monate nicht ausreichen würden, um hindurchzureiten, *„wann sin herschafft und sin gewalt ist als groß, wan er wol sechs tusent ynselen haut under im*" (Vhs., 157). Die daraufhin beschriebenen Inseln gehören somit meist explizit

---

691 Vgl. Ddr., S. 315f.: *„vnd ich han den selben Rubin dick gesehen vnd meint man es sie in aller der welt keiner so gůt noch so groß noch so schön*".

692 So bspw. die schöne unbenannte Stadt in der Nähe der Stadt *Gassaom* (Hangtschou), die an einem vom Meer kommenden See liegt wie Venedig und die gut bewehrt ist: *„Wann sie sich da gar ser besorgent von des grossen kaysers wegen von Tharthary, wan sin land dar an stosset.*" (Vhs., S. 126).

693 Wie die Pygmäen, die einen Königsstuhl haben, der dem Großkhan untersteht: *„Der groß kayser von Thartary laut die statt garr wol behüten, wann es ist ain kúng stůl da.*" (Vhs., S. 128). Im Ddr. wir auch berichtet, dass der König von Tibet *„den dritteyl sines landes von priester Johanß vnd das ander von dem grossen Can*" halte (S. 376).

694 Ähnliches wiederholt sich etwas später, wenn der Erzähler ankündigt: *„Nun hon ich uch geseit von etlichen landen, wie sie ligend und wa, und der vil sind under dem Grossen Cham von Chatay. Nun wil ich uch sagen von etlichen landen und ynselen die hie diß halb ligend.*" (Vhs., S. 151). Auffällig ist auch hier im Vergleich zum ersten Teil der *Reisen*, dass in diesen zusammenfassenden zurück- und vorverweisenden Übergängen die Lage der verschiedenen Länder und ihre Zugehörigkeit zu einem Machtbereich fokussiert werden und nicht die Wege und ihre Zielgerichtetheit auf einen Punkt.

dem Herrschaftsbereich des Priesterkönigs an,[695] doch während Cathay durch
seine Handelswege zusätzlich zu seiner Funktion als Machtzentrum auch ein
wirtschaftliches Zentrum darstellt, wird das Land des Priesterkönigs als zu
entlegen von den Handelswegen beschrieben und damit aus diesem, einen
Großteil der Welt umspannenden Netz ausgeschlossen.[696]

Die Verbindung zwischen den Stationen, den Inseln und den einzelnen
Königreichen und dem Machtzentrum wird also nicht durch die Beschreibung
von Wegen oder Distanzen hergestellt, sondern durch die Feststellung der Zugehörigkeit zum Machtbereich des Großkhans, der Abgetrenntheit davon oder
eines kriegerischen Widerstands gegen ihn, oder, an zweiter Stelle, durch die
Zugehörigkeit zum Reich des Priesterkönigs. Die Wege können allein schon
deshalb nicht beschrieben werden, weil ein großer Teil der Fortbewegung
auf dem Wasser stattfindet und diese Gewässer und Wasserwege in der Ge-
samtlänge unvorstellbar weit sind. Der Diemeringen-Druck betont ihre Länge,
nachdem er gegen Ende des vierten *bůchs* die Ausdehnung der Oekumene von
den Herkulessäulen im Westen bis zu den Alexandersäulen im Osten und den
Rückweg von Osten nach Westen beschreibt:

> *Und so man kommpt zu Alexander süll So mag man herwider kommen oder her wider keren*
> *vnd Jn das groß mere sitzen vnd mag den priester Johans land vmm faren nebent zů abe*
> *vnd mag wider kommen in des großen Can lande. Aber der weg ist so lang vnd gehört so vil*
> *zitt dar zů das man Jn lützel vert doch so vert man in wol der will.*[697] (Ddr., 374)

---

[695]   Vgl. bspw. die Ankündigung des Erzählers: „*Hie seit er von den ynselen die in Priester*
          Johans land ligend" (Vhs., S. 167). Die Insel *Riboch*/Tibet allerdings gehört wieder dem
          Reich des Großkhans an (Vgl. Vhs., S. 172). Vgl. auch Ddr., S. 349f. und die Feststellung
          dort, dass die Inseln in Indien alle „*pentexor*" genannt werden, „*vnd sind ouch alle pries-*
          ter Johanns vnderton on allein gar wenig das der Can da hat" (Ddr., S. 359).

[696]   Vgl. zum Handel in Cathay Vhs., S. 129, und zur schlechten Erreichbarkeit des Reichs
          des Priesterkönigs aufgrund des langen, aber auch gefährlichen Weges Vhs., S. 154. Im
          Ddr. ist der gefährliche und schwierige Weg ins Land des Priesterkönigs um einiges aus-
          führlicher beschrieben und begründet als bei Velser. So beginnt er seine Beschreibung
          der Topographie Indiens, das wie eine andere Welt sei: „*Jtem priester Johans hat ouch*
          manigerley lut vnd land aber nit als gůt noch als fruchtbar als des Can land sind wann
          es komment nit als vil koufflüt gen Jndien als gen Kathay. Wann Jndien zů verre ist vnd zů
          sorglich dar zů farend von naturlichen lüsten vnd spißen vnd ouch die weg eng sind vnd in
          vil wiß grüselich von gebirgen vnd von tieren vnd durch mer zů farend vnd durch sollich eng
          vnd sorglich weg vnd löcher da vil schiff vnd lüt verderbent vnd wan kathay näher ist vnd
          die koufflüt von Jndien dar komment zů marckte so lustet wenig lüt gen Jndien zů farend
          Jtem Jndien ist ein glich als ein andere welt von dieser welt gescheiden vnd schinet etwen
          wie kein wege darinn wer von diesen landen" (Ddr., S. 350).

[697]   Diese kurze Episode über die Herkules- und Alexandersäulen, die an die Beschreibung
          des irdischen Paradieses anschließt, kommt in den Velser-Versionen nicht vor.

2. Heilsflüsse aus dem Paradies und die Insularität des Raumes

Im Machtraum erhalten die Gewässer, Meere und Flüsse, allen voran die vier Paradiesflüsse, eine wichtige Funktion in der Raumorganisation im praktischen, aber mehr noch im symbolischen Sinn.[698] Wie der Erzähler in seinen den zweiten Teil einführenden Äußerungen festhält, liegen all die von ihm beschreibenden wunderbaren Länder zwischen und bei den Paradiesflüssen: *„Wann wunderlich land und kúngrich da sind an den vier wassern die uß dem paradys kument.“* (Vhs., 93). Die aus dem Paradies entspringenden Flüsse Ganges, Nil, Euphrat und Tigris verbinden die Welt, wie disparat ihre Teile auch sein mögen, und verleihen ihr eine sowohl unter- als auch überirdisch verlaufende Struktur der Heilsverbundenheit: *„Und mitten in dem paradyß da ist der brunn da von die vier wasser komend die da iren loff hond durch menig land. [...] Nun sprechent etlich das allú súß wasser die in der welt sind niemend iren ursprung von dem brunnen, da die wasser enspringend.“* (Vhs., 166).

Die Paradiesflüsse kamen zwar auch schon im ersten Teil der *Reisen* vor, wenn der Erzähler auf Flussverläufe wie den des Nils oder auf Brunnen verweist, aus denen Wasser aus dem Paradies entspringt.[699] Doch auch in Indien, in einer Stadt namens *Pulumbus*, entfaltet angebliches Paradieswasser eine verjüngende und heilende Wirkung auf diejenigen, die davon trinken, und

---

[698] Vgl. zur Tradition der Darstellung der Paradiesflüsse und zu deren Funktion in den *Reisen* Akbari: Currents and Currency in Marco Polo's ‚Devisement dou monde' and ‚The Book of John Mandeville'. In: Dies./ Amilcare Iannucci (Hgg.): Marco Polo and the Encounter of East and West. Toronto u. a. 2008, S. 110-130, sowie Münkler, Erfahrung des Fremden, S. 180-183.

[699] In der Episode über den Sultan von Ägypten wird auch der Nil/*Geon* mit seinen ‚Gezeiten' beschrieben und dessen unterirdischer Verlauf eindrücklich nachgezeichnet: *„Geon; so nempt man es ouch Nyl. Und das selb wasser kumpt von dem paradys. [...] Und daz wasser kumpt uß dem paradys durch die wústin von Yndia und hatt ainen langen fluß uß dem ertterich. Da gät es denn durch ainen berg der haisset Aloth, der ist zwúschen India und Moren land, und gat fúnff monat tagwaid, e das es kome in Moren land. Da gat daz wasser denn durch gantz Moren land und gät der lengin nach durch Egipten bys in Alexandria in die statt; die stat lit uff ainem end an Egypten. Da felt es denn in das mer. Und umb dasselb wasser ist uß der maßen vil storcken, die haissent sie Ybis.“* (Vhs., S. 30) Die Heils-Verbundenheit Jerusalems speist sich auch zum Teil aus dem Zugang zum Paradieswasser, wie aus Mandevilles Beschreibung des Bades Christi ersichtlich ist: *„Von unsers herren tempel wol uff zehen und hundert schrit gen Salomons tempel veretz an ainem ende in der statt da ist daz bad unsers herren. Und in das selb bad zů den selben zitten kam wasser uß dem paradys, und noch tropffet es da selbs. Nitt ferre von dannen ist ain schön kirch, die ist von Santa Annen“* (Vhs., S. 59). Vgl. dazu auch Akbari, Idols in the East, S. 59f. und dies., Currents and Currency, S. 113-115.

auch das Aloe-Holz, aus dem der Wagen des Großkhans gefertigt ist, kommt aus dem Paradies.[700] Die Reisebewegung in die entgegengesetzte Richtung der Fließrichtung der Paradiesflüsse, hin zur (unzugänglichen) Quelle des ausströmenden Heils ist eine Bewegung der Annäherung an diesen Heilsursprung, der gewissermaßen Jerusalem als Ziel und Heilszentrum des ersten Teils ablöst. Die mit den Paradiesflüssen assoziierte Struktur des die Welt durchfließenden und verbindenden Heils leistet aber auch der Idee Vorschub, dass die Völker im Osten der Welt, deren Länder von diesem Wasser umflossen werden, im Grunde näher am Ursprung des Heils positioniert sind.[701]

Die Vorstellung von der Bewässerung der Welt durch die Paradiesflüsse und die Insularität des Ostens, besonders Indiens, sind Charakteristika des mittelalterlichen Weltbildes, und sie finden sich in Beschreibungen des Reichs des Priesterkönigs Johannes, dem tausende von Inseln zugehören, sowie auf mittelalterlichen Weltkarten dargestellt. Im Verlauf des zweiten Teils der *Reisen* wird in der topographischen Darstellung die Insularität des Ostens immer mehr verdeutlicht, wenn der Erzähler von Insel zu Insel springt, ohne deren räumliche Relationen zueinander darzulegen: *„Von dem land fert man über das mer Occean und kumpt in ain ynsel [...]. Von der ynsel kumpt man in ain ander ynsel [...]. Nitt ferre von der ynsel so kumpt man in ain ynsel [...]."* (Vhs., 119f.). Die einzige Verbindung zwischen den Inseln wird durch die Bewegung des Erzählers in diesem Raum und durch dessen Stimme hergestellt.[702]

---

[700] Vgl. Vhs., S. 108 (Jungbrunnen in Pulumbus), und S. 142 (Wagen aus Aloe-Holz).

[701] Siehe bspw. die Gymnosophisten und die Brahmanen. Für Akbari, Currents and Currency, zeigt sich eine gegenläufige Bewegung in Hinsicht auf die Jerusalem-Pilger: „This two-part movement found in the *Book of John Mandeville*, where the flow of the rivers of Paradise outward from Eden is mirrored in the reciprocal flow of pilgrims inward toward Jerusalem [...]." (S. 123) Letztlich interpretiert sie das Organisationsprinzip der Flüsse als symbolische Geographie, die auf Frömmigkeit hin ausgerichtet ist, und als Zeichen eines teleologischen Zeitverständnisses (im Gegensatz zum zyklischen, wie es sich ihr zufolge bei bei Marco Polo finde): „In Mandeville's account, the rivers coursing violently outward from Eden mirror the teleological flow of time." (Ebd.).

[702] Dies beschreibt auch Moseley in seinem leider vergriffenen Aufsatz: La religion, le monde et la nature. Sir John Mandeville et son livre. In: Lignes d'Horizon (Presses Universitaires de Provence). Aix-en-Provence 2007, dessen Skript mir der Autor freundlicherweise zur Verfügung stellte. Moseley zufolge bedient sich der Erzähler hier einer spezifischen Technik der Raumdarstellung und verknüpft die Inseln durch die Kraft oder die Tugend seiner eigenen Person: „sans une vraie méthode de description de l'espace, il devient impossible de relier les pays à leurs voisins. Mandeville fut donc obligé d'adopter la technique suivante: chaque pays est perçu comme une île, selon sa terminologie, une unité separée, et seule la vertu du voyageur dans son periple d'île en île peut les mettre

Bereits im erzählten Übergang vom ersten zum zweiten Teil der *Reisen* werden die Gewässer als Strukturelement der Raumbeschaffenheit sowie die damit verbundene Insularität der Topographie thematisiert. Der Erzähler positioniert in einem geographischen Überblick Flüsse, Länder und Meere an-, neben und zwischeneinander und macht dabei vereinzelt auch Längenangaben, doch entsteht dadurch kein nachvollziehbarer Zusammenhang, sondern vielmehr ein Eindruck unvorstellbarer Weite:

> *Das kúngrich von Archysia, und daz von Assyria, und das von Judea, die sind zwúschent den zway wassern, daz ain haisset Nilus, das ander Tygris, das ich úch vor benempt hon. Syria, daz kúngrich von Palestin, und daz von Venothyos, die sind zwuschent den Euffrates und ainem mer, daz haisset Mediterranee. Daz selb mer werot nach der lengin von Maroch bys an daz groß mer von Hyspania, und gat ouch für Constantinopel vier tusent und viertzig welscher mil. Und gat ouch gen India; und daz selb kúngrich ist daz von Suthia, und daz ist alles in ytel gebirg. Und da ist ain mer, daz haissent sie Calippe; zwúschent dem mer und ainem wasser, daz haisset Conay, da sind Amazones [...]. (Vhs., 93, Hervorhebungen von mir, C. H.)*

Im Vergleich zum Paris-Text verstärkt die Velser-Handschrift die Positionierung von Ländern, Inseln und Orten z w i s c h e n Flüssen und Gewässern, was die Insularität der Topographie noch stärker hervorhebt.[703] In der gesamten Episode, die den zweiten Teil einleitet, reicht der geographische Überblick vom irdischen Paradies im Osten, aus dem sich die Flüsse in die Welt ergießen, bis zu den Herkulessäulen im Westen, hinter denen es kein Land mehr gibt,[704] und überspannt damit die gesamte ‚bekannte' Welt.

---

en rapport. C'est exactement la manière dont la distance et l'espace étaient apprehendés dans les récits du Moyen-Age." (Skript, S. 5).

[703] Der Paris-Text macht nämlich häufiger die situierende Angabe ‚bei' oder ‚von – bis' („*Et puis dessouz Sithie, de la mer Calpie iusques au flueue de Thanay, est Amozonne*", Paris-Text, Ed. Letts, S. 310) oder bleibt vage: „*Et puis apres est Chartarue, Baccarie, Hiberie et moult dautres regions diuerses; et ont la mer rouge et la mer Occeane.*" (Ebd.). Die Velser-Texte setzen auch hier die Länder z w i s c h e n die Gewässer: „*Und da selbs zwúschent den Rotten Mer und dem mer Occeanum da sind die land Clintarie,* [...]" (Vhs., S. 93). Zudem findet sich nur in den Velser-Texten der Zusatz, das Mittelmeer reiche bis nach Indien.

[704] Der Ddr. bekundet dies mit der Aussage, dass „*für die selben sull vßhin. kein land me ist.*" (Ddr., S. 274). Der Vdr. und die Hs. N erklären, dass Herkules die Säulen deshalb an das „*end der welt*" gesetzt habe, „*zů einem ʒaichen das nyemand dar für kommen mag.*" (Vdr., S. 96) Diese Bemerkung ist einer der wenigen Zusätze der Kurzversion (Vdr. u. Hs. N), denn sie kommt weder in der Vhs. vor, die nur bemerkt, „*und da selbs sind Kades Hercule, das sind die stainin súle die Hercules hett uff gesetzt*" (Vhs., S. 94), noch im Paris-Text.

Bei Diemeringen gestaltet sich der Übergang vom ersten zum zweiten Teil etwas anders, denn erstens fehlt bei ihm vor diesem Übergang das Sarazenen-Kapitel und zweitens stellt er den geographischen Überblick zu Beginn des zweiten Teils um und baut ihn leicht aus. In seiner Version schließt diese Umschau an die Beschreibung des „schlimmen Weges" durch die Tartarei an und beginnt nicht, wie in den anderen gesichteten Versionen, mit den Paradiesflüssen, sondern mit den Herkulessäulen im Westen. Der geographische Überblick folgt somit der Reisebewegung von West nach Ost, zunächst von Gibraltar nach Nordafrika, wo er bei der Beschreibung Libyens erklärt, dass die Welt aus drei Teilen besteht: *„Jtem Libia ist in zwei geteilt. Jn die grossen hohen Libien vnd in die nydern Libien. vnd die zwů Libien begriffent den dritten teil der welt. wan die welt mit enander ist geteilt Jn Asia Affrica vnd Europa. Nun ist Affrica vnd Libia ein land."* (Ddr., 275). Über das Meer *Occeanus* sagt er daraufhin, dass man von dort aus fahren könne, wohin man will, um dann die Paradiesflüsse und die vielen Gewässer zu erwähnen, die die Welt durchfließen: *„darnach man der vier wasser einem aller nåchst mag sin die vß dem paradiß flůssent. Und die selben vier wasser scheydent die land vnd das mer als verr man gesehen mag"* (ebd.). Auch bei Diemeringen liegen die vielen genannten Länder zwischen diesen Flüssen, Meeren und Gewässern und werden wie Inseln von ihnen umspült.

Durch das Fehlen des Sarazenen-Kapitels wird der topographische Übergang vom Heils- in den Machtraum bei Diemeringen ausgedehnter und ohne deutliche Unterbrechung erzählt, oder, wie Higgins es beschreibt, mache der Text „the original fusion of the two different kinds of book appear virtually seamless while enhancing the ‚orienting' map's resemblance to the Christian topography of the *mappaemundi.*"[705] Obwohl der Übergang also nahtloser ist, steht, wie Higgins bemerkt, Diemeringens Text stärker in der Tradition der *mappae mundi*, denn das *„erst bůch"* endet nach der Nennung der Amazonen und Albaniens mit dem Verweis auf Jerusalem und auf dessen Zentralität: *„So mag man etwas gesehen gegen iherusalem vnd da hin sich richten wan jherusalem in mitten in der welt ist. Hie hat das erst bůch ein ende. Und hebt an das ander bůch Das erst Capitel."* (Ddr., 276). Während bei Diemeringen Jerusalem das Ende des ersten Teils und den Ausgangspunkt des zweiten darstellt, haben die anderen Versionen, die außerdem die Aufzählung der Wasserwege der Welt mit den Paradiesflüssen beginnen, das Zentrum schon seit der Beschreibung des „schlimmen Weges" zu den Sarazenen hinter sich gelassen.

---

[705]   Higgins, Writing East, S. 129.

3. Vom Wunder zum Wunderbaren

Der Wechsel vom christlichen Heilsraum zum fremden Machtraum geht einerseits einher mit einer Neustrukturierung des Raumes statt durch Wege und Distanzen durch Flüsse und Gewässer, und andererseits mit einem Wechsel von den christlichen (Heils-)Wundern (*miracula*) zu den wunderbaren Phänomenen des Ostens (*mirabilia*). Während mit dem lateinischen Begriff *miraculum* das christlich-theologische Konzept von einem „unmittelbaren Eingriff Gottes in die Natur als kurzfristig-punktuelle Außerkraftsetzung der Naturgesetze" zu bezeichnen ist, handelt es sich bei den *mirabilia*, den ‚Wundern des Ostens', zu denen prominent die monströsen Völker zählen, um innerweltliche Phänomene, „die sich dem unmittelbaren Nachvollzug durch den menschlichen Verstand entziehen".[706] Die regelmäßige Anführung von *miracula* durch den Erzähler ist charakteristisch für die Topographie des Heiligen Landes und seiner Umgebung, die von einem Netz punktueller Wundererscheinungen oder zumindest von Spuren göttlichen Wunderwirkens in der Welt durchdrungen ist. Dagegen berichtet der Erzähler im Machtraum von zahlreichen Naturwundern, Wunderwesen, wunderbaren Abenteuern sowie von den unvorstellbaren Reichtümern der östlichen Herrscher.

Bei Diemeringen und bei Velser ist der Fokus auf den Aspekt der Macht und auf den des Wunderbaren unterschiedlich stark gesetzt. Bei Diemeringen beginnt das zweite Buch, und damit der zweite Teil der *Reisen*, mit einer Anführung verschiedener Reisender (Kaufleute, Pilger und Abenteurer), die alle das finden könnten, nach was sie auf ihren Reisen suchten: „*heilig stet* [...]

---

[706]   Münkler, Erfahrung des Fremden, S. 151f. Dennoch stehen die *mirabilia* nicht außerhalb der göttlichen Schöpfung, sondern mit ihnen wird „jenes durchaus dem Plan des Schöpfers Entsprechende bezeichnet, das die Begrenztheit des eigenen Wissens verdeutlicht." (Ebd.) Münkler befasst sich mit dem Begriff des *mirabile* im Gegensatz zum *miraculum* als „zentrale[m] Begriff für die Beschreibung der Fremde". Ähnlich beschreibt Akbari, Diversity of Mankind, die Unterscheidung zwischen *mirabilia* und *miracula* als diejenige zwischen „things which cause wonder simply because they are not understood" und „things which are actually contrary to or beyond nature." (S. 167) Vgl. außerdem zu den *mirabilia* des Ostens Werner Röcke: Erdrandbewohner und Wunderzeichen. Deutungsmuster von Alterität in der Literatur des Mittelalters. In: Silvia Bovenschen/ Winfried Frey (Hgg.): Der fremdgewordene Text. FS Helmut Brackert. Berlin 1997, S. 265-284, Marina Münkler/ Werner Röcke: Der *ordo*-Gedanke und die Hermeneutik der Fremde im Mittelalter. Die Auseinandersetzung mit den monströsen Völkern des Erdrandes. In: Herfried Münkler (Hg.): Die Herausforderung durch das Fremde. Berlin 1998, S. 701-766, und Lorraine Daston/ Katharine Park: Wonders and the Order of Nature. 1150-1750. New York 1998.

vnd groß heiltum", sowie die mächtigsten Herrscher und reichsten Länder, zu denen diejenigen gelangten, die *„in Ritters wise oder in herschafft wunder sůchen"* (Ddr., 277). Der Beginn des zweiten Teils erinnert stark an den Übersetzerprolog seiner Version, in dem er ebenso die unterschiedlichen Gründe, eine Reise zu unternehmen, aufzählt.[707] Im Gegensatz vor allem zur Velser-Version, die schon im Prolog den zweiten Teil als Raum der *„wunderlichen"* Dinge beschreibt,[708] ist bei Diemeringen dieser Raum deutlicher als fremder Machtraum gekennzeichnet, der von den Herrschern des Ostens dominiert ist und dem der europäischen Herrscher – und zwar sowohl der weltlichen als auch der geistlichen – als überlegen gegenübergestellt wird: *„Die herren* [*der keiser von Persien, der groß hund vnd priester Johans*] *sind nun zů mal über den meren teil der welt herren vnd hand verr me landes den alle die küng keiser vnd soldan vnd patriarchen Bapst vnd bischof von den man in disen landen gesagen kan"* (ebd.).

In der Velser-Handschrift ist im zweiten Teil der *Reisen* deutlich eine Häufung des Begriffes *„wunderlich"* als Beschreibungskategorie der *mirabilia* des Ostens festzustellen. Die Zunahme zeigt sich mit neun Nennungen im ersten Teil zu 33 Nennungen im zweiten Teil, wohingegen der Begriff des *„wunders"* mit einer Verteilung von 31 zu 29 Nennungen relativ ausgeglichen ist. Aus den Kontexten, in denen die Begriffe verwendet werden,[709] lässt sich leicht erse-

---

[707] Vgl. Ddr., S. 194: *„vnd dorumb durchfert einer vil lande durch ritterschafft der ander durch andacht der drit vmb kouffmanschafft der vierd wunder zůerfaren der fünfft vmb die minne als bald als vmb ander ding."*

[708] Die Charakterisierung des Machtraumes über das Wunderbare findet sich in allen Versionen auch sehr deutlich im ‚Mandeville'-Prolog, in welchem der Erzähler nach dem ‚Heilig-Land'-Prolog, so dieser vorhanden ist, davon berichtet, dass er *„manig wunderlich land, manig wunderlich ynsel und manig wunderlich kúngrich"* befahren und gesehen habe (Vhs., S. 3). Besonders bei der Ankündigung Indiens wird der Begriff des *„wunderlichen"* herangezogen: *„*[...] *durch India das Gros und daz Clain, und durch manig wunderlich ynsel die in India ist, da manig wunderlich folck wonet und wunderlich globen hond und wunderlich sytten und gewunhaitt hatt."* (Ebd.) Auch bei Diemeringen verweist der Erzähler im Prolog darauf, dass er *„maniches wunderliches land vnd ouch maniche wunderliche künigrich"* gesehen hätte und dies besonders in Indien: *„*[...] *durch manige wunderliche insel die in india ist do ouch menig wunderlich volk inne wonet vnd wunderlichen glouben hant vnd wunderlich gewonheit halten."* (Ddr., S. 198).

[709] Beispiele für *„wunder"* in verschiedenen Kontexten: I. Nennung heilsgeschichtlicher *„wunder"*, bzw. Verwendung des Begriffs *„wunder"* im Sinne von Gottes Eingreifen in die Welt (*miraculum*): Jesus' Wirken im Hl. Land (1x, Vhs., S. 1), Johannes' Grab (2x, Vhs., S. 15), Rettung der Kinder vor Nebukadnezar (1x, Vhs., S. 23), Vogel Phönix (1x, Vhs., S. 33), Katharinengrab (7x, Vhs., S. 41f.), Rosenwunder (1x, Vhs., S. 47), Lampenwunder am Heiligen Grab (2x, Vhs., S. 51), Moses Rute (1x, Vhs., S. 57), Wunder von Jericho (1x,

hen, dass der Begriff des „*wunders*" auch zur Beschreibung von *mirabilia* verwendet wird, der des „*wunderlichen*" dagegen nur für Wunderbares, Seltsames und Erstaunliches, also nicht für ein Wunder im Sinne eines göttlichen Eingreifens in der Welt.[710]

Gerade aber bei der Verwendung des „*wunder*"-Begriffs im Kontext des fremden Religiösen oder in einem dezidiert nicht-christlichen Kontext im zweiten Teil ist dessen Bedeutung nicht immer klar zu erkennen und eine Trennung zwischen Wunder und Wunderbarem nicht eindeutig zu ziehen. Mehr noch, wird die Deutung von Phänomenen in diesem Raum je weiter der Erzähler in den Osten vordringt umso schwieriger, und die Ambivalenzen lassen sich kaum mehr auflösen. Ein Beispiel hierfür ist die Episode über das ‚Wunder' des Fischsegens auf einer Insel in Indien, wo das Volk auf Händen und Füßen geht

---

Vhs., S. 65), lebendiges Marienbild (2x, Vhs., S. 79f.). II. „*wunder*" im Kontext fremder Religionen: Mohammeds erstes Wunder (1x, Vhs., S. 91), Bilderverehrung in Thana (1x, Vhs., S. 105), Rituale am Thomasgrab (1x, Vhs., S. 110), ‚Fischsegen' (1x, Vhs., S. 118). III. Der Begriff des „*wunders*" als Bezeichnung für Wunderbares/ Naturwunder (*mirabilia*): Totenkopflegende (1x, Vhs., S. 18), Sandgrube bei Akka (3x, Vhs., S. 22), Meerwunder in der Wüste (4x, Vhs., S. 32), Schlangen auf Sizilien (1x, Vhs., S. 37), das Tote Meer (2x, Vhs., S. 67), Wunder der Sperberburg (1x, Vhs., S. 96), Wunder der Schnelligkeit der Skiapoden (1x, Vhs., S. 101).

Der Begriff des „*wunderlichen*" wird dagegen – wie in der oben besprochenen Einleitung des zweiten Teils der *Reisen* bei Velser – für Fremdes und Erstaunliches verwendet, wie für „*wunderlich gelouben*", „*volck von wunderlicher natur*", „*mengerlay wunderlich tierr*", aber auch bei der Beschreibung von ‚Josephs Kornkästen' („*Die zway kornhüßer sind gar wunderlich hoch und gros*", Vhs., S. 36), oder bei der Nennung der verschiedenen Namen Jerusalems („*Hie seyt er von wunderlichen namen die Jherusalem gehept hatt etc.*", Vhs., S. 49). An einigen wenigen Stellen wird auch das Wundern oder Staunen des Erzählers oder Anderer ausgedrückt: Fremdsprachenkenntnisse am Sultanshof (1x, Vhs., S. 90), Abergläubische Heiden gegenüber Christen (1x, Vhs., S. 106), Geschichte von einem, der die Welt umsegelte (1x, Vhs., S. 115), Wundern über den ‚Fischsegen' (1x, Vhs., S. 118), Philosophen am Khanshof (1x, Vhs., S. 139).

[710] Vgl. zum Begriff des „*wunders*" für göttliches Wunderwirken und Wunderbares der Fremde die Bedeutungen für „*wunder*" in: Beate Hennig: Kleines Mittelhochdeutsches Wörterbuch. In Zusammenarbeit mit Christa Hepfer und unter redaktioneller Mitwirkung von Wolfgang Bachofer. 6., durchgesehene Auflage, Berlin/ Boston 2014., S. 460: „Wunder; Wunderding; Wundertat, -zeichen; Neuigkeit, Merkwürdigkeit; Heldentat; Ungeheuerlichkeit; Kuriosität; Ungeheuer, Monstrum, Fabelwesen; Verwunderung, Erstaunen; Neugier; Abenteuerlust". Dagegen sind die Bedeutungen für „*wunderlich*", ebd., weniger stark mit dem Bereich des Göttlichen oder Transzendenten verbunden: „wunderbar; außergewöhnlich, unbegreiflich, rätselhaft; seltsam, sonderbar, merkwürdig; herrlich, bewundernswert; Wunder wirkend; verwundert, erstaunt." Vgl. außerdem Eming, Konzeptualisierungen des Phantastischen und Wunderbaren, sowie oben, Anm. 658.

und wo einmal im Jahr die Fische für drei Tage so nahe ans Ufer kommen, dass die Menschen sie einfach aufsammeln können. Der Erzähler bezeichnet diesen Vorgang als *„das grôst wunder daz in der welt mag sin"* (Vhs., 118), und erklärt weiter: *„Und daz ist wider die natur, wann ain ieglich wild tier flúcht daz mensch. Also kan ich nit gewissen war umb daz sy, wann daz sie in dem land sprechent es sy dar umb das ir kúng der edlest und der hailigest und der gerechtest man sy"* (ebd.).[711] Der Erzähler gibt mit dieser Erklärung des Phänomens, das gegen die Naturgesetze verstößt, geradezu eine Definition für ein göttliches Wunder, doch will er es nicht definitiv als ein solches bestätigen. Durch das explizierte Nicht-Wissen stellt der Erzähler einerseits die Unbegreiflichkeit des Vorgangs für den europäischen Beobachter heraus, andererseits lässt er mit der Anführung der Erklärung der Fremden, dies ereigne sich aufgrund der *„grossen frúmckait"* (ebd.) ihres Königs, die Vorstellung zu, das Volk stehe unter dem Segen Gottes. Zu dieser Deutung tragen auch die christliche Symbolik und Begrifflichkeit bei, von der die Textstelle geprägt ist (‚Fischsegen', drei Tage, *wunder, hailigest, frúmckait*). Die Darstellung seiner eigenen Betrachtung läuft dabei nicht auf eine Deutung, sondern auf die Betonung der Bedeutsamkeit des Phänomens heraus: *„Ich waiß nit war umb es syge, wann daz es mich sere und vast wundert wann kain ding daz ich ye gesach, wann sicher es múß ain gros betútnúß sin."* (Ebd.). In der Velser-Handschrift bleibt das Staunenerregende unbegreifbar, erhält jedoch eine unerklärliche Signifikanz, in der sich *miraculum* und *mirabile* nicht mehr eindeutig voneinander unterscheiden lassen.[712]

---

[711]   Warum Higgins, Writing East, S. 150, annimmt, die „marvelous fish story" sei in der Velser-Übersetzung ausgelassen, obwohl auch Higgins mit der Morrall-Ed. arbeitet, ist unklar.

[712]   Ähnliches stellt auch Caroline-Walker Bynum: Metamorphosis and Identity. New York 2001, in ihrem Kapitel über „Wonder" (als Wunder, Wundern/Staunen, Wunderbares) heraus, in welchem sie dem mittelalterlichen Konzept der *admiratio* in theologisch-philosophischen, hagiographischen und literarisch-unterhaltenden Diskursen nachgeht, wenn sie besonders für die Reiseliteratur feststellt: „Wonder was a response to something novel and bizarre that seemed both to exceed explanation and to indicate that there might be reason (significance – not necessarily cause) behind it." (S. 73). Im Gegensatz zur Vhs. führt der Paris-Text diese Überlegungen, die sich zwischen göttlichem Wunder und Naturwunder bewegen, weiter aus und legt sich darauf fest, dass es sich dabei doch nicht um ein Naturwunder handeln könne: *„Je ne scay la raison pour quoy ce est; Dieu le scet bien, qui tout scet. Mais ceste chose me semble la plus grant merueille que nulle chose ou monde que ie veisse onques. Car nature fait trop de diuerses choses et trop merueilleuses, mais ceste merueille nest mie de nature, aincois est de tout encontre nature que les poissons, qui ont tout le monde a enuironner, se venroient rendre a la mort de leur propre uolente et senz nulle constrainte. Et pour ce suy ie tout certain que ce ne puet estre senz grande significacion."* (Ed. Letts, S. 339). In der Hs. N und im Vdr. werden das

Anders als Velser und auch alle andere Versionen versucht dagegen Diemeringen diese Vorgänge zu erklären, die auch er als *„ein groß wunder"* bezeichnet (Ddr., 303). Zunächst gibt der Erzähler dort eine auf den Gesetzen der Natur beruhende Erklärung, dass die Fische möglicherweise von Kräutern, Gestein oder Gerüchen angezogen würden wie *„hie ʒů land"* die Lachse von Tannengeruch, und dass von ihnen so viele zusammenkämen, dass sie sich selbst an Land stießen, wo sie weiter nach *„wurtʒen"* graben würden (ebd.). Dann führt er auch die Möglichkeit an, dass es sich um ein Wunder Gottes handeln könnte (*„Got habe sin wunder da mit geton"*, 304). Diese Erklärung schwächt er aber gleichzeitig ab, indem er darauf verweist, dass dies *„etlich ander meinent"* (ebd.). Ein Wunderwirken Gottes erklärt er daraufhin nicht mit der besonderen Tugendhaftigkeit des dortigen Königs, sondern mit dem früheren Wirken von Ogier dem Dänen in diesen Ländern, dem Gott mit dem ‚Fischsegen' Nahrung verschaffte, und dies sei sogar schriftlich verbürgt: *„wan man vindet in den alten bůchern da ʒů land geschriben die men nennet Cronica das Oggier gebresten het er vnd sin her do er in das land kam vnd darumb ordnet got das die visch also dar kamen das er vnd die sinen ʒů essent hettent"* (ebd.). Bei Diemeringen wird somit die Vorstellung von einem göttlichen Wunder in der Fremde durch das Einbringen des christlichen Gotteskriegers Ogier begründet, und damit das Phänomen deutlich christianisiert.[713] Gerade der Kleriker Diemeringen bemüht sich, in der Beschreibung göttlicher Wunder diese nicht zu sehr mit dem Nicht-Christlichen zu assoziieren, und Uneindeutigkeiten wie hier zwischen *mirabile* und *miraculum* zugunsten eindeutiger Zuschreibungen zu den Bereichen des Christlichen oder des Fremden zu vermeiden.

4. Heilsgeschichte im geschichtsleeren Raum

Obwohl der Machtraum des zweiten Teils in erster Linie als Raum des Wunderbaren, ganz Fremden, Monströsen und ‚Phantastischen' in Erscheinung tritt, finden sich punktuell immer wieder christliche Heilszeichen in der Fremde. Das Strukturprinzip dieser weltumfassenden Sakralgeographie bilden, wie schon besprochen wurde, die vom irdischen Paradies ausgehenden, die Welt vernetzenden Paradiesflüsse und deren Zugänglichkeit über verschiedene Brunnen und Quellen. Als prominente, christlich semantisierte Heilsorte oder

---

Wundern des Erzählers sowie seine Aussage, dass der Vorgang eine Bedeutung haben müsse, nicht aufgeführt (Vgl. Hs. N, fol 102r u. Vdr., S. 121).

[713] Vgl. dazu auch Higgins, Writing East, S. 153-155.

Spuren der Heilsgeschichte tragende Orte in der Fremde sind die Reliquie der
Thomashand in Indien zu nennen, die göttliche Gerechtigkeit walten lässt,
sowie der Berg mit einem großen See auf der Insel Ceylon/„*Sillem*". In der
Velser-Handschrift wird über diesen Ort gesagt, dass „*die von dem land yehent
daz Adam und Eva wainetent hundert jar by dem sôw, do sie wurdent verstos-
sen uß dem paradyß. In dem sôw fint man vil edels gestains und groß perlen.*"
(Vhs., 123). Der Text suggeriert, dass der See aus den Tränen Adams und Evas
gespeist wurde und dass die Edelsteine des Sees möglicherweise sogar aus
diesen heilsprägnanten Tränen entstanden sind und somit noch heute vom
Kontakt mit den alttestamentarischen Figuren zeugen.[714] Während der Velser-
Druck und die Hs. N im Gegensatz zur Velser-Handschrift A keine direkte Verbindung zwischen dem Wasser und den Edelsteinen des Sees mit den Tränen
Adams und Evas herstellen, wenn sie angeben, die beiden „*woneten hundert
jar dabeÿ*" (Vdr., 126), stellt sie Diemeringen sogar noch deutlicher heraus:
„*vnd sie weinetent da ir sünde vnd der selbe Sewe vsser iren trehern gewachsen
in dem selben sewe vindet man vil edels gesteins*"[715] (Ddr., 318). In all den hier
angeführten Texten jedoch, auch im Paris-Text, setzt sich der Erzähler selbst
vom Berichteten ab, wenn er angibt, dass es lediglich die Menschen in dem
Land seien, die behaupteten, dass dies der Ort sei, an dem sich Adam und Eva
nach ihrer Vertreibung aus dem Paradies aufgehalten hätten.

Ähnlich wie im Heiligen Land – hier allerdings unter rhetorischem Vorbehalt des Erzählers – gibt es auch in der Fremde des Ostens Orte, die mit heilsgeschichtlichen Ereignissen oder Figuren verbunden sind und an denen sich
diese Verbindung sichtbar-materiell (See, Edelsteine) oder durch wundersa-
me Vorgänge (Thomas-Hand, Jungbrunnen, ‚Fischsegen') noch immer äußert.
Münkler bestimmt diese durchgehende, punktuelle Verbundenheit des Fremden mit dem Eigenen als allgemeines Charakteristikum der mittelalterlich-
christlichen Fremdbeschreibung in den Orientreiseberichten:

> Die räumlich geordnete Wegstruktur führt daher immer wieder an Orten vorbei, die zwar
> im Raum des Fremden liegen, aber in die Geschichte des Eigenen gehören und damit

---

[714] Akbari, Currents and Currency, stellt heraus, dass das Wasser des Sees seine Quelle auch
im Paradies hätte, aber nicht durch die übliche Verbindung des Wassers, sondern durch
die Verbindung mit den ehemaligen Bewohnern des Paradieses. Weiter bemerkt sie:
„These waters, in other words, are the overflowing tears of repentance. It is appropriate,
therefore, that the lake abounds in jewels whose material value reflects the spiritual value of the tears in which they are bathed [...]. Spiritual riches give rise to material riches,
which are polished (so to speak) with the charity and love that continues to govern their
use." (S. 115f.).

[715] Ebenso deutlich stellt dies der Paris-Text heraus, Ed. Letts, S. 340.

eigen und fremd in einem raum-zeitlichen Kontinuum verknüpfen, wodurch das Un-
vertraute niemals aus der als Schöpfungs- und damit als einheitlicher Geschichtsraum
gedachten Welt entlassen wird.[716]

Explizite Verortungen von Heilsgeschichte sind in der Topographie des
Machtraumes zwar eher selten, doch kann, wie Münkler beschreibt, auch in
den *Reisen* eine übergeordnete Struktur der Eingebundenheit auch dieses Teils
der Welt in die göttliche Schöpfung ausgemacht werden. Abgesehen von dieser
latent vorhandenen Verbindung mit der Schöpfungs- und der Heilsgeschichte, die ihren stärksten Ausdruck in der Beschreibung des irdischen Paradieses
findet, zeichnet sich der Machtraum im Vergleich zum Heilsraum durch die
Absenz von Geschichte aus. Von der Forschung wird häufig behauptet, die Reise in den Osten sei eine Reise in die (eigene) Vergangenheit, weil sie in Richtung des irdischen Paradieses und somit der Herkunft des Menschen verläuft,
doch kann dies strenggenommen nur eine symbolische Vergangenheit sein.[717]
Die erzählerische Darstellung kommt in diesem Raum nahezu ganz ohne eine
Historisierung des Erzählten, Gesehenen und Gehörten aus. Die Inseln, Herrscher, Völker, Sitten und Bräuche, Monsterwesen und andere *mirabilia* sind in
der Topographie des Ostens existent und werden vom Erzähler beschrieben,
ohne dass er – bis auf wenige Ausnahmen – genealogische, etymologische,
(heils-)geschichtliche oder andere ätiologische Erklärungen ihrer Existenz angeben würde.

Neben den wenigen Spuren der Heilsgeschichte, von denen der Erzähler
berichtet, wird einzig auf die Geschichten und Taten Alexanders des Großen
verwiesen, sowie in der Diemeringen-Version auf Ogier den Dänen. Beide Figuren sind christlich überformte Eroberer und Abenteurer der Weltgeschichte,
die in der Vergangenheit der Erzählung zu verorten sind und Spuren und Geschichten im Raum des Ostens hinterließen.[718] Die Heilsgeschichte allerdings,

---

716 Münkler, Erfahrung des Fremden, S. 283.
717 Vgl. auch Münkler, ebd., die betont, dass die in den Orientreiseberichten erzählte Reise
     in den Osten eine „Reise [...] in einen Raum gesteigerter symbolischer Zeichenhaftigkeit"
     bedeute (S. 283). Die Symbolik des Ostens bezeichne dann nicht nur im Sinne der Lehre
     von den Weltaltern die Vergangenheit, sondern auch die Zukunft – in eschatologischer
     Sicht und in Hinblick auf die befreiten apokalyptischen Völker, die aus dem Osten kom-
     men werden.
718 Vgl. bspw. das Land „*Trogmugitte*", das einst Alexander gehörte (Vhs., S. 100), die Stadt
     Alexandria und die Eiserne Pforte in den Kaspischen Bergen, die Alexander errichtet
     habe (Vhs., S. 148), um die apokalyptischen Völker Gog und Magog dahinter einzuschlie-
     ßen (Vhs., S. 152), Alexander und die Sonnen- und Mondbäume (Vhs., S. 169), Alexan-
     der bei den Brahmanen, die ihn davon abbringen konnten, ihr Land zu erobern (Vhs.,
     S. 175f.), und bei den Gymnosophisten (Vhs., S. 176). Vgl. zu Verweisen auf Alexander

die als übergeordnete Struktur die ganze Welt und damit auch den Osten umfasst, verliert im Machtraum ihre Geschichtlichkeit sowie ihre Verbindung zur
Gegenwart.

Wichtiger als die Darstellung der Geschichte ist die der Machtrelationen in
diesem Raum, was auch daran ersichtlich wird, dass bei vielen beschriebenen
Herrschern und Reichen deren Zugehörigkeit zu einem größeren Machtbereich
angegeben wird oder machtpolitische Konflikte beschrieben werden. Dies
sind meist die Machtbereiche der beiden größten Herrscher des Ostens: des
Großkhans und des Priesterkönigs Johannes. Ausnahmen von der Geschichtslosigkeit werden dann auch bei diesen beiden Herrscherfiguren und ihren Reichen gemacht. Während beim Priesterkönig vor allem die Geschichte seines
Namens interessiert, wird beim mongolischen Großkhan seine Genealogie und
die Institutionalisierung seines Reichs erzählt und einiger erzählerischer Aufwand betrieben, diese fremde Macht in die Heilsgeschichte und damit in einen
christlichen Verstehensrahmen zu integrieren.

Bei den Mongolen wird sogar von einer Art praktizierten Geschichtslosigkeit, beziehungsweise vom Brauch des Vergessens berichtet, der dann zum
Tragen kommt, wenn ein Großkhan stirbt. Denn die Erinnerung an den Toten
ist, sobald er begraben ist, unter den Lebenden nicht mehr erlaubt. Deshalb,
so die Velser-Handschrift, würden sie ihn sogar meist an einem geheimen
Ort begraben, sodass niemand sein Grab aufsuchen und seiner dort gedenken könne: *„Und dar umb geschieht gar dick das sie in haimlich vergrabend,
etwa in ainer wildnússe, dar umb das kainer wiß wä sin grab sige, dar umb das
kain sin frund númer an in gedenck."*[719] (Vhs., 146). Nach der Beerdigung eines
Khans wird sein ältester Sohn zum Herrscher gewählt und der Tote gerät in
Vergessenheit. Die Macht des Großkhans ist also eine präsentische, die mit
dem Tod einer Herrscherperson sofort auf den Nachfolger übergeht und sich

---

bei Diemeringen Ddr., S. 285, 302f., 319, 325, 338 (Eiserne Pforte), 346 (Gog und Magog),
bei den Sonnen- und Mondbäumen (S. 355) wird Alexander im Ddr. jedoch nicht genannt, 368f. (Brahmanen u. Gymnosophisten), 374 (Paradies). Vgl. zu Ogier-Verweisen
Ddr., S. 290f. (Ogier in Indien), 297f. (Ogier auf Java und Geschichte Ogiers), 304 ('Fischsegen'), 319, 320f., 325 (Khanshof), 343, 353 (Priesterkönig), 368 (Brahmanen), S. 370f.
(Ogier bei den Sonnen- und Mondbäumen), 372, 376 (Ogier in Tibet).

[719]   Etwas ausführlicher berichtet der Ddr., S. 336: *„Und solle ouch darnach nieman nit von Jm
sagen vnd meinent ouch das diß gar ein herlich begrebt sye vnd ist nieman so getürfftig der
darnach von Jm dür reden oder sin gedencken vor sinen fründen Und machend ouch die
selben grüben an gar heimlichen stetten vff dem veld vnd bedeckent sie mit waßen durch
das sin dester ee vergesten werd".* Dort wird das Grab sogar mit einer grasbewachsenen
Erdfläche (*wasen*) bedeckt, sodass es kaum mehr von der Umgebung zu unterscheiden
ist.

nicht auf den verstorbenen und den lebenden Herrscher aufteilt. Die präsentische Macht des Großkhans ist somit immer gegenwärtig, zeitlich ungebunden
und ungeteilt.

5. Zusammenfassung: Charakteristika und Strukturprinzipien des Machtraumes

Der Raum des zweiten Teils ist ein Organisationsraum der Macht, dessen Zentrum der Hof und die Herrscherfigur des Großkhans darstellen, neben dem als
Nebenzentrum noch das Reich des Priesterkönigs existiert. Die zentripetal und
expansiv organisierte Macht der Herrscher des Ostens bildet sich strukturell in
der Topographie ab. Denn die einzelnen Machträume sind auf ein Machtzentrum hin ausgerichtet, die Relationen in diesem Raum orientieren sich an den
Herrschern und ihrem Einfluss, besonders am Großkhan, dem „*grôst*[en] *herre
der under dem himel ist*" (Vhs., 128). Statt der Heilsrelationen im ersten Teil
werden hier Machtrelationen beschrieben, die von der Aufteilung der Macht
über ihre Verwaltung und Organisation, Repräsentation und Performanz bis
zu ihrer Geschichte reichen. Bis auf einige Ausnahmen wie die Geschichte des
Aufstiegs der Mongolen oder des Namens des Priesterkönigs und Verweise auf
Alexander den Großen oder Ogier ist der Machtraum ein Raum der Zeit- und
Geschichtslosigkeit. Punktuell finden sich auch dort Spuren der Heilsgeschichte, die in die Topographie der Welt eingeschrieben ist, wenn auch deutlich weniger raumgreifend als im ersten Teil der *Reisen*. Dies zeigt sich beispielsweise
am See von Adam und Eva und insbesondere in den die Welt durchfließenden
Paradiesflüssen, einem grundlegenden Konstituens des christlichen Weltbildes. Die Heilsgeschichte als Ordnungsnarrativ wird also auch im Machtraum
immer wieder eingebracht und als Erzähl- und Deutungsrahmen für die Entstehung der Herrschaft und der Macht der östlichen Herrscher herangezogen.

Auch die narrative Strukturierung der Topographie unterscheidet sich in
wesentlichen Punkten von der des ersten Teils. Es wird nicht mehr von verschiedenen Wegstrecken und Distanzen zwischen den Stationen berichtet,
sondern im zweiten Teil strukturieren Gewässer die Topographie und es werden höchstens die Lage und eine unbestimmte Abfolge von Ländern, Königreichen und Inseln, sowie stellenweise deren weitläufige Ausmaße angegeben.
Die Distanzen lösen sich in der Weite des Raumes auf, die Reiche haben kaum
wahrnehmbare Grenzen, nur einen vagen Beginn und ein vages Ende in den
Übergängen zu anderen Reichen. Viele der beschriebenen Königreiche sind
von Wasser umflossen und damit einmal mehr und einmal weniger deutlich

als Inseln ausgewiesen, die in keiner konkreten Relation zueinander stehen. Die Topographie des zweiten Teils ist somit gekennzeichnet durch Insularität und Unverbundenheit, sie orientiert sich nicht an einem (heiligen) Zentrum oder Ziel, sondern sie zerfällt in singuläre Räume, Punkte und Momente und mit diesen verbundene, teilweise deutlich divergierende Erzählungen von *„manigerley"* wunderbaren Dingen. Die christlichen Wunder, welche die Sakralgeographie des Heiligen Landes allererst generierten und die Wegstruktur vorgaben, werden abgelöst durch die *mirabilia* der Fremde, in welchen sich die Vielfalt der Natur und die Abweichung von der Norm des Vertrauten offenbart.

II. Fremde Rituale im Machtraum

Im Machtraum des zweiten Teils der *Reisen* treten immer häufiger Phänomene auf, die den Erzähler aufgrund ihrer Fremdheit zur Deutung anregen. In der zersplitterten Topographie gibt es keine fixen Relationen mehr und die Bezüge zum Eigenen beginnen sich immer mehr aufzulösen, sodass in diesem Raum auch die Phänomene, die der Erzähler beobachtet und beschreibt, sich nicht mehr in einem Verhältnis der eindeutigen Zugehörigkeit zu Bekanntem befinden. Ambivalenzen der Form, die nicht auf ihren Inhalt verweist, finden sich in besonderem Maße in den Ritualen, die von den fremden Völkern des Ostens ausgeübt werden. Während im Heilsraum die Religionsgruppen noch mit den Kategorien des Eigenen und des vom Eigenen Abweichenden beschreibbar waren (‚andere' Christen, Sarazenen), kommen nun ‚ganz fremde' Religionen und deren Rituale in den Blick. Doch sieht der Erzähler auch hier Parallelen zum Eigenen oder er beschreibt Überlagerungen, über die einerseits das Fremde in den Verständnishorizont des Eigenen hineingeholt wird und andererseits das Verständnis vom Eigenen erweitert wird. Ambivalenzen finden sich sodann auf der Seite des Fremden wie auch auf der des Eigenen.

Die Ritualforschung, die sich schon länger von einem religiösen Ritualbegriff gelöst hat, weist auf die grundsätzliche Offenheit der Form des Rituals hin, auf das Ritual als ‚Performance', als Kommunikation, als symbolisches Handeln, das Präsenz und Wirklichkeit erzeugt, und auch eine Transformation der Wirklichkeit in eine neue Seinsform bewirken kann (*rites de passage*).[720] Ein

---

[720] Vgl. zur Ritualforschung grundlegend Andrea Belliger/ David J. Krieger (Hgg.): Ritualtheorien. Ein einführendes Handbuch. 4. Aufl. Wiesbaden 2008. Vgl. zu den *rites de passage* Arnold van Gennep: Übergangsriten. Aus dem Französischen von Klaus und Sylvia M. Schomburg-Scherff, mit einem Nachwort von Sylvia M. Schomburg-Scherff. Frankfurt am Main 1986, und Victor Turner: Das Ritual. Struktur und Antistruktur. Aus dem

wesentliches Charakteristikum der Kollektivrituale ist die Trennung von Inhalt und Form im Wissen der Teilnehmenden sowie der Beobachter, wie Soeffner feststellt: „Das Wissen um die Form korrespondiert mit Nichtwissen oder vager Ahnung um Inhalt, Ziel und Funktion des Handelns. [...] Rituale basieren vor allem auf *präsentativem Handlungswissen*, nicht auf diskursivem Argumentations- oder Textwissen.“[721] Diese Spezifik zeigt sich auch in den Ritualen, die in den *Reisen* beschrieben werden, doch enthält der Bericht des Erzählers immer schon eine Deutung dessen, was er beschreibt, zumal er auch nur von einer fiktiven Beobachtung berichtet. Die Vorlage für die meisten Ritualdarstellungen im zweiten Teil der *Reisen* ist Odorico, dessen Ritualbeschreibungen Mandeville aber häufig weiter ausbaut oder ändert. Zudem stellt Mandeville im Unterschied zu Odoricos Bericht noch deutlichere Bezüge zu eigenen Formen der Frömmigkeit her.[722] Rituale werden hier in einem engeren Kontext des Religiösen verstanden, doch muss dieser nicht zwingend in der Diegese vorgegeben sein, sondern kann auch allein in der Darstellung des Erzählers erzeugt werden, der damit eine fremde Handlung als religiös-rituelle deutet.

Anhand der in der vorliegenden Arbeit schon untersuchten Rituale östlicher Christen (‚Beichte der Heiden') oder der Frömmigkeitspraxis der Sarazenen konnte gezeigt werden, dass sich in der Darstellung fremder Religionen und fremder Ausdrucksformen von Frömmigkeit eine grundlegende Unterscheidung zwischen religiösem Dogma und religiöser Praxis feststellen lässt. Mit dieser wird in den *Reisen* einerseits die unanfechtbare Wahrheit des Christentums verteidigt und dementsprechend können konkurrierende religiöse Wahrheiten keine wirkliche Anerkennung finden. Andererseits zeigen sich gerade in der Darstellung von fremden Ritualen, deren Form für den Erzähler als gewissermaßen außenstehender Beobachter (in der Fiktion) nicht auf den Inhalt schließen lässt, strukturelle Analogien zum christlichen Ritus sowie Semantisierungen, die über einen christlich-diskursiven Verstehensrahmen die Ambivalenz der Form in eine vermeintliche Eindeutigkeit aufzulösen versuchen. So kann das fremde Ritual beispielsweise als Perversion, Inversion[723]

Engl. u. m. einem Nachwort von Sylvia M. Schomburg-Scherf. Frankfurt/ New York 2005 (Erstaufl. 1969).

[721] Hans-Georg Soeffner: (Art.) Rituale. In: Eike Bohlken/ Christian Thies (Hgg.): Handbuch Anthropologie. Der Mensch zwischen Natur, Kultur und Technik. Stuttgart 2009, S. 402-406, hier S. 404.

[722] Dies ist bspw. auch beim Hofzeremoniell des Großkhans der Fall, siehe dazu das Kap. ‚Machtraum – III. 4. Ritualisiertes Hofzeremoniell' unten in der vorliegenden Arbeit.

[723] Vgl. Greenblatt, Wunderbare Besitztümer, der das Prinzip der Inversion im gesamten zweiten Teil der *Reisen* häufig vorfindet: „In der zweiten Hälfte sind die Völker, denen er begegnet, radikal und oftmals furchterregend verschieden und ihm dennoch unheim-

oder Parodie[724] eigener Praktiken erscheinen, worüber der Inhalt und die Bedeutung des Rituals letztlich profaniert und dämonisiert werden oder sonst als falsch, als nicht an den christlichen Gott gerichtet, herausgestellt werden. Kritik kann sich also auf die ‚falsche' Form wie auch auf den ‚falschen' Inhalt der fremden Religionspraxis beziehen, wenn sie eigenen Formen der Religionsausübung zu stark zuwiderläuft oder wenn die Grenze zwischen ‚richtig' und ‚falsch' zu verwischen droht.

Dadurch, dass das Eigene sowohl strukturell als auch inhaltlich in die Darstellung eingebracht wird, entstehen gleichzeitig Reflexionen und Rückübertragungen auf das Eigene. So können den Christen, die zwar aus Sicht des Erzählers die richtige Lehre besitzen, aber häufig die falschen Formen, Handlungen und Verhaltensweisen ausführen, die Nicht-Christen insofern als positives Spiegelbild gegenübergestellt werden, als sie zwar die falsche Lehre haben, aber die richtige Frömmigkeit, Andacht und Liebe zu ihrem Gott zeigen. Der auf ähnlichen Prämissen beruhenden, aber noch weitergehenden Annahme Higgins, dass das Ausüben der richtigen Praxis den falschen Glauben, den „theological error" der Nicht-Christen kompensieren könne, wird hier allerdings nicht zugestimmt.[725]

Die im zweiten Teil der *Reisen* beschriebenen Rituale lassen sich in Rituale der (Götzen-)Anbetung, der Fremd- und Selbstsegnung, Opferungsrituale, Prozessionen und Bestattungsriten einteilen. Im Folgenden soll nun anhand von ausgewählten Ritualen aufgezeigt werden, wie eigenes Religiöses in der Darstellung verhandelt wird, in die Beschreibung der fremden Praktiken eingeht und diesen aber letztlich auch gegenübergestellt wird. In der Diemeringen-Version finden sich einige Rituale und Episoden über fremde Glaubensformen nicht. Es kann vermutet werden, dass er die in der narrativen Ritualisierung angelegten Reflexionen des Eigenen stellenweise umgehen wollte, weil sie die eigene Praxis zu sehr entfremden und in Frage stellen. Eine Verbindung des

---

lich verbunden. Manchmal besteht diese Verbindung, in Anlehnung an das antipodische Prinzip des Fuß-gegen-Fuß, aus einer Inversion." (S. 72).

[724] Den Begriff der Parodie benutzt Howard, Writers and Pilgrims, zur Beschreibung von Mandevilles Darstellung fremder Religionen: „[H]e describes religions that parody Christianity – parody the death-loving, pessimistic side of medieval Christianity with its emphasis on martyrdom, ‚mortification,' ‚contempt of the world.'" (S. 73). Dieser Begriff soll in der vorliegenden Arbeit jedoch keine Verwendung finden, da er eine zu starke Intentionalität ausdrückt und weniger als Beschreibungskategorie einer Alteritäts-Rhetorik zu verwenden ist.

[725] Vgl. Higgins, Writing East: „[A] theme that resounds later in the text: the importance of proper practice in religious matters, regardless of belief, such that piety and devotion are said in effect to compensate for theological error." (S. 80).

Fremden mit dem Eigenen wird bei den Ritualen nicht nur in der Beschreibung des Erzählers hergestellt, indem er Begriffe aus dem Bereich des christlichen Religiösen verwendet, oder indem er dem christlichen Ritus analoge Handlungsfolgen beschreibt, sondern häufig auch intradiegetisch über eine Zusammenlegung eines christlichen oder christlich semantisierten Heilsortes mit den fremden Ritualen, die dort praktiziert werden.

1. Fremdes Heil und fremdes Unheil: Ochsenanbetung in Pulumbus

Eine solche Zusammenführung von fremden Ritualen und einem christlich semantisierten Heilsort wird in Pulumbus gezeigt, wo sich ein Jungbrunnen befindet, dessen Wasser – nach den Aussagen der dortigen Menschen – aus dem Paradies komme und heilsame, verjüngende Kräfte besitze.:

> *Unden an dem berg ist ain brunn, der schmecket als wol und ist als gůt als werent all spetzery dar inne die man in der welt finden möcht. Und von ainer stund zů der andern wechßlet [es] sin schmack und sin gůt. Item ir söllent wissen welcherlay siechtagen ain mensch hatt, wenn es denn des brunnen trystund trincket nüchtern, so wúrt er gesund.* (Vhs., 108).

Das Wasser der Quelle trägt Attribute einer christlichen Heilsästhetik: Der Wohlgeruch, dessen Düfte sich verändern, lässt eine besondere Qualität des Wassers erkennen,[726] die von den Menschen dort als „*tugent*" bezeichnet wird und deren Wirkung der Erzähler damit beschreibt, dass es jede Krankheit heilen würde. Heil (aus dem Paradies) und die Kraft zur körperlichen Heilung zeigen sich gleichermaßen in diesem Wasser, dessen Qualität sowohl spirituell als auch materiell wirksam ist. Der Erzähler bestätigt diese Wirkung durch seine Beobachtung und seine eigene körperliche Erfahrung: „*Und ich hon des brunnen trystund oder vierstund getruncken, und ich gloub wol, es syge war. Item sie sprechent daz der brunn kum uß dem paradyß, da von hab er die tugent. Und daz volck daz da wonat schinet alles jung; das ist von des brunnen wegen.*" (Ebd.). Die Aussage, die nicht der Erzähler trifft, dass das Wasser aus dem Paradies komme, authentifiziert er somit über seine eigene Person mit seiner Augenzeugenschaft und mit seiner Erfahrung der Wirkung.[727]

---

[726] Der Ddr. thematisiert auch die Farbe des Wassers, die sich von Zeit zu Zeit ändert: „*vnd alß menig stund zwischent tag vnd nacht ist als dick verendert er sin farb vnd sin geschmacke*" (S. 292).

[727] In der Forschung verursacht diese Aussage des Erzählers Skepsis, denn am Ende seines Berichts erzählt er, dass er eine Krankheit, „*ain siechtag*" (Vhs., 178) bekam, womit sich die Wirkung des Paradieswassers nicht über eine längere Zeit bestätigen würde. Vgl.

Der Jungbrunnen in Pulumbus hat seine Vorlage in der Presbytertradition und bezeichnet dort die Quelle (den Musenquell) am Fuß des Götterberges Olymp, der zwar ursprünglich in Griechenland lokalisiert ist, im Brief des Priesterkönigs Johannes aber als eines der vielen Wunder im Reich des Priesterkönigs angesiedelt wird.[728] Der Name des Berges und der Stadt, wie ihn die Velser-Handschrift angibt, erinnert noch an den Berg der Vorlage: *„da ist ain berg, der ist gros und haisset Polimp; und die stat hat den namen nach dem berg."* (Vhs., 108). Diese Assoziation ist bei französischer Aussprache ähnlich auch im Paris-Text gegeben, der den Berg *„Polumbe"* nennt.[729] Der Velser-Druck und die Hs. N übernehmen die Olymp-Assoziation nicht mehr so deutlich, wenn sie die Stadt *„Plumbus"* und den Berg *„plumb"* (Vdr., 111, Hs. N, 93r) bezeichnen, und noch stärker zurückgegangen ist die Ähnlichkeit in der Lautung im Diemeringen-Druck, der beide *„Palumbe"* (Ddr., 292)[730] nennt. Die assoziative Anbindung der Quelle an den griechischen Götterberg in der Velser-Handschrift und die Anbindung des Wassers an das irdische Paradies erklärt nicht nur die heilende Kraft des Wassers, sondern bedeutet gleichermaßen eine sakrale Aufladung des Ortes, an dem sich der Brunnen befindet. Die Verbindung zum Paradies ist letztlich Ausdruck für die Nähe zu Gott.

Mit dieser Heilssemantik kontrastiert das daraufhin beschriebene Ritual, das in der Version Diemeringens, sei es im Druck oder in der handschriftlichen Überlieferung, nicht vorkommt. Bei Velser heißt es im Anschluss an den Jungbrunnen: *„Item in dem selben land bettend sie ainen ochßen an und sprechent daz es das hailigest tier syge und ainfaltig und daz nützest so man es uff der erden findet."* (Vhs., 108). Der Ochse als heiliges Tier der Fremden ist Teil des

---

dazu Dinshaw, How Soon is Now, S. 82-90; Seymour, Ed. Egerton-Version, Komm., S. 191 („The author's experience of it is a characteristic embellishment of his fiction, which contradicts his report of ill-health in the Epilogue.")

[728] Vgl. Friedrich Zarncke: Der Priester Johannes. Abhandlungen der philologisch-historischen Classe der Königlich Sächsischen Gesellschaft der Wissenschaften. Erste Abhandlung: Bd. 7, Leipzig 1879, S. 827-1030. Zweite Abhandlung: Bd. 8, Leipzig 1876, S. 1-186 (Reprint Hildesheim 1980), § 27/28, S. 912f., und zum Motiv der Quelle Ulrich Knefelkamp: Die Suche nach dem Reich des Priesterkönigs Johannes. Dargestellt anhand von Reiseberichten und anderen ethnographischen Quellen des 12. bis 17. Jahrhunderts. Gelsenkirchen 1986, S. 41, sowie zu weiteren Quellen mit verjüngender und heilsamer Wirkung Dinshaw, How Soon is Now, S. 83f., und Leonardo Olschki: Ponce de Léon's Fountain of Youth. History of a Geographical Myth. In: The Hispanic American Historical Review 21,3 (1941), S. 361-385.

[729] Paris-Text, Ed. Letts, S. 325.

[730] Fast gleich wie der Druck verfährt auch schon die Diem.-Hs. Sg1: *„da [...] ist ein hoch geburge heisset Balumbe vnd lit ein statt vndenan daran die heisset auch Balumbe"* (fol. 57r).

Rituals und auch Teil ihres Götzen, den sie verehren, denn etwas später heißt
es: „*Item sie hond ain abgot, halb mensch und halb ochß*" (ebd.). Die rituellen
Praktiken, die das Volk ausübt, erscheinen in der Darstellung des Erzählers als
Übersteigerung und Perversion eigener symbolischer Handlungen und auch
das involvierte Personal wird als Zerrbild der christlichen Gesellschaft vorgestellt: Vor den König des Landes werde „*all tag*" ein Ochse geführt und dessen
Harn in ein goldenes Becken gelassen, welches dem „*prelaten* [...] *den haissent
sie Archippretha Pappada*"[731] übergeben wird. Der Prälat bringe dann das Becken vor den König, damit dieser ein Segnungsritual vollziehen kann:

> so stosset der kúng try finger mit grosser andächt in den harn, (und den haissent sie Ge-
> hal), und strichet sich an die stirnen und an sin hertz mit grosser demǔttigkait, und tǔt daz
> in der mainung daz er als vil tugent sǒlle haben als der ochse. Und sie duncket sie werdent
> hailig da von. Und wenn denn daz er gnǔg hab geton, so tǔnd es denn die grossen herren
> all und da nach daz ander volck. (Vhs., 108)

Die Gestik des Königs korrespondiert teilweise mit der des christlichen Be-
kreuzigungs- und Segnungsritus, bei dem ein christlicher Priester mit seinen
mit Weihwasser benetzten Fingen erst seine Stirn, dann seine Brust und dann,
um eine Kreuzform anzuzeigen, die beiden Schultern berührt.[732] Durch diese
strukturelle Analogie und über die Begriffe der „*andächt*", der „*demǔttigkait*",
der „*tugent*" und besonders durch die Erklärung des Erzählers, „*sie duncket
sie werdent hailig da von*", wird der Vorgang als fremder Heilsvermittlungs-
vorgang dargestellt.[733] Doch das heilige Wasser der Fremden ist der Harn eines Ochsen und dem König, der die Handlungen vorführt, wird das Verlangen
danach zugeschrieben, so tugendhaft zu sein wie der Ochse.[734] Zudem ist die

---

[731]   Die Benennung des Prälaten als „*Archippretha Pappada*" wurde von Mandeville aus der
         Presbytertradition übernommen. Außerdem ist dies der Titel des höchsten Priesters in
         der nestorianischen Kirche (Seymour, Ed. Defective-Version, Komm., S. 920) bzw. der
         griechischen Kirche (Hamelius, Ed. Cotton-Version, Bd. II, S. 101). Hamelius vermutet
         hier „perhaps [...] a satire against the papacy" (ebd.).

[732]   Das Kreuzzeichen wurde mit drei Fingern (als Zeichen für die Trinität) wohl nur von
         den griechisch-orthodoxen Christen ausgeführt, während im römischen Ritus das kleine
         Kreuz mit dem Daumen der rechten Hand und das große Kreuz mit den ausgestreckten
         Fingern der rechten Hand angezeigt wurde. Vgl. Andreas Heinz: (Art.) Kreuzzeichen. In:
         LThK, Bd. 6, Sp. 468f., sowie Karl-Heinrich Bieritz: Liturgik. Berlin 2004, S. 226-229.

[733]   Der Paris-Text erteilt dieser vermeintlichen Heilsvermittlung allerdings eine Absage,
         wenn er am Ende betont, dass die Handlungen nichts wert seien: „*Et leur semble quil
         soient saintefies par la vertu de celle chose, qui riens ne vault.*" (Ed. Letts, S. 326).

[734]   Harn steht hier sicherlich als pervertiertes Weihwasser, das wiederum die Taufe komme-
         moriert und Reinheit bedeutet. Außerdem kann die rituelle Verwendung von Harn auch

rituell aufgezeigte und präsentierte Hierarchie eine weltliche, wenn der König an oberster Stelle steht, dem der Prälat zu Diensten ist, und die *„grossen
herren"* sowie das *„ander volck"* die Gesten nach der Vorgabe durch den König
ausführen.

Interessanterweise zeigt sich das Ritual als Übersteigerung und Perversion
des Eigenen in der Gestik noch deutlicher im Bericht Odoricos, der zusätzlich
zum Harn noch den Mist des Ochsen anführt, den sich die Menschen dort –
ohne dass eine Hierarchie in der Abfolge der Ausübung des Rituals beschrieben würde – in die Mitte des Gesichts, auf die Wangen und auf die Brust legen
würden. Mit dem Urin dagegen waschen sie sich zuvor.[735] Während bei Odorico
die Kreuzsymbolik in den Gesten abgebildet wird, die Mandeville nicht in dieser Form übernommen hat, führt Mandeville die Analogie als Perversion des
Eigenen stärker über die Substanz des Wassers, was wiederum kontrastiv an
den die Episode einführenden Bericht über das Heilwasser des Jungbrunnens
erinnert, der bei Odorico nicht vorkommt.[736]

Nach dem Ritual geht der Erzähler zur Beschreibung der Anbetung des
Götzen des Volkes über, dem sie ihre Kinder opfern. Hier kommt eine weitere
Substanz in den Blick, die für die fremde rituelle Praktik einen transzendenten Bezug herzustellen vermag, und zwar das Blut der geopferten Kinder, mit
dem der Abgott besprengt wird: *„Item sie hond ain abgot, halb mensch und
halb ochß; und da ist der böß gaist inne und antwúrt in wes sie frägent. Item vor
dem abgot töttet menger sin kind, und besprengent den abgot mit dem plůt, und
also opfferent sie dick."* (Vhs., 108). Mit dieser Abfolge in der Beschreibung der
religiösen Bräuche in Pulumbus wird eine Steigerung der Intensität der Hand-

---

als eine fremde religiöse Überformung eigener Formen des Aberglaubens aufgefasst
werden, denn auch in der mittelalterlichen europäischen Kultur wird dem Harn eine
gewisse Zauber- und Heilkraft zugemessen. Vgl. Ernst Bargheer: (Art.) Harn, harnen. In:
HdA, Bd. 3, Sp. 1472-1484, sowie Gundolf Keil: (Art.) Harn, -schau, -traktate. In: LMA, Bd.
4, Sp. 1940-1941.

[735] Vgl. Odorico und Steckel, Ed. Strasmann, S. 54-56: *„De urina lavant facies suas, de altera
vero immundicia ponunt primo in medio visus in uno loco, deinde in ambabus sumitatibus
gennarum et postea in medio pectore. Ita in quatuor locus ipsi ponunt. Quod cum sic fece-
runt dicunt se fore sanctificatos."*

[736] Mandevilles Vorlage Odorico berichtet nicht von dem Jungbrunnen in Pulumbus, sondern er geht von der Beschreibung des Pfeffers, der dort wachse, direkt zu der des
Rituals über (Vgl. Odorico und Steckel, Ed. Strasmann, S. 53-55). Es kann also davon
ausgegangen werden, dass der Mandeville-Autor den Brunnen, bzw. die Quelle, als
Heilsverbundenheit, die mit dem ,Unheil' des Rituals kontrastiert, gezielt an diese Stelle
gesetzt hat. Vgl. zu einer Gegenüberstellung von Odoricos Bericht mit dem Paris-Text
für diese Episode, jedoch mit sehr knapper Besprechung, Deluz, Le Livre de Jehan de
Mandeville, S. 249-251.

lungen vorgenommen, initiiert durch das Ochsenharn-Ritual. Auf die rituelle Segnung der Gemeinschaft folgt die Gewalt und letztlich das Unheil der Kinderopferungen vor einem Hybrid-Götzen, in dem gemäß Mandeville der Teufel sitzt und die Menschen verführt.[737] Aus dem Symbolcharakter des Rituals entwickeln sich in der Darstellung Ambivalenzen der Formen, in denen sich eigene Konzepte von Heilsvermittlung mit fremden Inhalten überlagern und die letztlich mit der Erklärung des aus dem Götzen wirkenden Teufels aufgelöst und als Teufelsdienst vereindeutigt werden.

Die Episoden über fremde Rituale gehören zu den häufig illustrierten Szenen in den verschiedenen Texten der *Reisen*. In vielen dieser Illustrationen findet – entsprechend der Rhetorik des Textes – über die Verwendung einer konventionellen christlichen Bildsprache eine Übertragung in eigene Darstellungstraditionen hinein statt. Der Holzschnitt aus dem Velser-Druck (s. Abb. 12) stellt die Ochsenanbetung in Pulumbus in die Tradition der Anbetung des goldenen Kalbes, dem ältesten Darstellungstypus von Idolatrie, und widerspricht damit sogar den Angaben des Textes, denen zufolge der Götze *„ein halber mensch vnd ein halber ochs“* sei (Vdr., 112). Im Holzschnitt ist die auf dem altarartigen Sockel stehende Tierfigur jedoch kein Hybrid, sondern kann deutlich als ein mit Hörnern ausgestattetes Kalb oder als ein junger Ochse erkannt werden.[738]

---

[737] Auch die beiden anderen Velser-Texte, der Druck und die Hs. N, geben an, in dem Götzen sei der *„böß geÿst jnn vnnd antwurt jnen“* (Vdr., S. 112), sowie der Paris-Text: *„et en ces ydoles le mauuais esperit parle a eulx et leur respont de quanque ilz veulent demander.“* (Ed. Letts, S. 326).

[738] Vgl. zur Verwendung des Motivs der Anbetung des goldenen Kalbes vor allem in Bezug auf die Juden, denen damit Idolatrie vorgeworfen wurde, Strickland, Saracens, Demons and Jews, S. 108f., in Bezug auf die Mongolen S. 203 und auf die Kynokephalen S. 203f. Da die Anbetung eines Ochsen von den Kynokephalen in den Illustrationen häufig auch in der Tradition der Bildsprache des goldenen Kalbes wiedergegeben wurde, gelten Stricklands Feststellungen auch für die hier behandelte Szene: „the image is clearly modeled on conventional representations of Jews or Saracens worshiping idols, and in this respect is similar to the image of Tartar idol veneration [...]. The Mandeville author explains that the Cynocephali revere the ox above all other idols, and the artist has translated this idea into the familiar iconography of figures worshiping the Golden Calf.“ (S. 204).

sp den pfeffer ab wöllent lesen. so machen sp vil feẃer
in den wald vnd vertreibent dar mit die schlange. vñ
sprechent der pfeffer werd dauon sch warcz. darumb
speich ich das die nit wissen was sp sagen. wañ mach
te man feẃr in den walt die bäm wurden prinnen vñ
türr vnd triegen mit nier als ander bäm täten. darumb
sölt ir wissen das sp die hend zwahent vnnd safftig ma
chent mit einem kraut das sp kennent. so fliehent die sch
langen vnd also lesent sp den pfeffer ab on sorg.

¶ Hie beten die lewt einen ochsen an.

¶ An einem ennd
des waldes do istt
ein stat die heysset
Plumbus vnd ob
der statt do ist eyn
grosser berg d heys
set plumb vnd die
stat heyst nach de
berg also. Vnde an
dem selben berg do
ist ein prunn d sch
meckt als wol als
wäre all güt wur
czen darimm die in der welt seind. Vnd welcherley ge
sprechen ein mensch hat trinckt er des prunnen nüchter
er wirt gesundt. vnd das volck das do wonet dz witt
nymer siech es sölle dañ sterben. vnd ich hab des prun
nens auch getrunchen vnd sicher ich gelaub wol das
es war sei. sp sprechent der prunn köm auß de paradiß
Das volck dz do wonet das scheint alles junck sei wie
alt eins ist in dem selben land wachsent güt ymber vñ
darumb köment kaufleüt dar vmb speccrey. In de sel
ben land betent die leüt einen ochsen an. vnd sprechd

Abb. 12: Vdr., Innsbruck, UB, 107 H7, fol. 55b.

Abb. 13: Hs. N: New York, Public Library, Spencer Collection Ms. 37, fol. 95r.

Annähernd dasselbe Bildinventar findet sich in der Illustration der Szene in der Hs. N (s. Abb. 13), in der allerdings zwei Figuren, die auf kleinen Gebetsbänken knien, dem Abgott mit gefalteten Händen huldigen. Um hier allfälligen

Mißverständnissen vorzubeugen, ist die Tierfigur vom Illustrator mit der Bezeichnung *Aptgot* überschrieben worden.

2. Prozessionen und Opferungen

So wie das Ritual der Ochsenanbetung und die Opferung von Kindern in
Pulumbus in einem Naturraum verortet wird, der mit dem Paradieswasser-
brunnen eine besondere Heilsprägnanz aufweist, so wird auch die längere
Beschreibung von der Götzenanbetung und den Prozessionen der Thomaschristen in Indien mit einem christlichen Heilsort in Verbindung gebracht. In
der Stadt „*Callamyon*" befindet sich das Grab des Apostels Thomas, der dort
das Martyrium erlitten habe:[739] „*In dem selben kúngrich ist Sant Thomans lichnam mit flaisch und mit gebain in ainem schŏnen grab*" (Vhs., 109). Dieser Ort
ist ein durch eine christliche Körperreliquie institutionalisierter Heilsort, an
dem es Wunderzeichen gibt, die von der Reliquie ausgehen, und an dem eine
christliche Kirche steht, in der sich das Grab befindet.

Der Erzähler berichtet zunächst von der Handreliquie des Heiligen Thomas, die dort aus dem Grab herausrage, und über die er in Erinnerung ruft,
dass dies die Hand sei, „*da er unserm herren mit graiff in sin wunden nach siner
urstende.*" (Vhs., 109).[740] Diese Hand ist „*ir richter in dem land*", denn wenn
man ihr bei einem Streit zwei kleine Briefe mit den Namen der Kontrahenten
gebe, würde sie den Brief desjenigen fallen lassen, der im Unrecht ist, und den
Namen behalten, der im Recht ist: „*Also werdent sie der gerechtigkait innen.*"

---

[739] Mit der Stadt „*Callamyon*" im Königreich „*Malbaion*" ist Madras an der indischen Koro-
mandelküste gemeint. Vgl. zu den Thomaschristen Indiens von den Brincken, Die „Nationes christianorum orientalium", S. 337-349.

[740] Bei der Beschreibung, auf welche Art die Hand aus dem Grab des Hl. Thomas heraus-
ragt, übersetzt die Velser-Hs. ihre Vorlage etwas missverständlich, wenn sie das afrz.
„*vaissel*" (Paris-Text, Ed. Letts, S. 327), das in diesem Kontext Reliquiar bedeutet, im Sinne von Aufbewahrungsgefäß mit „Faß" wiedergibt und dem Begriff damit seine sakrale
Semantik nimmt: „*Und die hand ist ob dem grab in ainem fasse*" (Vhs., S. 109). Die Hs. N
und der Velser-Druck dagegen schreiben dem Gefäß wieder eine sakrale Bedeutung zu:
„*vnd die hannd ist ob dem grab in einem guldem Sarch*" (Hs. N, fol. 94v, vgl. Vdr., S. 113).
Bei Diemeringen wiederum handelt es sich bei dem Gefäß um einen „Schrein". Zudem
erklärt er sehr genau, dass die Hand von den Menschen dort auf eine spezielle Art außen
am Grab des Heiligen befestigt worden sei, womit er der Szene den Charakter einer sorg-
fältigen Inszenierung verleiht, in der sich die Wirkung der Relique besonders gut entfalten kann: „*So hand sie den arm vnd die hand mit der er Jn gottes wunden greiff vsserhalb
des schrynes gelassen vnd also geordnet das sie da von gestrecket ist vnd geschicht gar vil
großes wunders vnd zeichen von dem arm*" (Ddr., S. 294).

(Ebd.). Das Land verfügt damit über ein göttlich legitimiertes und geführtes Rechtssystem und über eine durch den Märtyrer und die Reliquie vermittelte Nähe zu Gott. Dass die Beschreibung des Armes, beziehungsweise der Hand des Thomas, als Richter schon eine Perversion des durch den Apostel nach Indien gebrachten Glaubens bedeute, wie es Fleck an dieser Stelle annimmt, ist jedoch fraglich.[741] Denn die durch die Hand des Heiligen vermittelte Gerechtigkeit bezieht sich ja gerade auf das göttliche Recht, das Ausdruck der christlichen Wahrheit ist, und kann somit nicht als eine rein innerweltliche Schlichtung von „civil suits" gelesen werden, die kein „testament to the true faith" mehr sei. Zudem kann in Analogie zur oben betrachteten Episode der Ochsenanbetung angenommen werden, dass auch hier zunächst eine Annäherung von christlich aufgeladenen Heilsorten, beziehungsweise Orten, an denen sich eine Mediation von Heil ereignet (Paradieswasser, Reliquie), und nicht-christlichen Ritualen vorgenommen wird, aus der heraus sich dann der Kontrast in der Beschreibung des fremden Rituals noch stärker entfalten kann.[742] In der Beschreibung der Rechtsprechung der Thomashand bleibt die Handreliquie unberührt von heidnischen Riten.

Doch schon bei der Beschreibung der Kirche der Thomaschristen ereignet sich der Umbruch vom Christentum zum Heidentum, vom Heiligen zum Götzen und dann auch von der göttlich vermittelten Gerechtigkeit zur Selbstrichtung der Menschen vor ihrem Götzen. In der Kirche befindet sich nicht nur das Thomasgrab, sondern sie ist voller Götzen, wie es der Erzähler in einem Satz zum Ausdruck bringt: *„Item die kirch da Sant thoman litt ist ain schôn und große kirch und ist alle vol grosser abgôt. Und daz sind grosse bild, und daz minst ist als groß als ain man."* (Vhs., 109). Diesem Umbruch, der vom Erzähler bei der Darstellung des Innenraumes der Kirche vorgenommen wird, ist in der Velser-Handschrift und im Paris-Text durch die jeweilige Kapitelüberschrift das Moment des Unmittelbaren genommen. Denn sie weisen dort schon auf

---

[741] Vgl. Fleck, Here, There, and In Between, S. 392: „The evocation of Christ's commandment to Thomas extends implicitly to the people the apostle had evangelized, but they have now perverted the saint's faith, using his arm to decide civil suits rather than as a testament to the true faith".

[742] Eine aus christlicher Sicht positive Aufladung des Ortes, an dem sich die Thomasreliquie befindet, wird außerdem durch die der Episode vorangestellte Bemerkung vorgenommen, „[i]n dem land wachset gůt win" (Vhs., S. 109), da das Vorkommen von Wein in den *Reisen* immer positiv konnotiert ist und mit dem Vorhandensein von Christen in Verbindung steht. Allerdings mündet die Aussage in eine Inversion, kehrt also die bekannten Verhältnisse – in diesem Fall die Geschlechterverhältnisse – um: „*sin trinckent aber die man nůntz, nun die frowen."* (Ebd.) Die Bemerkung zu Beginn der Episode deutet also schon an, dass in dieser Region verkehrte Verhältnisse herrschen.

den räumlichen Zusammenhang von Thomasreliquie und Götzen hin: *„Hie seyt er von Sant Thomas arm und von den abgôtten in siner kirchen"* (ebd.) / *„Du bras Saint Thomas et des ydoles qui sont en son eglyse"*.[743] Im Velser-Druck hingegen ist der Bruch während der Erzählung unvermittelter, da er eine Kapitelüberschrift über den Bericht von der richtenden Thomashand setzt (*„Von dem heÿligen zwelfpoten sant Thomas grab vnd von seinem arm"*, Vdr., 112) und eine über den Bericht über die Götzen in der Kirche (*„Der verlaugnoten cristen abgot"*, ebd., 113). Der Druck trennt den Abschnitt über die heidnischen Rituale somit deutlicher vom vorherigen über den christlichen Heiligen ab.

Weiter wird berichtet, dass der größte Götze in der Kirche, der aus Gold gemacht und mit vielen Edelsteinen verziert ist, *„daz bild der verlögnetten cristen"* sei. Diese Götzenfigur stehe auf einem großen, reich verzierten Wagen (Vhs., 109). Die Christen, bei denen sich das Thomasgrab befindet und die, so vermittelt der Text, von diesem ersten Missionar in Indien bekehrt worden seien, stellen sich während der Beschreibung der Kirche, die voller Götzenbilder ist, als vom christlichen Glauben abgefallene Christen und als wahrliche Götzendiener heraus. Der Paris-Text nennt die *„verlögnetten cristen"* ebenso abtrünnige oder falsche Christen: *„Et cest lymage des faulz Crestiens renoiez."*[744] Eine deutlich missfällige Beurteilung dieser Christen nimmt Odorico an dieser Stelle vor, der die Christen zuerst als Nestorianer bezeichnet und dann als nichtsnutzige Häretiker: *„In hoc autem regno positum est corpus B. Thome Apostoli; ecclesia cuius est plena ydolis multis; penes etiam quam sunt forte etiam XV domus nestorinorum christianorum, que nequissimi sunt heretici."*[745] Das Urteil Odoricos über die nicht-lateinischen Christen ist paradigmatisch für die Haltung der römischen Kirche gegenüber den schismatischen Ostchristen, die

---

[743] Paris-Text, Ed. Letts, S. 327.

[744] Ebd., S. 328. Bei Diemeringen kommen die abgefallenen Christen und ihre Rituale nicht vor, denn auf die Beschreibung der Kirche und des Wunders der Thomashand folgt die Episode über die nackten Menschen in Lamori. Diemeringen bezieht hier zudem Ogier den Dänen ein, der die schöne Thomaskirche dort hätte bauen lassen: *„vnd do Oggier die selben land gewan do hieß er in der selben stat Calamia ein kostlich kirchen buwen Jn sanct Thomans ere vnd dar in sanct Thomans heiltûm erhöhen in ein rylichen kostlichen schrin von gold vnd von silber vnd von anderen kostlichen dingen."* (Ddr., S. 294).

[745] Odorico und Steckel, Ed. Strasmann, S. 56. Übs.: „In diesem Fürstentum aber ruht der Leichnam des Heiligen Apostels Thomas; seine Kirche ist voll von Götzenbildern, und bei ihr stehen auch etwa 15 Häuser nestorianischer Christen, welches die nichtsnutzigsten Häretiker sind." (Odorico de Pordenone: Die Reise des seligen Odorich von Pordenone nach Indien und China (1314/18-1330). Übersetzt, eingeleitet und erläutert von Folker Reichert. Heidelberg 1987, S. 55).

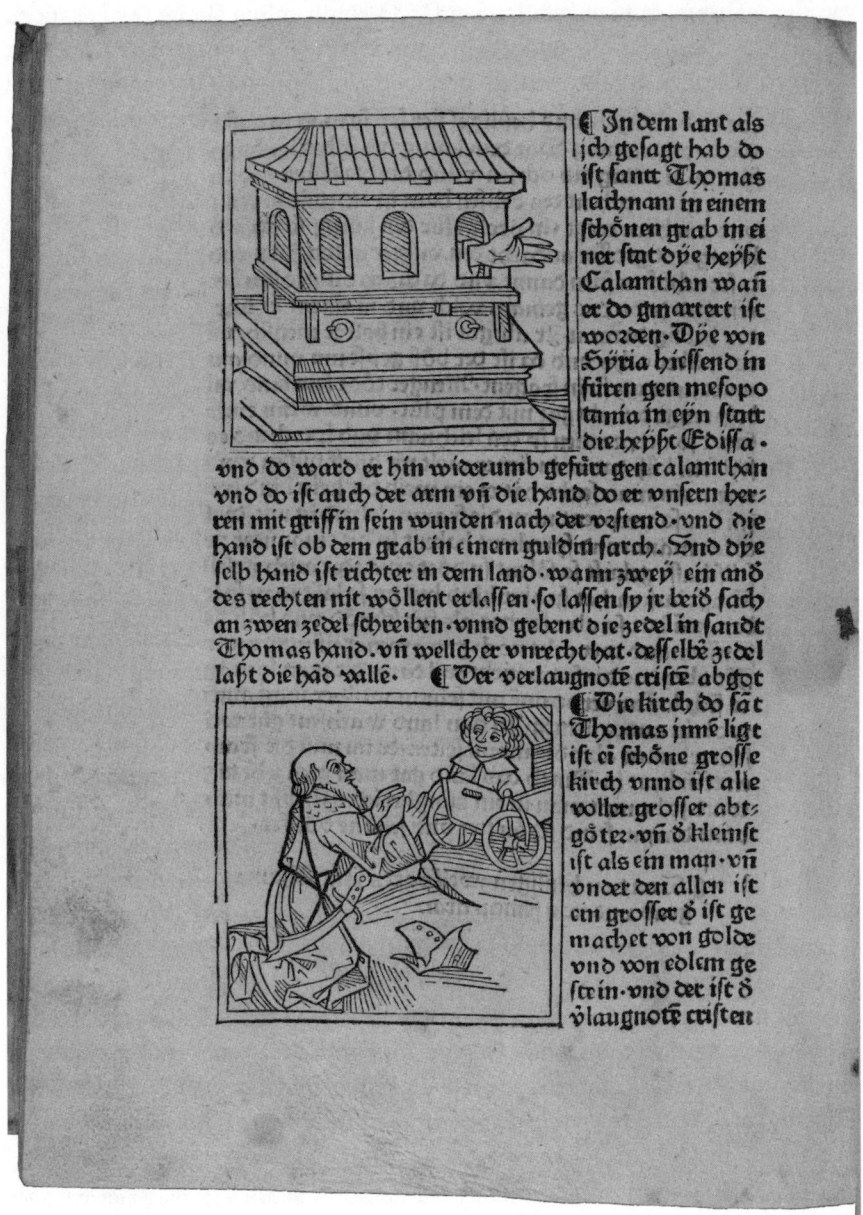

¶ In dem lant als
ich gesagt hab do
ist sant Thomas
leichnam in einem
schönen grab in ei
ner statt dye heyßt
Calanthan wan
er do gmartert ist
worden. Dye von
Syria hieffend in
füren gen mesopo
tania in eyn statt
die heyßt Ediffa.

vnd do ward er hin widerumb gefürt gen calanthan
vnd do ist auch der arm vñ die hand do er vnfern herren mit griff in fein wunden nach der vrftend. vnd die
hand ift ob dem grab in einem guldin farch. Vnd dye
felb hand ift richter in dem land. wann zwey ein and
des rechten nit wöllent erlaffen. fo laffen fy jr beid fach
an zwen zedel fchreiben. vnnd gebent die zedel in fandt
Thomas hand. vñ wellcher vnrecht hat. deffelbe zedel
laßt die häd vallē.   ¶ Der verlaugnote crifte abgot

                                                          ¶ Die kirch do fát
                                                          Thomas jmē ligt
                                                          ift ei fchöne groffe
                                                          kirch vnnd ift alle
                                                          voller groffer abt-
                                                          göter. vñ d kleinft
                                                          ift als ein man. vñ
                                                          vnder den allen ift
                                                          ein groffer d ift ge
                                                          machet von golde
                                                          vnd von edlem ge
                                                          ftein. vnd der ift d
                                                          vlaugnotē criften

Abb. 14: Vdr., Innsbruck, UB, 107 H7, fol. 56b.
© Universitäts- und Landesbibliothek Tirol

von der wahren Lehre abgefallen sind.[746] Deshalb galten sie im Gegensatz zu den Heiden als endgültig verdorben, denn ihnen wurde vorgehalten, von der richtigen Lehre zu wissen und sie dennoch zu ignorieren. Dementsprechend ist es nicht verwunderlich, dass sich der Franziskanermönch Odorico so entschieden gegen die Nestorianer aussprach – ein Urteil, das Mandeville nicht übernommen hat.

Die klare Abgrenzung gegenüber den dort lebenden Christen, wie sie sich bei Odorico findet, wird in den *Reisen* aufgehoben, sodass sich Überlagerungen zwischen christlich konnotierten Heilsmedien wie der Thomasreliquie und heidnischen Praktiken der Anbetung ergeben. Dies geschieht in den *Reisen* durch die intradiegetisch-räumliche Engführung der Thomasreliquie mit dem Haupt-Götzen der abgefallenen Christen, aber auch durch die narrative Überlagerung in der Erzählung. Durch diese Nähe wird die Vorstellung vom Götzen Thomas denkbar. Der zugehörige Holzschnitt des Velser-Druckes (s. Abb. 14) nimmt diese Überlagerung auf, während der Text des Druckes mit der Unterteilung in zwei jeweils überschriebene Abschnitte eine deutlichere Trennung zwischen dem Thomasgrab und dem Götzenbild der abgefallenen Christen vornimmt als die Velser-Handschrift. Die bildliche Darstellung legt sich nicht darauf fest, ob es sich bei der auf dem Wagen aufgestellten Figur um eine Heiligen- oder eine Götzenfigur handelt, der die Verehrung zuteilwird.

In der weiteren Darstellung der Prozessionen und der rituellen Handlungen der Thomaschristen – die im Verlauf der Episode kaum mehr an Christen erinnern – werden wiederum durch Analogien in Bezeichnung und Struktur eigene und fremde Riten überblendet und verhandelt. Auffällig ist die Beschreibung des Körpereinsatzes bei den Handlungen, in denen der Körper als Kommunikationsmittel zwischen den Gläubigen und ihrem Gott beschrieben wird, und an dem sich ihre besondere „*andacht*" und letztlich ihre eigene vermeintliche Heiligkeit ausdrückt. Die Beschreibung der Handlungen lässt Stufen der Steigerung erkennen, die bei der Pilgerschaft zum Ort des Götzen beginnt und über die Geißelung und Opferung zu verschiedenen Formen der Selbstopferung übergeht. Auch werden hier vom Erzähler gezielt Vergleiche der fremden Ausdrucksformen von Religiosität und „*andacht*" mit eigenen eingebracht: „*Item daz volck in dem selben land gond als ser dar in bilgers wiße,*

---

[746] Die grundlegende Gemeinsamkeit der orientalischen Christen ist die Ablehnung der christologischen Formel von Chalkedon (451) über die beiden Naturen der einen Person Christus, sodass sie auch oft als Anhänger des Monophysitismus betrachtet wurden. Vgl. grundsätzlich George Nedungatt: (Art.) Orientalisch-orthodoxe Kirchen. In: LThK, Bd. 7 (1998), Sp. 1125-1127; Wolfgang Hage: (Art.) Nestorianische Kirche. In: TRE, Bd. 24, S. 264-276; Pauline Allen: (Art.) Monophysiten. In: TRE, Bd. 23, S. 290-233.

als die cristen tůnd zů Sant Jacob, und kument dar in grosser andaucht." (Vhs.,
110). Diese ‚Pilger' schlagen sich selbst mit Ketten, die sie in den Händen halten, *„daz daz plůt uff die erden rint durch des abgottes willen."* (Ebd.).

Die hier erkennbare Praktik der Geißelung, die im Mittelalter ab der Mitte
des 14. Jahrhunderts, gleichzeitig mit dem Auftauchen der Pest in ganz Europa
aufkam und von unterschiedlichen Seiten, vor allem aber von der Kirche, kritisch beurteilt und oft verboten wurde, spielt letztlich auf das innerchristliche
Problem der Selbstkasteiung an und auf die Frage, ob Heiligkeit und Gottgefälligkeit erzwungen werden können.[747] Gleichzeitig stellen solche Formen der in-
dividuell praktizierten Buße die Rolle der kirchlich institutionalisierten Heilsvermittlung in Frage. Largier führt dies im Bezug auf die Geißelung weiter aus:

> Bemerkenswert ist [...] das Faktum, daß die Theologie von Beichte, Buße und Versöh-
> nung hier in eine Form übersetzt wird, in deren Zentrum der öffentliche Vollzug des-
> sen steht, was sonst liturgischen Praktiken innerhalb der Kirche überantwortet ist. [...]
> Selbst dort, wo sich die Geißlerbewegung nicht antikirchlich verhält, verliert die Kirche
> an Verfügungsgewalt, handelt es sich doch bei der öffentlichen Selbstgeißelung um eine
> theatralische Ritualisierung, in der der Laie, sein Körper und die Gesten der Geißelung
> an die Stelle anderer liturgischer Formen der Heilsvermittlung treten.[748]

Die Leidensbereitschaft, welche die Fremden für ihren Gott aufbringen, wird
in einer grausamen *„procession"* dargestellt, während der der Abgott auf dem
Wagen durch die Stadt gefahren wird. Die *„bilgrin"* lasssen sich von dem Wagen mit dem Götzen überrollen: *„So sicht man denn bilgrin die vor dem wagen
nider fallent und lond den wagen über sich gon also daz menger da stirbt, etlichem brechent die bain, etlichem die arm, etlichem die ripp."* (Vhs., 110f.). In
dieser bedingungslosen Bereitschaft, für ihren Gott *„in grosser andaucht"* zu
leiden und zu sterben, übertreffen sie die Christen, wie der Erzähler in einem
Vergleich herausstellt:

> *Und daz tůnd sie durch irs gottes willen in grosser andaucht und sprechent, ye grősser
> liden sie hond, ye grősser gnäd sie von im enpfahent. Und kurtz geseyt sie lident als groß
> pin durch iren gott daz ich sere fúrcht daz man kain cristen vind der es getŏrst liden durch
> des wären gottz willen.* (Vhs., 111)

In der Begründung, die von den Fremden gegeben wird, dass sie mit ihrem
Leiden die Gnade Gottes erhielten, wird implizit ihre Logik von göttlicher Gna-

---

[747] Vgl. dazu Niklaus Largier: Lob der Peitsche. Eine Kulturgeschichte der Erregung. Mün-
       chen 2001, sowie Graus, Pest – Geissler – Judenmorde.
[748] Largier, Lob der Peitsche, S. 92. Auch Graus, Pest – Geissler – Judenmorde, S. 56-59, be-
       fasst sich mit dem versteckten Antiklerikalismus der Geissler.

de der christlichen Gnadenvorstellung gegenübergestellt. Denn in ihrer Vorstellung kann Gnade durch eine bestimmte (Leidens-)Leistung des Menschen hervorgerufen werden. In einem expliziten Vergleich stellt der Erzähler dann jedoch diese Menschen, die für ihren, also den falschen Gott mehr zu leiden bereit sind als die Christen für den wahren Gott, als die potentiell besseren Christen dar. In ihrer Bereitschaft, alles für ihren Gott zu tun, und ihrer dadurch ausgedrückten Frömmigkeit könnten sie den Christen ein Vorbild sein, doch übersteigern sie die Formen der Frömmigkeit so sehr, dass sie ins Gewaltsame, Grausame und damit aus christlicher Sicht Sündhafte umschlagen.

Die Tabubrüche, die sie aus christlicher Perspektive begehen, die vom Erzähler aber nicht deutlich diskreditiert werden, zeigen sich in den auch von diesem Volk vollzogenen Kinderopferungen sowie in den Selbstopfern, die sie *„durch des abgotz willen"* ausführen. Zwei- bis dreihundert Menschen würden sich selbst opfern, woraufhin ihre Körper von ihren Angehörigen vor den Götzen gelegt werden: *„und sprechent, er sy hailig in der ander welt, wann er töd syge mit sinem gûtten willen und durch irs gotz willen."* (Vhs., 111). Nicht nur Gnade kann also durch Leiden erwirkt werden, sondern sogar Heiligkeit. Durch willentliche Selbsttötung und mit dem Willen ihres Gottes machen sich die Menschen dort zu Heiligen, die von ihren Angehörigen überdies noch kanonisiert werden: *„So haissent denn sin frúnd in schriben in daz bûch, daz er hailig sy, und von dem geschlecht. Und ouch wenn sie mit ain ander zúrnent, so sprechent sie: ‚Schwig, wie darst du mir antwúrten. Es ist me hailigen kumen von minem geschlecht wann von dem dinen."*[749] (Ebd.).

Auch hier zeigen sich in der Darstellung fremder Rituale, religiöser Praktiken und Einstellungen grundsätzliche innerchristliche Fragen von Heiligwerdung und Heiligsprechung verhandelt und damit einhergehend Fragen und Problematiken des christlichen Märtyrertums und der Kanonisierung von Heiligen. Die Selbstopferung kann als Perversion des Märtyrertums gelesen werden, was umso deutlicher wird, wenn man bedenkt, dass die Episode mit dem kurzen Bericht über das Martyrium des Heiligen Thomas an dem Ort, wo sich

---

[749] Der Paris-Text stellt die Analogien zur Kanonisierung sogar noch deutlicher heraus, wenn er von guten Taten und von Wundern spricht, die schriftlich festgehalten würden, sowie explizit vom ‚Kanonisieren' der Selbstmörder und davon, dass sie in die Litanei, das gemeinschaftliche Gebet, aufgenommen würden: *„Et aussi comme vn lignage se tenroit honnore par deca dun saint homme ou de ii., se ilz estoient du lignage, et en metroient les biens fais et les miracles en escript, quil auroit fais, pour les faire canonisier, ainsi se tiennent il par dela pour honnores de ceuls qui se tuent pour lamour de leur dieu et les mectent en escript en leurs letanies et se vantent et dient lun a lautre ‚Iay plus de sains en mon lignage que vous nayes ou vostre.'"* (Ed. Letts, S. 329).

nun sein Grab befindet, eingeleitet wird. Der Paris-Text macht im Gegensatz
zur Velser-Version diese Analogie begrifflich explizit, wenn er die Motivation
der „falschen" Christen, beziehungsweise ihre Liebe zu Gott, mit derjenigen
der „richtigen" Christen vergleicht: *„Et briefment a dire ilz font de si grans pe-
nances et de si grans martyres souffrir au corps pour lamour de Dieu que a pain-
nes nul Crestien noseroit emprendre a faire la x.ᵉ partie pour lamour de Ihesu
Crist."*[750] Ebenso kann die Kanonisierung durch die Freunde des sich selbst
Opfernden sowohl als eine Laisierung des Vorgangs der Heiligsprechung als
auch als Parodie auf die ansteigende Anzahl von Heiligen aufgefasst werden.

Hinsichtlich einer Wertung des Fremden wird in dieser Art der Darstellung, in der sich Fremdes und Eigenes überlagern, deutlich gemacht, dass
es sich um Handlungen mit den ‚falschen' Dingen und um Perversionen und
maßlose Übersteigerungen des Eigenen handelt. Durch die strukturellen und
begrifflichen Ähnlichkeiten in den Formen und auch in den Aussagen über die
Bedeutung der Handlungen (*„grosse andacht"*, *„gnäd* [...] *enpfahen"*, *„hailig"*
sein, *„grans martyres souffrir"*), kommen gleichzeitig auch die eigenen Praktiken in den Blick. Bedeutungen, die in der Darstellung der fremden Handlungen generiert werden, können so auf das Eigene rückübertragen werden, doch
nicht in der gleichen Form, sondern im Wissen um die Bedingungen und Konzepte der eigenen Heilsvermittlungspraktiken und Heiligungsverfahren.[751] Bei
diesen spielen die Institutionen der Kirche und des Papsttums und ihre Privilegien eine wesentliche Rolle, denn in der römischen Kirche hat der Klerus den
Anspruch auf das Privileg der Heilsvermittlung und der Papst jenes der Heiligsprechung. Bei den abtrünnigen Thomaschristen haben diese Privilegien
die Gläubigen selbst. So werden auf verschiedenen Ebenen eigene und fremde
Vorstellungen von Gottgefälligkeit, Heilsvermittlung und Heiligkeit verbunden und sich gegenübergestellt, wobei grundsätzlich die Glaubenswahrheit
des Christentums nicht infrage gestellt wird, in Bezug auf die Glaubenspraxis
jedoch Alternativen aufgezeigt werden.

---

[750] Ebd.

[751] Vgl. zu dieser Art der Rückübertragung in den Bereich des Eigenen Shirin A. Khanmohamadi: In Light of Another's Word. European Ethnography in the Middle Ages. Philadelphia 2014 (The Middle Ages Series) [Kap. 5: „Dis-Orienting the Self: The Uncanny Travels
of John Mandeville", S. 113-144], hier S. 125, die solche Überlagerungen des Fremden mit
dem Eigenen mit dem Konzept „uncanny" auf der Rezeptionsebene zu fassen versucht:
„In such descriptions, it is not a system of overt comparisons or analogies that is called
up – just as we, so they – but rather a description of the other that implicitly calls on the
self to recognize itself therein. This is a very different rhetorical strategy, with different
effects: not indoctrinating, as Christianizing readings would have it, but undoctrinating,
calling on the self to question its distance from its so-called other."

Es ist analog zu anderen Auslassungen der Diemeringen-Version nicht erstaunlich, dass der Kanoniker aus Metz weder die Götzen in der Thomaskirche noch die blutigen Rituale am Thomasgrab anführt. Dass er die längere Episode wohl bewusst ausgelassen hat, kann daraus geschlossen werden, dass er durchaus andere religiöse Bräuche anführt – wie die Witwenverbrennung nach der Beschreibung des Jungbrunnens, oder den Kannibalismus der Nackten in Lamori –, die aber weniger drastisch und zudem nicht so sehr als Abfolge von rituellen Handlungen und Gesten in Erscheinung treten. In Diemeringens Vorlage, der Lütticher Version, sind die Rituale und Selbstopferungen der Thomaschristen (noch) enthalten.[752] Statt des oben beobachteten Umbruchs in den anderen Versionen vom christlichen Heiligen zu den heidnischen Götzen verdrängt Diemeringen das fremde Religiöse aus dieser Episode gänzlich und fokussiert das *„wunder von sanct Thoman"* (Ddr., 294). Auch er beschreibt den wunderbaren Vorgang der Rechtsprechung durch die Handreliquie, aufgrund dessen *„vil volckes von verren landen"* dorthin kommen würde, um *„recht vrteil zů erfarend"* (ebd.). Doch dies ist nicht das einzige Wunder, das die Körperreliquie wirkt, zumindest in der Version des Diemeringen-Druckes und in der Handschrift Sg1. Während die anderen gesichteten Handschriften (der H-Gruppe der Diemeringen-Überlieferung) gleich zur Beschreibung der Nackten in Lamori übergehen, wird im Druck und in der ihm nahestehenden Handschrift mit Verweis auf den Kirchenvater Gregor den Großen davon berichtet, dass die Thomashand außerdem über Tugendhaftigkeit und Sündhaftigkeit richten und die Menschen zu Reue und Beichte anhalten würde:

> *Ouch schribt Sanctus Gregorius Jndem bůch das da heisset Soccus ein groses wunder von sanct Thoman. das in der heiligen wochen nach dem Palm tag vntz zů ostern. So seczt man sanct Thomans heiltům uff ein altar vnd git im in sin hand des heiligen Sacramentes vnsers herren fronlichnam vnd welcher Christen mensch vnsern herren empffahen wil dem git er In ob sin der mensch wirdig oder on sünd ist welcher mensch aber da hin gat vnwirdiglich so zühet er den arm zů im vnd beschlüsset die hand vnd ist den das der mensch nit bald zů rüwen vnd zů bicht kommpt. so stirbet er E er vsser der selben kirchen kommpt. (Ddr., 295f.)[753]*

Statt der Selbstopferung und -heiligung der Heiden führen diese Diemeringen-Versionen die kirchenrechtlich institutionalisierten sakramentalen Mechanismen von Eucharistie, Beichte und Sündenvergebung an, jedoch nur in Bezug auf einen jeglichen *„Christen mensch"*. Interessanterweise stehen hierbei nicht so sehr die äußeren Handlungen im Vordergrund, sondern die innere Regung

---

[752]   Vgl. Deluz, Le Livre de messire Jean de Mandeville, S. 1406-1408.
[753]   Sehr ähnlich formuliert dies die Diem.-Hs. Sg1, fol. 58v.

der Reue, durch die allein ein Sünder von der richtenden Gewalt der Reliquie verschont werden und Vergebung erfahren kann. In letzter Konsequenz tötet hier der Heilige, wenn der Mensch sich nicht durch Reue und Beichte von seiner eigenen Sündhaftigkeit befreit, aber nicht die Menschen sich selbst in der Erwartung, damit heilig zu werden. In diesem Zusatz des Druckes und der Hs. Sg1 wird die Idee der Untrennbarkeit von Reue, Beichte und Eucharistie vermittelt, in der der inneren Reue ein starkes Gewicht für die Sündenvergebung und damit für die Gnadenerfahrung zukommt. Möglicherweise greifen diese Texte auch die an anderer Stelle besprochene Debatte zwischen Contritionisten und Attritionisten um die Bewertung der Reue in Hinsicht auf die Beichte auf.[754] Auf jeden Fall aber halten sie den heidnischen Bräuchen in der Fremde einen dezidiert christlichen Heilsvermittlungsprozess entgegen, in dem sich göttliche Gerechtigkeit ereignet und gleichzeitig die Bedingungen dieses Ereignisses offen gelegt werden.

3. Die Problematik der Bilderverehrung

Die Episoden über fremde Rituale zeigen in der Analogisierung zu eigenen Formen der Frömmigkeit wie auch in der Engführung einer christlichen Reliquie mit dem Götzenkult der abtrünnigen Christen eine potentielle Durchlässigkeit zwischen Heiligenverehrung, Bilderverehrung und Götzendienst an. Explizit thematisiert wird diese Durchlässigkeit am Ende der *Reisen*, wenn der Erzähler *„von allerlay abgôtt"* und von der Vielfalt der Glaubensformen in den von ihm bereisten Ländern berichtet. Den Bericht mehr oder weniger abschließend stellt er fest, dass man von den verschienenen Glauben *„kains findet oder es habe etlich artickel unsers globen."* (Vhs., 177). Die Mandeville-Forschung liest diese Aussage gerne als Ausdruck der Toleranz oder der Verchristlichung der fremden Völker.[755] Doch werden gerade hier die Rhetorik der Fremdbeschreibung aus der Perspektive des christlichen Beobachters, beziehungsweise die Bedingungen der Möglichkeit der Beschreibung fremder Kulturen offenbar.

---

[754]   Siehe hierzu oben in der vorliegenden Arbeit die Ausführungen zur Episode ‚Die Beichte der Heiden', insbesondere S. 180f.

[755]   Vgl. Grady, Representing Righteous Heathens, S. 70: „[T]he paragraph makes clear in brief what the *Travels* overall has tended to show, which is that particularly in matters of faith diversity is often only superficial and that exotic rituals only screen more fundamental similarities. This passage suggests that the toleration shown to other cultures by the Chan and Alexander (and Sir John himself) may really be an oblique, active form of self-recognition".

Vergleichsfolie für die Beschreibung des Fremden ist immer das Eigene und wenn Mandeville feststellt, dass in jedem Menschen die Anlage zum Christentum vorhanden ist, bestätigt das in erster Linie den universalen Geltungs- und Wahrheitsanspruch des Christentums, und nicht die grundsätzliche Richtigkeit des fremden Glaubens.

Es muss auch beachtet werden, dass sich die Aussage des Erzählers, christliche Glaubensgrundsätze würden sich auch bei anderen Religionen finden, ausschließlich auf den Bereich der Dogmatik bezieht, wohingegen die Praktiken beschrieben werden als das Einfallstor für den falschen Dienst an Gott, oder den Dienst am falschen Gott, den Götzendienst, und zwar auf beiden Seiten. So verweisen die religiösen Praktiken der fremden Völker auf die christlichen Praktiken zurück, was der Erzähler in der Reflexion auf das Eigene, die rhetorisch in den Mund der Fremden gelegt ist, zum Audruck bringt:

> *Aber von der bibly und von den prophecien wissent sy das die creatur die sie an bettend sind nit gott. Sie bettend sy aber an von der grossen tugend wegen die sie hond. Sie sprechent das kain volck nit syg oder es bett abgött an. Und daz sprechend sie och uff uns cristen, dar umb das wir an bettend unser frowen bild und ander hailgen. Sie wissend aber nit das wir nit an bettend das hültzin und das stainin bild besunder das wir an bettend den den es bezaichnet und betüt.* (Vhs., 177)

Die Heiden, die dem Erzähler gemäß die Heilige Schrift kennen – gemeint ist hier der Teil des Alten Testaments[756] – und wissen, dass die Natur nicht Gott ist, stellen die Unterscheidung zwischen der Anbetung Gottes und der Anbetung der Schöpfung, beziehungsweise des rein Materiellen, in Bezug auf die christliche Heiligen- und Marienverehrung in Frage. Durch die fingierte Beobachtung von außen scheinen sich die Praktiken der Heiden und der Christen zu entsprechen, und mit dem Verweis auf die Materialität der christlichen Bilder werden die Christen selbst als Götzendiener imaginiert.

Der Rekurs auf die Praxis der Christen aus dem Mund der Fremden wird je nach Version der *Reisen* vom Erzähler rhetorisch unterschiedlich fomuliert. Die Aussage bewegt sich somit zwischen einem deutlichen Einbezug der Christen durch die inkludierende Formulierung eines „wir" („*daz sprechend sie och uff <u>uns</u> cristen, dar umb das <u>wir</u> an bettend*", Vhs., ebd; „*ce dient il pour <u>nous</u>*

---

[756] Dies wird in den anderen Versionen teilweise noch deutlicher gemacht, wie bspw. im Paris-Text, Ed. Letts, S. 410: „*il sceuent bien de la Bible, especialment de Genesy et autres prophecies et des liures Moyses*", in der nnd.-md. Hs. Ms. germ. fol. 204, fol. 149vf.: „*van dem ersten boke der Biblien vnd van moyses boke vnnd van der propheten boke weten se wol to sprekende*", oder in der Cotton-Version, Ed. Hamelius, S. 298: „*But þei cone all speken of the Bible and namely of Genesis, of the prophetes sawes And of the bokes of Moyses.*"

Crestiens, qui aourons"; *„And þat þei seyn for wee cristen men han ymages,* [...]
þat wee worschipen")[757] und einer eher distanzierten Beobachtung von außen,
die dann aber doch das Marienbild als Objekt der Verehrung pronominal –
wahrscheinlich aus reinem Sprachusus – dem Bereich des Eigenen zuweist
(*„daʒ sprechen sy auch auf die cristen darumb das sy peten uor vnßer frauen
pild"*; *„dat segghen se vmme der cristen willen de vnser frouwen bilde habben
vnd alle hilgen de se anbeden"*; *„þat say þai principally for þai see cristen men
hafe crucifixez and ymages of oure lady and of oþer sayntes and do wirschepe
to þam"*, Hervorhebungen von mir, C. H.)[758]. Dies erinnert an die Rhetorik im
‚Gespräch mit dem Sultan‘[759] und kann als Ausdruck dafür gelesen werden,
dass die verschiedenen Versionen die potentielle Brisanz der Aussage unterschiedlich stark auf das lesende Publikum wirken lassen wollten.

Die äußeren Handlungen einer Praktik, die nicht eindeutig auf einen Inhalt verweisen und damit immer ambivalent sind (wie hier bei der Praktik der
Bilder-/Heiligenverehrung), werden allein durch das Wissen um deren Bedeutung, also die Zughörigkeit zum richtigen Glauben lesbar. Die lateinisch-
christliche Dogmatik, die sich letztlich aus dem Vorhandensein einer Offenbarung generiert, bestimmt den Unterschied zwischen ‚richtig‘ und ‚falsch‘
und markiert gleichzeitig selbst denjenigen zwischen einer Naturreligion und
dem Christentum als Offenbarungsreligion.[760] Darauf verweist der Erzähler in
seiner Reaktion auf die ‚Rede‘ der Fremden, wenn er erklärt, dass sie ja nicht
wüssten (aufgrund einer fehlenden Offenbarung), dass die Christen nicht das
materielle Objekt anbeten, sondern das, was dem Bild allererst Bedeutung gibt
und das, worauf die geschaffene Welt wie auch Heiligenbilder letzten Endes
verweisen: Gott. Das Nicht-Wissen aufgrund einer fehlenden Lehre oder Unter-
weisung – gemeint ist hier insbesondere die Verkündigung des Evangeliums –
wird zu Beginn des Abschnitts über die Glaubensvielfalt schon angesprochen:
„Aber doch söllend ir wissen das sie nit volkumenlich wissend von gott, wan

---

757 Vhs., S. 177, Paris-Text, Ed. Letts. S. 410, Cotton-Version, Ed. Hamelius, S. 298.

758 Ms. ger. 288, fol. 118v, Ms. germ. fol. 204, fol. 150r, Egerton-Version, Ed. Seymour, S. 169.

759 Siehe dazu weiter oben in der vorliegenden Arbeit das Kap. ‚Heilsraum – II. 3.4 Raum für
     Kritik an der Christenheit: Das ‚Gespräch mit dem Sultan‘‘.

760 Vgl. zur Bedeutungsgeschichte des Offenbarungs-Begriffs in unterschiedlichen religiö-
     sen und zeitlichen Kontexten, bes. des mittelalterlich-christlichen, auch Gernot Wieß-
     ner: (Art.) Offenbarung I. Religionsphänomenologie. In: TRE, Bd. 25, S. 109-117, der die
     zwei Phänomenbereiche „Offenbarung als heilsnotwendiges religiöses Wissen" und „Of-
     fenbarung als Vermittlung heilsnotwendigen religiösen Wissens" voneinander unter-
     scheidet, sowie die weiteren Ausführungen von Horst Balz: (Art.) Offenbarung IV. Neues
     Testament, ebd., S. 134-146, und Eilert Herms: (Art.) Offenbarung V. Theologiegeschichte
     und Dogmatik, ebd., S. 146-162.

sie hond niemen der sie underwiß, wann nun als vil als sie von natur verstoᵛnd,
wann von dem vatter und dem sunn und dem hailgen gaist wissend sie núntz zes-
agent." (Vhs., 177) Es wird hier also eine Abgrenzung zwischen Heidentum und
Christentum vorgenommen, indem die Fähigkeit zur Erkenntnis von (Heils-)
Medialität, zum Erkennen eines Bildes als Medium, als Symbol, als etwas über
sich selbst Hinausweisendes, Immanenz und Transzendenz Verbindendes,
durch das Wissen um die göttliche Trinität den Christen zugeschrieben wird.

Die Stelle, an der der Erzähler das christliche Verständnis der Heiligen-
oder Ikonenverehrung beschreibt, ist in den verschiedenen Versionen der
Reisen unterschiedlich ausgestaltet, womöglich je nach theologischem Wissensstand des Redaktors oder je nach Darstellungsintention des jeweiligen
Gesamttextes. Während es die Velser-Handschrift bei der Feststellung des Ver-
weischarakters von Heiligenbildern belässt („*das wir an bettend den den es*
bezaichnet und betút"), führt die Handschrift Ms. ger. 288 der Velser-Version
zusätzlich das Prinzip des ‚geistlichen (Schrift-)Sinns' an: „*sy wissen aber deʒ*
geistlichen sinns nit wann wir nit anpeten das hülcʒein oder steinan pild sunder
wir peten an das eʒ bedeutt".[761] Damit macht sie ein prominentes Charakteristikum des christlichen Selbstverständnisses stark, nämlich über ein höheres
Verständnis der Zeichen in der Welt zu verfügen, mittels welchem sich das
Christentum seit Origenes von anderen Religionen, denen ein solches Verständnis abgesprochen wurde, zu unterscheiden bemühte.

Die nnd.-md. Handschrift fokussiert in der Erklärung des Erzählers dagegen stärker die Funktion der *memoria* der Heiligenbilder: „*wi anbeden de hil-*
gen in wes name efft ere se ghemaket sin vnd is vmme dat id vns sal sin to ener
vordechtnisse".[762] Hierbei ist auch eine didaktische Funktion der Bilder angesprochen, die in den englischen Versionen wie der Insularen Version, aber
auch im Paris-Text, noch deutlicher ausgestaltet ist. In diesen werden Bilder
zur religiösen Bildung von Laien der Schrift zur (Aus-)Bildung von Gelehrten
gegenübergestellt und die Erinnerungsfunktion wird auf einen praktischen
Zweck reduziert:

> *car tout aussi comme la lectre aprent les clers quoy et comment il doiuent croire, tout ainsi*
> *les ymages aprennent les laies gens a penser et aourer les sains en quel nom elles sont*
> *faites. Car pensee domme et de femme est souuent corrumpue par pluseurs choses mon-*
> *dainnes, pour quay ilz oublieroient moult souuent Dieu, nostre Dame et les sains a deprier,*
> *se les figures faites ou nom deuls ne les en faisaiont souuenir.*[763]

---

[761] Ms. ger. 288, fol. 118vf.

[762] Ms. germ. fol. 204, fol. 150r.

[763] Paris-Text, Ed. Letts, S. 410. ‚Denn so wie der Buchstabe die Kleriker lehrt, was und wie
       sie glauben sollen, so lehren auch die Bilder die Laien an diejenigen Heiligen zu denken

Im Gegensatz zu den deutschsprachigen Versionen erklären die französisch- und englischsprachigen Texte zusätzlich zu einer dezidiert christlichen Hermeneutik auch die didaktische Funktion von Heiligenbildern,[764] doch nicht ohne dabei auch Kritik an der angeblichen Gottvergessenheit der Christen zu üben, die sich stärker den weltlichen Dingen zuwenden als sich dem Gebet zu widmen – eine Kritik am ‚Zustand' der Christenheit, die sich in das bisher herausgearbeitete Programm der *Reisen* einfügt, und die in dieser Deutlichkeit jedoch nur im Paris-Text formuliert wird. Außerdem sprechen sie die starke Hierarchisierung zwischen Laien und Klerikern an, innerhalb welcher zwei Wege zum Glauben unterschieden werden: Die Schriftgelehrten werden über ihre Fähigkeit zur Lektüre der Heiligen Schrift zum rechten Glauben geführt, wohingegen die schriftunkundigen Laien nur über die Bilder zu Gott finden, da sie, gemäß dem Paris-Text, ohne den Zugang über die Bilder Gott sogar vergessen würden. Auch hier stehen letztlich die dogmatischen Aspekte des Glaubens (Schrift) den praktischen (Bilder) gegenüber, wodurch die im christlichen Bilderkult angelegte Nähe zum Götzendienst als Problem der Laienbildung und der Laienfrömmigkeit herausgestellt wird.

In diesem Abschnitt über die Bilderverehrung finden sich also mehrere grundsätzliche Kernpunkte der Auseinandersetzung des Christentums mit an-

---

und sie zu verehren, in deren Namen sie gemacht worden sind. Denn die Fähigkeit von Männern und Frauen, jemandes zu gedenken, ist oft durch vielfache weltliche Dinge verdorben, weshalb sie sehr häufig vergessen würden, zu Gott, unserer Frau und den Heiligen zu beten, wenn nicht die Figuren/Bilder, die in ihrem Namen gemacht sind, sie daran erinnerten.' (Übs. von mir, C.H.) Im Cotton-Text, Ed. Hamelius, S. 298, lautet die Stelle: „*For right as the bokes and the scripture of hem techen the clerkes how and in what manere þei schull beleeven, right so the ymages and the peyntynges techen the lewed folk to worschipen the seyntes and to haue hem in hire mynde in whoos name þat þe ymages ben made after.*" Vgl. auch in der Insularen Version, Ed. Deluz, S. 478: „*Qar aussy come la lettre aprent et enseigne les clerks quoy et coment ils devoient croire auxi les ymages et les peintures aprendent les laie gentz a penser et aorer les seinz en qy nouns elles sont faites.*"

[764] Die belehrende Funktion von Bildern für die Laien wurde schon von Papst Gregor dem Großen in der 2. H. des 6. Jhs. in der Formel von den ‚Bildern als Bücher der Laien' herausgestellt. Vgl. hierzu den Auszug aus den Briefen Gregors des Großen an den Bischof Serenus (lat./dt.) in Jörg Jochen Berns: Von Strittigkeit der Bilder. Texte des deutschen Bildstreits im 16. Jahrhundert. 2 Bde. Berlin/ Boston 2014, hier Bd. 2, S. 1057-1063: „*Es ist ein anders das gemeld anbeten. Ein anders ist es durch die geschicht des gemeldts lernen und erfaren, was man sol anbeten. Dann warzuo die geschrifft nütz ist denen die sy lesen, darzu dienet den ungelerten das gemeldt, so sy es anschauent. Im gemelt sehent die unwissenden, wem sy sollent nachvolgen.*" (ebd., S. 1061, Übs. v. Hugo von Hohenlandenberg). Vgl. zum Nachwirken der Georgsformel und zur kritischen Auseinandersetzung mit ihr: ders., Nachwort, in: Ebd., insbes. S. 1080-1085.

deren Religionen. Zum einen wird den Nicht-Christen die Fähigkeit zur Abstraktion abgesprochen, was vor allem darin gründet, dass sie keine Offenbarung und somit auch keine Religionslehre besitzen, zum anderen werden ihnen die Vorwürfe der Anbetung der Natur und des Götzendienstes gemacht. Diese Punkte entsprechen einigen der eingangs angeführten Differenzierungskonstanten der Abgrenzung christlicher von nicht-christlichen Heilskonzeptionen, wie Spiritualität gegenüber Körperlichkeit, allegorisches Zeichenverständnis gegenüber literalem, Unsichtbarkeit gegenüber Sichtbarkeit, oder Verstehen gegenüber Nicht-Verstehen. Gleichzeitig erweist sich die Praktik der Bilderverehrung auch als Reflexionsinstrument auf eigene Gewohnheiten und als Problem in Hinsicht auf die theologisch ungebildeten Laien im Christentum selbst, wenn aufgezeigt wird, dass Bilder innerhalb der Frömmigkeitspraxis im Christentum und notwendigerweise auch als Mittel zur religiösen Bildung eingesetzt werden.[765]

Zudem lässt sich hier eine grundlegende Abstufung zwischen Naturreligion (Anbetung der Natur) und Götzendienst (Anbetung von menschgemachten Götzenbildern) ausmachen, wobei letzteres aus christlicher Perspektive als die schlimmste Form der Gottlosigkeit gewertet und mit dem Dienst am Bösen

---

[765] Vgl. überblicksmäßig zur Bilderverehrung und dem Status des Bildes im westlichen Mittelalter Walther von Loewenich: [Art.] Bilder. V/2. Im Westen. In: TRE, Bd. 6, S. 540-546; außerdem Caroline Walker Bynum: Christian Materiality. An Essay on Religion in Late Medieval Europe. New York 2011, und Jean Wirth: Die Bestreitung des Bildes vom Jahr 1000 bis zum Vorabend der Reformation. In: Reinhard Hoeps (Hg.): Handbuch der Bildtheologie. Bd. 1, Paderborn u. a. 2007, S. 191-212, sowie Thomas Lentes: Auf der Suche nach dem Ort des Gedächtnisses – Thesen zur Umwertung der symbolischen Formen in Abendmahlslehre, Bildtheorie und Bildandacht des 14.-16. Jahrhunderts. In: Klaus Krüger/ Alessandro Nova (Hgg.): Imagination und Wirklichkeit – Zum Verhältnis von mentalen und realen Bildern in der Kunst der frühen Neuzeit. Mainz 2000, S. 21-46.
Bildtheologische Fragen wurden besonders in der Reformation und der Gegenreformation diskutiert. So bestätigte das Konzil von Trient (1545-1563) als katholische Reaktion auf die von den Reformatoren gestellte Bilderfrage die Beschlüsse von Nicäa (787) zum Umgang mit Bildern mit der Begründung: „Ferner wird den Bildern [imagines] [...] die schuldige Hochachtung [debitum honorem] und Verehrung [venerationem] erwiesen, nicht als würde geglaubt, in ihnen sei irgendeine Göttlichkeit [divinitas] oder Kraft [virtus], weshalb sie verehrt werden sollten, oder als müsse man von ihnen etwas erbitten, oder das feste Vertrauen sei an den Bildern festzumachen, wie es einst von den Heiden geschah, die ihre Hoffnung auf die Götzenbilder [idolis] setzten, sondern weil die Ehre, die ihnen erwiesen wird, sich auf die Urgestalten bezieht, die jene Bilder vergegenwärtigen, so daß wir durch die Bilder [...] Christus anbeten [adoremus] und die Heiligen, die sie darstellen, verehren [veneremur]." Zit. nach: Josef Wohlmuth: Konzilien der Neuzeit. Konzil von Trient (1545-1563), Erstes Vatikanisches Konzil (1869/70), Zweites Vatikanisches Konzil (1962-1965). Indices. Im Auftrag der Görres-Gesellschaft ins Deutsche übertr. u. hg. unter Mitarbeit v. G. Sunnus u. J. Uphus. Paderborn u. a. 2002, S. 775f.

schlechthin, am Teufel gleichgesetzt wird. Den Mechanismus der Verführung durch den Teufel, der aus den Götzenfiguren spricht, thematisieren bis auf den Velser-Druck und die Handschrift N alle Versionen am Ende der Auseinandersetzung mit der Bilderverehrung, so auch die Velser-Handschrift A:

> *Sie sprechend das die engel von gott redent mit in uß irem abgott und sie tůnd grosse wunder. Nun sagend sie wär. Aber doch sind die engel zwayerlay, bő̂ß und gůt, als och die Kriechen sprechend. Wan sie haissent ainen Cado, den andern Cabo. Cado daz ist der bő̂ß, Cabo das ist der gůt. Aber der da in dem abgot ist, ist nit der gůt.* (Vhs., 177)

Hier ist die Selbstbeschreibung der Fremden, beziehungsweise die Darlegung ihrer Vorstellung von Heilsvermittlung, in Begriffen gehalten, die dem Eigenen als Vorstellungen vertraut sind, wie die von den Engeln Gottes als Mittler zwischen Gott und den Menschen. Diese Aussage, dass Gottes Engel aus den Götzen sprechen würden, wird vom Erzähler zunächst sogar als wahr anerkannt (*„Nun sagend sie wär"*), um dann jedoch den epistemischen Fehler herauszustellen: dass die Götzendiener nicht wissen, dass es einen Unterschied zwischen bösen und guten Engeln gibt und dass sie folglich dem bösen, dem gefallenen Engel, also dem Teufel huldigen.[766] Wie schon im weiter oben betrachteten Beispiel des Götzendienstes in Pulumbus, wo dem Götzen zudem Kinder geopfert werden, wird auch hier die Erklärung angeführt, der Teufel ließe das Götzenbild lebendig erscheinen, spreche aus ihm und täusche die ihn verehrenden Menschen. Hierbei handelt es sich um ein grundlegendes Erklärungsmodell des lateinischen

---

[766] Die Namen für diese beiden Engel, *Cabo* und *Cado*, variieren in den verschiedenen Versionen. Die Vhs. ist mit den Namen schon etwas weit von den eigentlichen Formen entfernt, wie sie bspw. im Paris-Text vorkommen, Ed. Letts, S. 410 (*„Caco est mauuais et Calo est bon"*), in der Insularen Version, Ed. Deluz, S. 478 (*„Cacho est malveis et Calo est bons"*) oder in der Cotton-Version, Ed. Hamelius, S. 299 (*„Cacho is the wykked aungell And Calo is the gode aungell"*). Noch aussagekräftiger sind die Namen allerdings in einer Velser-Hs., der Ms. ger. 288, in der es heißt: *„sy heissen einen Cattos den andern calo Cattos ist der pöȝ also heist der pöȝ Cacodemon aber der gut Calodemon aber inden aptgötern ist der pöȝ"* (fol. 119r). In dieser Hs. findet sich zuvor zudem ein Verleser, wenn statt von den Griechen von Christen die Rede ist (*„als auch dy cristen sprechen"*, ebd.). Die aus dem Griechischen stammenden Begriffe Cacodemon/Kakodaemon und Calodemon/Kalodaemon beschreiben jeweils einen bösen, bzw. guten Geist, von gr. *kakos* (böse, hässlich) oder *kalos* (gut, schön) und *daimon* (Geist). Vgl. Higgins, Ed., The Book of John Mandeville, S. 184, Anm. 586. Im Laufe der Christianisierung der römischen Welt wurden die *daimones* aus der griechischen Antike allmählich in böse (*kakodaemones*) und gute (*kalodaemones*) christliche Geister oder Dämonen transformiert. Vgl. hierzu z. B. Valerie Flint: The Demonisation of Magic and Sorcery in Late Antiquity. Christian Redefinitions of Pagan Religions. In: Bengt Ankarloo/ Stuart Clark (Hgg.): Witchcraft and Magic in Europe. Ancient Greece and Rome. Philadelphia 1999, S. 277-348.

Christentums für den heidnischen Götzendienst. Der Aspekt der Täuschung und das damit einhergehende Urteil über den falschen Glauben der Götzendiener wird dann auch von einigen anderen Versionen wie dem Paris-Text expliziert: *„et ce nest mie le bons ange qui est dedenz les ydoles mais le mauuais, pour euls deceuoir et pour tenir tousiours en leur erreur."*[767]

Der Erzähler grenzt also deutlich den heidnischen Götzendienst, der durch teuflisches Einwirken als falsche Handlung einem falschen Gott gegenüber diskreditiert wird, von der christlichen Ikonenverehrung ab, deren komplexe Medialität sich jedoch nur den (theologisch) gebildeten Christen erschließt. Diese beiden Erklärungsmodelle zur vermeintlichen Universalität der Bilderverehrung kommen im Velser-Druck und in der Handschrift N nicht vor. Der gesamte Erzähltext der zwei Versionen endet jeweils mit der Behauptung der Fremden, ein jedes Volk würde Götzen anbeten: *„Sÿ sprechend es seÿ kein volck es bete abgőtt an so man pild von holcჳ von stein oder von anderen dingen anbetet. Damit ein ennd gott vnß allen hilff vnd gnade send Amen."*[768] (Vdr., 182) Durch die fehlende Erklärung der Funktionsweise christlicher und heidnischer ‚Bilderverehrung' erhält die Aussage der Fremden über die Universalität dieser Praxis mehr Gewicht und schließt unwidersprochen den Reisebericht ab. Somit wird im Druck und in der Handschrift N, also in der Version, die an der Wende zum 16. Jahrhundert zum Druck gelangte, das lesende Publikum viel stärker mit der Frage zurückgelassen, ob es letztlich überhaupt einen Unterschied zwischen heidnischer und christlicher Bilderverehrung gibt.[769] Dass diese Frage nicht unproblematisch war, zeigt sich sicherlich auch daran, dass Diemeringen die Thematik und die hier behandelte Episode nicht in seinen Bericht aufgenommen hat.

---

[767]   Paris-Text, Ed. Letts, S. 410. Ähnlich formuliert es auch die Cotton-Version, Ed. Hamelius, S. 299: *„But the toþer is not the gode aungell, but the wykked aungell, þat is withinne the ydoles for to disceyuen hem and for to meyntenen hem in hire errour"* und am ausführlichsten die Egerton-Version, Ed. Seymour, S. 170: *„Bot þer es na gude aungelle þat es in þe mawmetz bot ane ille, þat es to say a fende* [Teufel] *þat answeres þam and tellez þam many thinges for to dessayfe þam with and for to mayntene þam in þaire mawmetry and þaire errour."*

[768]   Vgl. zu einem Vergleich des Epilogs in den Velser-Texten auch weiter oben in der vorliegenden Arbeit, das Kap. ‚Hinführungen – II. 4. Exkurs mit Textbeispielen: Überlegungen zu den Textmodifikationen in den Velser-Versionen – Hs. A, Hs. N und der Augsburger Erstdruck'.

[769]   Für Hamelius, Ed., Cotton-Version, Bd. II, Komm., ist der Vergleich zwischen christlicher und heidnischer „Bilderverehrung", der mit dieser Aussage seinen Abschluss findet, eine Schlüsselstelle in den *Reisen*: „This heterodox peroration [...] summarises the teaching of the whole book." (S. 147)

Wenn christliche Bilderverehrung als Götzenkult erscheint, verweist dies gleichsam auf zeitgenössische innerchristliche Fragen nach den angemessenen Formen der Heiligenverehrung. Besonders in der spätmittelalterlichen Frömmigkeitspraxis gab es einen regelrechten Bilder- und Reliquienkult und eine intensive Beschäftigung mit materiellen Formen von Heiligkeit. Caroline Walker Bynum macht deutlich, dass die von den mittelalterlichen Theoretikern postulierte verweisende Funktion des Materiellen über seine eigene Materialität hinaus hauptsächlich ein Ansinnen der mittelalterlichen Theologie und Philosophie war und sich in der (Frömmigkeits-)Praxis als nicht so einfach erwies.[770] Die theologische Diskussion um den material-durchdringenden Charakter heiliger Gegenstände war den Gläubigen also nicht unbedingt geläufig und musste sich nicht in der Frömmigkeitspraxis abbilden, weshalb die Heiligenbilder und Reliquien von reformatorischen Strömungen dann auch als äußerst problematisch erachtet wurden. Thomas Lentes fasst diese Debatten um die Rolle symbolischer Formen auf dem Weg zur Reformation folgendermaßen zusammen:

> [D]ie zentralen zeitgenössischen Streitfragen [kreisten] vornehmlich um die gedächtnisstiftende Kraft symbolischer Formen: Im Abendmahlstreit standen die Sakramente auf dem Prüfstand, im Bilderstreit Reliquien und Bilder und im Streit um die Werke symbolische Formen der Gnadenvermittlung wie Ablass und Rosenkranz. Gestritten wurde jeweils um Konzeption, Techniken und Orte der Memoria und um die Wirklichkeit konstituierende Kraft symbolischer Formen. [...]
> Die Geschichte der Reformation erscheint geradezu als Geschichte der Transformation des Gedächtnisses und seiner Medien und die darin verhandelten theologischen Probleme als Streit um die Medien des religiösen Verhaltens. Pointiert formuliert manifestiert sich in der Reformation eine Veränderung, die weit früher begann und in deren Verlauf sich das Gottesgedächtnis vom Sachgedächtnis in Bildern, Zeichen und Riten löste und in das Gedächtnis der Menschen verlagerte.[771]

---

[770] Vgl. hierzu Bynum, Christian Materiality. Bynum setzt sich eingehend mit diesem Aufkommen an ‚heiliger Materie' im Spätmittelalter und mit den Diskursen über das Materielle und die Materie in der mittelalterlichen Gelehrtenkultur auseinander. Sie führt bspw. auch an, dass im 14. und 15. Jh. von den englischen Wycliffiten und den böhmischen Hussiten scharfe Kritik an der Bilderverehrung geübt wurde: „Lollards (followers of John Wycliffe) in fifteenth-century England and the followers of Jan Hus in Bohemia in exactly the same decades went further, opposing not only the worship of images but any recourse to them whatsoever, except simple crosses and the Eucharist." (S. 48). Siehe v. a. Kap. 2 und Kap. 4 über die theologische Diskussion um den material-durchdringenden Charakter heiliger Gegenstände und über die unzureichende Umsetzung dieser theoretischen Ideen in der Frömmigkeitspraxis.

[771] Thomas Lentes: Zwischen Adiaphora und Artefakt. Bildbestreitung in der Reformation. In: Handbuch der Bildtheologie, S. 213-240, hier S. 213f.

In Mandevilles Beschreibung fremder Rituale und religiöser Praktiken werden
gerade solche Formen der mittelalterlichen christlichen Frömmigkeitspraxis
kritisch reflektiert, deren theologische Brisanz zeitgleich auch von antiklerikalen, vorreformatorischen Bewegungen intensiv diskutiert wurde.

III.　Der mongolische Großkhan: Herrschaftsraum und Rituale

Der Machtraum des zweiten Teils der *Reisen* wird überwiegend von der Macht
und der Herrschaft des mongolischen Großkhans strukturiert und organisiert,
dessen Palast in seiner Hauptstadt Cathay das ideelle Zentrum des Raumes
darstellt. Im Folgenden soll nun zunächst die Darstellung der Residenz des
Großkhans genauer untersucht werden, sowie seine zentrale Positionierung
innerhalb dieses Herrschaftsraumes, der zudem mit wunderbaren fremden
Objekten ausgestattet ist, die zur Herrschaftsrepräsentation dienen. Von besonderem Interesse sind hierbei die Beobachtungen des Erzählers und die von
ihm vorgenommenen Deutungen des Gesehenen. In dem von ihm beschriebenen Hofzeremoniell lassen sich Analogien zu christlichen Ritualen und gottesdienstlichen Handlungen erkennen, durch die das Geschehen und mit ihm der
Großkhan, dem diese rituellen Handlungen gelten, einen schillernden Status
zwischen religiöser Aufladung, Perversion des Eigenen und Hybris erhalten.
In der Geschichte der Mongolen und der Genealogie des Großkhans wiederum wird diese fremde Macht, die für die Europäer bisher im geschichtsleeren
Raum stand, in die christliche Heilsgeschichte integriert und innerhalb dieser
mit durchaus ambivalenten Wertungen versehen.

　　In den Kapiteln über die Mongolen und den Großkhan lassen sich im narrativen Umgang mit fremden Zeichensystemen, die im Dienste fremder Herrschaft stehen, – wie den wunderbaren Objekten am Khanshof, den rituellen
und unterhaltenden Inszenierungen vor dem Khan, oder auch dem Titel des
Herrschers – Erklärungsmuster ausmachen, mit denen die fremde Macht ge-
deutet wird, die sie aber zugleich in ein intrikates Verhältnis von weltlicher
Herrschaft und religiöser Ideologie stellen. Es zeigt sich ein Interesse daran,
fremde Herrschaft unter Bezugnahme auf eigene Sakralitätskonzepte zu beschreiben und besonders die Repräsentationsformen nicht-christlicher Herrschaft als Distinktionsmerkmale zu funktionalisieren, durch die sowohl Abgrenzungen zu eigenen Vorstellungen von sakraler und weltlicher Herrschaft
als auch Abgrenzungen zwischen den Herrschern innerhalb des Raumes des
Exotischen und Wunderbaren vorgenommen werden können.

1. Aufbau und Varianten der Erzählung vom Großkhan und den Mongolen

In der Überschrift und zu Beginn des ersten Kapitels über die Herrschaft des Großkhans zählt die Velser-Handschrift die wichtigsten Punkte auf, mit denen sich der Bericht des Erzählers im Folgenden befassen wird und die nicht nur den Aufbau der Episoden sondern gewissermaßen sogar die Zusammensetzung der Khansmacht anzeigen:

> *Hie seit er von der grossen herschafft dez edlen kaysers von Cathay und von sinem palast, den er hät in sinem land.* [=Ü.] *Hie sôllend ir nun verniemenn von dem grossen kúng und fúrsten, den Grossen Cham von Cathay, kayser von Tarthary, von sinem wesen und von sinem palast, und von sinerr herschafft, wann err der grôst herre ist der under dem firmament ist.* (Vhs., 129)

Hier werden die Konstituenten und die Ausdrucksformen der Khansmacht definiert. Der Großkhan ist *„edle*[r] *kayser*", *„gross* [...] *kúng*" und *„fúrst*", *„Grosse*[r] *Cham*" sowie *„der grôst herre* [...] *der under dem firmament ist*", und die wichtigsten Elemente seiner Macht sind sein *„wesen*", sein *„palast*" und seine *„herschafft*". Zur Beschreibung seines eigentlichen Herrschertitels werden die höchsten im Westen bekannten Titel zum Khanstitel hinzu addiert, womit zum Ausdruck gebracht wird, dass er all die anderen Herrscher als größter *herre* übersteigt. Am detailliertesten und somit am eindrücklichsten ist diese Addition der Titel und die Anführung der anderen Elemente seiner Macht – seinem Palast, seinem Wesen und seiner Herrschaft – in der oben zitierten Velser-Handschrift, denn die anderen gesichteten Versionen geben in der Einleitung des Kapitels weniger Elemente an.[772]

Der Palast (und seine Ausstattung), das *„wesen*" des Großkhans (und die Geschichte der Mongolenherrschaft) sowie seine Herrschaft (und seine Hofhaltung) sind dann auch die Inhalte der folgenden Kapitel über den Großkhan, die in dieser Reihenfolge in den Velser-Versionen, im Paris-Text und in den meisten englischen Versionen erzählt werden. Insgesamt gliedern sich die Kapitel in sieben ungleich lange, thematisch mehr oder weniger abgeschlossene Teile:

---

[772] Vgl. z. B. den Vdr.: *„Hie wil jch sagen von dem grossen Cam von cathaÿ der der mächtigest herr ist so er vnder dem himel ist.* [= Ü.] *Hie sôlt jr wissen vnd vernemen von dem keiser von Cathaÿ der sich nennet der groß Cam von seiner herschafft vnd von seinem palast.*" (S. 134-136, Hervorhebungen hier und im Folgenden von mir, C.H.). Da die Hs. N keine Kapitelüberschrift anführt, fällt in ihr die Einleitung noch kürzer aus: *„Hye sult ir wissen vnd vernemen von dem grossen Cam der sich nennet der groß kaÿsser von Tartarey von seiner herschafft vnd von seinem palast*" (fol. 115r). Der Paris-Text nennt keine unterschiedlichen Herrschertitel, führt aber drei Ausdrucksformen seiner Herrschaft an, von denen das folgende Kapitel handeln soll: *„Du palais, du siege et de lestat du Grant Cham de Cathay* [=Ü.]" (Ed. Letts, S. 349).

1. Die Residenzstadt des Großkhans mit dem Residenzpalast: Die Hauptstadt mit dem Namen „*Cayton*" liegt im inselhaften Reich Cathay, bei einer neuen, „*gûtten und edlen statt, die haisset Sargamarge*" und einer „*alten statt*" (Vhs., 129). In ihr gibt es viele Paläste, von denen besonders die äußere Umgebung des Khanspalastes mit seinem schönen „*tiergart*" beschrieben wird (Vgl. Vhs., 129f.).

2. Die herrschaftsrepräsentative Ausstattung mit wunderbaren, luxuriösen Objekten und die innere Organisation der Residenz, die mit der Beteuerung der Augenzeugenschaft des Erzählers, dass er dies alles tatsächlich gesehen habe, abgeschlossen wird (Vgl. Vhs., 130-133).

3. Die Geschichte der Institutionalisierung und der Ausdehnung des mongolischen Reichs, von der Erklärung des Namens des Großkhans über den Aufstieg Dschingis Khans bis zur Genealogie der Großkhane (Vgl. Vhs., 133-137).

4. Formen der Machtpolitik des Großkhans, die bei Velser sehr kurz gehalten sind und hauptsächlich die Beschreibung der Briefe und Siegel des Khans umfassen. Weitere Hinweise auf machtpolitische Gepflogenheiten des Khans sind in der Velser-Übersetzung und im Paris-Text innerhalb der Kapitel verstreut, wie die heiratspolitischen Verbindungen zum Priesterkönig oder die Verwaltung des Reichs durch zwölf dem Khan unterstehende Könige. Bei Diemeringen ist der vierte Bereich etwas ausführlicher, da bei ihm diese drei Informationen an einer Stelle zusammengeführt sind (Vgl. Vhs., 137; Ddr., 327).

5. Die Hofhaltung und performative Ausdrucksformen der Macht: a) innerhalb des Hofes, wenn von Festen, dem Hofzeremoniell vor dem Khan und von Formen der Ehrerbietung berichtet wird sowie von der Zusammensetzung und Organisation der Hofgesellschaft und dem dortigen Geldsystem (Vgl. Vhs., 138-141); b) außerhalb des Hofes, wenn der Khan mit seiner Gefolgschaft ausreitet, wenn von seinem Botensystem erzählt wird oder davon, wie er das Kreuz empfängt, wenn er durch seine Dörfer und Städte zieht (Vgl. Vhs., 141-144).

6. Kultur und Religion, Sitten und Bräuche der Mongolen (Vhs., 144f.).[773]

7. Tod eines Großkhans und Wahl eines Nachfolgers (Vhs., 146).

---

[773] Der Vdr. verzichtet allerdings auf die Ausführungen zum Glauben und zur Gottesvorstellung der Mongolen und berichtet nur kurz davon, was bei den Mongolen als Sünde gilt und dass sie ihrem Obersten beichten würden. Vgl. Vdr., S. 148, zudem oben, Anm. 383.

Bei Diemeringen findet sich eine andere Strukturierung der Kapitel über den Großkhan und die Mongolen, denn er hat thematisch ähnliche Abschnitte zusammengeführt und somit teilweise eine Neuordnung vorgenommen. So bringt er in die ersten Kapitel über Cathay und den Residenzpalast mit seiner Ausstattung auch die Hofhaltung und die performativen Ausdrucksformen der Khansmacht ein (Teile 1, 2 und 5), worauf die Ausführungen zur Machtpolitik des Großkhans folgen (Teil 4). Diemeringen fasst also die Kapitel zusammen, in denen die präsentische Sichtbarkeit der Khansmacht über das Hofleben und die Repräsentations- und Ausdrucksformen der Macht am Hof beschrieben werden, die in den anderen Versionen von der Geschichte des Mongolenreichs unterbrochen werden. Durch diese Umstrukturierung folgen bei Diemeringen dann auch die Kapitel über die Geschichte der Mongolen und die Beschreibung ihrer Religion und Kultur aufeinander (Teile 3, 6 und 7).

Neben der Umstrukturierung finden sich bei Diemeringen auch inhaltliche Änderungen, Zusätze und Auslassungen, über welche sich eine Bearbeitungsintention in seiner Darstellung des Großkhans und der Mongolen erkennen lässt, die von den anderen Versionen abweicht. Wie schon an anderen Stellen herausgearbeitet wurde, differenziert Diemeringen auch hier deutlicher zwischen christlich und nicht-christlich Religiösem, seine Ausführungen sind häufig genauer und ausführlicher und er vermeidet zu starke Engführungen fremder ritualisierter Handlungen mit eigenen, christlichen Ritualen, beziehungsweise er führt ‚narrative Ritualisierungen' fremder symbolischer Ausdrucksformen oft gar nicht erst an.[774] Dementsprechend finden sich in seiner Übersetzung weder das ritualisierte Hofzeremoniell noch die durch Magie erwirkten Ehrerbietungen von Tieren und Gestirnen vor dem Khan. Sehr ähnlich wie schon bei der Beschreibung von Mohammeds Aufstieg wird bei Diemeringen auch die Macht des Khans weniger durch (strukturelle) Analogien zu christlichen Vorstellungen der Heilsvermittlung und Formen der Anbetung Gottes dargestellt, sondern immer wieder als Resultat seiner Stärke und der gewaltigen Größe seines Reichs.

Während also in den anderen Versionen, wie im Folgenden noch genauer aufgezeigt wird, der Khan, der sich selbst „Sohn Gottes" nennt, in dieser Funktion auch in seiner Herrschaftsausübung gezeigt wird, umgeht Diemeringen die Episoden, in denen der Khan regelrecht vergöttlicht wird und er verzichtet sogar beinahe ganz auf die geäußerten Feststellungen, der Khan sei Gottes

---

[774] Vgl. allgemein zur Streichung solcher Episoden bei Diemeringen, die eine narrative Ritualisierung beinhalten, das Kap. ‚Hinführungen – II. 5.3 Spezifika der Diemeringen-Übersetzung' oben in der vorliegenden Arbeit.

Sohn.[775] Dafür erklärt der Diemeringen-Druck die Konstitution der Khansherrschaft und die Selbstdefinition des Khans als größter und mächtigster Herrscher mit den Begriffen der Erbschaft, der Gewalt und des Rechts sowie mit
der Idee der *translatio imperii*, wofür er große Herrscher aus der Vergangenheit
bemüht, von denen der Großkhan gerne Geschichten erzählen hört und von
denen er meint, sein Reich erhalten zu haben:

> *von heiliger lüt wunder vnd von alter lüte historien oder von Oggiers striten sagent das*
> *hǒrt er alles gern wann er meint er sye von Oggiers linien herkummen vnd meinet alle land*
> *sollent von oggieren her an in rûren glich als sie tattent von Alexander vnd darnach von eim*
> *rǒmschen keiser vnd wann er dick gekrieget hat mit keiser vnd mit künigen den er oblag So*
> *meint er hab sin herschafft von gewaltes wegen vnd von erbe oder von recht vnd sunderlich*
> *wann im nieman wider stan mag den priester Johans von Jndien vnd der künig manchi*[776]
> (Ddr., 325).

In der Beschreibung des Diemeringen-Druckes hat der Großkhan aus seinem
Selbstverständnis seine weltliche Herrschaft von Rechts wegen geerbt und
durch militärische Stärke gesichert. Ein Blick in die Diemeringen-Handschriften zeigt allerdings, dass in den Diemeringen-Versionen unterschiedlich mit
der Frage nach der Rechtmäßigkeit der Khansherrschaft umgegangen wurde
und ihr eine Übertragung durch Erbschaft oder Recht auch abgesprochen werden konnte.[777] Diemeringen verweist im Gegensatz zu den anderen Versionen

---

[775] Im Ddr. wird dieser Titel des Khans nur bei der Beschreibung seiner Briefe und Siegel
       erwähnt, und zwar sowohl auf Latein als auch auf Deutsch. In den anderen Versionen,
       bei Velser und im Paris-Text, wird dagegen zusätzlich zu der Anführung des Titels in
       den Briefen nach der Erklärung des Namens „Khan" davon berichtet, dass er sich Gottes
       Sohn nennt, und auch die Philosophen nennen ihn intradiegetisch so, wenn sie das Ze-
       remoniell dirigieren. Die Velser-Texte (nicht aber der Paris-Text) bringen zudem bei der
       Verneigung der Tiere vor dem Khan diesen Titel ein.

[776] Dass einzig der Priesterkönig und der König von Manzi dem Khan Widerstand leisten
       können, liegt wahrscheinlich an deren christlicher Herrschaft, die an anderen Stellen
       als vorbildlich, demütig und in jeder Hinsicht gut beschrieben wird, und an ihrer Ver-
       bindung mit Ogier und Alexander: „*Manchi ist ein kunigrich liget verr von pfillen vnd ist*
       manchi das best land das in der welt ist vnd lyt in der grossen Jndien vnd da en ist keines
       dings gebresten. so den menschen lüten mag vnd ist der besten landen eins. so Alexander
       vnd Oggier gewunnen vnd ist ouch me lüten da denn anderschwa da vmb vnd ist nieman
       arm vnd sint geuellig gůt christen noch von Oggiers ʒiten her vnd sind in dem selben land
       die aller schǒnsten vnd hüpschesten frowen [...]" (Ddr., S. 319). Vgl. zur Darstellung der
       Herrschaft des Priesterkönigs das Kap. ‚Machtraum – III. 7. Spirituelle Herrschaft: Der
       Priesterkönig Johannes' unten in der vorliegenden Arbeit.

[777] In der St. Galler Hs. Sg1 (2. Viertel 15. Jh.), die dem Diemeringen-Druck nahesteht, fin-
       det sich ein kleiner Unterschied zur Version des Druckes in Form einer Verneinung in
       der Formulierung der Herkunft der Khansherrschaft, die zu der Aussage führt, der Khan

mehrmals auf den weltlichen, militärischen Hintergrund der Khansmacht und verbindet sogar die in seiner Version nur an einer Stelle vorkommende Feststellung, der Khan sei Gottes Sohn, beziehungsweise er habe die Herrschaft von Gott, mit der Vorstellung des sakral legitimierten König- oder Kaisertums im mittelalterlichen Europa, durch die Erwähnung des römischen Kaisers.[778]

> *Der groß Can der schribet sich also* Can filius dei excelsi domini vniuersam terram Colentium summus imperator ac dominus omnium dominantium. *Das ist zů tütsch Can gottes sun des obresten herren keisers aller der so vff erden wonent vnd ein her aller herren vnd sin groß Jnsigel hat dise wort* dei fortitudo omnium hominum Jmperatoris sigillum *Das ist zů tütsch gottes spercke aller menschen keisers insigel. Der Can meinet ouch Er habe die herschafft von got. wann das land von Tartarie was etwan dem künig von Pentexor vnd dem Rŏmischen Keiser vnd andren vnderton.* (Ddr., 327)

Eine der bedeutendsten Differenzen zwischen der Diemeringen- und der Velser-Version (und den anderen Versionen) ist die tendenziell unterschiedliche Begründung der Herrschaft des Khans, die einerseits aus verschiedenen Perspektiven als göttlich legitimierte beschrieben wird, andererseits in der Übersteigerung dieser vermeintlichen Legitimierung als Hybris und Perversion eigener Vorstellungen von gottgefälliger Sakralherrschaft gezeichnet wird. Während Diemeringen stärkere Parallelen zu europäischen Herrschaftsformen herstellt und die Macht des Khans militärisch fundiert,[779] stellen die anderen

---

habe seine Herrschaft nur aufgrund seiner Gewalt und (militärischen) Stärke erhalten und nicht als Erbe oder von Rechts wegen: „*vnd won er dik gekrieget hat mit keiseren vnd mit kungen den er ob lag So meinet er er hab sin herschafft von gewalteß wegen vnd nit von Erbe oder von rechtes*" (fol. 73rf.). In der Hs. wird somit die Begründung der Khansherrschaft mittels Gewalt und Stärke, wie sie für die Diemeringen-Version kennzeichnend ist, (noch) in verstärkter Form angegeben. Wiederum anders formuliert diese Stelle die Hs. H (1447), wenn sie erklärt, der Khan würde gegen diejenigen Herrscher Krieg führen, die ihm vorwerfen, eine unrechtmässige Herrschaft auszuüben: „*so heft he vaken krighet myt anderen keyseren, de dar meynen, he hebbe herschop myt ghewalt unde nicht van erve noch van rechte.*" (Ed. Martinsson, S. 129; ebenso Hs. H1 (3. Viertel 15. Jh.), fol. 98v und H2 (2. Hälfte 15. Jh.), fol. 84r).

[778]   Vgl. dazu bspw. Franz-Reiner Erkens: Vicarius Christi – sacratissimus legislator – sacra majestas. Religiöse Herrschaftslegitimierung im Mittelalter. In: Zeitschrift der Savigny-Stiftung für Rechtsgeschichte. Kanonistische Abteilung 89 (2003), S. 1-55.

[779]   Auch schon kurz vor der Beschreibung Cathays stellt Diemeringen die Organisation des Reichs und den Herrschaftsanspruch des Großkhans heraus, den er mit seiner Stärke und seinem Reichtum begründet und demgegenüber alle anderen, auch die westlichen europäischen Länder, arm seien: „*vnd hat der Can .xij. künig vnder im vnd der zwelffer hat aber ieglicher vil ander künig vnder im die ir kronen von den zwelffen empffahent vnd wann der künigen also vil ist So wenet der künig Can er sye her über alle welt vnd schåtzent alle dise land gar für ein arm ding vnd für nit als es ouch ist arm vnd klein weder andere lande*

Versionen deutlichere Bezüge zu einer ritualisierten Verehrung des Herrschers
her, der durch die Strukturen der Anbetung viel deutlicher in die Position Gottes gestellt wird und seine Macht darüber konstituiert.

Des Weiteren übernimmt die Diemeringen-Version auch nicht die heilsgeschichtliche Herleitung des Namens des Großkhans über die etymologische
und genealogische Rückführung des Khans auf den Noahssohn Cham/Ham,
und sie beginnt auch nicht den Abschnitt über die Geschichte der Mongolen mit
der Erklärung des Namens. Stattdessen bringt Diemeringen die Frage der Herkunft des Namens zwischen der Geschichte Dschingis Khans und der Genealogie der Khane ein und verweist zunächst auf die mögliche Erklärung, ‚Khan'
könne auf den alttestamentarischen Kain zurückgehen, was er dann aber als
unwahrscheinlich abtut. Stattdessen führt Diemeringen eine andere Erklärung
an, dass nämlich die Khane sich aus stammesgeschichtlichen Gründen so nennen würden, also in der Fortsetzung des Namens ihrer Vorfahren.[780] Hier verzichtet Diemeringen also auf die Heilsgeschichte als Erklärungs- und Deutungsrahmen, sodass bei ihm in den Kapiteln über die Mongolen und den Großkhan
insgesamt eine profanierende Darstellungsintention festzustellen ist.

Die unterschiedlichen Tendenzen der verschiedenen Versionen in der Darstellung der Mongolen werden auch aus den wenigen direkt angeführten Bewertungen ersichtlich, und hier ist es vor allem Diemeringen, der – aufgrund
der bei ihm nicht erzählten ritualisierten Inszenierungen der Verehrung?
– eine durchaus positive Beurteilung vornimmt, und zwar sowohl der Khane im Speziellen als auch der Mongolen im Allgemeinen: *„die Can sin all gůt
gotfŏrchtig lüt"*[781] (Ddr., 331) / *„Ouch sind die lüt zů kathay gůt erber gotfŏrchtig
lüt vnd so sie ieman flůhent oder trŏwent So sprechent sie nit anders denn gott
weiß wol."*[782] (Ddr., 332) Mit dieser positiven Beurteilung der Frömmigkeit der

---

　　*etc. vnd went ouch alle dise lant sient im ouch vndertan [...]. so went er wir sie all vnder im
　　wie arm wir sind"* (Ddr., S. 323).

[780]　Vgl. zum Namen des Großkhans das Kap. ‚Machtraum – III. 5.1 Der Name des Großkhans'
　　　unten in der vorliegenden Arbeit.

[781]　Diese Bewertung findet sich nach dem Bericht darüber, dass die ersten Khane häufig
　　　Christen waren und das Heilige Land befreien konnten, und kommt auch in den Dieme-
　　　ringen-Hss. vor: *„die Can sint all gůt gottfŏrchtig lüte"* (Hs. Sg1, fol. 78r); *„De Can synt alle
　　　vrome, erbar unde godevruchtighe lude"* (Hs. H, Ed. Martinsson, S. 137); *„die Can sint alle
　　　erber fromme got forchtig lude"* (Hs. H2, fol. 88v). In den Velser-Versionen, im Paris- und
　　　im Cotton-Text kommt diese positive Hervorhebung der Frömmigkeit der Khane nicht
　　　vor.

[782]　Mit der letzten Feststellung nimmt Diemeringen an dieser Stelle, die sich in dem Teil
　　　der Beschreibung der Kultur und Religion der Mongolen findet, eine Aussage auf, die
　　　in einigen der anderen Versionen nach der Anführung der Briefe und Siegel des Groß-

Khane und der Mongolen setzt sich Diemeringen deutlich von den anderen Versionen ab. In demselben Abschnitt, der über die Kultur und die Religion der Mongolen berichtet, zeichnet der Paris-Text ein negatives Bild der Mongolen, wenn er zusammenfasst: „*et si sont faulx et traitres et si malicieus et deceuables que nulz ne se doit fier en eulz ne en parole ne en fais. Il sont moult dures gens et peuent moult de paine et de mesaise, plus que nulles autres genz; car il ont bien apris en leur pays, et si ne despendent riens.*"[783] Die Velser-Handschrift übernimmt diese negativen Elemente in der Beschreibung der Mongolen nicht: „*Ir sóllend wissen das es hertes volck ist, und mûgent gar wol liden bas den ander volck, wann sie sind wol gewon und achtend sin nicht.*" (Vhs., 145) Dagegen baut der Velser-Druck wiederum gezielte Diffamierungen ein: „*es ist gar hôrtt grob bôß volck das gar wol leiden mag.*" (Vdr., 148). Hier wäre zu vermuten, dass die hinzugefügten Diffamierungen im Zusammenhang mit der medialen Form und größeren Verbreitung des Frühdruckes stehen, der stärker gegen das Fremde polemisiert. Doch scheint es sich hier um eine Eigenart der Velser- ‚Kurzversion' zu handeln, da auch die Hs. N eine solche Polemik aufweist: „*Es ist gar hert grob vnd boß volk das wol laiden mag*".[784]

Im Folgenden sollen nun ausgewählte Passagen aus den Kapiteln über den Großkhan und über die Geschichte seines Reichs genauer untersucht werden, wobei zunächst die Raumstruktur der Residenz und die räumliche Situierung des Großkhans in den Blick genommen werden. Des Weiteren interessieren die sich im Khanspalast befindenden Objekte der Herrschaftsrepräsentation, die wunderbar, staunenerregend und luxuriös sind und die vom Erzähler mit einer sakralen oder gar dämonischen Aura versehen werden. Besonders die

---

khans gemacht wird, und zwar nach der Feststellung: „*Wie wol das ist daz er nit cristen sig, so gloubt er doch und all Tartar an den untôttlichen got und der allû ding vermag.*" (Vhs., S. 137f.). In den Velser-Versionen ist der Abschnitt damit beendet – und in der Hs. N findet sich hier die Verschreibung, die Tartaren glaubten alle „*an den vngotlichen gott der alle ding vermag*" (fol. 120v, Hervorhebung von mir, C.H.) – doch der Paris-Text und die Insularen Versionen fügen hier noch hinzu, dass die Tartaren gerne jemanden damit bedrohten, indem sie darauf verweisen würden, dass Gott alles weiß: „*Et combien quil ne soient maintenant Crestien, neentmoins li emperieres et tuit li Tartarin croient en Dieu immortel et tout puissant; et quant il veulent aucun menacier, il dient, ,Dieu scet bien que tu le comperras,' ou, ,que ie te feray tele chose.'?*" (Paris-Text, Ed. Letts, S. 359). Cotton-Text: „*And all be it þat þei be not cristned, ȝit natheles the Emperour and all the Tartaryenes beleeuen in god Inmortall. And whan þei will manacen ony man, þanne þei seyn: God knoweth wel þat I schall do þe such a thing, and telleth his manace.*" (Ed. Hamelius, S. 151f.).

783 Paris-Text, Ed. Letts, S. 372.
784 Hs. N, fol. 127r.

Darstellung der Rituale und Inszenierungen der Verehrung des Großkhans am Hof stellt seine Herrschaft in einen Deutungsrahmen, in welchem Diskurse des Sakralen, Liturgischen und Magischen aufgerufen werden. In der erzählerischen Darstellung überlagern sich die Formen der Verehrung des Khans auf der Handlungsebene, mit der eine Vergöttlichung des Khans zum Ausdruck gebracht wird, mit Auratisierungs- und Sakralisierungsbestrebungen auf der Darstellungsebene, indem der Erzähler in der Art seiner Darstellung des Geschehens Anschlüsse zu Diskursen des Sakralen herstellt.

2. Organisationsraum der Macht: Zentrierung des Khans im Herrschaftsraum

Der Großkhan residiert in Cathay, einem *„edel rich lant"* (Ddr., 323) und einer *„groß statt und ain*[er] *schőn ynsel, und da ist groß koffmanschafft, wann von allen landen kofflút da hin kommend"* (Vhs., 129). In diesem Ort fallen mehrere topographische Elemente zusammen und es ist im Narrativ der *Reisen* nicht immer klar zu unterscheiden, ob damit ein Land, eine Stadt oder ein inselhafter Ort gemeint ist. Cathay wird zunächst als Handelszentrum vorgestellt, welches die Kaufleute aus der ganzen Welt anzieht. Während die Velser-Versionen den Handel in Cathay nur kurz thematisieren, um damit eine Erklärung für den großen Reichtum des Landes zu geben, wird bei Diemeringen und im Paris-Text durch die Anführung mehrerer Richtungsadverbien eine zentripetale Ausrichtung der Handelswege auf Cathay als Zentrum vorgenommen: Cathay ist ein *„lant darinn vil frőmder lüt von vil andren landen komment* [...], *vnd komment da hin von venedie von babilonie von Jndien oder von bruck in flandern oder von valentȝe* [...] *vnd von andren künigrichen die in disen landen vnerkant sint"* (Ddr., 323). Die Beschreibung erst Cathays, dann der Residenzstadt des Khans, dann seines Palastes und letztlich des Inneren seines Palastes lässt sich als eine Bewegung der Erzählung von außen nach innen beobachten, von der die Welt umfassenden, auf das Zentrum ausgerichteten Wegstruktur der Handelswege zum Innersten des Gravitationszentrums der diesen Raum beherrschenden Macht.

Als Residenzstadt des Großkhans wird die Stadt *„Cayton"* vorgestellt, die von einer großen Mauer umgeben ist und *„zwőlff tor"* hat (Vhs., 130). In der Stadt sind *„vil schőner palast in, und mitten in dem gemúr da ist ain berg, da ist der schőnest und richest palast als man in finden mag."* (Ebd.). Die zwölf Tore der Residenzstadt können als Verweis auf das himmlische Jerusalem gelesen werden, wie es, ebenso von einer Mauer umgeben, beispielsweise auf der

Ebstorfer Weltkarte dargestellt wird.[785] Durch diese mögliche Assoziation wird
die kaiserliche Residenz mit dem Bild einer Stadt als Gottesreich überlagert,
was scheinbar die Macht des mongolischen Herrschers unterstreicht – wenn
er sozusagen die zukünftige, himmlische Stadt der Gerechten schon jetzt auf
Erden antizipiert und realisiert. Das über die Analogien aufgerufene Bild entsteht allerdings nur über die erzählerische Darstellung und wird innerhalb der
Diegese nicht weiter konkretisiert. Dieser Vorgang kann aber als eine rhetorische Strategie wahrgenommen werden, mit der schon in der Anlage seiner
Residenz diese als Imitation der in der christlichen Welt bedeutendsten Stadt
gezeigt und die Herrschaft des Großkhans gar als Anmaßung göttlicher Herrschaft gewertet wird. Das Zentrum der Stadt bildet hier nicht der auferstan-
dene Christus, wie auf der Ebstorfer Karte, oder Gott, sondern der Großkhan
selbst, der sich schließlich in seinen Briefen „*Cham filius dei*" und „*dominus
omnium dominancium*" (Vhs., 137) zu nennen pflegt.[786]

Die Rhetorik der Erzählung verstärkt die räumliche Strukturierung auf ein
Zentrum hin, was besonders durch die mehrmalige Anführung von „*umb und
umb*" und ähnliche raumstrukturierend-einschließende Begriffe bewirkt wird:
Die Mauer geht „*xx leg umb und umb*" die Stadt, die Mauer um den Palastbe-
zirk des Großkhans, „*da er wonot begriffet mer dann zwo leg*", „*mitten in dem
gemúr da ist ain berg*" auf dem der schönste Palast steht, und „*umb und umb
an dem berg und umb den palast da ist es voll bőm*" und „*umb den berg da gond
groß graben*" (Vhs., 130). Der Herrschaftssitz des Khans scheint wie aus inein-
anderliegenden Ringen zu bestehen, die das Innere immer stärker nach außen
abschließen.[787] Somit bildet sich der absolute Machtanspruch der Khansherr-

---

[785] Vgl. z. B. Ingrid Baumgärtner: Erzählungen kartieren. Jerusalem in mittelalterlichen
       Kartenräumen. In: Sonja Glauch u. a. (Hg.): Projektion – Reflexion – Ferne. Räumliche
       Vorstellungen und Denkfiguren im Mittelalter. Berlin/ Boston 2011, S. 193-223.

[786] Mit *dominus dominantium* betitelt sich auch der Priesterkönig Johannes in seinem Brief
       an Kaiser Manuel I Komnenos (§1 u. §9), womit er auf die Bezeichnung Christi in der
       Offenbarung des Johannes referiert (Offb. 17,14 u. 19,16). Wahrscheinlich ist der Titel bei
       Mandeville aus der Presbyter-Brief Tradition entnommen, jedoch statt auf den Priester-
       könig auf den Großkhan übertragen worden. Vgl. die verschiedenen Versionen des Brie-
       fes in Zarncke, Der Priester Johannes, hier S. 909f.

[787] Yeager, The World Translated, sieht in der ähnlichen Beschreibung der Residenzstadt
       des Großkhans bei Marco Polo Parallelen zum Himmlischen Jerusalem aus der Johan-
       nesapokalypse und verweist bei Marco Polos Feststellung, dass viele schöne Paläste
       innerhalb der Stadt liegen, auf die Aussage Christi: „Im Haus meines Vaters sind vie-
       le Wohnungen" (Joh 14,2). Yeager argumentiert allerdings nicht mit einer spezifischen
       Raumstrukturierung, die das Narrativ entwickelt, sondern nur mit motivischen Asso-
       ziationen: „I suggest that Polo and Rustichello used biblical models to increase the im-
       portance of their account, refashioning scriptural description in order to drive home the

schaft durch die zunehmende räumliche Eingrenzung von außen nach innen in der Raumstrukturierung ab. Was die Velser-Texte mit einer Rhetorik der Umgrenzung herstellen, wird bei Diemeringen und im Paris-Text mit einer Rhetorik des immer weiteren Hineindringens zum Ausdruck gebracht. Denn bei Diemeringen findet sich keine einzige *„umb und umb"*-Formulierung, dagegen wird ein Ort als innerhalb eines anderen liegend beschrieben: Die Residenzstadt ist *„.xx milen wit vnd darin wonet der Can in ein wunderlichen palast der ist wol ʒweir myl lang vnd wit vnd mitten in dem palast ist ein bômgart darin lüt ein grosser berg"* und auch auf diesem Berg liegt der schönste und kostbarste Palast, der mit dem Berg *„sunderlich wol beschlossen* [ist] *mit muren vnd mit wasser graben"* (Ddr., 323).[788] Bei Diemeringen ist die räumliche Umschließung des Palastes somit weniger deutlich als bei Velser, denn die Erzählbewegung geht vornehmlich von einem inneren Punkt zum nächsten.

Der Wechsel vom Außenraum des Khanspalastes mit seiner Gartenanlage, in der viele wilde Tiere leben, zum Innenraum des Palastes geschieht über die kurze Beschreibung der Szene, wie der Khan zu manchen Zeiten am Fenster steht, um von dort aus zu beobachten, wie in seinem Tiergarten auf seine Anordnung hin gejagt wird: *„als wenn der Groß Cham wil haben wilder tier oder wild vôgel, so haißt er da jagen, und das sicht er an dem fenster wol, das er nit uß dem palast darff gonn. Item in dem palast da ist ain sal, der statt uff vier und zwaintzig súlen, die sind vin guldin"* (Vhs., 130).[789] Die Erzählbewegung führt

---

[788]   importance of the financial centres of the world in maintaining economic well-being. To this end, Khanbaliq, like Jerusalem, has a sacred centre: the Khan's palace." (S. 174).

Im Paris-Text ist diese Rhetorik des Ineinanderliegens (*en, dedenz*) ähnlich, doch führt er häufiger als die Ddr. auch das Um-etwas-Herumliegen (*de tour, autour, enclose*) an: *„En ceste cite est le siege du Grant Cham, dont les murs ont de tour plus de ii. lieues. Et dedenz ce pays il y a pluseurs autres palais. Par dedenz leur grant palays il a vne montaigne, sur la quelle il a vn autre palais, le plus bel et le plus riche que on pourroit deuiser. Et tout autour de ce palais et de celle montaigne il y a moult de diuers arbres portans fruit de moult de manieres. Et est ceste montaigne enclose de grans fossez pleins dyaue, et par delez y a grans viuiers* [...]. *Et tout entour ces fosses et ces viuiers est vns grans iardins"* (Ed. Letts, S. 350).

[789]   Der Vdr. und die Hs. N schwächen die Beobachterposition des Großkhans am Fenster ab, wenn sie sagen, dass ein jeder die Jagd vom Fenster aus sehen könne: *„wenn der kaisser will wild haben so haist er Jagen vnd das sicht man ʒu seinem palast wol ʒu den venstern aus das er nit aus dem palast bedarff"* (Hs. N, fol. 115v). Außerdem ist der Wechsel in den Innenraum hinein in diesen beiden Velser-Texten anders als in der Vhs., denn der Vdr. verzichtet auf die genaue Angabe *„in dem palast"* und führt nur an: *„Do ist auch ein sal"* (Vdr., S. 136). Die Hs. N dagegen spannt den Raum wieder weiter auf und verlässt sogar den engeren Raum des Palastes, indem sie erklärt: *„Jn dem lannd da ist ein Sall der stat auff vier vnd ʒwencʒig gulder seülen"* (Hs. N, fol. 115vf.).

also von einer Beschreibung des Tiergartens zur architektonischen Verbindung zwischen außen und innen, dem Fenster im Khanspalast, und verweilt auf dem Blick des Großkhans von innen nach außen, während der Erzähler bemerkt, dass der Herrscher im Palast bleibt, weil er es vorzieht, für solche Beschäftigungen wie die Jagd diesen nicht zu verlassen. Darauf kippt der Blick nach innen in den Thronsaal des Großkhans mit seiner reichen und wunderbaren Ausstattung.[790]

In diesem Thronsaal befinden sich für die zeitgenössischen Rezipienten unermesslich viele Reichtümer sowie unerhörte Luxusobjekte, Kunstwerke und Wunderdinge.[791] Der schieren Überfülle an Reichtum und Schmuck in der Ausstattung des Thronsaals verleiht der Erzähler mit Hilfe des Unsagbarkeitstopos Nachdruck: *„Der sal ist schón und wunderlich und wol geziert, das man es nit wol geschriben mag, und mit guldin tepichen umb und umb."*[792] (Vhs., 131). Außerdem korrespondiert die Rhetorik mit dem, was inhaltlich dargestellt wird, indem über den Einsatz von Superlativen und Redundanzen, sowie über die mehrmalige Anführung von *„umb und umb"*, welche den Raum strukturiert und ausfüllt, ein Überfluss ausgedrückt wird. Zentrum des Palastes ist der Großkhan, der in der Mitte des Saales thront: *„Item mitten in dem sal da ist ain*

---

[790] In der Hauptquelle Mandevilles für den zweiten Teil der *Reisen* und die Khan-Episoden, dem Bericht Odoricos von Pordenone, wird dagegen weder beschrieben, dass der Khan an einem Fenster des Palastes stehe, noch kippt der Blick direkt danach ins Innere, denn dazwischen wird noch einmal auf weitere Gärten verwiesen, die sich in dem Palast befänden: *„Unde quando dominus vult venari potest absque exire domum, hoc est civitatem. In hoc etiam palatio sunt viridaria plena diversis generibus bestiarum [...]"*. Konrad Steckel ändert diese Beschreibung noch etwas ab, indem er Falken anführt: *„Vnd wenn <der herr> wil paizzn, daß tuet er jnnerhalb seinß hawß mit valikchn. Ez ist auch ein ausdermazzn schónew prukch vber den sée gemacht in den palast auff den perkch. Jn dem grossen palast sind vil tírgartn, da manigerlay tyr jnn génn."* (Odorico und Steckel, Ed. Strasmann, S. 98-101).

[791] Vgl. zu den ‚Wundern' am Khanshof auch Daston/ Park, Wonders and the Order of Nature, S. 92-95.

[792] Etwas später, am Ende der Beschreibung des inneren Hofes, authentifiziert der Erzähler die von ihm beschriebenen unglaublichen Reichtümer des Großkhans, indem er seine Augenzeugenschaft betont und wiederum mit dem Unsagbarkeitstopos verbindet: *„Und ir sóllend wissen daz ich mit miner geselleschafft dienet dem kayser fünfftzehen monat in soldnerß wiß wider den kúng von Marthy, den worten das ich mócht gesenhen sin adel und sin herschafft, und das dátt ich dar umb das ich wolt wissen ob es wär were das man von im seyt. Und sicher ich erfand vil gróser ding in sinem hoff wann mir geset was, noch das ich úch schrib. Und sicherlich ich hett es nit geloubt, hett ich es nit gesenhen, wenn sicher es ist ungelóplich das groß volck und grossen wirdi die er an sinem hoff halt. [...] Aber das wesen der herrenn ist als groß das man es nit wol gesagen mag, und wer es wólle gelouben, der geloub es, wann by miner trúwe es ist wär was ich uch sag."* (Vhs., S. 132f.).

gesåß, da der Gross Cham sitzet, und das ist gemachet von finem gold und von edelm gestain und von großen berlen." (Ebd.). Der Sitz an seiner Tafel, zu der goldene Treppen hinaufführen, stellt den höchsten Punkt des Raumes dar, von dem rechts und links abgehend in einer absteigenden hierarchischen Ordnung die Söhne, Frauen und großen Herren platziert sind.[793]

Die Beschreibungen der Residenzstadt, des Palastes, des Palast-Inneren, der Ordnung am Hof und später auch des Zeremoniells und der Ehrerbietungsgesten laufen auf eine Zentrierung des Herrschers im Raum und auf die Kumulation der Macht in seiner Person hinaus. Das Narrativ organisiert sich also um den Khan als Zentrum der Macht, was sich zudem in der Rhetorik der erzählerischen Darstellung abbildet.[794] Auch Deluz stellt in ihrer Untersuchung der *Reisen* heraus, dass sich der Text um den Khan strukturiert: „Le texte de Mandeville s'ordonne, lui, autour du Khan. Dès le départ, c'est sa puissance qui est objet d'étude".[795] Die hier herausgearbeitete narrative Raumstruktur und Raumstrukturierung – sowohl des größeren Machtraumes des zweiten Teils der *Reisen* als auch der Residenz des Khans – kann die Annahme von Deluz bestätigen. Zudem beobachtet Deluz im Vergleich mit Odoricos Beschreibung des Großkhans und seines Palastes, dass der Khan in den *Reisen* immer Subjekt ist: „Le Khan, toujours nommé empereur, apparaît comme sujet dans des phrases où il n'était que complément."[796] Diese Feststellungen der Zentrierung, Subjektivierung, der zentripetalen Raumorganisation, und der Machtakkumulation in der Figur des Großkhans sind noch zu ergänzen mit der oben, in der

---

[793] Vgl. Vhs., S. 131: *„Item an ainer ort in dem sal da ist des kaysers täffel, und die stautt gar houch und ist von vinem gold [...]. Die stieg da man zů dem tysche gautt da sind staffel von gold und von edelm gestain. Da nach uff die lincken hand da ist sines erstes wibes stůl, ainen staffel von der stieg nider baß [...]. Item des andern wibes stůl ist ain staffel hin abbaß [...]. Item zů der gerechten hand des kaysers sitzet sin elter sun, der nach im herr sol sin, und ain staffel niderbaß, und darnach die ander in der wiß als die fröwen sitzent."*

[794] Ein Bewusstsein für diese Raumstrukturierung zeigt sich z. B. im Cotton-Text schon in der Angabe der Kapitelüberschrift, in welcher die zentrale Positionierung des Khans aufgenommen wurde, wenn es dort heißt: *„Of the grete Chane of Cathay; of the rialtee of his palays and how he sitt at mete, and of the grete nombre of officeres þat seruen hym."* (Cotton-Version, Ed. Hamelius, S. 140).

[795] Deluz, Le Livre de Jehan de Mandeville, S. 90.

[796] Ebd., S. 91. Hierfür vergleicht Deluz zwei Textstellen aus dem französischen Odorico-Text mit dem Paris-Text. Zwar finden sich auch in Odoricos Darstellung Beschreibungen, in denen der Khan Subjekt ist (*„In hac civitate Canis ille magnus suam sedem habet [...]"*, *„Cum autem dominus ipse magnus aliquod convivium facere vult fieri [...]"*, Ed. Strasmann, S. 98 u. 102), doch kommt dies insgesamt und gerade im Vergleich bestimmter Passagen nicht so häufig vor wie in den *Reisen*.

Episode über den Tod eines Großkhans[797] festgestellten zeitlichen Präsenz der Khansmacht. Sie stellen sich als narrativ erzeugte Konstituenten der omnipotenten Macht des mongolischen Großkhans heraus.

3. Repräsentative Ausstattung und religiöse Aufladung des Herrschaftsraumes

Im Inneren des Palastes kommen bestimmte Objekte, die zur Herrschaftsrepräsentation eingesetzt werden, in den Fokus des Erzählers.[798] Sie ziehen aufgrund ihrer Beschaffenheit, ihrer Wirkung oder ihrer Herkunft seine Aufmerksamkeit in besonderem Maße auf sich, lassen ihn Staunen und veranlassen ihn zur Nachfrage oder zu Erklärungen, die hinter die Oberfläche der wunderbaren Objekte vordringen. Im Modus der Darstellung des Erzählers – sowohl der Materialität dieser Objekte als auch ihrer semantischen Besetzungen – werden insbesondere ihre Qualität und ihre Bedeutung im zeichentheoretischen Sinne herausgestellt. Um Differenzierungen zwischen eigenen und fremden Konzepten der Wahrnehmung und Deutung des Materiellen in der Welt vorzunehmen und das Gesehene in einen Verstehensrahmen einzuordnen, wird in der erzählerischen Darstellung oftmals das Diskursfeld des Religiösen an den Herrschaftsdiskurs angeschlossen.

3.1 Rote Pantherfelle

Im Thronsaal des Großkhans findet sich ein exotisch anmutender Wandschmuck aus rotem Tierleder, mit dem der ganze Saal ausgekleidet ist, in dessen Mitte und somit umgeben von der Wandbekleidung der Großkhan regiert und residiert. Diese Besonderheit der Ausstattung des Saals hat Mandeville von seiner Vorlage, dem Reisebericht Odoricos von Pordenone übernommen. Dessen Darstellung hat er jedoch in bezeichnender Weise erweitert, denn bei Odorico heißt es über den roten Wandschmuck nur: *„Omnes muri eius cohoperti sunt pellibus rubeis, de quibus dicitur quod nobiliores pelles sunt que hodie*

---

[797] Siehe oben, Kap. ‚Machtraum – I. 4. Heilsgeschichte im geschichtsleeren Raum'.

[798] Vgl. zu den folgenden Ausführungen auch Christina Henss: Die wunderbaren Reichtümer des Ostens – Funktionalisierungen von Luxus und Reichtum in den deutschsprachigen Versionen von Mandevilles *Reisen*. In: Jutta Eming u. a. (Hg.): Fremde – Luxus – Räume. Konzeptionen von Luxus in Vormoderne und Moderne. Berlin 2015, S. 85-107.

sint in mundo."[799] In den *Reisen* wird dagegen nicht nur die Herkunft des Leders thematisiert, sondern es werden auch seine besonderen Eigenschaften, Funktionen und seine Bedeutung innerhalb der Khansgesellschaft vorgestellt, woraus sich letztlich der große Wert der Tierhäute erschließt:

> *die muran sind alle bedecket mit rotem leder von ainem wilden tier, das haissent sie phinchions; die hût sind grosses schatz wert, wann sie schmeckent als wol als kain ding getůn mag, und von dem gůtten schmack mag kain bősser lufft nit kummen in den palast. Das leder ist als rott, wenn die sunn dar an schynnet, das man es nit mőcht wol an gesehenn. Und man fint vil lût inn dem land die die selben tier an bettend von des gůtten schmackes wegen, und die hût sind tûrer wann gold.* (Vhs., 130)

Im Gegensatz zu Odorico setzt Mandeville einen anderen Sprechgestus ein, denn die Feststellung der Besonderheit der Tierhäute, ihre *nobilitas*, wird bei Mandeville nun nicht mehr den Fremden in den Mund gelegt (*dicitur*), sondern sie erhält über die Stimme des Erzählers einen höheren Grad an Glaubhaftigkeit. Hier ist es der Erzähler selbst, dessen scheinbar unmittelbare Erfahrung und Augenzeugenschaft für die Wahrhaftigkeit des Erzählten bürgt. Die Eigenschaften und Funktionen, die Mandeville dem Leder zuschreibt, sind der große Wert (teurer als Gold), der Wohlgeruch, den es verströmt und die Wirkung des Geruchs, jegliche schädliche Luft zu vertreiben, sowie der Glanz der roten Farbe,[800] der jeden Betrachter blendet, wenn die Sonne darauf scheint. Außerdem stellt er einen Zusammenhang mit einem religiösen Kult her, der um die Tiere besteht, von denen die Häute stammen, wenn er anführt, dass viele Menschen in diesem Land die Tiere aufgrund ihres guten Geruchs anbeten würden.[801]

---

[799]   Odorico und Steckel, Ed. Strasmann, S. 100: „Die Wände sind sämtlich mit rotem Leder bedeckt, das das feinste sein soll, das man in der Welt findet." (Übers. v. Folker Reichert, Die Reise des seligen Oderich, S. 97).

[800]   Vgl. hierzu auch Susanne Reichlin: Zwischen heilsgeschichtlicher Indexikalität und Exotisierung. Farben im Reisebericht des Jean de Mandeville. In: Ingrid Bennewitz/ Andrea Schindler (Hg.): Farbe im Mittelalter. Materialität – Medialität – Semantik. Bd. II. Berlin 2011, S. 631-645, hier S. 632, die aufzeigt, dass Farben im ersten Teil der *Reisen* über ihre Symbolik zu einer paradigmatischen Verdichtung der beschriebenen Heilsstätten eingesetzt werden, wohingegen im zweiten Teil der *Reisen* Farben hauptsächlich der Exotisierung des Beschriebenen dienen. Interessanterweise beschreibt Konrad Steckel in seiner Übersetzung von Odoricos Text die Tierhäute als „*plût rótt*", (Ed. Strasmann, S. 101) – wie auch andere Versionen der *Reisen*: der Paris-Text, Ed. Letts, S. 350, die nnd. Hs., Berlin, ms. germ., fol. 204 („*Dat ledder is also roed alse en bloet*", fol. 104v), und der Cotton-Text, Ed. Hamelius, S. 141.

[801]   Bis auf Reichlin hat sich die Mandeville-Forschung noch nicht eingehender mit der Beschreibung der roten Pantherfelle auseinandergesetzt. Entweder bemerkt sie lediglich

Insbesondere über den Wohlgeruch des Tieres wird eine christliche Semantik transportiert, die dem gebildeten Leser aus der *Physiologus*-Tradition vertraut sein könnte.[802] In dieser bewirkt der süße Duft des Panthers, dass alle Tiere von ihm angezogen werden und ihm folgen, weshalb der Panther in allegorisch-heilsgeschichtlicher Auslegung den erlösenden Christus symbolisiert, dessen Gnade ebenso als süßer Geruch beschrieben wird.[803] In den verschiedenen Versionen der *Reisen* variiert die Bezeichnung des Tieres, von dem die Felle stammen, was als Indiz für die Fremdheit des Begriffs gelesen werden kann. In der Velser-Handschrift wird es als *„phinchions"* angegeben, ansonsten auch als *„pantherus"* (Vdr., 136), *„pachis"* (Ddr., 323) oder, wie im Paris-Text, *„pinchieuls"*.[804] Im eigentlichen Sinne jedoch losgelöst vom Panther, dem Ursprung und Träger des Duftes, welcher ihm der Tradition gemäß aus dem Maul entströmt, wirkt das rote Leder an den Palastwänden scheinbar aus sich selbst heraus. Genau diese Wirkung des reinigenden Wohlgeruchs zusammen mit der Ästhetik des Glanzes macht die roten Tierhäute im Thronsaal zu aurati-

---

die Erweiterung der Textstelle gegenüber Odorico, wie Bennett, Rediscovery, S. 42, oder sie gibt sich erstaunt wie Jost, The Exotic and Fabulous East, die die Stelle kurz anführt und bemerkt, dass die Felle für moderne Leser überraschend und furchterregend erscheinen, der Erzähler aber nicht besonders auf sie reagiere: „More surprising and even eerie are the bloody-red panther skins lining the walls, prized more highly than their weight in gold, but also generating no emotive response." (S. 589).

[802] Noch stärker macht diese Verbindung mit dem Physiologus Reichlin, Farbe, S. 640. Auch Warner, The Buke of John Maundeuill, verweist in seinem Kommentar auf die moralisierenden Panther-Darstellungen bei Vincent von Beauvais, Jacques de Vitry u. a., sowie im Physiologus. Weiter bemerkt er, dass Mandeville als einziger das Fell des Panthers als (blut-)rot beschreibt, und erklärt dies als möglichen Verweis auf den Stein „Pantheros, of which Neckham writes ‚hinc rubor igneus ardet'" (Warner, Komm., S. 204f.).

[803] Vgl. Der altdeutsche Physiologus. Die Millstätter Reimfassung und die Wiener Prosa (nebst dem lateinischen Text und dem althochdeutschen Physiologus). Hg. v. Friedrich Maurer. Tübingen 1967, Str. 10-25.

[804] Paris-Text, Ed. Letts, S. 350. Selbst die Hs. N weicht sowohl von der Vhs. als auch vom Vdr. ab, indem sie die Tiere als *„pinthreus"* bezeichnet (fol. 116r). Die nnd. Hs. Berlin, ms. germ. fol. 105, nennt sie *„pathios"* (fol. 104v) und auch die Diem.-Hss. Sg1 und H2 weichen voneinander und vom Ddr. ab und nennen die Tiere *„pathis"* (Sg1, fol. 72v), bzw. *„panthis"* (H2, fol. 82v). Vgl. außerdem Reichlin, Farbe, S. 640 mit Verweis auf Nigel Harris: *„gar süezen smac daz pantir hât"*. Der Panther und sein Atem in der deutschsprachigen Literatur des Mittelalters. In: Alan Robertshaw/ Alois Wolf (Hgg.): Natur und Kultur in der deutschen Literatur des Mittelalters. Colloquium Exeter 1997. Tübingen 1999, S. 65-75, hier S. 72, der die Varianz der Namen über eine Verwechslung und Vermischung des Panthers mit dem Pathio (roter Tiger) erklärt.

schen Objekten.[805] Sie tragen durch ihre Erscheinung und Wirkkraft Züge einer christlichen Sakralitäts-Ästhetik, in welcher das Materielle über seine spezifische Materialität auf etwas anderes, Transzendentes verweist und damit selbst wiederum in den Hintergrund tritt.[806] Ein expliziter Verweis des Materiellen auf etwas Immaterielles, Transzendentes, wie er beispielsweise in der allegorischen Deutung des Panthers im Physiologus erfolgt, findet sich jedoch nicht in Mandevilles Darstellung; das Leder ist nicht Symbol für etwas anderes und die Analogie zur *Physiologus*-Tradition wird nur motivisch hergestellt.

Reichlin stellt fest, dass die „spezifische Aura" des Leders, „nicht allein durch den Verweis auf eine christliche Auslegungstradition, sondern durch die Kombination unterschiedlicher Traditionselemente" erzeugt wird.[807] Diese Beobachtung kann insofern noch weiter differenziert werden, indem man die zwei Ebenen der Erzählung voneinander unterscheidet, auf denen die Auratisierung je unterschiedlich bewirkt wird. Diese Auratisierung auf zwei Ebenen ließe sich einerseits als diskursive Auratisierung und andererseits als narrative Auratisierung beschreiben. So wird die Aura des Wandschmuckes erstens durch die motivischen Analogien zur christlichen Auslegungstradition des Panthers hergestellt; sie konstituiert sich also diskursiv und ist nur für den Leser erkennbar. Zweitens erfolgt die Auratisierung intradiegetisch über die Konstatierung des Wertes, die Erfahrung des Geruchs und des Glanzes sowie über den Hinweis des Erzählers, dass die Tiere wegen ihres guten Duftes von vielen Leuten dort angebetet würden.

Doch auch hier variieren die Versionen der *Reisen*. In der Velser-Handschrift wird bezeichnenderweise nur gesagt, dass die Tiere und nicht die Fel-

---

[805] Der Aurabegriff wird hier nicht losgelöst vom Religiösen verstanden, und Auratisierung als eine narrative Überlagerung von religiöser und ästhetischer Präsenz betrachtet: Die erzählerische Darstellung bewirkt, dass die ästhetische Präsenz Züge einer sakralen Ästhetik trägt, in welcher dann auch christliche Konzepte von Heilsvermittlung und heidnische Praktiken der Anbetung zusammenfallen. Vgl. zur Auratisierung in religiösen Texten des Mittelalters Beatrice Trînca: Auratisierung – mittelalterlich. Zur Vor- und Frühgeschichte eines wissenschaftlichen Begriffs mit Anmerkungen zu Hildegard von Bingen und Gertrud von Helfta. In: Ulrich J. Beil u. a. (Hg.): Auratisierung in medialer Perspektive. Zürich 2014, S. 35-56, und zu Aura in Kunst und Literatur und als Konzept der kritischen Theorie C. Stephen Jaeger: Aura and Charisma. Two Useful Concepts in Critical Theory. In: New German Critique 114 (2011), S. 17-34.

[806] Vgl. hierzu z. B. die Untersuchung über das paradoxe und komplexe Verhältnis von Materialität und Transzendenz von Bynum, Christian Materiality.

[807] Reichlin, Farbe, S. 640. Unter diesen Traditionselementen versteht sie die *Physiologus*-Tradition, die Deutung des roten Panthers als blutroten Tiger und die Offenlegung des Wertes des Leders in der fremden Gesellschaft.

le als sakrale Objekte verehrt würden, was das Leder als Wandbehang nicht primär als religiöses Objekt erscheinen lässt. Dagegen wird in den deutschen Frühdrucken der *Reisen*, sowohl im Velser- als auch im Diemeringen-Druck, die Sakralität der Tiere auf die Tierhäute übertragen. Dadurch kommt der im Kontext der Herrschaftsrepräsentation stehenden Raumausstattung selbst ein sakraler Gehalt zu, wenn es wie bei Diemeringen heißt:

> *Und sind etliche lüt die meinent das die selben tier von den die hütt kommend habend etwas gŏtlicher krafft vnd darumb bettend etlich lüt die selben hüt an als ob gotheit darinn sye vnd herumb sind die selben hüt vil werder denn guldine bletter oder bleche.* (Ddr., 323f.)

Der Velser-Druck dagegen führt an, dass *„die selben tier vnd das selb leder"* (Vdr., 137), von den Menschen dort angebetet würden, womit die sakrale Aura des Panthers sich in beiden materiellen Formen zeigt – dem Tier selbst und der von ihm stammenden Haut.[808] Bei Diemeringen sind es ausschließlich die Tierhäute, die angebetet werden, weil die Menschen dort glaubten, dass die Tiere, von denen sie stammen, göttliche Kraft besitzen. Damit unterstellt Diemeringen ihnen die Vorstellung einer Übertragung der göttlichen Kraft von den Tieren auf die Häute. Zudem sagt er über die Menschen, sie dächten, dass sich in den Tieren ein Gott oder etwas Göttliches befinden würde (*„das die selben tier* [...] *habend etwas gŏtlicher krafft* [...] *als ob gotheit darinn sye"*).[809]

In der Diemeringen-Version ist hier die Rhetorik des Erzählers auffällig, denn er distanziert sich vom Erzählten, indem er zunächst auf den Glauben der Anderen verweist und dann das Als-ob sowie den Konjunktiv einsetzt. Diese rhetorische Distanzierung wird in den *Reisen* immer dann eingesetzt, wenn fremde, nicht-christliche Sakralitätskonzepte vorgestellt und erklärt werden. Das fremde Heilige kann für den in der lateinisch-christlichen Tradition stehenden Erzähler nur im Modus des Als-ob heilig sein, beziehungsweise nur über den Vergleich als etwas für die Anderen Heiliges kenntlich gemacht werden. Die Als-ob Konstruktion eröffnet einen Verstehensrahmen, in welchem die Konstruiertheit des damit angestellten Vergleichs bestehen bleibt. Die Existenz einer Gottheit in den Tierhäuten wird vom Erzähler also nicht als Tat-

---

[808] Die Hs. N entspricht hier dem Vdr.: *„vnd man vind uil leüt in dem selben land die die selben tier vnd daʒ selb leder anppeten von des guten geschmacks wegenn vnd das leder ist uil teurer dann gold"* (fol. 116r, Hervorhebung von mir, C.H.).

[809] Fast gleich formulieren die Diem.-Hss. Sg1 und H2: *„die tier* [...] *habint etwas gŏtlicher krafft* [...] *als gottheit dar Jnn sÿ"* (Sg1, fol. 72v), doch vermeidet H2 – vielleicht als Verlesung – die Festellung ‚göttlicher' Kraft in den Tieren: *„die selben diere hant etlicher krafft* [...] *alßo gotheit do jnnen wer"* (H2, fol. 82vf.).

sache beschrieben, sondern als hypothetische Wirklichkeit imaginiert, die als Hypothese markiert bleibt, aber prinzipiell wirklich sein kann.

Gleichzeitig wird durch die Konstatierung einer Gottheit in den Tierhäuten aber auch an die christliche Darstellungstradition von fremder Gottesanbetung und Götzendienst angeschlossen, die von der Vorstellung einer Gottheit in einem angebeteten Objekt – in christlicher Deutung dann eines aus dem Götzen sprechenden und die Heiden verführenden Teufels – bestimmt ist. Damit wird implizit an einen bildtheologischen Diskurs angeschlossen, in welchem innerhalb des Christentums die Problematik der Verehrung und/oder der Anbetung von Heiligenbildern diskutiert wurde. Die Verehrung der Bilder wurde dabei theoretisch von der Verehrung Gottes unterschieden, doch erwies sich diese Unterscheidung in der Frömmigkeitspraxis als nicht immer durchsetzbar, besonders wenn Bilder Zeichen göttlichen Wirkens trugen.[810]

In der Velser-Handschrift wird dem Leder als Schmuck des Herrscherraumes intradiegetisch keine Sakralität zugeschrieben, und somit dient es dem Großkhan im Rahmen seiner Herrschaftsrepräsentation vornehmlich zu ästhetischen Zwecken. Allein der über den Geruch scheinbar magisch wirkende Schutz vor schlechter Luft lässt die Pantherfelle in ihrer Deutung für magisch-religiöse Zuschreibungen durchlässig werden, die jedoch in der Version der Handschrift nicht gemacht werden. Zudem bekräftigt es die Macht des Herrschers, wenn die Rezipienten nach der Beschreibung und der Verortung der Pantherfelle (an den Wänden des Thronsaals) erfahren, dass sie von Tieren stammen, die vielen Untertanen als heilig gelten, und der Herrscher somit die mit einem Sakralkult in Verbindung stehenden Objekte zur Luxurierung und Ästhetisierung seiner Herrschaft einsetzt.[811] Auch die apotropäische Wirkung des Leders dient in der Velser-Handschrift allein der besonderen Auszeichnung des Herrschaftsraumes als einem Raum der Reinheit und Makellosigkeit und wird nicht in den Kontext religiöser oder magischer Praktiken gestellt. Es bleibt unbestimmt, inwieweit sich intradiegetisch die Sakralität der Tiere über die Häute in den Herrschaftsraum und über diesen wiederum auf den

---

[810]   Vgl. zur Auseinandersetzung mit der Problematik der Bilderverehrung mit weiterführenden Hinweisen das Kap. ‚Machtraum – II. 3. Die Problematik der Bilderverehrung' oben in der vorliegenden Arbeit.

[811]   Zudem erinnern die roten Tierhäute an den Wänden des Palastes an die kostbaren Purpurhandschriften (mit Purpur gefärbtes Pergament) aus der christlichen Kultur, die sowohl der Herrschaftsrepäsentation als auch als Ausdruck der religiösen Aura der in ihr verfassten (meist religiösen) Texte dienten. Vgl. dazu Patrizia Carmassi: Purpurismum in martyrio. Die Farbe des Blutes in mittelalterlichen Handschriften. In: Ingrid Bennewitz/ Andrea Schindler (Hgg.): Farbe im Mittelalter. Materialität – Medialität – Semantik. Bd. I. Berlin 2011, S. 251-273.

Großkhan übertragen kann. In den Drucken dagegen wird die Anbetung des Leders explizit gemacht und dadurch auch der mit dem Leder ausgekleidete Herrschaftsraum deutlicher als ein Raum markiert, welcher den Großkhan mit einer Aura des Sakralen umgibt.

In der über zwei verschiedene Ebenen hergestellten Auratisierung der Objekte – einmal diskursiv über die anklingende christliche Tradition der Allegorisierung des Panthers und einmal narrativ über die explizit gemachte heidnische Anbetungspraxis – zeigt sich letztlich eine strukturelle Analogie der verschiedenen Deutungen des Tieres. Sowohl die christliche Panther-Deutung (extradiegetisch und nur dem Leser bewusst) als auch die heidnische Deutung der Felle oder der Tiere als etwas Anbetungswürdigem (intradiegetisch) beziehen sich auf das Tier aufgrund seiner besonderen Eigenschaft, dem Duft. Die Bedeutung, die sie diesem Naturphänomen zuweisen, und die Bedeutungskonstitution weichen jedoch voneinander ab. Dadurch werden zwei Konzepte von Heiligkeit vor- und einander gegenübergestellt: das im Text über die christliche Panther-Tradition aufgerufene Verweisen der Natur auf Gott gegenüber der von den Mongolen praktizierten Anbetung der Natur und ihrer Phänomene selbst. Außerdem wird dadurch eine doppelte semantische Übertragung vollzogen: zum einen eine Übertragung der christlichen Heils-Semantik auf den Bereich des fremden Religiösen durch das Einbringen eigener Konzepte und Begriffe von Heil und zum anderen eine Übertragung der so erzeugten Aura des Sakralen auf die Khansherrschaft, die sich mit solcherart sakralisierten Objekten schmückt.

Indem sich also in der erzählerischen Darstellung implizit eine christliche und explizit eine nicht-christliche religiöse Deutung dieser Objekte erkennen lässt und somit eine Überblendung von weltlichem Wert und religiösem geschieht, wird Reichtum in seiner Materialität, die zur Deutung anregt, zur medialen Kippfigur zwischen Profanem und Sakralem – oder wie hier im Herrschaftsraum des Großkhans zwischen profaner und sakraler Herrschaft.

3.2 Goldene Automatenvögel

Handelt es sich bei den Panthern und ihren Fellen um Naturphänomene, die als etwas fremdes Heiliges dargestellt werden, so kommen im Folgenden Technikphänomene in den Blick, die ebenso im Rahmen der Herrschaftsrepräsentation stehen, aber auch zur Unterhaltung am Hof dienen. Auch hier zeigt sich, dass die kunstvoll hergestellten und wertvollen Objekte eine Wahrnehmung und Deutung des Erzählers provozieren, die über den Einbezug von christlich-religiös diskursiviertem Wissen geleitet und plausibilisiert wird.

Bei großen Festen, so berichtet der Erzähler, werden am Khanshof zusammen mit anderen *„wundern"* und *„wunderlichen sachen"* künstliche, automatisierte Vögel aus Gold vorgeführt, die so echt wirken, als wären sie lebendig:

> *Item ir sôllend wissen, wenn er groß hôchzyt hät oder besunder frôwd, so sicht man wunder in dem sal von guldin tafflen und tepichen und zelten, da wunder inn ist geschmeltzet von mengen wunderlichen sachen. Da sicht man mengen wunderlichen schimpff*[812] *von wunderlichen vôgeln, die sind von gold gemachet und also geschmeltzet als werend sie lebendig. Die singent und fliegent, das ich es glob, eß gang mit dem tûfel zů.* (Vhs., 131)

Die goldenen Vögel stehen – und das wird durch die mehrfache Anführung von *„wunder"* und *„wunderlich"* bekräftigt – in der Tradition der Wunder des Ostens, aber auch der tönenden Automaten als Macht- und Herrschaftszeichen.[813] Was den Erzähler besonders erstaunen läßt, ist ihre raffinierte Technik, denn sie sind so kunstfertig gegossen, sie singen und fliegen *„als werend sie lebendig"*.[814] Die Vortäuschung von Leben, die täuschende Schönheit der technischen Wunderwerke fordern den Beobachter zur Deutung dieses Phänomens heraus. Eine Deutungsmöglichkeit gibt der Erzähler vor, wenn er erklärt, es müsse sich seiner Einschätzung nach um Teufelswerk handeln: *„Die singent und fliegent, das ich es glob, eß gang mit dem tûfel zuo."*[815] Doch verwirft der

---

[812]   *„schimpff"* bedeutet in erster Linie „Scherz, Spaß, Kurzweil, Spiel". Vgl. Christa Baufeld: Kleines frühneuhochdeutsches Wörterbuch, Lemma „schimpf", S. 206.

[813]   Vgl. hierzu Reinhold Hammerstein: Macht und Klang. Tönende Automaten als Realität und Fiktion in der alten und mittelalterlichen Welt. Bern 1986, darin insbes. die Automatenvögel bei Heron von Alexandria (Mitte 1. Jh. n. Chr.), S. 16-19, sowie die tönenden Vogelbäume in der mittelalterlichen Literatur, S. 137-157.

[814]   Diese Feststellung der Lebensechtheit der Vögel wird jedoch nur in der Vhs. gemacht – im Vdr. und in der Hs. N fehlt sie. Stattdessen interpretieren diese beiden Texte den Vorgang ohne das Argument der Lebensechtheit als Zauberwerk und Magie, die sie dann mit dem Teufel assoziieren: *„Jtem wann er groß hochʒeit hat so sicht man wunderliche spil vor seinem tische treiben mit guldin fliegen vnd voglen die fliegent vnd singent. vnd uil ʒaubereÿ wirt getriben das ich mein es gee mit dem bossen geist ʒu"* (Vdr., S. 137, ebenso Hs. N, fol 117r). Auch in den anderen gesichteten Versionen fehlt die Feststellung, die Vögel wirkten, als wären sie lebendig (Ddr., Hs. Sg1, H1, nnd. Version, Paris, Cotton, Egerton).

[815]   In dieser Äußerung übernimmt Mandeville die Annahme der Teufelseinwirkung aus seiner Quelle Odorico von Pordenone, bringt diese aber als einen subjektiven Eindruck hervor. Odorico gibt zwei Alternativen zur Erklärung des Phänomens, das entweder durch *„arte diabolica"* oder durch *„ingenio"* verursacht würde. Odorico legt sich aber nicht auf die eine oder andere Erklärung fest, wohingegen der Übersetzer Konrad

beobachtende Erzähler diese Überlegung schon in seiner nächsten Äußerung, indem er feststellt: *„Aber sicher mag ich sprechen, es ist gar schŏn zesenhen und gät es mit maysterschafft zů. So ist es wol das schŏnest und das wunderlichest spil das ich ye gesach in der welt."* (Vhs., 131f.). Der Blick des Beobachters verweilt zunächst auf der schönen, wunderlichen Oberfläche der metallenen Vögel und lässt den Erzähler von einem ersten Eindruck, es gehe mit dem Teufel zu, zur durch den Augenschein gesicherten Feststellung *(„aber sicher")* kommen, dass es sich hierbei um ein wunderbares Kunstwerk handeln muss.[816] Die Möglichkeit der Teufelswirkung als Deutungsstrategie innerhalb des christlich-religiösen Kunst- und Technikdiskurses wird von Mandeville also in Erwägung gezogen, um dann zugunsten der *maysterschafft*, der menschlichen Kunstfertigkeit, verworfen zu werden. Dennoch wird durch das Aufrufen dieser Deutungstradition und durch die vom Erzähler vorgegebene Wahrnehmung

---

Steckel noch eine weitere Erklärung angibt und dann zum Schluss kommt, dass der Teufel bei der Herstellung dieser Objekte mitgewirkt habe: *„wie daz zue <gee>, ob ez der pósß geist <zúpríng> durich chrefftigung willn seinß vngelawbn, daß der desterpaz bestétt wird, oder ob ez geschech von menschlichn súnnen, sam man herologia richtet, oder mit verpórgn <snúrn>, sam sich die pild rúernt ze Chóln, daß ist vnß verpórgn. Doch sicherlich, die <phaben> lebnt nicht, ez sind gemachte pild von menschlichn sinn mit dez pósen <geisteß> krafft. Déz wenn jch."* (Odorico und Steckel, Ed. Strasmann, S. 100f.). Im Gegensatz zur Velser-Version ist im Paris-Text und in den Texten der Insularen Version eine größere Nähe zu Odoricos Text auszumachen, denn auch in ihnen wird die Alternative zwischen schwarzer Magie oder Erfindergeist vorgestellt: *„et en fait on grans museries, ainsi comme par artefice ou par nigromance."* (Ed. Letts, S. 352) / *„and maken gret noyse and wheþer it be by craft or be nygromancye"* (Cotton, Ed. Hamelius, S. 143).

[816]   Higgins, Writing East, der ebenso den Vergleich mit Odorico zieht, stellt zu dieser Absage des Erzählers an die Teufelseinwirkung lediglich fest, Mandeville sei „more full of wonder" und hauptsächlich an der überlegenen Technik der Mongolen interessiert (S. 165). In der Velser-Übersetzung würde Higgins zufolge die Technik dagegen weniger thematisiert als in den französischen *Reisen* und „the sheer wonder of the thing" sogar noch deutlicher betont (S. 172). Tatsächlich ist der Abschnitt im Paris-Text länger und er bespricht ausführlicher die technische und wissenschaftliche Überlegenheit der Mongolen vor allen anderen Völkern: *„Mais tant puis ie bien dire, que ce sont les plus subtilz ioueeurs en toutes sciences dont il se mellent et en tout arteficerie qui soient ou monde. Car de subtillite, de malice et de tous engins ilz passent tous ceuls du monde"* (Ed. Letts, S. 352). Auch die Diemeringen- und die englischsprachigen Versionen betonen die technische Überlegenheit der Mongolen, wie die Egerton-Version: *„Bot a thing wate I wele, þat þat folk er wonder sutelle of witte towchand any thing þat þai wille do forby any oþer folk of þe werld. For þai passe alle þe naciouns of þe werld in suteltee of witte, wheder it touche ille or gude."* (Ed. Seymour, S. 116f.) Vgl. generell zum Verhältnis von Kunst, Technik und Magie im Mittelalter, auf das hier angespielt wird, William Eamon: Technology as Magic in the Late Middle Ages and the Renaissance. In: Janus 70 (1983), S. 171-212.

der mongolischen Kunstfertigkeit als quasi-göttliche Schöpfungsleistung der
Verdacht genährt, dass der Teufel aus diesen Objekten herauswirken könnte
und die Vögel somit Ausdruck eines Spiels dämonischer Machenschaften wären.[817] Das Zusammenwirken dieser beiden Deutungen oder Deutungsversuche
des Erzählers stellt auch Elly R. Truitt in ihren allerdings sehr knapp gehaltenen Ausführungen zu den Automatenvögeln in den *Reisen* fest: „He marvels at
the ability to create such lifelike and richly decorated mechanical marvels and,
like Odoric, links automata to human ingenuity and demonic knowledge".[818]

Im weiteren Verlauf der Beschreibung wird der Blick hinter die Oberfläche,
ins Innere der Kunstwerke angestrebt, indem die Erzählerfigur die Intention
formuliert, mehr wissen zu wollen. Dies geschieht über eine Nachfrage in der
Diegese:

> *Und fraget dar nach, do sprachend sie das die cristen nun habend ain ög, und die andern
> sind al blind. Ich het gar gern gewist von dem maister etlich tail von den sachen. Do sprach
> der maister zů mir das er es hett verhaissen dem got der da nůmerr stirbt das er es kainem
> menschen nůmerr lert, er wer den sin sunn.* (Vhs., 132)

Als Antwort auf seine Frage nach der Funktionsweise der *wunderlichen* Vögel erhält der Erzähler die generalisierende Behauptung, die Christen hätten
lediglich – oder immerhin – ein Auge, alle anderen dagegen seien gänzlich
blind.[819] Ein Blick ins Innere der goldenen Vögel wird ihm nicht gewährt, denn

---

[817]   Vgl. zur Inszenierung des Teufels in Kunstwerken in deutschsprachigen Texten des
Mittelalters Mireille Schnyder: Die Verfügbarkeit des Teufels und die Kunst. In: Ingrid
Kasten (Hg.): UNVerfügbarkeit. Berlin 2012, S. 47-59; außerdem Jörg Jochen Berns: Nachwort. In: Ders.: Von Strittigkeit der Bilder, Bd. 2, S. 1165-1211, bes. Kap. 2 („Der teuflische
artifex"), S. 1103f.

[818]   Elly R. Truitt: Medieval Robots. Mechanism, Magic, Nature, and Art. Philadelphia 2015,
S. 37.

[819]   Diesem Teil der Episode liegt Hethums von Armenien Mongolengeschichte *La Flor des
Estoires de la Terre d'Orient* zugrunde, die Mandeville in der altfranzösischen Übertragung des Jean le Long als Quelle gedient hat. Hethum rühmt schon zu Beginn seiner
Geschichte das große Wissen und die Überlegenheit der Mongolen in Kunst und Wissenschaft und berichtet davon, wie sie ihr eigenes Wissen und das Halb- oder Unwissen
der Anderen beschreiben: *„Et dient que il sont cieux du monde qui tout seul voient de .ii.
yeulx et que le Latin ne voient que d'un oeil et que toutes les autres nations sont avules.
Et par ce appert clerement que il tiennent toutes autres nations pour tresrudes."* (Hayton/
Hethum von Armenien: Die Geschichte der Mongolen des Hethum von Korykos (1307) in
der Rückübersetzung durch Jean le Long, *Traitiez des estas et des conditions de quatorze royaumes de Aise* (1351). Kritische Edition. Mit parallelem Abdruck des lateinischen
Manuskripts Wroclaw, Bibliotheka Uniwersytecka, R 262. Hg. v. Sven Dörper. Frankfurt
a. M. u. a. 1998, Buch I, Kap. 1, S. 188f.). Beachtenswert ist, dass Mandeville aus den

das Wissen um ihre Funktionsweise werde nur innerhalb der ‚Meisterfamilie'
weitergegeben. Die Nachfrage des Erzählers führt zu einem weiteren Deu-
tungsangebot, welches nun aber einen größeren Rahmen aufspannt und die
Frage nach dem richtigen Erkennen, beziehungsweise nach den Bedingungen
des Erkennens dieser lebensechten künstlichen Schöpfungen mit einem interreligiösen Vergleich beantwortet.

In einem ersten Deutungsversuch nahm der Erzähler Bezug auf das christliche, binäre Wertungsschema von Gut und Böse, teuflisch und göttlich, um
damit einem scheinbar subjektiven Eindruck beim Anblick der Automatenvögel Ausdruck zu geben und sie zu dämonisieren. Im Erkennen der Künstlichkeit
der Objekte und der *maysterschafft*, mit der sie hergestellt wurden, wird diese
Dämonisierung dann jedoch wieder zurückgenommen und sowohl die Frage
nach der richtigen Deutung aufgeworfen – also die Frage danach, ob es sich um
Teufelswerk, göttliche Schöpfung oder um kunstfertiges Menschenwerk handle
– als auch die Frage nach den Bedingungen der Wahrnehmung. Diese Überlegungen werden schließlich über die vom Erzähler den Fremden in den Mund
gelegte Rede in einen interreligiösen Verhandlungsraum überführt, in welchem
eine christliche und eine nicht-christliche Wahrnehmung einander gegenübergestellt werden. Nach der Aussage der Mongolen hätten die Christen immerhin
ein gewisses Potential zur Erkenntnis (ein Auge), könnten also erkennen, dass
es sich bei den wunderbaren Objekten um eine Schöpfung von Menschenhand
und nicht um Gottes Schöpfung handelt.[820] Doch fehlt ihnen das Wissen darum,
wie die technischen Kunstwerke genau funktionieren. Alle anderen dagegen,
die Nicht-Christen, seien gänzlich blind und somit nicht skeptisch, was die ver-

---

‚Lateinern' („*le Latin*") Hethums explizit Christen macht. Vgl. zu einer eher abwegigen
Interpretation der Szene mit Bezug auf Jacques' de Vitry einäugige Cyclopen statt auf
Hethum, Lochrie, Provincializing Medieval Europe, S. 596f.

[820] In den beiden anderen Velser-Texten, dem Vdr. und der Hs. N, wird die Aussage des
‚Meisters' verkürzt wiedergegeben, wodurch sich ihr Sinn – also der Vergleich des christlichen Sehens mit dem mongolischen und dem nicht-christlichen – kaum mehr erschließen lässt, denn es heißt dort nur: „*jch fragt den meÿster darumb. do sprach er die cristen
habend nun ein aug. jch het es geren ein teÿl gewißt.*" (Vdr., S. 137f.). Der Ddr. dagegen
führt den gesamten Vergleich (Mongolen, Christen, Nicht-Christen) an, wie er auch bei
Hethum und im Paris-Text angestellt wird: „*Sie gesehent mit beiden ougen vnd christen
lüt mit eim ougen vnd vnchristen lüt siut ʒů mal plint*" (Ddr., S. 325). Die Diemeringen-Hss.
aus der H-Gruppe allerdings spannen den interreligiösen Rahmen noch deutlicher auf,
wenn sie zusätzlich die Juden als diejenigen anführen, die gänzlich blind seien und sie
somit auf der untersten Stufe der Erkenntnis – mit den oder sogar noch noch unterhalb
der Heiden – verorten: „*vnd die Juden vnd die heiden die irem gelauben nit glichent die
sint zu mall blint meÿnent sie*" (H2, fol. 83v) / „*Vnd die Juden die der heiden gelauben nit
gelichent die sint ʒu male blint meinent sie*" (H1, fol. 98r).

meintliche Lebensechtheit der Vögel betrifft. Das den Christen zugeschriebene Potential zur Erkenntnis wird von Mandeville durch seine Nachfrage auf der Handlungsebene performativ vorgeführt, wodurch sich dieses Vorgehen der Erzählerfigur und die Behauptung der Mongolen gegenseitig bewahrheiten. Auch wenn seine Frage unbeantwortet und die innere Technik der Automatenvögel ein Arkanwissen bleibt, wird anhand des Umgangs mit diesen wunderbaren Objekten vorgeführt, dass die christliche Wahrnehmung die Schönheit durchschauen und als eine täuschende entlarven kann.

In der Diemeringen-Version wird die Begegnung der Erzählerfigur mit den goldenen Vögeln etwas anders erzählt und die Frage nach den Bedingungen der Wahrnehmung dieser Objekte nicht so deutlich gestellt. Das heißt auch, dass bei Diemeringen weder der christlich präformierte Kunst- und Technikdiskurs aufgerufen und die Annahme einer teuflischen Einwirkung in das Kunstwerk formuliert wird, noch die Frage nach der richtigen Deutung in einen interreligiösen Vergleich überführt wird. Statt der ersten Deutung des Erzählers, es müsse sich bei den Automatenvögeln um Teufelswerk handeln, stellt Diemeringen eine Assoziation des Gesangs der Vögel mit Engelsgesang her: „*vnd machent denn ein hübsch groß gedōn als ob es eins engels gesang were dʒ den palast durch schellet*" (Ddr., 325).[821] Wieder einmal distanziert sich der Erzähler rhetorisch von dem angestellten Vergleich, indem er eine Als-Ob-Konstruktion einfügt. Hier wird nun weniger die visuelle als vielmehr die auditive Wahrnehmung fokussiert und diese zwar auch mit einem christlichen Bild in Verbindung gebracht, ein Bild jedoch, das eine positive Beurteilung der Szenerie zum Ausdruck bringt.

Das scheinbar positive Bild vom Engelsgesang wird bei Diemeringen dadurch gebrochen, dass diese künstlichen Wesen von *pfaffen* mit einer Art magischer Kunst erschaffen wurden: „*so sind gar vil grosser meister pfaffen vor im*

---

[821] Ebenso vergleichen die Diemeringen-Hss. den Vogelgesang mit himmlischem oder Engelsgesang: „*die große gesenge vnd melodyen machent Daʒ es herschillet uber alle den sale reht als ein himelisch oder der engel gesang wer*" (Hs. H1, fol. 98r); „*die große gesenge vnd melodien machent daʒ eß erschellet vber allen den sall recht alß eß himelische oder der engel gesang wer*" (Hs. H2, fol. 83v); „*die machent denn ein gross gedōn Als ob es ein Engelsches gesang wer das den palaste durch schellet*" (Hs. Sg1, fol. 73r) – wobei hier das Fehlen einer positiven Konnotation des Gesangs festzustellen ist. Der Druck fügte der Beschreibung wohl hinzu, dass es sich bei dem *gross gedōn* um ein „*hübsch groß gedōn*" handelt. Demgegenüber beschreibt beispielsweise der Cotton-Text den Gesang als Lärm, was eine Assoziation mit dem christlich-Sakralen unterbindet und verstärkt an die Darstellungstradition der lauten, lärmigen Heiden anschließt: „*and men maken hem dauncen and syngen clappynge here wenges to gydere and maken gret noyse*" (Ed. Hamelius, S. 143).

[dem Khan] *die im kurtz wil machent vnd lust vber tisch vnd die machent denn mit iren frômden kúnsten mengerlei spil das etwan für tisch komment guldin vogel fliegen"* (ebd.). Hier ist es keine *maysterschafft*, sondern es sind *„frômde[...] kúnste[...]"*, mit denen den künstlichen Objekten eine scheinbar göttliche Wesenheit, die sich auditiv äußert, eingegeben wird.[822] Diese Kunst wird von den Geistlichen am Khanshof praktiziert, die durch die Bezeichnung als *pfaffen* mit der Vorstellung von christlichen Geistlichen überlagert werden. Der Erzähler ist dann bei Diemeringen auch nicht mehr an den wunderbaren Vögeln interessiert, sondern an den *„meister pfaffen"*, von denen es, wie er sagt, nicht viele gebe, weil sie ihr Arkanwissen jeweils nur an einen ihrer Söhne weitergeben.[823] Bei Diemeringen wird also nicht herausgestellt, dass der Blick der christlichen Erzählerfigur, die schließlich immerhin mit einem Auge sehen kann, in der Diegese den lebensechten und schönen Schein des Kunstwerks durchschauen kann, denn bei ihm regen die Phänomene den Erzähler gar nicht erst zur Deutung an. Durch die Erklärung zu Beginn der Szene, dass die *pfaffen* mit ihren *kúnsten* dieses *spil* erschaffen würden, vermeidet er eine Mehrdeutigkeit der Phänomene, da diese somit als magische kenntlich gemacht werden und nicht als technische.

Die hier untersuchten wunderbaren, kostbaren und herrschaftsrepräsentativen Objekte im Thronsaal des Großkhans, die goldenen Vögel und die roten Felle, werden über die erzählerische Darstellung in einen christlich-religiösen Sakralitäts-, beziehungsweise Kunst- und Technikdiskurs gestellt, dessen Semantiken und Deutungsstrategien *ad bonam* oder *ad malam partem* auf diese Objekte übertragen werden. Im Umgang des Erzählers mit den goldenen Vögeln in der Velser-Version wird das dämonische Potential von solchen Kunstwerken aufgezeigt, die ihre Entstehungsbedingungen verbergen und als wunderschöne, staunenerregende Objekte in Erscheinung treten, deren Oberfläche – auch mit einem Auge – nicht gänzlich zu durchdringen ist.[824] Die Diemeringen-Version führt diesen Deutungsprozess dagegen nicht vor, sondern ordnet die wundersamen Vögel von Beginn an eindeutig dem magisch-dämonischen

---

[822] In den Diemeringen-Hs. H1 und H2 wird bezeichnenderweise noch angegeben, dass die künstlichen Vögel (und andere Tiere) *„mit liste"* vor der Tafel des Khans erscheinen würden und dass die *pfaffen „alle kunst von der naturen von gestirne vnd von nigramantien von wissagen vnd von andern dingen"* beherrschten (H1, fol. 98r). Dies fehlt in der Hs. Sg1, die hier fast gleich lautet wie der Druck.

[823] Vgl. Ddr., S. 325: *„vnd sint die selben meister gar kostbar wann ir ist wenig vff erden wann sie lerent die kunst nieman denn ieglicher einen sinen sun"*.

[824] Higgins, der die Stelle mit den Automatenvögeln auch behandelt, liest sie jedoch nur als „mirror of Christian [technological] backwardness" (S. 165).

Bereich zu. Die Darstellung der Pantherfelle demonstriert, dass die sinnlich-ästhetische Erscheinung von Naturphänomenen wie hier dem Panther kultur-übergreifend als Heilszeichen gelesen werden kann. Im dadurch eröffneten diskursiven Deutungsrahmen werden diese Objekte weiter als Folie genutzt, auf der Konzepte von christlicher und nicht-christlicher Wahrnehmung aufgezeigt und verhandelt werden können.

Die Objekte im Herrschaftsbereich des Großkhans dienen zudem der besonderen Auszeichnung und Auratisierung des Herrschers. Über die in ihrer Darstellung aufgerufenen und verhandelten Sakralitätskonzepte und religiös-magischen Praktiken, die durch die Situierung der Objekte im Thronsaal der Khansmacht und nicht der Macht Gottes zugeordnet sind, wird das auch in der weiteren Beschreibung des Khans und seines Hofes gezeichnete Bild vom unanfechtbaren Universalherrscher und potentiell anmaßenden Sakralherrscher bekräftigt.

4. Ritualisiertes Hofzeremoniell

Nicht nur über die Darstellung des Reichtums und der wunderbaren exotischen Dinge an seinem Hof wird die Herrschaft des Großkhans als potentiell angemaßte Sakralherrschaft gezeichnet, sondern auch über die Beschreibung des Hofzeremoniells. Dort werden Analogien zum christlichen Gottesdienst hergestellt, wodurch das Zeremoniell der Herrschaftsrepräsentation als pervertierte eigene Riten in Erscheinung tritt und der Großkhan, auf den die rituellen Gesten ausgerichtet sind, in die Position Gottes gerückt wird.

Vor der Darstellung des Zeremoniells am Khanshof wird von den vier großen Festen berichtet, die dort im Jahr gefeiert würden und zu denen *„usser der mäß vil volkes"* (Vhs., 138) kommen würde: *„Das erst ist als er ist geborn, das ander als man in indem tempel hett braucht, do man in beschnaid, das dryt als sie irn abgot von ersten in sinen tabernackel gesetzt hond, das vierd ist als sin abgot von ersten hat an gehebt zeredent und zaichen zů tůnd."* (Vhs., 138). In dieser Aufzählung zeigt sich zunächst eine in der christlichen Darstellungstradition fremder Herrschaft topische Verbindung des fremden Herrschers mit dem fremden Gott, die hier als Parallelisierung des Khans mit dem Götzen der Mongolen vorgeführt wird. Die ersten zwei Feste richten sich auf den Großkhan, die letzten beiden auf den *„abgot"*. Die mittleren beiden Feste sowie das erste und das letzte Fest weisen außerdem strukturelle Gemeinsamkeiten auf: Die mittleren Feste kommemorieren das Ereignis, als der Khan und der Abgott jeweils in einen heiligen Raum gebracht und somit in eine räumlich vorgegebene sakrale Ordnung installiert (*„tempel"* und *„tabernacel"*) wurden, die beiden anderen Feste gedenken des jeweiligen Lebendig-Werdens des Khans und des Götzen (Geburt des Khans, erste Äußerungen des Götzen). Darüberhinaus erinnern die Feste, die dem Khan zu Ehren gefeiert werden, an die neutesta-mentlich überlieferten, (jüdisch-)christlichen Ereignisse der Geburt und der Beschneidung Christi im Jerusalemer Tempel, wodurch letztlich ein Assoziati-onsgefüge unterschiedlicher, eigener und fremder Kulte, religiöser Traditionen und Vorstellungen entsteht.[825]

Im Diemeringen-Druck werden dagegen die Parallelen zwischen dem Khan und dem Götzen zurückgenommen und auch keine religiösen Kontex-tualisierungen bei der Beschreibung der Feste des Khans gemacht. Das zweite Fest wird nicht mit einem Sakralraum und dem Beschneidungsritus verbun-den, sondern ohne weitere Hinweise als Erinnerung an den Beginn seiner Herrschaft beschrieben, sodass dann der *„abtgott"* in den Tempel statt in das Tabernakel gesetzt werden kann: *„Einen vff den tag als er geborn ward. Den*

---

[825] Vgl. Luk 2 1-40. Es kann angenommen werden, dass eine solche Analogie vermutlich beabsichtigt war, denn – wie die Mandeville-Forschung größtenteils für diese Stelle her-ausstellt – die Beschneidung war bei den Mongolen wohl unbekannt. Es wäre aber auch in Erwägung zu ziehen, dass hier ein Bezug zum Beschneidungsritus im Islam hergestellt wird. Diese Assoziation wird von einigen Texten der Insularen Version noch konkreti-siert, indem sie angeben, dass der *„tempel"* dort von den Mongolen *„Moseach"* genannt würde. Deluz, Ed. Insulare, Komm., bestätigt diesen Eindruck: „Mandeville a inventé le nom du temple, en s'inspirant sans doute de ‚mosquée'." (S. 403). Den Tempel, die Feste des Götzen und die Verbindung des Khans mit dem Tempel und dem Götzen hat Mandeville nicht aus seiner Vorlage Odorico, denn dort heißt es nur sehr knapp: *„Qua-tuor magna festa in anno iste Imperator facit, scilicet festum circumcisionis, eiusque na-tivitatis diem, et sic de aliis reliquis."* Der Herausgeber des Odorico-Textes vermerkt hier zur Beschneidung: „Es muß sich um eine Entstellung handeln. Beschneidung war in der Mongolei nicht üblich." Der Odorico-Übersetzer Steckel fügt noch zwei weitere Feste des Khans hinzu, das der Geburt seiner Ehefrau und das der Geburt seines Sohnes, aber keinen Götzenkult (Odorico und Steckel, Ed. Strasmann, S. 110f.). Higgins, Ed., The Book of John Mandeville, vermutet, dass es sich bei Mandevilles Angabe der Beschneidung um ein Missverständnis oder eine Verlesung von „coronation/Krönung" handeln müsse (S. 140, Anm. 470). Einzig Hamelius, Ed., Cotton-Version, Bd. II, Komm., ist der Auffas-sung, dass diese Ergänzungen in den *Reisen* gegenüber Odorico biblisch motiviert seien: „D'Outremeuse seems to have invented it from reminiscences of the Bible." (S. 117). Vgl. zudem die Hinweise zu den mongolischen Festen bei Warner, The Buke of John Maun-deuill, Komm., S. 207, der Mandeville allerdings „carelessness, misunderstanding, or ignorant attempts at explanation" unterstellt. Seinen Angaben zufolge wird von der For-schung auch überlegt, ob mit dem Fest der Beschneidung das mongolische Neujahrsfest gemeint sein könnte, da nach dem katholischen Kalender das *festum circumcisionis* am 1. Januar gefeiert wird und auch Marco Polo das Neujahrsfest der Mongolen ausführlich beschreibt. Vgl. Kohanski/Benson, Ed., The Book, Komm., S. 121.

andern vff den tag als er die herschafft in nam. Den dritten als der abtgott des ersten in den tempel gesetzt ward Den vierten als der abtgot des ersten anhůb red vnd antwurt geben" (Ddr., 325).

Die Feste am Hof des Großkhans zeichnen sich durch ihre Größe, den zur Schau gestellten Reichtum, ihre Organisation und die präzise Ordnung der teilnehmenden Hofgesellschaft aus. Immer wieder betont der Erzähler, die unzähligen Gäste und Teilnehmer *„wissend allsamen was sie tůn sŏllend."* (Vhs., 138). In großer Ordnung präsentieren sich verschiedene Gruppen von jeweils tausend Personen, die ihrem Status entsprechend gleichfarbig gekleidet sind,[826] vor dem Khan und verneigen sich – je zu zweit – vor ihm. Dass Mandeville diese Vorgänge grundsätzlich als wunderbare und positiv zu wertende vorstellt, wird wiederum daran deutlich, dass er häufig in Bezug auf die sinnliche Wahrnehmung des Geschehens den Begriff des Wunderbaren einbringt: *„und da mag man hŏren mengerlay spillůt und sicht menig wunderlich ding."* (Vhs., 139). Zudem beschreibt er die Musik der Spielleute als *„schŏn melody"* und ändert damit die wertende Haltung seiner Vorlage Odorico. Denn Odorico beurteilt den Klang der Instrumente als *„tantus [...] cantus et clamor quod est quasi stupor unus."*[827]

Innerhalb der Velser-Überlieferung fällt zudem eine Textänderung auf, die eine christliche Symbolik in den Auftritt der viertausend *„mǎchtigen herren"* vor den Khan einbringt. Während die Velser-Handschrift wie auch der Paris-Text angeben, dass die Herren goldene Kronen auf ihren Häuptern tragen, ändern die Hs. N und der Velser-Druck diesen herrschaftlichen Kopfschmuck zu goldenen Kreuzen: *„Die herren habend all kreücz auf jren hǎuptern von gůtem gold vnd von edlem gesteÿn des edelsten so man es vinden mag."*[828] (Vdr., 143). Die relative orthographische Ähnlichkeit von Kreuz und Krone lässt vermuten,

---

[826]   Könige und Herzoge tragen goldfarbene Gewänder, die zweite Gruppe rote, die dritte trägt Purpur und die vierte Gelb. Vgl. Vhs., S. 138. Bei Odorico werden nur drei farblich unterschiedene Gruppen angegeben: die einen tragen Grün, die anderen Blutrot und die letzten Hellblau oder Grau. Vgl. Odorico und Steckel, Ed. Strasmann, S. 112.

[827]   *„Tunc omnes incipiunt pulsare sua omnia instrumenta, et tantus est ille cantus et clamor quod est quasi stupor unus. Deinde vox una clamat dicens: ,Taceant omnes et sileant.' Sic omnes statim tacebunt."* Auch Konrad Steckel beschreibt die *„symphoney"* als *„vnmazzn grossn gedŏzz".* (Odorico und Steckel, Ed. Strasmann, S. 112f.). Vgl. auch Deluz, Ed. Insulare, Komm., S. 403.

[828]   Ebenso auch Hs. N, fol. 121v: *„die grossen herren haben all Creucz auff Jren haubtern von feinem gold vnd von edelm gestein des edelsten so man eß vinden mag".* Demgegenüber heißt es in der Velser-Hs.: *„Und die herren hond cronen uff iren hŏpptern von vinem gold und von edelm gestain"* (S. 138). Auch hier findet sich, in Bezug auf die Edelsteine, deren man keine besseren finden könne, im Druck wie in der Hs. N eine Textergänzung.

dass es sich hierbei um eine Verlesung handeln könnte, doch antizipiert die
womöglich so entstandene neue Begrifflichkeit auch schon die daraufhin beschriebenen rituellen Handlungen, welche die Hofgesellschaft vor dem Großkhan vollführt.

Durch die strenge Organisation der Vorgänge, die Zahlen-, Kleider- und
Farbordnung wird der hierarchische Aufbau der Hofgesellschaft unterstrichen. In der so aufgezeigten Ordnung am Khanshof kann man einen Spiegel
erkennen, welcher der von Mandeville an anderen Stellen als uneinig kriti-
sierten Christenheit, deren Führer das Volk nicht in rechter Ordnung halten
können, vorgehalten wird. Doch wird diese denkbare Vorbildlichkeit einer
perfekt organisierten Gesellschaft mit dem daraufhin dargestellten Hofzeremoniell, der Abfolge von symbolischen Gesten, mit denen die Gesellschaft die
ihr inhärente Hierarchie performativ umsetzt, verzerrt und als Perversion eigener ritueller Handlungen gezeichnet. Die Leitung des Zeremoniells obliegt
den Philosophen, die gleich neben der Tafel des Großkhans sitzen: *„die sind
gar witzig und kúnnent mengerlay kunst.“* (Vhs., 139). Diese werden später als
Berater des Herrschers beschrieben,[829] also als eine Art weise Gelehrte, die zusätzlich zu ihrer Weisheit und Klugheit (*„witzig“*) jedoch noch über *„mengerlay
kunst“* verfügen.

Zu bestimmten Zeiten, die nur sie als richtigen Moment erkennen können
– *„und wen es sie zyt duncket“* – lassen sie über ihre *„diener“* das Zeremoniell beginnen, indem sie die Aufforderung an die Hofgesellschaft weitergeben:
„„Sind mit fryd’. Wie vil des volckes da ist, so hórt nieman ain wort.“ (Vhs., 139).
Nach dieser Einleitung geben die Philosophen die weiteren Anweisungen, die
von den Anwesenden performativ umgesetzt werden:

> *So spricht der phylosoph: ‚Yederman naig sich und túge ere dem kayser, der gottes sun
> ist und der óbrest in der welt, wann es yetzunt zyt ist.’ So naiget yetlicher sin höpt gen der
> erde. So spricht den ain ander phylosoph: ‚Richtent úch uff.’ So spricht dann ain ander phy-
> losophus: ‚Habend úwer hend fúr úwer mund.’ So halt yederman sin hand fúr den mund.*
> (Vhs., 139)

---

[829] In der Vhs. ist diese Erklärung relativ kurz gehalten: *„wann all groß herren enthalb mers
túnd nach der phylosoph rät.“* (S. 140). Im Paris-Text ist sie ausführlicher und die Philosophen werden als allwissende Berater in politischen wie in Alltags-Dingen vorgestellt:
„Et soiez certains que on ne fait nulle chose qui a lempereur appartiengne, ne draps [Klei-
dung], *ne pain* [Brot], *ne baing* [Bad], *ne autres choses quelxconques fors que toudis a
certainnes heures que les philosophes deuisent. Et se guerres ou aucunes choses contraires
doiuent venir a lempereur par toute sa terre, ses philosophes le sceuent tantost, si le non-
cent a leure a lempereur et a son conseil; et tantost lempereur y enuoie de ses gens vers les
ennemis.“* (Ed. Letts, S. 361f.).

Die symbolischen Gesten werden in ihrer Abfolge immer fremder: Entspricht das Sich-Verneigen und Aufrichten noch eigenen Formen der Ehrerbietung, und ist es für die mittelalterichen Leser noch vorstellbar, dass die Geste, die Hände vor den Mund zu halten, das Verstummen und Schweigen der Partizipierenden bedeuten soll, mit welchem das Zeremoniell auch seinen Anfang genommen hat, so sind die Bedeutungen der nächsten Gesten nicht mehr so klar: *„Stossent úwer klainen finger in úwer ör.' Das tůnd sie all zehand. [...] ‚Legend úwer hend uff úwer höpt.' Das túnd sie all.“* (Ebd.) Nachdem sie ihre Hände wieder herunternehmen sollten, fügt der Erzähler noch hinzu: *„Und also tůnd sie mengerlay, das mich ser wundert“* (ebd.).

In der Darstellung des Zeremoniells finden sich Anklänge an den christlichen gottesdienstlichen Ritus, indem die Philosophen wie Priester auftreten, den liturgischen Friedensgruß benutzen und die symbolischen Handlungen leiten. Die erste Anweisung, *„Sind mit fryd“*, legt die liturgische Formel des Friedensgrußes, mit der der Bischof oder der Prälat die lateinische Messe oder einen Abschnitt der Messe eröffnet, in den Raum der fremden Herrschaft.[830] Diese Formel ist biblischen Ursprungs und geht auf das Christuswort zurück, das er nach seiner Auferstehung an seine Jünger richtete,[831] wie es auch im ersten Teil der *Reisen* angeführt wird: *„Da selbs erschain unser herre von erst sinen júngern nach siner urstendi mit verschlossen túren und sprach zů inen: ‚Pax vobis.'“* (Vhs., 62). Auch die mehrmalige Betonung eines bestimmten Zeitpunktes, an welchem eine Handlung vollzogen werden soll, kann Analogien zur Liturgie aufrufen, innerhalb welcher die Kommemoration bestimmter heilsgeschichtlicher Ereignisse über eine präzise zeitliche Strukturierung geregelt ist.

Im Zuge dieser Ähnlichkeiten kann auch das Schweigen als Anklang an den christlichen Gottesdienst (*sacrum silentium*) und als Ausdruck der Ehrfurcht vor dem Göttlichen gelesen werden. Das Schweigegebot wird nach dem Ende des von den Philosophen angeleiteten Zeremoniells von einem der Spielleute noch einmal ausgesprochen, zusammen mit dem Friedensgruß, was also den Abschluss der gemeinschaftlichen Handlungen markiert: *„Und wenn die phylosoph hond getön das sie an hört, so hebend den die spillút an [...]. Und wen sie das geton hönd, so statt des kaysers spilman ainer ain wenig höcher und spricht: ‚Sind mit frid und schwigend.' So schwigt yederman.“* (Vhs., 140). Sowohl im Alten als auch im Neuen Testament wird das Schweigen vielfach

---

[830]   Vgl. Friedrich Kalb: (Art.) Liturgie I Christliche Liturgie. In: TRE, Bd. 21, S. 358-377, bes. S. 370-373; Bieritz, Liturgik, S. 393.

[831]   Vgl. Luk 24,36 „Als sie aber davon redeten, trat er selbst, Jesus, mitten unter sie und sprach zu ihnen: Friede sei mit euch!“ (Luther)/ *„Dum autem hæc loquuntur, stetit Jesus in medio eorum, et dicit eis: Pax vobis: ego sum, nolite timere.“* (Vulgata).

als angemessenes Verhalten des Menschen im Angesicht Gottes oder beim Gottesdienst erklärt, sodass im christlichen Kulturbereich die Implikationen des Schweigens, gerade während einer ritualisierten Handlung wie sie hier beschrieben wird, auf eine Vergöttlichung desjenigen, dem dieses Verhalten entgegengebracht wird, hindeuten.[832]

Ein Vergleich der Darstellung des Zeremoniells bei Mandeville und Odorico zeigt, dass Mandeville die deutlicheren Ähnlichkeiten zum christlich-liturgischen Ritus hinzugefügt haben muss, denn bei Odorico fehlt der Friedensgruß und auch zu Beginn des Zeremoniells wird nicht angeführt, dass als Reaktion auf den Friedensgruß alle verstummen. Außerdem hat Mandeville zwei symbolische Handlungen hinzugefügt (Hände vor den Mund, Hände auf den Kopf) und die letzte bei Odorico beschriebene Handlung nicht übernommen: Die Philosophen befehlen, dass sich alle verneigen, aufrichten, den Finger ins Ohr stecken, den Finger wieder herausnehmen und schließlich Mehl sieben sollen.[833] In einer Bemerkung, die an Mandevilles Deutung des Fischsegens erinnert, die nicht über die bloße Feststellung einer Bedeutsamkeit hinauskommt, schließt Odorico die Beschreibung des Zeremoniells ab: *„Sicque multa alia signa faciunt isti, que magnam dicunt significationem importare."*[834] Konrad Steckel dagegen scheint die bei Odorico nur sehr undeutlich vorhandenen Implikationen des Eigenen zu erkennen, denn er fügt in seiner Übersetzung einen Vergleich an, der diese Analogien expliziert: *„Also beginnent sy manigerlay vor ym, daß allez grozzeß dinckh schol bedeẃtn sam pey vnß vnser gepérd vnd gewwant zu der mezz."*[835] In Odoricos Darstellung des Zeremoniells müssen die Bearbeiter seines Textes, sowohl Mandeville als auch Konrad Steckel, schon Ähnlichkeiten zum christlichen Gottesdienst bemerkt haben, die sie dann in ihren Texten entweder durch den Vergleich (Steckel) oder durch weitere analoge Strukturen (Mandeville) ausgebaut und verdeutlicht haben.

Die Frage nach der Bedeutung der Gesten am Ende der Aufzählung der verschiedenen symbolischen Handlungen beschäftigt auch den intradiege-

---

[832] Vgl. Gustav Mensching: (Art.) Schweigen. In: RGG, Bd. 5 (1961), Sp. 1605f., und Andrea Heinz: (Art.) Schweigen IV. Liturgisch. In: LThK, Bd. 9 (2009), Sp. 334f. Vgl. außerdem zum Schweigen im mittelalterlichen religiösen Kontext, in welchem es in erster Linie die Distanzierung vom Irdischen und damit die Voraussetzung einer Hinwendung zu Gott bedeutet, Markus Schürer: Das Reden und Schweigen der Mönche. Zur Wertigkeit des *silentium* im mittelalterlichen Religiosentum. In: Werner Röcke/ Julia Weitbrecht (Hgg.): Askese und Identität in Spätantike, Mittelalter und Früher Neuzeit. Berlin/ New York 2010, S. 107-129.

[833] Vgl. Odorico und Steckel, Ed. Strasmann, S. 112.

[834] Ebd.

[835] Ebd., S. 113.

tisch das Geschehen beobachtenden Erzähler Mandeville. Doch belässt er es nicht bei der Feststellung, dass die Gesten etwas bedeuten müssten, sondern er formuliert auch hier, wie schon bei den *„wunderlichen"* Automatenvögeln, sein Erstaunen über diesen Anblick sowie seine Intention, mehr wissen zu wollen: *„Und also tûnd sie mengerlay, das mich ser wundert, und fragt mit urlob das sie mir seyttent war umb daz sie das tåttent."*[836] (Vhs., 139). Hier erhält er nun eine Antwort auf seine Frage und es wird ihm erklärt, dass die Ausführung der symbolischen Gesten zu einem bestimmten, zeitlich festgesetzten Moment eine besondere Kraft entfalten würde, mit der die Symbolik in Realität umgesetzt wird:

> *Do sprach ainer zů mir, wenn sie ir hôpter nider naigend in der stund, das die stund hab die tugend das sie alle iren herren fúrbaß müssend undertånig sin und getrúwe, und weder gůt noch verhaissen môcht ie dar zů bringen das sie sie ycht wider ir herren tåttend. Do frägt ich von den finger den sie in ir or stecktend. Das betút das sie nit môchtend geliden das yeman icht bôses von iren herren språch, oder er tått es dem kayser als bald kunt* (Vhs., 139f.).

Die rituellen Handlungen, die an eine zeitliche Struktur geknüpft sind, symbolisieren nicht nur die Unterordnung der Mongolen unter den Großkhan, sondern sie haben in der Zusammenwirkung mit der richtigen *„stund"* auch die Kraft (*„tugend"*), diese Unterordnung herzustellen und damit die hierarchische Ordnung der Khansgesellschaft zu aktualisieren und aufrechtzuerhalten. Die Wirkkraft des Zeremoniells wird in der Darstellung des Erzählers verdeutlicht und für den christlich-europäischen Leser nachvollziehbar gemacht, indem er es durch Analogien zu eigenen liturgisch-rituellen Handlungen religiös semantisiert und dadurch ritualisiert.[837] Zudem wird, wie bei der Verbindung

---

[836]   Für den Paris-Text geht es bei der Nachfrage noch stärker um das ‚Mysterium' des ritualisierten Zeremoniells und explizit um die Signifikation der Gesten, die von den Mongolen – wie bei Odorico – erst ohne weitere Erklärung behauptet wird, woraufhin dann der Erzähler Mandeville nachfragt, was dies zu bedeuten habe: *„Et ainsi de heure en heure il font et dient diuerses choses, et dient que teles choses ont moult grant mistere. Ie demanday a eulx quelles misteres ne quelles significacions ces choses auoient"* (Ed. Letts, S. 361).

[837]   Es wird hier zunächst von der grundlegenden Unterscheidung ausgegangen, dass ein Zeremoniell eine festgelegte Abfolge von symbolischen Handlungen in einem weltlichen, „säkularen" Kontext bezeichnet und die Herrscherfigur involviert, wohingegen ein Ritual eine solche Handlungskette in einem religiösen Kontext darstellt und auf eine göttliche Instanz gerichtet ist. Diese Unterscheidung ist allerdings gerade in mittelalterlichen Erzähltexten oft nur schwer zu ziehen und so können auch Formen des (mittelalterlichen) Sakralherrschertums sowohl weltliche Herrschaft als auch die göttliche Begründung dieser Herrschaft im Ritual/Zeremoniell gleichermaßen inszenieren (z. B. bei der Kaiserkrönung). Vgl. zu einer Auseinandersetzung mit dieser Unterscheidung

von Ritual und Raum in einem Kloster oder einer Kirche, eine Wechselwirkung von (Herrschafts-)Raum, Ritual und Zeit beschrieben. Der christlich-religiöse Verstehensrahmen, durch den der Vollzug des Zeremoniells als Ritual erzählt wird, bestärkt die Umsetzung der symbolischen Formen in (intradiegetische) Realität und verleiht dem Ritual eine „Aura des ‚Heiligen'".[838]

Es kann also festgestellt werden, dass durch die erzählerische Darstellung der Abfolge symbolischer Handlungen eine Übertragung in eine Semantik des Sakralen vollzogen wird und das Zeremoniell in der Darstellung zu einem Ritual gemacht wird. Dieser Vorgang auf der Darstellungsebene lässt sich als narrative Ritualisierung bezeichnen. Auf der Handlungsebene bedeuten die Gesten und bestätigt das Ritual die Unterordnung der Teilnehmenden unter den Großkhan, beziehungsweise sie vergegenwärtigen die Allmacht des Herrschers und seine Kontrolle über das Reich und seine Untertanen. So, wie es der Figur Mandeville intradiegetisch erklärt wird, richten sich die symbolischen Handlungen einzig auf den Großkhan und drücken das Selbstverständnis der Khansgesellschaft aus, ihrem Herrscher untertan und treu zu sein und ihm alles zu berichten, was Schlechtes über ihn gesagt wird. Dadurch, dass die fremden Formen der Ehrerbietung und Unterordnung unter den Herrscher mit einem in christlichem Verständnis sakralen Gehalt gefüllt sind, überträgt sich diese Semantik des Sakralen auf den Herrscher und die Ehrerbietung schlägt in eine Form der Verehrung um.

Die in diesem Ritual zum Ausdruck gebrachte Verehrung und göttliche Erhöhung des Großkhans wird dann mit der darauf folgenden Darstellung des Ehrerbietungszaubers, der vor dem Großkhan produziert wird, wieder aufgenommen und mit einer Semantik des Magisch-Dämonischen versehen. Diese Zaubervorgänge dienen der höfischen Unterhaltung, sie sind aber auch eine

---

Corinna Dörrich: Poetik des Rituals. Konstruktion und Funktion politischen Handelns in mittelalterlicher Literatur. Darmstadt 2002; Edgar Bierende/ Sven Bretfeld/ Klaus Oschema: Einführung. In: Dies. (Hg.): Riten, Gesten, Zeremonien. Gesellschaftliche Symbolik in Mittelalter und Früher Neuzeit. Berlin/ New York, S. IX-XXXVIII, sowie grundlegend Gerd Althoff: Die Macht der Rituale. Symbolik und Herrschaft im Mittelalter. Darmstadt 2003.

[838] Vgl. zu den Funktionen und Formen des Rituals, Hans-Georg Soeffner: Symbolische Formung. Eine Soziologie des Symbols und des Rituals. Weilerswist 2010, bes. S. 40-70. Rituale erzeugen für Soeffner im Gegensatz zu anderen Handlungsabfolgen oder Routinen eine „Aura des Heiligen" und sind – mit Verweis auf Viktor Turners Ritualuntersuchungen – „Repräsentanten überhöhter oder als heilig dargestellter Ordnungen." (S. 40). Soeffner beleuchtet das Ritual aus verschiedenen Perspektiven und befasst sich auch mit dem Ritual in der christlichen Liturgie. Vgl. zudem den guten Überblick von Soeffner: (Art.) Rituale. In: Handbuch Anthropologie.

symbolisch-performative Umsetzung der Verehrung der großen Macht des Khans. Nachdem das von den Philosophen angeleitete Ritual zu Ende gegangen ist und der Erzähler Mandeville eine Antwort auf seine Frage nach der Bedeutung des Gesehenen erhalten hat, berichtet er, dass die „prelaten" vor den Khan treten, um ihm Geschenke zu offerieren,[839] woraufhin die Musik der Spielleute erklingt und verschiedene Tiere vor den Khan geführt werden: „so bringt man für den kayser haimlich löwen und ander vil wunderlich tier und vogel und visch und allerlai tier ain tail. Und die sprechent es syg billich das allú tier kumend und das sie im söllend undertånig sin und söllend im ere erbietten, wann er gotz sun sig." (Vhs., 140). Nicht nur die Menschen, sondern auch alle Tiere sollen den Khan als Sohn Gottes verehren. Die Formulierung, dass der Khan Gottes Sohn sei, hat die Velser-Handschrift nicht aus dem Paris-Text übernommen, der eine andere Erklärung – ohne Begründung – angibt, warum auch die Tiere dem Khan huldigen sollen: „car il dient que toute chose cree doit obeir a luy et li faire reuerence."[840] Der Machtanspruch des Khans umfasst also die ganze Schöpfung, die letztlich nicht nur die Menschen und Tiere auf der Welt umfasst, sondern sogar die Gestirne, die nun von den Meistern der schwarzen Magie heraufbeschworen werden:

> Dar nach so sicht man groß wunder. Dar nach komend maister die die schwartzen kunst
> kúnnend, das man in latin haisset nigromantia; die machend mit ir kunst das man ob in
> sicht den moᵞn und die sunnen, das sie im naigend und im ere biettend, und das der schin
> wirt als groß da das ains daz ander kumm gesenhen mag, das die ögen den großen schin
> nit múgend erliden. (Vhs., 140)

In dieser von den Magiern inszenierten Ehrerbietung des Mondes und der Sonne erfährt die Vergöttlichung des Großkhans eine nochmalige Übersteigerung, aber auch eine Dämonisierung. Nur durch schwarze, potentiell diabolische Magie können die Gestirne beschworen und so nahe über den Saal des Khanspalastes geholt werden, dass sie ihn mit ihrem hellen, für die Augen der Anwesenden unerträglichen Schein erfüllen. Eine Unterscheidung zwischen der Erscheinung der Gestirne als von den Magiern erschaffene Illusion und der vorgeblichen Echtheit ihres augenscheinlichen Wirkens wird in der Darstellung des Erzählers nicht vorgenommen. Eine solche Form der Ehrerbietung gegenüber einem Herrscher geht über eine weltliche Verehrung weit hinaus

---

[839] Während in den Velser-Versionen nur gesagt wird, dass „yetlicher [...] dem kayser etwaz
[schenckt]" (Vhs., S. 140), geben die Prälaten im Paris-Text dem Kaiser ihren Segen nach
ihrer Religion: „les plus grans prelas de leur loy lui donnent leur beneicon, en disant vne
oroison de leur loy" (Ed. Letts, S. 362).

[840] Paris-Text, Ed. Letts, S. 362.

und muss der damaligen europäischen Leserschaft der *Reisen* als Ausdruck überhöhter weltlicher Macht und als Hybris erschienen sein.[841]

Im Gegensatz zur Velser-Handschrift stellt der Paris-Text deutlich heraus, dass es sich bei diesem Zauber um eine Illusion handelt, die jedoch nicht von Nigromantikern, sondern von Jongleuren und Magiern erschaffen würde: „*Et apres viennent iugleours et enchanteurs, qui font trop de merueilles; car il font venir en lair le soleil et la lune par semblant pour lui faire reuerence, qui donnent si grant clarte que a paine veoient ilz lun lautre.*"[842] Zwar strahlen auch hier die Gestirne hell in den Saal, doch verneigen sie sich nur zum Schein („*par semblant*") vor dem Herrscher. Die Velser-Version verstärkt also, indem sie nicht auf die Scheinhaftigkeit der Vorgänge verweist und zudem die Magier als Meister der schwarzen Kunst bezeichnet, den Eindruck der Anmaßung und der Dämonie dieser Vorgänge. Im Abgleich mit Odoricos von Pordenone Bericht lässt sich feststellen, dass die heraufbeschworenen und sich verneigenden Gestirne eine Hinzufügung Mandevilles sind, denn sie finden sich bei Odorico nicht. Dort heißt es nur sehr knapp, dass Löwen vor den Großkhan geführt werden, „*qui reverenciam faciunt Imperatori*", und dass Gaukler („*ystriones*") goldene Trinkgefäße durch die Luft fliegen lassen.[843]

In der Version Diemeringens kommt dieser Ehrerbietungszauber auch vor, doch wird er direkt an den Bericht von den vier großen Festen am Khanshof angeschlossen, da bei Diemeringen die Episode des Hofzeremoniells fehlt. Bezeichnenderweise sind es bei Diemeringen wieder – wie schon bei den Automatenvögeln – die „*pfaffen*", die hier sowohl für die Philosophen eingesetzt sind („*alle wißen gelerten meister pfaffen die in allen sinen landen sind vnd mit der Rate tůt er denn vil dings*") als auch, wenn man den folgenden Satz elliptisch versteht, für die Nigromantiker („*alle meister die zouberlist vnd verborgen kúnst kunnent*"), und die „*gar vil menignrlei künstricher spil*" vor dem Großkhan erschaffen (Ddr., 326). Diemeringen gestaltet die von den Magiern mit ihrer Kunst bewirkte Unterwerfung des Kosmos unter den Khan noch weiter aus als Velser, denn bei ihm erscheinen zusätzlich zu Sonne und Mond noch die Sterne sowie der Thron Gottes: „*vnd die machent mit listen das der gots thron im himel erschinnet vor der herschafft vnd Sonn vnd mon vnd gestirn für der herren tisch komment den grossen Can zů früntschafft vnd zů eren vnd sinen gesten zů hoffierent.*" (Ebd.). Auch bezieht Diemeringen die Hofgesellschaft mit

---

[841]   Zudem erinnert die hier geschilderte Ehrerbietung von Sonne und Mond stark an die Träume Josefs von sich zu ihm neigenden Ähren sowie von Sonne, Mond und elf Sternen, die sich vor ihm verneigen, vgl. 1 Mose 37,5-11.

[842]   Paris-Text, Ed. Letts, S. 362f.

[843]   Odorico und Steckel, Ed. Strasmann, S. 114.

ein und stellt sie mit dem Khan auf die Seite, der die Ehrerbietung zukommt. Durch die Hinzufügung der Sterne und vor allem des göttlichen Thrones bietet Diemeringen im Vergleich zu Velser eine andere Art der verstärkten Überhöhung der Khansmacht, die zwar durch den Verweis auf die „*list*" der Meister als Täuschung herausgestellt wird, aber dennoch als eine Täuschung, die zusätzlich zu den Gestirnen sogar den himmlischen Thron Gottes vor dem Herrscher erscheinen lassen kann.

Da bei Diemeringen das dieser Szene eigentlich vorangehende ritualisierte Hofzeremoniell nicht vorkommt – und diese Version verzichtet häufig auf solche narrativen Ritualisierungen – wird die Vergöttlichung des Großkhans hier vornehmlich über diese in die Hybris übersteigerte Ehrerbietung des Kosmos inklusive seines Schöpfers gegenüber dem Herrscher dargestellt. Sie ist möglicherweise deshalb im Vergleich zur Velser-Version so überhöht, um anhand einer Szene die unglaubliche Macht, beziehungsweise den weit über den Bereich des Weltlichen hinausgehenden Machtanspruch des Mongolenherrschers deutlich zu machen. Trotzdem verzichtet Diemeringen im Vergleich zu den anderen Versionen in seiner Darstellung des Großkhans, abgesehen von der Erklärung der Siegel und Briefe, auf weitere zusätzliche Feststellungen, dass der Khan der Sohn Gottes wäre.

Der in den anderen Versionen häufiger geäußerte Anspruch des Khans, Gottes Sohn zu sein oder von Gott zu stammen – was aus christlicher Perspektive auch bedeutet, christusgleich ein Teil Gottes zu sein – wird, wie oben gezeigt werden konnte, in der erzählerischen Darstellung der rituellen und magischen Inszenierung seiner Herrschaft aufgenommen und letztlich als Vergöttlichung, Hybris und Dämonie zum Ausdruck gebracht.[844] Die Khansmacht wird als quasi-göttliche Macht dargestellt, und die damit einhergehende Perversion der christlichen Gottesvorstellung, wie bei der Schilderung der vier Feste am Khanshof, durch die Parallelisierung und Überblendung des

---

[844] Dagegen interpretiert Patterson, Mandeville's Intolerance, die christlichen Anleihen in der Darstellung des Großkhans (wobei er sich aber nicht mit dem Hofzeremoniell, den Formen der Ehrerbietung und der wunderbaren Ausstattung des Hofes beschäftigt) als Zeichen für die Nähe des Khans zum Christentum und als Ausdruck von Mandevilles Wunsch, die gesamte Welt zu christianisieren: „It may seem odd that the Mandeville-author is so at pains to assert the Christian claim to the Holy Land in opposition to the Jewish claim while not seeming to be concerned with the Tartar claim to large parts of the East. However, unlike Jews, the Tartars and other peoples of the East are represented as unthreatening to the world as he imagines it. Quite the opposite, the Mandeville-author employs the Khan's respect and reverence for Christians (and the proto-Christian beliefs and practices of most if not all Asians) as signs of Christian spiritual hegemony in this part of the world." (S. 159).

Khans mit dem Götzen aufgezeigt.[845] Auch später wird vom Text deutlich gemacht, dass der Gott oder Götze der Mongolen und der Mongolenherrscher stets zusammengedacht werden und große Ähnlichkeiten aufweisen: *„Und was sie essend und trinckent, dez opfferent sie irem got* [...] *dem natúrlichen gott. Und den haissent sie Vogha. Wann der kayser haisset Cham, so haißsent sie in Chaamcham."*[846] (Vhs., 144). Gott/Götze und Herrscher haben zwar nicht den gleichen Namen, doch ist ihr beider Name immerwährend und unverändert.

5. Historisierung der Mongolen

5.1 Der Name des Großkhans

Anhand des Namens des Großkhans nimmt der Erzähler Mandeville eine längere etymologisch-genealogische Erklärung der Abstammung der Mongolen vor, mit der die Kapitel über die Geschichte der Mongolen und ihrer Herrscher eingeleitet werden. In diesen Kapiteln, die – außer bei Diemeringen – die Beschreibung der inneren Organisation des Palastes und die Darstellung der Hofhaltung und der Feste unterbrechen, geht es nicht um die Repräsentation und Performanz der Khansherrschaft, sondern um das Aufzeigen, Einordnen und Erklären der Geschichte der Institutionalisierung des Reichs und der Macht des Großkhans.

Mandeville führt den Namen des Khans auf den Noahssohn Ham/Cham zurück, dem bei der Aufteilung der Welt an ihn und seine beiden Brüder der größte Teil Asien zugeteilt worden war, weil er *„als fraidig* [...] *und als bỏ̂ß"* war (Vhs., 133).[847] Die Etymologie des Namens, das heißt, die Ähnlichkeit von

---

[845] Die Parallelisierung oder Überlagerung von Großkhan und Götze wird besonders in der bildlichen Darstellung des Großkhans, beziehungsweise in den Illustrationen einiger Ostasienreiseberichte dadurch zum Ausdruck gebracht, dass hinter dem Herrscherthron eine Götzenfigur aufgestellt ist – der westlichen Darstellungskonvention heidnischer Herrscher entsprechend –, sodass die Ehrerbietung gegenüber dem Herrscher und die Verehrung des Götzen sich überlagern. Vgl. dazu Michael Camille: The Gothic Idol. Ideology and Image-Making in Medieval Art. Cambridge 1989, S. 152-156, der als Bsp. eine Miniatur aus der Marco Polo Hs. London, British Library, MS. Royal 19.D.I, fol. 76r und fol. 78v heranzieht.

[846] Ähnlich auch der Paris-Text, Ed. Letts, S. 369: *„Et leur Dieu de nature il lappellent Yrogha. Et leur empereur quel nom quil ait, il adioustent toudis Cham."*

[847] Die Charakterisierung Chams als *„fraidig"* bedeutet ‚frech, kühn, vermessen, wild, übermütig", vgl. Baufeld, Kleines frühneuhochdeutsches Wörterbuch, S. 95. Die Vhs. hat die Charakterisierung Chams, aufgrund derer ihm der größte Teil der Welt zugeordnet

Cham und Khan, und die Zuordnung Asiens zu Ham führt auch zu einer Überlagerung der Eigenschaften des Großkhans und des Noahssohnes: *„Und dar
umb das der Groß Cham als måchtig ist und niemen wider in mag, so nempt er
sich gottes sun und der måchtigest in der welt. Von des Chamß wegen so haissen
sich die kayser alsamen denn Großen Cham."* (Ebd.). Mit dieser etymologischen
Rückführung des Khans auf Ham integriert Mandeville das Khansgeschlecht
in die christliche Heilsgeschichte und liefert damit einen etablierten Verstehensrahmen und ein Wertesystem, innerhalb dessen diese fremde und bisher
uneinordenbare Macht im Osten der Welt erklärbar wird.[848] Die Khansmacht
erhält dadurch zwar eine heilsgeschichtliche Legitimation, doch wird sie zugleich genealogisch in die Linie gestellt, die sich auf einen Tabubruch gründet und die deshalb mit einem Makel und einem Fluch behaftet ist: *„Nun was
Cham der sinem vatter sin scham sach und spottet sin und zôgt mit den finger
darr; dar umb do ward er verflûcht von got."* (Ebd.). An diesem Verhalten zeigt
sich der böse Charakter Chams und Mandeville verstärkt den Tabubruch –
dass Cham die Blöße des Vaters schamlos betrachtet – dadurch, dass der Sohn
den Vater verspottet und mit dem Finger auf ihn zeigt.[849]

---

wurde, etwas abgeändert, denn der Paris-Text bezeichnet Cham als gewalttätig, bzw.
grausam: *„Cham pour sa grande cruaute prist la plus grant partie"* (Ed. Letts, S. 354).

[848]   Vgl. 1 Mose 9-10. Die Geschichte von der Aufteilung der Welt an die Söhne Noahs findet sich nur angedeutet in der Genesis und wurde als erstes von Flavius Josephus so
ausgebaut, dass Ham Afrika zukam, Sem Asien und Japhet Europa. Dem frühen und
hohen Mittelalter war diese biblisch begründete Geographie vor allem durch Isidor von
Sevilla und Alkuin bekannt. Die Aufteilung der Welt an die Noahssöhne findet sich auf
einigen mittelalterlichen T-O- und Radkarten, am prominentesten in der Isidor-Karte aus
den *Etymologiae* und in der Schedelschen Weltchronik. Vgl. zu den verschiedenen Traditionen der Auslegung der Genesis-Stelle Benjamin Braude: The Sons of Noah and the
Construction of Ethnic and Geographical Identities in the Medieval and Early Modern
Periods. In: The William and Mary Quarterly, Third Series 54,1 (1997), S. 103-142, bes.
S. 110-115.

[849]   In der Genesis-Geschichte wird dagegen nur erzählt, dass Ham die Blöße seines Vaters
sieht und daraufhin, außerhalb des Zeltes, seinen Brüdern davon berichtet. Außerdem
wird nicht explizit Ham, sondern sein Geschlecht Kanaan verflucht, und zwar von dem
erwachten Noah, nachdem dieser erfahren hat, was sein Sohn während seiner Trunkenheit gemacht hatte. In der lateinisch-christlichen Rezeption und Auslegung dieser
Bibelstelle wurde aber das Verhalten Hams vielfältig ausgedeutet. Vgl. zur Rezeptionsgeschichte der biblischen Erzählung von Noahs Fluch und zur Frage des Vergehens Hams,
Günther Blaicher: Noes Fluch und die Folgen. Entstehung, Verbreitung und Zerstörung
eines Afrika-Stereotyps. In: Archiv für Kulturgeschichte 90,2 (2008), S. 253-281, zur Auslegung durch die Kirchenväter S. 255-257. Blaicher fokussiert allerdings die unbiblische,
spätere Zuschreibung, dass die Verfluchung Kanaans eine Schwarzfärbung der Haut bewirkt habe.

Mandeville berichtet weiter, dass aus dieser Linie auch Nimrod, der erste König der Welt stamme, der traditionell als erster Tyrann beschrieben wird und der, wie es auch Mandeville – aber nicht die Genesis – anführt, den Turm von Babel errichten ließ. Des Weiteren habe sich Nimrods Frau mit den Teufeln eingelassen und aus dieser Verbindung seien die monströsen Wundervölker entstanden, die auf den Inseln des Ostens lebten und ebenso wie der Khan, so stellt es der Erzähler noch einmal heraus, von Cham abstammen würden:

> *Und zů des selben wib und zů den andern komen och die tůfel und hettend mit in zů schickend. Und daz das von in geborn wart das ward wunderlich volck wider die natur, ains än höpt, das ander an bain, das dryt on ögen; das ain hett fůß als ain pfärit. Als ich hon vor geseit, menig wunderlich volck das man fint in den ynselen die sind al von Cham kommen.* (Vhs., 133)

Damit werden neben den Mongolen auch die monströsen Völker in das christliche Weltbild integriert und gleichzeitig beide in eine Abstammungslinie gestellt.[850] Mandeville geht es hier nicht nur um die Einordnung und heilsgeschichtliche Einbindung der Mongolen, sondern auch der anderen Völker, beziehungsweise Religionsgruppen der Welt, die sich nach biblischem Vorbild auf die Söhne Noahs verteilen lassen. So erklärt er, dass auch die Sarazenen aus der Linie Chams stammen würden und die Juden und Europäer aus der Linie Japhets.[851]

Mandevilles Darstellung der Genealogie des Großkhans hat kein Vorbild und findet sich nur in den *Reisen*. Die Genealogie der Völker und die Aufteilung der Welt gehen dagegen auf eine breite Tradition der sich auf die Söhne Noahs stützenden ethno-geographischen Erklärung der Aufteilung der Völkergruppen in der Welt zurück, die im Mittelalter jedoch variabel war und heterogene Erklärungsmodelle anbot. Die Zuordnung Afrikas zu Sem wurde von Mandeville entgegen der Tradition, Sem mit Asien zu verbinden, abgeändert, damit in der etymologischen Engführung des Khans mit Cham dieser mit Asien assoziiert werden konnte. Für Braude, der die Episode bei Mandeville im

---

[850] Vgl. zu dieser genealogischen Integration der monströsen Völker in den christlichen *ordo* in der mittelalterlichen Literatur und bei Mandeville Röcke, Erdrandbewohner und Wunderzeichen, S. 275f., der bes. die weibliche sexuelle Ausschweifung thematisiert.

[851] Vgl. Vhs., S. 133: „*Und von sinem* [Chams] *geschlecht sind die Sarrazen kommen. Von Japhet kam das volck von Ysrahel und wir all die da wonant in Europa.*" Velser hat in seiner Bearbeitung hier wohl Cham mit Sem vertauscht, der bei ihm an dieser Stelle gar nicht vorkommt, denn im Paris-Text stammen die Sarazenen von Sem: „*Et de la generacion de Sem sont venuz les Sarrasins, et de la generacion de Iaffet est venuz le pueple de Israel et nous et les autres qui demourons en Europe.*" (Ed. Letts, S. 354f.).

Paris-Text untersucht, bestätige Mandevilles Bearbeitung die grundsätzliche Variabilität der Tradition, doch sei sie besonders in der Engführung der Juden mit den Europäern über den Noahssohn Japhet eher ungewöhnlich.[852] Auf die Folgen des Fluchs, der auf dem Geschlecht Chams lastet, geht Mandeville nicht ein, sondern er stellt in erster Linie eine Genealogie der Macht her, die in Cham gründet und sich über Nimrod und die Sarazenen bis zum mächtigsten zeitgenössischen Herrscher, dem Großkhan fortsetzt: *„Cham was der måchtigest, da kam me volck von wann von den andern."* (Vhs., 133).[853]

Doch ist in Cham auch das Böse angelegt, das sich in seinem Geschlecht fortsetzt, wie an der Einwirkung der Teufel oder auch durch die Linie der Sarazenen, die schließlich einem falschen Propheten huldigen, ablesbar ist. Braude legt die unterschiedlichen Deutungen des Fluchs und der Figur Chams ausführlich dar, die nicht alle von Mandeville explizit aufgenommen wurden, die sich aber in ihrer grundlegend negativen und dämonischen Zeichnung sicherlich diskursiv in Mandevilles genealogische Rückführung des Khans auf Cham einbringen. So wurde die durch den Fluch bewirkte Unterordnung Kanaans als Begründungsnarrativ für die mittelalterliche Feudalordnung und die Unterscheidung von Freien und Unfreien, oder dann auch für die Sklaverei

---

[852] Braude, The Sons of Noah, S. 116-120. Braude bespricht weitere Varianzen in der Zuordnung der Erdteile zu den Noahssöhnen v. a. in den englischen Versionen und stellt bspw. fest, dass die Editionen des Egerton-Textes (Warner, Letts, Moseley) Afrika Ham zuordnen und Asien Sem, und in der Edition der Royal-Version (Warner) das Volk Israel anstelle von Japhet mit Sem verbunden wird. Dies sei allerdings nur in den Editionen so, denn er weist nach, dass in den Hss. die Schreiber die originalen Namen durchgestrichen und damit ersetzt hätten, „what has become the conventional wisdom." (S. 119). Die Verbindung der Juden mit den Europäern, wie sie in den *Reisen* vorgenommen wird, stellt auch Akbari, Idols in the East, als außergewöhnlich heraus: „More extraordinary, however [als die von der Tradition abweichende Aufteilung der Welt], is *The Book*'s account of the extended lineal descent from Noah: [...] It is entirely conventional to identify the Asiatic Saracens as the offspring of Shem and to identify the Europeans as the offspring of Japheth; but to couple ‚the people of Israel' (that is, the descendants of Jacob, rather than the inhabitants of a certain land) with the Europeans is something quite extraordinary." (S. 137f.) Denn man könnte meinen, so Akbari, Mandeville unterstelle einen gemeinsamen Ursprung von Juden und Christen. Tatsächlich aber würde es Mandeville darum gehen, die Juden mit Gog und Magog als Nachkommen Japhets zu verbinden (S. 138).

[853] Eine ähnliche Feststellung macht auch Braude, The Sons of Noah: „Mandeville and his myriad readers interpreted the curse in a totally different way. It led to cruelty, to mastery, to imperial power, even to becoming ‚the son of God,' as the Paris Manuscript dubs him." (S. 131).

angesehen,[854] Cham galt als großer Magier, sein Geschlecht wurde mit sexueller Ausschweifung assoziiert, und in weiteren christlichen Auslegungen wurde Cham theologisch und moralisch mit den Juden, den Sarazenen, anderen ‚Ungläubigen' und Häretikern in Verbindung gebracht.[855]

In der Diemeringen-Version wird die genealogische Rückführung des Khans auf Cham zur Erklärung seines Namens nicht vorgenommen und damit auch keine Inklusion der Mongolen in die Heilsgeschichte.[856] Diemeringen führt zwar eine abgewandelte Form dieser Erklärung an, wenn er darauf verweist, dass *„etlich meinent er hieß Can nach adams sun der da Caym hieß vnd der sinen brůder abel erschlůg vnd in kathay kam vnd sich da in einer wůsti ernarte"* (Ddr., 330). Damit steht Diemeringen einer anderen Darstellungstradition nahe, in der Cham dem Geschlecht Kains zugerechnet wird, nicht nur aufgrund der lautlichen Ähnlichkeit, sondern auch aufgrund der Verfluchung beider, die zudem eine Fortsetzung des Bösen über das Ereignis der Sintflut hinweg von Kain zu Cham bedeutet.[857] Doch weist Diemeringen diese Behauptung, die von irgendwelchen Leuten geglaubt werde, als unwahrscheinlich zurück und bringt seine eigene Erklärung des Namens ‚Khan' ein: *„Aber ich mein er hieß billicher Can von dem stamen her als sich die selb herschaft des ersten von gots verhengnüß mit dem wißen ritter erhůb denn von Caym wann es ist ie gewessen das sich herren nanten nach iren vordern"* (Ddr., 330). Für Diemeringen ist es wahrscheinlicher, dass sich die späteren Khane nach dem Gründer des Reichs und dem ersten dieses Namens benannt haben, was sie dann auch als eine Herrscherdynastie erscheinen lässt.

Während bei Diemeringen die Erklärung des Namens mit einer an den Anfang der Heilsgeschichte zurückreichenden Genealogie zurückgewiesen und durch eine dynastiegeschichtliche Erzählung ersetzt wird, findet sich auch in den anderen Versionen diese zweite Geschichte des Ursprungs der Mongolenherrscher. Dort allerdings fehlt eine deutliche Absage an die erste Erklärung,

---

[854] Vgl. hierzu insbes. Klaus Grubmüller: Noês Fluch. Zur Begründung von Herrschaft und Unfreiheit in mittelalterlicher Literatur. In: Dietrich Huschenbett u. a. (Hg.): Medium Aevum deutsch. Beiträge zur deutschen Literatur des hohen und späten Mittelalters. Fs. Kurt Ruh. Tübingen 1979, S. 99-119; siehe auch Blaicher, Noes Fluch und die Folgen, S. 264-272.

[855] Vgl. dazu mit weiteren Hinweisen und Quellen Braude, The Sons of Noah, S. 127-133.

[856] Braude, The Sons of Noah, gibt an, dass schon die Lütticher Version diese Noah-Cham-Khan-Genealogie nicht anführe (S. 119).

[857] Vgl. zu Cham in der Kainsnachfolge Blaicher, Noes Fluch und die Folgen, S. 258, und zur Austauschbarkeit von Kain und Cham auch Braude, The Sons of Noah, S. 128f. Diemeringen nimmt hier Bezug auf Gottes Vertreibung von Kain, der daraufhin in den Osten zieht, Vgl. 1 Mose 4,14-16.

sodass die beiden Geschichtsmodelle unkommentiert nebeneinanderstehen. In der Velser-Version ist der Übergang von der Heilsgeschichte zur mongolischen Reichsgründungsgeschichte kaum markiert: *„Item der kayser von Cathay nempt sich nit Cham. Da von sag ich uch nun die wärhait, das es ist wol achzig jär das daz gantz Thartary ist under ander herrschafft."* (Vhs., 134). Die Aussage, dass sich die Kaiser von Cathay, also die Großkhane, nicht ‚Cham' nennen würden, überrascht und ist hier schwer nachzuvollziehen, gerade weil der Erzähler zuvor noch konstatierte: *„Von des Chamß wegen so haissen sich die kayser alsamen denn Großen Cham."* (Vhs., 133). Wie diese nicht ganz logische Aussage gemeint ist, wird in der Formulierung des Paris-Textes klar, den Velser an dieser Stelle deutlich gekürzt hat. Der Paris-Text erklärt, dass die genealogische Rückführung des Khans auf Cham von den Samaritanern und den Asiaten behauptet werde und dass er, Mandeville, dies auch geglaubt habe, bevor er nach Indien kam, wo er dann eine andere Erklärung erfuhr:

> *Cest loppinion que Assien et Sarmaritan ont et quil mauoient donne a entendre auant que ie alasse vers Inde, que pour ceste raison ilz estoient appeles Cham, mais quant ie fu en Inde, tout autrement. Neentmoinz verite est que les Tartarins et ceuls qui demeurent en la grant Asye descendirent de Cham. Mais les empereurs de Cathay ne sappellent mie Cham, mais Chan.*[858]

Der Erzähler bestätigt die Richtigkeit der genealogischen Abstammung von Cham, die jedoch in keinem Zusammenhang mit dem Namen des Khans stehe, denn schließlich würde er sich Chan und nicht Cham nennen. Daraufhin wird bei Velser und im Paris-Text die Geschichte vom Aufstieg Dschingis Khans erzählt, der seinen Namen von einem von Gott entsandten weißen Ritter erhalten habe.

5.2 Die Institutionalisierung des Mongolenreichs unter Dschingis Khan

Die mongolische Reichsgeschichte bietet ein anderes Erklärungsmodell für den Namen des Großkhans und dessen Bedeutung, ohne dass sie genealogische oder etymologische Verbindungen zur christlichen Heilsgeschichte herstellen würde. Während Diemeringen mit ihr die heilsgeschichtliche Inklusion des Khans zurückweist, wird im Paris-Text beiden Modellen eine Geltungsberechtigung zugestanden. Ein solches Nebeneinander der beiden Geschichten besteht auch in der Velser-Version, in der jedoch die Differenzierung zwischen

---

[858]   Paris-Text, Ed. Letts, S. 355.

Genealogie und Etymologie, wie sie der Paris-Text vornimmt, nicht verständlich herausgestellt wird. Da der Erzähler keiner Präferenz Ausdruck gibt, lassen die nebeneinanderstehenden Geschichten – die Rückführung des Khans auf den verfluchten Cham und der Aufstieg eines von Gott auserwählten Volkes unter der Herrschaft Dschingis Khans – letztendlich ein ambivalentes Bild der Mongolen und der Khansherrschaft entstehen, wie im Folgenden genauer betrachtet werden soll.[859] Auch in der von Mandeville nun erzählten Mongolengeschichte werden Parallelen zu alttestamentarischen Figuren und Ereignissen gezogen, doch sind diese strukturell und motivisch und nicht über explizite Verweise auf die Heilsgeschichte hergestellt.

Dschingis Khan wird als *„ain byderman"* mit dem Namen *„Túrgis"* vorgestellt, dem eines Nachts in einer Traumvision von einem engelsgleichen weißen Ritter mit weißer Rüstung auf einem weißen Pferd verheißen wird, es sei der Wille des *„untoedlichen gottes"* (Vhs., 134), dass er Kaiser über sein Volk der sieben Stämme werde und die umliegenden Länder unterwerfen solle.[860]

---

[859] Vgl. zu diesem ambivalenten Bild der Mongolen und ihres Herrschers auch die Ausführungen von Esther Ouellet: Le pays de Khan. Empire fantasmé et fantasme d'empire chez Jean de Mandeville. In: Nicholas Dion u. a. (Hg.): Le cosmopolitisme. Influences, voyages, échanges dans la République des Lettres (XVᵉ-XVIIIᵉ siècles). Actes du IXᵉ colloque Jeunes chercheurs du CIERL. Paris 2014, S. 69-98, die fast alle hier genannten Episoden anführt und den immensen Reichtum, die Hofordnung, die techische Überlegenheit, aber auch das negativ gezeichnete Bild von den Mongolen, das durch die Beschreibung des ‚schlimmen Weges' durch die Tartarei oder die Kriegsführung der Mongolen mit Anleihen an Gog und Magog generiert wird, herausstellt. Sie zeigt auf, „comment la plume mandevillienne fait du jeune empire des Mongols une monstreuse utopie, un repoussoir déformant et sublimant de la culture occidentale." (S. 72)

[860] Der Titel Dschingis Khan wurde dem mongolischen Krieger Temudschin/Temüjin („Schmied") verliehen, dessen Geburtsjahr mit dem Jahr 1167 angenommen wird und der 1206 zum Herrscher (Khan) seines Volkes erhoben wurde. Die wichtigsten Überlieferungen der Geschichte Dschingis Khans und der Konstituierung seines Reichs sind die *Geheime Geschichte der Mongolen*, der älteste überlieferte Text der Mongolen aus der Mitte des 13. Jhs., die *Geschichte des Welteroberers* (1252-1260), des persischen Chronisten Juvaini, sowie die Chronik *Sammler der Geschichten* (1307-1316) des persischen Chronisten und Ministers am Il-Khan Hof Rashid al-Din Hamadani. Diese Quellen, vor allem wohl die *Geheime Geschichte*, sind teilweise auch in die westlichen Mongolenberichte eingegangen, wie in den Bericht Hethums. Vgl. den Überblick zu den Mongolen von Karénina Kollmar-Paulenz: Die Mongolen. Von Dschingis Khan bis heute. München 2011, sowie den umfassenden Sammelband von Michael Weiers (Hg.): Die Mongolen. Beiträge zu ihrer Geschichte und Kultur. Darmstadt 1986. ‚Biographien' und Geschichten über Dschingis Khan gibt es unzählige. Vgl. zudem die Geheime Geschichte der Mongolen. Herkunft, Leben und Aufstieg Činggis Qans. Aus dem Mongol. übertr. und komment. von Manfred Taube. München 1989. Eine gute Einführung mit vielen weiterführenden Lite-

Nachdem auch seinen zunächst ungläubigen Untertanen der weiße Ritter erscheint und sie ihn daraufhin zu ihrem Herrscher wählen und ihn mit dem Namen „Cham" bezeichnen, wie es ihnen der weiße Ritter auferlegt hatte, erlässt der Khan mehrere Gesetze. Diese Gesetze regeln und sichern die gesellschaftliche Ordnung und die Grundlagen der kaiserlichen Macht: Religion (*„Das erst gesetz und gebott das was das yeder man sôlt gelouben an den untôttlichen got und das sie in altag und in iren nôten an rûffen"*), Militär (*„das ander daz alle die man die waᵛppen môchten tragen wúrden gezelt und daz sie ye under zechnan sôltend machen ain maister, und zû hunderten ainen hôptman"*), Finanzwesen (*„Dar nâch gebott er das alles das volck von den súben zungen als ir erb sôltend im uff geben und sôltend fúrbas núntz haben wann was er in wôlt von sinen gnäden geben"*) und absoluter Gehorsam und Loyalität gegenüber dem Herrscher (*„Dar nach gebott er allen den die kind hettend das sie sie darbrâchtend und ietlicher sôlte mit siner aigen hand sinem kind sin hôpt ab schlahen"*, Vhs., 134f.).

In der Gesetzgebung Dschingis Khans scheinen Analogien zur mosaischen Gesetzgebung Gottes und zu dessen Loyalitätsprüfung seines Volkes im Alten Testament auf, sowie möglicherweise auch Anleihen an das christliche Armuts- oder Einigkeitsideal. So erinnert allein schon die Rhetorik des Gebietens Dschingis Khans an die von Gott durch Mose an das Volk Israel vermittelten Gesetze, und das erste Gesetz, das besagt, dass jeder an den *„untôttlichen got"* glauben solle, an das erste Gebot Gottes.[861] Die Aufgabe persönlichen Reichtums bewirkt die Gleichheit der Untertanen vor dem Herrscher, aber auch deren Abhängigkeit *„von sinen gnäden"*, sowie den Zwang, auf die Gnade des Khans zu vertrauen. Die deutlichste biblische Parallele findet sich jedoch im vierten Gebot Dschingis Khans – der Anweisung, jeder Untertan müsse ihm ein Kind opfern – das die Geschichte der Versuchung Abrahams auf die Vorgehensweise des Khans überträgt, der damit in die Position des prüfenden und Gnade walten lassenden alttestamentarischen Gottes gerückt wird: *„Do brauchtend sie ir kind all zehand und woltend sin gebott volbringen. Do wolt er den kinden kain layd nit lässen tûn, wan er wol sach das sie im tâttent was er sie hieß und im getrúw werend."* (Vhs., 135). Wie Gott Abraham davon abhält, seinen Sohn Isaak zu opfern, weil Abraham gezeigt hat, dass er gottesfürchtig ist, so gebietet auch Dschingis Khan seinem Volk Einhalt, als er sieht, dass sie all seine Gebote erfüllen und ihm in Treue verbunden sind.[862]

---

raturangaben gibt Gießauf, Die Mongolengeschichte des Johannes von Piano Carpine, S. 1-9, und zur *Geheimen Geschichte der Mongolen* ebd., S. 50f.

[861] Vgl. 2 Mose 20.

[862] Vgl. 1 Mose 22. Einen interessanten lautlichen Anklang an die Abraham-Isaak-Geschichte ließe sich zudem in der Benennung des Gesetzeswerkes Dschingis Khans sehen, das

Die Mongolengeschichte Mandevilles beruht nicht mehr auf Odoricos Bericht, der eine solche Historisierung der Mongolen nicht vornimmt, sondern auf den Berichten Riccolds von Monte Croce und Hethums von Armenien, wobei sich von ersterem weniger Einflüsse zeigen als von letzterem, dessen Anlage der Geschichte Mandeville in den größten Teilen folgt.[863] Es ist bezeichnend für die Darstellungsintention der *Reisen*, dass in Hethums Bericht nur drei Gesetze angeführt werden, die Dschingis Khan erlassen habe, von denen die Befolgung des letzten, die Tötung der Kinder, einen anderen Ausgang nimmt.[864] Das letzte Gebot richtet sich nicht wie bei Mandeville an alle, die Kinder ha-

---

in der Vhs. mit dem Namen „*Ysaacham*" (S. 134), im Paris-Text mit „*Ysacham*" (Ed. Letts, S. 356) bezeichnet wird und eine lautliche Ähnlichkeit mit Isaak aufweist. Schon in den mongolischen Quellen, wie der *Geheimen Geschichte*, trägt das Gesetz Dschingis Khans, das er 1206 etabliert hatte, den Namen *Jasagh*, in den persischen Quellen wird es als *Yasa* angegeben. Vgl. Kollmar-Paulenz, Die Mongolen, S. 29f. Vgl. auch Kohanski/Benson, Ed., The Book, Komm., die angeben, der Name stamme vom mongol. „yasa kaan: the Code of the Great Khan, set down by Genghis Khan in 1225." (S. 121) So auch Seymour, Ed. Defective-Version, Komm., S. 161. Diese Angabe und die Benennung der Gesetze Dschingis Khans finden sich auch in Hethums Text: „*et les appellent en leur langaige ,ysaac Canguis Can', qui sonne en nostre langage ,les lois et les constitutions Canguis Can'.*" (II, 7, Ed. Dörper, S. 248). Im Vdr. und im Ddr. erhält das Gesetz keinen Namen, doch spricht Diemeringen davon, dass Dschingis die Treue seines Volkes mit „*list vnd ordnung*" prüfen wollte (Ddr., S. 328). Die historische Forschung ist sich uneinig, wann das Gesetz(esbuch) Dschingis Khans niedergeschrieben wurde und ob es überhaupt ein Gebot zur Anbetung Gottes darin gab. Michal Biran: Chinggis Khan. Oxford 2007, bemerkt dazu: „The Grand *Jasaq* (usually known in its Turkish form, *Yasa*), the legal code ascribed to Chinggis Khan, [...] is one of the most disputed subjects in the study of Mongol history." (S. 43). Vgl. außerdem Igor de Rachewiltz: The Secret History of the Mongols. A Mongolian Epic Chronicle of the Thirteenth Century. Bd. III (Supplements), Leiden u. a. 2013, S. 95-97.

[863] Vgl. zur Geschichte des Aufstiegs Dschingis Khans, vom Erscheinen des weißen Ritters, über die Eroberungen der Mongolen bis zum Tod Dschingis Khans: Hethum, Die Geschichte der Mongolen, Ed. Dörper, Buch II, Kap. 7 (S. 236-249); Riccold de Monte Croce: Pérégrination en Terre Sainte et au Proche Orient. Texte latin et traduction. Lettres sur la chute de Saint-Jean d'Acre: Traduction. Ed. par René Kappler. Paris 1997, erklärt, die Tartaren seien die Nachkommen von Gog und Magog und lebten wie wilde Tiere in der Wüste, umgeben von unbegehbaren Bergen, aus denen sie eines Tages (angeleitet von einem Hasen und einer Eule) ausbrachen um sich die Welt zu unterwerfen. Dschingis Khan gebot ihnen Gehorsam und Eintracht, woraufhin sie in drei Armeen viele Länder, auch christliche, eroberten (S. 97-113).

[864] Die ersten beiden Gesetze sind bei Hethum die Verehrung des unsterblichen Gottes, der dem Khan seine Würde verliehen hätte („*croire et obeir a .i. Dieu immortel par qüi ordonnance il estoit venus a la dignite d'empereur*"), und die Bewaffnung und militärische Organisation der Männer in Einheiten (II, 7, Ed. Dörper, S. 240f.).

ben, sondern nur an die großen Herren seines Volkes, die jeweils ihren Sohn vor dem Khan eigenhändig köpfen müssen. Der Erzähler Hethum bezeichnet dieses Gebot zu Beginn im lateinischen Text als ‚sehr erstaunlich', was in der französischen Übersetzung von Jean le Long mit ‚äußerst abscheulich' wiedergegeben wird (*„valde stupendum"/ „treshideux"*). Denn der Khan befielt, und seine Untergebenen führen den Befehl aus – „[e]*t combien que celi commandement senblast a chascun trop cruel, si ne fu nul qui osast venir contre, tant pour la paour du peupple, tant aussi pource que il savoient que le commandeur fu leur sires ordonnez par l'ordonnance de Dieu.*"[865] Mandeville lässt Dschingis Khan – wahrscheinlich in Analogie zur Abraham-Isaak-Geschichte – seinem Volk gegenüber gnädig sein, rückt ihn damit aber deutlicher in die Position Gottes. In den *Reisen* lässt sich also in der erzählerischen Darstellung von der Auserwähltheit Dschingis Khans zur Ausübung seiner Herrschaft eine Überhöhung des Herrschers zum Gott feststellen, mit der seine absolute Macht zum Ausdruck gebracht wird.

Der Aufstieg der Mongolen erfolgt vor allem durch militärische Erfolge und Eroberungen, die von weiteren göttlichen Zeichen begleitet sind und somit mit der Unterstützung Gottes geschehen. Schon Hethum geht in seiner Darstellung der mongolischen Gottesvorstellung so vor, dass er von Beginn an die Formulierung ‚der unsterbliche Gott' verwendet, an den die Mongolen glaubten, womit er deutliche Analogien zum Monotheismus und zum christlichen Gott herstellt.[866] Diese rhetorische Strategie der Überblendung der mongolischen mit der christlichen Gottesvorstellung übernimmt auch Mandeville, der den Gott im gesamten Teil über den Großkhan und die Mongolen und besonders auch in der Geschichte der Mongolen als den *„untôttlichen got [...] der allú ding vermag"* bezeichnet. So wird der Eindruck vermittelt, wie es auch Yeager feststellt, Dschingis Khan sei vom christlichen Gott zum Herrscher seines Volkes auserwählt worden und werde von ihm in seinen Kämpfen und Eroberungen stets unterstützt.[867] Auch in der Erzählung von den weiteren Eroberungen der Mongolen werden Parallelen zur christlichen Heilsgeschichte erkennbar, die so weit gehen, dass Dschingis Khan von den *Reisen* als ein zweiter Mose imagi-

---

[865] Hethum, ebd., S. 241f.

[866] Vgl. ebd., Einleitung, S. 18f. Dörper erklärt diese Rhetorik bei Hethum, über welche die Mongolen dem Christentum angenähert werden, mit politischen Hintergründen der Zeit und der Hoffnung des Westens, in den Mongolen (vielleicht christliche oder zumindest dem Christentum gegenüber aufgeschlossene) Verbündete zu finden.

[867] Vgl. Yeager, The World Translated, S. 168: „Here, Mongolian greatness is explained as a function of salvation history, and the rise of this people is justified as a plan foreseen by the Christian God."

niert wird und der Auszug der Mongolen aus ihrer Heimat nach Cathay als ein mongolischer Exodus.

Den Auftrag zu diesem Exodus verkündet der weiße Ritter,[868] der nochmals vor Dschingis Khan erscheint und ihm sagt, er solle über den Berg *„Lyant"* ziehen und das dahinterliegende Land gewinnen und sich dabei von keinem Hindernis aufhalten lassen: *„und sprach: ‚Ob du nit gůtten weg findest, da ker dich nit an und zůch by dem mer hin byß an den berg; so knůwe nůnstund nider in des untôttlichen gottes eren und bitt in das er dir gezôg wa du můgest geziehen in das land.' Und das tått der kayser."* (Vhs., 135). Als Dschingis mit seinem Volk an den Berg gelangt, an dem es für sie kein Weiterkommen gibt, weil das Meer direkt an den Berg schlägt, befolgt Dschingis die Anweisung des weißen Ritters und bittet Gott um Hilfe: *„do knůwet er nider und batt den untôttlichen gott, als vor geschriben statt. Do gieng das mer hinder sich nůn schůch. Do zoch er under dem berg hin mit sinem gesind und gewan das kůngrich von Cathay. Und das ist das grôst kůngrich das in der welt ist."* (Vhs., 136). So wie Mose mit Gottes Hilfe das Volk Israel durch das Rote Meer von Ägypten in das Gelobte Land Kanaan führt,[869] so gelangen auch die Mongolen unter der Führung Dschingis Khans und mit der Hilfe Gottes, der das Meer vor ihnen zurückgehen lässt, in ein ihnen von Gott versprochenes neues Land, Cathay.[870]

Auch bei der Erzählung über den Tod Dschingis Khans wird durch die Anführung seiner zwölf Söhne, die er zum Zusammenhalt ermahnt, damit sie unbesiegbar wären, an die zwölf Söhne Jakobs, beziehungsweise die zwölf Stämme Israels,[871] erinnert. Mandeville integriert die fremde Macht stark in eigene, christliche Vorstellungsmuster. Er stellt die Geschichte des Aufstiegs der Mongolen unter den Einfluss der lenkenden Hand Gottes und stilisiert durch deutliche Analogien und Assoziationen zum alttestamentarischen Narrativ die Mongolen zu einem von Gott auserwählten Volk.[872]

---

[868] Die Forschung verweist darauf, dass der weiße Ritter den Schamanen Tab-Tengri repräsentiere, der vor der Wahl Dschingis Khans zum himmlischen Gott der Mongolen geritten sei, um dessen Willen zu erfahren. Vgl. Seymour, Ed. Defective-Version, Komm., S. 160f., mit Bibliographie zum weißen Ritter.

[869] Vgl. 2 Mose.

[870] Das Motiv der Freiheit, bzw. der Befreiung, wird an dieser Stelle zwar nicht angesprochen, doch verspricht der weiße Ritter dem mongolischen Volk vor der Wahl Turgis' zum Khan, dass sie mit ihm als ihrem Herrscher niemandem mehr untertan sein müssten: *„So werdent ir ledig und werdent nimer nieman untertånig."* (Vhs., S. 134).

[871] Vgl. 1 Mose 49,28.

[872] Die Analogien zum Alten Testament stellt auch Grady, Representing Righteous Heathens, heraus, doch sieht er deren Funktion darin, dass die Leser so die Autorität des Khans anerkennen könnten („Mandeville wants us to appreciate the Chan's authority").

Dadurch, dass Dschingis Khan in der Erzählung von der Geschichte seines Aufstiegs mit einigen der wichtigsten jeweils von Gott auserwählten Figuren des Alten Testaments assoziiert wird, entsteht ein leiser Kontrast zwischen dieser Geschichte und der Rückführung des Khansnamens auf den verfluchten Cham.[873] Doch zeigen sich auch in der Geschichte Dschingis Khans Ambivalenzen, denn dieser wird einerseits zum Begründer eines neuen, von Gott auserwählten und geleiteten Volkes und andererseits – wie es die Darstellung vermittelt – zu dessen Gott gleichermaßen, beziehungsweise zu einem allmächtigen, unanfechtbaren, gottgleichen Herrscher. In diesem Bund zwischen Gott und dem Mongolenvolk fallen immer wieder weltliche und göttliche Macht zusammen. Anders gesagt braucht es zu Beginn einen göttlichen Eingriff für die Initiation und die Legitimation der Khansherrschaft, die dann in der Herrschaftsausübung und zur Herrschaftssicherung die Rolle Gottes usurpiert.

Mandevilles Darstellung der Khansherrschaft lässt sich somit in zwei Funktionen des Narrativs unterteilen: Die Beschreibung der Machtausübung (Residenz, Rituale, Herrschaftsrepräsentation) und die Machtzuschreibung (Geschichte des Namens und Dschingis Khans). Durch das Zusammenwirken dieser verschiedenen Funktionsbereiche wird die Khansmacht mit unterschiedlichen Semantiken versehen, wodurch ein ambivalentes Bild zwischen Demut (Gott gehorchen) und Hybris (Gott sein) entsteht. Die Auserwähltheit Dschingis Khans steht in einem prekären Verhältnis zur Abstammung des Khans von Cham, die dem Khansgeschlecht eine böse und vor allem machtversessene Vorprägung implementiert. Entgegen Higgins' Feststellung, dass der Khan durch die genealogische Verbindung zu Cham zwar so erscheint, als wäre er „descended from primal evil", sich diese Assoziation aber nicht weiter fortsetze („a suggestion that has no echo in the larger account"),[874] konnte hier herausgearbeitet werden, dass vor allem in der Darstellung der Machtausübung des Khans (auch Dschingis Khans) wiederum Zeichen eines inneren Makels der Überhöhung gegenüber Gott hervortreten. Dies geschieht durch die Verknüpfung der fremden Macht mit fremden Kulten, die entweder als Per-

---

Zudem würde sich darin die „rhetorical and spiritual hegemony of Christian values" zeigen, die die Beschreibung des Reichs des Großkhans durchziehen (S. 61). Vgl. demgegenüber Melville, Fiktionen als pragmatische Erklärungen, dessen Beobachtungen das hier Gesagte unterstützen, da er die heilgeschichtlichen Analogien als ein Raster versteht, mit welchem die Mongolen in das christliche Weltbild eingeordnet und „in einen Horizont akzeptabler Wirklichkeit integriert" werden konnten (S. 42).

[873] Dagegen stellt Higgins, Writing East, zu der ganzen Passage lediglich fest, dass in Mandevilles Geschichte des mongolischen Aufstiegs die Mongolen „more like chivalric heroes than like Cham's kin and Nimrod's hellish spawn" gezeichnet würden (S. 163).

[874] Ebd.

version eigener Rituale, oder als magisch-dämonische Praktiken beschrieben werden, und in der Engführung des fremden Herrschers mit dem christlich überformten fremden Gott. Die ausgestellte Vergöttlichung des Khans erfährt schließlich noch eine deutlich christliche Ausformung, indem der Khan durch die mehrfache Selbstbezeichnung als Gottes Sohn mit dem aus christlicher Sicht wahren und einzigen Gottessohn assoziiert wird. Eine ähnliche Verfahrensweise der göttlichen Positionierung des Herrschers zeigte sich in der Geschichte Dschingis Khans, wenn dieser mit der Verschonung der Kinder quasi-göttliche Gnade walten lässt. Dass darin eine Hybris angelegt ist, die mit der Abstammung des Khans von Cham und Nimrod korrespondiert, konnte die Analyse bestätigen.[875]

Die so entstehenden Ambivalenzen zwischen der Hybris des Khans und seiner vermeintlichen Auserwähltheit und Gottgefälligkeit sind Ausdruck der grundsätzlichen Problematik der Einordnung und Wertung der mongolischen Herrschaft aus christlicher Perspektive. In den *Reisen* ist kein einheitlich positives oder negatives Bild des Großkhans und der Mongolen zu erkennen, vielmehr wird ihnen einerseits ein Potential zum Christentum zugeschrieben, welches die Mongolen andererseits in ihren Praktiken und Formen der Verehrung wieder in Idolatrie und Herrscherkult verkehren.

In den *Reisen* kommen somit zwei unterschiedliche, diskursiv vorgeprägte Mongolen- und Herrscherbilder zusammen: Das Negativbild des gefährlichen, mächtigen Herrschers, der sich zum Gott macht einerseits und die Hoffnung auf christliche Verbündete, die von Gott auserwählt wurden, um gegen die Sarazenen zu kämpfen, andererseits. So stellen auch die Velser-Handschrift und der Paris-Text, im Gegensatz zum Diemeringen- und Velser-Druck, abschließend fest: *„Und das ist groß schad und schand das er nit cristen ist, aber doch hŏrt er gern von got sagen"*[876] (Vhs., 144).

---

[875] Grady, Representing Righteous Heathens, dagegen sieht, wie Higgins, die durch die Rückführung des Khans auf Cham negativ konnotierte Anlage der Khansherrschaft nicht in der weiteren Darstellung des Großkhans aufgegriffen, sondern er überblendet die negativ konnotierte Darstellung mit der positiven der Auserwählteit, sodass für ihn der Großkhan ausschließlich in positivem Licht erscheint: „The Great Chan and his kingdom hardly seem cursed. But Mandeville ignores both of these difficulties [dass traditionell Ham Afrika zugeteilt und dass er verflucht wurde], because the point he wishes to make is just the opposite: the Great Chan was not cursed but blessed, or at least commissioned, by God." (S. 61) Dieselbe Meinung von der unkritischen Darstellung des Großkhans vertritt Patterson, Mandeville's Intolerance: „the Tartars and the rest of the peoples of the East are represented as having overcome their cursed nature." (S. 169).

[876] Der Paris-Text spricht allerdings nicht davon, dass der Großkhan kein Christ ist, sondern dass er nicht fest an Gott glaubt, womit hier wahrscheinlich die christliche Gottesvor-

6. Herrschaft und Reichtum, Religion und Moral: Der Sturz des Kalifen von
Bagdad

In der Erzählung von der Geschichte der Mongolen berichtet Mandeville nach
dem Tod Dschingis Khans von den nachfolgenden Khanen, unter denen sogar einige Christen gewesen seien. Möngke Khan habe sich als „gûtter getôffter
crist[...]" (Vhs., 137) den europäischen Christen so nahe gefühlt, dass er durch
seinen Bruder Hülegü das Heilige Land erobern ließ, um es den Christen zurück-
zugeben. Die in diese Erzählung der mongolischen Rückeroberung des Heiligen
Landes eingebaute Geschichte vom Sturz des Kalifen von Bagdad zeigt einerseits
eine Vereindeutigung der Mongolen in den christlichen Bereich hinein, andererseits verhandelt sie exemplarisch den prekären Zusammenhang von übermäßigem Reichtum und Sakralherrschaft, der durch den Vergleich des Kalifen mit
dem Papst in die lateinisch-christliche Kultur übertragen wird. Christen, Mongolen und Sarazenen werden alliiert und konfrontiert, ihre macht- und religions-
politischen Vorstellungen und Vorgehensweisen aufgezeigt und die verschiedenen Konzeptionen von Herrschaft und Macht verhandelt. Der Status des Kalifen
als geistlich-religiöser Führer, der zudem weltliche und territoriale Macht ausübt, zeigt sich hier als ein problematischer, der letztlich der militärischen Stärke
der Mongolen nichts entgegenzuhalten vermag.

Das von der im Folgenden näher zu betrachtenden Erzählung aufgenom-
mene historische Ereignis der Eroberung Bagdads durch die Mongolen 1258
und die Zerstörung des Kalifats durch die Ermordung des letzten Abbasiden-
Kalifen al-Musta'sim hatte das Ende der ca. 500 Jahre in Bagdad herrschenden
Abbasiden-Dynastie zur Folge und begründete das persische Il-Khanat.[877] Im
Osten wie im Westen entstanden schon bald viele Geschichten um die Ermor-

---

stellung der mongolischen, die jedoch in der erzählerischen Darstellung sehr eng an der
christlichen gehalten ist, gegenübergestellt wird: „Dont cest grant damaige et pities quil
ne croient fermement en Dieu. Et si ot tres volontiers parler de Dieu" (Ed. Letts, S. 268).
Der Vdr. und die Hs. N hingegen führen das Bedauern des Erzählers, dass der Khan kein
Christ sei, nicht an, sondern lediglich die Feststellung, die eine Nähe des Khans zum
Christentum suggeriert: „vnd er hôrt geren von gott sagen" (Vdr., S. 148, vgl. auch Hs. N,
fol. 126r). Ebensowenig führt der Ddr. das Bedauern an.

[877] Der zweite Abbasidenherrscher al-Mansur gründete 762 n. Chr. die Stadt Bagdad als neue
Hauptstadt des persisch-islamischen Reichs und installierte damit das bis 1258 während
dritte Kalifat, unter welchem die islamische Kultur ihre Blütezeit erlebte. Vgl. H. Kennedy:
(Art.) al-Manṣūr. In: Encyclopaedia of Islam, Second Edition, via Brill Online, 2014. Zugriff
über UZH Hauptbibliothek/ ZB Zürich, und B. Lewis: (Art.) 'Abbāsids. In: Ebd. Vgl. zur Entstehung und Geschichte des persischen Il-Khanats René Grousset: Die Steppenvölker. Attila – Dschingis Khan – Tamerlan. Aus dem Franz. übertragen v. Leopold Voelker. München

dung des Kalifen von Bagdad, die zwar in einigen Punkten voneinander abweichen, im Kern jedoch alle von der Affinität des Kalifen zu seinem Reichtum sowie von seinem Tod durch Verhungern berichten.[878] In der Mandeville-Forschung hat die Episode bisher noch kaum Beachtung gefunden, obwohl sie als Rezeption einer der damals im Westen meisterzählten Geschichten über den Vorderen Orient gelten kann.[879] Im narrativen Zusammenhang der *Reisen* dient die Erzählung über den Kalifen von Bagdad einerseits der christlichen Profilierung der Khansherrschaft, andererseits funktioniert sie als Exempelerzählung und als Spiegel, der aus der europäisch-christlichen Perspektive des Textes die Problematiken eines Herrschaftskonzepts reflektiert, in welchem sakrale und weltliche Machtansprüche kumulieren.

1970, S. 474-535 und Michael Weiers: Die Mongolen in Iran. In: Ders. (Hg.): Die Mongolen. Beiträge zu ihrer Geschichte und Kultur. Darmstadt 1986, S. 300-344.

[878] Besonders im Westen war die Geschichte von der Ermordung des Kalifen durch die Mongolen ein großer Erfolg. Wilhelm von Tripolis berichtet davon in *De statu sarracenorum* (Kap. 14, Ed. Engels, S. 302-305), sowie Marco Polo in seinem Reisebericht (Kap. 25, Ed. Guignard, S. 34-36; Mitteldeutscher Marco Polo, Ed. Tscharner, S. 5); sie findet sich in der *Pérégrination* des Riccold von Monte Croce (Ed. Kappler, S. 108-111), in *La Vie de Saint Louis* des Jehan de Joinville (§584-587, Ed. Monfrin, S. 290-293) sowie in der *Histoire des Tartares*, bzw. *La Flor des Estoires de la Terre d'Orient* des Armeniers Hethum von Korykos (II, 14, Ed. Dörper, S. 271-273).
Vgl. zur Herkunft der Geschichte aus arabischen Quellen John Andrew Boyle: The Death of the last Abassid Caliph. A contemporary Muslim Account. In: Journal of Semitic Studies 6 (1961), S. 145-161, wieder abgedruckt in: Ders.: The Mongol World Empire. 1206-1370. London 1977, S. 145-161. Boyle findet die älteste Version der Geschichte in einem Appendix der *Geschichte des Welteroberers* des persischen Geschichtsschreibers 'Ata-Malik Juvaini, der dem persischen Philosophen Nasir-ad-Din Tusi zugeschrieben wird. In diesem Appendix finde man Boyle zufolge „evidence not only of an eye-witness of the siege of Baghdad, but of one who was almost certainly present at the actual interview between Hülegü and the Caliph." (S. 148) Diese Vermutung der Augenzeugenschaft ist jedoch nicht zu belegen. Im Anschluss an seine einführenden Bemerkungen legt Boyle eine engl. Übs. des Textes aus dem Appendix vor, in dem die Todesart des Kalifen jedoch nicht genannt wird (S. 151-161).

[879] Eine kurze Erwähnung findet diese Textstelle in wenigen Kommentaren in den Mandeville-Editionen, so bei Seymour und Hamelius, die beide auf das historische Ereignis der Eroberung Bagdads verweisen, sowie auf Mandevilles Vorlage Hethum und auf eine vergleichbare andere Geschichte, die sich bei Wilhelm von Tripolis findet (Tod des römischen Triumvirs Crassus, Vgl. unten, Anm. 928). (Bodley, Ed. Seymour S. 171, Egerton, Ed. Seymour, S. 196, Cotton, Ed. Hamelius, S. 116f.). In Teilen wird die Textstelle bei Yeager, The World Translated, S. 167, zitiert. Yeager versucht damit ihre These zu stützen, dass Mandeville eine „relationship between the Khans and the Christian God" (ebd.) etabliere, doch fehlt ein argumentativer Bezug zwischen ihrer These und der Textstelle.

6.1 Christliche Perspektivierung

Die Episode beginnt mit der Nennung „*Maghotams*"/Möngke Khans[880] als einem der Nachfolger Dschingis Khans und der Feststellung, dass dieser Christ gewesen sei: „*Nach Athatatan was Justianus, und nach dem Maghotam der was ain gůtter getöffter cristen und sant den cristen brieff das er öwig frid mit in wölt halten*" (Vhs., 137). Historisch gesehen greift Mandeville mit dieser Feststellung die seit den ersten Begegnungen zwischen Europäern und Mongolen immer wieder geäußerten Gerüchte auf, einer oder mehrere mongolische Führer seien zum Christentum übergetreten.[881] Durch die Anführung der Taufe des Großkhans und der Briefe, die von ihm an die Christen gesendet werden, etabliert Mandeville in der Erzählung eine Verbindung zwischen den Mongolen und den Christen, die zusammen mit dem versprochenen immerwährenden Bündnis eine gemeinsame Handlungsabsicht legitimiert.[882] So sendet Möngke Khan seinen Bruder Hülegü[883] mit einer Armee nach Westen, um das Hei-

---

[880]   Mangu, Mango oder Möngke Khan, Sohn Toluis und Enkel Dschingis Khans, war von 1251-1259 mongolischer Großkhan. Zu Möngke Khan reisten der Franziskanermönch Wilhelm von Rubruk, der 1253/54 in Karakorum verweilte, sowie 1254 der kleinarmenische König Hethum I (1226-1269), Onkel des Hethum von Korykos, welcher später in der *Geschichte der Mongolen* (*Flor des Estoires*) von dieser Begegnung berichtet. Vgl. Hethum II, 13 (Besuch Hethums I bei Möngke Khan, Ed. Dörper, S. 262-270).

[881]   Die Behauptung, der Großkhan sei Christ gewesen, hat Mandeville sehr wahrscheinlich von seiner Quelle Hethum übernommen (Vgl. die Konversion des Großkhans Möngke durch den armenischen König Hethum I bei Hethum II, 13, Ed. Dörper, S. 264-269). Grundsätzlich kann aber davon ausgegangen werden, dass Möngke Khan niemals Christ gewesen ist, wie auch Dörper zu besagter Stelle bei Hethum anmerkt (ebd., S. 383). Entgegen der zur Zeit der ersten Mongolenbegegnungen kursierenden Gerüchte äußerte z. B. der in diplomatischer und christlicher Mission nach Karakorum gereiste Franziskaner Wilhelm von Rubruk mehrmals Zweifel an der angeblichen Taufe und am Christentum Möngke Khans und anderer Mongolenherrscher. Rubruk beschuldigt die nestorianischen Christen, die er als Lügner und Geschichtenerzähler charakterisiert, diese Gerüchte zu verbreiten (Vgl. Wilhelm von Rubruk, Kap. 17, 2, Ed. Wyngaert, S. 206f. und Kap. 29,14-16, ebd. S. 256f.). Siehe zum Verhältnis der Il-Khane zum Christentum: Felicitas Schmieder: Europa und die Fremden. Die Mongolen im Urteil des Abendlandes vom 13. bis in das 15. Jahrhundert. Sigmaringen 1994, S. 34f.

[882]   Eine mögliche Verbindung zwischen den westlichen Christen und den Mongolen zeichnete sich auch historisch ab und ist z. B. daran ersichtlich, dass von den Christen die Nachricht von der mongolischen Eroberung Bagdads als Zeichen wahrgenommen wurde, das ihre Hoffnung auf Verbündete im Kampf gegen den Islam und letztlich auf ein Zeitalter des Friedens unter christlicher Herrschaft schürte. Vgl. Tolan, Saracens, S. 202 u. 223.

[883]   Hülegü Khan, Bruder Möngke Khans, Sohn Toluis und Enkel Dschingis-Khans, erstürmte Bagdad 1258 und gründete in Persien die Dynastie der Il-Khane. Ich übernehme hier

lige Land zu gewinnen, dieses den Christen zu übergeben und außerdem den Kalifen von Bagdad abzusetzen:[884] „[Maghotam] *sant sinen brůder Ylion mit grossem volck uß, das er daz hailig land sôlt gewinnen, und solt das den cristen antwúrten, und Machomets gelöben zerstôren, und solt vähen Caliphe von Bandas, der der Sarrazenen kayser was.*" (Vhs., 137). Mandeville lässt die von der westlichen Christenheit gehegten und in diversen zeitgenössischen Texten tradierten Hoffnungen auf Verbündete jenseits des Herrschaftsgebietes der Sarazenen in seine Darstellung der Mongolen einfließen und narrativiert diese Gerüchte durch die in die Herrschergenealogie eingefügte Erzählung, an deren Ende die Mongolen tatsächlich das Heilige Land für die Christen erobern und es ihnen übergeben: „*Do hieß Ylion gewinnen und gewann das hailig grab und das land gantz und gar und gab es den cristen under die hand.*" (Ebd.).

Durch diese Rahmung wird das Geschehen unter eine christliche religions- und machtpolitische Perspektive gestellt und aus dieser heraus motiviert.[885] So

---

der Einheitlichkeit wegen die in der Forschung geläufige Umschrift ‚Hülegü'. In den Mandeville-Versionen variiert der Name: *Ylion/ Hylion* (Vhs., S. 137), im Frühdruck der Velser-Übersetzung wird der Name nicht genannt (Vgl. Vdr., S. 142), *Hollo Can* (Ddr., S. 331), *Illion* (Paris-Text, Ed. Letts, S. 358), *Halaon* (Egerton, Ed. Seymour, S. 123, sowie Cotton, Ed. Seymour, S. 165/ Ed. Hamelius, S. 150), *Aloon* (Bodley, Ed. Letts, S. 475), und in der Defective Version fehlt die Episode gänzlich (Vgl. Ed. Kohanski/Benson, S. 76). Hethum verwendet die Bezeichnung *Halaon* und der mitteldeutsche Marco Polo *Alau* (Ed. Tscharner, S. 5). Vgl. zu den Varianten des Namens außerdem Boyle, Last Abbasid Caliph, S. 151, Anmerkung 4.

884   In der Geschichtsforschung wird immer wieder angeführt, Hülegü sei vom Großkhan in den Iran, bzw. nach Persien gesandt worden, um in erster Linie die den Mongolen Widerstand leistende ismaelitische Sekte der Assassinen zu vernichten und dann auch den Abbasiden-Kalifen abzusetzen. Vgl. Kollmar-Paulenz, Die Mongolen, S. 50f. In Hethums Darstellung ist die Aussendung Hülegüs durch Möngke Khan, um das Heilige Land zu erobern und den Christen zu übergeben, mit der Vernichtung der Assassinen-Sekte durch Hülegü in der Handlungsabfolge zusammengelegt. Hülegü besiegt auf seinem Westfeldzug erst die Assassinen und ihren *seigneur*, residiert eine Saison in Persien und erobert dann die Stadt Bagdad (Hethum II, 13, Ed. Dörper, S. 269f.). Bei Mandeville dagegen ist die Episode über die Assassinen und ihren Anführer, den Alten vom Berge, losgelöst von den hier dargestellten Ereignissen der mongolischen Eroberungen in Persien und ans Ende der *Reisen* und somit geographisch weiter nach Osten verlagert, wo der Episode eine stärkere Eigenständigkeit zuteilwird (Vgl. Vhs., S. 158f.).

885   Die Rahmung der Episode mit der in Aussicht gestellten und dann vollzogenen Rückeroberung des Heiligen Landes durch die Mongolen findet sich nur bei Mandeville. Bei Hethum dagegen versichert Möngke Khan den Armeniern zwar, seinen Bruder Hülegü auszusenden, um für die Christen das Heilige Land zu erobern, doch kann Hülegü dieses Versprechen aufgrund des Todes Möngke Khans und der daraus resultierenden Nachfolgestreitigkeiten nicht einlösen (Vgl. Hethum II, 15, Ed. Dörper, S. 276-278).

scheint denn auch in der Textstelle das Christentum des Großkhans die einzige Motivation für die Eroberungszüge Hülegüs im Westen zu sein, die sich gegen die Sarazenen richten. Über weitere Ziele oder eigennützige Absichten des Großkhans und seines Volkes äußert sich der Erzähler nicht. Ebenso wird die Form des Christentums des Großkhans nicht weiter spezifiziert, weshalb man annehmen kann, dass es sich für den Erzähler nicht explizit vom westlich-lateinischen Christentum unterscheidet.

In dieser Episode werden die dargestellten Handlungen an einer allgemeingültigen, auf christlichen Werten gründenden Moral ausgerichtet. Der Text instrumentalisiert die Mongolen für christliche Belange, indem er sie als wahre Christen agieren lässt, die das Heilige Land zurück in Christenhand bringen, und zeigt so den Anspruch der Christen auf das Heilige Land als allgemein christlichen, der von der gesamten Christenheit erhoben wird. Die Engführung von als Christen gezeichneten Mongolen und lateinisch-westlichen Christen zeigt sich zunächst in dieser gemeinsamen Handlungsabsicht und spiegelt sich, wie zu sehen sein wird, auch in der Rhetorik und Argumentation wider, die in der Begegnung zwischen Hülegü und dem Kalifen von Bagdad zur Anwendung kommt.

Mit der Forderung des Großkhans, das Heilige Land zu gewinnen, ist der Befehl an Hülegü verbunden, den sarazenischen Glauben zu zerstören und den Kalifen von Bagdad gefangen zu nehmen. Durch die in Aussicht gestellte Vernichtung des fremden Glaubens wird der territoriale Anspruch auf das Land in den Kontext religiöser Hegemonie gestellt. Auch rhetorisch-argumentativ geht der Text so vor, dass sich die Forderungen des Großkhans – die Landnahme (*„daz hailig land* [...] *gewinnen"*), die Übergabe des Landes an die Christen (*„das den cristen antwúrten"*), die Zerschlagung des sarazenischen Glaubens (*„Machomets gelöben zerstóren"*) und die Absetzung des Regenten (*„vähen Caliphe von Bandas"*) – gegenseitig bedingen. Die Abfolge der Ereignisse scheint also für den Erfolg des mongolischen Kriegszugs und damit für den Sieg des Christentums unabdingbar zu sein. Zudem kann aus der hier vorgestellten christlichen Perspektive die ersehnte Verfügbarkeit über das Heilige Land machtpolitisch letztlich nur durch die Zerschlagung der Herrschaft des Kalifen und damit durch die Herbeiführung des Endes des Islam von Dauer sein.[886] Der Text macht also deutlich, dass der Herrschaftsanspruch der Chris-

---

[886] Die Vorstellung, dass die Zerschlagung der sarazenischen Herrschaft über die Beendigung des Kalifats das Ende des Islam herbeiführen würde, wurde häufiger von westlichen Autoren propagiert und findet sich auch im Traktat *De statu saracenorum* Wilhelms von Tripolis. Dort wird die Prophezeiung des Untergangs des Islam mit dem Ende der Kalifenherrschaft dem Propheten Mohammed selbst zugeschrieben: *„Post Machometum*

ten die territoriale und die religiöse Hegemonie über das Heilige Land umfasst, da der christliche Glaube mit dem Land selbst und den heiligen Stätten unlösbar verbunden ist.[887] Keine Relevanz für die Logik der Erzählung scheint dabei die tatsächliche geographische Distanz zwischen Bagdad und dem Heiligen Land zu haben, sowie der dadurch fraglich erscheinende immediate Zusammenhang zwischen der Absetzung des Kalifen und der Befreiung des Heiligen Landes. Der Islam wird im Gegensatz zum Christentum weniger als eine Religion aufgefasst, die sich territorial oder aus einer Sakralgeographie heraus konstituiert, sondern die vielmehr auf der Gemeinschaft der Muslime beruht, die sich über die Offenbarung Gottes an Mohammed konstituiert und deren Zusammenhalt einzig durch ihren Sakralherrscher gewährleistet ist.[888]

6.2 Der Kalif als Papst, Kaiser und Sultan

Da der Text die Vernichtung des sarazenischen Glaubens in eine scheinbar kausale Abhängigkeit von der Absetzung des Kalifen von Bagdad stellt, ist es aufschlussreich, wie die Rolle des Kalifen in den *Reisen* bewertet wird. Dazu muss genauer betrachtet werden, in welcher Funktion und mit welchen Attributen der Kalif als fremder Herrscher dargestellt wird. In den oben erwähnten Aufforderungen des mongolischen Großkhans an Hülegü wird der Kalif von Bagdad mit einem erklärenden Zusatz als der *„Caliphe von Bandas, der der Sarrazenen kayser was"* (Vhs., 137) vorgestellt. Obwohl in der mittelalterlichen lateinisch-westlichen Tradition das Kalifat als Herrschaftsform begriffen wur-

---

vero duces habuerunt Arabes XLII, qui dicti sunt caliphe, *hoc est successores Machometi. Intellige, qui, ut dicunt scribe gentis et sapientes, prophetaverat regnum et dominium gentis sue post prefatum numerum XLII^orum ducum casurum et cassandum."/* „Nach Muhammad hatten die Araber zweiundvierzig Anführer, die Kalifen genannt wurden, d.h. Nachfolger Muhammads. Man beachte, daß dieser vorhergesagt hatte – so berichten es die Schriftsteller und Gelehrten seines Volkes –, daß das Reich und die Herrschaft seines Volkes nach der genannten Zahl von zweiundvierzig Anführern untergehen werde und zerstört werden solle." (Wilhelm von Tripolis, *De statu*, Kap. 11, Ed. Engels, S. 294f.) Vgl. zu dieser Prophezeiung Mohammeds außerdem Daniel, Islam and the West, S. 145: „Prophecies of the fall of Islam had long circulated and the disappearance of the 'Abbásid caliphate before Húlágú had made a great impression upon the Western, as upon the Eastern, world." Vgl. weiter Southern, Das Islambild des Mittelalters, S. 46, und Thomas W. Arnold: The Caliphate. Oxford 1924, S. 52f.

[887] Vgl. den Ausdruck dieser Vorstellung im Prolog der *Reisen*, Vhs., S. 2.

[888] Vgl. hierzu das Kap. ‚Heilsraum – II. 3. Abgrenzungen, Wertungen und Kritik an der Christenheit: Die Sarazenen' oben in der vorliegenden Arbeit.

de, in welcher religiöse Führung und weltliche Machtausübung vereint sind,[889] thematisiert der Erzähler diese Doppelrolle hier nicht explizit, wenn er den Herrscher in der Funktion eines Kaisers vorstellt. Die oben betrachtete syntagmatische Verbindung von *„Machomets gelöben"* und dem Kalifenamt impliziert allerdings eine religionspolitische Einflussnahme und somit auch eine geistliche Führungsfunktion des Kalifen.

Es kann angenommen werden, dass die *Reisen* durchaus ein Bewusstsein für die quasi-theokratische Herrschaftsform des Kalifen besitzen, da schon an früherer Stelle darauf hingewiesen wird. So heißt es bei der Beschreibung Chaldäas und der erstmaligen Nennung des Kalifen von Bagdad: *„In dem selben kúngrich [Caldea] ist Baldols die houptstatt [...]. Und da wonet ir kúng Kaliphes. Und der ist hie vor geweßen der von Arabia kayßer und bapst in gaistlichen und in weltlichen sachen und hett Machmechten geerbt und ist von sinem geschlecht."* (Vhs., 29). Das Aufzeigen der Doppelfunktion des Kalifen funktioniert hier über die Bezeichnung des Herrschers als *„kúng [...] kayßer und bapst"*, konkretisiert durch den erklärenden Zusatz: *„in gaistlichen und in weltlichen sachen"*.[890] Die Bezeichnung des Kalifen als Papst findet sich in europäischen Texten des Mittelalters als wiederkehrendes Erklärungsmuster in der Darstellung sarazenischer Herrscher.[891] Für die *Reisen* kann davon aus-

---

[889] Die komplexen Machtverhältnisse zwischen dem Kalifen, den geistlichen (Religionsgelehrte, arab. *ulamā*) und den weltlichen (Emire und Sultane) Autoritäten waren den westlichen Autoren allerdings kaum genauer bekannt. Der Kalif war Laie und kein Territorialherrscher, da er nicht über ein bestimmtes Territorium, sondern über die Gesamtheit der Muslime herrschte. Er war auch kein mit dem Papst und dessen Suprematie-Anspruch vergleichbares geistliches Oberhaupt, denn da es im Islam keinen institutionalisierten geistlichen Stand wie im Christentum gibt, kann das Konzept des Papsttums im Islam nicht greifen. Spätestens seit dem 10. Jh. galt der Kalif zudem nur noch als symbolisches Oberhaupt der islamischen Gemeinschaft. Vgl. allgemein zum Kalifat M. Forstner: (Art.) Kalif, Kalifat. In: LMA, Bd. 5, Sp. 868-869; sowie Heinz Halm: (Art.) Kalif. In: LThK 5, Sp. 1148. Vgl. zur Sicht des Westens auf das Kalifat Arnold, The Caliphate, bes. App. B. („The alleged spiritual powers of the caliph"), S. 189-200.

[890] Eine solche Zuschreibung des geistlichen und weltlichen Herrschaftsanspruchs eines fremden Herrschers wird in den *Reisen* auch schon beim Kaiser von Konstantinopel vorgenommen: Der *„kayser von Constantinopel [...] ist herre in gaistlichen und in weltlichen rechten, als wyt sin land ist."* (Vhs., S. 14).

[891] Vgl. Daniel, Islam and the West, S. 251. Daniel verweist auf Thomas Olivier, *Historia regum terre sancte*, Roger Bacon, *Opus maius*, Matthaeus Parisiensis, *Liber additamentorum*, den *Liber Nicolay* sowie Haymars des Patriarchen von Jerusalem Bericht an Innocenz III (Daniel, S. 399). Diesen wären noch weitere Autoren, die sich des Vergleichs mit dem Papst bedienen, hinzuzufügen: Joinville, *La Vie de Saint Louis*, § 584 (Ed. Monfrin, S. 290), Alberich von Troisfontaines, oder Vincent von Beauvais, Spec. Hist. 31,54. Vgl. die Angaben bei Engels, Ed. Tripolis, Komm. S. 379, der den Vergleich des Kalifen mit

gegangen werden, dass eine solche Gleichsetzung mit der grundsätzlichen Problematisierung des Papsttums korreliert und im Zusammenhang mit den anderen Papst-Nennungen und -Vergleichen im Text funktioniert.

In der Formulierung der Velser-Handschrift ist es aufschlussreich, dass die eigenen Herrschertitel (König, Kaiser und Papst) dem fremden Herrscher regelrecht zugeschrieben werden und diese Gleichsetzung rhetorisch nicht über den Vergleich oder die Explizierung der Andersheit der beschriebenen Sache abgeschwächt wird.[892] Im Sinne einer semantischen Übertragung, in welcher ein Begriff an die Stelle eines anderen tritt, wendet die Velser-Handschrift zur Verdeutlichung der Funktion(en) des Kalifen das Stilmittel der Metapher an, die im Gegensatz zum Vergleich wirkmächtiger ist und eine weitaus größere Übertragungsleistung erbringt.

Diese Rhetorik bewirkt mehreres: Erstens erhält die Kalifenmacht eine starke religiöse Aufladung, die im Zusammenwirken mit der weltlichen Macht des Königs oder Kaisers eine aus christlicher Sicht gefährliche Übersteigerung erfährt. Zweitens bewirkt die Rhetorik eine Reflexion auf eigene Herrschaftsmodelle, indem sie die Einheit weltlicher und geistlicher Herrschaft in einer Herrscherperson postuliert, die zugleich als *kayßer* und *bapst* bezeichnet wird. Historisch betrachtet führt sie damit zwei Institutionen zusammen, die in Europa seit dem 11. Jahrhundert im Konflikt miteinander stehen und zeitgenössisch im 14. Jahrhundert neu um die Suprematie konkurrieren.[893] Der Ka-

---

dem Papst als „locus communis der christlichen mittelalterlichen Literatur" beschreibt. Siehe außerdem zum Topos des Kalif-Papst-Vergleichs die Dissertationsschrift von Jenny Oesterle: Kalifat und Königtum. Herrschaftsrepräsentation der Fatimiden, Ottonen und frühen Salier an religiösen Hochfesten. Darmstadt 2009, die zudem herausstellt, dass der Vergleich kulturell wechselseitig verwendet wurde und auch muslimische Autoren Kalif und Papst parallelisierten (S. 55-58).

[892]   Es gibt in den *Reisen* noch eine vergleichbare Stelle, wo ein nicht-christliches religiöses Oberhaupt als Papst bezeichnet wird: Bei der Beschreibung der Rituale in Tibet heißt es, jedoch mit einem stärker zwischen „wir" und „sie" differenzierenden Sprechgestus: *„In der selben stat da sitzet ir bäpst, den sie hond, der in pfründ und kirchen verlicht."* (Vhs., S. 173).

[893]   Ein Höhepunkt des Konflikts zwischen Kaisertum und Papsttum im 11. Jahrhundert war der Investiturstreit, der die Einheit von *regnum* und *sacerdotum* nachhaltig erschütterte und schließlich zum Interregnum und zum Schisma der Christenheit führte; als durchgehende metaphorische Umschreibung und Begründung des Konflikts zeigt sich die auf Lk 22,38 zurückgehende Zwei-Schwerter-Lehre, auf die sich auch Papst Bonifatius VIII 1302 in seiner Bulle *Unam Sanctam* zur Legitimation des weltlichen Machtanspruchs der Kirche beruft. Im Entstehungszeitraum der *Reisen* Mitte des 14. Jahrhunderts erlangte der Konflikt erneute Aktualität durch die Bedingungen, die Papst Clemens VI Karl IV bei der Königswahl stellte, wie bspw. die papale Bestätigung der deutschen Königswahl, sowie 1366, als König Edward III von England den Suprematieanspruch des Papstes über

lif verkörpert so einen Zustand der politischen und religiösen Eintracht, der dem Zerfall der Einheit von *regnum* und *sacerdotum* im Herrschaftsbereich der Christen gegenübersteht. Drittens kann darin eine Schwächung des päpstlichen Primat-Anspruchs gelesen werden, beziehungsweise ein Verweis auf die zeitgleiche Regierung mehrerer Päpste, wie es in den *Reisen* schon an anderen Stellen festgestellt werden konnte.

Auch im Paris-Text findet sich die Bezeichnung des Kalifen als Papst. In der Formulierung, der *Califres* sei „*comme empereur des Arabiens et papes, sire du temporel et de lesperituel*"[894], wird jedoch im Gegensatz zur Velser-Handschrift der Papst-Begriff durch die Verwendung eines expliziten Vergleichs (*comme*) auf den Kalifen übertragen und somit die Idee eines doppelten Papsttums nur als Möglichkeit und nicht als scheinbar schon existente Tatsache vorgestellt. Während die Entstehung des Paris-Textes in die Zeit vor dem Großen Abendländischen Schisma fällt, ist es dagegen bei der um 1390 entstandenen Velser-Übersetzung denkbar, dass sie mit der direkten Übertragung des Papst-Titels auf den Kalifen auf die zu dieser Zeit aktuelle Situation der gleichzeitigen Regierung mehrerer Päpste anspielt.

Mit den historischen Implikationen geht auch eine implizite Wertung des doppelten Papsttums einher. Denn das rhetorisch – sei es über den Vergleich oder die Metapher – hergestellte gleichzeitige Auftreten zweier Päpste an unterschiedlichen Orten läuft dem mit dem Papst-Begriff verbundenen Konzept des päpstlichen Primats entgegen und lässt den Verdacht aufkommen, dass einer der beiden ein falscher Papst sein muss. Eine solche Wertung wird umso deutlicher generiert, als die *Reisen* einen sarazenischen Papst in Bagdad insinuieren und somit den Kulturraum des Eigenen überschreiten und dem christlichen das Bild eines nicht-christlichen Papstes gegenüberstellen. Gerade in der Verbindung mit dem ‚falschen' Glauben der Sarazenen kann die Vorstellung von einem falschen Papst auch an das seit dem 13. Jahrhundert verbreitete Bild vom Papst als Antichrist erinnern, der vor allem die rechtgläubigen Menschen verführen soll und als Vorzeichen der Apokalypse angesehen wird.[895]

---

das Reich widerrief. Vgl. zu dieser Thematik in Bezug auf die *Reisen* Moseley, Mandeville and the Amazons, S. 68, und Hamelius, Ed. Cotton-Version, Bd. II, Introduction, S. 12f. Für einen allgemeinen Überblick über den komplexen Verlauf des Konflikts zwischen Kaiser und Papst im Mittelalter vgl. Elke Goez: Papsttum und Kaisertum im Mittelalter. Darmstadt 2009, und Herbers, Geschichte des Papsttums.

[894]   Paris-Text, Ed. Letts, S. 251.

[895]   Am einflussreichsten waren diesbezüglich die Ausführungen des Joachim von Fiore, der den endzeitlichen Antichrist als *pontifex universalis* und als falschen Papst auslegt, welcher die Rechtgläubigen durch Magie täuscht, sowie die des Petrus Olivi, der die Doppelgestalt des Antichrist in Analogie zu den apokalyptischen Tieren (Offb. 13) als sarazeni-

Des Weiteren wird in den *Reisen* der Kaiser-Papst-Kalif als Nachfolger Mohammeds ausgewiesen: „[Er] *hett Machmechten geerbt und ist von sinem geschlecht.*" Als explizit geistliches und weltliches Oberhaupt der Sarazenen wurde ihm also diese Verbindung von religiöser und weltlicher Führerschaft von dem ersten Sarazenenherrscher Mohammed (erb)rechtlich und genealogisch übertragen.[896] Mit der (stammes-)genealogischen Begründung des Kalifats wird auch eine motivische Verbindungslinie zwischen Mohammed und dem Kalifen wieder aufgenommen, und zwar die des materiellen Reichtums, auf dem die Herrschaft gründet. Besonders deutlich stellen dies der Velser-Druck und die Hs. N heraus, die bei der ersten Nennung des Kalifen im ersten Teil der *Reisen* eine von den anderen Versionen abweichende Lesart des „Erbes" Mohammeds bieten, wenn

---

schen Herrscher und als falschen Papst auslegt. Vgl. Martin George: Vom Kommen des Antichrist. Endzeitfurcht und Endzeitsehnsucht in 2000 Jahren Christentum. In: Rupert Moser/ Sara Margarita Zwahlen (Hgg.) im Auftrag des Collegium Generale: Endzeiten – Wendezeiten. Bern 2004, S. 27-64, bes. S. 47f. In antiklerikalen Schriften und besonders dann zu Beginn des 16. Jhs. wurde die Vorstellung des Antichrist als falscher Papst im Rahmen von Kleriker- und Kirchenkritik wieder propagiert, so beispielsweise in der Schrift *Onus ecclesiae* des Bischofs Bertold Pirstinger. Siehe dazu Manfred Schulze: Onus Ecclesiae. Last der Kirche – Reformation der Kirche. In: Peter Dykema/ Heiko Oberman (Hgg.): Anticlericalism in Late Medieval and Early Modern Europe. Leiden u. a. 1993, S. 317-342. Während der Reformation bediente sich besonders Luther des Vergleichs des Papstes mit dem Antichrist. Vgl. allg. auch den Art. Antichrist, in: TRE, Bd. 3, S. 20-32.

[896] Ob dem Verfasser der *Reisen* bekannt war, dass nach islamischem Grundsatz ein jeder Kalif aus dem Geschlecht Mohammeds entstammen muss und dass die Frage um die rechtmäßige Nachfolge des Propheten schon mit der Wahl der ersten Kalifen zur Teilung der Gemeinschaft der Muslime führte, ist nicht festzustellen. Die juristisch-religiöse Tradition im Islam schreibt vor, dass der Kalif dem Stamm der Quraysh angehören muss, dem auch der Prophet entstammte. Die Spaltung innerhalb der muslimischen Gemeinschaft in Sunniten und Schiiten ist Folge des Streits um die legitime Nachfolge des Propheten, der auf den Tod Mohammeds erfolgte und in welchem sich die Partei von Ali ibn Abi Talib, dem vierten Kalifen und Cousin und Schwiegersohn des Propheten, von der Partei Abu Bakrs, dem ersten Kalifen und Schwiegervater des Propheten, absetzte. Der Kalif ist – ähnlich wie der Papst – namentlich Nachfolger oder Stellvertreter, in erster Linie Mohammeds, in der bald erfolgten Erweiterung des Titels aber auch Stellvertreter Allahs. So nannte sich der erste Kalif *khalifat rasul Allah* (Nachfolger des Gesandten von Gott), wohingegen sich der zweite Kalif den Titel *Amir ul-Muminin* (Befehlshaber der Gläubigen) zulegte. Uthman, der dritte Kalif, bezeichnete sich nicht mehr als Stellvertreter des Gesandten oder des Stellvertreters, sondern gab sich den Titel *khalifat Allah* (Stellvertreter Gottes), der seitdem auf alle Kalifen zur Betonung der theokratischen Natur ihrer Herrschaft angewandt wurde. Vgl. D. Sourdel: (Art.) Khalīfa. A. the first period. In: Encyclopaedia of Islam, Second Edition. Brill Online, 2014. Zugriff über UZH Hauptbibliothek/ ZB Zürich; Peter Gerlitz: (Art.) Stellvertretung. I. Religionsgeschichtlich. In: TRE, Bd. 32 (2001), S. 133-135, zum Kalif S. 134; Arnold, The Caliphate, S. 30-35 u. 50-52.

sie feststellen: „*vnd do wonet der künig caliphes vnnd der ist ettwen gewesen der von arabia keÿser vnd babst in geistlichen vnd weltlichen sachen vnd hat machmet reich gemacht vnd ist von seinem geschlắcht.*"[897] (Vdr., 31). Sie vereindeutigen das Vermächtnis, das in der Erbfolge weitergegeben wird, als Reichtum, gleichzeitig verkehren sie aber auch die Richtung des „Erbes". Die unklare Formulierung, wer wen „*reich gemacht*" hat, muss sicher in der zeitlichen Logik gelesen werden, der zufolge der Kalif Nachfolger und Erbe des Propheten ist. Trotz oder gerade wegen der syntaktischen Eigenart, die in erster Linie besagt, der Kalif habe Mohammed reich gemacht, vermittelt diese Version stärker als die Velser-Handschrift die Idee der auf weltlichem Reichtum gestützten fremden theokratischen Herrschafts-form, wie sie auch in der Geschichte vom Aufstieg Mohammeds zum Ausdruck kam.[898]

Der in den *Reisen* vorgenommene Vergleich zwischen dem Kalifen und dem Papst behauptet eine Gleichwertigkeit der beiden Begriffe und damit auch der dahinterstehenden Konzepte. Es kann angenommen werden, dass über den Vergleich, vor allem, wenn er wie bei Velser als Metapher (der „*kúng Kaliphes* [...] *ist* [...] *kayßer und bapst*") eine direkte Übertragung in Richtung des kulturell Fremden bewirkt, um dieses verständlich zu machen, gleicher-maßen eine semantische Rückübertragung auf den Begriff des Eigenen erfolgt. Indem das „*ist*" als Gleichheitszeichen fungiert, verfremdet diese Rhetorik das Konzept hinter dem konventionell festgeschriebenen Begriff des Papstes und öffnet ihn für neue Zuschreibungen. So können sich Attribuierungen und Se-mantisierungen des Kalifen-Herrschers, wie sie im Text über die oben erläuter-te Verknüpfung von fremder Theokratie und Reichtum vorgenommen werden, wiederum auf den christlichen Papst projizieren.[899] Diese Verbindung kann insofern stark gemacht werden, als gerade der unermessliche Reichtum des Kalifen diesem in der Begegnung mit Hülegü zum Verhängnis wird, weil er einen falschen Umgang damit pflegt.

---

[897] Ebenso Hs. N: „*do wonet der kunig Caliphes vnd der ist etwann gewessen der von Arabia keÿsser vnd Pabst in geistlichen vnd weltlichen sachenn vnd hatt machmetten reich ge-macht vnd ist von seinem geschlecht*" (fol. 27r).

[898] Vgl. zu Mohammeds Aufstieg vom armen Knecht zum reichen Kaufmann und dann zum Herrscher und Propheten seines Volkes, oben, Kap. ‚Die Vita Mohammeds – (Falsche) Wunder oder betrogene Heiligkeit', S. 215.

[899] Dass in den *Reisen* der Zusammenhang von theokratischer Herrschaft und weltlichem, materiellem Reichtum grundsätzlich als problematisch erachtet wird, zeigte sich auch in der von den griechischen Christen geäußerten Kritik am römischen Papsttum, sowie in der Episode des ‚Gesprächs mit dem Sultan'.

6.3 Strategien temporaler Abgrenzung und Aktualisierung

Bei einem Vergleich der Textstellen, in welchen der Kalif von Bagdad zum ersten Mal in seiner Herrscherfunktion vorgestellt wird, in den verschiedenen Versionen der *Reisen*, fällt insgesamt auf, dass die Herrschaft des Kalifen in allen Versionen letztendlich in der Vergangenheit verortet ist. Doch wird diese zeitliche Markierung in der Velser- und in der Diemeringen-Version nicht einheitlich an der gleichen Stelle gesetzt. Die temporale Abgrenzung von einem erzählten Zustand, der zum Zeitpunkt der Erzählung nicht mehr aktuell ist, kann als eine Distanzierungsstrategie des Erzählers vom Gesagten gelesen werden, die es ihm ermöglicht, kritische Aussagen wie die Gleichsetzung des Kalifen mit dem Papst zu treffen. Das wird besonders daran deutlich, dass die Versionen dabei unterschiedlich vorgehen.

In den Velser-Versionen wird statt des Vergleichs eine direkte Gleichsetzung von Kalif, Kaiser und Papst vorgenommen, doch durch die Verwendung des Perfekts zum Ausdruck gebracht, dass es sich um einen in der Vergangenheit abgeschlossenen Sachverhalt handelt: „*Und der ist hie vor geweßen der von Arabia kayßer und bapst*"[900] (Vhs., 29). Dagegen legt der Diemeringen-Druck die Kalifenherrschaft in die Gegenwart der Erzählung: „*dorumb sind etwe dry Califre in den selben landen. Der eine wonet in der houbtstatt zů Caldee die do heisset Baladach vnd der geistlich vnd weltlicher herre zů Caldee vnd in Arabia ist. Gelich als einer Babst vnd einer Keiser mit einander wer.*" (Ddr., 220). Im Diemeringen-Druck wird also eine Aktualität der Kalifenherrschaft erzeugt, die auf den Leser wahrscheinlich eine stärkere Wirkung gehabt haben muss, als wenn eine solche universelle, päpstliche und kaiserliche Macht umfassende Herrschaftsform als längst vergangene markiert würde.[901] Allerdings ist es gerade die Diemeringen-Version, die den Vergleich mit Papst und Kaiser als bloße Denkfigur ausweist, indem sie eine Vergleichspartikel (*gelich als*) einsetzt und

---

[900] Sehr ähnlich wird es auch im Vdr. und in der Hs. N formuliert. Auch der Paris-Text legt die Kalifenherrschaft in die Vergangenheit der Erzählung, indem er eine Imperfekt-Konstruktion verwendet: „*La souloit demourer li Califres, qui souloit estre comme empereur des Arabiens et papes*" (Paris-Text, Ed. Letts, S. 251). Durch die Vergangenheit und die Einbringung eines expliziten Vergleichs distanziert sich der Erzähler im Paris-Text stärker vom Erzählten als in der Velser-Version.

[901] Interessanterweise ist dies jedoch nur im Druck und der dem Druck nahestehenden Hs. Sg1 (fol. 20r) der Fall. Die weitere handschriftliche Überlieferung dagegen belässt die Kalifenherrschaft in der Vergangenheit der Diegese (es „*warent*" einst drei Kalifen; der Kalif „*waʒ*" geistlicher und weltlicher Führer), wie sich aus der diesbezüglich einheitlichen Formulierung in den drei Hss. H (Ed. Martinsson, S. 41) H1 (fol. 29r) und H2 (fol. 24r) schließen lässt.

daraufhin im konjunktivischen Modus des Als-ob weitererzählt („[g]*elich als ei-ner Babst vnd einer Keiser mit einander wer*"). Die Erzählinstanz in der Version Diemeringens stellt also deutlich heraus, dass es sich um eine hypothetische Denkfigur handelt, mit der die fremde Kalifenherrschaft den europäischen Lesern verständlich gemacht werden soll – eine Denkfigur jedoch, die durch die Darstellung des Erzählers prinzipiell wirklich sein könnte.[902]

Obwohl der Diemeringen-Druck den Vergleich noch in der Gegenwart der Diegese ansetzt, erklärt er im Anschluss, dass die Kalifenherrschaft, die sich auf drei Kalifen aufteile, nicht mehr aktuell sei, und vollführt somit einen Zeitsprung. Nach der Erwähnung der anderen beiden Kalifen fasst er zusammen: *„Und die dry Califre sind jetz zů einem worden das ist der Soldan von Egypten wann Salhadin zoch ir aller herrschafft an sich vnd ye syder ist er Soldan gewesen"* (Ddr., 220). Dass die Kalifen Figuren aus der Vergangenheit der Diegese sind und ihre Macht seitdem auf den Sultan übergegangen ist, wird an dieser Stelle auch im Paris-Text[903] und in den Velser-Versionen berichtet, wobei sich bei ihnen im zeitlichen Fortgang keine Disparität auftut und die in der Vergangenheit abgeschlossenen Ereignisse bis zur Erwähnung des Sultans weitererzählt werden können: *„Hie vor warent try Kaliphes [...]. So hettent die von Barbarn und die von Affrica öch ainen Calyphes. Sie hond aber nun kain me, wann der Soldan der sich nempt Salhardin, der ist ir Caliphe. Also hond sie verloren iren namen der da haisset Calyphe."* (Vhs., 29).

Die ausdrückliche Kenntlichmachung der Vergangenheit des Kalifats in allen hier untersuchten Versionen der *Reisen* findet einerseits eine realhistorische Entsprechung in der Zerschlagung des Fatimiden-Kalifats durch Sultan Saladin,[904] sie kann andererseits aber auch als Zeichen für die narrative Kohärenz des Textes gelesen werden, da schließlich an späterer Stelle von der mongolischen Absetzung des Kalifen von Bagdad als historisches, zum Zeitpunkt der Erzählung schon vergangenes Ereignis berichtet wird. Bei Velser ist das Kalifat allerdings immer noch die Herrschaftsform der Gegenwart, denn

---

[902]   Vgl. zu dieser rhetorischen Charakteristik Diemeringens, die sich auch in seiner Beschreibung der Verehrung der Pantherfelle findet, oben, S. 357f.

[903]   Vgl. Paris-Text, Ed. Letts, S. 251: *„Item souloit auoir en temps passe iii. califes. Cil des Arrabiens et des Caldeiens demouroient a Baldath dessus dit; et au Cair delez Babiloine demouroit li Caliphes des Egypciens, en ce meismes chastel demeure li Soudan maintenant; et a Mairoth sur la mer despaigne demouroit li Califes des Barbarins et daffricans. Et maintenant il ny a plus point de califes des le temps au Soudan Salhadin, car des adont le Soudan mesmes sappelle Califes. Et aussi ont les Califes perdus leur noms."*

[904]   Vgl. Tolan, Saracens, S. 207, sowie Marshall G. S. Hodgson: The Venture of Islam. Conscience and History in a World Civilization. Vol. 2. The Expansion of Islam in the Middle Periods. Chicago/ London 1977, S. 417-419.

er bezeichnet den Sultan Saladin als Kalif und belässt den neuen Herrscher in derselben Funktion (*„der Soldan der sich nempt Salhardin, der ist ir Caliphe"*). Velser kommt es bei dem Machtwechsel folglich stärker auf die Beibehaltung des Konzepts hinter dem Begriff des Kalifen an, was sich auch daran zeigt, dass er den Machtwechsel als Verlust des Namens beschreibt (*„Also hond sie verloren iren namen der da haisset Calyphe"*). Hier findet sich eine ähnliche rhetorische Vorgehensweise wie bei der Semantisierung des Begriffs ‚Kalif' über die Gleichsetzung mit den Herrscherfiguren ‚Papst' und ‚Kaiser', indem nun eine Gleichsetzung und damit auch eine Übertragung der hinter den Begriffen stehenden Bedeutung zwischen ‚Kalif' und ‚Sultan' vorgenommen wird.

Während also bei Velser die Institution des Kalifats als Konzept bestehen bleibt und der eine Herrschertitel durch einen anderen ersetzt wird, ist der Umbruch vom Kalifat zum Sultanat bei Diemeringen radikaler. In Diemeringens Darstellung wird die Macht der drei Kalifen auf den Sultan als Alleinherrscher übertragen und in seiner Person zentralisiert, was dann auch rhetorisch durch die direkte Substitution von ‚Kalif' durch ‚Sultan' und dem Beibehalten des nicht weiter erklärten Begriffs ‚Sultan' ostentativ geschieht (*„Und die dry Califre sind jetʒ ʒů einem worden das ist der Soldan"*). Diese Formulierung lässt vermuten, dass das Konzept der Sultansherrschaft, da dieses nicht vom Kalifat her erklärt werden muss, schon als bekannt vorausgesetzt ist.

Die erzähllogischen Auswirkungen dieser unterschiedlichen Vorgehensweisen bei der Darstellung von Sultan und Kalif zeigen sich entsprechend in der nun im Folgenden genauer zu betrachtenden Episode über die Ermordung des Kalifen von Bagdad. Denn während sich die Handlung bei Velser namentlich um den Kalifen von Bagdad dreht, setzt Diemeringen an seine Stelle die Figur des Sultans. So beschreibt er die Begegnung zwischen Hülegü und dem Sultan – syntaktisch etwas schwierig: *„Mango Cam [...] siner brůder einer der hieß holloCan über den Soldan von Babylonie vnd dem lag er ouch ob vnd vieng In"* (Ddr., S. 331). Der Name *Babylonie* kann sowohl auf Kairo verweisen als auch auf Babylon in Arabien, was der Text an anderer Stelle auch explizit macht.[905] Durch das Fehlen der Spezifizierung (*„die groß Babilonia"* oder *„Die altBabilonie"*, Ddr., 218f.), wie er sie sonst angibt, wenn er das arabische Babylon benennt, ist davon auszugehen, dass hier mit der Bezeichnung *Soldan von Babylonie* der Sultan von Kairo und nicht ein Sultan von Bagdad gemeint

---

[905] Den Übergang zwischen den Beschreibungen Ägyptens und Arabiens markiert Diemeringen genau über diese Homonymie: *„Die Babilonia von der ich hye sag ist nit die groß Babylonia do der hoch turn was vff dem die sprochen verwandelt wurden [...]. Die Babilonia do der selb turn was lyt in Arabien [...]."* (Ddr., S. 218)

ist.[906] Diemeringen verlegt also den Schauplatz nach Ägypten, indem er den Sultan anführt und zudem auf die Verortung der Ereignisse in Bagdad verzichtet. Obwohl ihm die Institution des Kalifats in Bagdad bekannt war – wie sich bei der Geschichte der drei Kalifen zeigte („*der eine wonet in der houbtstatt zů Caldee die do heisset Baladach*") –, entscheidet sich Diemeringen als einziger Redaktor der *Reisen* dafür,[907] hier den Titel des Sultans sowie die Ortsangabe *Babylonie* statt Bagdad zu verwenden. Für Diemeringen scheint der Sultan als Herrscherfigur des Vorderen Orients folglich eine größere Bedeutung und Wirkung auf die Rezipienten gehabt zu haben als der Kalif. Damit kann angenommen werden, dass seine Version stärker die historische Gegenwart berücksichtigt, das heißt diejenige Herrscherfigur anführt, die vom Westen als aktuelle bedrohliche Macht wahrgenommen wurde.[908]

---

[906] Die Entsprechung von Babylonien und Kairo macht Diemeringen schon an der Stelle deutlich, die vom Sultan von Ägypten handelt: „*In der selben stat* [Babilonia] *oder zů Kåre do wonet der Soldan*" (Ddr., S. 215). Einen Sultan von Bagdad hat es zudem nie gegeben. Nach der Eroberung Bagdads und dem Ende der Abbasiden-Dynastie flüchtete sich allerdings der letzte Abbasiden-Nachkömmling nach Kairo, wo seit dieser Zeit bis 1517 die Mamluken-Sultane von Ägypten herrschten, die von den sog. Schattenkalifen ins Amt gesetzt wurden und über diese Legitimation die Exklusivität des Titels Sultan für sich allein beanspruchten. Vgl. Arnold, The Caliphate, S. 89-109. In historischer Weiterentwicklung hat sich also das Kalifat von Bagdad zum Sultanat von Ägypten umgestaltet, und es ist anzunehmen, dass sich Diemeringen auf diese ägyptische Sultan-Dynastie bezieht. Engels, Ed. Tripolis, Komm. S. 398, weist darauf hin, dass mit der Bezeichnung *soldanus* in westlichen Texten des Mittelalters immer der Sultan von Ägypten gemeint sei.

[907] Wie im schon betrachteten Paris-Text und in den Velser-Versionen (allein der Sorg-Druck des Velser-Textes verzichtet auf eine Verortung des Kalifen), ist auch in der Insularen Version und den auf sie zurückgehenden englischen Versionen (z. B. Egerton, Cotton) an dieser Stelle immer vom Kalifen von Bagdad die Rede. Dies ist auch in anderen Texten, die von diesem Ereignis berichten, der Fall (so bei Hethum, Wilhelm von Tripolis, Marco Polo, Riccold von Monte Croce oder Jehan de Joinville).
Die handschriftliche Überlieferung scheint die Sonderstellung der Diemeringen-Version in Bezug auf die Ersetzung des Kalifen durch den Sultan zu stützen, da auch in H (Ed. Martinsson, S. 138), H1 (fol. 105r) und H2 (fol. 89r) Hülegü zum „*soldan*", der jedoch nicht lokalisiert wird, gelangt. Allerdings ist die Ersetzung in den drei Hss. nicht konsequent durchgeführt, wenn daraufhin jeweils gesagt wird, der Sultan sei zu der Zeit zugleich Sultan und Kalif gewesen und wenn der eigentlich ja als Sultan vorgestellte Herrscher später, während des Dialogs, als Kalif bezeichnet wird. Die Tendenz zum Sultan, die in den Hss. schon angelegt ist, wird vom Druck also vereindeutigt und der Begriff des Kalifen aus der Episode gestrichen.

[908] Wenn man zeitgenössisch von der Version des Druckes ausgeht, stellte für das Europa im 15. Jahrhundert weniger die Mamluken-Dynastie von Ägypten, sondern das Osmanische Reich mit seinen auf Expansion sinnenden Sultanen, die seit dem Ende des 14. Jahrhunderts immer weiter auf den Balkan vordrangen, eine aktuelle Bedrohung dar. Es

Wie schon bei der präsentischen Darstellung der drei Kalifen, kann bei Diemeringen auch hier eine Tendenz zur Vergegenwärtigung und Aktualisierung festgestellt werden. Auf die Rezipienten mag diese Art der Darstellung möglicherweise eine gewisse bedrohliche Wirkung gehabt haben – sei es die Beschreibung des Kalifen, der geistlicher und weltlicher Führer *ist*, oder in stärkerem Maße die des Sultans, der sich die Kalifenmacht angeeignet hat und gegenwärtiger Herrscher ist. Dass sich beim Machtwechsel von den drei Kalifen auf den Sultan auch die Funktionen der Kalifenmacht auf den Sultan übertragen haben, wird an der Stelle des Textes zum Ausdruck gebracht, in welcher der Reisende Mandeville dem Sarazenenherrscher zum ersten Mal begegnet. Dort wird gesagt, dass der Sultan als „*ambtman*" mit dem Amt der Kalifen beliehen ist, woraufhin ihm weltliche und geistliche Herrschaft zugeschrieben wird – allerdings mit der Einschränkung, dass diese Herrschaftsform nur in seinem Herrschaftsbereich gelte: „*Der Soldan ist ouch ein ambtman der die do heissent Califre vnd das ist gar ein grosse herschafft von wirdikeit. [...] vnd also vindet man das ein Soldan weltlichen vnd geistlichen gewalt het in sinen landen.*" (Ddr., 215). An späterer Stelle im Diemeringen-Druck, bei der Begegnung zwischen Hülegü und dem Sultan, wird der Begriff des Sultans vom Erzähler nicht mehr weiter erläutert.

In Hinblick auf die früher im Text vorgenommene Charakterisierung des Sultans ist es denkbar, dass der Text die Vorstellung vom Sultan als Herrscher, der die Doppelfunktion von Kaiser und Papst innehat, mittransportiert. Die Art und Weise, wie der Sultan bei Diemeringen in der Episode der Begegnung mit Hülegü vorgestellt wird und der Umstand, dass überhaupt der Titel des Sultans[909] verwendet wird, lässt den Herrscher zwar eher in seiner weltlichen Funktion erscheinen, doch trägt er wohl immer noch Konnotationen der auf ihn zuvor übertragenen theokratischen Herrschaftsform.

---

ist wahrscheinlich, dass vor allem der Frühdruck mit dem von ihm so stark gemachten Sultan-Begriff auf die Osmanen anspielt. Zu dieser Zeit entstanden auch die ersten Türkenberichte in Europa, die das Bild von der bedrohlichen osmanischen Sultansmacht propagierten. Einer der ersten und bekanntesten ist der Bericht von Johannes Schiltberger, in welchem er von seiner türkischen und mongolischen Gefangenschaft 1396-1429 erzählt, und dessen Überlieferung – seit 1473 auch in zahlreichen Drucken – eng mit derjenigen von Mandevilles *Reisen* verknüpft ist. Siehe dazu Hans-Jochen Schiewer: (Art.) Schiltberger, Hans. In: ²VL, Bd. 8, Sp. 675-679.

[909] ,Sultan' bedeutet im eigentlichen Sinne als Abstraktum ,weltliche Macht' und ,Autorität', und wurde seit dem 10. Jh. als Titel auch auf die Person, die Macht und Autorität innehat, übertragen. Vgl. J. H. Kramers u. C. E. Bosworth: (Art.) Sultän. 1. In early Islamic usage and in the central lands of Islam. In: Encyclopaedia of Islam, Second Edition. Brill Online, 2014. Zugriff über UZH Hauptbibliothek/ ZB Zürich, sowie Engels, Ed. Tripolis, Komm. S. 397.

Auch die Velser-Version erwähnt bei der Anführung des Kalifen von Bagdad im Zusammenhang mit dem Mongolen Hülegü die an früherer Stelle genannte Doppelfunktion nicht mehr. Dennoch wird dem Titel eine Erklärung
hinzugefügt, indem gesagt wird: „[Hülegü] *solt vähen Caliphe von Bandas, der
der Sarrazenen kayser was.*" (Vhs., 137). Die Velser-Handschrift gibt mit dieser
Formulierung ihre Vorlage leicht verkürzt wieder, denn im Paris-Text werden
für die Erklärung des Herrschertitels zwei Begriffe verwendet: Dort ist der „*Califfe* [...] *empereur et sires de tous les Sarrasins*"[910], wobei der Titel „*sires*" einen
Herrscher oder eine Person von hohem gesellschaftlichem Rang sowohl in
weltlichem als auch in geistlichem Kontext bezeichnet – bis hin zur Anrede an
Gott.[911] In der Velser-Übersetzung wird somit vor allem die weltliche Funktion
des Kalifen als Kaiser betont.[912] Dass in beiden deutschsprachigen Versionen
der Kalif/Sultan stärker als weltlicher Herrscher vorgestellt wird, kann mit der
verhandelten Thematik der Episode zusammenhängen: Schließlich wird dem
fremden Herrscher die Anmaßung sakraler Herrschaft unterstellt, und das, obwohl er zu Beginn der Episode nicht explizit als geistlicher Führer eingeführt
wird. In einer solchen Darstellung eines Herrschers, in dessen Titel sich vornehmlich ein weltlicher Herrschaftsanspruch ausdrückt, erlangt der Vorwurf,
der Herrscher halte sich für Gott, eine viel größere Wirkung.

6.4 Das verhängnisvolle Laster und der *witz* des Kalifen

Nachdem der mongolische Großkhan Möngke seine Forderungen an Hülegü
gestellt hat, von denen die letzte lautete, er solle den Kalifen von Bagdad gefangen nehmen, berichtet die Erzählung auch schon von dessen Gefangennah-
me und nimmt dann den immensen Reichtum des Kalifen in den Blick. Darauf
folgt ein Dialog zwischen Hülegü und dem Kalifen, in welchem der ‚richtige'

---

[910]   Paris-Text, Ed. Letts, S. 358.

[911]   Der Titel ist also vergleichbar mit dem dt. ‚Herr', mhd. ‚*herr(e)*'. „*sires*" wird als Begriff im
Lehenswesen verwendet für den Lehns- und Landesherrn (*suzerain, souverain*), ist außerdem Titel für den König (häufig in der Fügung *souverain sire*) oder für eine Person von
hohem Rang. Verwendung findet er nicht nur im weltlichen und im privaten, familiären
Bereich, sondern auch im geistlichen Bereich als Titel für geistliche Würdenträger wie
Priester oder Mönche oder als Titel Gottes („comme forme allocutive ou délocutive pour
s'adresser à Dieu"). Vgl. Robert Martin: (Art.) *sire*. In: Dictionnaire du Moyen Français
(1330-1500) (DMF), version 2012. ATILF CNRS - Université de Lorraine. http://www.atilf.
fr/dmf. Zugriff am 25.08.2014.

[912]   Ebenso wird im Vdr. der Kalif als „*der heÿden keÿser*" vorgestellt (Vdr., 142), wie auch in
der Hs. N: „*vnd solt fahen der haiden kaisser Caliphe*" (fol. 120r).

und der ‚falsche' Umgang mit Reichtum thematisiert und davon ausgehend die Kalifenherrschaft als eine Macht charakterisiert wird, die weltliche Formen der Herrschaft übersteigt:

> *Und der [Caliphe] ward gefangen, und da fand er* [Hülegü] *als grossen schatz by im das er nit wond das in aller der welt so vil wår.*
> *Do hieß Hylion Caliphe für sich füren und sprach zů im: ‚Syder du hast als groß gůt gehebt, war umb hieltest du nit als vil soldner das din land behůt wer gewessen?' Do anttwúrt in Caliphe und sprach, in dúchte er wer witzig gnůg. Nit anders sprach er. Do sprach Ylion: ‚Du bist sicher mit diner witz der Sarrazenen got gewessen, und der Sarrazen gőtt essend kain tőttlich spiß. Da von sicher du solt nun gold und edel gestain essen und den schatz der dir als lieb ist gewessen.'*
> *Und do hieß er in zů dem schatz gefangen legen und hieß in vast essen. Do starb er hungers da by.* (Vhs., 137)

Die Affinität des Kalifen zu weltlichem Reichtum steht im Mittelpunkt der hier erzählten Ereignisse und ist Auslöser der an ihn von Hülegü herangetragenen Unterstellungen. Aus der Sicht des mongolischen Eroberers ist der beim Kalifen aufgefundene Schatz so groß, dass er keinen größeren irgendwo sonst in der Welt vermuten würde, oder – so könnte man die Formulierung auch lesen – dass selbst alle Schätze der Welt zusammengenommen nicht an seine Größe herankommen würden (*„das er nit wond das in aller der welt so vil wår"*). Wie provoziert von dem Eindruck unermesslichen Reichtums lässt er den Gefangenen vorführen und beginnt ein Gespräch mit diesem. Der Dialog gibt die Fragen und Vorwürfe Hülegüs in direkter Rede wieder und erzeugt dadurch eine Authentizität des Gesagten sowie eine Gegenwärtigkeit, in der sich die Rezipienten des Textes angesprochen fühlen können.

Mit der ersten Nachfrage stellt Hülegü eine Verbindung zwischen dem Reichtum des Kalifen und der ungenügenden militärischen Verteidigung des Landes her. Hülegü wird damit die Vorstellung einer praktischen Werthaftigkeit von Reichtum zugeschrieben, der für militärische Ausrüstung und für Soldaten aufgewendet werden sollte. Die Bedeutung der Antwort des Kalifen auf die Frage Hülegüs, warum er mit seinem Reichtum nicht genügend Soldaten besolden wollte, erschließt sich nicht sofort. Denn die Antwort folgt der von Hülegü aufgestellten Logik der militärischen Verteidigung nicht, sondern sie eröffnet ein anderes, dem Kalifen eigens Denk- und Sinnsystem, wenn von ihm gesagt wird: *„in dúchte er wer witzig gnůg. Nit anders sprach er."* Es ist dieser vom Kalifen postulierte *witz*[913],

---

[913] *„witzig"* bedeutet soviel wie ‚klug, vorsorglich, verständig' sein. Vgl. Baufeld, Kleines frühneuhochdeutsches Wörterbuch, unter dem Lemma ‚witzig', S. 251. Vgl. auch die Lemmata ‚witz' und ‚witzig' im DWB. Bd. 30, Sp. 861-889 und 891-900, welches die Be-

der sich der Logik von Hülegüs Argumentation widersetzt, da der Kalif auch nicht weiter ausführt, in welcher Art und Weise ihm seine Klugheit hätte nützlich sein können. Man erfährt einzig, dass der „*witz*" wohl nicht ausreichend („*gnůg*") war, da die Stadt von den Mongolen eingenommen werden konnte. Daraus lässt sich schließen, dass der Kalif im Sinn hatte, einzig mit seinem „*witz*" den Angriff der Mongolen abzuwenden. Er spricht sich also eine intellektuelle Eigenschaft zu, die er als etwas beurteilt, das militärischen Aktionen überlegen ist, und setzt seine Person und seine geistigen Fähigkeiten an die Stelle militärischer Stärke. Für den Kalifen ist der „*witz*" wirkmächtiger als im Sold stehende Soldaten – und für Velser hat dieser Begriff wohl auch eine besondere Bedeutung, da sich über ihn die Charakterisierung der Kalifenherrschaft erschließt.

Über die Zuschreibung des *witzes* wird intradiegetisch eine Verbindung zwischen dem Kalifen und Mohammed hergestellt, der, nachdem er das „*erst wunder daz under den haiden ye geschach*" (Vhs., 91) vollbracht hatte, ebenso als „*witzig*" bezeichnet wird: „*Dar nach ward Machometh wiß und rich. Dar nach ward er verweßer des landes und kúngs von Korroden, und waz witzig und rich und richt daz land wol uß.*" (Ebd.). Zusätzlich zu der genealogischen Abstammung des Kalifen von Mohammed, wie sie weiter oben besprochen wurde, sind die beiden sarazenischen Herrscher also durch eine besondere intellektuelle Fähigkeit miteinander verbunden. Durch den Kontext, in dem der Begriff des *witzes* in den *Reisen* verwendet wird, erfährt er eine starke Assoziation mit dem Magischen und dem Betrügerischen. Denn das Adjektiv *witzig* kommt sonst in der Velser-Handschrift nur noch bei der Beschreibung der Philosophen am Khanshof vor: „*die sind gar witzig und kúnnent mengerlay kunst.*" (Vhs., S. 139). Ebenso steht die Bezeichnung Mohammeds als „*witzig*" im Kontext eines vorgetäuschten Wunders, wie es der Velser-Druck expliziert.[914] Bei Mohammed wird zudem die Verbindung des *witzes* mit seinem Reichtum und seinem Aufstieg als Herrscher herausgestellt. Dadurch, dass die Velser-Handschrift Mohammed als „*witzig und rich*" bezeichnet, nachdem er Herrscher geworden war, während sie ihn zuvor noch „*wiß und rich*" nannte, wird die Zusammenführung von *witz*, Reichtum und Herrschaft zu einem Merkmal sarazenischer Herrschaft, in der weltliche und religiöse Führung zusammenfallen. Das Adjektiv *witzig* zeigt sich in der Velser-Handschrift also als Begriff zur Bezeichnung von Figuren mit potentiell magisch-betrügerischen Fähigkeiten, die zudem eine Art religiöse Führerrolle innehaben.

---

deutungen von ‚verständig, klug, geistreich' bis zu ‚schlauheit, list, gerissenheit' für den sprachhistorischen Zeitraum des Frühneuhochdeutschen angibt.

[914]   Vgl. zu dieser Stelle oben, im Kap. über den Aufstieg Mohammeds, S. 215.

Die Verbindung von *witz*, Reichtum und Herrschaft findet sich auch in der Darstellung des Kalifen von Bagdad, in der die Semantik des *witzes* noch stärker als Überhöhung des Herrschers in eine göttliche, allmächtige Position herausgestellt wird. Denn der Vorwurf Hülegüs an den Kalifen bezieht sich auf die Eigenschaft des „*witzes*", die er als Gottesanmaßung deutet: „*Do sprach Ylion: ‚Du bist sicher mit diner witz der Sarrazenen got gewessen*'" (Vhs., 137). Dadurch, dass der Kalif seine intellektuellen Fähigkeiten für so wirkmächtig zu halten vorgibt, dass sie einem militärischen Angriff hätten Widerstand leisten können, würde er sich, in der Argumentation Hülegüs, göttliche oder magische Kraft zumessen. Die anmaßende Selbst-Vergöttlichung wird hier also mit der Zuschreibung bestimmter geistig-geistlicher Fähigkeiten gleichgesetzt und erscheint so als Ausdruck der *superbia* des Kalifen. Die Velser-Handschrift ändert auch hier einen mit „*comme*" formulierten Vergleich im Paris-Text in eine direkte Zuschreibung ab. So macht sie aus dem französischen „*Tu as este comme Dieu des Sarrasins*"[915] die konstatierende Behauptung: „*Du bist sicher mit diner witz der Sarrazenen got gewessen*" (Vhs., 137).[916]

Allerdings kann sowohl die Macht des fremden Gottes als auch die des Kalifen, die in der Rede Hülegüs einander gleichgesetzt werden, nicht besonders groß sein, da der *witz* des Kalifen nicht ausreichend gewesen ist, den mongolischen Angriff abzuwehren. Es wird hier also über die postulierte besondere geistige Fähigkeit eines besonders reichen Sarazenenherrschers eine Gleichsetzung des fremden Herrschers mit dem fremden Gott vorgenommen und gleichzeitig diese vermeintlich göttliche Macht als unwirksame kenntlich gemacht, wodurch die dem Kalifen zugeschriebene Hybris als Selbstüberschätzung erscheint.

In einem Vergleich mit den anderen Versionen der *Reisen* fällt auf, dass die Velser-Handschrift der einzige Text ist, in dem sich der Kalif als „*witzig*" bezeichnet und in dem der Vorwurf, der Kalif halte sich für den Gott der Sarazenen, dann auch in Bezug auf diese Eigenschaft geäußert wird. Die narrative Gestaltung der Szene im Velser-Druck und in der Hs. N lässt hingegen vermuten, dass die Antwort des Kalifen entweder als unverständlich aufgefasst oder als problematisch betrachtet wurde, denn sie wird gar nicht erst wiedergegeben und die Stelle deutlich gekürzt. Dem Kalif ist in den beiden Texten keine Sprecherrolle zugedacht, sodass einzig Hülegü spricht – der dort allerdings namenlos ist – und ohne nachzufragen das Geschehen interpretativ kommentiert:

---

[915]   Paris-Text, Ed. Letts, S. 359.
[916]   In dieser Rhetorik, die auf den expliziten Vergleich verzichtet, erinnert die Zuschreibung an die frühere Bezeichnung des Kalifen: „*der ist hie vor geweßen der von Arabia kayßer und bapst*" (Vhs., S. 29).

*vnd do fand er als grossen schacʒ beÿ caliphe dʒ er nit wand das in der welt souil môcht
gesein. Und do sprach er seÿdte mal daz dir der schacʒ lieber ist gewesen denn dein leib
vnd nit volck mochtest bestellen so will ich dir wol lassen sein beÿ deinem schacʒ vnd ÿßs
silber vnnd gold vnd edel gestein vnd laß dir wol darbeÿ sein. vnd hieß in darʒů gefangen
legen vnd also starb er do hungers.* (Vdr., 142)

Die Äußerungen des Mongolen nehmen also nicht Bezug auf etwas zuvor
Gesagtes und sind nur durch seine eigene Wahrnehmung und Deutung des
Reichtums motiviert. Dadurch, dass der Kalif keine Begründung angibt, warum er seinen Schatz nicht zur Landesverteidigung eingesetzt hat, richtet sich
das Urteil des Mongolen nur auf das Augenscheinliche: den Schatz.[917] Der Vorwurf, dass der Kalif sich für Gott hielte, wird in dieser Version nicht erhoben.
Stattdessen wirft Hülegü dem Kalifen Geiz vor, wenn er ihm unterstellt, er habe
seinen Schatz lieber als sein eigenes Leben gehabt und sich deshalb keine Soldaten geleistet.

Der Paris-Text lässt den Kalifen in indirekter Rede zu Wort kommen. Im Unterschied zur Velser-Handschrift jedoch schließt dessen Rechtfertigung thematisch
viel deutlicher an die Frage Hülegüs an: „[E]*t il lui demanda pour quoy il nauoit assez pris de soudoiers dune partie de son tresor pour deffendre son pays. Et li Califfes
lui respondi quil en cuidoit auoir assez des siens propres.*"[918] Diese Argumentation,
der Kalif hätte geglaubt, ausreichend eigenes Volk oder eigene Soldaten zu besitzen, findet sich auch in der Insularen Version und in den englischen Versionen,[919]

---

[917] Der Vdr., in welchem der Kalif schließlich nicht als „*witzig*" bezeichnet wird, verzichtet
ebenso in der Episode über den Aufstieg Mohammeds auf den Begriff des „*witzes*". Stattdessen behält er die auch schon in der Vhs. Mohammed zugeschriebene Charakteristik
bei, er sei „*reÿch vnd weiß*" (Vdr., S. 94), übernimmt also die scheinbare Wiederholung
„*witzig und rich*", wie sie in der Vhs. vorkommt, nicht. Allerdings werden im Vdr. die
Philosophen am Khanshof mit beiden Eigenschaften bedacht, wenn es dort heißt: „*die
seind gar wicʒig vnd weiß vnnd kündent mengerleÿ schôner kunnst.*" (Vdr., S. 143).

[918] Paris-Text, Ed. Letts, S. 358.

[919] Vgl. z. B. die sehr ähnliche Formulierung in der Insularen Version: „*Et le Califfe respondi
q'il quidoit auoir assez des gentz propres*" (Ed. Deluz, S. 386), in der Egerton-Version:
„*And he answerd and said, I had men ynew of myne awen*" (Ed. Seymour, S. 123) und in
der Cotton-Version: „*he wel trowede that he hadde ynowe of his owne propre men.*" (Ed.
Seymour, S. 165f.) (Hervorhebungen von mir, C.H.).

bei Diemeringen[920] sowie in Hethums[921] Text. Die Formulierung der französischen Vorlage lässt vermuten, dass in der Velser-Handschrift ein Übersetzungsfehler, beziehungsweise eine Verlesung vorliegt, wenn Velser das Possessivpronomen *„siens"* als *„sens"* im Sinne von ‚Verstand, Urteilsvermögen' aufgefasst und mit *„witz"* übersetzt hat.[922] Doch ändert dies letztlich nichts an der durch den *„witz"* generierten Bedeutung, die schließlich auch im Vorwurf Hülegüs, der Kalif halte sich aufgrund seines *„witzes"* für den Gott der Sarazenen, wieder aufgegriffen wird.

Wie im Velser-Druck wird auch im Paris-Text und in den anderen gesichteten Versionen ein Bezug zum scheinbar ungenutzten Reichtum des Kalifen hergestellt und daraus dann der Vorwurf des Geizes abgeleitet. Im Diemeringen-Druck findet sich dieser Vorwurf nicht nur begründet, sondern auch moralisierend erklärt:

> *Do sprach hollo Can zů Im dir was das gold zů lieb du macht nit mit got sin vnd da by gold lieb haben Und syder du meinst du siest der heiden gott vnd syd gott keiner liplichen spiße bedarff vnd sid dir gold vnd edel gestein als lieb ist gewesen das du es gesparet hast an soldnern darumb du min gefangen bist So soltu nit anders essen denn gold vnd edels gestein vnd ließ in do in der gefengnüßt hungers sterben.* (Ddr., 331f.)

Bei Diemeringen stellt Hülegü die innige Liebe des Sultans zu seinem Gold heraus und nimmt eine moralisierende Bewertung dieses Festhaltens an weltlichem Besitz vor, indem er es als Laster der Maßlosigkeit kennzeichnet, das einem die Gnade Gottes verwehrt: *„dir was das gold zů lieb du macht nit mit got sin vnd da by gold lieb haben"*. In Hülegüs Rede scheint die in der Rahmung der Episode etablierte Engführung von Mongolen und Christen wieder auf,

---

[920] Bei Diemeringen rechtfertigt sich der Sultan: *„er wonte er het volckes gnůg das er wol sicher vor Im wer."* (Ddr., S. 331; sehr ähnlich auch die Hss. H, H1 und H2). Dass die Diemeringen-Version im Gegensatz zur Vhs. nicht mit dem *witz*, bzw. der vermeintlichen Klugheit des Sultans argumentiert, spiegelt sich in der bei Diemeringen ebenso nicht angeführten Charakterisierung Mohammeds als weise oder klug. Auch kommen die Philosophen bei Diemeringen nicht als solche vor (sondern als die *„wißen gelerten meister pfaffen"*, Ddr., S. 326). Es scheint insgesamt sogar so, dass der Diemeringen-Druck den Begriff des *witzes* in diesen Herrschaftskontexten überhaupt nicht verwendet.

[921] Vgl. Hethum, Buch II, Kap. 14, Ed. Dörper, S. 272: *„Il respondi, ‚Pour ce que je qüidoie que ma gent souffesist a ce. Et me disoient mes conseilliers que seulement les femmes de la cite la porroient deffandre contre quelconques puissance.'"*

[922] Genauso wie der Vdr. und der Ddr. verwendet der Paris-Text bei der Darstellung Mohammeds keine zwei Begriffe für die Kennzeichnung seiner Weisheit und Klugheit, wie es in der Vhs. der Fall ist: *„Depuis commenca Mahommet a deuenir sage et riches."* (Ed. Letts, S. 307). Auch die Philosophen sind in der französischen Version ‚nur' *„sages de pluseurs sciences"* (ebd., S. 361). Es kann also davon ausgegangen werden, dass es sich in der Velser-Hs. bei den *„witz"*-Anführungen um gezielt gesetzte Ergänzungen handelt.

denn die Argumentation des Mongolen trägt deutliche Züge des christlichen Tugend- und Wertesystems und kann so auch als Reflexion auf die westliche Christenheit und ihre Oberhäupter gelesen werden. Sie unterstellt dem Sultan nicht nur *avaritia*, sondern auch eine sich zu stark auf den materiellen, weltlichen Reichtum richtende Genusssucht und rekurriert so auf die theologisch-ethische Definition der sündhaften *luxuria*.[923] Dem Mongolen wird somit eine dezidiert christliche Rede in den Mund gelegt, die darin ihren deutlichsten Ausdruck erfährt, dass er sich auf Gott als moralische Instanz und als Gegenpol zum irdischen Reichtum beruft.

Im weiteren Verlauf der Rede wird bei Diemeringen dann aber eine andere Gottesvorstellung aufgerufen, wenn es heißt, *„du meinst du siest der heiden gott"*. Dort geht es nicht darum, *mit* Gott zu sein, sondern dem Sultan wird vorgeworfen, er hielte sich selbst für den Gott seines eigenen Glaubens.[924] Die beiden Nennungen Gottes stehen sich in der Rede des Mongolen gegenüber. Während mit der ersten Nennung der christliche Gott bezeichnet wird und damit eine Wertungsinstanz aufgerufen wird, anhand derer das maßlose Festhalten an Reichtum als sündhaftes Laster bewertet werden kann, wird mit der zweiten Nennung und dem Vorwurf, der Sultan hielte sich für den sarazenischen Gott, der sündhafte Herrscher mit dem fremden Gott gleichgesetzt.

In der Diemeringen-Version und in den anderen Versionen erklärt sich der Sultan, beziehungsweise der Kalif als sparsam, woraufhin ihm entsprechend Geiz vorgehalten wird, im Gegensatz zur Velser-Handschrift, in welcher er sich als besonders klug und geistreich ausgibt. Die Velser-Handschrift weist damit also innerhalb der Überlieferungstradition einen besonderen argumentativen Dreh auf, wenn die Unterstellung der Gottesanmaßung nicht vom Vorwurf der *avaritia*, sondern von dem der *superbia* abgeleitet wird.

---

[923] Nach christlicher, theologisch-ethischer Auffassung gilt *luxuria* nicht mehr nur, wie in der Antike, als schwerwiegendes Laster, sondern als eine der sieben Todsünden. Vgl. Ernst Baltrusch: (Art.) Luxus II (Luxuskritik). In: Reallexikon für Antike und Christentum. Bd. 23 (2010), Sp. 711-738, bes. Sp. 726f. Einen epochenübergreifenden Überblick bietet Joseph Vogl: (Art.) Luxus. In: ÄGB, Bd. 3 (2001), S. 694-708, bes. S. 695f.

[924] Der Ddr. unterscheidet sich hier durch eine kleine Abweichung von den Diem.-Hss., die jedoch eine wesentliche inhaltliche Änderung bewirkt; so heißt es in Hs. H schon an dieser Stelle: *„Du machst nicht god syn unde golt lef to hebbende"* (Ed. Martinsson, S. 138; auch H1 und H2 formulieren *„got sin"*). Während in den Hss. H1 und H2 dann wie auch im Druck dem Sultan unterstellt wird, er halte sich für *„der heiden got"* (H1, fol. 105r) weicht Hs. H davon ab: *„Unde synt deme male dat du der heyden konigh byst unde er god unde doch god keyner lifliken spyse bederff"* (ebd.). Die Doppelfunktion weltlicher (*„der heyden konigh"*) und geistlicher Herrschaft (*„er god"*) des Sultans/Kalifen wird von Hs. H also explizit wieder aufgegriffen.

Der Ausgang der Szene und die Ermordung des Kalifen/Sultans ist in allen Versionen annähernd gleich gestaltet, indem über die Begründung, Gott benötige keine fleischliche, irdische Nahrung, dem Besiegten sein Reichtum zu essen vorgesetzt wird, woraufhin er verhungert. Die Versionen variieren jedoch darin, dass einige eine Pluralisierung der Götter vornehmen, wie die Velser-Handschrift, in welcher von den Göttern der Sarazenen die Rede ist: *„„Du bist sicher mit diner witz der Sarrazenen got gewessen, und der Sarrazen gôtt essend kain tôttlich spiß. Da von sicher du solt nun gold und edel gestain essen und den schatz der dir als lieb ist gewessen.'"* [925] (Vhs., 137). Damit ruft die Velser-Handschrift das bisher in den *Reisen* noch nicht zur Darstellung gebrachte Bild der sarazenischen Vielgötterei hervor, wie es in der mittelalterlichen, lateinisch-christlichen Darstellungstradition des Islam verbreitet war.[926] Die von Hülegü aufgestellte Gesetzmäßigkeit, dass Gott oder Götter keiner irdischen Speise bedürften, scheint sich hier als eine universale zu erweisen, die für den christlichen Gott sowie für fremde Götter gilt.[927]

Die Bestrafung des Kalifen oder Sultans folgt in Analogie zu seinem Vergehen. Seine Liebe zum Reichtum wird ihm von Hülegü wörtlich ausgelegt und zur Strafe, indem er sein Gold und seine Schätze essen oder sterben muss. In der Argumentation über Gott/die Götter, die keine irdische Nahrung brauchen, und durch die Auferlegung der Strafe wird eine Unterscheidung von weltlichem und spirituellem Reichtum festgeschrieben, und die Positionierung des Kalifen/Sultans auf der Seite des Weltlichen bestätigt. Sein Tod durch Verhungern beweist seine Menschlichkeit und damit seine *superbia*. Zudem zeigt sich die absolute Funktionslosigkeit seines Reichtums, denn er stirbt ja nicht im konkreten Sinne an seinem Reichtum, sondern daran, dass er nichts mit dem Reichtum machen kann, was ihn am Leben erhalten würde.[928] Der Kalif/Sultan

---

[925] Der Paris-Text setzt an dieser Stelle auch die 3. Person Plural: *„li Dieu des Sarrasins ne doiuent point mangier"* (Ed. Letts, S. 359), ebenso die Insulare Version (Ed. Deluz, S. 386). Dagegen verwenden die Cotton (Ed. Seymour, S. 166) und die Egerton-Version (Ed. Seymour, S. 124) an dieser Stelle den Singular, ebenso wie der Ddr.: *„syd gott keiner liplichen spiße bedarff"* (Ddr., 331).

[926] Vgl. z. B. Tolan, Saracens, S. 69-104; Daniel, Islam and the West, S. 103f.

[927] Möglicherweise wird hier auch auf die Diskussion angespielt, ob Jesus gegessen und verdaut hat oder nicht, bes. in der Körperdiskussion im Doketismus. Vgl. Heyden, Doketismus und Inkarnation, S. 11-13.

[928] Somit kommt der Kalif bei Mandeville auch nicht dadurch zu Tode, dass ihm das verflüssigte Gold in den Mund gegossen wird, wie in anderen Versionen der Geschichte. Eine solche Todesart wird bei Wilhelm von Tripolis beschrieben, worauf auch Seymour und Hamelius in ihren Kommentaren hinweisen (Vgl. oben, Anm. 879), jedoch in einer anderen Erzählung. Diese handelt vom Tod des römischen Triumvirs Crassus, dem die

stirbt an seinem Laster, an den Auswirkungen des Geizes selbst. Man kann hier argumentieren, dass die Velser-Handschrift diesen Schritt der Vergeistigung des Lasters in ihrer Argumentation über den *witz* des Kalifen schon vorwegnimmt und gar nicht erst auf dessen Festhalten am Reichtum eingeht. Während die anderen Versionen also von dem Laster der *avaritia* zur Sünde der *superbia* (und bei Diemeringen zur *luxuria*) argumentieren, setzt die Velser-Handschrift über den Begriff des *witzes* die *superbia* schon an den Anfang der Argumentation, die sich letztlich im Tod des Kalifen beweist.

6.5 Die Episode als Exempelerzählung

Über die christlich-moralische Argumentation, die Hülegü in seiner Rede an den Kalifen oder Sultan anwendet, wird maßloses Festhalten an Reichtum als vermessen und gottlos beurteilt und letztlich mit dem Tod bestraft. Besonders die Velser-Handschrift stellt heraus, dass Herrscher, die sich für Gott halten, selbst innerhalb ihres eigenen Regelsystems scheitern und ihr Volk und sich selbst in den Untergang führen. Generell kann in den *Reisen* eine vom Erzähler propagierte Abkehr von weltlichem Reichtum festgestellt werden, insbesondere im Kontext des eigenen und fremden Religiösen. In der Begegnung des Reisenden Mandeville mit dem Sultan von Ägypten beispielsweise berichtet der Erzähler, der Sultan habe ihm eine Frau und zudem *„groß gůt und erb"* (Vhs., 24) versprochen, wenn er bereit gewesen wäre, den sarazenischen Glauben anzunehmen. Dieses Angebot schlägt Mandeville jedoch mit Bestimmtheit und unter Berufung auf die *„gnade[...] gottz"* (ebd.) aus. Greenblatt stellt dazu fest:

Einwohner Kairos flüssiges Gold in den Mund gießen, mit den Worten: *„Aurum sitisti, aurum bibe!"* (Wilhelm von Tripolis, *De statu*, Kap. 13, Ed. Engels, S. 302; vgl. zu den Hintergründen Komm. Engels, ebd., S. 419). In der auch bei Wilhelm vorhandenen Episode vom Tod des Kalifen von Bagdad wird diesem sein Reichtum, ähnlich wie bei Mandeville, in Form von Münzen vorgesetzt, mit der Aufforderung: *„Comede hunc cibum, quem tantum dilexisti [...]"* woraufhin er an Hunger stirbt. (Kap. 14, Ed. Engels, S. 302.).
Außerdem findet sich die Art der Bestrafung des tatsächlichen Einverleibens von Gold bei Riccold von Monte Croce, der die Mongolen unter der Führung Hülegüs den Kalifen von Bagdad auf diese Weise – und mit denselben Worten wie bei Wilhelm Crassus – töten lässt: *„Quo tacente mandauerunt quod liquaretur aurum et colaretur in hos eius, et dixerunt ei: ‚Aurum sitisti aurum bibe'."* (Riccold von Monte Croce, *Pérégrination*, Ed. Kappler, S. 110).

„Der Traum von Reichtum und Adel [...] erscheint hier als etwas, auf das man um der Festigkeit im Glauben willen verzichtet."[929]

Doch scheint es in der Episode vom Kalifen nicht um eine gänzliche Abkehr von weltlichem Reichtum zu gehen. Es lässt sich vielmehr eine moraldidaktische Funktionalisierung von übermäßigem Reichtum ablesen, die es als problematisch herausstellt, wenn dieser Reichtum keine Funktion erhält. Im christlichen Wertesystem von Reichtum und Gottgefälligkeit, das von Hülegü propagiert wird, muss Reichtum im Kontext von Herrschaft Bedeutung durch (sinnvolle) Verwendung erlangen, da sich sonst der Herrscher entweder der *avaritia* schuldig macht oder, wenn er die Materialität mit seinem Intellekt zu substituieren versucht, der *superbia*. Allerdings zeigt sich in der Funktionalisierung von Reichtum, wie sie Hülegü vorgibt, auch die Spezifik der im Text dargestellten mongolischen Denk- und Handlungsweise, die alles auf die Kriegsführung und die Erweiterung ihres Machtbereichs hin ausrichtet. Für Hülegü konstituiert sich die Bedeutung und Funktion von Reichtum also – neben seiner christlich-moralischen Rede – über die Verwendbarkeit für militärische Zwecke.

Die Textbeobachtungen konnten bestätigen, dass diese Episode der christlich-europäischen Welt einen Spiegel vorhält und somit exemplarisch gelesen werden kann. Eine solche Reflexivität zeigte sich in der Rhetorik des Papst-Vergleiches, in der Überblendung von Christen und Mongolen und in der Argumentation Hülegüs. Zudem ist sie durch die Rahmung der Episode, den Gewinn und Verlust des Heiligen Landes, vorgegeben: Schon im auf den Tod des Kalifen folgenden Satz verlässt die Erzählung Bagdad und spricht von der Eroberung und der Übergabe des Heiligen Landes durch die Mongolen an die Christen. Doch lange hätten es die Christen nicht besessen: *„Do hieß Ylion gewinnen und gewann das hailig grab und das land gantz und gar und gab es den cristen under die hand. Und an derselben zyt starb der Groß Cham. Und von unser súnd wegen ward das hailig grab und land wyder verlorn."* (Vhs., 137). Der Verlust des Landes nach dem Tod des mongolischen Großkhans wird in allen Versionen der *Reisen* geschildert, doch nur die Velser-Versionen führen die Begründung an, die Christen hätten das Heilige Land aufgrund ihrer eigenen Sündhaftigkeit wieder verloren.[930] Mit

---

[929]   Greenblatt, Wunderbare Besitztümer, S. 48. Greenblatt leitet unter anderem von dieser Haltung Mandevilles seine These von Mandeville als dem Ritter der Besitzlosigkeit ab, mit welcher er eine Gegenbewegung zum Traum von der Wiederinbesitznahme und der Aufforderung zur Rückeroberung des Heiligen Landes im erster Teil der *Reisen* bezeichnet.

[930]   Diese Begründung findet sich auch im Vdr., obwohl in diesem zu Beginn der *Reisen* der kritische Teil des Prologs, in welchem auch schon der Verlust des Heiligen Landes aufgrund der Sündhaftigkeit der Christenheit beklagt wird, nicht vorkommt. Interessanterweise findet sich im Paris-Text weder die Angabe, das Heilige Land sei für die Christen

diesem Verweis wird das Eigene in die Erzählung hereingeholt und moralisch beurteilt, zumal die Argumentation an den Prolog der *Reisen* erinnert, in welchem
die *„grossen herren"*, der *„babst"* und der *„kayser"* (Vhs., 2f.) für den Verlust des
Heiligen Landes verantwortlich gemacht werden, oder auch an das ,Gespräch
mit dem Sultan'. Der Vorwurf der Sündhaftigkeit an die Christen rekapituliert die
unmittelbar zuvor geschilderte Geschichte vom Kalifen von Bagdad, der ebenso
aufgrund seines Lasters, das ihm als Sünde ausgelegt wird, sein Land verliert.

Die Episode wird mit einer weiteren Referenz auf den Bereich des Eigenen
abgeschlossen. Wenn die Erzählung hier ihren Fokus wieder verschiebt und zur
Genealogie der mongolischen Großkhane zurückkehrt, baut sie einen Vergleich
der Stadt *„Jagh"* mit Rom ein: *„Do ward Cabilatan kayser von Chatay und der was
och cristen, und der was herre zway und viertzig jär. Der stiffte Jagh die grossen
statt in dem land zů Chatay, und die statt ist vil grósser den Röm. Der ander Groß
Cham der nach im kam der ward ain haiden."* (Vhs., 137). Während der Vergleich
Bagdads mit Rom im Zuge des Kalifen-Papst-Vergleichs in der mittelalterlichen
lateinischen Tradition nicht unüblich wäre,[931] wird durch die Überbietung Roms
durch eine Stadt, die von einem Großkhan gegründet wurde, die größere Macht
in das Mongolenreich gelegt. Dieser Vergleich spielt möglicherweise auch auf
die Überlegenheit der Mongolen in Bezug auf die In-Besitznahme des Heiligen
Landes an, da sie es erobern und den Christen übergeben, sowie auf die Unterlegenheit Roms, welches das Heilige Land aufgrund seiner moralischen Verdor-
benheit nicht halten kann. Es scheint sich dadurch in dieser Episode im Grunde
die Frage zu stellen, ob die Mongolen hier nicht sogar die besseren Christen sind.

Der Vergleich des Kalifen mit dem Papst, die Nennung und Überbietung
Roms, der geschilderte Verlust des Heiligen Landes und die explizite Kritik der
Sündhaftigkeit der Christen, die innerhalb der *Reisen* im Bezug zu weiteren
solchen Vorwürfen steht, weisen darauf hin, dass hier besonders dem römischen Papsttum ein kritischer Spiegel vorgehalten wird. Exemplarisiert am Kalifen von Bagdad sieht sich dann das Papsttum mit den Vorwürfen der *avaritia*
und der *superbia* konfrontiert. So könnten auch die Vorwürfe Hülegüs an den
Kalifen, warum er sein Land nicht ausreichend militärisch verteidige, wo er
doch so großen Reichtum besitzt, im Sinne der Kreuzzugspropaganda – jedoch
hier literarisch inszeniert – gegen den Papst erhoben werden.

---

wieder verloren gegangen, noch der Grund dafür, was darauf hindeutet, dass der Verweis auf die Sündhaftigkeit der Christen von Velser eigens eingefügt wurde. Auch die
Diemeringen-Überlieferung kennt diese Begründung hier nicht.

[931] Engels, Ed. Tripolis, Komm., stellt fest: „Der Vergleich des Kalifen mit dem Papst und
Bagdads mit Rom ist ein locus communis der christlichen mittelalterlichen Literatur"
(S. 379).

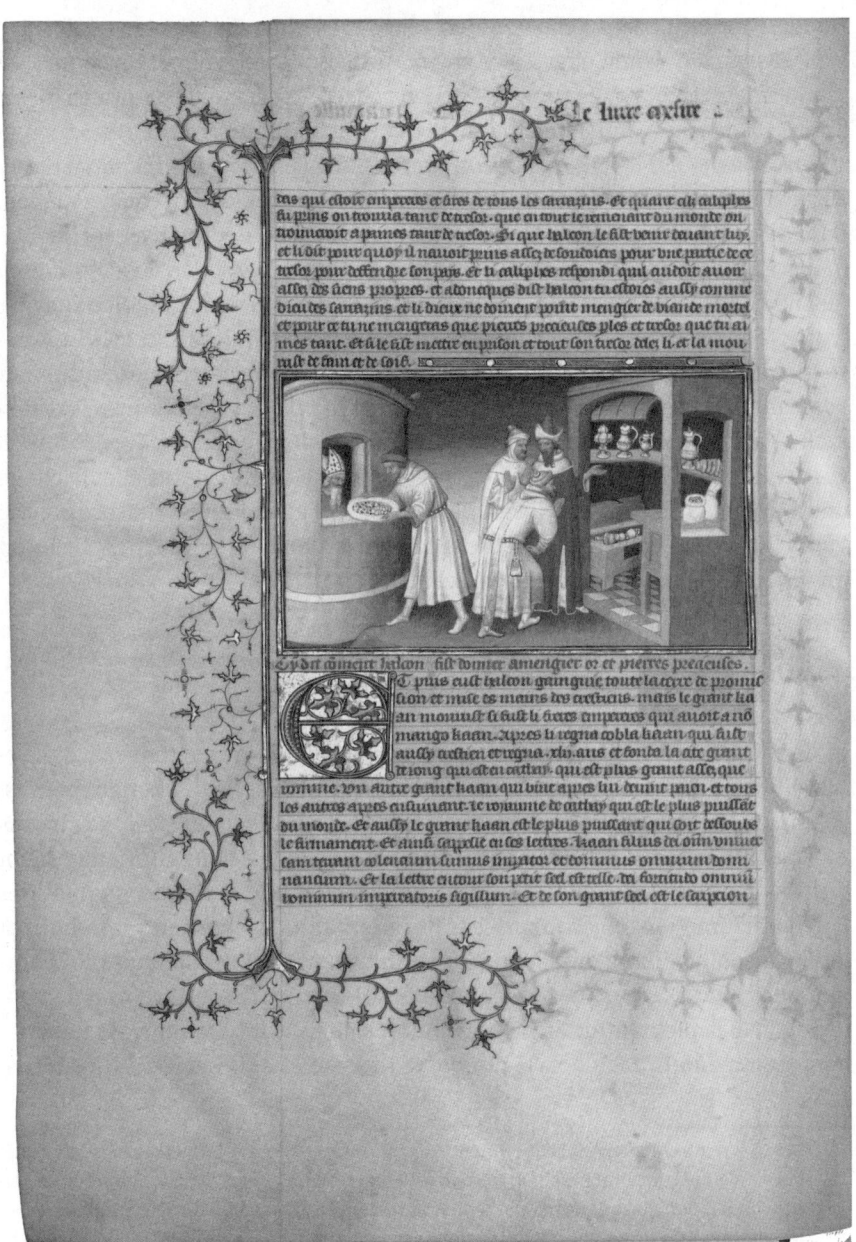

Abb. 15: *Livre de Merveilles*, Paris, Bibliothèque nationale de France, Ms. fr. 2810, fol. 201v.
© BnF, Paris

Ob die Papstkritik als solche von den zeitgenössischen Rezipienten tatsächlich wahrgenommen wurde oder in welchem Ausmaß, kann nicht mit Sicherheit gesagt werden, doch gibt es Hinweise in den zeitgenössischen Illustrationen dieser Szene. Die narrative Vorgehensweise, in der eine fremde Herrschaft über den falschen Umgang mit Reichtum als Gottesanmaßung ausgelegt wird, lässt in dieser Zusammenfügung eine spezielle Problematik theokratischer Herrschaft erkennen. Dass diese Problematik ihre Entsprechung im christlich-europäischen Bereich in der Papstherrschaft fand, zeigt die Illustration der Episode aus den *Reisen* im *Livre des Merveilles* (s. Abb. 15).[932] Dort wird der von den Mongolen in einer Art Gefängnis eingeschlossene Kalif, dem sein Reichtum in Form von Edelsteinen und Goldmünzen auf einem großen Teller vorgesetzt wird, mit einer kostbaren, edelsteinverzierten Mitra dargestellt. Da der zugehörige Text den Kalifen als *„empereur"* und *„sires"* und nicht explizit als einem Papst ähnlich vorstellt, muss die vom Illustrator vorgenommene Deutung über die Bischofsmitra in den christlich-religiösen Bereich hinein als bildliche Umsetzung der Vorstellung vom Kalifen als geistlicher Herrscher und als kleruskritische Interpretation der Erzählung aufgefasst werden.

7. Spirituelle Herrschaft: Der Priesterkönig Johannes

In den *Reisen* ist die Darstellung fremder Herrschaft untrennbar mit der Beschreibung großen materiellen Reichtums verbunden. Bisher konnte herausgearbeitet werden, dass es dem Erzähler bei der Darstellung des Reichtums im Kontext fremder Herrschaftsrepräsentation und Machtperformanz nicht nur um das Aufzeigen der Quantität, sondern vor allem um die Qualität des Reichtums und einzelner luxuriöser, wunderbarer Objekte geht, um darüber einen Zusammenhang zwischen Macht und Glauben herzustellen. Die Wahrnehmung und Deutung des Reichtums der Herrscher des Ostens und der Objekte, die beispielhaft für diesen Reichtum stehen, wird sowohl vom Erzähler vorgenommen als auch von Figuren der Diegese, die diesen Objekten Eigen-

---

[932] Der „Livre des Merveilles", ist ein um 1410 im Auftrag des Burgunderherzogs Jean sans Peur angefertigter Prachtkodex, den er 1413, kurz nachdem er illustriert wurde, an seinen Onkel, den Mäzen und Kunstkenner Jean de Berry, verschenkte. Die Sammelhs. beinhaltet noch weitere Reiseberichte außer dem Mandeville-Text, welcher zur Insularen Version gehört und mit 74 illustrierten Szenen ausgestaltet ist. Eine Beschreibung des Codex bietet Millard Meiss: French Painting in the Time of Jean de Berry. The Boucicaut Master. London 1968, S. 116-122. Der „Livre de Merveilles" ist online als Digitalisat einsehbar unter http://gallica.bnf.fr/ark:/12148/btv1b52000858n

schaften, Funktionen und Bedeutungen zuschreiben. So wurden die wunderbaren Objekte am Khanshof als technisches Wunderwerk, als Täuschung, die Leben nachahmt, und potentielles Teufelswerk gezeigt (Automatenvögel) oder als Naturwunder mit einer Sakralästhetik, auf Grund derer diese Objekte angebetet werden (Panther und Pantherfelle). Der Reichtum des Kalifen von Bagdad dagegen ist deshalb problematisch, weil er völlig funktionslos und nicht mit Bedeutungen versehen ist. Der Verstehensrahmen, in dem die Wahrnehmung und Deutung des Reichtums vorgenommen wird, ist meistens das Diskursfeld des (eigenen) Religiösen. Damit werden Differenzierungen zwischen dem ,richtigen' und ,falschen' Verhältnis des Menschen, beziehungsweise des Herrschers, zur materiellen Welt im Gegensatz zur spirituellen Welt möglich.

Auch in der Episode über das Reich und die Herrschaft des Priesterkönigs Johannes werden der Reichtum dieses christlichen Herrschers, in dem Fremdes (Wunder des Ostens) und Eigenes (Christentum) zusammenfallen, sowie seine herrschaftsrepräsentativen Objekte thematisiert. Der Priesterkönig erweist sich in den *Reisen* als ein Gegenbeispiel zu den bisher beschriebenen Herrschern, und sein Umgang mit Reichtum wird als in christlichem Sinne tugendhaft und demütig dargestellt. Im Gegensatz zur Darstellung des Großkhans, dessen weltliche Macht alles bestimmt und der sich alles unterordnet, betont Mandeville beim Priesterkönig die Verbindung von weltlicher Macht mit religiöser Herrschaft und stellt die persönliche Tugendhaftigkeit des Herrschers heraus, denn sein Reichtum existiert nicht nur in der materiellen Welt, sondern weist über sich hinaus und bezeichnet symbolisch den spirituellen Reichtum des Reichs Gottes. Der Priesterkönig ist somit der einzige Herrscher in den *Reisen*, der sakrale und weltliche Macht verbindet und dennoch gottgefällig ist.[933]

Allerdings gehören der Priesterkönig und sein Volk nicht dem lateinischen, sondern dem Ostchristentum, beziehungsweise dem Nestorianismus an, worauf in den *Reisen* auch verwiesen wird. Die herausgestellten Unterschiede zwischen dem Christentum des Priesterkönigs und dem lateinischen variieren dabei zwischen den verschiedenen Versionen leicht: „*Item Priester Johans der ist cristen und das maist tail sines landes, aber doch halt er nit die zwölff artickel des globens als wir. Sie gelobent an den vatter und an den sun und an den hailigen gaist und sind gar andåchtig.*" (Vhs., 155). Etwas anders

---

[933] Diese Verbindung wird auch in seinem Namen ausgedrückt, indem er gleichermaßen Priester und König ist. Seine Herrschaft ist also ein im Sakralen verankertes Königtum, das sich besonders durch die *humilitas* des Herrschers auszeichnet, da er sich ,nur' Priester nennt.

formuliert es der Diemeringen-Druck, der zudem einbringt, dass die dortigen Christen weder die westlichen Christen noch den Papst kennen würden:

> vnd sind er vnd sin volck vnd sin hoff gesind vnd vil in sinen landen christen denn das sie nit gloubent etlich stúck als wir gloubent Sie wissen nit von vnser christenheit ʒů sagen noch von vnserm bapst vnd hand ouch nit meß als man hie ʒů land hat Sie glouben an die heiligen dryuåltickeit vnd hand patriarchen da als wir hie ein bapst hand (Ddr., 352).

Statt wie Velser auf die bei den Ostchristen nicht vorhandenen Glaubensartikel zu verweisen,[934] stellt Diemeringen heraus, dass sie dort einen Patriarchen hätten, so wie „wir" einen Papst, und dass sie die Messe anders feiern würden als die Lateiner.[935] Diese Ausführungen zum Glauben des Priesterkönigs sind wahrscheinlich nicht als Herabsetzung des Ostchristentums zu verstehen, schließlich betont Velser (wie auch der Paris-Text)[936], dass die Menschen dort überaus „andåchtig" seien. Zudem wird – dies jedoch nur im Paris-Text und in einigen englischen Versionen, sowie in der Insularen Version – an späterer Stelle vom Erzähler davon berichtet, dass die Christen im Land des Priesterkönigs die Messe in der Art der griechischen Christen feiern würden und dass die Messfeier der lateinischen Christen mit vielerlei Hinzufügungen von den Päpsten versehen sei. Das Christentum des Priesterkönigs erscheint somit ursprünglicher und näher an der apostolischen Lehre.[937]

---

[934] Wahrscheinlich bezieht sich Velser, wie auch der Paris-Text, mit den zwölf Artikeln auf das Apostolische Glaubensbekenntnis der Westkirche, das in den Reisen auch schon in der Episode über den Bischof Athanasius anklang. Siehe dazu oben, Anm. 619.

[935] Die Velser-Texte und der Paris-Text sprechen erst später davon, dass die Christen im Land des Priesterkönigs den Patriarchen St. Thomas (den Begründer des Ostchristentums) als (ihren) Papst ansehen würden: „Und der patriarch von Sant Thomas den haltend sie als den babst." (Vhs., S. 157). Auffällig ist hier wieder einmal, dass die Vhs. keinen Vergleich zieht, sondern eine Gleichsetzung von St. Thomas und dem Papst vornimmt, während der Paris-Text den Vergleich deutlicher ausstellt: „Et le patriarche de Saint Thomas, tout ainsi comme pape" (Ed. Letts, S. 387). An dieser Stelle erwähnt der Ddr. (S. 325) stringenterweise weder den Apostel Thomas, noch den Papst – schließlich gab er zuvor an, dass sie die Institution des römischen Papsttums nicht kennen würden.

[936] Vgl. Paris-Text, Ed. Letts, S. 384: „Cilz empereur Prestre Iehan est Crestien et grant partie de son pays, mais toutes voies il nont mie les xii. articles de la foy ainsi comme nous auons. Il croient bien le Pere et le Filz et le Saint Esperit, et sont bien deuos et bien loiaus lun a lautre, et nont cure de barat [Falschheit] ne de cautelle [Hinterlist] ne fraude [Betrug] nulle."

[937] Siehe dazu die Besprechung der Textstelle über die Zusätze durch die Päpste im Kapitel über die ‚Beichte der Heiden' und die Überlegungen zum Aufruf der Reform der Kirche und zur Rückkehr zu urchristlichen Verhältnissen oben, S. 182f.

Die besondere Verbindung weltlicher und sakraler Herrschaft in der Figur des Priesterkönigs stellt auch die Mandeville-Forschung heraus und zieht unterschiedliche Vergleiche, meist zu den Vorlagen Mandevilles oder seltener zu anderen Herrscherdarstellungen in den *Reisen*. Für Akbari ist der materielle Reichtum des Priesterkönigs, der besonders durch verschiedene Edelsteine repräsentiert wird, „subordinated to the spiritual riches of heaven" und der Überfluss in seinem Reich „always subordinated to humility."[938] Sie kontrastiert die Episode über den Priesterkönig allerdings mit der Darstellung des Sultans und der Sarazenen und nicht mit dem Großkhan. Auch Higgins verweist auf die Einheit von „imperial splendor and apostolic simplicity" in der Figur des Priesterkönigs und erklärt:

> In Prester John's Christian kingdom, then, the spiritual and the temporal powers are one, since the religious authorities are also political rulers, and all of them humbly serve a single, faithful, chaste, and powerful emperor who defends his interests under the fine cruciform banner of Jesus Christ, but otherwise goes about with a plain wooden cross.[939]

Die Beschreibung des Reichs des Priesterkönigs, die mit der lateinischen Brieftradition im 12. Jahrhundert einsetzt,[940] wird von der Forschung als (utopischer) Reflexionsraum der mittelalterlich-christlichen Herrschafts- und Gesellschaftsverhältnisse gesehen, sozusagen als positiver Gegensatz eines negativ erlebten Eigenen, der den christlichen Fürsten einen Spiegel vorhielt.[941]

---

[938] Akbari, Idols in the East, S. 61.

[939] Higgins, Writing East, S. 194f., oberes Zit. S. 189. Vgl. insgesamt zu Higgins' Besprechung der Priesterkönig-Kapitel S. 189-202.

[940] Die Geschichte vom Priesterkönig Johannes erreichte ihren Höhepunkt mit dem lat. Brief, den angeblich der Priesterkönig im Jahr 1165 an den Kaiser Emanuel von Byzanz, den deutschen Kaiser Friedrich I (Barbarossa) und an Papst Alexander III geschrieben hatte. Der Autor dieses fingierten Briefes ist unbekannt, der Brief stammt aber aus Europa. 1177 schrieb Papst Alexander III dann einen Antwortbrief, in dem er seine Freude darüber ausdrückt, dass der östliche Herrscher Christ sei, und ihn gleichzeitig auffordert, den Papst als Oberhaupt anzuerkennen. Der Brief wurde in verschiedenen Übersetzungen (hauptsächlich ins Dt. und Frz.) immer weiter ausgebaut, ging in die Literatur ein und ist bis zum Buchdruck in ca. 100 lat. Hss. überliefert. Vgl. überblickend Dietrich Huschenbett: (Art.) Priesterkönig Johannes (Presbyterbrief). In: ²VL, Bd. 7, Sp. 828-842. Vgl. zu den verschiedenen Versionen des Briefes Zarncke, Der Priester Johannes, und zu einer Besprechung der Brieftradition Knefelkamp, Die Suche nach dem Reich des Priesterkönigs Johannes, sowie von den Brincken, Die „Nationes christianorum orientalium", S. 382-419.

[941] Vgl. Knefelkamp, Die Suche nach dem Reich des Priesterkönigs Johannes, der den Brief als „moralisierende Schrift in der Art eines Fürstenspiegels" bezeichnet (S. 51); Münkler, Erfahrung des Fremden, S. 187-205, bes. S. 193. Siehe außerdem zum utopischen Charak-

Im Vergleich zu seiner Quelle für das Priesterkönig-Kapitel, der Brief-Tradition, präsentiert Mandeville das Sakralkönigtum des Priesterkönigs in kürzerer Form und gestaltet die einzelnen Elemente in dessen Reich weniger stark aus: So verzichtet er beispielsweise weitgehend auf die Erklärung der Eigenschaften und Kräfte der verschiedenen Edelsteine, mit denen die herrschaftlichen (Innen-)Räume und ihr Inventar ausgestattet und geschmückt sind. Melville stellt fest, dass Mandevilles Darstellung die Spiritualität des Priesterkönigs und seines Reichs nicht mehr herausstelle: „Alles, was in der Brief-Tradition zeichenhaft für einen Verweis auf eine nahezu himmlische und Gott nahekommende Befindlichkeit stand, gewann hier einen ausschließlich diesseitigen Charakter."[942] Zu dieser nahezu desakralisierenden Darstellungsweise passt auch, dass Mandeville den Priesterkönig häufig als den *„kayser von India"* bezeichnet und ihn somit nur mit einem weltlichen Titel versieht. Melville kann insofern zugestimmt werden, als Mandeville viele Elemente, die der Spiritualität und der Tugend des Herrschers Ausdruck geben, nicht übernommen hat, doch gibt es immer noch Objekte, deren verweisende Funktion deutlich herausgestellt wird und darüber die demütige Verbundenheit des Herrschers mit Gott – besonders im Vergleich zur Darstellung des Großkhans.

Der Vergleich mit dem Großkhan ist auch hinsichtlich der Funktionalisierung der Herrscher für christliche Belange interessant. Denn Mandeville thematisiert die christliche Vorstellung vom Priesterkönig als Hoffnungsträger im Bemühen um die Rückeroberung des Heiligen Landes nicht, hat er doch diese Rolle, wie im vorhergegangenen Kapitel besprochen wurde, den Mongolen übertragen. Insgesamt fällt die Gewichtung der beiden Großherrscher des Ostens in den *Reisen* deutlich in Richtung des Großkhans aus, über den

---

ter des Briefs Christoph Gerhard/ Wolfgang Schmid: Beiträge zum ‚Brief des Presbyters Johannes'. Bemerkungen zum utopischen Charakter der ‚Epistola' und zu ihrer Bearbeitung in der Pariser Handschrift (BNF, Ms. all. 150). In: ZfDA 133,2 (2004), S. 177-194, sowie Tilo Renz: Utopische Elemente der mittelalterlichen Reiseliteratur. In: Das Mittelalter 18 (2013), S. 129-152, der sich u. a. mit den Priesterkönig-Darstellungen beschäftigt.

[942] Gert Melville: Herrschertum und Residenzen in Grenzräumen mittelalterlicher Wirklichkeit. In: Hans Patze/ Werner Paravicini (Hgg.): Fürstliche Residenzen im spätmittelalterlichen Europa. Sigmaringen 1991, S. 9-73, hier S. 61. Mandeville verzichtet sogar gänzlich auf die Erwähnung und Beschreibung des Spiegels der Allwissenheit, der dem Betrachter alles zeigt, was in entfernteren Regionen geschieht und somit dem Herrscher absolute Kontrolle über sein Reich gibt. Vgl. Zarncke, Der Priester Johannes, § 71, S. 920. Ersetzt wird der Spiegel bei Mandeville durch einen Thron, der in der Brief-Tradition wiederum keine Erwähnung findet. Es ist auffällig, dass immerhin die Stufen, die nun zum Thron heraufführen, aus einer ähnlichen Zusammensetzung von Edelsteinen bestehen wie die Treppen, auf denen in der Brief-Tradition der Spiegel steht. Vgl. Vhs., S. 156.

nicht nur viel ausführlicher und detaillierter berichtet wird, sondern dessen expansive Macht auch die Raumstruktur des zweiten Teils der *Reisen* prägt. Im Unterschied zu anderen Ostasienberichten widmet Mandeville dem Priester-könig zwar mehr Aufmerksamkeit,[943] doch finden sich der Herrscher und sein Reich in den *Reisen* marginalisiert, zumal auch die Paradies-Gerichtetheit der Reise insgesamt, beziehungsweise der Raumstruktur des zweiten Teils, hier gerade nicht funktioniert.

Mandeville stellt den Priesterkönig Johannes als weltlichen und geistlichen Herrscher vor, der den rechten Glauben hat und sich nicht wie der Großkhan an die universalherrschaftliche Position Gottes setzt. Vielmehr ordnet dieser Herrscher seine Macht und Herrschaft derjenigen Gottes unter. Die Heilsver-bundenheit des Priesterkönigs widerspiegelt sich schon in der Verortung sei-nes Reichs: Es liegt weit im Osten der bekannten Welt, ganz in der Nähe des irdischen Paradieses, und nimmt somit eine Schwellenposition zwischen zu-gänglicher und unzugänglicher Welt ein. Die heilsspendenden Paradiesflüsse umspülen und durchdringen sein Land, das aus lauter Inseln und ‚guten‘ Städ-ten besteht: „*Nun hät er in sinem kungrich menig gůte statt und menig gůt dorff und menig groß und wit ynsel. Wan das land von India sind ytel ynselen von der wasser wegen die von dem paradys kommend, die das lant also tailent.*" (Vhs., 154). Die Wunder im Reich des Priesterkönigs, unter ihnen Erscheinungen, die den Weg dorthin beschwerlich machen, wie das Sandmeer, der Steinfluss, aber auch die Tag- und Nacht-Bäume sowie verschiedene wunderbare Wesen und Tiere, nehmen – und damit richtet sich Mandeville stark nach der Tradition des Erzählens vom Priesterkönig – bei der Beschreibung seines Reichs einen großen Raum ein:[944]

---

[943] Mandeville orientiert sich hier dann auch nicht an Odorico, der den Priesterkönig nur am Rande erwähnt und ihm jegliche Bedeutung abspricht. Vgl. Odorico und Steckel, Ed. Strasmann, S. 118f. Einen Vergleich der Ostasienreiseberichte (Carpini, Rubruk, Polo, Odorico, Mandeville) bietet Münkler, Erfahrung des Fremden, S. 193-205. Higgins, Imag-ining Christendom, stellt im Vergleich zu den Quellen fest: „Clearly, the *Mandeville*-au-thor's manifestly anachronistic attraction to Prester John stems from a nostalgia for the better days of Christendom". (S. 102).

[944] Die Insulare Version, Ed. Deluz, stellt bei der Beschreibung des Steinflusses eine Ver-bindung zum Paradies her, wobei durch die paradiesische Herkunft der Edelsteine auch der Reichtum des Priesterkönigs spirituell aufgeladen wird: „*Et a III jornées loingz de cel mer [il y a grans montaignes desquelles] ist fors une fluvie qe vient de Paradiz, et est tout des pierres precieouses sanz eawe*" (S. 436). In der Vhs. dagegen wird nicht gesagt, dass der Steinfluss aus Edelsteinen besteht, und er kommt auch nicht aus dem Paradies (Vgl. Vhs., S. 155).

Item der kayser von India hät vil wunderlich ding von edelm gestain, wann man vindt vil edels gestains das als groß ist das man da von mag machen kôpffe, schúßlen und teller, da von lang zesagend wâr und zeschribend. Aber etlich ding von siner herschafft da wil ich uch von sagen. [...] Und man vindt vil wunders in sinen landen. (Vhs., 154f.)

Mandeville setzt in der Episode über den Priesterkönig nicht, wie in der über den Großkhan, den Unsagbarkeitstopos oder einen besonderen Gestus der Augenzeugenschaft und Authentifizierung ein, sondern verwendet das Postulat der *brevitas*. Entsprechend kürzer ist denn tatsächlich auch die Episode über den Priesterkönig.

In der Velser-Übersetzung stellt der Erzähler zwar immer wieder fest, dass der Priesterkönig dem Großkhan hinsichtlich der Quantität an Reichtum unterlegen sei,[945] weil aufgrund der Abgelegenheit seines Reichs weniger Kaufleute den Weg dorthin fänden. Die scheinbare Unterlegenheit des Priesterkönigs wird jedoch durch die besondere Qualität und Funktionalität seines Reichtums wieder kompensiert. Im Gegensatz zu den wunderbaren Objekten am Khanshof erhalten die in der Darstellung des Priesterkönigs und seiner Herrschaft beschriebenen Objekte eine dezidiert christliche Bedeutung. Eine Parallele zu den Pantherfellen im Khanshof, denen eine apotropäische und luftreinigende Wirkung zugesprochen wird, findet sich in der Kammer des Priesterkönigs: *„so ist doch ain faß von cristallen enmitten in der kamer voll balsams, das brint tag und nacht, das die kamer wol sôlle schmecken und kain bôsser lufft nit hin in komen."* (Vhs., 157). Beim Priesterkönig geht die luftreinigende Wirkung jedoch nicht von den Fellen eines von Nicht-Christen vergöttlichten Tieres aus, sondern von der heilswirksam aufgeladenen Substanz des Balsams, der auf der ganzen Welt nur in einem Garten in Ägypten und eben in Indien wächst.[946] Dadurch, dass der Balsam nur von Christen angebaut werden dürfe, wie es an anderer Stelle heißt, und ein christliches Symbol der Reinheit und der „geistigen Erquickung" darstellt, reinigt der Priesterkönig seine Herrschaftsräume mit einer christlich konnotierten Substanz, die zudem auch symbolisch für

---

[945] Vgl. z. B. Vhs., S. 154 und Vdr., S. 157: *„vnd in seinem* [des Priesterkönigs] *land ist gûter frid vnnd grosser reichtung aber doch nit als groß als in des grossen Cams lant von cathaÿ."* Die Frage, welcher der beiden Herrscher des Ostens der mächtigere und der reichere sei, wird in den verschiedenen Versionen der *Reisen* unterschiedlich beantwortet. Diemeringen stellt dagegen eine Gleichrangigkeit der beiden Herrscher fest: *„Der selb Can ist der groste herr in der welt vnd mag im nieman gelichen Es sye denn priester Johans von Indien"* (Ddr., S. 327).

[946] Vgl. zur Beschreibung des Balsams in Ägypten Vhs., S. 34-36, und dazu oben, Kap. ,Die Heiden und der Balsam', S. 93. Vgl. zudem Françoise Fery: Un extrait des *Voyages* de Jean de Mandeville. Le chapitre du Baume. In: Romania 105 (1984), S. 511-525.

die körperliche und geistige Reinheit steht.[947] Auffällig ist außerdem, dass das Kristallfass mit dem Balsam beim Priesterkönig in der Mitte der Kammer verortet wird, wohingegen der Großkhan im Zentrum seines Herrschaftsraumes von den duftenden Fellen umgeben ist. In der erzählerischen Darstellung des Palastes des Priesterkönigs wird der Herrscher nicht ins Zentrum gestellt, sondern er ist beinahe abwesend. Im Fokus der Erzählung stehen vielmehr die unzähligen Edelsteine, die den Innenraum seines Palastes schmücken.

Der einzige Edelstein, dem in der Episode explizit eine spezielle Wirkung zugeschrieben wird, ist der Saphir, aus welchem das Bett des Priesterkönigs gemacht ist: *„Item sin bett stat ist von saphyr und das geschåll von gold, wann der saphyr machet wol schlauffen, wann er ist kalter natur und vertribt die unkúnsche"* (Vhs., 157). Die Kraft des Saphirs, vor Unkeuschheit zu schützen, unterstreicht und bekräftigt die Tugendhaftigkeit des Herrschers am Beispiel von dessen relativer Enthaltsamkeit. Denn der Priesterkönig begibt sich nur viermal im Jahr und allein zu Zwecken der Fortpflanzung zu seinen Frauen. Im Paris-Text wird an dieser Stelle der Begriff der *luxuria* für die fleischliche Lust verwendet: *„le saphir fait bien dormir et si refroide sa luxure quant il veult gesir auec ses femmes."*[948] In der französischen Verwendung des Luxus-Begriffs wird die Konnotation von Luxus mit fleischlicher Lust und sexueller Ausschweifung expliziert. Wenn er also vier Mal im Jahr zu den *„iiii. saisons"*, wie es danach heißt, zu seinen Frauen geht, um mit ihnen zu verkehren, so ist der Priesterkönig explizit vor dem Laster der *luxuria* geschützt.

Die moralische Integrität des Priesterkönigs zeigt sich auch in der Darstellung seines Auftretens als Herrscher, also in der performativen Umsetzung seines Macht- und Herrschaftsverständnisses. So berichtet der Erzähler von der Präsentation des Kreuzes, wenn der Priesterkönig in den Krieg zieht oder anderweitig ausreitet:

> *Item der kayser von India wenn er zů stritt zúcht wider den Grossen Cham von Cathay, so fúrt man im kain paner vor. Er haisset aber vor im fúren zwölff grossú crútz von vinem gold und von edelm gestain uff hochen stangen, und ietlich crútz hät sinen wagen. Und yetlicher wagen hät zehen tusend ritter [...].*

---

[947] Vgl. G. W. Dursch: Symbolik der christlichen Religion. Bd. 1. Symbolik des mosaischen und christlichen Cultus. Tübingen 1858, S. 229. Der brennende Balsam in den Räumen des Priesterkönigs kommt aus der Brief-Tradition, vgl. Knefelkamp, Die Suche nach dem Reich des Priesterkönigs Johannes, S. 44 u. 184.

[948] Paris-Text, Ed, Letts, S. 387.

*Wenn er aber sust rittet mit venig volckes, so haisset er im ain hultzin crutz vor fůren, das
ist nit gemalet und an gold, und das tůt er durch die ere gottes dar umb das er starb an
dem holtz.*[949] (Vhs., 156)

Im Krieg gegen den Großkhan demonstriert der Priesterkönig seine Macht und
militärische Stärke über die zwölf goldenen und edelsteinverzierten Kreuze,
die seinem Zug vorangeführt werden. Die wertvolle und glänzend-funkelnde
Materialität der Kreuze, der damit zur Schau gestellte und auf die unmäßige
Menge an Rittern verweisende Reichtum repräsentiert seine weltliche Macht
als Priesterkönig, der hier stärker in der Funktion eines weltlichen Herrschers,
als König, auftritt. Dagegen inszeniert er sich selbst – und nicht seine Macht
und militärische Potenz – in der geistlichen Funktion als Priester, wenn er sich
bei ‚einfacheren' Ausritten ein einzelnes hölzernes Kreuz voranführen lässt.
Bei der Darstellung dieses Auszugs wird die christliche Symbolik des Holz-
kreuzes expliziert und daran die *humilitas* des Priesterkönigs aufgezeigt. In
diesem Auszug, der einer Prozession gleicht, kommemoriert der Priesterkönig
die Leiden Christi („*das tůt er durch die ere gottes dar umb das er starb an dem
holtz*"). Während die goldenen Kriegs-Kreuze in ihrer luxurierenden, strah-
lend-leuchtenden Erscheinung hauptsächlich als Repräsentationszeichen der
weltlichen Macht des Priesterkönigs fungieren, aber dennoch in dieser Form
und Materialität implizit auf den Weltenherrscher Christus verweisen, wird
das einfache Holzkreuz in seiner symbolischen Funktion vorgestellt. In dieser
Symbolik demonstriert es die religiöse Demut des Herrschers.

Die vorgeführten Kreuze als implizit erscheinende oder explizit gemachte
Symbole werden begleitet von zwei goldenen Schalen mit unterschiedlichem
Inhalt, die sich der Priesterkönig stets zur Seite führen und präsentieren lässt:
„*Item man fůrt im ain guldin beckin vor vol erde, das betůttet daz sin adel und
sin gewalt sol zů erde werden. So fůrt man im ain ander beckin vor voller goldes
und edels gestains zů ainem zaichen sines adels und siner herschafft.*" (Vhs.,
156.) Auch diese Objekte werden vom Erzähler als Symbole ausgewiesen. Sie
zeigen an, dass ihre Materialität über sich selbst hinaus auf etwas anderes verweist. Zudem zeichnen sie sich durch eine spezifische Zusammensetzung der
Materialien aus, mit denen unterschiedliche Bedeutungen generiert werden
und die damit die Ambivalenz von Reichtum vor Augen führen. Das kostbare Material der Schale, das Gold, veranschaulicht im gleichen Sinne wie die

---

[949]　Der Ddr., S. 352, spricht deutlicher von „*andacht*" und „*demůt*" als Beweggründe des
　　　Priesterkönigs, sich ein hölzernes Kreuz vorführen zu lassen. Er verzichtet jedoch auf
　　　den Zusatz, dass Gott, beziehungsweise Christus, am Kreuz gestorben sei – möglicher-
　　　weise deshalb, weil dies für den Kleriker Diemeringen selbstverständlich war.

goldenen Kreuze den weltlichen Bezug dieser Objekte und ihre Funktion als Mittel der Herrschaftsrepräsentation. Gerade aber die Zusammenführung des kostbaren Materials der Schale mit der Erde, die sich in der Schale befindet, sowie die daran angeschlossene Bedeutungszuschreibung brechen den weltlichen Bezug und die rein innerweltliche Bedeutung auf. So soll das erste, mit Erde gefüllte goldene Gefäß als Symbol der *vanitas* den Herrscher an die Vergänglichkeit seines „*adel*[s]" und seiner „*gewalt*" erinnern, im Gegensatz zur zweiten goldenen Schale, die gefüllt ist mit Edelsteinen, und die der Erzähler als Zeichen des „*adels*" und der „*herschafft*" des Priesterkönigs ausweist. Über die Beschreibung und Auslegung der beiden Schalen wird die unterschiedliche Deutbarkeit von äußerlicher, kostbarer Beschaffenheit in Abhängigkeit von ihrem jeweiligen ‚Inneren' demonstriert.

Im Unterschied zur Darstellung der Objekte am Hof des Großkhans, die aufgrund ihrer natürlichen Wirkung selbst als Objekte angebetet werden, oder wegen ihrer Künstlichkeit im Verdacht stehen, Werkzeug des Teufels zu sein, wird anhand der Objekte im Herrschaftsbereich des Priesterkönigs aufgezeigt, dass Materielles eine über sich selbst hinausweisende Bedeutung hat, welche für die Herrschaftsrepräsentation des Priesterkönigs nutzbar gemacht wird. Denn seine Herrschaftsinsignien sind christliche Symbole, in welchen sich sowohl die transzendente Begründung seiner Herrschaft als auch deren innerweltliche Machtentfaltung ausdrücken. Dem Priesterkönig wird so ein zeichenhaftes Verständnis der Welt zugeschrieben. Dieser symbolhafte Umgang mit Reichtum und repräsentativen Objekten zeichnet seine Herrschaft als eine zwischen Weltlichem und Geistlichem Maß haltende aus. Dementsprechend gibt es am Hof des Priesterkönigs auch keinerlei Technikphänomene, die – wie die Automatenvögel am Khanshof – für den Betrachter auf undurchsichtige Weise Leben vortäuschen und in denen die ‚innere' Bedeutung nicht über die Materialität hinausweist.

Es zeigt sich in der Gegenüberstellung von Priesterkönig und Großkhan in den betrachteten Episoden von Mandevilles *Reisen* eine grundlegende Unterscheidung im Umgang mit weltlichem Reichtum. Der Reichtum und die innerweltliche Pracht des fremden Hoflebens werden in der erzählerischen Darstellung unterschiedlich funktionalisiert und erscheinen als ambivalente Phänomene, deren Eindeutigkeit erst über den Einbezug christlich-religiösen diskursiven Wissens hergestellt werden kann. Herrschaftsrepräsentative Materialität erweist sich so als Medium der Distinktion zwischen transzendenter Referenzialität und rein immanenter. Somit kann in der unterschiedlichen Darstellung des Umgangs mit dieser Materialität spirituell erfüllte Herrschaft, die in einem Gottes- oder Heilsbezug steht, gegenüber weltlich ausgerichteter

Herrschaft, die vermeintliche Zeichen des Göttlichen zur Auratisierung und zur innerweltlichen Repräsentation des Herrschers instrumentalisiert, abgegrenzt werden.

Schlussbetrachtungen

Im Zentrum dieser Arbeit stand die Frage, wie in den *Reisen* vom fremden Religiösen (Rituale, Dogmen, Lebensweise, Praktiken oder Einstellungen wie auch Modelle sakraler Herrschaft) erzählt wird und wie unter Einbezug des Konzepts von kultureller und religiöser Alterität dabei Strukturen und Formen des eigenen Religiösen aufgerufen und vor dem Hintergrund des Fremden verhandelt werden. Der gewählte Aufbau der Arbeit, der sich an den beiden Großräumen in den *Reisen* orientiert, erwies sich sowohl hinsichtlich der Strukturierung der dort verhandelten Inhalte als auch in Hinsicht auf die Berücksichtigung der unterschiedlichen narrativen Raumorganisation als sinnvoll. So konnten die dem Eigenen dogmatisch und geographisch näher stehenden Ostchristen und die Sarazenen im Kontext des christlich aufgeladenen und auf Jerusalem ausgerichteten Heilsraumes von den dem Eigenen sehr fremden Ritualen in Indien und den Herrschern des Machtraumes, als dessen Gravitationszentrum der Großkhan figuriert, unterschieden und innerhalb der ihnen eigenen Topographie untersucht werden.

Die Unterscheidung zwischen Dogma und Praxis erwies sich als grundlegend für die Darstellung fremder religiöser Dogmen und Praktiken im impliziten oder expliziten Rückbezug auf das Eigene. Denn Fragen nach der Richtigkeit oder der Wahrheit des christlichen Glaubens gegenüber einem nicht-christlichen Glaubenssystem stellen sich in den *Reisen* als nicht verhandelbar heraus. Diese Feststellung weist auch die von der Mandeville-Forschung häufig geäußerte Annahme von der Toleranz Mandevilles, als Autor oder Erzähler, gegenüber fremden Glaubensformen, und seien diese noch so fremd (indische abgefallene Christen) oder noch so vertraut (Sarazenen), als ungeeignete Sicht auf den Text aus. Denn eine Tolerierung und schlechthin die Akzeptanz fremder Glaubenswahrheiten von Seiten des Erzählers, wodurch die christliche Wahrheit in Frage gestellt würde, konnte bei der Analyse der Episoden über fremde Religionen und besonders jener über die Sarazenen nicht beobachtet werden. Vielmehr zeigte sich, dass die *Reisen* deutliche Abgrenzungen zwischen den Strukturen und Mechanismen eigener und denjenigen fremder Heilsvermittlung ziehen und insbesondere bei den Sarazenen in der Tradition des Erzählens vom Islam stehen und den Propheten Mohammed profanieren, dämonisieren und häretisieren.

DOI 10.1515/9783110539240-004

Herausgearbeitet werden konnte allerdings die ‚Bewunderung', die der Erzähler der fremden Frömmigkeit und *„andacht"*, der Ordnung, der starken Führung eines Volkes oder einer Gemeinschaft durch seinen Herrscher sowie der Einhaltung ihrer Gebote und Gesetze entgegenbringt. Diese Punkte wiederum werden in den *Reisen* in Reflexionen auf das Eigene der westlichen Christenheit kritisch als Spiegel vorgehalten. Diese Reflexionen können entweder explizit herausgestellt werden, wie im Brief der Griechen an den Papst, im Gespräch mit dem Sultan, oder bei der ‚Beichte der Heiden', oder implizit aufscheinen, wie in der Prozession der Thomaschristen – obwohl die dort erst implizit vorhandene Referenz dann vom Erzähler auch expliziert wird – oder in der Hofhaltung des Großkhans. Die Kritik wird auch schon im Heilig-Land-Prolog der *Reisen* geäußert und die Schuld für das unmoralische Verhalten, die Sündhaftigkeit und die Uneinigkeit der Christenheit, gar für den Verlust des Heiligen Landes, den *„grossen herren"*, dem Papst und dem Kaiser angelastet.

Die Papst-Figur erwies sich als eine Figur, die – vor allem rhetorisch in der Form des Vergleichs – die *Reisen* geradezu durchzieht und zur Erklärung fremder Herrschaftsformen, in denen sich weltliche und sakrale Macht verbindet, herangezogen wird. Durch die an anderen Stellen deutlich geübte Kritik am römischen Papsttum können das Konzept und die Funktion des Papstes als *vicarius christi* und Primat der Heilsvermittlung in den *Reisen* als problematisierte und stets hinterfragte beobachtet werden.

Besonders in der Darstellung der fremden Rituale wird das Verhältnis des Menschen zu Gott beschrieben und die lateinisch-christliche Heilsvermittlungsstruktur darin reflektiert und verhandelt. In den fremden Ritualen zeigte sich meist eine (vermeintliche) Gottesnähe der Menschen, in der die kirchliche Institution und die klerikalen Hierarchien keine Rolle spielen. Die Inszenierung der Rituale wird vom Erzähler zwar als eine maßlose Übertreibung und Perversion des Eigenen dargestellt, worüber die fremden Handlungen mit den ‚falschen' Dingen für den ‚falschen' Gott auch wieder deutlich vom Eigenen abgegrenzt werden. Jedoch zeigt sich in Hinsicht auf die potentielle Richtigkeit der Form des fremden rituellen Vollzugs – die meist mit den eigenen Formen korrespondiert und dadurch ihre grundsätzliche Ambivalenz erkennen lässt – die Möglichkeit einer alternativen Form der Heilsvermittlung für das ‚richtige' Glaubenssystem des Christentums. So geraten insbesondere institutionalisierte Formen der Heilsvermittlung in den kritischen Blick des Erzählers, der über den Spiegel des Fremden beispielsweise der päpstlichen Heiligsprechung, der priesterlichen Beichte oder Formen der Buße Alternativen gegenüberstellt, in welchen der Mensch in einem unvermittelten Verhältnis zu Gott gezeigt wird. Es zeigt sich immer wieder, dass es Mandeville, trotz des Aufrufs im Prolog zur Rückeroberung des Heiligen Landes, nicht um kriegerischen, militärischen Aktionismus geht, sondern um eine Art spirituelle Reform und um eine Rückkehr zum „Urchristentum", bzw. zu einem Zustand, welcher noch nicht durch klerikales, menschliches Zutun korrumpiert wurde.

Diese als antiklerikale und antipäpstliche Haltung zu charakterisierende Intention der *Reisen* wird in den hier untersuchten Einzeltexten unterschiedlich stark umgesetzt. Die methodische Vorgehensweise des Vergleichs der verschiedenen Versionen vor dem Hintergrund ihrer Entstehungszeit und ihrer medialen Form erwies sich als äußerst fruchtbar für das Erkennen von Stellen, an denen sich die Texte ‚abarbeiten'. Diese Stellen sind Indikatoren für die Bedeutsamkeit und die kulturelle, dogmatische und kirchenpolitische Problematik dieser Thematik. Die verschiedenen Einzeltexte streichen ganze Episoden vollständig, fügen neue hinzu, kürzen, ergänzen, vereindeutigen, setzen andere Begriffe oder Wertungen, oder schwächen mittels verschiedener rhetorischer oder narrativer Strategien die Darstellung fremder Heiligkeits- und Heilsvorstellungen ab. Der Vorstellungsbereich des fremden Religiösen zeigt sich also als überaus anschlussfähig und produktiv für Textänderungen. Es konnten zudem bedeutungsträchtige Abweichungen und Variationen festgestellt werden, die sich häufig sogar als durchgängige Bearbeitungsintentionen einer Version erwiesen. So ließ sich in der Diemeringen-Version, besonders in der des Frühdruckes, neben der Neustrukturierung des Berichts eine deutliche Tendenz zur Abgrenzung zwischen dem Eigenen und dem Fremden und zur Vereindeutigung feststellen. Die Velser-Handschrift macht häufig das Gegenteil, wie im Vergleich zum Paris-Text herausgestellt werden konnte, wenn sie über die Rhetorik wie das Weglassen des ausgestellten Vergleichs oder die Verwendung direkter Rede Begriffe aus dem christlich-religiösen Bereich mit fremden Phänomenen überblendet und nahezu gleichsetzt und das Fremde so näher und unvermittelter an die Rezipienten treten lässt.

Gerade die deutlich geäußerte Kritik am Eigenen wird von der Version des Velser-Frühdruckes abgeschwächt oder ganz aus dem Bericht gestrichen. Zudem ließ sich für den gedruckten Text eine Tendenz zur Polemisierung und zur Diffamierung des Fremden erkennen, die in den Holzschnitten eine oftmals noch vereindeutigende Umsetzung erfährt. Interessanterweise konnten diese Tendenzen des Druckes allerdings nicht ausschließlich durch das Medium des Druckes erklärt werden, da sich schon auf handschriftlicher Stufe, die von der Hs. N repräsentiert wird, solche Tendenzen zeigen. Da auch in der Diemeringen-Überlieferung Vereindeutigungen und eine Zurücknahme der Kritik am Eigenen auf der Stufe des Druckes beobachtet werden konnten, stellt sich die Schnittstelle von der Handschrift zum Druck als ein aufschlussreicher und zugleich mit vielen Unklarheiten verbundener Moment der Übersetzung eines Textes von einem Medium in ein anderes heraus. Es würde sich lohnen, diesem schrift- und kulturmedialen Übergang, der zeitgleich mit dem kultur- und religionsgeschichtlich bedeutsamen Umbruch zur Reformation an der Schwelle zur Frühen Neuzeit steht, in einer größeren Breite, gerade für die *Reisen*, noch weiter nachzugehen. So würde sich noch genauer nachvollziehen lassen, dass nicht unbedingt der Medienwechsel von der Handschrift zum Druck auf den Inhalt eines zu druckenden Textes eingewirkt haben muss, sondern dass es häufig auch bestimmte Inhalte und Textänderungen auf handschriftlicher Stufe waren, die für das neue Medium genutzt worden sind.

Literaturverzeichnis

Abkürzungen für Texte/ Hss. und
Verzeichnis verwendeter Hss.

Vhs.	(Velser-Handschrift) Sir John Mandevilles Reisebeschreibung, in deutscher Übersetzung von Michel Velser. Nach der Stuttgarter Papierhandschrift Cod. HB V 86, hg. von Eric John Morrall. Berlin 1974 (Deutsche Texte des Mittelalters, 66). [Dat. der Entstehung der Velser-Version um 1390]
Vdr.	(Velser-Druck) Jean de Mandeville: Reisen. Reprint der Erstdrucke der deutschen Übersetzungen des Michel Velser (Augsburg, bei Anton Sorg, 1480) und des Otto von Diemeringen (Basel, bei Bernhard Richel, 1480/81), hg. und mit einer Einleitung versehen von Ernst Bremer und Klaus Ridder, Hildesheim u. a. 1991 (Deutsche Volksbücher in Faksimiledrucken, Reihe A, Bd. 21), S. 4-182.
	Original (Vgl. Abb. 2, 7, 10, 12, 14): Innsbruck, UB, 107 H7.
Ddr.	(Diemeringen-Druck) Jean de Mandeville: Reisen. Reprint der Erstdrucke der deutschen Übersetzungen des Michel Velser (Augsburg, bei Anton Sorg, 1480) und des Otto von Diemeringen (Basel, bei Bernhard Richel, 1480/81), hg. und mit einer Einleitung versehen von Ernst Bremer und Klaus Ridder, Hildesheim u. a. 1991 (Deutsche Volksbücher in Faksimiledrucken, Reihe A, Bd. 21) S. 185-388.
Hs. A	(Velser) Stuttgart, Württembergische Landesbibliothek, Cod. HB V 86 (dat. 1468-72). Online unter: http://digital.wlb-stuttgart.de/sammlungen/sammlungsliste/werksansicht/?no_cache=1&tx_dlf%5Bid%5D=5383&tx_dlf%5Bpage%5D=1 (letzter Zugriff am 2.1.2018).[950]
Hs. N	(Velser) New York, Public Library, Spencer Collection Ms. 37 (dat. 1459).
Hs. Sg1	(Diemeringen) St. Gallen, Stiftsarchiv, Cod. Fabariensis XVI (dat. Mitte 15. Jh.). Online unter http://www.e-codices.unifr.ch/de/list/one/ssg/0016
Hs. H	(Diemeringen) Itinerarium Orientale. Mandeville's Reisebeschreibung in mittelniederdeutscher Übersetzung. Mit Einleitung, Varianten und Glossar hg. v. Sven Martinsson. Lund 1918 [Edition der Hamburger Hs. H, dat. 1447].

---

[950] Alle Links zu Internetquellen dieser Studie wurden zuletzt im Januar 2018 überprüft.

DOI 10.1515/9783110539240-005

Hs. H1   (Diemeringen) Heidelberg, Universitätsbibliothek, Cod. Pal. germ. 65
                (dat. 3. V. 15. Jh.). Online unter: http://digi.ub.uni-heidelberg.de/diglit/
                cpg65

Hs. H2   (Diemeringen) Heidelberg, Universitätsbibliothek, Cod. Pal. germ. 138
                (dat. 2. H. 15. Jh.). Online unter: http://digi.ub.uni-heidelberg.de/diglit/
                cpg138

Hs. La1   (Diemeringen) Lawrence, University of Kansas, Kenneth Spencer Research
                Library, Summerfield Ms. C 18. Einige Seiten online unter: http://ds.lib.
                berkeley.edu/MSC18_30

Hs. Mp   (Velser) Dresden, Sächsische Landesbibliothek, Staats- und Universitäts-
                bibliothek Dresden, Mscr. Dresd. F.184.b (dat. 1433). Online unter: http://
                digital.slub-dresden.de/werkansicht/dlf/13950/1/0/

Paris-Text   Mandeville's Travels. Texts and Translations. Ed. by Malcolm Letts. Bd.
                II [Paris-Version BnF nouv. acq. fr. 4515, dat. 1371]. London 1953 (Hakluyt
                Society 2/101-102) (Nachdruck 1967), S. 226-413.

(Hs. Velser-Version) Cambridge (Mass.), Harvard College Library/ Houghton Library, Ms.
                ger. 288 (dat. 1431).

(Hs. Diemeringen-Version) Stuttgart, LB Cod. theol. et phil. fol. 195 (dat. 1470-80). On-
                line unter: http://digital.wlb-stuttgart.de/purl/bsz330056212

(Hs. der niederdeutsch-mitteldeutschen Übertragung) Berlin, Staatsbibliothek –
                Preußischer Kulturbesitz, Ms. germ. fol. 204 (3. Viertel des 15. Jh.).
                Online unter: http://digital.staatsbibliothek-berlin.de/dms/werkansicht/
                ?PPN=PPN627376185

(*Le Livre des Merveilles*; Hs. Insulare Version) Paris, Bibliothèque nationale de France,
                Ms. fr. 2810, (dat. 1410). Online unter: http://gallica.bnf.fr/ark:/12148/bt-
                v1b52000858n

(Tschechische Version, textlos) London, British Library, Add. ms. 24189 (dat. 1410/20).
                Online unter: http://www.bl.uk/manuscripts/FullDisplay.aspx?ref=Add_
                MS_24189

[= Ü.]   Kapitelüberschrift in einem Primärtext

Bibliographie

Primärliteratur Mandeville

Editionen deutscher Versionen

[Bremer/Ridder:] Jean de Mandeville: Reisen. Reprint der Erstdrucke der deutschen Übersetzungen des Michel Velser (Augsburg, bei Anton Sorg, 1480) und des Otto von Diemeringen (Basel, bei Bernhard Richel, 1480/81), hg. und mit einer Einleitung versehen von Ernst Bremer und Klaus Ridder, Hildesheim u. a. 1991 (Deutsche Volksbücher in Faksimiledrucken, Reihe A, Bd. 21).

Crosby, Edward Warren: Otto von Diemeringen. A German Version of Sir John Mandeville's ‚Travels' (Parts I-IV). Diss., University of Kansas 1965. [Edition nach zwei niederdt. Hss. und einem Fragment: Lawrence, Univ. of Kansas, Kenneth Spencer Research Libr., Summerfield Ms. C 18, E15 und E16; unveröffentlicht?]

[Martinsson:] Itinerarium Orientale. Mandeville's Reisebeschreibung in mittelniederdeutscher Übersetzung. Mit Einleitung, Varianten und Glossar hg. v. Sven Martinsson. Lund 1918. [Edition der Hamburger Hs. H]

[Morrall:] Sir John Mandevilles Reisebeschreibung, in deutscher Übersetzung von Michel Velser. Nach der Stuttgarter Papierhandschrift Cod. HB V 86, hg. von Eric John Morrall. Berlin 1974 (Deutsche Texte des Mittelalters, 66).

[Ridder:] Jean de Mandeville: Reisebeschreibung. Übertragen aus dem Französischen von Otto von Diemeringen. Der Antichrist und die fünfzehn Zeichen vor dem Jüngsten Gericht. Farbmikrofiche-Edition der Handschrift Wien, Österreichische Nationalbibliothek, Codex 2838. Einführung und Beschreibung der Handschrift von Klaus Ridder. München 1992 (Codices illuminati medii aevi, 24). + 4 Mikrofiches.

Nhd. Übersetzungen

[Buggisch:] Reisen des Ritters John Mandeville. Vom Heiligen Land ins ferne Asien. 1322-1356. Aus dem mittelhochdeutschen übersetzt und herausgegeben von Christian Buggisch. Lenningen 2004. [Zusammenführung der von Morall edierten Velser-Hs. und dem Velser-Erstdruck (1480)]

[Grümmer:] Johann von Mandeville: Von seltsamen Ländern und wunderlichen Völkern. Ein Reisebuch von 1356. Herausgabe, Bearbeitung und Übertragung aus dem Mittelhochdeutschen von Gerhard Grümmer. Leipzig 1986. [Übersetzung der von Morrall edierten Velser-Hs.]

[Simrock:] Des engländischen Ritters Herrn Hansen von Montevilla Reise nach Palästina, Jerusalem, Egypten, Türkei, Judäa, Jndien, China, Persien und andere fern abgelegene Königreiche und Länder. Von ihm selbst beschrieben. In: Die deutschen Volksbücher. Gesammelt und in ihrer ursprünglichen Echtheit wiederhergestellt von Karl Simrock. Bd. 13. Frankfurt a. M. 1867, S. 1-154. [folgt dem Sorg-Druck der Velser-Version von 1481, baut stellenweise aber auch die Übersetzung Diemeringens ein]

[Sollbach:] Das Reisebuch des Ritters John Mandeville. Ins Neuhochdeutsche übertragen und eingeleitet von Gerhard E. Sollbach. Frankfurt am Main 1989. [Velser-Übersetzung im Druck von Schönsperger, 18.10.1482]

[Stemmler:] John Mandeville: Die Reisen des Ritters John Mandeville durch das Gelobte Land, Indien und China. Bearbeitet von Theo Stemmler, nach der deutschen Übersetzung des Otto von Diemeringen; unter Berücksichtigung der besten französischen und englischen Handschriften. Stuttgart 1966.

Editionen nicht deutschsprachiger Versionen

[Ashton:] The Voiage and Travayle of Sir John Mandeville knight. Edited by John Ashton. London 1887. [Nachdruck des Druckes der Defective Version von Thomas East, London 1568]

[Bale:] John Mandeville. Book of Marvels and Travels. Translated with an Introduction and Notes by Anthony Bale. Oxford 2012. [Übersetzung der Defective Version mit Verweisen auf die Insulare Version]

[Coleman:] The Travels of Sir John Mandeville. Edited by E. C. Coleman. Gloucestershire 2006. [Cotton Version, modernisiertes Englisch]

[Cramer:] De Reis van Jan van Mandeville, naar de middelnederlandsche Handschriften en Incunabelen. Hg. v. Nicolaas Adrianus Cramer. Leiden 1908 (Leiden, Phil. Diss., 1908).

[Deluz:] Jean de Mandeville: Le Livre des Merveilles du Monde. Édition critique par Christiane Deluz. Paris 2000 (Sources d'histoire médiévale, 31). [Insulare Version]

Deluz, Christiane: Le Livre de messire Jean de Mandeville. Version liègeoise 1396. In: Danielle Régnier-Bohler (Hg.): Croisades et pèlerinages. Récits, chroniques et voyages en Terre Sainte, XIIᵉ-XVIᵉ siècle. Paris 1997 (Nachdruck 2002), S. 1391-1435. [Exzerpte aus der Lütticher Version, übersetzt ins Neufranzösische]

[Hakluyt:] Liber Ioannis Mandevil. Edited by Richard Hakluyt [Vulgate Latin Version]. In: Ders. (Hg.): The Principall Navigations, Voiages and Discoveries of the English Nation. London 1589. A Photo-Lithographic Facsimile. With an introduction by David Beers Quinn and Raleigh Ashlin Skelton and with a New Index by Alison Quinn. 2 Bde. Cambridge 1965 (Hakluyt Society, extra series, 39), Bd. I, S. 23-79.

[Halliwell:] The Voiage and Travaile of Sir John Maundeville, Kt. Edited by J. O. Halliwell. London 1839. [Nachdruck des Druckes der Cotton Version, London 1725, 1727]

[Hamelius:] Mandeville's Travels. Translated from the French of Jean d'Outremeuse. Ed. from Ms. Cotton Titus c. XVI, in the British Museum by Paul Hamelius. Vol. I [Text] u. II [Einleitung und Kommentar]. Bungay 1919/1923 (EETS, 153/154).

[Higgins:] The Book of John Mandeville. With Related Texts. Edited and Translated, with an Introduction, by Iain Macleod Higgins. Indianapolis 2011. [Moderne englische Übersetzung der Insularen Version auf Grundlage der Edition von Deluz, 2000]

[Kohanski/Benson:] The Book of John Mandeville. Ed. by Tamarah Kohanski and C. David Benson. Kalamazoo 2007. [Defective-Version, Edition von British Library Ms Royal 17 C. xxxviii]

[Kohanski:] The Book of John Mandeville. An Edition of the Pynson Text with Commentary on the Defective Version. Edited by Tamarah Kohanski. Tempe 2001 (Medieval and Renaissance Texts and Studies, 231). [Defective Version]

[Krása:] Die Reisen des Ritters John Mandeville. Achtundzwanzig kolorierte Silberstiftzeichnungen von einem Meister des Internationalen Stils um 1400 im Besitz der British Library London (Add. ms. 24 189), eingeleitet und erläutert von Josef Krása. Aus dem Engl. übs. von Inge Jenaczek. München 1983.

[Krása:] The Travels of Sir John Mandeville. A Manuscript of the British Library. Introduction and Commentaries on the Plates by Josef Krása. Tansl. from the Czech by Peter Kussi. New York 1983.

[Letts:] Mandeville's Travels. Texts and Translations. Ed. by Malcolm Letts. Bd. I [Egerton-Version, modernisiertes Englisch] u. II [Paris-Version BNF nouv. acq. fr. 4515 und Bodley-Version Rawl. D.99]. London 1953 (Hakluyt Society 2/101-102). (Nachdruck 1967)

[Lorenzen:] Mandevilles Rejse i gammeldansk oversættelse, tillige med en vejleder for pilgrimme, efter håndskrifter udgiven af Marcus Lorenzen. Kopenhagen 1882 (Samfund til udgivelse af gammel nordisk litteratur, 5).

[Moseley:] The Travels of Sir John Mandeville. Translated with an Introduction by C. W. R. D. Moseley. Überarbeiteter Reprint der Ausg. von 1983. London 2005 (Penguin Classics). [Moderne engl. Übs. auf Basis der Egerton-Version mit Bezügen zur Hs. der Defective-Version, Cambridge Univ. Library, Dd i. 17]

[Seymour:] The Egerton Version of Mandeville's Travels. Hg. v. Michael C. Seymour. Oxford 2010 (EETS, 336).

[Seymour:] The Defective Version of Mandeville's Travels. Edited by Michael C. Seymour. Oxford 2002 (EETS, 319). [Edition Queen's College, Oxford MS 383 und teilw. British Library, MS Arundel 140]

[Seymour:] The Travels of Sir John Mandeville. Facsimile of Pynson's Edition of 1496. Ed. by Michael C. Seymour. Exeter 1980. [Defective Version]

[Seymour:] The Metrical Version of Mandeville's Travels. From the Unique Manuscript in the Coventry Corporation Record Office. Edited by Michael C. Seymour. London 1973 (EETS, 269).

[Seymour:] Mandeville's Travels. Edited with Modernized Spelling and an Introduction by Michael C. Seymour, London u. a. 1968. [Cotton-Version, modernisiertes Englisch]

[Seymour:] Mandeville's Travels. Edited by M. C. Seymour. Oxford 1967. [Cotton Version, in Mittelenglisch]

[Seymour:] The Bodley Version of Mandeville's Travels. From Bodleian MS. E Musaeo 116 with Parallel Extracts from the Latin Text of British Museum MS. Royal 13 E. IX. Edited by Michael C. Seymour. London 1963 (EETS, 253).

Simek, Frantisek: Cestopis t. zv. Mandevilla. Cesky preklad porizeny Vavrincem z Brezové. Prag 1911 (Nachdruck 1963).

[Temperley:] Libro de las Maravillas del Mundo y del Viaje de la Tierra Sancta de Jerusalem (impresos castellanos del siglo XVI). Buenos Aires 2011 (Serie Ediciones Criticas, 6). [Ed. einer spanischen Übs., ausgehend von Frühdrucken]

[Temperley:] Juan de Mandevilla. Libro de las Maravillas del Mundo. Según el Manuscrito Escurialense M-III-7 de Finales del Siglo XIV. Edición Crítica, Estudio Preliminar y Notas de María Mercedes Rodríguez Temperley. Buenos Aires 2005 (Íncipit. Ediciones Críticas, 3).

[Warner:] The Buke of John Maundeuill Being the Travels of Sir John Mandeville, Knight 1322-1356. A Hitherto Unpublished English Version from the Unique Copy (Egerton MS. 1982) in the British Museum edited together with the French Text, Notes, and an Introduction by George F. Warner. Illustrated with Twenty-Eight Miniatures Reproduced in Facsimile from the Additional Ms. 24,189. Westminster 1889.

Weitere Primärliteratur

Der altdeutsche Physiologus. Die Millstätter Reimfassung und die Wiener Prosa (nebst dem lateinischen Text und dem althochdeutschen Physiologus). Hg. v. Friedrich Maurer. Tübingen 1967 (Altdeutsche Textbibliothek, 67).

Augustinus von Hippo: Des heiligen Kirchenvaters Aurelius Augustinus zweiundzwanzig Bücher über den Gottesstaat. Aus dem Lateinischen übersetzt von A. Schröder. Kempten/ München 1911-16 (Des heiligen Kirchenvaters Aurelius Augustinus ausgewählte Schriften 1-3, Bibliothek der Kirchenväter, 1. Reihe, Band 01, 16, 28). [Online: http://www.unifr.ch/bkv/awerk.htm]

Die Ebstorfer Weltkarte. Kommentierte Neuausgabe in zwei Bänden. Hg. v. Hartmut Kugler, unter Mitarbeit v. S. Glauch u. A. Willing. Band I: Atlas. Band II: Untersuchungen und Kommentar. Berlin 2007.

Die geheime Geschichte der Mongolen. Hg. v. Walther Heissig. Düsseldorf 1981.

Geheime Geschichte der Mongolen. Herkunft, Leben und Aufstieg Činggis Qans. Aus dem Mongol. übertr. und komment. von Manfred Taube. München 1989 (Orientalische Bibliothek).

Richard Rolle de Hampole: The Pricke of Conscience (Stimulus Conscientiae). A Northumbrian Poem. Copied and Edited from Mss. in the Library of the British Museum, with an Introduction, Notes, and Glossarial Index by Richard Morris. Berlin 1863 (Philological Society).

Hayton/ Hethum von Armenien: Die Geschichte der Mongolen des Hethum von Korykos (1307) in der Rückübersetzung durch Jean le Long, *Traitiez des estas et des conditions de quatorze royaumes de Aise* (1351). Kritische Edition. Mit parallelem Abdruck des lateinischen Manuskripts Wroclaw, Bibliotheka Uniwersytecka, R 262. Hg. v. Sven Dörper. Frankfurt am Main u. a. 1998 (Europäische Hochschulschriften 13; Französische Sprache und Literatur, 236; zugl. Berlin, Freie Univ., Diss., 1996).

Isidor von Sevilla: Enzyklopädie. Übersetzt und mit Anmerkungen versehen von Lenelotte Möller. Wiesbaden 2008.

Isidor von Sevilla: Isidori Hispalensis Episcopi Etymologiarvm sive Originvm libri XX, recogn. brevique adnot. critica instruxit W. M.- Lindsay, Oxford 1911. [Online: https://archive.org/stream/isidori01isiduoft#page/n3/mode/2up]

Jacques de Vitry: Histoire orientale. Historia orientalis. Introduction, édition critique et traduction par Jean Donnadieu. Turnhout 2008 (Sous la règle de Saint Augustin, 12).

Jacques de Vitry: Historia Orientalis oder Hierosolymitana I. Hg. v. Jacques Bongars, Gesta Dei per Francos I. Hanau 1611, S. 1047-1124.

Jacques de Vitry: Histoire occidentale. Historia occidentalis. Tableau de l'occident au XIIIe siècle. Trad. par Gaston Duchet-Suchaux, introd. et notes par Jean Longère. Paris 1997 (Sagesses chrétiennes).

Jehan de Joinville: Vie de Saint Louis. Texte établi, traduit, présenté et annoté avec variantes par Jaques Monfrin. Paris 1995 (Classiques Garnier).

Johannes de Marignolis: [Cronica Boemorum] Relatio Fr. Iohannis. In: Sinica Franciscana I, S. 524-560.

Johannes de Marignolis: Indien, Ceylon und das irdische Paradies. In: Quellen zur Geschichte des Reisens im Spätmittelalter. Hg. v. Folker Reichert. Darmstadt 2009, S. 178-190 [Teilübers. nach Wyngaert].

Johannes von Plano Carpini: Kunde von den Mongolen, 1245-1247. Übersetzt, eingeleitet und erläutert von Felicitas Schmieder. Sigmaringen 1997 (Fremde Kulturen in alten Berichten, 3).

Johannes von Plano Carpini: Historia Mongalorum/ Die Geschichte der Mongolen. In: Gießauf, Johannes: Die Mongolengeschichte des Johannes von Piano Carpine. Einführung, Text, Übersetzung, Kommentar. Graz 1995 (Schriftenreihe des Instituts für Geschichte, 6).

Johannes von Plano Carpini: Geschichte der Mongolen und Reisebericht 1245-1247. Übersetzt und erläutert von Friedrich Risch. Leipzig 1930 (Forschungsinstitut für Vergleichende Religionsgeschichte (Leipzig), Veröffentlichungen des Forschungsinstituts für Vergleichende Religionsgeschichte an der Universität Leipzig, 2. Reihe, 11).

John de Plano Carpini/ William de Rubruquis: The texts and versions. As printed for the first time by Hakluyt in 1598 together with some shorter pieces. Ed. by C. Raymond Beazley. Repr. D. Ausg. London 1903. Millwood, NY 1967.

Ludolf von Sudheim: Ludolfs von Sudheim Reise ins Heilige Land. Nach der Hamburger Handschrift, hg. von Ivar von Stapelmohr. Lund 1937.

Der Millstätter Physiologus. Text, Übersetzung. Kommentar. Hg. v. Christian Schröder. Würzburg 2005 (Würzburger Beiträge zur deutschen Philologie, 24).

Odorico de Pordenone: Die Reise des seligen Odorich von Pordenone nach Indien und China (1314/18-1330). Übersetzt, eingeleitet und erläutert von Folker Reichert. Heidelberg 1987.

Odorico de Pordenone: Konrad Steckels deutsche Übertragung der Reise nach China des Odorico de Pordenone. Kritisch hg. von Gilbert Strasmann. Berlin 1968 (Texte des späten Mittelalters und der frühen Neuzeit, 20).

Odorico de Pordenone: Relatio. In: Sinica Franciscana I, S. 413-495.

Petrus Iohannis Olivi: De Usu Paupere. The *Quaestio* and the *Tractatus*. Hg. v. David Burr. Florenz 1992 (Italian Medieval and Renaissance Studies, 4).

Plinius: Lenelotte Möller/ Manuel Vogel (Hgg.): Die Naturgeschichte des Gaius Plinius Secundus. Ins Deutsche übersetzt und mit Anmerkungen versehen von Georg C. Wittstein. 2 Bde. Wiesbaden 2007 (Neuaufl. einer Übs. v. 1880-82).

Plinius: Gaius Plinius Secundus (d. Ä.): Historia Naturalis. Hg. v. H. Rackham. London/ Cambridge 1958ff.

Plinius Gaius Plinus Secundus: Naturalis historiae libri XXXVII, ed. Carl Mayhoff, Vol. I: libri I-VI, 1906, Nachdruck Stuttgart 1967.

Polo, Marco: Il Milione. Prima edizione integrale, a cura di Luigi Foscolo Benedetto, Florenz 1928 (Comitato Geografico Nazianale Italiano, N. 3).

Polo, Marco: Il Milione. Die Wunder der Welt. Übersetzung aus altfranzösischen und lateinischen Quellen und Nachwort von Elise Guignard. Zürich 1983.

Polo, Marco: Der mitteldeutsche Marco Polo. Nach der Admonter Handschrift, hg. v. Horst Tscharner. Berlin 1935 (Deutsche Texte des Mittelalters, 40).

Riccold de Monte Croce: Libellus ad nationes orientales, hg. von Antoine Dondaine. In: Archivium Fratrum Praedicatorum 37 (1967), S. 119-179.

Riccold de Monte Croce: Pérégrination en Terre Sainte et au Proche Orient. Texte latin et traduction. Lettres sur la chute de Saint-Jean d'Acre: Traduction. Ed. par René Kappler. Paris 1997 (Textes et traductions des classiques français du Moyen Âge, 4).

Rudolf von Ems: Weltchronik. Aus der Wernigeroder Handschrift, hg. von Gustav Ehrismann, Berlin 1915 (Deutsche Texte des Mittelalters, 20; Nachdr. Dublin/Zürich 1967).

Simon de Saint-Quentin: Histoire des Tartares. Publiée par Jean Richard. Paris 1965 (Documents relatifs à l'histoire des croisades, 8).

Sinica Franciscana: Volumen 1. Itinera et relationes Fratrum Minorum saeculi XIII et XIV. Collegit, ad fidem codicum redegit et adnotavit P. Anastasius van den Wyngaert OFM. Ad Claras Aquas (Quaracchi-Firenze) 1929.

Symon Semeonis: Itinerarium Symonis Semeonis ab Hybernia ad Terram Sanctam. Hg. von Mario Esposito. Dublin 1960 (Scriptores Latini Hiberniae, 4).

Wilhelm von Boldensele: Liber de quibusdam ultramarinis partibus et praecipue de terra sancta de Guillaume de Boldensele (1336), suivi de la traduction de Frère Jean de Long (1351). Hg. von Christiane Deluz. Diss. masch. Paris (Sorbonne) 1972.

Wilhelm von Boldensele: Des Edelherrn Wilhelm von Boldensele Reise nach dem Gelobten Lande. Hg. v. Karl Ludwig Grotefend. In: Zeitschrift des historischen Vereins für Niedersachsen (1852), S. 209-286.

Wilhelm von Rubruk: Beim Großkhan der Mongolen. Von Konstantinopel nach Karakorum 1253 - 1255. Neu bearbeitet und hg. von Hans Dieter Leicht. Lenningen 2003.

Wilhelm von Rubruk/ Guillaume de Rubrouck: Voyage dans l'Empire Mongol (1253–1255). Trad. et com. de Claude et René Kappler. Paris 1994 (Voyages et découvertes). [Ed. mit Photographien von Roland Michaud]

Wilhelm von Rubruk: Guillaume de Rubrouck: Voyage dans l'Empire Mongol (1253–1255). Trad. et com. du Claude et René Kappler. Paris 1985.

Wilhelm von Rubruk: The Mission of Friar William of Rubruck. His journey to the court of the Great Khan Möngke 1253-1255. Ed. and com. by Peter Jackson/ David Morgan. London 1990 (Hakluyt Society Ser. 2.173).

Wilhelm von Rubruk: Itinerarium Willelmi de Rubruc. In: Sinica Franciscana I, S. 164-332.

Wilhelm von Tripolis: Notitia de Machometo. De statu Sarracenorum. Kommentierte lateinisch-deutsche Textausgabe, hg. von Peter Engels. Würzburg 1992 (Corpus Islamo-Christianum, Series Latina, 4).

Konzilien der Neuzeit. Konzil von Trient (1545–1563), Erstes Vatikanisches Konzil (1869/70), Zweites Vatikanisches Konzil (1962–1965). Indices. Im Auftrag der Görres-Gesellschaft ins Deutsche übertr. u. hg. unter Mitarbeit v. Gabriel Sunnus u. Johannes Uphus von Josef Wohlmuth. Paderborn u. a. 2002 (Dekrete der ökumenischen Konzilien, 3).

Zarncke, Friedrich: Der Priester Johannes. Abhandlungen der philologisch-historischen Classe der Königlich Sächsischen Gesellschaft der Wissenschaften. Erste Abhandlung: Bd. 7, Leipzig 1879, S. 827-1030. Zweite Abhandlung: Bd. 8, Leipzig 1876, S. 1-186 (Reprint Hildesheim 1980).

Sekundärliteratur

Aaron, David H.: Early Rabbinic Exegesis on Noah's Son Ham and the So-Called ‚Hamitic Myth'. In: Journal of the American Academy of Religion 63,4 (1995), S. 721-759.

Adams, Jonathan: Lessons in Contempt. Poul Ræff's Translation and Publication in 1516 of Johannes Pfefferkorn's ‚The Confessions of the Jews'. Odense 2013 (Universitets-jubilæets danske samfund, 581).

Aertsen, Jan A./ Pickavé, Martin (Hgg.): „Herbst des Mittelalters"? Fragen zur Bewertung des 14. und 15. Jahrhunderts. Berlin 2004 (Miscellanea mediaevalia, 31).

Agamben, Giorgio: Homo sacer. Die souveräne Macht und das nackte Leben. Aus dem Italienischen von Hubert Thüring. Frankfurt am Main 2002 (Erbschaft unserer Zeit. Vorträge über den Wissensstand der Epoche, 16).

Akbari, Suzanne Conklin: Idols in the East. European Representations of Islam and the Orient, 1100-1450. Ithaca, N.Y., 2009.

Akbari, Suzanne Conklin: Currents and Currency in Marco Polo's ‚Devisement dou monde' and ‚The Book of John Mandeville'. In: Dies./ Amilcare Iannucci (Hgg.): Marco Polo and the Encounter of East and West. Toronto u. a. 2008, S. 110-130.

Akbari, Suzanne Conklin: The Diversity of Mankind in the Book of John Mandeville. In: Rosamund Allen (Hg.): Eastward Bound. Travel and Travellers, 1050-1550. Manchester 2004, S. 156-176.

Allen, Valerie: As the Crow Flies. Roads and Pilgrimage. In: Essays in Medieval Studies 25 (2008), S. 27-37.

Althoff, Gerd: Die Macht der Rituale. Symbolik und Herrschaft im Mittelalter. Darmstadt 2003.

Altripp, Michael: Bildende Kunst als Thema christlicher Theologie – konfessionsvergleichende Perspektiven. In: Bernd Schröder u. a. (Hg.): „Du sollst dir kein Bildnis machen..." Bilderverbot und Bilddidaktik im jüdischen, christlichen und islamischen Religionsunterricht. Berlin 2013, S. 91-117.

Andrews, Frances: Ritual and Space. Definitions and Ways Forward. In: Ders. (Hg.): Ritual and Space in the Middle Ages. Proceedings of the 2009 Harlaxton Symposium. Donington 2011 (Harlaxton Medieval Studies, 21), S. 1-29.

Arnold, Thomas W.: The Caliphate. Oxford 1924, 2. Aufl. London 1965.

Bade, Norman: Vorstellungen vom Islam und den Sarazenen in der ‚Vita Hludowici imperatoris' und den ‚Annales Bertiniani'. Möglichkeiten und Grenzen einer terminologischen Untersuchung. In: Anna Aurast/ Hans-Werner Goetz (Hgg.): Die Wahrnehmung anderer Religionen im früheren Mittelalter. Terminologische Probleme und methodische Ansätze. Berlin 2012 (Hamburger geisteswiss. Studien zu Religion und Gesellschaft, 1), S. 89-119.

Bärmann, Michael: *Sunder daß er zue den sternen kam, die der groß Alexander fand.* Zur Rezeption des Alexanderstoffes in der spätmittelalterlichen Hausbuch-Literatur. In: Daphnis 30,1-2 (2001), S. 1-36.

Baert, Barbara: The Pool of Bethsaïda. In: Viator 36 (2005), S. 1-22.

Bassnett, Susan: Travelling and Translating. In: World Literature Written in English 40,2 (2004), S. 66-76.

Bataille, Georges: Der heilige Eros (L'Érotisme). Mit einem Entwurf zu einem Schlusskapitel. Übers. v. Max Hölzer. Frankfurt am Main u. a. 1986 (Ullstein, 35039).

Batton, Achatius: Wilhelm von Rubruk. Ein Weltreisender aus dem Franziskanerorden und seine Sendung in das Land der Tataren. Münster 1921 (Franziskanische Studien, 6).

Baumgärtner, Ingrid: Erzählungen kartieren. Jerusalem in mittelalterlichen Kartenräumen. In: Sonja Glauch u. a. (Hg.): Projektion – Reflexion – Ferne. Räumliche Vorstellungen und Denkfiguren im Mittelalter. Berlin/ Boston 2011, S. 193-223.

Baumgärtner, Ingrid: Biblische, mythische und fremde Frauen. Zur Konstruktion von Weiblichkeit in Text und Bild mittelalterlicher Weltkarten. In: Xenja von Ertzdorff/ Gerhard Gissemann (Hgg.): Erkundung und Beschreibung der Welt. Zur Poetik der Reise- und Länderberichte. Vorträge eines interdisziplinären Symposiums vom 19. bis 24. Juni 2000 an der Justus-Liebig-Universität Gießen. Amsterdam/ New York 2003 (Chloe, Beihefte zum Daphnis, 34), S. 31-86.

Baumgartner, Susanne: Vom Glauben der Sarazenen. Funktionalisierungen von Beschreibungen des Fremden in Michel Velsers deutscher Übertragung von Mandevilles Reisen. In: Franciszek Grucza (Hg.): Vielheit und Einheit der Germanistik weltweit. Bd. 16. Vormoderne Textualität. Betreut und bearbeitet von Beate Kellner und Jan-Dirk Müller. Tagungsakten des XII. Kongresses der Internationalen Vereinigung für Germanistik (IVG) vom 30. Juli bis 07. August 2010 in Warschau. Frankfurt a. M. 2012, S. 355-360.

Becker, Petrus: Benediktinische Reformbewegungen im Spätmittelalter. Ansätze, Entwicklungen, Auswirkungen. In: Untersuchungen zu Kloster und Stift. Göttingen 1980 (Veröffentlichungen des Max-Planck-Instituts für Geschichte, 14; Studien zur Germania Sacra, 14), S. 167-187.

Behringer, Wolfgang: ‚Vom Unkraut unter dem Weizen.' Die Stellung der Kirchen zum Hexenproblem. In: Richard von Dülmen (Hg.): Hexenwelten. Magie und Imagination vom 16.-20. Jahrhundert. Ausstellung in der Stadtgalerie Saarbrücken 1. Mai bis 30. Juni 1987. Frankfurt am Main 1987, S. 15-47.

Beine, Birgit: Der Wolf in der Kutte. Geistliche in den Mären des deutschen Mittelalters. Bielefeld 1999 (Braunschweiger Beiträge zur deutschen Sprache und Literatur, 2; zugl. Münster, Univ., Diss., 1997).

Bell, Richard: The Origin of Islam in its Christian Environment. The Gunning Lectures Edinburgh University 1925. London 1926.

Belliger, Andréa/ Krieger, David J. (Hgg.): Ritualtheorien. Ein einführendes Handbuch. 4. Aufl. Wiesbaden 2008.

Bennett, Josephine Waters: The Rediscovery of Sir John Mandeville. New York 1954.

Bennett, Michael J.: Mandeville's Travels and the Anglo-French Moment. In: Medium Aevum 75,2 (2006), S. 273-292.

Benson, C. David: The Dead and the Living. Some Medieval Descriptions of the Ruins and Relics of Rome Known to the English. In: Albrecht Classen (Hg.): Urban Space in the Middle Ages and the Early Modern Age. Berlin 2009 (Fundamentals of Medieval and Early Modern Culture, 4), S. 147-182.

Berns, Jörg Jochen: Von Strittigkeit der Bilder. Texte des deutschen Bildstreits im 16. Jahrhundert. 2 Bde. Berlin/ Boston 2014 (Frühe Neuzeit, Studien und Dokumente zur deutschen Literatur und Kultur im europäischen Kontext, 184).

Berron, Reinhard: Einige Bemerkungen zu übersetzten Namen in der Diemeringen-Version von Mandevilles ‚Reisen'. In: Christiane Ackermann (Hg.): Texte zum Sprechen bringen. Philologie und Interpretation. Fs. Paul Sappler. Tübingen 2009, S. 219-229.

Bertau, Karl: Schrift – Macht – Heiligkeit in den Literaturen des jüdisch-christlich-muslimischen Mittelalters. Hg. v. Sonja Glauch. Berlin/ New York 2005.

Betschart, Andres: Zwischen zwei Welten. Illustrationen und Berichte westeuropäischer Jerusalemreisender des 15. und 16. Jahrhunderts. Würzburg 1996 (Würzburger Beiträge zur deutschen Philologie, 15).

Beutin, Wolfgang: Zur Problematik des Antiklerikalismus in der europäischen Erzählliteratur um 1400. In: Jahrbuch der Oswald-von-Wolkenstein-Gesellschaft 4 (1986/87), S. 81-94.

Bhatti, Anil/ Kimmich, Dorothee/ Koschorke, Albrecht/ Schlögl, Rudolf/ Wertheimer, Jürgen: Ähnlichkeit. Ein kulturtheoretisches Paradigma. In: IASL 36,1 (2011), S. 233-247.

Biddick, Kathleen: The ABC of Ptolomy. Mapping the World with the Alphabet. In: Sylvia Tomasch/ Sealy Gilles (Hgg.): Text and Territory. Geographical Imagination in the European Middle Ages. Philadelphia 1998 (Middle Ages Series), S. 268-293.

Bienert, Wolfgang A.: Athanasius von Alexandrien – Kirchenvater der einen Christenheit. In: Johannes Arnold u. a. (Hg.): Väter der Kirche. Ekklesiales Denken von den Anfängen bis in die Neuzeit. Paderborn/ Zürich 2004, S. 167-188.

Bierende, Edgar/ Bretfeld, Sven/ Oschema, Klaus: Einführung. In: Dies. (Hgg.): Riten, Gesten, Zeremonien. Gesellschaftliche Symbolik in Mittelalter und Früher Neuzeit. Berlin/ New York 2008 (Trends in Medieval Philology, 14), S. IX-XXXVIII.

Bieritz, Karl-Heinrich: Liturgik. Berlin 2004 (De Gruyter Lehrbuch).

Biran, Michal: Chinggis Khan. Oxford 2007 (Makers of the Muslim world).

Bitterli, Urs: Die Wilden und die Zivilisierten. Grundzüge einer Geistes- und Kulturgeschichte der europäisch-überseeischen Begegnung. 2., durchges. und um einen bibliogr. Nachtr. erw. Auflage. München 1991.

Blaicher, Günther: Noes Fluch und die Folgen. Entstehung, Verbreitung und Zerstörung eines Afrika-Stereotyps. In: Archiv für Kulturgeschichte 90,2 (2008), S. 253-281.

Blanks, David R.: Western Views of Islam in the Premodern Period. A Brief History of Past Approaches. In: Ders./ Michael Frassetto (Hgg.): Western Views of Islam in Medieval and Early Modern Europe. Perception of Other. New York 1999, S. 11-53.

Bojcov, Michail A.: Qualitäten des Raumes in zeremoniellen Situationen. Das Heilige Römische Reich, 14.-15. Jahrhundert. In: Werner Paravicini (Hg.): Zeremoniell und Raum. 4. Symposium der Residenzen-Kommission der Akademie der Wissenschaften in Göttingen. Veranstaltet gemeinsam mit dem Deutschen Historischen Institut Paris und dem Historischen Institut der Universität Potsdam, Potsdam 25.-27.9.1994. Sigmaringen 1997 (Residenzenforschung, 6), S. 129-153.

Bollnow, Otto F.: Mensch und Raum. Stuttgart ¹¹2010 (Erstaufl. 1963).

Bour, René-Stephan: Gräberfunde im Metzer Dom. Eine historisch-archäologische Untersuchung. In: Jahrbuch der Gesellschaft für lothringische Geschichte und Altertumskunde 27/28 (1915/1916), S. 235-427.

Bousquet-Labouérie, Christine: Un espace révélé. Les miniatures du livre de Jean de Mandeville ms fr 2810. In: Cahiers de recherches médiévales (XIIIe-XVe siècles) 3 (1997), S. 71-78.

Bovenschen, Albert: Untersuchungen über Johann von Mandeville und die Quellen seiner Reisebeschreibung. In: Zeitschrift der Berliner Gesellschaft für Erdkunde 23 (1888), S. 177-307.

Boyle, John Andrew: The Death of the Last Abassid Caliph. A Contemporary Muslim Account. In: Journal of Semitic Studies 6 (1961), S. 145-161; wieder abgedruckt in: Ders.: The Mongol World Empire. 1206-1370. Mit einem Vorwort von Owen Lattimore. London 1977 (Variorum Reprint CS, 58), S. 145-161.

Bradley, Sid A. J.: Mandevilles Rejse. Some Aspects of its Changing Role in the Later Danish Middle Ages. In: Mediaevalia Scandinavia 9 (1978), S. 146-163.

Brandser, Kristin: Mandeville's Travels. A Medieval Stockpile of Representations. In: Bruce E. Brandt (Hg.): Proceedings of the Third Dakotas Conference on Earlier British Literature. Brookings, S. D. 1995, S. 25-34.

Braude, Benjamin: The Sons of Noah and the Construction of Ethnic and Geographical Identities in the Medieval and Early Modern Periods. In: The William and Mary Quarterly, Third Series 54,1 (1997), S. 103-142.

Braude, Benjamin: Mandeville's Jews among Others. In: Bryan F. Le Beau/ Menahem Mor (Hgg.): Pilgrims and Travelers to the Holy Land. Omaha 1996, S. 133-158.

Braun, Joseph: Die liturgische Gewandung im Occident und Orient. Nach Ursprung und Entwicklung, Verwendung und Symbolik, Freiburg i Br., 1907.

Bremer, Ernst: Jean de Mandeville in Europa, Bd. 1: Überlieferungsgeschichte. Bearb. von Ernst Bremer und Randall Herz unter Mitwirkung von Alexandra Nusser. München 2004 (MittelalterStudien des Instituts zur Interdisziplinären Erforschung des Mittelalters und seines Nachwirkens, Paderborn, 2). (Im Druck).

Bremer, Ernst/ Nusser, Alexandra: Jean de Mandeville. Überlieferungs- und Gattungsstrukturen europäischer Reiseliteratur. In: ForschungsForum Paderborn 6 (2003), S. 6-11.

Bremer, Ernst: Spätmittelalterliche Reiseliteratur – ein Genre? Überlieferungssymbiosen und Gattungstypologie. In: Xenja von Ertzdorff/ Dieter Neukirch (Hgg.): Reisen und Reiseliteratur im Mittelalter und in der Frühen Neuzeit. Amsterdam/ Atlanta 1992 (Chloe, Beihefte zum Daphnis, 13), S. 329-355.

Bremer, Ernst: Ein spätmittelalterlicher Werktyp auf dem Wege zum Frühdruck. Der ‚Vocabularius optimus' im Umkreis frühhumanistischer Schriftkultur in Augsburg. In: Reiner Hildebrandt/ Ulrich Knoop (Hgg.): Brüder-Grimm-Symposion zur Historischen Wortforschung. Beiträge der Marburger Tagung vom Juni 1986. Berlin 1986 (Historische Wortforschung, 1), S. 164-178.

Brenner, Peter J.: Die Erfahrung der Fremde. Zur Entwicklung einer Wahrnehmungsform in der Geschichte des Reiseberichts. In: Ders. (Hg.): Der Reisebericht. Die Entwicklung einer Gattung in der deutschen Literatur. Frankfurt am Main 1989, S. 14-49.

Brent, Peter: Das Weltreich der Mongolen. Dschingis Khans Triumph und Vermächtnis. Bergisch Gladbach 1977.

Bridges, Margaret: Premodern as Postmodern? On the Preposterous Representation of Gender in Mandeville's Orient. In: Stefanie Brander/ Rainer J. Schweizer (Hgg.): Geschlechterdifferenz und Macht. Reflexion gesellschaftlicher Prozesse. Fribourg 2001 (Kolloquium der Schweizerischen Akademie der Geistes- und Sozialwissenschaften, 18), S. 303-319.

Brincken, Anna-Dorothee von den: Fines Terrae. Die Enden der Erde und der vierte Kontinent auf mittelalterlichen Weltkarten. Hannover 1992 (Monumenta Germaniae Historica. Schriften, 36).

Brincken, Anna-Dorothee von den: Das geographische Weltbild um 1300. In: Peter Moraw (Hg.): Das geographische Weltbild um 1300. Politik im Spannungsfeld von Wissen, Mythos und Fiktion. Berlin 1989 (Zeitschrift für Historische Forschung/ Beiheft, 6), S. 9-32.

Brincken, Anna-Dorothee von den: Christen und Mongolen bei Ricold von Monte Croce (um 1300). In: Jahrbuch der Akademie der Wissenschaften in Göttingen für das Jahr 1978. Göttingen 1979, S. 23-26.

Brincken, Anna-Dorothee von den: Die Mongolen im Weltbild der Lateiner um die Mitte des 13. Jahrhunderts unter besonderer Berücksichtigung des „Speculum Historiale" des Vincenz von Beauvais OP. In: Archiv für Kulturgeschichte 57 (1975), S. 117-140.

Brincken, Anna-Dorothee von den: Die „Nationes christianorum orientalium" im Verständnis der lateinischen Historiographie. Von der Mitte des 12. bis in die zweite Hälfte des 14. Jahrhunderts. Köln u. a. 1973 (Kölner historische Abhandlungen, 22; zugl. Köln, Univ. Habil.-Schr.).

Brincken, Anna-Dorothee von den: Eine christliche Weltchronik von Qaraqorum. Wilhelm von Rubruk O.F.M. und der Nestorianismus. In: Archiv für Kulturgeschichte 53 (1971), S 1-19.

Brincken, Anna-Dorothee von den: Die lateinische Weltchronistik. In: Alexander von Randa (Hg.): Mensch und Weltgeschichte. Zur Geschichte der Universalgeschichtsschreibung. Salzburg/ München 1969 (Internationales Forschungszentrum für Grundfragen der Wissenschaften: Forschungsgespräche des Internationalen Forschungszentrums für Grundfragen der Wissenschaften in Salzburg, 7), S. 43-58.

Bulang, Tobias/ Kellner, Beate: Wolframs ‚Willehalm': Poetische Verfahren als Reflexion des Heidenkriegs. In: Peter Strohschneider (Hg.): Literarische und religiöse Kommunikation in Mittelalter und Früher Neuzeit. DFG Symposion 2006. Berlin u. a. 2009, S. 124-160.

Bundy, David: The Syriac and Armenian Christian Responses to the Islamification of the Mongols. In: John Victor Tolan (Hg.): Medieval Christian Perceptions of Islam. A Book of Essays. New York/ London 1996 (Garland Medieval Casebooks), S. 33-53.

Burnett, Charles: Attitudes Towards the Mongols in Medieval Literature. The XXII Kings of Gog and Magog from the Court of Frederick II to Jean de Mandeville. In: Viator 22 (1991), S. 153-167.

Buschinger, Danielle/ Spiewok, Wolfgang (Hgg.): Toleranz und Intoleranz im Mittelalter/ Tolerance et Intolerance au Moyen Age. VIII. Jahrestagung der Reineke-Gesellschaft/ 8ème Congrès annuel de la Societé Reineke (Toledo, 14.05–20.05.1997). Greifswald 1997 (Wodan, 74; Jahrbücher der Reineke-Gesellschaft, 8; Greifswalder Beiträge zum Mittelalter, 61).

Bynum, Caroline-Walker: Christian Materiality. An Essay on Religion in Late Medieval Europe. New York 2011.

Bynum, Caroline-Walker: Metamorphosis and Identity. New York 2001.

Camargo, Martin: The Book of John Mandeville and the Geography of Identity. In: Timothy S. Jones/ David A. Sprunger (Hgg.): Marvels, Monsters, and Miracles. Studies in the Medieval and Early Modern Imaginations. Kalamazoo 2002 (Studies in Medieval Culture, 42), S. 67-84.

Cameron, Nigel: Barbarians and Mandarins. Thirteen Centuries of Western Travelers in China. Chicago/ London 1970.

Camille, Michael: The Gothic Idol. Ideology and Image-Making in Medieval Art. Cambridge 1989 (Cambridge New Art History and Criticism).

Campbell, Mary B.: The Witness and the Other World. Exotic European Travel Writing, 400-1600. London 1988.

Carmassi, Patrizia: Purpurismum in martyrio. Die Farbe des Blutes in mittelalterlichen Handschriften. In: Ingrid Bennewitz/ Andrea Schindler (Hgg.): Farbe im Mittelalter. Materialität – Medialität – Semantik. Bd. I. Berlin 2011 (Akten des 13. Symposiums des Mediävistenverbandes), S. 251-273.

Carruthers, Leo: The Four Rivers of Paradise. Mandeville and the Book of Genesis. In: Ladan Niayesh (Hg.): A Knight's Legacy. Mandeville and Mandevillian Lore in Early Modern England. Manchester 2011, S. 75-91.

Carruthers, Leo: The Well of the World's End. Real and Mythic Geography in Mandeville's Travels. In: Alicia Rodríguez Álvarez/ Francisco Alonso Almeida (Hgg.): Voices on the Past. Studies in Old and Middle English Language and Literature. A Coruña 2004, S. 193-203.

Cazenave, Annie: Monstres et merveilles. In: Ethnologie Française 3 (1979), S. 135-256.

Certeau, Michel de: Kunst des Handelns. Aus dem Frz. übs. v. Ronald Voullié. Berlin 1988 (Erstaufl. unter dem Titel: L'invention du quotidien I, Arts de faire. Paris 1980).

Classen, Albrecht: Anticlericalism and Criticism of Clerics in Medieval and Early-Modern German Literature. In: ABäG 72 (2014), S. 283-306.

Classen, Albrecht: Encounters Between East and West in the Middle Ages and Early Modern Age. Many Untold Stories About Connections and Contacts, Understanding and Misunderstanding. Also an Introduction. In: Ders. (Hg.): East Meets West in the Middle Ages and Early Modern Times. Transcultural Experiences in the Premodern World. Berlin/ Boston 2013 (Fundamentals of Medieval and Early Modern Culture, 14), S. 1-222.

Classen, Albrecht: Marco Polo and John Mandeville. The Traveler as Authority Figure, the Real and the Imaginary. In: Sini Kangas u. a. (Hg.): Authorities in the Middle Ages. Influence, Legitimacy, and Power in Medieval Society. Berlin/ Boston 2013 (Fundamentals of Medieval and Early Modern Culture, 12), S. 229-248.

Classen, Albrecht: The Epistemological Function of Monsters in the Middle Ages. From The Voyage of Saint Brendan to Herzog Ernst, Marie de France, Marco Polo and John Mandeville. What Would We Be Without Monsters in Past and Present! In: Lo Sguardo – Rivista Di Filosofia 9,2 (2012) S. 13-34.

Classen, Albrecht: Toleration and Tolerance in the Middle Ages? The Good Heathens as Fellow Beings in the World of ‚Reinfried von Braunschweig', Konrad von Würzburg's ‚Partonopier und und Meliur', and ‚Die Heidinne'. In: ABäG 61 (2006), S. 183-223.

Cohen, Jeffrey Jerome: On Saracen Enjoyment. Some Fantasies of Race in Late Medieval France and England. In: Journal of Medieval and Early Modern Studies 31,1 (2001), S. 113-146.

Colpe, Carsten: Über das Heilige. Versuch, seiner Verkennung kritisch vorzubeugen. Frankfurt am Main 1990.

Colpe, Carsten: Vorwort. In: Ders. (Hg.): Die Diskussion um das „Heilige". Darmstadt 1977 (Wege der Forschung, 305), S. IX-XXV.

Daniel, Norman: Islam and the West. The Making of an Image. Oxford 2009.

Daston, Lorraine/ Park, Katharine: Wonders and the Order of Nature. 1150-1750. New York 1998.

Deitmaring, Ursula: Die Bedeutung von Rechts und Links in theologischen und literarischen Texten bis um 1200. In: ZfdA 98 (1969), S. 265-292.

Deluz, Christiane: L'originalité du Livre de Jean de Mandeville. In: Ernst Bremer/ Susanne Röhl (Hgg.): Jean de Mandeville in Europa. Neue Perspektiven in der Reiseliteraturforschung. Paderborn 2007 (MittelalterStudien des Instituts zur Interdisziplinären Erforschung des Mittelalters und seines Nachwirkens, Paderborn, 12), S. 11-18.

Deluz, Christiane: Jérusalem, ,coeur et milieu de toute la terre du monde' (Le Livre de Jean de Mandeville). In: Evelyne Berriot-Salvadore (Hg.): Le Mythe de Jérusalem. Du Moyen Age à la Renaissance. Saint-Étienne 1995, S. 91-99.

Deluz, Christiane: Le Livre de Jehan de Mandeville. Une „Géographie" au XIVe siècle. Louvain-La-Neuve 1988 (Institut d`Études Médiévales (Louvain), Publications de l`Institut d`Études Médiévales 2, 8).

Demel, Walter: Als Fremde in China. Das Reich der Mitte im Spiegel frühneuzeitlicher europäischer Reiseberichte. München 1992 (zugl. München, Univ., Habil.-Schr., 1988).

Dieckhoff, Reiner: Die ehemalige astronomische Uhr im Kölner Dom. In: Werner Schäfke/ Bettina Mosler (Hgg): Wie Zeit vergeht. Köln 1999 (Begleitbuch zur Ausstellung des Kölnischen Stadtmuseums).

Dimmock, Matthew: Mythologies of the Prophet Muhammad in Early Modern English Culture. Cambridge u. a. 2013 [v. a. Kap. I.3: „Sir John Mandeville and the Travels", S. 41-52].

Dimmock, Matthew: Mandeville on Muhammad. Texts, Contexts and Influence. In: Ladan Niayesh (Hg.): A Knight's Legacy. Mandeville and Mandevillian Lore in Early Modern England. Manchester 2011, S. 92-107.

Dinshaw, Carolyn: How Soon Is Now? Medieval Texts, Amateur Readers, and the Queerness of Time. Durham 2012 [Kap. 2: „Temporally Oriented. The Book of John Mandeville, British India, Philology, and the Postcolonial Medievalist", S. 73-104].

Dörrich, Corinna: Poetik des Rituals. Konstruktion und Funktion politischen Handelns in mittelalterlicher Literatur. Darmstadt 2002 (Symbolische Kommunikation in der Vormoderne; zugl. München, Univ., Diss., 1999).

Dörrie, Heinrich: Drei Texte zur Geschichte der Ungarn und Mongolen. Die Missionsreisen des fr. Julianus O.P. ins Uralgebiet (1234/5) und nach Rußland (1237) und der Bericht des Erzbischofs Peter über die Tartaren. Göttingen 1956 (Nachrichten der Akademie der Wissenschaften in Göttingen, 1. phil.-hist. Klasse 6/1956).

O'Doherty, Marianne: The Indies and the Medieval West. Thought, Report, Imagination. Turnhout 2013 (Medieval Voyaging, 2).

Dorninger, Maria: The Island of Cyprus in Travel Literature of the Fourteenth Century. In: Andrea Grafetstätter u. a. (Hg.): Islands and Cities in Medieval Myth, Literature, and History. Papers Delivered at the International Medieval Congress, University of Leeds, in 2005, 2006, and 2007. Frankfurt am Main 2011 (Beihefte zur Mediävistik, 14), S. 67-82.

Durkheim, Emile: Die elementaren Formen des religiösen Lebens. Übersetzt von Ludwig Schmidts. Frankfurt am Main 1981.

Eamon, William: Technology as Magic in the Late Middle Ages and the Renaissance. In: Janus 70 (1983), S. 171-212.

Edson, Evelyn: Travelling on the mappamundi. The World of John Mandeville. In: P.D.A. Harvey (Hg.): The Hereford World Map. Medieval World Maps and their Context. London 2006, S. 389-403.

Eliade, Mircea: Das Heilige und das Profane. Vom Wesen des Religiösen. Köln 2008.

Elias, Norbert: Die höfische Gesellschaft. Untersuchungen zur Soziologie des Königtums und der höfischen Aristokratie. Mit einer Einleitung: Soziologie und Geschichtswissenschaft. Neuwied 1969 (Soziologische Texte, 54).

Ellis, Roger: Translation and Frontiers in Late Medieval England. Caxton, Kempe, and Mandeville. In: O. Merisalo/ P. Pahta (Hgg.): Frontiers in the Middle Ages. Proceedings of the Third European Congress of Medieval Studies, Jyväskylä, 10-14 June 2003. Louvain-la-Neuve 2006 (Textes et études du Moyen Age, 35), S. 559-583.

Elm, Kaspar: Antiklerikalismus im deutschen Mittelalter. In: Peter Dykema/ Heiko Oberman (Hgg.): Anticlericalism in Late Medieval and Early Modern Europe. Leiden u. a. 1993 (Studies in the Medieval and Reformation Thought, 51), S. 3-18.

Elm, Kaspar: Verfall und Erneuerung des Ordenswesens im Spätmittelalter. Forschungen und Forschungsaufgaben. In: Untersuchungen zu Kloster und Stift. Göttingen 1980 (Veröffentlichungen des Max-Planck-Instituts für Geschichte, 14; Studien zur Germania Sacra, 14), S. 188-238.

Eming, Jutta: 2. Mittelalter. Konzeptualisierungen des Phantastischen und Wunderbaren für das Mittelalter. In: Hans Richard Brittnacher/ Markus May (Hgg.): Phantastik. Ein interdisziplinäres Handbuch. Stuttgart/ Weimar 2013, S. 10-18.

Engen, John van: Late Medieval Anticlericalism. The Case of the New Devout. In: Peter Dykema/ Heiko Oberman (Hgg.): Anticlericalism in Late Medieval and Early Modern Europe. Leiden u. a. 1993 (Studies in the Medieval and Reformation Thought, 51), S. 19-52.

Engen, John van: Anticlericalism Among the Lollards. In: Peter Dykema/ Heiko Oberman (Hgg.): Anticlericalism in Late Medieval and Early Modern Europe. Leiden u. a. 1993 (Studies in the Medieval and Reformation Thought, 51), S. 53-63.

Erfen, Irene/ Spieß, Karl-Heinz (Hgg.): Fremdheit und Reisen im Mittelalter. Stuttgart 1997.

Erkens, Franz-Reiner: Vicarius Christi – sacratissimus legislator – sacra majestas. Religiöse Herrschaftslegitimierung im Mittelalter. In: Zeitschrift der Savigny-Stiftung für Rechtsgeschichte. Kanonistische Abteilung 89 (2003), S. 1-55.

Ertzdorff, Xenja von: Marco Polos ‚Beschreibung der Welt' im 14. und 15. Jahrhundert in Deutschland. In: Gerhard Augst u. a. (Hg.): Festschrift für Heinz Engels zum 65. Geburtstag. Göppingen 1991 (Göppinger Arbeiten zur Germanistik, 561), S. 46-63.

Euler, Heinrich: Die Begegnung Europas mit den Mongolen im Spiegel abendländischer Reiseberichte. In: Saeculum 23 (1972), S. 47-58.

Fazy, Robert: Jehan de Mandeville, ses voyages et son séjour discuté en Egypte. In: Études asiatiques 4 (1950), S. 30-54.

Fensome, Rebecca: Mandeville's Travels and Medieval Myths of Africa on the Early Modern English Stage. In: Shakespeare in Southern Africa. Journal of the Shakespeare Society of Southern Africa 18 (2006), S. 21-28.

Fery, Françoise: Un extrait des *Voyages* de Jean de Mandeville. Le chapitre du Baume. In: Romania 105 (1984), S. 511-525.

Fleck, Andrew: Here, There, and In Between. Representing Difference in the Travels of Sir John Mandeville. In: Studies in Philology 97,4 (2000), S. 379-400.

Flint, Valerie: The Demonisation of Magic and Sorcery in Late Antiquity. Christian Redefinitions of Pagan Religions. In: Bengt Ankarloo/ Stuart Clark (Hgg.): Witchcraft and Magic in Europe. Ancient Greece and Rome. Philadelphia 1999, S. 277-348.

Frank, Michael C.: Kulturelle Einflussangst. Inszenierungen der Grenze in der Reiseliteratur des 19. Jahrhunderts. Bielefeld 2006 (zugl. Konstanz, Univ., Diss., 2005).

Frech, Karl A.: Reform an Haupt und Gliedern. Untersuchung zur Entwicklung und Verwendung der Formulierung im Hoch- und Spätmittelalter. Frankfurt am Main u. a. 1992 (Europäische Hochschulschriften 3; Geschichte und ihre Hilfswissenschaften, 510; zugl. Tübingen, Univ., Diss, 1990).

Freedman, Paul: Spices and Late-Medieval European Ideas of Scarcity and Value. In: Speculum 80,4 (2005), S. 1209-1227.

Fried, Johannes: Auf der Suche nach der Wirklichkeit. Die Mongolen und die europäische Erfahrungswissenschaft im 13. Jahrhundert. In: Historische Zeitschrift 234 (1986), S. 287-332.

Friedmann, John Block: The Monstrous Races in Medieval Art and Thought. Cambridge/ London 1981.

Frieling, Kirsten O.: Zwischen Abgrenzung und Einbindung. Kleidermoden im Reichsfürstenstand des späten 15. und frühen 16. Jahrhunderts. In: Ulrich Knefelkamp/ Kristian Bosselmann-Cyran (Hgg.): Grenze und Grenzüberschreitung im Mittelalter. 11. Symposium des Mediävistenverbandes vom 14. bis 17. März 2005 in Frankfurt an der Oder. Berlin 2007, S. 122-135.

Ganser, W. Günther: Die niederländische Version der Reisebeschreibung Johanns von Mandeville. Untersuchung zur handschriftlichen Überlieferung. Amsterdam 1985 (Amsterdamer Publikation zur Sprache und Literatur, 63).

Ganz-Blättler, Ursula: Andacht und Abenteuer. Berichte europäischer Jerusalem- und Santiago-Pilger (1320-1520). 3., unveränd. Aufl. (Erstaufl. 1991). Tübingen 2000 (Jakobus-Studien, 4).

Ganz-Blättler, Ursula: Reisen und Reiseberichte westeuropäischer Jerusalempilger. In: Hendrik Budde/ Andreas Nachama (Hgg.): Die Reise nach Jerusalem. Eine kulturhistorische Exkursion in die Stadt der Städte, 3000 Jahre Davidsstadt. Eine Ausstellung der 9. Jüdischen Kulturtage in der Großen Orangerie, Schloß Charlottenburg Berlin (22. November 1995 bis 29. Februar 1996). Berlin 1995, S. 50-55.

Gaunt, Simon: Translating the Diversity of the Middle Ages. Marco Polo and John Mandeville as ‚French' Writers. In: Australian Journal of French Studies 46,3 (2009), S. 235-248.

Geanakoplos, Deno: Byzantinum and the Crusades, 1261-1354. In: Harry W. Hazard/ Kenneth M. Setton (Hgg.): A History of the Crusades. Bd. 3: The Fourteenth and Fifteenth Centuries. Madison 1975, S. 27-68.

Gengnagel, Jörg/ Horstmann, Monika/ Schwedler, Gerald: Einleitung. In: Dies. (Hgg.): Prozessionen, Wallfahrten, Aufmärsche. Bewegung zwischen Religion und Politik in Europa und Asien seit dem Mittelalter. Köln u. a. 2008 (Menschen und Kulturen, Beihefte zum Saeculum, 4), S. 3-15.

Gennep, Arnold van: Übergangsriten. Aus dem Französischen von Klaus und Sylvia M. Schomburg-Scherff, mit einem Nachwort von Sylvia M. Schomburg-Scherff. Frankfurt am Main 1986.

George, Martin: Vom Kommen des Antichrist. Endzeitfurcht und Endzeitsehnsucht in 2000 Jahren Christentum. In: Rupert Moser/ Sara Margarita Zwahlen (Hgg.): Endzeiten – Wendezeiten. Bern 2004 (Collegium Generale, Universität Bern, Kulturhistorische Vorlesungen, 1999/2000), S. 27-64.

Gerhard, Christoph/ Schmid, Wolfgang: Beiträge zum ‚Brief des Presbyters Johannes'. Bemerkungen zum utopischen Charakter der ‚Epistola' und zu ihrer Bearbeitung in der Pariser Handschrift (BNF, Ms. all. 150). In: ZfDA 133,2 (2004), S. 177-194.

Gießauf, Johannes: Die Mongolengeschichte des Johannes von Piano Carpine. Einführung, Text, Übersetzung, Kommentar. Graz 1995 (Schriftenreihe des Instituts für Geschichte, 6).

Ginzburg, Carlo: Der Käse und die Würmer. Die Welt eines Müllers um 1600. Aus dem Italienischen von Karl F. Hauber. Berlin 1993 (Erstaufl. Turin 1976).

Glauch, Sonja: Ich-Erzähler ohne Stimme. Zur Andersartigkeit mittelalterlichen Erzählens zwischen Narratologie und Mediengeschichte. In: Harald Haferland/ Matthias Meyer (Hgg.): Historische Narratologie – mediävistische Perspektiven. Berlin u. a. 2010 (Trends in Medieval Philology, 19), S. 149-185.

Goertz, Hans-Jürgen: Pfaffenhass und groß Geschrei. Die reformatorischen Bewegungen in Deutschland 1517-1529. München 1987.

Goetz, Hans-Werner: Was wird im frühen Mittelalter unter „Häresie" verstanden? Zur Häresiewahrnehmung des Hrabanus Maurus. In: Anna Aurast/ Ders. (Hgg.): Die Wahrnehmung anderer Religionen im früheren Mittelalter. Terminologische Probleme und methodische Ansätze. Berlin 2012 (Hamburger geisteswiss. Studien zu Religion und Gesellschaft, 1), S. 47-88.

Goetz, Hans-Werner: Sarazenen als „Fremde"? Anmerkungen zum Islambild in der abendländischen Geschichtsschreibung des frühen Mittelalters. In: Benjamin

Jokisch u. a. (Hg.): Fremde, Feinde und Kurioses. Innen- und Außenansichten unseres muslimischen Nachbarn. Berlin/ New York 2009 (Studien zur Geschichte und Kultur des islamischen Orients, N. F., 24), S. 39-66.

Goez, Elke: Papsttum und Kaisertum im Mittelalter. Darmstadt 2009 (Geschichte kompakt).

Gontero, Valérie: Les Gemmes Marines. Au Carrefour du Lapidaire et du Bestiaire (d'après Phisice, une Version du Lapidaire de Jean de Mandeville). In: Chantal Connochie-Bourgne (Hg.): Mondes Marins du Moyen Age. Actes du 30e Colloque du CUER MA, 3, 4 et 5 mars 2005. Aix-en-Provence 2006 (Senefiance, 52), S. 187-197.

Grady, Frank: Representing Righteous Heathens in Late Medieval England. New York 2005 [Kap. 2.: „Mandeville's ‚Gret Meruaylle'", S. 45-72].

Grady, Frank: ‚Machomete' and Mandeville's Travels. In: John Victor Tolan (Hg.): Medieval Christian Perceptions of Islam. A Book of Essays. New York 1996 (Garland Reference Library of the Humanities 1768; Garland Medieval Casebooks 10), S. 271-288.

Graus, František: Pest – Geissler – Judenmorde. Das 14. Jahrhundert als Krisenzeit. 2., durchges. Aufl., Göttingen 1988 (Veröffentlichungen des Max-Planck-Instituts für Geschichte, 86).

Greenblatt, Stephen: Wunderbare Besitztümer. Die Erfindung des Fremden: Reisende und Entdecker. Aus dem Englischen von Robin Cackett. Berlin 1998 (Wagenbachs Taschenbücherei, 296; engl. Erstausg. 1991).

Gregor, Helmut: Das Indienbild des Abendlandes (bis zum Ende des 13. Jahrhunderts). Wien 1964 (Wiener Dissertationen aus dem Gebiet der Geschichte, 4; zugl. Wien, Univ., Diss., 1963).

Grousset, René: Die Steppenvölker. Attila – Dschingis Khan – Tamerlan. Aus dem Franz. übertragen von Leopold Voelker. München 1970 (Kindlers Kulturgeschichte).

Grubmüller, Klaus: Noês Fluch. Zur Begründung von Herrschaft und Unfreiheit in mittelalterlicher Literatur. In: Dietrich Huschenbett u. a. (Hg.): Medium Aevum deutsch. Beiträge zur deutschen Literatur des hohen und späten Mittelalters. Fs. Kurt Ruh. Tübingen 1979, S. 99-119.

Günthart, Romy: Deutschsprachige Literatur im frühen Basler Buchdruck (ca. 1470-1510) Münster u. a. 2007 (Studien und Texte zum Mittelalter und zur frühen Neuzeit, 11).

Haebler, Konrad: Handbuch der Inkunabelkunde. Leipzig 1925 (Nachdruck Stuttgart 1966).

Hahn, Alois: Identität und Selbstthematisierung. In: Alois Hahn/ Volker Kapp (Hgg.): Selbstthematisierung und Selbstzeugnis. Bekenntnis und Geständnis. Frankfurt am Main 1987 (Suhrkamp-Taschenbuch Wissenschaft, 643), S. 9-24.

Hahn, Alois: Zur Soziologie der Beichte und anderer Formen institutionalisierter Bekenntnisse. Selbstthematisierung und Zivilisationsprozeß. In: Kölner Zeitschrift für Soziologie und Sozialpsychologie 34 (1982), S. 408-434.

Hahn, Thomas: The Indian Tradition in Western Medieval Intellectual History. In: Joan-Pau Rubiés (Hg.): Medieval Ethnographies. European Perceptions of the World Beyond. Farnham 2009 (The Expansion of Latin Europe 1000-1500, 9), S. 209-230.

Hahn, Thomas: The Difference the Middle Ages Makes. Color and Race before the Modern World. In: Journal of Medieval and Early Modern Studies 31,1 (2001), S. 1-37.

Hamelius, Paul: The Travels of Sir John Mandeville. In: Quarterly Review 227 (1917), S. 331-352.

Hamilton, Bernard: Continental Drift. Prester John's Progress Through the Indies. In: Joan-Pau Rubiés (Hg.): Medieval Ethnographies. European Perceptions of the World Beyond. Farnham 2009 (The Expansion of Latin Europe 1000-1500, 9), S. 121-153.

Hamilton, Sarah/ Spicer, Andrew: Defining the Holy. The Delineation of Sacred Space. In: Dies. (Hgg.): Defining the Holy. Sacred Space in Medieval and Early Modern Europe. Aldershot 2005, S. 1-23.

Hammerstein, Reinhold: Macht und Klang. Tönende Automaten als Realität und Fiktion in der alten und mittelalterlichen Welt. Bern 1986.

Harbsmeier, Michael: Wilde Völkerkunde. Andere Welten in deutschen Reiseberichten der frühen Neuzeit. Frankfurt am Main/ New York 1994 (Historische Studien, 12).

Harbsmeier, Michael: Reisebeschreibungen als mentalitätsgeschichtliche Quellen. Überlegungen zu einer historisch-anthropologischen Untersuchung frühneuzeitlicher deutscher Reisebeschreibungen. In: Antoni Mączak/ Jürgen Teuteberg (Hgg.): Reiseberichte als Quellen europäischer Kulturgeschichte. Aufgaben und Möglichkeiten der historischen Reiseforschung. Wolfenbüttel 1982 (Wolfenbütteler Forschungen, 21), S. 1-31.

Harris, Nigel: *gar süezen smac daz pantir hât*. Der Panther und sein Atem in der deutschsprachigen Literatur des Mittelalters. In: Alan Robertshaw/ Alois Wolf (Hg.): Natur und Kultur in der deutschen Literatur des Mittelalters. Colloquium Exeter 1997. Tübingen 1999, S. 65-75.

Hartweg, Frédéric: La condamnation des voyages. ‚La Nef des fous' de Sebastian Brant entre le ‚Livre des merveilles du monde' et ‚Fortunatus'. In: Ernst Bremer/ Susanne Röhl (Hgg.): Jean de Mandeville in Europa. Neue Perspektiven in der Reiseliteraturforschung. Paderborn 2007 (MittelalterStudien des Instituts zur Interdisziplinären Erforschung des Mittelalters und seines Nachwirkens, Paderborn, 12), S. 93-109.

Hassauer, Friederike: Santiago. Schrift, Körper, Raum, Reise. Eine medienhistorische Rekonstruktion. München 1993.

Haug, Walter: Wandlungen des Fiktionalitätsbewußtseins vom hohen zum späten Mittelalter. In: James F. Poag/ Thomas C. Fox (Hgg.): Entzauberung der Welt. Deutsche Literatur 1200 – 1500. Tübingen 1989.

Heng, Geraldine: Empire of Magic. Medieval Romance and the Politics of Cultural Fantasy. New York 2003 [Kap. 5: „Eye on the World: Mandeville's Pleasure Zones; or, Cartography, Anthropology, and Medieval Travel Romance", S. 239-466].

Henss, Christina: Die wunderbaren Reichtümer des Ostens – Funktionalisierungen von Luxus und Reichtum in den deutschsprachigen Versionen von Mandevilles *Reisen*. In: Jutta Eming u. a. (Hg.): Fremde – Luxus – Räume. Konzeptionen von Luxus in Vormoderne und Moderne. Berlin 2015 (Literaturwissenschaft, 43), S. 85-107.

Herbers, Klaus: Geschichte des Papsttums im Mittelalter. Darmstadt 2012.

Herkenhoff, Michael: Die Darstellung außereuropäischer Welten in Drucken deutscher Offizinen des 15. Jahrhunderts. Berlin 1996 (zugl. Bamberg, Univ., Diss., 1994).

Heyden, Wichard v.: Doketismus und Inkarnation. Die Entstehung zweier gegensätzlicher Modelle von Christologie. Tübingen 2014.

Herz, Randall: Apropos Binding Waste. A New Manuscript Finding of Mandeville's *Reisen* in the Abridged Velser Redaction. In: Ernst Bremer/ Susanne Röhl (Hgg.): Jean de Mandeville in Europa. Neue Perspektiven in der Reiseliteraturforschung. Paderborn 2007 (MittelalterStudien des Instituts zur Interdisziplinären Erforschung des Mittelalters und seines Nachwirkens, Paderborn, 12), S. 41-66.

Higgins, Iain Macleod: Defining the Earth's Center in a Medieval ‚Multi-Text'. Jerusalem in The Book of John Mandeville. In: Sylvia Tomasch/ Sealy Gilles (Hgg.): Text and Territory. Geographical Imagination in the European Middle Ages. Philadelphia 1998 (Middle Ages Series), S. 29-53.

Higgins, Iain Macleod: Writing East. The ‚Travels' of Sir John Mandeville. Philadelphia 1997.

Higgins, Iain Macleod: Imagining Christendom from Jerusalem to Paradise. Asia in Mandeville's Travels. In: Scott D. Westrem (Hg.): Discovering New Worlds. Essays on Medieval Exploration and Imagination. New York 1991 (Garland Reference Library of the Humanities, 1436), S. 91-114.

Hippler, Christiane: Die Reise nach Jerusalem. Untersuchungen zu den Quellen, zum Inhalt und zur literarischen Struktur der Pilgerberichte des Spätmittelalters. Frankfurt am Main u. a. 1987 (Europäische Hochschulschriften 1; Deutsche Sprache und Literatur, 968; zugl. Heidelberg, Univ., Diss., 1984).

Hodgson, Marshall G. S.: The Venture of Islam. Conscience and History in a World Civilization. Vol. 2. The Expansion of Islam in the Middle Periods. Chicago/ London 1977.

Höfert, Almut: *Insana scabies et historia orbis terrarum*. Die *religio turcorum* im Spannungsfeld zwischen häresiologischer und ethnographischer Tradition. In: Ludger Grenzmann u. a. (Hg.): Wechselseitige Wahrnehmung der Religionen im Spätmittelalter und in der Frühen Neuzeit. II. Kulturelle Konkretionen (Literatur, Mythographie, Wissenschaft und Kunst). Berlin/ Boston 2012 (Abhandlungen der Akademie der Wissenschaften zu Göttingen Neue Folge, Band 4), S. 279-299.

Hoeppner Moran Cruz, Jo Ann: Popular Attitudes Towards Medieval Islam in Europe. In: David R. Blanks/ Michael Frassetto (Hgg.): Western Views of Islam in Medieval and Early Modern Europe. Perception of Other. New York 1999, S. 55-81.

Hotz, Stephan: Mohammed und seine Lehre in der Darstellung abendländischer Autoren vom späten 11. bis zur Mitte des 12. Jahrhunderts. Aspekte, Quellen und Tendenzen in Kontinuität und Wandel. Frankfurt am Main u. a. 2002 (Studien zur klassischen Philologie, 137).

Housley, Norman: Perceptions of Crusading in the Mid-Fourteenth Century. The Evidence of Three Texts. In: Viator 36 (2005), S. 415-433.

Howard, Donald R.: Writers and Pilgrims. Medieval Pilgrimage Narratives and their Posterity. Berkeley u. a. 1980 [Kap. 3: „Mandeville's Travels", S. 53-76].

Howard, Donald R.: The World of Mandeville's Travels. In: Yearbook of English Studies 1 (1971), S. 1-17.

Huizinga, Johan: Herbst des Mittelalters. Studien über Lebens- und Geistesformen des 14. und 15. Jahrhunderts in Frankreich und in den Niederlanden. Hg. v. Kurt Köster. Stuttgart ¹²2006 (Kröners Taschenausgabe, 204).

Huizinga, Johan: Homo Ludens. Vom Ursprung der Kultur im Spiel. Übertragen von H. Nachod, mit einem Nachwort von Andreas Flitner. Reinbek bei Hamburg ²¹2009.

Huschenbett, Dietrich: *Diu vart hin über mer*. Die Palästina-Pilgerberichte als neue Prosa-Gattung in der deutschen Literatur des späten Mittelalters und der Frühen Neuzeit. In: Xenja von Ertzdorff (Hg.): Beschreibung der Welt. Zur Poetik der Reise- und Länderberichte. Vorträge eines interdisziplinären Symposiums vom 8. bis 13. Juni 1998 an der Justus-Liebig-Universität Gießen. Amsterdam/ Atlanta 2000 (Chloe, Beihefte zum Daphnis, 31), S. 119-151.

Huschenbett, Dietrich: Berichte über Jerusalem-Pilgerfahrten von Kaufleuten und adligen Kanonikern aus Augsburg im 15. Jahrhundert. In: Johannes Janota/ Werner Williams-Krapp (Hgg.): Literarisches Leben in Augsburg während des 15. Jahrhunderts. Tübingen 1995 (Studia Augustana, 7), S. 240-264.

Huschenbett, Dietrich: *Von landen und ynselen*. Literarische und geistliche Meerfahrten nach Palästina im späten Mittelalter. In: N. R. Wolf (Hg.): Wissensorganisierende und wissensvermittelnde Literatur im Mittelalter. Perspektiven ihrer Erforschung. Kolloquium 5.-7. Dezember 1985. Wiesbaden 1987 (Wissensliteratur im Mittelalter, 1), S. 187-207.

Jackson, Peter: William of Rubruck in the Mongol Empire. Perception and Prejudices. In: Joan-Pau Rubiés (Hg.): Medieval Ethnographies. European Perceptions of the World Beyond. Farnham 2009 (The Expansion of Latin Europe 1000-1500, 9), S. 273-290.

Jaeger, C. Stephen: Aura and Charisma. Two Useful Concepts in Critical Theory. In: New German Critique 114 (2011), S. 17-34.

Jahn, Bernhard: Raumkonzepte in der Frühen Neuzeit. Zur Konstruktion von Wirklichkeit in Pilgerberichten, Amerikareisebeschreibungen und Prosaerzählungen. Frankfurt am Main u. a. 1993 (Mikrokosmos, 34).

Jandesek, Reinhold: Das fremde China. Berichte europäischer Reisender des späten Mittelalters und der frühen Neuzeit. Pfaffenweiler 1992 (Weltbild und Kulturbegegnung, 3; zugl. Bamberg, Univ., Diss., 1992).

Janota, Johannes: Von der Handschrift zum Druck. In: Helmut Gier/ Johannes Janota (Hgg.): Augsburger Buchdruck und Verlagswesen. Von den Anfängen bis zur Gegenwart. Wiesbaden 1997, S. 125-139.

Jochum, Adelheid: Die Beschreibung Palästinas in der englischen Cotton Version von Mandeville's Travels (um 1356). Frankfurt am Main u. a. 1990 (Europäische Hochschulschriften, 14; Angelsächsische Sprache und Literatur, 209; zugl. Aachen, Techn. Hochsch., Diss., 1989).

Jones, W. R.: The Image of the Barbarian in Medieval Europe. In: Joan-Pau Rubiés (Hg.): Medieval Ethnographies. European Perceptions of the World Beyond. Farnham 2009 (The Expansion of Latin Europe 1000-1500, 9), S. 347-378.

Jost, Jean E.: The Exotic and Fabulous East in the Travels of Sir John Mandeville. Understated Authenticity. In: Albrecht Classen (Hg.): East Meets West in the Middle Ages and Early Modern Times. Transcultural Experiences in the Premodern World. Berlin/ Boston 2013 (Fundamentals of Medieval and Early Modern Culture, 14), S. 575-594.

Kaufmann, Thomas: Aspekte christlicher Wahrnehmung der ‚türkischen Religion' im 15. und 16. Jahrhundert im Spiegel publizistischer Quellen. In: Ludger Grenzmann u. a. (Hg.): Wechselseitige Wahrnehmung der Religionen im Spätmittelalter und in der Frühen Neuzeit. II. Kulturelle Konkretionen (Literatur, Mythographie, Wissenschaft und Kunst). Berlin/ Boston 2012 (Abhandlungen der Akademie der Wissenschaften zu Göttingen Neue Folge, Band 4), S. 247-277.

Keller, Hagen: Gruppenbindungen, Spielregeln, Rituale. In: Claudia Garnier/ Hermann Kamp (Hgg.): Spielregeln der Mächtigen. Mittelalterliche Politik zwischen Gewohnheit und Konvention. Darmstadt 2010, S. 19-31.

Khanmohamadi, Shirin A.: In Light of Another's Word. European Ethnography in the Middle Ages. Philadelphia 2014 (The Middle Ages Series) [Kap. 5: „Dis-Orienting the Self: The Uncanny Travels of John Mandeville", S. 113-144].

Khattab, Aleya: Das Ägyptenbild in den deutschsprachigen Reisebeschreibungen der Zeit von 1285 – 1500. Frankfurt am Main/ Bern 1982 (Europäische Hochschulschriften, 1; Deutsche Sprache und Literatur, 517).

Khazanov, Anatoly M.: Muhammad and Jenghiz Khan Compared. The Religious Factor in World Empire Building. In: Comparative Studies in Society and History 35,3 (1993), S. 461-479.

Kiening, Christian: Christologische Medialität und religiöse Differenz. In: Michael Borgolte/ Bernd Schneidmüller (Hgg.): Hybride Kulturen im mittelalterlichen Europa. Berlin 2010 (Europa im Mittelalter, 16), S. 125-139.

Kiening, Christian: Mediologie – Christologie. Konturen einer Grundfigur mittelalterlicher Medialität. In: Das Mittelalter 15,2 (2010), S. 16-32.

Kiening, Christian: Einleitung. In: Ders./ Carla Dauven-van Knippenberg/ Cornelia Herberichs (Hgg.): Medialität des Heils im späten Mittelalter. Zürich 2009 (Medienwandel – Medienwechsel – Medienwissen, 10), S. 7-20.

Kleinschmidt, Erich: Stadt und Literatur in der frühen Neuzeit. Voraussetzungen und Entfaltung im südwestdeutschen, elsässischen und schweizerischen Städteraum. Köln/ Wien 1982 (Literatur und Leben, N.F., 22).

Klopprogge, Axel: Ursprung und Ausprägung des abendländischen Mongolenbildes im 13. Jahrhundert. Ein Versuch zur Ideengeschichte des Mittelalters. Wiesbaden 1993 (Asiatische Forschungen. Monographienreihe zur Geschichte, Kultur und Sprache der Völker Ost- und Zentralasiens, 122; zugl. Aachen, Techn. Hochsch., Diss., 1990).

Klueting, Edeltraud: Quis fuerit Machometus? Mohammed im lateinischen Mittelalter (11.-13. Jahrhundert. In: Archiv für Kulturgeschichte 90,2 (2008), S. 283-306.

Knaeble, Susanne: Höfisches Erzählen von Gott. Funktionen und narrative Entfaltung des Religiösen in Wolframs ‚Parzival'. Berlin/ New York 2011 (Trends in Medieval Philology, 23; zugl. Bayreuth, Univ., Diss., 2009).

Knefelkamp, Ulrich: Der Reiz des Fremden in Mittelalter und früher Neuzeit. In: Hundsbichler, Helmut (Red.): Kommunikation und Alltag in Spätmittelalter und früher Neuzeit. Internationaler Kongress, Krems an der Donau, 9. bis 12. Oktober 1990. Wien 1992 (Institut für Realienkunde des Mittelalters und der Frühen Neuzeit (Krems): Veröffentlichungen des Instituts für Realienkunde des Mittelalters und der Frühen Neuzeit, 15; Österreichische Akademie der Wissenschaften (Wien)/ Philosophisch-Historische Klasse: Sitzungsberichte, 596), S. 293-321.

Knefelkamp, Ulrich: Die Suche nach dem Reich des Priesterkönigs Johannes. Dargestellt anhand von Reiseberichten und anderen ethnographischen Quellen des 12. bis 17. Jahrhunderts. Gelsenkirchen 1986 (zugl. Freiburg i. Br., Univ., Diss., 1985).

Kock, Josse de: Quelques copies aberrantes des Voyages de Jean de Mandeville. In: Le Moyen Âge 70 (1965), S. 521-537.

König, Eberhard: Augsburger Buchkunst an der Schwelle zur Frühdruckzeit. In: In: Helmut Gier/ Johannes Janota (Hgg.): Augsburger Buchdruck und Verlagswesen. Von den Anfängen bis zur Gegenwart. Wiesbaden 1997, S. 173-200.

Kohanski, Tamarah: What Is a ‚Travel Book,' Anyway? Generic Criticism and Mandeville's Travels. In: Lit. Literature Interpretation Theory 7,2-3 (1996), S. 117-130.

Kohanski, Tamarah: Two Manuscripts of Mandeville's Travels. In: Notes and Queries 42 (240), 3 (1995), S. 269-270.

Kollmar-Paulenz, Karénina: Die Mongolen. Von Dschingis Khan bis heute. München 2011 (Beck'sche Reihe, 2730).

Koppitz, Hans-Joachim: Studien zur Tradierung der weltlichen mittelhochdeutschen Epik im 15. und beginnenden 16. Jahrhundert. München 1980.

Koppitz, Hans-Joachim: Zum Erfolg verurteilt. Auswirkungen der Erfindung des Buchdrucks auf die Überlieferung deutscher Texte bis zum Beginn des 16. Jahrhunderts. In: Gutenberg-Jahrbuch 1980, S. 67-78.

Koselleck, Reinhart: Zur historisch-politischen Semantik asymmetrischer Gegenbegriffe. In: Ders.: Vergangene Zukunft. Zur Semantik geschichtlicher Zeiten. Frankfurt am Main ²1984, S. 211-259.

Koss, Nicholas: A Fleeting but Never Disappearing Medieval Image of Chinese Wealth and Women. In: Fu Jen Studies. Literature & Linguistics 33 (2000), S. 27-45.

Kraak, Detlev: Die Johanniterinsel Rhodos als Residenz. Heidenkampf in ritterlich-höfischem Ambiente. In: Werner Paravicini (Hg.): Zeremoniell und Raum. 4. Symposium der Residenzen-Kommission der Akademie der Wissenschaften in Göttingen. Veranstaltet gemeinsam mit dem Deutschen Historischen Institut Paris und dem Historischen Institut der Universität Potsdam, Potsdam 25.-27.9.1994. Sigmaringen 1997 (Residenzenforschung, 6), S. 215-235.

Krüger, Klaus: Einleitung. In: Ders. (Hg.): Curiositas. Welterfahrung und ästhetische Neugierde in Mittelalter und früher Neuzeit. Göttingen 2002 (Göttinger Gespräche zur Geschichtswissenschaft, 15), S. 7-18.

Kühnel, Harry: Das Fremde und das Eigene: Mittelalter. In: Peter Dinzelbacher (Hg.): Europäische Mentalitätsgeschichte. Hauptthemen in Einzeldarstellungen, Stuttgart ²2008 (Kröners Taschenausgabe, 469), S. 477-492.

Künast, Hans-Jörg: „Getruckt zu Augspurg". Buchdruck und Buchhandel in Augsburg zwischen 1486 und 1555. Tübingen 1997 (Studia Augustana, 8).

Künast, Hans-Jörg: Entwicklungslinien des Augsburger Buchdrucks von den Anfängen bis zum Ende des Dreißigjährigen Krieges. In: Helmut Gier/ Johannes Janota (Hgg.): Augsburger Buchdruck und Verlagswesen. Von den Anfängen bis zur Gegenwart. Wiesbaden 1997, S. 3-22.

Künast, Hans-Jörg: Johann Schönsperger d.Ä. – der Verleger der Augsburger ‚Taschenausgabe' der Schedelschen Weltchronik. In: Stephan Füssel (Hg.): 500 Jahre Schedelsche Weltchronik. Akten des interdisziplinären Symposions vom 23./24. April 1993 in Nürnberg. Nürnberg 1994 (Pirckheimer-Jahrbuch, 9), S. 99-110.

Kupfer, Marcia: ‚... Lectres ... plus vrayes'. Hebrew Script and Jewish Witness in the Mandeville Manuscript of Charles V. In: Speculum 83,1 (2008), S. 58-111.

Lach, Donald F.: Die Entdeckung von Cathay (1240-1350). In: Europa und die Kaiser von China. 12. Mai bis 18. August. Horizonte 85. Eine Ausstellung der Berliner Festspiele GmbH. Frankfurt am Main 1985, S. 17-37.

Lampert-Weissig, Lisa: Medieval Literature and Postcolonial Studies. Edinburgh 2010 (Postcolonial Literary Studies) [Kap. „A Global Vision: The Travels of Sir John Mandeville", S. 86-107].

Landfester, Manfred: Der Blick auf das Andere. Herodot und die Anfänge der antiken Berichte über außergriechische Völker und Länder. In: Xenja von Ertzdorff (Hg.): Beschreibung der Welt. Zur Poetik der Reise- und Länderberichte. Vorträge eines interdisziplinären Symposiums vom 8. bis 13. Juni 1998 an der Justus-Liebig-Universität Gießen. Amsterdam/Atlanta 2000 (Chloe, Beihefte zum Daphnis, 31), S. 3-35.

Landmann, Michael: Das Fremde und die Entfremdung. In: Heinz-Horst Schrey (Hg.): Entfremdung. Darmstadt 1975 (Wege der Forschung, 437), S. 180-219.

Largier, Niklaus: Lob der Peitsche. Eine Kulturgeschichte der Erregung. München 2001.

Larner, John: Plucking Hairs from the Great Cham's Beard. Marco Polo, Jan de Langhe, and Sir John Mandeville. In: Suzanne Conklin Akbari/ Amilcare Iannucci (Hgg.): Marco Polo and the Encounter of East and West. Toronto u. a. 2008, S. 133-155.

Laursen, John Christian/ Nederman, Cary J. (Hgg.): Beyond the Persecuting Society. Religious Toleration Before the Enlightment. Philadelphia 1998.

Lawton, Lesley: Composition and Recomposition. Mandeville's Travels. In: Anglophonia 5 (1999), S. 53-62.

Lehmann-Langholz, Ulrike: Kleiderkritik in mittelalterlicher Dichtung. Der arme Hartmann, Heinrich von Melk, Neidhart, Wernher der Gartenaere und ein Ausblick auf die Stellungnahmen spätmittelalterlicher Dichter. Frankfurt am Main 1985 (Europäische Hochschulschriften, 1; Deutsche Sprache und Literatur, 885; zugl. Köln, Univ., Diss., 1983).

Le Goff, Jaques: Das Wunderbare im mittelalterlichen Abendland. In: Ders.: Phantasie und Realität des Mittelalters. Aus dem Franz. übers. von R. Höner. Stuttgart 1990, S. 39-63 u. 356f. (frz. Erstausg. 1978).

Leicht, Hans Dieter: Vorwort. In: Ders. (Hg.): Wilhelm von Rubruk. Beim Großkhan der Mongolen 1253 – 1255. Lenningen 2003, S. 8-31.

Leipold, Inge: Untersuchungen zum Funktionstyp „Frühe deutschsprachige Druckprosa". Das Verlagsprogramm des Augsburger Druckers Anton Sorg. In: DVjs 48 (1974), S. 264-290.

Lelli, Fabrizio: La version hébraïque abgrégée des *Voyages* de Jean de Mandeville réalisée par Yohanan Alemanno. In: Charles le Blanc/ Luisa Simonutti (Hgg.): Le masque de l'écriture. Philosophie et traduction de la Renaissance aux Lumières. Genf 2015 (Travaux d'Humanisme et Renaissance, 539), S. 169-186.

Lentes, Thomas: Zwischen Adiaphora und Artefakt. Bildbestreitung in der Reformation. In: Reinhard Hoeps (Hg.): Handbuch der Bildtheologie. Bd. 1: Bild-Konflikte. Paderborn u. a. 2007, S. 213-240.

Lentes, Thomas: Auf der Suche nach dem Ort des Gedächtnisses – Thesen zur Umwertung der symbolischen Formen in Abendmahlslehre, Bildtheorie und Bildandacht des 14.-16. Jahrhunderts. In: Klaus Krüger/ Alessandro Nova (Hgg.): Imagination und Wirklichkeit – Zum Verhältnis von mentalen und realen Bildern in der Kunst der frühen Neuzeit. Mainz 2000, S. 21-46.

Letts, Malcolm: Sir John Mandeville. The Man and His Book. London 1949.

Lévi-Strauss, Claude: Der Zauberer und seine Magie. In: Ders.: Strukturale Anthropologie. Übers. v. Hans Naumann. Bd. I. Frankfurt am Main 1977, S. 183-203.

Lévi-Strauss, Claude: Die Wirksamkeit der Symbole. In: Ders.: Strukturale Anthropologie. Übers. v. Hans Naumann. Bd. I. Frankfurt am Main 1977, S. 204-225.

Lewis, Katherine J.: Pilgrimage and the Cult of St. Katherine in Late Medieval England. In: Jacqueline Jenkins/ Katherine J. Lewis (Hgg.): St. Katherine of Alexandria. Texts and Contexts in Western Medieval Europe. Turnhout 2003 (Medieval Women: Texts and Contexts, 8), S. 38-52.

Lewis, Warren: Freude, Freude! Die Wiederentdeckung der Freude im 13. Jahrhundert. Olivis ‚Lectura super Apocalypsim' als Blick auf die Endzeit. In: Jan Aertsen/ Martin Pickavé (Hgg.): Ende und Vollendung. Eschatologische Perspektiven im Mittelalter. Mit einem Beitrag zur Geschichte des Thomas-Instituts der Universität zu Köln anl. des 50. Jahrestages der Institutsgründung. Berlin/ New York 2002 (Miscellanea Mediaevalia, 29), S. 657-683.

Linares, Marina: Kunst und Kultur im Mittelalter. Farbschemata und Farbsymbole. In: Ingrid Bennewitz/ Andrea Schindler (Hgg.): Farbe im Mittelalter. Materialität – Medialität – Semantik. Bd. I. Berlin 2011 (Akten des 13. Symposiums des Mediävistenverbandes), S. 297-311.

Locher, Elmar: Zur Zeichenstruktur des monströsen Körpers. In: Elisabeth Vavra (Hg.): Bild und Abbild vom Menschen im Mittelalter. Akten der Akademie Friesach „Stadt und Kultur im Mittelalter", Friesach (Kärnten), 9.-13. Sept. 1998. Klagenfurt 1999 (Schriftenreihe der Akademie Friesach, 6), S. 253-269.

Lochrie, Karma: Nowhere in the Middle Ages. Philadelphia 2016 (The Middle Ages Series) [Kap. 3: „Provincializing Medieval Europe. Mandeville's Cosmopolitan Utopianism", S. 89-131].

Lochrie, Karma: Provincializing Medieval Europe. Mandeville's Cosmopolitan Utopia. In: PMLA. Publications of the Modern Language Association of America 124,2 (2009), S. 592-599.

Lomperis, Linda: Medieval Travel Writing and the Question of Race. In: Journal of Medieval and Early Modern Studies 31,1 (2001), S. 147-164.

Lotman, Jurij: Über die Semiosphäre. In: Zeitschrift für Semiotik 12, H. 4 (1990), S. 287-305.

Luhmann, Niklas: Die Religion der Gesellschaft. Hg. v. André Kieserling. Frankfurt am Main 2002.

Luhmann, Niklas: Soziale Systeme. Grundriss einer allgemeinen Theorie. Frankfurt am Main 1984.

Manolescu, Monica: Verbal Adventures in the Inky Jungle. Marco Polo and John Mandeville in Vladimir Nabokov's The Gift. In: Cycnos 24,1 (2007), S. 119-129.

Martinez, Matias/ Scheffel, Michael: Einführung in die Erzähltheorie. München ⁷2007.

Martyniouk, Aleksey: Die Mongolen im Bild. Orientalische, westeuropäische und russische Bildquellen zur Geschichte des mongolischen Weltreiches und seiner Nachfolgestaaten im 13. – 16. Jahrhundert. Hamburg 2002 (Schriftenreihe Studien zur Geschichtsforschung des Mittelalters, 16).

Matthews, David: The Further Travels of Sir John. Mandeville Chaucer, and the Canon of Middle English. In: Geraldine Barnes (Hg.): Travel and Travellers from Bede to Dampier. Newcastle 2005, S. 159-176.

May, David: Dating the English Translation of Mandeville's Travels. The Papal Interpolation. In: Notes and Queries n.s. 34 (1987), S. 175-178.

McGinn, Bernard: Antichrist. Two Thousand Years of the Human Fascination with Evil. San Francisco 1994.

Mcmullan, Gordon: Stage-Mandevilles. The Far East and the Limits of Representation in the Theatre, 1621/2002. In: Ladan Niayesh (Hg.): A Knight's Legacy. Mandeville and Mandevillian Lore in Early Modern England. Manchester 2011, S. 173-194.

Meiss, Millard: French Painting in the Time of Jean de Berry. The Boucicaut Master. London 1968.

Mell, Ulrich: Christliche Hauskirche und Neues Testament. Die Ikonologie des Baptisteriums von Dura Europos und das Diatessaron Tatians. Göttingen 2010 (Novum Testamentum et orbis antiquus. Studien zur Umwelt des Neuen Testaments, 77).

Melville, Gert: Fiktionen als pragmatische Erklärungen des Unerklärbaren: Mohammed – ein verhinderter Papst. In: Fritz Peter Knapp/ Manuela Niesner (Hgg.): Historisches und fiktionales Erzählen im Mittelalter. Berlin 2002 (Schriften zur Literaturwissenschaft, 19), S. 27-44.

Melville, Gert: Herrschertum und Residenzen in Grenzräumen mittelalterlicher Wirklichkeit. In: Hans Patze/ Werner Paravicini (Hgg.): Fürstliche Residenzen im spätmittelalterlichen Europa. Sigmaringen 1991, S. 9-73.

Mersch, Dieter: Posthermeneutik. Berlin 2010 (Deutsche Zeitschrift für Philosophie. Sonderband, 26).

Metzler, Irina: Perceptions of Hot Climate in Medieval Cosmography and Travel Literature. In: Joan-Pau Rubiés (Hg.): Medieval Ethnographies. European Perceptions of the World Beyond. Farnham 2009 (The Expansion of Latin Europe 1000-1500, 9; zuerst in: Reading Medieval Studies 23 (1997), S. 69-105), S. 379-415.

Michel, Paul: Formosa Deformitas. Bewältigungsformen des Hässlichen in mittelalterlicher Literatur. Bonn 1976 (Studien zur Germanistik, Anglistik und Komparatistik 57).

Michelet, Fabienne L.: Reading and Writing the East in Mandeville's Travels. In: Andreas Speer/ Lydia Wegener (Hgg.): Wissen über Grenzen. Arabisches Wissen und lateinisches Mittelalter. Berlin 2006 (Miscellanea Mediaevalia, 33), S. 282-302.

Miethke, Jürgen: Die Geltung päpstlicher Dekretalien und die ‚Reform an Haupt und Gliedern' auf den Konzilien des 15. Jahrhunderts. Über Anspruch und Dauer päpstlicher Pfründregelungen. In: Andreas Speer/ David Wirmer (Hgg.): Das Sein der Dauer. Berlin/ New York 2008 (Miscellanea Mediaevalia, 34), S. 414-431.

Milton, Giles: The Riddle and the Knight. In Search of John Mandeville, the World's Greatest Traveller. London 2001 (Erstausg. 1996).

Minnis, Alastair: From Eden to Eternity. Creations of Paradise in the Later Middle Ages. Philadelphia 2016 (The Middle Ages Series).

Moghaddassi, Fanny: The Narrator in Mandeville's Travels as Foreign Correspondent. In: Jan Borm/ Benjamin Colbert (Hgg.): Foreign Correspondence. Newcastle upon Tyne 2014, S. 19-38.

Moghaddassi, Fanny: L'Ailleurs dans les Voyages de Mandeville. Entre rêerie populaire et réflexion savant. In: Ranam. Recherches Anglaises et Nord-Américaines 39 (2006), S. 9-20.

Mohr, Andreas: Das Wissen über die Anderen. Zur Darstellung fremder Völker in den fränkischen Quellen der Karolingerzeit. Münster u. a. 2005 (Studien und Texte zum Mittelalter und zur frühen Neuzeit, 7; zugl. Kassel, Univ., Diss., 2003).

Molle, Romesh Gyaram: Dschingis Khan und das Bild der Mongolenherrscher in der deutschen Literatur des Mittelalters. Hg. v. Michael Schurk. Göppingen 2012 (Göppinger Arbeiten zur Germanistik, 769).

Moraw, Peter: Reisen im europäischen Spätmittelalter im Licht der neueren historischen Forschung. In: Xenja von Ertzdorff/ Dieter Neukirch (Hgg.): Reisen und Reiseliteratur im Mittelalter und in der Frühen Neuzeit. Amsterdam/ Atlanta 1992 (Chloe, Beihefte zum Daphnis, 13), S. 113-139.

Moritz, Reiner: Untersuchungen zu den deutschsprachigen Reisebeschreibungen des 14. – 16. Jahrhunderts. München 1970 (Diss. masch.).

Morrall, Eric John: Der Islam und Muhammad im späten Mittelalter. Beobachtungen zu Michel Velsers Mandeville-Übersetzung und Michael Christians Version der ‚Epistola ad Mahumetem' des Papst Pius II. In: Christoph Gerhardt u. a. (Hg.): Geschichtsbewußtsein in der deutschen Literatur des Mittelalters. Tübinger Colloquium 1983. Tübingen 1985 (Publications of the Institute of Germanic Studies, University of London, 34), S. 147-161.

Morrall, Eric John: Michel Velsers Mandeville und Petrarcas geographische Schriften. Bemerkungen zu der Mandeville-Handschrift Supersaxo 94 der Kantonsbibliothek zu Sitten im Wallis. In: Vallesia 26 (1971), S. 111-129.

Morrall, Eric John: The Text of Michel Velser's Mandeville-Translation. In: Peter F. Ganz/ Werner Schröder (Hgg.): Probleme mittelalterlicher Überlieferung und Textkritik. Oxforder Colloquium 1966. Berlin 1968, S. 183-196.

Morrall, Eric John: Michel Velser and his German Translation of Mandeville's Travels. In: Durham University Journal 24 (1963), S. 16-23.

Morrall, Eric John: The Manuscript Tradition of Michel Velser's Version of Sir John Mandeville's Travels. London 1963 (Diss. masch.).

Morrall, Eric John: Michel Velser, Übersetzer einer deutschen Version von Mandevilles Reisen. In: ZfdPh 81 (1962), S. 82-91.

Moseley, Charles W. R. D.: ‚New Things to Speak of'. Money, Memory, and Mandeville's Travels in Early Modern England. In: Yearbook of English Studies 41,1 (2011), S. 5-20.

Moseley, Charles W. R. D.: ‚Whet-Stone Leasings of Old Maundeuile'. Reading the Travels in Early Modern England. In: Ladan Niayesh (Hg.): A Knight's Legacy. Mandeville and Mandevillian Lore in Early Modern England. Manchester 2011, S. 28-50.

Moseley, Charles W. R. D.: La religion, le monde et la nature. Sir John Mandeville et son livre. In: Lignes d'Horizon (Presses Universitaires de Provence). Aix-en-Provence

2007. [vergriffen, Aufsatzskript freundlicherweise zur Verfügung gestellt durch den Autor]

Moseley, Charles W. R. D.: Mandeville and the Amazons. In: Ernst Bremer/ Susanne Röhl (Hgg.): Jean de Mandeville in Europa. Neue Perspektiven in der Reiseliteraturforschung. Paderborn 2007 (MittelalterStudien des Instituts zur Interdisziplinären Erforschung des Mittelalters und seines Nachwirkens, Paderborn, 12), S. 67-77.

Moseley, Charles W. R. D.: The Metamorphoses of Sir John Mandeville. In: The Yearbook of English Studies 4 (1974), S. 5-25.

Moseley, Charles W. R. D.: The Lost Play of Mandeville. In: The Library 25,1 (1970), S. 46-49.

Münkler, Marina: Die Wörter und die Fremden: Die monströsen Völker und ihre Lesarten im Mittelalter. In: Michael Borgolte/ Bernd Schneidmüller (Hgg.): Hybride Kulturen im mittelalterlichen Europa. Vorträge und Workshops einer internationalen Frühlingsschule. Berlin 2010 (Europa im Mittelalter, 16), S. 27-49.

Münkler, Marina: Alterität und Interkulturalität. Ältere Deutsche Literatur. In: Claudia Benthien/ Hans Rudolf Velten (Hgg.): Germanistik als Kulturwissenschaft. Eine Einführung in neue Theoriekonzepte. Reinbek bei Hamburg 2002, S. 323-344.

Münkler, Marina: Erfahrung des Fremden. Die Beschreibung Ostasiens in den Augenzeugenberichten des 13. und 14. Jahrhunderts. Berlin 2000 (zugl. Berlin, Humboldt-Univ., Diss., 1997/98).

Münkler, Marina/ Röcke, Werner: Der ordo-Gedanke und die Hermeneutik der Fremde im Mittelalter. Die Auseinandersetzung mit den monströsen Völkern des Erdrandes. In: Herfried Münkler (Hg.): Die Herausforderung durch das Fremde. Berlin 1998, S. 701-766.

Neddermeyer, Uwe: Von der Handschrift zum gedruckten Buch. Schriftlichkeit und Leseinteresse im Mittelalter und in der frühen Neuzeit. Quantitative und qualitative Aspekte. Bd. I: Text u. II: Anlagen. Wiesbaden 1998 (Buchwissenschaftliche Beiträge aus dem deutschen Bucharchiv München, 61).

Nederman, Cary J.: Introduction: Discourses and Contexts of Tolerance in Medieval Europe. In: Laursen, John Christian/ Ders. (Hgg.): Beyond the Persecuting Society. Religious Toleration Before the Enlightment. Philadelphia 1998, S. 13-24.

Neuber, Wolfgang: Zur Gattungspoetik des Reiseberichts. Skizze einer historischen Grundlegung im Horizont von Rhetorik und Topik. In: Peter J. Brenner (Hg.): Der Reisebericht. Die Entwicklung einer Gattung in der deutschen Literatur. Frankfurt am Main 1989, S. 50-67.

Neumann, Helga: *Ein gar wunderlich dinckh und vngelawblichß, vnd ist doch war.* Das Schreckliche Tal in Reiseberichten des späten Mittelalters. In: ZfGerm., N.F. 6 (1996), S. 35-46.

Niayesh, Ladan (Hg.): A Knight's Legacy. Mandeville and Mandevillian Lore in Early Modern England. Manchester 2011 (Manchester Medieval Literature and Culture).

Niayesh, Ladan: Prester John Writes Back. The Legend and its Early Modern Reworkings. In: Ders. (Hg.): A Knight's Legacy. Mandeville and Mandevillian Lore in Early Modern England. Manchester 2011 (Manchester Medieval Literature and Culture), S. 155-172.

Nusser, Alexandra: Symbiosen zwischen zwei Buchdeckeln. Jean de Mandevilles ,Reisen' in den Sammelhandschriften der deutschen und lateinischen Textversionen. In: Dagmar von Hoff/ Theresa Seruya (Hgg.): Zwischen Medien/ Zwischen Kulturen. Poetik des Übergangs in philologischer, filmischer und kulturwissenschaftlicher Perspektive. München 2011, S. 83-95.

Nusser, Alexandra: Zu spätmittelalterlichen Autorenbildern am Beispiel der Überlieferung von Jean de Mandevilles ,Reisen' in Europa. In: Ansgar Köb/ Peter Riedel (Hgg.): Kleidung und Repräsentation in Antike und Mittelalter. München 2005 (MaSt, 7), S. 95-116 u. Farbabb. S. 124-132.

Oesterle, Jenny Rahel: Kalifat und Königtum. Herrschaftsrepräsentation der Fatimiden, Ottonen und frühen Salier an religiösen Hochfesten. Darmstadt 2009 (Symbolische Kommunikation in der Vormoderne; zugl. Münster (Westfalen), Univ., Diss., 2007).

Oestreich Gerhard: Strukturprobleme des europäischen Absolutismus. In: Ders.: Geist und Gestalt des frühmodernen Staates. Ausgewählte Aufsätze. Berlin 1969, S. 179-197 (zuerst in: Vierteljahresschrift für Sozial- und Wirtschaftsgeschichte 55 (1969), S. 329-347).

Ohle, Karlheinz: Das Ich und das Andere. Grundzüge einer Soziologie des Fremden. Stuttgart 1978.

Oliger, Livarius: Franciscain pioneers amongst the Tartars. In: The Catholic Historical Review 16 (1930), S. 249-270.

Olschki, Leonardo: Ponce de Léon's Fountain of Youth. History of a Geographical Myth. In: The Hispanic American Historical Review 21,3 (1941), S. 361-385.

Onuma, Yu: ,Go to the Ant'. Appropriations of the Classical Tradition in Mandeville's Travels. In: Studies in English Literature 47 (2006), S. 1-22.

Ormrod, Mark W.: John Mandeville, Edward III, and the King of Inde. In: The Chaucer Review 46,3 (2012), S. 314-339.

Orsi, Tibor: The Use of Synonyms in the English Version of Mandeville's Travels. In: Gabriella Mazzon (Hg.): Studies in Middle English Forms and Meanings. Frankfurt 2007 (Studies in English Medieval Language and Literature, 19), S. 227-237.

Orsi, Tibor: French Linguistic Influence in the Cotton Version of Mandeville's Travels. Budapest 2006.

Orsi, Tibor: Ways and Means of French Lexical Influence in the Cotton Version of Mandeville's Travels. In: Nikolaus Ritt/ Herbert Schendl (Hgg.): Rethinking Middle English. Linguistic and Literary Approaches. Frankfurt 2005 (Studies in English Medieval Language and Literature, 20), S. 161-168.

Osterhammel, Jürgen: Geschichtswissenschaft jenseits des Nationalstaats. Studien zu Beziehungsgeschichte und Zivilisationsvergleich. Göttingen ²2003 (Kritische Studien zur Geschichtswissenschaft, 147).

Osterhammel, Jürgen: Distanzerfahrung. Darstellungsweisen des Fremden im 18. Jahrhundert. In: Hans-Joachim König u. a. (Hg.): Der europäische Beobachter außereuropäischer Kulturen. Zur Problematik der Wirklichkeitswahrnehmung. Berlin 1989 (Zeitschrift für Historische Forschung, Beiheft 7), S. 9-42.

Otto, Rudolf: Das Heilige. Über das Irrationale in der Idee des Göttlichen und sein Verhältnis zum Rationalen. München 1991 (Beck'sche Reihe, 328).

Ouellet, Esther: Le pays de Khan. Empire fantasmé et fantasme d'empire chez Jean de Mandeville. In: Nicholas Dion u. a. (Hg.): Le cosmopolitisme. Influences, voyages, échanges dans la République des Lettres (XVe-XVIIIe siècles). Actes du IXe colloque Jeunes chercheurs du CIERL. Paris 2014, S. 69-98.

Ouellet, Esther: La ‚Vallé Perillouse' de Jean de Mandeville. Une traversée initiatique. In: Virginie Dufresne/ Geneviève Langlois (Hgg.): Influences et modèles étrangers en France sous l'Ancien Régime. Quebec 2009 (Cahiers du CIERL 6), S. 63-83.

Ouellet, Esther: Jean de Mandeville contre Odoric de Pordenone. Critique d'un savoir sur le monde au XIVe siècle. In: Yves Bourassa u. a. (Hg.): Critique des savoirs sous l'Ancien Régime. Erosion des certitudes et émergence de la libre pensée. Quebec 2008 (Cahiers du CIERL, 4), S. 157-171.

Pascoe, Louis B.: Jean Gerson: The ‚Ecclesia Primitiva' and Reform. In: Traditio 30 (1974), S. 379-409.

Paravicini, Werner: Zeremoniell und Raum. In: Ders. (Hg.): Zeremoniell und Raum. 4. Symposium der Residenzen-Kommission der Akademie der Wissenschaften in Göttingen. Veranstaltet gemeinsam mit dem Deutschen Historischen Institut Paris und dem Historischen Institut der Universität Potsdam, Potsdam 25.-27.9.1994. Sigmaringen 1997 (Residenzenforschung, 6), S. 11-36.

Paravicini, Werner: Fakten und Fiktionen: Das Fegefeuer des hl. Patrick und die europäische Ritterschaft im späten Mittelalter. In: Ernst Bremer/ Susanne Röhl (Hgg.): Jean de Mandeville in Europa. Neue Perspektiven in der Reiseliteraturforschung. Paderborn 2007 (MittelalterStudien des Instituts zur Interdisziplinären Erforschung des Mittelalters und seines Nachwirkens, Paderborn, 12), S. 111-163.

Paravicini, Werner (Hg.): Europäische Reiseberichte des späten Mittelalters – Eine analytische Bibliographie (Deutsche Reiseberichte, Teil 1, bearbeitet von Christian Halm) Frankfurt am Main u. a. 1994 (Kieler Werkstücke/ D, 5).

Patschovsky, Alexander: Das Erbe des Mittelalters. Intoleranz und Toleranz des Christentums. In: Christian Augustin u. a. (Hg.): Religiöser Pluralismus und Toleranz in Europa. Wiesbaden 2006, S. 41-52.

Patschovsky, Alexander: Toleranz im Mittelalter. Idee und Wirklichkeit. In: Ders./ Harald Zimmermann (Hgg.): Toleranz im Mittelalter. Sigmaringen 1998 (Vorträge und Forschungen, 45), S. 391-402.

Patschovsky, Alexander/ Zimmermann, Harald (Hgg.): Toleranz im Mittelalter. Sigmaringen 1998 (Vorträge und Forschungen, 45).

Patterson, Robert: Mandeville's Intolerance. The Contest for Souls and Sacred Sites in The Travels of Sir John Mandeville. Dissertation 2009, Washington University in St. Louis, online Publikation, veröffentl. unter Electronic Theses and Dissertations: http://openscholarship.wustl.edu/etd/272/

Paulus, Nikolaus: Geschichte des Ablasses im Mittelalter vom Ursprunge bis zur Mitte des 14. Jahrhunderts. 2 Bde. Darmstadt ²2000 (Erstaufl. 1922).

Peters, Edward: The Desire to Know the Secrets of the World. In: Journal of the History of Ideas, 62,4 (2001), S. 593-610.

Pfaller, Robert: Das schmutzige Heilige und die reine Vernunft. Symptome der Gegenwartsliteratur. Frankfurt am Main ²2009.

Phillips, Kim M.: Oriental Sexualities in European Representation, c.1245 – c.1500. In: Lisa Bailey u. a. (Hg.): Old Worlds, New Worlds. European Cultural Encounters, c.1000 – c.1750. Turnhout 2009 (Late Medieval and Early Modern Studies, 18), S. 53-74.

Phillips, Seymour: The Outer World in the European Middle Ages. In: Joan-Pau Rubiés (Hg.): Medieval Ethnographies. European Perceptions of the World Beyond. Farnham 2009 (The Expansion of Latin Europe 1000-1500, 9), S. 1-41.

Piccard, Gerhard: Papiererzeugung und Buchdruck in Basel bis zum Beginn des 16. Jahrhunderts. Ein wirtschaftsgeschichtlicher Beitrag. In: Archiv für Geschichte des Buchwesens 8 (1966), Sp. 25-322.

Pinto, Ana: Mandeville's Travels. A Rihla in Disguise. In: Jean-François Kosta-Théfaine (Hg.): Travels and Travelogues in the Middle Ages. New York 2009 (AMS Studies in the Middle Ages, 28), S. 3-57.

Pochat, Götz: Das Fremde im Mittelalter. Darstellung in Kunst und Literatur. Würzburg 1997.

Poerck, Guy de: La tradition manuscrite des ‚Voyages' de Jean de Mandeville. A propos d'un livre récent. In: R. Vivier u. a. (Hg.): Études de Philologie Romane 2. Gand 1955 (Romanica Gandensia, 4), S. 125-158.

Przybilski, Martin: Die Zeichen des Anderen. Die Fremdsprachenalphabete in den ‚Voyages' des Jean de Mandeville am Beispiel der deutschen Übersetzung Ottos von Diemeringen. In: Lateinisches Jahrbuch 37,2 (2002), S. 295-320.

Rachewiltz, Igor de: The Secret History of the Mongols. A Mongolian Epic Chronicle of the Thirteenth Century. Bd. III (Supplements), Leiden u. a. 2013 (Brill's Inner Asian Library, 7,3).

Rachewiltz, Igor de: Papal envoys to the Great Khan. London 1971.

Ramney, Lynn Tarte: Monstrous Alterity in Early Modern Travel Accounts. Lessons from the Ambiguous Medieval Discourse on Humanness. In: L'ésprit créateur 48,1 (2008), S. 81-95.

Reichert, Folker: Nabel der Welt, Zentrum Europas und doch nur Peripherie? Jerusalem in Weltbild und Wahrnehmung des späten Mittelalters. In: Zeitschrift für historische Forschung 38,4 (2011), S. 559-584.

Reichert, Folker: Mohammed in Mekka. Doppelte Grenzen im Islambild des lateinischen Mittelalters. In: Saeculum 56,1 (2005), S. 17-31.

Reichert, Folker: Begegnungen mit China. Die Entdeckung Ostasiens im Mittelalter. Sigmaringen 1992 (Beiträge zur Geschichte und Quellenkunde des Mittelalters, 15; zugl. Heidelberg, Univ., Habil.-Schr., 1989/90).

Reichert, Folker: Chinas Beitrag zum Weltbild der Europäer. Zur Rezeption des Fernost-kenntnisse im 13. und 14. Jahrhundert. In: Peter Moraw (Hg.): Das geographische Weltbild um 1300. Politik im Spannungsfeld von Wissen, Mythos und Fiktion. Berlin 1989 (Zeitschrift für Historische Forschung/ Beiheft, 6), S. 33-57.

Reichert, Folker: Eine unbekannte Version der Asienreise Oderichs von Pordenone. In: Deutsches Archiv zur Erforschung des Mittelalters 43 (1987), S. 531-573.

Reichlin, Susanne: Zwischen heilsgeschichtlicher Indexikalität und Exotisierung. Farben im Reisebericht des Jean de Mandeville. In: Ingrid Bennewitz/ Andrea Schindler (Hgg.): Farbe im Mittelalter. Materialität – Medialität – Semantik. Band II. Berlin 2011 (Akten des 13. Symposiums des Mediävistenverbandes), S. 631-645.

Reimer, Thomas: Larger than Foxes – But Smaller than Dogs. The Gold-Digging Ants of Herodotus. In: Reinardus. Yearbook of the International Reynard Society 19 (2006), S. 167-178.

Reiter, Ernst: Das Papsttum in Avignon. In: Walter Buckl (Hg.): Das 14. Jahrhundert. Krisenzeit. Regensburg 1995 (Eichstätter Kolloquium, 1), S. 19-31.

Renz, Tilo: Utopische Elemente der mittelalterlichen Reiseliteratur. In: Das Mittelalter 18 (2013), S. 129-152.

Richard, Jean: La papauté et les missions d'Orient au moyen âge (XIIIe – XVe siècles), Rom 1977 (Collection de l'École Française de Rome, 33).

Richter, Klemens: Heilige Räume. Eine Kritik aus theologischer Perspektive. In: Dirk Ansorge u. a. (Hg.): Raumerfahrungen. Raum und Transzendenz. Beiträge zum Gespräch zwischen Theologie, Philosophie und Architektur. Bd. 1. Münster u. a. 1999 (Ästhetik – Theologie – Liturgik, 7), S. 82-101.

Ridder, Klaus: Übersetzung und Fremderfahrung. Jean de Mandevilles literarische Inszenierung eines Weltbildes und die Lesarten seiner Übersetzer. In: Joachim Heinzle u. a. (Hg.): Übersetzen im Mittelalter. Cambridger Kolloquium 1994. Berlin 1996 (Wolfram-Studien, 14), S. 231-264.

Ridder, Klaus: Übersetzungsnaher und wirkungsintensiver Text. Zu einer Ausgabe der deutschen Mandeville-Übertragung des Otto von Diemeringen. In: Anton Schwob (Hg.): Editionsberichte zur mittelalterlichen deutschen Literatur. Beiträge der Bamberger Tagung „Methoden und Probleme der Edition Mittelalterlicher Deutscher Texte", 26. – 29. Juli 1991. Göppingen 1994 (Litterae, 117), S. 325-331.

Ridder, Klaus: Werktyp, Übersetzungsintention und Gebrauchsfunktion. Jean de Mandevilles Reiseerzählung in deutscher Übersetzung Ottos von Diemeringen. In: Xenja von Ertzdorff/ Dieter Neukirch (Hgg.): Reisen und Reiseliteratur im Mittelalter und in der Frühen Neuzeit. Amsterdam/ Atlanta 1992 (Chloe, Beihefte zum Daphnis, 13), S. 357-388.

Ridder, Klaus: Jean de Mandevilles ,Reisen'. Studien zur Überlieferungsgeschichte der deutschen Übersetzung des Otto von Diemeringen. München/ Zürich 1991 (Münchener Texte und Untersuchungen zur deutschen Literatur des Mittelalters, 99).

Ridder, Klaus: Von der Handschrift zum Druck. Ein sprachlicher und literarischer Vergleich der Augsburger Mandeville-Frühdrucke mit den vorausgehenden Handschriften. Marburg/ Lahn 1983 (Magisterarbeit masch.).

Risch, Friedrich: Einleitung. In: Johann de Plano Carpini. Geschichte der Mongolen und Reisebericht 1245-1247. Übersetzt und erläutert von Friedrich Risch. Leipzig 1930 (Forschungsinstitut für Vergleichende Religionsgeschichte (Leipzig), Veröffentlichungen des Forschungsinstituts für Vergleichende Religionsgeschichte an der Universität Leipzig, 2. Reihe, 11), S. 1-42.

Roca, Maria J.: Der Toleranzbegriff im kanonischen Recht. In: Zeitschrift der Savigny-Stiftung für Rechtsgeschichte. Kanonistische Abteilung 121 (2004), S. 548-561.

Röcke, Werner: Zeitenwende und apokalyptische Ängste in der Literatur des Spätmittelalters. In: ZfGerm. N.F. 1 (2000), S. 11-29.

Röcke, Werner: Erdrandbewohner und Wunderzeichen. Deutungsmuster von Alterität in der Literatur des Mittelalters. In: Silvia Bovenschen/ Winfried Frey (Hgg.): Der fremdgewordene Text. FS Helmut Brackert. Berlin 1997, S. 265-284.

Röcke, Werner: Wunder der Fremde und der Traum vom Reisen. Darstellungsmuster neuer Welten in Augsburger Frühdrucken des 15./16. Jahrhunderts. In: Günter Berger/ Stephan Kohl (Hgg.): Fremderfahrung in Texten des Spätmittelalters. Trier 1993 (Literatur, Imagination, Realität, 7), S. 87-102.

Röhl, Susanne: Le Livre de Mandeville à Paris autour de 1400. In: Godfried Croenen/ Peter Ainsworth (Hgg.): Patrons, Authors and Workshops. Books and Book Production in Paris around 1400. Louvain 2006 (Synthema, 4), S. 279-295.

Röhl, Susanne: Der *livre de Mandeville* im 14. und 15. Jahrhundert. Untersuchungen zur handschriftlichen Überlieferung der kontinentalfranzösischen Version. München 2004 (MittelalterStudien, 6).

Röhl, Susanne: Die ,Voyages' von Jean de Mandeville – Eine neue Handschrift. In: Codices Manuscripti. Zeitschrift für Handschriftenkunde 27-28 (1999), S. 55-57.

Röhricht, Reinhold: Deutsche Pilgerreisen nach dem Heiligen Lande. Neudr. der neuen Ausg. Innsbruck 1900. Aalen 1967.

Röhricht, Reinhold: Bibliotheca Geographica Palestinae. Chronologisches Verzeichnis der von 333 bis 1878 verfassten Literatur über das Heilige Land mit dem Versuch einer Kartographie. Verb. u. verm. Neuausg., mit e. Vorw. von David H. K. Amiran Jerusalem 1963.

Rogers, Nicholas: The Location and Iconography of Confession in Late Medieval Europe. In: Frances Andrews (Hg.): Ritual and Space in the Middle Ages. Proceedings of the 2009 Harlaxton Symposium. Donington 2011 (Harlaxton Medieval Studies, 21), S. 298-307.

Rohr, Günther: Stephen Greenblatt und das Phantom ‚Johann von Mandeville'. In: Thomas Bein u. a. (Hg.): Autor – Autorisation – Authentizität. Beiträge der internationalen Fachtagung der Arbeitsgemeinschaft für germanische Edition in Verbindung mit der Arbeitsgemeinschaft philosophischer Editionen und der Fachgruppe Freie Forschungsinstitute in der Gesellschaft für Musikforschung, Aachen, 20.-23. Februar 2002. Tübingen 2004 (Beihefte zu editio, 21), S. 173-181.

Rohr, Günther: Wiedergabe von Zahlen nach französischen Vorlagen. Das Beispiel der niederrheinischen Version von Mandevilles ‚Reisen'. In: Bodo Plachta/ Winfried Woesler (Hgg.): Edition und Übersetzung. Zur wissenschaftlichen Dokumentation des interkulturellen Texttransfers. Tübingen 2002 (Beihefte zu editio, 18), S. 359-365.

Rosenkranz Verhelst, Simone: Zwischen Himmel und Heiligtum. Paradiesvorstellungen im Judentum und Christentum. In: Claudia Benthien/ Manuela Gerlof (Hgg.): Paradies. Topographien der Sehnsucht. Köln u. a. 2010, S. 31-48.

Rossebastiano, Alda: À propos de la source de la version italienne des Voyages de Jean de Mandeville. In: Ernst Bremer/ Susanne Röhl (Hgg.): Jean de Mandeville in Europa. Neue Perspektiven in der Reiseliteraturforschung. Paderborn 2007 (Mittelalter-Studien des Instituts zur Interdisziplinären Erforschung des Mittelalters und seines Nachwirkens, Paderborn, 12), S. 31-40.

Rossi-Reder, Andrea: Wonders of the Beast. India in Classical and Medieval Literature. In: Timothy S. Jones/ David A. Sprunger (Hgg.): Marvels, Monsters, and Miracles. Studies in the Medieval and Early Modern Imaginations. Kalamazoo 2002 (Studies in Medieval Culture, 42), S. 53-66.

Rotter, Ekkehart: Mohammed in der Stadt. Die Kenntnis um die Stadt Medina und das dortige Prophetengrab im mittelalterlichen Europa. In: Zeitschrift für historische Forschung 36,2 (2009), S. 183-233.

Rotter, Ekkehart: Embricho von Mainz und das Mohammed-Bild seiner Zeit. In: Franz Staab (Hg.): Auslandsbeziehungen unter den salischen Kaisern. Geistige Auseinandersetzung und Politik. Referate und Aussprachen der Arbeitstagung vom 22.-24. November 1990 in Speyer. Speyer 1994, S. 69-122.

Rotter, Ekkehart: Abendland und Sarazenen. Das okzidentale Araberbild und seine Entstehung im Frühmittelalter. Berlin 1986 (Studien zur Sprache, Geschichte und Kultur des islamischen Orients. Beihefte zur Zeitschrift ‚Der Islam', N.F., 11).

Rubiés, Joan-Pau: The Emergence of a Naturalistic and Ethnographic Paradigm in Late Medieval Travel Writing. In: Ders. (Hg.): Medieval Ethnographies. European Perceptions of the World Beyond. Farnham 2009 (The Expansion of Latin Europe 1000-1500, 9), S. 43-64.

Said, Edward W.: Orientalism. London 2003 (Erstausg. 1978).

Salih, Sarah: Idols and Simulacra. Paganity, Hybridity and Representation in Mandeville's Travels. In: Bettina Bildhauer/ Robert Mills (Hgg.): The Monstrous Middle Ages. Cardiff 2003, S. 113-133.

Samson-Himmelstjerna, Carmen von: Deutsche Pilgerberichte des Mittelalters im Spiegel ihrer Berichte und der mittelhochdeutschen erzählenden Dichtung. Berlin 2004 (Berliner historische Studien, 37; zugl. Berlin, Freie Univ., Diss., 2000).

Sandbach, Francis Edward: Handschriftliche Untersuchungen über Otto von Diemeringen's deutsche Bearbeitung der Reisebeschreibung Mandeville's. Strassburg 1899 (Diss. masch.).

Sandbach, Francis Edward: Otto von Diemeringen's German translation of Mandeville's Travels. In: MLQ 2 (1899), S. 29-35.

Saurma-Jeltsch, Lieselotte E.: Muslime im Bild des Spätmittelalters. Unterschiedliche Blicke auf die ,Anderen'. In: Ludger Grenzmann u. a. (Hg.): Wechselseitige Wahrnehmung der Religionen im Spätmittelalter und in der Frühen Neuzeit. II. Kulturelle Konkretionen (Literatur, Mythographie, Wissenschaft und Kunst). Berlin/ Boston 2012 (Abhandlungen der Akademie der Wissenschaften zu Göttingen N.F., 4), S. 209-245.

Schaede, Stephan: Stellvertretung. Begriffsgeschichtliche Studien zur Soteriologie. Tübingen 2004 (Beiträge zur historischen Theologie 126; zugl. Tübingen, Univ., Diss., 2002).

Schäffter, Otfrid: Modi des Fremderlebens. Deutungsmuster im Umgang mit Fremdheit. In: Ders. (Hg.): Das Fremde. Erfahrungsmöglichkeiten zwischen Faszination und Bedrohung. Opladen 1991, S. 11-44.

Schenk, Gerrit Jasper: Dorthin und wieder zurück. Mittelalterliche Pilgerreisen ins Heilige Land als ritualisierte Bewegung in Raum und Zeit. In: Jörg Gengnagel u. a. (Hg.): Prozessionen, Wallfahrten, Aufmärsche. Bewegung zwischen Religion und Politik in Europa und Asien seit dem Mittelalter. Köln u. a. 2008 (Menschen und Kulturen, Beihefte zum Saeculum, 4), S. 19-86.

Scherb, Victor: Assimilating Giants. The Appropriation of Gog and Magog in Medieval and Early Modern England. In: Journal of Medieval and Early Modern Studies, 32,1 (2002), S. 59-84.

Schimmelpfennig, Bernhard: Das Papsttum. Von der Antike bis zur Renaissance. Bibliographie bearb. u. aktualisiert v. Elke Goez. 6. Aufl, Darmstadt 2009 (Erstaufl. 1984).

Schmid, Helmut H.: Augsburger Einzelformschnitt und Buchillustration im 15. Jahrhundert. Baden-Baden 1971 (Studien zur deutschen Kunstgeschichte, 315).

Schmidt, Hans Joachim/ Rohde, Martin (Hgg): Papst Johannes XXII. Konzepte und Verfahren seines Pontifikats. Freiburger Colloquium 2012. Berlin/ Boston 2014 (Scrinium Friburgense, 32).

Schmidt, Heinrich Richard: Sozialdisziplinierung? Ein Plädoyer für das Ende des Etatismus in der Konfessionalisierungsforschung. In: Historische Zeitschrift 265 (1997), S. 639-682.

Schmieder, Felicitas: „...sind sie ganz normale Menschen?" Die Mongolen zwischen individueller Erscheinung und Typus des Fremden in der Wahrnehmung des spätmittelalterlichen Abendlandes. In: Christoph Lüth u. a. (Hg.): Der Umgang mit dem

Fremden in der Vormoderne. Studien zur Akkulturation in bildungshistorischer Sicht. Köln u. a. 1997 (Beiträge zur historischen Bildungsforschung, 17), S. 195-210.

Schmieder, Felicitas: Europa und die Fremden. Die Mongolen im Urteil des Abendlandes vom 13. bis in das 15. Jahrhundert. Sigmaringen 1994 (Beiträge zur Geschichte und Quellenkunde des Mittelalters, 16).

Schnyder, Mireille: *Daz ander paradîse*. Künstliche Paradiese in der Literatur des Mittelalters. In: Claudia Benthien (Hg.): Paradies. Topographien der Sehnsucht. Köln u. a. 2010 (Literatur, Kultur, Geschlecht: Kleine Reihe, 27), S. 63-75.

Schnyder, Mireille: Die Verfügbarkeit des Teufels und die Kunst. In: Ingrid Kasten (Hg.): UNVerfügbarkeit. Berlin 2012 (Paragrana, 21, H. 2), S. 47-59.

Schoerner, Arthur: Die deutschen Mandeville-Versionen. Handschriftliche Untersuchungen. Lund 1927.

Schollmeyer, Chrysologus: Die Missionsfahrt Bruder Wilhelms von Rubruk zu den Mongolen. In: Zeitschrift für Missionskunde und Religionswissenschaft 40 (1956), S. 200-205.

Schollmeyer, Chrysologus: Die missionarische Sendung des Fraters Wilhelm von Rubruk. In: Ostkirchliche Studien 4 (1955), S. 138-146.

Schramm, Albert: Der Bilderschmuck der Frühdrucke. Bd. 4: Die Drucke von Anton Sorg in Augsburg. Leipzig 1921.

Schürer, Markus: Das Reden und Schweigen der Mönche. Zur Wertigkeit des *silentium* im mittelalterlichen Religiosentum. In: Werner Röcke/ Julia Weitbrecht (Hgg.): Askese und Identität in Spätantike, Mittelalter und Früher Neuzeit. Berlin/ New York 2010 (Transformationen der Antike, 14), S. 107-129.

Schulze, Manfred: Onus Ecclesiae. Last der Kirche – Reformation der Kirche. In: Peter Dykema/ Heiko Oberman (Hgg.): Anticlericalism in Late Medieval and Early Modern Europe. Leiden u. a. 1993 (Studies in the Medieval and Reformation Thought, 51), S. 317-342.

Seebold, Elmar: Mandevilles Alphabete und die mittelalterlichen Alphabetsammlungen. In: PBB 120,3 (1998), S. 435-450.

Seitz, Annette: II. 3. 3 Darstellungen Muhammads und seiner Glaubenslehre in lateinischen Weltchroniken. In: Michael Borgolte u. a. (Hg.): Mittelalter im Labor. Die Mediävistik testet Wege zu einer transkulturellen Europawissenschaft. Berlin 2008 (Europa im Mittelalter, 10), S. 116-130.

Seymour, Michael C.: Mandeville in England. The Early Years. In: Ladan Niayesh (Hg.): A Knight's Legacy. Mandeville and Mandevillian Lore in Early Modern England. Manchester 2011, S. 15-27.

Seymour, Michael C.: More Thoughts on Mandeville. In: Ernst Bremer/ Susanne Röhl (Hgg.): Jean de Mandeville in Europa. Neue Perspektiven in der Reiseliteraturforschung. Paderborn 2007 (MittelalterStudien des Instituts zur Interdisziplinären Erforschung des Mittelalters und seines Nachwirkens, Paderborn, 12), S. 19-30.

Seymour, Michael C.: Burnt Mandeville. A Latin Epitome. In: Manuscripta 49,1 (2005), S. 95-122.

Seymour, Michael C.: Sir John Mandeville. Aldershot, Hants 1993 (Authors of the Middle Ages, 1).

Seymour, Michael C.: The Czech Version of Mandeville's Travels. In: Notes and Queries 26,5 (1979), S. 395-396.

Seymour, Michael C.: The English Epitome of Mandeville's Travels. In: Anglia 84 (1966), S. 27-58.

Seymour, Michael C.: The English Manuscripts of Mandeville's Travels. In: Edinburgh Bibliographical Society Transactions 4 (1966), S. 169-210.

Seymour, Michael C.: The Early English Printed Editions of Mandeville's Travels. In: The Library V,19 (1964), S. 202-207.

Seymour, Michael C./ Waldron, R. A: The Danish Version of Mandeville's Travels. In: Notes and Queries 10,11 (1963), S. 406-408.

Silver, Larry: Muhammad, Mandeville, and Maximilian. Constructing a Muslim Nemesis. In: Christiane Gruber/ Avinoam Shalem (Hgg.): The Image of the Prophet between Ideal and Ideology. A Scholarly Investigation. Berlin/Boston 2014, S. 223-238.

Simmel, Georg: Exkurs über den Fremden. In: Otthein Rammstedt (Hg.): Georg Simmel, Gesamtausgabe, Bd. 11: Soziologie. Untersuchungen über die Formen der Vergesellschaftung. Frankfurt am Main ³1999, S. 764-771.

Simmel, Georg: Der Raum und die räumlichen Ordnungen der Gesellschaft. In: Otthein Rammstedt (Hg.): Georg Simmel, Gesamtausgabe, Bd. 11: Soziologie. Untersuchungen über die Formen der Vergesellschaftung. Frankfurt am Main ³1999, S. 687-790.

Smethurst, Paul: The Journey from Modern to Postmodern in the Travels of Sir John Mandeville and Marco Polo's Divisament dou Monde. In: Richard Utz/ Jesse G. Swan (Hgg.): Postmodern Medievalisms. Cambridge 2005 (Studies in Medievalism, 13), S. 159-180.

Sobecki, Sebastian: Mandeville's Thought of the Limit. The Discourse of Similarity and Difference in ,The Travels of Sir John Mandeville'. In: The Review of English Studies 53,211 (2002), S. 329-344.

Soeffner, Hans-Georg: Symbolische Formung. Eine Soziologie des Symbols und des Rituals. Weilerswist 2010.

Southern, Richard W.: Das Islambild des Mittelalters. Stuttgart u. a. 1981.

Spearing, A. C.: The Journey to Jerusalem. Mandeville and Hilton. In: Essays in Medieval Studies 25 (2008), S. 1-17.

Spuler, Berthold: Die Mongolen in Iran. Politik, Verwaltung und Kultur der Ilchanzeit, 1220 – 1350. Berlin ³1968.

Stolz, Michael: Finis terrae – finsterer Stern – stella obscura. Die Pilgerfahrt nach Santiago und Imaginationen vom ,Ende der Welt' im Spätmittelalter. In: Ursula Kundert

u. a. (Hg.): Ausmessen – Darstellen – Inszenieren. Raumkonzepte und die Wiedergabe von Räumen in Mittelalter und früher Neuzeit. Zürich 2007, S. 139-152.

Strange, Guy le: Art. XII. – The Story of the Death of the last Abbasid Caliph, from the Vatican MS. of Ibn-al-Furāt. In: Journal of the Royal Asiatic Society 32 (1900), S. 293-300.

Strickland, Debra Higgs: Meanings of Muhammad in Later Medieval Art. In: Christiane Gruber/ Avinoam Shalem (Hgg.): The Image of the Prophet between Ideal and Ideology. A Scholarly Investigation. Berlin/ Boston 2014, S. 147-163.

Strickland, Debra Higgs: Saracens, Demons, and Jews. Making Monsters in Medieval Art. Princeton 2003.

Stutzinger, Dagmar: Das Fremde und das Eigene: Antike. In: Peter Dinzelbacher (Hg.), Europäische Mentalitätsgeschichte. Hauptthemen in Einzeldarstellungen. Stuttgart ²2008 (Kröners Taschenausgabe, 469), S. 459-477.

Tammen, Silke: Manifestationen von Antiklerikalismus in der Kunst des Mittelalters. Frankfurt am Main 1993 (Afra akademische Schriften, Kunstwissenschaften; zugl. Trier, Univ., Diss., 1990).

Tanner, Ralph: Sex, Sünde, Seelenheil. Die Figur des Pfaffen in der Märenliteratur und ihr historischer Hintergrund (1200-1600). Würzburg 2005 (zugl. Zürich, Univ., Diss., 2004).

Tellenbach, Gerd: Zur Frühgeschichte abendländischer Reisebeschreibungen. In: Hans Fenske u. a. (Hg.): Historia Integra. Fs. Erich Hassinger zum 70. Geburtstag. Berlin 1977, S. 51-80.

Todorov, Tzvetan: Die Eroberung Amerikas. Das Problem des Anderen. Aus dem Französischen von Wilfried Böhringer. Frankfurt am Main 1985.

Togeby, Knud: Ogier le Danois dans les littératures européennes. Kopenhagen 1969.

Tolan, John V.: Saracens. Islam in the Medieval European Imagination. New York 2002.

Tornaghi, Paola: Travelling with John Mandeville to the Holy Land. In: John Douthwaite/ Domenico Pezzini (Hgg.): Words in Action. Diachronic and Synchronic Approaches to English Discourse. Genoa 2008 (Laputa, 5), S. 49-74.

Trînca, Beatrice: Auratisierung – mittelalterlich. Zur Vor- und Frühgeschichte eines wissenschaftlichen Begriffs mit Anmerkungen zu Hildegard von Bingen und Gertrud von Helfta. In: Ulrich J. Beil u. a. (Hg.): Auratisierung in medialer Perspektive. Zürich 2014 (Medienwandel – Medienwechsel – Medienwissen, 27), S. 35-56.

Truitt, Elly R.: Medieval Robots. Mechanism, Magic, Nature, and Art. Philadelphia 2015 (The Middle Ages Series).

Turner, Victor: Das Ritual. Struktur und Antistruktur. Aus dem Engl. u. m. einem Nachwort von Sylvia M. Schomburg-Scherf. Frankfurt/ New York 2005 (Erstaufl. 1969).

Tyler, Aaron: Islam, the West, and Tolerance. Conceiving Coexistence. New York 2008.

Tyssens, Madeleine: La Version Liégeoise du Livre de Jean de Mandeville. In: Académie Royale de Belgique. Bulletin de la Classe des Lettres et des Sciences Morales et politiques ser. 6, 16:1-6 (2005), S. 59-78.

Tzanaki, Rosemary: Aspects of Mandeville's Audiences. In: Ernst Bremer/ Susanne Röhl (Hgg.): Jean de Mandeville in Europa. Neue Perspektiven in der Reiseliteraturforschung. Paderborn 2007 (MittelalterStudien des Instituts zur Interdisziplinären Erforschung des Mittelalters und seines Nachwirkens, Paderborn, 12), S. 79-91.

Tzanaki, Rosemary: Mandeville's Medieval Audiences. A Study on the Reception of the ‚Book' of Sir John Mandeville (1371 – 1550). Aldershot 2003.

Uebel, Michael: Ecstatic Transformation. On the Uses of Alterity in the Middle Ages. New York u. a. 2005.

Unger, Helga: Vorreden deutscher Sachliteratur des Mittelalters als Ausdruck literarischen Bewusstseins. In: Ingeborg Glier u. a. (Hg.): Werk – Typ – Situation. Studien zu poetologischen Bedingungen in der älteren deutschen Literatur. Fs. Hugo Kuhn. Stuttgart 1969, S. 217-251.

Verner, Lisa: The Epistemology of the Monstrous in the Middle Ages. New York 2005 (Studies in Medieval History and Culture, 33) [Kap. 4: „Mandeville's Travels", S. 123-153].

Virchow, Corinna: Basel. In: Martin Schubert (Hg.): Schreiborte des deutschen Mittelalters. Skriptorien – Werke – Mäzene. Berlin/ Boston 2013, S. 57-81.

Vitkus, Daniel J.: Early Modern Orientalism. Representations of Islam in Sixteenth- and Seventeenth-Century Europe. In: David R. Blanks/ Michael Frassetto (Hgg.): Western Views of Islam in Medieval and Early Modern Europe. Perception of Other. New York 1999, S. 207-230.

Vitto, Cindy L.: The Virtuous Pagan in Middle English Literature. In: Transactions of the American Philosophical Society, New Series, 79,5 (1989), S. 1-100.

Vogel, J.: Die ungedruckten lateinischen Versionen Mandeville's. In: Programm des Gymnasiums zu Crefeld. Schuljahr IX, von Ostern 1885 bis Ostern 1886. Veröffentlicht durch M. Wollseiffen. Krefeld 1886, S. 3-23.

Vorderstemann, Jürgen: Augsburger Bücheranzeigen des 15. Jahrhunderts. In: Helmut Gier/ Johannes Janota (Hgg.): Augsburger Buchdruck und Verlagswesen. Von den Anfängen bis zur Gegenwart. Wiesbaden 1997, S. 55-71.

Waldenfels, Bernhard: Topographie des Fremden. Studien zur Phänomenologie des Fremden I. Frankfurt am Main 1997 (stw, 1320).

Waldenfels, Bernhard: Der Stachel des Fremden. Frankfurt am Main 1990 (stw, 868).

Walsh, Katherine: Vom Wegstreit zur Häresie. Zur Auseinandersetzung um die Lehre John Wyclifs in Wien und Prag an der Wende zum 15. Jahrhundert. In: Mitteilungen des Instituts für Österreichische Geschichtsforschung 94 (1986), S. 24-47.

Warner, George F.: The Buke of Sir John Mandevill, being The Travels of Sir John Mandeville, Knight, 1322-1356. Westminster 1889.

Watkins, Carl S.: Sin, Penance and Purgatory in the Anglo-Norman Realm. The Evidence of Visions and Ghost Stories. In: Past and Present 175 (2002), S. 3-33.

Weber, Max: Wirtschaft und Gesellschaft. Grundriss der verstehenden Soziologie. Zweiter Teil. 5., revidierte Auflage, Studienausgabe. Tübingen 1972.

Weiers, Michael (Hg.): Die Mongolen. Beiträge zu ihrer Geschichte und Kultur. Darmstadt 1986.

Weinmayer, Barbara: Studien zur Gebrauchssituation früher deutscher Druckprosa. Literarische Öffentlichkeit in Vorreden zu Augsburger Frühdrucken. München/ Zürich 1982 (Münchener Texte und Untersuchungen zur deutschen Literatur des Mittelalters, 77).

Westrem, Scott D.: Against Gog and Magog. In: Sylvia Tomasch/ Sealy Gilles (Hgg.): Text and Territory. Geographical Imagination in the European Middle Ages. Philadelphia 1998 (Middle Ages Series), S. 54-75.

Westrem, Scott D.: Two Routes to Pleasant Instruction in Late-Fourteenth Century Literature. In: David G. Allen/ Robert A. White (Hgg.): The Work of Dissimilitude. Essays from the Sixth Citadel Conference on Medieval and Renaissance Literature. Newark 1992, S. 67-80.

Wirth, Jean: Die Bestreitung des Bildes vom Jahr 1000 bis zum Vorabend der Reformation. In: Reinhard Hoeps (Hg.): Handbuch der Bildtheologie. Bd. 1: Bild-Konflikte. Paderborn u. a. 2007, S. 191-212.

Wittkower, Rudolf: Marco Polo und die Bildtradition der ‚Wunder des Ostens'. In: Ders.: Allegorie und der Wandel der Symbole in Antike und Renaissance. Sonderausg., Nachdr. Köln 1996 (Klassiker der Kunstgeschichte, (Witt)), S. 151-179.

Wittkower, Rudolf: Orient und Okzident. Das Problem kultureller Wechselbeziehungen. In: Ders.: Allegorie und der Wandel der Symbole in Antike und Renaissance. Sonderausg., Nachdr. Köln 1996 (Klassiker der Kunstgeschichte, (Witt)), S. 9-20.

Wittkower, Rudolf: Die Wunder des Ostens. Ein Beitrag zur Geschichte der Ungeheuer. In: Ders.: Allegorie und der Wandel der Symbole in Antike und Renaissance. Sonderausg., Nachdr. Köln 1996 (Klassiker der Kunstgeschichte, (Witt)), S. 87-150 (zum ersten Mal erschienen in: Journal of the Warburg and Courtauld Institutes 5 (1942), S. 159-197).

Wokart, Norbert: Differenzierungen im Begriff ‚Grenze'. Zur Vielfalt eines scheinbar einfachen Begriffs. In: Richard Faber/ Barbara Naumann (Hgg.): Literatur der Grenze – Theorie der Grenze. Würzburg 1995, S. 275-289.

Wolf, Gerhard: Deutschsprachige Reiseberichte des 14. und 15. Jahrhunderts. Formen und Funktionen einer hybriden Gattung. In: Wolfgang Achnitz (Hg.): Deutsches Literatur-Lexikon. Das Mittelalter. Bd. 3: Reiseberichte und Geschichtsdichtung. Mit einführenden Essays von G. Wolf und C. Fasbender. Berlin/ Boston 2012, S. V-XXVIII.

Wolf, Gerhard: Die deutschsprachigen Reiseberichte des Mittelalters. In: Peter J. Brenner (Hg.): Der Reisebericht. Die Entwicklung einer Gattung in der deutschen Literatur. Frankfurt am Main 1989, S. 81-116.

Wolf, Kenneth Baxter: Counterhistory in the Earliest Latin Lives of Muhammad. In: Christiane Gruber/ Avinoam Shalem (Hgg.): The Image of the Prophet between Ideal and Ideology. A Scholarly Investigation. Berlin/ Boston 2014, S. 13-26.

Wolf, Klaus: Augsburg. In: Martin Schubert (Hg.): Schreiborte des deutschen Mittelalters. Skriptorien – Werke – Mäzene. Berlin/ Boston 2013, S. 41-56.

Wolfzettel, Friedrich: Zum Problem mythischer Strukturen im Reisebericht. In: Xenja von Ertzdorff/ Gerhard Giesemann (Hgg.): Erkundung und Beschreibung der Welt. Zur Poetik der Reise- und Länderberichte. Vorträge eines interdisziplinären Symposiums vom 19. bis 24. Juni 2000 an der Justus-Liebig-Universität Gießen. Amsterdam/ New York 2003 (Chloé, Beihefte zum Daphnis, 34), S. 3-30.

Wunderli, Peter: Reisen in reale und mythische Ferne. In: Ders. (Hg.): Reisen in reale und mythische Ferne. Reiseliteratur in Mittelalter und Renaissance. Düsseldorf 1993 (Studia humaniora, 22), S. 1-15.

Yeager, Suzanne M.: Jerusalem in Medieval Narrative. Cambridge 2008 (Cambridge Studies in Medieval Literature, 72).

Yeager, Suzanne M.: The World Translated. Marco Polo's ‚Le Divisament dou monde', ‚The Book of Sir John Mandeville', and Their Medieval Audiences. In: Suzanne Conklin Akbari/ Amilcare Iannucci (Hgg.): Marco Polo and the Encounter of East and West. Toronto u. a. 2008, S. 156-181.

Zacher, Christian K.: Curiosity and Pilgrimage. The Literature of Discovery in Fourteenth-Century England. Baltimore/ London 1976.

Lexikonartikel

Allen, Pauline: (Art.) Monophysiten. In: TRE, Bd. 23, S. 290-233.

Balz, Horst: (Art.) Offenbarung IV. Neues Testament. In: TRE, Bd. 25, S. 134-146.

Bargheer, Ernst: (Art.) Harn, harnen. In: HdA, Bd. 3, Sp. 1472-1484.

Benrath, Gustav Adolf: (Art.) Buße V. Historisch. 2. Mittelalter, in TRE, Bd. 7, S. 458-465.

Boemke, Rita: (Art.) Toppgewicht. In: EM, Bd. 13 (2009), Sp. 782f.

Bremer, Ernst: (Art.) Mandeville, Jean de (John, Johannes von). In: ²VL, Bd. 5, Sp. 1201-1214.

Colpe, Carsten: (Art.) Das Heilige. In: Handbuch religionswissenschaftlicher Grundbegriffe, Bd. 3 (1993), S. 80-99.

Dexinger, Ferdinand: (Art.) Samaritaner. 3. Religion der Samaritaner. In: TRE, Bd. 29, S. 752.

Dieck, Karl Friedrich: (Art.) Dominus Vobiscum. In: Allgemeine Encyklopädie der Wissenschaften und Künste in alphabetischer Folge von genannten Schriftstellern bearbeitet und hg. v. J. S. Ersch u. J. G. Gruber. Erste Section A-G, 27. Theil. Leipzig 1836, S. 2.

Dolezalek, Gero/ Bregger, Hans-Martin: (Art.) Vikar/ Vikarin. I. Kirchenrechtlich. In: TRE, Bd. 35 (2003) S. 84-89.

Forstner, M.: (Art.) Kalif, Kalifat. In: LMA, Bd. 5, Sp. 868-869.

Gantke, Wolfgang: (Art.) Heilig, das Heilige, II. Religionsphilosophisch. In: LThK, Bd. 4, Sp. 1268-1271.

Garhammer, Erich: (Art.) Antiklerikalismus. In: LThK, Bd. 1 (2009), Sp. 760.

Gründel, Johannes: (Art.) Sünde V. Theologisch-ethisch. In: LThK, Bd. 9 (2009), S. 1128-1130.

Güntert, Hermann: (Art.) Hund. In: HdA, Bd. 4, Sp. 470-490.

Günzel, Stephan: (Art.) Hodologie. In: Ders. (Hg.): Lexikon der Raumphilosophie. Darmstadt 2012, S. 176.

Hage, Wolfgang: (Art.) Nestorianische Kirche. In: TRE, Bd. 24, S. 264-276.

Halm, Heinz: (Art.) Kalif. In: LThK 5, Sp. 1148.

Heil, Uta: (Art.) Athanasius von Alexandrien. In: Lexikon der antiken christlichen Literatur. Hg. v. Siegmar Döpp und Wilhelm Geerlings. Freiburg/ Basel u. a. ³2002, S. 69-76.

Heinz, Andrea: (Art.) Schweigen IV. Liturgisch. In: LThK, Bd. 9 (2009), Sp. 334f.

Herms, Eilert: (Art.) Offenbarung V. Theologiegeschichte und Dogmatik. In: TRE, Bd. 25, S. 146-210.

Hödl, Ludwig: (Art.) Buße (liturgisch-theologisch), D. Westkirche, II. Die scholastische Bußtheorie. In: LdM, Bd. 2, Sp. 1137-1141.

Holbek, Bengt: (Art.) Achtergewicht. In: EM, Bd. 1 (1977), Sp. 65.

Hülskamp, Martin: (Art.) Tiara. In: LThK, Bd. 10 (2009), Sp. 20.

Huschenbett, Dietrich: (Art.) Priesterkönig Johannes (Presbyterbrief). In: ²VL, Bd. 7, Sp. 828-842.

Jüngling, Hans-Winfried: (Art.) Heilig, das Heilige, III. Biblisch-theologisch. In: LThK, Bd. 4, Sp. 1271-1273.

Kalb, Friedrich: (Art.) Liturgie I Christliche Liturgie. In: TRE, Bd. 21, S. 358-377.

Keil, Gundolf: (Art.) Harn, -schau, -traktate. In: LMA, Bd. 4, Sp. 1940-1941.

Kennedy, H.: (Art.) al-Manṣūr. In: Encyclopaedia of Islam, Second Edition. Brill Online, 2013. Zugriff über UZH Hauptbibliothek/ ZB Zürich.

Kraatz, Martin: (Art.) Heilige Gegenstände. In: ⁴RGG, Bd. 3, Sp. 1548-1549.

Lewis, B.: (Art.) ʿAbbāsids. In: Encyclopaedia of Islam, Second Edition. Brill Online, 2013. Zugriff über UZH Hauptbibliothek/ ZB Zürich.

Loewenich, Walther von: (Art.) Bilder. V/2. Im Westen. In: TRE, Bd. 6 (1980), S. 540-546.

Mensching, Gustav: (Art.) Schweigen. In: ³RGG, Bd. 5 (1961), Sp. 1605f.

Mensching, Gustav: (Art.) Toleranz I. Religionsgeschichtlich. In: ³RGG, Bd. 6 (1962), Sp. 932f.

Milgrom, Jacob: (Art.) Heilig und profan, II. Altes Testament. In: ⁴RGG, Bd. 3, Sp. 1530-1532.

Nedungatt, George: (Art.) Orientalisch-orthodoxe Kirchen. In: LThK, Bd. 7 (1998), Sp. 1125-1127.

Paden, William E.: (Art.) Heilig und profan, I. Religionswissenschaftlich. In: ⁴RGG, Bd. 3, Sp. 1528-1530.

Paus, Ansgar: (Art.) Heilig, das Heilige, I. Religionswissenschaftlich. In: LThK, Bd. 4, Sp. 1267-1268.

Pfister, Friedrich: (Art.) Gog und Magog. In: HdA, Bd. 3, Sp. 910-918.

Pfister, Friedrich: (Art.) Heilig. In: HdA, Bd. 3, Sp. 1655-1668.

Riley-Smith, Jonathan: (Art.) Johanniter. In: LMA (online), Bd. 5, Sp. 613-615.

Schnyder, André: (Art.) Steckel, Konrad. In: ²VL, Bd. 9, Sp. 241-243.

Schreiner, Klaus: (Art.) Toleranz. In: GGB, Bd. 6 (1990), Sp. 445-605.

Schulzki, Heinz-Joachim: (Art.) „Leuga". In: Der Neue Pauly. Brill Online, 2014. Zugriff über UZH Hauptbibliothek / ZB Zürich.

Schwaiger, Georg: (Art.) Papsttum I. Kirchengeschichtlich. In: TRE, Bd. 25 (1995), S. 647-676.

Soeffner, Hans-Georg: (Art.) Rituale. In: Eike Bohlken/ Christian Thies (Hgg.): Handbuch Anthropologie. Der Mensch zwischen Natur, Kultur und Technik. Stuttgart 2009, S. 402-406.

Stöve, Eckehart: (Art.) Toleranz I. Kirchengeschichtlich. In: TRE, Bd. 33 (2002), S. 646-663.

Tetz, Martin: (Art.) Athanasius von Alexandrien. In: TRE, Bd. 4 (1979) S. 333-349.

Traeger, Jörg: (Art.): Tiara. In: LCI, Bd. 4 (1994), Sp. 313-315.

Vroom, Heink M.: (Art.) Heilig und profan, IV. Religionsphilosophisch. In: ⁴RGG, Bd. 3, Sp. 1533-1534.

Wentzlaff-Eggebert, Friedrich W.: (Art.) Pfaffe. In: RGG, Bd. 5, ³1961, Sp. 266.

Werbick, Jürgen: (Art.) Sünde III. Historisch-theologisch, und IV. Systematisch-theologisch. In: LTHK, Bd. 9 (2009), Sp. 1125-1128.

Wilken, Robert: (Art.) Heiliges Land, 3. Christentum. In: TRE, Bd. 14 (1986), S. 688-692.

Wokart, Norbert: (Art.) Heilig, Heiligkeit. In: HWPh, Bd. 3, Sp. 1034-1037.

Vouga, François: (Art.) Urchristentum. In: TRE, Bd. 34, S. 411-436

Wießner, Gernot: (Art.) Offenbarung I. Religionsphänomenologie. In: TRE, Bd. 25, S. 109-117.

Zapf, Volker: (Art.) Otto von Diemeringen und Michel Velser. In: Deutsches Literatur Lexikon. Das Mittelalter. Hg. v. Wolfgang Achnitz. Bd. 3: Reiseberichte und Geschichtsdichtung. Berlin/ Boston 2012, Sp. 491-495.

Rezensionen

Schuster, Peter: (Rez.) Patschovsky, Alexander/ Harald Zimmermann: Toleranz im Mittelalter. Sigmaringen 1998 (Vorträge und Forschungen, 45). In: Historische Zeitschrift 271,3 (2000), S. 725-727.

Lexika und Nachschlagewerke

Wörterbücher

Baufeld, Christa: Kleines frühneuhochdeutsches Wörterbuch. Lexik aus Dichtung und Fachliteratur des Frühneuhochdeutschen. Tübingen 1996.

(BMZ) Mittelhochdeutsches Wörterbuch. Mit Benutzung des Nachlasses von G. F. Benecke ausgearb. v. W. Müller u. F. Zarncke. 3 Bde. in 4 Teilbdn. Leipzig 1854-1866. Nachdruck 1990. Online-Version über: http://woerterbuchnetz.de/BMZ/

(DMF) Dictionnaire du Moyen Français (1330-1500), version 2012. ATILF CNRS - Université de Lorraine. http://www.atilf.fr/dmf

(DWB) Deutsches Wörterbuch von Jacob und Wilhelm Grimm. 16 Bde. in 32 Teilbänden. Leipzig 1854-1961. Quellenverzeichnis Leipzig 1971. Online-Version über http://woerterbuchnetz.de/DWB/

(FWB) Frühneuhochdeutsches Wörterbuch. Hg. v. Robert R. Anderson, Ulrich Goebel u. a. Bd. 1-11. Berlin/ New York 1989ff.

Greimas, Algirdas Julien: Dictionnaire de l'ancien français. Le Moyen Âge. Paris 1979 (Larousse Trésors du français).

Hennig, Beate: Kleines Mittelhochdeutsches Wörterbuch. In Zusammenarbeit mit Christa Hepfer und unter redaktioneller Mitwirkung von Wolfgang Bachofer. 6., durchgesehene Auflage, Berlin/ Boston 2014.

Lexer, Matthias: Mittelhochdeutsches Taschenwörterbuch. 38. Auflage, mit den Nachträgen von Ulrich Pretzel. Stuttgart 1992.

(MED) Kurath, Hans/ Sherman M. Kuhn/ Robert E. Lewis: Middle English Dictionary. Ann Arbor 1952-2000. online unter http://quod.lib.umich.edu/m/med/

Stratmann, Francis Henry: A Middle-English Dictionary. Containing Words Used by English Writers from the Twelfth to the Fifteenth Century. A New Edition, Re-Arranged, and Enlarged by Henry Bradley. Nachdruck Breinigsville 2010 (Erstaufl. Oxford u. a. 1891).

Fachlexika

(EI[3]) Encyclopedia of Islam. Three. Hg. v. Kate Fleet, Gudrun Krämer, Denis Matringe, John Nawas Everett Rowson. Über Brill Online, 2014. Reference. UZH Hauptbibliothek/ Zentralbibliothek Zürich. 20 August 2014 http://referenceworks.brillonline.com/entries/encyclopaedia-of-islam-3

(EI[2]) Encyclopedia of Islam. Second Edition. Hg. v. P. Bearman, Th. Bianquis, C. E. Bosworth, E. van Donzel, W.P. Heinrichs. Über Brill Online, 2014. Reference. UZH Hauptbibliothek/ Zentralbibliothek Zürich. 20 August 2014 http://referenceworks.brillonline.com/entries/encyclopaedia-of-islam-2

(EM) Enzyklopädie des Märchens. Handwörterbuch zur historischen und vergleichenden Erzählforschung. Begr. v. Kurt Ranke. Im Auftrag der Akademie der Wissenschaften zu Göttingen. Hg. v. Rolf Wilhelm Brednich u. a. Berlin/ New York 1977ff.

(GGB) Geschichtliche Grundbegriffe. Historisches Lexikon zur politisch-sozialen Sprache in Deutschland. Hg. v. Otto Brunner, Werner Conze, Reinhart Koselleck. 8 Bde. Stuttgart 1972–1997.

(HdA) Handwörterbuch des deutschen Aberglaubens. Hg. v. H. Bächtold-Stäubli. 10 Bde. Berlin, Leipzig 1927-1942. Nachdruck 1987.

(HWPh) Historisches Wörterbuch der Philosophie. Völlig neubearb. Ausg. des Wörterbuchs der philosophischen Begriffe v. R. Eisler. Hg. v. J. Ritter. 10 Bde. Basel/ Stuttgart 1971-1998.

Historisches Wörterbuch der Rhetorik. Herausgegeben von Gert Ueding. Mitbegründet von Walter Jens. 9 Bde., Tübingen 1992ff.

(LCI) Lexikon der christlichen Ikonographie. Hg. v. Engelbert Kirschbaum SJ (Bd. 1-4) u. Wolfgang Braunfels (Bd. 5-8). Rom u. a. 1968-1976.

(LThK) Lexikon für Theologie und Kirche. Begründet von Michael Buchberger. Dritte, völlig neu bearbeitete Aufl. Hg. v. Walter Kasper. Sonderausgabe (Durchgesehene Ausgabe der 3. Aufl. 1993-2001), Freiburg u. a. 2009.

(LThK) Lexikon für Theologie und Kirche. Begründet von Michael Buchberger. Dritte, völlig neu bearbeitete Aufl. Hg. v. Walter Kasper. Freiburg u. a. 1993ff.

(TRE) Theologische Realenzyklopädie. Hg. v. Gerhard Müller, Horst Balz, Gerhard Krause. 36 Bände. Berlin 1976-2004. Online Version Berlin 2008.

(LMA) Lexikon des Mittelalters. Hg. v. R. Auty u. a. 10 Bde. München/ Zürich 1980-1999.

(LMA online) Lexikon des Mittelalters. 10 Bde. Stuttgart, [1977]-1999. Über Brepolis Medieval Encyclopaedias – Lexikon des Mittelalters Online.

(RGG) Religion in Geschichte und Gegenwart. Handwörterbuch für Theologie und Religionswissenschaft. Bände 1-8 u. Register. Hrsg. v. Hans D. Betz, Don S. Browning, Bernd Janowski u. Eberhard Jüngel. 4., vollst. neubearb. Aufl. Tübingen 1998-2007.

(^{2}VL) Die deutsche Literatur des Mittelalters. Verfasserlexikon. 2., völlig neu bearb. Aufl. Hg. v. Kurt Ruh u. a. Berlin/ New York 1978ff.

Kataloge und Datenbanken

http://www.arlima.net (Archives de littérature du moyen âge)

http://digi.ub.uni-heidelberg.de/de/bpd/index.html (Bibliotheca Palatina Digital. Virtuelle Rekonstruktion der einst berühmtesten Büchersammlung Deutschlands)

http://www.e-codices.unifr.ch (Virtual Manuscript Library of Switzerland)

http://www.e-manuscripta.ch (Plattform für digitalisierte handschriftliche Quellen aus Schweizer Bibliotheken und Archiven)

http://www.e-rara.ch (Digitalisierte Drucke aus Schweizer Bibliotheken)

(GW) Gesamtkatalog der Wiegendrucke. Bd. 1-8, 1 hg. v. der Kommission für den Gesamtkatalog der Wiegendrucke. Leipzig 1925-1940, Bd. 8,2 ff. hg. v. der Deutschen Staatsbibliothek zu Berlin. Stuttgart u. a. 1978ff. online: http://www.gesamtkatalogderwiegendrucke.de

http://www.handschriftencensus.de (Eine Bestandsaufnahme der handschriftlichen Überlieferung deutschsprachiger Texte des Mittelalters)

(ISTC) Incunabula Short Title Catalogue online: http://data.cerl.org/istc/_search

http://www.manuscripta-mediaevalia.de/

http://www.manuscriptsonline.org (Written Culture 1000-1500)

Register

Kursivierte Seitenzahlenangaben beziehen sich auf Nennungen der Begriffe in Fußnoten. Der Anhang *Synoptische Gegenüberstellung von Textausschnitten* wurde nicht für das Register berücksichtigt.

Namens- und Ortsregister

DOI 10.1515/9783110539240-006

Sachregister

Anhänge

I. Synoptische Gegenüberstellung von Textausschnitten aus den verschiedenen Versionen der *Reisen*

DOI 10.1515/9783110539240-007

Prolog: Christus als Exempel und Erlöser

VHS. (Ed. Morrall)	HS. N	VDR. (Ed. Bremer/ Ridder)	PARIS-TEXT (Ed. Letts)	DDR. (Ed. Bremer/ Ridder)
S. 2	--	--	S. 229f.	S. 196f.
Das unser herre gott für uns starb zů Jherusalem, das tätte er dar umb das es enmitten in der welt was, als ich vor gesprochen hon, das es solt dester e erschallen uff aller ört der welt. Wann ir wol wissent, wenn man etwas gebietten, beschrien oder rüffen wil, so tut man es all weg enmitten uff dem platz oder mitten in der statt. Also wolt Cristus sinen tod liden mitten in der welt, das es yederman recht wissen oder hören und sehen möcht und solt innen werden der grossen trü und liebin die er zů uns armen sünder gehept hatt, on das wir es umb in hettend verdienet. Wann wir mügent wol sehen und wissen daz er uns nit mit gelt, mit bürgen, mit stetten, noch mit landen erlößet hatt, besunder er hatt uns erlößet mit sinem hailigen fronlichnam und mit sinem hailigen rosenfarwen plůt, das er umb unser sünd vergossen hatt. Da von gedenck ain yeglicher mensch wa man möcht ainen herren finden der umb sin diener wölt sterben und liden ainen söllichen schamlichen tod, und ain unschuldiger umb ain schuldigen sterben. Dar umb söllen wir billich dem herren und das land da er gewunet hatt, eren und wirdigen. Wann das Land hatt getragen die frucht die uns von dem öwigen tod erlösset hat.	[fehlt]	[fehlt]	Aussi le createur de tout le monde voult [S. 230:] souffrir mort pour nous en Jherusalem, qui est en my le monde, a la fin que la chose fust publiee et sceue de tous les costes du monde, comment il auoit chierement compare les hommes, quil auoit faiz a son ymage, et comment il nous auoit rachetes chierement, pour la grant amour quil auoit vers nous senz ce que nous leussions desserui. Car plus chier chatel ne plus grant raencon ne pot il donner pour nous que son saint corps son precieux sanc et sa benoite vie, que tout offri et abandonna pour nous; cil qui onques not en li tache de pechie vault par grant amour son corps a mort liurer pour pecheurs. Ha, Dieu! quelle amour il auoit enuers ses subgiez, quant il qui estoit senz coulpe voulait mort souffrir pour les coulpables. Bien doit on tel seigneur amer doubter honnorer et seruir, et celle sainte terre amer et prisier, qui tel fruit a porte, par le quel chascun est sauues, se nest par nostre deffaute.	Das vnser herre got für vns starb zů Jherusalem das det er dorumb das er mitten in der welt was als ich vor gesprochen hab. das es solte dester ee erschallen vff alle örthe der welt. wann ir wol wissend wenn man etwas gebieten will oder beschreyen in eyner stat. so thůt man es all wegen mitten vff dem platʒe oder mitten in der stat. Also wolt ouch vnser herre Jesus cristus sinen tod liden mitten inder welt das man es hören vnd sehen solte. Und innen worde [S. 197:] der grossen lieb vnd trwe die er zů vns armen sündigen menschen gehabt hat, on das wir es vmb in verdient haben oder heten verschult wan wir mögend wol gedencken das er vns nit erlöset weder mit gold noch mit silber noch mit steten bürgen oder landen. Besunder hat er vns erlöset mit sinem heiligen fronlichnam vnd vergossen sin heiligs rosenfarbs plůt vmb siner diener willen. Do von ein yglicher mensch für sich selbs wol bedencken mag. wo man einen herren fünde der für sin diener sterben wolt vnd liden einen solichen schentlichen schnöden tod vnd ein vnschuldiger vmb schuldig zů sterben. Do von sulle wir billich den herren vnd das heilig land do er gewonet vnd vns erlöset hat eren vnd in wirden halten vnd das mit grosser begirde demütiglich besuchen wan das land hat getragen die frucht die vns von dem ewigen tod erlöst hat das ist vnser herr iesus cristus.

Prolog: Die Schuld der *grossen herren*

VHS. (Ed. Morrall)	S. Zf.	Hs. N	--	VDR. (Ed. Bremer/ Ridder)	--	PARIS-TEXT (Ed. Letts)	S. 230f.	DDR. (Ed. Bremer/ Ridder)	S. 197
Wann das land hatt getragen die frucht die uns von dem ŏwigen tod erlŏsset hatt. Dar umb ain yeglicher cristen der es vermŏchte solte gern und mit grossem andacht sŭchen das land das uns got mit sinem hailigen plŭt gehailiget hatt und uns das verhaissen hett in unser erb. Da von wir cristen nach Cristo sigent genant, und uns sunderlich nun genant hatt, dar umb sŏltend wir billichen kriegen und fechten umb unser land und unser erbe das uns unser vatter gelaßen hatt. Aber laider wir habent als vil ze schaffend und ze fechtend under uns selber, das wir unser erb also laussent besitzen und niessent die unsŏligen haiden. Wann sich yederman nit anders flisset wann wie er sin eben cristen mŏcht vertriben und berŏben; die find die unser erb also besitzent, bedenckent sie nit wie man sie mŏcht vertriben. Und daz ist der grossen herren schuld, die weder frid noch sŭn machend [S. 3:] und lond das folck ze glicher wiß als ain hirt der nit siner schauff achtett, wann aines gatt hin, das ander her. Da von geviel es den zwain hŏptern, dem babst und dem kayser, so mochtend wir wol unser land gewinnen. Wann es sicher gott wol gefiele das wir cristen ain ainung under uns hettend und uns beraittend ze gewynnen unser land. Sicher mich duncket das		[fehlt] [Anfang wie im Vdr.:] Ich Johannis von monte filla Ritter geborn zů engelland in einer Stat haißt sannt alban [...]		[fehlt] [Prolog setzt ein mit:] Ich Johanns von monte villa ritter geboren in engellant in einer stat heyßt sannt Alban. [...]		celle sainte terre amer et prisier, qui tel fruit a porte, par le quel chascun est sauues, se nest par nostre deffaute. Bien doit estre delitable et fructueuse la terre qui fut arouzee du precieux sanc Ihesu Crist; cest la terre que nostre seigneur nous promist en heritage, et en la dicte terre vouloit il mourir comme saisi, pour la laissier en heritage a ses enfans. Par quoy chascun bon crestien qui pouoir en ha et de quoy, se deuroit pener et mettre en grant [trauail] de nostre surdit et droit heritage conquerir et mettre hors des mains aus mescreans et de laproprier a nous. Car nous sommes appelez crestiens de Crist, qui est nostre pere; et se nous sommes ses drois filz, nous deuons leritage que nostre pere nouz a laissie chalenger et oster des mains estranges. Mais au jour duy orgueil conuoitise et enuie ont ainsi les cuers des seigneurs terriens enflames et esprins, que il tendent plus a autrui desheriter que il ne font a chalenger et aquerre leur droit et propre heritage dessus dit. Et ceulz du commun, qui bonne volente en ont a mectre corps et auoir pour conquerir nostre susdit heritage, ne pueent riens faire senz les seigneurs souuerains. Car assemblee de communaute senz chief est comme tropel de brebis senz pasteur, qui sespandent ne se seeuent ou il doiuent aler, ne que ilz doiuent faire.		wan das land hat getragen die frucht die vns von dem ewigen tode erlöst hat das ist vnser herr iesus cristus. Do von ein yglicher cristen mensch der es vermöcht solt das andechtiglich besůchen wann es ist das land das vns got mit sinem blut geheiligt hat vnd vns das verheissen vnd gelopt hat für vnser erb do von wir cristen heissend vnd wir ouch noch cristo genant sind vnd vns ouch besunder nach im genant hat so solten wir billichen kriegen vnd fechten vmb vnser land vnd vmb vnser erb das vns vnser vater gelassen hat. aber leider wir habend also vil zů fechten vnter vns das wir vnser erb lasend besitzen vnd nützen die vnseligen heiden wann ydermann sich nit anders flisset dan wie er sinen ebencristen menschen möcht vertriben berouben des sinen vnd in vndertrůcken vnd gedencken aller-minst wie wir mötend oder künden vertriben vnser viende die vnser erb besitzen gebruchen vnd nützen vnd vnwirdiglich niessend vnd habend vnd das ist der grossen herren schuld die weder frid noch son machend vnd lassend das volck zů gelicher moß gan als ein hirt der nicht achtet siner schoff wann eines gat hin das ander her do von gefiel es den zweien heili-gen houbten wol dem Babst vnd dem Keiser so möchten wir vnser land wol gewinnen wann es sicher	

nit lang zitt für gang, wir gewynnend das hailig land, und kome wyder in der rechten erben hand. Da von das lang ist das man nie ist über mer gefaren, und vil folck ist das gern über füre und iren lyb wagten – man vindet ouch vil lüt die gern hörend sagen von dem hailigen land und hond gros wolnuste und fröd da von, so man in da von seytt – Ich, Hanns von Mandavilla, ritter, wol ob ich sin nit wirdig sy geborn, [...]	Mais se il plaisait a nostre saint pere le pape, car a Dieu plairoit il bien, que les princes terriens fussent de bon acort et auecques aucuns de leurs communs et voulsissent entre-prendre le saint voiage doultre mer, ie cuide estre bien certain que en brief terme seroit la terre de promission reconciliee et mise es mains des drois hoirs, si comme de Ihesu Crist. [S. 231:] Et pour ce que il a lonc temps que il ny ot passage general oultre mer, et pluseurs gens se delitent en oyr parler de la dicte terre sainte et en ont soulas, ie Iehan de Mandeuille, cheualier [...]	got wol gefiel das wir wcristen ein einigung vnder vns hetten vnd vns einhelliglich mit einander hielten vnd vns bereiten zů gewinnen vnser land das vns von got worden vnd geben ist. Sicher mich dunckt das nit lange zit vergang wir gewinnend das heilig land so komet es dann in der rechten erben hand vnd dorumb das es lang ist das man ny ist über mere gefarn vnd dor zů ouch vil volks ist das gern überfure vnd iren lip wogtend vnd man vindet ouch vil lüt die do gern do von hörend sagen von dem heiligen land vnd haben grossen wollust vnd frewde do von zů hören. Jch Johann von Montauill [...]

NND. VERSION BERLIN MS. GERM. FOL. 204	fol. 1v-2v	DIEM.-HSS.	--	INSULARE (Ed. Deluz)	S. 91f.	COTTON (Ed. Hamelius)	S. 2f.	EGERTON (Ed. Seymour)	S. 4
Myt rechte scholde men sodane herren leef hebben vnd vruchten eren vnd denen vnd dat lant leef hebben vnd prisen dat soda [... Textverlust i. d. Hs.] dragen heuet vormiddelst welker [... Verlust] sal syn beholden Jd en sy [... Verlust] solden alle mynschen [... Verlust]chtbarich syn [fol. 2r:] wente id was bedouwet myd deme douwe. [superscript: blode] vnses heren jhesu cristi Dit is dat vnse here gelouede jheso enem erue In dit land wolde he steruen als to besittende vmme to latende in erffnisse synen kynderen Wor vmme en elk kersten mynsche de guet kersten were solde sik vliten myd ernste de de macht houet van starke vnd van gude wedder to krygene vnse vorscreuen erue vnd myd crafte vth der vngelouiger gewalt wedder to done vnd wedder to maken vnse eygen land also id billich syn solde wente wy syn geheten cristen de vnse vader is vnd vppe dat wy syner rechten kyndere syn So sole wy byspraken dat erue dat vns vnse vader leet vnd vns vliten Dat to settene vth den handen der vromden Men huden vp den dach so heuet houerdicheyt vnd gyricheit vnd myd de herte der landesheren also vnt steken vnd vorbrant vnd beuaen dat se meer meyninge hebben enen anderm to vorderuende danne se hebben to beschermen en edder to wynnen er rechte		[DIEM.-Hs. Sc1, fol. 8v:] [fehlt] [Mandeville-Prolog beginnt mit:] Jch Johannes von monteuille Ritter geborn von Engelland uon der Stat die heisset Sant Alban [...] [DIEM.-Hs. H (Ed. Martinsson), S. 14:] [fehlt] [Mandeville-Prolog beginnt mit:] Ek Johannes van Mentaville ritter gheborn ut Enghelant van der stat, de dar het Sant Alban, [...] [DIEM.-Hs. H1, fol. 8r:] [fehlt, s.o.] [DIEM.-Hs. H2, fol. 6v:] [fehlt, s.o.]		Bien doit estre delitable et fructuouse la terre qe fust aroscié et mollié du precious sanc Jhesu Crist, qe est la terre qe Nostre Seigneur nous promist en heritage. Et en ladite terre voleit il morir come saisy pur la lesser a ses enfauntz, pur quoi chescun bon christien qe poair en ad et de quoy se deveroit pener et mettre en [travail] de notre susdit et droit heritage conquere et mettre fors des mains des mescreauntz et de l'approprier a nous, qar nous sumes appellez chris- tiens de Crist qe est nostre piere, et si nous sumes droitz filz de Dieu nous devouns le heritage qe nostre piere nous ad lessé chalanger et ouster de mains des estranges. Mes au jour de huy orgoil covetise et envye ount ensi les coers des seig-[S. 92:]nurs terrienz enflammez q'ils entendent plus a autry desheriter q'ils ne font a chalanger et a conquerre lour droit et propre heritage dessus- dit. Et cil de commun qe bone volunté en ount a mettre corps et avoir pur conquere nostre susdite heritage ne poent rien faire sanz les seigneurs souverains. Qar assemblé de com- munalté sanz chief seignur est come trupeau des berbiz saunz pastour qe espaundent et ne scievent ou ils devoient aler ne quoi ils devoient		Wel may þat lond be called dely- table and a fructuouse lond þat was bebledd and moysted with the precyouse blode of oure lord Jhesu crist, the whiche is the same lond þat oure lord behighte vs in heritage. And in þat land he wolde dye as seised for to leve it to, vs his children. Wherfore euery gode cristene man þat is of powere and hath whereof scholde peynen him with all his strengthe for to conquere oure right heritage and chacen out all the mysbeleeuynge men. For wee ben clept cristene men after crist oure fader And ʒif wee be right children of crist we oughte for to chalenge the heritage þat oure fader lafte vs and doit out of hethene mennes hondes. But now pryde couetyse and envye han so enflawmed the hertes of lordes of the world þat þei are [S. 3:] more besy for to disherite here neyʒbores more þan for to chalange or to con- quere here right heritage before seyd. And the comoun peple þat wolde putte here bodyes and here catell for to conquere oure heritage þei may not don it withouten the lordes. For a semblee of peple withouten a cheuenteyn or a chief lord is as a flak of scheep withouten a schepperde the which departeth and desparpleth and wyten neuer whider to go. But wolde		Right wele aght men to lufe and serue swilk a lorde and wirschepe and praise swilk a land þat broʒt furthe swilk fruyte thurgh whilk ilk man es saued bot if it be his awen defaute. þis es þe land þat es hight til vs in heritage, and in þat land he wald olde [as] sesse þarin to leefe it to his childer, for þe whilk land ilke a gude cristen man þat may and has wharoff suld enforce hym for to con- quere oure right heritage and chace oute peroff þaim þat er mistrowand. For we er called cristen men of Criste oure fader, and if we be riʒt childer of Criste we awe for to chalange þe heritage þat oure fader left to vs and for to do it oute of straunge men handes. Bot now pride enuy and couetise has so enflaumbed þe hertes of lordes of þe werld þat þai er mare bisie for to disherite þaire neʒbours þan for to chalange or conquere þaire right heritage beforesaid. And þe comoun peple þat wald putte þaire bodys and þer catelle in lupardy for to conquere oure heritage, þai may nathing do wiþouten lordes for as- semblee of þe peple wiþouten lordes þat may gouerne þam es as a flokk of schepe þat has na schepehird, þe whilk departes sunder and wate neuer whider þai schuld ga.

		Bot wald Godd þat þir werldly lordes ware at gude accorde and wiþ oþer of þaire comon peple wald take þis haly viage ouer þe see, I trowe wele þat wiþin a lytille tyme oure riȝt heritage beforesaid schuld be reco- unsailed and putte into þe handes of þe right heyeres of Ihesu Criste. And for als mykille as it es lang tyme passed sen þare was any general passage ouer þe see into þe haly land, and men coueytes to here speke of þat land and of diuerse cuntreez þeraboute and þeroff þai hafe grete solace and comforthe, I Iohan Mawndevyle [...]
	god þat the temporel lordes and all worldly lordes were at gode acord and with the comoun peple wolden taken this holy viage ouer the see þanne I trowe wel þat within a lityl tyme oure right heritage before seyd scholde be reconsyled and put in the hondes of the right heires of Jhesu crist. And for als moche as it is longe tyme passed þat þer was no generall pas- sage ne vyage ouer the see and many men desiren for to here speke of the holy lond and han þere of gret solace and comforte, I John Maundevylle [...]	
	faire. Mes s'il playsoit a nostre seinte piere l'apostoile, qar a Dieu plerroit il bien, qe les princes terrienz fussent a bon acord et ovesqez ascuns de lur comune vousissent emprendre la seinte viage d'outer mer, jeo cuide estre bien certein qe en brief ferme seroit la terre de promissioun reconsi- lie et mise en mains des droitz heirs, filz de Jhesu Crist. Et pur ceo qe il y ad long temps qe il ne eust passage general outre mer et plusours gentz se delitent en oier parler de la dite seinte terre et en ount solaz Jeo Johan Maundeville [...]	
vaderlich erue vnd dat gemeyne volk dat guden willen dar to heuet to setten lyff vnd guet se en mogen nicht don sunder de groten heren de ere ouersten syn wente vorgaderinghe van ge- meynem volke sunder houet to hebben van heren is id also en drift schape sunder heren de sik scheiden vnd ne weten nicht wor se solen gan men weret sake dattet beqwemelich were vnsem hilgen vader deme pawese id were gode wol beqwemelich dat de erdesschen vorsten endrachtich weren vnd myd en deel der gemenheyt wolden bestan de hilgen vart van ouer see ik meyde wol seker [fol. 2v:] syn dat in korten tyden dat hilge lant van beloften solte syn gewunnen vnde gesath in de rechten hant der rechten arffnamen vnd vmme dat id lange tyt is vorgan dat geyne gemeyne vart auer see gedan en is [...]		

Ehrerbietung der Heiden und der Christen im Jerusalemer Tempel

VHS. (Ed. Morrall) S. 56f.	HS. N fol. 56v	VDR. (Ed. Bremer/ Ridder) S. 65	PARIS-TEXT (Ed. Letts) S. 273	DDR. (Ed. Bremer/ Ridder) S. 247f.
Item ir söllent wissen daz die haiden haltend den tempel in grossen eren und sprechent daz die stat da der tempel ist, sy hailig. Und wenn sie dar in gond, so entschühent sie sich. Und [S. 57:] do ich mit minen gesellen dar in gieng, do zugent wir ouch unser schüch ab, den worten daz sie nit gelöptend daz wir nit gloubtend daz der tempel hailig wäre, als ich vor gesprochen hond. Der tempel ist gar schön [...]	vnd dy haiden habent den tempel in grossen eren vnd sprechent daz dy stat do der tempel ist sey hailig vnd wen sie dor ein gand so entschühent sie sich vnd do ich mit meinen gesellen dor ein gingen zúchen wir ach vnder schuch ab dortúmb das sie nicht dechten das wir in vnerten Der tempel ist gar schön [...]	Vnd die haben den tempel in grossen eren vnd sprechen das die stat do der tempel ist seýe heýlig. vnd wenn sy darein gand so entschühent sy sich. vnnd do ich mit meinen gesellen darein gieng do zugen wir auch vnser schüch ab. darumb das sy nit dächten dz wir in vnerten. Der tempel ist gar schön [...]	Item sachiez que les Sarrazins font moult grant reuerence a ce saint temple, et dient bien le lieu estre moult saint, et y entrent tous deschaus et sagenoillent souuent. Et quant mes compaignons et moy veismes ce, nous nous deschaucames, pensant que moult mieulx, le deuiens nous faire que les mescreans; si en eusmes grant compunction au cuer. Ce temple est moult belle maison [...]	In dem selben tempel túnd ouch die heiden ir großen gotzdienst nach irem glauben mit großer andacht vnd biettent dem heiligen tempel groß ere. vnd wan sie darin wellend gan So ziechent sie die schúch ab. vnd gand barfuß vnd vff den knüwen darin. vnd do ich vnd min gesellen [S. 248:] das sahent vnd wol vrlob darin hattent zú gand. Do tetten wir ouch also vnd meintent wir cristen lüt bitten dem heiligen tempel billicher ere den die vnglöubigen lüt Der selb tempel ist glich sinwel [...]

DIEM.-HS. H (Ed. Martinsson) S. 68f.	DIEM.-HS. H1 fol. 51v	INSULARE (Ed. Deluz) S. 201	COTTON (Ed. Hamelius) S. 55	EGERTON (Ed. Seymour) S. 46
In dem tempel don de heyden eren godesdenst myt groter andacht na erem loven unde beden [S. 69:] dem tempel grote ere. Wen se darin schullen gan, so ten se ere scho uth unde gan barvet dar in unde knien nedder. Unde do ik unde myne sellen dar weren unde dat seghen unde wol orlof hadden dar in to gande, do dede we ok also, wen we menden, wir scholden moghelker deme tempel ere heden wen de ungheloevendyghen lude unde hadden grote dult unde barmherticheyt, do wy de groten hillicheyt seghen.	In dem tempel tunt nů die heiden iren gotes dinst mit grosser andaht nach irem gelauben vnd bietent dem heiligen tempel gros ere Vnd als sie dar in sollent gen so ziehent sie ir schuhe vß vnd gent barfuß vnd knuwend dar in Vnd da ich vnd mine gesellen daz sahent vnd wol vrlaup hatten dar in zu gen da taten wir auch also wenne wir meinten wir solten billichen dem heiligen tempel ere bieten danne die vngeloubigen lute vnd hettent große gedulte vnd barmherczikeit da wir die grossen heilikeit gesahen.	Item sachez qe ly Sarazin font mout grant reverence a ceo Temple et dient bien le lieu estre mout seint, et entrent tout deschaucez et agenoillent sovent, et quant mes compaignons et moy veismes ce, nous nous deschauceames et pensames qe mout mieux le devoiems nous faire qe ly mescreantz, sie en eusmes grant conpunctioun a coer.	Also zee schull vndirstonde þat þe sarazines don moche reuerence to þat temple and þei seyn þat that place is right holy And whan þei gon in þei gon barefote and knelen many tymes And whanne my felowes and I seygh þat whan wee comen in wee diden of oure schoon and camen in barefote and þoughten þat wee scholden don as moche worschipe and reuerence þereto as ony of the mysbeleeuynge men scholde and als gret conpunctioun in herte to haue. This temple is .lxiiij. cubytes of wydeness [...]	To þe temple domini duse þe Sarazenes grete reuerence and saise þat þat place es rizt haly. And when þai gang into it þai do off þaire schone and knelez oft sythez wiþ grete reuerence. And when my felawes and I sawe þam do so we didd off oure schoos and þogt it ware mare skille þat we cristen men didd swilke wirschepe þareto at þe reuerence of Godd þan mistrowand.

Die Griechischen Christen und Papst Johannes XXII

Vhs. (Ed. Morrall)	S. 12f.	Hs. N	fol. 11r-12r	Vdr. (Ed. Bremer/ Ridder)	S. 13f.	Paris-Text (Ed. Letts)	S. 237f.
Wie wol daz ist daz die Kriechen christen sind, doch so hond sie gros underschaidung an vil dingen an unserm rechten glauben. Sie sprechent das der hailig gaist nit kum von dem sun, besunder von gott dem vatter allein. Und woltend ouch nit undertänig sin dem bapst von Rome und sprechend daz ir patriarch hab als grossem gewalt als unser bapst. Item der bapst Johannes der zway und zwaintzigost schraib in brieff wie daz die cristenhait alle solt ain ding sin, und soltend alle undertänig sin ainem baupst, der besunderlich hie uff erterrich an gottes statt sin vicarius ist, und den ouch gott vollen gewalt geben hatt ainem yeglichen sünder sin sünd ze vergeben; und da von söllend sie im sin undertänig. Des woltend sie aber nit tün und gabend im ain gemmelich antwürt in söllicher maß: ‚Potenciam tuam summam circa subiectos tuos credimus. Superbiam tuam summam tollerare non possumus. Avariciam tuam nimiam sauciare non intendimus. Dominus tecum, quia dominus nobiscum est etc.' Und ander antwürt mocht der bapst von in nit gehaben. Das sacrament des altars segnent sie mit erhabem brott [...] (S. 12)		vnd wy wol das ist das die kriechen cristen sind so habent sie doch groß vnderschaid an vil dingen an vnserm glauben wan sie sprechent das der hailig gaist nit kom von dem sun besunder von gott dem vatter allein vnd sind auch dem Babst nit vndertannig vnd die kriechen sprechent das ir patriarch hab alß grossen gewalt als der pobst Ir sult auch wissen das jn ainest ein pobst johannes sendet ain brieff [fol. 11v:] wye die welt ein ding solt sein vnd solten alle ainen pobst auff erden vndertennig sein der an gotes stat ist vnd jm vollen gewalt geben hat ainen jeglichen menschen sein sund zu vergeben douon solten sie nit tün vnd gaben jm ein solche antwort potenciam tuam summaȝ circa supiectos tuos credimus auaritiam et superbiam tuam nimiam tollerare nec saciare intendimus Deus tecum et nobiscum chain ander antwort mocht der pobst von jnnen haben Das Sacrament des altares segent sie mit erhaben prott vnd sie sprechent wir tunn nicht recht das wir auch nit also thun [...] (fol. 11rf.)		Vnd wie wol wol dȝ ist das die kriechen cristen seind. so haben sy doch groß vnderscheyd an vil dingen an vnserm gelauben. wann sy sprechen das der heilig geist nit kumm von dem sun. besunder von got dem vatter allein. vnd seind auch dem babst nit vndertänig. vnd die kriechen sprechen dȝ jr patriarch hab als grossen gewalt als der babst. ir sölt auch wissen dȝ einest ein babst wȝ der hieß babst johanns sendet in einen brief wie die welt solt ein ding sein vnd solten alle einen babst auf erde vndertänig sein der an gots stat ist vnd jm vollen gewalt geben hat einen yegklichen menschen sein sünd zů vergeben. dauon solten sy im vndertänig sein des wolten sy nit tün vnd gaben jm ein sölich antwort Potenciam tuam summam circa tuos subiectos credimus avaritiam et superbiam tuam nimie tollerare nec saciare intendimus [S. 14:] deus tecum et nobiscum. kein ander antwurt mochte der babst von in gehaben. Das Sacrament des altars segnen sy mit erhabnen prot. [...]		Et combien que les Gregois soient crestiens, ilz varient moult de nostre droite creance; car il dient que le Saint Esprit ne procede point du Filz, mais du Pere seulement. Et si nobeissent point a leglyse de Romme ne au pape, et dient que [S. 238:] autant de pouoir a le patriarche de ca comme le pape de ca. Et pour ce le pape Iehan xxii[e] leur escrist lectres comment crestiente deuoit estre tout vn, et que il deuoient obeir a vn pape, qui est droit vicaire de Dieu et a qui Dieu donna plain pouoir de lier et dabsoudre, pour quoy ilz deuroient obeir a ly. Et il emuoierent a li response moult diuerse, et entre les autres choses il disoient ainsi, Potenciam tuam summam circa tuos subditos firmiter credimus. Superbiam tuam summam tolerare non possumus. Auariciam tuam summam saciare non intendimus. Dominus tecum, quia Dominus nobiscum est. Et autre response ne pot le pape auoir deulx. Item il font le sacrement de lautel de pain leue [...]	

["Simonie":]	["Simonie":]	["Simonie":]	[Simonie:]
[...] Item sie sprechent daz wůchern mit ain tod sünd sy. Sie verkouffen der kirchen recht und tůnd vil ding die nit recht und wider unsern glouben sind. (S. 13)	[...] Sy sprechent das wucher nit seÿ ain tod synd sünd sy. Sy verkauffent auch der kirchen recht vnd tund vil das wider vnsern glauben ist" (fol. 12r)	[...] Sÿ sprechen das wůcher seÿ kein todsünd. Sy verkauffen auch der kirchen recht vnd tünd vil dz wider vnsern gelauben ist." (S. 14)	[...] Et vendent les benefices de leglise. Aussi fait on maintenant autre part, de quoy cest grant dommage et grant esclandre. Car au iour duy est Symon Roy couronne en sainte eglyse. Dieu le vueille amender; car tant que sainte eglyse chancelle et cloche, le monde ne puet estre en bon estat. Et dient les Grieux que en karesme on ne doit point chanter messe le samedy ne le dymenche. (S. 238)

NND. VERSION BERLIN MS. GERM. FOL. 204:
de erringe der greken [= Ü.]
Also ist dat de greken syn cristen se sin sere vorwandelt van vnsen rechten gelouen wente se seggen dat de hilge geist nicht en kome van den sonen mer alleyne van deme vader ok en sin se nicht gehorsam der kerken van rome edder dem pawese de recht vicarius van gode is den welken god macht gaff to bindende vnd to losene vnde solden eme dar vmme vnderdanich sin vnd se seggen dat er patriarche also vele macht dar heft also de paweß hir heft vnd vmme dat so screff paweß Iohanneß de xxijste breue an de greken wo dat de cristenheit solde enß sin vnd dat se alle solden underdanich syn enem paweß de vicariuß godes iß vnd se seden em antwerde dar vp in [fol. 9r:] desser wyse gescreuen *Potentiam tuam circa tuoß subditoß firmiter credimus Superbiam tuam tollerare non possimus tuam auariciam saciare non intendimus dominus tecum quia nobiscum est* Dat is to seggen in dutsch wy Iouen vastlich dat dyne macht grot iß ouer dyne vndersaten vnd dyne houerdicheit en mene wy nicht to vorsadene de here sy myd dy wente de here sy myd vnß vnde anderß neen antwerde en konde de paweß van se kryghen nenerleye wyß Item se maken dat sacrament van gesureden brode als se seggen [...] (fol. 8vf.)

[Simonie:]
[...] vnd se seggen dat woker vnd Symonie ne ne dotlyke sunde en sy wente se vorkopen de prouenen van der kerken also men ok anderß wor deyt Dat grote sunde vnd schande iß wente huden vp den dach so regneret symonie ouer al in der hilgen kerken god betert also id eine tyt dicket wente also lange also de hilge kerke so wanket vnd so hinkende geit so na mach de werld niht sin in gudem state (fol. 9v)

DDR. (Ed. Bremer/ Ridder)	S. 204f.	DIEM.-HS. SG1	fol. 13rf.	DIEM.-HS.-H (Ed. Martinsson)	S. 23-25	DIEM.-HS. H2	fol. 13rf.
Uuie vuol das die kriechen cristen sint So haltent sie doch vil stuck. anders denn wir Sie sprechent der heillig geist fließ nit von gotes sun. Er komme von dem vatter allein. Jtem sie sint dem bapst nach dem stůl der heiligen kirchen nit gehorsam noch den kardinalen wann sie sprechent das der patriarch der über sie ist als vil gewalt hab als der bapst. Jtem do inen der bapst Johannes. der 3wei vnd 3weint3igest schreib wie alle christenheit ein huß werre. vnd an ein bapst glouben solten. wan der bapst ein einig vicarie ihesu christi ~~gelauben solt~~ war dem selben vicarie allein geben wär krafft vnd macht 3ůbinden vnd 3ů entbindent vnd sie da bý meinete das sie im gehorsam wärent. Do antwurtent sie im also 3ů latin.		Wie wol die kriechen Cristen sind So halten si doch vil stücken anders denn wir Si sprechent der heillig geist fleiss nit von gottes sůn EB kome von dem vatter allein Jtem si sint dem Bäpst noch em stůl der heiligen kilchen nit gehorsam noch dem Cardinal wan si sprechent das der patriarch der über sý ist also vil gewalteß hab als der Bapst Item do In Bapst Johannes der xxii schreib wie alle Cristenheit ein huss wärý vnd an einen Bapst gelauben sölti wan der Bapst ~~gelauben solt~~ ein einiger vicarýe Jhesu christi wär dem selben vicarýe allein geben wäri krafft vnde macht 3e binden vnd 3e entbinden vnd si da bý mante daß si im gehorsam wärint Dar 3ů antwurten sý Jm also 3e latin		Wo wol de Greken cristen syn, so hebben se ytlike punte anders wen we, wen se spreken, dat de hilghe geyst, de envlete nicht van dem sone godes, men he kome van dem vader alleyne. Ok en sint se nicht dem pawese van Rome horsam noch deme stole der kerken, den de pawest besittet, edder de kardenale, men se spreken, dat or patrierche, de dar over is, hebbe so vele macht also de pawes. Unde dar umme pawes Johannes de twe unde twyn- teghste screff on, wo alle cristen eyn hus syn unde an eynen pawes [S. 24:] loven, de eyn enich vicarie Jhesu Cristi ys, unde deme al- leyne ghegheven is macht to bindende unde to entbindende, unde darumme meynde he, dat se em ghehorsam weren men se antwarden em in der mate alze hir na screven steyt:		wie wol die kriechen cristen sint so haltent sie doch etliche püncte anders wann wir wann sie sprechent das der heilige geist nit fließ von dem gottes sůn mee er kome von dem vatter alleýn Auch sint sie nit dem babst von rome gehorßam nach dem stůle der kirchen die der baʰst von rome gehorßam nach dem stůle der kirchen die der babist vnd die cardinele besitzent wann sie sprechent daʒ ir patriarche der uber sie ist habe alßo vil macht als der babst vnd dar vmb babst johans der xxij schreib in wie alle Cristenheit eyn hüß sin vnd an einem babst geleibent der ein eýniger vicarius ihesu christi ist Und dem alleýne geben ist die macht 3ů binden vnd 3ů entbinden vnd dar vmb manete er van in nit han ýme gehorßam weren aber sie antworten ýme in der maßen als hie geschriben ist *Potentiam tuam summam circa tuos subditos firmiter credimus superbiam tuam summam tolerare non possumus avaritiam tuam satiare non intendimus dominus tecum quia deus nobiscum est* Ander antworte machte er van in nit han auch machent sie ir messe mit gedeisentem brot [...] (fol. 13r).
Potentiam tuam summam circa tuos subditos firmiter credimus [S. 205:] *Superbiam tuam summam tolerare non possumus. Avaritiam satiare non valeamus. Dominus tecum. quia dominus nobiscum.* Das ist 3ů tütsche so vil gesprochen Dinen obristen gewalt gegen dinen vndertho- nen den glowben wir vestiglich den obersten. Din hoffart mügend wir nitt liden. Din gytigkeit mügen wir nicht ersetten. Der herre si mit dir. wann got ist mit vns. Und kein ander antwort mocht der babst nit haben. Ouch machent die Krichen ir meß mit geteissmetem brot [...] (S. 204f.)		*Potentiam tuam summam circa tuoß subditoß firmiter credimus Superbiam tuam summam tolerare non possumus Avariciam tuam saciare nin valemus Dominus tecum quia deuß nobiscum est* Das ist in tütsch so vil gesprochen dinen obristen gewalt gegen dinen vndertanen den gelauben wir vesterlich Din obrist hoffart mögen wir nit liden Dine gitikeit mögen wir nit erstetten Der herre si mit dir vnd got mit vnß vnd ein keine antwurt mocht der Bapst von Jnen geha- ben Ouch machent die kriechen ir mess mit geteissmetem brot [...] (fol. 13r)		*Potentiam tuam summam circa tuos subditos firmyter credimus, superbiam tuam summam tolerare non possumus, avariciam tuam satiare non intendimus.* Ander antworte mochte he van en nicht hebben. Ok maken se ere myssen myt ghesurdem brode [...] (S. 23f.)		
[„Simonie":] [...] Jtem wůchern oder kirchen oder got3gaben 3ů verkouffen ist vnder in nicht totsünd. Jtem sie singend nit meß [...] (S. 205)		[„Simonie":] [...] Item wůchern oder kilchen oder gotz gaben verköffen ist in nit todsünde [...] (fol. 13v)		[„Simonie":] [...] Wokeren ist en nicht dotsunde, noch kerkengherede to vorkopende [...] (S. 25)		[„Simonie":] [...] wůchern ist ýn do nit dat sünde noch kirchen geben 3ů verkouffen sie singent auch nit messe [...] (fol 13v).	

INSULARE (Ed. Deluz)	S. 110f.	COTTON (Ed. Hamelius)	S. 11f.	EGERTON (Ed. Seymour)	S. 11	BODLEY RAWL. D 99 (Ed. Letts)	S. 424
Et come bien que les Gregeois soient christiens toute foichz ilz varient moult de notre droite creaunce, qar ils dient qe ly Saint Esprit ne procede point de Filz mes de Dieu le piere soulement et n'obeissent point al les eglise de Rome ne al pape et dient qe tant de poair ad lour patriarche de la come le pape de cea. Et pur ceo le pape Johan XXII lour escrit lettres co-ment Christienté devoit estre toute une et q'ils devoient obeier a une pape q'est droit vicaires de Dieu et a qy Dieu [dona] plein poar de lier et assoudre pur quoi ils deveroient obeier a luy. Mes ils envoierent respounse moult diverse et entre les autre choses ils disoient ensy: *„Potenciam tuam summam circa tuos subiectos firmiter credimus. Superbiam tuam summam tollerare non possumus. Avariciam tuam sum-mam satiare non intendimus. Dominus tecum quia Dominus nobiscum est.‟* Et auttre respounse ne poait ly pape avoir de eux. [...] (S. 110)		And ʒif all it so be þat men of Grece ben cristene ʒit þei varien from oure feith For þei seyn þat the holy gost may not come of the sone but all only of þe fadir. And þei are not obedyent to the chirche of Rome ne to the pope And þei seyn þat here Patriark hath as meche power ouer the see as the Pope hath on this syde the see. And perfore Pope John the .xxii. sende lettres to hem how cristene feith scholde ben all on and þat þei scholde ben obedyent to the Pope þat is goddes vicarie on erthe to whom þat is pleyn powere for to bynde and to assoille and perfore þei scholde ben obedyent to him. And þei senten aʒen dyuerse answeres and amonges othere þei seyden þus: *Potenciam tuam summam circa tuos subiectos firmiter credimus superbiam tuam summam tolerare non possumus auariciam tuam summam saciare non intendimus. Dominus tecum quia* [S. 12:] *dominus nobiscum est.* þat is to seye: Wee trowe wel þat thi power is gret vpon thi sub-gettes. Wee may not suffre thin high pryde Wee ben not in purpos to fulfille thi gret couetyse. lord be with þe for oure lord is with vs. fare well. And oþer answere myghte he not haue of hem. And also þei make here sacrament of the awteer of therf bred [...] (S. 11f.)		AND IF ALLE it be so þat þe Grekes be cristen ʒit þai vary fra oure faith. For þai say þe haly gaste commes noʒt oute of þe sonne bot anely of þe fader, and þai er noʒt obeyand to be kirke of Rome ne to þe pope. And þai say þat þaire patriarke has als mykille power beʒond þe Grekis see as oure pope hase on þis syde. And þerfore þe pope Iohan þe xxii. sent letters to þaim schewand þam how þat þe cris-ten faith schuld be alle ane and þat alle cristen men schuld be obeyand to a pope whilke es Cristez vicare in erthe to wham Godd gaffe fulle powere for to bynd and to louse, and þer-fore þai schuld be o[be]dient til him. And þai sent to him many answers, and amanges oþer þai sent him ane and said on þis wyse: *Potenciam tuam summam circa tuos subiectos firmiter credimus. Superbiam tuam summam tolerare non possumus. Auariciam tuam summam saciare non intendimus. Dominus tecum sit quia dominus nobiscum est. Vale.* þis es to say: We trowe wele þi powere es grete apon þi subgets. We may noʒt suffer þi grete pride. We er noʒt in purpose to staunche þi grete couetise. Godd be wiþ þe for Godd es wiþ vs. Farewele. And oþer answere had he noʒt of þaim. þe Grekes also makes þe sacrament of þe autere of Ieuaynd breed [...] (S. 11)		And it is forto weten that thes Grekes arn cristen men, in partye folowande our lawe, but ʒit varye they somdeel fro vs, as in manye poyntis that to our lawe perteyneth. ffor they holde that the Holy Goost cometh noʒt fro the Sone, but al oonly fro the ffader. They arn also noʒt obedyent vnto the court of Rome, ne to the pope, our holy ffader. But they seye and trowe verrely that her patryark in that cuntre hath as moche power as our pope hath. Iohn, that was pope of Rome the xij., wrote his lettres and sente to hem, and seide that al cristente sholde be as oon, in vnytee and in pees and vnder the power of him that was Cristis vycare, and successour of Petir, to whom God ʒaf power to bynde and lose. Wherfore him thouʒte that they shulde obeye to the ordenaunce of holy chirche, as to a verray successour of seint Petre. Thenne the Grekes wrote aʒeyn to the pope in this manere: Thy souerayne power aboute vs we subietteth and troweth stedefastly. Therfore thy souerayne pride may we noʒt take awaye fro the. And thyn souerayn auarice we wole noʒt ben aboute to fulfille. God be with the; for he [is] with vs.' Othir answere of hem þenne myʒte the pope noʒt gete of hem. And sithenes that tyme wolde ther neuere pope chalaunge hem vnto his suggestis. Sequitur de sacramenta Grecorum. Capitulo viijo [= D,] Off the sacra-ment of Grekis. the wiche sacrament of the autir they make or sour brede [...] (S. 424)

[Simonie:] [...] Et dient qe usure n'est mie peccé mortel et vendent les benefices de seintez eglises et si fait homme maintenant autre part de quoi ce est damages et grant esclandre, qar au jour de huy est Simon coronnez roi en seinte Eglise. Dieu le voille amender, qar tant come seinte eglise chancelle et clouche le peuple ne puet estre en bon estat. [...] (S. 111)	[Simonie:] [...] And þei sey also þat vsure is no dedly synne. And þei sellen benefices of holy chirche and so don men in oþere places, god amende it whan his wille is, And þat is gret schaundre. For now is Simonye kyng crouned in holy chirche, god amende it for his mercy. And þei seyn þat in lentene men schall not faste ne synge masse but on the saterday and on the sonday. [...] (S. 12)	[Simonie:] [...] þai selle benificez of haly kirk and so duse men in oþer placez, and þat es grete sclaunder and grete harme, for now es symony kyng corouned in haly kirk. Godd may amend it when his wille es. [...] (S. 11)

VHS. (Ed. Morrall) S. 145	Hs. N fol. 126v	VDR. (Ed. Bremer/Ridder) S. 148	Paris-Text (Ed. Letts) S. 369f.	DDR. (Ed. Bremer/Ridder) S. 333f.
Item sie hond es für ain groß sund wer in sin huß saicht. Wen sie gesündent hond, so bichtend sie irm priester; und wenn ainer hät gesaicht in sin huß, so getar kainer mer dar in kommen und da belliben, biß das er von nüwem ain anders gemachet. Item die wib kunnend machen aller lay gewand [...].	wan sie haben eß fur ein groß sund wer in sin huß saicht. Wen sie gesündet habennt so bichten sie irem abersten vnd wenn einer in sein hauß geprüncʒt hat so getar keiner mer dar Jn pleiben biß er ein new hauß gemacht. Die wie kündent do wol machen allerleÿ gewand [...].	Sy haben es auch für ein grosse sünd wer in sein hauß prüncʒt. wenn sy gesündet haben so bechten sy jrem obrosten. vnd wenn einer in sein hauß geprüncʒt hat so getar keiner mer darinn beleiben biß ein new hauß gemacht. Die wie kündent do wol machen allerley gewand [...].	Et le plus grant pechie si est de pissier en leurs maisons ou il demeurent, et qui y pisseroit adroit on loccirroit. Et de chascun de ces pechiez il leur en couuient confesser a leurs prestres et paier grande amende et grande penance dargent. Et conuient que le lieu ou en a pissie soit rebeneis, ou autrement nulz ny oseroit demourer ne entrer. Et quant ilz ont paie leurs penances, on les fait passer par my i. feu ou par my ii., pour [S. 370:] eulx espanir et nectoier de ce pechie. Et aussi, quant aucuns messages vient deuers lempereur [...].	Item ouch ob Jeman in ein huß seichte vnd das halten sie als große welcher das mütwillecklich täcte man erschlüg in darumb ʒu tod. Und müßte ein [S. 334:] pfaff das huß dar nach wider wihen Jtem sie bichtent ouch da iren pffaffen ire sünd, vnd git man Jnen ʒu büß das sie durch ein für gangen vnd so die frömden botten kommend [...].

Diem.-Hs. H (Ed. Martinsson) S. 140	Diem.-Hs. Sg1 fol. 79vf.	Diem.-Hs. H1 fol. 106vf.	Diem.-Hs. H2 fol. 90v	NND. Version Berlin Ms. germ. fol. 204 fol. 119v
unde dat iement in synem huse sin water uthghetet, dat he myt vorsete deyt; se slan en darumme, unde eyn pape moste dat hus weder wygen. Unde deme papen bichten se ere sunde unde moten dor eyn vur ghan syk to bekerne. Unde komet eyn vromet bode, [...].	Jtem ob iemande [fol. 80r:] in ein huß seuchte vnd daß halten si also grass welher eß mütwillenlich tät daß den billich dar vmb ʒe tod schlüge vnd müste er daß huß darnach wider wichen Jtem si bichten ouch den pfaffen ir sünde vnd gitt man Jnen ʒebüss daß si durch ein füre gangit vnd so fremd botten koment die dem Can bottschafft bringent die müssent ouch durch ein für gan sich ʒe reinigende daß er nit schedlichß bi im trag Jtem daß er selb volk bütet nieman frömder kein ere [...].	Vnd daʒ yeman in ein huß seiche vnd wer daʒ tet mutwilliclichen sie herslugen in [fol. 107r:] vnd müste ein pfaffe daʒ huß wider wihen Vnd bihtent auch den pfaffen ir sünde vnd müssent durch eine füre gen sich ʒu segende vnd komet ein frömder botte der dem herren fremde botschafft bringet der muß auch durch ein füre gen sich ʒu reinigen daʒ er nit schadeberß über in habe [...].	Vnd daʒ yeman in eynem huße seichte vnd wer daʒ dette mutwil- liglichen ʒen dar vmb liglichen sie erslugen eyn pfaff daʒ huß wider wihen vnd muste eyn pfaff daʒ huß wider wihen vnd bichtent auch den pfaffen ir sunde vnd mußent durch ein fure gen sich ʒu segende vnnd kommet eyn fremder botte der denn herren fremde botschafft bringet der muß auch durch ein fure gen sich ʒu reinigen daʒ er nit schadeberß uber yme habe [...].	vnd de alder meiste sunde iß dat men pisset Jnd hueß dar men Jnne wonet vnd elk van dessen sunden moten se bichten jegen eren prester vnd vor ere penitenrie betalen se grote summen geldeß vnd en huß dar Jn gepisset iß dat moet men wedder wyen ofte dar solde nement Jnne wonen ofte doren in gan vnd wanner se ere penitenrie betalt hebben so dort men se dorch en vur gaen

INSULARE (Ed. Deluz) S. 407	COTTON (Ed. Hamelius) S. 164	EGERTON (Ed. Seymour) S. 133	DEFECTIVE (Ed. Kohanski/Benson) S. 79	BODLEY-HSS. [BODLEY MUSAEO (Ed. Seymour) und BODLEY RAWL. D 99 (Ed. Letts):]
Et ly plus grant pecché est de pisser en lour maisouns ou ils demoerent, et qy pisseroit a certes l'em occieroit. Et de chescun de ses pechez il lour convient a confesser a lour prestre et paier grant somme d'argent pur lour penaunce. Et covient qe ly lieu ou homme ad pissé soit benoît, ou autrement nul n'oseroit entrer. Et quant ils ount paié lour penaunce, homme les fait passer parmy un feu ou parmy deux pur eux netter de lour pechez. Et auxi quant ascun messagez vient et porte ascun present al emperour, il convient q'il, ovesqes les choses q'il porte, passe par my deux feux ardantz pur les purifier [...]	And the moste synne þat ony man may do is to pissen in hire houses þat þei dwellen in And whoso þat may be founden with þat synne sykerly þei slen hym. And of euerych of þeise synnes it behoueth hem to ben schryuen of hire prestes and to paye gret somme of siluer for hire penaunce. And it behoueth also þat the place þat men han pissed in be halewed aȝen and elles dar noman entren þereinne. And whan þei han payed hire penaunce men make hem parssen borgh a fuyr or þorgh .ij. for to clensen hem of hire synnes.	And þe maste synne þat man may do þai say es to pisse in þaire housez whare þai dwelle. And he þat pissez þare and þai may wit it, þai wille slae him, and þat place þat a man has pissed in bose be halowed or elles dare na man entre into it. And of þir synnes bus þam schryfe þam to be prestes of þaire lawe, and when þai er schrifen þai giffe a grete soume of monee for to bye oute þaire penaunce wiþalle. And when þai hafe þus boght þaire penaunce þai schalle passe thurgh a fyre to make þam clene of þaire synnes. And on þe same maner a messanger when he bringez a presand to þe emperour he schalle passe thurgh a fyre wiþ þe presand þat he bringez for to make it clene so þat he bring na venym ne oþer thing for to grefe þe emperour.	And the most synne that they may do is to pisse in house wher they dwellen. And he that pissith on his hous shal be slayn. And of all thes synnes they shryve hem to her prestes, and for her penaunce they geve sylver. And that place wher men haveth thus y-pissed byhoveth to be halwed, other elles may they noght come ther. And when they ban doon her penaunce, they shal passe thorgh a fyre, for to make hem clene of her synnes.	[fehlt]

Die Samaritaner

VHS. (Ed. Morrall) S. 71	Hs. N fol. 67vf.	VDR. (Ed. Bremer/ Ridder) S. 79	Paris-Text (Ed. Letts) S. 287f.	DDR. (Ed. Bremer/ Ridder) S. 255
Hie seyt er von der statt Sebasten. [= 0.] Von Sebasten untz gen Jherusalem ist zwölff leug. In dem gebirg von der selben statt ist ain brunn, der farbet sich selber trystund in dem jar. Etwen ist daz wasser grün, etwen rott, etwen clar, etwen trüb. Und die haissent den brunnen Sant Johans brunnen. Item daz volck von dem land, die man haisset Samariton, die wurdent bekert von den zwölff botten und getöfft. Aber sie hond ir lere übel behalten, wann sie hond ander geloben wann wir und behalten weder juden noch haiden globen. Sie globent wol in ainen gott und sprechent daz nit me sy denn ain gott der allo ding geschaffen hatt, und haltent die bybly als sie geschriben ist, und Moyses bücher und den psalter, und sprechent daz sie die rechten gottes kind syent, und sprechent ir land sy daz got sinen kinden verhaissen hab. Und also woltent sie yeder man erkennen, wann die Sarazeni müssent tragen ain wiß tůch umb iren kopff, die cristen ain plawes tůch, die juden ain gelwes. Und da selbes wonant vil juden und müssent zinß geben recht als die cristen.	Von Sebasten gen jerusalem sind zwelff leg zů dem gebirg vor der selben Statt do ist ein prum der verbt sich dreystund in dem jar ettwen ist er getonn [geternn?] ettwen rott etwen swartz vnd sy haissen in sant johanns prunn [fol. 68r:] Das volck in dem land haissent Samaritanen die wurden bekert vonn den zwelffpotten das sie solten Cristen sein sie habent aber vnnderschaid von den juden von cristen vnd von haiden vnd wöllent in jrem synn die besten sein Sie gelaubent an einen gott der alle ding erschaffen hatt vnd nit an die driualtikeýit Sie habent die bibel nach der schlechten geschrift noch der schlechten schrift vnd den psalter vnd tragent ein weiß tuch vmb ir haubt vnd die kristen ein plobs vnd die juden ein gelbs vnd do wonent vil juden vnd wer nit jrs glaubens ist der muß zinß geben	Hie will ich eüch sagen von einem prunnen, vnd von heýden cristen juden ir vnderschid. [= 0.] Von sebasten gen jherusalem seind xij leg. in dem gepirg vor der statt do ist eýn prunn der ferbt sich zů dreý malen in dem jar. ettwen ist er grün. etwan rot etwan schwartze vnd sy heýssent in Sant Johannes prunnen. Dz volck das in dem land ist heýssent samaritanen die wurden bekert von den zwelff boten das sy cristen solten sein. sy habend aber vnnderschaid von den juden von cristen vnd von heýden vnd wöllent in jrem sinn die bessern sein. sy gelaubent an einen got der alle ding beschaffen hat vnd nit an die dritigkeýt. sy habend die bibel nach der schlechten geschrift vnd den psalter vnd tragent ein weiß tůch vmb ir haubt vnd die cristen ein plaes. vnd die juden eýn gelbes vnd do wonent vil juden vnd wer jres gelaubens ist der můß zinß geben.	Des Samaritains, qui tiennent foy respondant a la foy crestienne [= 0.] De celle cite de Sebastie iusques a Jherusalem il a xii. lieues. Entre les montaignes de ce pays il a vne fontaine qui iiii. fois lan change sa couleur. Aucune fois est verde, aucune fois rouge, aucune fois claire, aucune fois trouble. Et appelle on celle fontaine la fontaine Iob. Les gens de ce pays, que on appelle Samaritains, furent conuertis et baptiziez des apostres, mais ilz nont mie bien tenue leur doctrine. Et toutesuoies tiennent il loy par euls [S. 288:] variant des Crestiens et des Sarrasins et des luys et des paiens. Il croient bien en seul Dieu et dient bien que il nest que vn seul, qui tout crea et tout iugera; et tiennent la Bible selon la lettre et les v. liures Moyses aussi et le psautier, si comme les luyfs font. Et dient que ilz sont drois filz de Dieu et entre toutes gens le plus aimment Dieu, et que leur est proprement heritages que Dieu promist a ses amis. Et ont aussi diuers habis au regart dautres gens. Car ilz enuelopent leur teste dun linceul rouge a la difference des autres. Et les Sarrasins enuelopent leur teste dun drap blanc, et les Crestiens qui demeurent ou pays dun drap bleu	die selben Samaritanen sind weder recht cristen noch recht heiden vnd ir glouben vß gelesen sind vsser dryer glouben. Sie glouben das ein gott sye scheppfer aller ding vnd richter über alle missetat. Jtem sie gloubent moyses büchern vnd den psalter als die Juden vnd sprechent dz diß land Jr eigen sye vnd nieman gelopt sye den inen vnd sie siend allein gots kind vnd die liebsten die gott vff erden hab vnd sie sollent gottes erb besitzen Jtem ouch hat das selb land vnd das volck vil vnderscheid gegen anderm volcke an geberden vnd an kleidern wan sie bewindent ir houpt mit einem rotten tůch vnd die christen

			ou ynde, et les luys de vn drap iaune. En ce pays demeurent moult de luyfz en paiant tribut, si comme font Crestiens. Et se vous voulez sauoir les lectres des luys qui la et autre part demeurent, elles sont telles, et sont li nom si quilles appellent escript par dessouz:	die da sind bewindent ir houpt mit blauwem tůch. vnd sind die tůcher lynin als hie zů land fliegen stuchen vnd hand ouch sust vil vnderscheid vnd wan ich von dem land Judea vor vil geseit han vnd in den selben landen ein sunderige geschriffte ist die villicht etwer gern wißte hiervmb hab ich hie ir a b c gemacht ob ieman da hin wolt das er doch so vil vorteils hette vnd dester e gelert etc.
[kein Alphabet im Anschluss]	[+ farbige Ill. eines Brunnens, kein Alphabet]	[kein Alphabet]	[+ Alphabet]	[+ Alphabet]

Die Beichte der Heiden

VHS. (Ed. Morrall) — S. 76f.	Hs. N — --	VDR. (Ed. Bremer/ Ridder) — S. 84f.	PARIS-TEXT (Ed. Letts) — S. 293f.	DDR. (Ed. Bremer/ Ridder) — --
Hie söllent ir wissen wie sich die haiden bychtend. [= Ü.] Hie söllent ir wissen wie sich die hayden hie bichtend. Und wissent ouch daz vil cristen by in wonent und mengerlay cristen. Und hond mengerlay globen, aber doch globent sie all an gott den vatter und den sun und den hailigen gaist. Und ainer halt das, der ander diß, wenn etlich haissent Jacober, da von daz sie Sant Jacob bekeret; Sant Johans Ewangelist toufft sie. Item ir söllent wissen, wenn sie sich bichtend, so beychten sy sich nun gen gott und sprechent daz man nit söl bichten ainem menschen, und es sy wider gott daz ain mensch dem andern bichte, got hab es nitt geschaffen, als die propheten sprechent; wann Moyses hab es nit geschriben in der bybly noch David in dem psalter, wann David spricht: ‚Confitebor tibi, domine, in toto corde meo etc.‘, und an ainer ander statt: ‚Cognitum [S. 77:] tibi feci delictum meum, quia deus meus es tu et confitebor tibi etc.‘ Sie kündent die bybly und den psalter gar wol, da von kündent sie sich wol weren. Sie kündent sich nit weren in lattin. Aber inir sprach sind sie behend. Und sprechent daz David und ander propheten also sprechent, und als wir in der hailigen geschrifft	[Episode fehlt] [der ganze Abschnitt von der Burg Sophor bis zum Beginn neuer (Land-) Weg fehlt.]	Von der heyden beycht. [= Ü.] Nun wil ich eüch sagen wye sich die heyden beychten. vnnd wissent auch daz vil cristen beÿ jnen wonend vnnd mengerleÿ cristen vnnd dÿe haben mengerleÿ gelauben. Aber doch so gelaubent sy an den vatter an den sun vnnd ann den [S. 85:] heÿligen geÿst. vnd einer halt das der ander dz. vnd etlich heÿssent jacober. darumb dz sy sant jacob bekeret hat. Sant Johanns der ewangelist der taufft sy. Aber jr sölt wissen wenn sy beÿchten so beÿchten sy sich gen got vnd keinen menschen. vnnd sprechent es seÿ wider got das man den menschen beichte. wann got hab es nie beschaffen. als die propheten sprechend. wann got hab es nie beschaffen. als die propheten sprechend. wann Moyses hab es nÿe geschriben in der bibel noch Dauid in dem psalter. Dauid spricht wol. *Delictum meum cognitum tibi feci. vnd mer. Quia deus meus es tu et confitebor tibi.* wissent die bibel vnd den psalter wol. dauon kündent sich wören vnd nit in latein aber in jrer sprach seind sy behend vnd sprechent dz dauid vnd die andern propheten also sprechen vnd das wir auch in der heÿligen geschrifft lesen vnd von ettlichen heÿligen mannen als sant Augustin	Et sachies que entre ces Sarrasins dune part et dautre demeurent moult de Crestiens de pluseurs manieres et de pluseurs noms. Et tous sont baptizies, et ont diuerses loys et diuerses coustumes. Mais tous croient en Dieu le Pere et le Filz et le Saint Esperit. Mais tousiours seulent il faillir en aucuns articles de la foy. Les vns on appelle Iacobites, pour ce que saint Iaques les conuertist; et Saint Iehan leuuangeliste les baptiza. Il dient que on doit faire sa confession a Dieu seulement et non pas a homme, car a celui on se doit rendre coulpables encontre le quel on mesprent; ne Dieu ne ordena ne ne deuisa onques ne les prophectes aussi, si comme ilz dient, que homme se confessast a autre que a Dieu, si comme Moyses lescripst en la Bible. Et pour ce dit Dauid ou psautier, *Confitebor tibi, Domine, in toto corde meo etc.* Et aillieurs, *Delictum meum tibi feci, quia Deus meus es tu et confitebor tibi.* Car il sceuent [S. 294:] toute la Bible et le psautier, et pour ce alleguent il ainsi la lectre. Mail il naleguent pas les auctoritez en latin, mais en leurs langaiges moult appertement. Et dient que Dauid et les autres prophectes le dient, et toutes fois que nous lisons en la sainte	[Episode fehlt] (S. 264f.) [fehlt auch in Hs. H (S. 85), Hs. H1 (fol. 65r), Hs. H2 (fol. 56r), Hs. Sg1 (fol. 43r.)]

leßen, haben wir ouch von etlichen mannen die hailig sind; nun Sant Augustinus, Sant Gregorius, Sant Hylarius rürent ain tail in iren globen. Und Sant Augustinus spricht: ‚Qui scelera sua cogitat et conuersus fuerit, veniam sibi credat'. So spricht Sant Gregorius: ‚Domine, potius mentem quam verba respicis'. So spricht Sant Hylarius: ‚Longorum temporum crimina in ictu oculi parent, si cordis nata fuerit conpunctio.'

Und da von so sagent sie ir schuld und ir sünd und schrient nun zů gott. Daz tůnd sie by ainem füer und hond wol schmackent ding by inen. Und daz da wol schmacket, daz werffent sie in daz füer; es sy wiroch und ander ding daz wol schmecket, daz werffent sie dar in. Und da bichtend sie und rüffent zů gott umb gnad. Nun söllent ir wissen daz das ain natürlich bicht ist, und also hond sie gebichtet in der alten e. Nun hond es die bäpst verkert, als Sant Peter und die andern, daz man dem menschen bichten sölle von mengerlay sach wegen. Wann kain artzet mag kainem gehelffen, waist er nit waz gebresten er hatt. Also mag niemen büß über sie geben, man wißß denn waz er geton hab. So ist die sünd ouch grösser zů ainer zitt dann zů der andern, und da von mißß man wissen die natur und die sach ainer yeglicher sünd, und dar nach gitt man denn büß. Item ir söllent wissen daz ainer anderlay cristen sind, [...]

Gregorius vnd von sant Hÿlarÿ das rüret gar vast an jren glauben. wann sant Augustin spricht *Qui scellera sua cogitat versus fuerit veniam.* So spricht Gregorius. *Domine potius mentem quam verba.* So spricht santt Hÿlari. *Longorum temporum crimina iniictu oculi pereunt si cordis nota fuerit conpunctio.*

Und darumb wenn sy beÿchtent so schreÿent sy jr sünd vnnd schuld auf gen got. vnd das thůnd sy beÿ einem feẅr vnd habent da das wol schmeckt als weïrauch vnd mirra vnd ander wolschmeckent ding dz werffen sy in das feẅer das jr beÿcht mit dem rauch aufgang zů got. Ir sölt wissen das das ein natürliche beÿcht ist. wann also habent sy auch beÿcht in der alten ee. Nun habeut es die bäbst verkeret das man den menschen beÿchten sol von manigerleÿ sach wegen. wann kein arçt mag kein siechtagen hailen waïß er des prechens nit. Also mag man nÿemand büß geben über sein sünd man wiß dann wz er getan hab. also ist auch die sünd zů einer zeÿt grösser denn zů der andern vnd dauon mißß man wissen die natur vnd sach einer ÿegklichen sünd vnd darnach so gibt man büß. [darauf folgend: Andere Christen]

---

escripture, que aucuns des aucteurs sains hommes sacordent en partie a leur opinion, si comme Saint Augustin, Saint Gregoire et Saint Hylaire. Car Augustin dist, *Qui scelera sua cogitat et conuersus fuerit, veniam sibi credat. Gregoire, Domine, potius mentem quam uerba respicis; Hylaires, Longorum temporum crimina in ictu oculi pereunt, si cordis nata fuerit compunctio.*

Et pour ce il dient que a Dieu on a a regehir ses meffaiz, en li rendant coulpable et en criant merci et promectant soy amender. Et pour ce, quant il se veulent confesser, il prennent feu et mectent delez eulz et gectent dedenz pouldre dencens et dautres choses aromatiques; et en la fumee ilz se confessent a Dieu et crient merci. Et voir est que ceste confession est naturele et primitiue, mais li saint pere et le pape quis ont depuis venuz ont ordene a faire confession a homme, et par bonne raison. Car il ont regarde que nulle maladie ne puet estre curee ne bonne medicine ne puet estre donnee, se on ne scet la nature du mal. Et aussi ne puet on donner penance conuenable, qui ne scet la qualite du fait. Car vn mesmes pechie est plus gries a vn que a vn autre, et en vn lieu et en vn temps ou en vn temps quen vn autre. Et pour ce conuient il que on sache la nature du fait et selon ce donner penance. [darauf folgend: Andere Christen]

Insulare (Ed. Deluz) S. 247-249	Cotton (Ed. Hamelius) S. 79f.	Nnd. Version Berlin Ms. Germ. Fol. 204 fol. 55v-56v	Bodley Rawl D 99 (Ed. Letts) S. 452	Andere (in Auszügen)
Et sachez qe entre ces Sarazins une part et autre demeurent moutz des christiens de plusours maneres et de divers nouns et touz sount baptizez et ount diverses lois et diverses custumes. Mes touz croient en Dieu le Piere et le Filz et le seint Espirist. Mes toutdis faillent ils en ascun article de nostre foy. Les uns homme appelle Jacobites pur ceo qe seint Jake les converty et seint Johan l'evangeliste les baptiza. Ils dient q'em doit faire sa confessioun a Dieu soulement et non pas a homme, qar a cely homme se doit rendre coulpable contre qy il me-sprent. Ne Dieu ne ordeina ne devisa unques en escrit ne par prophe-[S. 248:]cie qe homme se confessat a autre qe a Dieu si come ils dient et si come Moyses l'escrit en la Bible. Car pur ceo dit David en le sautier: ,Confitebor tibi Domine in toto corde meo. Delictum meum cognitum tibi feci. Deus meus es tu et confitebor [tibi] quoniam cogitacio hominis confitebitur tibi etc.' Qar ils scevent toute la Bible et le sautier et pur ceo ils allegent ensy la lettre. Mes ils n'allegent pas les auctoritéz auxi en latin, mes en lour langage mout apertement et seint Augustyn et ly autres prophetes le dient. Et nient moinz seint Augustyn et seint Gregorie seyn pus, Augustinus: *Qui scelera sua cogitat et conuersus fuerit veniam*	And ȝee schull vnderstonde þat amonges the sarazines o part and other, duellen many cristene men of many maneres and dyuerse names and all ben baptized and han dyuerse lawes and dyuerse customes. But all beleuen in god the fader and the sone and the holy gost. But all weys fayle þei in somme articles of oure feyth. Somme of þeise ben clept Iacobytes for seynt Iame conuerted hem and seynt Iohn baptized hem; þei seyn þat a man schal maken his confessioun only to god and not to a man, for only to him scholde man ȝelden him gylty of all þat he hath mysdon. Ne god ordeyned not ne neuer deuysed ne þe prophete nouther þat a man scholde schryuen him to another, as þei seyn but only to god, as Moyses writeth in the Bible and as Dauid seyth in the psawter boke: *Confitebor tibi domine in toto corde meo*, And: *Delictum meum cognitum feci* et: *Deus meus es tu et confitebor tibi*, And: *Quoniam cogitacio hominis confitebitur tibi et cetera.* For þei knowen all the bible and the psautere and perfore allegge þei so the lettre but þei allegen not the [S. 80:] Auctoritees þus in latyn but in here langage full appertely and seyn wel þat Dauid and opere prophetes seyn it. Natheles seynt Austyn and seynt Gregory seyn pus, Augustinus: *Qui scelera sua cogitat et conuersus fuerit veniam*	Unde wetet dat mank dessen heyden vele cristene wonen in allen syden vn van velen maneren vn van meni-gerleye name vnde sin alle gedoft vn hebben menigerhande ghewonheit vnde sede men alle gelouen se in god den vader vn den sone vn de hilgen geist men nochtat gelouen se nicht vullenkomelyken In [fol. 56r:] alle iij artikel vnsers gelouen Sommelike syn geheten Iacobite vmme dat se sante iacob bekeerde vn Sante Iohannes ewangeliste de dofte se Se seggen dat elk sole syne bicht don to gode allene vnd nicht to dem mynschen wente men sal sik deme Iennen schuldich kennen deme men mysdan henet [misgetan hat] wente god noch de propheten hebben nicht gesecht dat men yemende sal bichten anderß den to gode allayne vnde dar vmbe secht david in deme salte *Confitebor tibi in toto corde meo* Dat iß to seggende here ik belene dy este ik bichte dy vth der grunt al myneß gantzen herten vn te einer anderen stede secht henoch *delictum meum cognitum tibi feci deuß meuß estu et confitebor tibi* Dat iß in dudesch here myne misdaet hebbe dy kundich gemaket myn god bistu vn ik bekenne dy wente deß mynschen dancken werden dy openbaer vn se weten vnde konen de biblien vn den salter vn dar vmme proberen se id al duß myd der sat ist in erer sprake	De Iacobimis et eorum credencia. Capitulo xxxix° [= U.] Ther arn some cristen men that arn callid Iacubites, the wiche seint Iames the appostil conuertid, and seint Iohn the euangelist hem baptisid. And they afferme that confessioun shulde be made oonly to God and nouȝt vnto prest, ffor why holy scripture seith, *Confitebor tibi domine in toto corde meo, et alibi, Dilectum meum cognitum tuum feci.* And for why ther Iacubites wolen be screuen on this manere, they take of thes rekils [incense] and brenne hem, and whenne the reke goeth vppe, thenne they seye thus, ,I shryue me to God, and aske forȝiuenes of alle my synnes,' and thus they doo continuelly. De Sarazyns et Georgicis, et de credencia eorum [= U.]	[Egerton (Ed. Seymour), S. 65:] And for þir auctoritez þai say þat men schalle schryfe , þam' alle anely to Godd and noȝt to man. And perfore when þai wille schryfe þam þai make a fyre besyde þam and castez þerin encense, and when þe ,reke' gase vp þai say, I schryfe me to Godd and askez forgifnes ,of my synne'. And noȝtforþi in alde tyme þis was þe maner of schryfing, bot sayn Petre and oþer apostels þat come seyne thurgh gude skille has ordaynd þat men salle schryue þam to prestez þat er men as þai er. For þai considred þat men may giffe na gude medecyne to a man þat es seke bot if þai knawe þe kynde of þe sekenesse, [...] [Velser-Nachdruck Schönsperger 1483, fol. 40v:] mit dem rauche auffgee cȝů got [eingefügt:] irem himlischen vater. [...] Nun aber so haben es dye bäpst verkert das nun fürter die menschen den priestern peychten süllen von manigerlaj sach wegen.

sibi credat.' Gregorie: ,Domine potius mentem quam verba respicit.' Et seint Hillare dit: ,Longorum temporum crimina in ictu oculi pereunt si cordis nata fuerit conpunctio.'

Et pur tieles autorités coupables, et en criant mercy, et en promettant soy amender. Et pur ceo quant voillent se confesser ils prignent feu et mettent delez eaux et jectent poudre d'encens dedeinz, et en la fumé ils se confessent a Dieu et creint mercy. Et verité est qe ceste confessioun est primitive et naturele. Mes ly seintes pieres apostoiles qe sont depuis venuz ount ordeiné [S. 249;] a faire confessioun a homme, et par bon reson, qar ils ount regardé qe nulle maladie poet estre curee, ne bone medicine ne poet estre doné si homme ne sciet la nature del mal. Et auxi ne poet homme doner medicine convenable qy ne sciet la qualité du fait, qar une mesme peché est plus grief a un qe a un autre et en un lieue et en un temps qe en un autre. Et pur ceo convient il qe homme sache la nature du fait, et sur ceo doner penaunce. Il y ad des autres qe sont appellez Suriens [...]

fuerit veniam sibi credat. Gregorius: Dominus pocius mentem quam verba respicit. And seynt Hillary seyth: Longorum temporum crimina in ictu oculi pereunt si cordis nata fuerit conpunctio.

And for suche auctoritees þei seyn þat only to god schall a man knouleche his defautes, ȝeldynge him self gylty and cryenge him mercy and behotynge to him to amende himself. And þerfore whan þei wil schryuen hem þei taken fyre and sette it besyde hem and casten þer in poudre of frankencens and in the smoke þerof þei schryuen hem to god and cryen him mercy. But soth it is þat this confessioun was first and kyndely, but seynt peter the apostle and þei þat camen after him han ordeynd to make here confessioun to man and be gode resoun. For þei perceyueden wel þat no sykness was curable, gode medycyne to leye þerto but ȝif men knewen the nature of the maladye. And also no man may ȝeuen couenable medicyne but ȝif he knowe the qualitee of the dede. For o synne may ben gretter in o man þan in another and in o place and in o tyme þan in another and þerfore it behoveth him þat he knowe the kynde of the dede and þerevpon to ȝenen him penance. þere ben opere þat ben clept Surienes and þei holden the beleeve amonges vs and of hem of Grece [...]

vn nicht in latyn vn seggen dat id david vnander propheten seggen men nochtan lese wy dat enige lererß van erer menighe alß sante augustinus sante gregorius vn sante hilariuß hir vp seggen Qui scelera sua cogitat et confessus fuerit veniam sibi credat Dat iß to seggende de syne sunde bedencket vn bekardt wart geloue dat em gnade sccheen iß Sante Gregor secht Domine potiuß menteß quam verba respicis Dat iß to seggende here du sust an de dencken mer den de wort Sunte hilariuß secht longorum temporum crimina in ictu oculi perent si cordiß nata fuerit conpunctio Dat iß van veten tyden vor veren in eynen [fol. 56v;] ogenblicke de sunde vp dat ein bernwinge deß herten werde geboren

vn dar umme seggen se dat men alle ne gode bekennen schal to bekheren- de vn dar vmme also willen bichten so maken se vur by sik vn entsengen dat vn werpen dar wirock in ofte ander durck dat wol ruket vn in den rok bichten se vn bidden gnade Unde id iß war dat alsodane bicht naturlik iß men de hilgen vedere vn pewese de sint geweset sint Se hebben geordineret dat sik mynschen bichten solen vormiddest guden reden wente se hebben geseen vn gemerket dat neen krancke moge gesund werden id en sy dat men der krankheit naturen bekenne vn also mach men nicht wisse penitenrie setten alß me nicht en weyt de grotheit der sunde wente eyne gelyke sunde iß in einen mynschen meer vn mynner dan in andern vn dar vmme moch nien weten de naturen der daet vnde dar na peni- tenrien setten vn doen.

Die Messe der Nestorianer und Zusätze der Päpste in der lateinischen Messe

Version	Stelle	Text
VHS. (Ed. Morrall)	S. 170	Item ir sóllend wissen das gůt cristen sind in sinem land und begond die meß als die Kriechen mit erhabem brott.
Hs. N	fol. 150v	Es sind auch gut cristen in seinem lannd vnd begond die meß mit erhabem brott als die kriechen.
VDR. (Ed. Bremer/ Ridder)	S. 176	Es seind auch gůt cristen in seinem land vnd begand die meß mit erhabem prot als die kriechen.
Paris-Text (Ed. Letts)	S. 402	Il y a en sa terre moult de Crestiens et de bonne foy et de bonne loy, et mesmes de ceulz de son pays. Et tout communement les chappellains qui chantent la messe deuant lui font le sacrement de lautel de pain leue, ainsy comme font les Gries, mais il ne dient pas tant de choses ne de parolles a la messe comme on fait par deca. Car il ne dient seulement fors ce que Saint Thomas laposttre leur enseigna, si comme les apostres chanterent la messe, en disant la Pater Nostre et les paroles dont le corps nostre Seigneur est sacre. Mais nous auons plusieurs additions, que les papes ont depuis faites et adioustees en la messe, dont il ne sceuent riens.
DDR. (Ed. Bremer/ Ridder)	S. 352	vnd sind er vnd sin volck vnd sin hoff gesind vnd vil in sinen landen christen denn das sie nit gloubent etlich stück als wir gloubent Sie wissen nit von vnser cristenheit zů sagen noch von vnnserm bapst vnd hand ouch nit meß als man hie zů land hat Sie glouben an die heiligen dryuáltickeit vnd hand patriachen als wir hie ein babst hand vnd von den selben vnd andren stucken ires glouben ist vil zů schribent hie nach In dem fünfften bůch.
Insulare (Ed. Deluz)	S. 463	En sa terre y a multz des christiens de bon foy et de bone loy et mesme de ceux de pays mesmes, et ount comunement lour chapelleins qe chauntent la messe et font le sacrement de autier de payn si come ly Gregeois font. Mes ils ne dient pas tantz des choses a la messe come l'em fait par decea, qar ils ne dient fors soulement ceo qe l'apostres Nostre Seignur lour enseignerent, si come seint Pierre et seint Thomas et ly autres apostres chanteront la messe en disant Pater Noster et les paroles dont le corps Nostre Seignur est consacré. Mes nous avoms plusours addiciouns qe ly papes ount depuis faites dont ils ne scievent rienz.
Cotton (Ed. Hamelius)	S. 199f.	In his lond ben manye cristene men of gode feyth and of gode lawe and namely of hem of the same contree and han comounly hire prestes þat syngen the messe and maken the sacrement of the awtier of bred right as the Greeks don. But þei seye not so manye thinges at the messe as men don here, For þei seye not but only þat þat the Apostles seyden, as oure lord taughte hem, Right as Seynt Peter and seynt [S. 200:] Thomas and the oþer Apostles songen the mess, seyenge the Pater Noster and the wordes of þe sacrement. But wee haue many mo Addiciouns þat dyuerse Popes han made þat þei ne knowe not offe.
Nnd. Version Berlin Ms. germ. fol. 204	fol. 144rf.	Jn sinen landen sin vele guder cristene van guden ghelouen vnd se hebben ghemeinliken ere Cappelane de ein misse doen vnd sacreten nach der greken ee men se lesen nicht so vele dinge [fol. 144v:] van bedinge dar to alse men hir to lande deyt wente se lesen daz nicht mer to wen en Sante Thomas lerde de apostel Alse de apostolen alle pleghen to donde vnd lesen allene das pater noster vnd der v. wort dar men vnß heren lichem mede consecreret Men wy hebben vele to valle de de pewese dar to ghedan hebben dar se nicht van weten
Lütticher Version (Ed. Deluz)	S. 1429	Dans la terre du Prêtre Jean, il y a beaucoup de chrétiens dont les croyances et la religion sont bonnes. Leurs chapelains chantent la messe et célèbrent le sacrement de l'autel comme les Grecs. Ils ne disent pas tant de choses à la messe que nous ici, car ils ne disent que le Pater noster et les paroles de la consécration, comme les Apôtres l'ont fait pour célébrer la messe. Nous, nous avons plusieurs additions que les papes ont faites depuis et qu'ils ignorent.
Egerton (Ed. Seymour)	S. 161	[...] And also þai say noȝt þaire messez in alle thingez as oure prestez duse, bot þai say alle anely þe Pater noster and þe wordes of þe conseracioun wiþ whilk þe sacrement es made as sayne Thomas þe apostille taȝht þam in alde tyme. Bot of þe ordynauncez and addiciouns of þe courte of Rome whilk oure prestez ysez can þai noȝt.

Der „schlimme" Weg durch die Tartarei/ Sitten und Bräuche der Tartaren

VHS. (Ed. Morrall) — S. 84f.	Hs. N — fol. 73v-74v	VDR. (Ed. Bremer/ Ridder) — S. 91	Paris-Text (Ed. Letts) — S. 300-302	DDR. (Ed. Bremer/ Ridder) — S. 271f.
Hie seyt er von dem küngrich von Thartarie und von mengem weg den man fert in das hailig land über erd und über mer. [= U.] Nun hon ich üch geseyt von mengem weg den man gat und fert ain tail über mer und ain tail über land, biß zů dem hailigen grab. Nun wil ich üch sagen von ainem andern weg zů dem hailigen grab da man numer über mer fart, da man aller ding gatt gen Jherusalem über ytel land. Item ir söllent wissen daz der selb weg ist lang und sorgsam und schwer, dar umb gat in wenig volck. Nun söllent ir wissen daz man mag gon durch Tartary byß gen Jherusalem. Tartary wert den langen weg, als ich üch vor geseyt hon. Und Tartary ist gar ain groß herschafft, und ist ain unfruchtber land, wann es ist sandig, und da wachßet wenig korns, noch kain win wachset nit da. Item ir söllent wissen das sie vil vichs hond, und essent milch von allen tieren, und hund und katzen und müs und alle tier die sie mügent gehon. In ist holtz gar tür, wann sie waldes gar wenig hond. Item ir sollent wissen daz sie sich gar selten gewermett, und in dem summer so werment sie daz sie wellent essen an der sunnen. In dem winter so werment sie es mit mist, das sie brennent, wann in holtz tür ist, als ich vorgesprochen	Nun han ich üch gesagt mangen weg den man gett vnd fertt gen jerusalem ein tail vber lannd ein tail vber mer nw will ich üch sachen ein anderen weg zu dem hailigen grab Aber [fol. 74r:] er ist lang sorgsam vnd swere vnd douon so gett in wenig volks man gett durch Tartarÿ vncz gen Jherusalem Tartarÿ ist gar ein grosse herschafft vnd ist ein vnfruchter lannd wann es ist sandig vnd wechsset wenig korn da noch keinerley wein wechst nit do Sy haben uil visch vnd essent milch von allen tieren holcz ist in tür wan sie sein gar wenig habent sie werment sich selten jn dem sumer werment sie ir essen an der sunnen so sie scheint In dem winter werment sie ir essen ob dem müß das sy prennen wann sy mügent nitt holcz haben Es seyen herren oder ander volck so essent sy den tag nit mer dann ein mol vnd essent wenig vnd ist vnsauber volck vnd böser natur [74v:] die hieß erda vnd fur ein warhait kein bider mensch solt in dem land wonen wan eß ist zu nichte gut den daz man nesseln vnd dorn domit vnd ich	Nun hab ich eüch gesagt mengen weg den man gat vnd vert gen jherusalem. ein teÿl über land ein teÿl über mör. Nun wil ich eüch sagen von einem andren weg zů dem heiligen grab. aber er ist lang sorgsam vnd schwär. vnd dauon so gat in wenig volck. Man gat durch tartarÿ biß gen Jherusalem. Tartari ist gar ein grosse herschafft vnd ist ein vnfruchtbar land. wann es ist sandig vnd wechßt wenig korn da noch keinerleÿ wein wechßt da. Sÿ haben vil visch vnd essent millich von allen tieren. holcz ist in twr wann sie sein gar wenig haben sy werment sy jr essen an der sunnen so sy scheint. In dem winter werment sy jr essen ob dem müß das sy prennen wann sy mügent nitt holcz haben Es seÿen herren oder ander volck so essent sy den tag nit mer dann ein mal vnd essent wenig vnd ist vnsauber volck vnd böser natur. vnd der doner schlecht jr vil zů tod. in dem winter ist vnmassen grosse keltin da. Jren künig den heÿssent sy Walthan vnd der wont in einer statt die heÿßt Erda vnd für ein warheyt	Ci enseingne vn autre chemin a aler en Iherusalem senz entrer en la mer [= U.] Or vous ay deuise aucuns chemins par mer et par terre, par ou on puet aler a la sainte terre de promission. Et combien quil ait pluseurs autres voies selon les diuerses parties dont on muet, neentmoins ce chemin et lautre tournent tous a vne fin. Il y a encore autres chemins senz passer mer, ou on puet aler tout par terre tusques a Iherusalem. Mais le chemin est grant et lonc et perilleus et de grant peine, et pour ce pou de genz vont ce chemin. Cest a aler par Alemaingne, par Behaingne, et ainsi iusques a Prusse. Et va on par Tartarie iusques en Iherusalem. Ceste Tartarie respont au Grant Cham, dont ie parleray ci apres; car iusques la dure sa seigneurie. Et tous les princes de celle Tartarie rendent tribut a luy. Cest vne moult chaitiue terre, sablonneuse et pou fructueuse; car il y croist trop pou de biens, ne ble ne vin ne fruit ne pois ne feues. Mais des bestes y a grant foison, et pour ce il ne manguent gaires que char senz pain, et hument les brues, et boiuent lait de toutes bestes, et manguent chiens, leups, chas et ras et toutes autres bestes. Et si nont point que vn pou de bois, et pour ce ilz ne se chauffent point et cuisent leurs viandes de fiens	Noch ist ein ander weg gen jerusalem über land dz man in kein mer darff kommen Aber er ist verr vnd mülichen zů varend vnd vnsicher vnd durch böß land. doch bin ich in gefaren wie doch in niemen in disen landen varen wil. Der weg gat durch tütsch lant durch libien durch prüsen durch tartarie vnd als verr lands hinden vmb vntz man obnen wider in her dz houpt gen jherusalem keret. an tartarie stossent vil künigrich prüssen. rüssen. littow. Nirland. krackow. resselen vnd etlichs land dz dem künig von vngern vndertänig ist vnd mag man mit jn dz lant kommen es sy dann vast kalt vnd hert gefroren vnd zwischent den vorgenanten küniigrichen vnd tartarie sint .ij. tagreiß ytel böser vnd schwebent dz weder mensch [S. 272:] noch tier darüber gewatten mag es versuncke vnd darumb so vindet man da nit weder korn noch win noch ander frucht vnd so es hert gefroren ist So fürt man spys vff wägen dar über daran kein rad ist vnd schlitten sint die zücht man lichtenglich vff dem yse vnd also komet das volck darüber in der kelti vnd sust niemer

hon. Item ir sŏllent wissen, es sy herre oder ander volck, so essent sie nit wann [S. 85:] ainest zŭ tag und gar wenig, und ist unsuber volck und von bŏßer natur. Item in dem summer so haglet es gar ser da, und der donr slecht vil volks ze tod. Und alle boßait ist da. In dem winter ist usser der massen grosser frost da. Und wüssent daz es ain armes und bŏses land ist. Da seyt er vor an von irem kŭng. [= U.] Von erst sŏllent ir wissen von irem kŭng und herren, den haissent sie Bathay, und der wonat in ainer statt die haisset Erda. Und für die warhait kain byder mensch solt wonen in dem land, wann daz land ist ze nicht gŭt, wann daz man dar in sayte neßlen und dorn und bromen, und anders tougt es nicht. Item ir sŏllent wissen daz ich nie in dem selben land bin geweßen, aber in den landen die dar umb ligend, da bin ich wol geweßen, als in Rüssen, in Nyflant, in dem kŭngrich zŭ Rauffen und in vil andern landen. Und bin nie gen Iherusalem gezogen den selben weg, da von so kŭnd ich ŭch den selben weg nit wol beschaiden. Da von wer kain byder man, der den weg ye gefaren wer, der mag es her in diß bŭch setzen, wenn der weg kunt wäre, wann man den weg selten möcht gefaren, nun des winters,	bin selb nye in dem land gewessen Aber in den landen die dor vmb ligent bin ich gewessen als in Prwssen in Nÿffland vnd in dem kunigreich von rossen das man nur dor nor gesagt hatt vnd das land Tartarie leyt in Septemtrione vnd ist das keltest land Seytt Jch euch gesagt han von den haiden Nwn will jch euch ein tail sagen von jrem glauben [...]	kein bider mensch solte in dem land wonen wann es ist zŭ nichten gŭt. wann das man neßlen da vindt. vnd jch bin selb nÿe in dem land gewesen Aber in den lannden die darumb ligent bin jch gewesen als in rüssen in jnslant vnd in dem küngkreich von rossen das man mit dauon gesagt hat vnd das landt tartarie ligt in septembrione vnd ist das keltest land. Hie wil jch eüch sagen von der heyden gelauben den haben sy in dem bŭch Alcoron. [= U.] Seÿt jch eüch geagt hab von den heyden. nun will jch eüch ein teÿl sagen von jrem glauben [...]	de cheuaux et dautres bestes, et puis le mectent sechier contre le soleil, et princes et autres genz. Et ne manguent que vne fois le iour et moult pou, et sont trop ordes genz et de mauuaise nature. [S. 301:] Et en ce pays en este chiet souuent tempes te et foudre et tonnoirre, et occisent les gens maintes fois. Et tout soudainement y fait il moult grant froit, si que cest vn ort pays, poures et mauuais. Leur prince, qui gouuerne le pays et quil appellent Bachoy, demeure en la cite de Orda. Et vraiement nul preud-ons ny deuroit demourer en ce pays, car la terre ne le pays nest pas digne a entrer enz. Ce seroit vn bon pays pour semer feuchieres, genestres, espines et ronses, car a autre chose ne vault la terre riens. Neentmoins en aucuns lieux il y a bonne terre, mais ce nest pas en moult de lieux. Ie nay point este par ce chemin; et si ay este aus autres terres marcissans a ce coste, comme en la terre de Russie, en la terre de Niflam, et ou royaume de Craco et de Leto, et ou royaume de Rastem, et en pluseurs autres lieux en celles marches. Mais ie nalay onques par ce chemin a Iherusalem, pour quoy ie ne le pourraie bien deuiser. Mais se ceste matiere plaist a aucun vaillans homs, qui ait este par ce chemin, il puet yci adiouster, si lui plaist, afin que ceulz qui vouldroient fere ce voiage par ce coste, il puissent sauoir quel chemin il y a. Car on ne puet bonnement aler ce	vnd vff sollich kalt zit varend die christen über die heiden vnd so die selben tartar heiden der christen gewar werdent. so louffen sie zŭ samen vnd schryen Cara Cara Cara als man hie zŭ land schryt vigendyo vigendio vnd waffnent sith vnd ist hert vnd frech vnd schuell volck vnd ist die tartarie ein hert vnfruchtbar land vnd wachset gar lützel korn vnd wins da vnd allerley frucht des sie leben solten vnd darumb essent sie selten vnd nit anders denn visch vnd ouch der selben nit gnŭg. vnd suffent brŭge. vnd so sie nit fleysch hond so essent sie wolf katzen vnd mŭß vnd hund vnd allerley tieren die sie mügen sie hand ouch lützel holtzes darumb müsent sie ir spys mit mist sieden den selben mist derren sie an der sonnen vnd so er dür wirt So hand sie etwas wurtzen vff der erden gerouffet. vnd mit den wurtzen vnd mit dem mist machen sie ein klein fürr da mit sie ir spys siedent Und ist weder herre noch arm man der me denn ein mal zŭ tag esse vnd nochten lützel Jn dem selben land ist es etwan vnmässeklich heiß vnd ouch schnel vnd ist so grosses vngewitter da mit tundern vnd blützgen das vil lüt da von verderbent vnd die kelti vnd vnfruchtbarkeit kommpt daruon dz es lyt an den stetten da die Sonne nit vil krafft het das ist vnder dem Septentrion vnd wan das land nit gŭt ist. So sind ouch die lüt nit gŭt vud sind die herren vnd das volck des landes dem grossen hund

von wassers wegen und von moßen wegen. Wann sol yeman dis wegs ziehen, so můß es gefroren sin. Und der böß weg weret wol dry tag biß man kumpt in der Sarrazenen land. Item ir sóllent wissen, wenn die cristen mit in wellent vechten, so müssent sie ain notdurfft von essen mit in füren wenn man es dórt nit enfint. So mügent ouch die cristen nit lenger da beliben wann als lang sie kost hond. Item ir sóllent wissen daz sie in dem kaltenstan tail sind da lüt mügent gewonen, und es haisset septemtrion. [S. 86:]

Hie wil er sagen von irem globen den sie hond. [= U.]

Syder ich úch geseyt hon von den Sarrazenen, nun wil ich úch ain tail sagen von irem glauben [...]

chemin, se on a temps dyuer, pour les chaitiues yaues et pour les marois qui sont en ces parties; car on ny puet passer, se il ne gelle moult durement et se il ny a durement grans naiges par desseure. Car se la naige nestoit, on ne pourrait passer la glace ne homs ne cheuaus. Il ya bien iiii. iournees a passer de ce mauuais pays iusques a la terre des Sarrasins. Et conuient que les Crestiens qui y vont pour combatte a eulz portent toute leur vitaille auecques eulx; car la ne trouueroient il nul bien. Et si font charier leur vitailles par desseure la glace aus chariots senz roes, quil appellent scleues. Et tant comme leur vitaille dure, il peuent la demourer et non plus; car il ne trouueroient qui leur vendesist riens. Et quant les espies voient les Crestiens venir vers eulz, il queurent aus villes et aus forteresses et crient, Quera, Quera, Quera; et tantost ilz sarment et saillent sus et sassemblent. Et sachies quil gelle plus fort en ces parties la quil ne fait cy; et pour ce a chascun estuues a sa maison, et en celles ilz manguent et font leurs besoingnes, ce quil peuent. Car cest es parties septemtrionales, cest a dire vers bize, ou il fait [S. 302:] viuement froit; car le soleil naprouche point ou pou vers ces parties. Et pour ce en droit septemtrion, cest en droit nort, est la region si froide que on ny pourroit durer ne habiter, pour ce que le soleil, qui est sur le midy, ne iete son ray tout droit sur celle partie.

Ci deuise de la loy des Sarrasins, quil loe plus que celle des luyfz [= U.] Et pour ce que lay parle des Sarrasins et de leur pays, se vous voules sauoir vne partie de leur loy [...]

vnderton. von Tartarien züchet man in Persien in hermenien in Caldee vnd daher wider in die wüste von der alten Babilonie da der groß turm stünd vnd gegen Egipten zů vnd darnach gen Jherusalem als dauor geschriben ist vnd hand die von rüssen vnd die von Tartarien vnd die land darvmb gar ein vnmercklich fremd sprach vnd in ir geschrifft vil me büchstaben den wir vnd ich han ir a b c hie her gesetzet ob es ieman lust zů wissen das er es hie vinde. [darauf folgend: tartarisches Alphabet]

DIEM.-Hs. H (Ed. Martinsson), (in Auszügen) — S. 90f.	DIEM.-Hss. H1 u. H2, (in Auszügen) — S. 82f.	COTTON (Ed. Hamelius)	DEFECTIVE (Ed. Kohanski/Benson), (in Auszügen) — S. 53f.	EGERTON (Ed. Seymour), (in Auszügen) — S. 71f.
wen he is verne unde eventurlik to varende unde unseker unde dorch bose lant. Doch bin ik en ghevaren, wowol nen man van dessen landen den wech uthvert jeghen Jherusalem. [...] [S. 91:] unde ys hard, wrevele_ unde balde volk. Tartarien is en sandech, kolt, unvruchtbar lant, unde dar wesset luttig gud kornes, wynes edder erweten edder bonen unde anders, des men levet dar. [...] In deme lande is id underwylen to vele kolt unde underwylen to vele to heyt, unde dar vallet vaken grod blixem unde donre unde ander ungheweder, darmede id de lude vordervet. [...] Unde darto dat dat lant also bose is, so is ok dat volk alse bose unde unghetemet. Unde is deme groten Canne underdan, [...] [darauf folgend: tartarisches Alphabet, jedoch nicht in der Ed.]	[Hs. H1, fol. 69v-70v:] es ist ferre vnd mülich zu faren vnd vnsicher vnd bin in gefam wie wol nieman von diesen landen den weck vsß fare gen Jherusalem [...] [fol. 70r:] vnd ist herte vnd frech vnd rosche volck Tartarien ist ein sandeht kalt vnfruchtbar lant [...] vnd blickes vnd ander vngewitter dar nider daz es die lute verderbet [...] vnd dar zu daz [fol. 70v:] bose ist so ist daz volke also bose vnd vngezemet vnd ist dem großen kan vndertane [...] [tartarisches Alphabet] [Hs. H2, fol. 59r-60r:] er ist ferre vnd mülich zu ~~tragende~~ farende vnd vnsicher vnd durch boße lant doch bin ich in gefaren [...] [fol. 59v:] ist hert vnd frech vnd schnelle volck Tartarien ist ein san-decht kalt vnfruchtbar lant [...] vnd vellet dicke so groß dunre vnd blick vnd ander vngewitter do nyder daß eß die lude do verderbet daz lant ist von nature alßo kalt vnd vnfruchtbar [...] [fol. 60r:] vnd dar zu daz lant boße ist vnd ist daz volck alßo boße vnd vngezemet vnd ist dem grossen kan vnderthan [...] [darauf folgend: tartarisches Alphabet]	[Lücke im COTTON-Text] and þei eten houndes, cattes, ratouns and all opere wylde bestes. And þei haue no wode or ell lyryll vsß And perfore þei warmen and sethen here mete with hors dong and cow dong and of oper bestes dryed agenst the sonne. And princes and opere eten not but ones in the day opere eten not but þei in the day right foule folk and of euyl kynde. And in somer þe all þo contrees fallen many tempestes and many hidouse þhondres and leytes And slen meche peple and bestes also full oftentyme. And sodeynly is þere passynge hete and sodeynly also passynge cold And it is the foulest contree and the most cursed and the porest þat men knowen. [...] And treuly no gode man scholde not duellen in þat contre, For the lond and the contree is not worthi houndes to duell inne; It were a gode contree to sowen inne þristell and breres and broom and thornes and breres, and for non oper þing is it not good. Natheles þere is gode lond in sum place but it is pure litill as men seyn. I haue not ben in þat contre ne be þo weyes but I haue ben at oper londes [...] but I wente neuer be þat weye to Ierusalem, Wherefore I may not wel tell ȝou the manere. [...]	This Tartarie is y-holde of the gret Cane, of wham Y shal speke afterward, for thider last his lordship, and the lord of Tartarye payeth tribute to hym. This is a ful wicked lond, and a ful sondy londe, and lytel fruyt-beryng therynne. For ther groweth but lytel corne, ne benes, ne wyne, ne pesyn, [...] And they beth foul peple and of yvel kynde. In somer ther beth many stormes and thondres that sleith moch folk and bestes, and hit cometh sodeynly. Ther is gret colde and as sodeynly gret hete. [...] for Y was never ther. [...] But Y went never that way to Jerusalem [...] [S. 54:] And ye shal understonde that a man shal go thre journeis fro Pruys to passe this way, tyl he come to the lond of Sarasyns that men dwelleth ynne.	þis Tartary es halden of þe Grete Caan of Cathay, of wham I think to speke afterward. þis es a fulle ille land and sandy and lytille fruyt berand. For þare growes na corne ne [v]yne ne beenes ne peese ne nan oþer fruyt conable to man for to liffe wiþ. [...] þai er riȝt foule folk and felle and fulle of malice. þat cuntree es selden wiþouten grete tempestez. And in somer es þer grete thundres and leightens þat slaez mykille folk and many bestez. And riȝt sodaynely es þare chaungeyng of þe aer, nowe grete calde and now grete hete, and so þare es euille dwelling. [...] for I hafe noȝt bene bare. [...] Bot I went neuer by þat way to Ierusalem and berfore I may noȝt wele telle it. [...] [S. 72:] Of swilk way schalle a man ga iii. day iournez fra Pruysse are he comme to þe land of Sarezens habit-able whare Sarzenes dwellez.

Das Grab Mohammeds

VHS. (Ed. Morrall)	S. 28	Hs. N	fol. 26r	VDR. (Ed. Bremer/ Ridder)	S. 30	PARIS-TEXT (Ed. Letts)	S. 250	DDR. (Ed. Bremer/ Ridder)	S. 219 und 387
Item ir söllent wissen daz die statt die da haisset Meth, die die haiden haissent Jathub, do Machomett litt, und litt an der grossen wüstin von Arabia. Da lit sin lyb gar erberclich in irem tempel den haissen die haiden haissent Maske. Und ist von Babilonia, da der Soldan wonet, byß gen Maßke, da Machomet lyt, zwo und tryßig tagwaid.		sult ir wissen das ein statt ist haissent die haiden jachab dy leytt an der grossen wüst von Arabia vnd do leytt machmet der haiden aptgott herlich in einem tempel den haissen die haiden Manscke vnd ist von babilonia do der Soldan wonet gen Manske sind zwu vnd dreissig tagweide		Ir sölt wissen das ein statt ist heyssent die heyden jachab die ligt an der grossen wüst von arabia. vnd do ligt machmet der heyden abgot gar herlich in einem tempel den heyssent die heyden mußke vnd ist von babilonia do der soldan wont gen muscke .xxxij. tagwaid.		Item la cite de Meth, que les paiens appellent Iachrib, ou Mathomes gist, est aussi es grans desers darrabe. La gist le corps de li moult honorablement en vn temple, que les Sarrasins appellent Musquet. Et y a de Babiloine la mendre iusques a Meth dessus dit xxxii. iournees.		[1:] Und zwo vnd drissig myl von Babilonien lyt ein stat die heisset Mech oder Mercka aber die heiden heissend sie Jachrib vnd lyt in der wüste von Arabien vnd in der selben statt lyt Machmet der heiden got gar herrlich vergraben in einem tempel den heissent sie Musquet. (S. 219) [2: Am Ende des Sarazenen-Kapitels im 5. Buch:] Machomet ward nach sinem tot gesetzet in ein gar kostlich kopfftzen mit gold vnd silber vnd edelen gesteinen gezjert vnd stünd die kopfftzen by sechtzig vnd zweyhundert Jaren in einer stat hieß Caldasa vnd darnach ward er getragen in Arabien gen mecha in die stat die vor zitten christen lüt zerbrochen hettent vmb das Oggier dar Jnne gefangen lag als da vor in dem .xj. capitel des andern büchs geschriben ist vnd do die selbe stat wider gebuwen wart do wart der machomet erst dar getragen vnd lyt noch da in der selben kopfftzen (S. 387)	

Der Koran und die Paradiesvorstellung der Sarazenen

VHS. (Ed. Morrall) S. 86	Hs. N fol. 74vf.	VDR. (Ed. Bremer/ Ridder) (S. 92)	Paris-Text (Ed. Letts) S. 302	DDR. (Ed. Bremer/ Ridder) S. 381
Und Ir büch haisset Alcoren; etlich haissent es Mescolen, etlich Armen, dar nach und sie ouch die sprach. wandlent. Und daz selb büch hon ich ouch gesenhen. Und daz spricht daz die güten farent in daz paradys, und die bösen in die helle. Und das globent öuch alle hayden. Ir söllent wißen, wer si fraget was das paradys si, so sprechent sie, daz sye ain statt da allu wolnust syge, und da man vindet allerlay frücht zü aller zitt, und da loufffent wasser inn, die sigent milch und hong. Und da sind die schonosten palast so man sie müg erdencken, und ainem yeglichen, dar nach und er gewürcket hab, so werd im ain palast geben. Und habent alle wiber, die sind junckfrowen, und habent all tag mit in zeschicken, und belibent doch junckfrowen.	vnd ir büch von jrem glauben haist al- coron etlich haissent es Mescale etlich heremen dornoch vnd sich ir sprach verwandelt vnd dasselb püch hann ich dick gesehen vnd ir puch spricht das die guten faren in daz paradeis vnd die pössen in die hell vnd das glauben auch all haiden [fol. 75r:] Ir sult wissen wer sie fragent was das Paradeis sey so sprechent sie do aller wollust sey da do man vindt allerley frucht zu allerzeitt vnd do lauffen bech ynn do sey milch vnd honig vnd do seyen dy schonsten palast so man erdencken mag vnd ein jeglicher hab dornach vnd er verdient hab vnd habent all weiber domit sie zu schaffen habent dy sein junckfrawen wy wol das seÿ mit in zu schaffen habent dennoch sein sie junckfrawen	Und ir büch von jrem glauben heÿßt Alcoron. etlich heÿssent es mescale. etlich hevemen darnach vnd sy jr. sprach verwandelt vnd das selb büch hab ich offt gesehen. vnd Jr büch spricht das die güten faren in das paradeiß. vnd die bösen in die helle. und das glaubent all heyden. Ir sölt wissen das sy geren von unser frawen hörent sagen [...] [Episode fehlt]	ie le vous deuiseray, selon ce que leurs liures Alcoram le deuise. Les aucuns lappellent Meseak, et aucuns Harmem, selon les diuers langaiges du pays. Le quel liure Mahomet leur bailla. Ou quel il est escript, si comme ie y ai souuent leu et regarde, que les bons yront en paradis et les mauuais en enfer. Et ce croient tous Sarrazins. Et se on leur demande quel paradis ilz entendent, ilz dient que cest vn lieu de delices ou en trouuera toutes manieres de fruis en toutes saisons, et riuieres courans de lait, de vin, de miel et de douce yaue, et quil aura maisons belles et nobles selon les merites de chascun, faites de pierres precieuses et dor et dargent, et que chascun aura femmes toutes pucelles, et auront tous les iours a faire a elles et tousiours les trouuera en pucelles.	vnd hand die heiden ein Büch das Machomet machte gar in grosser wierde vnd ere dar In ir gloub stat vnd das büch haisset Altron oder Mesebach oder der harme vnd hat diß dry namen vnd das sich ir sprach dick verwandlett. nach dem nennent sie den das büch denn suns oder so. In dem selben büch stat geschriben das die güten in das paradiß kom- ment nach irem tode. vnd die bösen in die helle. vnd das paradiß sye ein stat do alle wolnüste Inn sye. vnd da man all frucht vinde vnd das bäch dar Inn flüssent von jtel milch vnd honig vnd güten win vnd so ein man in dz paradiß komme So hab er tussent wib als hüpsch vnd als schön als er sie wünschen welle mit den er mütwillen mög wenn er well vnd sie bilbent doch alweg mäget.

Sarazenisches Unverständnis der christlichen Inkarnationslehre

Vhs. (Ed. Morrall) S. 88	Hs. N fol. 77rf.	Vdr. (Ed. Bremer/ Ridder) S. 93	Paris-Text (Ed. Letts) S. 305	Ddr. (Ed. Bremer/ Ridder) S. 383
Item wenn man spricht daz Jhesus sy wort von gott, so sprechent sie, daz wissent sie wol daz wörter gesprochen hab, anders er wâr nit gott. Item wenn man zů in spricht daz die wißhait des vatters daz ist der sun gotz, der von ainem wort von Marien geborn ward daz ir der engel verkündet, und das von ains wortes wegen alle die welt müß erston und kument gen gericht, so sprechent sie, es sy war das wider daz wort gotz niemen müg wider ston. Und sprechent daz die sterkin von dem wort gottes die müg niemen erkennen. Und das spricht ir Alkoren und gitt ain zaichen by dem wort daz der engel zů Maria sprach, und sprach das Jhesus von dem wort geborn ward.	wen man spricht zů in das jhesus sey das wort von gott so sprechen sie das wissen wir woll daz gott wörter seÿ gesprochen er wer an[fol. 77v:]ders nicht gott wan man spricht die weishait des vatters sey der sunn got der von einem wort von marien der junckfraw geborn ward das ir der engel kundet vnd das von eines wortes wegen alle welt müß erstan vnd komen zu gericht So sprechen sie es sey war das dem wort gotes mag niemant wider stan sy sprechent das die sterk von dem wort niemant müg erkennen das spricht ir buch alcoron vnd gibt in zaichen beÿ dem wort das der engel zu Maria sprach das jhesus von dem wort geborn wart	wenn man spricht zů jnen dz jhesus seÿ dz wort von got so sprechent sy dz wissen wir woll dz got wörter seÿ sprochen hat er wâr anderst nit got. wann man spricht die weißheÿt des vatters seÿ der sun gots der von Marien der junckfrawen von einem wort geboren ward das jr der engel verkündet vnd dz von eines worts wegen alle wellt müß erstan vnd kommen zů gericht. so sprechent sy es seÿ war daz dem wort gocz nÿemand mag widerstan. Sÿ sprechent das dÿe sterck von dem wort nÿemant müg erkennen. das spricht jr büch alcoron vnd gibt jnen zeichen beÿ dem wort das der engel zů Maria sprach das jhesus von dem wort geboren ward.	Et quant on dit que le Filz est la parole de Dieu, il dient que il sceuent bien que Dieu a parole, car autrement ne seroit il mie Dieu. Item quant on leur parole de lincarnacion, comment par la parole de lange Dieu enuoïa sa sapience en terre pour aombrer soy en la vierge Marie, et que par la parole de Dieu seroient tous les mors resuscitez au iour du iugement, il dient que ce est verite et que la parole de Dieu a moult grant force. Et dient quil ne cognoissent point la parole de Dieu, comment quelle ait grant force. Et aussi leur dit leur Alcoram, la ou il dit que lange parla a Marie et li dist, „Marie, Dieux sera euuangelistes par la parole de sa sainte bouche, ses noms appeleis Ihesu Crist.'	[kommt nicht so vor wie in den anderen Versionen] Sie gloubent dz christus gots wißheit wer vnd wol gloubent woll das die gotheit sye als ein vatter vnd christus sye als ein sun vnd christus sele sye als ein heiliger geist vnd gloubent das es dry personen syent vnd drü wessen vnd das Jhesus sye das gots wort vnd sprechent das abraham wer gots wort vnd sin krafft Machomet were gots warer botte.

DIEM.-HS. H (Ed. Martinsson) S. 177f.	COTTON (Ed. Hamelius) S. 87	EGERTON (Ed. Seymour) S. 75
wen se loven wol, dat godes wysheyt is Cristus, unde se loven wol, dat de gotheyt sy alse eyn vader unde Cristus alse eyn sone unde Cristus sele sy alse eyn hillich gheyst, unde loven ok wol, dat de dre personen syn alse dre wesent. Ok loven se, dat Cristus sy dat [S. 178:] wort godes, unde spreken, Abraham was dat godes wort unde syn craft, unde Machamet was godes ware bode	But þei seyn wel þat god hath speche and ell were he dowmb and god hath also a spirit þei knowen wel for ell þei seyn he were not on lyne. And whan men speken to hem of the Incarnacioun how þat be the word of the Angel god sente his wysdom in to erthe and envmbred him in the virgyne Marie and be the woord of god schull þe dede ben reysed at the day of doom, þei seyn þat it is soth and þat the woord of god hath gret strengthe, And þei seyn þat whoso knew not þe woord of god he scholde not knowe god. And þei seyn also þat Ihesu crist is the woord of god and so seyth hire Alkaron, where it seyth þat the Angel spak to Marie [S. 88:] and seyde: Marie, god schall preche þe the gospell be the woord of his mouth and his name schall be clept Ihesu crist.	Neuerþeles þai graunt and sais þat Godd has worde and elles ware he dumbe, and þat he hase a spirit and þat elles behufed him be wiþouten lyf. And when men spekes to þam of Cristez incarnacioun, how by þe worde of þe aungelle Godd sent wisdom intil erthe and lightid in virgin Mary and thurgh the worde of Godd þai þat er deed schalle be raised apon þe day of dome, þai say þat alle þis es sothe and alle þis þai trowe, and þat Goddes worde has grete vertu, and he þat knawez noȝt Goddes worde he knawez noȝt Godd. þai say also þat Criste was Goddes worde. And so saise þaire Alkaron þare it saise þat þe aungelle spakk to Mary and said, Mary Godd salle send to þe worde of his mouth and his name salle be called Ihesu Criste.

Möglichkeit der Bekehrung der Sarazenen und ihr mangelhaftes Schriftverständnis

VHS. (Ed. Morrall) S. 88f.	Hs. N fol. 76vf./77v	VDR. (Ed. Bremer/Ridder) S. 93f.	Paris-Text (Ed. Letts) S. 304f.	DDR. (Ed. Bremer/Ridder) --
[1:] Und da von sind sie licht ze bekeren, wann sie glöbent vil daz wir gelobent. Und wenn man in seyt von Jherusalem und Jhesu Cristo und in die propheten uß leyt, daz hörent sie gern und sprechent daz Machometz glöub werd vergond als der juden glöub, und der cristen glöub werd werend. (S. 88)	[1:] darumb so warn sie leicht zů bekeren wan sie uil artickel vnsers glauben haben vnd wen man in sagt von Cristo vnd in dy prouecÿen außlegt das hören sie gern vnd sprechent das des machmecz glaub [fol. 77r:] werd zurgan als der juden glaub aber der kristen glaub werd pleiben	[1:] darumb so wären sy leicht zů bekeren wann sy vil artickel vnsers glaubens halten. vnd wenn man in sagt von cristo vnd jnen die prophecien außlegt das hören sy geren vnnd das des machmetz glaub werd zergan als der juden gelaub. aber der cristen glaub werd beleiben. (S. 93)	[1:] Et pour ce que ilz vont si pres de nostre foy, seroient il si legiers a conuertir a la foy crestienne. Et quant on leur deuise et presche et destine la loy de Ihesu Crist et on leur deuise les prophecies, aussi dient il bien par prophectes que la loy Mahomet faudra aussi que la loy des Iuyfz a fait, qui est faillie, et que la loy du pueple crestien durra iusques en la fin du monde. (S. 304)	[fehlt] [ähnlich:] vnd also hand die heyden etlich artickel in irem glouben die ouch wir gloubent. Aber sie gloubent nit an das sacrament in der meß als wir. (S. 383)
[2:] Da von mag man sie licht bekeren, wann sie vil habent unser artickel. Und sie hond die byblin inir geschrifft und die prophecien, sie verstond es aber nit anders wann als die geschrifft luttet. Und da von so sind sie durch ächter der hailigen geschrifft, wann sie verstond es nit gaistlichen, als Sant Paulus spricht. (S. 89)	[2:] douon so wärn sie leicht zů bechern, wann sie haben uil vnser artickell in irem glauben vnd habent dy wibel in ir geschrifft die proueceÿ verstand sie nicht anders denn slecht noch der geschrifft von des wegen sind sie dorechter wan sie verstond es nit gaistlichen als sant paulus spricht (fol. 77v)	[2:] Dauon so wären sy leicht zů bekeren. wann sy habent vil vnser artickel in jrem glauben vnd haltent die Bibel in jrer geschrifft. der propheceÿen verstanden sy nit anderst dann schlecht nach der geschrifft von deßwegen so seind sy deßter toroter. wann sy verstand sy nit geÿstlichen als sant Pauls spricht. (S. 94)	[2:] Si que il ont pluseurs bons articles de nostre loy et de nostre creance, combien quil naient loy parfaicte selon crestiente. Et seront de legier conuertis tous ceuls qui sceuent et entendent lescripture et les prophecies. Car il ont les euuangiles, les prophecies et la Bible tout en escript en leur langaige. Si sceuent moult de la sainte escripture. mais il ne sceuent me nentendent mie la lectre esperituelment ne corporelment. Et pour ce sont il persecuteurs des vrays sages, qui esperituelment lentendent, si comme Saint Pol dist, *Littera enim occidit, spiritus autem viuificat.* (S. 305)	

NND. VERSION BERLIN MS. GERM. FOL. 204	fol. 64v/65v	DIEM.-HS. SG1	--	DIEM.-HS. H (Ed. Martinsson)	--	COTTON (Ed. Hamelius)	S. 86f. u. 88	EGERTON (Ed. Seymour)	S. 74f.
[1:] Wente se bekennen wol de werke vnses herren jhesu christi vnd dat de gennen de in gode vullenkomeliken geloven sullen beholden blyuen vnd dar vmme dat se so na vnsen geloven gaen so syn se lichtlyken to vnsen geloven gekert als men en den geloven vnses herren bescheidelyken prediket vnd de propherien vnd se seggen ok dat de ee van machmette sod gaen als de ee der ioden gedan heft vnd dat de ee der cristen sal geduren wente to dem ende der werld (fol. 64v) [2:] also dat se vele guder articulen hebben van vnsen geloven en dat se nicht vullen komeliken hebben den cristne geloven Noch van deme suluen [= 0.] Item desse heydene bekert men lichtlyken alle de scrissturen vnd prophecien weten wente se hebben de ewangelien vnd de prophecien vnd de biblie al in ere sprake gescreuen vnd weten vele van der hilgen scrift men se vorstan de scrift ofte na deme texte vnde also don ok de yoden Dar vmme secht Sante pawel *littera occidit spiritus autem viuificat* Dat is to seggen de scrift de dodet men de geist maket leuendich (fol. 65v)		[fehlt] [ähnlich:] vnd also hand die heidan etlich artikel in irem glouben die ouch wir glouben Aber sie gloubent nit an das sacrament als wir in der messe als wir (fol. 104r)		[fehlt] [ähnlich:] Unde also hebben se ok vele articule, de we ok loven. Wen se loven nicht an de sacramenta, alse an de mysse unde an de dope unde an de anderen sacramente, als we in der mathe don. (S. 178)		[1:] And þat all þo þat [S. 87:] beleuen perfectely in god schul ben saued. And be cause þat þei gon so ny oure feyth þei ben lyghtly conuerted to cristene lawe whan men preche hem And schewen hem distynctly the lawe of Ihesu crist and whan [men] tellen hem of the prophecyes. [2:] so þat þei han many gode articles of oure feyth, all be it þat þei haue no parfite lawe and feyth as cristene men han. And þerfore ben þei lightly conuerted and namely þo þat vnderstonden the scriptures and the prophecyes, For þei han the gospelles and the prophecies and the byble writen in here langage. Wherfore þei conen meche of holy wrytt, but þei vnderstonde it not but after the lettre and so don the lewes. For þei vndirstonde not the lettre gostly but bodyly and þerfore ben þei repreued of þe wise þat gostly vnderstonden it. And þer fore seyth Seynt Poul: *Litera occidit, spiritus autem viuificat.* (S. 88)		[1:] And for als mykille as þai ga þus nere oure faith in þir pointes and many oþer, me think þat mykille þe titter and þe lightlier þai schuld be conuerted tille oure lawe thurgh preching and teching of cristen men. þai say þai wate wele and findez by þaire prophecies þat Machometes lawe salle faile as þe lewez lawe es failed, and þat þe cristen lawe schalle last to þe werldes end. [2:] And þus it semez þat þe Sarzenes has many articles of oure trouth þof it be noзt parfytely, and þarfore it ware þe lighter to conuerte þam and to bring þam tille oure trouth, and namely þase þat er lettred and has knawyng of scriptures. For þai hafe amanges þam þe euangelles and þe prophetes and alle þe bible writen in Sarzene langage. Bot þai vnderstand noзt haly writte spiritually bot after þe letter as þe lews does. And þerfore saise sayne Paule, *Litera occidit spiritus autem viuificat*, þat es to say, þe lettre slaez and þe spirit qwikkens. (S. 75)

Der Aufstieg Mohammeds

VHS. (Ed. Morrall) S. 91	Hs. N fol. 78rf.	VDR. (Ed. Bremer/ Ridder) S. 94	Paris-Text (Ed. Letts) S. 307	DDR. (Ed. Bremer/ Ridder) S. 384
Hie seyt er wie Machometh von Arabia was geboren, und der viel von dem bößen siechtagen. [= U.] Nun sollent ir wissen das Machometh von Arabia was geboren, und waz ain armer knecht, und für mit koufflüten, und wartet den koufflüten der pferid, und für mit kaufflüten in Egipten. Und zů derselben zitt was Egipten alles cristen, und die wüstin von Arabia was ouch cristen. Nun waz da selbs ain cappel in ainer haimlicher statt [... erstes Wunder] Dar nach ward Machometh wiß und rich. Dar nach ward er verweßer des landes und küngs von Korroden, und waz witzig und rich und richt daz land wol uß. Da starb der herre des landes. Do nam daz wib Machomethen zů ainem man. Nun hett Machometh den bößen siechtagen daz er ouch viel. Da was der frowen laid daz sie in genumen het. Do gab er der frowen zů verstond daz der engel Gabriel mit im redt, und wenn er in sähe, so müst er vallen von der schönin und dem schin den er an im hette, also das er nit möcht beston, wenn er in sähe. Und da von sprechent die hayden das er ouch mit dem engel redte.	Ir sult wissen das machmet was von Arabia geborn vnd was ein armer knecht, und fůrmit kauffleütten vnd furt den koufflüten der pferid, und für mit kauffmanschafft vmb lon gen egipten Zu den selben zeitten was egipten alles cristen vnd auch dy wůst von Arabia Nun was do selb ein Castell [... erstes Wunder] dornoch so ward machmett reich vnd weis dornoch ward er verweßer des landes vnd des kunigs von Carradon vnd richtet das land mit ein ander ausß do starb der kunig des lanndes do nam in die kunigin zu einem man Nun het machmett den vallenden siechtagen das er gar dick viel vnd do was der frawen laid das sie in genommen het [fol. 78v:] do gab er der frawen zuuersten der engel gabrichel redet mit jm vnd wen er in sech so müist er vallen von der schon vnd von des scheins wegen den der engel an jm hett darumb so sprechent die heyden dz machmet oft mit dem engel redte.	Hie wil jch sagen von wann der abtgot geboren seÿ der do machmet heÿßt. [= U.] Hie sölt jr wissen dz der abtgot machmet wz von Arabia geboren vnd wz ein armer knecht vnd für mit kaufleẅten vnd fůrt in jr kaufmanschafft vmb lon gen egipten. Und zů den selben zeiten was egipten alles cristen vnnd auch dÿe wůst von arabia. nun was da selbs ein castell [... erstes Wunder] Darnach so ward machmet reÿch vnd weiß vnd ward verweser des lands vnd des kůngs von Corodan. vnd richtet dz land miteinander auß. do starb der kůng des lands do nam in die künigin zů einem mann. Nun hett machmet den vallenden siechtagen das er gar offt viel vmd das was der frauwen gar laid das sy in genommen het. Do gab er der engel gabriel redt mit jm. vnd wenn er in sähe so müßt er vallen von der schön vnd von des scheins wegen den den engel an jm hett. darumb so sprechent die heÿden dz machmet oft mit dem engel redt.	Ce chapitre cy parle de Mahommet [= U.] Et sachiez que Mahommet fut nez darrabe, et fut vn poure varlet, qui gardoit les chamels et aloit apres les marcheans, et tant quil vint vne foiz auec les marcheans en Egypte. Et il estoient adont Crestiens en Egypte et es desers darrabe il auoit vne chapelle ou il auoit vn hermite. [... erstes Wunder] Depuis commenca Mahommet a deuenir sage et riches. Puis fut il gouuerneur de la terre au prince de Corodonne; et la gouuerna moult sagement, en telle maniere que, quant le prince fut mort, il prist la dame a femme, qui auoit nom Gadriache. Et cheoit souuent Mahommet de la grande maladie, cest de la caduque; pour quoy la dame fut toute courrouciee quelle lauoit pris. Mais Mahommet li donna a entendre que toutes les fois quil cheoit, Saint Gabriel venoit parler a ly et pour la grant clarte de lange il ne se pouoit soustenir; ains il se conuenoit cheoir. Et pour ce dient les Sarrazins que lange Gabriel venoit souuent parler a luy. Ce Mahommet regna en Arrabe lan de grace v^e et ix. Et fut de la generacion dismael [...]	Machomet was ein sundiger man [= U.] geborn vß Arabien vnd dienete den koufflüten die jn Egipten fůrent vnd hůt ires kouffmanschatz vnd treib Inen die kemeltier nach die iren schatz trůgent von land zů land vnd arbeittet. vnd erhollet sich in dem selben dienst vnd gewerb so vast vnd leid was ein arm knecht lyden soll. als lang vntz er selber ein richer kouffman ward Und in den ziten was Egipten jtal gůt christen vnd steig Machomet als gar vast vff an richtům das er eins fürsten pfleger ward jn den landen der ein richer mächtiger herre was vnd fügte sich das der selb fürst starb do nam Machomet die fürstin zů der ee vnd also vnd nit anders ward er herre des landes vnd gieng vff an gewalt das er etwie vil landes gewan darumb vnd gab menglichen zů verstond wenn er striten wolte So wer got selber mit Im an sinem teyll vnd so es Im etwie dick wol gieng mit striten So gloubten die lüt sinen worten dester baß vnd wurdent jm dester gehorsamer wann sie wondent er hette war geseyt. Item er gab ouch menglichen zů verstand Got redte mit jm das büch altron wer jm gegeben von gots heimlicheit vnd lobte christum vnd mariam vnd die propheten vnd achtet dennoch in den ersten ziten do er an gieng sich selber

NND. VERSION BERLIN MS. GERM. FOL. 204	fol. 67rf.	DIEM.-HS. SG1	fol. 105r	DIEM.-HS. H (Ed. Martinsson)	S. 179	ANDERE DIEM.-HSS. (in Auszügen)	[Hs. H1, fol. 137rf.:]	COTTON (Ed. Hamelius)	S. 90f.
wor machmet here qwam vnde wo he erst begunde reguerende Jud land [= 0.] Sy sult weten dat machmeth was geboren vt arabien vnd plach en arm man to wesene vnd plach de perde to hodene vnd den ko-epluden to lopende vnd qwam ens myd koepluden in egipten de do al kerstene werden to ener cappelle dar en clusener Jnne wonede [... erstes Wunder] Dar na begunde he ryke vnd wjs to werdende vnd wort eyn regerer des vorsten van deme lande van torruda-ne dat he wyjsliken vnd wol vorstunt vnd vorstundet also dat do de vorste starff do nam he de vrouwe to wyue de heet Cadige Nochrant vil he dike van deme vallende ouel Dat do der van deme vrouwen sere moyede dat se ene		Machmet was ein sinig man gebo-ren vsser Arabien vnd dienent den kouffluten die in Egipten füren vnd hut ire kouffmanscha3es vnd treib in die kåmbeltier nach die iren schat3 trågent von land 3eland vnd erarbeitet vnderholte sich in dem selben gewerb so vast vnd vnd leid was ein armer knecht liden sôlte als lang vnt3 das er selb ein richer kouffman wart vnd in den 3itten was Egipten land Jtel gůt Cristen vnd steig machmet als gar beruff an richtům das er eins fursten pfleger wart Jn den landen der ein richer mechtiger herre was vnd fügte sich das der selb ~~witt~~ furst starb do nam machmet die furstin 3ů der E vnd also vnd nit anders wart er herre nit für got vnd was etwas demütig vnd vm sollich erber sachen gloubte das volck ie me vnd ie me an in vnd gewan ouch groß andacht 3ů Im vnd also gewan er alle die land die iet3 der Soldan von Babilonie hett ein teils mit betrogner heilikeit des anderen teils mit striten. vnd hettend ouch Machomet vnd sin nachkom-men die selben land Inn vnt3 vff des Soldans 3ite Do des herschafft vff gienge als da vor in dem xvii. capitel des ersten büchs Und dauor vnd dar nach geschriben stat.		Unde Machamet were eyn vromer man bordich uthe Arabyen unde dende den kopluden, de in Egipten unde in Caldeen unde in Indien unde in ander lant varen, unde vonvarde den kopluden ere kopmanschop unde dreff en ere kamel na, de en eren rikedum na drogen, uth eynem lande in dat ander unde vorvoghede syk so ok, dat he ok eyn rike kopman wart. Unde to den tiden weren de van Egipten alle gude cristen. Unde Machameth steych up in rikedum, dat he eynes vorsten pleghen wart in deme lande, de gar eyn grod here was. Unde quam do also, dat de here starff; do nam he dat wyff to der unde wart here unde wan vele		Vnd machimet was ein synniger man burtig vß Arabien [...] vnd praiste sich also da3 er selber ein rich kauffman wârt [...] vnd steige machimet vff in richtům da3 eines großen fursten pfleger wart [...fol. 137v:] do nam er da3 wip 3u der E vnd wart herre vnd gewane vil landes [...] tet er versten got hette 3u ym gerette vnd die engele hetent ym da3 buch gegeben da3 der Alkaron heißet [...] vnd er sich nit got mahte da glaubte man ym dester baß vnd baß vnd. gewan yederman grosse andait 3u ym vnd also gewan er die lant denn mit heilikeit denn mit stritten		And 3ee schull vnderstonde þat Machamote was born in Arabye, þat was first a pore knaue þat kepte Cameles þat wenten with Marchantes for marchandise; and so befell þat he wente with the marchandes in to Egipt and þei weren þanne cristene in þo partyes. And at the desertes of Arabye he wente in to a chapell [... erstes Wunder] After began he for to wexe wyse and riche and he was a gret Astronomer and after he was gouernour and prince of the lond of Corrodane and he gouerned it full wisely in such ma-nere þat whan the prince was ded he	

genomen hadde men machmet makede deß er wyſ dat de engel gabriel plege myd eme to sprekene vnde also drade alse he den an seghe dat he sik nicht en konde geholden he moste vallen vmme der groten clarheyt willen des [fol. 67v:] engels vnd dar vmme seggen se dat de engel vaken to em sprak	deselben landes vnd gieng uff an gewalt das er etwenuil landes gewan da vmb vnd gab menglichen verstan wänn wen er stritten wölti So wär gott selb bi im an sinen teille vnd so es im etwe dik wol gieng so geloubte daʒ volk sinen worten dester bas vnd wurdent im dester gehorsamer wan si wanden er hett war geseitt Jtem er gab ouch menglichen ʒe verstand Gott retti mit im vnd het im das bůch Altron gegeben von gottes heimlicheit vnd lopte Christum Marien vnd die propheten vnd achtote dennocht in den selben ʒitten do er an gieng nit fur got vnd was etwas demmütig vnd vmb sölich erber sachen geloubte das volk ie me vnd ie me an Jn vnd gewan grossen andacht ʒů im vnd also gewan er also die land eins teils mit betrogner heiligkeit vnd eins teils mit stritte die ietʒ der Soldan von Babilonie hatt	landes. Unde leet vorstan, wen he striden scholde, god were mit em in syner hulpe. Wente he vaken syne vigende overwan, do lovede men em des deste beth. Dar na leet he vorstan, god spreke myt em, unde de enghel hedden em dat bok gheghe-ven, dat dar Altron heth, dat were van godes hemelicheyt, wen he Cristum unde Marien lovede, unde de lude, de cristen weren, loveden ok de anderen propheten. Unde do he sik nicht god makede, do lovede men em deste beth, unde eyn iderman wan grote andacht to em. Unde also wan he de lant myt hillicheyt unde myt stride also vele, dat he unde syne nakome-linghe alle de lant hadden beth uppe des soldanes tiden, de de soldan heft.	[Hs. H2, fol. 124rf.:] vnd machamet waß ein sinniger man burtig vß arabien [...] vnd prubete sich alßo daʒ er selber [fol. 124v:] Ein riche kauffman ward [...] vnd staig machamet vff ir richtum daʒ er eyns grossen fursten pfleger ward [...] Do nam er daʒ wip zu der ee vnd ward herre vnd gewan viel landes [...] Darmach det er verston got hette zu ȳme gerette vnd die engel hette ime daʒ buch gegeben daʒ der Alcaron haisset [...] vnd er sich nit got machte do gelaube mans ȳme deste baß vnd baß vnd gewan iederman groß andacht ʒu ime vnd also gewan er die lant dan mit heilckeiten dan mit streiten	toke the lady to wyfe, þat highte Gadrige. And Machomete fell often in the grete sikeness þat men callen the fallynge euyll, Wherfore the lady was full sory þat euere sche toke him to husbonde. But Machomete made hire to beleeue þat all tymes whan he fell so Gabriel the angel cam for to speke with him and for the gret light and brightness of the angell he myghte not susteyne him fro fallynge; And þerfore the sarazines seyn þat Gabriel cam often to speke with him. This Machomete regned in Arabye the ʒeer [S. 91:] of oure lord Ihesu crist .vj. C. and .x. and was of the generacioun of ysmael [...]

Mohammeds erstes „Wunder"

VHS. (Ed. Morrall)	S. 91	Hs. N	fol. 78r	VDR. (Ed. Bremer/ Ridder)	S. 94	Paris-Text (Ed. Letts)	S. 307	Ddr. (Ed. Bremer/ Ridder)	S. 385
Nun waz da selbs ain cappel in ainer haimlicher statt, die hett ain clain túr, das man kum hin in kam, da ain ainsydel wonat. Da gieng Machometh hin in, do ward die túr weyt vnd gros. Und daz waz daz erst wunder daz under den haiden ye geschach. Dar nach ward Machometh wiß vnd rich.		Nun was do selb ein Castell gar an einer haimlichen stat vnd das hett ein clein túr das einer kom hin ein möcht komen vnd do gieng machmet hin ein vnd ward die túr groß wie er das zú pracht mit listen vnd das was das erst wunderzaichen das vnder den haiden beschach dornoch so ward machmett reich vnd weis dornoch ward er verwesser des landes		nun was da selbs ein castell gar an einer heimlichen stat vnd das het ein kleine túr dz einer kaum hin ein mocht kommen. vnd do gieng machmet hin ein vnd ward die túr weiter vnnd grösser wie er das çzû pracht mit listen vnd das was das erst wunderzeichen das under den heÿligen beschach. Darnach do ward machmet reÿch vnd weiß vnd ward verweser [dann: kein Einsiedler]		Et quant il entra en la chapelle, bien petite et sy auoit vne bien petite huisserie et basse, et adont deuint luisserie si grande comme se ce fust la porte dun palays. Et cest le premier miracle que le Sarrazin fist en sa iouuente. Depuis commenca Mahommet a deuenir sage et riches.		zû dem selben einsidel für er dick vnd gesach ln vnd eins mals wolt er zû im sin húslin gan do schein es nider vnd kleyn Aber es ward von im selb wyter vnd hôher das er vngebogen jngieng. vnd sagent die heiden das wer sin erst zeichen das er tette	

NND. Version Berlin Ms. Germ. Fol. 204	fol. 67r	Diem.-Hs. SG1	fol. 105v	Diem.-Hs. H (Ed. Martinsson)	S. 180	Cotton (Ed. Hamelius)	S. 90	Egerton (Ed. Seymour)	S. 77
vnd qwam ens [...] to ener cappelle dar en clusener lnne wonede vnd do he in desse cappelle gink de harde clene was vnd hadde ene clene neddere dore vnd do ward de inganck so groet vnd so wyde ofet hadde van einem pallase ofte sale geweset vnd dit was dat erste teyken dat he dede in syner yoget Dar na begunde he ryke vnd wýs to werdende vnd wort eyn regerer des vorsten		zû dem selben einsideller für er dik vnd gesach in vnd eines mals wolt er zû im sin húlin gan do was das tierlin nider vnd clein aber es ward von im selber witer vnd hôcher dz er vngebogen ln gienge vnd sagent die heidan das were sin erstes zeichen das er táti		To deme hilghen eynsedeler quam he vaken. Unde to eyner tid scholde he to em in dat hus ghan, unde de dore was side unde enghe, dar he in ghink, wen se wart van sik sulven wyt vnde hoch, dat he unghebucket in dat hus ghink. Unde dat was syn erste teken, dat he dede, als se dar spreken.		And at the desertes of Arabye he wente in to a chapell where a Eremyte duelte, And whan he entred in to the chapell þat was but a lytill and a low thing and had but a lityl dore and a low, þan the entree began to wexe so gret and so large and so high as þough it had ben of a gret mynstre or the 3ate of a paleys. And this was the firste myracle the sarazins seyn þat Machomete dide in his 3outhe. After began he for to wexe wyse and riche and he was a gret Astronomer		And in þe desertes of Araby by þe hie way toward Egipte was a chapelle and ane hermyte dwelland þerat, and into þis ilke chapelle went Machomete for to speke wiþ [þe] hermyte. And when he entred þe chapelle þe dure, whilk was ri3t lawe, sudaynly it wex als hie as it had bene þe 3ate of a grete palace. And þis, as þai say, was þe first myracle þat he didd when he was 3ung. After þat began Machomete to be wyse and riche, and he was a grete astronomyere.	

Genealogie der Sarazenen

VHS. (Ed. Morrall) S. 91f.	HS. N fol. 78v	VDR. (Ed. Bremer/ Ridder) S. 94f.	PARIS-TEXT (Ed. Letts) S. 307	DDR. (Ed. Bremer/ Ridder) S. 384
Hie seyt er wie Machometh herre was in Arabia [= U.] Item hie seyt er wie Machometh herre waz in Arabia. Daz waz do man zalt [S. 92:] von gottes geburt fünffhundert jare dar nach in dem nünden jare. Und Machometh waz von Ysmahels geschlächt, und Ismahel waz Abrahams sun. Und den hett er von sinem gehebs wib, die hies Agar. Da von fint man vil Sarrazeni die haissent Ysmahelite, und etlich haissent si Agareni von Agar der frowen wegen. So fint man ouch die haissent Moabite und Amonite von Abrahams swiger zwayer sün wegen, Moab und Amon. Item ir söllent wissen daz Machometh dem ainsydel den ich vor genempt hon, was gar hold [...]	Do machmett herre was zu Arabia das was do man zalt von Cristus gepurtt funff hundert vnd newn jar vnd Machmet was ysmahels geschlechtz douon so vint man uil haiden dy haissent ysmaheliten vnd etlich agariten von seiner frawen wegen So vint man auch die haissent Moabiten vnd moniten von moab vnd amon Ir sult wissen das machmett einen einen einsidel gar lib hett [...]	Do machmet herr wz zu arabia dz wz do man zalt von christus gepurd v hundert vnd ix jar vnd er wz ysmahels geschlächt dauon so vindt man vil heyden ysmaheliten vnd [S. 95:] ettlich agariten von seiner frawen wegen agar. so vindet man auch heyden die heyssen moabiten vnd amoniten von moab vnnd amon von den eynsidel den er gar hold het vnd von seinem knecht hab ich vorgesagt mit der figur [...]	Ce Mahommet regna en Arrabe lan de grace vᶜ et ix. Et fut de la generacion dismael, ce fu du filz Abraham quil engendra a Agar sa chamberiere. Et pour ce y a des Sarrasins qui sont appeliez Ysmaelites, et aucunes genz les appellent Agharien, de Aghar. Et des autres y a qui sont appellez Moabites et Ammonites, pour les ii. filz Loth, Moab et Amon, quil engendra en ses ii. filles, qui furent puis grans terriens. [S. 308:] Item Mahommet amoit moult vn preudomme hermite [...]	vnd ist zu wissent das Machomet erborn vnd kommen ist von Ismahels geschlecht der da Abrahams basthart was. vnd von dem selben Ismahel sind vil grosser mächtiger herren kommen Der selben nachkommen noch hüt diß tags heissent Ismaheliten. etlicher ander heiden heissent Moabiten von Lothes sun her. dann der Moab hieß etlich ammoniten ouch nach Lotes sun der Ammon hieß. vnd also ist der heidesche gloub der in dem land ist vß kommen vnd gemacht vsser dem christen vnd Judischen glouben. vnd aber sie sind von der rechten Abrahams linyen her kommen als Christus Salomon vnd David etc. Das iiij. Capitel im v. büch Machomet was zu den ziten [= U.] do man zalt von gots geburt sechshundert vnd zwey vnd zweintzig Jar [S. 385:] In siner obresten krafft [...]

Genealogie der Sarazenen (und Beschneidung) an früherer Stelle

Vhs. (Ed. Morrall) S. 68	Hs. N fol. 65rf.	Vdr. (Ed. Bremer/ Ridder) S. 76	Paris-Text (Ed. Letts) S. 284	Ddr. (Ed. Bremer/ Ridder) S. 257f.
Sara waz zway hundert und nüntzig jar alt do sie Ysaack gebar. Und Abraham hett ainen andern sun, und der hieß Ysmahel, der waz zway und zwaintzig jar alt; und den hett er by Agar, die waz sin gehebs wib. Und da Ysaak achtag alt ward, do hies in der vatter beschniden. Und Ysmahel ward beschnitten do er vierzehen jar alt waz; da von die juden, die komen sind von Ysaak, lond sich beschniden an dem achttenden tag, und die haiden, die komen sind von Ysmahel, lond sich beschniden so sie vierzehen jar alt werdent.	Sara was zwayhundert vnd zwaincżig jar alt do ysaac geborn ward vnd abram hett einen andern sun der hieß ysmahell der was zway vnd zwaincżig jar alt die fraw do er in bey hett dy [fol. 65v:] vnd waß sein kebs weib der jordann fleusst in das tott mer vnd verleürt do seinen nomen vnd ein wenig hin auff do baden dy kristen gemeinlich [...]	Sara was zweÿhundert vnd neüncżig jar alt do ÿsaac geborn ward do het abraham ein andern sun der hieß ÿsmahel der was .xxij. jar alt. die frau do er in beÿ het die hieß agar vnnd was sein kebs weib. Der jordan fleißt da in das mör vnd verleürt da seinen namen vnd ein wenig hinauff bas do baden die die cristen gemein-klich [...]	Et celle Sarra auoit iiii. vins et x. ans, quant Ysaac fut engendre; et Abra-ham auoit ia vn autre filz Ysmael, qui auoit ia xiiii. ans, que il auoit engend-re en Agar sa chamberiere. Et quant Ysaac auoit viii. iours, Abraham le fist circoncirre et Ysmael auec, qui auoit ia xiiii. ans; pour quoy les fuys, qui sont estrais Dysaac se font circoncirre a viii. iouirs, et les Sarrazins, qui sont estrais du lignage Ysmael, se font circoncirre a xiiii. daage.	vnd was Sara abrahams wib vnd die was gar alt do sie iren sun ysaac gebar vnd wan abraham wond sie sol-te kein kind me machen do beschlieff abraham ein sins wibs magt vnd die macht im einen basthart der hieß ys-mahel vff die żit als ysaac .xij. jar alt was vnd dennocht vnbeschnitten was nach der Juden Ee vnd abraham hieß sie beid beschniden von dem selben ysmahel ist groß geschlecht kommen die man ysmaheliten nennet vnd werend [S. 258:] noch hüt diß tags. vnd sind heiden vnd nit Juden. doch so tünd sie sich beschniden als Juden vmm das ysmahel von dem sie iren vrsprung hand beschnitten ward.
Hie seyt er von dem Totten Mer und von dem land das dar umb litt und von dem Jordan [= 0.]			De la Morte Mer et du pays dentour le flueue de lourdain iusques au chastel Karuch [= 0.]	
Ir söllent wissen daz der Jordan flüz-zet in daz Tod Mer, und da verlüret er sinen namen. [...]			Dedenz la Mer Morte court le flueue lourdain et la se part, car il ne court plus en oultre. [...]	Item man vint ouch an vil enden vmb das tot mer gar schön vnd wol gefärwet epffel [...]

Geschichte von der Ermordung des Einsiedlers/ Weinverbot

VHS. (Ed. Morrall) S. 92	HS. N fol. 78vf.	VDR. (Ed. Bremer/ Ridder) --	PARIS-TEXT (Ed. Letts) S. 308	DDR. (Ed. Bremer/ Ridder) S. 384-386
Item ir sollent wissen daz Machometh dem ainsydel den ich üch vor genempt hon, waz gar hold, und wonat in der wüstin ain leug von Sant Katherinen berg uff dem weg wenn man zücht von Arabia in Chaldea und gen Judam, und ist ain tagwaid von dem mer. Nun gieng Machometh also ouch zu dem ainsidel, daz es sinen knecht verdros. Nun hort Machometh den ainsidel gern von gott sagen, und da von so müst der knecht ouch wachen die gantzen nacht. Nun gedaucht der knecht daz er wölt den ainsidel tötten. Und es kam dar zu, daz Machometh hett getruncken, daz er truncken waz. Do nam sin knecht Machometz schwert und erstach den ainsydel und stackt im daz schwert also plütig wider in die schaiden. Des morges do Machometh den ainsidel tod vand, do ward er gar zornig und wolt hon gericht uber den mörder. Do sprach der knecht das er wär truncken gesin und in selber hett mit sinem aignen schwert erstochen. Do schowet er sin schwert, daz waz plütig, do wond er es wär war. Do verflüchet er den win und alle die die in trüncket oder verkoufften. Aber doch fint man vil haiden die in haimlich gar ser trinckent. Aber doch machent sie gar güt tranck von canelle und von zucker und von güttem gewürtz.	Jr sult wissen das machmett einen einsidel gar lib hett der was in der wüst ein leg von sant kathrein auff dem weg do man zeücht von arabia gen kaldea vnd gen india vnd ist ein tagweid von dem mer Nwn gieng Machmet als dick vnd uil zu dem ainsidel das es seinen knecht verdroß vnd machmet hort den ainsidel gern von gott reden vnd dauon so must [fol. 79r:] der knecht dick ein gancze nacht wachen vnd der knecht erdacht ein list ains mals hett jm machmett genug weins truncken do er bey dem ainsidel was Also daz er sich nit verwest do nam der knecht Machmetes swert vnd erstach den ainsidel vnd gab im das swertt also sloffend in die hand vnd ward schreÿen über seinen herren vnd sprach wy er geton hett er het den Ainsidel in seiner truncken weiß erstochen Do erschrack Machmet vnd verflucht den wein vnd alle die die in verkauffent oder pawent	[S. 95:] von dem eÿnsydel den er gar hold het vnd von seinem knecht hab ich vorgesagt mit der figur (= Vdr., S. 55f.) [Episode fehlt an dieser Stelle]	Item Mahommet amoit moult vn preudomme hermite, qui demouroit ou desert a vne lieue du mont de Sinay, au chemin par ou on va darabe vers Caldee et vers Iudee, a vne iournee de la mer, ou les marchans viennent souuent pour marchander. Et tant aloit Mahommet entour ce preudomme que ses varlez en estoient touz courrouciez; car il ouoit volentiers preschier ce preudomme et parler, et faisoit ses varlez veillier auec toute nuit. Si penserent les varles quil occiroient ce preudomme. Et si aduint vne nuit que Mahommet estoit forment yures, tant auoit il beu de vin. Et ses varles pristrent son espee, en tant quil dormoit, et tuerent ce preudomme; et puis remistrent lespee Mahommet enz ou fourrel toute sanglante. Et le matin, quant Mahommet trouua le preudomme mort, il en fut moult courrouciez et vouloit faire iustice des meurdriers. Mais tous les varles disaient par accort que il estoit iure; et il monstroient son espee toute sanglante. Et quant il vit ce, il cuidoit quil deissent voir. Si maudist le vin et tous ceuls qui vin vendroient ne buivient. Et pour celle malediccion les Sarrazins qui sont deuolz ne boiuent point de vin. Mais il en y a pluseurs qui le boiuent moult volentiers a secret, mais, qui le sauroit, il en seroient repris	Machomet was zu den ziten [= U.] do man zalt von gots geburt sechshundert vnd zwey vnd zweintzig Jar [S. 385:] in siner obresten krafft vnd by künig karolins ziten ward sich der heidesche gloub erst an huffen vnd wan die cristen vff die selbe zit nit woltent an machomet glouben do wurden die heiden von sinem geschlecht vnd ouch ander über die cristen ergimet vnd tettent den christen grossen schaden vntz her zu disen landen der selb machomet was ein erber man vnd was heiligen lüten hold vnd sunderlich hatt er einen heiligen einsideln gar lieb der hatt sin wonung in einer wüste von Sanay vff dem weg da man von Arabien in Caldee vnd in Indien fert zu dem selben einsidel für er dick vnd gesach Jn vnd eins mals wolt er zu im in sin hüslin gan do schein es nider vnd kleyn Aber es ward von im selb wyter vnd höher das er vngebogen jngieng. vnd sagent die heiden das wer sin erst zeichen das er tette Machomet hatt ovch einen sitten an Jm das er dick gar trunken wart vnd dick nider viel vnd ward sin wib denn betrübt vnd wond es wer von siechtagen vnd so er den wider zu im selber kam so gab er denn sinem wib zu

Item ir söllent wissen das menig cristen haiden würt [...]	doch vind man uil Cristen die zu haiden werdent [..]	[S. 95:] von dem eÿnsydel den er gar hold het vnd von seinem knecht hab jch vorgesagt mit der figur (= Vdr., S. 55f.) [Episode fehlt an dieser Stelle]	vilainnement. Et si boiuent moult bons buurages et doulz et nourrisanz, que on appelle et fait de camei; cest ce dont on fait le sucre, qui est moult bonne espice et de bonne saueur et fait bonne poitrine. Item il aduient souuent que aucuns Crestiens deuiennent Sarrasins [...]	verstant vnd anderen lüten. Gabriel der engel wer by Jm gesin in so großer klarheit. das er in nit möchte mit liblichen ougen angesehen vnd also verfüre sin libe sin natürlichen krafft dz er müßt nider vallen vnd Gabriel hett mit im da zwüschent geredt in dem geist vnd denn so wont sin wib es were war vnd kam zů friden vnd ließ in vallen wie dick er welt vnd eins males wolt machomet fareu zů sinen gesellen dem einsidel des wurdent aber sin vyent gewar vnd leitent ein mord an mit machomets heimlichen knechte das er Jn verratten sollte vnd do sine vyende Jm nach zugent vntz in das einsidelen hüslin Do funden sie Jn ligen Jn des selben einsidels [S. 386:] schouß vnd was darinne von trunckenheit entschlauffen vnd do sie Jm also allein fundent das sie sin wol gewaltig warent do zucket einer des Machomets schwert vß vnd wolt in mit sin selbs schwert erschlagen han. Do warff sich der einsidel in den schlag vnd wolt den machomet beschirmet han. Aber er ward selber erschlagen vnd also bald der einsidel erstarb do erwachet der machomet vnd do sprachent die vyend zů dem machomet. warumb hastu den gůten brüder erschlagen vnd leittent die missetat vff jn vnd leittent das blůtig schwert zů machomets lib do sprach er er wißte nicht darumb Do sprachent sie sin eigen schwert das geb doch zügnüß über Jn. Und do er sin eigen schwert blůtig vand do erschrackt er

DIEM.-Hs. Sg1	fol. 105v-106v	DIEM.-Hs. H (Ed. Martinsson)	S. 180f.	DIEM.-Hs. H1	fol. 138rf.	DIEM.-Hs. H2	fol. 125rf.	VELSER-Hs MP (DRESDEN)	fol. 92rf.
Machmet was zů den zitten do man zalte von gottes gebürt Sechßhunder vnd xx Jar in siner obristen krafft vnd bi küng karlen zitten wart sich erst der heis Đ heidensch gloube huffende vnd wan die Cristen vff die selben zitt nit wollten an machmet glauben do wurdent die heidan von sinem geschlecht vnd ouch ander vber die Cristen erzürnet vnd taten den Cristen grossen schaden vntz har zů dissen landen								Nun gieng Machomet alz offt zů dem Ainsydel daz ez seinen knecht verdroz3. Nun hort [fol. 92v:] Machmet den Ainsydel geren von got sagen. Vnd die von müst der knecht offt wachen dy ganczen nacht. Nun gedacht der knecht. daz er den ainsydel wolt tötten. Vnd ez kam dar zů daz Machomet het getruncken daz er truncken waz. Da nam der knecht Machometz swert. Vnd der erstach den ainsydel. Vnd stäckt im daz swert vnd wißt nit anders den das er in selber erschlagen hett in siner trunckenheit. Sunderlich darumb das er sin selbs schwert blůtig sach. vnd sprach also. Owe was han ich geton herre got verzichmir wan es mir von wine geschehen ist verflüchet sye der win vnd alle die jnn trinckent vnd von der selben rede wegen trinckent die heiden die an machomet gloubent keinen win wan sie vestenglichen haltent was er redte daz were war vnd ein gebott. vnd hand es da für das der win vnd alle die jn trinckent sollent verflücht sin. Aber sie wöllent wenig glouben das trunckner lüten flůchen vnd loben wenig zů halten ist. Etlich böß heyden trinckent win aber heimlich vnd von welchen es kunthlich wirt die haltet man nit für gůt heiden. sin flůch sitz vff jn wir christen wellent trincken win die heiden machent ire getranck von gůten gesundern krüteren vnd haltent irs machomets gebot gar vast.	

			also plütige wider in sein schaid. Deß morgenz da machmet den ainsydel tot vant da wart er gar zornig Vnd wolt gericht haben vber den morder. Da sprach der knecht ir habt in selber getött nechten. Da ir trüncken wart. Da erstacht ir Jn selben mit ewrem aÿgen swert. Da schawet er sein swert. Da waz ez plütig. Da wont er ez wer war. Da verflücht er den wein vnd allen den die in trüncken oder die in käüffen. Aber doch vint man vil haÿden die in gar vast haimleichen trinckent.
Der selbe machmet was ein erberer Mann vnd was heiligen luten hold vnd sunderlich hatt er einen heiligen Einsideller gar lieb der hatt sin wonung in einer wüsti von sanaÿ uff dem weg da man von Arabien Jn Caldeen vnd Jn Indien vert zü dem selben einsideller für er dik vnd gesach in vnd eines mals wolt er zü im in sin hülin gan do was das tieflin nider vnd clein aber es wart von im selber witer vnd höcher dz er vngebogen Jn gienge vnd sagent die heidan das were sin erstes zeichen das er täti	[...] De sulve Macharnet was hilghen luden holt unde was eyn erbar man unde hadde eynen ensedeler to eynem ghesellen, de wonede in der wostenie by Synay uppe deme berghe, dar men van Arabyen in Caldeen unde in Indien vert. To deme hilghen eynsedeler quam he vaken. Unde to eyner tid scholde he to em in dat hus ghan, unde de dore was side unde enghe, dar he in ghink, wen se wart van sik sulven wyt unde hoch, dat he ungebucket in dat hus ghink. Unde dat was syn erste teken, dat he dede, als se dar spreken.	[...] Der selbe machmet waz heiligen luten holt vnd waz ein Erber man Vnd hatt einen einsidel zu einem gesellen der wonet in dem deserte von Synaÿ vff dem wege do man von Arabien in Caldeen vnd Jn Indien zühet den selben heiligen einsidel kam er dicke gesahen vnd einß maß solde er zu ime in daz huß gan vnd waß die türe nyder vnd cleine da er in gyeng Aber sie wart von ir selber wit vnd hoch daz er vngebucket in gieng vnd daz waß sin erste zaichen daz er tet als sie sprechent	[...] Der selbe machmet waß hailigen luten holt vnd waß ein erber man vnd hatte einen einsideln zu eyme gesellen, der wonte in dem deserte bÿ Sinaÿ vff dem wege do man von arabien in caldeen vnd in Indien fert. Den selben hailigen eynsidel kam er dicke gesahen vnd einß maß solde er zu ime in daz huß gan vnd waß die dure nidder vnd ~~g~~ kleine do er in ging me si wart von ir selber wit vnd hohe, daz er vngebucket in gieng vnd daz waß sin erste zaichen daz er det alßo sie sprechent.
Machmet hatt auch einen sitten an im das er dik trunken wart [fol. 106r:] vnd so wart denn sin wip betrübt vnd wand es wäri ein siechtag vnd so er wider zü im selber kam so gab er dem wip vnd den anderen ze verstand es wär Gabriel bi im gesin Jn grosser Clarhait das er ~~nit~~ in nit möchti mit liplichen ougen an sehen vnd also verlür sin lip sin naturlich krafte das er mösti nider wallen vnd gabriel hatt da zwischent mit im gerett jn dem geiste vnd das wande sin wip es were war vnd kam zefriden vnd liess in vallen wie dik er wolt vnd eins mäls wolte Machmet warn zü sinen gesellen dem Einsideller des wurdent aber sin vigent gewar vnd leiten ein morde an mit Machmetes	Ok hadde he eynen sede, dat he vaken gherne drunken wart unde vel gherne to unmachte. Unde do sprak he, Gabriel de engbel quam to em, de brochte sodanen schyn, dat he en nicht myt lifliken oghen anseen mochte, unde sprak myt em alse in eynem gheyste, darumme verlore dat lif syne mynsliken nature. Unde darmede sach syn wyff myt vreden, de darumme gar sere bedrovet was van deme valle, dat he so vaken nedervel. He scholde eyns mals den hilgen ensedeler ghesocht hebben, unde syne vygende hadden myt syneme heymeliken knechte deghedinghet, dat se ene irsloghen. Do de seghen, dat he alleyne to deme ensedeler gheghan was, do nemen se syn eyghen swert	Auch hette er einen sitten daz er dicke gern trunken wart vnd viel gern zu omacht nyder Vnd da sprach er gabriel der engel keme zu ym der brehte solichen schin daz er mit liplich augen gesehen möhte [fol. 138v:] Vnd rette zu ym denne in dem geiste Vnd darvmb verlore der lip sin menschelich nature Vnd da mit daz sin wip zu friden die gar vaste betrubet waz von dem fallen daz er so dicke nyder nyder viel Er sollte eins males den heiligen einsidel gesuchet han Vnd sine viende hatten mit sinem heimelichstem knecht gedinget daz er in herslahen sölte Da die sahen daz er alleine in des einsidels garten kam da namen sie sin eigen swert vnd wollten in herslagen han Aber der einsidel warff sich vnder den slag daz er starp in er starp Vnder dem	Auch hette er einen sitten daz er dicke gerne druncken ward vnd vil gerne zu nacht nidder vnd do sprach er gabriel der engel keme zu ime des brechte solichen schin daz er mit liplichen augen gesehen mochte vnd rette zu ime dann in dem geiste vnd dar vmb verlore der lip sin menschliche nature vnd do mide faß sin wip zu friden die gar sere betrubet waz von dem vallen daz er do dicke nidder fiel. Er solde eyneß males dem heiligen eynsidele gesuchet hon vnd sine eynsidele gesuchet hon vnd sine finde hattent mit sinem heimlichen knechte gedinget daz in erslagen solt do die sagent daz er alleine in deß einsidels garten kam do nament sie sines selbes swert vnd woltent in erslahen hon me der eynsidel warff sich vnder dem slag daz er starp in deß erwachte er Do erschrackt

wår ein gebott vnd hand er dar für das der win trinken sóllent verflücht sin Aber si wellen wenig glóuben das trunkner lüten flüchen vnd loben wenig ʒehalten ist Etlich bós heiden trinken win Aber hemilich vnd von velhen es kuntliche wirt die haltet man nit für gút heiden Sin flüch sitʒet uff in wir Cristan wollen trinken win Die heiden machent ir getranke von gúten gesunden krütern vnd haltent ir machmetes gebot gar	unde wolden en irslaghen hebben, wen de eynsedeler warp sik under den sclach, dat he also irscricket unde vororet was, unde seden em, he hadde en sulven irslagen myt synem swerde. Des lovede he, wen he vant sin swerd blodich. „O we', sprak Machamet, ,wat hebbe ik ghedan! Here god, vorgif my, id is my van wyn halven gheschen. Vorvloket sy de wyn unde de den drinken!' Umme der sake willen drinken de heyden neynen wyn, de an Machameth loven, id sy so vele, dat se en [S. 181:] hemeliken drinken. Unde wen men vorvert, dat eyn wyn drinket, den holdet men vor eynen bosen man. Wen se drinken eynen drank, de is uth krude ghemaket, unde de is sote unde gud unde is deme live ghesunt.	da herschracken sie Vnd taten in versten Er hette in selber herslagen mit sinem swert Des gelaubet er wann er sinen swert bültig vant Owe sprach machimet waʒ han ich getan herre got vergihe mir es es ist mir wins halbp geschehen Verfluchet sy der wine vnd der den wine trincket Vmb die sach trinckent die heiden die an machimet gelouben keinen wine Es sy denne heimelich Vnd als man weiß daʒ einer win trincket den haltet man für einen bösen man Aber sie trinckent einen getranck der ist vß crute gemachet vnd ist suße vnd gut getranck vnd dem libe gesunt	sie vnd dodent in verston er hette in selber erslagen mit sýme [fol. 125v:] schwerte deß geleubte er wann eш er sin swert blutig fand O we sprach machimet waß jon ich gethon herre got verʒig mirß eß ist mir winß halb geschehen. verflucht sie der win vnd der den win drincket vmb die sache drinckent die heiden die an macha-met glauben keyn win eß sý dann heimelich vnd alßo man weiß daʒ einer win drincket denn heltet man fur eynen bosen man. Me sie drin-ckent eynen tranck der ist auß krute gemacht vnd ist suße vnd gut dranck vnd dem libe gesunt

Weinverbot/ Einsiedler an früherer Stelle

Vhs. (Ed. Morrall)	Hs. N	Vdr. (Ed. Bremer/ Ridder)	Paris-Text (Ed. Letts)	Ddr. (Ed. Bremer/ Ridder)	–
S. 48f.	fol. 47r-48r		S. 55f.	S. 266f.	
Und wissent daz daz maistail zů Bethleem sind cristan. Und sind schön wingarten umb die statt, die die cristen gemachet hond. Wann die haiden trinckent kain win und essent kain flaisch von kainem schwin. Das ist da umb daz in sinen büchen, und daz büch haissent sie Alkarray, und ander haissent es Altozan Mesalioff, und in anderen sprachen haissent sie es Barme. Machometh hat allen den die win trinckent verflücht und die in verkouffent, dar umb daz er ainest truncken ward, daz er ainen ainsidel erschlůg, den er ze mal lieb hett. Und daz waz die sach daz er den win verbott. Als David in dem [S. 49:] psalter sprichet: *Et in verticem ipsius iniquitas eius descendet.* Die haiden ziehent kain schwin, noch die von Palestin noch die von Egipten essent weder schwin noch kůg noch ochssen. Aber sie erziehent sie daz sie da mit mügent buwen daz erttrrich.	Jr sult wissen das das maist tail zu Bethlahem sind cristen vnd schon weingartten sind vmb dy stat dy haben [fol. 47v:] die kristen gemacht wann dy haiden trincken kein wein noch essen kein fleisch daz sweinen ist wan machmet der hatt es inen verbotten in seinem buch daz sy haissen Alkron wann machmet hat allen demnen verflücht dy wein trinckent oder die in kauffen. dorumb das er einest trüncken ward da erstach sein knecht ein ainsidel der was jm gar vast lieb vnd gab jm das swert in sein hamd die weil er also in seiner trunckenheÿt lag vnd schlieff vnnd do er erwacht do vand er das swert in seiner hand vnd durch den ainsidel gestochen do want er er hett eß in seiner trunckenhait getonn alß sein knecht sprach der waß dem ainsidel nit hold dor vmb das machmett den ainsidell gern hört vnd uil zu jm gieng so must er sein albeg do lang warten Dornoch verpott er denn wein	Wie machmetz knecht einen einsydel ersticht in der trunckenheÿt. darumb verbeüt machmet den wein [= 0.] Ir sólt wissen dz der meÿst teÿle czů Bethleem sind cristen vnd schön wyngärten seind vmb dy stat dy habent die cristen gemacht wann die heÿdenn trincken keyn wein noch essen kein schweini flaisch wann machmet der hatt es inen verbotten in seinem bůch das sy heÿssent alcoron. wann machmet [S. 56:] hat alle die verflücht die wein trincken oder die in kauffen. darumb das er einest trincken ward do erstach seyn knecht einen einsidel der was jm gar lieb vnd gab jm sein schwert in sein hamd die weil er also in seiner trunckenheÿt lag vnd schlieff vnnd stach es durch den einsydel. vnnd do machmet erwachet do famnd er das schwert in seiner hand vnd durch den einsidel gestochen do wänet er es hette es gethan in seiner trunckenheÿt. als sein knecht sprach der was dem einsidel nicht hold darumb das machmet den einsydel geren hort vnd vil zů im gieng so můßt er	Et sachies que la plus grant partie de ceulz qui demeurent en Bethleem sont Crestiens. Et y a des belles vignes tout entour la cite et grant foison de vins, que [S. 267:] les Crestiens font faire. Car les Sarrasins ne cultiuent nulles vignes ne ne boiuent point de vin; car le liure de leur loy le deffent, que Mahomes leur bailla, que il appellent Alcoran, et les autres lappellent Melhaf, et en autre langaige lappelle on Barme leur deffent a boire vin, et maudissent tous ceulz qui le boiuent et vendent, pour ce que vne fois on li mectoit sus que il auoit occis vn hermite, que il amoit moult, par yurece; et pour ce maudist il le vin et les buuans et les vendanz. Item les Sarrazins ne nourissent nulz pourceaux ne ne manguent point de char de pourcel; car il dient que cest le frere de lomme et que il fut deffendu ou vieil testament. Et si tiennent moult a desesperez ceulz qui en manguent. Et aussi en la terre de Palestine ne en la terre degrypte il nen	[S. 240: die Stelle, an der die Episode in der Velser-Version vorkommt, ist im Diemeringen-Druck nicht vorhanden] Diem.-Hs. H1 u. H2: [Hs. H1, fol. 45r:] wenne die heiden trinckent keinen wine vmb daz dz machmet ir got waz eins males trüncken vnd her slug gar einen heiligen einsidel dem er vaste holt waz vorhin gewesen vnd dar nach wolt er keinen wine me trincken vnd verbot yn vnd verfluchte den wine me zu trinckende vnd verfluchte den die in me trucken aber die fluche gen yn an als die schrifft sprichet *Et in verticem ipsius iniquitas eius descendet* Auch essent die heiden nit swinen fleisch [...] [Hs. H2, fol. 39r:] Wann die heiden drinckent keynen win vmb das dz machemet ir got waß eyns mals druncken vnd erslug eynen sere hailigen eynsidel dem er sere holt waß vor gewesen vnd darnach wolte keynen win me drincken vnd verbot ÿn vnd die ÿn drinckent me die fluche mustent vber Jn gann als die schrifft sprichet *Et inuerticem ipsius in iquitas eius descendet* Auch essent die heiden keyn schwÿnen flaisch [...]	

ANDERE DIEM.-HSS.	VELSER-HS MP (DRESDEN) · fol. 49r	INSULARE (Ed. Deluz) · S. 181	COTTON (Ed. Hamelius) · S. 47	EGERTON (Ed. Seymour) · S. 40
vnd douon spricht dauid in dem psalter *Et in verticem ipsius iniquitas eius descendet* dy haiden ʒiehen kein schwein noch dy von balastin noch dy von egi[fol. 48r]pten essent weder swein noch kŵ noch ochsen aber sie ʒiehen sie wol dor vmb das sie domit ir ertrich arbeitten mügen.	sein allweg lang do warten. dar nach verbot er den wein. Dauon spricht dauid in dem psalter. *Et in verticem ipsius iniquitas eius descendet.* Die heyden ʒiehen kein schwein die von balastin noch die von egipto essent weder schweinin noch kŵ noch ochsen. aber sy ʒiehent sy darumb das sy jr erdtrich damit arbeyten mügen.	manguent point ou tres pou de char de veel, ne de buef se il nest si tres vieil que il ne puisse mais labourer, non pas que il leur soit deffendu, mais pour ce que il en ont pou; si les gardent et nourrissent pour cultiuer les terres.		For in þat buke Machomete cursez alle þase þat drinkez wyne and alle þat sellez it. For sum men saise þat he sloghe anes a gude hermyte whilk he lufd mykille in his drunkennesse, and þerfore he cursed þe wyne and þaim þat drinkez wyne. Bot his malisoun be turned to himself, as haly writte saise, *Et in verticem ipsius iniquitas eius descendet,* þat es to say, And intille his awen heued his wikkidnesse schalle descend.
[Hs. Sc1, fol. 29vf.:] won die heiden trinckent keinen win vnd ist das dar vmb das ir got machmet eines mals trunken wart von win das er et ein saligen einsideller von trunkenheit ʒetod schlüg dem er doch vast hold was als er selber wande doch hettent es ander lüt getan als es gar eigentlich stat in dem fünfften büch vnd dar nach wolt [fol. 30r:] er enkomen win me trinken vnd verbot den heiden allen win vnd verflüchte den win vnd alle die in trincken aber der flüch müss über ingan als die geschrifft seit [...]	Wann die heyden trincken kain wein noch eʒʒent kain sweinan flaysch. Vnd daʒ ist dar vmb. Daʒ in eʒ Machmet verpott in seinem püch. Daʒ sy haiʒʒent Alkoran. sy haiʒʒent auch Alcoʒa mesaliaff. Vnd in andern sprachen haiʒʒent sy barme. Wann Machmet hat verflücht allen den die da wein trinckent Oder die in verkauffen. Dar vmb daʒ er ainstundt truncbart wart. Da erslůgk er ainen Ainsydeln dem waʒ er ʒe mal holdt. Da von spricht man Jm Psalter *Et in verticem ipsius iniquitas eius descendet.*	et ledit livre lour defent boire de vin. Qar en celle livre Machomet maudict touz ceux qe boivent vin, et le vin, et touz ceux qe le vendent pur ceo qe une foiz homme ly mettoit sur q'il avoit occis un hermite q'il amoit moult par yveresse, et pur ceo maldit il vin et les bevantz vin. Mes les maledicions soit a luy mesmez retornez, si come David dit en le sautier: ‚Et in verticem ipsius iniquitas eius descendet'. Et si ne norissent ly Sarazins nuls porceaux ne ne mangent point de char de porceaux, qar ils dient qe c'est frere de l'homme [...]	And the same boke forbedeth hem to drinke wyn, For in þat boke Machomete cursed all þo þat drynken wyn and alle hem þat sellen it. For summon seye þat he slough ones an heremyte in his dronkeness þat he loued ful wel And perfore he cursed wyn and hem þat drynken it. But his curs be turned in to his owne hed as holy writt seith: *Et in verticem ipsius iniquitas eius descended,* þat is for to seye: his wykkedness schall turne and falle in his owne heed. And also the Sarazines bryngen forth no pigges nor þei eten no swynes [...]	

[Hs. LA1, fol. 53v:] Wante die heiden drincken da keynen wyn. vmb das Machmet ir god. des eyns malis druncken was. vnd synen schulden eyn heilig ein- sidel erslagen war. dem er sere hult gewesen was. vnd dauon wolde er numer me keynen wyn gedryncken [...] Als die schrift in dem psalter steet *Et invertitem ipsius iniquitas* *eus descendet* Auch en essen sy kein swÿnen fleisch vnd enhalden die nicht vor gerechte lude die iß essen. Auch isset man wenig kelber in egipten vnd in palestyn.

Konversion zum Islam

VHS. (Ed. Morrall) S. 92	Hs. N fol. 79rf.	VDR. (Ed. Bremer/ Ridder) S. 95	Paris-Text (Ed. Letts) S. 308	DDR. (Ed. Bremer/ Ridder) S. 383
Item ir söllent wissen das menig cristen haiden würt, etlich durch ainfaltigkait, etlich durch armůt. Und wenn sie wellent ainen cristen zů ainem haiden machen, so můß er also sprechen: ‚Lalelech, ella, alla, Machmeth rosol, alla hoch,‛ daz ist als vil gesprochen.‛ Es ist nit wam ain got, und Machmett sin warer bott.‛	Auch so vint man vil Cristen die zu haiden werdent etlich von ainualtigkeÿt wegen etlich von armut wenn sie wellent ainen cristen zu einem haiden wollent machen so muß er also sprechen *locketh elba ella alla Machmet vossoll alaheth* daz [fol. 79v:] ist alßuil gesprochen es ist nit den ein got vnd machmet sein worer pott aber kein jud mag kein haiden werden er seÿ den vor Cristen worden	Von Machmetz gläuben [= U] Nun sölt ÿr wissen das vil Cristen zů heÿden werden Etlich von einfältigkeÿt wegen. etlich von armůt. Und wenn sy einen cristen zů einem heiden wöllen machen so můß er sprechen also. *Lotleth ella alla machmet rosell alaheth.* Dz ist als vil gesprochen. Es ist nicht denn ein got vnd machmet sein warer bot. Aber kein jud mag kein heÿd werden. er seÿ dann vor cristen worden.	Item il aduient souuent que aucuns Crestiens deuiennent Sarrasins par simplece ou par pourete ou par mauuaistie. Et larcheflamine ou le flamine, quant les recoit, dist ainsi, *La ekeh, ella, ella, Mahommet Rosel, alla hech,* cest a dire ainsi, ‚Il nest Dieu fors vn seul, et Mahommet fut son message.‛	Item die heiden gestattent ouch wol ob ieman ein andern glouben zů irem glouben kommen empfachent ir pfaffen zů irem glouben vnd so der pfaffe einen empfachet So spricht er dise wort *la elloch ella ella machomet wisel ellachoch* das ist in ir wise so vil gesprochen. Es ist nit wan ein got machomet was sin bott.

Das Gespräch mit dem Sultan

VHS. (Ed. Morrall) — S. 89-91	Hs. N — --	VDR. (Ed. Bremer/ Ridder) — --	PARIS-TEXT (Ed. Letts) — S. 305-307	DDR. (Ed. Bremer/ Ridder) und DIEM.-HSS. — S. 305-307
[1. REDE DES SULTANS:] Hie seyt er von her Hansen von Manda-villa des ritters [= 0.] Dar umb will ich úch sagen wie der Soldan ainest zů mir sprach in siner kamer. An ainem tag do hies er yederman uß siner kamer gon, dar umb das er wolt mit mir reden, und fragt mich wie sich die cristen hielten in unserm land. Und ich sprach: ,Von gottes gnaden, wol.' Do sprach er: ,Sicher sie entünd. Wann úwer herren und prelaten an den hailigen tagen so sie soltent gaistlichen in dem tempel sin und gott dienen und úch gůt zaichen vor tragen, so gond sie zů dem win und füllent sich tag und nacht als die unverstanden tier, die da nit wissent wenn sie söllent uff hören. Und also tünd die cristen gemainlich. Und da von das sie die füllin volbringent, so laicht und betrügt und verrätt ainer den andern. Über das so sind sie aller hochfart vol. Sie wissent nit wie sie sich claiden söllent, ye ainer über den andern, ainer kurtz, nun lang, ainer eng, ainer [S. 90:] wyt, ainer zerthowen, ainer zerlöchert, nun mit siden genätt, nun mit silber. Das gehört úch núntz zů, wann ir soltent demüttig und ainfaltig sin ainer gen dem andern, als úwer Jhesus was und ouch in	[fehlt]	[fehlt]	[1. REDE DES SULTANS:] Et pour ce vous dirai ie ce que le Soudan me dist en sa chambre. I. iour au soir il fist voidier sa chambre de toutes manieres de gens, seigneurs et autres, pour ce que il voulait parler a moy a conseil. Si me demanda comment les Crestiens se gouuernoient en nostre pays. Et ie li dis que bien, Dieu grace. Et il mesmes me dist, ,Vraiement non font. Car vos flamines et vos prelas ne font conte de [S. 306:] Dieu seruir. Ilz deussent donner exemples aus communes gens de bien faire et ilz leur donnent exemple de mal faire. Et pour ce aus iours de festes les communs, quant ilz deuroient aler au temple pour Dieu seruir, adont vont il estre aus tauernes et estre en la gloutonnie toute iour et toute nuit. Manguent et boiuent comme bestes qui ne sceuent quant il ont assez pris. Et aussi tous les Crestiens sefforcent en toutes les manieres quil peuent ne quil sceuent de bareter et de deceuoir lun lautre. Et auecques ce il sont si orgueilleus quil ne se sceuent comment vestir, ore lonc ore court, ore estroit ore large, ore broudes ore cours tailliez, et en toutes manieres de guises et de courroies et dautres choses pluseurs. Et ilz deussent estre simples et humbles et charitables et eulz confesser et escu	[kommt so nicht vor] [ähnlich, S. 383:] vnd glŏubent ouch das alles ir land vnd gůt Christen werdent sollent doch so sollent sie besser christen werden denn wir Christen sind. Item die heiden glŏuben ouch das laster missetat vnd sündt lib vnd sele schädlich sye vnd meinent vnser christen pfaffen siend zů gŭtig vff gŭte me denn die iren vnd sie selber. Ich sag das wol mit der warheit das die heiden wiße tugenthafft vnd bescheiden sind vnd die gerechtickeit vnd fride haltent vnd künment vil sprachen. Item sie wissent vnser keiser künige vnd vnser prelaten vnd vnsers landes glŏuben vnd sitten baß denn wir der Jrem vnd ist vil heidescher herren vnd der Soldan selber die kriechesche vnd welsch vnt tütsch. vnd vil ander sprachen kunnent das es mich dick gewundert hat wie das zů kommen möcht Jtem die heiden gestattent ouch wol ob ieman ein andern glŏuben [...] [Konversion zum Islam]

sinen ewangelien gesprochen hatt, und an den ir geloubent. Und was er úch gebotten hatt, so túnd ir daz ander. Und umb ain clain gút so verkouffent ir úwer tochteren, úwer schwesteren, úwer frumen wib, und bringent si in die zal der unkúschkait. Und ainer nimpt dem andern sin wib, und gedenckent tag und nacht nit anders, wann wie ir das mögent getún. Und daz ist wider die gebott Jhesu, die er úch geben hatt. Und dar umb daz ir nit wellent tún daz úwer gebot ist, so gat úch úwer ding hinder sich, und hond verlorn das land, daz besitzent wir und wissent wol daz wir daz habend von úwer súnd wegen, und nit von unser sterckin wegen. Wann wir wol wissent, wann ir dienettent úwerm gott und úch mit im versúntent, und in frid mit ainander leptent, das niemen wider úch möcht sin. Wann wir wissent wol von den propheten wegen, daz die cristen sóllent das land gewinnen. Aber doch sag ich úch, die wil sie túnd als sie hond an gefangen, so hond wir kain sorg vor in, wann úwer gott hilfft úch núntz.'	michier, aussi que fist Jhesu, en quoy il croient; mais il sont autres et enclins a mal faire. Et si sont si conuoiteus que pour i. pou dargent il vendent leurs filles, leurs seurs et leurs propres femmes pour mectre a la lumiere du pechie de luxure. Et fortraient lune femme lautre. Et nulz ne tient foy a lautre, mais violent toute la loy que Jhesus leur auoit bailliee pour leur sauuement et deuisoit de sa propre parole. Et aussi pour leur pechie ont il perdu toute celle terre que nous tenons; car vostre Dieu la bailla en nos mains non pas pour nostre force mais pour leurs pechiez. Car nous sauons de certain que, quant vous seruez bien vostre Dieu et il vous veult aidier, nulz ne peut durer encontre vous. Et si sauons par les prophecies que Crestiens regaingneront ceste terre, quant ilz seruiront leur Dieu plus deuotement. Mais tant qu'il soient de telle orde vie comme il sont orendroit, nous nauons point de paour deulz; car leur Dieu ne leur aideroit mie.'	[Diem.-Hs. SG1, fol. 104v:] [kommt so nicht vor] vnd gloubent ouch das alles ir land noch sölli gút Cristan werden denn wir iet3 sigint Item die heiden glöben ouch das laster missetat vnd súnd lib vnd sel schädlich si vnd meinent vnser Cristanphaffen sigent 3e gitig uff gút me denn die eren oder si selber Ich sagen das wol mit warhait das die heidan wis tugentschafft vnd bescheiden sint vnd gerecht vnd friden haltent vnd könnent vil sprachen Item si vissent vnsern keisern vnd kúnigen vnde vnser prelaten vnd vnsers landes louben wisen wandel leben bas denn der Jren vnd ist vil heidenscher herren vnd der Soldan selber die kriegsche welsche tútsch vnd vil ander sprachen könnent das es mich dik wúnder hat gehebt wie das 3ú kommen mög Item die heidan gestatten ouch wol ob iemand eines andern glouben 3ú irem glouben [...]

[2. FRAGEN MANDEVILLES UND AUFRUF AN DIE CHRISTEN:]	[2. FRAGEN MANDEVILLES UND AUFRUF AN DIE CHRISTEN:]	[DIEM.-HS. H (Ed. Martinsson), S. 178:]
Und da fragt ich mit urlop küng Soldan, wie er so wol wiste der cristen geschäfft. Do antwurt er mir und sprach, er wúste wol all gelegenhait der cristen von allen landen von herren, von botten wegen die sie uß santen in kouffmans wiß mit edlem gestain und mit balsam. Und do rúfft er den herren wider in die kamer und zogt mir vier groß herren von sinen aigen landen, die sprachent als wir, und der küng ouch selber, da von mich sere wundert. Nun sóllent ir sicherlichen wissen das daz gros schand und laster ist, das daz ungelöbig volck, daz da weder geloupt noch got erkennet, das uns daz sol strauffen. Da sóllent wir uns alle an stossen. Da von wundert mich núntzt, daz sie uns alle bóß und wild haissent, wann wir sind wol wild von allen dingen. Und sie sprechent daz sie sälig und hailig [S. 91:] syent, wann sie tünd was ir hailig búch Alkorem seyt, und daz in gott gesendet hat mit sinem botten und propheten Machomet. Wann sie sprechent daz Gabriel der engel ouch mit im redt und lert in wie er leben sölt und sin leben ain end nemen. Und das gelobent sie etc.	Et lors ie li demanday comment il sauoit ainsi lestat des Crestiens; et il me respondi quil le sauoit tres bien, et aussi tout lestat des cours des princes des Crestiens et lestat du commun par les messages quil enuoie par tous pays en guise de marcheans de pierres precieuses, de bausme et dautres choses pour sauoir la coustume de chascun pays. Et me fist adont rappeller les seigneurs quil auoit fait issir de ses chambres. Si men monstra iiii., qui estoient grans seigneurs du pays, qui me deuiserent en vn pays et autres de crestiente, aussi bien comme sil fussent du pays mesmes. Et moult bel [S. 307:] francois il parloient et le Soudan aussi, dont ie me merueillay moult. Helas, comme ce est grant dommages et grant escandes a nostre loy et a nostre foy quant genz qui nont ne foy ne loy nous reprennent ainsi. Et ceuls qui deussent pour nous bons exemples et nostre acceptable vie estre conuertis a nostre loy de Ihesu Crist, sont pour nos mauuaistiez et pour nos erreurs eslongiez et estrangiez du tout de la sainte vraie creance. Si nest mie merueilles sil nous appellent mauuais; car il dient que Sarrazins sont bons et loyaux, car ilz gardent entierement le commandement du saint liure Alcoram, que Dieu leur enuoia par son saint message leur prophete Mahommet, a qui ilz dient que Saint Gabriel lange parla moult souuent et deuisa lestat et la uolente de son viure.	[kommt so nicht vor] Unde loven ok, dat alle or lant schulle gud cristen werden, wen se schullen nicht also bose cristen syn, alse we synt. Se loven ok, dat alle undat unde laster beyde deme live unde ere unde sele schedelern sy. Unde se meynen, unse ,flammen', dat syn unse papen, de synt ghyrich uppe gud unde unkuscheyt unde uppe wyff vorder wen up ander bosheyt, wen we eren synt edder se. Vorwar se synt under en doghentlik unde wislik unde bescheyden unde holden rechticheyt unde vrede. Unde konen vele sprake unde weten unser konynghe upde keyser unde prelaten wyse unde wandelinghe unde er levent beth, wen we der erer don, unde synt vele heydenscher heren unde de soldan sulven, de gud walsch unde dudesch unde grekesche sprake konen, dat mik dat sere vorwunderde. Se staden des ok wol, [...] [Konversion zum Islam]

[Diem.-Hs. H1, fol. 136vf.]
[kommt so nicht vor]
Vnd gloubent auch daz alles ir lant
vnd lute sollent gut cristen werden
aber sie sollent nit also lihte bose
cristen sin als wir yetzunt sin Sie
gloubent auch daz alle vntat vnd
laster vnd sunde beide dem libe vnd
den Eren vnd der selen schadeber ist
Vnd meynent vnser flamen daz sint
vnser pfaffen die sint gitig vff güt
vnd vnkusche vff wibe vnd belder vff
verreterye vnd vff [fol. 137r:] ander
boßheit denne die iren oder wann
sie sicher sint vnd vnder yn tugent-
hafte vnd wise vnd bescheiden vnd
habent gerehtikeit vnd friden vnd
kônnent vil sprachen vnd wissen
vnser keyser vnd kûnige vnd vnser
prelaten wise vnd wandelinge vnd
ir leben bas danne wir die iren tunde
Vnd ist vil heidennischer herren
die gut welsche vnd tutsche vnd
kriechisch kônnent and auch ander
sprachen daz mich sere frômde
hat Sie gestattent auch wol wenn
yergent ein cristen oder ein Jude iren
gelauben an sich nemen [...]

NND. VERSION BERLIN MS. GERM. FOL. 204 — fol. 65v-67r	INSULARE (Ed. Deluz) — S. 278-280	COTTON (Ed. Hamelius) — S. 88-90	EGERTON (Ed. Seymour) — S. 76f.	BODLEY RAWL. D 99 (Ed. Letts) — S. 431f.
[1. REDE DES SULTANS:] Wat de Soldan sede to mandevile In alkayer van der cristen regemente vnd van vnsen gelouen [= (.)] Umme der vorcrenen articule willen van den gelouen der heyden so wil ik Jw segghen wat de Soldan eins sede to alkayer he leet allerhande volk vth syner kamer gaen vmme dat he hemelyken myd my spreken wolde van rade vnd [fol. 66r:] vragede my wo sik de cristene regerden in vnseren landen Jch antwerde em wol god danck vnd he sede sekerlyken se en don were Juwe presters vnd Juwe licht dregers en hebben neyn herte gode to deynen Se solden geuen guet exempel den gemeynen volke van woldone men so geuen en exempel van qwat done dar vmme geyt dat gemeyne volk vpp hilge dage vnd vp sondage als se to der kerken solden gan vnd denen gode so gan se in de tauerne vmme ere leckereye van eten vnd van drinken dach vnd nacht also besten so dat se nicht en weten wanner dat se es genuch hebben vnd korten em tijt Vnde sede vort wo sik de kerstene vliten in aller wyse dat se mogen myd vorekope vnd myd ander valscheyt vmme to gane vp dat erer dat to sin se so houerdich dat se nicht en weten wo dat se sik cleden willen	[1. REDE DES SULTANS:] Et pur ceo vous dirray ceo qe ly Soudan me di tun jour en sa chambre. Il fist voider sa chambre de toutes maneres des gentz, sires et autres, pur ceo qil vouloit parler au moy au consil. Sy me demaunda coment les christiens se governeerent en noz païs, et jeo ly ditz bien, Dieu Graciez. Et il me dit qe veraiment qe noun font. Qar voz maneres ne font compte de Dieu servir. Ils deussent doner ensample a laye gent de bien faire, et ils lour donnent ensample a malfaire. Et pur ceo ly comuns as jours des festes quant ils devroient aller a temple pur lour Dieu servir, adonques vont ils as tavernes a estre en glotonie tout jour et tout nuyt, et mangent et boveient come bestes qe ne scievent quant ils ount assez pris. Et auxi tous les christiens s'afforcent en toutes maneres q'ils poent de baratrer et de deceivoir l'un l'autre. Et ovesqez ceo, ils sont si orgoillous q'ils ne scievent coment vestir, ore long, ore court, ore estroit, ore large, ore broudes, ore corteakx et en toutes maneres des guises et de corroies et d'autres [S. 279:] choses. Ils deussent estre simples et humbles et veritables et almoigners si come fuist Jhesu en qy ils croient. Mes ils sont tout a revers et tout enclins a malfaire. Et si sont si coveitous qe pur un poy d'argent ils vendent lors filles, lors srcers, lour	[1. REDE DES SULTANS:] And before I schall tell зou what the Soudan tolde me vpon a day in his chambre. He leet voyden out of his chambre all maner of men, lordes and opere, for he wolde speke with me in conseill. And pere he asked me how the cristene men gouerned hem in oure contree, and I seyde him right wel, þonked be god. And he seyde me treulych nay, for зee cristene men ne recche right noзt how vntrewly to serue god; зee scholde зeuen ensample to the lewed peple for to do wel and зee зeuen hem ensample to don enyll. for the comownes vpon festyfull dayes whan þei scholden gon to chirche to serue god, þan gon þei to tauernes and hen þere in glotony all þe day and all nyght and eten and drynken as bestes þat haue no resoun and wite not whan þei haue ynow. And also the cristene men enforcen hem in all maneres þat þei mowen for to [S. 89:] fighten and for to desceyuen þat other, And þerewithall þei ben so proude þat þei knowen not how to ben clothed now long, now schort, now streyt, now large, now swerded now daggered and in all manere gyses. þei scholden ben symple meke and trewe and full of almesdede as Jhesu was in whom þei trowe, but þei ben all the contrarie and euere enclyned	[1. REDE DES SULTANS:] Now wille I telle зow what þe sowdan did tille me apon a day in his chaumbre. He gert alle men void his chaumbre, bathe lordez and oþer þat ware þerin, for he wald speke wiþ me in priuetee betweene vs twa. And when alle ware gane furth he asked me how cristen men gouerned þam in oure cuntreez. and I said, Lord wele thanked be Godd. And he answerd and said, Sikerly nay. It es noзt soo. For зour prestez, quod he, seruez noзt Godd duely in gude liffyng as þai schuld do. For þai schuld giffe to lewed men ensample of gude liffyng, and þai do euen þe contrary for þai giffe þam ensample of alle wikkidnesse. And perfore on haly dayes when þe folk schuld go to þe kirke to serue Godd þai go to þe tauerne and occupiez alle þe day and parchaunce alle þe nyght after in drinkyng and in glotry as þai ware bestez oute of resoun þat knawez noзht when þai hafe ynoghe. And afterwardes thurgh drunkennesse þai falle at grete wordes and feyghtes and flytez tille ilk ane of þam sla oþer. þe cristen men also vsez ilk ane to begyle oþer and falsely to swere grete athes. And þerwiþ þai er so bolned in pride and vayne glory þat þai wate neuer how þai may clethe	[1. REDE DES SULTANS:] Rex Soldamus Babilonie locutus fuit Ihoanni Maundevile in secretis. Capitulo xvº [= (.)] Now wole I telle what this ilke grete king and Sawdon of Babilonye dide vnto me on a daye in his chaumbre. He dide doo calle lordes and othir men that in his chaumbre were, and bad hem alle that they shulde goen out, ffor he wolde speke with me in priuete bitwene vs twoo. And whenne alle were voyded, thenne he asked me how that cristen men and cristen la we were voïd in our cuntres. And I seide: Wel, thoruз þe grace of God.' And therto the Sawdon answerede and seide: .Nay, it is noзt soo. ffor зour clerkes serveth noзt God with goode werkes, as they shulde doo, for they shulde gife lawe and ensaumple vnto men of good livynge, and they зif hem ensaumple of al wickednes. ffor on ffeestful daies, whenne the puple shulde goo to the chirche to serve God, thenne goo they vnto tauernes, and occupeeth hem there al the daie, and perchaunce al the nyзt also, in dronkenes and glotenye, riзt as they were beestiz that cowde noo resoun, that knoweth nouзt good from euel, ne wotte noзt whenne they haue i nowз [enough]; and oftentymes perchaunce fallen into

			þam, bot now þai vse schort clathes, now syde, now strayte, now wyde. 3e schuld, he said, be symple, meke and sothfast and almousgerne as Criste was, in wham 3e say 3e trowe. Bot it es alle oþerwise. For cristen men er so prowde, so enyuous, so grete glotouns, and so licherous, and þerto so fulle of couetise þat for a lytille siluer þai wille selle þaire do3hters, þaire sisters, 3a and þaire awen wyfes to lat men lye by þam. And ilk ane takes oþer wyf, And nane haldez his fayth tille oþer. And also þat Criste gaffe 3ow wikkidly and ille 3e despise and brekez it. And certaynely for 3our synne 3e hafe lost alle þis land, þe whilk we hafe and haldez, for bycause of 3our ille liffing and your synne and no3t of oure strenth Godd has giffen it intille oure handes. And we wate wele þat when 3e serue 3our Godd duely and wele and plesez him wiþ gude werkes na man schalle mow agaynestand 3ow. We knawe wele also by oure prophecyes þat cristen men schalle recouer þis land agayne in tyme commyng when 3e serue 3our Godd wele and deuotely. Bot als lang as 3e liffe as 3e do in wikkednes and in synne we hafe na drede of 3ow, for 3our Godd wille no3t helpe 3ow.	fi3tynge and stryvynge because of dronkennesse, and peraventure that ecche slee othir,' .And also 3e cristen men,' he seide, ysen ecchon [each one] to begile othir, and swere grete othis falsely. And therwith they arn so proude and so envious that they wotte neuere how they wole hem clothe, but now with streyte, now with narowe, now with longe, now with short. And grete glotouns and lecchoures 3e arn, and auerous and coueitous; and so coueitous that 3e wole selle 3our dou3tris and sustris, and putte hem vnto foly [lewdness] a3eynes her willes and ageynes the lawe; and perchaunce to take thi neyghbores wiff, or he thyne. So that the law that Crist hath 3oven vnto 3ow; wickedly and falsely 3e breken hit. And certeynly alle this holy londe 3e haue tynt [lost] for 3owre synne, wiche we haue and holdeth, ffor God hath 3oven it vnto vs into our owne hondes, to holde it for 3oure synne and no3t for 3owre strengthe. And we wotte wel and knoweth that 3if 3e serued God in good manere, that hit were likynge vnto him [S. 432:] cer-taynly ther my3te noo man doo a3ens 3ow. ffor we wott wel be our proph-ecies that cristen men shal recouere this londe, al hool, in tyme comynge. But as longe as 3e vse suche manere of synne, we drede 3ow no3t.'
nu lank nu kort nu getallyet nu gebor-det vnde in aller wyse so vntschicken se sik suluen van gordelen vnd van menigherhande ander dynck Se solden simpel vnd ochmodich sy vnd waraftich vnd getriiwe vnd gerne gode denen vnd vmme gode geuen geliick jhesus in wenn se gelouen men se syn al contrarye vnd gheneyget alle qwaet to done vnd ok syn se yo ghiirich dat se vorkopen ere dochtere vnd ere sustere vnde er eygene wyue vmme dar mede vnkuscheit to bedriuenne vnd erer eyn nympt deme anderen syn wyff vnd nement betriiwet den anderen vnd breken alle de ee de ene jhesus christus gegeuen heft vnd bedudet heft vmme ere Salicheit vnd wy weten wol vor ware als gy kerstene gode wil denden dat he Jw denne solde wol helpen dat nement solde doren [fol. 66v:] mogen don tegen Jw vnd wy weten wol vth den prophecien dat noch de kerstene in dit land regneren solen als se ereme gode ernstliken denen solen Men also lange alse se van also qwaden vulen leuende syn alse se noch syn so en dorne wy nenen angost hebben wente ere god en sal em nicht helpen.	propres femmes pur mettre a luxure, et l'un forstret la femme al autre, et nul ne tient foy al autre. Mes violent tote lour loy qe Jhesu lour avoit baillé et devisé pur lour sauvement. Et ensy pur lour pecchés ount ils perdu toute ceste terre qe nous tenoms, qar pur lour pecchés vostre Dieu les bailla en noz mains noun pas par force de nous, mes pur lour pecchés. Qar nous savoms bien de voir qe quant vous servez bien Dieu et il vous voet aider nul porroit contre vous, et si savoms bien par noz prophecies qe cristiens regaigneront ceste terre quant ils serviront lour Dieu plus devotement. Mes tant q'ils seront de si orde vie come ils sont orendroit, nous n'avoms point de paour de eux, qar lour Dieu ne les aidera mie.	to the euyll and to don euyll. And þei ben so coueytous þat for a lytyll syluer þei sellen here dou3htres, here sustres and here owne wyfes to putten hem to leccherie, And on withdraweth the wif of another and non of hem holdeth feyth to another, but þei defoulen here lawe þat Ihesu crist betook hem to kepe for here saluacioun. And þus for here synnes han þei lost all this lond þat wee holden. For hire synnes here god hath taken hem in to oure hondes, no3ht only be strengthe of oureself, but for here synnes. For wee know-en wel in verry soth þat whan 3ee seruen god god wil helpe 3ou, And whan he is with 3ou noman may ben a3enst 3ou. And þat knowe we wel be oure prophecyes, þat cristene men schull wynnen a3en this lond out of oure hondes whan þei seruen god more deuotly, But als longe as þei ben of foul and vnclene lyvynge as þei ben now wee haue no drede of hem in no kynde, for here god wil not helpen hem in no wise.		

[2. FRAGEN MANDEVILLES UND AUF-RUF AN DIE CHRISTEN:]	[2. FRAGEN MANDEVILLES UND AUF-RUF AN DIE CHRISTEN:]	[2. FRAGEN MANDEVILLES UND AUF-RUF AN DIE CHRISTEN:]	[2. FRAGEN MANDEVILLES UND AUF-RUF AN DIE CHRISTEN:]	[2. FRAGEN MANDEVILLES UND AUF-RUF AN DIE CHRISTEN:]
Do vragede ik em wo he der kerstene staed so wol wiste vnd he antwerde my dat he wol wiste den staet der cristene vnd van ereme houe der vorsten Jn cristenheit vnd ok den sta-et des gemeynen volkes wente se ple-gen bewylen vth sendene van synen volke Jn coeplude wyse in cristenheit myd eddelen stente vnd myd balseme vnd myd anderen dingen alle de lant dore vmme to wetenne dat regemente van allen landen vnde do leet he wedder in ropen de heren de he vthe syner kamer hadde heten gaen vnd wysede my dar iiii heren dar grote he-ren weren van deme lande de my wol bedudeden vnd bescheededen dat ene vnde dar ander van cristenheyt also wol oft se van deme lande geweset hadden vnde se spreken harde schon fransch vnde de soldan der gelike des my gröt wunder hadde	Lors jeo luy demaunday coment il savoit ensy l'estat des christiens, et il me respoundy q'il savoit tout l'estat des courtz des princes christiens et l'estat du comun par les gentz q'il envoie par toutes païs en gyse de marchantz des pieres preciouses et d'autres choses pur savoir le covigne des chescun païs. Et me fist adonques repeller les seignours q'il avoit fait issir de la [S. 280:] chambre. Sy me monstra IIII qe estoient grantz sei-gnors el païs qe me deviseerent noz païs et les autres païs de christieneté aussy bien qe s'ils fussent del païs, et parloient moult bien franceois, et ly Soudan auxint dont jeo merveil-lay moult.	And þan I asked him how he knew the state of all cristene men and he answerde me þat he knew all the state of all contres of cristene kynges and princes and the state of the co-mounes also be his messangeres, þat he sente to all londes in manere as þei weren marchauntes of precyous stones, of clothes of gold and of oth-ere thinges for to knowen the manere of euery contree amonges cristene-men, And þan he leet clepe in all the lordes þat he made voyden first out of his chambre and þere he schewed me .iiij. þat weren grete lordes in the contree þat tolden me of my contree and of manye oþer cristene contrees als wel as þei had ben of the same contree and þei spak frensch right wel and the sowdan also, whereof I had gret meruaylle.	When I had herd þe sowdan speke þir wordes and many ma whilk I wille noȝt telle at þis tyme, I asked him wiþ grete reuerence how he [S. 77:] came to þus mykille knawyng of þe state of cristiantee And þan he gert calle in agayne alle þe grete lordes and þe worþi þat he sent furth of þe chaum-bre before, and he assigned foure of þam þat ware grete lordes for to speke wiþ me, þe whilk rekned me alle þe maner of my cuntree and descryued me þe maners of oþer cuntrees of cris-tendom als graythely and als verraily as þai had bene euer ȝit dwelland in þam. And bathe þe sowdan and þai spakk Fransch wonder wele and þerof I meruailed me gretely. And at þe last I vnderstude þat þe sowdan sent of his lordes into diuerse rewmes and diuerse landes in gyse of march-andes, sum wiþ precciouse stanes, sum wiþ clathez of gold and sum wiþ oþer iowelles, þe whilk in swilk maner visitez alle rewmes for to aspie þe maners of vs cristen men and to knawe oure febilnes.	And whenne I, Iohn Maundevile, had herde thus the Sawdon speke, I hadde gret wonder of it. And thenne I asked of him with gret reuerence, how that he had thus mochil knowyng of the state of cristendome, and neuere had ben there. Thenne he dide calle ageyn alle his lordes and othere men, that he had putte out of his chaumbre, and of thoo lordes assigned foure of the grettest to speke with me, the wiche rehersid and discryed me al the manere of my cuntre and of manye othir londes and rewmes, as verrely as thowȝ they had ben dwellinge there al her lifftyme. And also the Sawdon and they spoken good ffrenshe and Latyn, so that I myȝte wel vnderstonde worde by worde openly i nowȝ [enough]. Thenne they tolde me how that they sente men into dyuers cuntrees in the gise of marchaundise, with precious stones and clothis of golde and othir goode iewellis, to visite and to se in that manere alle the rewmes of cristendome; and so knewe they the manere and the custome of vs. Also the Sawdon hath men with him dwellynge of al manere of speche that cristen men vsen, three or foure of ilke a speche. And also this ilke Sawdon is lorde of v. rewmes that he hath wonne and proprid hem vnto him be his conquest

Ach wo grot schade vnd schande ist vns kersteine vnser Ee dar de lude de noch ee noch gelouen en hebben vns van vnser qwatheit solen berypen vnd vorwyten vnd de gennen de myd rechte solden werden bekert to dem gelouen vnses herren jhesu christi vor middelst vnseme guden leuende Dar en by vnsen qwaden exemplen voregruwelt vnd haten vnsen hilgen gelouen vormiddelst vnser qwaerheit vnd vnser [fol. 67r:] dullinge Dar vmme en ist neem wunder dat se vns qwaet schelden wente se seggen waer Men se seggen dat de heyden guet vnd wittich syn wente se holden gansilken alle de gebode van eren boke alkoran dat em god sande by dem hilgen boden machmette to deme welken de engel gabriel dic wyle plach to sprekene als se seggen vnd bedudede em vnd sede em den willen godes

Eylas come ce est grant esclaundre a nostre loy et a nostre foy quant gentz qe n'ount foy ne loy nous reprovent et nos pechez reprehendent, et cils qe deussent par noz bones ensamples et par notre acceptable vie estre convertyz a la ley Jhesu Crist, sont par noz malveistiés et par nous eloingnez et estrangez de la seinte et veraie creaunce. Sy n'est mie mervaille s'ils nous appellent malveis, qar ils dient voir. Mais Sarazins sont bons, leals, qar ils gardent entierement le comaundment del seinte livre Alkaron que Dieu lour envoia par soun seint messager lour prophete Machometh, a qy ils dient qe seint Gabriel le angel parla sovent, et ly devisa la volunté divine.

Allas, þat it is gret sclaundre to oure feith and to oure lawe, [S. 90:] whan folk þat ben withouten lawe schull repreuen vs and vndernemen vs of oure synnes, And þei þat scholden ben converted to crist and to the lawe of Ihesu be oure gode ensamples and be oure acceptable lif to god, and so converted to the lawe of Ihesu crist, ben þorgh oure wykkednesse and euyll lyuynge fer fro vs and straungeres fro the holy and verry beleeve schull þus appelen vs and holden vs for wykkede lyueres and cursede. And treuly þei sey soth, For the sarazines ben gode and feythfull, For þei kepen entierly the commandement of the holy book Alkaron þat god sente hem be his messager Machomet, to the whiche, as þei seyn, Seynt Gabriell the aungel often tyme tolde the wille of god.

And þan me thoзt grete schame þat Sarzenes whilk hase nowþer riзt beleue ne parfite lawe schuld þus reproue vs of oure inparfitenesse and kepez þaire vayne lawe better þan we do þe lawe of Ihesu Criste, and þai þat schuld be turned thurgh oure gude ensaumple to þe faith and þe lawe of Ihesu Criste, þai er drawen away thurgh oure wikked liffing. And þerfore it es na wonder if þai calle vs synfulle and wikked, for it es sothe. Bot þai er riзt deuote in þaire lawe and riзt trewe and wele kepez þe comaundmentz of þaire Alkaron whilk Godd sent to þam by his messangere Machomete, to wham as þai say þe aungelle Gabrielle spakk oft tymes and talde him þe wille of Godd.

Der Beginn des zweiten Teils der *Reisen*

VHS. (Ed. Morrall) S. 93f.	Hs. N fol. 79v-81r	VDR. (Ed. Bremer/ Ridder) S. 95f.	PARIS-TEXT (Ed. Letts) S. 309f.	DDR. (Ed. Bremer/ Ridder) S. 274-277
Hie seyt er von mengerlay ynsel und von mengem wunderlichen volck das enthalb merß ist. [= 0.]		Hie wil jch sagen von den jnseln vnd von den wundern die darinn seind. [= 0.]	Ci parle des diuerses gens qui demeurent en pluseurs illes [= 0.]	Es sint ouch ander strassen gen jherusalem durch Burgunne durch prouincie oder durch frankrich durch Auern vnd wider hyspanien z̃ü vnd des landes vß z̃ü varend mag man z̃ü Narbon oder z̃ü Marsilie. oder z̃ü Valentie in das mer sitzend vnd kommpt man in das hispanier mer vnd darnach vff das mere da Hercules die ewigen stein sul gesetzet hett In der Sonnen nydergang. für die selben sull vßhin. kein land me ist. Und da hin z̃üchet man by eynem gebürg das heisset acclas der selb berg acclas ist gar wunderlich hoch vnd sind vil wunder von etlichen tieren. vnd vmb die man nit weiß ob es tier oder lüt sind vnd heissent Satyrien vnd sind ein wenig minder dann ander lüt vnd hand hornn vnd antlit̃z vnd ist der lib in menschen gestalt. vnd die beyn vnd füsse geissin. doch sicht man sie gar selten. Aber man hört dick wunderlich gesang vnd geprechte. vnd etwan sichet man ir auch erschinen doch mag man nicht wol nach z̃ü dem berg kommen vnd da by z̃ücht man vff gegen kartago vnd kommpt in libien. vnd durch die land libie hebt an vff dem hyspanier mer da hercules sull stat vnd werend vnt̃z gen Egipten. vnd vnt̃z gen Ethiopien der moren land Das etlich nemennt [S. 275:] Mauritanie [...], vnd dz̃ selbe land Libie hieß etwan Affrica. vnd sind vil großer mächtiger Künigrich vnd Prouincien
Als ich üch vor geseyt hon von mengerlay Jnseln wünderlichen tiern vnd leüten vnd auch lannden wenn Jenhalb Meres vil gesprochen hän, daz wil ich nun laussen faren und wil üch sagen, ob es üch gefelt, von menger wunderlichen ynsel, und von mengerlay wunderlichen lütten, und wunderlichen tieren und landen. Wann enthalb merß manig ding ist das man mag gar hart globen by uns, und ist doch sicher war, als ich üch es sag. Wann wunderlich land und küngrich da sind an den vier wassern die uß dem paradys kument.	Nvnn will euch sagen von mangerleÿ Jnseln wünderlichen tiern vnd leüten vnd auch lannden wenn Jenhalb Meres vil [fol. 80r:] dings ist das man her dißhalb hart mag glauben vnd ist doch sicher war wann manig wunderlich lannd vnd kunigreich an den wassern leÿt Die auß dem paradies flessent	Nun wil jch euch sagen von mengerlei inseln vnd von den wunderlichen tieren vnd leiten die darinn wonent vnd auch von mengerleÿ landen. wann ÿenhalbs mörs vil dings ist das man herdißhalb hart mag glauben vnd ist doch sicher war als jr werdent hören. wann manig wunderlich land vnnd künigkreich ligent an den wassern die auß dem paradiß fliessent.	Or puisque ie vous ay deuise et parle per dessus des chemins pour aler en celle terre au mont de Synay et a Babylone la mendre et aus autres diuers lieux dont iay parle dessus, or est le temps venu, sil vous plaist, de parler des marches des illes, des diuerses gens et de diuerses bestes qui sont entre ces marches. Car en ce pays par dela a moult diuers pays et moult de regions qui sont diuerses par les iiii. flueues qui viennent de paradis terrestre.	
Nun söllent ir wissen daz Mesopotamia, und daz küngrich von Chaldea, und daz küngrich von Arabia sind zwüschent den zway wassern die von dem paradys koment, das ist Tygris und Euffrates. Das küngrich von Archysia, und daz von Assyria, und das von Judea, die sind zwüschent den zway wassern, daz ain haisset Nilus, das ander Tygris, das ich üch vor benempt hon. Syria, daz küngrich von Palestin, und daz von Venothyos, die sind zwuschent den Euffrates und ainem mer, daz haisset Mediterranee. Daz selb mer	jr sult wissen das Mesopotamia vnd das kungreich von Caldea vnd das kungreich von Arabia sind zwain wassern wann die von dem Paradeis flessent das ein haist Tigris das ander Eufrates das kunigreich von artisia vnd das von Assuria vnd das von jndia sind zwischen den zwain wasern Tygris vnd eüfrates oder Nillus das küngireich von Siria vnd daz von palestin vnd das von venecias die sind zwischen einem mer das haissent sie mettiarone vnd dem wasser eüfrates das selb mer gett von Morat bis an das groß mer von hisponia vnd get auch für Constantinopel viertaussent vndcz̃ig lampartisch meil [fol. 80v:] vnd get auch bis gen jndia vnd do selb ist das kungreich von Suthya vnd das ist als ein gebirg vnd do ist ein mer das haissent sie Calipie zwischen dem mer vnd einem wasser das haisst Çiraÿ do sind amonoses das ist der frawen lannd wan do wonent kein man nit	Jr sóllt wissen das mesopotania vnd das küngkreich von caldea vnd das küngkreich von arabia seind zwischen den zwein wassern dÿe von dem paradiß fliessen. das ein heÿßt tigris. dz̃ ander eufrates. Das küngkreich von artisia vnd dz̃ von asuria [S. 96:] vnd das von jndia seind zwischen den cz̃wein wassern tigris vnd eufrates oder nillus. Das küngkreich von Sÿria vnd das von palestin vnnd das von venecios dÿe seind zwischen einem mör das heÿssent sy mettiatrone das selb mör gat von maroth biß an das groß mör von hÿspania vnnd gat auch für constantinopel vier tausent vnd vierczig lampartischer meil vnd gat auch biß gen jndia. vnd do selben ist das kungkreich von suthia vnd	Car Mesopotanie, le royaume de Caldee et Arrabe sont entre les deux riuieres de Tingre et deufrate; et le royaume de Archisie, de Asserie, de Iudee, de Persie sont entre les riuieres de Nil et la riuiere de Thingre; et de Surie, dont iay parle par desseure, Palestine et Fenechies sont entre Eufrate et la mer Mediterrane, la quel mer Mediterrane dure de lonc de Maroch sur la mer despaigne iusques a la grande mer, si quelle dure oultre [S. 310:] Constantinoble iii. mile et xl. lieues lombardes. Et vers la mer Occeane en Inde est le royaume de Sithie, qui est tout enclos de montaignes. Et puis dessouz Sithie, de la mer Calpie	

werot nach der lengin von Maroch bys an daz groß mer von Hyspania, und gat ouch für Constantinopel vier tusent und viertzig welscher mil. Und gat ouch gen India; und daz selb küngrich ist daz von Suthia, und daz ist alles in ytel gebirg. Und da ist ain mer, daz haissent sie Calippe; zwüschent dem mer und ainem wasser, daz haisset Conay, da sind Amazones, daz ist der Frowen Land, und da wonat kain man nit. Da ist denn das küngrich von Albania, und in dem selben land ist wisser volck denn yena anderswä enthalb merß. In dem selben land sind als starck gros hund daz sie die lowen vahent. Und da selbs zwüschent den Rotten Mer und dem mer Occeanum da sind die land Clintarie, Retharia, Hyberia und vil andere kungrich. Gen dem mittemtag veretz da ist Ethiopia, daz ist daz Moren land, und clainer [S. 94] Libia. Zü Lybia hept daz mer von Hyspania an, und da selbs sind Kades Hercule, das sind die stainin süle die Hercules hett uff gesetzt. Und daz selb mer weret byß gen Egipten.

Do ist dann das kunigreich von albonia vnd in dem selbenn lannd do sind volk jenhalb des mers in dem selben land sind alß groß vnd als starck hund das man mit emen leo fecht [fol. 81r:] vnd do selb zwischen dem totten mor vnd dem mer das man do haist Mare occiarne Siberia vnd auch andre kunigreich vnd morn lannd vnd das clein libia zu libia hebt sich an daz Mer zu hysponia vnd do selb sind zwo seull an einem end der welt die haissent hercules gaudes die hat hercules dar geseczt zu einem zaichen das nyemant dor für komen mag vnd dasselb mer weret vntz gen egipten

das ist alles ein gebirg. vnd do ist ein möre das heyssen sy Calpie zwischen dem mör vnd einem wasser das heissent sy caraÿ do ist der amosones der frauwen land wann do wonet kein man nit. Jn dem land seind hund do vacht man leoen mit [= 0.] Do ist das küngreich von Albonia vnd in dem selben land ist vil volcks vnd in dem lannd seind als groß vnd starck hund daz man mit jnen leo vacht Vnd czwischen dem toten mör vnd dem mer das man heisset mare occeanum. do seind die lannd elintarne satharne syberia vnd andre küngkreich vnd der moren land vnd das klein libia. Zü libia hebt sich an das mör von hyspania vnd do selben seind zwo saul an einem end der welt die heyssent hercules gaudes die hat hercules dar geseczt zü einem zaichen das nyemand dar für kommen mag. vnd das selb mör weret vncz gen egipten.

iusques au flueue de Thanay, est Amozonne, cest la terre de Femenie, ou il na nuls hommes, fors femmes seulement.

Et puis est Albanye, pour ce que les genz y sont plus blans assez que es autres marches la entour. Et si a si grans chiens en ce pays et si fors quil assaillent et occient les lyons. Et puis apres est Chartarue, Baccarie, Hiberie et moult dautres regions diuerses; et ont la mer rouge et la mer Occeane. Vers midy est la region de Ethyope et Libie la meneur; la quelle terre de Libie commence a la mer despaingne, de la ou les coulombes Hercules sont, et dure iusques vers Egypte et vers Ethyope.

in dem selben land der ieglichs sinen sunder namen hat. Jtem Libia ist in zwei geteilt. Jn die grossen hohen Libien vnd in die nydern Libien. vnd die zwû Libien begriffent den dritten teil der welt. wan die welt mit enander ist geteilt In Asia Affrica vnd Europa. Nun ist Affrica vnd Libia ein land, Jtem die land in der obren Libien weren gar lang zü zellent vnd zü nemment. wan ir gar vil ist. Jtem an Libien stosset man an etlich port gar aller nahst wider Egipten vnd dannen gen jherusalem als vorgeschriben ist. So man in das groß mer kommpt das Oceanus keisset. So zücht man in welches land man willen hat. darnach man der vier wasser einem aller nächst mag sin die vß dem paradiß flüssent. Und die selben vier wasser scheydent die land vnd das mer als verr man gesehen mag Tygris vnd Eufrates beschliessend Mesopotanien Caldeen vnd Arabien. Und die selben drü land ligend zwüschent den wassern. Aber die Küngrich von Nacuse vnd Asirie vnd Mediana vnd Persia ligend zwüschent dem mer Tygris. Jtem darnach lyt Syrie vnd Palestine vnd Femichie zwüschent dem Eufrates vnd des mer das da heisset mediterrantia. Das selb mer heoet an zü marroch in Hyspanien vnd weret vntz ensit Constantinopel drü tusent vnd viertzig Lamperschen mylen vnd dannen hin ab wider das groß mer Occeanus lyt in Sichien beschlossen mit gebürgen vnd mit dem grossen mer vnd ab

hinder Sichien gegen dem grossen
mer. das da heisset Caspier mer gegen
dem wasser das da heisset Canais lyt
by Amasonie vnd Albanie. vnd da
vindet man als groß hund vnd also [S.
276:] starck das sie löwen über win-
dent vnd also wa man in dem großen
mer ist So mag man etwas gesehen
gegen iherusalem vnd da hin sich
richten wan iherusalem in mitten in
der welt ist.
Hie hat das erst bůch ein ende. Und
hebt an das ander bůch Das erst
Capitel.
[S. 277:] Der dise welte mit einander
vmb varen wil in kouffmannes oder in
bilgerins wiße dervindet Jn allen landen heilig stet. vnd groß heiltum. Aber
der in Ritters wise oder in herschafft
wunder sůchen wil der sol kommen
in des keisers von Persien land. Und
darnach in des herren land. der da
heisset der groß hund vnd in priester
Johans land. Die herren sind nun
zů mal über den meren teil der welt
herren vnd hand verr me landes den
alle die küng keiser vnd soldan vnd
patriarchen Bapst vnd bischof von den
man in disen landen gesagen kan

Herkules- und Alexandersäulen (nur Diemeringen)

Diem.-Hs. H (Ed. Martinsson) S. 171f.	Diem.-Hs. H1 fol. 131vf.	Diem.-Hs. H2 fol. 120rf.	Diem.-Hs. Sg1 100vf.	Ddr. (Ed. Bremer/ Ridder) S. 374
wen he settede dar sin teken, rechte alse Hercules dede an der sunnen undergank. De tekene, de Allexander an der sunnen upgank settede, unde de Hercules weder der sunnen undergank weder Hispanien ok settede, heth men ‚godes Allexandrie' dar boven, unde desse hir weder Hispanien en heth men ‚godes Hercules'. Unde synt grote steynene sule, de boven up groten berghen stan, to betekende dat men uppe gene side der sulen nicht vorbath komen mach. [S. 172:] Als men so verne kumpt unde hir weder wil, so mach men in dat grote mere sitten unde mach prester Johans lant ummevaren beneffen to ave unde mach wederumme komen in des groten Cannes lant. Overst de wech is to langk unde hort langhe tid, er men en luttingk vert, doch so vert men en wol, we de wil.	Aber er sacʒte dar sin ʒoichen reht als [fol. 132r:] hercules tet an der sunnen vffgang sacʒte vnd die ʒeichen die hercules wider hyspanien ʒu ander sunnen vffgang auch sacʒte die heisset man gades Alexandri da oben vnd diese her under hyspanien heisset man gades hercules daʒ sint groß steynyn sulen die oben an hoch vff dem bergen stent ʒu beʒeichen daʒ man ginsite den sulen nit furbas komen mag Als man so ferre komet vnd her wider wil so mag man in daʒ große mere sicʒen vnd mag prister Johannes lant vmb faren neben ʒu Vnd mag wider komen in des großen kannes lant Aber der weck ist ʒu lang vnd höret so lange ʒit dar ʒu daʒ man in wol luczʒel vert Doch so vert man in wol der da wil	Aber er sacʒte dar sin ʒeichen rechte also ercules det an der sonnen vndergange Die ʒeichen die allexander an der sonnen vff ganck sacʒte vnd die ercules wider hispanien ʒu an der sonnen vndergang Auch haißet man gades allexandere do oben vnd dieße hie wider hispanien haisset man gades ercules vnd sind große steinen sulen die oben an hohe vff bergen stant ʒu beʒaichende daʒ man gensit den sulen nit komen mag [fol. 120v:] Also man so verre komet vnd herwider wil so mag man in große mer sicʒen vnd mag priester iohans lant vmb faren neben ʒu vnd mag wider komen in des grossen kanes lant aber der wege ist ʒu lang vnd horet so lange ʒitt dar ʒu daʒ man in lucʒel fert Doch so vert man in wol der do will	doch satʒte er ein ʒeichen dar gelich als hercules tett an der sunnen vndergange das ʒeichen das allexander sacʒte an der sunnen vffgang bi dem paradis vnd das ʒeichen das hercules satʒte an der sunnen vndergang In hyspanien land der heisset eins alexanders Gades vnd sint gross stein sule die stand uff grossen hochen stte Bergen ʒu einem beʒeichen das niemand für die sule uffhin komen mag [fol. 101r:] vnd so man komet ʒu allexanders sule So mag man her wider keren vnd in das gross mer siʒen vnd mag denne priester Johans land vmb varen nebent ʒu ab vnd mag wider komen in des grossen Canes land aber der weg ist so lang vnd gehört so uil ʒites dar ʒu das man in lütʒel vert doch vert man in wol der da wil	das ʒeichen das Alexander satʒte an der Sonnen vffgang by dem paradiß vnd das Hercules satʒte an der Sonnen vndergang heisset Gades eins Alexanders Gades das ander Hercules Gades vnd sind groß steine ʒů die stand vff hochen bergen ʒů einer beʒeichnung das nieman für die süll vff hin kommen mag. Vnd so man kommpt ʒu Alexander still So mag man herwider kommen oder her wider keren vnd In das groß mere sitʒen vnd mag den priester Johans land vmm faren nebent in des großen Can lande. Aber der weg ist so lang vnd mag wider kommen in des großen Can lande. Aber der weg ist so lang vnd gehört so vil ʒitt dar ʒů das man Jn lütʒel vert doch so vert man in wol der will.

Athanasius: Heiliger oder Häretiker?

VHS. S. 94f. (Ed. Morrall)	HS. N fol. 81vf.	VDR. S. 97 (Ed. Bremer/ Ridder)	PARIS-TEXT S. 311 (Ed. Letts)	DDR. S. 277 (Ed. Bremer/ Ridder)
Zů Troposenda da lit Athanasius, der da bischoff waz zů Allexandria, der machet den psalmen: *Quicunque vult salvus esse.*' Der selb bischoff waz ain grosser lerer in der hailigen geschrifft, und da von daz er als wol und tief prediget von der hailigen trifaltigkait, do ward dem bapst von im geseit, er wer ain ketzer und seite wider christenlichen globen. Do sant der bapst von Rom nach im und leit in gefangen. Do machet er in der gefengknůß den psalmen, *Quicunque vult salvus esse'*, und sant in dem bapst und sprach, sider er ain ketzer were, so werent die artickel in dem psalmen nit gůt, wann daz wer sin geloub. Und do der bapst den psal-men sach, do sprach er daz er ain gůt cristen wer, und der cristen glaub wer gantz und gar in dem psalter, und gebot [S. 95:] als wit die cristenhait waz, daz man den psalmen all tag zů prime zitt sölte leßen. Und der bapst hett den bischoff für ainen hailigen man, und nam in uß der gefangknůß. Er wolt aber nůmer me kumen uf sin bistum.	3u der stat die do haist Trapeso̧d do leit Anastasius der bischoff waz 3u allexandria der machet den psalm *Quicunque vult saluus esse* de der selb bischoff was ein grosser lerer der hailigen geschrifft vnd do̧uon das er als tief predigt von der hailigen driualtigkeÿt da ward dem bapst von im geseit [fol. 82r:] er wer ein kȩczer vnd sagt wider kristenlichen glauben Do sant der bapst noch jm vnd hies in gefangen legen do machet er den psalm in der fa̧ncknuß. *Quicunque vult saluus esse etc.* vnnd sant in dem bapst. vnd sprach seÿdt das jch ein kȩczer bin so seind die artickel nit gůt, wann das ist mein glaub Do do sprach er der kristenlich glaub ist gro̧ß vnd ist auch gar in dem psalm vnd gebot in aller kristenheÿt das man den psalm altag 3u preͤimm 3eytt solt lessen vnd der po̧bst nam den bischoff aus der fa̧ncknuß vnd het in für einen hailigen man er wolt aber nÿmermer auff sein bistumb komen	In der stat trapeso̧d do ligt Anastasius der heÿlig bischoff der bischoff was 3ů Allexandria vnd der machet den psalm. *Quicunque wlt saluus esse.* Der selb bischof was ein grosser lerer der heÿligen geschrifft. vnd darumb das er als tief predigt von der heÿligen triualtigkeit. do ward dem babst von jm gesagt er wär ein kȩczer vnd sagte wider christenlichen gelauben. Do sandt der babst nach jm vnd hieß in gefangen legen, do machet er den psalm in der fa̧ncknuß. *Quicunque wlt saluus esse etc.* vnnd sandt in dem babst. vnd sprach seÿdt das jch ein kȩczer bin so seind die artickel nit gůt. wann das ist mein gelaub. Do der babst den psalm laß. do sprach der christenlich glaub ist gro̧ß vnd ist auch gar in dem psalm Und gebot in aller christenheÿt das man den psalm alltag 3ů preÿm 3eit solt lesen. vnd der babst nam den bischoff auß der fa̧ncknuß vnd het in für ein heÿligen man. er wolt aber nÿmmer mer auf sein bistumb kommen.	En celle cite gist Anastacie, qui fut euesque dalixandre. Il fist celle psalme, *Quicunque vult saluus esse etc.* Cil euesques estoit vn docteur en theologie, et pour ce quil partoit de la diuinite et parlait si fundement de la Trinite, il fut accuse au pape de Romme quil estoit herites. Quant le pape louy dire, si lenuoia querre et lenuoia au pape et dist que, sil estoit herites, ce estoit donques pour ce que larticle de celle psalme nestoit mie bonne; car il creoit ainsi. Et quant le pape vit celle psalme, si dist que cestoit toute nostre loy et toute nostre creance, et commanda que on le chantast tous les iours a prime; et tint leuesque a preudomme et a vray Crestien, et le delivra de prison. Mais onques puis il ne voult retourner a son eueschie, pour ce que on li mist sus heresie par enuie.	Trapesonde [...] ist ein port do die kouffmanschafft von Persien oder von Madon vnd von vil andern richen landen 3ů stosset vnd hieß etwan das port von pont3. vnd sanct Athanasius lyt 3ů Trapesond der do macht den psalmen von vnserem glouben. *Quicunque vult saluus esse etc.* vnd er was bischoff 3ů Alexandrie vnd kam vsser sinem Bistům gen Trapesond vnd was gar ein groser meister pfaff der go̧tlichen geschrifft. die stat trapesond was ein keisers von Constantinopel der sat3te einen pfleger dar vnd do der sach da3 er das volck mocht be3wingen da macht er sich selber 3ů ein herrem da.

NND. VERSION BERLIN MS. GERM. FOL. 204	fol. 70r	DIEM.-HS. SG1	fol. 48v	DIEM.-HS. H1	fol. 72v	COTTON (Ed. Hamelius)	S. 96f.	EGERTON (Ed. Seymour)	S. 81
In desser stad van Trepsonde dar licht begrauen Sunte anastacius de bisschop was van allexandren he makede den salmen in deme saltere *Quicumque vult saluus esse* Desso sulue biscop was en lerer in der gotheit vnd vmme dat he so depe sprak vnd predikede in de gotheit vnd van der dreualdicheit so wort de gewroget vor den pawes dat he vngelouich solde syn Aldus so leet ene de pawes halen vnd lede ene in de vencknisse Do makede he den salmen in der vencknisse *Quicumque vult saluus esse etc* vnd sande ene deme pawese vnd vntboet eme weret dat he vngelouich were dat moste by den articulen van deme salmen to komen dat de nicht guet en were wente he gelouede anders nicht Unde alse de pawes den salmen sach do sede he dat al vnse geloue dar Inne were vnde geboet do dat men den salmen alle dage solde tor prime singen vnd hold do den bisschop vor enen guden mynschen vnd vor enen rechten kersten vnd leet ene vth der vencknisse men de bysschop wolde nicht wedder in syn bischhopdom vmme dat eme desse smaheit gescheen was		vnd hiess etwen das port von poncʒe vnd von sant Athanasius lit ʒe traposode der da machet den psalmen von vnßin gelouben *Quicumque etc.* vnd er was Bischoff ʒe allaxandria vnd kam vsser sinem Bistům gen Traposode vnd wass gar ein gross meister pfaffe der göttlichen geschrifft die statt Trapesode was eins keissers von Constantinopel [...]		vnd etwan pflage sie ʒu heissen daʒ porte von ponet vnd ʒu trapeʒode lit sant Anastasius der den psalmen von vnserm gelauben mahte *Quicumque vult saluus esse* der selbe santhus Anastasius waʒ ein bischoffe van Alexandrin vnd kame vß sinem bistum vnd waʒ gar ein grosser meister pfaffe in der gotheit die stat waʒ eins keysers von Constantinopel [...]		In þat cytee lyth seynt Athanasie þat was Bisshopp of Alisandre þat made þe psalm: *Quicumque vlt.* This Athanasius was a grete doctour of dyuynytee and because þat he preched and spak so depely of dyuynytee and of the godhede he was accused to the Pope of Rome þat he was an heretyk, Wherfore the Pope sente after hym and putte him in presoun. And whils he was in presoun he made þat psalm and sente it to the Pope and seyde þat ʒif he were an heretyk þan was þat heresie, for þat he seyde was his beleeue. And whan the Pope saugh it and had examyned it, þat it was perfite and gode and verryly oure feyth and oure beleeue, he made him to ben delyuered out of presoun and commaunded þat psalm to ben seyd euery day at pryme and so he held Athanasie a gode man. But he wolde neuere [S. 97:] go to his bisshopriche aʒen because þat þei accused him of heresye.		In þis citee lyes saynt Athanase þat was bischope of Alisaundre, and he made þe psalme *Quicunque wlt.* þis Athanase was a grete doctour of diuinitee, and for he preched mare profoundely of haly writte þan oþer didd perfore he was accused to þe pape of heresy. And þe pape sent for him and gert putte him in presoun. And whils he was in presoun he made þe psalme beforsaid and sent it to þe pape and said, If I be ane heretyc, quod he, þan es alle heresy þat here es writen for þis es my trouthe. And when þe pape sawe þat, he said it was alle hally oure beleue and gert deliuere him oute of presoun and comaunded þat psalme to be said ilk a day at prime. And he hald Athanase for a gude man and a haly, bot Athanase wald neuer after ga to his bischoperyke agayne for þat wikked men had thurgh hatredyn accused him to be pape.

Der Ritter des Johanniter-/ Templerordens in der Sperberburg

VHS. (Ed. Morrall) S. 95f.	Hs. N fol. 82v-84r	VDR. (Ed. Bremer/ Ridder) S. 98f.	Paris-Text (Ed. Letts) S. 311f.	DDR. (Ed. Bremer/ Ridder) S. 277f. (Ritter fehlt)
[Sperber und Dame in der Burg:] In der burg ist ein stang, und uff der stang ist ein spárwer, der ist uß der maßen schön. Und des wartot ein schöne fröw. [...] und wes er die frowen bitt, und besunder ainer gebett, der würt er von der frowen gewert, und daz irdesch gebett ist, wann gaistlichen sol man sie nit bitten. [...]	[Sperber und Dame in der Burg:] in der burgk ist ein stang vnd darauff stett ein sperber der ist ausser mossen schön. [fol. 83r:] vnd des wart ein schöne fraw [...] vnd wes er die frawen bitt das zeittlich ist er wirt gewert besunderlichen einer bet vnd sunderlich einer bett vnd das weltlich sey geistlichs so sie nymant bitten. [...]	[Sperber und Dame in der Burg:] In der burg ist ein stanng vnd darauff stat ein sperber der ist ausser massen schön vnnd des wart ein schöne frawe. [...] vnd wes er die frawen bit das zeittlich ist des wirt er gewert besunderlichen einer bet vnd das weltlich sey. geystlichs sol sy nyemant bitten. [...]	[Sperber und Dame in der Burg:] En ce chastel treuue on vn espreuier sur vne perche, moult bel et moult faitis, et vne belle dame de farie qui le garde. Mais quiconques vouldroit veillier cel espreuier vii. iours et vii. nuis, aucuns dient iii. iours et iii. nuis, senz compaignie et senz dormir ne pou ne auques, celle belle dame vendroit a lui, apres ce quil aroit veillie, et li domroit le premier souhait que il vouldroit souhaidier des choses terriennes [S. 312:] et ce a este moult souuent esprouue.	[Sperber und Dame in der Burg:] in dem selben castell vindet man ein gar schönen sperber vnd ein Junckfrowen die sin hüttet vnd wer dem Sperber siben tag vnd siben nacht wachet on schlauffen vnd on geselschaft dem git die Junckfrow was er an si vordert von richtüm von herschafft oder was zü glück triffet Aber die Junckfrow ist nit natürlich als ein ander mensch. Sie ist als ein göttin die man zü welsch nennet faye [...]
[armenischer König:] Do antwort im die frow und sprach, es möcht nit gesin, er sölt irdescher sach begeren und nit gaistlicher, da von möcht es nit gesin. [...]	[armenischer König:] Do antwort sie vnd sprach es mocht nit gesein er sult jrdische dingk begern wan sie wer ein göttin [...]	[armenischer König:] Do antwort die fraw vnd sprach es möcht mit nichte gesein das er bätt. er sölte jrdische ding von jr [S. 99:] begern wann sy wäre ein göttin. [...]	[armenischer König:] Et mesmement vn roy, qui estoit moult vaillant prince, y veilla iadis; et quant il eut veillie, la dame vint a lui et li dist quil soushaidast, car il auoit bien fait son deuoir. Et le roy respondi quil estoit asses grans sires et bien en paix et auoit asses richesces, et quil ne soushaideroit chose nulle a auoir, et quil ne deuoit demander choses terriennes, et elle nestoit mie terrienne mais esperituelle. Et le roy dist finablement quil ne vouloit autre chose. Et la dame respondi, „Puisque ie ne vous puis atraire de vostre fol courage, ie vous fay vn don senz soushaidier, et a tous ceuls qui de vous descendront, que vous ayez guerre senz ferme pays, et	[armenischer König:] Do sprach die Junckfrow er solt nicht ierdisch sach müten wan sie were [S. 278:] göttlich vnd göttliche ding werennt nit nach wunsch in sollicher maß. [...]

		soies en subieccion de vos ennemis iusques a ix. degrez au dessouz vous, et soiez des biens besoingneus tousiours.' Et onques puis roy darmenie ne fut bien en paix ne neut plante de biens, et si a tousiours depuis este en trebut des Sarrazins. [armer knecht und Ritter:] Si deuint le plus riche et le plus renomme marchant qui estre peust par mer et par terre, et tant par estoit riches homs quil ne sauoit la milliesme partie quil auoit. Si fut plus sages en souhaidier que le roy. Item vn cheualier du Temple y veilla aussi autre fois, si souhaida vne bourse tousiours pleine dor, et la dame li octroya. Mais elle dist quil auoit demande la destruccion de leur ordre pour la fiance de celle bourse, et pour le grant orgueil quilz en auoient en seraient il destruis; et aussi furent il. Et toutesuoies garde soy bien qui y veillera; car sil dort il est perdus, si que on ne le verra iamais. Ce nest mie le droit chemin pour aler aus parties que lay ia nommees. Mais qui vouldroit veoir ceste merueille, il le pourroit faire.	[armer knecht, kein Ritter:] Und er ward der Richesten namhafftigesten kouffman einer der in mer oder vff land was. vnd des bette was wißer den des küniges bette hierumb neme iederman war wie er vnderstand den sperber zü bewachent wan schlaffet er so ist er tod. darumb so ist es sorglich zü thünd vnd zü vnderstand vnd für das selb Castell anhin zü ziechent ist nit der recht weg gen Persien zü varend doch vert man gern da durch durch des wundest willen So man da sicht mit dem sperber.
[armer knecht und Ritter, S: 96:] Der ward der richest kouffman so man in den zitten under der sunnen fand. Item ain ritter des tempels von Sant Johans der wachot ouch und batt die frowen müntz anders wann umb ain büttel der vol güldin wäre, wie vil er her uß näm, daz ir nit dester minder weren. Do gewert in die frowe und sprach: ,Du hast gebetten ain ding daz ain abnemung ist üwers ordens von der hochfart und boßhait wegen die du würst triben mit dem büttel.' Und also ist es geschenhen, als man wol mag senhen, das Sans Johanns orden ab nimpt von tag ze tag. Der wachen welle, der bedenck sich eben, wann schlieff er, so wer er verloren. Nun söllent ir wissen daz die burg nit ist uff dem rechten weg gen Armenia. Aber wer daz wunder wölle senhen, so ist sie nit verre uß dem weg gen Armenia; dar umb so hon ich üch geseit da von.	[armer knecht und Ritter, fol. 83v:] der ward der reichest kauffmann so man in zü den selben zeiten vnder der sunnen vinden möcht Jm wacht auch ein ritter von sant Johanns ordenn der bät die frawen nit anders den vmb ein seckel der alweg voller güldein wer wy vil er herauß nem des gewert in dy fräwe vnd sprach Du hast gebetrn vmb ein ding daz ein vrsach ist abnemung ewrs ordens von der boßheit vnd hochuart wegen die du wirst treiben mit dem [fol. 84r:] seckell vnd also ist es geschenn als man mag wol sehen das santt johanns orden abnÿmpt von tag zu tag Dorumb wer wachen woll der bedenck sich eben entslieff er so wer er verloren Jr sult wissen das die bürg nit ist auff dem weg gen Armenia doch ist es nicht verr ab dem weg das man pald dar komt der dy wunder sehen wil	[armer knecht und Ritter:] der ward der reyches kauffmann so man in zü den selben zeiten vnder der sunnen vinden mocht. Jm wachet auch eyn ritter von sant Johanns ordenn der bat die frawen nicht anderst dann vmb einen seckel der allweg voller guldin wäre wie vil er herauß näm. des gewert in die fraw vnd sprach. Du hast gebeten vmb ein ding das ein vrsach ist abnemung ewres ordens von der boßheyt vnd hoffart wegen die du wirst treiben mit dem seckel. vnd also ist es geschehen als man mag wol sehen das santt Johannis orden abnÿmpt von tag zetag. Darumb wer wachen wöll der bedenck sich eben wann entschlief er so wär er verloren Jr sölt wissen das die burg nicht ist auff dem weg gen Armenia doch ist es nicht verr ab dem weg das man bald dar kompt der die wunder sehen will.	

NND. VERSION BERLIN MS. GERM. FOL. 204	fol. 70v-71v	DIEM.-HS. SG1	fol. 49rf.	DIEM.-HS. H1	fol. 73r-74r	COTTON (Ed. Hamelius)	S. 97f.	EGERTON (Ed. Seymour)	S. 81f.
[Sperber und Dame in der Burg:] Jn desseme suluen castelle van deme sperwere vorscreuen vint man stan enen sperwer vnd ene vrouwe van ferien dat is to seggen eyne eluinne ofte varende vroude edde witte vrouwe dat is alleyns de vorward dyt castel vnd den sperwel [...] so scholde de schone vrouwe to em komen vnd solde eme geuen dat heersten wunschen solde van erdeschen dingen [...]		[Sperber und Dame in der Burg:] in dem selben Castell vindet man gar einen schönen sperwer vnd ein Junkfrowen die sin hüttet [...]. dem git die Junckfrow was er an sie geworderet von Richtûm von herschafft oder was 3e glik triffet Aber die Junckfraw ist nit natûrlich als ein ander Mensch Si ist als ein gottin die man 3ewelsch nennet faiorien [...]		[Sperber und Dame in der Burg:] Jn dem castelle vindet man gar einen schönen sperwer vnd eine schonû Jungfrawen die sin hütet. [...] Die Jungfrawe gebe yme wa3 er wunschen wolte Jn richtûm oder in herschafftes wegen oder wa3 gelucke an triffet Wanne die Jungfrawe ist nit als ander menschelicher nature me sie ist ein gottin die man 3u welsche frauwen vß faiorien nennet [...]		[Sperber und Dame in der Burg:] Where men fynden a Sparehauk vpon a perche right fair and right wel made and a faire lady of fayrye þat kepeth it. [...] þat faire lady schal 3euen him whan he hath don the first wyssch þat he wil wyssche of erthely thinges; and þat hath ben proued often tymes. [...]		[Sperber und Dame in der Burg:] In þat castelle men fyndes a sperhawke sittand apon a perke and a faire lady of fairye sittand þerby and kepand it. [...] þis faire lady salle come to him at þe seuend day or þe thridd day end, and scho salle graunt him whatsumeuer he askez of erthely thing. And þat hase bene many a tyme assayd. [...]	
[armenischer König:] Do sede de vrouwe dat he nicht en wyte worumme [fol. 71r:] dat he sodanen dingk wunschede vnd dat he nicht mochte hebben wente he mochte nicht wunschen dan erdesch dinck vnd se were nicht erdesch Se were hemmelsch [...]		[armenischer König:] Do sprach die Junckfraw Er sölt nit irdeschen sachen mûten won si wâr ouch nit Hd Irdesche vnd si wâri gotlich vnd gottliche ding nit wârm nach wunsch [...]		[armenischer König:] Da sprach die Jungfrauwe Er sollte irdennische sache mûten. wenne sie were nit irdennische me sie were gotlich [fol. 73v:] vnd gotlich ding werent nit noch wunsche [...]		[armenischer König:] And sche answerde him þat he knew not what he asked and seyde þat he was a fool to desire þat he myghte not haue for sche seyde þat he scholde not aske but erthely thing, for sche was non erthely thing, but a gostly thing. [...]		[armenischer König:] And scho answerd and said, Vnhappily, quod scho, and vnwisely has þou asked for my body may you no3t hafe [S. 82:] bycause I am no3t erthely bot spiritualle.	

[armer knecht und Ritter:]
vnd desse ward de rikeste vnd de vormereste coepman den men ye gewiste to wate vnd to lande vnd wart so ryke dat he nicht en wiste dat dusenste deel synes gudes desse man was wiser wan de konigk van arme-nien. Eyn ridder van den templern wakede dar ok ens vnd de wunschede enen budel de all tyt vul goldes were vnd de vrouwe gaff id em men se sede em dat de vorstoringe vnd dat ouel varen van synem orden he dar mede gewunschet hadde vmme der hopene willen van der börsen [fol. 71v:] ofte budele vnd vmme de groten ouerdaet de se mid deme gelde bedryuen solden vnd aldus so gewenv Id ok myd ereme orden na der tyt
vnd we dar waken wil de hode sik wol dar he nicht enslape wente slopt he so is he vorloren [...] Id en is de rechte wech nicht to gande dor dit vorscreuen castell de in dit lantschop wesen wil dar ik to voren aff gesecht hebbe men de de sodane dinck seen wil de mach dar wol henne cheen ofte gaen hir vmme de den rechten wech wil gaen van trepersonde to der groten armenien [...]

[armer knecht und Ritter, fol. 49v:] vnd er wart der Richaste namhafftigester kauffman der in dem mer vnd in dem lande was vnd des bett was visser den-ne des künges Dar nach wachete ein Templer herre vnd der mütet ein sekel vol wie vil man och daruff näme vnd des waret er gewert Aber die jungfrow sprach es wär seines ordnes verderb-nusse won si hoffent sich uff den sekel vnd zestünd hüb der Tempel ordnen an abne zenement vnd ze mineren an Eren vnd an landen harvmb nem iederman wie wie er den sperwer ze vachend vnderstande won schlaffet er So ist er tod dar vmb ist es sörklich ze vnderstand vnd zetünd vnd für das seib Castell anhin ze ziehent ist nit der recht weg gen persien zewarent dach vert man gern da durch wunders willen So man da sicht mit dem sperwer

[armer knecht und Ritter:] vnd wart der richesten vnd der namhafftigsten kauffmanne einer der vff dem mere oder vff dem lande were vnd der hiesch der Jungfrawen wißlicher denne der künig hat getan Auch bewachete ein templer herre den sperwe vnd mutete einen seckel vol pfenning vnd den allezit vol vnd des wart er gewert Aber die Jungfrawe sprach Es were des ordens verderp-penisse wenn sie [fol. 74r:] zu vil vff den seckel verliessen vnd den seckel verliessen vnd zu stunt hub der orden an abzu zen vnd abezu nemende vnd sich zu mynnern an eren vnd an lande Auch neme yederman war wie er den sperwer vnderste zu bewachende denne vellet iht daz er slaffet so ist er tot do van so ist es sorcklich zu vnderstende der weg zu den kastelle ist nit der reht weg gen persien zu farende Me man fert gern daz castelle zu sehende durch des wunder willen daz man da gesihet

[armer knecht und Ritter, S. 98:] And he becam the most riche and the most famouse marchant pat myghte ben on see or on erthe. And he becam so riche pat he knew not the .M. part of pat he hadde and he was wysere in wisschinge pan was pe kyng. Also a knyght of the temple wook pere and wysssched a purs eueremore full of gold and the lady graunted him. But sche seyde him pat he had asked the destruccioun of here ordre for the trust and the affiance of pat purs and for the grete pryde pat pei scholde hauen and so it was.
And perfore loke he kepe him wel pat schall wake, For zif the slepe he is lost pat neuere man schall seen him more. This is not the right weye for to go to the parties pat I haue nempned before, but for to see the merueyle pat I haue spoken of

[armer knecht und Ritter:]
and he become pe ricchest march-and of alle pat land so pat he knew nozt pe thowsand parte of his gude. And so he was wyser pan pe kyng before. After pis per come a knyght of pe Templers and woke pis sper-hawke wele and asked pat he myght hafe euermare his purs fulle of gold. And pe lady graunted him his asking, bot scho said pat he asked pe destruccioun and pe vndoyng of his order for pe grete pride of his ricches and pe grete trist of pat purs. And so it befelle afterward.
Forpi it es gude to him pat schalle wake pis hawke pat he be wele warre pat he slepe nozt, for if he slepe he bese lost for euer and neuermare comme whare men er. pis ilke castelle es nozt in pe rizt way to pe cuntrez before neuend, bot he pat wille see swilk meruailes him behoues suntyme pus wende oute of pe way.

Die Stadt Toth in Persien

VHS. (Ed. Morrall) — S. 97f.	HS. N (Ed. Bremer/ Ridder) — --	VDR. (Ed. Bremer/ Ridder) — --	DDR. (Ed. Bremer/ Ridder) — S. 279	PARIS-TEXT (Ed. Letts) — S. 314
Item von der selben statt so kumpt man zů ainer andern statt, die haisset Toth, und die ist ain tagwaid von dem Sandigen Mer. Daz ist die best statt [S. 98:] die der kaiser von Persia hat, und ouch die cristen haissent sie Cayr. Und sprechent die haiden daz kain cristen nit lang da müg beliben, sie wissent aber nit war umb daz syge.	[fol. 85v, fehlt]	[S. 102, fehlt]	von Cassach kommpt man gen Grach die lyt ein tagweid von dem sandechten mer vnd ist der vesten stetten einen die der keiser von Persien hett vnd da zů land spricht man dem win vappere vnd dem fleisch tang hebo vnd Sprechent da die heiden das die christen nit lang leben mögent von nature Doch wissent sie nit wa von das sie von grach ziehent mandurch manig land	De celle cite va on a vne autre cite qui a a nom Teth, qui est a vne iournee de la Mer Areneuse. Cest la meilleur cite que lempereur de Persie ait en toute sa terre, et appelle on la char Dagoblio et le vin Vapere. Et dient les paiens que les Crestiens ny peuent demourer en celle cite ne durer ne viure quil ne muyrent briement; ne scet on par quelle cause.

NND. VERSION BERLIN MS. GERM. FOL. 204 — fol. 73r	DIEM.-HS. SG1 — fol. 51r	DIEM.-HS. H1 — fol. 75v	COTTON (Ed. Hamelius) — S. 100	EGERTON (Ed. Seymour) — S. 84
Van der stad van cassach trecket men dorch ene stat de men heet theth de licht by der santsee vp ene dachuart na dit is de beste stad de de keyser van persien heuet vnd in al syn land heet men dat vleysch dagab vnd den wyn vape vnd de heydene seggen dat in der stad ne ne heydene solden mogen wonen Jn desser stad van teth vnd solden dar nicht ynne mogen geduren wente se mosten cortlinge steruen vnd ne weten nicht wor vmme dar na trecket men dor menich land vnd dor menige schone stad	von Cassat komet man gen Beth die lit ein tagweid von dem sandachten Mer vnd ist der besten Stetten eine die der keisser von persyen hatt vnd da land sprichet man dem win vappere vnd dem fleisch dang hebo vnd sprechent da die heiden das die Cristan nit lang leben mögen von natur doch wissent si nit wa van das sig	Von cassach komet man gein Jeth daz ist ein stat lit nit denne ein tagefart von dannen dem sandehtem mere vnd ist der vesten stete eine die der keiser von persien hat vnd heissent sie den wine vappere vnd daz fleisch danghebe vnd sprechent da die heiden ~~Juden~~ daz die cristen in der gegene nit lange mögent lebendig bliben von naturen vnd sie enwissent wo von daz sin moge Von Jecht zuhet man durch manige lant	Fro þat cytee men gon to anoþer cytee þat is clept Geth þat is a iourneye fro the see þat men clepen the gravely see. þat is the beste cytee þat the Emperour of Persie hath in all his lond And þei clepen fleessch þere Dabago and the wyn Vapa. þe paynemes seyn þat no cristene man may not longe duelle ne enduren with the lif in þat cytee, but þyen within schort tyme and noman knoweth not the cause. After gon men be many cytees and townes and grete contrees	Fra þis citee men gase til anoþer cite þat es called Beth, and it es a day iournee fra þe grauelly see. þis es þe nobillest [citee] wiþin þe empire of Perse, and sum callez it Cardabago and sum Vapa. þe Sarzenez bare saise þat þer may na cristen men dwelle in þat citee nawhile þat ne þai schalle dye. þe cause why wate na man. Fra þeine men gase many iourneez by many citez

Rituale: Ydola und Simulacra auf Thana/ abergläubische Christen

VHS. (Ed. Morrall) S. 105f.	Hs. N fol. 91vf.	VDR. (Ed. Bremer/ Ridder) S. 108f.	Paris-Text (Ed. Letts) S. 322-324	DDR. (Ed. Bremer/ Ridder) (S. 387)
Und daz volck von der selben insel hat wunderlich gelouben, wann etlich bettend daz füer an, etlich die funcken, etlich bôm, etlich schlangen, etliche daz erst daz in kumpt wenn es uff stat des morges. Etlich bettent abgôt an, und ains nit als daz ander: etlich bettent ain bild an, daz ist als ain mensch und hat ain houpt als ain ochse, etlich hond ain pferitz houpt. Nun sôllent ir wissen daz underschaidung ist zwüschent simulachra und ydola, wann daz symulachra daz ist ainem menschen gelich, ainem man oder ainer frowen. Das ydola haisset, daz ist uß der natur, als ich ûch vor geseyt hon, halb mensch und halb ochß. Nun sôllent ir wissen daz ir sin also ist gestalt, daz sie an bettent ain bild als Hercules waz und menig ander die vil wunders hon geton. Da von sprechent si das es billich si das man ain sämlichen an bete, wann er si got von natur, wann si mochtend sôlich ding nit hon geton. Also sprechent sie von der sunnen, da von daz sie iren schin verwandlet und nert allu ding uff der erde, und da von daz sie als gros tugent hatt, so sprechent sie daz sie nit anders müg gesin wann gott und sy in hôlder denn kain ander ding, dar umb sôllent sie in billich an betten. Und also sprechent sie ouch zû dem füer. Item sie sprechent ouch daz der ochse sy daz hailigest tier	vnd das volck von der selben Jnseln daz hat wunderlichen glauben etlich betten daz feẅr an etlich die funcken etlich die schlangen etlich das erst daz jnn des morgens komt vnd eins nit als das ander etlich petten ein pild an das ist als ein mensch vnd hatt ein haubt als ein ochs jr sult wißen das vnderschaid ist vnder ydole vnd Symolachia wan das Symolachya haist das ist einem menschen gleich Aber ydolrin ist halb mensch vnd halb anders Auch so petten sie den Merern teill an was in des morgens komt	das volck von der inselen das hat gar wunderlichen gelauben. Ettlich betent das feüer an. etlich die funcken oder flammen. etlich die schlangen. ettlich das erst das in des morgens kompt vnd eins nit [S. 109:] als das ander. Ettlich betent ein pild an das ist als ein mensch vnd hat ein haupt als ein ochs. Ir sôlt wissen das vnderschaid ist vnder ýdolum vnnd simulacrum. wann das simulacrum heyßt das ist einem menschen geleich. aber ýdolum ist halb mensch vnnd halb anderst vnd den merern teÿl betent sy an was in an dem morgen kompt.	Et les gens de ceste terre ont moult diuerse loy; car les aucuns aourent le soleil, les aucuns le feu, les aucuns arbres, les aucuns serpens ou la premiere chose quil encontrent au matin. Les aucuns aourent simulacres et les aucuns ydoles. Mais entre simulacres et ydoles y a difference. Car simulacres sont ymages faictes a semblance de aucunes choses natureles, comme de semblance dommes et de femmes ou de soleil ou daucune beste ou dautres choses natureles. Et ydole est ymage faite par folle uolente domme, que on ne pourrait trouuer entre les choses naturelles, ainsi que vne ymage a iiii. testes ou i. homme a teste de cheual ou de buef ou dautre beste que nulz homs ne vit onques selon nature ne disposicion certainne. Et sachiez que ceuls qui aourent simulacres les aourent pour aucuns vaillans hommes qui iadis furent, si comme le fors [S. 323:] Hercules et pluseurs autres qui faisaient moult de merueilles en leur temps, comment que bien sceuent quil ne sont mie Dieu. Car il dient quil est le Dieu de nature qui fist toutes choses et est es cieulx, mais il sceuent bien que ceuls ne peussent auoir fait les merueilles que ilz faisoient, se ce ne fust de especiale grace de Dieu, et pour ce ilz les aourent. Aussi dient il du soleil, pour ce quil change le temps et donne couleur et nourrissement a toutes choses sus terre, et pour ce que	[fehlt] [ähnlich, sehr kurz am Ende des Berichts, S. 387:] Jr etlich bettent die Sonnen vnd den mon an oder das gestirn Etlich das erst tier das sie frü niechter sehent Etlich abgôtte. Item etliche gloubent das hercules vnd Jupiter etwen lüt syent gesin vnd syend nun gotlich worden vnd die zwen bettent sie an. Jtem etlich gloubent das der got von naturen me sye den einer als Jupiter in himel got sye plato vff erden neptis in wasser vnd in luffte volcanus in für bachus in win venus über alle geburt vnd der gelich vil ander gôt on zal über die alle ist der obrest gott von naturen von dem die andern all ir krafft hand.

und daz nützest daz in der welt sy, wann er tüt alles güt und kain böß sach; daz wissent sie wol daz das nit mag gesin wann von besunder gnad von gott. Und dar umb machent sie iren got halben von ainem menschen und halben von ainem ochssen, da von das der mensch ist die edlest creatur uff der erde, dar umb machent sie ir abgôt also. Aber gemainlichen so bettend sie daz maistail an was in des morgens kumpt.

il est de si grant uertueusete, il sceuent bien que ce ne peut estre que Dieu ne laimme plus quil ne fait les autres choses. Et pour ce li a il donne, a ce quil dient, si grant uertu, pour quoy il est bien raison que on lonneure et face reuerence. Et aussi dient il en leurs raisons des autres planetes, et du feu aussi, pour ce que il est si proffitable. Et dient que le buef estait la plus sainte beste qui soit en terre et plus proffitable que nulle autre beste, car il fait des biens assez et ne fait nul mal; et sceuent bien, a ce quil dient, que ce ne peut estre senz especial grace de Dieu. Et pour ce font il leur Dieu de buef la moitie et lautre moitie de fourme de homme, pour ce que lomme est la plus noble creature qui soit en terre. Et pour ce quil a seigneurie sur toutes bestes, pour ce font il la moitie de leurs ydoles domme et lautre moitie de buef. Et des serpens et autres choses que ilz encontrent premierement au matin, ilz aourent toutes choses especialment quil ait bon encontre et que bien leur aduient la iournee quil les encontrent, si que il y ont essaye par pluseurs fois, par experience de lonc temps. Et pour ce dient il que bon encontre ne peut venir, sil ne vient de la grace de Dieu. Et pour ce font il faire les ymages semblables pour elles regarder et aourer premier le matin auant quil encontrent chose contraire

Item ir [S. 106:] sôllent wissen das man mengen man findet und frowen, die cristen sind und sprechent daz etlich tier, wenn es den lütten begegnot, betüt übel oder gůt, und sind als tôrot daz sie sprechent, sie habent es dick versücht, als sie sprechent, von ainem haßen oder von andern tieren. Syder man nun findet als üppig cristen den man prediget und in die hailigen geschrifft seyt und gelöben hond an sôllich åb wiß, vil minder ist es ain wunder ob die haiden ge-loubend, die ander ler nit hond wann waz sie die natur leret. Nun sollent ir wissen daz ich ouch mit dem haiden geritten bin in harnachs gen unsern vigenden, und die erkantent an der vogel fliegung wie es uns sôlt gon, und hond mir ouch ir houpt zů ainem pfand gesetzt, ôn daz ich icht sprech, wann was sie mir seytent, daz ward wär. Aber doch sol kain gůt cristen an sôllich sach nit gelouben, wann wir sôllen glouben an gott, daz er mag thůn und laussen waz er wil.	Jr sult wissen das man mangen ein- [fol. 92r:]ueltigen kristenn vindt die sprechen es sein etliche tier wen sie dem menschen begegnen es beteut vbel oder gut vnd sint als dorecht vnd sprechen sie haben es versücht von einem hassen seider man vindt als ÿppig cristen den man alltag predigt vnd in die hailigen geschrifft auß legt vnd glauben dennoch an sulch abweis annder wunder ist ob dy hai-den das glauben vnd die ander ler nit haben den das sie die natur lernet ir sult wissen das ich dick in harnasch bin geritten	Jr sôlt wissen das man mengen ein-felltigen cristen vindt die sprechent es seÿen ettliche tier wenn sy dem menschen begegnen es bedeüte übel oder gůt, vnd seind als torot vnd sprechent sy habend es versüchet vonn einem hasen. Seÿder vindt man als üppig cristen den man alltag prediget vnd in die heÿligen geschrifft außlegt vnd glaubent dannocht an sôllich vnweiß. wenn vil mÿnder wunder ist ob die heÿden das gelauben dÿe ander ler nit ha-ben dann was sy die natur lernet	Il y a bien des crestiens qui dient que aucunes bestes ont bonne encontre et aucunes mauuaise encontre, si que on dist que on a esprouue maintes foiz que le lieure a mauuais encontre et pourceaulx et pluseurs autres bestes aussi; ou dun autre oisel de proie, quant il volle de premier apres sa proie deuant genz darmes, et se il prent sa proie, cest bon signes; et sil faut, cest mauuais signe. Et aussi sont aucunes gens qui dient que cest mauuais encontre dun corbeau. En telles choses et autres il sont asses de gens qui y croient, pour ce quil est souuent auenu; et asses de gens qui ny [S. 324:] croient mi, si font tres bien. Et que les Crestiens telz y a ont celle creance, qui en sont abeures et sceuent toute sainte doctrine, ce nest mie merueilles se les paiens, qui nont point de bonne doc-trine fors que de leur nature, sil croient plus largement par leur simplesce. Et vrayement lay veu des paiens et des Sarrasins moult viguereus, qui, quant nous cheuauchiemes en armes aucune part vers nos ennemis, par le voller des oyseaulx il nous promectoient ce que nous trouueriemes moult souuent apres; et ce faisaient il par pluseurs fois et mectoient leurs testes en ostaige quil seroit ainsi. Mais pour ce ne doit on point mectre sa creance en telles choses mais tousiours auoir ferme creance en nostre Seigneur, qui peut faire et deffaire quan quil ly plaist.

Gesundbrunnen und Ochsenanbetung in Pulumbus

VHs. (Ed. Morrall) S. 107f.	Hs. N fol. 93r-94r	VDR. (Ed. Bremer/ Ridder) S. 111f.	PARIS-TEXT (Ed. Letts) S. 325f.	DDR. (Ed. Bremer/ Ridder) S. 292f.
Hie seyt er von ainem brunnen der all siechtagen vertirbt. [= Ü.] Item in ainem ende in dem wald da ist ain statt, die haissent Plumbus. Und ob [S. 108:] der stat da ist ain berg, der ist gros und haisset Polimp; und die stat hat den namen nach dem berg. Unden an dem berg ist ain brunn, der schmecket als wol und dar inne die man in der welt finden möcht. Und von ainer stund zů der andern wechßlet er sin schmack und sin gůt. Item ir söllent wissen welcherlay siechtagen ain mensch hatt, wenn es denn des brunnen trystund trincket nüchtern, so würt er gesund. Und daz volck daz da wonet, daz würt nümer siech biß es sol sterben. Und ich hon des brunnen trystund oder vierstund getruncken, und ich gloub wol, es syge war. Item sie sprechent daz der brunn kum uß dem paradyß, da von hab er die tugent. Und daz volck daz da wonat schinet alles jung; das ist von des brunnen wegen.	An einem end des waldes do ist ein statt die haist plumbus vnd ob der statt ist ein grosser berg der haist plumb vnd die stat haist noch dem [fol. 93v:] berg vnden an dem selben berg do ist ein prunn der schmeckt als wol als wern all die guten wurtz dor jnn die jn der welt sind vnd welcherley prechen ein mensch hatt er wirt gesunt vnd das volk das do wont das ist nymer siech es sull den sterben vnd ich hann des prunnen auch getruncken vnd sicher jch glaub wil das er wär sey Sie sprechen der prunn kom auß dem Paradeis das volk daz do wont das scheint alles junck sein wie alt eins ist	An einem ennd des waldes do istt ein stat die heÿsset Plumbus vnd ob der statt do ist eÿn grosser berg der heÿsset plumb vnd die stat heÿßt nach dem berg also. Unden an dem selben berg do ist ein prumm der schmeckt als wol als wären all gůt wurczen darim die in der welt seind. Und welcherleÿ geprechen ein mensch hat trinckt er des prunnen nüchtern er wirt gesundt. vnd das volck das do wonet dз wirt nymmer siech es sölle dann sterben. vnd ich hab des prunnens auch getruncken vnd sicher jch gelaub wol das es war sei. sy sprechent der prunn komm auß dem paradiß Das volck dз do wonet das scheint alles junck sein wie alt eins ist	Item vers le chief de ceste forest est la cite Polumbus; et par desseure celle cite y a vne grande montaigne, qui a a nom Polumbe, et de celle montaigne prent la cite ce nom. Et au pie de celle montaigne ya vne fontaine, qui a oudeur et saueur de toutes manieres despices; et a chascune heure elle change oudeur et saueur. Et quiconques boit trois fois a ieun de celle fontaine, il est [S. 326:] cure de quelconques maladie qu'il eut. Et ceuls qui la demeurent et qui souuent en boiuent, il nont onques nulle maladie. Ie en beu iii. fois ou iiii. et encore me semble que ien vaille mieulx. Et dist on que celle fontaine vient de paradis, et pour ce est elle si vertueuse. Et auec ce ceuls qui souuent en boiuent semblent estre tousiours ieunes, dont les aucuns lappellent et dient que cest la fontaine de iouuent, pour ce quelle fait ressembler a estre les gens iouenes.	Item in dem vorgenanten land zů lombe vnferr von eim end do der pfeffer wechßt. Ist ein hoch gebürg heisset palumbe vnd lyt eyn stat vnden dar an. die heisset ouch Palumbe vnd springet vß dem gebürg ein brunne der aller gůten wurtzen vnd kriter geschmack hat. vnd alß menig stund zwischent tag vnd nacht ist als dick verendert er sin farb vnd sin geschmacke wan wer sin tristund niechter trincket der genisset aller siechtume. vnd machet schön vnd jung lüt vnd gefarbe vnd schinend die lüt in dem land alleзyt jung die sin dick trinckend vnd sind alleзyt gesund vnd heysset der Jung brunn vnd ich tranck sin etwie dick vnd mich duncket ich wer dester gesunder vnd meint man das er vsser dem paradiß fliesse vnder der erden [S. 293:] verre dannen. vnd breche dar зů balumbe vß. Item in dem selben land ist gewonheit wen ein eman stierpet. [Ritual fehlt] [fehlt bspw. auch in Hs. H1 (Bl. 82v) und Hs. Sg1]

				[DIEM.-HS. SG1, fol. 57r:]
In dem selben land wachsent gůt ymber, und da von kument vil koufflůt dar umb spetzery. Item in dem selben land bettend sie ainen ochßen an und sprechent daz es das hailigest tier syge und ainfaltig und daz nützest so man es uff der erden findet. Und sie lond sich arbaitten uff sechs oder uff sůben jar, so essent sie in danne mit grosser andächt. Item für den küng in dem land fůrt man all tag ainen ochssen, und die des selben ochssen wartend, die vahent sinen harn in ain guldin beckin und gebent es irem prelaten; und den haissent sie Archipretha Pappada. So treyt der prelaut den harn für den küng; so stosset der küng try finger mit grosser andächt in den harn, (und den haissent sie Gehal), und strichet sich an die stirnen und an sin hertz mit grosser demůttigkait, und tůt daz in der mainung daz er als vil tugent sölle haben als der ochse. Und sie dunket sie werdent hailig da von. Und wenn denn daz er gnůg hab geton, so tůnd es denn die grossen herren all und da nach daz ander volck. Item sie hond ain abgot, halb mensch und halb ochß; und da ist der böß gaist inne und antwůrt in wes sie frägent. Item vor dem abgot töttet manger sin kind, und besprengent den abgot mit dem plůt, und also opfferent sie dick.	jn dem selben lannd wachst guter ymber vnd dor vmb komen chauffleut dar vmb speecereÿ jn dem selben land betent die leüt einen ochssen an. vnd sprechen das es das hailigest nüczgest vnd heÿligest tier seÿ so man es auff der erden vinden mag vor dem kůnig des selben lands do fůrt man alltag ein ochsen vnnd die des selben ochsen warten die vahent des ochsen harn in ein guldem beck vnd den tregt ein prelat für den [fol. 94r:] kůnig so stesst der kunig mit grosser andacht ein vinger in den haren vnd bestreicht sein stirn dar mit vnd darnoch das gemain volck vnd meinen sie werden hailig douon jr abgott ist ein halber mensch vnnd ein halber ochs vnd do ist der böß geÿst jnn vnnd antwurt jnen wz sy in fragent. Menger tödt sein kind vnd besprengt den abtgot mit dem plut	in dem selben land wachsent gůt ymber vnd darumb komment kauffleüt dar vmb speecereÿ. Jn dem selben land betend die leüt einen ochsen an. vnd sprechend [S. 112:] das es dz nüczgest vnd heÿligest tier seÿ so man es auff der erden vinden mᵃg. Vor dem kůnig des selben lands do fůrt man alltag ein ochsen vmd die des selben ochsen warten die vahent des ochsen harn in ein guldin becke vnd den harn tregt ein prelat für den kůnig. so stoßt der kůnig mit grosser andacht den vinger in den harn vnd bestreicht sein stirn damit vnd darnach die grossen herren vnd dann das gemain volck vnd mainent sy werden heÿlig daruon. Jr abgot ist ein halber mensch vnd ein halber ochs vnd da ist der böß geÿst vnd antwurt jnen wz sy in fragent. Menger tödt sein kind vnd besprengt den abtgot mit dem plůt	Par tout ce pays croist moult bon gingembre; et la vont les marchans de pluseurs pays pour querre des espices. En ce pays les gens aourent vn buef pour sa simplece et pour sa debonnairete, et dient que cest la plus sainte beste qui soit en terre, car il leur semble quil soit simple et debonnaire, piteus et proffitable, et est moult souuent sacrefies. Car il leur semble quil est a toutes vertus bon. Il font le buef labourer vi. ans ou vii., et puis le manguent aus grans sollempnitez. Et a le roy du pays tousiours i. tel buef auec li. Et ceuls qui le gardent, tous les iours il recoiuent le fiens et lorme en deux vaisseaux dor, et puis le baille on a leur prelat, que ilz appellent Acthiprochopapato. Et cil prelat le porte deuant le roy, et le roy par grant deuocion moulle ses dois de lorme, que ilz appellent ghaul, et moulle son front et sa poitrine auecques grant reuerence, par entencion quil soit remplis des uertus dessus dites que le buef a en ly. Et leur semble quil soient saintefies par la vertu de celle chose, qui riens ne vault. Et apres ly le font les grans seigneurs, et apres les seigneurs le font les autres maistres, quant ilz en peuent auoir aucun remenant. En ce pays il sont ydoles moitie homme et moitie buef; et en ces ydoles le mauuais esperit parle a eulx et leur respont de quanque ilz veulent demander. Par deuant ces ydoles occient il maintes fois leurs enfans, et espergent les ydoles de leur sanc, et ainsi font leurs sacrefices.	Item indem vorgenanten lande ʒe lombe vnferr von einem ende da der pheffer wachset ist ein hoch geburge heisset Balumbe vnd lit ein statt vndenan daran die heisset auch Balumbe vnd springet uss dem Berg ein brunne der aller gůt wurtzen vnd kruter geschmak hatt vnd als menig stunden ʒwischent tag vnde nacht ist als dik verendert er sin warwe vnd sin geschmak vnd heisset der Jungbrunnen wan wer sin dristunt nůchter dingen trinket der geniset aller siechtagen Es war denn die totsucht vnd machet ouch schön vnd junge hut vnde warw vnd schinent die lute in dem lande alʒit Junge die sin dik trinkent vnd sint ouch all ʒitt gesunde vnd ich trank sin etwen dik vnd dunket mich das ich deser gesunder sig vnd meint man das er fliesse usser dem paradise vnder der erden vnd vnd breche da verre dannen ʒe palumbe uss

VHS. (Ed. Morrall) — S. 109f.	Hs. N — fol. 94v-95v	VDR. (Ed. Bremer/ Ridder) — S. 112-114	Paris-Text (Ed. Letts) — S. 327f.	DDR. (Ed. Bremer/ Ridder) — S. 294
Hie seyt er von Sant Thomas arm und von den abgöttern in siner kirchen. [= Ü.]				vnd ist ouch gar vast güt win in dem selben land. vnd trinckent die wib ouch gar vil me wins den die man in dem selben land.
In dem land wachset güt wein, sin trinckent aber die man nüntz, nun die frowen trinckent in durch das lannd gett man wol zehen tagwaid, so kumpt man denn in ain küngrich, daz haisset Malbaion, dar inne sind schön stett und schönü dörffer.	In dem lannd wachsen gut wein sein trincken aber die man selden dann nun die frawen trincken in durch das lannd gett man wol zehen tag waid so komt man in ein kunigreich das haist Molpran dar jnn sind schönu stett vnd schön dorffer	In dem land wachsent güt wein sein trincken aber die mann selten, dann nun die frawen trincken in. Durch das land gat man wol zehen tag waid so kompt man in ein küngkreich dz heyßt malbran. darjnn seind schön stet vnd schöne dörffer.	Item en ce pays croissent bons vins, dont les hommes ne boïuent point; mais les femmes boïuent bien vin. Du bras Saint Thomas et des ydoles qui sont en son eglyse [= Ü.] De ce pays va on en passant par pluseurs marches vers vn pays a x. iournees loing, que on appelle Malbaron. Et y a vn moult grant royaume et moult de belles cites et de belles villes.	Das .ix. Capitel. im andern büch. Jtem aber ist ein lant heisset mabron das lyt ouch in Jndien vnd wol zehen tag weid von palumbe. vnd was ein küingrich wol erbuwen von stetten vnd dörffern vnd die hoptstat in dem selben land heisset Calamia. Das ist die stat do sanct Thoman ward gemartert vnd begraben vnd lag sanct Thoman Jn der selben stat Calamiam acht hundert Jar begraben vnd do Oggier die selben land gewan do hieß er in der selben stat Calamia ein köstlich kirchen buwen Jn sanct Thomans ere vnd dar in sanct Thomans heiltüm erhöhen in ein rylichen kostlichen schrin von gold vnd von silber vnd von anderen kostlichen dingen. vnd da lag er vntz in die von Astrie fürtent gen Mesopotanien da bleib er me den .ix. Jar. vnd darnach do namend in die von Indien mit gewalt wider vnd fürtend Jn gen Calamien da er vor was gewesen vnd leitent in Jnden eren schryn dar in er vor gelegen was vnd vmb das man wisse das sie Jn wider habent. So hand sie den arm vnd die hand mit der er Jn gottes wunden greiff vsserhalb des schrynes gelassen vnd also geordnet
In dem selben küngrich ist Sant Thomans lichnam mit flaisch und mit gebain in ainem schönen grab in ainer statt, die haisset Callamyon, wann er da gemarteret ward. Die von Syria hiessent in füren genn Mesopotamia in ain statt, die haisset Edissa. Und ward da hin wider gefürt, und da ist ouch der arm und die hand da er vnserm herren mit graiff in sin wunden nach siner urstende. Und die hand ist ob dem grab in ainem fasse; und die selb hand ist ir richter von dem land. Wenn zwen mit ain ander kriegent, und wenn baid recht wellent hon, so schribt man ir baider sach yegliche an ainen brieff besunder, und gebent die brieff in	jn dem selben lannd ist sant Thomas leichnam mit fleisch vnd mit pein in einem schönen grab in einer statt dy haist Calamthan wann er do gemartert ward Die von Siria hiessen in füren genn Mesopotonia in ein statt die haist edissa vnd do ward er hin widerumb gefurt vnd ist auch der arm vnd dy hend do do er vnserm herren mit greiff in sein wunden noch der vrstend vnd die hannd ist ob dem grab in einem guldem Sarch vnd die selb hannd ist richter in dem land. wann zwey ein ander des rechten nit wöllent erlassen So lossen sie ir beder sach an ein zedel schreiben vnd geben die zedel in sant Thomas hannd [fol. 95r:] vnd welches vnrecht hat desselben zedel lett die hannd vallen	Von dem heyligen zwelfpoten Thomas grab vnd von seinem arm. [= Ü.] [S. 113:] Jn dem lant als ich gesagt hab do ist sannt Thomas leichnam in einem schönen grab in einer stat dÿe heyßt Calamthan wann er do gmartert ist worden. Dÿe von Syria hiessend in füren gen mesopotania in eyn statt die heyßt Edissa. vnd do ward er hin widerumb gefurt vnd do ist auch der arm vnd die hand vnd do ist auch der arm vnd die hand do er vnserm herren mit griff in sein wunden nach der vrstend. vnd die hand ist ob dem grab in einem guldin sarch. Und dÿe selb hand ist richter in dem land. wann zweÿ ein ander in dem land. wann zweÿ ein ander des rechten nit wöllent erlassen, so lassen sy jr beider sach an zwen zedel schreiben, vnnd gebent die zedel in sandt Thomas hand. vnd wellicher	En ce royaume gist le corps Saint Thomas lapostre, en char et en os, dessouz vne belle tombe en la cite de Calamyon. Car la fut il martyrie et enseueli. Mais les Assyriens firent iadis porter le corps de luy en Mesopotame en la cite de Edisse; et puis fut il la raporte arriere, et les bras et les mains quil bouta es plaies nostre Seigneur, quant nostre Seigneur sapparut a ly a pres sa resurreccion et li dist, *Noli esse incredulus sed fidelis.* Et gist encore la main de luy au dehors du vaissel; et par celle main pour leur iugement ou pays essaient qui a tort ou droit. Car quant il a discencion entre deux parties et chascun tient quil ait	

Sant Thomas hand. So wurfft die hand den brieff hin weg deß der da unrecht hatt, und behalt den rechten in der hand. Also werdent sie der gerechtigkait innen.	das sie da von gestrecket ist vnd geschicht gar vil großes wunders vnd zeichen von dem arm vnd sunderlich das zeichen wen ieman an sach oder an sprach oder klag an den andern hett so schribet der kläger sin anred vff einen brieff vnd der widerteil sin red ouch vff einen brieff vnd legent den baid teil ir brieff in sant Thomans hand vnd den vnlang So lat die hand des teils der vnrecht hat brieflin vallen vnd behebt das brieflin des ander teils der da recht hat. vnd dan git das geriht die virteil dem des brieflin in der hand beliben ist vnd kommpt ouch vil volckes von verren landen da hin recht vrteil zů erfarend.	vnrecht hat, desselben zedel laßt die hand vallen.	droit, il mecent la cause de chascun en escript, et puis il mectent les escrips en la main de Saint Thomas, et tantost la main degiete le tort ou fauls en loing, et retient la main le droit et la verite. Et ainsi viennent de bien loing pour auoir iugement des causes doubtables.
Item die kirch da Sant Thoman litt ist ain schön und große kirch und ist alle vol grosser abgöt. Und daz sind grosse bild, und daz minst ist als groß als ain man. Und under den allen ist gar ain grosses, und daz ist guldin und von edelm gestain gemachet. Und daz ist daz bild der verlögnetten cristen. Und daz stat uff ainem grossen wagen, und der ist wol gewürcket von silber und von [S. 110:] gold und von edelm gestain. Und die kirch ist innen allü vergüldet.	die kirch do sannt thomas jm leytt ist ein grosse schöne kirch vnd ist alle voller grosser abtgotter der mynst ist als ein man vnd vnder dennen allen ist ein grosser der ist gemacht von golde vnd von edelm gestein vnd der ist der verlaugneten kristen abtgott der stett auff einem grossen wagen der ist wol gewürck von gold vnd von [fol. 95v:] edelm gestein vnd von silber dy kirch ist ynnen alle vergult	Der verlaugnoten cristen abgot [= U.] Die kirch do sant Thomas jnnen ligt ist ein schöne grosse kirch vnd ist alle voller grosser abtgöter. vnd der kleinst ist als ein man. vnd vnder den allen ist ein grosser der ist gemachet von golde vnd von edelm gestein. vnd der ist der verlaugnoten cristen [S. 114:] abgot. der stat auff einem grossen wagen der ist wol gewürckt von gold von silber vnd von edlem gesteyn die kirch ist jnnen alle vergüldet von reinem gold.	Item leglise ou Saint Thomas gist est vne moult grant eglyse et belle, et est toute pleine de grans simulacres, ce sont grans ymages, quil appellent leurs dieux, de quoy le mendre est aussi grant comme hommes sont. Et entre les autres y a vne autre grant ymage plus assez que nulle des autres, qui est toute couuerte [S. 328:] dor et de pierres precieuses. Et cest lymage des faulz Crestiens renoiez. Et siet en vne grande chaiere moult noblement, et a entour son col des larges ceintures ouurees dor et de pierres predeuses. Et est leglise toute doree par dedenz.

Prozession und Selbstopferungen der Thomaschristen: Leiden für Gott

VHS. (Ed. Morrall) S. 110f.	Hs. N fol. 95v–96v	VDR. (Ed. Bremer/ Ridder) S. 114f.	Paris-Text (Ed. Letts) S. 328f.	Ddr. (Ed. Bremer/ Ridder) S. 294f.
Item daz volck in dem selben land gond als ser dar in bilgers wiße, als die cristen tůnd zů Sant Jacop, und kument dar in grosser andaucht von ferren landen, und senhent all weg uff die erde, und senhent nüntz umb sich, und daz tůnd sie dar umb daz sie icht senhent daz in ir andacht benem. Item so sie kument, so tragent sie kettenen in ir hend, da schlahent sie sich mit, daz daz plůt uff die erden rint durch des abgottes willen. Item es kument etlich und fürent iräi kind dar, und tottend sie, und opfferent sie dem abgot daz plůt von dem kind. So fint man ander die von iren hüßern gond uff iren kniůwen dar, und wenn sie dar kument, so hond sie wiroch und waz wol schmecket, und berö-chent den abgott.	das volk in dem lannd get in pilgrams weisse als vast dar als die cristen tund gen sannt jacob vnd komen in groser andachtt dar von fern lannden vnd sehenn alweg auff die erd vnd lugen nit vmb vnd das tund sie dorvmb daz sie nit etwas ansehen das in ir andacht neme Etlich dy koment dar vnd tragen groß ketten vmb an irenn henden vnd slagen sich dormit das in das plut rint auff die erden durch irs abgots willen. vnnd etlich pringent ire kind dar vnd totten sie vor dem abgot vnd opffern sie im So vint man auch die die auf jren knyen dar genn	Dz volck in dem land gat in pilgris weiß als vast dar, als die cristen thůnd gen sant Jacoben, vnd kommend in grosser andacht dar von verren landen vnd sehend allweg auff die erd vnd lůgent nicht vmb. vnd dz thůnd sy darumb dz sy nit ettwas ansehen dz jnen jr andacht nem. Ettlich komment dar vnd tragend groß ketten an jren henden vnd schlahend sich damit dz in dz plůt rinnt auff die erd durch jres abgots willen. vnnd etlich die pringent jre kind dar vnd tödten sy vor dem abgot vnd opfferent sy jm. so vindt man auch die die auf jren knyeen dar gand.	Et a celle eglise vient on en pelerinage ainsi communement et par aussi grant deuocion que Crestiens font a Saint Jaques en Gallice. Et pluseurs gens qui vont vers celle ydole de lointainnes terres, par la grant deuocion quil y ont, il regardent tousiours en terre et nosent leuer leurs testes pour regarder entour euls, pour paour quil ne voient aucune chose qui les oste de leur deuocion. Et des autres y vont en pelerinage, qui portent des coutiaux en leurs mains, et se fierent et plaient es bras et es iambes et es cuisses, et espandent leur sanc pour lamour de celle ydole; et dient que cilz est bons eureux qui meurt pour lamour de son dieu. Et des autres y a qui mainment leurs enfans pour occirre et sacrefier deuant celle ydole, et puis espargent lydole du sanc des enfans. Et des autres y vont qui de leure quil se partent de leurs maisons a chascun iii. pas ilz sagenoillent, tant quil sont venus a celle ydole. Et quant il sont la venuz, il ont encenz et autres choses bien odorans, de quoy ilz encensent lydole, si comme se ce fust le corps nostre Seigneur. Et ainsi vient on pour aourer a celle ydole de plus de cent lieues de loing. Et si a dedenz le moustier de celle ydole ainsi comme vn viuier ou lach plein dyaue; et en ce viuier gitent les pelerins or et argent, perles et	Ouch schribt Sanctus Gregorius Jn dem bůch das da heisset Soccus ein groses wunder von sanct Thoman. das in der heiligen wochen nach dem Palm tag vntz zů ostern. So seczt man sanct Thomans heiltům vff ein altar vnd git im in sin hand des heiligen Sacramentes vnsers herren fronlichnam vnd welcher Christen mensch vnsern herren empffahen wil dem git er ln ob sin der mensch wirdig oder on sünd ist welcher mensch aber da hin gat vnwirdiglich so zühet er den arm zů im vnd beschliisset die hand [S. 295.] vnd ist den das der mensch nit bald zů rüwen vnd zů bicht kommpt. so stirbet er E er vsser der selben kirchen kommpt. Jn dem selben land ist ouch vil wunders von wassern vnd ouch von edeln gestein.
Item in der kirchen da der abgott statt, da ist ain grosses wasser als ein groß als ain sŏw, da werffent die bilgerin ir opffer in, ir yeglicher gold, der ander perlin, der ander edel gestain. Und wenn die kirch ůtz bedarff, so nement sie dar uß was sie bedörffent, und buwent da mit.	vnd in der kirchen do der abgot inn stett ist ain grib mit wasser als ein groß Cistern do werffent die pilgram ir opfer ein etlich silber, etlich gold, ettlich edels gestein. vnd wenn die kirch etwas bedarff so nemen sie es herraus	Jn der kirchen do der abgot jnn stat do ist ein grüb mit wasser als ein grosse cÿsteren do werffent die pilgrin jr opffer ein, etlich silber, etlich gold, ettlich edels gestein. vnd wenn die kirch ettwas bedarff so nement sy es herauß.		[DIEM.-Hs. SG1, fol. 58v:] Auch schribet Santus Gregorius in dem büche das da heisset Sertus ein gross wunder von sant Thoman das in der heiligen wochen nach dem balmtag vntz ze osteran so setzet man sant Thomans heiltům uff einen altar vnd git im in den arm Jn sin hand des heiligen Sacramentes vnsers herren fronlichnam vnd welher Cristener Mensch vnseren herre enphahen wil dem git er ln ob sin
Hie seyt er von dem wunder so sie tůnd, so sie irem abgot kirchtag begond. [= Ů.]				

			der mentsche wirdig vnd an sunde ist welher mensche aber da hin gatt vnwirdig So zuher er den arm zů im vnd beschlusset die hand vnd ist denn das der selb sundig mensch nit bald ze Ritwen vnd ze bicht komet So stirbt er E das er uss der kilchen komet Jn dem selben lande ist ouch vil wunders von wassern vnd von Edlem gesteine

| | | | pierres precieuses, senz nombre. Et de ce, quant les maistres des ydoles ont mestier daucune chose faire en leglise, tantost il vont au viuier et prennent ce que mestier leur est pour la reedificacion de leglyse, si que riens ny faut qui ne soit tantost rappareillie. Item quant les grans festes de celle ydole viennent, si comme dedicacions de leglise, intronizacions de lydole, tous les pays la entour si assemblent et mectent celle ydole a grant reuerence sur vn char aourne de draps dor et de tartaires et le maimment ainsi entour la cite. Et par deuant le char vont premier aus processions toutes les pucelles du pays, moult ordeneement, ii. a ii. ensemble. Apres les pucelles vont les pelerins qui sont de lointaines marches, des quelz pelerins se laissent cheoir dessouz les [S. 329:] roes du char et laissent passer le char dessus euls, si que aucuns y muerent et les aucuns y brisent leurs bras, leurs iambes et leurs costes; et ce font il pour lamour de leur dieu en grant deuocion, et pensent que, de tant comme il font et sueffrent plus grans tribulacions pour lamour de celle ydole, de tant seront il plus pres de Dieu et plus grant ioie auront en lautre siecle. Et briefment a dire ilz font de si grans penances et de si grans martyres souffrir au corps pour lamour de Dieu que a painnes |

| | Jr sölt wissen wenn man des abtgocz kirchweihe begat so kompt dz volck alles von dem land dar vnd zierent den abgot vnd den wagen mit grosser andacht mit edlen tůchern vnd mit purput/do ist denn vnsåglich vil volck. so seind die von der stat die nåchsten beý dem wagen vnd gannd in einer procession. vnd die ersten dz seind junckfrawen vonn dem land vnnd gand ýe zweý miteinander. Darnach so gand die pilgrin die dar kommen seind. so sicht man denn mangen pilgrin die vor dem wagen nýder vallent vnd lassent den wagen übersich gan. also daz manger stirbt. ettlichem dem prechent die bain ettlichem dýe arm enczweý vnd auch die ripp. vnnd das thůnd sy durch des abtgocz willen mit gar grosser andacht und liebe. Und sy sprechend ýe grösser leýden sy habent ýe grösser genad sy empfahen von jrem abgot. vnd mit wenig worten gesagt. so leýdendt sy so groß peýn durch [S. 329:] jres abtgocz willen dz jch fürcht das man keinen cristen fund der es lit durch des waren gotes willen. | | |

| | Die nåchsten nach dem wagen seind der kirchen pfleger der ist vil vnd fůrent den abtgot vmb dýe stat vnd maniger süssen melodý. Darnach so fůrent sy den abtgot wider zů der kirchen vnd seczent in wider an sein stat. | | |

| | vnd ir sult wissen wenn man des abgottes kirchweihe beget so komt das volk alles von dem lannd dar vnd zierent den aptgot [fol. 96r:] vnd den wagen mit grosser andacht mit edeln tůchern vnd mit purpur do ist den vnseglichs uil volks do sind die von der stat die nesten bey dem wagen vnd gennd in einer proceß vnd die ersten das sind junckfrawen von dem land vnd gen ye zwo vnd zwo mit ein ander dormoch so gen die pilgrym die dar komen seind So sicht man den manigen pilgrym die vor dem wagen nider vallenn vnd lassen den wagen vber sich genn also das das manger stirbt etlich prechen die pein vnd dy arm entzwey vnd auch dy ripp. vnnd das thůnd sy durch des abtgocz willen mit gar grosser andacht und liebe. Und sy sprechend ye grösser leyden sy habent ye grösser genad sy empfahen von jrem abtgot. vnd mit wenig worten gesagt. so leydendt sy so groß peýn durch [S. 115:] jres abtgotz willen dz jch fürcht das man keinen cristen fund der es lit durch des waren gotes willen. | | |

| | die nechsten noch dem wagen sind der kirchen pfleger der ist uil vnd füren den aptgot vmb dy stat mit aller sussen melodij dar noch füren sie [fol. 96v:] sie den abtgot wider zů der kirchen vnd seczen in wider an sein stat. | | |

| Nun söllent ir wissen, wan man des abgotz kirchtag begat, so kumpt daz gantz land dar, und setzent den abgot mit grosser andacht uff ainen wagen, und der ist geziert mit guldinen tůchern vnd mit purpur do ist den vnsåglich vil volkes; so sind die von der stat die nähsten by dem wagen. Item so gond sie in ainer procession, und die ersten sind alle junckfrowen von dem land und gond ye zwo und zwo mit ain ander. Dar nach so gond die bilgrin die dar gewelt sind. So sicht man dem bilgrin die vor dem wagen nider fallent und lond den wagen über sich gon also daz daz menger da stirbt, etlichem brechent die bain, [S. 111:] etlichem die arm, etlichem die ripp. Und daz tůnd sie durch irs gottes willen in grosser andacht und sprechent, ye grösser liden sie hond, ye grösser gnåd sie von im enpfähent. Und kurtz geseyt sie lident als groß pin durch iren gott daz ich sere fürcht daz man kain cristen vind der es laide durch des wåren gotts willen. | | | |

| Item ich sag üch ouch daz die nästen vor dem wagen daz sind die die der kirchen pflegent, der ist ön zal, und die gand mit allen süssen melodyen und mit saiten spyl. Und wenn sie sind umb die stat gegangen so kument sie wider zů der kirchen und setzent den abgott wider an sin statt. | | | |

So sehent ir denn durch des ab-gotz willen und durch der grossen hochzitt willen zway hundert oder trühundert menschen die sich selbs ertödtend durch des abgotz willen. So sind denn ire fründ da, und nement den lib und legend in für den abgott und sprechent, er sy hailig in der ander welt, wann er töd syge mit si-nem gütten willen und durch irs gotz willen. So haissent denn sin fründ in schriben in daz büch, daz er hailig sy, und von dem geschlecht. Und ouch wenn sie mit ain ander zürnent, so sprechent sie: ‚Schwig, wie darst du mir antwürten. Es ist me hailigen kumen von minem geschlecht wann von dem dinen.‘	So sicht man den durch des abgocʒ willen vnd durch der grossen hochʒeŷtt willen hundert oder mer die sich selbs tötten durch irs abgotts wil-len So haissent sie ir freünd legen für den abgot vnd sprechen sie sein hailig jn jener welt wen er sey tott mit gut-tem willen So haissen sie ir freünd den in das büch schreiben das sie hailig sein vnd dick wen sie mit ein ander ʒürnen so spricht einer ʒu dem andern screig wy darst du mir antworten es ist mer hailigen komen von meinem geschlecht den von dem deinen	so sicht man dann durch des abt-gots willen vnd durch der grossen hochʒeit willen hundert oder mer die sich selber tödten durch jres abgots willen. So heŷssent sy jr freünt dann lagen für den abtgot vnd sprechent sy seŷen heŷlig in ÿener welt. wann er seÿe tod mit gütem willen. So heŷssent sy jr freünd dann in das büch schreiben dʒ sy heŷlig seÿen. vnd offt wenn sy miteinander cʒürnen so spricht einer cʒů dem andern schweig wie getarst du mir antwurten es seind mer heÿligen kommen von meinem geschlächt dann von dem deinen.	nul Crestien noseroit emprendre a faire la x.ᵉ partie pour lamour de Ihesu Crist. Et vous dy que deuant le char au plus pres vont les menes-terelx du pays aussi comme senz nombre auec diuers instrumens, et font entre eulx des grandes melo-dies. Et quant ilz ont toute la cite auironnee, ilz retournent a leglyse et remectent lydole en son lieu. Et adont pour lamour de celle ydole et pour la reuerence de celle feste si occient bien cc. ou ccc. personnes, des quelz on prent les corps et les met ou deuant lydole et dient quil sont sains en lautre siecle pour ce que ilz se sont occis de leur bonne uolente pour lamour de leur dieu. Et aussi comme vn lignage se tenroit honnore par deca dun saint homme ou de ii,, se ilz estoient du lignage, et en me-traient les biens fais et les miracles en escript, quil auroit fais, pour les faire canonisier, ainsi se tiennent il par dela pour honnores de ceuls qui se tuent pour lamour de leur dieu et les mectent en escript en leurs letanies et se vantent et dient lun a lautre, ‚Jay plus de sains en mon lignage que vous nayes ou vostre.‘

Das Ereignis des „Fischsegens" auf der Insel *Calonach*

VHS. (Ed. Morrall) S. 118	Hs. N fol. 101r-102r	VDR. (Ed. Bremer/ Ridder) S. 121	PARIS-TEXT (Ed. Letts) S. 338f.	DDR. (Ed. Bremer/ Ridder) S. 303f.
Item in ainer ander ynsel da ist anderlay lüt und volck inn; die gond uff den henden und füssen. Item das gröst wunder daz in der welt mag sin, daz ist in der selben ynsel. Wann ainest in dem jar allerlay visch die in dem wasser sind, die kument an daz gestad, und daz volck mag ir nemen wie vil es wil, wann sie nit fliehent und plibent da biß an den tritten tag. So kumpt denn ainer anderlay, die plibent ouch als lang da. Also kument all die visch die in dem wasser sind, und si mügent nemen wie vil sie wöllent. Also kumpt ümer me ainerlay nach dem andern. Und daz ist wider die natur, wann ain ieglich wild tier flücht daz mensch. Also kan ich nit gewissen war umb daz sy, wann daz sie in dem land sprechent es sy dar umb das ir küng der edlest und der hailigest und der gerechtest man sy, so er in der welt syge, dar umb so kument die visch und sind im undertenig von siner grossen frümckait wegen. Ich waiß nit war umb es syge, wann daz es mich sere und vast wundert wann kain ding daz ich ye gesach, wann sicher es müß ain gros betütnüß sin. In der ynsel fint man als gros schnecken hüßer das ain mensch wol leg dar inne.	do ist auch ein ander volk das gett auff henden vnd auf fussen [fol. 101v:] vnd einest in dem jar alle dy visch die in dem wasser sind die gen an das gestatt vnd das volk mag ir nemen als uil sie ir wollen wan sie fliehent nit vnd pleiben do vntz an den dritten tag So komt denn ein ander geschlecht von vischen do die pleiben den auch als lang vnd sie mugen nymer als fil sie wollen vnd das ist sicher wider dy natur vnd ein grosses wunnder wan alle wilde tier fliehen so sy den menschen sehen vnd also kan ich nit gewissen worumb es sey die in dem lannd sind die sprechent es sey dorumb das ir kunig der edelst seÿ vnd der hailigest vnd der gerechtest so [fol. 102r:] er in der welt sey Dorumb so komen die visch vnd sein jn vndertennig Jn der selben jnsel vindt man auch so groß schneckenheuser das ein mensch weÿtt genüg in einem hatt vnd wol dor jnn leg.	Vnd do ist auch ein ander volck dz gat auff hend vnd auff füssen. Vnd einest in dem jar alle die visch die in dem wasser seind die gangen an das gestadt vnd das volck mag jr nemen als vil sy wöllent. wann sy fliehend nit vnd bleibend da biß an den dritten tag. so kompt denn ein annder geschlächte von vischen dar die bleibent dann auch als lang. vnnd die lewt mügen nemen als vil sy wöllen vnnd das ist sicher wider die natur vnnd auch ein grosses wunder wann alle wilde tier fliehend so sy den menschen sehen vnnd jch kann nit gewissen warumb es seÿ. Die in dem land seind die sprechent es seÿ darumb das jr künig der edelst seÿ vnd der heÿligest vnd der gerechtest so er in der welt seÿ. vnd darumb kommet die visch vnd seind in vnderthänig. In der selben inseln vindt man auch so groß schneggenheüser dz ein mensch weit gnüg in einem hett vnd wol darinn lâg.	Et encore y a vne grande merueille en celle ylle, qui nest nulle part en ce monde aillieurs. Car toutes les manieres de poissons qui sont en la mer viennent vne fois lan, lune maniere apres lautre, et se gecte en la riue de ceste ylle, si que on ne voit sur la mer fors que poissons, et la demeurent lespace de iii. iours. Et en prennent tous ceuls du pays tant comme il veullent. Et puis [S. 339:] celle maniere de poissons se depart, et vne autre maniere y reuient et fait ainsi comme deuant, et ainsi lune maniere apres lautre, tant que toutes les manieres de poissons y ont toutes este. Et fait ainsi ordeneement chascune maniere, lune apres lautre, trois iours tous entiers, tant que chascun du pays en ait pris tant comme il veult de chascune maniere. Et ne scet on la cause pour quoy ce puet estre, fors tant que ceuls du pays dient que cest pour faire reuerence a leur roy, qui est le plus dignes qui soit, si comme ilz dient, et pour ce quil acomplist ce que Dieu dist a Adam, *Crescite et multiplicamini etc.* Et pour ce quil mouteplie ainsi le monde de tous ses enfans, ll enuoie Diex le poisson de toute la mer pour prendre a sa uolente pour luy et pour tout le pays. Ainsi tous les poissons de la mer se rendent a luy en faisant hommage comme au plus excellent et au mieulx ame de Dieu qui soit en ce	Item in dem selben land zů Calonach ist ouch ein groß wunder wan alle jar vff ein sunder zit so kommen vil fisch da hin vff ein end by dem selben land in dem mer vnd sint die vische gar mengerlei visch. von vil verren landen vnd wassern vsser dem mer vnd ist als vil dz man icht anderß sicht denn visch vnd visch. vnd ie by einer wil so wirfet sich ein geschlecht vischen vß dem dar vff das land Also das ein ieglich mensch visch mag nemen wie vil es wil vnd das weret dry nacht vnd dry tag. vnd welche da lebent bliben sind vnd wider in das wasser gesprungen sint die fliessent wider enweg vnd diß wolt ich nie glouben Ee ich es selber sach vnd meint man dz etwas krutes oder gesteines oder luftes zů calanach dem die visch nach strichent von art oder von natur wegen als hie zů land salmen [S. 304:] nach tannen geschmack strichent vnd etwie dick wirt ir als vil das sie enander vß stossent vff das land vnd tünd glich als ob sie neiswas wurtzen süchent vff der erden aber etlich ander meinent Got habe sin wunder da mit geton. wan man vindet in den alten büchern da zů land geschriben die men nennet Cronica das Oggier gebresten het er vnd sin her do er in das land kam vnd darumb ordnet got das die visch

monde, si comme ilz dient. Ie ne scay la raison pour quoy ce est; Dieu le scet bien, qui tout scet. Mais ceste chose me semble la plus grant merueille que nulle chose ou monde que ie veisse onques. Car nature fait trop de diuerses choses et trop merueilleuses, mais ceste merueille nest mie de nature, aincois est de tout encontre nature que les poissons, qui ont tout le monde a enuironner, se venroient rendre a la mort de leur propre uolente et senz nulle constrainte. Et pour ce suy ie tout certain que ce ne puet estre senz grande signification. Il y a aussi en ce pays des grans lymecons, qui sont si grans que pluseurs personnes se pourroient herbergier en lescalope tout ainsi que en vne petite maison.	also dar kamen das er vnd die sinen zů essent hettent Syd sie doch sin kempffer werend. Ouch vindet man zů Calonach als große schnecken hüsser die als groß hüsser sind [...]

Die Hundsköpfigen/ Kynokephalen

VHS. (Ed. Morrall)	S. 121f.	Hs. N	fol. 106r-107r	VDR. (Ed. Bremer/ Ridder)	S. 124f.	PARIS-TEXT (Ed. Letts)	S. 340f.	DDR. (Ed. Bremer/ Ridder)	S. 315f.
Hie seyt er von lütten die hond hunds höpter, und von irem küng. [= U.]		Von der jnsel Macameron [= U.]		Von der jnsel Macameron [= U.]					
Von der ynsel so fert man über daz gros mer Occean durch manig ynsel und kumpt man zů ainer ynsel die haisset Vacanera, daz ist ain schön ynsel und ist wol tusent meil weyt umb und umb. Die lüt in der selben yn-sel, wib und man, hond alle hundes höpter, und sie haissent sich dört Canafales, und ist beschaiden volck und wol verstandes. Und die bettent ainen ochsen an als iren gott. Und daz volck in dem land treyt yeglichs ainen ochssen von silber oder von gold vornen an siner stirnen; daz sol betütten daz sie irem gott hold sind. Und sie gond all nackent, wann vor der scham tragent sie ain tůch. Sie sind gros und [S. 122:] starck und fechtend, und sie tragent an irem hals ainen langen schilt, der in den lyb bedecket, und ain sper in der hand. Und alle die die sie vahent, die essent sie.		Von der jnseln vert man über das groß mer vnd kumtt in ain Jnseln die haist macameron do ist ain schöne jnseln vnd ist woll tausent meil weyt vmb sich die leütt in der selben Jnseln weib vnd man haben alle hundes haubt vnd man haist sie Canacephalos vnd das ist beschaiden vnd verstanden gotfürchtig volk vnd die haben auch einen ochsen als iren gott das volk in dem land trayit einen ochsen vorn an der stiren von silber [fol. 106v:] Das sol beteutten das sie jren got lib haben vnd gen all nackent den vmb die scham tragen sie ein tuch Sie sind starck wen sie fechten so tragen sie ein langen schild vor in der bedeckt in den leib vnd ein sper i der hannd vnd was sie leüt vahen die essen sie		Von der jnnseln vert man über daz groß möre durch manig jnsel vnnd kompt in ein jnsel die heyßt maca-meron daz ist ein schöne jnsel vnd ist wol tausent meyl weyt vmb sich. Die leüt in der selben jnnsel weib vnd man haben alle hundshäupter vnd man heyßt sy canocephalos vnnd das ist fürchtig volck vnnd verstanden vnd got fürchtig volck vnnd die beten auch einen ochsen an als jren got. Das volck in dem land tregt einen ochsen vornen an der stirm von silber. das sol bedeüten das sy jren got lieb habent vnd [S. 125:] gand all nackend dann vmb die scham tragend sy ein tüch sy seind groß vnnd starck. wenn sy fechten so tragen sy einen langen schilt vor in der bedeckt jnen den leib vnd tragen ein sper in der hand. vnd was sy leüt vahen die essen sy.		De celle ylle va on par mer Occeane par maintes ylles iusques a vne ylle qui a a nom Nacameran, qui est moult belle ylle et moult grande et tient enuiron de mille lieues de circuite. Et tous les hommes et les femmes de ceste ylle ont testes de chiens, et les appelle on Cenoffales. Et sont gens raisonnables et de bon entendement. Et aourent vn buef comme leur Dieu, et porte chascun vn buef comme leur Dieu en son front, dor et dargent, en signe quil aiment bien leur Dieu. Et si vont tous nus fors dun petit drapelet, dont il cueurent leur secret membre. Il sont grans gens [S. 341:] et fors et bien combatans, et portent vne grande targe, qui leur cueuure tout leur corps, et vne lance en leur main. Et sil prennent aucun homme en la bataille, ille manguent.		Macameron ist ein gros gutes kü-nigrich vnd lyt in dem grossen mer Und zühet man da hin von den vor geschriben landen von Cassa vnd von Dodin vnd sind gůt erber got förchtig lüt da wann das sie hundes höupter hand doch sind sie andächtig vnd gůter wiß nach irem glouben vnd sind lieblichs vnd tugentlichs wan-dels vnd geberden vnd sind iren herren vndertänig vnd gehorsam vnd getrüwe Und heissent Cenophali das selb volcke geloubt ouch das got eim rind grosse krafft geben habe wan es dem menschen hilfet sin narung vnd haltet ein rind glich als were es eins menschen gesel vnd sin hilff vnd bettent got in eins rinds form an vnd hat ieglichs mensche in dem land ein guldin oder ein silberin ochssen an der stirnen hangen vnd meinent da mit zů wissent thůnd das sie irem gott hold vnd getruuwe sind. Ouch gat das selb volck nacket. in allein das sie ein tüchli für ir ding henckent. Item sie sind ouch stark vnd getürftig zů stritten dick vnd hand gros schilte vnd lang lantzen vnd so sie iren vigenden obgeligend so essent sie sie vnd das gelichet sich hunds naturen.	

		Et le roy de ceste ylle est moult riches et moult puissant, et si est moult deuost selon la loy, et tousiours entour son col a pendues ccc. perles dorient bien grosses, encordees en guise de paternostres. Et en la marniere que nous disons nostre Pate Nostre et Aue Maria, en comptant et passant a fait les patenostres dambre, ainsi celi roy dist chascun iour ccc. prieres deuotement a son Dieu, aincois quil mangue. Et si porte aussy entour son col i. rubis dorient fin, noble et luysant, qui a pres dun pie de lonc et v. dois de large. Car quant il eslisent leur roy, il li baillent ce rubis a porter en sa main et tout ainsi len mainnent il tout autour de la cite cheuauchant. Et de la en auant ilz sont tous obeissans a luy. Et ce rubis il portera tousiours entour son col, ou on ne le tendroit point a roy. Le Grant Cham de Cathay a moult conuoitie ce rubis, mais onques ne le pot auoir ne par guerre ne par nul auoir. Cll roy est moult droiturier selon sa loy et est moult bon iusticier, pour quoy on puet alet plus seurement par tout son pays et porter tout ce que on veult, que nul si hardy de personne nulle nose destourber ne desrober, car tantost le roy en feroit faire iustice.	Jtem der künig von Macameron ist mächtig vnd rich vnd andachtig vnd hat alzit ein pater noster an dem hals hangen dar an sind wol drühundert grosser perlin von orient Dar an bettet er alle tag sin gebett. nach sinem glouben ee er ysset vnd an dem pater noster hanget ein grosser rubin von orient der ist wol eins fuesses lang vnd einer hand prait vnd ich han den selben [S. 316r.] Rubin dick gesehen vnd meint man es sie in aller der welt keiner so güt noch so groß noch so schön wann er ist so gar rott vnd durch glestig das man inm wol verre sicht vnd meinet man er sie des gantzen lande höchster schatz vnd so das land einen künig erwelt So gebent sie im den stein zü gezierde vnd fürend in durch die hauptstat des lands vnd so das volcke den stein ob im sicht So ist es im gehorsam vnd haltent in für ein künig vnd nit ee vnd er treit den selben stein an einer kronen stat vnd der gros Can der da meint herr zü sin über alle die welt hette dick den selben stein gern gekouffet. aber er mocht im nie werden vmb trôwen noch vmm bett noch vmb kein güt. Onch ist der künig von Matameron ein rechter richter in sinem land vnd lat nieman kein vnrecht tün darmmb ist er wol zü lobend vnd gühet jederman sicher vnd on forcht durch sin land vnd hat sin land wol tusent myl begriffen vmb vnd vmb.
Der küng von der ynsel iser mächtig und rich und andechtig nach irem globen, und hatt ain goller an sinem halß von trühundert grosser perlin von orient, gros und sinwel als ain pater noster, in der grössin als ain haselnuß. Und an dem selben goller ist ain rubin von orient, recht fin, und lüchtet sere, und ist wol eines schüches lang und wol fünff finger brait. Und wer küng von dem land ist, der treit daz an sinem hals, und hett er es nit all weg an dem hals, sie hieltent in nit für ain küng. Item der Gros Cham, Kayser von Cathay, hat mengerlay krieg mit im gehabt, das er den rubin gern gehept hett, er mocht isn aber nit gehon, weder mit frid noch mit krieg.

Item der küng halt güt recht und gütten frid in sinem land, also daz yederman wol mag durch sin land gon ön sorg und trutz, und daz nieman als kün sy in dem land, der yeman getörst betrüben, wann der küng richtes als bald über in. | der kunig von der selben Jnseln ist mechtig vnd reich vnd hatt ein goller an seinem hals wol von hundert grossen berlin in der groß als ein haselnuß. vnd an der hannd einen schönen rubin der ist eins schüches prait. vmd wer küng in dem land ist der tregt das all weg an dem hals sy haben in sunst nicht für ein herren oder für ein künig. Der groß Cam von cathaÿ der hett den rubin offt geren von jm gehebt. er mocht jm aber nit werden weder mit krieg noch mit fride.

Der selb künig hat einen güten frid in seinem land. also das yederman wol mag durch sein land gan on alle sorg vnd nÿemand ist so kün in seinem land der yemand getür ein laid thün. wann der küng der richtet als bald über in. | | |

VHS. (Ed. Morrall) — S. 128-130	Hs. N — fol. 114v-116r	VDR. (Ed. Bremer/ Ridder) — S. 134-136	PARIS-TEXT (Ed. Letts) — S. 348-350	DDR. (Ed. Bremer/ Ridder) — S. 322f.
Hie seit er von gewonhait die sie hond, wenn ainer haisset ain mäl beraiten. [= U.] So fert man denn durch menig statt und dorff und kumpt man zü ainer edeln statt die haisset Iotam, die ist gar rich, und fint man allerlay koffmanschafft da. Der herre hat gar groß güt von der stat, wann als mir geseyt ward, so hat er alle jär fünfftzig chyomas; ain chyomas das ist zehen tusent guldin. Der küng von dem land ist gar mächtig. Der küng ist under dem Grossen Cham von Cathay, der kayser von Tarthary ist. Item der groß kayser von Tarthary hat under im zwayhundert und zway und sechtzyg küng, wann er ist der gröst herre der under dem himel ist. In dem land sind gut stett und dörffer. Die von dem land hönd ain gut gewonnhait. Wann yeman ain mäl wil machen, [S. 129:] es syg groß oder klain, der gät nun zü dem wirt und spricht: ‚Berait ain mäl für als vil volckes und das nun als vil koste.‘ So ist der wirt als bald berait und machet das mäl redlich und güt und bessers wann er es in sinem huß hett berait. Die statt lit fünff leg von dem grossenn wasser das da haisset Dolay. Da ist och ain statt die haisset Mencke. Und	der groß Can von Chathaÿ ist gar mechtig wan er hat vnder im zweyhundert vnd zwen vnd sechczig kunig wann er ist der mechtigest der vnder dem himel ist [fol. 115r:] Mann komt in ein statt die haist joacha die ist gar mechtig der kunig der selben statt ist dem grossen Cam vndertan. wann der groß Cam ist als mächtig dz er vnder jm hat zweyhundert vnd lxij. künig vnd er ist der mächtigest der vnder dem himel ist. Der küng der stat joacha vnd des lannds der ist gar reých wann er hat all jar wol zweÿhundert taussent güldenn von der stat so groß kauffmanschac̣ ist da dy stat leyt von dem grossen wasser das da haist dalach wol .v. leg. Darnach leg darnoch so komt man gen Cathay das ist ein grosse schone Insel vnd man komt von allen lannden dar von venedig von Genow die komen kaum in einem iar dar Cathay ist das oberst kunigreich vber Mer an eins vnd ist des grossers kayssers von der Tartareÿ vnd nemt sich der groß Cam	So kompt man dann jn ein stat die heÿsset joacha die ist gar mächtig. der küng der selben statt ist dem grossen Cam vndertan. wann der groß Cam ist als mächtig dz er vnder jm hat zweyhundert vnd lxij. künig vnd er ist der mächtigest der vnder dem himel ist. Der küng der stat joacha vnd des lannds der ist gar reých wann er hat alle jar wol czweÿ hundert tausent guldin von der stat als grosse kauffmanschafft ist do. Die statt ligt von dem grossen wasser das do heÿßt dalach wol .v. leg. Darnach kompt man gen cathaÿ dz ist ein grosse schöne insel vnd man kompt von allen landen dar von venedig von genow vnd die komen kaum in einem jar dar. Cathaÿ ist dz öberst künckreich ÿenhalb mörs on eins vnd ist des grossen keisers von tartarie der sich nennt der groß Cam.	De la coustume de ceuls qui appareillent a mangier [= U.] De celle cite va len auant ou pays par maintes citez et par pluseurs villes iusques a vne cite qui a nom Iacam, qui est moult noble cite et moult riche et bien rendent; et y va len querre le plus de toute la marcheandise. Ceste cite vault trop au seigneur du pays; car il a tous les ans de rente de celle cite, si comme ilz dient, 1. mile chiemas de flourins dor. Car ilz comptent tout par chiemas, et vault le chiemas x^m. flourins dor, et ce peut on sommer combien ce pourrait estre. Le roy de ce pays est moult puissans et moult riches, mais il est dessouz le Grant Cham. Et si a le Grant Cham dessouz luy tels xlij. princes. En ce pays a moult de bonnes villes et si a vne bonne coustume. Car qui veult faire vne feste pour luy ou pour vn sien amy, il y a certains hostelx en chascune ville. On va dire a lostel, ‚Faites moy demain appareillier a mangier pour tant de gens‘, et dit len le nombre et diuise len les vian-des. Et puis dit len, ‚Ie y vueil tant despendre et non plus.‘ Et tantost li ostes fera appareil-[S. 349:]lier si	so kommet man über etwie meniger tagweid in ein stat die heißt janitay vnd dz ist gar ein güt stat von allen kouffmanschatz vnd ist dem künig von dem selben lant gar nützlich wann ein künig in dem land hat alle iar von der stat allein by fünftzig tusent kumas tüt zehen tusent vnd also rechnet man in dem and mit kumas glich als man in behem rechnet mit einer zal die heisset ein schocken. vnd .x. kumas machent ein myl vnd tussent kumas machent .x. myl vnd also wirt es fünff hundert myl iarlich gült [tem eine ieglicher künig des selben lands hat dz selb land zü [S. 323:] lehen von dem Can vnd ist im vndertan zü sinen geboten vnd hat der Can .xij. künig vnder im vnd der zwelffer hat aber iegilicher vil ander künig vnder im die ir kronen von den zwelffen empfāhent vnd wann der künigen also vil ist So wenet der künig Can er sye her über alle welt vnd schätzent alle dise land gar für ein arm ding vnd für nit als es ouch ist arm vnd klein weder andere lande etc. vnd went ouch alle dise lant sient im ouch vndertan vnd weißt ouch nit anders

in der statt sind uß der mäßen schön schiff und sind gar wiß, wann das holtz von natur also ist, und die schiff hönd kammern und küchin als werend es hüsser. Item so fert man durch stett und dörffer und kumpt zů ainer statt die haisset Lattiorin, die ist acht tagwaid von der statt da ich üch vor geseyt hön, und lit ann dem grossen wasserr das da haisset Carmoram. Das wasser gat durch Kathay, und das důt och grossen schaden wenn es wachset. Cathay ist gar ain groß statt und ain schön ynsel, und da ist groß koffmanschafft, wann von allen landen kofflüt da hin kommend. Item ir söllend wißsen das die kofflüt von Venedig oder von Genue oder von Lamparten hond gnůg zeschaffend ain jär, e das sie dar mügend kommen und gefaren. Cathay das ist das öberest küngrich ains enthalb mers und ist des grossen kaysers von Thartary. Und er nempt sich der Cham von Chathay.

bien et si bel quil ny faudra riens, et mieulx et plus tost et a mains de coust que a son propre hostel. Et a v. lieues de ceste cite deuers le chief de la riuiere Doulay il y a vne autre cite appelee Meuke. En ceste cite a moult forment grande nauie, et sont toutes ces nefs blanches comme nege de la nature du bois mesmes, et sont tres belles et grandes et moult bien ordenees a sales, a chambres et a tout autre edifice, comme se ce fussent maisons sur terre. Depuis va len par le pays par maintes terres et par maintes cites iusques a vne cite qui a nom Lauteim, qui siet a viii. iournees de la cite dessus dite. Ceste cite siet sur vne riuiere grande et large que on appelle Caramoram. Ceste riuiere passe par my Cathay et fait souuent grant damaige, quant elle croist trop.

denn dz sie etlichen künig gehorsam sind der vnder im gehöret sid doch dz groß wit land die tartarye im zů gehöret. vnd es vil künig von sinen wegen inn hand die in die Tartarye gehörent als der künig von lickow vnd der künig von Jmmersten müssen vnd ander künig sint die nach an diese lant stossen vnd die lant die vnferr von vns ligent im zů gehörent so went er wir sie all vnder im wie arm wir sind Von der vor genanten Janitay kompt man vff dem wasser dalach zů einer stat heißt meco da ist vil schiff die anders gestalt sint denn ander schiff wann sie sint itel wiß als schne wenn dz holtz da zů land hat die art vnd natur ie dürrer vnd ie elter es wirt ie wisser eß wirt vnd ist vil gemachs in den selben schiffen glich als in ein huß darin lüt wonent vnd von meco. viij. tagweid kompt man zů der stat hacherin. die lyt vff eim grossen wasser dz heiß arimoran vnd dz flüsset durch dz lant da der Can wonet dz da heißt kathay.

[Spalte 1]

[RESIDENZ DES KHANS:]

Hie seit er von der grossen herschafft dez edlen kaysers von Cathay und von sinem palast, den er häit in sinem land. [= U.]

Hie söllend ir nun verniemen von dem grossen küng und fürsten, den Grossen Cham von Cathay, kayser von Tarthary, von sinem wesen und von si-nem palast, und von sinerr herschafft, wann err der gröst herre ist der under dem firmament ist.

Ir söllent wissen das man zücht von Cathay menig tag waid gen orient vertz und da kumpt man zü ainer gütten und edlen statt, die haisset Sargamarge. In der statt fint man me spetzry und syden denn in kainerr statt die ich waiß. Von der statt fert man fürbas und kumpt zü ainer alten statt, und die [S. 130:] ist im dem land vonn Cathay.

Die von dem land hond gemachet ain statt, die haisset Cayton. Die hat zwölff tor, und alweg züschen zwain toren ist ain groß leg, also das die nüwe stat und die alt stat hond xx leg umb und umb. Und in der stat da wonot der kayser von Kathay, und da ist der kayser stül. Und die mur da er wonot begriffet mer dann zwo leg. Und da sind vil schöner palast in, und mitten in dem gemür da ist ain berg, da ist der schönest und richest palast als man in finden mag. Und umb und umb an dem berg und umb den palast da ist es

[Spalte 2]

[RESIDENZ DES KHANS:]

Hye sult ir wissen vnd vernemen von dem grossen Cam der sich nennt der groß kayser von Tartarey von seiner herschafft vnd von seinem palast

Ir söllent wissen das man zeucht manige tagwaide gen orient warcz vnd kompt denn zü einer statt dy haist Sargarmerge Jn der selben statt vindt man [fol. 115v:] bas specerey vnd seyden denn jch waiß. Von der stat vert man fürbas vnd kompt zü einer alten stat die ist in dem land Cathay

die von dem land haben gemacht ein stat dy haist Geytaum die hat zwelff tör vnd albeg zwischen zweien törn ist ein grosse leg Jn der selben stat wont der keyser von Cathay vnd ist des keysers stul dar vnd begreifft die maur do er wont mer denn zwo leg da sind uil schöner palast Jnn vnd mitten in dem gemeüre do ist als ein schoner palast auff als man in vinden mag vnd ist vmb vnnd vmb darumb voller bäm an dem berg die tragen mengerleÿ obs. vnd vmb den berg gand

[Spalte 3]

[RESIDENZ DES KHANS:]

Hie wil jch sagen von dem grossen Cam von cathaÿ der der mächtigest herr ist so er vnder dem himel ist. [= U., S. 134] [S. 135: Holzschnitt] [S. 136:] Hie sölt jr wissen vnd verne-men von dem keiser von Cathaÿ der sich nennet der groß Cam von seiner herrschafft vnd von seinem palast.

Jr sölt wissen das man cżeücht menge tagwaide gen orient warcż vnd kompt denn zü einer stat die heißt Sargar-merge. in der selben stat vindt man bas specereÿ vnd seÿden denn jch waiß. Von der stat vert man fürbas vnd kompt zü einer alten stat die ist in dem land cathaÿ.

vnd die von dem land habend gemacht ein stat die heÿßt Gÿton. die hat zwelf tor vnd allweg zwischen zweÿen tören ein grosse leg. In der selben stat wonet der keÿser von cathaÿ vnd ist sein stül da. vnd begreifft die maur do er wonet mer dann zwo leg do seind vil schöner paläst jnn. vnd mitten in dem gemäur do ist ein berg do ist ein ein berg do ist ein als gar schöner pa-last auff als man in vinden mag, vnd ist vmb vnnd vmb darumb voller bäm an dem berg vnd tragend mengerleÿ obs. vnd vmb den berg gand

[Spalte 4]

[RESIDENZ DES KHANS:]

CATHAYS est vne grande ylle, belle et bonne, riche et bien marchande. La vont les marcheans tous les ans de toutes parties pour querre espices et toutes autres marcheandises plus communelment que il ne font autre part. Et sachies que les marcheans qui viennent de lenues, de Venise, de Lombardie ou de Romme, qui vont par mer et par terre, y mectent bien xi. mois ou xii. ou plus, auant quil puissent venir a lille de Cathay. Cest la principaux regions de toutes les parties de dela, et est au Grant Cham.

Du palais, du siege et de lestat du Grant Cham de Cathay [= U.]

De Cathay va len maintes iournees vers orient et treuue len vne bonne cite que on appelle Surgamoge. Cest vne des cites du monde mieulx gar-nie de soie, despices et de pluseurs autres marchandises. Depuis va len auant, si treuue len vne cite anci-enne, qui est en la prouince de Ca-thay. Et delez celle cite de Cathay on a fait faire vne autre cite, qui a nom Cayton. Si y a xii. portes et entre ii. portes il y a vne grande lieue, si que les ii. citez, cest assauoir la vieille et la nouuelle, ont de tour plus de xx. lieues. [S. 350:] En ceste cite est le siege du Grant Cham, dont les murs ont de tour plus de ii. lieues. Et dedenz ce pays il y a pluseurs autres palais. Par dedenz leur grant

[Spalte 5]

[RESIDENZ DES KHANS:]

Cathay Das ist gar ein edel rich lant darinn vil frömder lüt von vil andren landen komment vnd da süchent edel gestein krüter wurtzen kostlich gewant vnd farb vnd komment da hin von venedie von babilonie von Indien oder von bruck in flandern oder von valentze gegen hispanier land oder von Sibillen vnd von and-ren küinigrichen die in disen landen vnerkant sint vnd etlich sint ein iar etlich ein halb iar vnder wegen ee sie dar mügent kommen vnd denn ladent sie zü kathay iren richen kouffmanschatz vnd vert ieglicher wider in sin land in kathay sint vil sollicher stette die sollichs richtüm vol sint vnd ein stat heißt Synago da woneten vor ziten die küng die da kundent nigramantzie dz ist die kunst der leyen sprechent die schwartzen kunst oder zouberye aber zü latin so nenent man sie magos Item ein ander stat heisset Cayda dz ist gar ein alte riche stat vnd hat xii. porten der ie eine von der andere wol ein myl ist vnd ist die stat by xx. milen wit vnd darin wonet der Can in ein wunderlichen palast der wol zweir myl lang vnd wit vnd mitten in dem palast ist ein bömgart darin lüt ein grosser berg vnd vff dem selben berg lyt ein an-der palast der ist so gar vast geziert von gold von silber von gestein vnd von andren kostlichen dingen dz es vil lüt nit wol gloubent der selb berg vnd palast daruff sind sunderlich voll böm, die tragent mangerlay obs. Und umb den berg da gond groß graben und tief und vol wasser, und über die graben ist gar ain schön bruck; an dem ainen ort in dem graben ist es vol schwammen und raiger und wilder enten. Und ist gar ain schöner tiergart aller vol wilder tier, als wenn der Groß Cham wil haben wilder tier oder wild vögel, so haißt er da jagen, und das sicht er an dem fenster wol, das er nit uß dem palast darff gonn. Item in dem palast da ist ain sal, der statt uff vier und zwaintzig sülen, die sind vin guldin, und die muran sind alle bedecket mit rotem leder [...]

groß gräben die sind voller wassers. vnd über die gräben gat eyn so schöne prugg. an einem ort der gräben do ist voller schwanreier vnd wilder änten. do ist auch gar ein schöner tiergart voller wilder tier. Wenn der keiser wil wilde tier haben so heyßt er jagen vnd das sicht man zů seinem palast gar wol czů den venstern auß das er nit auß dem palast bedarff. Do ist auch ein sal der stat auff vierundzweinczig guldin seülen vnd die maur ist alle bedeckt mit rotem leder [...]

graben ist ein schöne prück an einem ort der graben da ist der grab voller swann vnd reyger vnd wilder enten do ist auch ein ander tiergart voller wilder tier wenn der kaiser will wild haben so haist er zů jagen vnd das sicht man zů seinem palast wol zů den venstern aus das er nit aus dem palast bedarff In dem lannd da ist ein Sall der stat auff [fol. 116r:] vier vnd zwencz guldin seülen vnd die maur ist alle bedeckt mit rottem leder [...]

palays il a vne montaigne, sur la quelle il a vn autre palais, le plus bel et le plus riche que on pourroit deuiser. Et tout autour de ce palais et de celle montaigne il y a moult de diuers arbres portans fruit de moult de manieres. Et est ceste montaigne enclose de grans fossez pleins dyaue, et par delez y a grans viuiers dune part et dautre. Et si y a vn bel pont au passer au trauers des fossez, et en ces viuiers yl y a tant does sauuages, de cygnes et de herons, que cest senz nombre. Et tout entour ces fosses et ces viuiers est vns grans iardins tous pleins de bestes sauuages, si que, quant le Grant Cham veult auoir des bestes ou des oyseaux sauuages, il les voit chacier et prendre des fenestres de ses chambres senz issir hors. Ce palais, ou le siege est, si est moult grant et moult bel. Et par dedenz ce palais a vne sale seant sur xxiiii. coulombes de fin or; et sont tous les murs couuers de rouges cuirs [...]

wol beschlossen mit muren vnd mit wasser graben vnd ist der bômgart als ein wald vnd vol menigerley tierli vnd gewildes so ieman erdencken kan vnd vff zwů siten des palast sind zwen wyer in dem garten vol vischen vnd aller tier vnd vogel so sich in wasser erneren mag Es sint Schwan reigen Enten meruogel vnd des gelich vil vnd so der herre sehen wil durch kurtzwil iagen oder beitzen wellerley er wil vnd sicht dz vsser dem venster also dz er nit darff fürbaß kummen vnd ist dz geiägt vnd dz beitzen menigerley denn mit vederspil denn mit hunden den mit wilden lütten die lôwen bekempfent vnd sunst in vil wise Item der palast da er inn wonet ist gar ein schön kostlich ding vnd ist ein sall darinn sin .xxiiij. guldin süllen [...]

Pantherfelle als Tapeten im Thronsaal des Großkhans

VHS. (Ed. Morrall) — S. 130	Hs. N — fol. 116r	VDR. (Ed. Bremer/ Ridder) — S. 136f.	Paris-Text (Ed. Letts) — S. 350	DDR. (Ed. Bremer/ Ridder) — S. 323f.
Item in dem palast da ist ain sal, der statt uff vier und zwaintzig sülen, die sind vin guldin, und die muran sind alle bedecket mit rotem leder von ainem wilden tier, das haissent sie phinchions; die hüt sind grosses schatz wert, wann sie schmeckent als wol als kain ding getün mag, und von dem gütten schmack mag kain bösser lufft nit kummen in den palast. Das leder ist als rott, wenn die summ dar an schynnet, das man es nit möcht wol an gesehenn. Und man fint vil lüt inn dem land die die selben tier an bettend von des gütten schmackes wegen, und die hüt sind türer wann gold. Item mitten in dem sal da ist ain gesäß, da der Gross Cham sitzet	da ist ein Sall der stat auff [fol. 116r:] vier vnd zweincʒig gulder stülen vnd die maur ist alle bedeckt mit rottem leder von wilden tieren die haissen die sy pinthreus sind grosses schacʒes wert wan sie schmecken bas den keynnerley specereÿ die man vinden mag vnd vor dem gütten geschmack noch kein posser luft in den pallast nit komen das leder ist als rott wenn die Sun daran scheint das man es nit woll mag angesehen vnd man vindt vil leüt in dem selben land die die selben tier vnd dag selb leder anppeten von des gütten geschmacks wegem vnd das leder ist üll tewrer dann gold Mitten in dem sall ist ein geseß	Do ist auch ein sal der stat auff vierundʒweincʒig guldin seülen. vnnd die maur ist alle bedeckt mit rotem leder von wilden tieren die heÿssent sy pantherus Die leder heüt die seind grosses schatcʒs wert. wann sy schmeckent baß dann keÿnerleÿ specereÿ die man vinden mag. vnd vor dem gütten gschmack mag keyn böser tampff noch kein böser luft in den palast nit kommen [S. 137:] Das leder ist als rot wenn die sunn dar an scheint daʒ man es nit wol mag ansehen. vnd man vindt vil leüt in dem selben land die die selben tier vnd das selb leder anbeten von des güten geschmacks wegen. vnd dʒ selb leder ist vil tewrer dann gold. Mitten in dem sal do ist ein gesäß do der keÿser auf sicʒt	Et par dedenz ce palais a vne sale seant sur xxiiii. coulombes de fin or; et sont tous les murs couuers de rouges cuirs, qui sont de bestes que len appelle pinchieuls, qui sont moult odorant, si que pour la bonne odeur de ces cuirs nuls mauuais aer ne puet entrer ou palais. Cilz cuirs sont aussi rouges comme sanc et aussi reluisant contre le soleil que a paine les peut on regarder. Et pluseurs genz la entour aourent ces peaulx et les bestes qui les portent, pour la bonne oudeur que elles ont. Et si prisent autant ou plus ces peaulx que ilz feraient plates dor. Et en my ce palais il a i. montouer pour le Grant Cham	Jtem der palast da er inn wonet ist gar ein schön kostlich ding vnd ist ein sall darin sind .xxiiij. guldin stüllen vnd sind die muren al über zogen mit tierß hüten die heissent pachis vnd die hüt sind als glatt dʒ sie glitzen vor röti vnd hand die hüt sollichen geschmack vnd krafft das kein gifftiger noch kein vngesunder geschmack in den selben sal mag Und sind etliche lüt die meinent das die selben tier von den die hüt kommend habend etwas [S. 324:] göttlicher krafft vnd darumb bettend etlich lüt die selben hüt an als ob gotheit darinn sye vnd herumb sind die selben hüt vil werder denn guldine bletter oder bleche Jtem in dem selben sall stat des keisers kron hoch obnan

NND. VERSION BERLIN MS. GERM. FOL. 204	fol. 104v	DIEM.-HS. SG1	fol. 72v	DIEM.-HS. H2	fol. 82vf.	LÜTTICHER-VERSION, HS. CH (Ed. Deluz)	S. 1418	COTTON (Ed. Hamelius)	S. 141
vnd bynnen dem pallage in deme sale sym xxiiij pilre van fynem golde vnd alle de muren ofte wende van bynnen syn vorderket ofte betogen myd rodem leddere van besten de men heet pathios de ruken so sere wol dat vormiddelst erem guden roke nene qwade lucht in dat pallaes komen en mach Dat ledder is also roed alse en bloet vnd blencket also sere iegen de sonne dat men dar noluwe vp seen mach vnde vele lude an beden desse besten de dit ledder dregen wan se ʒe seen vmme de grote grote doget vnd vmme den guden roeke den se an sik hebben vnd desse velle prisen se werder danne golt Item inder middel van deme pallase steit ene montore dar de grote chan plecht vpp syn perd to sittende dat all gemaket vnd gewrocht is van fynem golde		Jtem der palast da der Jnn wonat ist gar ein schon kostlich ding vnd ist ein Sal dar Jnn sint xxiiij guldiner sülen vnd sint die muren all vber ʒogen mit tier hüten die heissent pathis vnd die hüt sint alle rott vnd also glatt dʒ si glissen als röti vnd hant die hüte sölichen schmak vnd sölliche krafft das kein gifftiger noch vngesunder geschmake oder lufft in den Sal komen mag vnd sint etlich lütt die meinent die tier die von den hüten koment habint etwas göttlicher krafft vnd dar vmb betten etliche lüt die selben hüte an als gottheit dar Jnn sy vnd harvmb sint die selben hüte vil verder denne guldin blech Jtem in dem selben sal stat des keisers trone hoch obnan		Der palast do er ynne wonet ist gar eyn kostliche schones ding vnd gebuwe vnd hatt eynen sall mit fier vnd ʒweincʒig gulden sulen vnd die muren do ynne alle vberʒogen mit diers hutten die man nennet panthis vnd die hude sind also rott vnd also eben daʒ sie gliessend von roden vnd hand die hude soliche krafft vnd guden geschmack daʒ keyn boße geschmack noch vergifft noch vngesunt lufft dar Jnne kommen mag vnd sind etliche lude die meynent die selben diere hant etlicher krafft vnd dar vmb So fol. 83:r] bedent etliche lude die hude an alßo gotheit do jnnen wer Do von sind die hude vil richer vnd werder wann güldin bletter Jn dem selben sale stet		Ce palais où il siège est très grand et beau; à l'intérieur, il y a une salle avec vingt-quatre colonnes d'or fin et les murs sont tout recouverts de cuir rouge odorant provenant de bêtes appelées panthères et cette bonne odeur empêche l'air vicié d'entrer dans le palais. Les bêtes dont proviennent ces peaux sont si rouges et si reluisantes au soleil qu'on peut à peine les regarder et plusieurs les adorent pour la vertu de leur odeur et estiment ces peaux plus que des plaques d'or. Au milieu du palais se trouve une tour pour le grand khan		And within the palays in the halle þere ben .xxiiij. pyleres of fyn gold and all the walles ben couered withinne of rede skynnes of bestes þat men clepen Panteres, þat ben faire bestes and wel smellyng so þat for the swete odour of þo skynnes non euyll ayr may entre in to the palays. þo skynnes ben als rede as blode and þei schynen so brighte aʒen the sonne þat vnethes noman may beholden hem. And many folk worschipen þo bestes whan þei meeten hem first at morwe [morning] for here gret vertue and for þe gode smell þat þei han, and þo skynnes þei preysen more þan þough þei were plate of fyn gold. And in the myddes of this palays is the mountour for the grete Cane	

Goldene Automatenvögel

VHS. (Ed. Morrall) S. 131f.	Hs. N fol. 116vf.	VDR. (Ed. Bremer/Ridder) S. 137f.	Paris-Text (Ed. Letts) S. 351f.	DDR. (Ed. Bremer/Ridder) S. 325
Item ir söllend wissen, wenn er groß höchtzyt hät oder besunder fröwd, so sicht man wunder in dem sal von guldin tafflen und tepichen und zelten, da wunder inn ist geschmeltzet von mengen wunderlichen sachen. Da sicht man mengen wunderlichen schimpff von wunderlichen vögeln, die sind von gold gemachet und also geschmeltzet als werend sie lebendig. Die singent und fliegent, das ich es glob, eß gang mit dem tüfel zů.	wan er groß hochzeit hatt so sicht man wunderliche spill vor seinem tisch treiben [fol. 117r:] mit gulden fligen vnd vogeln die fligent vnd singent vnd uil zauberey wirt getriben das ich mein es gee mit dem bossen geist zu	Item wann er groß hochzeit hat so sicht man wunderliche spil vor sei-nem tische treiben [fol. 117r:] mit guldin fliegen vnd vogeln die fliegent vnd singent. vnd vil zauberey wirt getriben das ich maine es gang mit dem bösen geyst czů.	Et deuant la table de lempereur as grandes [S. 352:] festes on aporte grandes tables dor, ou il a paons dor et moult dautres manieres doyseaux, tous esleuez et esmaillïez moult noblement et ouurez de fin or. Et fait on ces oiseaux chanter et dancer et baler en balletant leurs elles; et en fait on grans museries, ainsi comme par artefice ou par nigromance. Ie ne scay par quoy cest, mais il les fait tres bel veoir et si est tres grant merueille comme ce puet estre. Mais tant puis ie bien dire, que ce sont les plus subtilz ioueurs en toutes sciences dont il se mellent et en tout arteficerie qui soient ou monde. Car de subtillite, de malice et de tous engins ilz passent tous ceuls du monde, et ilz le sceuent bien dire. Car ilz dient quil voient de ii. yex et les Crestiens ne voient que dun oeil, pour ce quilz sont les plus subtilz apres eulz; mais ilz dient que toutes les autres nacions ne voient goute et quil sont aueugles de science et douuraige. Iay mis moult grant paine assauoir aucune parties de ces gieux, mais li maistres me dist quil auoit voue a Dieu Inmortel quil ne lapprendroit a nulluy fors que a son ainsne filz.	vnd so er isset so sind gar vil grosser meister pfaffen vor im die im kurtz wil machent vnd lust vber tisch vnd die machent denn mit iren frömden künsten mengerlei spil das etwan für tisch kommt guldin vogel fliegen vnd tierli louffen vnd machent denn ein hübsch groß gedön als ob es eins engels gesang were dz den palast durch schellet vnd sint die selben meister gar kostbar wann ir ist wenig vff erden wann sie lerent die kunst nieman denn ieglicher meinen sinen sun vnd sprechent die selben meis-ter. Sie gesehent mit beiden ougen vnd christen lüt siut zu mal plint vnd alles das volck das zu tisch dienet dz redet nit [...]
Aber sicher mag ich sprechen, es ist gar schön zesenhen und gät es mit maysterschafft zů. So ist es wol das schönest [S. 132:] und das wunderlichest spil das ich ye gesach in der welt. Und fraget dar nach, do sprachend sie das die cristen nun habend ain ög, und die andern sind al blind. Ich het gar gern gewist von dem maister etlich taïl von den sachen. Do sprach der maister zů mir das er es hett verhaissen dem got der da nümerr stirbt das er es kainem menschen nümerr lert, er wer den sin sunn.	Aber sicher ich sprich das es gar schon ist zu sehen vnd get es mit maisterschafft zu so ist es das clügst spill so ichs in der welt ye gesag Ich fragt denn maister dorumb da sprach er die kristen haben nun ein aug ich hett es gern ein tail gewist do sprach der meister er hett verhaissen pey dem got der nymmer stürb das ers nymmer kein menschen wolt gelernen es wer denn seinen Sun	Aber sicher ich sprich das es gar schöne ist zesehen. vnnd gat es mit meysterschafft zů so ist es das klůgest spil daz ich in der welt ye gesahe. ich fragt den meyster darumb. do sprach er die [S. 138:] cristen habend nun ein aug. ich het es geren ein teÿl gewißt. do sprach der meyster er het es verheyssen beÿ dem got der nymmer stirbt das er es keinen menschen wolte lernen es wäre dann sein sun.		
Item ob des kaysers tische und ob den andern tischen da ist gemachet ain win reb, [...]	ob den tischen ist gmacht ein weinreb [...]	Ob dem tisch ist gmacht ein weinreb [...]	Item par dessus la table de lempereur et les autres tables delez et par dessus vne partie de la sale yl y a vne vingne [...]	

ODORICO (Ed. Strasmann) S. 100	KONRAD STECKEL (Ed. Strasmann) S. 101	DIEM.-Hs. SG1 fol. 73r	DIEM.-Hs. H1 fol. 98r	COTTON (Ed. Hamelius) S. 143
In ipso etiam palatio sunt multi pavones de auro. Cum aliquis tartarus festum aliquod vult facere domino, tunc sic illic sunt percucientes ad invicem manus suas, tunc hii pavones alas suas emittunt, et ipsi tripudiare videntur. Hoc autem fit arte diabolica vel ingenio quod sub terra sit.	Wann <jr ainen etswenn> hantschrekcht vnd singt oder dért, wie daz zue <gee>, ob ez der pösß geist <züpring> durich chrefftigung willn seinß vngelawbn, daß der desterpaz bestétt wird, oder ob ez geschech von menschlichm sünnen, sam man herologia richtet, oder mit verpórgn <snürm>, sam sich die pild rúernt ze Chóln, daß ist vnß verpórgn. Doch sicherlich, die <phaben> lebnt nicht, ez sind gemachte pild von menschlichn sinn mit dez pösen <geisteß> krafft. Déz wenn jch.	Und so er isset So sint gar vil grosser gelerten phaffen bi im die im kurtzwil vnd lust machent vber tische vnd die machent denn mit iren frómden kunsten mangerleÿ spil das etwenn für tisch guldin fogel koment fliegent vnd tierh lóffent Vnd die machent denn ein gross gedón Als ob es ein Engelsches gesang wer das den palaste durch schellet Vnd sint die selben Meister gar ture vnd kostlich Wan ir ist wenig uff ertrich Wan si lerent die kunste nieman denne jeglicher f einen sinen sün Vnd sprechent die selben meister sy gesehen mit beiden ougen Vnd Cristan lüt mit einem oug Vnd vncristen lüt sigent gemaul blind	Vnd vor yme sint alle knüsteriche pfaffen die alle kunst von der naturen von gestirne vnd von nigramantien von wissagen vnd von andern dingen koment Vnd die tunt dicke komen fur die tafeln guldin gefügel oder ander tyere mit liste Vnd die große gesenge Vnd melodyen machent Daz es herschillet uber alle den sale reht als ein himelisch oder der engel gesang wer Vnd wann sie alle verborgen künste konnent die nyeman anderß kan denn sie Vnd sie auch nieman leren wollent Wanne yeglicher leret sinem eltsten süne daz daz er kan Dar umb sprechent sie sie gesehent mit beiden augen vnd die cristen nit denn mit einem Vnd die Juden die der heiden gelauben nit gelichent die sint zu male blint meinent sie	And [al] grete solempne festes before the Emperoures table men bryngen grete tables of gold and þereon ben Pecokes of gold and many oþer maner of dyuerse foules all of gold and richely wrought and enameled and men maken hem dauncen and syngen clappynge here wenges to gydere and maken gret noyse and wheþer it be by craft or be nygromancye I wot nere, bot it is a gode sight to beholde and a fair. And it is gret meruayle how it may be. But I haue the lasse meruaylle because þat þei ben the moste sotyle men in all sciences and in all craftes þat ben in the world, For of sotyltee and of malice and of fer castynge þei passen all men vnder heuene. And þerfore þei seyn hem self þat þei seen with ij. eyen and the cristene men see but with on þe cause þat þei ben more sotyll þan þei, For all oþer: naciouns þei seyn ben but blynde in conynge and worchinge in comparisoun to hem. I did gret besynes for to haue lerned þat craft but the maistre tolde me þat he had made avow to his god to teche it to no creature but only to his eldeste sone. Also aboue the Emperoures table and the oþere tables and abouen a gret partie in the halle is a VYNE made of fyn gold [...]
		Vnd alles das volk das vor tisch dienet das redet nit [...]	Vor dem tische stent die hohen fürsten zu dienen vnd die farenden lüte Vnd ist keiner der ein eynigeß wort rede [...]	

Titel, Siegel und Glaube des Großkhans

Vhs. (Ed. Morrall) S. 137f.	Hs. N fol. 120v	Vdr. (Ed. Bremer/ Ridder) S. 142	Paris-Text (Ed. Letts) S. 359	Ddr. (Ed. Bremer/ Ridder) S. 327
Als ich uch vor geseit honn, der Groß Cham ist der gröst herre der under dem himel ist, und also nempt er sich och in sinen brieffen ,Cham filius dei excellentissimus et colona universe terre imperator et dominus omnium dominancium'. Uff sinem insigl stätt geschriben: ,Deus in celis et Cham super terram, eius fortitudo. Omnium hominum imperatoris sigillum'. Wie wol das ist daz er nit cristen sig, [S. 138:] so gloubt er doch und all Tartar an den untöttlichen got und der allü ding vermag.	Cam ist der grost herre auff erdtrich vnder dem himel vnd als schreibt er sich in seinen brieff Cam filius dei excellentissimi columpra vniuersa terre Imperator dominus omnius dominantium Auff seinem Insigel stet geschriben also dominus incelo Cam super terram fortitudo omnium haimnum imperator dominus omnium dominantium sigillum wie wall daz ist das er nit Cristen ist so glaubt er doch vnd alle die von Tartareÿ an den vngotlichen gott der alle ding vermag	Cam ist der größt herr auf erdtrich der vnder dem himel ist. Vnnd also schreibt er sich in seinen priefen. Cam filius dei excallentissimi columna vniuerse terre. Imperator dominus omnium dominancium. Auff seinem insigel stat geschriben also. Dominus in celo cam super terram fortitudo omnium haminum imperator dominus omnium dominancium sigillum Und wie wol das ist das er nit ein crist ist. so gelaubt er doch vnd alle die von tartarien an den vndöttlichen got der alle ding vermag	Le Grant Cham est le plus poissans empereur qui soit ou monde ne dessoubz le firmament, et ainsi sappelle il en ses lectres Cham, filius Dei excelletissimus, vniuersam terram colouem communis Imperator et dominus omnium dominancium. Et la lectre de son seel autour est telle, Deus in celis et Cham super terram, eius fortitudo. Omnium hominum Imperatoris sigillum. Et combien quil ne soient maintenant Crestien, neentmoins li emperieres et tuit li Tartarin croient en Dieu immortel et tout puissant; et quant il veulent aucun menacier, il dient ,Dieu scet bien que tu le comperras,' ou, ,que ie te feray tele chose.'?	Der selb Can ist der groste herr in der welt vnd mag im nieman gelichen Es sye denn priester Johans von Jndien von dem ich noch sagen sol vnd mit dem krieget er nymer wann ir beider lande beduefftet einander dar zů so hat der Can altzit priester Johans töchtern eine zů wibe durch ir beider früntschafft willen der soldan von Egipten der keiser von persien der keiser von manchi vnd ander fürsten vil hand land zů lehen von dem Can oder von priester Johans von Jndien. aber der aller herschafft vnd macht ist nit wider der zweier macht. Der groß Can der schribet sich also Can filius dei excelsi domini vniuersam terram Colentium summus imperator ac dominus omnium dominantium. Das ist zů tütsch Can gottes sun des obresten herren keisers aller der so vff erden wonent vnd ein her aller herren vnd sin groß Jnsigel hat dise wort dei fortitudo omnium hominum Jmperatoris sigillum Das ist zů tütsch gottes stercke aller menschen keisers insigel. Der Can meinet ouch Er habe die herschafft von got. wann das land von Tartarie was etwan dem künig von Pentexor vnd dem Römischen Keiser vnd andren vnderton.

Feste am Khanshof und Ehrerbietung gegenüber dem Khan

VHS. (Ed. Morrall) S. 138	Hs. N fol. 121rf.	VDR. (Ed. Bremer/ Ridder) S. 142f.	Paris-Text (Ed. Letts) S. 359f.	DDR. (Ed. Bremer/ Ridder) S. 325f.
Hie seit er von dem grossen hoff und adel den der Cham under im hät [= Ü.]		Hie wil ich sagen wie man des Cams hof bereyt [= Ü.]	Du gouuernement du Grant Cham [= Ü.]	Ouch sol man wissen das der Can so gar groß vnseglich würtschafft hat so er hochzig oder hoff hat dz das es vil
Syder ich uch geseit hon war umb er haisset der Groß Cham, nun wil ich uch sagen wie man seinen höff berait zů grosen hochzytten, und das tůt man besunderlich vierstund in dem jär. Das erst ist als er ist geborn, das ander als man In in dem tempel hett braucht, do man in beschnaid, das dryt als sie im abgot von ersten in sinen tabernackel gesetzt hond, das vierd ist als sin abgot von ersten hat an gebett zeredent und zaichen zů tůnd. Suß machent sie nit hochzytt, es sy den wen sie ir kind måchlend.	Seyd ich euch gesagt han wor vmb er haisset der groß Cam Nun wil ich euch sagen wy man seinen hoff bereyt zů grossen hochzeiten vnd das tut man besunderlichen vierstund in dem jar. Das erst ist als er geborn ward das an-der als man In in den tempel procht do man in beschnaid das dryt alß sie Jren abgot in sein geheusse haben gesetzt das vierd als ir abgot von erst fieng an zů reden von antworten vnd zaichen zů tůnd sunst haben sie kein hochzeit Es sey dan das sie ir kind zů samen geben	SEyt ich euch gesagt hab von seiner herschaft vnnd von seinem palast. vnnd warumb er heyßt der groß Cam Nun wil ich eüch sagen wie man sein hof bereyt zů grossen hochzeitten. vnd das thůt man besunderlichen zů vier malen in dem jar. Das erst ist als er geboren ward. Das annder als man in in den tempel pracht do man in beschneyd. Das dritt als sy jren abgot in sein hauß gesetzt haben Das vierd als ir abgot von erst vieng an zů reden vnd [S. 143:] antwurten vnd zaichen zethůn. anderst haben sy keyn hochzeit es seyd dann das sy jre kind zesamen geben.	Or vous ay ie dit pour quoy ilz sappellent Grant Cham. Si vous diray la gouuernance de sa court, quant il fait festes sollempnees, cest principaument iiii. fois lan. La premiere est de sa natiuite, lautre de sa presentacion en leurs sacrefices, cest en leurs temples, ou il ont vne maniere de circoncisions; et les autres ii. festes si sont de leur grace. La premiere est quant leur [S. 360:] ydole fu premierement mise en leur tabernacle, et lautre quant lidole commenca premierement a parler et a faire miracles. Et plus ne fait de festes sollempnees, sil ne marie ses enfans.	lüt wol gloubent vnd er hat alle iar vier höffe Einen vff den tag als er geborn ward. Den andern vff den tag als er die herschafft in nam. Den dritten als der abtgot des ersten in den tempel gesetzt ward Den vierten als der abtgot des ersten anhůb red vnd antwurt geben zů den höffen kommet by vier tusend fürsten keiser künig hertzogen herren ritter vnd knecht vnd [S. 326:] frowen on zal. Item es kommend ouch dar alle wi-ßen gelerten meister pfaffen die in allen sinen landen sind vnd mit der Rate tůt er denn vil dings. Es kommet ouch dar alle meister die zouberlist vnd verbor-gen künst kunnent vnd die machent denn gar vil menigmlei künstricher spil vnd die machent mit listen das der

Nun sollend ir wissen das zů den hochzytten kompt aussermossen groß vil volckes usser der mäß, da sind zehen, da hundert, da tusend. Die wissend allsamen was sie tůn sóllend: Von erst sind da viertusend mechtiger herren, die behüttend den kayser. Und die schónhait und die hóchzitt tůt man all weg vor der statt, und da sind uff gespannen guldin tůcher und von camocha, und umb leit mit schónen porten und von edelm gestain. Und die herren hond cronen uff iren hópptern von vinem gold und von edelm gestain; und das gewand ist ainer varwe und als edel als man es finden mag. Und die viertusend herren sind getailt in vier scharen, und yeglich tusend das ist beklait in ain farwe und von ainem gewand.	Jr sult wissen das zů den hochzyytten kompt aussermossen groß volk dar da sind zehen da hundert dar taussent vnd groß ordnung vnd Jeglichs zů samen geordent vnd das volk waiß wol waß eß tůn sol von erst so sind do mechtig herren viertaussent die behuten den keysser vnd sein schónhait die hochzeit vnd die zůrd tut man albeg vor der stat vnd sind aufgespanen [fol. 121v.] gulden tuch vnd von samat die sind vmb legt mit gulden porten vnd von edelm gestein die grossen herren haben all Creucz auff jren haubtern von feinem gold vnd von edelm gestein die edelsten so man eß vinden mag. vnd sind all geclaidet in ain farb das ein taussent sind als kúng vnd herczogen vnd die seind all geklait in gúlden gewand do ist als groß reichtumb an von gold vnd edelm gestein das ir es nit móchte gelauben	Jr sólt wissen das czů den hochzeiten kompt aussermassen vil volcks. do seind zehen dórt hundert dórt tausend vnd alles zesamen geordnet. Von erst so seind do mächtiger herren vier tausent die behüten den keiser vnd sein schonheit. Die hochzeit vnd die zierd thůt man allweg vor der stat. vnd do seind aufgespannen guldine tůcher von samat die seind vmblegt mit guldin porten vnd vonn edlem gestein. Die mächtigen herren habend all kreicz auff jren háuptern von gútem gold vnd von edlem gesteyn des edelsten so man es vinden mag. vnd seind all geklaidet in ein farb. das ein tausent seind als kúng vnd herczogen vnd die seind all geklaidet in guldine gewant.

Et sachiez que chascune de ces festes il y a moult de pueple et moult bien ordene et armes par milliers et par cens et par diseines. Et scet chascun de quoy il doit seruir; si entent chascun si bien a ce quil doit faire quil ny a nulle deffaute. Il y a premierement iiii^m barons riches et puissans, tant pour garder, gouuerner et ordener la feste comme pour lempereur seruir. Et toutes ces festes sollempnees sont faites dehors la ville en tentes et en trais de draps dor, de tartaires et de camocas, moult noblement ouurez, Et tous ses barons ont couronnes de fin or sur leur chiefz, moult nobles et moult riches de pierres precieuses a grosses perles dorient; et sont tous vestus de draps dor, de tartaires ou de camocas, du plus noblement et faiticement que on pourroit ou monde deuiser.

gots thron im himel erschinnet vor der herschafft vnd Sonn vnd mon vnd gestirn für der herren tisch komment den grossen Can zů frúntschafft vnd zů eren vnd sinen gesten zů hoffierent. Item sie machent ouch ein groß geiagt dar zů kmoment von allerley tieren. So ieman erdencken kan. Jtem etlich meister machent dz ritter vnd knecht da stechent vnd turnierent. Etlicher dz es milch oder honig da regnet Etlich das es vinster vnd heider da ist vnd des gelich vnd vil vnd also zergand die hóff mit grossem kosten vnd wollust.

Das .iij.Capitel.im.iij.bůch

Der Can enthaltet ouch allerley spillút wannen sie komment vnd tůt sie alle an schriben vnd darumb ist ir gar vast vil on zal vnd ist ir me die christen sind denn die andern glouben hand wann er ist christen lút vnd vigend doch ist er den lúten hólder die sinen glouben hand

Rituale am Khanshof

VHS. (Ed. Morrall) S. 139f.	Hs. N fol. 122r-123r	VDR. (Ed. Bremer/ Ridder) S. 143f.	Paris-Text (Ed. Letts) S. 361f.	DDR. (Ed. Bremer/ Ridder) --
Nun nebend des kaysers täffel da sitzend vil phylosoph, die sind gar witzig und kúnnent mengerlay kunst. Und da sind etlich stunde, und wen es erzaiget sie ir kunst, und wen es sie zyt dunckel, so sprechend sie zü iren dienerm, die vor in stond, daz sy gebietend das yederman in frid syg. Das tün sie und sprechent: ‚Sind mit fryd.' Wie vil des volckes da ist, so hört nieman ain wort. So spricht der phylosoph: ‚Yederman naig sich und tüge ere dem kayser, der gottes sun ist und der öbrest in der welt, wann es yetzund zyt ist.' So naiget yetlicher sin höpt gen der erde. So spricht den ain ander phylosoph: ‚Richtent úch uff.' So spricht dann ain ander phylosophus: ‚Habend úwer hend für úwer mund.' So halt yederman sin hand für den mund. So spricht den ain ander phylosoph: ‚Stossent úwer klainen finger in úwer ör,' Das fünd sie all zehand. So spricht ain ander phylosoph: ‚Legend úwer hend uff úwer höpt.' Das fünd sie all. So haisset er sie dannen nemen. Und also fünd sie mengerlay, das mich ser wundert, und fragt mit urlob das sie mir seyttend war umb daz sie das tättend. Do sprach ainer zü mir, wenn sie ir höpter nider naigend in der stund, das die stund hab die tugend das sie alle iren herren fürbaß müssend undertänig sin und getrúwe, und	neben des keyssers taffell sicʒen uil philosyphen dy sind gar wycʒig vnd kúnent mangerleÿ kunst vnd wen es sie ʒeÿt dúnckt so sprechen sie ʒu iren dienern die vor in stend das sie gebieten das yederman mit fryd sey das tút einer vnd spricht seyt mit frid vnd wy wol man doch nit ein wort do spricht ein philosyph Jederman neig sich vnd tú ere dem keÿser der gotʒ sun ist So naigt Jeglicher sein haubt gegen der erd So spricht ein ander philosyph richt euch auff So spricht ein ander philosyph habt eẅr hend fur den mund dornoch Spricht ein ander philosyphus stost [fol. 122v:] eẅrn clein vinger Jn eẅr or dat tút Jederman So spricht ein ander legett eẅr hend auff eẅr haubt das tetten tund sie vnd also tund sie mangerleÿ des mich groß wunder nam Do frogt ich mit vrlaub war vmb sie das tetten Do sprach einer ʒu mir wenn sie das haubt nider neigten so mainten sie daʒ sie all vnterdennig wolten sein weder güet noch draw noch kein verhaissen mocht sie furbas dauon pringen das sie icht wider Jren herren tetten Do frogt ich warumb sie den vinger Jn das or steckten do sprach er das beteút das sie icht mochten gehören sprech sie tetten es denn dem keysser als pald kundt wann alles das das die grossen herren Jenhalb des Mers tünd das tund sie mit der philosephen rot	Neben des keÿsers taflen do sicʒent vil philosophen die seind gar wicʒig vnd weiß vnnd kúndent mengerleÿ schöner kunst. vnnd wenn es nun dÿe Phÿlosophen [S. 144:] ʒeit dunckt so sprechendt sy cʒü iren dienern die vor in stand das sy gebieten das ÿederman mit frid seÿ, dʒ tút einer vnd spricht. Seÿt mit frid vnnd wiewol des volckes vnmassen vil ist so hört man doch nit in wortt. So spricht eÿn philosoph ÿederman neÿg sich vnd tú ere vnserm keÿser der gotes sun ist vnd der oberst in der welt. wann es dann ʒeit ist so neigt Ÿegklicher sein haupt gegen der erde. So spricht ein annder philosoph. richt etich auf. So spricht ein ander philosoph. habt eẅer hennd für den mund. darnach spricht ein ander philosoph. stoßt eẅer klein vinger in eẅr or das thút Ÿederman. So spricht ein ander. legt eẅer hennd auff eẅer haupt das thúnd sy vnnd heÿßt sy dann wider herab legen. vnd also túnd sy mengerleÿ des mich groß wunder nam. Do fraget ich mit vrlaub warumb sy dʒ táten. Do sprach einer ʒú mir. wenn sy das haupt nÿder neigeten so mainten sy das sy all vndertánig wöllen sein vnnd getrew. weder gút noch kein verheÿssen möcht sy fúrbas dauon pringen das sy icht wider iren herren táten. Do fraget ich warumb sy den vinger in das ore steckten. do sprach	Et au coste de la table de lempereur sieent pluseurs philosophes sages de pluseurs sciences; et y a certaines heures de monstrer leurs sciences. Et quant il leur semble quil soit temps, il dient aus varies quilz ont deuant eulz, les quelx sont desirans de acomplir leurs commandemens, ‚Faites paix'; et adont dient ces varles, ‚Or paix, si escoutez.' Puis dient les philosophes que chascun face reuerence et senclinent a lempereur, qui est filz de Dieu et souuerain de tous ceuls du monde, car il est maintenant heure. Et puis chascun se baisse la teste vers terre. Et puis dit vn autre philosophe, ‚Leuez sus.' Et a vne autre heure dira vn autre philosophe, ‚Metez vostre main deuant vostre bouche,' et il le font. Et puis dit vn autre philosophe, ‚Mectez vostre petit doy en vostre oreille,' et tantost il le font. Et puis dit i. autre philosophe, ‚Mettez vostre main sur vostre teste,' et il le font. Et puis leur dient que ilz le rostent, et ilz le font. Et ainsi de heure en heure il font et dient diuerses choses, et dient que teles choses ont moult grant mistere. le demanday a eulx quelles misteres ne quelles significacions ces choses auoient; et il me respondirent que le bessier la teste a telle heure dadont celle honneur estoit telle mistere, que tous ceulz qui lauoient baissie seroient a tousiours mais obeissans et loial a lempereur et que pour dons ne pour promesses il ne pourroient estre corrumpus ne	[fehlt]

weder gůt noch verhaissen möcht ie dar zů bringen das sie sie ycht wider ir herren tättend. Do frägt ich von dem finger den sie in ir or stecktend. Das betüt das sie nit möchtend geliden das [S. 140:] yeman icht böses von iren herren spräch, oder er tätt es dem kayser als bald kunt, wann all groß herren enthalb mers tünd nach der phylosoph rät. Und wenn die phylosoph hond getön das sie an hört, so hebend den die spillüt an, ainer nach dem andern, und machent da schön melody. Und wen sie das geton hönd, so statt des kaysers spillman ainer ain wenig höcher und spricht: ‚Sind mit frid und schwigend.' So schwigt yederman.	er es beteüt das sy nit möchten geleiden das nýemand böses von jrem herren redte. oder sy täten es dem keÿser als bald kunt. wann alles dϳ die grossen herren thůnd anhalb mörs. das tünd sy mit der philosophen rat. vnd wenn die philosophen haben getan dϳ jnen ϳů gehört. so heben die spilleüt an einer nach dem andern vnd machend gar schön melodÿ. vnd wenn sy das getan haben. so stand des keÿsers spilleüt einer nach dem andern auf ein kleine höch vnd sprechend: Seÿdt mit frid vnnd schweigt. So seind die herren all bereÿt die von des keÿsers geschlächt seind	incliner pour nul auoir a lui faire trahison. Et du doy mectre en loreille ilz disoient que nulz de ceuls ne pourroient oïr parler ne dire chose qui fust contraire a lempereur, que tantost ne lalast dire ou noncier a lempereur, et fust ses peres ou ses freres. Et ainsi de chascune chose quil font et quil dient il deuisent des vieses misteres. Et soiez certains que on ne fait nulle chose qui a lempereur appartiengne, ne draps, ne pain, ne baing, ne autres choses quelxconques [S. 362:] fors que toudis a certainnes heures que les philosophes deuisent. Et se guerres ou aucunes choses contraires doiuent venir a lempereur par toute sa terre, ses philosophes le sceuent tantost, si le noncent a leure a lempereur et a son conseil; et tantost lempereur y enuoie de ses gens vers les ennemis. Et quant les philosophes ont ainsi fait leur mandemenz, les menesteriex commencent a sonner chascun son instrument, les vns apres les auttres, et font vne grande melodie. Et quant ilz ont vne foiz sonne de leurs instrumens, li vns des menestereux de lempereur monte en haut sur i. estage ouure moult faiticement et crie moult hault, en disant, ‚Faites pais,' et puis chascun se taist.

Ehrerbietungszauber vor dem Khan

VHS. (Ed. Morrall) S. 140	Hs. N fol. 123rf.	VDR. (Ed. Bremer/Ridder) S. 145	Paris-Text (Ed. Letts) 362f.	Ddr. (Ed. Bremer/Ridder) S. 326
Und wenn sie das hond geton, so kument den die prelaten, und yetlicher schenckt dem kayser etwaz. Da nach so hebend aber die spillüt an und hoffierend, und wen sie das hond geton, so bringt man für den kayser haimlich löwen und ander vil wunderlich tier und vogel und visch und allerlai tier ain tail. Und die sprechent es syg billich das alliü tier kumend und das sie im söllend undertänig sin und söllend im ere erbietten, wann er gotz sun sig. Dar nach so sicht man groß wunder. Dar nach koment maister die die schwartzen kunst künnend, das man in latin haisset nigromantia; die machend mit ir kunst das man ob in sicht den mo°n und die sunnen, das sie im naigend und im ere biettend, und das der schin wirt als groß da das ains daz ander kumm gesenhen mag, das die ögen den großen schin nit mügend ertiden. Dar nach machend sie das es nacht wirt, das ains das ander nit mag gesenhen. Dar nach machend sie das es wider tag wirt. Dar nach machend sie das die schönsten junckfrowen kummend die ye kain mensch gesach; die tragend guldin köpffe in ir hende und vol milch und gebend den herren zetrinckend und och den fröwenn. Dar nach machend sie das gewa°ppet ritter kumend in stechzüg; die stechend und ander wilde tier biß zů der tauffel springend. Und die wunder werend den tag bis man die tauffel wil beraitten. Der kayser hät unmäß vil volckes, als ich üch vor geseyt hon.	so komen den die prelaten vnd schencken dem keysser dornach so heben die Spilleut wider an vnd hoffiernt vnd wenn sie das haben getönn so pringt man für den keysser haimlich leon vnd manigerley tier vnd sprechen das es pillich seÿ das sie im vnterdenig seyen vnd ere erpietten wen er gotes Sun seÿ dornach so komen groß meister die künden die swartzen kunst vnd lossen do gros wunder sehen das man ob Jm sicht die Sünen tund Jm ere vnd das er schön/schein wirt [fol. 123v:] Als gros das einer den andern kom an mag gesehen dornoch machen sie das es nacht wirt das eins das ander nit gesehen mag dornoch machenn sie wider tag vnd das die schonsten Junckfrawen komen dy ye kein mensch gesach die tragen gulden kopff vol milich vnd geben den herren zu trincken vnd auch den frawen dornoch machen sie das geg-wappnet ritter komen in stechzüg die stechen vnd prechen ir sper das die stück zu des keysers taffel springen dornoch machen sie das jeger komen vnd iagen wilde tier bies zu der tafeln vnd wunderwerk den gançzen tag bis man dy taffell sol beraitten der keysser helt als vnmossen gros volk das es vnsechlich ist	vnd wenn sy das haben getan so kommen dann die prelaten vnd schenckent dem kaiser. darnach so heben die spilleüt wider an vnd hoffierent. vnd wenn sy daz haben getan. so pringt man für den keiser jung leo vnd mengerleÿ tier vnd sprechent das es pillich seÿ das sy im vnderdänig seÿen vnd ere erbieten wenn er gottes sun seÿ. Darnach komment groß meister die kündent die schwarczen kunst vnd lassent do groß wunder sehen dz man ob jm sicht den sunnen vnd den mon das sy jm neigent vnd tünd jm ere. vnd dz der schein wirt als groß das einer den andern kaum an mag sehen. Darnach so machent sy das es nacht wirt dz eins das ander nit gesehen mag. darnach machent sy wider tag vnd machen dz die schönsten junckfrawen kommen die ye kain mensch gesahe. die tragen guldin köpff vol milich vnd geben den herren zetrincken vnd auch den frawen. Darnach machen sy das gewappnet ritter kommen in stech zewg die stechent vnd prechent jr sper das die stuck zů des keisers tisch springent. Darnach machent sy jäger dye komment vnd jagent wilde tier biß zů der taflen des keisers die wunder werent den ganczen tag biß man die taflen bereÿten sol. Der keiser halt als vnmassen vil volcks dz es vnsäglich ist.	Et quant il ont tous offert a lempereur, les plus grans prelas de leur loy lui donnent leur beneicon, en disant vne oroison de leur loy. Et puis recom-mencent les menesterieux a sonner de leurs instrumenz. Et quant ilz ont vne piece sonne, on les fait faire, si fait on venir deuant lempereur lyons priuez et autres bestes et aigles et butors et autres diuerses manieres doyseaux et poissons et serpenz pour lui faire reuerence; car il dient que toute chose cree doit obeir a luy et il faire reuerence. Et apres viennent iugleours et enchanteurs, [S. 363:] qui font trop de merueilles; car il font venir en lair le soleil et la lune par semblant pour lui faire reuerence, qui donnent si grant clarte que a paine veoient ilz lun lautre. Et puis font la nuit venir, si que on ne voit goute; et puis font il reuenir le iour. Et font dances de belles damoiselles, les plus belles qui soient ou monde, ce semble aus genz. Et puis font venire des autres damoi-selles portans coupes dor plainnes de lait de lumens, et donner a boire aus seigneurs et aus dames. Et puis font venir des cheualiers armez moult faiticement, ioustans appareilliez de tel harnois quil appartient a iouste; et froissent leurs lances bien et roide-ment, si que les troncons en volent par les tables. Et puis font il venir chaces de chiens et de sengliers, de cerfs et dautres bestes. Et tant font de diuerses choses que cest merueilles a veoir. Et ne font point ces gieux iusques a leure que les tables sont mises. Cilz emperi-eres a moult grant gens pour lui seruir, si comme ie vous ay moult de foiz dit.	[siehe oben: Feste am Khanshof / Ehrerbietung gegenüber dem Khan]

Kreuzempfang des Khans

VHS. (Ed. Morrall) S. 143	Hs. N fol. 125rf.	VDR. (Ed. Bremer/ Ridder) S. 147	Paris-Text (Ed. Letts) S. 367	DDR. (Ed. Bremer/ Ridder) S. 327
Item wen der kayser rittet durch dörffer oder durch stett, so machent sie in den hüsser groß für und werffent dar in wiroch und was wol schmeckent, und knuwend al gen im nider. Ist aber das in der stat gaistlich volck ist, so komend sie im engegen mit dem crütz und singend mit luter stym: ‚Veni Creator spiritus,' und gond gegen im. Und wen er das hört, so spricht er zů den herren die by dem wagen sind das sie die priester zů im haissent kommen. Und wenn er das crütz sieht, so zücht er sinen hůt ab, der ist wol ain küngrichs werd, und knuwet gendem crütz nider. So spricht der prelaut etlich gebett und git im den segen mit dem crütz. So schenckt im deim der prelaut in ainem guldin beckin kin byren oder öpfel; so nimpt er ainen, die andern git er den herren. Und ist die gewonhait das kain fremd mensch getär für in komem, es geb im den etwaz. Und das ist nach irem gelouben: ‚Non accedat in conspectu meo vacuus.' So nemend sie denn urlob und also tůnd sie gen dem sun.	wenn der keyser reitt durch stett oder durch dörffer so machen sy in den hewssern groß fewr vnnd werffent weyrauch dorein vnd das wol schmecket vnd knyen gegen Jm nider Ist aber geystlich volck in der statt so komen sie im engegen mit dem Creutz vnd singen mit lautter stymm veni creator spiritus vnd gend im engegen vnd wenn er das hörtt so spricht er zů den herren seind das sy die priester hinzů heyssen kommen. vnnd wann er das creücz sicht kommen so zeücht er sein hůt ab der ist wol eins ganczen lands wert vnnd knyet gegen dem creücz nider. so spricht der prelat etlich gebet vnnd gibt Jm den segem mit dem kreücz vnd schenckt Jm in einem kelch etwe manig berlin oder öpffel So nýmpt er ein daruon vnd die andern gibt er den herren. vnd es ist gewonheýt das kein frembder mensch getar fur in kommen er geb Jm dann etwas vnd das ist nach Jrem gelauben. *Non accedat in conspectu meo vacuus.* sy nemen dann sein vrlaub vnd also thůt man auch seinem eltesten sun	wannd er keyser reit durch stet oder durch dörffer so machen sy in den heüßern grosse feůr vnnd werffent weirauch darein vnd das wol schmeckt vnd knient gegen im nider. Ist aber geýstlich volck in der statt so geend sy jm engegen mit dem creůcz vnd singent mit lauter stimm. *Veni creator spiritus.* Und wann er daz hört so spricht er zů den herrn die bey dem wagen seind das sy die priester hinzů heýssen kommen. vnnd wann er das creůcz sicht kommen so zeücht er sein hůt ab der ist wol eins ganczen lands wert vnnd kniet gegen dem creůcz nider. so spricht der prelat etlich gebet vnnd gibt Jm den segen mit dem kreůcz vnd schenckt jm in einem kelch berlin oder öpffel so nýmpt er ein daruon vnd die andern gibt er den herren. vnd es ist gewonheýt das kein frembder mensch getar für in kommen er geb jm dann etwas vnd das ist nach jrem glauben. *Non accedat in conspectu meo vacuus.* sy nemen dann sein vrlaub vnd also thůt man auch seinem eltern sun.	Et quant lempereur va de lun pays a lautre, ainsi que ie vous a y dit par deuant, et il passe par my les cites et par my les villes, chascun fait i. feu deuant sa maison et mectent dedenz poudre et encens bien odorans pour donner bonne odeur a leur seigneur, et les gens sagenoillent contre lui tous au lonc des rues et lui font honneur et tres grant reuerence. Et la ou les Crestiens religieux demeurent, ainsi quil font en autres citez en sa terre, ilz vont au deuant a procession auec la crois et leaue benoite et chantent a haute voiz, *Veni Creator spiritus*, en venant vers. Et quant lempereur les ot il commande aus grans seigneurs qui sont delez lui quil facent venir ces religieux, et quant ilz approuchent et il voit la crois, il oste sont gabeot, qui siet sur son chief a guise dun chapel de feustre, qui est fait dor et de pierres precieuses perles, et ce chapeaux est riches, que on le prise bien a i. royaume de ce pays. Et puis sencline encontre la crois, et puis le prelat de ces religieux dit deuant lui des oroisons et lui donne la beneicon de la dicte crois, et il sencline a la beneicon moult deuotement. Et puis le prelat lui donne daucun fruit iusques au nombre de ix. en i. platel dargent, poires ou pommes ou autre fruit, et il en prent vne et puis en donne aus autres seigneurs qui sont entour lui; car la coustume est telle que nulz estranges ne doit venir deuant lui quil ne lui doingne aucune chose, selon la loy ancienne qui dist, *Non accedat in conspectu meo vacuas.* Et puis dist lempereur aus religieux quil se traient arriere, afin quil ne soient deffoules de la grant multitude de gens et de cheuaux qui viennent la derrieres. Et aussi ceuls qui demeurent la ou lempereur passe font tous ainsi. Et en telle maniere fait on aux ainsnes filz, et presente a chascun ainsne du fruit.	vnd so er durch sin siet vert So machent die lüte grosse fürr in den gassen vnd werffent darin wiroch vnd gůte krüter das gůter geschmack da sye vnd vallent alle vff ire knüw im zů eren vnd dz er sie zů friden halte. Aber die cristen pfaffheit die Oggier in den selben landen by sinen ziten stiffte die gand Jm engegen mit dem heiltům vnd singent das gesang von dem heiligen geist. *Veni creator spiritus* vnd bittent das im got gesuntheit vnd sinn gebe got zů erent vnd in der heilig geist erlüchte vnd wie doch das er ein heiden ist vnd abgőt an bettet so neyget er doch dem Crütz vnd dem heiltům vnd haltet die pfaffheit in eren vnd schirmpt sie by ir fryheit vnd haltet wie man got er bitte Es sye in crütz oder in abgőttern bild das sye alles wol gethon vnd nemet das wichwasser von den pfaffen vnd hőrt ir gebett mit andacht vnd zů glicher wiße empfachent sie onch sine wiber vnd sin sun. Jtem vnd was man in heisset vnd Jn anmůtet so man in also empfachet des gewert er menglichen vnd isset oder trincket etwas das die pfaffen gesegnet hand vnd spricht er solle nieman mit lårer hand oder on sach vor sinen mund kommen vnd sol ouch nieman on getrőst von im gan.

Religiöse „Toleranz" des Großkhans und Erklärung für die „Toleranz"

VHS. (Ed. Morrall)	S. 144	HS. N	fol. 126r	VDR. (Ed. Bremer/ Ridder)	S. 142 u. 148	PARIS-TEXT (Ed. Letts)	S. 368 u. 371	DDR. (Ed. Bremer/ Ridder)	S. 331f. u. 335f.
[„TOLERANZ"] Und das ist groß schad und schand das er nit cristen ist, aber doch hört er gern von got sagen, und wil och das die cristen mögend farem durch sin land mit guttem fryd on alle betrübsele. Wann er gan yederman wol in sinem land das er gloub was er welle glouben.		[„TOLERANZ"] wan er vber all Jrdisch fursten j ist aber doch so hört er gern von got sagen Er will auch das die cristen farm durch sein lannd mit gutem frid Er gann wol in seinem lannd das ie der man glaub was er wil		[„TOLERANZ"] Und wie wol das ist das er nit ein crist ist. so gelaubt er doch vnd alle die von tartarien an den vntödtlichen got der alle ding vermag [...] [S. 148:] vnd er hört geren von gott sagen. er wil auch das die cristen faren durch sein land mit gütem frid. Er gundt wol yederman in seinem land was er glaub		[„TOLERANZ"] Dont cest grant damaige et pities quil ne croient fermement en Dieu. Et si ot tres volentiers parler de Dieu, et veult bien que tous Crestiens voisent bien et paisiblement par tout son pays. Car ou pays de la on ne deffent a nulluy de tenir quel loy quil veult tenir.		[„TOLERANZ"] so hat ein ieglich Can den sitten gehabt das er vil christen lüt in sinen landen enthlten vnd denen zucht bütet vnd die me friheit hand den die juden oder heiden vnd lat ouch sunst lüt von allerley glouben Jn sinen stetten wonnen vnd ieglichen glouben was er will vnd darumb ist vil volckes in sinen landen die nit glichen glouben hand vnd sind ouch vil lüt da die kristen heissent Aber sie hand vil vnderscheides an dem glouben. Ouch sind vor ziten ettlich Can christen gesin [...]. die Can sin all güt gotförchtig lüt [...] [S. 332, nach der Genealogie der Khane:] vnd iemer syd sie heiden gesin doch sind sie allen christen lüten hölder denn den heiden	
[PROPHEZEIUNGEN:] [fehlt]		[PROPHEZEIUNGEN:] [fehlt]		[PROPHEZEIUNGEN:] [fehlt]		[PROPHEZEIUNGEN:] [S. 371:] A ce quil dient, il ont bien entencion de mectre toute creature au dessouz deulz; et dient quil sceuent bien par prophectes quil seront vaincus par force de genz archiers et se conuertiront a la loy de ceuls qui les vaincront. Et pour ce sueffrent il gens de toutes loys a demourer paisiblement en leur terres. Et quant il veullent faire leur ydoles ou vne ymage pour mectre deuant leurs amis, quant il sont mors, [...]		[PROPHEZEIUNGEN:] [S. 335:] ouch haltent sie es solle noch die zit kommen das sie al welt bestritten sollent aber da wider haltend sie es sye gewissaget dz sie überwunden vnd bestritten sollent werden vonn einem volcke das nit irs glouben ist Aber sie wissent nit wer die sind vnd da von lassend sie gar vil lüte von menigerley glouben by jn wonnen vmb daz das sie kuntschafft befindent [S. 336:] vnd heimlich erfarend von welcherley lüten sie des warten sigend.	

DIEM.-Hs. Sg1 fol. 77v-78v u. 80v	DIEM.-Hs. H (Ed. Martinsson) S. 136-138 u. 141	DIEM.-Hs. H1 fol. 104rf., 105v u. 107v	DIEM.-Hs. H2 fol. 88v-89v u. 91r	COTTON (Ed. Hamelius) S. 162 u. 166
[„TOLERANZ":] So hatt ein Jechlich Can den sitten gehebt vnd demzühet büẗet vnd die me friheit hand denn Juden oder heiden vnd laussent auch sunst aller leÿ lüt vnd aller gelouben in iren stetten wonen vnd jechlichen glouben war er wil vnd dar vmb ist vil volkes in iren landen die nit gelichen glouben hand vnd sint ouch will lüt da die alle Cristan heissent Aber si hand ouch vil vnderscheidenung an dem glouben Ouch sint vor ȝitten ettliche Can E Cristen gewesen die ouch das heilig grab Jnne hatten vnd die land gewunnen [fol 78r:] vnd die den Soldan von Babilonÿe vnd den Califre von Baldach viengent [...] die Can sint all gût gottförchtig lüte	[„TOLERANZ":] De Canne, dar na dat se in de heerscop quemen, synt etlike gude cristen ghewesen unde laten noch hudesdaghes mer [S. 137:] cristen under erer vrigheyt wonen wen heyden, de nicht eres loven syn, eder joden unde holden vele erbar cristen under sik so wyse wile hilghe lude unde laten in eren landen etlike loven an god, dat em syn andacht to gheneyghet is. Darumme heft de grote Can mennigherleye heyden, de nicht liken loven hebben, under sik unde mennigherleye joden, de ok nicht liken loven hebben, unde darto ok mennigherleye cristen in der sulven mate. Unde de cristen syn in mennigherleye sunderliken loven ghedeylet. De Canne, de dar cristen synt ghewesen, de hebben ok etwenne dat hilghe graff unde dat lant ghewunnen unde den soldan, de sik soldan van Babilonie unde califfre van Baldach nomede, ghevanghen. [...] De Can synt alle vrome, erbar unde godevruchtighe lude.	[„TOLERANZ":] Die kan dar nach dag sie in die herschafft kamen So sint etliche gut cristen gewesen vnd lassent nach hut diß tages cristen vnder in großer friheit denne ander heiden die nit iren glouben hant oder Juden vnd haltent vil erber cristen vnder sik so wyse bi in fur wise vnd fur heilige lüte vnd lassent in irem gelauben in irem lande yeglichen glouben an den got da ym sin andacht zu geneigt ist Dar vmb hat der groß kan mangerley heiden die nit glich gelauben hant vnder ym Vnd auch maniger hande Juden die auch nit glichen glauben hant vnder ym Vnd darzu maningerley cristen auch in der selben [fol. 104v:] maße Vnd sint die cristen in manigerley sünderen gelauben geteilet Die kan die da cristen sint gewesen die hant auch etwann dag heilige grap vnd dag lant gewunnen vnd den soldan der sich soldan von Banylonien vnd califfre von baldach nante gefangen [...] Die kan sint alle erber fromme gotforhtige lute	[„TOLERANZ":] Dye can darnach daß sie in die herschafft komment so sint etliche gut christen geweßt vnd lassent noch hude diß tageß christen vnder yen in merer friheitten wann ander haiden die iren glauben nit enhand oder denn juden vnd haltent vil erber christen by inen vor wise vnd vor hailige lude vnd laßent In irem lande eynen yglichen gelauben an den got do yme sin andacht hin gemaget ist Dar vmb hat der große Can mangerhande haiden vnder ym die nicht glichen glauben hont vnd dar zu mangerleÿ juden vnder yme die nit glichen glauben hond vnd dar zu mangerleÿ christen auch in der selben weißen vnd sind die christen seit gewessen die hant auch etwan dag heilige grap vnd dag lant gewonnen vnd den Soldan der sich Soldan von babilonien vnd califfre von baldach nante gefangen vnd werent sie lebende blibende die christen warent sie hettent alle heidenschafft zum christen glauben bracht mit priester iohanß von Jndien hulffe die Can sint alle erber fromme got forchtig lude [...].	[„TOLERANZ":] Wherfore it is gret harm þat he beleueth not feithfully in god. And natheles he wil gladly here speke of god And he suffreth wel þat cristene men dwell in his lordschipe and þat men of his feith þen made cristene men, ȝif þei wile, þorghout all his contree. For he defendeth noman to holde no lawe other þan him lyketh.
[fol. 78v, nach der Genealogie der Khane:] Doch sint si allen Cristenen lüten hölder denn heidene Item es ist ouch ein vnderschel[...unlesbar] vnder den heidnen die da sint vnder dem Soldan heissent Sarraceÿ vnd die vnder dem Can sitzen heissent pagani	[S. 138, nach der Genealogie der Khane:] Unde synt der tid synt se iummer mer heyden ghewesen, wowol se cristen holder synt wen anderen joden. Unde se heten pagani, unde de heyden, de under deme soldane wonen, heten sarraceni.	[fol. 105v, nach der Genealogie der Khane:] Vnd sider her sint yemer nie Heiden gewesen Wie wol sie cristen holder sint dann andern heiden. wan sie heissent pagani Vnd die Heiden die vnder dem soldan wonen heissent sarraceni.	[fol. 89rf., nach der Genealogie der Khane:] wie wol sie christen holder sind dann anderen haiden wann sie haissent pagani vnd die heiden die vnder [fol. 89v:] Dem soldan wonent heissent Sarraceni etc	

[PROPHEZEIUNGEN:]	[PROPHEZEIUNGEN:]	[PROPHEZEIUNGEN:]	[PROPHEZEIUNGEN:]	[PROPHEZEIUNGEN:]
[fol. 80v:] Ouch haltent si eß kom noch die zitt daß si alle die welt bestritten vber wunden vnd bestritten werdenn von einem volk daß nit ihres glouben si Aber si wissen nit wer die sint vnd dauon lassent si gar wil lüte von mengerleÿ glouben bi Jn wonen vmb daß si kuntschafft beuinden vnd heimlich erwarint von welherleÿ luten si deß wartent sigint.	[S. 141:] Se meynen ok noch alle de werlt over to wynnende, unde dar na so is en ghewyssaghet, se schullen denne werden overwunnen wedder van luden, de anderen loven hebben. Wen se meynen, se en weten nicht, we de syn, darumme laten se allen loven by syk in erem lande, den men loven wyl, id sy van watteme loven se overwunnen werden, dat se der kunschop hebben mochten.	[fol. 107v:] Sie meynent auch nach alle die welte zu überwinden Vnd dar nach ist in gewissaget sie sollen wider vberwunden werden von lüten die andern gelauben hant denn sie Aber sie wissent nit wer die sint Da von lassent sie alle glauben den man gelauben wil bi in in irem lande Es sy von waz gelauben daz sy daz sie überwunden werdent daz sie kuntschafft han mogent.	[fol. 91r:] Sie meÿnent auch noch alle welt zu vberwinden Darnach ist ÿn gewissaget sie sollen dann wider vberwunden werden von lutten die anderen glauben hond wan sie abe sie enwissent nit wer die sind Do von lassent sie alle glauben der man gelauben wil by yn in irem lande eß sÿ von waß gelauben sie vberwunden werden daz sie kuntschafft hon mogent	[S. 166:] All here lust and all hire ymaginacioun is for to putten all londes vnder hire subieccioun And þei seyn þat þei knowen wel be hire prophecyes þat þei schull ben ouercomen by archieres and be strengthe of hem, but þei knowe not of what nacioun ne of what lawe þei schull ben offe þat schull ouercomen hem. And perfore þei suffren þat folk of all lawes may þeysibely dwellen amonges hem. Also whan þei will maken hire ydoles [...]

Tod eines Khans und Wahl des Nachfolgers

VHS. (Ed. Morrall) S. 146	Hs. N fol. 127r-128r	VDR. (Ed. Bremer/ Ridder) S. 148f.	Paris-Text (Ed. Letts) S. 372f.	DDR. (Ed. Bremer/ Ridder) S. 336
Hie seit er wenn der kayser töd ist, wie sie ain ander kayser erwelhend. [= Ü.] Item wenn ir ainer sol sterben das im we ist und wenn er an hebt ze ziehend, so steckent sie ain kertzen zů im und fliehend all uß dem huß, biß er tod ist. Dar nach begrabend sie in uff das veld. Item wenn ir kayser stirbt, so machend sie im ainen schönen sal, und tund in dar in, und beraitend im den tische mit edelm essen, und legent brott uff den tische und ainen guldin napffe von milch, und tůnd zů im hin ain jung rind, das milch git, und sin pfärit mit sattel und mit zom, und legend uff das pfärit silber und gold. Und darnach machend sie ain groß grüb und vergrabend das alles in die grüb und ainen oder zwenn siner besten diener mit im, die söllend im dienen in der andern welt. So sol er von der kü milch haben in der andern welt. Und dar umb tůnd sie och sin pfärit zu im, das er zerittend hab, wann sie wend sicherlich er ritt und esse und bedürff in der andern welt als hie. Dar nach wann er vergraben ist, so getar kainer nümer mer als gehertz sin der sin gedenck gen sinen fründen. Und dar umb geschicht gar dick das sie in haimlich vergrabend, etwa in ainer wildnüsse, dar umb das kainer wiß	Wenn dem keysser wee wirtt das sie wol sehen das er sterben müß vnd das er an hebt zů ziehen so stecken sie ain kertzen zů im und fliehend all uß dem huß all auß von jm biß er todt ist dornoch so begraben sie in auff das ueld wenn ir keysser tod ist. darnach machent sy im in schonen Sall vnd dor ein tund sie in vnd beraiten im ein tisch mit edelm essen, und legent prot auff den tisch vnd einen guldenn napff vol milich vnd tund im denn in den sall ein junges rind das milch gelit vnd sein pferd mit sattel vnd mit zaum. vnd legend auff das pferd silber vnnd gold. vnd darnach machent sy ain grosse grüb vnd begrabent in vnd das alles in die grüb. vnd einen oder zwen seiner besten diener mit jm dye sollen jm dienen in der andern welt. vnd dor vmb tund sie auch [fol. 127v:] tůnd sy auch ein roß czů jm wann sicher sy mainen er reýt dort vnd esse vnnd bedürff dienér vnd tchů als hie dornoch vnd er begraben ist so dar ir keiner mer so gehertz sein der sein nymmer mer gedenck gen seinen freünden. vnd darumb geschicht es gar offt das sy in heimlich begraben ettwan in einer wiltmuß das nyemant wiß wo sein grab seý. darumb das keiner seiner freünd an in gedenck So sprechen sie den er ist in Jenner	Hie wil jch euch sagen von des keisers tod vnd wie sie jm wee wirt [= Ü.] Nun sölt jr wissen wenn dem keiser wee wirt vnd sterben wil das sy wol sehen vnd das er anhebt zů ziehen so stecken sy ein prinnende kerczen zů jm. vnd fliehend all auß von jm biß er tod ist. darnach so begrabent sy jn auf dz veld. Wenn der keiser sterben wil so bereytent sy jm in sein sal ein tisch [S. 149:] mit edlem essen vnd legent prot auff den tisch vnd einen guldin napff vol milch vnd thůnd im den in den sal eýn junges rind das millich gibt vnnd sein pferd mit satel vnd mit zaum. vnd legend auff das pferd silber vnnd gold. vnd darnach machent sy ein grosse grüb vnd begrabent in vnd das alles in die grüb. vnd einen oder zwen seiner besten diener mit jm dye söllen jm dienen in der andern welt. vnd tůnd sy auch ein roß czů jm wann sicher sy mainen er reýt dort vnd esse vnnd bedürff diener vnd tchů als hie. Darnach vnd er begraben ist so getarr jr keiner mer so keck sein der sein nymmer mer gedenck gen seinen freünden. vnd darumb geschicht es gar offt das sy in heimlich begraben ettwan in einer wiltmuß das nyemant wiß wo sein grab seý. darumb das keiner seiner freünd an in gedenck.	De la maniere denseuelir lempereur de celui pays [= Ü.] Item quant aucun deulz doit mourir par maladie, on met vne chandoille delez luy. Et quant il trait a la mort, chascun sen fuit hors de la maison, tant quil soit trespasse, et puis le met on en terre aus champs. Et quant lempereur meurt, on le met en vne chaiere en ma tente; et mette on auec luy vne nappe, du pain, de la char et autres viandes, moult honnorablement, et i. hanap plain de lait de iument. Et si venra on vne iument et son poulain et son cheual tout enselle et affrene, et met on sur le cheual or et argent; et si ionche on la terre destrain. Et puis font vne grant fosse et large et le met on en terre auec toutes ces choses. Et dient que, quant il venra en lautre siecle, il ne sera mie senz hostel ne senz cheual ne senz or ne senz argent et que la iument li donra du lait et si li amena des autres cheuaux, tant quil en sera bien garni en lautre siecle. Et aussi [S. 373:] aucuns de ses chambellens ou officiers se mectent en la terre auec leur seigneur pour luy seruir en lautre siecle, especialment celui que len temroit qui lauroit mieulx a grace. Car ilz cuident pour certain quil soient en lautre siecle buuans et mangans auecques leurs femmes, si comme ilz sont cy. Et puis quil sera mis en terre, nuls ne sera si hardy qui ose de luy parler deuant ses amis. Et	In Tartarie hand die lut alle kleine ougen vnd die man alle wenig bartes vnd sint frech vnd hert lüte vnd so einer sterben wil. So legent sie einen großen schilt vnd ein glessin zů Jm vnd fliehend all von Jm vnd so er tod ist so setzent sie Jn vff das veld vnder ein gezelt vff einen sessel vnd leit man Jm sinen gantzen harnasch zů Jm vnd richtend einen tisch für in vnd daruff brot vnd win vnd ander kost vnd einen napff mit roß milch vnd zů in ein roß vnd sin fülhi das noch suget vnd ein ander pfertt vnd gesatelt vnd gezômet vnd strowent im gar schon vnd legent vil goldes vff das pfert vnd dem machent sie ein grüb in die erden dar Jn der man vnd das gezelt die pfertt vnd der tusch alles sament mit ein ander gestan mag vnd begrabent eins mit dem andern vnd meinent das ein pfert mit dem fülhi solle im milch gnüg geben vnd aber fülhin machen das er ewiglich milch gnüg habe wann er sol in der grüben wider lebendig werden vnd in enander welt varen vnd da als groß herr werden Als er hie was vnd essen vnd trincken als hie Und solle ouch darnach nieman nit von Jm sagen vnd meinent ouch das diß gar ein herlich begrebt sye vnd ist nieman so getürftig der darnach von Jm dür reden oder sin gedencken vor sinen fründen Und machend ouch

wä sin grab sige, dar umb das kain sin frund nümer an in gedenck. So sprechend sie denn: 'Nun ist er in der andren welt grösser herre wann er hie was.'	welt uil ein grosser herre denn er hie was	vnd sy sprechen er seÿ in yener welt vil ein grösser herr dann er hie w3.		encore auient il plueseurs fois que ilz le font mectre en terre secrement par nuit, es lieux sectes et desers, et remectre de lerbe pour recroistre sur la fosse; et la cueure on moult bien, affin que on ne sache ou sa fosse est, par quoy il nen viengne iamais aus amis nulle memoire. Et adont dient il quil est raui en laute siecle et quil est plus grans sires de la quil na este de ca.	die selben grüben an gar heimlichen stetten vff dem veld vnd bedeckent sie mit waßen durch das sin dester ee vergesten werd
[WAHL EINES NEUEN KHANS:] Dar nach so komend die siben sprauch zesamen und erwelhend den elsten sün zü irem kayser und sprechend also: 'Wir bittend und flehend üch und wöllent schaffen das ir unser herre seynd.' So spricht er: 'Syd ir wöllend das ich och herre und kayser sig, so will ich das ir mir underfänig sigend, und was ich gebiett, das ir daz tügend.' So zehand so sprechend sie all mit ainer stim: 'Was du uns gebütest, das wöllen wir tün.' So spricht er also: 'Von disem tag all weg so sol min rede und min wort schniden als ie kain schwert oder scharsach.' So setzent sie im die kron uff. So kumpt alles das gantz land und schenckend im, das im des tages so wirt geschenckt me goldes den sechtzig pfärit möchtend getragen. Und das ist nun das gemain volck, an das im die herren schenckent von edelm gestain, des ist on zal.	[WAHL EINES NEUEN KHANS:] dornoch so komen die siben sprachen zü samen douon ich euch vor gesagt han vnd erwelten den eltesten sun zü Jrem keÿsser vnd sprechen wir pitten vnd flehen ouch vnd wöllen ouch schaffen das ir vnser herre seÿtt So spricht er seittein mol das ir wölt das ich eẅr keÿsser vnd herre sey So wil ich das ir mir vnterdennig seÿt was ich euch gebit das ir das tüt So sprechen sie all zu hand mit maniger stym was ir vns gebüttet das wöllen [fol. 128r:] wir tün So spricht er denn vonn diessem tag fur bas sol mein red schneiden als ein swert Mit dissen worten so seczen sie Jm die Cronn auff so komt den das gancz land vnd schenckt Jm So wirt im des tags mer geschenckt den sechtzig pferd mochten tragen vnd das ist nun daz gemein volk von gold on daz im dy grossen herren schenncken von edelm gestein das ist on 3all	[WAHL EINES NEUEN KHANS:] Wie die syben sprach ein andern Cam wölent [= 0.] Darnach so kommen die syben sprach zesamen vnd dauon ich eüch vor sagt hab vnd erwölen den eltesten sun zü irem keiser. vnd sprechent. wir biten ewch vnd wöllen eüch schaffen d3 jr vnser herr vnd keiser seient. so spricht er dann seÿtemal. das jr wöllent das ich eẅer herr vnd keiser seÿ. so will jch das jr mir vnderfänig seÿent was ich eüch gebeüt das jr das thüend. So sprechent sy all 3ehand mit einiger stymm was jr vnß gebitent das wöllen wir tün. So [S. 150:] spricht er dann von disem tag fürbas sol mein red schneiden als ein schwert. Mit disen worten seczen sy jm dye kron auff. so kompt dann das gancz land vnd schenckent jm. So wirt jm des tags mer geschenckt dann lx. pferd möchten getragen. vnd das ist nun das gemein volcke von gold. on das im die mächtigen herren schencken von edlem gestein das ist on 3al.	[WAHL EINES NEUEN KHANS:] Apres la mort de lempereur les vii. lignages sassemblent et eslisent son ainsne filz. Et li dient ainsi, 'Nous loons, ordenons et vous prions que vous soiez nostre seigneur et nostre empereur.' Et cil respont, 'Se vous voulez que ie regne sur vous, il conuient que vous faites chascun de vous ce que ie vous commanderay, ou demourer qui pays ou de voidier. Et cil que ie diray soit tuez, tantost il soit occis. Et tout ce que ie diray, il soit fait et acompli.' Et ilz respondent a vne voiz, 'Tout ce que vous commanderez sera fait.' Et adont dit lempereur, 'Sachiez, ma parole est de ce iour en auant trenchant comme espee.' Depuis on lassiet sur i. noir feutre en sa chaiere et li met en sa couronne ou chief. Et adont tout le pays li emuoie presens, tant que en la iournee il a plus de lx. chameux chargiez dor et dargent, sus les ioyaulx des nobles hommes, qui sont dor et de pierres precieuses senz estimacions, et senz cheuaulx et draps dor, de pourpres et de camocas et de carse, qui y sont senz nombre.	[WAHL EINES NEUEN KHANS:] So ein keiser von Tartarie stirbet so gand die siben geschlecht zü samen. vnd wellent sinen eltesten sun 3ü herren vnd sprechent also wir wellent vnd ordnet tüch 3ü keiser über vns. So spricht er Sider ir wöllent das ich üwer herre sye. So will ich d3 ir ir mir gehorsam sind vntz in den tod den ich heiß sterben der sterb den ich heiß leben der lebe. Und wil das mine wort gehalten werden als ein scharpff schwert vnd das gelobent sie Jm denn alle vnd ist denn gewaltiger herre vnd all fürsten vnd stet sendent Jm glouben vnd thünd Jm gehorsam vnd wie er von Jm gehorsamy vnd wie er von Jm selber heisset den namen behebt er. Aber man leit dar 3ü Can von Cathay Also müessent sie alle heissen die keiser 3ü Tartarie wöllent sin Und do ich da was do hieß er Chiant Can von kathay. vnd hett .xij. brüder vnd dru wiber der aller namen ich wol wißt vnd So ein nüwer her wirt So thüt er sinem gott opffer vnd ere.

Hülegü und der Kalif von Bagdad

VHs. (Ed. Morrall) S. 137	Hs. N fol. 120rf.	VDr. (Ed. Bremer/ Ridder) S. 141f.	Paris-Text (Ed. Letts) S. 358f.	DDr. (Ed. Bremer/ Ridder) S. 331f.
Nach Athataran was Justianus, und nach dem Maghotam, der was ain gůter getöffter cristen und sant den cristen brieff das er öwig frid mit in wölt halten, und sant sinen brůder Ylion mit grossem volck uß, das er daz haîlig land sölt gewinnen, und solt das den cristen antwürten, und Machomets gelöben zerstören, und solt wähen Caliphe von Bandas, der der Sarrazenen kayser was. Und er ward gefangen, und da fand er als grossen schatz by im das er nit wond das in aller der welt so vil wär. Do hieß Hylion Caliphe für sich füren und sprach zů im: ‚Syder du hast als groß gůt gehebt, war umb hieltest du nit als vil soldner das din land behůt wer gewessen?' Do anttwürt in Caliphe und sprach, in důchte er wer witzig gnůg. Nit anders sprach er. Do sprach Ylion: ‚Du bist sicher mit diner witz der Sarrazenen got gewessen, und der Sarrazen gött essend kain töttlich spiß. Da von sicher du solt nun gold und edel gestain essen und den schatz der dir als lieb ist gewessen.' Und do hieß er in zů dem schatz gefangen legen und hieß in vast essen. Do starb er und hungers da by.	Noch dem ward Mageton Cam der was ein gutter getauffter krist vnd sant den cristen brieff das er ewigen frid mit in wolt hann vnd sant seinen bruder auß mit grossem volck das er das haîlig land solt gewinnen vnd solt es den kristen antworten vnd machmecz glauben erstörn vnd solt fahen kaisser Caliphe das beschach vnd do vand er also grossen [fol. 120v:] Schacz bey Caliphe das er nit meint das in der welt so grosser schacz möcht gesein vnd do sprach er seid em mol das dir der schacz liber ist gewessen den dein leib vnd nit volk mochtest bestellen So wil ich dir wol lossen sein bey deinem schacz vnd yß silber vnd gold vnd edelgestein vnd loß dir wol dorbey sein vnd hieß in dortzu gefangen legen vnd also starb er do hungers	Nach dem ward [S. 142:] magetan Cam der was ein gůter getauffter crist. vnd sandt den cristen prief das er ewigen frid mit jnen wolt haben. vnd sandt seinen brüder auß mit grossem volck das er das heylig land sollte gewinnen. vnd sôlte es den cristen antwurten vnd machmecz glauben erstören vnd solten vahen den heyden keyser Caliphe das beschach vnd do fand er als grossen schacz beý caliphe dz er nit wand das in der welt souil möcht gesein. Und do sprach er seýdte mal daz dir der schacz lieber ist gewesen den dein leib vnd nit volck mochtest bestellen so will ich dir wol lassen sein beý deinem schacz vnd yßs silber vnnd gold vnd edel gestein vnd laß dir wol darbeý sein. vnd hieß in darzů gefangen legen vnd also starb er do hungers. vnd über lang darnach do starb der selb groß cam auch. Darnach ward ein ander Cam. vnd von vnser sünd wegen ward das land wider verloren. Cam ist der größt herr auf erdtrich der vnder dem himel ist. [... Titel und Siegel des Großkhans]	Apres Ethethcam regna Guiscam, et puis Manghocam, qui fou bon Crestien baptisiez et donna lectres de perpetuelle pais a tous Crestiens. Et enuoia Illion son frere auec multitude de gens pour la Sainte Terre gaaignier et mectre es mains des Crestiens et pour destruire la loy de Mahommet et prendre le Califfe de Baudas, qui estoit empereur et sires de tous les Sarrasins. Et quant ce Califfe fu pris, on trouua tant de tresor que en tout le remanant du monde nen demouroit mie tant. Et le fist Illion venir deuant lui, et il lui demanda pour quoy il nauoit assez pris de soudoiers dune partie de son tresor pour deffendre son pays. Et li Califfes lui respondi quil en cuidoit auoit assez des siens propres. Et adont dist [S. 359:] Illion, ‚Tu as este comme Dieu des Sarrasins, et li Dieu des Sarrasins ne doiuent point mangier de viande mortel. Et pour ce tu ne mangeras que pierres precieuses et le tresor que tu auoies amasseet que tu auoies tant chier.' Si le fist mectre en prison et tout son tresor delez lui, et la delez mourut de fain et de soif.	vnd wann sie all Can hiessent do nam der eltest sun den namen an sich das er solt heissen der groß Can von kathay nach dem selben eltesten brüder ward sin brüder Gins Can vnd nach dem ward Mango Cam vnd der ward gůt christen vnd gab christen lüten groß fryheit die sie noch hüt diß tags da hand vnd siner brüder einer der hieß holloCan über den Soldan von Babylonie vnd dem lag er ouch ob vnd viengin vnd vand man hinder dem Soldan groß schätz. vnd do In hollo Can fraget warumb er nit volck besoldet het Syd er doch so vil gůts het. Do sprach der Soldan er wonte er het volckes gnůg das er wol sicher vor Im wer Do sprach hollo Can zů Im dir was das gold zů lieb du macht mit mit got sin vnd da by gold lieb haben Und syder du meinst du siest der heiden gott vnd syd gott keiner liplichen spiße bedarff vnd sid dir gold vnd edel gestein als lieb ist gewesen das du es gesparet hast an soldnern darumb du min gefangen bist So soltu [S. 332:] nit anders essen denn gold vnd edels gestein vnd ließ in do in der gefengnißt hungers sterben.

Do hieß Ylion gewinnen und gewann das hailig grab und das land gantz und gar und gab es den cristen under die hand. Und an derselben zyt starb der Groß Cham. Und von unser sünd wegen ward das hailig grab und land wyder verlorn. Do ward Cabilatan kayser von Chatay und der was och cristen, und der was herre zway und viertzig jär. Der stiffte Jagh die grossen statt in dem land zü Chatay, und die statt ist vil grösser der dem Röm. Der ander Groß Cham der nach im kam der ward ain haiden. Als ich uch vor geseit honn, der Groß Cham ist der gröst herre der under dem himel ist [... Titel und Siegel des Khans]	vnd also vber lang dornoch do starb der selb groß Cam vnd von vnser sund wegen ward daʒ land wider verloren Cam ist der grost herre auff erdrich vnder dem himel [... Titel und Siegel des Großkhans]	Et ot Illion gaaignie toute la terre de promission et mise en main de Crestiens, mais le Grant Cham mourut en ce temps et fut tout li affaire empeschie. Apres Manghocam regna Cobilacam, qui fu aussi Crestiens et regna xlii. ans. Il fonda la grande cite de logh, qui est en Cathay, qui est plus grande assez que ne soit Rome. Li autre Grant Cham, qui vint apres lui, deuint paiens et li autre apres aussi. Le Grant Cham est le plus poissans empereur qui soit ou monde ne dessoubz le firmament [... Titel und Siegel des Großkhans]	vnd gab do der selb hollo Can das land das er dem Soldan abgewan den christen lüten vnd die empfiengen es von Im vnd darunder in den tagen starb sin brüder mango Can Also das hollo Can von den landen die er gewunnen hett wider heim ʒiehen müßte vnd do er dannen kam do gewunment die heiden das land wider an sich Nach mango Can wart sin brüder Cubilla Can keiser vnd der was ouch christen vnd buwte die grossen stat in kathay die da heisset Inug vnd die stat ist gröser denn Rome vnd der selb Cubilla Can lebt wol .xlij. jar darnach ward ein ander keiser vnd der ward christen vnd widerumb heiden vnd iemer syd sind sie heiden gesin doch sind sie allen christen lüten hölder denn den heiden vnd es ist doch ein underscheid vnder den heiden wann die heiden die vnder dem Soldan sitʒent die heissent Sarraceni vnd die vnder dem Can sitʒent die heissent pagani.

DIEM.-HS. H (Ed. Martinsson) S. 138	DIEM.-HS. H2 fol. 89rf.	INSULARE (Ed. Deluz) S. 385f.	COTTON (Ed. Seymour) S. 165f.	EGERTON (Ed. Seymour) S. 123f.
Na Othoca Can wart keyser Gnys Can unde dar na wart keyser Mango Can. Unde de wart gud cristen unde de gaf ewyghen cristen vriheyt, se se noch hudesdaghes hebben. De schickede syner broder eynen over den soldan. De heth Halloen. De wan dat lant allent, dat de soldan hadde, de dar to den tiden soldan unde califfre was.	Do nam der erste den namen daʒ er sich der große Can nante von kathaÿ nach ochara can ward keyser groß Can vnd nach dem ward mango Can keyser vnd der ward gut christen vnd gab ewige freiheit den christen die sie noch hude diß tageß habent der schickte siner bruder eÿnen der hieß hallaon vber den Soldan der gewann daʒ lant alleß daß der Soldan ignoten heltet vnd fieng den Soldan der do ʒu denn ʒleten Soldan vnd Califfre waß	Aprés Ettocha regna Guyo Chan, et puis Mango Chan qe fust bon christien baptizé et dona lettres de perpetuelle pes a touz christiens, et envoia son frere Halaon ovesqez grant multitude des gentz pur gaigner la Terre Sainte et pur la mettre en mains des christiens et pur destruire la loy Machometh et pur prendre le Califfe de Baldak qe estoit empereres et sires de tous les Sarrazins.	After Ecchecha regned Guyo Chane, and after him Mango Chan, that was a gode Cristene man and baptyzed, and yaf lettres of perpetuelle pes to alle Cristene men, and sente his brother Halaon with gret multytude of folk for to wynnen the Holy Lond and for to put it into Cristene mennes hondes and for to destroye Machametes lawe and for to take the Calyphee of Baldak, that was emperour and lord of alle the Sarazines.	After Cichota regned his eldest broþer Guys Chaan. And after him regned Mango Caan, þe whilk was baptized and worþed tille a worthy and a deuote cristen man and a gude. He graunt his lettres of perpetuele peesse tille alle cristen men for to wonne in his rewme, and sent his broþer Halaon wiþ a grete oste for to wynne þe haly land oute of þe Sarzenes handes into cristen menneʒ handes and for to destruy Machomete lawe and also for to take Calaphes of Baldac, þat was emperour and lord ower þe Sarzenes.
Do de soldan ghevanghen wart, do vant men also vele grotes schattes hinder em, dat id ane tal was. Do vraghede en Halloen, worumme dat he nicht myt en des schattes ghedeylet hadde, unde dat he solt ghegeven hadde unde hadde sik gheweret. Do sprak de califfre, he wande volckes genuog han. Do sprach hallaon dir waß daʒ golt ʒu lip du enmachst nit got sin vnd daʒ golt liep hon vnd sint daʒ du der heiden got bist vnd got keyner liplichen spise nit bedarff vnd dir golt vnd edel gesteyn alßo liep ist so soltu anderß nit wann golt vnd edel gesteine essen vnd ließ ʒen do by sinem golde vnd ließ ʒen do by sinem schacʒ hungerß sterben	do der Soldan gefangen ward do vant man alßo viel großes schacʒes hinder ÿme daʒ daʒ ane ʒall waß do fragete yen hallaon war vmb er nicht mit ÿme deilt deß schacʒes gesoldet hette daʒ er sich geweret hette Do sprach der califfre er wande volckes genuog han Do sprach hallaon dir waß daʒ golt ʒu lip du enmachst nit got sin vnd daʒ golt liep hon vnd sint daʒ du der heiden got bist vnd got keyner liplichen spise nit bedarff vnd dir golt vnd edel gesteyn alßo liep ist so soltu anderß nit wann golt vnd edel gesteine essen vnd ließ ʒen do by sinem golde vnde eddelem steyne hungherich sterven.	Et quant cis Califfe fust pris l'em treuva tant de tresour qe en tout le remenant du mounde en deveroit a peynes tant avoir. Si le fist Halaon venir devant ly et ly dit purquoy il n'avoit pris assez de soudeors pur une partie de ce tresor pur deffendre [S. 386:] soun pays. Et le Califfe respondi q'il quidoit avoir assez de gentz propres. Et adonquex dist Halaon: „Tu estoiez auxi come dieu des Sarrazins, et ly dieus ne deivont point manger de viaunde mortel, et pur ceo tu ne mangeras qe pierres preciouses et perles, et le tresor qe tu amoiez tant." Si le fist mettre en prisoun et tout son tresor delez ly, et la morust de faim et de soif.	And whan this Calyphee was taken, men fownden him of so high worschipe that in alle the remenant of the world ne myghte a man fynde a more reuerent man ne highere in worschipe. And than Halaon made him come before him and seyde to hym: „Why,' quod he, „haddestow not taken with the mo sowdyoures and men ynowe for a lytille quantytee of thresour for to defende the and thi contree, that art so habundant of tresore and so high in alle worschipe?' And the Calyphee answerd him: for he wel trowede that he hadde ynowe of his [S. 166:] owne propre men. And than seyde Halaon, „Thou were as a god of the Sarazines. And it is conueynent to a god to ete no mete that is mortalle, and therfore thou schalt not ete but precyous	Halaon went furth and tuke Calaphes and fand wiþ him grete plentee of tresoure so grete þat him thoʒt þare schuld noʒt hafe bene mykils mare in alle þe werld as was fun wiþ him. And þan Halaon said vntille him, Qwhy, quod he, wald þou noʒt wage men ynew wiþ þi tresoure for to agaynstand me and defend þi land? And he answerd and said, I had men ynew of myne awen, quod he. And [S. 124:] þan said Halaon, þou was þe godd of þe Sarzenes and godd hase na mister of mete ne drink, and berfore þou schalle neuer for vs hafe mete ne drink bot ete if þou wille þi precious stanes and þi tresoure þat þou gaderd so fast togyder and luffed so mykille. And þan he spered him in amanges his tresour wiþouten mete or drink, and so he died for hunger and for thrist.

Unde he gaf do Halloen dat lant allent den cristen, unde de entfenghen dat van em. In den dynghen starff syn broder Mango Can unde syn broder moste Halloen weder to hus nemen, unde do wunnen de heyden den cristen dat lant allent weder aff. Unde na Can Mango wart Cubila Can, unde de was ok cristen unde buwede de groten stat in Cathay, de men heth Jangh, unde de stat is vele groter wen Rome. Unde de levede in der herschop wol twe unde vertich jar. Na deme wart eyn ander Can keyser, de cristen was unde nam heydenschen gheloven an sik. Unde synt der tid synt se jummer mer heyden gheweesen, wowol se cristen holder synt wen anderen joden. Unde se heten pagani, unde de heyden, de under deme soldane wonent, heten sarraceni.	vnd gab do hallaon daz lant alleß den cristen vnd die enpfingen eß von ỳme Jn den dingen starp sin bruder Mango mango Can do muste holluon wider heỳme vnd gewunnen die heiden den christen daz lant widder an Nu wart cubliacan keyser vnd der waß auch ~keyser~ christen vnd buwte die große stat in kathaỳ die man Jung heisset vnd die stat ist grosser wan Rome vnd der lebte in der herschafft woll zwai vnd fierczig iar Nach dem ward eyn ander Can keyser der christen waß vnd heidenischer glauben wider an sich name vnd sint mer sint Heiden gewessen wie wol sie christen holder sind dann anderen haiden wan sie haissent pagani vnd die heiden die vnder [fol. 89v:] Dem Soldan wonent heissent Saraceni	Et puis eust Halaon gaigné toute la terre de Promissioun et mis en mains des christiens, mes ly Grant Chan morust, sy fust ly affaires tout empeschez. Après Mango Chan regna Cobila Can qe fust auxi christiens et regna XLII aunz. Il founda la grande cité de Jong en Cathay qe est plus grande assez qe ne soit Rome. Ly autres Grant Chan qe vient après devient païens, et touz les autres auxi. Ly roialme de Cathay est plus grant roialme qe soit en mounde. Et auxi ly Grant Chan est ly plus puissant emperes qe soit souz le firmament. [... Titel und Siegel des Großkhans]	stones, riche perles, and tresoure that thou louest so moche. ' And than he commanded him to presoun and alle his tresoure aboute him, and so he dyed for hunger and threst. And than after this Halaon wan alle the Lond of Promyssioun and putte it into Cristene mennes hondes. But the Grete Chane his brother dyede, and that was gret sorwe and loss to alle Cristene men. After Mango Chan regned Cobyla Chan, that was also a Cristene man, and he regnede xliii. yeere. He founded the grete cytee of lyonge in Cathay, that is a gret del more than Rome. The tother Gret Chane that cam after him becam a payneme, and alle the other after him. The kyngdome of Cathay is the grettest reme of the world. And also the Gret Chan is the most myghty emperour of the world and the grettest lord vnder the firmament. [... Titel und Siegel des Großkhans]	He þis ilk Halaon conquerd and wan alle þe haly land into cristen men handes. In þe meen tyme þe Grete Caan died, and forþi þe journee chaunged efter to þe werse. After Mango þe gude regned anoþer þat hight Chebysa and was called Caan. And he was a gude cristen man also and regned xliii. ȝere. He foundit a gude citee and a grete in þe kyngdom of Chatay þe whilk es called long, and it es mare þan Rome. Anoþer Caan regned after him and he renayd þe cristen lawe and became a Sarzene, and alle þe Caanes after him vnto þis tyme. And wit ȝe wele þat þe rewme of Chatay es mare þan any rewme in þis werld, and so es he þat es Grete Caan þe grettest kyng of alle oþer kynges and richest of gold and alle maner of tresoure and of grettest astate. [... Titel und Siegel des Großkhans]

HAYTON, GESCHICHTE DER MONGOLEN (Ed. Dörper)	S. 271-274	WILHELM VON TRIPOLIS: DE STATU SARRACENORUM (Ed. Engels)	S. 302-305
Quant Halaon eubt bien et souffisamment ordonne de Persie, si s'envint en une province d' Armenie qui a non Salore, et la se reposa et soulacia tout l'este. Et quant vint en yver, s'en ala assoir la cite de Baudas, et est la cite de califfe, qui fu chef de toute la loy et scieute Mahommet. Et tantost manda .xxx.ᴹ Tartres qui furent en Turquie, et quant il furent venus, si fist avironner la cite et assaillir de tous costez tout enssamble. Et fu tresbien tost la cite prinse par force, et furent tous ceulz que on trouva en la cite mis a l'espee; trespou en eschapa qui par bien fuyr se sauverent. Et fu le califfe prins en vie et menez devant Halahon.		Postmodum vero per annos circiter LXXX potentissimus princeps Tartarorum (de quo supra) Hulaon nomine anno Domini MCCLIIIᵒ cepit civitatem Baldach, ubi erat sedes alterius caliphe, et ipsum calipham posuit in caveam ferream magnam suspensam in aere, pendentem sub arbore celsa, et tam diu fecit eum ieiunare, donec peteret cibum. Tunc iussu princeps discum plenum bizantiis fulvis fecit ante ipsum poni loco cibi et sibi dici: Comede hunc cibum, quem tantum dilexisti, ut nolles nobis dare tributum neque donum. Ante cuius [S.	

En ceste cite trouverent il tant de richesses que apainnes porroit on croire que tant en y eust ou remannant dou monde: car par l'espace de .iiii.ᶜ et .xviii. ans lui avoit Aisie toute este tributaire. Tartres departirent ces despoilles entre eulz si en [S. 272:] furent merveilleusement enrichi. La cite de Baudas fu prinse des Tartres l'an de grace mil .CC. et .lviii. Apres ce que Halaon obt de la cite tout fait a son gre, si fit a sa presence amener le califfe, et commanda que tout le tresor de califfe fust apporte devant lui. Lors demanda Halaon au califfe et dist: 'Congnois tu que tout ce tresor fu tiens?' Il respondi que oyl. 'Pourquoy dont,' dist Halaon, 'de cestui tresor ne prenis tu des souldoiers, tes voisins, grant foison, par lesquelz tu peuisses avoir toy et ton pays deffanduz contre la puissance des Tartres?'

Il respondi, 'Pour ce que je quidoie que ma gent souffesist a ce. Et me disoient mes conseilliers que seulement les femmes de la cite la porroient deffandre contre quelconques puissance.' Dont li dist Halaon, 'Califfe, tu es docteur et maistre de toute la loy Mahommet et de touz ceus qui y croient, et es honnourez desseure eulz tous: Teilz et si grans sires ne doit manger telle viande ne boivre tel buvraige comme les autres. Pour quoi nous te donnonz a manger de ces precieuses choses que tu as tant amees en ta vie et gardees si dilligemment.' [S. 273:] Lors commanda Halaon que on meist le califfe en une tresbelle chambre, et devant li tres grant quantite d'or et d'argent et de pierres precieuses, et qu'il en mengast tant comme il vosist. Et deffendi que nulle autre viande ne lui fust donnee. Ainsi de tres male mort de faim cilz chetis avers fina sa malle vie.

Apres ce que Halaon obt Baudas et la terre d'environ concquise, il la parti et donna a ses bacheliers comme il lui pleut. Il comanda que li Chrestien fuissent benignement traitie et que on leur baillast en garde les chasteaulx qu'il avoit conquis. Et commanda ausi que tous les Sarrasins fuissent mis a tresgrant servaige. [S. 274:] [...] [Halaon] entendait a aler en Jherusalem pour la recouvrer et rendre aus Chrestiens.

304:] oculos interfici fecit uxores et concubinas, filios et filias et omnes propinquos, de quibus videbatur, quod spes posteritatis posset oriri, ut in radice arbore succisa Machometo in illa civitate non remaneret successor in eternum. [...] Unde pro certo pronostico habent Sarraceni, quod finis eorum sit in ianuis, quia calipham, quem tamquam papam venerantur, nec habent nec ultra possunt habere [...].

[Dt. Übs. von Engels:]

Ungefähr 80 Jahre danach, im Jahre des Herrn 1253, eroberte der mächtige Fürst der Tataren Hülägu – von ihm war oben bereits die Rede – die Stadt Bagdad, in der der Thron des zweiten Kalifen stand; und er sperrte den Kalifen selbst in einen großen eisernen Käfig und hängte diesen an einem hohen Baum auf, so daß er in der Luft schwebte. Den Kalifen ließ er so lange hungern, bis dieser nach Speise verlangte. Daraufhin befahl der Fürst, eine mit byzantinischen Goldmünzen gefüllte Schale zu holen, ließ diese anstelle des Essens vor den Kalifen hinstellen und ihm sagen: Iß diese Speise, die du so sehr geliebt hast, daß du uns weder eine Abgabe noch ein Geschenk geben wolltest. [S. 305:] Vor den Augen des Kalifen ließ er seine Frauen und Konkubinen, seine Söhne und Töchter und alle Verwandten töten, welche Hoffnung auf Nachkommenschaft hätten erwecken können; somit gab es, als wenn der Baum an der Wurzel abgehauen worden wäre, für alle Zeiten in dieser Stadt niemanden mehr, der Muhammad nachfolgen konnte. [...] Deshalb halten die Sarazenen die Voraussage für zutreffend, daß ihr Ende kurz bevorstehe, weil sie keinen Kalifen mehr haben, den sie wie den Papst verehren; [...]

Der Kalif als Papst (an früherer Stelle)

VHS. (Ed. Morrall) S. 29	Hs. N fol. 26vf.	VDR. (Ed. Bremer/ Ridder) S. 31f.	Paris-Text (Ed. Letts) S. 251	DDR. (Ed. Bremer/ Ridder) S. 220
Und anderthalb des wassers Tygris da hept sich an das küngrich von Caldea. In dem selben küngrich ist Baldols die houptstatt, die ich vor hon genant. Und da wonet ir küng Kaliphes. Und der ist hie vor geweßen der von Arabia kayßer und bapst in gaistlichen und in weltlichen sachen und hett Machmechten geerbt und ist von sinem geschlecht. [...] Hier vor warent try Kaliphes, ainer zů Arabia, und ainer zů Caldea, und der wonat in der statt Baldols, und zů Chain wonet Calyphes von Egipten land und waz in der selben burg da der Soldan in wonat, und trifft an das mer Occian [...]. So hettent die von Barbarn und die von Affrica öch ainen Calyphes. Sie hond aber nun kain me, wann der Soldan der sich nempt Salhardin, der ist ir Caliphe. Also hond sie verloren iren namen der da haisset Calyphe.	Vnde jenhalb des wassers tigris hebt sich an das kunigreich von Caldea in Dem selben lannd ist waldach die haubt stat die ich vor genant [fol. 27r:] Die haubtstat die ich euch vor genant han vnd do wonet der kunig Caliphes vnd der ist etwann gewessen der von Arabia keÿsser vnd Pabst in geistlichen vnd weltlichen sachem vnd hatt machmetten reich gemacht vnd ist von seinem geschlecht [...] Hieuor waren drey Caliphes ein in Arabia vnd ein in Caldea der wonet in der stat waldach vnd einer Caliphes von egipten in wonett in der bürg Do nu der Soldan jn ist vnd an dy bürg stosset daz mer Occean So hetten dy von barbari vnd die von Affrica auch ein Caliphes sie haben aber nu keinen mer wan der Soldan ist ir herre.	vnnd enhalben des wassers hebt sich an das künigkreich von caldea. in dem selben land ist waldach die haubt stat die jch eüch vor genant hab vnd do wonet der künig caliphes vnnd der ist ettwen gewesen der von arabia keÿser vnd babst in geistlichen vnd weltlichen sachen vnd hat machmet reich gemacht vnd ist von seinem geschlächt. [...] Vor zeiten waren dreÿ caliphes. einer in arabia. vnd [S. 32:] einer in caldea der wonet in der stat waldach. vnd einer wonet in egipten in der burg do nun der soldan jnn ist vnd an die burg stoßt das můr oceana. so heten die von barbari vnd die von affrica auch ein caliphes. sy haben aber nu keinen mer wann der soldan ist jr herr.	Et oultre celle riuiere de Tygris est Caldee, qui est moult grant pays. En ce royaume est Baldath dessus dit. La souloit demourer li Califfres, qui souloit estre comme empereur des Arabiens et papes, sire du temporel et de lesperituel. Et estait successeur de Machomet et de sa generacion. [...] Item souloit auoir en temps passe iii. califes. Cil des Arrabiens et des Caldeiens demouroient a Baldath dessus dit; et au Cair delez Babiloine demouroit li Califfes des Egypciens, en ce meismes chastel demeure le Soudan maintenant; et a Mairoth sur la mer despaigne demouroit li Califes des Barbarins et daffricans. Et maintenant il ny a plus point de califes des le temps au Soudan Salhadin, car des adont le Soudan mesmes sappelle Califes. Et aussi ont les Califes perdus leur noms.	Und wann in dem selben lande Caldee die liit an Machmet geloubent vnd ouch die herren die do Califre heissend von des Machmets geschlechte komen sind dorumb sind etwe dry Califre in den selben landen. Der eine wonet in der houbtstatt zů Caldee die do heisset Baladach vnd der geistlich vnd weltlicher herre zů Caldee vnd in Arabia ist. Gelich als einer Babst vnd einer Keiser mit einander wer. Der ander Califre wonet zů dem Kere by Babilonia do der Soldan istvnd heisset Califre von Egyptenland. Der drit Califre was über die Barbarien wonet zů Marach in einer stat lyt vff Hispanier mer Und die dry Califre sind ierz zů einem worden das ist der Soldan von Egypten.

Ein Papst in Tibet

VHS. (Ed. Morrall) S. 173	Hs. N fol. 152v	VDR. (Ed. Bremer/ Ridder) S. 178	PARIS-TEXT (Ed. Letts) S. 407f.	DDR. (Ed. Bremer/ Ridder) S. 377
Item in dem land ist kein mensch als gehertz daz weder lut noch vich blůt rünß mache, von ains abgottes wegen den sie anbettent. In der selben stat da sitzet ir bäpst, den sie hond, der in pfründ und kirchen verlieht. Item es ist ain gewonheit indem land, wenn ainem sin vatter stirbet [...]	In dem lannd do selbs ist nymant so gehertz den ein menschen oder ein tier dürr pluttrüstig machen von eins abgotz wegen den sie do anpëtten es ist ein gewonheit in dem selben land wenn einem sein vatter stirbt [...]	In dem land als ich ÿecz gesagt habe do ist nÿemand so gehercz der einen menschen oder ein vich getürr plüttrinstig machen von eines abgocz wegen den sy da anbeten. Es ist ein gewonheyt in dem selben land wenn einem sein vatter stiribet [...]	En celle cite na il homme si hardy qui ose sanc espandre, ne domme ne de beste, pour la reuerence dune ydolle, qui est la aouree. En ceste cite demeure le pape de leur foy, quil appellent Labassy. Cilz Labassy donne tous les benefices et autres choses qui appartiennent a leurs ydoles. Et tous ceuls qui tiennent riens de leur eglyse, religieus et autres, obeissent a luy, si comme [S. 408:] font ci les gens de sainte eglise a nostre saint pere le pape. Il ont vne coustume en ceste ylle et par tout le pays que, quant le pere daucuns de eulz muert [...]	In dem selben lande ist kein mensch also gehertz das weder lüt noch fiche blütrüsig getürre machen von des abtgots wegen Jn der selben stat da sitzt ir babst den sie hand. vnd der ire kirchen vnd pfründen verlicht. Item es ist da ouch ein gewonheit in dem selben lande wann einem sin vater stirbet. [...]

Die Brahmanen

VHS. (Ed. Morrall) S. 174-176	HS. N fol. 154r-155v	VDR. (Ed. Bremer/ Ridder) S. 180f.	PARIS-TEXT (Ed. Letts) S. 397-399	DDR. (Ed. Bremer/ Ridder) S. 368
[1. BERICHT VON DEN BRAHMANEN:] Hie seit er ainer ynsel, da ist das frümest volck inne als man es finden mag in der welt. [= U.] Und by der ynsel da ist ain ander gůt ynsel, da wachset wes man bedarff. Und ist gůt volck da, wann sie hüttend sich vor aller boßhait und vor sünden. Sie sind nit hochfertig noch gitig noch unkinsch, und als vere ich mich verston, so behaltend sie baß die zehen gebott unsers herren wann kain volck das in der welt [S. 175:] sy. Wann sie achtend kainer richtung nit, sy sagend kain fügin nit umb kainerley sach. Kainer tůt dem andern müntz das er nit wölt daz man im tät den och also. Und waß sie tůnd, das tůnd sie on ayd, wan sie sind warhafft und frumm, me wann ich uch gesaget kan. Etlich lüt haissend die ynsel die Ynsel der Trüwe, wann da ist allů trüw, aber sie haissent sie Bragine. (Wann als ich Michel Velser mich verston, so wene ich, es sige die ynsel da küng Alexander von seit, wan er in sinem bůch och seyt inglicher wiß von ainem küng, hieß er Dydastolum.) Mitten durch die ynsel rint ain groß wasser und ain schönes wasser, und das haisset Celde. Als das volck das inder ynsel wonet das ist das frümest und das gerechtigest volck das inder welt ist. In der ynsel ist kain dieb noch kain lügner noch morder noch	[1. BERICHT VON DEN BRAHMANEN:] Von den Jnseln da ist aber ein ander gut Jnseln da wechst wes man bedarff vnd ist gut volk da wan sie hüten sich vor aller bößhait vnd vor sünden vnd sind nit hochuertig noch geitig noch vnketisch vnd als ich mich verstem so halten sie bas dy zehen bott vnsers herren denn wir tůnn oder kein ander welt Sy achten keins reichtumß nit Sye sagen kain füg vmb keinerleÿ sach chainer tut dem andern kein leÿit vnd was sie tůnd das tůnd sie on geneid wan sie sind warhafft vnd frummer denn ich euch gesagen mag vnd mitten durch dy selbenn jnseln rint ein schiffreich wasser daz haist Celde das volck ge-mainiglich Jn der jnseln ist das frümest volck [fol. 154vc:] das in der welt ist Jn der selben Jnsell do ist kein diep lieger noch eprecher jn der Jnsell do ward nÿe kein mensch erschlagen Sy sind keusch vnd haben ein saligs leben das selb volk ist aller tugent vol Jn der Jnsel ist nÿe sterb noch hagel noch plicçen noch doner noch nye kein hunger gewessen Jn die Jnsel kom nÿe kein ding dor uon sie betrubt würden vnd das chomt vns an der alle ding beschaffen hatt vmb all jrdisch ere geben sie nit ein har Sy sind aller gerechtigkeÿt vnd was sie beÿnnen	[1. BERICHT VON DEN BRAHMANEN:] Von einer gůten jnnseln [= U.] BEÿ der jnnsel do ist aber ein andre gůte jnnsel. Do wechst was man bedarff vnd ist gůt volck do wann sy hütent sich vor aller boßheyt vnd vor sünden vnd seind nicht hochfertig nach geitig noch vnkeüsch. vnnd als ich mich ver-stan so haltent sy baß die zehen gebot vnsers herren thůt dem andern kein thůn oder kein ander volck geseinmag nit. sy sagent kein lug vmm keinerleÿ sach keiner thůt dem andern kein laÿd. vnd was sy thůnd das thůnd sy on neid. wann sy seind war-haft vnd frümmer dann ich eüch gesagen mag. Und mitten durch die selben jnnsel rint ein schiffreich wasser das haißt celde. Daz volck gemeinlich in der jnnsel ist das frümpst volck das in der welt ist. In der jnnsel ist kein dÿeb lieger noch eebrecher. In der jnnsel ward nie kein mensch erschlagen sy seind keüsch vnd seind aller sáliges leben vnd seind aller tugent vol. In der jnnsel ist nie kein sterb noch hagel noch plicç noch doner noch hunger gewesen. In die jnnsel kam nie kein ding dauon sie betrübt wurden. vnd das kommpt vnß alles widerwertig	[1. BERICHT VON DEN BRAHMANEN:] De la bonte des gens de ceste ylle [= U.] Et oultre ceste ylle il y a vne grande ylle bonne et plenteureuse de tous biens. Et si a bonnes gens et loyaus et de bonne vie selon leur creance, et combien quil ne soient parfais Crestiens et quil naient loy parfaite selon nous, neant-moins de loy naturele il vont et sont plains de toutes vertus, et si fuient tous vices et toutes malices et tous pechiez. Car il ne sont point orgueilleus ne con-uoiteus ne enuyeus ne yureus ne glous ne pereceus ne luxurieus; et si ne font chose a autrui que ilz ne vueillent que on leur face. Et en ce cas il accomplis-sent les x. commandemenz de la loy. Et si nont cure de richesces ne dauoir, et si ne mentent point pour nulle occasion, mais dient simplement oyl ou nennil; car ilz dient que quiconques lure, il veult deceuoir son proisme, et pour ce, quant il font aucune chose, il le font senz serement. Et appelle on ceste terre la Terre de Foy, et les aucuns lappellent lille [S. 398:] de Bragine. Par my ceste terre il y court vne grande riuiere appellee Codde. Et generalment toutes les gens de ces ylles la entour sont plus loyaus et plus droituriers quil ne soient nulle part du monde. En ceste ylle na ne larron ne meurdrier ne femme legiere, ne onques homme ny fu occis. Et sont aussi	[1. BERICHT VON DEN BRAHMANEN:] ist jtel heilig gůt schlecht volck. das nit weißt was schweren ist noch liegen triegen oder kein ander sündlich ding sye vnd sind aller tugent vol vnd sie gloubent an got der naturen vnd das Jhesus christus gőttlich krafft hab vnd do Oggier von Tânmark die land darumb alle gewan vnd von jren tugeten horrte sagen. do ließ er sie in jren freuden vnd hatt groß hulde zů Jnen. [Alex-ander, s. u.]

		chastes et mainnent aussi bonne vie comme nulz religieus pourraient faire, et ieunent tous les iours. Et pour ce quil sont si loyaus et si droituriers et plains de si bonnes condicions, ne furent il onques tempestes ne de foudres ne de tonnoirres ne de guerre ne de famine ne de pestillence ne dautre tribulacion, si comme nous sommes par maintes fois par deca pour nos pechies et pour nos deffautes. Pour quoy il appert bien que Dieux les aime et prent en gre leurs oeuures. Il croient bien Dieu, qui toutes choses crea et fist, et laourent. Et ne prisent riens toutes honneurs terriennes, et sont moult droituriers, et seruent moult deuotement Dieu, et se contiennent moult sobrement de mangier et de boire, si en viuent plus longuement. Et les pluseurs se meurent senz auoir maladie, et si neurent onques char ne nature denfans en euls.
	vnd ist wol ein zeÿchen dz sy got gefallent in jren wercken vnd wir nit dz ist von vnser sünd vnd boßheit wegen Sy betent den got an der alle ding beschaffen hat. vnd all jrrdich ere gebent sy nit ein har. sy seind aller gerechtigkeÿt vol vnd wz sy beginnen gegen got dz tünd sy mit grosser andacht. Mit essen vnd trincken haltent sy sich redlich. Wann sy essent noch trinckent nit ez seÿ dann jr rechte notturft. Sy lebent lang vnd habent kein siechtagen es sei dann dz sy sterben söllen.	
	gegen gott das tünd sie mit grosser andacht Mit essen vnd mit trincken halten sie sich redlich wann sie essen vnde trincken nit es sey den ir rechte notturft Sy leben gar lang sie haben keinen siechtagen es sey dann das sie sterben süllen	
ebrecher. In der ynsel ward nie kain mensch erslagen. Und sind also küsche und haltend als ain sälig leben als kain gaistlich lüt die man finden mag, wann sie vastend altag. Das volck ist aller tugend vol. Item in dem land wart nie kain sterbend, da was nie kain hagel noch donre noch plitzen, da was nie kain krieg, da waß nie kain hunger. In die ynsel kam nie kain ding da von sie betrübt wurdent. Und das kumpt uns alles widerwärtig, und das ist unser sünd schuld. Da von ist es wol ain zaichen das sie gott lieb hat, und im ir werck wol gefallend. Sie bettend den gott an der allü ding geschaffen hät. Umb all irdesch ere gebend sie nit ain här, wan sie sind aller gerechtikait vol. Und waß sie gen gott beginnent, das tünd sie in ir grossen andaucht. Mit essen und mit trincken haltend sie sich redlich, wann sie nit essend noch trinckent wann was ir recht notdurfft ist. Sie lebend gar lang; sie hond kain siechtagen nümer wann so sie sterben wöllend.		

[2. BRIEF DER BRAHMANEN AN ALEXANDER, der herre waß über alle die welt, der wider seyt den von der selben ynsel und wolt mit in kriegen. Do santend sie küng Alexandro botten; die sprauchend also zů im: .Küng Alexander, dem allů welt undertånig ist, wir bittend dich das du vns kain laid wollest tůn wan du macht mit recht kain ansprauch zů vns hön. Wan wir dier noch kainem menschen nie nüntz [S. 176:] geton habend, wan das wir nit wöltend das es vnß also tått. Du solt och wissen das du in vnserm land kain richtung nit findest, wan wir sin nit achtend. Wann von vnserm schatz den wir habend in vnserm land da wöllend wir dir von sagen: das ist ainikait und fryd mit gütter früntschafft an all böß list. Wir achtend uff kain edel tůch dar umb das wir schön sygend, wann nun allain das vnser scham mag decken. Wir begerend vns mit schöner zemachend denn vnß got geschaffen hat. Wir begerend och anders nüntz wann was vnß die erd git von dem gebot gottes. Da begnögt vns an, wann sie git vns zway ding: das ain ist vnser narung, daz ander ist vnser begrebnuß nach unserm töd. Da von, küng Alexander, darfft du nit gedencken das du grossen schatz noch git by vnß findest. Es ist wär, wir habend ainen küng nit das wir in dar umb habend das er gericht tüge in dem land (wan sicher das tůt nit nott, wan wir gen an ander nümer

[2. BRIEF DER BRAHMANEN AN ALEXANDER:] kunig allexander [fol. 155r:] der herre waß vber alle diesse welt wider sagt den von der selben Jnseln vnd wolt mit in kriegen do santen sie botten zů allexander vnd sagten also kunig allexander dem alle welt vndertennig ist wir bitten das du vns kein laid wollest tůnd wan du magst kein ansprauch mit recht nit zů vns haben wan wir dir kainem menschen kein laid nye haben hethan also thů vnß auch keyn laid, do vindest auch kein reichtumb in vnserm land wann wir sein nicht achten. vnd von vnserm schacz den wir haben in vmnserm lannd do wöllen wir dir von sagen. dz ist einikeit, frid vmd liebe güter freintschafft on als böß. Wir achten auch keines edeln tůches das wir schön seyen. denn nun allein das wir vnser scham bedecken wir begern vns nit schonner zu machen den nùr allein das wir got beschaffen hatt wir begem auch nit anders den was vns die erd gibt von dem gebot gotz do benüget gotz gůt bey vns gibt vns [fol. 155v:] zway ding das ein ist vnser narung das ander vnser begrebtnuß noch vnserm tod dorumb alexander darffu nit gedencken das du grossen schacz oder groß gůt bey vns vindest wir habenn einen kunig nit dorumb das wir gerichtes dürffen wann sicher es ist kein nott wan wir sicher nymer mit einander erzümen den das wir in haltenn dorumb das man wisse das wir auch ein herren haben als ander leüt die vnterdennig Jrem herren sind douon so wolten wir dich pitten das du

[2. BRIEF DER BRAHMANEN AN ALEXANDER:] Jr solt wissen dz künig alexander der herr wz über alle welt widersaget den von der selben j nnsel vnd wolt mit in kriegen Da santten sy boten zů allexandro vnd die wort waren also. [S. 181:] Küng Allexander dem alle welt vndertånig ist Wir bitten dich dz du vnß kein laid wöllest thůn. wann du magst kein ansprauch mit recht nit zů vnß haben. wann wir dir keinem menschen kein laid nye haben hethan also thů vnß auch keyn laid, do vindest auch kein reichtumb in vnserm land wann wir sein nicht achten. vnd von vnserm schacz den wir haben in vmnserm lannd do wöllen wir dir von sagen. dz ist einikeit, frid vmd liebe güter freintschafft on als böß. Wir achten auch keines edeln tůchs dz wir schön seyen. denn nun allein das wir vnser scham decken. wir begeren vnß nit schön zemachen denn als vnß got beschaffen hat. wir begeren auch nit anderst denn wz vnß die erd gibt von dem gocz gebot das genügt vnß wol wann sy gibt vnß zweý ding. das eyn ist vnser narung, das ander vnser begrebnuß nach vnserm töd. darum Alleexander du darffest nit dencken das du grossen schacz oder groß gůt bei vnß vindest. wir haben einen küng nit darumb dz wir gerichcz beduffen wann si

[2. BRIEF DER BRAHMANEN AN ALEXANDER:] Car iadis le roy Alixandre enuoia deffier ceuls de ceste ylle, pour ce quil les vouloit guerroier en leur pays. Et il renuoierent au roy Alixandre message et lectres de par le pays, qui disoient ainsi: 'Roys Alixandre, a qui tout le monde est obeissant, souffise toy de nous faire nul grief. Car tu ne trouueroies nulle chose en nous par quoy tu nous deusses guerroier. Car nous nauons nulles richesces ne nul auoir, ne nulles nous nen voulons ne ne conuoitons. Touz les biens de nostre pays sont communs a nous tous. Le mangier pour noz corps soustenir ce sont toutes nos richesces, et en lieu de tresor dor et dargent nous faisons tresor de concorde et de paix et damours lun a lautre. Et tous les beaux paremens que nouz auons pour nos corps couurir, ce sont petis drapelez de quoy nous couurons nos charoingnes, ne autres paremens nous nauons, ne aussi nont nos femmes. Nous ne faisons nuls paremens pour plaire ne pour abellir le corps. Veult on autre beaute que celle que Dieu a donne? Nous noserions autre demander que ceste quil nous enuoie au [S. 399:] naistre. La terre nous administre ii. choses, lune si est nostre soustenance et lautre est nostre sepulture apres nostre mort. Riens nous nauons a perpetuite fors que paix, de la quelle vous nous voulez desheriter. Et si auons i. roy non pour iustice faire, car

[2. BRIEF DER BRAHMANEN AN ALEXANDER:] [S. 368:] Und do Alexander wolt das sie Jm vnderåtnig werend worden do santten sie ir botten zů jm die also sprachent wie möcht den benügen den alle welt zů klein ist du vindest an vnß kein sach darumb du mügist bekriegen wann wir hand keinen irdischen richtům vnd begerent sin ouch nit dar zů alles das daß wir hand das ist vnder vns gemein das essen. das essen wir ouch nit nach keinem lust denn allein nach des libes narung für den tod vnser schatz ist nit anders den früntschafft tugent vnd liebe. vnser kleid ist arm von har gemacht darjn binden wir vns vnd nit durch schyn oder durch glantz. denn allein vnser scham vnd vnsers libs vnreinickeit zů bedecken. ouch sind vnsere wib nit gezieret mit keinen anderen kleidern oder farbe denn allein wie sie ir natur zů küscheit vnd zů liebe die sie zů jren kinden hand vnd fechstu sie du begertist ir nit noch sie din ouch wissest Alexander dz wir keines güts begerent denn bloß des libs notdurfft da mit mir das leben hin mügen ziechen vnd ein stuck der erden vnß zů begrabend. wir hand ouch je vnd je friden gehebt vntz vff disen tag vnd sind fry als vnß die natur geschaffen hat wir hand einen künig der ist der beste vnder vnß vnd sol dauon billich me eren han denn wir ander vnd er ist des erzürnen), wann das wir in haltend das man sölle wissen das wir och ainen herren habend, als ander lüt, dem wir undertånig sigend. Dar umb wöllend wir dich bitten unsern guten frid zů haltend der da nie zerbrochen ward, das du uns den nit wölest zerbrechen.' Do Alexander die bottschafft und die brieff sach, do gedaucht er in im selber daz er ain groß sünd begieng, und tett in bottschafft hin wider das sie frum und sälig werend fürbaß als sie gewesen wårend bys da hin, und iren guten fryd hieltend, wan sie söltend sin kain überlast nit hön. Und also tått er.

vnsern gůten fryd der nÿe zerprachen ward vns nit wollest zerprechenn do allexander dy potschafft vernam do gedacht er Im das er ein groß sünde begieng vnd tett in bottschafft hinwider das sie früm vnd sälig für bas wern als sie bys her gewessen weren vnd jren guten frid hielten vnd solten kein vber last nit habenn vnd also ließ sie mit gůtem frid

cher es ist kein not. wenn wir vnß nÿmer mit einander ercżürnen. denn das wir in halten. darumb dẓ man wiß das wir auch einen herren haben als ander leüt die vndertånig seind jrem herren. dauon so wöllen wir dich bitten daẓ du vnsern gůten frid der nÿe zerprochen ward vnß nit wöllest zerprechen. Do Allexander dÿe bottschafft vernam. do gedacht er jm das er ein grosse sünd begieng. vnd tåt in botschafft hinwider dẓ sy frumm vnd sålig fürbas wären als sy gewesen wären biß her vnnd jren gůten frid hielten vnd solten kein überlast nit haben vnnd also ließ er sy mit frid.

il ne treuue nuls forfaisans, mais seulement pour noblece garder et pour sauoir que nous sommes obeissans. Car iustice na entre nous point de lieu, car nous ne faisons enuers autrui chose que nous ne vourrions que en nous feist. Si na iustice ne veniance entre nous que faire. Pour quoy vous ne nous pouez tollir que nostre bonne paix, qui tousiours a dure entre nous.' Et quant Alixandre eut veues ces lectres, il sapensa quil feroit trop grant mal, sil les troubloit en riens, et leur commanda bonne paix et que de lui ilz nauoient garde et quil gardassent bien leurs bonnes meurs et leur bonne paix, si comme ilz auoient acoustume.

landes żierde Er darff durch keiner sach willen künig sin den allein das er dẓ land żiere wan sins gerichts bedarff nieman. Ouch wissest Alexander dẓ wir iedermann thůnd als wir wolten das man vns dette vnd lebent allezyt vnder enander als gebrüder vnd frůnd sind dinen frůnden recht als getriw als vnsern våttern vnd můtren von rechter liebi die wir żů menschlicher kůne hand vnd darumb hassen wir dich nit vnd vnser Künig dette dir ere vnd was dir lieb were. Do alexander beuant ir trůwe vnd heilikeit do ließ er sie ir wiße haben vnd sprach das sie da hin lebten als daher er wolte in thůn was jnen lieb were.

Problematik der Bilderverehrung

Vhs. (Ed. Morrall)	S. 177	Hs. N	fol. 156v	Vdr. (Ed. Bremer/ Ridder)	S. 182	Paris-Text (Ed. Letts)	S. 410	Ddr. (Ed. Bremer/ Ridder)	--
Aber von der bibly und von den prophecien wissent sy das die creatur die sie an bettend sind nit gott. Sie bettend sy aber an von der grossen tugend wegen die sie hond.				Aber die Bibel vnd die propheceÿen verstand sy wol ein teÿl als der text laut.		Mais il sceuent bien de la Bible, especialment de Genesy et autres prophecies et des liures Moyses.		[fehlt]	
		Sy wÿssen wol das etlich tier nit got sind das sie doch anpetten Sy betten es an von der grossen tugent wegen dy es hatt		Sÿ wissend wol daz ettliche tier nit got seind die sy doch anbetten. Sÿ betent es an von der grossen tugent wegen die es hat.		Et dient bien que les creatures quil aeurent ne sont mie Dieu mais il les aeurent pour la grant vertu qui est en elles; car elles ne pourroient riens faire sens la grace de Dieu.			
Sie sprechent das kain volck nit syg oder es bett abgött an. Und daz sprechend sie och uff uns cristen, dar umb das wir an bettend unser frowen bild und ander hailgen. Sie wissend aber nit das wir nit an bettend das hültzin und das stainin bild besunder das wir an bettend den den es bezaichnet und betút.		Sy sprechend das kain volk es bett abtgotter ann so man pild von holcz von stein von andern dingen anpett dor mit ein end got vns allen sein hilff vnd genad send		Sÿ sprechend es seÿ kein volck es bete abgött an so man pild von holcz von stein oder von anderen dingen anbetet. Darmit ein emd got vnß allen hilff vnd gnade send Amen.		Et des simulacres et des ydoles quil ont il dient bien que nulles gens ne sont qui naient simulacres; et ce dient il pour nous Crestiens, qui aourons ymages de nostre Dame et dautres sains que nous aourons. Mais il sceuent que nous naourons pas les ymages de pierre ne de bois, mais les sains en quel nom elles sont faites; car tout aussi comme la lectre aprent les clers quoy et comment il doiuent croire, tout ainsi les ymages aprennent les laies gens a penser et aourer les sains en quel nom elles sont faites. Car pensee domme et de femme est souuent corrumpue par pluseurs choses mondainnes, pour quay ilz oublieroient moult souuent Dieu, nostre Dame et les sains a deprier, se les figures faites ou nom deuls ne les en faisaiont souuenir. Et dient ainsi que les angels de Dieu parlent a euls en leurs ydoles et quil font grans miracles pour euls. Et ilz dient voir, car il y a vn ange voire deux, mais il sont de deux manieres.			
Sie sprechend das die engel von gott redent mit in uß irem abgott und sie tünd grosse wunder. Nun sagend sie wär. Aber doch sind die engel zwayerlay, böß und gút, als och die Kriechen sprechend. Wan sie haissent ainen Cado, den andern Cabo. Cado daz ist der böß, Cabo das ist der gút. Aber der da in dem abgot ist, ist nit der gút. [178:]									
Item es ist her gen uns weret es vil ander land und wunder der ich nit gesenhen hon und och nit wol da von kan sagen. Dar umb das ander wil ich enphelhen andren frumen byderben lúten. Und was ich hie geschriben hon daz hon ich geton									

Fortsetzung der INSULARE (Ed. Deluz)-Spalte (oberer Abschnitt):

Lun est bon et lautre mauuais, si comme dient les Gries, qui sont appellez Caco et Calo. Mais Caco est mauuais et Calo est bon, et ce nest mie le bons ange qui est dedenz les ydoles mais le mauuais, pour euls deceuoir et pour tenir tousiours en leur erreur.
[S. 411:] Il y a pluseurs autres pays diuers et moult dautres merueilles par dela, que ie nay mie toutes veues, si nen saroie proprement parler.

MS. GER. 288 (Velser) — fol. 118vf.	VERSION BERLIN MS. GERM. FOL. 204 — fol. 149vf.	COTTON (Ed. Hamelius) — S. 298f.	EGERTON (Ed. Seymour) — S. 169f.	INSULARE (Ed. Deluz) — S. 477f.
aber dy bibel vnd dy propheten wissen sy einteil nach dem text sy wissen wol das etlich creatur dy sy anpeten nit got ist aber sy peten es an von der tugent wegen dy es hat sy sprechen es sey kein volk oder es pet aptgoter an vnd daȝ sprechen sy auch auf die cristen darumb das sy peten vor vnßer frauen pild sy wissen aber [fol. 119r:] deȝ geistlichen sinns nit wann wir nit anpeten das hülczein oder steinan pild sunder wir peten an das eȝ bedeutt Sy sprechen daȝ dy angel uon got reden mit in auß iren aptgotern vnd thun groȝ wunder sy sagen war aber doch sind die engel zweierlei pöȝ vnd gut als dy cristen sprechen wann sy heissen einen Cattos den andern calo Cattos ist der pöȝ also heist der pöȝ	Men van dem ersten boke der Biblien vnd van moy[fol. 150r:]ses boke vnnd van der propheten boke weten se wol to sprekende vnd se seggen ok dat de creaturen de se anbeden de sin nicht god, men se anbeden se vmme de groten doghet de inse is vnd de in se nicht wesen mochte dede grote gnade godes Item als van bilden vnd affgoden de se hebben so seggen se dat neen volk sy sunder affgod vnd dat segghen se vmme der cristen willen de vnser frouwen bilde habben vnd alle hilgen de se anbeden men de bilde van holte bede wy nicht an men wi anbeden de hilgen in wes name efft ere se ghemaket sin vnd is vmme dat id vns sal sin to ener vordechtnisse Se seggen ok dat de enghel spreken uth eren affgoden vnd dat ere affgode tekenen don vnd daȝ seggen se war	But þei cone all speken of the Bible and namely of Genesis, of the prophetes sawes And of the bokes of Moyses. And þei seyn wel þat the creatures þat worschipen hem ne ben no goddes, but þei worschipen hem for the vertue þat is in hem þat may not he but only be the grace of god. And of Simulacres and of Ydoles þei seyn þat þere ben no folk but þat þei han Simulacres And þat þei seyn for wee cristen men han ymages, as of oure lady and of opere seyntes þat wee worschipen, Noght the ymages of tree or of ston, but the seyntes in whoos name þei ben made after. For right as the bokes and the scripture of hem techen the clerkes how and in what manere þei schull beleeven, right so the ymages and the peyntynges techen the lewed folk to worschipen the seyntes	Bot þai can speke wele of þe bible and specially of þe buke of Genesis and oþer bukes of Moises and sumtyme of þe xii. prophetez sayinges. And þai say þat þase creatures þat þai wirschippe er na goddes bot þai wirschippe þam for þe grete vertuz þat er in þam whilk þay say may noȝt be wipouten speciale grace of Godd. And of ydoles and simulacres þai say þat þer es na folk þat þai ne hafe simulacres, and þat say þai principally for þai see cristen men hafe crucifixez and ymages of oure lady and of oþer sayntes and do wirschepe to þam. Bot þai wate noȝt þat we wirschepe noȝt base [S. 170:] ymages of stane or of tree for þam self bot in remembrance of þe sayntz for whaim þai er made. For	Mes ils scieuent touz parler de la Bible especialment de Genesis, des ditz des prophetes et des liures Moïses et dient bien qe les creatures q'ils adorent ne sont mie dieux. Mes ils les adorent pur la virtue qe est en elles qe ne porroit estre sanz grant grace de Dieu. Et des simulacres et des ydoles, ils dient qe nulle gentz ne sont qe n'aient simulacres. Et ceo dient pur ceo qe nous christiens avoms ymages de Nostre Dame et d'autres saintz qe nous adoroms. Mes ils ne scieuent mie quoy nous [S. 478:] adoroms. Noun pas les ymages de boys ne de pierre, mes les seintz en qy nouns elles sont faites. Qar aussy come la lettre aprent et enseigne les clerks quoy et coment ils deuoient croire auxi les ymages et les peintures aprendent les laie gentz a penser et aorer les seinz en qy nouns elles sont faites.

Cacodemon aber der gut Calodemon aber inden aptgötern ist der pöȝ es ist aber her gen vns warcȝ uil ander land vnd wunder der ich nit gesehen hab vnd do ich nit kan von gesagen	an wente dar is eyn van den enghelen godes in wente id sin van twierhande enghele de gude vnd quade also ok de Greben seggen Cadow vnde Calow men cadow is gud vnd Calow is quaet. Men de in eren affgoden sin dar sin quade engele. dese in erem erdom holden Aldar in dem lande van ouerȝee sin noch vele ander land vnd wunderlich-eit der ik alle nicht gheseen hebbe	and to haue hem in hire mynde in whoos name þat þe ymages ben made after. þei seyn also þat the aungeles of god [S. 299:] speken to hem in þo ydoles and þat þei don manye grete myracles, And þei seyn soth þat þere is an anngell within hem, For þere ben .ij. maner of aungeles, a gode and an euell, as the Greces seyn: Cacho and Calo. This Cacho is the wykked aungell And Calo is the gode aungell. But the toþer is not the gode aungell, but the wykked aungell, þat is withinne the ydoles for to dis-ceyuen hem and for to meyntenen hem in hire errour. þere ben manye oþer dyuerse contrees and manye oþer meruelyes beȝonde þat I haue not seen, Wher-fore of hem I can not speke propurly to tell ȝou the manere of hem.	riȝt as letterure and bukez techez clerkes, so ymages and payntures techez lawd men to wirschepe þe sayntes for whaim þai er made. þai say also þat aungelles spekez to þam in þaire mawmetes and dose miracles. And þai say sothe for þai hafe an aungelle wiþin þam. Bot þer er twa maner of aungelles, þat es at say ane gude, anoþer ille as men of Grece saise, Chaco and Calo. Chaco es þe ille aungelle and Calo es þe gude. Bot þer es na gude aungelle þat es in þe mawmetz bot ane ille, þat es to say a fende þat answeres þam and tellez þam many thinges for to dessayfe þam with and for to mayntene þam in þaire mawmetry and þaire errour. þare er many oþer cuntreez and oþer meruailes whilk I hafe noȝt sene and before I can noȝt speke properly of þam	Ils dient auxi qe ly angeles Dieu par-lent a eux en celles ydolles et q'ils font des grantz miracles, et ils dient voir q'il ya un angel dedeinz. Mes y a II maneres d'angeles bons et mal-veis, si qe li Gregeois dient, Cacho et Calo, et Cacho est malveis et Calo est bons. Mes ceo n'est mie ly bons, mes ly malveis qe est as ydoles pur eux decevir et pur eux meinteigner en lour errour. Il y a plusours autres diversez pays et mout d'autres mervailles par dela qe jeo n'ay mie tout veu, si n'en saveroie proprement parler.

II. Mandevilles *Reisen*: Überlieferung

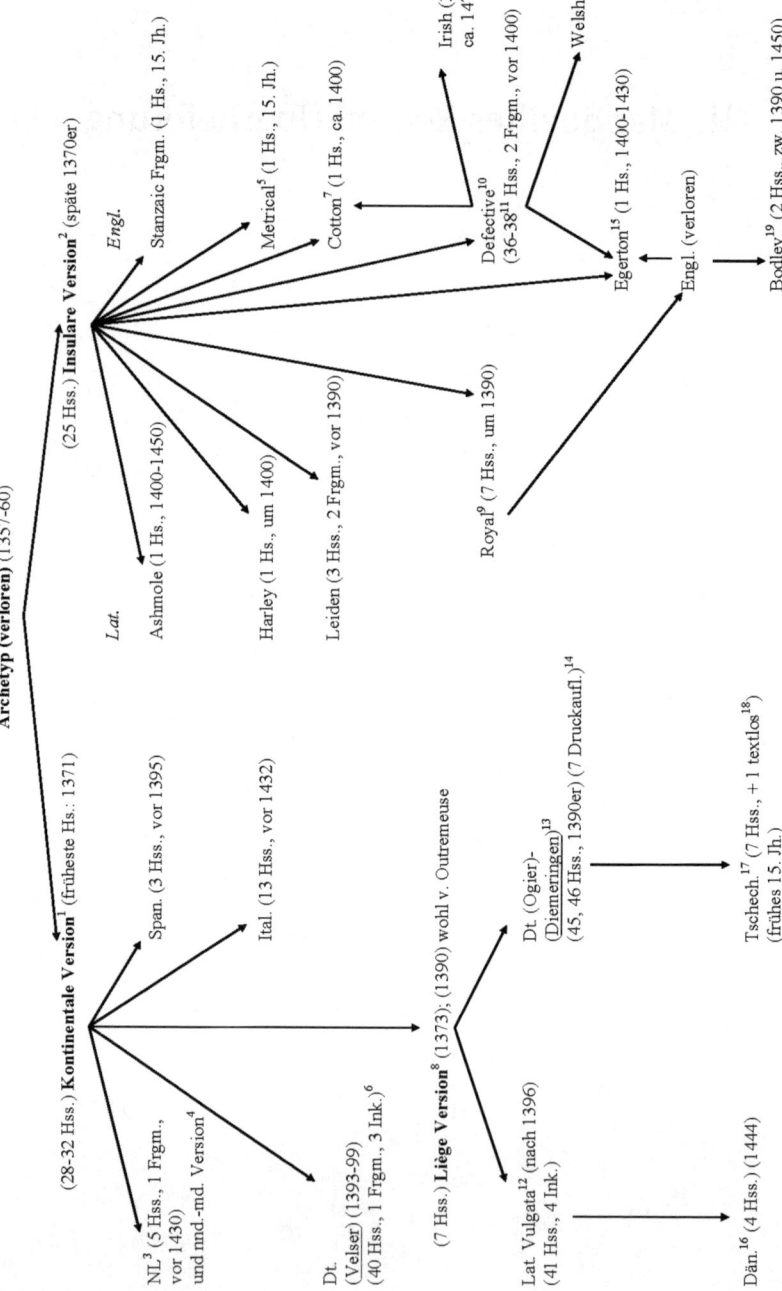

Archetyp (verloren) (1357-60)

(25 Hss.) **Insulare Version**[2] (späte 1370er)

Engl.

Stanzaic Frgm. (1 Hs., 15. Jh.)

Metrical[5] (1 Hs., 15. Jh.)

Cotton[7] (1 Hs., ca. 1400)

Irish (3 Hss., ca. 1475)

Welsh

Defective[10] (36-38[11] Hss., 2 Frgm., vor 1400)

Egerton[15] (1 Hs., 1400-1430)

Engl. (verloren)

Bodley[19] (2 Hss., zw. 1390 u. 1450)

Lat.

Ashmole (1 Hs., 1400-1450)

Harley (1 Hs., um 1400)

Leiden (3 Hss., 2 Frgm., vor 1390)

Royal[9] (7 Hss., um 1390)

(28-32 Hss.) **Kontinentale Version**[1] (früheste Hs.: 1371)

Span. (3 Hss., vor 1395)

Ital. (13 Hss., vor 1432)

NL[3] (5 Hss., 1 Frgm., vor 1430) und mnd.-rnd. Version[4]

Dt. (Velser) (1393-99) (40 Hss., 1 Frgm., 3 Ink.)[6]

(7 Hss.) **Lüge Version**[8] (1373); (1390) wohl v. Outremeuse

Dt. (Ogier)- (Diemeringen)[13] (45, 46 Hss., 1390er) (7 Druckaufl.)[14]

Tschech.[17] (7 Hss., + 1 textlos[18]) (frühes 15. Jh.)

Lat. Vulgata[12] (nach 1396) (41 Hss., 4 Ink.)

Dän.[16] (4 Hss.) (1444)

1 Edition:

Paris-Text, Ed. Letts: Bd. II [BNF nouv. acq. fr. 4515 (dat. 1371)], London 1953 (Hakluyt Society 2/102) (Nachdruck 1967), S. 225-413.

Früheste Kopie dieser Version von 1371 vom Pariser Schreibwarenhändler Raoul d'Orléans für Gervaise Crétien

Eine textkritische Edition der Kontinentalen Version liegt noch nicht vor.

28 Hss. nach Röhl, Le Livre de Mandeville à Paris autour de 1400, S. 281.

2 Edition:

Insulare Version, Ed. Deluz: Jean de Mandeville: Le Livre des Merveilles du Monde, Paris 2000. Berücksichtigt alle 25 Hss.

Übersetzung aus dem frz. auf Grundlage der Ed. Deluz, 2000: Higgins: The Book of John Mandeville. With Related Texts, Indianapolis 2011.

25 Hss. nach Röhl, Le Livre de Mandeville à Paris autour de 1400, S. 280.

3 Edition:

Mittelniederländische Version, Ed. Cramer: De Reis van Jan van Mandeville, naar de middelnederlandsche Handschriften en Incunabelen, Leiden 1908.

Siehe auch die Untersuchung von Ganser, Die niederländische Version der Reisebeschreibung Johanns von Mandeville, Amsterdam 1985.

Nach Deluz, Le Livre de Jehan de Mandeville, S. 275, gibt es 3 niederländische Hss. (alle aus Liège), heute in Berlin, Dialekt und Provenienz seien aber rheinisch. Berlin, Staatsbib., germ. fol. 550 und germ. quart. 271, beide aus dem 14. Jh. und in ripuarischem Dialekt. Berlin, Staatsbib., germ. quart. 322, 14. Jh., niederdt. Dialekt.

4 Z. B. Berlin, Staatsbib., Ms. fol. 204 (Digitalisat online). Bremer (VL): „Diese Bearbeitung muß in engem Zusammenhang mit der ndl. Übersetzung gesehen werden, da ein gemeinsamer Übersetzungsarchetyp anzusetzen ist; die nd.-md. Bearbeitung ist sehr viel schwächer und heterogener überliefert als die beiden anderen dt.-sprachigen Versionen und gelangte nicht zum Druck." (Sp. 1211)

5 Edition:

Metrical Version, Ed. Seymour: The Metrical Version of Mandeville's Travels. From the Unique Manuscript in the Coventry Corporation Record Office, London 1973.

6 Editionen:

Velser-Handschrift, nach der Leithandschrift A, Ed. Morrall: Sir John Mandevilles Reisebeschreibung, in deutscher Übersetzung von Michel Velser, Berlin 1974.

Velser-Frühdruck, Sorg (Augsburg), Ed. Bremer/Ridder: Jean de Mandeville: Reisen. Reprint der Erstdrucke der deutschen Übersetzungen, Hildesheim u. a. 1991.

Nusser, Zu spätmittelalterlichen Autorenbildern: 41 Hss. der Velser-Tradition; Morrall (Ed. Vhs.): 37 ihm bekannte Hss.; Herz: Apropos binding waste, S. 41f.: insges. 42 Hss. und Frgme., 29 Kodizes, die meisten bayerischer oder schwäbischer Herkunft, wurden in der ersten Hälfte des 15. Jhs geschrieben, weitere 13 erschienen zwischen 1450 und 1478; 40 Hss. und zwei Fragmente gemäß www.handschriftencensus.de

7 EDITIONEN der Hs. London BL Cotton Titus c.XVI:

Cotton Version, Ed. Seymour: Mandeville's Travels, Oxford 1967.

Cotton Version, Ed. Hamelius: Mandeville's Travels. Translated from the French of Jean d'Outremeuse. Vol. I [Text] u. II [Einleitung und Kommentar], Bungay 1919/1923.

Laut Heng, Empire of Magic, S. 423, ist die Cotton-Version die wissenschaftlich am meisten benutzte und zitierte (zumindest in der Anglistik). In der Hs. fehlen jedoch 3 Blätter nach fol. 53.

8 EDITION:

Version liègeoise (dat. 1396), Ed. Deluz: Le Livre de messire Jean de Mandeville. In: Danielle Régnier-Bohler (Hg.): Croisades et pèlerinages, Paris 1997 (Nachdruck 2002), S. 1391-1435 [nur Exzerpte aus der Lütticher Version, Hs. Chantilly, Musée Condé, No. 699, übersetzt ins Neufranzösische].

Nach Röhl, Le Livre de Mandeville à Paris autour de 1400, S. 281, gibt es 7 Hss. der Liège Version.

19 Nach Higgins, Writing East, S. 258 ist die Royal Version nur in Seymours Kommentar zur Edition der Bodley Version abgedruckt.

10 EDITIONEN:

Defective Version, Ed. Kohanski/Benson: The Book of John Mandeville, Kalamazoo 2007. [Textgrundlage: Hs. British Library MS Royal 17 C. xxxviii]. (Koh./Ben., S. 14: Die Hs. „is described by Seymour as 'associated with' his subgroup 2, though he notes that it was derived independently from the lost archetype of the Defective Version".)

Defective Version, Ed. Seymour: The Defective Version of Mandeville's Travels, Oxford 2002. [Textgrundlage: Queen's College, Oxford MS 383, Lücken wurden mit British Library, MS Arundel 140 gefüllt].

Defective Version, Ed. Kohanski: The Book of John Mandeville. An Edition of the Pynson Text with Commentary on the Defective Version, Tempe 2001.

Defective Version, Ed. Seymour: The Travels of Sir John Mandeville. Facsimile of Pynson's Edition of 1496, Exeter 1980.

Kohanski/Benson: The Book of John Mandeville, S. 13: „approximately thirty-five manuscripts".

11 38 Hss. nach Kohanski: Uncharted Territory (Diss. masch.), siehe Heng, Empire of Magic, S. 424.

36 Hss nach Seymour, Sir John Mandeville.

33 Hss. nach Seymour, The Egerton Version of Mandeville's Travels, S. xi.

Gemäß Seymour, The English Epitome of Mandeville's Travels (1966) S. 27, ist die Defective Version die früheste englische Übersetzung der *Reisen*.

12 EDITION:

R. Hakluyt: The Principall Navigations, Voiages and Discoveries of the English Nation. Faksimile (1589/1965).

13 EDITION:

Eine Edition der hss. Diemeringen-Überlieferung liegt noch nicht vor.

Diemeringen-Frühdruck, Richel (Basel), Ed. Bremer/Ridder: Jean de Mandeville: Reisen. Reprint der Erstdrucke der deutschen Übersetzungen, Hildesheim u. a. 1991.

Hamburger Hs. H, Ed. Martinsson: Itinerarium Orientale. Mandeville's Reisebeschreibung in mittelniederdeutscher Übersetzung, Lund 1918.

14 Gemäß Nusser, Zu spätmittelalterlichen Autorenbildern, S. 115, sind derzeit 44 Hss. erreichbar, zwei weitere sind in Privatbesitz oder verschollen. www.hanschriftencensus.de: 45 Textzeugen.

Vgl. zur Überlieferung Ridder, Jean de Mandevilles ‚Reisen' (1991): Ridder zählt 43 Hss und 7 Frühdrucke (S. 28).

15 Editionen:

Egerton Version, Ed. Letts: Mandeville's Travels. Texts and Translations. Bd. I, London 1953 [modernisiertes Englisch].

Egerton Version, Ed. Warner: The Buke of John Maundeuill. From the Unique Copy (Egerton MS. 1982) in the British Museum edited together with the French Text, Notes, and an Introduction by George F. Warner. Illustrated with Twenty-Eight Miniatures Reproduced in Facsimile from the Additional Ms. 24,189. Westminster 1889.

16 Edition:

Dänische Version, Ed. Lorenzen: Mandevilles Rejse i gammeldansk oversættelse, Kopenhagen 1882.

17 Edition:

Tschech. Version, Ed. Simek: Cestopis t. zv. Mandevilla. Cesky preklad porizeny Vavrincem z Brezové. Prag 1911 (Nachdruck 1963).

18 Edition:

Silberstiftzeichnungen, Ed. Krása: Die Reisen des Ritters John Mandeville. Achtundzwanzig kolorierte Silberstiftzeichnungen von einem Meister des Internationalen Stils um 1400 im Besitz der British Library London (Add. ms. 24 189), München 1983.

Abb. der Zeichnungen auch in Warner: The Buke of John Maundeuill, Westminster 1889.

19 Editionen:

Bodley Version, Ed. Seymour: The Bodley Version of Mandeville's Travels, London 1963. [Bodleian Ms. E Musaeo 116, with parallel extracts from lat. Brit. Mus. Ms. Royal 13 E. ix (um 1400)].

Bodley Version, Ed. Letts: Mandeville's Travels. Bd. II, London 1953. [Bodley-Version Rawl. D.99].

Seymour, Ed. Egerton, S. xi „the Bodley Version, extant in two manuscripts (one written in or near Cambridge before 1430 and the other in north-east Derbyshire after 1450) is a substantially abridged edition of the lost ME translation of the Latin Royal Version." Higgins, Writing East, S. 22, datiert die Hss. zw. ca. 1390-ca. 1450.